인물로 보는
서양고대사

역사도서관 | 교양 5

인물로 보는 서양고대사

고대 그리스에서 로마 제정 시대까지

허승일 외 지음

역사도서관 | 교양 5
인물로 보는 서양고대사
고대 그리스에서 로마 제정 시대까지

2006년 10월 25일 제1판 제1쇄 발행

2006년 12월 10일 제1판 제2쇄 인쇄
2006년 12월 15일 제1판 제2쇄 발행

지은이 | 허승일 외
펴낸이 | 박우정

기획 | 이승우 편집 | 김미경

펴낸곳 | 도서출판 길
주소 | 137-723 서울 서초구 잠원동 50-2 롯데설악복지센터 301호
전화 | 02) 595-3153 팩스 | 02) 595-3165

등록 | 1997년 6월 17일 제113호

ⓒ 허승일 외, 2006. Printed in Seoul, Korea

ISBN 89-87671-55-0 03900

그리스 문화와 역사의 상징, 파르테논 신전
아테네의 정치가 페리클레스 집권 당시 조각가 페이디아스의 총지휘 아래 건축가 익티노스와 칼리크라테스가 건축에 참가했다. 기원전 447년부터 짓기 시작하여 기원전 438년 완성된 이 건축물은 도리아식으로 지어졌으며, 파르테논이라는 이름은 이 신전과 관련이 있는 '처녀신 아테나'(아테나 파르테노스)에서 비롯되었다.

아티카 전설 속의 위대한 영웅 테세우스
크레타 크노소스의 미궁에 갇힌 채 아테나가 보낸 소년 소녀들을 잡아먹던 반인반우(半人半牛)의 괴물 미노타우로스를 물리친 신화 속 주인공이다. 한편으로는 그리스 민주주의의 새로운 영웅으로 평가받기도 한다. 사진은 테세우스의 행적을 그린 붉은색 잔으로, 기원전 430년경의 작품이다.

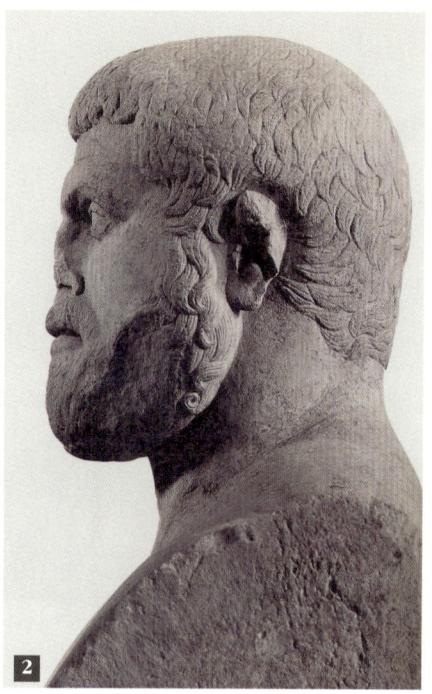

1. 아테네 민주주의의 상징 페리클레스
기원전 5세기 후반, 아테네를 그리스 정치와 문화의 중심으로 이끈 위대한 정치가. 그는 아크로폴리스에 파르테논 신전을 세움으로써 그리스 세계에 아테네의 위상을 널리 알렸다.

2. 아테네를 해상강국으로 만든 테미스토클레스
그는 기원전 480년 살라미스 해전에서 승리를 거두어 페르시아 제국의 위협에서 그리스를 지켜낸 영웅으로 평가받고 있다. 이 조각상은 그리스 미술에서 최초의 '사실적' 초상으로 알려져 있다.

3. 그리스의 통일과 평화를 염원한 이소크라테스
범그리스주의를 적극 표방한 그는 플라톤과 여러 측면에서 대비된다. 플라톤의 아카데미아의 교육의 본질이 철학이었다면, 이소크라테스의 교육은 전적으로 설득의 기술, 즉 수사학에 초점이 맞춰져 있었다.

동서 문명의 융합, 헬레니즘 문명의 창조자 알렉산드로스
아버지 필리포스에게서 마케도니아 왕위를 이어받은 알렉산드로스는 그리스·페르시아·인도를 아우르는, 인류 역사상 최초로 가장 넓은 제국을 세웠다.

고대 그리스의 가장 뛰어난 웅변가 데모스테네스
플라톤·아리스토텔레스와 동시대 인물인 데모스테네스는 아테네인들에게 끊임없이 민주주의 가치의 소중함을 일깨워주는 한편 참주정체의 해악을 설파했다. 또한 아테네 시민들을 선동하여 마케도니아의 왕 필리포스와 그의 아들 알렉산드로스에게 대항하도록 했다.

전설상의 로마 건국왕 로물루스
쌍둥이(동생은 레무스)로 태어났으나, 티베리스 강에 버려진 뒤 늑대의 젖을 먹고 자라다가 양치기 파우스툴루스에 발견되어 길러졌다고 전해진다. 새로운 도시 로마를 건설하는 과정에서 다툼이 생겨 동생 레무스를 죽이고 단독으로 초대 왕이 되었다.

모든 길은 로마로 통한다–비아 아피아(Via Appia, 아피아 가도)
길이 50킬로미터, 너비 8미터로 고대 로마 시대 그리스와 이집트로 가려면 반드시 이 길을 거쳐야만 했다. 로마의 켄소르 아피우스 클라우디우스 카이쿠스가 기원전 312년 건설을 시작했기 때문에 '비아 아피아' (아피아 가도)라고 불리게 되었다. 오늘날에도 일부가 이용되고 있다.

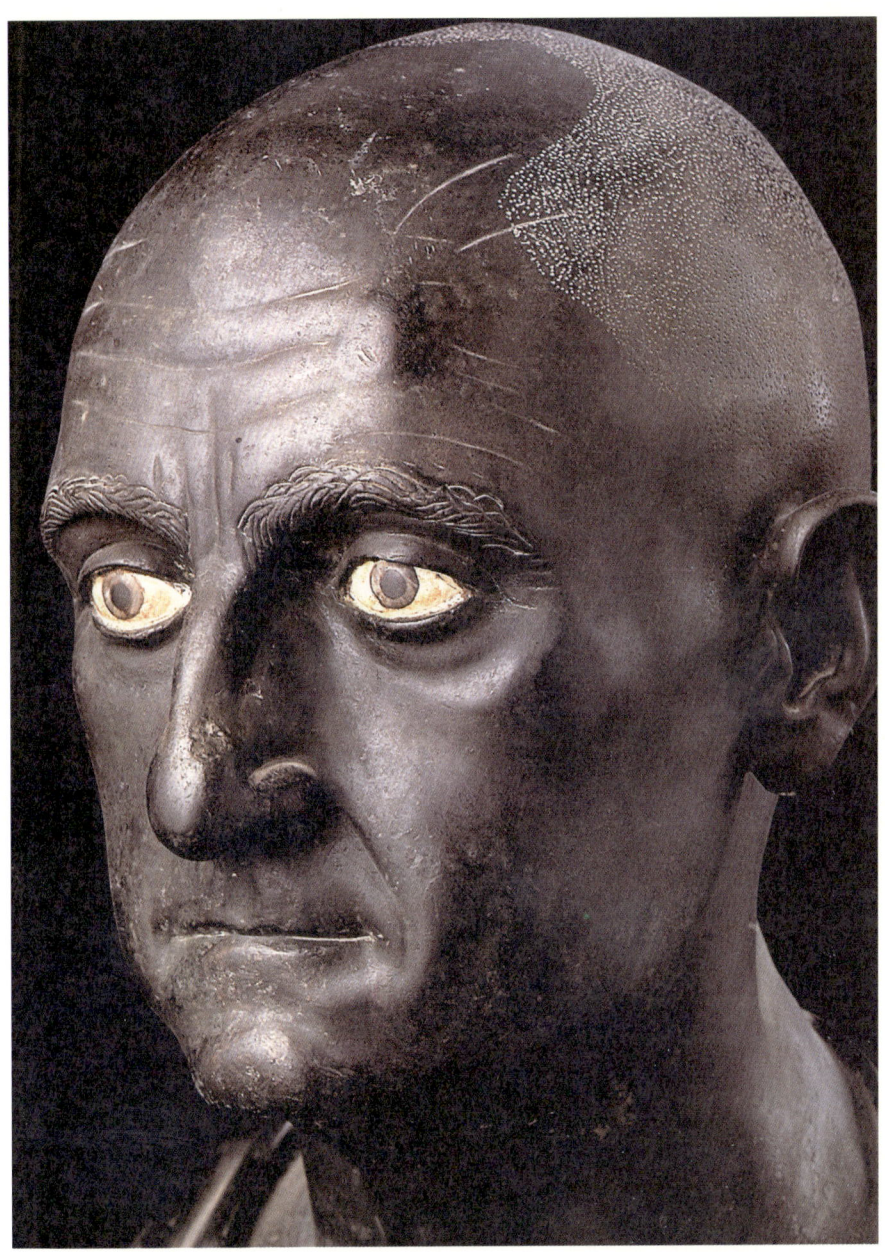

노(老) 스키피오
기원전 202년 한니발과의 자마 전투를 승리로 이끌어 제2차 포에니 전쟁을 종결시킨 그는 이를 계기로 '아프리카누스'라는 칭호를 얻었다.

카틸리나를 탄핵하는 키케로
키케로가 카틸리나의 내란 음모를 폭로하고 이에 대한 신속한 대책을 제시하고 있다. 그의 폭로에 당황한 원로원 의원들이 우왕좌왕하는 가운데, 자신의 뜻에 동조했던 사람들이 모두 도망친 의원석에 혼자 남아 당혹스러움과 분노에 사로잡혀 있는 사람이 바로 카틸리나이다.

수사학의 대가이자 그리스 문화를 로마에 새롭게 재창조한 키케로
정치적으로 보수적인 색채가 강하지만, 그리스 문화를 로마 시대에 새롭게 접목시킨 인문주의자로서 그의 역할은 지대했다. 『연설가에 대하여』 『의무론』 등 많은 저술을 남겼다.

로마가 낳은 위대한 정치가 카이사르
카이사르는 갈리아 지방 정복 등 많은 정복활동을 통해 로마 영토를 넓혔으며, 그곳에 사는 이민족들을 효율적으로 복속시켰다. 기원전 49~46년의 내전에서 승리한 뒤 딕타토르(독재관)에 올라 여러 개혁정책을 추진했으나 귀족들에게 암살당했다. 그는 다양한 능력을 소유한 인물로도 잘 알려져 있는데, 특히 『갈리아 전기』의 저술은 그를 역사가로도 기억하게 한다.

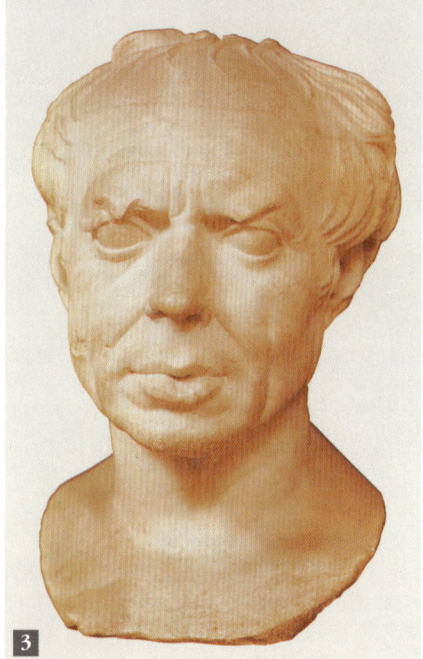

1. 독재자이면서 개혁가였던 모순된 정치가 술라
마리우스와 군사적 동지로 출발했으나, 몇 차례 마찰로 정적이 되기도 했다. 그는 자신이 가진 모든 권력을 동원하여 무너져가는 귀족계급을 되살리고자 개혁을 시도했지만 한계가 있었다. 로마 역사상 최초의 전면적인 내전(기원전 88~82년)에서 승리를 거둔 인물로도 알려져 있다.

2. 무능력한 황제 네로
열일곱의 어린 나이에 황제에 오른 네로는 초기에는 세네카 등의 조언을 바탕으로 선정을 베풀었으나, 통치 후반기에 이르러서는 방탕한 생활을 했으며 정치적으로도 무능력했다. 자살로 자신의 생을 마감한 그는 율리우스 클라우디우스 황가의 마지막 황제가 되었다. 예술적 자만에 도취된 무책임한 행동뿐만 아니라 어머니와 아내를 살해한 패륜아, 기독교를 탄압한 악한 황제로도 역사에 남았다.

3. 콘술을 일곱 차례나 지낸 마리우스
군인으로서는 성공했으나 정치가·연설가로서는 미흡했던 마리우스. 옛 군대 병사의 지지를 기반으로 얼마만큼의 정치적인 성공을 거둔 대표적 인물로 꼽힌다.

'팍스 로마나'의 정치가 아우구스투스
기울어가는 로마 공화정을 뒤로 하고, 새로운 군주정 체제(로마 제정 시대의 개창)를 연 아우구스투스는 번창하는 교역과 편리한 교통을 바탕으로 이후 몇 세기에 걸친 로마 제정 시대가 평화와 안정을 구가하는 기틀을 마련했다. 유대교와 기독교가 널리 번창한 때도 바로 그가 집권하던 시기였다.

로마 전경
콘스탄티누스 황제가 밀비우스 다리 전투에서 승리하고 나서 몇 년이 흐른 4세기 중반의 로마를 보여준다.

■머리말

 역사의 아버지로 알려진 헤로도토스를 필두로 투키디데스·폴리비오스의 역사책들은 『역사들』(Historiai)이라는 제목으로 되어 있고, 그들은 각기 페르시아 전쟁, 펠로폰네소스 전쟁, 포에니 전쟁을 대상으로 삼아 여러 가지 이야기를 기록했습니다. 그래서 그들의 책들은 주로 전쟁이나 정치를 다루었기 때문에 영웅적인 행동을 한 개인들을 찬미하는 경향이 강하게 나타났습니다. 그뒤의 역사서들은 이들과 대동소이했습니다. 그러다가 플루타르코스는 아예 비슷비슷한 그리스인과 로마인을 한 쌍으로 묶어 위인의 전기를 쓰고 비교하는 저서를 내놓았습니다. 18세기 기번의 『로마 제국 멸망사』도 영웅을 중심으로 한 역사 이야기라고 생각하면 됩니다.
 19세기에 랑케가 현대 역사학을 확립한 뒤에도 역사에서 개인을 위주로 연구하는 관행은 크게 달라지지 않습니다. 주로 국가 중심의 정치·외교·국방이 역사 연구의 주류를 이루었기 때문입니다. 역사 연구에서 개인보다는 보통 사람, 즉 대중을 대상으로 해야 한다는 목소리는 마르크스에게서 처음 터져나왔고, 20세기 초반 프랑스를 위시하여 독일·영국·미국 등지에서 유행하기 시작한 '사회사' 연구에서 본격화하기 시작합니다. 사회를 중심으로 역사를 보다 보니, '개인'보다는 '집단'을 연구 대상으로 삼게 되는 것은 지극히 당연한 일이었으며, 바로 이것이 사회사 연구의 공헌이라고 하겠습니다. 로마 공화정에서 제정으로 넘어가는 제2차 삼두정치를 종래에는 문자 그대로 안토니우스·옥타비아누스·레피두스 3인의 카이사르과 장군들의 정치적 결단으로 보았지만, 최근의 연구는 오히려 로마 군대가 역사의 주체로서 3인의 장군을 그들의 열망을 달성하는 꼭두각시로 삼았다고 봅니다. 여기서 비로소 우리는 이 시대의 역사에 대한 균형적인 인식에 도달하게 됩니다.

1980년대에 이르러 역사학은 대내외적으로 언어기호학이나 문화인류학·문화시학의 각종 주장 그리고 문화사니 일상사니 미시사니 심성사니 하는 '포스트모던' 역사이론의 공격을 받게 됩니다. 초기에는 당혹해했던 역사학계도 이제는 새로운 이론에서 받아들일 것은 받아들여 오히려 '모던' 역사를 더욱 알차게 엮어가는 방향으로 나아가는 실정입니다.

'포스트모던적' 역사이론이 '프리모던'과 '모던' 역사이론에 크게 기여한 바가 무엇인가 하고 묻는다면, 저는 주저없이 역사는 사실에 입각한 것이고 시학(다른 말로 문학·소설·예술)은 허구에 입각해 있다는 경계선을 허물어뜨린 데 있다고 주장할 것입니다. 인간의 과거사가 역사라면, 인간의 과거사는 액면 그대로 그 전체가 다 기록된 '사실'로서 남아 있지 않기 때문입니다. 사실과 사실 사이의 틈들을 역사적 상상력으로 메워나가야 합니다. 이런 의미에서 헤이든 화이트의 역사는 문학이고, 그린블랫의 역사는 문화시학이며, 로티의 역사는 철학이라는 말에 어느 정도 공감하게도 되는 것입니다.

그러나 주의할 점이 하나 있습니다. 율리우스 카이사르에게는 평민파인 마리우스에게 시집간 누님이 한 명밖에 없었습니다. 그런데도 불구하고, 귀족파의 정치적 지지도 얻기 위하여 카이사르의 아버지가 딸을 하나 더 만들어 술라에게 시집보냈다는 소설이 있는데, 이야말로 허구에 입각한 소설입니다. 이러한 것은 결코 역사가 될 수 없습니다.

그런데 포스트모던적 역사 이해의 원조로 흔히 언급되는 사람이 바로 프리드리히 니체입니다. 니체는 역사가 사람들의 삶에 얼마나 필요한 것인지 명쾌하게 지적하면서 그 한 가지 예로 위인의 전기를 읽을 것을 강력히 추천했습니다.

서양 고대에는 유별나게 특출한 인물들이 많이 알려져 있습니다. 최신 연구업적들을 반영하여 서양의 고대 인물들을 새로이 총체적으로 생각해보는 하나의 장을 마련해보는 것이 어떻겠느냐는 의견이 나와 서양고대사를 전공하는 우리나라의 거의 모든 학자들이 모여 이 책을 꾸며보았습니다. 훗날 좀더 많은 인물들이 첨가되기를 기대해봅니다.

2006년 8월
서울대학교 명예교수
허승일

【차례】

머리말　　17

제1부 고대 그리스

약사(略史) 고대 그리스의 궤적●김창성　　25
테세우스 신화와 역사 사이●강대진　　41
리쿠르고스 스파르타의 입법자●윤진　　63
헤시오도스 서양 최초의 '정의'의 제창자●백경옥　　75
솔론 채무를 말소한 현자(賢者)●최자영　　90
페이시스트라토스 정치개혁보다 문화를 장려한 선동정치가●문혜경　　115
클레이스테네스 베일 속에 가려진 정치가●류연승　　132
테미스토클레스 살라미스 해전의 영웅●변정심　　164
페리클레스 민주정치의 완성인가, 독재의 가면인가●김창성　　188
이소크라테스 아테네의 실천적 지식인●김봉철　　209
데모스테네스 수사(修辭)의 전설●김헌　　229
알렉산드로스 헬레니즘 문명의 창시자●조현미　　250
갈레노스 고대의학의 완성자●성영곤　　272

제2부 로마 공화정

약사(略史) 로마 공화정기 지중해 세계를 풍미한 인물들●**차전환**	291
로물루스 로마 최초의 CEO●**김창성**	310
한니발 바르카 로마가 만든 신화, 카르타고의 명장●**차영길**	334
노 카토 국가를 위해 자신과 타인에게 엄격했던 정치가●**차전환**	353
스키피오 아프리카누스 로마를 구한 비운의 영웅●**차영길**	374
가이우스 플라미니우스 로마 평민의 참대변인●**김경현**	394
티베리우스 셈프로니우스 그라쿠스 로마 혁명이 시작되다●**허승일**	414
가이우스 셈프로니우스 그라쿠스 '형만한 아우 있다'●**허승일**	431
가이우스 마리우스 영원한 군인, 로마의 1인자●**김영목**	449
루키우스 코르넬리우스 술라 공화국보다 권력을 더 사랑한 공화주의자●**강성길**	479
카틸리나 콘술 자리를 노린 음모가인가, 인민의 대변자인가●**김영진**	502
마르쿠스 툴리우스 키케로 로마 공화정의 마지막 '대부'●**허승일**	519
폼페이우스 마그누스 떠오르는 태양, 지는 태양●**김덕수**	536
카이사르 왕이 되고자 열망하다가 죽어서 신이 되다●**김덕수**	554
푸블리우스 클로디우스 풀케르 최초로 곡물 무상배급한 귀족 출신 호민관●**김칠성**	576
안토니우스 권력도 사랑도 잃은 로마인●**김덕수**	592

제3부 로마 제정

약사(略史) 팍스 로마나의 인간과 역사●**김덕수**	617
아우구스투스 로마 제국의 일인자가 된 옥타비아누스 이야기●**배은숙**	638
네로 절대권력을 꿈꾼 예술가 황제●**안희돈**	657
베스파시아누스 로마 최초의 기사 신분 황제●**안희돈**	673
디오클레티아누스 쓰러져가는 로마 제국의 구원자●**정기문**	689
콘스탄티누스 서구 세계를 기독교 문화로 개종시키다●**조인형**	709
율리아누스 최후의 이교 황제●**최혜영**	735
오도아케르 서로마 제국의 멸망과 중세의 시작?●**김병용**	759
헤로데 대왕 심장은 이두메인, 정신은 로마인●**최창모**	770
퀸틸리아누스 고전수사학의 완성자●**안재원**	792
마르쿠스 비트루비우스 폴리오 　　　　고대 건축의 금자탑을 쌓은 건축의 아버지●**김칠성**	812
호라티우스 사비눔에서의 우정과 행복●**김진식**	829
성 아우구스티누스 하나님의 진리를 향한 열정●**정기환**	840

용어 해설　863
필자 소개　895

제1부
고대 그리스

약사(略史) · 김창성 |
테세우스 · 강대진 |
리쿠르고스 · 윤 진 |
헤시오도스 · 백경옥 |
솔론 · 최자영 |
페이시스트라토스 · 문혜경 |
클레이스테네스 · 류연승 |
테미스토클레스 · 변정심 |
페리클레스 · 김창성 |
이소크라테스 · 김봉철 |
데모스테네스 · 김 헌 |
알렉산드로스 · 조현미 |
갈레노스 · 성영곤 |

약사(略史)

고대 그리스의 궤적

● 김창성(공주대 교수 · 서양고대사)

'그리스'라는 말은 로마인들이 지어낸 말이다. 남부 이탈리아에 있던 그리스 식민도시국가들을 전체적으로 일컬어 마그나 그라이키아, 즉 대(大)그리스라고 불렀던 데에서 나온 명칭이다. 그리스인들은 스스로 헬레네스(Hellenes), 즉 헬렌(Hellen)의 자손이라고 불렀다. 그러므로 오늘날에도 그리스의 정식 국호는 엘레니키 데모크라티아(Elleniki Democratia), 즉 헬레네스 민주정이다. 이처럼 그리스인은 헬렌의 자손이라는 명칭에 집착하고 있다. 이런 공식명칭이 있는데도 우리는 '희랍어'라는 표현을 제외하고는 그리스라는 라틴-영어식 표현을 고수하는데, 이는 더 이상 그리스인의 언어가 보편성을 확보하고 있지 못한 실정을 보여준다.

그리스의 역사를 제대로 기술할 수 있을까? 이와 관련해서는 크게 두 가지 문제를 제기할 수 있다. 하나는 그리스인들이 하나의 민족을 이루었다는 것을 부정할 수는 없지만, 그 민족성은 지역이라는 테두리 안에서 이루어진 것이 아니라는 점이다. 오히려 그리스어라는 언어 · 종교 · 혈통 · 관습에 따라 그 민족성을 결정지은 것이다. 그러므로 그리스의 역사를 기술하려면 이런 특징을 공유한 사람들에 의해 전개된 성과를 중심으로 추적해야 하는데, 이렇게 본다면 그리스 본토는 물론이고 지중해의 서쪽 끝까지, 흑해 연안과 이집트 그리고 북아프리카 연안을 조사해야 할 것이다.

또 하나의 문제는 그리스 본토에만 150여 개의 국가가 있었다는 점이다. 그 시대에는 폴리스라는 국가형태가 보편적이어서 오늘날의 영역국가나 연방국가의 개념은 생각할 수 없었다. 이 상태는 오랫동안 지속되었다. 따라서 그런 국가들이 어떤 상태에 있었는지를 기술하는 것은 방대한 세계사를 기술하는 것이다. 그러나 각각의 상태를 알려주는 문헌사료는 아테네와 스파르타에 관한 것이 유일하다고 할 것이다. 그래서 우리에게는 두 국가의 관계가 그리스 역사의 전부인 양 소개되어 있다. 이처럼 우연적인 요소가 역사 내용을 좌우한다는 점을 염두에 두고 우리는 그리스의 역사를 보아야 할 것이다.

일반적으로 역사시대와 선사시대를 가르는 기준은 역사 서술의 유무이지만, 문화적으로는 청동기시대 이후에는 대체로 문자 기록이 남아 있기 때문에 이것이 기준이 된다. 이런 기준에 따르면 청동기문화를 꽃피웠던 키클라데스 문명, 미노스 문명, 미케네 문명을 역사의 시작으로 볼 수 있다. 먼저 키클라데스 문명은 기원전 3200년경 키클라데스 제도와 크레타에서 시작되어 기원전 2800~2300년에 유행했는데, 그 시기가 이집트나 메소포타미아 문명에 비해 그리 멀지 않은 덕분에 유럽의 독자적인 문명이 있었다는 증거를 찾을 수 있다는 기대감에서 유럽의 고고학자들에 의해 활발한 연구가 이루어지고 있다. 그러나 일반적으로 기원전 2000년경에야 그리스어를 말하는 이주자들이 도래한 것으로 보아, 키클라데스 문명을 유럽의 기원으로 볼 수 있을지는 의문이다.

이들 그리스어를 말하는 족속이 도래한 뒤에 일어난 문명은 미노스 문명인데, 크레타에서 출발하여 에게 해의 도서지방으로 전파되었다. 이 문명이 전성기에 이른 시기는 기원전 1750년부터 약 50년 동안이다. 이 문명은 그 뒤 큰 위기를 맞이하게 되는데, 기원전 1525년 산토리니(티라) 섬의 화산 폭발로 섬의 대부분이 날아가버린 것이다. 최근의 연구에 따르면 이 충격은 거대한 쓰나미를 불러오게 되어 도서지방의 저지대에 사는 사람들 대부분이 몰사했다는 주장이 제기되고 있다.

이런 여파 때문인지 기원전 1450년경 크레타 섬에 침입한 미케네인에 의해서 크노소스가 점령당하고 만다. 미케네 문명은 그리스 본토에서 일어나 도서지방에 영향을 끼쳤으며, 기원전 1600년경에 전성기를 맞았다. 이 문명을 향유한 그리스인들은 선문자 B를 사용했는데, 판독에 따르면 이는 그리스어라는 사실을 알 수 있다. 기원전 1250년경에는 그리스 본토와 쟁패하던 트로이가 멸망하며, 곧이어 1200년경에는 미케네 문명도 무너지고 만다. 그 뒤 그리스 반도에는 암흑시대가 도래하였다.

흔히 잘 알려져 있는 미노타우로스 신화는 미노스 문명의 마지막 단계로 생각된다. 현대 그리스를 대표하는 소설가 니코스 카잔차키스의 소설을 통해서 보면 이 신화의 주인공인 아테네의 테세우스는 크레타의 압제에 대항하여 아테네의 독립을 얻은 투사로 간주된다. 그러나 고고학자들은 아테네에 성채가 건설된 시기를 기원전 13세기로 보고 있어서, 미노타우로스의 전설과 테세우스의 연결은 다소 어려운 문제가 있다. 게다가 테세우스에 의해 시노이키스모스, 즉 집주현상이 이루어져 폴리스가 형성되었다는 이야기는 사실상 이 시점에서는 확인할 수 없으며, 적어도 기원전 8세기 이후에야 가능하다. 이 책에 소개된 테세우스를 통해서 그런 이야기를 낳은 시대상을 찾아볼 수 있을 것이다. 특히 테세우스의 행적은 그 무렵 전개된 사회상이나 세계인식을 보여준다는 점에서 소중한 가치가 있다.

암흑시기가 끝나고 그리스 반도에는 획기적인 변화가 일어난다. 문화적으로는 철기문화가 본격적으로 도입되고, 사회적으로는 남자 가장이 가정의 주인이 되는 현상이 보편화된다. 더욱이 놀라운 것은 이러한 사회 현상을 압축적으로 보여주는 신화체계가 호메로스와 헤시오도스에 의해 완성된다는 것이다. 그리스의 알파벳이 보급된 지 얼마 안 되어 이런 거대한 신화가 하나의 완결된 작품으로 완성되었다. 호메로스의 『일리아스』는 일리온에 관한 이야기라는 뜻인데, 일리온은 트로이의 옛 명칭이므로 트로이에 관한 이야기라는 뜻이 된다. 또 하나의 작품 『오디세이아』는 전쟁의 영웅 오디세우스가 고향으로 귀환하는 과정에서 겪는 무용담을 기술한 것이다.

　이 두 작품은 암흑시대의 사회상을 보여준다는 점에서 귀중한 사료로 볼 수 있는데, 중요한 점은 당시의 정치구조를 알려준다는 것이다. 특히 왕과 귀족 그리고 민회로 이어지는 그리스 정치구조의 일반화된 형태가 시가(詩歌)형태로 표현되어 이들의 관계가 진솔하게 그려져 있다. 최고의 신 제우스와 나머지 신들의 관계는 왕과 귀족의 관련을 보여주고, 오디세우스가 귀환 도중에 들른 파이아키아국에 13명의 왕이 있었다는 기술은 일반적인 정치구조를 보여준다. 즉 동방식의 절대군주 이미지는 없어지고, 귀족과의 역학관계 속에서 파악되는 정치구조와 그 의식이 반영되고 있는 것이다.

　헤시오도스의 작품은 신화를 체계화하고 있다는 점에서 중요하다. 신화의 체계화는 사회의 계서제를 반영한 것으로, 남성 우위의 사회로 전환했다는 사실을 보여준다. 그에 따른 질서의식이나 세계관의 변화를 잘 반영하는 작품이라는 면에서 헤시오도스의 작품은 잘 분석될 가치가 충분하다. 그의 작품에서는 귀족 중심의 사회를 엿볼 수 있는데, 그들의 정의관·가치관이 사회 속에서 자연스럽게 형성되었음을 보여준다. 그런 여유와 위계질서는 바로 이를 뒷받침할 제도, 즉 노예제가 정착되었기에 가능한 것이다. 우리가 그 작품을 통해 알 수 있는 부자간의 갈등이나 혼인관계 등에 대한 정보는 이런 사실을 뒷받침한다.

　고대 그리스의 역사는 상고기, 고전기, 헬레니즘 시기의 세 단계로 나누어볼 수 있다. 흔히 클래시컬(classical)이라고 표현하는 시기는 기원전 5~4세기를 말하며, 이 시기의 문화적 업적은 후대 서양문명의 전범이 될 만하다. 그러나 그렇게 표현한 것은 다소 편견에 치우친 느낌을 주며, 상고기나 헬레니즘기도 나름대로 중요한 역사적 의미가 있으므로 우리가 어느 시대만을 강조할 이유는 없다고 본다.

　상고기는 영어의 아르카익(archaic)이라는 말을 번역한 것인데, 이 말은 시작·시초를 뜻하는 그리스어 아르케(arche)에서 나왔다. 흔히 미술사가들이 이 시기 미술의 특징을 고졸(古拙)이라는 말로 표현한 데에서 고졸기라는 말로 번역되는데, 이는 고전기만을 중시한 편견의 산물이다. 상고기에는 폴리스라는 형태의 국가와 새로운 정치체제가 등장했으며, 중갑보병에 의한 밀집방진부대의 군사전술이 도입되었다. 뿐만 아니라 미술에서는 이집트의 영향에서 벗어나려는 시도가 전개되기도 하였다. 그러나 이러한 부흥의 시대적인 흐름은 아직 방향이 정해지지 않았다.

 헤로도토스에 따르면 국가의 부가 늘고 강성해짐에 따라 여러 폴리스 국가에는 티라노스(tyrannos), 즉 참주라고 번역되는 정치형태가 출현한 것을 알 수 있다. 이전에 국가의 지도자 명칭은 바실레우스였는데, 이 새로운 명칭의 지도자는 경험해보지 못한 새로운 사태를 반영하는 것이었다. 이런 참주가 등장한 원인은 대개 두 가지로 본다. 하나는 암흑기 민족이동 시기에 정복당한 자들이 불만을 품자 이를 이용하여 참주가 되었는데 대표적인 예가 시키온의 참주 클레이스테네스이다. 또 새로운 전술이 도입되면서부터 이제 평민들의 위상도 매우 높아진 데 비해 정치권력은 귀족이 독점하고 있었다. 이 불만을 이용하여 참주가 되는 사례도 나타났는데, 아르고스의 참주 페이돈(Pheidon)이 이와 관련된다. 그렇지만 완전한 의미의 중갑병전술이 도입되는 시기는 기원전 650년경으로 추정되므로 후자의 경우는 적어도 이 시기 이후의 일이라고 할 수 있다. 이 같은 참주의 등장은 어느 하나의 원인으로 설명하기는 곤란하다. 두 요인이 다른 요인들과 결부되어 있었고, 이는 잠재되었던 사회의 갈등이 표면화된 것을 뜻하기 때문이다. 참주정치의 시대는 국가의 과도기를 의미하며, 앞으로 어떤 방향으로 국가가 발전할 것인지는 입법자라고 불리는 선각자들의 몫이 되었다. 대표적인 예가 스파르타의 리쿠르고스이며, 아테네의 솔론이라고 하겠다.

 스파르타는 군국주의의 길을 택하였다. 피정복민에 비해 수적으로 10~20 대 1의 열세를 보인 스파르타 시민으로서는 피정복민에게 동등한 권리를 부여하지 않는 한 불가피한 선택이었다. 원래 스파르타는 국가명이 아니다. 국가명은 라케다이몬이다. 이 국가의 구성요소는 스파르타 시민 외에도 주변인이라고 번역되는 페리오이코이, 그리고 잡힌 자라는 말에서 유래한 헤일로타이다. 페리오이코이는 참정권은 없었으나 자치를 허용받았고, 이들은 주로 상공업 등에 종사한 것으로 보인다. 헤일로타이는 국가노예로, 개인적으로 특정한 시민의 토지에 대한 경작 의무를 지고 있었다. 이들은 스파르타 시민의 경제적 유익의 근원이라 할 만하다. 이들의 노동이 없었다면 스파르타의 군사제도나 교육이 이루어질 수 없었기 때문이다. 다른 각도에서 보면 시민은 노동에서 해방되는 계기가 마련되었으니, 고대인들의 철학적 사유에서 스파르타는 하나의 전범이요 이상이 될 만했다.

이러한 국가체제가 정립된 것은 바로 리쿠르고스라는 입법자의 공로다. 이 책에 소개된 리쿠르고스는 그 명성에 견주어 잘 알려진 내용이 지극히 단편적이고 시기도 매우 모호한 면이 있다. 그러나 사회적인 문제를 해결하고 스파르타 나름의 독특한 체제를 만들어 훗날 페르시아의 간담을 서늘하게 하고 나아가 아테네를 제압해 그리스 세계의 패자로 성장할 수 있었던 것은 그에게서 비롯하는 것이며, 오늘날 그의 업적을 반추할 필요가 있는 것이다.

그렇지만 스파르타의 성공은 실패의 원인이 되기도 했다. 이들의 아킬레스건이었던 피정복민, 즉 메세니아인은 여러 차례에 걸쳐 반란을 일으켰다. 스파르타는 기원전 5세기 이들의 반란을 진압하기 위해 아테네의 힘을 빌려야 했다. 이들을 자신의 체제로 흡수하지 못한 채 기원전 4세기에는 메세니아인들이 테베에 의해 해방되는 것을 보고 있어야만 했다. 3세기에는 아기스 3세와 4세가 노력했는데도 토지의 집중을 막지 못함으로써 다시는 군사적인 위력을 회복하지 못하였다. 마침내 라코니아에 남아 있던 헤일로타이는 기원전 192년 스파르타 최후의 왕 나비스에 의해 해방되어 소멸되기에 이른다.

또다른 길은 아테네에서 발견된다. 아테네의 입법자는 솔론인데, 귀족가문 출신인 그는 아테네의 위기를 수습하는 임무를 떠맡게 된다. 귀족들의 추대에 따라 기원전 584년 아테네의 최고 관직인 아르콘직에 올랐을 뿐 아니라, 그에게는 전권을 위임했다는 의미에서 조정자라는 직함이 부여되었다. 무슨 일이 있었기에 그에게 이런 권한이 위임되었을까? 일반적으로 이 상황을 전문용어로 스타시스(stasis)라고 하는데, 이 말은 단지 상태를 뜻한다. 이런 중립적인 말로써는 그것이 혁명인지 내분인지 우리는 판단하기 어렵다. 솔론은 다행히 자신의 치적을 시로 남겼으며, 그것이 아리스토텔레스의 글에 기록되어 있다. 이를 토대로 추론해보면, 빈부간의 문제가 심각해졌다는 것을 알 수 있다. 특히 헥테모로이라는 단어나 노예로 전락했다는 내용을 보면 그것이 심각한 문제였다는 사실을 알 수 있다. 그 시에서 그는 또한 토지의 해방을 이야기한다. 이 점에서 아테네의 위기를 초래한 것은 토지집중의 문제였음을 보여준다. 이런 내용을 통해 스타시스는 곧 혁명전야와 같은 심각한 위기였음을 감지할 수 있다.

그러나 의문점도 있다. 왜 몰락했으며, 몰락한 농민이 어떻게 귀족에게 위협이 될 수 있을까? 전자와 관련해서는 솔론이 취한 정책 가운데 세이삭테이아를 분석해볼 필요가 있다. 이는 '흔들다'라는 뜻에서 나온 단어로 부담을 제거하였다는 의미로 해석한다. 어떤 부담이었을까? 이와 관련해서는 일치된 견해가 없다. 일반적으로 부채가 문제였고 이 부채를 말소한 것이 그 정책의 목표였다고 본다. 사전에 이 개혁을 알게 된 솔론의 지인들이 빚을 내고 이를 갚지 않음으로써 치부했다는 말이 있는데, 이는 한번쯤 비판이 필요한 사항이다.

다른 한편 그것을 이자율의 제한이라고 보는 견해도 있다. 이런 견해를 가진 사람들에 따르면 다른 폴리스에서와 같이 아테네에도 소작인 계층이 있었는데, 아테네의 경제수준이 높아지면서 이들 빈민이 상대적인 빈곤을 느끼고 불만을 품게 되었다는 것이다. 솔론은 그들의 요구에 따라서 소작료율을 조정했다고 본다. 이렇게 본다면 세이삭테이아는 그렇게 급진적인 사회개혁으로서의 의미를 상실한다. 부채로 몰락했건 아니면 소작인의 처지에서 헤어나오지 못했건 이들이 귀족에게 도전할 수 있었을까? 아마도 그랬을 가능성은 없는 듯하다. 그러나 이들의 불만을 등에 업고 기존의 세력판도를 바꾸어놓을 인물이 출현할 가능성은 충분하였다. 아테네 귀족이 이웃의 여러 나라에 등장한 참주와 관련한 지식이 없었을 리 없다. 참주의 등장은 아마도 귀족에게는 악몽이었을 것이다.

솔론의 등장은 이런 점에서 전환기의 모습을 잘 보여준다. 이 책에서 그에 관해 서술한 장을 보면, 그의 개혁이 사실상 아테네 국가의 뼈대를 갖추는 과정이라는 것을 알 수 있다. 광범위한 내용이 법으로 제정되고 그뒤 지속되었기 때문이다. 이 중에서 중요한 것을 하나 언급하자면 재산의 규모에 따라 신분을 재조정한 것이다. 1년간의 수익에 따라 500메딤노스급, 기사, 자영농, 빈민의 네 신분으로 차별화하였다. 이 재산의 규모는 각각 정치적인 권리를 행사할 수 있는 자격이 되었을 뿐 아니라, 또한 의무도 부과하였다. 이를테면 제1등급인 500메딤노스급은 가장 재산이 많을 뿐 아니라 최고의 관직에 오를 수 있었는데, 오늘의 재무장관인 국고관리직이 그들에게 개방되었다. 그러나 이 직책을 수행하는 동안 국고에 문제가 생기면 그 손실을 개인이 부담하였다. 빈민의 경우 1년 소출이 200메딤노스 미만인 자들이 여기에 속하는데, 민회에서 투표할 권리 정도만 있었으며 그 대신 병역과 직접세를 면제받았다.

한마디로 솔론이 만든 제도는 오늘날 의무를 진 귀족, 즉 노블레스 오블리주(noblesse oblige)의 전형을 보여준다고 하겠다. 뿐만 아니라 이 제도는 신분을 혈통이 아니라 재산이나 능력에 따라 구분하였다. 전에는 에우파트리다이(eupatridai)라고 일컬어지는 귀족이 최고 신분이었으나, 일단 새로운 신분 기준이 적용되면서 하층민의 신분 상승 가능성을 열어놓았다. 실제로 한 비문은 빈민에서 기사 신분으로 상승한 예를 보여준다. 오늘날 이 솔론의 개혁을 높이 평가하는 이들은 이것이야말로 '닫힌 사회에서 열린 사회로'의 변화이며, 나아가 민주주의 사회의 기초를 마련한 것이라고 보았다. 훗날 아테네의 민주정이 꽃핀 것은 이런 방향전환과 깊은 관련이 있을 것이다.

솔론은 개혁입법을 단행한 뒤 바로 사임하고 국외로 나갔다. 이렇게 한 이유는 자신이 제정한 법을 개폐하라는 압력이 있었기 때문이다. 그가 없는 아테네는 정치적으로 혼미를 겪었다. 이를테면 최고관직인 아르콘 선거를 시행하지도 못한 해가 있었는데, 이와 관련하여 아나르키아, 즉 아르콘이 없는 상태라는 말이 조성되고 이 말이 영어에 전해져서 오늘날에는 무정부 상태(anarchy)를 뜻하게 되었다. 아울러 참주가 되려는 시도가 좌절되기도 하였다. 이 같은 정정의 불안은 솔론의 개혁이 미온적이었으며, 크게 보아 구조를 개혁하는 것이었기 때문에 즉각적인 효과를 나타내지 않았던 데에 그 원인이 있었다고 하겠다.

그러나 길게 보면 이는 탄탄한 토대를 마련하는 것이었다. 그때까지 국내 정치의 불안은 치러야 할 대가와 같은 것이었는데, 이 시기 문제의 근원은 지역주의였다. 당시 그리스는 크게 세 지역으로 구분되었는데, 평야를 중심으로 한 평야파, 해안을 따라서 해안파 그리고 산 너머 동부지역의 산악파로 파벌이 형성되었다. 정치주도권 쟁패는 앞의 두 파벌 사이에 벌어졌다. 평야파의 태두는 리쿠르고스였으며, 이들은 경제적으로 부유한 지주로서의 입장을 취했다. 해안파는 메가클레스가 주도했는데, 이들의 이해관계는 무역 또는 상업과 관련을 맺고 있었다. 산악파는 일반적으로 빈민의 이해관계를 반영한다고 보지만, 당시 소외된 동부지역을 대변하였다.

기원전 461년 산악파의 대변자로 페이시스트라토스가 등장한다. 그는 이웃나라인 메가라에 원정군을 이끌고 가 전공을 세우고 인기를 한 몸에 모았다. 이어서 경호원을 거느리는 것을 허용받은 그는 그 세력을 이용하여 아테네 정치의 구심점 아크로폴리스를 점령해 참주정치를 펼치려고 하였다. 이에 그 동안 반목하고 있던 평야파와 해안파가 손잡고 그를 몰아냈다. 페이시스트라토스는 잠시 해안파와 손을 잡고 복귀하기도 했으나, 추방당한 뒤 기원전 536년에는 군사력을 규합하여 아테네로 진격해 참주정을 이룩하고 기원전 527년 죽을 때까지 이를 지속한다. 나아가 참주정은 그 아들이 계승하여 기원전 510년까지 이어진다. 이 책에 실린 페이시스트라토스의 치적에 관한 평가는 그리 부정적이지 않다. 오히려 체제를 유지하고 국력을 신장시킨 공로를 인정하는 것이다. 이는 우리 식으로 말하면 개발독재의 시대적 필요성을 언급하는 것이라고 하겠다.

페이시스트라토스의 장남 히피아스가 참주를 계승한 뒤 귀족들이 대거 망명하는 사태가 벌어진다. 기원전 514년 참주의 동생 히파르코스가 동성애와 관련된 치정사건으로 살해당하고, 사건의 당사자인 하르모디오스와 아리스토게이톤이 처벌받는다. 참주는 이것을 반참주운동의 일환으로 파악하고 귀족에 대한 수색에 나서게 된다. 이 덕에 두 사람은 반참주운동의 효시로서 훗날 아테네의 영웅이 되었다.

이런 사정 때문에 망명하게 된 세력의 중심인물이 바로 클레이스테네스였다. 망명귀족들은 이듬해에 레입시드리온이라는 곳을 점령하여 반참주운동의 거점으로 삼으려 했으나 호응이 별로 없어서 실패한다. 귀족의 중심세력은 알크마이온 가문이었는데, 이들은 델포이 신전의 사제를 움직여서 스파르타로 하여금 아테네를 침공하도록 부추긴다. 마침내 기원전 510년 참주의 가족이 망명길에 오름으로써 참주축출운동은 성공하였다. 그러나 이 운동의 최고 공로자인 클레이스테네스는 아르콘 선거에서 동부의 이카리아 출신 이사고라스에게 불의의 패배를 당한다.

이에 클레이스테네스는 과감한 개혁안을 민회에 전격 제출하여 아테네 민주정의 제도적인 토대를 구축한다. 그 제도의 핵심은 부족제를 개편하는 것이었고 목표는 지역주의의 타파였는데, 이와 관련한 자세한 분석과 연구 동향은 이 책에 잘 소개되어 있다. 클레이스테네스의 개혁은 민주정치에 대한 신념에서 나왔다기보다는 자신의 세력기반을 확보하는 데 목적을 두고 있었다고 보는 게 맞을 것이다. 그러나 이 개혁으로 혈연에 기초한 귀족사회의 기반이 도전받고 데모스라고 불리는 민중의 참여가 진전한 것은 길게 보아 큰 의미가 있다.

이렇게 마련된 민주정치의 기반이 꽃피어가는 데에 큰 시련이 있었으니, 바로 페르시아와의 전쟁이었다. 당시 최강국 페르시아가 아테네라는 작은 나라에 관심을 쏟게 된 이유와 관련해서는 망명한 참주 일당이 이를 부추겼다는 설, 이오니아인들에 대한 지배 강화 및 예방전이라는 설, 제국주의적인 야욕에서 비롯하였다는 설 등 이런저런 논란이 있다. 어떤 의도에서였건 아테네를 비롯한 그리스 세계는 감당하기 어려운 파도를 만나게 되었다. 이에 대해서 어떻게 대처할 것인가? 다른 그리스 폴리스들이 대체로 항복하고 조공을 바치는 선에서 타협할 것을 주장했으나 아테네의 결연한 의지는 페르시아에 정면대항하게 만들었고, 마침내 그리스 세계의 승리로 귀결되었다. 이것은 서양이 세계사의 헤게모니를 장악한 최초의 사건이라고 보아도 좋을 것이다.

그러나 이런 결과를 낳기 위해서는 선각자들이 있었다. 그 중 하나가 마라톤 전투에서 이룬 작은 승리에 도취되었을지도 모를 아테네 시민에게 페르시아의 재침에 대비할 것을 역설하고 이를 실천에 옮기게 한 테미스토클레스였다. 그의 건함정책은 사실 기존의 국가 관념을 바꾸는 것이었다. 왜냐하면 이제까지 폴리스는 시민들의 주식회사로, 이익이 나면 같이 나누고 손해가 나면 같이 분담한다는 인식이 일반적이었다. 그러나 국유광산에서 나오는 세입으로 함대를 조직하고 항구를 요새화하는 한편 델로스 동맹을 조직하여 국제적인 공조에 나서는 것은 그때까지 그리스인들의 국가 관념에는 없던 것이었다. 우리가 그를 중시하는 이유는 전쟁에서 무용을 떨친 인물만이 아니라, 예견되는 변화에 대한 진정한 대안을 제시하고 실천한 인물도 영웅으로 부각시킬 줄 아는 성숙한 판단을 아테네인이 가지고 있었음을 확인할 수 있기 때문이다.

위기를 넘긴 아테네에서 열매를 맺게 된 것은 민주정치이고 고전문화였다. 여러 결함이 있다고는 하나 기원전 460년대부터 전성기를 누린 아테네 사회에서는 현대인도 달성하기 어려운 직접민주정이 실현되었고, 훗날 프랑스 혁명으로나 달성될 정치혁명이 이루어졌다. 민주정치를 최악의 정체로 보았던 식자들도 아테네의 경우는 잘되고 있다는 평가를 했으니 말이다.

이 민주정의 소용돌이 속에서 아테네를 잘 이끌고 나간 인물은 페리클레스이다. 이 책에서는 그를 수신제가 치국 평천하라는 범주로 나누어 평가해 놓고 있는데, 여기서 독자들은 여러 가지 흥미로운 점을 발견할 수 있을 것이다. 권위주의 속의 리더십은 사실 아무런 가치도 없다. 그곳에는 평가할 만한 기술이 없기 때문이다. 최근 우리가 겪고 있는 리더십의 부재는 민주정치에 걸맞은 지도자의 확보가 얼마나 어려운 일인지를 단적으로 보여준다. 그런 점에서 페리클레스의 인물됨은 현대인에게 호소하는 면이 많을 것이다. 독자들은 영원한 고전 그리스 비극이 이 시기에 활약한 3대 시인 아이스킬로스·소포클레스·에우리피데스에게서 비롯했다는 사실을 잊어서는 안 된다. 아울러 15년의 공사 끝에 완공된 파르테논 신전이 없었더라면 오늘날 고전문화의 진수를 시각적으로 확인하기는 어려웠을 것이다. 우리가 그리스 고전문화에 열광하는 이유도 따지고 보면 그것이 민주정치의 산물이라는 데에 있다.

아테네의 황금시기는 그 찬란함만큼이나 짧았다. 페르시아라는 파도를 넘었지만 스파르타와의 전쟁에서는 주저앉아버리고 말았다. 페리클레스는 전쟁 중에 죽고, 기원전 411년과 404년 2차에 걸쳐 민주정을 폐지하려는 과두정이 시도되기도 하였다. 이러한 시도 뒤에는 소피스트라는 운동의 영향이 있었다. 소피스트는 '현자'라는 뜻으로, 지금으로 말하면 직업적 논술교사라고 할 수 있다. 이들의 사상이 널리 확산될 수 있었던 것은 전문서적의 출판이 가능하고 이를 구매할 부유층이 있었던 덕분이다. 귀족들은 민주정이 무르익어감에 따라 소외되었다는 느낌을 받게 되었다. 아마도 곱게 자란 이들의 자제들은 대중연설을 효과적으로 할 수 없었던 것으로 보인다. 드디어 이들은 소피스트의 논리를 이용하여 반체제적인 논리를 수용하기에 이르렀다. 초기의 소피스트가 민주정의 이론을 제공했다면, 이는 어떤 의미에서 의식화된 반체제사상을 귀족들에게 각인함으로써 아테네의 위기를 가중시켰다고 할 것이다.

마침내 아테네가 스파르타에 무릎을 꿇음으로써 아테네 제국은 문을 닫는다. 아테네의 몰락은 군사적인 것만이 아니었다. 기원전 399년에는 가장 전형적인 아테네 시민 소크라테스가 독배를 마신다. 그 결과는 의미심장하다. 그는 철학의 시조로 영원히 살았지만 그를 죽게 한 체제, 즉 민주정치는 현대 이전까지 철학자들의 비웃음거리로 전락하고 만다. 이제 과거의 아테네는 없어졌다.

 기원전 4세기는 서양의 전국시대(戰國時代)였다. 아테네를 제압한 스파르타는 그만 자신이 맹주로 있는 동맹의 반발을 사게 되어 전쟁에 빠지고, 마침내는 테베에 패한다. 테베는 스파르타, 아테네 그리고 동맹국의 군대에 패하였다. 함대를 회복한 아테네는 다시 힘을 발휘하려고 했으나 역부족이었다. 그리스를 대표하던 3국이 이처럼 물고 물리는 이전투구를 계속하는 동안 동방에서는 페르시아가 여전히 강국으로 건재했으며, 새로운 그리스의 패자로 마케도니아가 부상하고 있었다. 중국에서 제자백가가 출현한 것과 비슷하게 이 시기 많은 사상가들과 논객이 천하를 다니면서 자신의 사상을 제시하였다. 서양철학사에서 주축시대(Achsenzeit)라고 하기에 충분하다.

 이 책에서는 이소크라테스와 데모스테네스 두 사람의 논객을 소개한다. 이소크라테스는 두 가지 과제를 안고 있었다. 하나는 그리스인들의 대동단결, 즉 범그리스주의를 제창하여 자멸적인 전쟁을 막는 것이었으며, 다른 하나는 아테네 폴리스 사회의 빈부문제 해결과 정체의 변화였다. 이와 같은 시도는 사실 필요하고도 절실한 것이었으나, 성공하지 못한 것과 관련해서는 결국 그리스 사회의 한계였다고 판단된다. 흔히들 그리스에는 민족주의가 없었다고 한다. 물론 그것도 중요한 원인이겠지만, 세계화된 그리스인들이 보기에 19세기적인 민족주의란 허구였을 것이다. 이 시기 아테네 사회의 진면모를 보여주는 것은 데모스테네스가 남긴 연설이었다. 이 연설은 상당수가 온존함으로써 당시 사회상을 보여주며, 아테네인의 수사학적 재능과 문화를 유감없이 드러내고 있다. 두 사람은 앞으로 전국(戰國)을 통일할 패자 마케도니아의 왕 필리포스를 달리 평가하였다. 전자는 범그리스주의를 이룰 수 있는 긍정적인 시각으로, 후자는 절대 반대해야 할 인물로 파악하였다. 그런 평가가 어떻든 현실세계에서 필리포스 왕은 기원전 338년 카이로네아 전투에서 그리스 연합군을 제압하고 패권을 장악하였다.

 기원전 336년 필리포스가 자신이 닦아놓은 길을 가보지 못하고 사망하자 아들 알렉산드로스가 대신한다. 그는 기원전 334년 정예화된 그리스군을 이끌고 그리스 동쪽의 세계를 10년간 원정하여 인도 서부지방에 도달하는 데 성공한다. 서양사상 최초의 거대 정복사업이어서 서양인들은 그에 대한 찬사와 영웅 만들기에 익숙해져 있으며, 또한 그의 인간적인 매력에 빠진 나머지 별 반감을 드러내지 않는다. 그의 업적과 영웅됨은 이 책을 볼 만한 독자들에게 너무나 친숙한 것이라 새삼스러운 성찰이 필요없을 정도이다.

기원전 323년 알렉산드로스의 죽음과 함께 제국은 해체되고 후계자들 사이에서 각축전이 재현된다. 시리아의 셀레우코스 왕실, 이집트의 프톨레마이오스 왕실, 마케도니아의 안티고노스 왕실이 유력한 존재로 떠올라 패권 경쟁을 벌였다. 이런 각축전은 서로의 힘을 소진하게 하는 데 기여했지만, 다른 세력들에게 기회를 주기도 하였다. 시리아로부터는 아시아 지역의 많은 소국가가 독립했고, 마케도니아에 대해서는 그리스의 여러 세력이 도전장을 내밀었다. 스파르타와 아테네의 도전이 있었고, 특히 아카이아 연맹과 아이톨리아 연맹이 위협적이었다. 그러나 이런 시도가 있긴 했어도 그리스가 마케도니아에서 해방된 것은 아니다. 그 목표를 도달하기에는 내부의 분열이 컸다.

이런 사정을 이용하여 부유해진 곳은 로도스 섬이었으며, 북아프리카에서는 카르타고가 해상무역과 농업에 기초를 두고 비약적으로 발전하고 있었다. 시칠리아 섬을 마주하고 또 하나의 강국이 성장하고 있었으니, 바로 로마였다. 오늘날의 로마 사가들은 만약 알렉산드로스가 로마로 방향을 돌렸더라면 로마는 없었을 것이라고 보기도 한다. 당시 그런 관심을 끌 만큼 발전하지 못했던 것이 로마에는 오히려 행운이었다.

이 같은 내부의 각축전이 심각하긴 했지만, 그리스 전체의 역량은 약한 것이 아니었다. 내부의 갈등에도 불구하고 사람들은 다양한 가치를 수용할 수 있었다. 제설혼합주의가 유행하고, 양식의 파괴도 있었다. 오늘날의 거대 시장과 같은 무대가 마련되어 사람들은 자본주의적인 방식을 지향했으며 불특정 다수를 위한 상품 생산도 가능하였다. 과학적 인식과 지리적인 안목도 폭이 넓어져서 그 성과가 오늘날 우리에게도 전해진다. 이러한 총체적인 생활의 변화는 문화로 표현되어 하나의 양식을 이루었다. 바로 헬레니즘 문화라는 것이다. 그들의 사고방식·생활·표현양식·언어·건축 등이 하나의 통일성을 이루면서 세계문화가 되었다. 그것은 문화권을 넘어 전파되어 동아시아 세계에까지 영향을 주게 된다는 점에서 간과할 수 없는 업적이다.

그렇지만 이 시대는 19세기 드로이젠이라는 학자가 나오기 전까지 고전기에 비해 폄하된 측면이 있다. 드로이젠이 보기에 폴리스 사회가 헬레니즘 사회로 변한 것은 자연 속에 육성된 세계가 찢겨져 다른 세계로 전이된 것이었다. 이런 변화는 이교의 고대인을 고독과 절망에 몰아넣음으로써 궁극적으로는 기독교의 출현을 예비한 것으로 파악되는데, 여기에 헬레니즘 시대가 지니는 진보적인 의미가 있다. 따라서 이런 조건을 만든 알렉산드로스야말로 세계정신의 구현자라고 드로이젠은 주장하였다. 드로이젠이 확립한 시대 개념으로서의 헬레니즘은 오늘날에도 유효한 개념으로, 문화사 개설서에 소개되어 있다. 오늘날 드로이젠의 평가는 별로 환영받지 못하겠지만, 적어도 어느 시대나 문화를 측정하는 잣대는 정해진 것이 없다는 점을 상기하면 충분할 것이다.

기원전 3세기 이러한 헬레니즘의 젖을 먹고 자란 민족은 로마인이었다. 로마인들은 드디어 자신의 힘을 세계에 과시하게 되었는데, 기원전 264년부터 기원전 134년까지 일련의 정복과정이 그들을 고대 지중해 세계의 마지막 패권자로 만들었다. 마케도니아를 비롯하여 그리스 전역이 로마의 지배를 받았다. 그리스인들이 이런 지배를 환영했다고 보는 것은 아마도 오판일 것이다. 세파에 시달려온 그리스인들의 처세를 그렇게 단순하게 볼 수는 없기 때문이다. 폴리비오스 같은 역사학자는 그리스가 로마에 정복당한 것은 숙명이며, 거기에는 로마 나름의 비밀이 있다고 파악하였다. 그러나 그리스사를 연구하는 현대 학자들은 로마의 지배를 부정적으로 본다. 그리스의 여러 폴리스는 그대로 두면 연방제 등 나름대로 질서를 회복할 수 있었을 시점에 로마가 침략하여 자생적인 발전을 방해하였다는 것이다. 타당한 주장이다.

그렇지만 로마가 아닌 다른 세력이 그리스 세계를 점령했더라면 그리스 문화는 온존하지 못했을 가능성이 크다. 로마인들은 일찍부터 남부 이탈리아의 그리스계 도시를 통해 그리스 문화를 알았고 또 좋아하기도 했기 때문에 생활면에서 많은 모방이 있었다. 그래서 카토 같은 인물이 그리스에 혐오감을 느꼈다는 것이 화젯거리가 되었던 것이다. 당시 지배층은 그리스어를 모국어처럼 구사했기 때문에, 키케로가 그리스에서 공부하는 데 언어의 문제가 있었다는 말은 없었다. 그의 친구는 아테네를 몹시 사랑하여 아티쿠스라는 이름을 갖고 있었다. 그리스 철학자들은 로마 시내를 활보하고 다니면서 자신의 철학을 강의할 수 있었다. 제정 로마 시대에는 그리스 고전기의 양식이 부활하기도 하였다. 그리스의 많은 조각들이 약탈 또는 모조를 통해 본토에서 로마로 흘러들어갔다. 그 덕에 수많은 고전기 작품이 보존되어 우리가 볼 수 있게 된 셈이다.

이 책에 소개한 갈레노스 같은 뛰어난 의사는 로마라는 풍토에서 성장한 위대한 인물이었다. 갈레노스의 사례와 업적은 거꾸로 로마 세계가 재능 있는 그리스인들에게 지평을 넓혀준 예라고 하겠다. 철학에서 위대한 인물 플라톤과 아리스토텔레스가 고전기 말에 나왔다면, 로마 제정기에는 위대한 그리스 의학이 갈레노스를 통해 완성되었다. 경험과학을 지향하는 현대 과학기술의 측면에서, 갈레노스는 아리스토텔레스보다 훨씬 더 현대적이라는 평가를 받고 있다.

테세우스

신화와 역사 사이

●강대진(건국대 강사 · 서양고전학)

아테네의 나라꼴을 잡은 것으로 알려진 테세우스는 신화와 역사의 경계에 서 있는 인물이다. 그는 헤라클레스보다는 약간 어린 동시대인으로 트로이 전쟁 이전에 살았던 사람이라고 되어 있다.[1] 역사서가 등장하기 훨씬 전 사람이니, 역사상의 인물이라고 하기 곤란한 면이 있다. 그렇지만 플루타르코스가 역사적으로 실재했던 인물들을 다루면서 그 중에 그의 생애도 넣어놓았으니 적어도 서기 2세기 사람들은 그를 실재했던 인물로 여긴 것 같다. 그는 19세기 역사학에서는 완전히 상상의 인물로 간주되었으나, 그뒤 고고학적 자료들에 의해 그리스 본토와 크레타 사이의 접촉이 확인되면서 다시 예전 지위를 찾아가는 듯하다. 필로스에서 발견된 점토판에서 테세우스로 읽을 수 있는 글자들(te-se-u)이 발견되어 더욱 그러하다. 만일 그를 정말 역사상 실존했던 인물로 본다면 우리는 그를, 미노타우로스 이야기에 비추어, 아마도 미노아 문명의 우위가 소멸해가던 시기에 놓아야 할 것이다.

나중에 아티케 전체의 영웅이 되긴 했지만 애당초 테세우스는 아테네 북

---

[1] 『일리아스』 1권 265행 이하에서, 노전사 네스토르는 자신이 젊었을 때 테세우스 등과 함께 켄타우로스와 싸웠던 일을 회상한다.

서쪽의 아피드나이와 마라톤 부근 영웅이었던 것으로 보인다.[2]

그의 생애를 보자면 전반부는 좀더 신화적인 쪽에 가 있고, 후반부는 그보다는 조금 더 역사 쪽으로 가 있다.

탄생과 성장

그의 생애 초반 이야기는 이렇게 시작된다.

테세우스는 아테네의 왕이었던 아이게우스의 아들이다. 이 왕은 아들을 매우 어렵게 얻었는데, 이미 두 여인에게서 아들 보기에 실패하고 델포이를 찾아갔단다. 항상 이해하기 어려운 신탁을 내리기로 유명한 이 신탁소는 왕에게도 마찬가지로 어려운 말씀을 내렸는데, 그 내용은 '집에 닿기 전에는 포도주 자루를 풀지 말라'는 것이다. 이 말이 무슨 뜻인지 몰라 왕은 현명한 자기 친구이자 트로이젠의 왕인 피테우스를 찾아간다. 친구는 그 말이 무슨 뜻인지를 알고는 그날 밤 아이게우스의 숙소에 자기 딸 아이트라를 들여보냈다. 그렇게 해서 생긴 아이가 테세우스였다. 아마도 델포이 신탁의 뜻은, 이제 곧 훌륭한 자손을 낳을 것이니 고향 땅에 가기 전에 다른 지역 여자에게서 아이를 만들지 말라는 것이었던 듯하다.

많은 신화상의 인물들이 그러하듯이 테세우스 역시 신의 자식이라는 얘기가 있는데, 그 아버지로 꼽히는 것이 포세이돈이다. 그가 아이게우스의 아들이라는 설과 포세이돈의 자식이라는 설을 절충하기 위해서인지 아이게우스와 포세이돈이 같은 밤에 아이트라와 결합했다는 얘기도 있다.[3]

---

[2] 『일리아스』에는 아테네 군대를 메네스테우스가 지휘하는 것으로 되어 있다. 테세우스의 아들 아카마스와 데모폰이 지도자로 나오는 것은 호메로스 이후의 서사시인 『일리온의 함락』과 『소 일리아스』 등에서다. 테세우스는 헬레네를 납치하여 아피드나이에 두었었다. 플루타르코스, 「테세우스」 31장 3절.
[3] 개명된 시대에 살았던 플루타르코스는, 외손자가 아버지 없이 자라는 것 때문에 혹시 나쁜 소문이 날 것을 걱정한 외할아버지가 이런 소문을 낸 것처럼 보고하고 있다(「테세우스」 6장 1절). 그러나 에우리피데스의 「히폴리토스」 887행 이하와 1315행 이하에 보

아이게우스는 아테네로 떠나면서, 바위 밑에 신표(信標)를 숨겨두고 갈 터이니 혹시 아들이 태어나고 그 바위를 들출 정도의 힘이 생기면 그 신표를 가지고 자신을 찾아오라 일렀다. 테세우스가 청년이 되자 아이트라는 그에게 바위를 들춰 물건들을 찾게 한다. 거기에서 나온 것은 샌들과 칼이었다.(동명왕의 아들 유리가 아버지를 찾아 떠날 때, 바위 밑에 숨겨진 칼을 가져간 것과 비슷하다.)

아테네로 가는 길

트로이젠은 바다를 사이에 두고 아테네를 바라보는 위치에 있다. 따라서 바다를 통하는 길을 택하면 금방 목적지에 다다를 수가 있다. 그러나 이 젊은이는 자기의 6촌 형뻘[4]인 헤라클레스를 무척이나 존경해서, 그를 본받아 세상의 악한 존재들을 퇴치하길 원했다. 더구나 자신이 아무 피도 묻지 않은 깨끗한 칼을 신표랍시고 가져간다는 것을 부끄럽게 생각했다. 그러니까 이 젊은이는 뭔가 명성이 될 만한 일을 하는 것이, 자신이 왕의 자식으로 인정받는 데 중요한 표징이 된다고 믿었던 것이다. 사실 이것은 자신의 정체를 인정받고자 하는 모든 이의 걱정거리다. 우리는, 산에 버려져 목자로 자라난 파리스의 경우에서도 비슷한 사례를 보게 되는데, 그는 운동경기에서 모든 적수를 물리침으로써 프리아모스의 아들로 인정받았다고 한다.

그래서 테세우스가 택한 길은 악한들이 우글거리는 위험한 육로였다. 그의 여정은 기대대로 전개된다. 그 길에는 적당한 간격으로 악당들이 배치되어 있었기 때문이다. (플루타르코스에 따르면 이때는 헤라클레스가 광기에 빠져

면 테세우스는 포세이돈의 아들이며, 그에게서 세 가지 소원을 빌 권한을 얻은 것으로 되어 있다.
4) 테세우스의 외할아버지 피테우스와 헤라클레스의 외할머니 리시디케는 둘 다 펠롭스의 자식으로, 남매지간이다(펠롭스-피테우스-아이트라-테세우스, 펠롭스-리시디케-알크메네-헤라클레스).

이피토스를 죽인 죄로 리디아의 여왕 옴팔레에게 팔려가 종노릇을 하고 있었기 때문에 이렇게 세상이 위험해졌다고 한다.)

테세우스가 상대한 악당들은 모두 도구를 하나씩 가지고 있다는 점이 특징이다.

첫 번째 상대는 가까운 에피다우로스(현재 그리스 문화권에서 가장 보존상태가 좋은 극장이 남아 있는 곳)에서 마주쳤는데, 몽둥이를 휘두르는 사나이 페리페테스였다. 그는 그 몽둥이로 지나가는 사람을 쳐 죽이고 물건을 빼앗는 악당이다. 테세우스는 페리테레스를 제압하고 그 몽둥이를 빼앗아 그 이후 자신이 그것을 가지고 다닌다.

테세우스가 첫 위업에서 앞으로 자신의 특징이 될 무기를 마련했다는 사실도 그렇고, 그 무기가 몽둥이라는 것도 모두 헤라클레스의 경우와 닮아 있다(헤라클레스는 그의 열두 가지 위업 중 처음 두 가지에서 앞으로 자신의 지물〔持物〕이 될 사자 가죽과 독화살을 얻었다. 그리고 몽둥이 역시 헤라클레스의 중요한 지물 가운데 하나이다). 사실 이러한 일치는 우연한 것이 아니다. 테세우스는 헤라클레스를 모범으로 삼아 거의 만들어진 영웅이기 때문이다. 그리스 전역에 유명한 이 헤라클레스가 아티케와는 적수인 도리스 출신이기 때문에, 아티케인들은 자신들만의 영웅을 새로 만들고자 했던 것이다.(특히 그가 아테네로 가는 길에 이루었다는 위업들은 6세기 말에 덧붙은 것으로 보이는데, 이들은 거의가 더 이른 시기의 것인 흑색상〔黑色像〕이 아니라 적색상〔赤色像〕 도기 그림에 나타난다. 한편 우리는 두 영웅을 비슷하게 만들려는 의도를 델포이의 아테네 보물창고에서도 확인할 수 있다. 기원전 490년대에 만들어진 것으로 보이는 이 건물의 돌림띠 장식 그림 가운데 남쪽 것들은 테세우스의 위업으로, 북쪽 것들은 헤라클레스의 위업으로 채웠던 것이다.)

두 번째 악당은 소나무 사나이 시니스이다. 코린토스 지협에 자리잡고 있던 그는 소나무의 탄성을 이용하던, 꽤나 '물리학적인' 강도이다. 지나가는 사람을 잡아서 구부려 휘어놓은 소나무 두 그루 사이에 묶었다가 소나무를 놓아서 찢어 죽이거나, 아니면 소나무 하나를 휘어 거기에 사람을 묶었다가

도로 놓으면서 하늘로 날려 죽였다는 것이다. 테세우스는 이 사람도 잡아서 똑같은 방식으로 없애버린다.

세 번째 적은 크롬미온의 암퇘지다. 아마 엄청난 덩치로 지나가는 사람을 해쳤던 모양인데, 테세우스는 이것도 제거한다. 사실 테세우스의 모험을 보면 헤라클레스의 경우처럼 아주 이상한 괴물은 나오지 않는다. 대개는 인간인 악당이거나, 짐승이라고 해봐야 돼지나 소 같은 가축이다. 이것은 테세우스 이야기가 좀더 개명된 시대에 만들어진 것이기 때문일 것이다. 물론 헤라클레스가 벌써 괴물들을 다 퇴치해버려서 더 이상 그런 이상한 존재들은 없었기 때문이라고 해도 되겠다. (사실 어찌 보면 헤라클레스의 괴물 퇴치 이야기는, 왜 지금은 이상한 괴물들이 없는지에 대한 원인 설명[aitiologia]이라고도 볼 수 있다.)

네 번째 적은 코린토스에 사는 스케이론이라는 자였다. 그는 대야 사나이라고 할 수 있는 자로, 높은 절벽 위에 자리잡고서 지나가는 사람을 붙잡아 자기 발을 씻게 하다가 갑자기 걷어차서 절벽 아래로 떨어뜨려 죽였다. 그 절벽 밑에는 거북이 살고 있어서 떨어지는 사람을 받아먹었다고 한다. 동물애호가 또는 생물학적인 강도라고나 할까. 언제나 상대의 수법을 그대로 쓰는 테세우스는 이 사람도 똑같이 걷어차서 거북 밥을 만들었다고 한다. (옛 아크로폴리스 유적의 메토프 중에는 절벽 밑에 거북 대신 게가 새겨진 것도 있어서, 헤라클레스가 히드라와 싸울 때 헤라가 보냈다는 게를 떠올리게 한다.)

다섯 번째 적은 케르키온이라는 엘레우시스의 씨름꾼이었다. 그는 지나가는 사람에게 한판 겨루자고 해서는 상대를 해치우는 자였다. 이 역시 테세우스와의 대결에서 죽음을 당하는데, 사실 이런 종류의 악당은 좀 흔한 편이다. 아르고호 영웅들에게 권투로 도전했다가 폴리데우케스에게 죽는 아미코스나, 헤라클레스에게 도전했다가 공중에 들린 채 졸려 죽은 안타이오스같이 다른 예들을 쉽게 찾을 수 있다.

아마도 여섯 번째 적이 가장 유명할 텐데, 보통 프로크루스테스라고 불리는 침대 사나이다. 그는 침대 두 개를 가지고, 지나가는 사람을 붙잡아서 큰 사람은 작은 침대에 눕혀 길다고 잘라 죽이고, 작은 사람은 큰 침대에 눕혀 짧다고 늘여 죽였다고 한다. 테세우스는 그자를 잡아서, 아마도 덩치가 큰 놈일 터이니, 작은 침대에 눕혀 잘라 죽였다고 한다.

아테네에서 생긴 일

테세우스는 이런 공들을 세우고 드디어 아테네에 닿았지만, 곧장 왕자로 인정받은 것은 아니다. 거기에는 벌써 메데이아라는 여자가 와 있었기 때문이다. 이 여인은 에우리피데스 비극의 주인공으로 유명하다. 그녀는 동방 콜키스 출신으로, 아르고호의 영웅들을 도와 황금 양털을 얻게 해주고, 그 대가로 이아손의 아내가 되었던 여인이다. 그 이야기야 아주 유명한 것이니 꼭 에우리피데스의 발명일 필요는 없지만, 아이게우스가 피테우스를 만나러 가다가 코린토스에서 메데이아와 마주쳤다는 것은 에우리피데스의 각색일 수 있다(「메데이아」 663행 이하). 남편의 배신에 복수할 길을 찾던 그녀는 아이게우스를 만나고 나서 귀족들에게 자식이 얼마나 소중한 존재인지 다시 깨닫게 되고, 자기 자식들을 죽여 남편에게 복수할 것을 결심하는 동시에, 앞으로 무슨 일이 있으면 아이게우스에게 몸을 의탁하기로 약속을 받아낸다.

테세우스가 아테네에 도착했을 때는 이미 메데이아가 자식들을 죽여 남편에게 복수하고, 용이 끄는 수레를 타고 아테네로 와서 아이게우스의 아내 노릇을 하고 있던 참이었다. 자식을 처음으로 만난 아이게우스 왕이 아직 상대의 신분을 알아차리지 못하고 있을 때, 모든 것을 내다보는 메데이아는 왕의 후계자가 나타났음을 알고 그를 제거하려 한다. 첫 시도는 마라톤의 황소를 잡도록 보낸 것이다.

사실 이 황소는 유래가 좀 복잡하고, 이상한 얘기와 연관되어 있다. 맨 처음에 이 황소는 포세이돈이 미노스의 왕권을 확인해주느라고 보냈다고 한다. 에우로페와 황소로 변한 제우스 사이에서 태어난 미노스는 크레타의 왕이 죽자 자신에게 권한이 있다고 주장하면서, 신들에게 그 증거를 보내주기를 기원했다.[5] 미노스는 거기에 덧붙여, 무엇이든 신이 보내주시는 그것을 다시 신에게 돌려보내겠노라고 맹세했다. 그렇지만 포세이돈이 바다에서 올려보낸 무척이나 아름다운 황소를 보자 마음이 바뀐 미노스는 다른 좋은 소를 신들께 바치고 그 황소는 자신의 가축 무리 속에 숨겨두었다. 포세이돈도 이 속임수를 가만히 보고만 있지는 않았다. 이 바다신은 미노스의 아내 파시파에로 하여금 그 황소를 사랑하게 만들었다. 그녀는 몸이 달아서 명장 다이달로스를 찾아갔다. 어떻게 해서든 저 황소와 결합하게 해달라는 것이었다. 다이달로스는 나무로 암소를 만들어 쇠가죽을 씌우고 그 안에 파시파에를 들어가게 했다. 그 모형 암소가 어찌나 진짜 같았던지 황소는 그것이 암소인 줄 알고 그것과 결합했으며, 그래서 태어난 것이 머리는 소요 몸은 사람인 미노타우로스라는 존재이다.

그뒤 이 소는 미쳐 날뛰게 되었는데, 이 사나운 소를 잡아오는 것이 헤라클레스에게 떨어진 일곱 번째 과업이었다(헤라클레스의 열두 과업 가운데 뒤의 여섯 개는 세계의 동서남북과 세상 끝 그리고 저승에 다녀오는 것이었는데, 그 중 남쪽으로 간 것이 크레타의 이 황소를 잡기 위해서였다). 물론 다들 알다시피 헤라클레스는 별 어려움 없이 이 황소를 잡아 그리스 본토로 데려갔다. 항상 어려운 과업을 생각해낼 줄만 알지 뒤처리는 어떻게 할지 생각해본 적이 없는 에우리스테우스 왕은 이 황소를 그냥 놓아주게 했고, 그것이 지금 마라톤 평야에서 농경지와 사람을 해치며 난동을 부리는 참이었다.

아티케인들이 헤라클레스 못지않기를 바랐던 이 젊은 영웅은 당연히 이 황소를 곧장 제압하였다. 그가 무사히 돌아오자, 메데이아는 이번에는 독약을 준비한다. 멋모르는 아버지는 그에게 독이 든 잔을 권하다가 그의 칼을 보고는 자신의 아들임을 알고 잔을 쳐서 떨어뜨린다. 일이 탄로나자 메데이

---

[5] 이와 같이 어떤 기적적인 선물로 왕권을 확인하는 다른 예는 아트레우스와 티에스테스 사이에도 있었다. 황금 털의 양을 소유한 사람이 왕권을 갖기로 약속한 것이었다. 아폴로도로스, 『요약집』 2장 10절 이하.

아는 다시 동방으로 도망치고, 테세우스는 왕의 후계자로 인정받는다.[6]

크레타에서 생긴 일

그러나 당시 아테네는 어려운 상황에 처해 있었다. 해마다(또는 9년마다) 크레타에 젊은이들을 미노타우로스의 먹이로 바쳐야 했던 것이다. 앞에서 하다 만 이야기를 계속하자면, 미노스 왕은 괴물 아기가 태어나자 신들에게 신탁을 물었다. (이런 이상한 사건은 항상 신들이 보낸 징조로 여겨졌기 때문에 신탁을 구하는 것이 당연하다. 현대 영어의 '괴물'[monster]이라는 말은 라틴어로 '경고하다'[monere]에서 온 말이다.) 그러고는 신탁에 따라 다이달로스에게 미궁을 짓게 한 뒤 거기에 그 괴물을 가두고는 아테네에서 인간을 먹이로 조달했던 것이다.

하필이면 아테네가 괴물 먹이 공급처가 된 데에도 사연이 있다. 아이게우스 왕은 판아테나이아 경기대회를 창설한 사람으로 알려져 있는데, 그 첫 대회에서 우승한 것이 다름 아닌 미노스의 아들 안드로게우스였다. 그런데 아테네 사람들이 이를 시기하여 그에게 마라톤의 황소를 잡아오라고 시켰고, 결국 그는 거기서 황소에게 죽었다(다른 판본에 따르면 라이오스 장례식 경기에 가다가 길에 매복한 자들에게 죽었다고 한다). 어쨌든 자기 아들이 아테네인들 때문에 죽게 되었다는 사실을 알고서 미노스는 아테네로 쳐들어갔다. 그는 전쟁으로 이들을 제압할 수는 없었지만 신들께 빌어서 아테네가 질병과 기근에 시달리게 만들었고, 결국 아테네는 강화조약을 맺는 수밖에 없었다. 그래서 아테네가 정기적으로 처녀 총각 일곱 명씩을 공물로 바치게 된 것이다.[7]

---

6) 여기에 언급한 마라톤 황소 위업과 독약 사건의 순서는 아폴로도로스의 『요약집』 1장 5절 이하를 따른 것이다. 플루타르코스의 「테세우스」 12장 2절 이하에는 그 순서가 반대로, 테세우스가 마라톤 황소를 잡으러 간 것은 메데이아의 계략 때문이 아니라 사람들의 호의에 보답하기 위해서인 것으로 되어 있다.

테세우스가 그 공물에 끼여서 가게 된 이유로는 보통 세 가지가 꼽히는데, 테세우스를 가장 멋지게 만들어주는 판본은 '자진해서' 갔다는 것이다. 좀더 우울한 판본은 백성들이 왜 왕의 아들은 면제받느냐고 항의해서 할 수 없이 갔다는 것이고, 가장 재미없고 밋밋한 판본은 그냥 제비뽑기로 그렇게 결정되었다는 것이다(플루타르코스는 앞의 두 가지를 섞어서 소개한다. 즉 백성들이 불평하자 테세우스가 자진해서 가겠다고 했다는 것이다). 플루타르코스는 더 애국적인 판본도 소개하고 있는데, 아테네 사람들이 자기네 손으로 희생자를 뽑은 것이 아니라 미노스 자신이 와서 직접 희생자를 선택했다는 것이다.

많이 알려지지 않은 판본(바킬리데스 17번 시)에 따르면, 크레타에 도착한 (또는 배를 타고 가던) 테세우스는 우선 미노스 왕과 말다툼을 벌이게 된다. 미노스가 그의 혈통을 의심했기 때문이다. 물론 다른 나라에서 찾아와 왕의 아들로 인정되었으니 그런 의심이 전혀 근거 없는 것은 아니다. 그런데 테세우스는 거기서 단지 자기가 왕의 아들이라는 것을 주장하는 데 그치지 않고 자기가 사실은 포세이돈의 아들이라고까지 주장했다고 한다. 그래서 그것을 입증하기 위해 바닷속에 뛰어들었으며, 바다의 신들을 만나 반지를 얻어가지고 돌아왔다는 것이다. 이 판본은 테세우스가 미노타우로스의 먹잇

---

7) 해마다 처녀 총각을 바쳤다는 것은 아폴로도로스의 『도서관』 3권 15장 8절 마지막 구절(kata etos)을 따른 것이다. 그러나 이 구절은 후대에 덧붙인 것으로 보이며, 같은 절의 윗부분에도 같은 내용이 나오는데, 거기에는 얼마 만에 한 번씩인지는 나오지 않는다. 해마다 바쳤다는 다른 전거로는 베르길리우스의 『아이네이스』 6권 21행(quotannis)을 들 수 있다. 반면 플루타르코스의 「테세우스」 15장 1절에 따르면 9년마다 공물을 바쳤다고 한다. 파우사니아스의 『그리스 안내서』 1권 27장 10절에는 햇수가 나오지 않아서, 마치 일회적인 사건처럼 되어 있다. 플라톤의 『파이돈』 58a에도 이 사건이 언급되고 있지만, 역시 얼마 만에 한 번씩인지는 밝히지 않고 있다.
사실 어떤 것을 취하더라도 미노타우로스의 먹이로는 부족하다. 플루타르코스는 "가장 극적인 판본을 따를 경우"(tragikotatios mythos, 「테세우스」 15장 2절) 미노타우로스의 먹이가 되었다고 전하고 있어서 정말로 그랬는지에 대한 의혹을 보여주며, 필로코로스를 인용하여 이 청년과 처녀들이 운동경기에서 상으로 주어졌다고 합리적인 설명을 하고 있다(「테세우스」 16장 1절).

감으로 주어졌다는 판본과는 사실 잘 맞지 않는다. 신의 자식으로 판명된 사람을 그런 식으로 대접하는 것은, 공정하기로 소문나서 나중에 저승의 심판관이 되었다는 미노스 왕에게는 어울리지 않기 때문이다. 그렇지만 다른 이야기들을 보면 미노스에게 심술이 꽤 많았다는 것도 분명하니, 네가 정말 신의 자식인지 보자 하고, 말하자면 두 번째 시험으로 미궁에 들여보냈을 가능성은 있겠다.

처음 방문 목적과 연관해서 얘기를 계속하자면, 테세우스가 크레타에서 가장 먼저 한 일은 아리아드네라는 공주를 매혹한 것이다.[8] 그녀는 이 멋진 젊은이가 죽음을 당하게 된 것이 안타까워 미궁을 만든 명장 다이달로스를 찾아간다. 그리고 그의 충고에 따라 그녀는 청년에게 실뭉치와 칼을 건넨다. 테세우스는 그 실을 풀면서 미궁으로 들어가고, 괴물과 마주쳐 칼로 그를 죽이고, 다시 실을 따라 밖으로 나왔다. 그렇지만 테세우스를 더 멋지게 만드는 판본도 있는데, 이에 따르면 아리아드네가 준 것은 실뿐이며, 테세우스는 주먹으로 미노타우로스를 처치했다는 것이다. 한편 잘 알려지지 않은 어떤 판본에 따르면, 아리아드네는 실을 준 것이 아니라 찬란한 관(冠)으로 빛을 비추어 직접 어두운 길을 밝혀주었다고 한다(이 판본을 택할 경우, 그 유명한 '아리아드네의 실'이라는 숙어(熟語)는 갈 곳이 없어진다).

아리아드네는 테세우스와 함께 도망치지만, 결국 낙소스 섬에서 버림받는다(신화에서 남자를 도와주었지만 버림받게 되는 세 여인 중 하나이다. 다른 두 여인은 앞에 언급한 메데이아와, 아이네아스를 사랑했던 디도이다). 테세우스가 왜 그녀를 버렸는지에 대해서도 여러 가지 설이 있다. 테세우스를 가장 덜 나쁜 사람으로 만들어주는 판본은, 테세우스는 아리아드네를 버리고 싶지

---

[8] 이것은 출발하기 전에 받은 신탁에서 아프로디테를 인도자로 삼으라고 했던 것(『테세우스』 18장 2절)과 일치한다. 아르고호 영웅들의 경우에도 아프로디테가 에로스를 보내어 메데이아로 하여금 이아손을 사랑하게 했으며(『아르고호 이야기』 3권 275행 이하), 디도의 경우에도 큐피드(쿠피도)가 그녀의 가슴에 사랑을 흘려넣어 아이네아스를 사랑하게 되었다(『아이네이스』 1권 715행 이하).

않았지만 신들이 억지로 헤어지게 했다는 것이다.[9] 테세우스를 가장 배은망덕한 자로 만드는 판본은 물론 '사랑하지 않아서'이다. 그밖에도 아주 중립적이고 과학적인 판본은, 그때 이미 아리아드네가 임신해 있었는데 배멀미가 하도 심해서 내려졌으며, 테세우스 자신은 풍랑에 밀려 떠나가고 말았다는 것이다. 아무튼 버려진 아리아드네는, 가장 널리 퍼진 판본에 따르면, 마침 그곳을 지나가던 디오니소스의 눈에 띄어 그의 아내가 되었다고 한다. 이런 이야기들이 너무 복잡하다고 생각하는 사람은, 아리아드네가 신들의 뜻에 따라 낙소스에 버려졌고 그뒤 디오니소스의 아내가 되었다고 생각하는 것이 가장 좋다.

원래 이들이 탄 배는 예전에도 두 번 그랬듯이 죽음을 상징하는 검은 돛을 달고 고향을 떠났다. 그러나 이번에는 테세우스가 미노타우로스를 죽일 수 있다고 장담했기 때문에 아이게우스는 키잡이에게 흰 돛(또는 진홍빛 돛)을 하나 더 주어, 혹시 테세우스가 무사하면 그것을 달고 돌아오라고 얘기해두었다. 그런데 테세우스는 아리아드네를 두고 떠나 마음이 혼란스러웠던지 아니면 승리에 들떠서인지 그 약속을 잊고 그냥 검은 돛을 단 채로 귀향하고 말았다. 그것을 멀리서 본 아이게우스는 절망하여 바다로 몸을 던져 죽었으며, 그가 몸을 던진 바다는 그의 이름을 따서 아이게우스의 바다(Aigaion. 오늘날의 에게 해)라고 불리게 되었다 한다. 그러나 그가 몸을 던진 곳이 바다에서 꽤 떨어진 아테네의 아크로폴리스라고 전해지니, 이 이야기에는 모순이 있다.

사실 여기서 중요한 것은 새로운 왕이 등장할 때 전왕이 죽는다는 것이

---

[9] 아폴로도로스에는 아예 디오니소스가 아리아드네를 빼앗아간 것으로 되어 있다(『요약집』 1장 9절). 반면 테세우스를 가장 나쁜 사람으로 만든 것은 플루타르코스이다(「테세우스」 20장 1절). 가장 과학적이고 심심한 판본 역시 플루타르코스가 전하고 있다(「테세우스」 20장 3절). 그러나 장소는 낙소스가 아니라 키프로스라고 되어 있다. 한편 디오니소스가 아리아드네를 죽게 했다는 판본도 『오디세이아』 11권 321행 이하에 나온다. 그 이야기의 무대는 디아라는 섬으로 되어 있다. 에우리피데스의 「히폴리토스」 339행에도 아리아드네의 사랑이 불행하게 끝났다는 암시가 있다.

다. 그리스의 많은 신화에서 왕권을 가진 자가 자기 딸을 상으로 내걸고 경기를 벌여 사위를 선택하는데, 그 와중에 왕이 죽게 된다. 가장 뚜렷한 예는 오이노마오스가 히포다메이아를 상으로 걸고 펠롭스와 벌였던 마차 경주이다. 또 사위가 아니라도 왕위 계승자가 전왕을 죽이는 사건들이 많은데, 가령 페르세우스가 원반던지기를 하다가 외할아버지 아크리시오스를 맞혀 죽게 한 사건을 들 수 있겠다. 혹시 우리는 여기서 제임스 프레이저가 『황금가지』에서 주장한 것을 인정해야 할지도 모르겠다. 즉 왕은 스스로 가장 강한 자라는 것을 입증하는 한에서만 왕의 자리를 유지할 수 있다는 것이다. 이는 왕의 힘과 토지의 생산력을 연관짓던 사고방식에서 나온 것으로 보인다.

이에 대해서는, 아래에서 테세우스 자신의 죽음과 관련하여 다시 생각해 보기로 하자.

테세우스의 통치

어쨌든 테세우스는 아버지의 왕권을 이어받았고, 아테네의 국체를 새로 정비했다고 되어 있다. 그는 이전에 케크롭스의 열두 구역 구분에 따라 흩어져 살면서 나라일에 무관심하고 서로 반목하던 아티케 사람들을 설득하여 아테네 도시에 모여 살게 하고(투키디데스, 『펠로폰네소스 전쟁사』 2권 15장 참고) 새로운 모임장소들도 세웠다. 세력 있는 사람들이 협조하기를 꺼리자, 자신이 절대왕권을 내놓을 것이며, 단지 전쟁에서의 지휘권과 법을 수호하는 역할만을 갖겠다고 하여 마침내 모든 이를 설득해냈다(그러니 동등한 집권 기회 isomoiria는 귀족들에게만 약속된 셈이다). 또한 여러 지역에서 사람들을 불러들여 인구를 늘리기에도 힘썼는데, 그냥 무질서하게 모든 이를 똑같이 대한 것이 아니라 사람들을 귀족·농부·장인으로 나누어 역할들을 분담시켰다고 한다.

사실 그 옛날에 왕이 스스로 절대적인 권한을 포기한다는 것은 믿기 힘든 일이지만, 민주주의를 세우고 지킨 자로서 테세우스의 명성은 비극 작가들에 의해 더욱 강화되었다. 그는 소포클레스의 『콜로노스의 오이디푸스』에서 눈먼 오이디푸스를 받아들이는 이해심 많고 너그러우면서도 약자를 보호하는 데 단호한 왕으로 소개된다. 에우리피데스의 『탄원하는 여인들』(특히 399행 이하)에서는 테베 전쟁의 패자(敗者)들을 매장할 수 있도록 도와주며, 언론의 자유와 법 앞에서의 평등을 주창하는, 거의 민주주의의 수호자처럼 그려져 있다. 에우리피데스의 『헤라클레스』에서는 너그러움에 더하여 개명한 군주의 모습까지 보여준다. 헤라클레스가 광기에 사로잡혀 가족을 죽이고 피로 물든 채 누구와도 접촉하기를 거부하는 곳에 나타나 친구 사이에는 저주가 전염될 수 없으며, 설사 무슨 일이 있더라도 자신은 헤라클레스의 도움을 받았으니 상관하지 않겠다면서 그를 아테네로 모셔간 것이다.

이러한 이야기들의 영향은 상당한 것이어서, 파우사니아스는, 그렇기 때문에 사람들은 테세우스 이후 페이시스트라토스 때까지 민주정이 계속되었다고 믿는다고 전한다(1권 3장 2절 이하). 사실 페이시스트라토스 일가의 참주정을 거치면서, 특히 페르시아 전쟁 이후 군주정은 폭정과 동일시되었는데도 말이다. 민주주의 옹호자로서 테세우스의 이러한 모습은 아마도 페이시스트라토스 일가가 축출당한 뒤에 부여된 듯하다. 참주 살해자 조각상의 자세로 그려진 테세우스의 모습이 꽤 전해지는 것도 그런 인상을 강화시킨다. 그러나 아리스토텔레스는 테세우스가 보통의 군주정에서 조금 벗어났다고 인정하는 정도(『아테네 정체』 41.2)이며, 민주정은 솔론을 거쳐 클레이스테네스에 의해 확립되었다는 것이 고대 저자들 사이에서도 중론이었다(예를 들면 헤로도토스, 『역사』 5권 66장 이하, 6권 131장 1절). 어쨌건 이상적인 왕으로서의 테세우스의 이러한 모습은 보통 크세노폰의 『키로스의 교육』(1권 1장 2절)과 플라톤의 『정치가』(265d, 268a)에 나오는 '선한 목자'를 거쳐 헬레니즘기(期)의 이상군주론에 영향을 준 것으로 평가되고 있다.

플루타르코스는 테세우스가 주화도 만들었다고 전하지만(『테세우스』 25장

3절), 일반적으로 주화는 기원전 600년을 전후하여 그리스 세계에 나타난 것으로 알려져 있다. 이 주화에는 황소가 그려져 있었다는데, 우리같이 순진한 사람들은 그것에서 곧장 미노타우로스를 떠올리기 쉽지만, 이성적인 플루타르코스는 그것이 마라톤의 황소이거나 아니면 미노스 휘하의 장군이었던 타우로스('황소')일 거라고 말한다(아무래도 미노타우로스 이야기는 믿지 않는 눈치다).

플루타르코스에 따르면 그리스의 4대 운동경기 대회 중 하나인 이스트미아 경기도 테세우스가 세운 것이다. 그전에 멜리케르테스[10]를 위한 제의가 있었는데, 테세우스가 그것을 확대하여 헤라클레스가 세운 올림피아 경기에 맞설 수 있게 했다고 한다. 한편 플루타르코스는 이 경기 대회에 대한 다른 설명도 전한다. 즉 이 경기 대회가 스케이론 또는 시니스를 위한 것이었다는 얘기로, 이 둘 가운데 하나가 그의 사촌, 즉 이모의 아들이었다는 것이다(이 정보는 테세우스의 죽음과 관련된 논의에서 약간의 역할을 한다).

테세우스가 참여했다는 다른 모험들로 아르고호의 원정과 칼리돈 멧돼지 사냥이 있다. 테세우스가 참여했다는 모험은 너무나 많아서 심지어 '테세우스 없이는 안 된다'는 속담까지 있었다고 하지만, 사실 왕이 된 다음에는 이런 모험들에 참여하기가 힘들었을 것이다. 이런 모험들을 그의 생애에 무리 없이 끼워넣자면 아테네 도착 전에 넣어야 하지만, 이야기의 연속성을 보면 거기에도 넣기가 곤란하다. 물론 재위 중에 모험에 참여했다고 하는 수도 있는데, 그것은 뒤에 보게 될 메네스테우스 반란과 같은 사건의 원인을 설명하기 위해서이다.

---

10) 세멜레의 자매인 이노가 광기에 빠져서 살해한 자기 아들이다. 그녀가 디오니소스를 돌보았기 때문에 헤라가 분노하여 광기를 보냈던 것이다. 아폴로도로스, 『도서관』 3권 4장 3절.

테세우스의 결혼과 말년

테세우스가 헤라클레스에 필적하기를 원했던 사람들은 그가 헤라클레스의 모험에도 참여한 것으로 꾸며놓았다. 그래서 보통 그는 헤라클레스가 세계의 동쪽으로 가서 한 모험, 곧 아마존 여왕의 허리띠를 구하러 가는 데 따라간 것으로 전해진다. 거기에서 아마존 여성을 납치하여 자기 아내로 삼았는데, 이 여자의 이름은 안티오페 또는 히폴리테로 되어 있다(테세우스가 따로 아마존 원정을 떠났다는 판본도 있다). 이 납치사건 때문에 아마존족이 쳐들어와서 큰 전쟁이 벌어지며, 결국 아테네가 승리한 이 전쟁은 뒤의 그리스 고전기에 정치적인 목적을 가진 미술작품의 중요한 주제가 되었다. 아마존이라는 이방의 침입자들과 맞서 싸우는 모습이 페르시아인들과 싸웠던 자신들의 모습과 비슷하기 때문이었다. (이와 비슷한 의도에서 라피테스인들과 켄타우로스들 사이의 전쟁이나, '신들과 거인들의 전쟁'Gigantomachia도 정치적 미술에 자주 이용되었다. 켄타우로스나 거인들은 이방 침입자, 특히 동방 페르시아의 세력을 뜻하고, 라피테스인들이나 올림포스의 신들은 그리스인을 상징한다.)

테세우스는 이 아마존 여인에게서 아들을 하나 얻었는데, 정략적인 의도에서인지 그후 미노스의 딸 파이드라와 결혼하게 된다. 테세우스가 아리아드네를 데리고 도망쳤다는 얘기가 사실이라면 이 새로운 결혼이 어떻게 성사될 수 있었는지 좀 의문이 생길 수도 있겠지만, 이때 이미 미노스는 죽었고 그의 아들 데우칼리온이 크레타의 왕이 되어 있던 터라 옛 감정은 좀 사그라들었을 테고, 또 테세우스가 이제는 아주 유명한 인물이 되었으니 그다지 이상한 일도 아니라고 할 수 있겠다.

먼저 결혼했던 아마존 여인의 행방에 대해서는 두 가지 판본이 있다. 테세우스의 인상에 도움이 되는 판본은 플루타르코스가 더 선호하는 판본으로, 그때 벌써 죽어 있었다는 것이다. 아폴로도로스가 전하는 것은 좀더 서글픈 판본으로, 그녀는 이 새 결혼에 항의하다가 죽음을 당했다고 한다(아마존이 쳐들어온 것은 처음 납치 때가 아니라 이 새로운 결혼 때였다는 얘기도 있다).

그러나 파이드라와의 결혼은 테세우스에게 큰 재난을 가져온다. 새 아내가 전실의 자식인 히폴리토스를 사랑하게 되었기 때문이다. 이 비정상적인 사랑의 구체적인 전개과정은 작가마다 다르게 말하지만 결과는 다 똑같다. 즉 테세우스가 아들과 아내 모두를 잃게 된다는 것이다. 이 사건에 대한 가장 유명한 판본은 에우리피데스가 「히폴리토스」라는 작품에 남겨놓은 것이다. 혼자 괴로워하는 파이드라를 보다 못해 유모가 그녀의 사랑을 히폴리토스에게 전하고, 이 순결한 청년이 펄쩍 뛰며 혐오감을 표현하자, 불쌍한 여인은 청년을 모함하는 편지를 남기고는 자결한다. 테세우스는 그 편지를 보고 아들을 저주하고, 그 저주에 따라 바다에서 괴물 소가 뛰어나와 청년의 말들을 놀라게 하고, 마차가 부서져 결국 청년이 죽게 된다.

테세우스의 저주가 당장 실현된 것은 그가 포세이돈의 아들로, 이 바다신에게서 세 가지 소원을 들어주겠다는 약속을 받았기 때문이라고 한다. 대개는 히폴리토스를 죽게 한 저주가 마지막 남은 소원이라고 되어 있는데, 현재 남아 있는 에우리피데스의 「히폴리토스」에는 테세우스가 아직 한 번도 소원을 사용해보지 않아서, 과연 자신의 저주가 효력이 있을지 의혹을 품는 것으로 그려진다.[11]

---

11) 에우리피데스의 이 비극작품에서는 거기에서 그냥 히폴리토스가 죽는 것으로 되어 있지만, 다른 이야기들에 따르면 아폴론의 아들로 의술이 뛰어났던 아스클레피오스가 그를 다시 살려냈다고 한다. 그런데 죽은 사람이 다시 살아나면 세상의 질서가 무너질 것을 염려한 제우스가 벼락으로 아스클레피오스를 죽이고, 이에 분노한 아폴론은 애꿎게도 그 벼락을 만든 키클롭스들을 죽였다고 한다. 그래서 그 벌로 아폴론은 인간에게 1년간 종살이를 하게 되는데, 그때 주인 노릇을 하던 아드메토스라는 왕이 아폴론에게 매우 잘해주었다. 아폴론은 보답으로 그의 가축을 크게 불려주고 아름다운 아내 알케스티스도 얻게 해주었으며, 심지어 술로 운명의 여신들을 취하게 하여 아드메토스가 죽을 때 누가 대신 죽어주면 그가 죽지 않아도 좋다는 허락까지 받아냈단다. 그렇게 해서 이야기는 에우리피데스의 다른 비극 『알케스티스』로 이어진다. 그 비극에서는 드디어 알케스티스가 남편 대신 죽게 되었는데, 마지막에 헤라클레스가 나타나 죽음의 신과 씨름하여 여자를 되찾고 남편에게 돌려주는 것으로 되어 있다.

헬레네 납치사건과 테세우스의 실권

히폴리토스와 파이드라 사건 이후 테세우스의 삶은 내리막으로 치닫는다. 그는 새로 결혼하고자, 우선 자신을 위해서는 아직 어린 헬레네를 납치해다 어머니에게 맡겨놓고, 자신의 친우 페이리토오스를 위해서는 페르세포네를 얻으러 저승으로 여행을 떠난다. 그러나 거기에서 붙잡혀 망각의 의자에 앉혀지고, 자신이 누구인지 잊은 채 거기 머물러 있다가, 머리 셋 달린 개 케르베로스를 잡으러 온 헤라클레스에게 겨우 구원된다. 돌아와보니 아테네는 헬레네의 오라비들인 디오스쿠로이에 의해 쑥밭이 되어 있고(헤로도토스, 『역사』 9권 72장) 권력기반이 약해져 할 수 없이 리코메데스 왕이 다스리는 스키로스 섬으로 망명한다. 일반적으로 그는 거기에서 리코메데스에 의해 절벽으로 떠밀려 살해된 것으로 알려져 있으며, 기원전 5세기(476년 또는 469/8년)에 키몬이 그를 페르시아 전쟁 후의 정치적 화합에 이용하고자 그의 (것으로 간주되는 거인의) 유골을 아테네로 다시 가져올 때까지 그곳에 버려져 있었다(플루타르코스, 『키몬』 8장 3~6절).

테세우스가 저승에 갔었다는 판본에 맞서서, 항상 회의적인 플루타르코스가 더 선호하는 판본은 그들이 저승에 간 것이 아니라 에페이로스의 아이도네우스라는 왕에게 갔었다는 것이다. 이 왕은 과대망상이 있었는지 자기 아내는 페르세포네, 딸은 코레라고 불렀으며, 케르베로스라는 이름의 맹견을 키워서는 누가 딸에게 구혼하면 먼저 그 개와 싸우게 했다. 거기서 페이리토오스는 개에게 물려 죽고, 테세우스는 감금당했다는 것이다. 이 이야기도 헤라클레스가 에우리스테우스에게 봉사한 것을 본떠 만든 것일지 모른다는 의심을 받는데, 어쨌든 이 판본에서도 그는 헤라클레스의 개입 덕분에 풀려나는 것으로 되어 있다.

한편 플루타르코스에 따르면, 테세우스가 자리를 비운 사이 에렉테우스의 후손 메네스테우스가 사람들을 선동하여 그의 권력기반이 약해졌다고 한다. 그런데 우리는 이 부분에서 테세우스의 다른 면모를 엿볼 수 있다. 그에게 불만을 품은 사람들은 테세우스가 자신들의 자유를 빼앗고 노예로 취급했다고 생각했으며(「테세우스」 32장 1절),[12] 선동자는 그를 압제자(despotes)라고 불렀던 것이다. 그런데 돌아온 테세우스의 행태가 그런 주장을 입증해주는 듯도 보인다. 사람들에게 대꾸하지 말고 복종할 것을 요구했던 것이다(「테세우스」 35장 2절). 그러나 사람들이 말을 듣지 않자 그는 억지로 사람들을 복종시키려 했지만, 선동가들과 반대파의 기세 때문에 성공할 수가 없었다. 이렇게 대중의 뜻을 따르지 않고 억지로 권력을 되찾으려 한 것을 보면 그가 민주적으로 행동한 것은 사정이 좋을 때뿐이고, 급하면 원칙을 버리고 무력까지 사용하는 사람이 아니었나 하는 의심이 들기도 한다(완전히 같은 사례는 아니지만, 에우리피데스의 「히폴리토스」에서도 그는 앞뒤 생각 없이 행동하는 사람으로 그려져 있다). 물론 그는 그 무력을 극단까지 사용하지 않고 스스로 물러섬으로써 비극작가들이 부여한 온화하고 합리적인 군주로서의 인상을 지킬 수는 있었다.

그의 죽음과 스케이론(Skeiron 또는 Skiron)의 죽음 그리고 아이게우스의 죽음을 연결하여 설명하는 학자도 있다. 그는 스키로스 섬에 갔다가 절벽에서 떠밀려 죽은 것으로 되어 있는데, 이런 죽음이 같은 방식으로 죽은 스케이론이나 아이게우스와 비슷하다는 것이다. 이런 설명은 그의 죽음을 풍요를 위한 희생제와 연결시킨다. 논의가 복잡해서 여기에 다 옮길 수는 없지만 대충 골자를 말하자면 이렇다.

아티케의 팔레론에 신전을 둔 여신 가운데 아테네 스키라스(Skiras)라는 존재가 있는데, 이 이름은 '백묵'에서 나온 것으로 보인다. 그러니까 아마도 올리브의 풍작을 기원하며 하얀 진흙으로 칠해진 여신상이다. 아테네에는 데메테르와 페르세포네에게 바쳐진 스키로포리아(Skirophoria)라는 축제가 있었는데, 아마도 이 축제 때 스키론(Skiron)이라는 지역의 신성한

---

12) 메네스테우스가 부추긴 것은 권력에서 소외된 귀족들과 '지방자치'를 선호하는 농촌 거주자들이었다. 이것은 펠로폰네소스 전쟁 때 국민들을 아테네 시내로 대피하게 했던 페리클레스의 정책에 대한 비판이 끼어들어간 것일 수도 있다.

밭을 가는 의식이 있었던 듯하다. 아티케의 달 중에 스키로포리온(Skirophorion)이라는 것도 있었는데, 이 이름은 테세우스가 석고(skira)로 된 아테네 여신상을 운반해온 데서 생겼다고 한다. 또 아테네에 스키르라(Skirra)라는 축제도 있었는데, 이때는 사람들이 포도가 달린 포도나무 가지를 들고 아테네 외항(外港) 팔레론의 절벽까지 달리기 경주를 한다. 이 관행은 테세우스의 귀환과 연관된 다른 축제 오스코포리아(Oschophoria)의 관행과 비슷하다. 이때 여자 옷을 입은 두 전령이 기쁨과 동시에 슬픔을 나타내는 외침과 함께 팔레론까지 달려간다. 보통 설명하기로는 이것이 아이게우스의 죽음에 대한 애도와 동시에 테세우스 일행의 무사 귀환에 대한 기쁨을 표현하는 것이라고 하지만, 식물신의 죽음과 부활을 표현하는 것이라고 보는 학자도 있다.

이런 이름·제의들과 그의 죽음의 방식을 연결하면, 그 죽음이 혹시 어떤 의례를 위한 것일지도 모른다는 의혹이 생긴다. 앞에서는 잠깐 비치기만 하고 그냥 지나왔지만, 사실은 스케이론도 악당이 아니라 좋은 가문 출신의 훌륭한 인물이었다는 기록이 있다. 그러니까 테세우스의 죽음은 그가 이전에 바다에 떨어져 죽게 한 '훌륭한' 두 인물의 죽음과 거의 같은 것이 된다. 즉 풍요를 기원하는 희생물로서의 죽음이다. 그의 이름 자체가 이런 죽음에 걸맞은 것일 수 있는데, 어떤 학자들은 그의 이름(Theseus)으로 보건대 그가 포세이돈 아이게우스를 위한 제의를 도입한(tithemi) 사제-왕일지도 모른다고 생각한다.

오늘날 우리가 보기에 테세우스는 불행한 죽음을 맞았지만, 그가 사후에 받은 대접은 그리 나쁜 것이 아니었다. 키몬이 가져온 그의 유골은 시내에 모셔지고, 그 성역은 이후 약자들의 도피처가 되었다고 한다. 테세우스가 생전에 약자들의 탄원을 물리치지 않고 항상 받아들였기 때문이다.

아테네를 저주하고 떠나갔던 테세우스가 다시 아테네에서 섬김을 받게 된 데에는, 우선 마라톤 전투 때 많은 사람이 테세우스의 혼령이 나타나 페르시아인들과 싸우는 것을 보았다는 사실이 가장 큰 원인으로 작용한 듯하다. 그렇지만 그에 대한 숭배가 널리 퍼진 데에는 다른 원인도 있으니, 아마도 6세기 말에 나타난 것으로 보이는 (그러나 지금은 사라져버린) 서사시 『테세이스』가 큰 역할을 한 것 같다(아리스토텔레스 『시학』 1451a 20). 물론 이보다 더 전에 그의 숭배를 위한 기반이 있었다. 페이시스트라토스 시대 이전에 벌써 아테네에 그의 사당이 있었던 것이다. 이 사당에서는 유명한 귀족 집안이 제사를 집행했고, 제사 비용은 미노스의 먹이가 될 뻔했던 젊은이들의 가문에서 부담했다고 한다.

그러므로 테세우스에 대한 숭배는 기원전 5세기나 6세기에 갑자기 생겨난 것이 아니고 이전부터 연면히 이어져내려온 것이라 하겠다. 이런 숭배에 뭔가 사실적인 기반이 있다고 생각한다면, 그 '사실'은 어떤 것일까? 먼저, 헤라클레스의 위업을 본떠서 만들어진 것이 거의 확실한 생애 초반의 악당 퇴치 이야기나 소머리에 사람 몸뚱이인 괴물을 처치했다는 이야기는, 재미있긴 하지만 별로 중요한 것이 아니니 말 그대로 받아들이지 않아도 상관없겠다. 다만 미노타우로스 이야기에서, 예전에 아테네가 크레타와 불균형한 교섭관계에 있다가 그가 간여한 어떤 일을 계기로 좀더 대등한, 어쩌면 우세한 관계가 되었다는 것은 읽을 수 있겠다. 아테네의 체제를 정비한 이야기는 거의 그대로 받아들여도 별 문제가 없을 것이고, '민주적인' 통치도 온화하고 합리적인 통치로 받아들이는 정도라면 큰 문제가 없겠다. 아마존 여인이나 파이드라가 관련된 가정사 또한 큰 중요성이 없는 것이니, 사실이건 아니건 별 상관이 없을 듯하다. 그러나 어떤 시기에 아마존 비슷한 외부세력의 침공을 받았다는 것은 사실로 볼 수도 있겠다.

한편 그의 아버지의 죽음이나 그 자신의 죽음의 방식을 본다면, 또 그의 행적과 관련된 많은 축제·관행이 있었다는 사실을 본다면,[13] 테세우스의 역할이 단지 정치적·군사적인 것에 그치지 않고 종교적인 역할 또한 크지

---

13) 그의 크레타 여행과 관련된 다른 축제로 피아노프시아(Pyanopsia)라는 것이 있다. 이 축제 때는 여러 종류의 곡물을 한데 넣어 익혀 먹는 관습이 있는데, 테세우스 일행이 항해 끝에 남은 것을 모두 모아서 익혀 먹은 데서 유래했다고 한다.

않았나 짐작해볼 수 있겠다. 많은 축제와 의례를 도입하고, 그 자신 종교적인 죽음을 맞은 사람. 실로 신화와 역사의 중간에 서 있는 인물로 걸맞은 역할이 아닌가!

참고문헌

고전작품으로 본문에서 인용한 것 이외에는 다음이 긴요하다.
오비디우스, 『변신 이야기』 7권 394행 이하, 8권 152행 이하.
아폴로니오스 로디오스, 『아르고호 이야기』 1권 101행 이하.
파우사니아스, 『희랍 안내서』. 특히 1권 44장 6절, 39장 6절.

테세우스와 관련된 현대의 문헌은 그리 많지 않은데, 다음이 특히 도움이 되었다.
단행본
W. S. Barrett, *Euripides Hippolytos*, Oxford, 1964.
논문
Davie, J. N., "Theseus the King in Fifth-Century Athens," *Greece & Rome* 29 (1982), 25~34.
Den Boer, W., "Theseus: The Growth of a Myth in History," *Greece & Rome* 16 (1969), 1~13.
Neils, J., "The Love of Theseus: An Early Cup by Oltos", *AJA* 85 (1981), 177~179.
Roberts, D. G., "Theseus and the Robber Sciron," *JHS* 32 (1912), 105~110.

리쿠르고스

스파르타의 입법자

● 윤진(충북대 교수 · 서양고대사)

리쿠르고스와 '리쿠르고스 체제'

오늘날의 우리에게도 잘 알려진 '스파르타식 교육'이라는 말을 먼저 떠올리게 만드는 나라 스파르타는 고대 그리스 세계에서 가장 강력한 도시국가, 즉 폴리스(polis)의 하나였다. 좀더 분명하게 서술하자면, 아테네와 스파르타는 150여 개가 넘는 폴리스 중에서 가장 강력한 폴리스들이었다. 또한 민주정으로 유명했던 아테네와는 달리 스파르타는 특이한 생활방식으로 이미 그리스 고전기에도 그리스인 사이에서 독특하다는 평을 듣고 있었다. 그리고 이 스파르타의 독특한 생활방식 또는 체제는 흔히 '리쿠르고스 체제'라고 불린다. 스파르타의 전설적인 입법자 리쿠르고스가 이 체제를 완성했다고 여겨졌기 때문이다.

리쿠르고스가 언제적 인물인지, 어떤 사람이었는지에 대해서는 그의 전기를 쓴 플루타르코스조차도 확신하지 못하였다. 그리하여 플루타르코스의 「리쿠르고스전」은 첫머리부터 다음과 같이 모호한 말로 시작하고 있다.

일반적으로 입법자(立法者) 리쿠르고스에 대해서는 논란이 일지 않는 것이 없다. 실제로 그의 출생과 여행, 죽음, 그리고 무엇보다 법률 제정자와 정치가로서의 그의 업적에 대해 다른 진술들이 있기 때문이다. 역사가들 사이에도 그가 살았던 시기를 두고 의견이 엇갈리고 있다.

그리하여 2명, 심지어 3명의 리쿠르고스가 있었다는 말이 나오기도 하는 것이다. 그러나 더욱 중요한 것은 그가 이룩했다는 업적이며, 이 총체적인 개혁이 스파르타를 특이하게, 그야말로 '스파르타답게' 만들었던 것이다.

'리쿠르고스 체제' 성립의 역사적 배경

스파르타에 대한 첫 기억은 그리스의 서사시인 호메로스의 『일리아스』와 『오디세이아』에서 나타난다. 즉 전설상의 트로이(Troy) 전쟁 시기까지 거슬러 올라가는 것이다. 이는 사실 전설적인 이야기이며, 어디까지가 역사적 진실이고 어디까지가 시인의 허구적 상상인지는 불분명하다. 어쨌거나 호메로스가 전하는 이야기를 따라가보면 다음과 같다. 트로이 전쟁 시기까지 펠로폰네소스 반도의 에우로타스(Eurotas) 계곡은 하나의 강력한 왕국으로 통합되었고, 그 수도는 고전기의 스파르타 시 또는 그 근처였다고 한다. 이것이 이른바 라케다이몬(Lakedaimon)이었다. 그곳의 왕은 트로이 전쟁의 원인이 되었던 미녀 헬레네(Helene)의 남편 메넬라오스(Menelaos)였다. 그는 펠로폰네소스 북동부에 있는 미케네(Mykenai, 미케나이)에 자리잡고 그 지역에 직접적인 통치권을 행사했으며, 대다수의 다른 그리스 국가들에게서 종주권을 인정받았던 아가멤논(Agamemnon)의 동생이었다.

그리고 트로이 전쟁의 원인이 되는 헬레네의 납치사건이 일어난다. 트로이의 왕자 파리스(Paris)가 헬레네를 납치한(또는 꼬여서 데려간) 뒤 메넬라오스와 아가멤논은 전 그리스의 영웅들에게 도움을 요청하고, 그리스 연합군은 트로이 원정을 감행한다. 9년 동안의 트로이 포위 후에 유명한 목마를 이용한 작전으로 트로이를 함락시킨 그리스 영웅들은 고국으로 돌아온다. 그러나 트로이에서 싸웠던 영웅들 가운데 아가멤논은 돌아와서 왕비인 클리타임네스트라(Klytaimnestra)에게 목욕탕에서 살해당하고, 오디세우스(Odysseos)는 20여 년 동안 그야말로 갖가지 고생을 겪으며 고향 이타케(Ithace)로 돌아가게 되는 등 여러 사람이 무사히 귀환하지 못했다. 그러나 메넬라오스는 자신의 왕국으로 헬레네를 데리고 무사히 귀환했으며, 그가 죽은 뒤 왕권은 조카이자 양자인 아가멤논의 아들 오레스테스(Orestes)와 손자 테이사메노스(Teisamenos)에게로 순조롭게 넘어갔다.

여기까지의 이야기는 호메로스의 서사시와 후대의 전승에서 나온 것으로 이를 말 그대로 전부 받아들이기는 어렵다. 그러나 그 이후 펠로폰네소스는 후세에 일컫기를 도리아인의 도래라는 민족의 대이동을 겪게 되었다. 문명화된 세계의 경계에 있는 북부 그리스에 거주하던 그리스인 부족인 도리아인이 코린토스 만을 건너 펠로폰네소스의 위대한 도시들인 남서부의 필로스(Pylos), 라케다이몬, 심지어 미케네까지 침공했다. 후대에 전해진 바에 따르면 이 침략자들은 헤라클레스의 후손으로 이미 그 이전에 망명했던 일족에 의해 지휘되었는데, 이들은 크레스폰테스(Kresphontes) · 테메노스(Temenos)의 두 형제와 또다른 형제의 쌍둥이 아들인 에우리스테네스(Eurysthenes) · 프로클레스(Prokles)였다. 그리고 펠로폰네소스의 대부분은 세 부분으로 나뉘어 북동부는 테메노스, 메세니아는 크레스폰테스, 라코니아는 에우리스테네스와 프로클레스가 차지하였다. 이를 일러 '헤라클레이다이(Heracleidai: 헤라클레스 일족)의 귀환'이라고 하였다. 그뒤 고전적인 펠로폰네소스의 패턴이 확립되었다고 한다.

다른 자료들에서는 세부 사항이 좀 다르기는 하지만(어떤 곳에서는 쌍둥이의 아버지 아리스토데모스가 아직 살아서 침공을 이끈다), 전체적인 흐름은 분명하다. 비록 세부적인 면에서는 여전히 모호하기는 하나, 흥미로운 것은 이 이야기가 고고학적인 증거와도 전체적으로 맞아떨어진다는 점이다. 기원전 13세기, 즉 대체로 고고학적 시기로는 후기 헬라딕 3 B(Late-Helladic III B) 시기에 라코니아(Laconia)는 융성했다.

정리해보면, 기원전 13세기에 도리아인이 처음으로 펠로폰네소스 땅에 모습을 드러냈다. 그리고 메넬라오스와 헬레네의 후손들을 정복하고, 이들은 아마도 떠났을 것이다. 일부는 남아서 선주민과 어울렸지도 모르지만, 고고학적인 증거들로 보아서는 그들 대부분이 다른 곳으로 계속 옮겨갔다고 판단해도 좋을 것이다. 또한 기원전 1000년경 또 한 번의 도리아인의 침입이 있었다. 이제 이들을 도리아 스파르타인이라고 부른다면, 이들 도리아 스파르타의 주요한 부족들은 라코니아 지역에 모여서 국가 성립을 위한 첫걸음을 내디뎠다. 그리고 나서 스파르타인은 다른 도리아 부족이 통제하는 지역을 정복함으로써 라코니아 전역(그리고 아마도 메세니아의 남동부 지역도)에 세력을 뻗치기 시작하였다.

기원전 8세기 중엽까지 정치적인 발전 면에서 스파르타는 토지귀족이 민회를 통해 권력을 행사하는 그리스의 다른 폴리스들과 별 차이가 없었다. 차이가 있다면 다른 나라들에서는 왕정이 완전히 없어졌거나 이름만의 임명직으로 변모한 데 반해 스파르타에서는 그대로 존속되었으며 그것도 2왕제라는 점일 뿐이었다. 스파르타는 다른 폴리스들과 마찬가지로 과도한 인구문제를 겪었으며, 그에 따라 더 많은 영토를 필요로 했다.

그렇지만 다른 그리스 국가들이 해외 식민을 통해 이 문제를 해결한 반면 스파르타는 이탈리아 남부의 타라스(Taras : 오늘날의 타란토)를 개척한 예외를 제외한다면 메세니아(Messenia)를 정복함으로써 해결했고, 이는 기원전 5세기에 다른 고전 그리스 국가들과 결정적으로 성격이 다른 국가를 만들게 하였다. 즉 정복을 통해 넓은 땅과 많은 피정복민을 갖게 된 스파르타는 체제를 어떻게 정비할 것인지 하는 결단을 내려야만 했다. 피정복민에게도 어느 정도의 권리를 주고 함께 어울려 살 것인가, 아니면 그들을 노예로 삼아 강압적으로 지배할 것인가. 그리고 그 결정에 따라 스파르타의 체제가 바뀌었다. 그들 자신의 삶의 방식도 변하였다. 강압적인 지배를 결정한 그 순간부터 그들은 많은 피정복민을 효과적으로 통치하고 억압하기 위한 전사가 되어야만 했던 것이다.

메세니아 전쟁과 피지배계급

대체로 추정하기로는 기원전 800년경이 되면서 스파르타의 정치체제가 안정된 것으로 보인다. 그리고 체제가 안정되면서 당연히 인구가 늘고 그에 따라 국력이 증가하였다. 비록 비옥했지만 이제 에우로타스 계곡은 더 이상 늘어난 인구를 부양하기 어려워졌으며, 스파르타인은 인접한 메세니아의 기름진 평원으로 정복의 시선을 돌리게 되었다. 후세에 전해지는 스파르타의 새로운 신화가 시작된 것이다.

이 전쟁은 기원전 730년경에서 기원전 710년 사이쯤에 일어났으며, 그 상대는 펠로폰네소스 남서부의 비옥한 메세니아를 차지하고 살던 같은 도리아인이었다. 스파르타가 메세니아 전쟁에서 승리한 결과 메세니아 전체를 병합했는지, 아니면 단지 그 동쪽 절반, 즉 바로 남쪽으로 흘러 메세니아 만으로 들어가는 파미소스(Pamisos) 강 주변의 비옥한 땅만을 얻었는지는 분명하지 않다. 정복된 메세니아인의 일부는 그리스의 다른 지역으로 도망쳤고, 7세기에 메세니아가 반란을 일으켰을 때 인접한 아르카디아(Arcadia)가 원조한 것으로 볼 때, 그곳으로 도망친 것이 거의 분명하다. 남은 사람들은 정복자를 위해 노역하는 존재가 될 수밖에 없었다. 이때의 정복과정에서 '페리오이코이'(perioikoi : 주변에 거주하는 사람들)와 '헤일로타이'(heilotai) 라고 불리는 계층이 생겨나게 되었다. 페리오이코이라는 글자 그대로 '주변인'으로 해석된다. 그렇지만 이들이 같은 도리아계인지 아니면 예전부터 정착하고 있던 선주민인지는 정확하게 말하기 어렵다.

그러나 오늘날 학자들은 여러 가지 간접적인 증거들을 들어, 이들이 도리아인이었지만 신분의 차이가 생겼다고 보는 편이다. 어쨌건 페리오이코이는 자신들의 공동체를 형성하는 시민이었고, 대부분의 경우 내부문제를 처리할 때는 자치권을 가지고 있었다. 그렇지만 외교문제는 스파르타인의 통제를 받아야 했으며, 스파르타가 전쟁을 치를 때는 군대를 내어 지원해야만 했다. 그러나 스파르타인이 스스로를 공식적으로 '라케다이몬인'(라케다이몬의 주민)이라고 부를 때는 페리오이코이가 포함되었다는 점을 상기해본다면, 그들은 분명히 제도적으로 특권이 있었으며, 따라서 페리오이코이 공동체는 군사적인 면에서는 분명히 스파르타라는 폴리스의 일원이었다. 스파르타인이 직업을 갖는 것이 금지된 이후에는 '페리오이코이'가 수공업, 무역, 그밖의 산업활동에 종사함으로써 국가에 꼭 필요한 경제적인 활동을 해주었기 때문에 이들은 스파르타의 체제를 유지시켜가는 데 중요한 요소가 되었다.

한편 헤일로타이는 또다른 피지배계층으로서 정확히 어느 정도나 차이가 나는지 말하기는 어렵지만, 신분과 정치적인 권리 면에서 페리오이코이보다 낮은 신분이었던 것은 분명하다. 또한 스파르타인은 헤일로타이를 국가노예로 다루었다. 이 말은 각 개인에게 이들을 해방시켜줄 권리가 없다는 것과, 스파르타인이라면 누구든지 눈에 띄는 헤일로타이를 부릴 수 있다는 것을 뜻했다. 그리고 헤일로타이의 해방 권한은 오로지 국가에만 있었다. 이는 당대의 그리스인과 로마인의 일반 관행과는 매우 다른 것이었다. 즉 그리스인과 로마인은 노예를 종종 해방시켜주곤 했다. 죽음에 임박하여 또는 유언장을 통해 오랫동안 봉사해온 노예를 해방시켜주는 것은 대부분의 부유한 이들에게 일종의 도덕적 자부심을 주는 행위였으며, 때로는 노예 자신이 오랜 세월 푼돈을 모아 자신의 해방금을 내어 스스로 자유를 얻어내기도 했던 것이다. 물론 노예는 원칙상 소유자 재산으로 취급되었기 때문에 노예가 재산을 소유한다는 것은 어찌 생각해보면 말이 안 되는 일이었지만 약간의 재산 소유는 용인하는 편이 노예 소유주에게 더 편리했던 것이다. 그럼으로써 노예는 더욱더 성심껏 주인에게 봉사하고, 자신의 자유를 되살 날을 기다리며 순종적이 되었을 테니까 말이다. 또한 그리스인, 특히 아테네인은 노예에게 자신들과 그리 다르지 않은 옷차림을 허용하기도 하여, 페르시아 전쟁이 끝난 후의 어느 기록에서는 "요즘 길에서 노예와 시민을 구분할 수가 없다"는 불평이 나올 정도였다. 그러나 그 점에서도 스파르타인은 다른 그리스인과 달랐다. 그들은 헤일로타이로 하여금 의무적으로 개가 죽 모자와 가죽조끼를 입게 했으며, 노예라는 것을 잊지 않도록 공격적인 행위와 관계없이 연중 일정한 수효의 매를 맞게 하였다. 그밖에도 누구든 외양이 노예에 적합한 한도를 넘으면 사형에 처했으며, 각각의 헤일로타이를 배당받은 주인이 억센 헤일로타이를 감시하지 않을 때는 벌금을 부과하였다.

리쿠르고스의 개혁과 죽음에 대한 전설

기원전 600년경, 스파르타는 펠로폰네소스 반도의 5분의 2를 소유하는 강대국이 되어 기원전 6세기를 찬란하게 시작하였다. 이러한 성공의 밑바닥에는 기원전 7세기의 언젠가에 도입된 개혁이 있었다. 이 개혁은 정치적으로는 제도를 바꾸고, 이 바뀐 제도에서 중장보병이 중요한 역할을 하게 하는 것이었으며, 경제적·사회적으로는 메세니아의 토지를 시민들에게 분배하여 엘리트 전사계급을 만들어내는 것이었다. 전승에 따르면 이 개혁은 리쿠르고스가 혼자 해냈다고 한다. 이 전설적인 입법자 리쿠르고스에 대해 역사적으로 입증된 것은 거의 없으며, 플루타르코스가 쓴 그의 전기도 역시 스파르타의 전설 일부를 기록한 것일 따름이다. 더욱이 이 모든 개혁이 한 번으로 끝나는 것도 아니요, 오랜 시간을 두고 발전해온 것이 분명하다.

리쿠르고스 개혁의 정치적인 면에 대한 기록은 플루타르코스의 「리쿠르고스전」에 나온 이른바 '대(大) 레트라'(Great Rhetra)에서 가장 잘 찾아볼 수 있다. 레트라는 스파르타인이 법규나 법령을 부를 때 쓰는 단어이지만, 이 '대 레트라'를 제외하고는 다른 레트라의 내용은 거의 구체적으로 남아 있는 것이 없다. 이 '대 레트라'는 리쿠르고스 개혁뿐 아니라 그뒤의 스파르타 체제에도 매우 중요한 부분이니만큼 그 원문을 살펴보겠다.

"그대가 제우스 실라니오스(Zeus Syllanios)와 아테나 실라니아(Syllania)를 위한 신전을 짓고, 인민을 필라(phyla)와 오바(oba)로 편제하며, '아르카게타이'

(archagetai)를 포함하여 30명으로 장로회를 설립하고 나서, 때때로 바비카(Babyca)와 크나키온(Cnacion) 사이에서 '아펠라제인'(appellazein)하여 그곳에서 (법률을) 상정하고, 폐하게 하라. 그러나 인민이 결정의 목소리와 권한을 가져야 한다." 정체의 원천이자 지은이이신 피티아(Pytia)의 아폴론 신께 문의한 바 로는 이 구절들에서 '필라'와 '오바'는 인민을 씨족과 프라트리아(phratria) 또는 형제단으로 분류한 것을 의미하고, '아르카게타이'는 왕들을 나타내며, '아펠라제인'은 인민을 소집하는 것이다.

여기서 살펴보는 바로는 왕과 장로회가 행정과 입법의 발의자이다. 그러나 시민은 발의권은 없지만 결정권이 있다. 이 체제가 순수한 민주정은 아니더라도 상당한 정도로 민주적인 요소가 들어 있는 것은 명백하다. 여기에서 인민이란 스파르타의 성년 남자, 즉 시민을 뜻하는 것이므로, 민주정을 채택한 다른 그리스 국가와 마찬가지로 시민에게 국가의 중대사에 대한 최종 결정권이 있는 셈이다. 그러나 위에 말했던 「리쿠르고스전」의 조금 뒤에는 수정조항이 붙게 된다.

그러나 훗날 인민이 그들 앞에 상정된 발의에 (다른 조항을) 더하거나 빼서 원래 안건을 왜곡시켰을 때, 폴리도로스와 테오폼포스 왕이 다음의 구절을 레트라에 추가하였다. "하지만 인민이 왜곡된 제안을 채택한다면, 장로들과 왕들은 (민회를) 폐회할 권한을 가진다."

이제 시민들에게는 발의권도 없을 뿐만 아니라, 제안된 안건을 수정할 권리마저 잃게 된 것이다. 우리가 볼 때 이는 민주정의 발전과정에서 심각한 후퇴이다. 그러나 그 같은 판단은 오늘날 우리의 생각일 뿐이다. 사실 그리스의 지식인들에게 민주정이란 결함 많은 정치체제 중의 하나에 불과했다. 그리하여 소크라테스나 플라톤 같은 철학자들조차도 민주정의 단점을 지적하며 맹렬히 비난하기까지 했다. 더군다나 스파르타인에게 시민의 권리 신장은 사치스러운 개념에 불과했다. 당장 국가의 존폐와 생존이 달려 있었기 때문이다. 새로이 정복한 광대한 지역과 그곳에 있던 많은 주민을 피정복민으로 동화시키고자 할 때, 시민의 합의가 절대적으로 필요한 민주적 절차는 때로 불필요하거나 많은 시간이 필요한 것이었기 때문이다.

여기서 한 가지 더 덧붙여 말해두어야 할 점은 '감독관 제도'에 관한 것이다. 스파르타에서는 매년 시민들이 5명의 감독관(ephoroi)를 선출하고 그들에게 행정권을 위임한다. 이 제도는 고전기 스파르타의 체제 중에서 핵심적인 것의 하나로 간주되었으며, 일반적으로 '리쿠르고스 체제'를 말할 때면 반드시 포함된다. 그런데 이 제도는 앞서 보았듯이 리쿠르고스가 만들어낸 것은 아니었다.

중요한 것은 기원전 7세기에서 6세기 사이의 어느 시기엔가 감독관직이 창설되고, 또는 기존의 직책이 감독관직으로 변모되었으며, 기원전 6세기 중반쯤 되면 이들이 국가권력의 많은 부분을 장악했다는 것이다. 그뒤 헬레니즘 시기에 이를 때까지 감독관단은 국가의 대소사를 관장하며 왕가의 권한 대부분을 넘겨받았다. 왕들은 이제 군사령관(그나마도 감독관단의 견제를 받았다)의 직책과 국가의 최고사제 역할만을 하게 된 것이다. 이렇게만 본다면 스파르타의 정치체제는 근현대의 입헌군주정과 비슷한 면도 있는 셈이다.

이 시기에 스파르타인의 생활방식 자체가 변했다는 것은 분명하다. 학자들 중에는 이 변화가 리쿠르고스에 의해 계획적으로 진행되었다는 것은 믿기 어렵다고 보는 사람도 있다. 그러나 최소한 스파르타인이나 후대의 그리스인은 리쿠르고스의 이름 아래 이 변화가 이루어져서, 소박하게 살고 국가의 명령에 절대 복종하는 인간형이 나왔다고 믿었다. 그 첫째는 공동식사제도였다. 「리쿠르고스전」 10.1~2에는 다음과 같이 기록되어 있다.

또한 사치를 배격하고 재산에 대한 탐욕을 없애기 위해 리쿠르고스는 세 번째로 그리고 가장 절묘한 정치적 기구를 창설했으니, 곧 공동식사제도였다. 그럼으로써 사람들이 공동으로 식사를 하며, 지정된 종류로 똑같은 빵과 고기를 먹도록 정하였다. 이것은 시민이 그들의 건강을 장사꾼이나 요리사의 손에 맡긴 채, 집에서 사치스러운 식탁에 편안히 앉아 인생을 낭비하는 일이 없도록 하기 위해서였다. 그리하여 탐욕스러운 짐승처럼 온몸 구석구석에 살이 찌고, 몸뿐만 아니라 마음까지 망치지 않도록 하기 위한 것이었다. 탐욕과 과식으로 허약해진 몸과 마음은 늦잠과 따뜻한 목욕과 나태를 원하게 된다. 한마디로 항상 몸이 아픈 병자처럼 많은 주의와 돌보는 손길이 필요해지는 것이다.

확실히 시시티온(syssition)·안드레이온(andreion)·피디티온(phdition) 등으로 일컬어진 이 공동식사 관습은 크레타나 다른 지역에서도 발견되는 것으로, 도리아인의 공통적인 관습이었던 것으로 보인다. 즉 야전식사반이 변형된 것으로, 이것은 도리아인이 정복을 위해 이동하던 중에 필요했던 관습이었으며, 대개 15명 정도로 구성되었다고 플루타르코스는 말한다. 그러나 일단 이들이 정착하고 난 뒤에는 점점 유명무실해졌을 것이고, 사라져가는 이 옛 관습을 리쿠르고스 또는 무명의 개혁자나 개혁왕이 다시 강제조항으로 만들었다면 그런대로 이치에 맞아들어가게 된다. 또한 이 식사는 대체로 최대한 맛이 없게 만들어졌다고 한다. 지나치게 음식에 탐닉하는 것을 막기 위해서였다는데, 그럴 수밖에 없었을 것이다.

둘째는 이른바 '스파르타식 교육'이었다. 리쿠르고스가 만들어놓은 또는 정비해놓은 제도라는 것 중에서 우리에게 가장 잘 알려진 것은 역시 교육일 것이다. 우리는 흔히 스파르타식 교육이라고 이야기하지만, 스파르타인은 그저 자신들의 교육을 아고게(agoge), 즉 훈련이라고만 했다. 이 훈련은 스파르타의 다른 생활방식과 마찬가지로 잘 훈련된 전사단의 유지라는 단 하나의 목적을 위해 바쳐졌다. 그럼으로써 내부의 반란을 진압하고, 외부의 적을 방어하기 위한 것이다. 특히 내부의 반란 진압은 헤일로타이라는 독특한 피지배계급의 성격 때문에 더욱 중요했다. 일반적인 노예와는 달리 헤일로타이는 메세니아라는 국가적 전통에 대한 기억을 보존하고 있었고, 스파르타의 시민수에 비해 보통 20배 이상으로 추정되는 수효로 인해 언제나 스파르타의 가장 큰 위협으로 잠재해 있었기 때문이다. 이에 따라 훈련과정에서는 육체적인 훈련과 함께 국가에 대한 복종심과 충성심의 함양이 가장 중요했다.

이를 위해 훈련은 아주 이른 나이, 즉 7세(만 6세)부터 시작되었다. 이때부터 6년 동안은 파이디온(paidion)이라는 등급에 속하며, 기초적인 교육을 받다가 13세가 되었을 때 본격적인 훈련에 들어가게 된다. 이 시기부터 6년 동안은 아마도 헤본(hebon: 청소년)이라고 불린 것으로 보인다. 머리는 짧게 잘라야 했고, 신발도 신지 못했으며, 단 한 겹의 옷만으로 사계절을 견뎌내야만 했다. 잠자리는 에우로타스 강변에서 손으로 직접 뜯은 골풀로 마련해야 했고, 그리 많지 않은 식사량을 보충하기 위해 때로는 먹을 것을 훔쳐야만―아마도 우리말의 '서리'가 더 적합할지도 모른다―했다. 그러다가 붙잡히면 심하게 얻어맞는 것은 예사였다. 물론 훔치는 것이 나쁘다는 도덕적인 면에서 처벌한 것이 아니라, 단지 붙잡혔다는 이유에서였다. 19세가 되면 맨 앞줄에서 싸우는 전사는 아니라도 전투에 나가는 것이 가능한 에이렌(eiren) 등급이 되었다. 이들은 또한 소년들로 이루어진 소대의 감독자, 즉 소대장이 되었다. 24세가 되어서야 정식전사가 되며, 30세가 넘으면 시민권을 획득하게 된다. 그리고 이 나이가 되어야 병영에서 벗어나 자신만의 가정을 꾸리게 된다.

이 훈련과정에서 구체적으로 어떤 것이 가르쳐졌는지는 잘 알려져 있지 않지만, 대체로 기본적인 읽기와 쓰기 훈련, 아마도 옛날이야기 수준에 가까웠을 것이 분명한 역사교육이 이루어졌을 것이다. 한편 음악은 매우 중시했으며, 특히 행진곡과 합창에 대해서는 지대한 열의를 가지고 교육하였다. 또한 무엇보다도 체육과 군사훈련이 가장 큰 비중으로 다루어졌다는 것은 더 말할 나위도 없이 분명하다.

셋째는 토지개혁과 철제화폐의 사용이었다. 토지개혁이란 스파르타 시민들이 균등하게 분배된 토지를 받고, 그 땅에서 일하도록 배정된 헤일로타이를 부려서 그 수확물의 절반을 받아 생활할 수 있게 한 것을 뜻한다. 이 제도는 스스로의 비용으로 무장하고, 공동식사비를 분담하며, 다른 직업을 갖지 않고 직업군인으로 살아가야 하는 스파르타인에게는 필수적인 경제 시스템이었다. 정복자로서 엄청난 수의 피정복민을 지배해야 하는 그들에게는 어쩔 수 없는 선택이기도 했다. 그리고 이 스파르타식의 소박한 생활양식을 보존하고 유지하기 위해서는 상업을 발전시키지 않아야 했다. 상업이 발전하면 필연적으로 부의 편중현상이 생기고, 그 결과 전사단으로 구성된 시민단이 붕괴될 수 있기 때문이다. 따라서 경제적인 변화를 최대한 막기 위해 다른 나라에서는 통용되지 않는 철제화폐(무겁고 가치도 거의 없는 쓸모없는 돈이었다)를 만들어 유통시켰다.

   플루타르코스에 따르면 리쿠르고스의 죽음 역시 매우 전설적이고 극적이었다. 그는 법률과 제도를 정비한 뒤 델포이에 가서 신탁을 물어보겠노라 시민들에게 이르고, 자신이 돌아올 때까지 법을 고치지 않겠다는 서약을 받고 스파르타를 떠났다. 델포이에서 신탁을 물어본 그는 자신의 법이 스파르타에 큰 도움이 된다는 신탁에 만족한 채, 자신이 돌아가지 않으면 서약에 따라 스파르타인이 법을 고치지 못하리라고 생각하여 스스로 곡기를 끊고 자살하였다. 그의 탄생부터 죽음에 이르기까지의 이야기들에는 전설과 사실이 얽혀 있지만, 적어도 스파르타는 그가 만들었다고 여겨진 법과 제도를 300여 년 정도나 유지했으며, 그리스뿐 아니라 오늘의 우리에게까지 그의 이름을 전해주고 있다.

헤시오도스

서양 최초의 '정의'의 제창자

●백경옥(대구가톨릭대 교수·서양고대사)

생애와 두 개의 서사시

헤시오도스(Hesiodos)는 호메로스(Homeros)와 함께 고대 그리스의 대표적인 서사시인이다. 이들은 모든 그리스인들에게 공통되는 종교적·사회적 가치를 체계화한 시인들로, 호메로스가 비범한 영웅들의 세계를 그린 『일리아스』와 『오디세이아』를 통하여 신들의 세계를 묘사한 데 비해, 헤시오도스는 우주와 신들의 탄생을 노래한 서사시 『신통기』(Theogony)에서 인간의 주위 세계를 체계적이며 포괄적으로 그림으로써 호메로스적인 모델에 바탕을 둔 그리스인의 정체성을 정의하고자 하였다. 또한 헤시오도스는 그의 다른 서사시 『일과 나날』(Works and Days)에서 평범한 농부의 일상생활과 그의 올바른 생활태도를 위한 도덕적·실천적 교훈을 제시하였다. 그의 『일과 나날』은 서양 교훈문학의 효시로, 기성사회에 대한 교훈적 경고와 새로운 정치적 미덕(아레테)을 제시하여 이전 서사시에서 보여준 것과는 다른 세계관을 반영하고 있다.

시인의 익명성과 먼 옛일을 보고하는 것이 호메로스적인 서사시의 특징이라면, 헤시오도스는 전통과 단절된 새로운 내용의 서사시를 남겼다고 할 수 있다. 무엇보다 그는 『일과 나날』에서 자신의 신상에 관련된 언급을 비교적 많이 함으로써 서사시를 쓰게 된 배경을 생생하게 전해준다. 헤시오도스가 『일과 나날』 633~640행에서 전하는 바에 따르면 그는 원래 소아시아의 그리스 식민지인 키메(Kyme)에 살면서 교역업에 투자했다가 실패하였다. 그뒤 그는 그리스 본토의 남(南)보이오티아에 있는 아스크라(Askra)로 옮겨와서 농사를 지으며 생활하게 되었다. 농사를 짓고 살던 헤시오도스가 시를 쓰기 시작한 시기는 대략 기원전 700년경으로 추정되는데, 방랑하는 음유시인들에게서 호메로스의 시를 배운 그가 에보이아(Euboea)의 칼키스(Calchis)에서 개최된 암피다마스(Amphidamas)를 위한 장례식 경기에서 『신통기』를 노래해 우승하면서 시인으로서 두각을 드러내었다.

  그의 두 번째 서사시 『일과 나날』은 농부였던 헤시오도스가 형제간의 유산다툼이라는 개인적인 경험을 바탕으로 정의와 노동이라는 이중 주제를 다룬 교훈시로, 당대의 정치적·사회적인 문제를 이슈화하였다. 『신통기』가 귀족들이 주관하는 경연장에서 공연되었던만큼 그들의 이데올로기를 대변한 데 비해, 소농들의 일상과 애환을 종래의 서사시 형식에 따라 노래한 『일과 나날』에서는 새로운 사회적·정치적 아레테가 제시된다. 말하자면 호메로스의 모델을 따른 『신통기』의 정치적 아레테와 구별되는 『일과 나날』의 아레테를 통하여 헤시오도스는 지방귀족인 바실레우스에 대한 변화된 관점을 보여줌으로써 아르카익기 그리스 사회의 한 단면을 드러내주고 있다.

  아르카익기의 그리스에서는 오리엔트와 교역이 재개되면서 상공업이 대두함에 따라 종전의 혈연적 귀족주의 사회가 붕괴되기 시작했으며, 또한 서법(書法)이 도입되어 비판의식과 더불어 관습법의 성문화에 대한 요구가 증대하기 시작하였다. 이 글에서는 이 같은 사회에서 서사시인이자 농부로 살았던 헤시오도스가 당대의 지방통치자인 바실레우스에 대하여 그의 두 개 서사시를 통해 각각 다른 관점으로 그리는 그 배경과 의의가 무엇인지를 고찰하고자 한다.

『신통기』의 바실레우스

『신통기』는 1,022행으로 구성된 서사시로, 헤시오도스가 칼키스에서 열린 암피다마스를 위한 장례식 경기에 참가하여 우승한 작품이다.[1] 헤시오도스가 참가한 장례식 경기란 용감한 전사(戰士)들을 위해 그들의 장례식에서 각종 경기를 개최하던 관례에 따라, 에우보이아의 칼키스와 에레트리아(Erethria) 시가 기원전 6세기 초 두 도시 사이에 있는 비옥한 땅인 렐란톤 평야를 서로 차지하려고 전쟁을 치르던 중에 전사한 에보이아의 왕 암피다마스를 기리기 위해 개최한 행사였다. 당시 칼키스와 에레트리아는 호메로스식에 필적하는 귀족정에 의해 통치되던 곳이었던만큼, 귀족사회의 관습이나 이념을 전파했던 호메로스의 서사시가 장례식 경기에서 낭송된 것처럼 장례식 경기에 참가한 시인들은 바실레우스들에게 전투병인 기사에 대한 칭송과 운동경기에 참가한 자에 대한 칭송, 최근에 전사한 영웅의 죽음 등을 소재로 한 귀족주의를 찬양하거나 지지하는 노래를 들려주었다. 따라서 암피다마스의 장례식 경기에서 우승하여 손잡이가 달린 세발솥을 상품으로 받은[2] 작품 『신통기』에서 귀족주의적인 세계관을 읽을 수 있다는 사실은 자연스러운 일이라 하겠다. 『신통기』의 귀족주의적인 세계관은 80행부터 103행에서 보이는 바실레우스들과 무사들의 관계에 관한 언급을 통하여 『신통기』가 귀족사회의 관습을 전하고 그들의 이해를 대변한다는 사실과, 우주론적 신화에서 바실레우스의 통치권 행사에 정당성을 부여하고 있다는 사실에서 파악된다.

그리스 서사시는 시인이 무사(Mousa, 뮤즈) 여신들[3]에게 시적 영감을 내

---

1) 『일과 나날』, 654~659.
2) 이에 관하여 헤시오도스는 "······그곳에서 나는 현명한 암피다마스의 장례식 경기에 참석하고자 칼키스로 건너갔던 것이오. 이 용사의 아들들은 많은 상을 예고하며 내놓았고, 내 이르노니, 나는 그곳에서 노래에서 우승하여 손잡이가 달린 세발솥을 받았소. 그것을 나는 헬리콘 산의 무사(Mousa) 여신들께 바쳤소······"(『일과 나날』, 654~658)라고 전한다.

려주기를 요청하는 서사(序詞)로 시작된다. 헤시오도스는 103행에 달하는 비교적 긴 서사에서 무사 여신들과 왕(바실레우스)들 사이의 특별한 관계를 다음과 같이 언급하는데, 여기에서 귀족사회 관습의 한 단면을 엿볼 수 있다. 헤시오도스는 무사 여신에 대하여 영감을 요청하는 가운데 아홉 명의 무사 이름을 열거하고, 그 중 칼리오페를 바실레우스들의 시중을 들며 호의를 베푸는 무사로 칭하며 바실레우스들의 권위를 고양시키는 메시지를 다음과 같이 전한다.

>제우스께서 돌보시는 왕들 가운데 누구든 위대한 제우스의 따님들이
>명예를 높여주시고 그가 태어날 때 눈길을 주시면,
>그분들은 그의 혀 위에 감미로운 이슬을 떨어뜨리시고,
>그러면 그가 곧은 판결들로 시비를 가릴 때
>만백성이 그를 우러러본다. 그는 동요함 없이 말하고,
>큰 분쟁도 능숙하게 금세 해결한다.
>현명한 왕들이 존재하는 까닭은, 백성들이 거래에서 손해를 보았을 때
>그들이 부드러운 말로 설득하여 힘들이지 않고
>이들에게 손해 배상이 이루어지게 해주기 때문이다.
>그리고 그가 집회에 가면, 백성들은 그가 신인 양
>감미로운 공경으로 그의 호감을 구하게 되고
>그는 모인 자들 중에서 걸출하니,
>그런 신성한 선물들을 무사 여신들은 인간에게 주신다.
>왜냐하면 가인들과 키타라 연주자들이 지상에 존재하는 것은

---

3) 무사 여신들은 제우스와 므네모시네 사이에서 태어난 딸들로, 시가(詩歌)의 여신들이다. 그들의 수는 대개 9명으로 전해지는데, 이들은 서사시를 맡는 칼리오페, 역사를 맡는 클리오, 피리와 피리가 반주하는 서정시를 맡는 에우테르페, 비극을 맡는 멜포네, 리라와 리라가 반주하는 서정시를 맡는 테르프시코레, 찬신가(讚神歌)와 무언극을 맡는 폴림니아, 천문학을 맡는 우라니아, 희극과 목가를 관장하는 탈리아 등이다.

> 무사 여신들과 멀리 쏘는 아폴론에게서 비롯되고,
> 왕들은 제우스에게서 비롯되기 때문이다.[4]

무사 여신들에게서 영감을 받은 바실레우스들이 분쟁을 능숙하게 해결하는 타협적인 기술을 갖게 되었다고 한 것은, 성문법이 제정되기 이전에 지역사회에서 제기되는 소송에 판결권을 가지고 있던 바실레우스들이 운문으로 전해지는 구두법률을 산문형태로 해석하는 예술적 수완을 통해 정확한 판결을 내리는 능력이 있었다는 사실을 은유한 것이다. 바실레우스는 자신의 결정을 대립자가 받아들이도록 설득할 수 있어야 했기 때문이다.

문자 사용이 보편화되지 않았던 헤시오도스 시대의 각종 분쟁은 구두법률을 기억하는 바실레우스들에 의해 조정되었으므로 사법권을 행사하는 그들은 우수한 기억력과 해석력을 필요로 하였다. 따라서 바실레우스가 제우스와 기억의 여신 므네모시네 사이에서 태어난 무사들의 가호와 시중을 받았다는 것은, 구송법률(口誦法律)의 전통을 의인화하는 동시에 바실레우스들의 판결권에 신적인 권위를 부여함으로써 귀족사회 관습의 정당성을 보여주는 것이다. 웨스트(M. L. West)는 헤시오도스가 시의 서두에서 무사와 왕의 관계를 이같이 읊은 것은 궁정의 청중에게 아부하기 위해서였다고 해석하는데, 이러한 관점은 보편화되어 있다.

서사에 이어 시인은 무사 여신들의 가호 아래 태초의 카오스 상태에서 하늘과 땅이 열리고 수없이 많은 신들이 탄생하면서 야기된 치열한 투쟁과 세상의 정비과정을 그리는데, 이 과정은 제우스 신앙체계가 그리스에 정착될 때까지의 역사가 은유된 것이라 할 수 있다. 즉 헤시오도스가 154~210행, 453~506행, 617~885행에서 그려낸 신들의 투쟁은 발칸 반도 남단으로 이동해온 인도유럽어족의 그리스인들이 어떻게 선주민들과 투쟁하고 동화했는가에 관한 시적인 표현이자 제우스 신앙의 승리와 정착에 대한 보고라고

---

[4] 『신통기』, 84~96.

할 수 있다. 그는 그리스인의 주신 제우스를 일련의 정치적·사회적 권력투쟁을 통하여 적들을 물리치고 불멸의 존재들 가운데 '명예의 몫'을 차지한 존재로 그림으로써 신들의 세계를 통하여 민족 초기의 역사와 전통을 전해주는 것이다.

헤시오도스는 신들간의 일련의 갈등과 동의에 따라 자신이 살고 있는 세상의 구조가 형성되었다고 보고, 그 과정을 두 개의 계승신화를 통하여 보여준다. 그 첫 계승신화는 우라노스에서 크로노스로의 세대교체가 어떻게 이루어졌는가에 관한 것이다. 그는 모든 세계의 근원인 가이아가 우라노스와 결합하여 수많은 자식들을 낳은 뒤 신들의 세계에 갈등과 투쟁이 생겨나게 되었는데, 그 첫 세대 신 우라노스가 제2세대 신 크로노스의 폭력에 의하여 권좌에서 쫓겨나고 권력이 이양되었다고 보았다.

우라노스를 제거하고 세계의 지배자가 된 크로노스 역시 막내아들 제우스의 도전을 받아 권좌를 박탈당하고 권력을 아들에게 넘겨주게 된다. 둘째 계승신화인 이 에피소드에는 장성한 제우스가 아버지 크로노스에게서 왕위를 빼앗기 위해 지혜의 여신 메티스한테 얻은 약을 크로노스에게 먹여 자신의 형제들을 토하게 한 뒤, 형제들과 힘을 모아 격렬한 투쟁 끝에 승리를 거두고, 이어서 두 차례에 걸친 무시무시한 괴물들과의 전쟁에서 마지막으로 승리하여 세상의 지배권을 장악하게 되는 과정이 그려져 있다.

헤시오도스는 두 개의 계승신화를 통하여 정의를 수호하고 지혜를 가진 통치자 제우스에 의하여 인간 세상에 점진적으로 평화와 질서가 갖추어졌다고 보고 제우스 지배권의 우월성과 정당성을 표명했는데, 이러한 사실은 피정복민과 정복민의 관계를 은유한 것이며 당대 정치사회 구조에 대한 헤시오도스의 보수적 사상이 표명된 것으로 해석된다. 말하자면 헤시오도스는 바실레우스들은 지상에서 제우스를 대변하므로 그들에게 복종해야 한다는 뜻을 수반하는 사회·정치적 모델을 제시한 셈이다. 신화 속의 제우스처럼 강력한 왕권을 행사한 헤시오도스 시대의 바실레우스의 궁정에서 그들의 통치체계를 앙양하고 정당화하기 위하여 낭송된 계승신화는 실인즉 영웅들과 왕들의 역사를 알려주는 것이었기 때문이다.

『일과 나날』의 바실레우스

헤시오도스의 두 번째 서사시 『일과 나날』은 828행으로 구성됐으며, 『신통기』가 먼 옛일에 관하여 보고하는 전통적인 서사시 형식을 취한 데 비해 청중에게 일상의 할 일을 가르쳐주는 교훈시이다. 많은 주석가들에 따르면 『일과 나날』은 이제까지 지어진 것 가운데 몹시 우울한 애가 중의 하나로, 자서전적인 사건에 대한 일련의 기술에서 지방귀족 바실레우스에 대한 변화된 관점이 표명되어 있다. 헤시오도스가 전하는 바에 따르면 원래 소아시아 해안 아이올리스(Aeolis)의 상인이었던 그의 아버지는 무역업을 그만두고 약간의 농토를 얻어 아스크라에 정착하였다. 그의 아버지가 세상을 떠나자 유산은 헤시오도스와 그의 형제 페르세스가 물려받았는데, 자기들 몫을 두고 다투게 되어 바실레우스의 의회에 소송을 제기하였다. 그런데 페르세스는 바실레우스와 미리 협의하여[5] 자신의 몫을 더 많이 차지하였으나(35~41) 상속받은 재산을 낭비하여 구걸하는 신세가 되었으므로, 헤시오도스는 페르세스를 동정하여 살아가는 데 필수적인 것을 그에게 주거나 빌려주었다. 그리고 헤시오도스가 마침내 페르세스에게 진실을 알리고 청중에게 일상의 할 일을 가르치기 위하여 『일과 나날』을 쓰게 되었다는 것이다.

정의의 신 제우스에 대한 찬미로 시작되는 『일과 나날』은 신화와 도덕적 교훈으로 이루어진 첫 부분과 인류가 직면한 위기를 어떻게 극복하는가에 대한 구체적인 방안이 제시된 부분으로 이루어져 있다. 『일과 나날』은 헤시오도스가 시의 서두에서 밝힌 대로 부당한 바실레우스의 판결에 대하여 진실을 밝히기 위해 지은 시이기 때문에 『신통기』에서와 마찬가지로 여기에서도 바실레우스는 중요한 위치를 차지한다. 바실레우스가 지상에서 제우스

---

[5] 바실레우스들을 뇌물로 매수했다는 뜻이다.

를 대변하므로 바실레우스에게 복종해야 한다는 뜻을 수반하는 사회·정치적 모델을 『신통기』에서 제시한 헤시오도스가 『일과 나날』에서는 바실레우스를 아주 신랄하게 비판하게 된다.

그는 서사에 이어 게으르고 성품이 부정직한 페르세스가 아버지에게서 물려받은 자신의 몫 이상의 유산을 받기 위해 재판관들에게 뇌물을 주었을 뿐 아니라 부당한 법 절차를 통하여 더 많은 몫을 얻으려고 한 사실을 나무라면서 정직하고 열심히 일하면서 살 것을 강조하고, 그렇게 살아야 하는 이유를 설명하기 위하여 정의의 신 제우스를 속인 인류가 점진적으로 쇠퇴의 길을 걸어온 과정을 전한다.

『신통기』 535~557행에 따르면, 제우스가 신과 인간의 지위를 분할하기 위해 프로메테우스로 하여금 황소 한 마리를 잡아 인간과 신의 서로 다른 신분을 표현하게 될 두 덩어리로 나누게 하였다. 인간의 옹호자 프로메테우스는 황소의 가죽을 벗기고 뼈에서 살을 떼어 먹음직한 비계로 덮어서 한 덩어리를 마련하고, 먹을 만한 모든 고기와 내장들을 함께 모아 보기 흉한 소의 위 점막으로 씌워 다른 한 덩어리를 마련하였다. 그런 다음 프로메테우스는 제우스에게 그 둘 중 하나를 신의 몫으로 선택하라고 했다. 제우스는 프로메테우스의 속임수를 알면서도 짐짓 먹음직스러운 비계가 덮인 덩어리를 골랐다. 제우스의 이러한 선택으로 인해 인간들은 신에게 제물을 바칠 때 흰 뼈를 올려놓아 맛있는 냄새가 하늘로 올라가게 하고, 인간들은 남은 것을 차지하고 삶거나 불에 구워 먹게 되었다.

프로메테우스의 분배는 신들에게는 짐승의 '생명력'이 돌아갔고 인간들에게는 '죽은' 짐승의 고기가 돌아갔는데, 그것은 신들은 변치 않는 뼈를 분배받음으로써 영속성을 가지게 되었고 인간은 썩어 없어질 고기를 분배받음으로써 죽을 수밖에 없는 운명을 부여받았다는 뜻을 함축하고 있다. 제우스는 이 모든 사실을 미리 알았지만 인간의 편에 선 프로메테우스가 신을 속이려 한 데 분노하여 그를 응징하기로 마음먹고 인간들이 자유롭게 사용하던 불과 밀을 감추어버렸다.[6] 이 같은 제우스의 처사 때문에 메코네 들판에서 일하지 않고도 신들과 어울려 행복하게 살던 인간들은 곤경에 처하게 되었다. 그러자 인간에게 우호적이던 프로메테우스는 제우스에게서 불과 밀을 훔쳐다 다시금 인간에게 준다. 그러나 이 불과 밀은 인간이 땀흘려 일해야 보존되는 것이었다.

한편 잇따른 프로메테우스의 속임수에 분노한 제우스는 인간에게 더욱 심한 고통을 내리는데, 이에 관하여 헤시오도스는 『일과 나날』의 60~105행에서 전하고 있다. 즉 제우스는 인간들에게 또다른 실망감을 안겨주기 위해 매혹적인 최초의 여성 '판도라'를 빚어 인간세계에 내려보냈고, 판도라를 아내로 맞은 인간(남성)은 처자식을 부양하기 위하여 고된 노동을 할 수밖에 없게 되었다는 것이다. 뿐만 아니라 그는 신들과 어울려 살던 인류가 점점 쇠퇴하여 고된 노동과 슬픔에서 벗어나지 못하고 밤이면 밤마다 고난에서 쉴 틈 없이 살게 된 과정을 설명하는데, 특히 그는 자신이 살고 있는 시대를 가장 쇠퇴한 시대로 보아 이른바 철종족의 시대로 칭하고 그 원인에 관하여 이야기한다.

> 그들은 밤이나 낮이나 노고와 곤궁에서 벗어나지 못하고
> 고통받을 것인즉 신들께서 그들에게 괴로운 근심거리를 주실 것이오.
> 그러나 그들에게도 악에 선이 섞여 있을 것이오.
> 허나 제우스께서는 죽게 마련인 인간의 이 종족도 멸하실 것이오.[7]

바실레우스들의 휴브리스(Hubris)는 도덕의 타락과 살기 힘든 사회의 전형이라고 본 시인의 관점은 매와 밤꾀꼬리에 관한 짤막한 우화에서 읽을 수 있다.

---

6) 『일과 나날』, 47~104.
7) 『일과 나날』, 177~180.

나 이제 왕들에게 이야기 하나 하겠소. 그들이 비록 현명하기는 하지만.
매가 목이 알록달록한 밤꾀꼬리 한 마리를 발톱으로 차고
높은 구름 사이로 날아가며 이렇게 말했소.
밤꾀꼬리는 구부정한 발톱들에 찔려 애처로이 울었으나
매는 밤꾀꼬리를 준엄하게 꾸짖었소.
"이상한 친구야, 왜 비명을 지르지? 훨씬 강한 자가 지금 너를
움켜잡고 있다. 네 비록 가수이지만 내가 가는 곳으로 너도 가게 될 것이다.
내가 원한다면 나는 너를 저녁거리로 삼게 되거나 아니면
놓아주게 될 것이다. 더 강한 자와 겨루려는 자는 어리석도다!
그는 승리도 놓치고 치욕에 더하여 고통까지 받게 될 테니까."
날개가 큰 새인 빨리 나는 매는 이렇게 말했소.[8]

이 우화는 정의에 상반된 '힘'을 정의라고 본 바실레우스들이 백성들에게 그다지 가책을 느끼지 않고 대단한 권력을 행사한 것을 은유적으로 묘사한 것이다.[9] 말하자면 헤시오도스는 강자는 약자의 의사가 무엇이건 간에 자기가 원하는 대로 할 수 있기 때문에, 매처럼 힘을 가지게 되면 그리고 만약 그것을 자의(恣意)로 사용하게 되면 누구라도 그들에게 반항할 수 있는 사람보다 강해진다는 사실을 드러내고 싶었던 것이다.[10] 그러나 부도덕과 부정·폭력이 난무하는 당시 사회에서 강자가 무모하게 힘의 권리를 강조하여

---

8) 『일과 나날』, 202~212.
9) 매와 밤꾀꼬리에 관한 우화에 대한 연구법은 대략 세 가지로 정리할 수 있다. 첫째, 밤꾀꼬리를 헤시오도스로 보고 부패한 바실레우스들을 매로 보면서 이들에 의해 자신이 희생되었다고 보는 접근법, 둘째, 이 우화는 인간의 영역에 적용되는 것이 아니라 동물의 행위에 관한 부정적인 패러다임이라고 보는 접근법, 셋째, 부패한 바실레우스들은 매가 아니라 밤꾀꼬리이며 매는 제우스라는 것이다. 이 연구법은 부패한 바실레우스에 대한 응징을 은유하는 우화로 보는 관점에 근거한다.
10) L. W. Daly, "Hesiod's Fable," *Transactions and Proceedings of the American Philological Association*, vol. 29, 1961, pp. 47~48.

사용하는 것은 휘브리스이며, 이에 저항하는 약자의 입장을 정의(dike)로 본 헤시오도스는 비록 밤꾀꼬리는 약자이지만 제우스가 그의 옆에 앉아 있기 때문에 결국은 힘만을 믿는 강자에게 승리하게 된다고 보았다. 이 같은 이유에서 그는 페르세스에게 정의를 지킬 것을 다음과 같이 경고한다.

> 페르세스여, 그대는 정의에 귀 기울이고 폭행을 늘리지 마사라.
> 폭행은 지위가 낮은 사람에게는 해롭기 때문이오.
> 허나 높은 사람도 그것을 쉬이 견디지 못하고
> 그 아래 스러질 것이오. 미망을 만나게 되면.
> 정의로 인도하는 다른 쪽 길은 다니기가 더 좋소. 종국에는
> 정의가 폭행보다 우세하게 마련이오. 바보는 당해봐야 아는 법이오.
> 뇌물을 먹은 자들이 굽은 판결로 시비를 가려 자기들이 택한 곳으로
> 정의를 끌고 가면 성난 웅성거림이 이는 법이오.[11]

한편 헤시오도스는 자기 이해에 맞는 '힘'을 정의로 본 바실레우스들에게 놀라울 정도로 자유롭게 대항했고, 판결보다 뇌물에 더 관심 있는 바실레우스에게 명백히 화를 내면서 정의를 지킬 것을 강력히 촉구한다.

> 이방인들과 토박이들에게 공정한 판결을 내리고
> 의로운 것에서 조금도 벗어나지 않는 자들은
> 도시가 번창하고 백성들이 그 안에서 꽃이 만발하지요.
> 그 나라에서는 평화가 젊은이들을 양육하고, 그들에게는
> 멀리 보시는 제우스께서 결코 비참한 전쟁이 일어나지 않게 해주시오.
> 곧은 판결을 내리는 자들에게는 기근도 미망도 결코 따라다니지 않으며,
> 그들은 자신들이 돌보는 곡식으로 잔치를 벌이게 되지요……

---

11) 『일과 나날』, 214~221.

> 오오 왕들이여, 그대들도 그대들의 이러한 재판에
> 유념하시라! 불사신들께서는 인간들 사이에 가까이 계시면서,
> 신들의 벌을 무시하고 굽은 판결로
> 서로 괴롭히는 자들에 유념하기 때문이오.
> 많은 것을 양육하는 대지 위에는 죽게 마련인 인간들을
> 감시하는 제우스의 불사의 파수꾼들이 3만 명이나 있어
> 그들이 안개를 입고 지상을 사방으로 돌아다니며
> 판결과 무자비한 행동들을 지켜보고 있기 때문이오.[12]

이처럼 부당한 판결 내리기를 일삼던 바실레우스들의 횡포에 대하여 헤시오도스는 반드시 바뀌어야 할 나쁜 관행이라고 비난하고, 두 도시—정의의 도시와 휴브리스의 도시—의 패러다임에서 정의의 여신은 결국 휴브리스를 저지르는 사람, 즉 탐욕스러운 사람을 벌할 것이라며 213~285행에서 정의를 지킬 것을 21차례나 강조하였다.

정의는 '사회적·외적 의미를 가진 법적 절차 또는 분쟁의 조정' 등으로 해석하는 관점과 '내적·도덕적 개념으로 보아 정당함' 등으로 해석하는 관점 등이 있는데, 『일과 나날』에서 정의란 절차의 방법으로, 헤시오도스가 정의(디케)를 의인화하여 사회의 보호자가 되게 함으로써 법적 절차를 객관화할 것을 강조한 것으로 사용하고 있다. 그가 『일과 나날』에서 정의의 관념을 여러 차례 강조한 것은 관습법이 통용되던 시대에 자의로 법을 집행하던 왕들과 귀족들의 횡포를 제거·견제하고 법률의 시행을 객관화하고자 한 데서 그 연유를 찾을 수 있기 때문이다.

헤시오도스는 바실레우스들에게 정당하고 객관적인 절차에 따라 법을 집행함으로써 정의를 지킬 것을 요구했을 뿐 아니라, 가난한 소농들에게는 정의의 구현을 위한 구체적인 방안으로 성공적인 일을 강조한다. 즉 그는 청

---

[12] 『일과 나날』, 225~251.

중에게 쉴새없이 일하고 노력할 것을 권고하며 일상생활의 구체적인 지침을 일일이 가르쳐준다.

바실레우스들의 부도덕을 신랄하게 비판했던 헤시오도스가 두 개의 서사시를 썼다고 추정되는 기원전 700년대의 그리스 사회는 오리엔트와의 교역 확대와 문물의 도입 등으로 귀족이나 영웅들이 독단한 사법권 행사에 대하여 비판의식이 증대하던 시기였다. 헤시오도스가 시의 서두에서 언급한 경쟁적인 가치관(Eris)에서 보여주었듯이[13] 사람은 타고난 자질로써가 아니라 자신의 노력에 따라, 즉 확실한 노동과 세속적인 경쟁을 통해 획득한 부가 중시되기 시작했을 뿐만 아니라 문자의 도입과 선진문물의 도입으로 그리스인들 사이에서 비판의식이 싹트기 시작했기 때문이다.

헤시오도스와 새로운 아레테 – 정의

『신통기』와 『일과 나날』은 6각운의 서사시로, 바실레우스가 그 중심에 있다는 데 공통점이 있다. 그러나 『신통기』에서는 바실레우스가 정의의 수호자인 제우스의 가호를 받으며 통치권을 행사하는 존재로 그려진 데 비해 『일과 나날』에서는 바실레우스가 신랄한 비판의 대상으로 그려져 있다는 데서 두 서사시의 상이점이 드러난다. 『신통기』가 바실레우스가 주관하는 공공행사의 공연장에서 음송되었기 때문에 이러한 보수 성향의 메시지를 전한다고 볼 수 있다면, 『일과 나날』은 형제간의 상속분쟁이라는 법정분쟁에서 부당한 판결을 일삼는 바실레우스에 대한 노골적인 비판을 가한 서사시이므로 전통적인 서사시는 물론이거니와 『신통기』와도 상반된 성향의 메시지를 전한다는 것을 볼 수 있다.

서사시는 한 민족의 역정을 일정한 운율에 맞추어 기록한 역사 이전의 역사로서, 일종의 시대의 거울로 간주된다. 따라서 동일한 시인이 자신이 살

---

[13] 『일과 나날』, 24~26.

고 있는 사회의 통치자에 대하여 각각 다른 관점으로 그려낸 이 두 서사시는 변화하는 사회의 양상을 전해준다고 볼 수 있다. 즉 기원전 700년 무렵 씌어진 것으로 추정되는 헤시오도스의 서사시들은 농업 중심적인 호메로스식의 귀족사회에서 문자의 도입과 교역 및 상업을 기반으로 한 새로운 부의 축적이 이루어지는 역동적인 사회로 가는 도정에 있는 그리스 사회의 한 단면을 전해주는 것이다. 이 시기는 서법의 도입과 오리엔트와의 교역 재개에 따른 경제혁명으로 인해 혈연에 기반하는 사회가 와해되고 새로운 가치관이 형성되기 시작하여, 그리스인들의 마음에 호소하는 소재를 다룬 서사시들이 문자화되곤 하였다.

그러므로 먼 옛날의 일을 보고하면서 그리스인의 정체성과 통치체계에 대한 정당성을 노래했던 『신통기』에 비하여, 『일과 나날』에서는 자신이 직접 경험한 일을 소재로 삼아 통치계급의 부정의를 비판하고 그 대안으로서의 정의 개념을 강조했으며, 농민들에게는 정의를 실천하는 구체적인 방안으로서의 적절한 노동과 근면함이라는 새로운 아레테를 강조했다는 점에서 헤시오도스는 서양 최초의 정의의 제창자라고 볼 수 있을 것이다.

참고문헌

헤시오도스, 『신통기』, 천병희 옮김, 한길사, 2004.
Chester G. Starr, *The Economic and Social Growth of Early Greece 800~500 B.C.*, New York, 1977.
Michael Gagarin and Paul Woodruff, ed., *Early Greek Political Thought from Homer to the Sophists*, Cambridge, 1995.
M. L. West, *Hesiod Theogony*, Oxford, 1966.
Robert Lamberton, *Hesiod*, New Heaven, 1988.
Werner Jaeger, *Paideia-The Ideals of Greek Culture*, vol. 1, Gilbert Highet, tr., Oxford, 1967.
C. Roth, "The Kings and Muses in Hesiod's Theogony," *Transactions and Proceedings of the American Philological Association* 106, 1976, pp.331~338.
C. Rowe, "Archaic Thought in Hesiod," *Journal of Hellenic Studies* 103, 1983, pp.124~135.
M. Heath, "Hesiod's Didactic Poetry," *Classical Quarterly* 35, 1985, pp.245~263.
G. Naddaf, "Hesiod as a Catalyst for Western Political Paideia," *European Legacy*, vol. 7, 2002, pp.343~361.
L. W. Daly, "Hesiod's Fable," *Transactions and Proceedings of the American Philological Association*, 29, 1961, pp.47~48.

솔론

채무를 말소한 현자(賢者)

● 최자영(포항공대 과학문화연구센터 연구원)

솔론의 생애와 사료

아테네의 정치가이며 시인으로 고대 그리스 7명의 현자[1]에 속하는 솔론의 생애와 작품에 관해서는 세 가지 다른 사료가 있다. 첫째, 그가 지은 시(詩)의 단편들, 둘째, 아리스토텔레스의 『아테네 정치제도』와 플루타르코스의 「솔론전」, 셋째는 고대 수사학자·역사가·문헌학자 등 여러 작가들이 그에 관해 전하는 정보들이다. 첫 번째의 시는 연대 측정이나 역사적 사실에 관한 정보를 직접 주지 않는다. 두 번째 범주의 자료는 구체적인 사건과 연대 등을 전해주지만, 솔론 당대의 것이 아니라 300~700년 정도가 지난 다음 씌어진 것이라 잘못된 정보를 담고 있을 가능성이 있다. 세 번째는 주로 두 번째 범주에 바탕을 두고 있거나 사소한 정보들인 경우가 많다.

솔론에 관한 연구는 특히 아리스토텔레스의 저작으로 전해지는 『아테네 정치제도』가 발견되던 19세기 말 이래 문헌·역사·법률·사회학자 등의

---

1) 솔론과 함께 탈레스·킬론·피타코스·비아스·클레오불로스·페리안드로스가 꼽힌다. 이들은 코린토스의 참주 페리안드로스의 초청으로 코린토스의 외항 레카이오스의 향연에 참가했으며, 그밖에 아이소포스(이솝) 등도 여기에 참가하였다.

폭넓은 관심을 모으게 되었다. 이것은 그전에는 단편들로만 전해왔으나 1880년경 이집트의 사막에서 발견된 일련의 파피루스 속에 들어 있던 것을 1890년 케넌(F. G. Kenyon)이 책으로 발간하게 된 것이다. 이와 같이 솔론 연구는 불완전한 사료의 한계점 위에서 이루어지고 있음을 염두에 두어야겠다.

솔론은 중류층 출신으로 기원전 640년경 이후에 태어나 560년경 사망한 것으로 추정된다. 출생연대는 기원전 594년 그가 아르콘이 된 때를 30~40대 정도로 보아 추산한 것이다. 아버지는 아티카의 마지막 왕 코드로스의 후손인 엑세케스티데스(또는 드물게 에우포리온), 어머니는 페이시스트라토스의 어머니와 사촌간이었던 것으로 전해진다. 솔론에 관해 알려진 사실로는 594년경 아테네의 아르콘이 되어 정치·경제·사회 제도와 법률을 개혁한 탁월한 입법가였다는 것, 개혁 이전과 이후 소아시아 지역의 이오니아, 키프로스 그리고 아마 이집트까지도 여행을 했다는 것, 젊은 시절 해외 상업에도 종사한 것, 말년에 아테네의 참주 페이시스트라토스와 적대하였다는 것 등이다.

아리스토텔레스는 『정치학』(1273b 31 이하)에서 솔론의 개혁을 드라콘의 입법과 구분한다. 드라콘은 법률(nomos)만 만들었으나 리쿠르고스와 솔론은 법률(nomos)과 정치체제(politeia)를 모두 세웠다는 것이다. 이 말은 솔론의 개혁 범위가 훨씬 광범했음을 뜻한다. 그 개혁은 아르콘 선출, 시민의 4계층 구분, 민중재판소의 권위 확립 등의 정치체제부터 채무 말소, 토지제도 개혁, 사치 금지 등 사회·경제적인 여러 제도에 이르기까지 다양하다.

솔론의 개혁

사회·경제적 개혁
채무 말소(세이삭테이아)와 1/6세(稅)인(헥테모로이)의 해방
『아테네 정치제도』에 따르면 솔론이 아르콘으로 등장하기 오래 전부터 아테네에서는 부자와 군중의 사이가 좋지 못하였다. 거의 모든 땅이 소수의 수중에 있어서 가난한 사람들은 자신은 물론 그 아이들과 아내까지 부자들 밑에서 일했는데, 이들은 '피보호인' 또는 '1/6세(稅)인'(헥테모로이)이라고 불렸다. 그 같은 임대율로 부자들을 위해 토지를 경작했기 때문이다. 1/6세는 1년 약 17퍼센트의 이율에 해당하는 것으로 당시의 생산수준으로 보아 꽤 높은 것이었다고 하겠다. 지대를 납부하지 못하면 자신과 아이들이 예속되었다. 또 솔론의 개혁이 있기 전까지는 돈을 빌릴 때 몸을 담보로 했기 때문에 그 돈을 갚지 못할 때도 예속되었다. 남을 위해 예속노동을 하는 것도 쓰라린 것이었으나, 더 견디기 어려운 것은 정치적 발언권이 없는 것이었다고 한다.

다수가 소수를 위해 예속노동을 했으므로 민중이 부자에게 대항하였다. 빈부간 분열이 심화되고 반목이 오래 계속되자 내란을 피하기 위해 사람들은 함께 중재자 겸 아르콘으로 솔론을 뽑아 그에게 체제를 개혁하여 사태를 해결하도록 일임하였다. 권력을 잡은 솔론은 토지에 박힌 저당석을 뽑아내어 토지를 빚에서 해방하였다. 동시에 공채와 사채를 탕감했는데, 빚을 털어버렸다는 뜻으로 '세이삭테이아'라고 한다. 이렇게 빚 때문에 국내뿐 아니라 외지로 팔려나간 아테네인들까지 다시 자유롭게 하여 조국으로 돌아오도록 조처했으며, 그후로는 몸을 담보로 돈을 빌리지 못하게 했다고 한다.

여기서 채무 말소가 어느 정도의 범위 안에서 이루어졌는지 하는 문제가 있다. 안드로티온은 세이삭테이아가 채무를 말소한 것이 아니라 화폐개혁에 따라 이자율을 축소한 것이라고 말하기 때문이다. 플루타르코스는 이와 같은 안드로티온의 말보다는 솔론이 채무를 전반적으로 말소했다는 사실에 많은 사람들이 동의하고 있다고 전한다.

여기서 채무 말소는 토지문제와도 연관이 있음을 볼 수 있다. 그런데 토지의 저당석 설정과 관련하여 솔론 당시 토지 이전이 가능했는지 하는 데 대해서는 오늘날 견해의 차이가 있다. 솔론 이전부터 토지는 이전이 가능하였으므로 담보 잡히거나 매매될 수 있었다는 견해[2]가 있는가 하면, 솔론 당시 아테네는 다른 도시나 솔론 이후에 견주어 아직 화폐경제가 덜 발달했으므로 씨족(genos)이나 가문 공동의 토지는 이전이 불가능했다는 견해도 있다.[3] 이전이 가능했다고 보는 스보보다는 채무 등의 경제적 궁핍으로 토지에 대한 권한을 상실한 농민은 강제적으로 또는 자발적으로 예속되었으며, 여기에는 인신의 예속을 받은 채무자와 그렇지 않은 헥테모로이 두 부류가 있다고 생각하였다. 애드콕도 기원전 7세기 말에 이미 토지의 공동소유권이 좁은 의미의 가족소유권으로 변화해 있었으므로, 경제적으로 궁핍한 사람들은 마지막 수단으로 자신과 가족의 인신과 토지를 저당한 것이라고 하였다. 그러나 토지소유권은 아직 양도할 수 없었던 것으로 본 우드하우스는

---

2) H. Swoboda, "Beiträge zur griechischen Rechtsgeschichte," *Zeitschrift der Savigny-Stiftung*, XXVI, 1905, p. 194ff.; G. Glotz, *Histoire Grecque*, I, Paris, 1938, p. 407; F. E. Adcock, *Cambridge Ancient History* IV, Cambridge, 1930, pp. 33~35: 42.

3) W. J. Woodhouse, *Solon the Liberator: A Study of the agrarian Problem in Attica in the seventh century*(Oxford, 1938), p. 74f.; N. Lewis, "Solon's Agrarian Legislation," *Athenian Journal of Philology*, LXII, 1941, p. 148 참조. 20세기 중엽 이후의 사회경제사 연구에 따르면, 솔론 당시 아테네에서는 사회적인 위기를 초래할 정도로 화폐경제가 발달하거나 토지소유권의 이전이 광범하지 않았음이 밝혀지게 되었다. A. J. V. Fine(Horoi, Hesperia Supple. IX, 1951, pp. 185~191)에 따르면, 토지소유권의 변화가 4세기 이후에 현저하였다는 것과 현존하는 경계석(horoi)은 거의 기원전 4세기 이후의 것이다. Fine는 펠로폰네소스 전쟁이 일어나기 전까지는 아테네에서 토지소유권 변경이 불가능했다고 추측하였다. 한편으로 토지 이전 가능성에 대한 실증적 사료의 부족과, 다른 한편에 솔론 때 이미 빈부의 차이가 심했다는 것을 보여주는 문헌적 사료 사이의 모순을 조화하려는 해석이 나오게 되었다. C. Hignett(*A History of the Athenian Constitution*[Oxford, 1952], p. 88)에 따르면 자작농이 헥테모로이 또는 노예로 전락한 것은 화폐경제의 도입 때문이 아니라 단순히 메가라인 등의 적의 약탈과 계속된 흉년 때문이었다고 한다. 또 토지 집중현상이 있었지만 많은 자작농이 존재했으므로 이들이 솔론의 지지자가 되었으며, 채무 말소에 따라 이익을 본 것이 바로 이 자작농들이었다고 한다. R. Sealey(*A History of the Greek City States 700~338 B.C.*, U. California Pr., 1976, p. 110f.)는 솔론 당시에는 아직 차금 등의 채무노예는 없었으며, 채무 말소는 전통적인 예속농민들을 해방시켰으나 토지까지 돌려준 것은 아니고 그 지대를 경감시켰던 것으로 해석한다.

빈농이 토지에 담보석을 설치하고 '환매를 전제로 한 매매'(prasis epi lysei)[4] 형식으로 차금하지만 이것은 실제 양도는 아니라고 한다. 이때 차금자는 채권자의 소작인으로 있다가 더 궁해지면 노예가 되고, 그보다 조금 더 나은 상태로는 '1/6세인'(헥테모로이)으로 예속되는 것이라고 한다.

한편 하몬드는 토지를 매매가 불가능했던 것과 가능했던 것 두 가지로 구분한다.[5] 게네(gene: 씨족. 단수는 genos) 성원들은 전통적으로 매매가 불가능한 비옥한 평지의 토지를 소유했으므로 헥테모로이가 되어 토지에 예속되어 있었던 반면, 오르게오네스(orgeones: 제사공동체) 또는 아그로이코이(agroikoi)는 이주민의 후손으로 수공업에 종사하거나 산지 등 매매가 가능한 토지의 농민이었으므로 토지를 팔거나 부채로 노예로 팔려갔다고 한다. '1/6세인'이 경작하는 토지는 매매가 불가능하여 경작민이 필요한 토지에 매여 있었으므로 토지나 몸을 팔고 예속노동자가 된 오르게오네스 등과는 다르다는 것이다. 하몬드는 채무 말소로 전통 게네의 성원들과 오르게오네스들 사이에 불평등이 완화되어 씨족 성원들은 더 이상 가문의 토지에 얽매여 1/6세를 지급하지 않아도 되고, 또 오르게오네스들은 인신예속을 받지 않아도 되게 되었다고 한다.

이와 같은 전제에서 하몬드는 "1/6세를 지급하지 못한 헥테모로이는 자신은 물론 그 처자가 예속된다"는 『아테네 정치제도』의 기록은 시대착오적인 것으로, 4세기의 관행을 솔론 당시의 것으로 잘못 적용시키고 있다고 한다. 즉 이 책의 저자는 토지를 팔아넘긴 뒤 같은 토지를 빌려 일정한 지대를 내고 경작하는 사람이 '반환 전제 매매'(prasis epi lysei)에 의한 환매 시한이 지나서 환매권을 상실한 뒤 지대도 지불하지 못하면 인신까지 예속당하게 된다는 가정이다. 하몬드에 따르면, 이와 같은 구상은 솔론 시대에 적용되

---

4) 이것은 매도인이 매된 토지나 인신, 그밖의 물건 등을 매수인에게서 되살 수 있는 권한을 말한다.

5) N. G. L. Hammond, "Land Tenure in Attica and Solon's Seisachtheia," *Journal of Hellenic Studies*, LXXXI, 1961, pp. 76~98.

기 어려운 것으로 인신예속의 위험을 앞에 둔 헥테모로이는 무슨 수를 쓰든 1/6세를 지급할 수 있었을 것이라고 한다. 더구나 토지 판 돈을 갖고 또 생산물의 5/6를 갖는 헥테모로이는 크게 열악한 것이 아니라고 하였다.

이와 같은 하몬드의 설명은 환매의 개념을 너무 단순화하는 결점이 있다. 환매의 시한은 특별히 명시하지 않는 한 언제나 일정한 것이 아니라 경우에 따라 달라질 수 있으며 무제한인 경우도 없지 않다. 더구나 환매는 토지 이전 가능성을 전제로 해서만 일어나는 것은 아니다. 고대에는 매매의 개념이 담보의 개념과 밀접하게 연관되어 있어서 매매는 반드시 완전한 소유권의 이전을 전제로 하지 않고도 성립할 수 있다. 즉 소유권 이전이 어려운 가문이나 씨족 공동의 토지는 일정 생산량의 지대 납부를 조건으로 한 매매, 즉 담보 설정이 성립될 수 있다는 것이다. 그리고 하몬드는 경작자가 5/6를 가질 수 있는 1/6세 지대는 그렇게 불리한 것이 아닐 수도 있는 것처럼 적고 있으나, 1/6세는 연 17퍼센트 이율에 가까운 것으로 고대는 물론 오늘날에도 결코 가벼운 것이 아니다.

하몬드가 분리 가능한 토지와 분리 불가능한 토지 두 가지로 구분한 점은 일리가 있는 것으로 보인다. 개인이 아닌 도시국가 · 데모스(지역 행정공동체) · 씨족 · 가문 등 공동의 소유권이 더 강한 토지가 있을 수 있기 때문이다. 그러나 필자가 보기에 이보다 더 중요한 것은 솔론의 채무 말소로 인해 경제적 거래대상은 물적인 것으로 화하고 사람의 신체를 담보나 매매의 대상으로 할 수 없게 되었다는 점이다. 물적인 것은 토지 등의 물건이나 노동력과 같은 서비스도 포함된다. 노동력은 거래의 대상이 되지만 인신 자체는 담보할 수 없게 하는 것이다. 적어도 아테네에서 그리고 아테네 시민인 한, 부채나 매매는 흔히 완전한 인신의 예속 없이 단순한 노동력을 대상으로 하게 된다.

솔론 이후에도 아테네에서는 자유인이 노동자로 고용되어 한시적 또는 지속적으로 다소간의 예속상태에 빠지는 경우가 있을 수 있다.[6] 그러나 노동자는 형편만 되면 이와 같은 거래관계를 청산할 수 있는 환매권을 가지고 있었다. 인신의 자유를 확보하고 있는 일종의 예속 노동력 제공자는 언제나 좀더 나은 수입의 원천을 찾아 일자리를 옮길 수 있는 가능성을 갖게 된다. 즉 제3자에게서 차금하여 먼저 노동하고 있는 곳에 갚아버리고, 다른 곳에서 일을 하여 벌어서 빌린 돈을 갚으면 되는 것이다. 인신 자체가 예속되어 있으면 이와 같은 선택은 주인의 허락 없이는 불가능해진다. 훗날 예속노동자가 제3자에게서 차금하여 주인에게 갚고 자유를 얻은 뒤 돈을 벌어 빌린 돈을 반환하는 것은 이와 같은 환경에서 성립되는 것으로 설명할 수 있다.

  채무와 인신의 분리는 채무자의 적극적인 경제활동의 자유를 보장함으로써 그들에게 유리하게 작용할 수 있다. 채권자들은 인신의 자유를 획득한 이들의 노동력을 확보하기 위하여 노동조건을 개선하지 않을 수 없었기 때문이다. 여기서 바로 아래에 언급될 상공업 장려로 인한 새로운 일거리의 창출이 노동자들에게 크게 도움이 된 것은 두말 할 나위가 없다.

  아테네에서는 스파르타와 같은 국가권력에 의한 신분의 분화도 없었음은 물론 솔론의 개혁으로 키오스에서 성했던 인신의 매매 같은 것도 아테네 사람들 사이에는 법적으로 금지되었다고 하겠다. 무엇보다 중요한 것은 솔론에 의한 이와 같은 인신의 해방이 국가에서 필요로 하는 군사력의 확보와 밀접한 관련이 있다는 점이다. 부채 말소와 인신의 해방 등 도시국가에 의한 일련의 강제조처는 이후 개인간의 경제적 거래관계가 국가의 필요에 의해서도 영향을 받았다는 사실을 알 수 있다.

상공업 장려

  솔론은 아테네인들로 하여금 상업과 산업에 종사하도록 장려하였다. 아티카의 땅이 척박했기 때문에 노동자들은 가난하고 일거리도 빈약하여 실업자들이 많았다. 더구나 해외 상인들을 끌어들일 만큼 매력적인 물건이 거

---

6) 최자영, 「고대 아테네 사회신분의 불명확성 및 중첩성」, 『서양고대사연구』, XIII, 2003년 12월, 23쪽 이하.

의 없었다. 이렇게 실업을 없애고 대체무역의 바탕을 강화하기 위해 솔론은 공업을 장려하였다. 한편으로 수출물량의 생산을 강화하면서도 다른 한편으로 그는 풍부하게 생산되는 올리브 기름을 제외한 다른 농업생산물의 수출을 금지하였다.[7]

솔론은 대책 없는 아들에게 기술을 가르치지 않는 아버지에 대해서 그 아들은 부양의 책임을 지지 않도록 하였다. 아레오파고스 의회에는 게으른 사람을 조사하여 벌하게 하는 권한을 부여하였다. 이렇게 산업과 무역이 발달될 수 있는 바탕이 마련된 아테네는 점차 코린토스, 에보이아, 시켈리아, 마그나 그라이키아 등을 중심으로 한 지중해 상업기지의 일환으로 편입되게 된다. 그전에는 아이기나를 중심으로 한 상권에 소속되어 있었으나,[8] 솔론 이후 더욱 광범한 지역과 교류가 성립되었다.

이 같은 조처는 사회·정치적 특권이 주로 토지에 대한 권한을 중심으로 하던 전통사회에 새로운 것이었다. 예를 들어 스파르타 같은 곳에서는 토지소유권이 있는 사람이 시민이 되고 시민들은 상공업에 종사하지 못하게 되어 있었다. 이와 같은 차이는 비옥한 평야를 끼고 있던 스파르타와 달리 아테네의 자연환경이 척박했기 때문이라고 할 수도 있다.

화폐와 도량형

솔론은 도량형과 화폐의 표준도 바꾸었다. 아리스토텔레스의 저작으로 전하는 『아테네 정치제도』[9](X)와 플루타르코스의 「솔론전」(XV)에서 전하는 안드로티온의 말은 각각 다음과 같다.

---

[7] Plutarchos, *Solon*, XXIV. 기원전 4세기에 아테네는 상인들로 하여금 흑해 등지에서 산 곡물을 아테네로 가져오지 않고 다른 곳으로 가져가 팔지 못하게 했는데, 이를 어기면 벌하였다.
[8] J. S. Milne, "The Monetary Reform of Solon," *Journal of Hellenic Studies*, L, 1930, pp. 179~185 ; *ibid*., LVIII(1938), pp. 96~97.
[9] 이하 본문에서는 Aristoteles, *Athenaion Politeia*를 *AP*로 줄여서 표기한다.

솔론은 이렇듯 입법에서 민주적인 성향의 기초를 놓은 것으로 생각된다. 그러나 입법 이전부터 그는 부채를 삭감했고, 이어서 도량형과 화폐의 표준을 증가시켰다. 또 솔론 때에 페이돈[10]식보다 더 큰 척도가 쓰이고, 전에는 70드라크마(drachma)의 1미나(무게로 재는 화폐의 단위)가 이제 100드라크마로 증가했다. 한편 옛 동전은 2드라크마짜리였다. 그런데 솔론은 각 화폐에 상응하는 무게를 정하여 1탈렌트[11]를 63미나로 하고, 증가된 3미나는 스타테르[12]와 나머지 (화폐)무게에도 같은 비례로 적용하였다.

……그러나 안드로티온을 포함한 일부 사람들은 가난한 사람들을 구제하고 무마한 조처는 채무를 말소한 것이 아니라 그들이 부담하던 이자율을 감소시킨 것이라고 한다. 세이삭테이아라고 한 것은 이와 같은 인도적인 조처와 함께 척도를 증가시키고 화폐의 가치(또는 쓰임새: time)를 변화시킨 것을 말한다. 왜냐하면 그는 이전 73드라크마였던 1미나를 100드라크마로 만들어 사람들로 하여금 같은 액수의 화폐를 지불하지만 가치는 더 줄어들게 함으로써, 지불하는 사람은 크게 득을 보지만 받는 사람은 손해를 보지 않도록 했기 때문이다.[13]

이 두 가지 사료를 토대로 솔론이 화폐의 가치를 높였는지 낮추었는지 하는 것이 문제가 될 수 있다. 플루타르코스에 따르면, 한편으로는 솔론이 '척도와 화폐의 가치를 증가'시켰다고 하면서 다른 한편으로는 '같은 수의 화폐를 지불하지만 가치는 더 줄어들게 했다'고 되어 있기 때문이다. 이에 대해 주조화폐의 가치는 낮추었으나 탈렌트의 무게 비중은 늘렸다는 견해도

---

10) 페이돈은 기원전 7세기경 아르고스 왕이었던 것으로 보이며, 그가 만든 화폐와 도량형의 기준이 코린토스와 에우보이아, 솔론 이후의 아테네를 제외한 그리스 땅에 널리 쓰였던 것으로 보인다.
11) 당시 황소 한 마리 값 정도에 해당되는 가치의 은·동 같은 금속을 머리가 없이 사지를 벌리고 있는 황소의 가죽 모양으로 만든 것.
12) 1스타테르는 약 50분의 1미나.
13) Plutarchos, *Solon* XV, 4.

있다.14) 화폐가치의 변화와 관련하여 위 두 문장의 뜻이 모호하기 때문에 명확한 뜻을 구하기는 어렵지만, 대체로 솔론의 개혁으로 아테네에서는 아이기나 화폐에서 에우보이아 화폐의 기준으로 바꾸었으며 동시에 아테네에서 직접 화폐를 주조하기 시작한 것이 솔론 때라고 보기도 한다.

정치적 개혁
시민의 4계층 구분

예전에는 농민이 사회의 중심이었으나 솔론 이후 수공업자나 상인들도 농민과 같은 권한을 갖게 되었다. 아테네에서 농업뿐 아니라 상공업이 발달하게 되자 다양한 형태의 부를 측정하는 새로운 방법이 필요했다. 그래서 솔론은 반드시 토지를 소유하지 않아도 되도록 소득의 정도에 따라 시민들을 4계층으로 구분했다. 곡물과 기름 등 생산물 500메딤노이 이상의 펜타코시오메딤노이(500메딤노이), 300메딤노이 이상의 기사(히페이스), 200메딤노이 이상의 제우기타이(소 한 쌍을 소유한 사람), 빈농인 테테스가 그것이다. 각 계층에게는 국가에 봉사할 수 있는 기회에 차등을 두었다.

사실은 벌써 드라콘 때부터 4계층 구분과 능력에 따른 의무 분담이 있었던 것으로 『아테네 정치제도』(IV)는 전한다. 그러나 드라콘과 솔론의 법은 몇 가지 차이가 있다. 그것은 공직자의 선출이나 재판제도에서 그러한데, 솔론법에서는 그전보다 민중의 권한이 더 확대되었다. 드라콘법에서는 아르콘·회계관은 10미나, 장군과 기병대장은 100미나 이상의 재산을 가진 사람들 중에서 선출했고 참정권은 무기를 소지할 수 있는 사람들에게 주어졌으므로 테테스는 제외되었다고 하겠다. 그러나 솔론은 아르콘들은 위로 두 계층, 회계관은 펜타코시오메딤노이에게만, 그리고 군사는 위로 세 계층에게 의무를 부과하고 필요에 따라 테테스도 참여하게 하였다. 테테스는 민

---

14) M. A. Kathleen Freemann, *The Work and Life of Solon*, London, 1926, p. 110 참조.

회와 민중재판소에 참가할 권한이 있었으므로 드라콘의 체제와는 다른 점이 있다고 하겠다.

일반적으로 당시 국가에 대한 봉사는 무급으로 이루어졌으며 의무를 부담할 능력이 있는 사람들에게 마땅한 직책을 맡겼던 것으로 이해할 수 있다. 권리는 의무를 동반했던 셈이다. 무능한 테테스는 국가의 관직에 봉사하지는 않았으나, 그 대신 시민으로서 민회와 재판소에 참여함으로써 그들의 의견을 반영할 수 있었다. 솔론은 형편에 맞게 국가의 의무를 배분함으로써 수혜자 부담이 아니라 능력자 부담 원칙으로 민주사회의 정신을 구현하려 하였다.[15]

공직의 지역적 안배와 분권

솔론은 의회 구성이나 행정 등에서 지역별로 수를 안배하거나 그 권한을 지역으로 분산하였다. 먼저 드라콘 때 참정권자들 가운데 추첨으로 뽑힌 401인 의회가 있었다. 이 401인 의회가 부족당 같은 수로 구성됐는지는 확실하지 않다. 그러나 솔론 시대의 의회는 400인이었는데, 이들은 각 부족에서 100명씩으로 구성되었다.

아르콘 선출방법도 바뀌었다. 솔론 이전에는 아레오파고스 의회에서 적당한 사람을 아르콘으로 선출하였다. 그러나 솔론은 부족당 10명씩 미리 선정한 후보들 가운데 9명의 아르콘을 추첨하게 하였다. 솔론이 입법 후 아테네를 떠난 뒤에는 내분으로 아르콘을 뽑지 못하여 무정부상태에 빠지기도 하고 한 사람의 아르콘이 2년 이상 집권하기도 했는데, 579년경에는 에우파

---

[15] 훗날까지 아테네는 이와 같은 원칙에 입각하여 부자들이 각종 국가 행사의 비용이나 전비를 담당하였다. 특히 기원전 4세기경에는 전선의 건조와 유지를 위해 해마다 일정 수의 선주(船主 trierarchos)를 1년 단위로 임명하였다. 선주에 임명된 사람이 그 부담을 피할 수 있는 유일한 방법은 자기보다 더 부자인 사람을 가려내어 자신의 부담을 떠맡기는 것이었다. 이런 문제로 분쟁이 일기도 했는데, 이것을 '(재산)교환소송'이라고 한다. 그 이유는 쌍방간 이견이 있어 조정이 안 될 때는 한쪽이 원래 선주로 임명된 사람과 재산을 맞바꾼 뒤 선주의 의무를 부담하게 했기 때문이다.

트리다이에서 5명, 아그로이코이(농부)에서 3명, 데미우르고이(수공업자)에서 2명으로 모두 10명의 아르콘을 뽑기도 하였다. 이렇게 여러 사회집단간의 타협으로 아르콘이 선출된 것은 지역별 안배를 고려한 솔론의 방법과는 다르다고 하겠다.

또 부족은 예전처럼 4개였는데, 각 부족에는 부족 왕이 있었다. 중요한 것은 각 부족에 각각 3개의 트리티스와 12개의 나우크라리아가 있었는데, 나우크라리아의 우두머리인 나우크라로스가 세입과 세출을 담당했다는 점이다. 오늘날에 비유한다면 중앙이 아니라 각 지역에서 지방세를 받아 지출한 것이니, 중앙집권이 아니라 지방분권이 잘 되어 있었다고 하겠다. 이와 같이 각 지역단위로 자치가 이루어지면 중앙에 있는 아르콘 등의 공직자나 400인 의회의 비중은 그만큼 줄어들게 된다.

그리고 드라콘 때에는 의원들이 의회나 민회에 불참하면 500메딤노이 계층은 3드라크마, 기병계층은 2드라크마, 제우기타이는 1드라크마의 벌금을 물었다고 한다. 그러나 솔론 때에는 드라콘 때와 달리 의회에 불참했다고 벌금을 물었다는 기록이 없다. 참고로, 아리스토텔레스의 『정치학』(1297a 14 이하)에서는 의회 불참에 대한 벌금제도나 참석에 대한 보수 지급제도와 관련하여 다음과 같이 말하고 있다.

민중을 위해 고안된 정치기구는 다섯 가지가 있다. 민회 · 관직 · 재판정 · 군대 · 교육(gymnasia)이 그것이다. 민회에는 모든 사람들이 참여하게 하지만, 부자들이 참여하지 않을 때는 벌금을 매기거나, 부자가 아닌 사람보다 더 많이 부과하게 한다. 관직과 관련해서는 부자는 관직을 거부하지 못하게 하고 빈자는 거부할 수 있게 하였다. 법정에 대해 부자들이 재판사무를 보지 않으려 하면 벌금을 물게 하는 반면 빈자들은 벌금을 물지 않게 하거나, 부자는 많이 내고 빈자는 적게 내도록 하였다. 이는 카론이 입법한 바와 같다. 어떤 곳에서는 이름을 등록한 뒤 민회와 재판정에 임한다. 그러나 등록해놓고 의무를 게을리 하면 큰 벌금을 물게 한다. 이것은 벌금을 매김으로써 등록을 제한하고, 등록을 하지 않음으로써 민회와 재판정에 참가할 수 없도록 하기 위한 것이다. 또한 중무장보병이나 학교에도 같은 식으로 등록한다. 빈자들은 무기 소지가 금지되지만, 부자들은 소지하지 않으면 벌금을 문다. 그리고 빈자는 학교에 다니지 않아도 벌금이 없으나 부자는 벌금을 문다. 부자들은 벌금 때문에 참가하고 빈자들은 벌금 물 일이 없으므로 참가하지 않도록 하기 위해서다. 이 같은 입법의 성격은 과두적이다. 반면, 민주정에서는 이와 반대로 만들었다. 빈자가 민회와 재판소에 동참하도록 보수제를 시행하는 반면, 부자들이 참가하지 않은 경우에 대한 벌금은 없다. 그러므로 이상의 두 가지를 복합하려 한다면, 두 가지 제도를 섞어야 할 것이다. 참석할 때는 보수를 주고 불참할 때는 벌금을 매긴다면 모두가 참가하게 될 것이다. 그러지 않고 둘 중 한 가지만 쓴다면 한쪽 편만 참가하게 될 것이다.

여기에 비추어볼 때, 드라콘 시대에 있던 의원들의 의회나 민회 참석 강요 조항이 솔론 시대에 보이지 않는 것은 정치체제가 과두적인 것에서 더 민주적인 것으로 변화했기 때문이 아닌가 생각해볼 수도 있다. 동시에 위에서 언급했듯이, 권력이 중앙뿐 아니라 지역으로 더 균형 있게 확산되어 중앙의 민회나 의회의 비중이 상대적으로 감소된 점과도 연관시켜볼 수 있겠다.

아레오파고스 의회

솔론 당시 아레오파고스 의원들은 법을 수호하는 의무를 맡았으며, 그전과 같이 정치체제의 보호자였다고 전한다. 중요한 국사를 관리하며 과오를 범한 사람들에게 벌금을 물리고 벌을 주며 교화하는 권한이 있었다. 이들이 징수한 벌금은 국고로 들어오는데, 그 벌금을 징수한 이유를 밝히지 않아도 무방할 정도로 권위가 있었다. 그런데 이 의회는 그전 드라콘 시대에도 법을 수호하고 관리들이 법을 지키면서 통치하는지를 감독하였다. 또 드라콘 이전에도 이 의회는 법률을 수호하고 중요한 국사를 처리했으며, 모든 풍기문란을 벌하고 벌금을 부과하는 데 종심권을 가지고 있었다.

다만 솔론은 이 전통적인 의회의 구성을 더 확대한 것으로 보인다.[16] 『아테네 정치제도」에 따르면, 솔론 이전에는 고귀함과 부를 기준으로 아르콘이나 아레오파고스 의원들이 뽑혔다고 한다. 반면 플루타르코스의 「솔론전」에는 "솔론이 처음으로 해마다 아르콘들로 하여금 아레오파고스 의회에 참가하게 하였다"고 되어 있다. 여기에 두어 가지 문제가 있다. 첫째, 이 의회가 솔론 이후 변경된 선출방법으로 뽑힌 아르콘 출신으로만 구성된 것인지, 아니면 그전부터의 '고귀함과 부'를 갖춘 사람들을 함께 포함하는 것인지 하는 문제이다. 둘째, 플루타르코스가 말하는 매해의 아르콘이란 전직만 뜻하는 것인지 아니면 현직 아르콘도 포함하는지 하는 문제이다.

첫째 문제와 관련해서는 솔론 이후 9명의 아르콘은 그전의 아르콘들과 다른 방법으로 선출된 점을 감안할 수 있다. 위에서 설명했듯이, 솔론 이후 이들은 민중이 뽑은 후보 추첨자 중에서 추첨된 사람들이었다. 주로 4계층 가운데 위의 두 계층 출신들로 구성되었으므로 어느 정도의 경제적인 기반은 있었겠으나, 반드시 '고귀함과 부'를 가진 사람들이라고 말하기는 어렵다. 둘째, 아레오파고스에는 현직 아르콘도 참석했는가의 문제에서 그 가능성을 완전히 배제할 수가 없다. 이들이 아레오파고스 의회에 동참하는 것이 사료에 보이기 때문이다.

이처럼 솔론은 상류층이 중심이 된 폐쇄적인 성격의 의회에 더 광범한 사회계층이 참여할 수 있도록 제도를 개편하였다. 또 해마다 아르콘 출신들이 동참함으로써 자연히 참석자 수도 더 늘어나게 된다. 옛날보다 더 다양한 계층에서 더 많은 사람들이 동참하는 이 의회에서는 자연히 소수 기득권의 배타적인 이해관계는 먹혀들기 어려워진다.

민중재판소의 권위 확립

솔론은 억울한 일을 당한 사람을 위하여 원하는 사람은 누구라도 문제를 제기할 수 있게 했으며, 민중의 힘을 강화하여 민중이 재판소(디카스테리온)

---

16) 이에 관한 자세한 논의는 최자영, 『고대 아테네 정치제도사』, 신서원, 1995, 73쪽 이하.

에서 상소심 재판을 하게 하였다. 이것은 민중이 재판권을 가짐으로써 정치 체제의 주인이 되게 한 것이었다. 법이 단순하고 분명하게 기록되지 않았기 때문에, 상속이나 무남여식 상속처럼 문제가 발생하게 되고 재판소가 사적·공적인 여러 가지 사건을 결정해야 했다. 참고로, 솔론 이전에는 관리들이 예심권뿐만 아니라 종심권도 가지고 있었다고 한다.[17]

중립금지법

『아테네 정치제도』(VIII, 5)에는 '민중의 해체'에 관한 탄핵법(에이산겔리아) 바로 다음에 솔론이 만든 중립금지법이 언급된다. 내란 때 어느 편에도 가담하지 않은 시민은 처벌대상이 된다는 것이다.[18] 한편으로 골드슈타인[19]은 이 법이 내란이 일어났을 때 국가공동의 관심사에 대한 시민들의 참여를 조장하려 하는 동시에 참주정에 대항하려는 것이라고 해석하였다. 다른 한편 베르스[20]는 공동의 관심사에 대한 시민의 참여를 조장하는 것이라는 골드슈타인의 견해에 찬성하지만, 반참주 성격을 지닌다는 점은 거부하였다. 나아가 이 법이 어느 편에라도 가담하기를 권유하는 것은 아니며, 오히려 솔론이 의도한 정치체제에 대한 지지와 관심을 모으려는 것이라고 규정하였다.

필자는 이 법이 반드시 반참주 성격을 띤다고 볼 필요는 없다는 견해에 동의한다. 솔론 당시에는 집권을 통해 강력한 권력을 행사하려는 참주파 보다는 오히려 원심적 경향의 유지(gnorimoi)[21]·과두파가 득세하고 있었던 것

---

17) Aristoteles, *Athenaion Politeia*, III, 5.
18) 이 법에 관한 여러 가지 해석에 대해서는 최자영, 『고대 아테네 정치제도사』, 289쪽 이하 참조.
19) J. A. Goldstein, "Solon's Law for an Activist Citizenry," *Historia*, XXI, 1972, p. 538.
20) V. Bers, "Solon's Law Forbidding Neutrality and Lysias 31," *Historia*, XXIV, 1975, p. 496ff.
21) *FGH*, Philochoros, F.114.

으로 보이기 때문이다. 유지들은 국가의 법질서에 복종하는 대신 독립적인 지위를 선호하였다. 정치체제에 대한 위협은 힘에 의한 권력의 탈취뿐 아니라 국가 공동의 사업에 대한 무관심과 국가의 통제로부터 이탈하려는 유지들의 원심적 경향이었다. 특히 내란 때 도시국가의 존립에 대한 무관심은 반란과 맞먹을 정도로 국가의 이익과 단결을 해치는 것이었다. 이 같은 점은 솔론의 중립금지법 제정의 동기에 대한 서술에서도 드러난다. 즉 "도시가 흔히 내란상태에 빠졌는데, 솔론은 일부 시민이 무관심〔또는 타성〕(rhathymia)으로 인해 자치(自治)를 선호하는 것을 보고 이들에 대한 고발법을 제정하였다"고 한다. 솔론 당시에는 참주보다 오히려 지역 유지와 과두파들의 원심적 경향이 더 큰 경계의 대상이었던 것으로 생각할 수 있다.

각종 공법(公法)과 사법(私法)

솔론법은 키르베이스 또는 악손〔軸〕에 적혔던 것으로 전한다.[22] 그러나 솔론법 중에는 솔론 이전에 시행되어오던 관습을 따른 것도 있을 것이고, 솔론 이후에 만들어진 법도 솔론법이라고 불리는 경향이 있다. 그래서 각

---

[22] 키르베이스(복수)와 악손(복수: 악소네스)은 둘 다 솔론의 법을 기록한 것으로 전해지지만 양자의 상호관계는 불분명하다. 이미 고대에 이에 관한 논의가 있었으며, 서로 이해하는 것이 같지 않았다. 키르베이스는 종교적인 것, 그밖의 것은 악소네스에 기록했다고 하기도 하고, 또 키르베이스는 종교적인 것과 공법을 적었다고도 전한다. 악손은 적어도 21개가 있었다. 첫 번째 악손은 살인자에 대한 처우에 관한 법, 그리고 올리브 이외의 다른 것을 수출하는 것을 금지하고 이것을 어기는 사람을 벌하지 않는 아르콘은 100드라크마의 벌금을 물게 하는 것, 열세 번째는 솔론 아르콘 해 이전에 '불명예'(atimia)당한 사람을 사면한다는 것, 열여섯 번째는 제물의 가치 규정, 스물한 번째는 양자 채택에 관한 법이다.
그런데 키르베이스와 악손이 법률 내용상 어떤 차이가 있는지는 분명하지 않으며 더구나 종교적·세속적인 것은 분명하게 구분하기 어려운 경우도 있을 수 있다. 재료나 형태의 문제도 단순하지 않다. 흔히 키르베이스는 삼면으로 된 기둥으로 위로 갈수록 가늘어지는 것, 악손은 나무로 직사각형 네 개를 만들어 세운 채 중간축에 서로 십자가 되도록 짜맞추고 각 나무판의 바깥 끝에는 수직 봉을 대어 잡고 돌릴 수 있게 한 것으로 추측된다. 키르베이스는 돌로 만들었다고도 하고 나무로 만들었다는 말도 있다. 더구나 양자가 실제로는 같은 것이라는 말도 전한다.

법조문의 구체적인 입법 시기를 가리키는 어렵지만, 그 입법의 정신에 부합한다는 뜻으로 이해할 수 있겠다. 솔론의 것으로 전하는 법률은 위에서 소개한 것말고도 가족·형법·민사법 등 다양하며, 그 대강을 소개하면 다음과 같다.

솔론은 종래 씨족(genos) 중심으로 형성된 형제단(프라트리아)에 제사공동체(orgeones)를 첨가했다고 한다. 이것은 사회적 권리 행사의 범위를 좀더 넓게 확대한 것으로 이해할 수 있다. 그는 상속법도 개정했다고 한다. 과거에는 상속인의 재산은 근친에게 상속되었으나, 솔론은 자식이 없을 경우에 한하여 상속인이 원하는 사람에게 재산을 상속할 수 있게 했다는 것이다. 그전에는 죽은 사람의 재산은 그 친척의 손에 들어가게 되어 있었으나 솔론은 친척보다 우정과 호의를 더 중시하였다. 다만 광기, 약물, 강제, 여자의 부당한 유혹 등에 의한 것일 때는 제외하였다.

솔론의 입법에 의해 피상속인의 자유의사에 따른 상속이 어느 정도로 가능했는지에 대해서는 논란이 있다. 다만 기원전 4세기의 예를 보면, 아테네에서는 아들 없이 딸만 있을 때 딸이 상속인(epikleros)이 되는데, 이때 피상속인은 원하는 사람을 사위 겸 양자로 삼아 재산을 물려줄 수가 있다. 이때 데릴사위는 재산에 대한 처분권 또는 피상속권이 없다. 솔론은 무남 상속녀가 가난하여 살길이 막막할 때 그 근친 남자는 그녀와 결혼하든지 아니면 지참금을 주도록 규정했다고 한다.

한편 무남상속녀와 결혼할 권한이 있는 남자가 잠자리를 같이할 능력이 없을 때 여자는 그 남편의 친척 가운데 다른 남자와 관계를 맺어 아이를 가질 수 있었다. 이것은 남편 된 사람으로 하여금 아내가 다른 친척 남자와 관계를 가지는 것을 보고 수치스러워 결혼관계를 청산하거나 아니면 항상 수치스럽게 살도록 함으로써, 능력이 없으면서 여자의 재산을 탐내어 결혼한 그 행위를 벌하기 위한 것이었다고 한다. 이때 여자는 다른 사람이 아니라 남편의 친척 중에서 상대를 고름으로써 자식도 한 집안 아이가 되므로 일리가 있는 것이라고 플루타르코스는 평하였다. 또 무남상속녀와 결혼한 사람은 한 달에 세 번 이상은 꼭 여자에게 가 있도록 했다고 한다. 그렇게 하는 것은 자식이 없는 경우라 해도 순결한 아내에 대한 존경과 애정의 표시이며, 이런 경우 흔히 일어날 수 있는 불화를 미리 예방하고 또 둘 사이의 차이점을 이해하도록 하는 방법이기도 하다.

부모 공양과 관련한 입법으로 합법의 자식이 부모를 공양하지 않을 때는 참정권을 박탈당하게 하였다. 그러나 할 일 없는 아들에게 상업을 가르치지 않거나 자식을 비도덕적인 일에 종사하게 한 부모에 대해서는 제사 이외의 모든 봉양의 의무에서 풀려난다. 간음을 하지 않는 한 딸이나 여형제는 팔 수 없게 하였다. 부모를 학대하면 안 되고 존속을 구타하면 민회에서의 발언권을 상실당한다. 물려받은 재산을 탕진한 사람은 참정권을 박탈당한다. 고아의 후견인은 그 고아의 어머니와 동거하면 안 된다. 또 고아가 죽을 경우 재산을 물려받게 되어 있는 사람은 그 고아의 후견인이 되지 못한다.

솔론은 여성이 결혼할 때 가져가는 지참금을 옷 세 벌과 소량의 물건으로 한정했으며, 35세(7년을 다섯 번 곱한 햇수)를 결혼 적령기로 장려했다. 아버지(또는 남형제나 남편)는 간통으로 붙들린 딸(누이)을 죽일 수 있도록 했다. 그러나 이것은 친정집이나 남편의 집에서 현행범으로 붙들린 경우에 한한 것으로, 다른 곳이나 현행범이 아닌 경우에는 죽이지 못하도록 금지했다고 전하기도 하기 때문이다. 그러므로 간통과 관련하여 살해를 인정한 규정은 간통죄 자체를 대상으로 한 것이라기보다 아버지나 남편의 집에서 간통하는 대담함에 대한 괘씸함과 순간적인 분노 등을 감안한 규정이라 하겠다. 간통한 여자는 치장을 할 수 없고 공공제식에 참가할 수 없었다.

여자들은 마차에 등불을 밝히지 않고는 밤나들이를 하지 못하게 하고, 또 한 번 나들이에 옷 세 벌과 1오볼로스를 넘는 음료, 1페키스(pechys: 완척, 약 50센티미터)가 넘는 광주리를 지니지 못하게 했다. 또 사치를 없애기 위해 여성들이 공석에 나타나지 못하도록 제한하고, 사원 공공건축, 축제 등에 소요되는 경비를 축소했다. 또 장례할 때 얼굴을 쥐어뜯거나 주문 장례를 하거나 남의 무덤에 가서 곡(哭)하는 것 등을 금지했다. 또 소를 잡아 제물을 올리거나 세 벌 이외의 옷을 매장하는 것을 금했으며, 매장할 때를 제외하고는 남의 무덤을 방문하는 것도 금지했다. 이런 조처들은 나약한 여성성을 조장하지 않게 하려는 것으로, '여성감독관'이 이런 것들을 관할하게 하였다.

자유인이건 예속노동자이건 아이나 남자나 여자를 폭행하거나 범법행위를 하면 처벌당하고 벌금을 문다. 매춘부가 아닌 자유인 여인을 강간하면 100드라크마, 유혹하여 마음을 뺏으면 20드라크마의 벌금을 문다. 소년을 유혹하는 사람이나 후견인도 벌을 받는다. 매춘을 한 청년은 참정권을 상실한다. 자유 아테네 여인이 간음의 죄를 지면 불명예(atimia)를 당한다.

밤중의 절도는 그 자리에서 죽이거나 '11인' 앞으로 붙들어온다. 낮에 50드라크마 이상 가치의 것을 훔치는 사람은 '11인' 앞으로 붙들어오는데, 그 벌은 사형이며 벌금으로 대치할 수 없다. 공공 학교나 항구에서 10드라크마 이상을 훔치는 사람은 사형에 처할 수 있다. 그밖의 절도행위는 훔친 물건을 반환하면 그 두 배의 가치를 벌로 하고, 물건이 반환되지 않으면 10배로 벌한다. 여기에 더하여 헬리아이아 재판에 따라서는 5일간 구류를 더할 수 있다. 절도에 대해서는 현장범으로 잡거나 사적 소송을 내거나 아르콘 앞으로 기소하거나 공소할 수 있다. 사적 소송을 제기할 때 기소인이 5분의 1의 지지도 얻지 못할 때는 1000드라크마를 몰수당하는 위험부담을 진다. 사적 소송이 중재인 앞으로 제기될 때는 1000드라크마의 위험부담을 지지 않아도 된다. 도독을 숨겨주는 것은 금지되었다.

죽은 사람을 욕하지 못하게 하고, 살아 있는 사람에 대해서도 어기는 사람은 솔론 당시에는 5드라크마의 벌금을 물고, 그 중 3드라크마는 피해자, 2드라크마는 국고로 들어갔다. 그런데 리시아스에 따르면 그 당시에는 500드라크마였다고 한다. 관리를 모독하면 참정권을 상실한다. 죽은 사람을 모독하는 것도 금지되었다.

또 올림픽이나 이스트미아(코린토스) 경기에서 승리한 사람, 전사자의 고아, 공직자 등 국가의 비용으로 부양할 사람들에 관한 규정도 마련하였다. 법에 저촉되지 않는 한 결사의 자유도 허용되었다.

그밖에도 솔론은 마을의 여러 가지 민사소송을 해결할 수 있는 기준을 만들었다. 아테네에는 물이 귀하여 강이나 호수·샘이 흔하지 않았는데, 솔론은 물을 둘러싼 분쟁을 없애기 위하여 법을 만들었다.[23] 그에 따르면, 1히피콘[24] 내에 공공의 샘이 있으면 거기에서 물을 긷고, 그렇지 않으면 각기 샘을 팔 수가 있다. 자기 땅에서 10오르기이아[25] 깊이로 파서 샘이 나오지 않으면 이웃에서 항아리로 매일 두 번씩 물을 긷는다. 건물이나 나무를 심는 것에 관한 규정도 만들었다. 다른 나무를 심을 때는 이웃으로부터 5푸스(피트),[26] 무화과나 올리브는 9푸스 정도의 거리를 둔다. 무화과나 올리브는 다른 나무보다 그 뿌리가 더 많이 퍼지기 때문이다. 또 하수구나 도랑을 낼 때는 파낸 깊이만큼 이웃의 땅에서 거리를 두어야 한다. 벌통은 다른 사람이 이미 놓은 곳에서 300푸스(약 92미터) 거리를 둔다. 울타리는 이웃 경계를 침범하지 못한다. 벽은 1푸스(푸트), 건물은 2포데스(피트)의 거리를 둔다. 또 늑대 한 마리를 잡으면 5드라크마, 그 새끼를 잡으면 1드라크마의 상을 주었는데, 이것은 농경보다 목축이 발달한 사회에서 짐승에 의한 피해를 줄이고자 한 조처였던 것으로 이해된다.

솔론은 일력도 개혁하였다. 달의 운행이 태양의 출몰과 완전히 일치하는 것이 아니며 가끔 달이 태양을 따라와 움직이는 것을 보고는 그와 같은 날을 그는 '전날인 동시에 새 날'로 부르게 하였다. 같은 날이 그 전달에도 속하여 나머지는 그 다음달에도 속한다고 생각했기 때문이다. 이것은 아티카의 음력이 한 달 29 1/2일이며 두 달은 59일인데, 30일인 달의 마지막 날의 마지막 반(일몰에서 일출까지)은 29일인 다음달에 속하게 한다는 것이다. 나아가 솔론은 20~30일까지는 달이 기울어간다는 뜻에서 날의 수를 더해가는 것이 아니라 빼는 식으로 셈을 하였다.

---

23) Plutarchos, *Solon*, XXIII.
24) 1히피콘(hippikon)은 4스타디온(stadion)에 해당하며 약 735미터이다.
25) 1오르기이아(orgyia)는 100분의 1스타디온으로, 10오르기이아는 약 18미터이다.
26) 1푸스(pous)는 오늘의 1피트보다 조금 더 길며, 5푸스는 약 1.53미터이다.

또 솔론은 엘레우시스 제의와 마라톤에 있는 델리온의 아폴론 제의에 관한 규정을 마련했다고 한다. 후자는 케리케스 가문 출신으로 엘레우시스의 공직자 가운데 일부에게 델리온의 아폴론 신전과 관련하여 특권을 하사한 것이다. 그러나 엘레우시스와 마라톤 등이 솔론 당시 아테네에 얼마나 종속적이었는지는 확실하지 않다.

영토 확장

솔론 당시 아테네는 아티카 반도 남쪽으로 살라미스 해협 건너 살라미스 섬에 대한 소유권을 둘러싸고 살라미스 자체는 물론 주변의 메가라 등과 분쟁을 거듭하였다. 살라미스 섬을 소유하기 위해 피를 많이 흘렸으므로 아테네에서는 그에 관한 이야기를 못 하게 하고, 어기는 사람은 벌하게 하였다. 살라미스의 소유가 아테네를 위해 불가피한 것으로 여겼던 솔론은 살라미스에서 파견된 사신인 것처럼 모양새를 꾸미고는 노래를 지어 아테네인들을 자극하였다. 노래의 내용은 살라미스를 차지하는 영광을 다른 나라에 빼앗기지 말고 섬을 정복하여 지난날의 수치를 씻자는 것이었다.[27] 솔론 이후에도 살라미스를 둘러싼 분쟁이 일 때도 있었던 것으로 전해지지만(A.P., XVII, 2), 섬은 대체로 아테네에 소속되어 있었다. 다만 이곳은 아테네와 별개의 특별행정구역체제로 존속했을 가능성도 없지 않다. 기원전 4세기 아리스토텔레스 생존 당시 살라미스에서는 아르콘을 뽑았으며 그 이름을 새겨두었다고 하기 때문이다(A.P., LIV, 8).

솔론 개혁 후의 혼란과 참주정 수립

이미 솔론의 개혁 때부터 그 입법에 대해서 칭찬과 비난의 다양한 평가가

---

27) Plutarchos, *Solon*, VIII ; *Diogenes Laertios*, I, 46.

있었다. 그는 개혁한 법을 다시 거두기도 싫고 또 잔소리를 듣기도 싫어서 이집트로 여행을 떠났다. 그는 10년 동안 돌아오지 않을 것이라고 하면서, 자신이 일일이 간섭하기보다 각자가 알아서 법을 잘 지키라고 부탁했다고 한다. 그러나 부자와 군중은 제각기 솔론의 개혁에 대해 불만이 많았다. 부자들은 채무 말소로 손해를 보았기 때문에, 그리고 군중은 솔론이 더 과격한 토지분배의 개혁을 감행하지 않았기 때문이었다. 이처럼 양편이 모두 솔론에게 적대적이었다. 만일 어느 한 편만 들었더라면 참주가 될 수 있었는데도, 그는 나라를 구하고 최선의 법을 만들기 위해 양편 모두로부터 미움받는 길을 택하였다.

그런데 훗날 아리스토텔레스가 살던 시대에도 솔론에 대한 비난이 전해 내려오고 있었다. 솔론이 채무 말소 계획을 미리 친구들에게 누설하여 그들을 부자로 만들었다는 것이었다. 친구들은 미리 돈을 빌려 토지를 사두었으므로, 빌린 돈은 안 갚아도 되게 되었고 토지는 수중에 그대로 지니게 되었기 때문이라고 한다. 아리스토텔레스는 이 같은 비난에 대해 솔론을 옹호한다. 아마 채무 말소로 손해를 본 사람들이 화가 나서 그런 비난을 한 것일 뿐, 솔론은 공익을 위해 참주도 마다한 사람으로 그 같은 졸렬한 의도로 개혁을 하지는 않았을 것이라는 것이다.

솔론이 떠난 다음 도시는 시끄러운 가운데서도 4년간 평화를 유지하였다. 그러나 5년째에 내분이 일어나 아르콘을 뽑지 못했으며, 그뒤에도 그 같은 혼란이 끊이지 않았다. 마침내 기원전 560년경부터 페이시스트라토스가 주도하는 민중의 참주정이 수립되었다.

당시에는 해안당·평지당·산지당 3개 정당이 있었는데, 각 정당의 이름은 지지자들의 농지가 있는 지역 이름을 딴 것이다. 페이시스트라토스는 산지당의 영수였는데, 가장 민주적인 것으로 보였고 또 대(對)메가라 전쟁에서 큰 명성을 얻게 되었다. 그는 솔론의 입법이 있은 지 32년 뒤 자신의 친위대를 만들려고 했으나 솔론이 반대했다(*A. P.*, XIV). 그러자 페이시스트라토스는 자해를 해놓고는 반대편이 가해한 것처럼 속여서 자위대를 만들 구실을 만들었다. 이때 솔론은 참주권을 노리는 페이시스트라토스의 음모를 간파하고 자신을 가장 현명하고 용감한 사람으로 일컬었다고 한다. 페이시스트라토스가 참주를 노리는 것을 깨닫지 못하는 사람들보다 현명하며, 또 알면서도 침묵하는 사람들보다 용감하다는 말이다. 마침내 반대해도 소용없다는 것을 알고는 그는 대문 앞에 자신의 무기를 내다놓고 다른 사람들도 따라하도록 권유하였다. 이는 참주정의 수립을 눈앞에 두고 스스로 무장을 갖춘 자유시민이기를 미리 포기하는 행위의 상징으로 볼 수 있다. 그뒤 페이시스트라토스는 용병을 고용하여 시민들의 무장을 해제하고 권력을 장악하였다(A. P., XV, 3).

맺는 말

솔론의 개혁은 사회의 불평등과 불만을 해소하는 데 공권력을 동원한 대표적인 사례이다. 또한 그 권력은 시민들간의 동의를 토대로 주어진 것이라는 데 큰 의미가 있다. 고대 그리스의 도시국가에는 동방의 전제적 권력 같은 것이 없었으며 시민단의 의사가 중심이 되었다고 하겠다. 각 개인이 권리와 의무로 무장한 시민단의 불만은 그 자체가 사회불안을 야기하는 것이며, 어떤 식으로든 쌍방의 타협으로 문제를 해결하는 것이 가장 바람직한 것이었다고 하겠다.

솔론은 예전보다 더 강한 지도력을 가지고 아테네의 국익을 위해 안팎으로 개혁을 단행하였다. 안으로는 사회적 평등을 위하여 채무 말소, 예속된 인신의 해방, 상공업 장려를 기반으로 한 생산력 강화와 실업 축소 등을 위한 기반을 마련하였다. 또 정치적으로는 부유한 사람에게 공직이나 공공경비 등 공공의 의무를 부담하게 하고, 공직선거나 재판정 등에서 경제적인 능력과는 무관하게 모든 사람이 평등하게 참정권을 행사하도록 하였다. 다른 한편 바깥으로 살라미스 등을 정복함으로써 아테네 해외무역로의 안전을 확보하려고 하였다.

솔론의 개혁은 그전 시기 드라콘의 입법에 이어 국가의 공권력 강화의 일환으로 파악할 수 있다. 그 권력으로 솔론은 기존의 지역 유지들의 독립성을 제한하고 빈부간 사회경제적 불평등을 시정하였다. 그러나 그 과정에서 그는 도시국가의 권력을 중앙으로 집중하기만 한 것이 아니라 지역의 자치에도 비중을 두어 중앙과 각 지역 사이의 균형을 도모하였다. 그 한 예가 지역의 자치를 고려하여 각 부족 내 12개 나우크라리아 지역 단위로 수세와 지출이 이루어지도록 배려한 것이다. 즉 솔론은 빈부간 불평등의 시정뿐 아니라 중앙과 각 지역 간에도 서로 조화를 이루게 하여 사회계층간·각 지역 간의 균형을 이루었다.

동시에 그는 아르콘 등 국가 공직자들의 결정권에 대해서도 견제장치를 마련하였다. 그 견제는 두 가지 집회기관에서 이루어졌는데, 하나는 아레오파고스 의회, 다른 하나는 민중재판소였다. 더구나 입법에 의한 국가의 형벌권을 강화하기보다는 민중의 판단과 결정에 따라 사태를 해결하려 하였다. 솔론은 법을 오히려 모호하게 표현하였는데 이것은 민중에게 판단·결정할 수 있는 기회를 주기 위한 것이었던 것으로 전한다. 아르콘들의 판결에 대해서도 민중은 이의를 제기할 수 있었으며, 사건은 민중재판소에서 해결되었다. 이와 같은 솔론의 개혁은 그에 앞서 도시의 참주권을 장악하려다가 제거된 킬론(기원전 620년경)이나 형벌을 강화하여 '피로써 법을 쓴 것'으로 평가받는 드라콘과 다른 점이다.

솔론에 의해 확립된 체제는 '선조의 정치체제'(patrios politeia)로 존경받았다. 아테네가 마케도니아의 수중으로 떨어지는 훗날에 이르기까지 아테네의 정치체제와 법은 시대의 변화에 따라 실제로 변했겠지만, 사람들은 그것이 근본적으로 솔론의 법에 기반한 것으로 생각하였다. 시대상황의 변화에 따라 정치체제가 변화하고 새로운 법이 만들어졌으나, 의회나 민회를 통한 민의의 반영이나 공익을 위한 솔론법의 취지에 위배되지 않는다는 뜻에서 솔론법으로 불릴 수 있었다.

솔론법의 향방과 관련하여 기원전 6세기 후반 페이시스트라토스 참주기에 폐기되지는 않았으나 효력이 없었다고 전한다. 그로부터 약 100년이 지난 후 펠로폰네소스 전쟁의 와중이며 아테네에 과두파 혁명(기원전 411~410년)이 8개월 만에 막을 내린 직후인 기원전 410년, 아테네 사람들은 참된 솔론법을 가려내어 다시 복사하도록 니코마코스에게 위임했고, 이듬해 409년에 솔론이 계승한 드라콘의 살인 관련 법을 복사한 금석문이 현존하고 있다. 펠로폰네소스 전쟁이 끝나던 기원전 404년 스파르타의 도움으로 집권한 30인 참주가 이듬해에 무너지고 민주정이 부활했을 때 테이사메노스의 제안에 의한 조령에 따라 전반적으로 법의 점검이 이루어졌는데, 이때 솔론법과 도량형이 쓰여야 한다는 점이 명시되었다. 기원전 323년 알렉산드로스가 죽었을 때 반란을 일으켰던 아테네는 그후 안티파트로스에 의해 다시 점령당하였다. 그때 유민으로 떠나지 않고 남아 있던 사람들 가운데 200드라크마 이상의 재산을 가진 사람들에게만 참정권이 주어졌는데, 약 9천 명이 솔론의 법에 따라 살았다고 한다.

  솔론법은 명성을 얻어 아테네 이외의 지역에도 영향을 끼쳤다. 예를 들어 기원전 3세기 스파르타의 클레오메네스는 솔론의 채무 말소와 리쿠르고스의 평등한 토지분배를 본받아 개혁을 시도하였다. 투리오이의 카론다스는 우수한 입법의 예를 모을 때 솔론의 에피클레로이(무남상속녀)에 관한 법을 본받았다고 한다. 또 기원전 454년 로마인들은 솔론의 법과 그외 그리스의 입법가들을 조사하여 우수한 자료를 모아 12동판법을 만들었다고 전해진다.

페이시스트라토스

정치개혁보다 문화를 장려한 선동정치가

● 문혜경(제주대 교수 · 서양고대사)

기원전 6세기 후반 아테네에서는 귀족들의 정치적 독점과 경제적 불균형으로 인해 귀족계층과 하층민 사이의 갈등과 대립이 증폭되고 있었다. 이러한 상황에서 기원전 561~560년 페이시스트라토스(Peisistratos)는 하층계층의 증가하는 사회적 · 경제적 불만과 정치적 열망을 이용하여 참주로 등장하였다. 페이시스트라토스는 도시의 하층민과 용병대의 지지를 바탕으로 비합법적인 방법을 이용하여 참주로 등장했기 때문에 그들의 요구에 부응하는 급진적인 개혁을 추구해야만 했다. 그러나 그는 기존의 국제를 변경하지 않았을 뿐 아니라 솔론 이후의 어떠한 정치적 개혁도 추구하지 않았다. 따라서 페이시스트라토스는 급진주의자도 정치개혁가도 아닌 용병술을 갖춘 선동정치가에 불과하였다.

1. 생애

페이시스트라토스의 가계나 출생과정 그리고 유년기 · 청년기와 초기 경력과 관련해서는 전해 내려오는 기록이 없어 자세히 알 수 없다. 단지 페이시스트라토스의 가문과 그의 성품에 관해서만 간략히 언급되고 있다. 요컨대 동아티카의 브라우론(Brauron) 근처에 거주한 페이시스트라토스의 가문은 솔론 시기에 부유한 토지를 소유한 신흥문벌에 속했다는 기록과, 페이시스트라토스의 아버지는 히포크라테스(Hippokrates)이며 페이시스트라토스의 모친은 솔론 모친의 질녀라는 점 그리고 페이시스트라토스의 성품은 온건하고 온후하며 관대함과 자비를 베풀었다는 내용만 전해지고 있다.[1]

그럼에도 불구하고 페이시스트라토스는 아테네 군지휘관으로 메가라(Megara)와의 싸움에서 니사이아(Nisaea)를 점령한 뒤 대중의 명예를 얻게 되었으며 마침내 정치적인 인물로 급부상하였다. 그뒤 기원전 561~560년 선동적인 술책을 사용하여 아크로폴리스(Acropolis)를 점령하고 참주가 되었는데, 헤로도토스는 그 상황을 다음과 같이 기록하였다.

> 페이시스트라토스는 스스로 자신의 몸과 노새에 상처를 내고 아고라(Agora)에 수레를 몰고 가서는 적이 시골로 내려가는 자신을 습격하여 죽이려 했으나 그것을 피하여 도망쳐왔다고 말하면서, 자신이 전에 메가라와의 싸움에서 용맹을 떨쳤고 니사이아의 점령을 비롯하여 수많은 공훈을 세웠던 것을 내세워 호위를 붙여달라고 아테네 시민에게 호소했다. 아테네 시민은 페이시스트라토스의 술책에 감쪽같이 넘어가 시민 중에서 선발한 호위병을 붙여줄 것을 승인하였다.
>
> — 헤로도토스, 『역사』 1. 59

그렇지만 페이시스트라토스는 처음부터 권력이 강력한 참주로 등장한 것이 아니라 그의 정적(政敵)에 의해 두 번씩[2]이나 추방당한 뒤에야 참주정을

---

[1] Herodotos, *Historiai* I. 59; Plutarchos, *Solon* 10; Aristotles, *Athenion Politeia*, 16(이후 *A. P.*로 줄여서 표기).
[2] 관련 사료의 빈곤으로 페이시스트라토스의 추방 연대와 귀환 연대를 파악할 수가 없다. 이에 대해 몇몇 학자들은 연대기에 근거를 두어 페이시스트라토스의 추방과 귀환 연대를 추정한다. 페이시스트라토스가 기원전 561/560년 처음 쿠데타를 실시하여 기원전 528/527년에 사망했으므로 이 기간(기원전 561/60~기원전 528/27=33년)에서 그가 실제 집권한 기간(기원전 546/45~기원전 528/27=19년)을 빼면 14년이라는 기간이 페이시

성공적으로 수립할 수 있었다.

페이시스트라토스가 참주정을 수립하기 전에는 리쿠르고스(Lycurgos)파와 메가클레스(Megacles)파가 서로 대립관계에 있었으나, 페이시스트라토스가 정권을 장악하자 두 파는 서로 협력하여 페이시스트라토스를 권좌에서 쫓아냈다. 그뒤 그들은 권력 장악을 위해 또다시 싸우기 시작했으며, 이 싸움에 지친 메가클레스는 페이시스트라토스에게 사신을 보내 통치권을 주는 조건으로 자기 딸과 결혼할 의사가 있는지를 묻게 하였다. 페이시스트라토스가 이 조건을 받아들이는 데 동의하자 메가클레스는 파이아니아(Paiania)의 피에(Phye)라는 키가 크고 용모가 뛰어난 여성으로 하여금 아테나 여신처럼 분장하게 하여 페이시스트라토스와 함께 전차를 타고 아테네로 입성하게 하였다. 아테네 시민들은 그 여자를 참다운 아테나 여신으로 믿고 페이시스트라토스를 맞이하였다. 메가클레스의 도움으로 아테네로 귀환한 페이시스트라토스는 메가클레스와의 약속에 따라 그의 딸을 아내로 맞아들였다. 그러나 페이시스트라토스에게는 이미 성년이 된 두 아들이 있었기 때문에 새 아내에게서 자식이 태어나는 것을 원하지 않았다. 이에 메가클레스는 자신을 모욕했다고 크게 노하여 격분한 나머지 반대파인 리쿠르고스파와 다시 화해해버렸다. 페이시스트라토스는 자신에 대한 음모가 꾸며지고 있음을 알아차리고 자식들과 함께 아테네를 떠나 에레트리아(Eretria)로 갔다.

― 헤로도토스, 『역사』 1. 60~61

이처럼 페이시스트라토스는 각 파벌 사이의 권력투쟁과 기회주의적인 집

스트라토스의 총 추방기간에 해당된다. 또한 두 번째 추방에서 11년 만에 귀환했다는 헤로도토스의 기록에 따라(Herodotos, *Historiai* I. 62) 두 번째 추방기간이 10년에 해당될지라도, 처음 추방기간을 4년으로 잡을 수 있다. 따라서 첫 번째 추방기간은 기원전 561/60년~ 기원전 557/56년, 그리고 두 번째 추방기간은 기원전 556/55년~ 기원전 547/46년으로 볼 수 있다. F. Jacoby, *Atthis: The Local Chronicles of Ancient Athens*, New York, 1973, pp. 188~196; J. G. F. Hind, "The tyrannis and The Exiles of Pisistratus," *Classical Quarterly*, vol. 18, 1924, pp. 7~14; *A. P.* 14. 3~15 참조.

권야심으로 인해 두 번이나 추방당했고, 추방 뒤 10년 동안 개인 용병과 동맹국의 도움으로 그리스 북서 지방에서 재원을 비축했을 뿐 아니라 판가이움(Pangaeum) 산 근처에 있는 부유한 은광지역[3]의 재원으로 군사를 모집하여 재집권 기회를 엿보았다.

아르고스(Argos)인 용병이 펠로폰네소스에서 도착했고, 리그다미스(Lygdamis)라는 낙소스(Naxos)인이 군자금과 병사를 거느리고 왔으며, 또한 테베인은 꽤 많은 돈을 페이시스트라토스에게 전했다. …… 아르고스 여인 티모나사(Timonassa)와 결혼함으로써 아르고스에서 1천 명의 용병과 낙소스의 참주가 되고자 했던 리그다미스에게서 군자금과 그의 휘하 병사들의 도움으로 귀환 준비가 충분히 갖추어져 있었다.

– 헤로도토스, 『역사』 1. 61~62

페이시스트라토스가 두 번째 추방 후 귀환하여 마라톤에서 진영을 치고 있을 때 아테네에서 한 패의 지지자들이 몰려왔고, 또한 그밖의 각 지역에서 참주정치를 환영하는 무리가 합류하여 그 세력이 크게 강화되었다. 마침내 기원전 546~545년 팔레네(Pallene) 전투에서 페이시스트라토스는 그의 정적을 물리치고 아테네를 완전히 장악하게 되었으며, 기원전 528~527년에 죽음을 맞이할 때까지 강력한 권력을 가진 참주[4]로 군림하였다.

---

3) 페이시스트라토스는 처음에 테르마이(Thermaic) 만에 있는 레켈루스(Rhaecelus)에 정착했으며, 그후 곧 트라키아(Thracia)에 있는 판가이움 산 근처로 옮겨갔다. *A. P.* 15.2; A. Andrewes, *The Greek Tyrants*, London, 1956, p. 101; J. W. Cole, "Peisistratus on the Strymon," *Greece and Rome*, vol. 22, 1975, pp. 42~43.

4) 헤로도토스는 페이시스트라토스의 참주정 기간을 팔레네 전투의 승리로부터 그의 아들 히피아스(Hippias)가 참주에서 물러난 시기, 즉 기원전 546/45년에서 기원전 511/10년까지로 보아 그 기간을 36년으로 서술하였다(Herodotos, *Historiai* Ⅵ. 65). 반면 아리스토텔레스는 페이시스트라토스의 참주정 전 기간을 페이시스트라토스가 처음 집권한 기원전 561/60년에서 그의 아들이 통치한 기원전 511/10년까지 49년으로 기록했으며, 페이시스트라토스가 통치한 기간에 관해서는 기원전 561/60년에서 기원전 528/27년

2. 정책

지지세력

아티카는 지형상 토양이 비옥하지 못한 지역이었기 때문에 곡물 생산에 부적합하여 일찍이 기본식량을 자급자족하기 어려운 곳이었다. 사실 아티카의 주식이 곡물이었던만큼 인구가 가장 조밀한 지역은 곡물 생산지대인 평야지역이었으며, 곡물이 거의 생산되지 않은 해안지대나 곡물이 전혀 생산되지 않았던 산지의 주민들은 평야지대의 잉여 곡물에 의존할 수밖에 없었다. 대체로 평야지역 거주자들은 그들의 이해관계가 곡물 생산에 있었던 사람들이며, 이들은 솔론 시기부터 아티카의 가장 좋은 토지를 소유한 사람들로 상층계층에 속해 있었다.

반면 해안지역 거주자들은 그들의 이해관계가 해상교역에 있었던 사람들로 선원·상인·수공업자에 속하는 신흥부유층들이었다. 이들은 해상교역에서 얻은 물품들을 곡물과 교환하였다. 한편 산악지역 거주자들은 아무런 기름진 경지도 없는 사람들로, 토지 소유자로서의 경제적인 안정과 정치적인 특권에서 제외된 사람들이었을 뿐만 아니라 평야 거주자의 농업 번영과 해안 거주자의 상업 발달도 공유하지 못하였다. 이들은 주로 산적, 부랑인, 망명노예, 목인(牧人), 숯 굽는 사람, 소작인으로 비참한 생계를 이어나간 가난한 사람들이었으며, 이들은 자신들이 생산해내는 양모·포도주·올리브유·밀봉 등을 곡물과 교환하여 생계를 유지하였다.[5]

(페이시스트라토스가 노령으로 사망한 시기)까지 33년으로 보고 있다(*A. P.* 19.6, 17.1). 그러나 아리스토텔레스는 페이시스트라토스가 실제 정권을 잡아 통치한 기간을 기원전 546/45년에서 기원전 528/27년까지 19년으로 기록하고 있다(*A. P.* 19.1; Aristotles, *Politika*, 1315b 참조).

5) Andrewes, *The Greek Tyrants*, pp.102~103; C. A. Hignett, *History of the Athenian Counstitution: To the End of the fifth Century B. C.*, Oxford, 1967, pp.109~110; F. E. Adcock, *The Cambridge Ancient History*, vol. 4, Cambridge University Press, 1977, pp.60~62; A. French, "The Party of Peisistratos," *Greece*

아테네가 살라미스를 장악한 뒤 주변 국가들과의 대외무역이 급속하게 확대되었으며 더 나아가 북동 및 남에게 해 도시국가들과도 교역이 확대되었다. 이러한 교역의 확대로 불가피하게 인구이동이 초래되었으며, 동시에 비옥한 토지가 없어 생계 유지가 어려웠던 산악지대의 거주자들도 아테네 도시나 그 주변 평야지대로 이동하였다. 그 결과 그곳에 거주하고 있던 기존 토착인들과 새로운 이주자들 사이에 마찰이 생기게 되었다. 그곳의 토착인들은 새로운 이주자들을 환영하지 않았으며, 그들이 누리고 있던 정치·경제적인 특권을 이러한 이주자들에게 양도하지 않으려 했던 것이다. 따라서 평야지역 거주자들과 해안지역 거주자들이 서로가 권력을 유지하려는 알력과 반목으로 그들의 결속을 파괴하여 세력이 약화되었고, 그들에게 억압과 예속을 받았던 하층민들은 그들이 처한 생활조건보다 더 나은 상태를 바라고 있었다.

　이와 같이 정치·경제적으로 하층계층에 속했던 산악파 사람들은 출생신분 대신 재산 소유에 따라 4계층으로 구분하여 정치 참여를 다르게 한 솔론의 개혁으로 인해 민회나 민중재판소에 참석할 수 있었지만 그것은 약간의 미봉책에 불과하였다. 이러한 사회·정치·경제의 위기 속에서 페이시스트라토스는 그의 고향 브라우론 근처 지역을 중심으로 아티카 전역의 산지와 아티카의 은광지대인 남동지역에서 그의 추종세력을 확보하였다.

　페이시스트라토스가 참주정을 수립할 당시 리쿠르고스가 이끄는 평야파(Pedioi)와 메가클레스가 이끄는 해안파(Paraloi)가 서로 싸우고 있었는데, 이때 페이시스트라토스가 새로운 제3의 당인 산악파(Hyperakrioi)를 창설하였다. 리쿠르고스가 이끄는 평야파는 과두정 형태로, 메가클레스가 이끄는 해안파는 중도적 노선으로 그리고 페이시스트라토스가 이끄는 산악파는 더 급진적인 형태를 띠었다.[6] 플루타르코스의 『솔론』 29에서는 "아테네 사회

---

and Rome, vol. 6, 1959, pp. 47~49.
6) Herodotos, *Historiai* I. 59 ; *A. P.* 13. 아리스토텔레스는 리쿠르고스의 평야파, 메가클레스의 해안파로 부르지만, 페이시스트라토스가 이끄는 산악파는 헤로도토스의 명칭과

에서 사회적·경제적으로 하층계층인 테테스(thethes)들이 페이시스트라토스의 파에 속했다"고 언급했으며, 아리스토텔레스의 『정치학』 1305a에서는 "페이시스트라토스 지지자들은 부유한 자들에게 증오심을 품고 있었다"고 강조하였다.

페이시스트라토스를 지지한 자들은 대부분 귀족계층에게 억압받던 하층계층이었고, 이들은 정치·경제적인 문제가 해결되지 않았기 때문에 더 급진적인 변화를 원하였다. 결국 페이시스트라토스의 산악파와 그의 지지층인 하층계층은 평야파와 해안파보다 정치·경제적으로 특권이 적었기 때문에 더 나은 정치·경제적 변화를 원했으며, 페이시스트라토스가 선동적인 술책으로 호위병을 붙여달라고 민회에 요청했을 때 그들은 새롭게 등장한 페이시스트라토스를 지지하여 선뜻 승인을 해주었던 것이다.

국내 정책

페이시스트라토스는 자신을 지지한 용병대와 도시의 하층민, 농민들 덕분에 참주가 되었으며, 참주가 된 뒤에도 그들은 그의 권력 유지를 위한 기반이 되었다. 뿐만 아니라 페이시스트라토스는 자신의 가문에 속한 적지 않은 외국의 재산과 광범위한 인근 귀족 가문, 왕조들과 다양한 관계를 통해 권력을 유지하였다. 페이시스트라토스는 정권을 획득하는 과정에서 정통성을 상실했기 때문에 가능한 한 모든 수단을 통해 대중과 자신에게 지지를 보내준 자들에게 혜택과 이익을 제공하려고 노력하였다. 그러나 페이시스트라토스는 기존의 관직과 법률들을 변경시키지 않고 그대로 통용시켰다.

는 달리 디아크리오이(Diakrioi)라고 불렀다(A. P. 13.1). 헤로도토스가 부른 히페라크리오이에서 'Hyper-'가 '위쪽, 초과'를 나타내는 것으로 보아 히페라크리오이는 디아크리오이를 포함하는 더 넓은 지역에 적용된 것으로 볼 수 있다. 왜냐하면 헤로도토스가 아리스토텔레스보다 앞선 시대 사람이기 때문에 그가 사용한 히페라크리오이라는 용어를 최초의 명칭으로 봐야 할 것이며, 나중에 아리스토텔레스가 전한 디아크리오이라는 명칭은 클레이스테네스가 선거상의 필요에서 아티카를 세 지역으로 재편성한 것에 그 근거를 두어 사용하였다(A. P. 21 참조).

페이시스트라토스의 통치에 관해 헤로도토스의 『역사』 1권 59에서는 "기존의 관제를 어지럽히거나 법률을 개정하지 않고 종래의 국제를 따랐다"고 전해지며, 투키디데스의 『역사』 6권 54에서도 "주요 관직에 그들의 지지자를 두었지만 이미 시행되고 있던 법률을 존속시켰다"고 언급하고 있다.

 그렇지만 페이시스트라토스는 집권 후 일인 독재체제를 견고하게 하기 위하여 일부 귀족을 숙청했으며, 숙청당하지 않은 귀족들은 그들의 자식들을 인질로 바쳐 복종을 맹세하게 하였다. 이에 반하여 페이시스트라토스는 자신의 가문 구성원이나 충성을 맹세한 지지자들을 상당수 핵심적인 행정관직에 임명하였다. 이러한 점은 페이시스트라토스가 살인혐의로 아레오파고스 회의에 고발당했을 때 페이시스트라토스는 아무 거리낌 없이 출두했지만 그를 고발한 사람은 출두하지 않았다는 사실에서도 잘 드러난다. 즉 아레오파고스 회의 구성원 대다수가 벌써 그의 측근으로 채워져 있었기 때문에 페이시스트라토스는 자신있게 출두할 수 있었던 것이다.[7]

 또한 페이시스트라토스는 귀족들의 지방세력을 약화시키기 위한 정책 가운데 하나로 아티카 전역을 순회하는 순회재판관을 임명하여 중앙정부의 권력을 강화하고자 하였다. 이 제도의 실제적인 목적은 대귀족들이 지방에서 갖고 있던 세습적인 재판권을 약화시키는 동시에 중앙정부의 권력을 강화하려는 데 있었다. 뿐만 아니라 지방 주민들이 사소한 문제 때문에 도시로 와야 하는 번거로움을 줄이는 데도 도움이 되었다. 물론 이동시간을 줄임으로써 지역 주민들이 마음놓고 생업에 종사하는 데 도움이 될 수도 있었고 더 나아가 법의 집행을 간소하게 처리하기 위한 방책으로 순회재판관 제도를 도입했을지라도, 궁극적으로는 귀족들의 세습적인 재판권을 대체시키거나 농민들에 대한 직접적인 통제력을 약화시켜 귀족들의 지역적 특권을 상실하게 하는 데 그 목적이 있었다. 왜냐하면 아티카의 통합과 그 힘은 귀족들의 영향력이 덜 미칠수록 더욱 강화될 수 있었기 때문이다.

---

[7] Herodotos, *Historiai* I. 64; *A. P.* 16. 8.

또한 페이시스트라토스는 솔론의 법률들과 국제는 그대로 유지한 채 토지 부족 문제를 미온적으로 해결하려고 하였다. 즉 페이시스트라토스가 비합법적인 방법으로 정권을 장악했기 때문에 그의 집권을 정당화하기 위해서라도 다소나마 부유한 귀족들과 타협해야만 했다. 따라서 페이시스트라토스는 전면적으로 토지를 재분배하지 않고 추방된 귀족 소유의 토지를 몰수하여 토지 없는 가난한 농부들과 그의 지지자들에게 분배하였다. 반면 남아 있는 귀족들에게는 어느 정도 유화적인 정책을 취하였다. 그들이 소중하게 여기는 토지를 몰수하지 않고 그 대신 아티카의 농산물에 세금을 부과하였다. 투키디데스의 『역사』 6권 54에 따르면 "수익의 5퍼센트에 해당하는 세금이 부과되었는데, 이 세금으로 페이시스트라토스는 도시를 아름답게 꾸미고 전쟁을 수행했으며 사원에 제물을 바쳤다"고 전한다. 이러한 세금 부과정책은 부유한 귀족들이 그들의 부를 재분배했다고 생각하여 불만을 표시할 수도 있었지만 토지를 몰수당하는 것보다는 나았으며, 또한 그들에게는 그리 큰 부담이 되지 않는 금액이었다. 게다가 페이시스트라토스 자신에게도 안정된 수입원이 되었을 뿐만 아니라 귀족들을 포섭하여 자신의 지배체제를 평온하게 유지하려는 정치적인 의도가 내재되었기 때문에 일석이조의 효과를 얻는 정책이었다.

한편 페이시스트라토스가 귀족들의 세력을 약화시키기는 했으나 그가 집권하는 동안 하층계층의 정치 참여를 보장하는 국제상의 개혁이 이루어지지 않았다는 점에 주목해야 한다. 그 대신 페이시스트라토스는 소농을 장려하기 위해 올리브 재배 확장정책을 시행하고 직접 농장을 방문하기도 하였다. 또한 가난한 농민들에게 농자금을 대여해주기도 하였다. 아리스토텔레스의 『아테네인의 국제』 16.2에 따르면 "페이시스트라토스는 가난한 자들에게 돈을 대부해주었으며, 그래서 가난한 자들은 토지를 경작하여 삶을 영위할 수 있었다"고 한다. 이러한 대부자금은 귀족들에게 부과된 5퍼센트의 세금에서 그리고 페이시스트라토스가 추방 중에 트라키아 은광에서 얻은 그의 재원에서 조달되었다. 페이시스트라토스가 소농들에게 이런 수혜를 베푼 이유는 소농들이 사적인 일에 몰두하여 국가의 일에 관여할 시간과 욕망을 가질 수 없도록 하는 데 있었다. 요컨대 농촌이 안정되고 살기 좋아진 다면 소농들이 굳이 도시에 체류하지 않을 것이며, 설사 그들이 도시로 이주하더라도 페이시스트라토스에게 대항할 위협적인 정치집단으로 부상하지는 못할 것이라고 여긴 것이다. 결국 외면적으로는 소농을 위하는 정책으로 여겨질 수 있지만 실제로는 소농들의 지지와 충성을 확보하기 위한 정치적인 의도에서 비롯되었던 것이다. 따라서 하층계층은 페이시스트라토스가 베푼 수혜에 만족하여 그들의 정치적인 권리와 발언권을 강력히 요구하지 못했으며, 그 결과 그들은 여전히 정치권력에서 제외되었다.

페이시스트라토스는 상공업과 무역도 장려하였다. 당시 아테네는 트라키아의 케르네소스(Chernesos)에 있는 시게이움(Sigeium)과 텔로스 · 낙소스 · 헬레스폰트(Hellespont) 지역과 대외무역을 확장하고 있었다. 페이시스트라토스 시기에 절정을 맞이한 흑색 문양이 그려진 아티카의 도자기가 이 지역에 수출되었으며, 더욱이 페이시스트라토스는 도기 수요를 충족시키기 위해 외국에서 도공들을 불러들여 도자기 생산을 장려하였다. 이러한 도자기 생산의 증대는 올리브 재배를 촉진시켰으며, 그 결과 올리브유의 수출이 늘어나 아티카의 경제적인 번영에 한몫을 더해주었다. 게다가 페이시스트라토스가 국가적인 차원에서 화폐를 주조하고 개량함으로써 아테네의 무역이 더욱 활발히 촉진될 수 있었으며 나아가 화폐의 유통과 사용은 아테네의 무역을 더욱 활발히 촉진시키는 매개가 된 동시에 페이시스트라토스의 인기를 조장하는 데 크게 기여하였다.[8]

---

8) 도자기 생산이 활발했던 이유는 우선 올리브 재배의 결과로 올리브유를 담을 용기가 필요해졌고, 다음으로 국가제전으로 장려한 판아테나이아 제전에서 이러한 도자기를 상품으로 주게 되었기 때문이다. 또한 도공의 수는 기원전 600~575년에는 8명, 기원전 575~550년에는 29명 그리고 기원전 550~525년에는 59명으로 늘어났다. J. Holladay, "The Followers of Peisistratus," *Greece and Rome*, vol. 24, 1977, p. 48, n. 25 참조. 또한 페이시스트라토스가 추방 중에 판가이우스 산 근처에 있는 트라키아 은광에서 얻은 그의 재원으로 화폐를 주조하기 시작했는데, 처음에는 기술적으로 조야

이처럼 페이시스트라토스는 토지 분배, 농자금 대여 그리고 상공업·무역 장려 및 국가적인 차원에서 화폐 주조를 강력하게 추진하여 자신에게 지지를 보내준 자들에게 혜택을 베풀었으며, 나아가 자신의 세력 안정을 꾀하였다.

문화정책

페이시스트라토스는 아티카의 통합을 위해 4년마다 열리는 판아테나이아(Panathenaia) 제전을 장려했을 뿐 아니라 특정 귀족 가문이 관장하고 있던 종교의식을 전도시적 차원의 대중적인 축제로 전환하는 정책을 취했다. 이는 국내의 경쟁세력인 귀족의 특권적인 지위를 약화시키고 지역주의를 종식시키는 결과를 가져오는 동시에 종교적 제전을 통해 신성을 부여받아 자신의 지배에 대한 정당성을 얻고자 하는 의도도 내포되어 있었던 것이다. 아테네의 수호신인 아테나 여신을 위해 베풀어진 판아테나이아 제전은 아테나 여신이 일부 특정인들의 신이 아니라 아테네 도시와 아티카에 거주하는 모든 사람의 수호신이라는 점에서 커다란 의미가 있었다. 판아테나이아 제전에 참여하기 위해 그리스 전 지역에서 많은 사람들이 모여들었으며, 특히 페이시스트라토스는 이 제전에 참여한 음유시인들에게 호메로스의 시를 낭독하게 하였다. 이제 판아테나이아 제전은 아테네의 종교행사에 가장 중심적인 행사가 되었다.

또한 페이시스트라토스는 귀족들이 독점하고 있던 특권적인 종교의식을 약화시키기 위해 전 도시적인 차원의 축제를 장려하였다. 전반적으로 귀족이 종교적 제례규범에 관한 전문지식을 갖고 있었고 그들이 종교의식을 치를 수 있었기 때문에 초기의 종교 의식은 귀족의 주관으로 진행되었다. 따

한 수법을 보였지만 그가 집권한 뒤에는 화폐 겉면에 아테네 도시의 상징인 아테나 여신과 올빼미 형태를 주조했고, 이어 4드라크마(drachma)로 개량해서 사용하였다. Andrewes, *The Greek Tyrants*, p. 68; W. G. Forrest, *The Emergence of Greek Democracy, 800~400 B. C.*, London, 1966, p. 182.

라서 페이시스트라토스는 이전까지 귀족들이 주관하던 디오니소스(Dionysos) 제전을 특별한 계층에서만 향유하는 축제가 아니라 모든 사람들이 향유할 수 있는 국가제전으로 전환시켰다. 디오니소스를 기리는 디오니소스제 기간 며칠 동안 음악 경연과 초보적인 연극 경연을 벌였는데, 이러한 연극 경연은 이후 아테네의 희극과 비극이 발전해나갈 수 있는 원동력이 되었다. 매년 개최되는 디오니소스 제전의 경연을 통하여 도시와 농촌 주민 사이의 화합이 이루어졌고, 아테네 시민이라는 공동체 의식이 형성됐을 뿐 아니라 아테네의 문화적 수준도 높아졌다. 더욱이 이전까지 귀족들이 주관해온 행사를 국가가 주관하게 됨으로써 귀족들의 특권적인 지위를 약화시켜 페이시스트라토스가 확고한 정치적 힘을 갖는 기회가 되었다. 뿐만 아니라 축제에 참석하기 위해 아테네로 몰려든 수많은 사람들에게 아테네 도시의 위대함과 번영 그리고 활기찬 모습을 보여줄 수 있는 좋은 기회도 되었다.

페이시스트라토스는 아테나 여신을 위한 파르테노스(Parthenos) 신전을 건립하는 동시에 올림포스의 제우스 신을 위하여 거대한 신전을 짓기 시작하였다. 아테네는 지형상 물이 부족한 곳이었으므로 엔네아크로우노스(Enneakrounos : 9개의 냉천)라고 불린 수도공사도 시행하였다.[9] 페이시스트라토스의 거대한 사원 건축의 축조와 공공사업은 아테네인들에게 일터를 제공하고 나아가 아테네에 대한 찬미와 위대함을 증명하기 위해서 행해졌다고 볼 수 있다. 그러나 더 큰 의도는 새로운 통치자의 위신을 고양시키기 위한 페이시스트라토스의 정치적 의도와 연관되었다는 점에 주목해야 한다. 즉 아테네인들에게 일터를 제공하고 경제적인 여유를 갖게 한 것은 사실이지만, 거기에는 대중의 관심을 일에 집중시켜 그들이 정치에 관심을 갖지 못하게 하려는 정치적인 의도가 숨어 있었던 것이다. 그러므로 페이시스트라토스는 그의 집권을 정당화하기 위하여 자신의 위신을 과시하고 명성

---

9) Adcock, *The Cambridge Ancient History*, pp. 66~69; Andrewes, *The Greek Tyrants*, pp. 111~112; V. Ehrenberg, *The Greek State*, New York, 1960, p. 82.

을 얻기 위한 수단이나 선전의 도구로 그리고 대중을 현혹시키는 수단으로 국가제전을 장려하고 건물 축조와 공공사업을 이용하였다. 그렇지만 페이시스트라토스의 문화정책은 귀족들의 세력을 약화시켜 아티카 주민들 사이의 일치감을 강화하는 데 기여했으며, 또한 아테네인들에게 삶의 여유를 가져다 주었다는 점에서 주목할 만하다.

외교정책

페이시스트라토스의 집권은 아테네의 대외정책에 아주 큰 변화를 초래하였다. 새로운 우방들이 확보되었고, 에게 해의 섬들 그리고 아르고스와 훨씬 더 긴밀한 관계를 맺게 되었다. 아리스토텔레스의 『아테네인의 국제』 16.7에 따르면 "페이시스트라토스는 주변 모든 국가들과 평화를 유지하였다"고 한다.

당시 그리스 주변 국가들과의 대외관계는 언제 어떻게 우호적·적대적 관계로 바뀔지 모르는 미묘한 상황에 놓여 있었다. 이러한 상황에서 페이시스트라토스는 주변 국가와의 적대적인 관계보다 평화적인 관계를 유지하는 것이 자신에게 더 유리하다고 판단하였다. 또한 그는 주변 국가들의 많은 도움을 받아 참주정을 수립할 수 있었기 때문에 테베·아르고스·낙소스 등과 형성된 우정을 유지하면서 아티카의 주변을 보호하고 이들의 힘을 통해 자신의 지위를 강화시켜갔다. 다행히 페이시스트라토스의 시기에 아테네에서는 전쟁이 없었으며, 아테네가 살라미스를 소유하고 있었기 때문에 메가라와는 평온한 관계를 유지하였고, 그리스에서 가장 호전적으로 알려진 테살리아와도 우호적인 관계를 유지하였다. 또한 아이기나·코린트·트라키아 등과도 평화를 유지하였다. 헤로도토스의 『역사』 1권 82에서 스파르타와 페이시스트라토스의 집안이 오랜 우정을 갖고 있다고 언급한 점으로 보아 스파르타와도 우호적인 관계를 맺었음을 엿볼 수 있다. 그러나 당시 아테네와 스파르타 사이의 우호적인 관계 유지는 사실 쉬운 일이 아니었다. 아테네와 아르고스는 우호적인 관계를 유지한 반면, 아르고스와 스파르타는 적대관계에 놓여 있었기 때문이다.

또한 페이시스트라토스는 미틸레네인(Mytilenean)들에게 빼앗겼던 헬레스폰트 주변의 시게움을 재탈환했는데, 이는 곡물 수송과 올리브유 수출 그리고 과잉인구 문제를 해결하기 위한 해상로 확보 차원에서 행해졌다. 요컨대 아티카 인구의 증가와 수익이 높은 올리브 재배의 증가로 곡물 생산이 감소했기 때문에 이 지역의 곡물이 아테네인에게 필요했던 것이다. 또한 페이시스트라토스는 트라키아의 케르네소스로 아테네인들을 이주시켰다. 페이시스트라토스가 이곳에 아테네인을 이주시킨 의도는 페이시스트라토스와 정치적 동맹자이면서 정적인 밀리티아데스(Militiades)가 페이시스트라토스의 참주정 수립 후 그의 추종자들과 함께 아티카를 떠나 이곳에 정착했기 때문이다. 즉 외국으로 추방당한 귀족들이 주변 국가들과 동맹을 맺어 페이시스트라토스에게 정치적인 위협을 가하지 못하도록 미리 예방하는 데 그 목적이 있었다.

이처럼 페이시스트라토스가 행한 대외정책의 기반은 다른 그리스 도시들의 귀족 가문과 우호적인 관계를 통해 자신의 정치적 명성을 드높이고 자신의 권력을 확고히 하는 데 있었다. 그러나 페이시스트라토스가 행한 이와 같은 대외정책 덕분에 아테네인들은 불안함 없이 안정되게 그들의 생업에 종사할 수 있었다.

3. 기존 연구성과와 앞으로의 전망

페이시스트라토스에 관한 기존 연구는 그리스 세계에서 참주정의 출현 배경과 관련되어 연구되어왔다. 참주정을 그리스 역사의 특성으로 본 투키디데스는 그의 『역사』 1권 13에서 "그리스의 강대함과 재부의 축적으로 인하여 여러 폴리스에서 참주정이 수립되었다"고 언급하였다. 아리스토텔레스의 『정치학』 1310b 10~15에서는 "귀족들이 오만하고 거칠어졌을 때, 데모스(demos)들은 자신들의 이익을 옹호하기 위해 참주를 세웠다"고 언급하며, 또한 아리스토텔레스의 『정치학』 1287b 16~25에서는 "그리스에서 왕정이 몰락하자 정치권력은 군사력을 장악하고 있던 계층, 특히 기병의 수중으로 넘어가게 되었으며, 그뒤 폴리스의 인구가 증가하고 보병의 수와 역할이 증대되자 더 많은 사람이 정치권력을 공유하게 되었다"고 전한다. 투키디데스와 아리스토텔레스의 이러한 사료를 근거로 하여 참주정 연구가 많이 진척되어왔다. 오늘날 학자들은 그리스에서 대체로 기원전 7세기 중반 이후 참주정이 출현했다는 점에 동의하고 있으며, 대부분의 그리스 국가들에서 귀족과 시민 간의 투쟁을 통해 그리고 그리스 도시의 사회구조 변화와 상공업의 발전, 화폐 사용, 중갑병의 전투방식 도입으로 참주가 출현한 것으로 파악하고 있다.[10)]

페이시스트라토스의 참주정은 아테네 정체상 귀족제 이전으로 퇴보하는 것으로 볼 수 있지만 아테네의 역사 발전에서 어떤 급작스런 단절을 초래하지는 않았다. 페이시스트라토스가 이전의 솔론이 이룩한 민주적 기반을 거의 훼손하지 않았을 뿐만 아니라 아테네인들의 정치의식을 향상시키는 어떤 일도 하지 않았지만, 중앙집권을 강화함으로써 오히려 지방 귀족 가문의

---

10) 부졸트는 참주정의 출현을 귀족과 시민 사이의 투쟁을 통해 출현한 것으로 봤으며(G. Busolt, *Griechische Geschichte* I, 2nd ed., Gotha, 1893, p.628), 모세 역사는 참주의 출현을 그리스 도시국가의 사회구조 변화와 연관시켰다(C. Mosse, *La Tyrannis dans la Grece antique*, Paris, 1968, p.88). 참주 출현과 상공업의 발전, 화폐 도입을 연관시키려는 시도는 톰슨과 우어에 의해 제시되었다(G. Thomson, *Studies in Ancient Greek Society*, London, 1955, pp.208~223; P. N. Ure, *The Origin of Tyranny*, New York, 1962, p.2, pp.221~222). 앤드루스, 드 생트 크루아, 포레스트, 화이트는 참주의 출현을 중갑병 전투방식의 도입과 연관시켰다(Andrewes, *The Greek Tyrants*, p.33~38; G. E. M. De Ste. Croix, *The Class Struggle in the Ancient Greek World*, Cornell University Press, 1981, pp.278~283; Forrest, *The Emergence of Greek Democracy*, 800~400 B. C., pp.88~97; M. White, "Greek Tyranry," *Phoenix*, vol. 9, 1955, pp.1~18) 그러나 코크웰(G. L. Cawkwell)은 아테네의 경우 참주의 출현은 중장보병의 도입과 관련이 없고, 기원전 7~6세기 경제적으로 부유한 자가 참주로 출현하였다고 주장한다(G. L. Cawkwell, "Early Greek Tyranny and The People," *Classical Quarterly* vol. 45, 1995, pp.82~86).

세력을 약화시킬 수 있었다. 더욱이 페이시스트라토스의 중앙집권 강화정책은 아테네인들의 사기에 커다란 영향을 끼쳐 집단의식을 깨닫게 하는 파급효과를 가져왔다. 이러한 집단의식의 힘은 국민적 일체감을 고양시켜 클레이스테네스 시기 데모스의 힘을 발휘할 수 있는 초석이 될 수 있었다. 이런 맥락에서 페이시스트라토스의 참주정은 이전의 귀족제로 후퇴한 것이 아니라 민주정으로 나아가는 데 과도기적인 역할을 한 것으로 볼 수 있다.[11)]

한편 페이시스트라토스는 아테네 역사에서 급진적인 정치개혁가가 아닌 참주로 하층민들 사이에서 지지를 받은 선동적인 정치가에 불과하였다. 그렇지만 페이시스트라토스는 중앙집권을 강화함으로써 아테네인들의 동질감과 국적을 의식할 수 있게 했으며, 나아가 아테네인들에게 새로운 열망, 새로운 가치, 새로운 관념을 분출할 수 있게 한 전환기의 인물이었다. 페이시스트라토스가 여러 당파간의 분쟁을 진압하고 지방에서 강력한 영향력을 행사한 귀족들의 세력을 약화시켰다는 점과 도자기 산업의 발전, 올리브유의 생산량 증가, 거대한 사원 건축, 화폐 유통, 곡물항로를 확보하기 위한 해외식민지 획득 등으로 경제적인 발전을 가져다 주었다는 점에서 페이시스트라토스의 치적이 미화될 수도 있고 페이시스트라토스의 지배를 황금기로 회고할 수도 있다.

그러나 페이시스트라토스의 중앙집권 강화에는 그가 급진적 개혁가로서 아테네 사회를 변화시킨 측면보다는 선동정치가인 참주로서 자신의 권력을

---

11) 참주정은 그 정부의 형태가 군주제적 중앙집권이라는 점에서 귀족제 이전 단계로 역행하는 것으로 볼 수도 있으나, 혈연에 근거를 둔 귀족제 사회를 해체했을 뿐 아니라 자연경제에서 화폐경제로 전환하여 무역과 상공업을 발달시켰다는 점에서 일부 몇몇 학자들은 페이시스트라토스의 참주정이 민주제로 향하는 발전의 과정에서 필요한 단계라고 주장한다. Adcock, *The Cambridge Ancient History*, p.71; Andrewes, *The Greek Tyrants*, p. 115; A. Snodgrass, *Archaic Greece: The Age of Experiment*, Berkely, 1980, pp.116~117; Forrest, *The Emergence of Greek Democracy, 800~400 B. C.*, p.189; Hignett, *History of the Athenian Counstitution: To the End of the fifth Century B. C.*, p.122; M. M. Austin & P. Vidal-Naquet, *Economic and Social History of Ancient Greece*, Berkely, 1977, p.70.

강화하려는 개인적인 이해가 더 강하게 내포되어 있었다. 페이시스트라토스는 지방적 이해가 국가적 이해로 또한 귀족적 이해가 자신의 개인적인 이해로 복속되도록 장려하기 위해 의도적으로 그가 할 수 있는 모든 일을 하였다. 이는 지방적 이해를 적극 간섭함으로써가 아니라 국가적 이해를 적극 권장함으로써 행해졌다. 지방 순회재판소 설치라든지 국가제전의 장려는 지방의 프라트리아 수중에 남아 있던 귀족의 법적 권위와 특권을 약화시키는 효과를 가져왔다. 또한 페이시스트라토스가 추진한 국내외적인 정책은 아테네 사회를 실질적으로 변화시키려는 의도로 행해진 정책이 아니라 참주로서 자신의 권력 장악을 유지하기 위한 정치적 목적에서 행해졌다. 요컨대 대규모 공공사업과 종교·문화정책 등은 그리스 문명의 발전에 크게 기여했지만, 페이시스트라토스의 정치적 수완으로 추진되었다는 점에서 그 활동들은 부정적인 평가를 받지 않을 수 없는 것이다.

이처럼 페이시스트라토스의 개인적인 치적이 미화되고 페이시스트라토스 시기가 황금기로 회고되는 것을 막기 위해서라도 귀족의 전유물이었던 지방재판소의 기능과 종교의식 그리고 페이시스트라토스가 주조한 화폐의 유통과정, 아테네 민주정의 토대를 구성한 중갑보병 계층을 탐구할 필요가 있다. 이러한 탐구가 앞으로 페이시스트라토스 연구자들에게 큰 도움을 주고, 아테네의 경제와 민주정치 연구에 활력을 불어넣어줄 것으로 기대한다.

클레이스테네스

베일 속에 가려진 정치가

●류연승(서울대 서양사학과 · 박사과정)

클레이스테네스의 생애와 『아테네인의 국제』의 발견

클레이스테네스에 대한 자료 부족

자료가 부족하고 단편적으로 흩어져 있기로 악명 높은 서양 고대사 분야의 연구자들에게는 추리소설에 나오는 탐정들(뒤팽이나 홈스도 있지만 대개는 프렌치 경감 같은 이들) 같은 모습이 두드러진다. 물론 이는 어디까지나 '증거', 즉 '사료'가 조금이라도 있을 때의 이야기다. 민주정 초기의 아테네는 사료가 유난히 부족해서,[1] 12권에 이르는 대작 『고대 그리스사』를 남긴 조지 그로트(Geroge Grote) 같은 명민한 역사가도 이 시기에 이르러서는 극히 조심스러울 수밖에 없었다.

그로트가 집필한 19세기까지도 이 시기에 대한 (거의) 유일한 전거는 헤로

---

[1] 이 시기 사료가 희박한 근본적인 이유에 대해서 토머스는 당시 그리스 사회가 구술문화 사회 단계에서 막 문자와 기록문화가 도입되기 직전이었기 때문이라고 풀이한다. 즉 'document-mind'가 이 무렵에 비로소 형성되었다는 것이다. Rosalind Thomas, *Oral Tradition and Written Record in Classical Athens*, Cambridge University Press, 1989, Chap. 1., 특히 p. 30 이하 참조.

도토스였다. 헤로도토스는 클레이스테네스(Kleisthenes)를 소개하면서 아테네인들에게 민주정을 확립한 사람이라고 설명하였고(Herodotus VI. 131. 1),[2] 그로트도 헤로도토스를 신뢰하여 같은 주장을 했으나 역사의 아버지라는 헤로도토스의 권위도, 그로트의 명성도 클레이스테네스를 자리매김하는 데는 역부족이었다. 헤로도토스를 제외하면 클레이스테네스를 다루는 '사료'가 너무나도 부족한 나머지, 19세기 말에 이르기까지도 역사가들이 아테네 민주정의 역사를 논할 때는 클레이스테네스는 일단 제쳐두고, 자료가 더 많은 솔론이나 테세우스를 더욱 비중 있게 취급했기 때문이다.[3] 도대체 얼마나 부족하기에?

고대 그리스-로마에 대한 연구성과가 총집결된 『레알 엔치클로페디』를 보면 이 사정을 한눈에 알 수 있다. 가장 최근의 『레알 엔치클로페디』가 클레이스테네스에 대한 본격적인 연구가 시작되기 전인 20세기 초엽에 편찬되었다는 점을 감안해도, 클레이스테네스 항목은 한 페이지를 다 채우지 못한다. 이에 반해 한 세기 전의 인물인 솔론은 거의 논문 한 편 분량인데, 이

---

[2] 이 부분의 "확립했다"고 번역한 그리스어(katasesas)는 원래 의미가 더 다양하며, 모든 의미를 고려해볼 때, 클레이스테네스가 민주정의 최초 설립자가 아니라 참주정으로 훼손된 기존의 민주정을 복구했음을 시사한다는 의견도 있다. 이는 클레이스테네스의 개혁이 아테네 민주정의 발전 도상에서 어느 정도의 위상을 갖느냐와 밀접한 관련이 있다. 본문 끝부분 참조. 좀더 자세한 최근의 논의는 Greg Anderson, *The Athenian Experiment: Building an Imagined political Community in Ancient Attica, 508~490 B. C.*, Ann Arbor: The University of Michigan Press, 2003, pp. 46~50.

[3] 클레이스테네스에 대한 무관심 또는 푸대접에 대해서는 Mogens Herman Hansen, "Kleisthenes and the Icons of Democracy," *History Today* Vol. 44(1), Jan., 1994, 14~21(같은 논문이 "The 2500th Anniversary of Cleisthenes' Reforms and the Tradition of Athenian Democracy," *Ritual, Finance, Politics: Athenian Democratic Accounts Presented to David Lewis*, ed. Robin Osborne and Simon Hornblower, Clarendon: Oxford University Press, 1994, pp. 25~37에 실렸다)에서 다루고 있다. 특히 단행본판 pp. 26~27 참조. 한센은 20세기에 들어서야 비로소(독일에서는 1925년, 프랑스에서는 1964년, 영미권에서는 1969년) 클레이스테네스에 대한 재평가가 이루어졌다고 본다.

는 곧 인물 개인에 관한 전승 기록의 양의 차이를 반영한다. 즉 솔론에 비해 클레이스테네스의 생애에 대해서는 신빙성 있는 자료가 거의 없으며, 생몰연대도 간신히 추측하는 데 그칠 뿐이다. 그의 최후에 대해서도 전사했을 가능성(Pausanias I. 37. 5), 노령으로 작고했을 가능성, 추방(외교 실패로 인해서건, 도편추방으로 인해서건 간에)당해서 객지생활 중에 타계했을 가능성이 거론되고 있으나 어느 것 하나도 확실하지는 않으니, 이 사료들이 모두 몇 세기 후의 것이고 의심스러운 부분이 많기 때문이다.

고대인들에게도 클레이스테네스는 이름만 알려졌을 뿐, 구체적인 모습은 가늠하기 힘든 인물이었던 것 같다. 예를 들어 플루타르코스는 『비교열전』에서 아테네인으로는 우선 테세우스·솔론에 대해서 쓰고, 다음으로 클레이스테네스를 건너뛰고 클레이스테네스 후대의 인물인 아리스테이데스와 테미스토클레스의 전기를 남기고 있다. 플루타르코스의 대선배 격인 코르넬리우스 네포스도 『저명한 인물들의 전기』(De Viris Illustribus)에서 클레이스테네스와 활동연대가 비슷한 밀티아데스의 전기는 썼으나 클레이스테네스에 대한 전기는 쓰지 않았다. 클레이스테네스가 솔론처럼 시를 남겼거나 밀티아데스나 테미스토클레스처럼 무공을 세운 것도 아니었으니 전기물의 대상으로서는 매력이 떨어져 아예 집필대상에서 제외했을 수도 있다. 더구나 네포스와 플루타르코스는 모두 몇백 년 후대의 사람들이니, 그 사이에 클레이스테네스에 대한 전승이 유실되어 자료가 부족했을 수도 있다.

그런데 이들이 기록한 아테네인들의 전기에는 클레이스테네스에 대한 언급이 거의 없을뿐더러, 클레이스테네스의 동시대인이나 조금 후에 살았던 사람들이 남긴 기록에서도 그에 대한 언급이 거의 없다는 점을 주목해보자. 클레이스테네스의 법령은 아테네 민주정의 절정기에 활동한 연설가들의 작품에 오르내린 적이 없고,[4] 다른 기록에서도 거의 등장하지 않는다.

---

4) Charles Hignett, *A History of the Athenian Constitution to the End of the fifth Century B. C.*, Clarendon: Oxford University Press, 1952, p. 130.

헤로도토스도 클레이스테네스의 신상에 대해서는 일언반구 말이 없다. 물론 헤로도토스가 그런 이야기를 남겨야 할 의무는 없으니 이에 대해 불평할 수는 없으며, 더욱이 헤로도토스가 자신의 주제에서 삼천포로 빠지는 식의 서술은 자제했으리라 이해한다면 더욱 불평할 수 없지 않은가? 그러나 헤로도토스는 옆길로 새는 것으로 유명한 사람이라는 점을 상기해보자. 또한 헤로도토스가 클레이스테네스가 속한 알크마이온 가문에 대해 많은 이야기—그 부친인 메가클레스의 결혼 이야기를 비롯하여 페이시스트라토스와 제휴와 반목을 거듭한 이야기 등등—를 하고 있다는 점도 아울러 상기해보자. 결국 고금을 막론하고 클레이스테네스에 대해 연구자들이 확실하게 알고 있는 것이라고는 그 이름뿐인 셈이다(『아테네인의 국제』가 발간된 지금이라고 해서 더 나을 것은 없다).

『아테네인의 국제』의 발견

물론 역사가들이 목말라했던 것은 클레이스테네스 본인보다는 헤로도토스가 잠깐 언급하고 지나간 아테네의 개혁에 대한 구체적인 정보였다. 이러한 갈증은 다음과 같은 극적인 사건을 통해 해소될 수 있었다. 1881년 독일의 베르크(T. Bergk)는 베를린 박물관에 있는 한 파피루스가 아리스토텔레스의 유실된 저작 『아테네인의 국제』(Athenaion Politeia)의 일부라고 주장하였다. 그러나 다른 학자들의 호응을 얻지 못한데다, 베르크 본인도 자신이 연구하는 파피루스가 과연 『아테네인의 국제』의 일부인지 확신하지 못하고 있었다. 뜬금없이 장황하게 인용된 솔론의 시들 때문이었다.

그런데 1890년 영국의 케니언(Frederic G. Kenyon)이 대영박물관에 소장된 서기 70년대 말의 한 회계장부 뒷면에 기록된 문서들이 『아테네인의 국제』라는 것을 고증하였다. 게다가 이 파피루스에도 베르크를 당혹스럽게 했던 솔론의 그 시들이 잔뜩 인용되어 있어서 베르크의 의혹을 씻을 수 있었다. 이듬해 케니언은 『아테네인의 국제』를 발간하였고, 처음에는 반신반의하던 학자들도 기존의 사료들과 대조해본 끝에 그것이 바로 아리스토텔레스가 제자들과 함께 그리스 전역의 정치체제를 158개로 분류한 연구성과 가운데 하나인 『아테네인의 국제』라는 것을 마침내 인정하게 되었다.[5]

이보다 더 좋을 수 있으랴! 왜냐하면 그 동안 이용된 사료들, 즉 헤로도토스, 투키디데스, 크세노폰, 아테네에서 활동한 연설가들의 연설문들, 플루타르코스의 저작들로는 아테네 국정의 윤곽을 간신히 추측하는 수준 이상의 연구를 하기 힘들었고, 아티카 지방의 향토 역사가들인 아티스(Atthis) 사가들의 저작을 가지고도 연구에 곤란한 점이 많았기 때문이다. 따라서 유실된 부분이 극히 적으며 전반부에서는 아테네의 정치제도사를, 후반부에서는 당대 아테네의 정치 운용방식을 알차게 다루고 있는 『아테네인의 국제』의 발간은 유실된 책을 재발견한 것 이상의 의의가 있는 것이다.

유럽 각국의 문헌학자들에게도 자신들의 명성을 실제로 입증할 이보다 더 좋은 기회는 없었다. 그들은 곧 『아테네인의 국제』 발간 경쟁에 뛰어들었다. 케니언의 초판[6]은 간행 즉시 매진되었고, 1년이 지나지 않아 3판이 나올 정도였다. 네덜란드·프랑스는 물론이요, 심지어 독일에서는 1년 사이에 두 종의 판본이 간행되기까지 했다. 동시에 베일에 싸인 아테네 정치제도가 하나씩 드러났다. 이미 사료가 될 만한 문헌이란 문헌은 다 섭렵한 나머지 이제는 땅 속에 묻힌 문헌들의 제목만을 알아볼 수 있는 정도의 발굴이라도 감사해 마지않을 학자들이 본문까지 거의 온전한 형태의 문헌을 얻게 되었으니 얼마나 신났겠는가? 게다가 다른 사람도 아닌 아리스토텔레스를!

당시 고전문헌학의 거두 빌라모비츠-묄렌도르프(Ulrich von Wilamowitz-Moellendorff)는 『아테네인의 국제』는 문장 하나하나가 진정한 금덩어리라고 말한 바 있다.[7] 물론 금박으로 수놓은 사본이 발견되거나 그런 것이

---

5) Aristotle, *The Athenian Constitution*, ed. Peter J. Rhodes, New York: Penguin, 1984, pp.10~11.
6) Frederic G. Kenyon, *Aristotle on the Constitution of Athens*, London: British Museum, 1891.

있다고 전해진 적은 없다. 다만 반짝인다고 다 금은 아니라는 옛말이 전할 뿐이다. 더구나 순수한 금을 얻기 위해서는 제련과정을 거쳐야만 하는 법이다. 연구자들은 『아테네인의 국제』를 읽어갈수록, 또 연구가 진행될수록, 그 행간 곳곳에 난제들이 숨어 있다는 것을 깨닫게 되었다. 아직까지도 확실한 결론이 나지 않은 『일리아스』와 『오디세이아』에 대한 '호메로스 논쟁'과 비슷하게, 『아테네인의 국제』가 과연 아리스토텔레스가 집필한 것인지 아니면 그 제자 등등이 집필한 것인지에 대한 논란도 여전히 진행 중이다.[8] 클레이스테네스의 개혁을 다룬 부분도 그러한 논쟁에서 예외가 아니지만, 여기에서는 그의 개혁 중에서도 비교적 더 중요하고, 더 논란의 대상이 되었던 선거구 개편과 도편추방제를 중점적으로 살펴보도록 하겠다.

---

[7] Ulrich von Wilamowitz-Moellendorff, *Aristoteles und Athen*, Zürich·Hildesheim; Weidmann, 1985(1893년 1판의 재간행본), II, p.146.

[8] 『아테네인의 국제』가 '사료'로서는 세부적인 사실의 정확성이 떨어진다는 점이 역사가들에게는 불만이었다. 이에 대해 『아테네인의 국제』를 변호하자면, 그 필자(아리스토텔레스이건, 그 제자이건)의 본업이 철학자이지 역사가가 아니라는 점을 들겠다. 케니(Keaney)는 이 저작이 인민이 정치권력을 획득해가는 과정이라는 주제의식 아래 구성된 것이라는 점을 의식하라고 충고한다. John J. Keaney, *The Composition of Aristotle's Athenaion Politeia*, Clarendon: Oxford University Press, 1992, p.xi 참조. 뿐만 아니라 케니는 『아테네인의 국제』에 동원된 문학적·수사학적 기법에 대해 밝히고 있다. 데이와 체임버스는 『정치학』이 총론이라면 『아테나이온 폴리테이아』는 각론이라면서, 아리스토텔레스 집필설을 강력하게 옹호하고 있다(James Day & Mortimer Chambers, *Aristotle's History of Athenian Democracy*, Berkeley and Los Angeles: University of California Press, 1962, p.3). 그러나 히그넷, 로즈(Peter, J. Rhodes) 같은 회의적인 학자들의 논박도 만만치 않다. 2003년에 간행된 *Oxford Classical Dictionary*(3rd ed. rev.)의 'Athenaion Politeia' 항목은 아리스토텔레스가 전부를 다 집필하지는 않았거나 그 제자가 집필한 것으로 보는 관점을 취하고 있다. John Edwin Sandys, *Aristotle's Constitution of Athens*, New Jersey: The Lawbook Exchange, 2000(reprint of MacMillan, 1912), pp.xlix-lxv; Geoffrey Ernest Maurice de Ste. Croix, *Athenian Democratic Origins*, Clarendon: Oxford University Press, 2004, pp.254~255도 참조하라.

일련의 개혁과 논쟁

필레 개편
필레 개편을 하게 되기까지

기원전 528년 히피아스와 히파르코스는 아버지인 페이시스트라토스에게서 권력을 이어받아 변함없이 아테네를 통치하고 있었다. 반대파도 여전히 꿈틀대고 있었는데, 반참주 활동에서 가장 두드러진 이들은 바로 알크마이온 가문이었다. 한때 알크마이온 가문은 참주 가문을 무력으로 몰아내려고 단독으로 시도했다가 오히려 한 요새에 포위당하는 곤경을 치른 적이 있다. 결국 열세인 군사력을 보강하기 위해 당시 알크마이온 가문의 수장인 클레이스테네스는 델포이의 사제들을 매수하여 스파르타인이 신탁을 문의하러 오면 아테네의 참주를 몰아내는 것이 스파르타의 사명이라고 답하게 하였다.

헤로도토스에 따르면, 스파르타인들은 페이시스트라토스와 사이가 나쁘지 않았으나 사람과 신 중 결국 신을 택하게 된다. 아리스토텔레스에 따르면, 스파르타인들은 원래 페이시스트라토스 가문에 대해서 잘 몰랐으나 이들이 아르고스와 친하게 지내는 것을 경계하여 원정군을 보내게 된다. 당시 불패의 명성을 떨치고 있던 군사강국 스파르타는 아테네의 군사력을 만만하게 여겼던 것 같다. 스파르타인들은 안키몰리오스를 사령관으로 한 일단의 병력만으로 사태가 간단히 해결되리라 판단했다. 그러나 원정군은 테살리아 기병의 원조를 받은 참주파의 전략에 말려들어 형편없이 패한데다가 지휘관마저 잃고 물러났다. 결국 기원전 511/10년 클레오메네스 왕이 직접 군대를 인솔하여 아티카를 침공하였다. 이번에도 스파르타군의 공격은 여의치 않았으나, 마침 참주 일족의 일부가 스파르타군에 체포되는 바람에 협상을 통해 참주 일파를 아테네에서 몰아낼 수 있었다.

참주가 물러난 다음 아테네 정국은 이사고라스 일파와 알크마이온 가문의 클레이스테네스 일파 사이의 정쟁에 휘말리게 되었다. 처음에는 이사고라스가 유리했으나, 클레이스테네스는 자신이 불리하다는 것을 깨닫자 민중을 자기편으로 끌어오기 위하여 개혁안을 제시한다. 이것이 바로 클레이스테네스의 개혁이다. 불리해진 이사고라스는 스파르타 왕 클레오메네스에게 지지를 호소했고, 스파르타는 다시 한 번 무력 개입을 시도하였다. 클레이스테네스 일파가 추방당하고, 이사고라스 일파가 스파르타의 비호 아래 정권을 잡았다. 그러나 분노한 아테네인들이 궐기하는 바람에 클레오메네스는 이틀 동안 포위되어 있다가 완전 철수를 조건으로 사흘째에야 풀려날 수 있었다. 클레이스테네스는 귀국하여 지체된 개혁을 속개한다. 개혁은 신속히 진행되어, 2년 만인 기원전 508/7년에 최초의 개혁안이 시행되었다.

사료에서 전하는 필레 개편의 상세 절차

개혁의 핵심 내용은 시민권의 조건을 변경하는 것이었다. 이를 위해 기존의 4개 부족(필레. 복수는 필라이)을 해체하여 10개[9]로 개편하고, 각 필레의 시조를 델포이의 사제에 의뢰, 선별하여 기렸다.[10] 또한 그 동안 시민권을

---

9) 파우사니아스(Pausanias. I. 5. 2~4)를 비롯하여 각종 비문에서 확인된바, I 에렉테이스(Erechtheis), II 아이게이스(Aigeis), III 판디오니스(Pandionis), IV 레온티스(Leontis), V 아카만티스(Akamantis), VI 오이네이스(Oineis), VII 케크로피스(Kekropis), VIII 히포톤티스(Hippothontis), IX 아이안티스(Aiantis), X 안티오키스(Antiochis)다.

10) 이 필레 시조의 성소가 부족 전체의 구심점으로 기능했다는 증거로 봐서는, 10필레 체제를 단순히 행정상의 개편이라고 한정할 수는 없다. 부족-필레 시조가 이름뿐인 존재가 아니라는 것은 IG II2 1138, 1140, 1149 등에서 알 수 있다. 일부 필레(판디오니스 필레 등)은 필레의 관리를 임명한 뒤 그 성소 앞에서 보고하는 의식을 치렀던 것이다. 클레이스테네스 개혁 이후의 종교구조에 대해서는 Emily Kearns, "Change and Continuity in religious structure after Cleisthenes," *Crux : Essays in Greek History presented to G. E. M. de Ste. Croix on his 75th birthday*, ed. Cartledge, Paul A. & Harvey, F. D., Exeter: Duckworth, 1985, pp. 189~207을 보라. 케언스는 10필레 창설이 계획적인 정치행위이지만, 이것이 실제 종교적인 성격에서 탈피하기 위한 작업이었다고 상정해서는 안 될 것이라고 경고한다. 필레 시조와 아티카의 재통합과의 관계에 대한 논의는 Greg Anderson, *The Athenian Experiment*의 제5장 Tribes, Heroes, and the "Reunification of Attica".

관장하던 프라트리아는 약화되었으며, 기존 각 지역의 촌락들, 즉 데모스에서 시민권을 관리하게 되었다. 이로써 아티카(아테네와 아테네의 몇 배에 해당하는 그 주변지역) 전역은 100개가 넘는 데모스로 나뉘었다. 데모스들은 다시 트리티스라는 상급 단위로 묶이게 되는데, 트리티스는 아테네 시와 근교지역 · 해안지역 · 내륙지역에 각각 자리잡은 3개 조가 하나의 필레를 구성하도록 조직되었고, 각 필레는 추첨으로 3개의 트리티스를 배분받았다. 이로써 아티카 전역은 10개의 필라이, 30개의 트리티스, 100개가 넘는 데모스로 층층이 조직되었다(훗날 필레는 두 번의 개편을 거쳐 15개로 늘어나게 된다).

뿐만 아니라 클레이스테네스는 시민들의 이름도 소속 데모스의 명칭이 포함되도록 명명법 자체를 아예 바꾸었는데, 본명+부친명으로 구성되는 전통적인 작법을 버리고 본명+데모스명으로 호칭을 정하게 하였다. 물론 유서 깊은 가문의 후예들은 여전히 전통적인 작법으로 불렸으나, 테미스토클레스처럼 대중의 인기를 끌려는 정치인들이나 새로 시민권을 얻은 가문 출신의 정치인들은 클레이스테네스의 명명법으로 불렸다.

필레 · 트리티스 · 데모스의 배치와 이에 대한 논란

19세기 말 이래 학자들은 문헌 사료를 바탕으로 각 데모스와 트리티스의 위치를 하나씩 확인해왔는데(데모스의 최종적인 수와 위치는 1975년 트레일〔John S. Traill〕의 연구결과가 나온 다음에야 겨우 학자들간의 합의가 도출되었다[11]), 데모스의 위치와 트리티스들의 위치를 대강 맞춰놓고 보니 아주 복잡하고 불규칙적이었다. 복잡한 것은 그런대로 좋은데, 3개보다 더 많은 트리티스들로 구성된 필레들이 있다는 것이 확인되었다.[12] 이는 내륙 또는 해안 트리티스가 2개 이상으로 갈라졌기 때문이다(이 문제를 논의한 연구자들은

---

11) John S. Traill, *The Political Organization of Attica*, Hesperia: Supplement XIV, 1975.
12) 여기에서 인용한 지도는 Lévêque, Pierre & Vidal-Naquet, Pierre(trans., David Ames Curtis), *Cleisthenes the Athenian*, New Jersey: Humanities Press, 1996, p. 11.

이런 지역을 엔클레이브라고 일컫는데, 지리학에서 말하는 엔클레이브와는 조금 다른 형태인데다, 적당한 역어가 없어 여기에서는 특이구라고 지칭하겠다). 그 대표적인 예로, 3 판디오니스 필레의 해안 트리티스의 경우, 프로발린토스와 미리누스는 2 아이게이스 필레의 해안 트리티스를 사이에 끼고 떨어져 있다. 이밖에도 논란의 대상이 된 서너 개 지역이 있다.

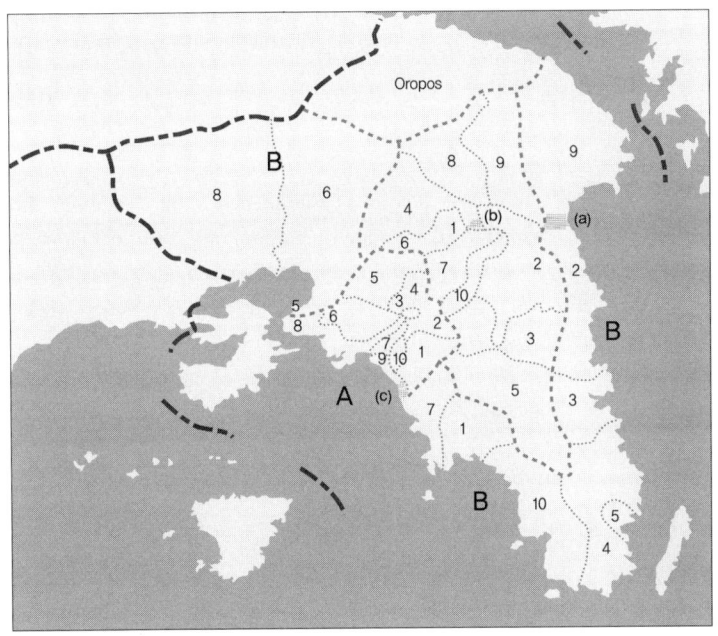

이것들을 어떻게 받아들여야 하는가? 초기의 연구자들은 이런 복잡한 배치에 다분히 모종의 음모 또는 의도가 숨어 있다고 보았다. 즉 클레이스테네스와 알크마이온 가문이 좀더 유리해지도록 조작하다 보니 그런 변칙적인 트리티스들이 생겨났다는 얘기다. 물론 이에 대해 클레이스테네스가 사리사욕에 얽매이지 않은 매우 공정한 개혁가라는 주장도 있었다. 워커가 『케임브리지 고대사』 1판에서 클레이스테네스의 개혁이 공정하지 않다는 의견을 내세운 이후[13] 한동안 이런 관점이 유행했으나, 연구가 진행됨에 따라 그런 관점들은 조금씩 설득력을 잃게 되었고, 60년이 지난 『케임브리지

고대사』 2판에서는 이제 클레이스테네스의 개혁이 최소한 불공정한 것은 아니라는 입장을 보이고 있다.[14]

그런데 여기서 양쪽 모두에 문제가 되는 것은 클레이스테네스의 의도를 '직접' 확인하기가 힘들다는 점이다. 즉 클레이스테네스의 회고록이나 개혁의 의의 등을 새긴 기념비 같은 유물이 발견된 바 없으며, 아테네인들의 기록에도 이에 대해 명확하게 설명한 것은 없다. 우리가 아는 것은 단지 트리티스들의 배치가 불규칙적이라는 사실과 몇몇 특이구들이 있었다는 사실뿐이다.[15] 이것이 클레이스테네스의 야욕을 뜻하는지 아니면 이와는 정반대로

---

13) E. M. Walker, "Athens: The Reform of Cleisthenes," *The Cambridge Ancient History* Vol. IV, Chapter VI, Cambridge University Press, 1926, p.143. 워커와 같은 입장은 Donald W. Bradeen, "The Trittyes in Cleisthenes' Reforms," *American Philological Association*, Vol. 86(1955), pp.22~30; Raphael Sealey, "Regionalism in archaic Athens," *Historia* 9(1960), pp.155~180; David M. Lewis, "Cleisthenes and Attica," *Historia* 12(1963), pp.22~40; G. R. Stanton, "The Tribal Reform of Kleisthenes the Alkmeonid," *Chiron*(1984), pp.1~41 등등이 있다.

14) 클레이스테네스 개혁의 의도와 동기에 대해서는 Martin Ostwald, "The Reform of the Athenian State by Cleisthenes," *The Cambridge Ancient History* Vol. IV, Chapter V, Cambridge University Press, 1988, pp.321~325. 특히 p. 322에서 오스왈드는 클레이스테네스가 자신의 이익을 관철시킬 정도로 지지를 받았다면 망명을 당하는 곤경에 빠지지는 않았을 것이라고 반문하며, 알크메온 가문이 여러 필레로 흩어져 영향력을 증대시켰다면 다른 가문도 마찬가지 방법으로 자신들의 영향력을 증대시켜서 결과적으로는 별 효과가 없었을 것이라고 보고 있다. 이밖에도 클레이스테네스가 공정한 개혁을 했다는 입장은 Charles Hignett, *A History of the Athenian Constitution to the End of the fifth Century B. C.*, Clarendon: Oxford University Press, 1952; Geoffrey Ernest Maurice de Ste. Croix, *Athenian Democratic Origins*, Clarendon: Oxford University Press, 2004(특히 제4장 참조) 등이 있다. 또한 군사적인 관점으로 개혁을 설명하려는 연구도 있다. 이런 관점에 대한 자세한 논의는 Peter Siewert, *Die Trittyen Attikas und die Heeresreform des Kleisthenes*, München: C. H. Beck'sche Verlagsbuchhandlung, 1982; Frank J. Frost, "The Athenian military before Cleisthenes," *Historia* 33/3(1984), pp.283~294.

15) 특이구 자체를 개혁 이후 후대의 창조물일지도 모른다고 시사하는 시각도 있으며, 이에 대해서는, Martin Ostwald, "The Reform of the Athenian State by Cleisthenes," *The Cambridge Ancient History* Vol. IV, Chapter V, Cambridge University Press,

클레이스테네스의 공평무사함을 뜻하는지는 그 자체로서는 확인하기 힘들다. 아직도 클레이스테네스가 자신과 가문을 위해 모종의 '게리맨더링'을 했다고 보는 연구자들이 있다. 사실 많은 학자들이 클레이스테네스의 개혁이 공정했다고 여기게 된 이유도 공정했다는 증거가 확실히 드러났다기보다는 불공정했다는 증거가 없고, 개혁으로 인해 알크마이온 가문이 남달리 이익을 얻었다는 증거를 찾기 힘들기(또는 이익을 얻었을 법하지 않기) 때문이다.

어쨌든 알크마이온 가문 '만'을 본다면, 이른바 게리맨더링이 있었다고 말할 수는 있으나, 이는 엄밀히 말하면 특정 데모스에 대한 특별한 방식의 조작이 있을 수는 있다는 말이다. 즉 이것이 곧 알크마이온 가문의 이익을 위한 것이라고 판단하기는 힘들다.[16] 오히려 그런 조작이 있었다 해도, 이는 10개의 필레를 서로 엇비슷한 규모로 맞추기 위한 시도[17] 또는 잦은 추방으로 인해 유명무실해진 알크마이온 가문의 옛 연고지에 대한 영향력을 회복하기 위한 방편 정도라고 보는 편이 안전할 것이다. 게리맨더링의 혐의를 모두 다 인정한다고 해도, 워커 측의 학자들은 그로 인한 당연한 결과가 발생하지 않은 사실을 설명할 수 없었다. 즉 그들은 누구보다도 그 개혁으로 혜택을 보리라고 예상된 알크마이온 가문이 개혁 직후 영향력을 잃은 점을 설명하지 못한 것이다. 알크마이온 가문이 정치적인 영향력을 상실한 것은 당시 아테네의 정세와도 연관이 있지만, 어쨌든 직접적인 증거로 보나 앞뒤 정황으로 보나 개혁으로 큰 덕을 보지 못한 것만은 거의 확실하다 할 것이다.

1988, p. 315. n. 19 ; Bob Develin & Martin Kilmer, "What Kleisthenes did," *Historia* 46/1(1997), pp. 6~11.

16) Robert David Cromey, *The Alkmeonid Inheritance in Kleisthenes' Reforms*, University of Wisconsin(Ph. D. Dissertation), 1973, p. 61 ; David L. Stockton, *The Classical Athenian Democracy*, New York: Oxford University Press, 1990, p. 26 ; de Ste. Croix, 앞의 책, p. 163.

17) Peter Siewert, *Die Trittyen Attikas und die Heeresreform des Kleisthenes*, München: C. H. Beck'sche Verlagsbuchhandlung, 1982, pp. 105~122 ; 이에 대해 스탠튼은 좀더 유보적이다. G. R. Stanton, *Athenian Politics c. 800~500 BC : A source book*, London: Routlege, 1990, p. 157.

도편추방제

사료에서 전하는 도편추방제의 절차

클레이스테네스의 개혁에서 또다른 쟁점은 도편추방제이다. 이 제도를 도입하기까지의 얘기는 일단 미뤄두고, 먼저 그 절차부터 알아보자. 플루타르코스의 「아리테이데스전(傳)」과 『아테네인의 국제』에서 전하고 있는 도편추방제의 시행과정은 대략 다음과 같다. 해마다 겨울쯤에 500인 불레(boulē) 회의에서, 그 해(아테네인들은 1년을 10개의 프리타네이아라는 회기로 나누었는데, 그 중 여섯째 회기에 해당하는 시기다. 아테네인들은 여름에서 여름까지를 1년으로 계산했으니, 우리에게 이듬해 봄이 되는 기간은 그들에게는 3/4분기나 연말이 된다)가 가기 전에 도편추방제를 시행할 필요가 있을지 의견을 받게 한다. 이때 특정인의 이름이 거론되지는 않는다. 표결에 부쳐서 부결되면 이 안건은 반려되고 그 해가 가기 전에는 다시 거론되지 않는다. 그러나 도편추방제를 하자고 결정되면, 두 달 후인 8번째 프리타네이아 기간 중에, 즉 초봄에 투표를 실시하게 된다. 이렇게 시차를 둔 것은 아티카 전역에 도편추방제의 소식이 전달되어야 한다는 것 외에도 모종의 선거운동을 하기 위해서였을 것이다.

투표는 아고라에서 시행된다. 먼저 한 장소에 목책을 두르고 통제구역을 설정한 다음, 10개의 문을 튼다. 각 필레의 시민들은 각각 해당하는 문으로 들어가서 투표를 한다. 9명의 아르콘과 불레 의원들이 이를 감독한다. 필레와 데모스의 관리들은 해당하는 문에 지키고 서서 시민들의 신원을 확인한다. 투표자들은 신원을 확인받고 들어가서 투표를 한다. 그들은 이중투표가 없는지 확인될 때까지 통제구역 안에 머무르게 된다. 적어도 6천 표 이상 투표되었을 때, 그 중 최다 득표자가 추방자로 결정된다. 그는 10일 안에 아티카를 10년 동안 떠나야 하지만, 자기 재산을 사용할 권리는 인정받는다.

도편 조각을 발굴해서 알게 된 것들

도편추방제에 사용된 사금파리들을 실제로 발굴하고 나서 보니 여러 가지 흥미로운 사실들이 밝혀졌다. 먼저 당시 그리스어의 발음에 대한 정보를 얻을 수 있었다.[18] 테미스토클레스의 철자를 판독한 결과, 고전 그리스어의 θ 발음은 영어의 th(θ) 발음보다는 t-h 발음에 가깝다는 것이 밝혀졌다(현대 그리스어에서는 영어의 th(θ) 발음과 비슷하다). 또한 그리스어의 윕실론(υ)은 자주 이오타(ι)와 혼동되는 것으로 보아 이 발음이 독어의 u-움라우트(Ü)나 프랑스어의 U 발음과 비슷하다는 것도 알 수 있다.

더욱 재미있는 사실은 당시 아테네인의 문자생활에 관한 것이다. 아테네인의 문맹률은 어느 정도였을까? 사실인지는 모르겠으나, 아리스테이데스가 어떤 촌부의 요구에 순순히 자신의 이름을 써주었다는 일화가 플루타르코스의 「아리스테이데스전」에 등장한다. 아리스테이데스는 그 촌부에게 묻는다. "아리스테이데스가 당신에게 뭐 잘못한 거라도 있나요?" 그러자 촌부 왈, "아니, 그런 적은 없지만 하도 주위에서 정의로운 인간이니 어쩌니 떠들어대니 짜증이 나서 말이오!" 당시 아테네인들의 문맹률이 낮았던 덕분에 도편추방제를 실시할 수 있었다는 주장이 있지만, 위의 일화를 자세히 따져보면 글을 쓸 줄 모르는 사람도 얼마든지 도편추방에 참여할 수 있었다고 추측된다. 이 일화에서 아리스테이데스는 한 번만 대필해주었지만, 사실 글을 쓸 줄 아는 사람들은 그보다 더 많이 손을 놀렸던 것으로 확인되었다.

1937년 저 유명한 테미스토클레스의 이름이 적힌 도편 조각이 한 무더기에서 190여 개 가까이 출토된 적이 있다. 그런데 이상하게도 동일한 필체가 많아서 일일이 분류해보니, 14명 정도의 필사자들이 테미스토클레스의 이름을 대필해준 것으로 드러났다. 뿐만 아니라 이 대필 도편들은 거의 동일한 규격의 도자기였다. 물론 특히 애용된 크기의 도자기들이 있을 수 있지만, 다른 도편 조각들이 말 그대로 사금파리에 불과하고 그 깨진 모양도 천차만별인 반면 이 대필 그룹들의 도편들은 갓 구운 듯한 새 도자기들이라는

---

[18] Eugene Vanderpool, *Ostracism at Athens*, The University of Cincinnati, 1970, pp. 13~14.

점은 특기할 만하다.

이제 통제구역 밖에서 그리스인들이 어떤 일을 했을지, 또는 모종의 선거운동이라는 것이 어떤 것이었을지 짐작이 가는가? 도편추방은 매우 중요한 정치행사였고, 그들은 이런 행사를 결코 얌전하게 치르지 않았다는 것이 밝혀졌다. 실제로 사료에서 확인된 추방자들이 9명에 불과한 데 반해 발굴된 조각들의 이름은 137명에 달했던 것으로 보아 도편추방이 정적 제거의 수단으로 자주 이용되었으며, 추방자 후보로 오르내린 사람들도 매우 많았음을 알 수 있는 것이다.[19]

도편추방제를 도입하게 되기까지 – 도편추방제는 언제 제정되었는가?

앞서 그냥 지나간 문제를 얘기해보자. 도편추방제는 언제 제정되어 도입되었는가? 또 이 법안은 누구를 염두에 두고, 즉 누구를 표적으로 삼아 제정되었는가? 새로 발견된 『아테네인의 국제』와 기존 사료—엄격히 따지면 안드로티온(Androtion)이 남겼다는 구절 가운데 단편 VI이 유일하다고 할 수 있는데, 그것도 직접 전하는 것이 아니라 하르포크라티온(Harpokration)이 자기 글에서 안드로티온을 인용한 부분이 전한다—사이에 상충되는 설명이 있었다. 최초의 추방자가 히파르코스(참주 살해자들에게 피살된 히파르코스가 아니라, 기원전 496/5년 아르콘을 지낸 히파르코스. 동명이인이지만 역시 페이시스트라토스와 관계가 있는 사람이다)이며, 히파르코스를 염두에 두고 제정되었다는 설명까지는 일치하는데, 『아테네인의 국제』에는 제정 후 20년 뒤에 비로소 도편추방을 실시했다고 기술된 반면, 안드로티온의 단편에서는 도편추방을 실시하기 직전에 법령이 제정되었다고 설명하기 때문이다.

최초의 추방자를 달리 설명하는 자료도 있다. 아엘리아노스의 『역사』(*Varia Historia* XIII. 24)에서는 도편추방제의 최초 희생자는 도입자인 클레

---

[19] Rudi Thomsen, *The Origin of Ostracism: A Synthesis*, Copenhagen: Gyldendal, 1972, pp. 71~80.

이스테네스 바로 자신이라고 언급된다. 그러나 아엘리아노스는 훨씬 후대의 인물인데다 클레이스테네스의 이름이 적힌 도편 조각도 출토된 바 없기 때문에, 20세기 이후 도편추방제 논의에서 아엘리아노스는 거의 언급되지 않고 있다.

안드로티온이 '그 무렵 제정되었다'고 말했을 때의 '그 무렵'은 솔론이나 테세우스의 시대(안드로티온이 활동하던 무렵에는 도편추방제가 솔론이나 테세우스에 의해 제정되었다는 설이 나돌았다)가 아닌 클레이스테네스의 시대를 뜻한다는 주장(안드로티온은 클레이스테네스보다 훨씬 후대 사람이기 때문에 20년 정도의 시간은 그리 길게 느껴지지 않을 테니), 이에 대해 이런 좋은 칼을 벼려두고 20년간이나 칼집에 그냥 꽂아만 두고 있었을 리가 없다는 주장, 또 이에 대해 칼을 꼭 뽑아서 휘두를 필요까지는 없었다는 주장, 오히려 히파르코스가 아니라 이사고라스가 최초의 표적이었을 것이라는 주장 등등 갑론을박이 이어졌다.[20]

한편 사료 자체의 오기(誤記) 가능성에 대한 연구도 있었다.[21] 심지어 섬

---

20) 중요한 단행본과 논문들은 다음과 같다. Jerome Carcopino, *L'Ostracisme Athénien*, Paris: Librarie Félix Alcan, 1935 ; Antony E. Raubitschek, "The Origin of Ostracism," *American Journal of Archaeology*, Vol. 55, No. 3 (Jul., 1951), pp. 221~229 ; C. A. Robinson, Jr., "Cleisthenes and Ostracism," *American Journal of Archaeology*, Vol. 56, No. 1 (Jan., 1952), pp. 23~26 ; A. R. Hands, "Ostracism and the Law of Ostracism: Some Possibilities and Assumptions," *The Journal of Hellenic Studies*, Vol. 79(1959), pp. 69~79 ; Donald Kagan, "The Origin and Purposes of Ostracism," *Hesperia*, Vol. 30, No. 4(1961), pp. 393~401 ; G. R. Stanton, "The Introduction of Ostracism and Alcmeonid Propaganda," *The Journal of Hellenic Studies*, Vol. 90(1970), pp. 180~183 ; Rudi Thomsen, *The Origin of Ostracism: A Synthesis*, Copenhagen: Gyldendal, 1972.

21) 도버(Dover)는 하르포크라티온이 안드로티온을 인용하면서 그 의미를 제대로 깨닫지 못하고 멋대로 구절을 바꿔 썼기 때문에 이런 혼란이 일었을 것으로 추정했으며, 키니는 한 걸음 더 나아가 안드로티온과 아리스토텔레스가 전혀 차이가 없었을 것이라고 주장하면서 '그때'라는 부분이 필사과정에서 어떻게 변화할 수 있는지를 추론해놓았다. 자세한 논의는 K. J. Dover, "Androtion on Ostracism," *The Classical Review*, New Ser., Vol. 13, No. 3 (Dec., 1963), pp. 256~257 ; John J. Keaney, "The Text

너(Sumner)와 체임버스(Chambers) 같은 이들은 문법을 따져 안드로티온과 아리스토텔레스가 근본적으로 차이가 없었다는 점을 증명하려고 시도했다.[22] 이 기나긴 논쟁은 톰센(Thomsen)이 일단락지었는데, 그는 그나마 1차 사료라고 할 수 있는 『아테네인의 국제』를 굳이 부정할 필요는 없으니 도편추방제 직전 제정설보다는 클레이스테네스 제정설 쪽에 무게를 두어, 도편추방제가 클레이스테네스의 후기 개혁 가운데 하나라고 믿자고 정리하였다. 그러면서도 도편추방제가 클레이스테네스의 개혁이라는 아리스토텔레스의 말도, 아리스토텔레스 본인이 훨씬 후대의 사람이기 때문에 의심해볼 만하다는 견해를 조심스럽게 피력하고 있다.[23]

클레이스테네스는 실제로 무엇을 어디까지 했는가?

헤로도토스와 『아테네인의 국제』의 미심쩍은 점들

지금까지 클레이스테네스의 개혁과 이를 둘러싼 논의들을 살펴보았다. 그러나 중요한 한 가지를 생략하고 넘어갔다. 즉 우리의 사료인 헤로도토스와 『아테네인의 국제』는 어디까지 신뢰할 수 있는가?

---

of Androtion F6 and the Origin of Ostracism," *Historia* 19/1(1970), pp.1~11.

22) G. V. Sumner, "Androtion F6 and Ath. Pol. 22," *Bulletin of the Institute of Classical Studies* 11(1964), pp.79~86; Mortimer Chambers, "Androtion F6: tote prwton," *The Journal of Hellenic Studies*, Vol. 99(1979), pp.151~152. 이후로 학자들은 아리스토텔레스와 안드로티온은 둘 다 같은 것을 말하며, 둘 다 클레이스테네스가 도편추방법을 제정했다고 얘기하고 있다는 것으로 대략 합의를 보았다. Phillip Harding, *Androtion and the Atthis*, New York: Oxford University Press, 1994, p.96; Peter J. Rhodes, *A Commentary on the Aristotelian Athenaion Politeia*, Oxford: Clarendon Press, 1993, p.268.

23) Thomsen, 앞의 책, pp.140~141; James Day & Mortimer Chambers, 앞의 책, p.13도 참조. 그런데 일부 연구자들은 아예 다른 사료로 눈을 돌려 이를 해결하려 했다. 자세한 논의는 John J. Keaney & Antony E. Raubitschek, "A Late Byzantine Account of Ostracism," *The American Journal of Philology*, Vol. 93, No. 1, Studies in Honor of Henry T. Rowell(Jan., 1972), pp.87~91.

헤로도토스의 경우, 이미 알크마이온 가문의 추방과 방랑 그리고 참주 가문과의 적대적인 관계에 관한 서술에서 헤로도토스의 진술은 잘못되었거나, 잘못되지는 않아도 오해를 줄 소지가 다분하다는 것이 밝혀진 바 있다. 즉 헤로도토스에 따르면 알크마이온 가문은 페이시스트라토스 가문과 몇 번의 반목과 협력을 반복하다가 페이시스트라토스가 마침내 참주로 집권하자 아티카를 떠났고, 그뒤로 다시 돌아오지 않았다. 그런데 헤로도토스가 전하는 것과는 달리, 알크마이온 가문이 페이시스트라토스의 사후 아테네로 되돌아와 참주 가문과 한 번 더 협력했음을 보여주는 비문이 발굴된 것이다.[24] 이 비문에서 헤로도토스의 보고대로라면 분명 아테네를 떠나 복수의 칼을 갈며 방랑하고 있을 시기인 기원전 525/4년의 아르콘이 바로 클레이스테네스라는 것이 밝혀진 것이다. 그때까지 역사가들은 '아버지'의 말씀(추방 횟수와 참주 가문에 대한 알크마이온 가문의 적개심)을 그대로 믿었기 때문에 그 당혹감이 대단했다. 이밖에도 초기 아테네에 관한 헤로도토스의 설명이 불충분한 곳이 꽤 발견된다. 조금 극단적이기는 하지만, 크루아는 헤로도토스야말로 클레이스테네스가 기회주의적인 정치가라는 낙인을 찍은 장본인이라고 주장하면서, 헤로도토스의 진술은 신빙성이 떨어지므로, 만약 헤로도토스를 신뢰해야만 한다면 당시 정황증거들도 그와 같은 비중으로 신뢰해야 한다고 제안한 바 있다.[25]

앞서도 도편추방제에 관한 『아테네인의 국제』의 설명을 의심해볼 만하다고 한 톰센의 언급을 소개한 바 있는데, 몇 가지 사례를 더 추가해보겠다.

---

[24] 1936년에 발굴된 비문에 대한 메릿(Meritt)의 연구 이래 클레이스테네스가 기원전 525/4년에 아르콘직을 역임했다는 것이 인정되었다. 물론 이 클레이스테네스가 우리가 아는 클레이스테네스인지 의심할 수도 있으나, 클레이스테네스라는 이름 자체의 특이성(외래 지역의 이름) 때문에 동명이인설은 일찍감치 기각되었다. 더욱 자세한 논의는 Benjamin D. Meritt, "Greek Inscriptions(14~27)," *Hesperia*, Vol. 8, No. 1, The American Excavations in the Athenian Agora: Fifteenth Report(Jan.-Mar.,1939), pp.48~82.

[25] de Ste. Croix, *Athenian Democratic Origins*, p.134.

클레이스테네스의 데모스들은 『아테네인의 국제』가 집필되던 당시까지 그 원형이 계속 유지되었던가? 확실하게 답변할 수 없지만, 전문가들 사이에서도 의견이 대립하고 있다는 것으로 대신하겠다. 또한 트레일이 확정한 139개의 데모스들은 사실상 클레이스테네스 개혁 당시인 기원전 500년대의 자료가 아닌, 기원전 4세기~기원전 3세기의 자료에 힘입은 바 크다는 점도 지적해두겠다.

윈터스(Winters)는 클레이스테네스가 아테네인의 명명법을 개정했다는 『아테네인의 국제』의 설명이 사실과 다르다는 것을 보인 바 있다.[26] 이는 이미 문헌 사료 등을 통해 잘 알려진 바이지만, 윈터스의 논문은 고고학자들의 연구에 힘입어 도편 조각이나 비문처럼 더욱 직접적인 증거를 제시했다는 데 의의가 있다. 그에 따르면, 기원전 510년~기원전 475년의 42개 봉헌물에 기록된 이름은 42개가 본명만, 38개가 부친명, 14개가 데모스명, 3개가 부친명+데모스명의 형식을 취한다. 965개에 이르는 도편 조각에서는 99개가 본명만, 664개가 본명+부친명, 191개가 본명+데모스명, 11개가 완전한 명명형식을 취한다. 이 가운데 테미스토클레스(앞서도 말했듯이, 대필 흔적이 많다)를 제외한 나머지는 42개가 본명만을, 512개가 부친명을, 42개가 데모스명을 기록하고 있다. 결국 아테네인의 명명법이 클레이스테네스의 법령에 근거했다고 보기는 어렵다.

그렇다면 『아테네인의 국제』의 설명은 어떠한가? 저자가 살던 무렵에는 데모스명이 압도적인 표기법이었으므로, 이를 클레이스테네스의 공로로 소급하여 돌린 것이라는 추정이 가능하다. 또한 프라트리아에 관한 논의도 중요하다. 『아테네인의 국제』의 설명을 보면 프라트리아의 특권이 상당 부분 박탈되었다는 것을 알 수 있다. 그렇다면 프라트리아는 이제 유명무실한 조직이 되었는가? 전혀 그렇지 않았다. 기원전 4세기 중엽에 기록된 데모티오

---

26) T. E. Winters, "Kleisthenes and Athenian Nomenclature," *The Journal of Hellenic Studies*, Vol. 113(1993), pp. 162~165.

니다이(Demotionidai) 비문을 보면, 프라트리아가 유명무실은커녕 여전히 건재하고 시민들의 정치생활에 크게 관여하고 있음을 알 수 있다. 아리스토파네스는 『새들』(1640~1670행)에서 헤라클레스와 포세이돈·피테타이로스 사이의 대화 속에서 재산 상속절차에 관한 제우스의 농간을 얘기하고 있는 바, 이는 당시 아테네인에게 프라트리아의 역할이 어떠했는가를 시사한다.

클레이스테네스와 개혁

물론 사료를 대조해본 끝에 『아테네인의 국제』의 설명이 처음과는 달리 완벽하지는 않다는 것이 판명되었다고 해서 클레이스테네스 개혁의 역사적인 의의가 심하게 훼손되었다고 결론짓기는 아직 이르다. 클레이스테네스 개혁의 의의를 논하자면 통시적·공시적인 관찰을 병행해야 할 것이고, 클레이스테네스 개혁 이전과 이후에 아테네가 어떻게 얼마나 달라졌는지, 또는 개혁을 시점으로 아테네의 민주주의가 어떤 도정을 거쳤는지도 관찰해야 할 것이다.

먼저 아테네라는 국한된 지역을 떠나 당시 그리스 전체의 정치적인 분위기를 고려하면 다음과 같은 의문이 들 것이다. 클레이스테네스의 개혁이 선례나 유례가 없을 정도로 독창적이었나? 클레이스테네스 이전에 이미 이와 비슷한 사례가 적어도 3개는 있었다는 것이 확인된다. 즉 귀족정에서 민주정으로의 이행이 동시다발적으로까지는 아니더라도 일부 지역에서 잔잔하게 진행되고 있었다. 오스월드 같은 이는 클레이스테네스의 개혁을 설명할 때 사용되는 이소노미아(isonomia)라는 어휘마저도 이오니아 지방에서 유행되다 도입된 것으로 보고 있다.

물론 선례가 있다고 해서 클레이스테네스 개혁의 의의가 떨어지는 것은 아니다. 오히려 클레이스테네스는 선배들보다 성공적이었고, 이는 그가 정말로 공정한 개혁을 시행했기 때문이었을 것이다. 클레이스테네스 이전의 개혁은 아테네의 경우처럼 영속적이지도 않았고 개혁자가 특권을 요구했다가 실패한 사례도 있기 때문이다. 따라서 클레이스테네스의 개혁은 더욱 돋

보인다. 실로 그렉 앤더슨은 이 점에서 클레이스테네스의 개혁이야말로 아티카를 비로소 완전하게 통합하여 '상상된 공동체'를 출범시켰으며, 또한 아티카 지역에 대한 '만들어진 전통'의 첫 장을 장식한다고 그 의의를 높이 사고 있다. 개혁의 전부가 그렇지는 않더라도 적어도 일부 개혁은 아테네 민주주의 발전사에서 분명 의의가 있다 할 수 있겠다.[27]

물론 그뒤 아테네의 발전사를 보면, 클레이스테네스보다는 에피알테스가 본격적인 민주주의의 첫 삽을 뜬 것이 아닌가 하는 의문도 들겠지만, 또한 『아테네인의 국제』의 보고대로라면 이렇게 획기적인 업적을 남긴 클레이스테네스가 왜 그토록 잊혀지게 되었는지에 대해서도 의문이 든다. 클레이스테네스의 업적은 심하게 말하면 '각주' 정도로 기억될 뿐이었다. 조각상 하나라도 건립된 것이 없으며, 아테네인들은 그의 업적을 어떤 식으로든 공식적으로 기념하지 않았던 것으로 보인다.[28] 클레이스테네스 자신의 공적도 몹시 간과된바, 『아테네인의 국제』가 전하는 그의 업적 가운데 일부, 일례로 도편추방제의 경우 아리스토텔레스 무렵의 사람들은 클레이스테네스가 아니라 테세우스가 이 법의 창안자라고 믿었던 것이다. 헤로도토스가 전한 대로라면 알크마이온 가문이 참주로부터의 해방에 누구보다도 기여했건만, 아테네인들은 오히려 참주 살해자들을 기념했다.

사실 참주 살해자들이 참주정을 전복시켰다고 말하기는 좀 곤란하다. 그들이 참주들에 대한 테러를 기획했던 것은 글자 그대로만 따진다면 가문에 대한 모욕 때문이었지, 독재를 타도한다는 대의명분 때문은 아니었기 때문이다. 페이시스트라토스의 뒤를 이은 두 형제 중 동생인 힙파르코스에 대한 암살은 헤로도토스에 따르면 오히려 '참주파의 화만 돋우어' 참주정이 난

---

27) 오버 같은 이는 클레이스테네스 개혁의 메시지가 분명하게 드러난다고 하여 도편추방제를 높이 사고 있다. Josiah Ober, *Mass and Elite, Mass and elite in democratic Athens : rhetoric, ideology, and the power of the people*, New Jersey : Princeton University Press, 1989, p. 74. 또한 p. 314도 보라.

28) Anderson, *The Athenian Experiment*, p. 50 ; p. 132 ; p. 198.

폭해지는 계기가 되었다. 실제로 참주정이 붕괴될 때까지는 4년이 더 걸렸고, 앞서도 말했다시피 그것도 외국 군대의 도움이 결정적이었던 것이다.

그러나 참주 살해자들은 아고라 한복판에 기념상이 건립되어 매년 고위 관리가 제례를 주관하는 등 국가적으로 기념되었고, 그 후손들에게도 대단한 특권이 부여되었다.[29] 이는 클레이스테네스의 후예들이 경쟁자들과 치열하게 정쟁을 벌이다 결국 밀려난 것과는 대조된다. 물론 헤로도토스의 설명대로 클레이스테네스가 그저 이사고라스와의 경쟁에서 승리하기 위해 개혁을 도입한 정략가에 불과했다면, 시간이 지나면서 민주정 설립에 관한 아테네인들의 기억에서 클레이스테네스가 점점 사라지고, 그 대신 더욱 공평하고(솔론) 영웅적인 인물(테세우스, 참주 살해자들)이 대신 자리잡았을 수도 있다.

실제로 클레이스테네스가 민주주의에 대한 확고한 정치철학을 가졌다거나 아테네에 민주정을 건설하겠다는 포부를 품었는지에 대해서는 자료가 부족해 알 수가 없으며, 남아 있는 자료들은 오히려 그 반대를 시사한다. 그러나 클레이스테네스가 어떠한 특권도 요구하지 않았다는 점을 보면 그가 정략가라고만은 보기 힘들며, 그는 역시 공정한 개혁가라고 하겠다. 클레이스테네스가 정략가라고 해도, 그의 개혁이 공정한 것(좀더 엄밀히 말하면 불공평하지 않은 것)을 보면, 그의 개혁이 공정해야만 하는, 공정해야 할 수밖에 없는 다른 사정(추정컨대 어설픈 꼼수를 부렸다가는 이사고라스의 경우처럼 아테

---

[29] 후손들에게 부여된 특혜로는 우선 시테시스(sitesis)가 있었다. 시테시스는 프리타네이온 건물 안에서 식사할 수 있는 권리였고, 그 비용은 세금으로 부담했다. 관계 법령에 따르면 시테시스가 허용된 사람들은 첫째로 사제들, 둘째로 하르모디오스와 아리스토게이톤의 후손들, 다음으로는 아폴로 사제들, 점복관(exegetes), 올림피아, 네메아, 피티아 제전 우승자들이었다. 특권의 서열이 두 번째라는 것에 주목해볼 필요가 있다. 또한 이사이오스(V. 46~47)는 프로에드리아(proedria : 제전·민회 등에서 제일 앞쪽의 자리에 앉는 특권으로 보통 외국 사절에 적용)와 아텔레이아(ateleia : 코레기아(비극 경연대회 등에서 재정을 담당하는 의무) 같은 부담에서 면제되는 특권)라는 특권이 더 있었다는 것을 알려준다.

네인들이 들고 일어날지도 모른다는 불안감)이 있었을지도 모른다. 클레이스테네스 개인의 활약으로 아테네에 민주정이 확립되었다는 관점으로 볼 때 그렇다는 말이다. 그러나 아테네인들의 기억에서 그처럼 클레이스테네스의 자리가 변변치 못했다는 것은 아테네인들이 보기에 클레이스테네스의 역할이 실제로는 사료에서 전하는 것보다 미미했다는 반증일 수도 있으며, 그렇다면 시간이 흐를수록 클레이스테네스가 잊혀진 것은 당연하다고 하겠다.

결국 클레이스테네스가 실제로 무엇을 어디까지 했는지를 따지는 것은 그가 개혁을 어느 선까지 주도했느냐를 가리는 일이 될 것이다. 처음부터 끝까지 아테네인을 주도하여 개혁을 관철시켰는지, 아니면 어느 정도까지 하자고 나름대로 선을 그어놓고 있었는데 분위기나 여론에 떠밀려 더 나아갔는지, 개혁의 대표자로서만 활동하고 실제 세부적인 내용은 다른 사람들이 맡았는지? 심지어 개혁이 결과적으로는 민주주의의 초석이 되었지만, 본래의 목적이 과연 민주주의를 목표로 시행된 것인지 아니면 난국의 타개책을 모색하는 과정에서 급조된 것인지 조심스러워하는 이들도 있다. 이 글의 첫머리에서 말했듯이 현재의 사료로는 이 모든 의문을 명확하게 단정하기 힘들다. 이 문제에 대한 결정적인 돌파구를 찾으려면 명탐정 같은 연구자나 아니면 또다른 『아테네인의 국제』의 도움을 받아야 할지도 모르겠다.

참고문헌

1차 사료와 주석

Aristoteles, *Athenaion Politeia*, ed. Mortimer Chambers, Leipzig : K. G. Saur(Bibliotheca Tevbneriana), 1998.

Herodotus, *Historiae*, ed. Carolus Hude, Clarendon : Oxford University Press, 1927.

_____, *Historiae*, ed. H. B. Rosén, Leipzig : K. G. Saur(Bibliotheca Tevbneriana), Vol. I, 1987 ; Vol. II, 1997.

Jacoby, Felix, *Die Fragmente der Griechischen Historiker*, Leiden : E. J. Brill, 1961~1968(photomechanischer Nachdruck 1923~1958).

Meiggs, Russell & Lewis, David, *A Selection of Greek Historical Inscriptions to the End of the Fifth Century B. C.*, Clarendon : Oxford University Press, 1989.

Plutarch, *Lives*, trans. Bernadotte Perrin, Harvard University Press, 1914.

Sandys, John Edwin, *Aristotle's Constitution of Athens*, New Jersey : The Lawbook Exchange, 2000(reprint of MacMillan, 1912).

Rhodes, Peter J., *A Commentary on the Aristotelian Athenaion Politeia*, Clarendon : Oxford University Press, 1993.

How, W. W., and Wells, J., *A Commentary on Herodotus in two Volumes*: Vol. I, Oxford University Press, 2000.

_____, *A Commentary on Herodotus in two Volumes*: Vol. II, Oxford University Press, 2002.

논문

문혜경, 「페이시스트라토스의 참주정」, 『서양고대사연구』 제6집, 1998, 1~30쪽.

정수중, 「고대 아테네의 도편추방에 관한 연구」, 강원대학교 교육대학원 역사교육 전공 석사학위 논문, 1999.

정진기, 「前 480年代 아테네의 政爭과 그 背景」, 서울대학교 석사학위 논문, 1987.

조인형, 「아테네에 있어서의 도편추방제도의 목적과 변질에 관한 연구」, 『강원 사학』 7

집, 1991, 139~168쪽.

Anderson, Greg, "Alkmeonid 'Homelands,' Political Exile, and the Unification of Attica," *Historia* 49/4(2000), pp. 387~412.

Andrewes, Antony, "Philochoros on Phratries," *The Journal of Hellenic Studies*, Vol. 81(1961), pp. 1~15.

_____, "Kleisthenes' Reform Bill," *The Classical Quarterly*, Vol. 27, No. 2(1977), pp. 241~248.

Barrett, John Francis, "Monumental Evidence for the History of the Alcmeonids," University of North Carolina, Ph. D. Dissertation, 1972.

Bicknell, Peter J., "The Exile of the Alkmaionidai during the Peisistratid Tyranny," *Historia* 19(Heft 2), 1970, pp. 129~131.

Boegehold, Alan L., "Toward a Study of Athenian Voting Procedure," *Hesperia*, Vol. 32, No. 4(Oct. -Dec., 1963), pp. 366~374.

Botsford, George Willis, "The Trial of the Alcmeonidae and the Cleisthenean Constitutional Reforms," *Harvard Studies in Classical Philology*, Vol. 8 (1897), pp. 1~22.

Bradeen, Donald W., "The Trittyes in Cleisthenes' Reforms," *American Philological Association*, Vol. 86(1955), pp. 22~30.

_____, "The Fifth-Century Archon List," *Hesperia* Vol. 32, No. 2(Apr. -Jun., 1963), pp. 187~208.

Burns, Alfred, "Athenian Literacy in the Fifth Century B. C.," *Journal of the History of Ideas*, Vol. 42, No. 3(1981), pp. 371~387.

Cadoux, T. J., "The Athenian Archons from Kreon to Hypsichides," *The Journal of Hellenic Studies*, Vol. 68(1948), pp. 70~123.

Chambers, Mortimer, "Androtion F6: tote prwton," *The Journal of Hellenic Studies*, Vol. 99(1979), pp. 151~152.

Cromey, Robert David, "The Alkmeonid Inheritance in Kleisthenes' Reforms," University of Wisconsin, Ph. D. Dissertation, 1973.

_____, "Kleisthenes' Fate," *Historia* 28/2(1979), pp. 129~147.

Crosby, Margaret and Young, John, "Greek Inscriptions," *Hesperia* Vol. 10, No. 1(Jan.-Mar., 1941), pp. 14~30.

Develin, Bob and Kilmer, Martin, "What Kleisthenes did," *Historia* 46/1(1997), pp. 3~18.

Doenges, Norman A., "Ostracism and the Boulai of Kleisthenes," *Historia* 45/4(1996), pp. 387~404.

Dover, K. J., "Androtion on Ostracism," *The Classical Review*, New Series, Vol. 13, No. 3(Dec., 1963), pp. 256~257.

Eliot, C. W., "Where did the Alkmeonidai live?," *Historia* 16(1967), pp. 279~286.

Ehrenberg, Victor, "Origins of Democracy", *Historia* 1(1950), pp. 515~548.

Flower, Michael A., "IG II². 2344 and the Size of Phratries in Classical Athens," *The Classical Quaterly*, New Series, Vol. 35 No. 1(1985), pp. 232~235.

French, A., "The Economic Background to Solon's Reforms," *The Classical Quaterly*, New Series, Vol. 6, No. 1/2(Jan.-Apr., 1956), pp. 11~25.

Frost, Frank J., "The Athenian military before Cleisthenes," *Historia* 33/3(1984), pp. 283~294.

Hands, A. R., "Ostracism and the Law of Ostracism: Some Possibilities and Assumptions," *The Journal of Hellenic Studies*, Vol. 79(1959), pp. 69~79.

Hedrick Jr., Charles W., "The Phratry from Paiania," *The Classical Quaterly*, New Series, Vol. 39, No. 1(1989), pp. 126~135.

_____, "Phratry Shrines of Attica and Athens," *Hesperia* Vol. 60, No. 2(Apr. Jun., 1991), pp. 241~268.

Hopper, R. J., "'Plain', 'Shore' and 'Hill' in Early Athens," *The Annual of the British School at Athens* (1961), pp. 189~219.

Jones, Nicholas F., "The Athenian Phylai as Associations: Disposition, Function, and Purpose," *Hesperia*, Vol. 64, No. 4(Oct. -Dec., 1995), pp. 503~542.

Kagan, Donald, "The Origin and Purposes of Ostracism," *Hesperia*, Vol. 30, No. 4(1961), pp. 393~401.

_____, "The Enfranchisement of Aliens by Cleisthenes," *Historia* 12/1(1963), pp. 41~46.

Keaney, John J., "The Text of Androtion F6 and the Origin of Ostracism," *Historia* 19/1(1970), pp. 1~11.

Keaney, John J. and Raubitschek, Antony E., "A Late Byzantine Account of Ostracism," *The American Journal of Philology*, Vol. 93, No. 1, Studies in Honor of Henry T. Rowell(Jan., 1972), pp. 87~91.

Lambert, S. D., "The Attic Genos," *The Classical Quaterly*, New Series, Vol. 49, No. 2(1999), pp. 484~489.

Lavelle, Brian M., "The Nature of Hipparchos' Insult to Harmodios," *The American Journal of Philology*, Vol. 107, No. 3(Autumn, 1986), pp. 318~331.

_____, "A Note on the first three victims of Ostracism(Athenaion Politeia 22. 4)," *Classical Philology*, Vol. 83, No. 2(Apr., 1988), pp. 131~135.

Lewis, David M., "Cleisthenes and Attica," *Historia* 12(1963), pp. 22~40.

_____, "Isegoria at Athens: When did it begin?," *Historia* 20/2-3(1971), pp. 129~140.

McCargar, David J., "New Evidence for the Kleisthenic Boule," *Classical Philology*, Vol. 71, No. 3(Jul., 1976), pp. 248~252.

_____, "The Relative Date of Kleisthenes' Legislation," *Historia* 25/4(1976), pp. 385~395.

Meritt, Benjamin D., "Greek Inscriptions(14~27)," *Hesperia*, Vol. 8, No. 1, The American Excavations in the Athenian Agora: Fifteenth Report(Jan.-Mar., 1939), pp. 48~82.

Oliver, James H., "Reforms of Cleisthenes," *Historia* 9(1960), pp. 503~507.

Otto, George, "An Investigation into the motives underlying Cleisthenes' Reforms of the Athenian Constitution," Mankato State College, MA, 1970.

Paton, W. R., "Comment on Tarbell's 'Study of the Attic Phratry'," *The American Journal of Archaeology and of the History of the Fine Art*, Vol. 6, No. 3(1890), pp. 314~318.

Podlecki, Anthony J., "The Political Significance of the Athenian 'Tyrannicide'-Cult," *Historia* 15/2, pp. 129~141.

Raubitschek, Antony E., "The Origin of Ostracism," *American Journal of Archaeology*, Vol. 55, No. 3(Jul., 1951), pp. 221~229.

Rhodes, Peter J., "Deceleans and Demotionidai Again," *The Classical Quaterly*, New Series, Vol. 47, No. 1(1997), pp. 109~120.

Robinson, Jr., C. A., "Athenian Politics, pp. 510~486 B. C.," *The American Journal of Philology*, Vol. 66, No. 3(1945), pp. 243~254.

_____, "Cleisthenes and Ostracism," *American Journal of Archaeology*, Vol. 56, No. 1(Jan., 1952), pp. 23~26.

Sealey, Raphael, "Regionalism in archaic Athens," *Historia* 9(1960), pp. 155~180.

Stanton, G. R., "The Introduction of Ostracism and Alcmeonid Propaganda," *The Journal of Hellenic Studies*, Vol. 90(1970), pp. 180~183.

_____, "The Tribal Reform of Kleisthenes the Alkmeonid," *Chiron*(1984), pp. 1~41.

_____, "The Trittys of Kleisthenes", *Chiron*(1994), pp. 161~207.

Sumner, G. V., "Androtion F6 and Ath. Pol. 22," *Bulletin of the Institute of*

Classical Studies 11(1964), pp. 79~86.

Tarbell, F. B., "The Decrees of the Demotionidai. A Study of the Attic Phratry," *The American Journal of Archaeology and of the History of the Fine Art*, Vol. 5, No. 2(1889), pp. 135~153.

_____, "Mr. Tarbell's Reply to Mr. Paton's Comment," *The American Journal of Archaeology and of the History of the Fine Art*, Vol. 6, No. 3(1890), pp. 318~320.

Thompson, Wesley E., "Three Thousand Acharnian Hoplites," *Historia* 13/4 (1964), pp. 400~413.

Traill, John S., "Diakris, the Inland Trittys of Leontis," *Hesperia*, Vol. 47, No. 1 (Jan. -Mar., 1978), pp. 89~109.

_____, "Corrigenda: Diakris, the Inland Trittys of Leontis," *Hesperia*, Vol. 47, No. 4(Oct. -Dec., 1978), p. 474.

Winters, T. E., "Kleisthenes and Athenian Nomenclature," *The Journal of Hellenic Studies*, Vol. 113(1993), pp. 162~165.

Woodhead, A. G., "ΙΣΗΓΟΡΙΑ and the Council of 500," *Historia* 16/2(1967), pp. 129~140.

단행본

양병우, 『아테네 민주정치사』, 서울대학교 출판부, 1976.

윌리엄 포레스트, 『그리스 민주정의 탄생과 발전』, 김봉철 옮김, 한울, 2001.

최자영, 『고대 아테네 정치제도사』, 신서원, 1995.

퓌스텔 드 쿨랑주, 『고대도시』, 김응종 옮김, 아카넷(대우학술총서 478), 2000.

Anderson, Greg, *The Athenian Experiment: Building an Imagined political Community in Ancient Attica*, 508~490 B. C., Ann Arbor: The University of Michigan Press, 2003, pp. 46~50.

Andrewes, Antony, *The Greek Tyrants*, New York: Harper & Row, 1963.

Aristotle, *The Athenian Constitution*, ed. P. J. Rhodes, New York: Penguin, 1984.

Bicknell, Peter J., *Studies in Athenian Politics and Genealogy*, Historia Einzelschriften(Heft 19), Stuttgart: Franz Steiner Verlag, 1972.

Brenne, Steffan, *Ostrakismos und Prominenz in Athen*, Wien: Holzhausen, 2001.

Burkert, Walter, *Greek Religion*(trans. John Raffan), Cambridge: Harvard University Press, 1985.

Bury, John Bagnell and Meiggs, Russell., *A History of Greece*(4th ed. with revisions), Hong Kong: MacMillan, 1975.

Carcopino, Jerome, *L'Ostracisme Athénien*, Paris: Librarie Félix Alcan, 1935.

Cartledge, Paul A. & Harvey, F. D.(ed.), *Crux: Essays in Greek History presented to G. E. M. de Ste. Croix on his 75th birthday*, Exeter: Duckworth, 1985.

Chambers, Mortimer, *Atirtoteles: Staat der Athener*, Akademie-Verlag Berlin, 1990.

Coulson, W. D. E. et al., *The Archaeology of Athens and Attica under Democracy*, Oxford: Oxbow Books, 1994.

Davies, John Kenyon, *Athenian Propertied Families 600~300 B. C.*, Clarendon: Oxford University Press, 1971.

Day, James and Chambers, Mortimer, *Aristotle's History of Athenian Democracy*, Berkeley and Los Angeles: University of California Press, 1962.

de Ste. Croix, Geoffrey Ernest Maurice, *Athenian Democratic Origins*, Clarendon: Oxford University Press, 2004.

Develin, Robert, *Athenian Officials 684~321 BC*, Cambridge University Press, 1989.

Easterling, P. E. and Muir, J. V., *Greek Religion and Society*, Cambridge University Press, 1985.

Ehrenberg, Victor, *Aspects of the Ancient World*, Oxford: Basil Blackwell, 1946.

_____, *Der Staat der Griechen*, Zürich: Artemis, 1965(빅토르 에렌버그, 『그리스 국가』, 김진경 옮김, 민음사, 1991).

Eliot, C. W. J., *Coastal Demes of Attika: A Study of the Policy of Kleisthenes* (Phoenix: Journal of the Classical Association of Canada Supplementary Volume V), University of Toronto Press, 1962.

Fornara, Charles W. and Samons II, Loren J., *Athens from Cleisthenes to Pericles*, Berkeley and Los Angeles: University of California Press, 1991.

French, A., *The growth of the Athenian Economy*, London: Routledge & Kegan Paul, 1964.

Gomme, Arnold Wycombe, *The Population of Athens in the fifth and fourth centuries B. C.*, Chicaggo: Argonaut, 1967.

Harding, Phillip, *Androtion and the Atthis*, New York: Oxford University Press, 1994.

Hignett, Charles, *A History of the Athenian Constitution to the End of the fifth Century B. C.*, Clarendon: Oxford University Press, 1952.

Hopper, R. J., *Trade and Industry in Classical Greece*, London: Thames and Hudson, 1979.
Jacoby, Felix, Atthis, Oxford: Clarendon Press, 1949.
Jones, Arnold Hugh Martin, *Athenian Democracy*, Oxford: Basil Blackwell, 1957.
Kaibel, Georg, *Stil und Text der Politeia Athenaion des Aristoteles*, Hildesheim: Georg Olms, 1973 (Nachdruck der Ausgabe Berlin 1893).
Keaney, John J., *The Composition of Aristotle's Athenaion Politeia*, Clarendon: Oxford University Press, 1992.
Knight, Donald W., *Some Studies in Athenian Politics in the fifth century B. C.*, Historia Einzelschriften(Heft 13), Stuttgart: Franz Steiner Verlag, 1970.
Lambert, S. D., *The Phratries of Attica*, Ann Arbor: University of Michigan Press, 1998.
Lang, Mabel L., *The Athenian Agora Vol. XXV: Ostraka*, Princeton: The American School of Classical Studies at Athens, 1990.
Lavelle, Brian M., *The Sorrow and the Pity*, Historia Einzelschriften(Heft 80), Stuttgart: Franz Steiner Verlag, 1993.
Lévêque, Pierre and Vidal-Naquet, Pierre(trans. David Ames Curtis), *Cleisthenes the Athenian*, New Jersey: Humanities Press, 1996.
Loraux, Nicole, The Invention of Athens: *The Funeral Oration in the Classical City*(trans. Alan Sheridan), Cambridge: Harvard University Press, 1986.
Manville, Philip Brook, *The Origins of Citizenship in Ancient Athens*, New Jersey: Princeton University Press, 1990.
Michell, H., *The Economics of Ancient Greece*, London: Heffer & Sons, 1963.
Moore, John M., *Aristotle and Xenophon on Democracy and Oligarchy*, Berkeley and Los Angeles: University of California Press, 1975.
Neer, Richard T., *Style and Politics in Athenian Vase-Painting*: The Craft of Democracy ca. 530~460 B. C. E., Cambridge University Press, 2002.
Nilsson, Martin P., *Greek Piety*(trans. Herbert Jennings Rose), Clarendon: Oxford University Press, 1948.
Parke, H. W., *Festivals of the Athenians*, London: Thames and Hudson, 1977.
Ober, Josiah, *Mass and Elite, Mass and elite in democratic Athens: rhetoric, ideology, and the power of the people*, New Jersey: Princeton University Press, 1989.
_____, *The Athenian Revolution*, New Jersey: Princeton University Press,

1996.

Osborne, Robin and Hornblower, Simon, *Ritual, Finance, Politics: Athenian Democratic Accounts Presented to David Lewis*, Clarendon : Oxford University Press, 1994.

Osborne, Robin, *Demos: The Discovery of Classical Attika*, Cambridge University Press, 1985.

_____, *Classical Landscape with Figures*, New York : Sheridan House, 1987.

_____, *Greece in the Making 1200~479 BC*, Routledge, 1996.

Ostwald, Martin, *Nomos and the Beginning of the Athenian Democracy*, Oxford : Clarendeon Press, 1969.

_____, *From Popular Sovereignty to the Sovereignty of Law*, Berkeley and Los Angeles : University of California Press, 1986.

Raubitschek, Antony E., *Dedications from the Athenian Akropolis: A Catalogue of the Inscriptions of the Sixth and Fifth Centuries B. C.*, Cambridge : The Archaeological Institute of America, 1949.

Saxonhouse, Arlene W., *Athenian Democracy*, Indiana : University of Notre Dame Press, 1996.

Sealey, Raphael, *A History of the Greek City States ca. 700~338 B. C.*, Berkeley and Los Angeles : University of California Press, 1976.

_____, *The Athenian Republic: Democracy or the Rule of Law?*, Pennsylvania State University, 1987.

Siewert, Peter, *Die Trittyen Attikas und die Heeresreform des Kleisthenes*, München : C. H. Beck'sche Verlagsbuchhandlung, 1982.

_____, *Ostrakismos-Testimonien I*, Historia Einzelschriften(Heft 155), Stuttgart : Franz Steiner Verlag, 2002.

Simons, Erika, *Festivals of Attica*, Madison : The Univ. of Wisconsin Press, 1983.

Sinclair, Robert K., *Democracy and participation in Athens*, Cambridge University Press, 1988.

Spivey, Nigel, *Greek Art*, London : Phaidon, 1997(나이젤 스피비, 『그리스 미술』, 양정무 옮김, 한길아트, 2001).

Stanton, G. R., *Athenian Politics c. 800~500 BC: A source book*, London : Routlege, 1990.

Starr, Chester G., *The Economic and Social Growth of Earley Greece 800~500 B. C.*, New York : Oxford University Press, 1977.

_____, *The Birth of Athenian Democracy*, New York : Oxford University Press,

1990.

Staveley, E. S., *Greek and Roman Voting and Elections*, London: Thames and Hudson, 1972.

Stier, Hans-Erich, *Westermanns Atlas zur Weltgeschichte*, Braunschweig: Georg Westermann, 1956.

Stockton, David L., *The Classical Athenian Democracy*, New York: Oxford University Press, 1990.

Taylor, Michael W., *The Tyrant Slayers*, Salem: Ayer, 1991.

Thomas, Rosalind, *Oral Tradition and Written Record in Classical Athens*, Cambridge University Press, 1989.

Thompson, Homer A. and Wycherley, R. E., *The Athenian Agora Vol. XIV: The Agora of Athens*, Princeton: The American School of Classical Studies at Athens, 1972.

Thomsen, Rudi, *The Origin of Ostracism: A Synthesis*, Copenhagen: Gyldendal, 1972.

Thorley, John, *Athenian Democracy*, London: Routledge, 1996.

Traill, John S., *The Political Organization of Attica*, Hesperia: Supplement XIV, 1975.

_____, *Demos and Trittys*, Toronto: Victoria College, 1986.

Vanderpool, Eugene, *Ostracism at Athens*, The University of Cincinnati, 1970.

Wade-Gery, Henry Theodore, *Essays in Greek History*, Oxford: Basil Blackwell, 1958.

Whitehead, David, *The Demes of Attica 508/7-ca. 250 B. C.*, New Jersey: Princeton University Press, 1986.

Wilamowitz-Moellendorff, Ulrich von, *Aristoteles und Athen*, Zürich · Hildesheim: Weidmann, 1985(1893년 1판의 재간행본).

Wycherly, R. E., *Athenian Agora Vol. III: Litterary and Epigraphical Testimonia*, Princeton: The American School of Classical Studies at Athens, 1957.

테미스토클레스

살라미스 해전의 영웅

● 변정심(경북대 강사 · 그리스사)

테미스토클레스(Themistocles, 기원전 524~459년)가 태어날 즈음 오리엔트에서는 페르시아 제국이 흥기하고, 아테네에서는 참주정이 몰락하고 있었다. 히파르코스(Hipparchos)가 살해된 뒤 폭정을 거듭하던 히피아스(Hippias)는 스파르타의 후원을 받은 귀족들의 반참주운동으로 쫓겨나 페르시아로 망명하였다. 그뒤 정치가들 사이에 첨예한 정쟁이 일어났으나, 기원전 507년 클레이스테네스(Kleisthenes)가 민중의 지지를 기반으로 민주적 개혁을 실시함으로써 시민단 내의 내부 분열이 극복되었다. 그러나 기원전 494년 소아시아 지방의 이오니아 반란이 진압된 후 페르시아의 위협이 현실화되자 아테네 정계에서는 대외관계를 두고 파쟁이 격화되었다.

테미스토클레스는 기원전 490년대부터 470년대까지 아르콘 선출방식 개혁과 친(親)페르시아 성향의 보수귀족에 대한 도편추방을 주도하고 아테네 정계를 좌우한 핵심인물이었다. 그는 피레우스 항을 요새화하고 타고난 언변으로 민중을 설득하여 은광 자금으로 함대를 건조함으로써 페르시아의 침입에 대비한 선견지명을 가진 정치가였다. 뿐만 아니라 그는 탁월한 군사적 재능과 지략으로 살라미스 해전을 승리로 이끌어냄으로써 그리스의 자유를 수호한 영웅이었다. 무엇보다도 그는 페르시아 전쟁(기원전 490~479

년) 뒤 아테네가 강력한 해군력을 바탕으로 델로스 동맹[1]의 맹주로 그리스의 패권을 장악하고, 뒤이어 페리클레스 시대에 민주정을 완성하고 고전 문명의 황금시대를 열 수 있는 토대를 제공한 위대한 인물이었다. 그러나 페르시아의 위협이 물러간 뒤 반(反)스파르타 정책을 추구한 그는 민중의 신임을 잃고 조국을 떠나 페르시아에 망명하여 삶을 마감한 반역자였다.

테미스토클레스의 비범한 지성과 파란만장한 생애는 많은 흥미를 불러일으켜왔다. 그러나 그의 출생과 가계, 어린 시절, 초기 교육과정 등 단편적인 정보를 제외하면 아르콘직을 역임하기 이전 생애에 관한 기록이 거의 없다. 더욱이 테미스토클레스의 생애 최고 절정기에 관련된 사료들도 저술 의도에 따라 윤색되고 영웅의 전설에 관한 과장으로 인해 왜곡되어왔다. 이러한 사료상의 한계로 말미암아 그의 전(全)생애를 체계적으로 서술하기는 어렵지만, 이방인 태생으로 시민권자가 되기까지의 삶, 선견지명이 있는 정치가로서의 삶, 그리스 자유의 수호자로서의 삶 그리고 조국을 등진 반역자로서의 삶 등으로 나누어 조명해보고자 한다.

테미스토클레스가 살았던 시대적 상황과 그의 인생 궤적을 따라가노라면, 아테네가 대내적으로 정치가들 사이의 격렬한 권력다툼과 각 계층간 이해관계의 대립을 극복하여 민주개혁을 이룩하고, 대외적으로 페르시아의 위협을 물리치고 그리스 세계에서 주도적인 국가로 부상하게 된 과정을 전반적으로 이해할 수 있을 것이다.

---

[1] 델로스 동맹(Delian League, 기원전 478/7~404년)은 페르시아 전쟁 직후 페르시아의 재침을 막기 위해 아테네의 주도로 만들어진 해상동맹으로, 아폴론의 성지인 델로스 섬에서 동맹회의가 열리고 동맹금고가 보관되었다. 각 동맹국은 함대와 선원을 직접 제공하거나 동맹기금을 분담하였다. 페르시아의 위협이 물러간 뒤에도 아테네가 동맹 유지를 위해 분담금을 강요하고 동맹국이 탈퇴할 경우 보복함으로써 불만이 야기되어, 아테네가 펠로폰네소스 전쟁에서 패하자 동맹은 해체되었다.

이방인

테미스토클레스는 기원전 525/4년경 네오클레스(Neocles)의 아들로 태어났다.[2] 부친은 아티카 동남부의 라우리움(Laurium) 은광 근처 프레아리오이(Phrearrhioi) 구(區)의 레온티스(Leontis) 부족 출신이다.[3] 그의 가계는 귀족인 리코메다이(Lykomidai)가(家)에 속한 듯하나, '새로운 명성'이라는 의미를 가진 네오클레스라는 부친의 이름으로 볼 때, 토지를 소유한 전통 귀족은 아니고 광업과 농업에 종사하여 경제적으로 유복한 신흥가문이었다. 기원전 500년경 부친은 아테네 시내로 거처를 옮겼는데, 항아리 제조업자들이 주로 살았던 케라미쿠스(Ceramicus) 남서쪽 멜리테(Melite) 구에 거주하였다.[4]

그의 모친은 트라키아(Thracian) 또는 카리아(Carian) 출신 노예였다는 설도 있고, 시민권을 가진 아카르니아인(Acarnaian)이었다는 등 여러 가지 설이 있으나,[5] 아테네인은 분명히 아니었다. 당시 아테네인 아버지와 이방인 어머니 사이에서 태어난 아이들은 '서자'(nothoi)로 간주되어 부계 재산 상속권도 없고 시민으로 인정되지도 않았다. 클레이스테네스 개혁으로 '순수 혈통'이 아니더라도 아테네의 모든 자유민이 시민권을 획득할 수 있게 된 이후에 그는 시민권자로서 정치활동이 가능하였다. 그러나 정치가로 출세하는 데는 부친의 후광과 인척관계가 중시되었는데, 이를 남만큼 고루 갖추지 못한 그는 결혼을 통하여 보상받고자 했던 것 같다.

테미스토클레스는 두 번 결혼했다. 첫째 아내 아르키페(Archippe)는 알로

---

[2] 테미스토클레스의 출생 연대에 대해서는 정확한 기록이 없다. 디오니소스 할리카르나소스(Dionysius of Halicarnassus)는 그가 493/2년 수석 아르콘(eponymous archon)에 취임했다고 전해지는데, 그때가 30세라고 추정한다면 그는 기원전 524년경 태어났다.
[3] 라우리움은 북으로 Thorikos에서 Anaphlystos까지 걸친 선에 인접하고, 남으로 수니온 갑(岬)에 이르는 광물을 산출하는 구릉지대 전체를 지칭한다.
[4] Plutarchos, *Themistocles* 22.1.
[5] Plutarchos, *Themistocles* 1.2.

페케(Alopeke)[6] 구의 리산드로스(Lysandros)라는 명문 귀족의 딸이었다. 그녀와의 결합은 그의 정치적·경제적·사회적 지위의 향상을 가져왔을 것이다. 이것은 정치적 기반이 없는 그가 정계에 부상하기 위한 명예욕에서 나온 정략결혼이었다. 그는 기원전 474년부터 기원전 471/0년 사이 아테네에서 추방당하기 전 또는 그뒤에 두 번째 결혼을 했으나 아내의 신상에 관해서는 정확히 알 수가 없다.[7]

두 번의 결혼에서 얻은 자식들의 이름에서도 권력 지향적인 그의 성격을 엿볼 수 있다. 장남인 아르케프톨리스(Archeptolis)는 '도시의 관료'(Magistrate of the City)라는 뜻인데, 이는 아이가 태어났을 때 그의 관직을 나타내는 듯하다. 두 딸의 이름은 므네시프톨레마(Mnesiptolema : 전쟁의 기념)·니키마케(Nicimache : 전쟁의 승리) 등인데, 이는 살라미스 해전에서의 그의 업적을 나타낸 것이다. 이탈리아(Italia)와 시바리스(Sybaris)라는 다른 두 딸의 이름은 서방에 대한 그의 관심을 나타내며, 아시아(Asia)라는 이름은 동방 여행이나 또는 페르시아와의 관련을 반영한 것이라 할 것이다.

테미스토클레스는 어릴 때부터 성격이 열성적이고 성급했으며 사물을 재빨리 파악해냈다. 그는 문학·음악·무용 등의 교육을 받았으나 예능에는 거의 무관심했으며, 실제적이고 정치적인 문제에 큰 관심을 보였다. 특히 연설문을 작성하고 청중을 설득하는 논법을 가르치는 수사학 과목을 좋아하였다. 가상의 범죄를 설정하여 다른 아이들을 변론하거나 기소하는 등 모의 법정 소송에서 사용할 연설문을 작성하곤 하였다. 그는 신체훈련도 받았는데, 귀족청년들을 설득하여 성 밖 키노사르게스(Kynosarges)에 있는 순수하지 못한 혈통을 가진 아이들을 위한 연무장에 데리고 가서 함께 운동을 하기도 하였다.[8] 이러한 사교활동을 통하여 출생이 다른 데서 오는 순수한

---

[6] 알로페케 구는 그 무렵 아테네에서 가장 영향력 있는 명문 귀족 알크마이온 가문(Alkmaionid)의 근거지였다.
[7] 디오도로스는 페르시아 왕이 준 여자와 결혼했다고 한다(Diodoros, II. 57).
[8] 귀족 가문의 아이들은 아카데미(Academy)와 리케움(Lyceum) 등 다른 2개 연무장에서

아테네인과 외국 혈통의 아테네인 사이의 차별을 없애고자 했던 것이다.

테미스토클레스는 감수성이 예민하던 어린 시절에 히파르코스가 살해되고 히피아스가 추방될 때까지 참주정을 경험했고, 성년기에 이르러서는 클레이스테네스 개혁으로 새로운 민주정이 수립되는 과정에서 정치가들이 서로 권력을 장악하고자 치열하게 경쟁하는 것을 목격하였다. 클레이스테네스가 '순수 혈통'이 아니더라도 아테네의 모든 자유민에게 시민권을 부여함에 따라 시민권자로서 정치활동을 할 수 있게 된 테미스토클레스는 민주적인 이념에 공감하게 되었다. 그는 탁월한 언변으로 민회에서 민중을 설득했는데, 민중이 남의 허물 캐는 것을 좋아하며 긴 연설을 싫어한다는 것을 간파하고 이를 실천함으로써 민중의 인기를 얻을 수 있었다.

그런데 기원전 499년 민회는 아테네뿐만 아니라 그리스 전체에 무서운 결과를 초래할 결정을 하게 되었다. 소아시아 밀레투스의 참주 아리스타고라스(Aristagoras)가 아테네를 방문하여 이오니아 지방의 그리스인들이 페르시아에 대항하는 반란을 지원해줄 것을 요청하자 20척의 함대를 파견하도록 결정한 것이다. 이오니아와 아테네 연합군은 에페소스 부근에서 크게 패하여 아테네군은 귀환하였다. 그가 정계에 입문할 즈음인 기원전 494년 반란을 진압한 페르시아의 다리우스(Darius I, 기원전 522~486년) 왕이 대군을 이끌고 그리스를 침공하였다. 기원전 492년 페르시아군은 아토스(Atos) 만에서 폭풍으로 많은 함대를 잃고 일단 철수하였다.

선견지명을 가진 정치가

이오니아의 반란과 페르시아의 위협은 테미스토클레스의 정치적인 태도에 중대한 영향을 주었다. 당시 아테네에서는 친(親)페르시아 정책을 추구

운동하였고, 순수하지 못한 혈통을 가진 아이들은 성 밖 일리소스(Ilissus) 강 남쪽 기슭 키노사르게스에 있는 연무장에서 운동하였다.

하는 보수귀족 알크마이온 가문(Alkmaionid)과 참주파 그리고 반(反)페르시아 정책을 표방하는 온건민주파가 서로 대립하고 있었다. 테미스토클레스는 귀족 가문 출신의 밀티아데스(Miltiades)와 함께 온건민주파로서 반페르시아 노선을 지지하였다. 그는 밀티아데스와 제휴함으로써 기원전 493년 수석 아르콘으로 선출되는 정치적 실리를 얻었다.[9] 아르콘으로 재임할 때 그는 정치활동 전반을 통하여 추구할 정책을 구상했는데, 페르시아의 침입에 대비하기 위해 아테네를 육군국에서 해군국으로 바꾸고자 하였다.

그는 아테네 시에서 약 5마일 남서쪽에 있는 피레우스 항의 3개 천연항이 남동쪽의 비교적 개방된 팔레론(Phaleron) 만보다 훨씬 더 유용하다고 판단하고, 피레우스에 상업항과 해군기지를 건설하는 데 착수하였다. 이것은 페르시아의 공격으로 아테네가 육상에서 위협받을 경우에 대비하기 위해서였다. 또한 피레우스의 주민들 중에는 민주파가 많았는데, 유력한 가문 출신도 아니고 정치적 기반이 없는 테미스토클레스가 정계에 부상하기 위해서는 이들 상공인층의 지지를 이용할 필요가 있었던 것이다. 이 시기에 피레우스 항의 요새화가 어느 정도 진척되었는지는 정확히 알 수 없지만, 조사하고 계획하는 데 그쳤을 것이다. 왜냐하면 일부 시민들은 아테네의 해상 잠재력에 대한 테미스토클레스의 견해에 동조하지 않았고, 특히 페르시아와 직접 싸운 경험이 있는 밀티아데스가 아테네의 힘은 중장보병을 근간으로 하는 육군에 있다고 주장하면서 반대했기 때문이다. 중장보병정책은 민중의 확고한 지지를 받아 밀티아데스는 기원전 492년부터 기원전 489년까지 계속 장군(strategos)으로 선출되었으며, 또한 그는 스파르타와 동맹관계를 맺고자 하였다. 이로써 두 사람의 정치적 동맹관계는 끝나게 되었다.

기원전 490년 가을 아테네 북서쪽으로 26마일 떨어진 마라톤(Marathon) 만에 상륙한 페르시아군과의 전투에서 아테네군이 압도적인 승리를 거둠으로써 밀티아데스의 중장보병정책은 성공적임이 입증되었다. 테미스토클레

---

[9] 9명의 아르콘, 즉 최고 행정관 가운데 제일 가는 아르콘을 수석 아르콘이라고 한다.

스는 페르시아군의 가장 큰 압박을 받던 아테네군의 중심부에서 아리스티데스(Aristides)와 나란히 용감하게 싸웠다. 그러나 그의 행적은 자세하게 알 수 없고, 장군직을 맡았다는 설도 있으나 분명하지 않다.[10] 마라톤 전투에서 승리한 뒤 밀티아데스 장군은 능숙한 지휘력으로 아테네를 위험에서 구한 위대한 인물로 존경받았다. 플루타르코스에 따르면, 축하연에서 테미스토클레스는 침묵을 지켰다고 한다. 그는 아직 어렸지만 생각이 깊었고 밤잠을 이루지 못하였다. 대부분의 아테네인들은 마라톤에서의 승리로 전쟁이 끝났다고 생각했으나, 그는 단지 더 큰 전쟁의 서곡에 불과하다는 것을 알았다. 아테네인들이 그 사실을 깨닫지 못하고 있다는 점 때문에 무척 괴로워했던 것이다.

마라톤 전투 이후 아테네는 정치적으로 큰 변화를 겪게 되었다. 기원전 487년 아르콘 선출방식이 직접선거에서 추첨제로 바뀌었다. 10명의 장군은 민회에서 선거로 선출되었고, 민중의 신임을 얻는 한 매년 재임할 수 있었기 때문에 야망을 품은 정치가들은 아르콘직보다는 장기간 장군직을 맡아서 정치를 주도할 수 있게 되었다. 이 개혁은 페르시아가 다시 침략해 올 경우에 대비하여 정치적·군사적 효율을 높이려는 데 목적이 있었다. 누가 이 법안을 제안하였는지에 대해서는 알려진 바 없으나, 테미스토클레스가 그 배후에 있었을 것이다. 이미 아르콘직을 역임한 그로서는 이 개혁 법안을 통해 많은 이득을 얻을 수 있었다.

한편 기원전 487년 아테네에서는 정치가들 사이에 치열한 정쟁이 일어났다. 도편추방법은 클레이스테네스가 창안한 이후 약 20년 동안 사용되지 않은 채 방치되어 있었다. 그러다가 기원전 487년 참주 일가인 히파르코스를 시작으로 기원전 482년까지 정치가 5명이 투표에 의해 10년간의 추방형을 받고 쫓겨났다. 대체로 친페르시아 성향의 알크마이온가(家)와 그와 연관된 인사들이 도편추방 투표 대상이 되었는데, 이 공격을 주동한 인물이 바로

---

10) Plutarchos, *Aristeides* 5.

테미스토클레스였다. 그는 오래 전부터 아테네가 해군력만 있으면 페르시아를 격퇴하고 그리스 세계에서 군림할 수 있다고 예견해왔으며, 페르시아에 대한 전열을 가다듬고 건함정책을 추구하기 위해 정적들을 차례로 제거했던 것이다.

  페르시아의 재침을 눈앞에 둔 기원전 483년, 테미스토클레스는 자신의 꿈을 현실화할 수 있는 기회를 갖게 되었다. 때마침 아테네 남동쪽의 라우리움 은광에서 풍부한 은맥이 발견되었다. 테미스토클레스가 100탈렌트[11]의 수입을 시민들에게 똑같이 분배하자는 주장에 반대하고, 이를 신형 삼단노선(trireme)[12]을 건조하는 데 쓰도록 주장하였다. 이것은 아마도 그가 라우리움 광산지대 가까이 위치한 프레아리오이 구 출신이고, 기원전 490년대 타소스인이 금광에서 들어온 수입을 돌려 함선을 건조하고 성벽을 강화한 사실에서 자신의 구상을 실현할 수 있는 길을 암시받았기 때문인 것 같다. 그 무렵 아테네는 그리스에서 가장 많은 배를 소유하여 해상권을 장악하고 있던 아이기나(Aegina)와 전쟁 중이었다. 그는 시민들에게 먼 곳에 있는 페르시아의 위협을 경고하기보다는 아테네의 팔레론 항 맞은편에 있는 아이기나와의 경쟁심을 부추기면서, 전쟁에 대비하여 200척[13]의 삼단노선을 건조하자고 민회에 모인 시민들을 설득하기 위해 노력하였다.

---

11) 아테네는 광산 개발로 100탈렌트의 돈을 벌어들였다(아리스토텔레스, 『아테네 국제』 22.7). 고전기 아테네의 화폐단위는 탈렌트(talent)·미나(mina)·드라크마(drachma)·오볼로스(obol)였다. 1탈렌트는 6,000드라크마, 1드라크마는 6오볼로스, 100드라크마는 1미나이다. 페리클레스 시대 하루 임금은 1드라크마 정도였다.
12) 이전 주력 선박이었던 오십노선(fifty-oared galleys)은 노잡이가 50명이었다. 이에 비하여 삼단노선은 선원 수와 건조비용 면에서 훨씬 많은 비용이 들었다. 삼단노선은 3명의 노수가 1조로 양쪽에 85명씩 모두 170명이 노를 저었으며, 노수 이외에 수병 10명, 궁수 4명, 승무원 16명이 동승하였다. 삼단노선은 그리스에서 코린트인이 처음으로 건조하였다.
13) 헤로도토스는 200척이라고 기록했으나(『페르시아 전쟁사』 7권 144.1), 아리스토텔레스의 『아테네 국제』 22.7과 플루타르코스 「테미스토클레스전(傳)」 4에는 100척이 건조되었다고 한다.

그러나 테미스토클레스의 정적들은 여전히 중장보병 중심 정책을 주장하면서 건함정책에 반대하였다. 육상 중심의 방어계획은 중산계급 출신인 중장보병의 지위를 높일 수 있고 비용도 덜 들지만, 강력한 해군을 만들면 부자들은 전함 구입을 위해 더 많은 세금을 내야 하는 반면 삼단노선에서 노를 젓는 수병으로 근무하는 가난한 시민들의 정치적 지위가 높아질 것이기 때문이었다. 명문 귀족 가문 출신의 젊고 공명정대한 정치가로 존경받던 아리스티데스는 테미스토클레스의 건함 안(案)에 적극 반대하였다. 테미스토클레스는 정적을 제거할 때까지 해군력 증강정책을 계속할 수 없다는 것을 인식하고는 아리스티데스가 참주가 되고자 한다는 소문을 퍼뜨렸다. 결국 기원전 483년 아리스티데스는 '참주의 벗들로 지목되어 아테네에서 도편추방당했다.

마침내 정계의 주도권을 장악한 테미스토클레스는 탁월한 정치적 수완을 발휘하여 해군 증강정책을 추진할 수 있었고, 그 결과 아테네는 그리스 최대의 해군국이 될 수 있었다. 이 함대는 그리스군에 살라미스 해전의 승리를 가져온 원동력이 되었으며, 아테네가 델로스 동맹의 맹주로 에게 해에 군림할 수 있게 하였다. 이와 함께 수병으로 함대에 복무한 테테스(thetes) 계층의 정치적 신분이 상승하게 되어 급진민주정의 초석을 놓았다. 그러나 테미스토클레스는 급진민주정자가 아니어서, 하층시민인 테테스 계층의 정치적 영향력의 증대를 의도적으로 도모하지는 않았다. 다만 그의 건함정책은 페르시아의 위협에 대비한 전술적 판단에서 나온 것이었다.

그리스 자유의 수호자

기원전 485년 다리우스 왕이 죽은 뒤 왕위를 계승한 크세르크세스(Xerxes)는 부왕의 유언을 받들어 군비 확장에 주력한 뒤 기원전 481년 봄 수사(Susa)를 출발하였다. 그해 가을 아테네 · 플라타이아 · 아이기나 등 그리스 국가들은 코린트에서 동맹을 결성하였다. 동맹회의에서 테미스토클레스는 그리스 국가들이 함께 협력해야만 페르시아를 패배시킬 수 있다며 단합을 강조하였다. 각국 대표들은 서로간의 적대관계를 불식하고 전쟁을 종결하기로 결의했으며, 그리하여 오랜 숙적 아테네와 아이기나 사이의 적대감도 해소되었다. 육군은 스파르타 장군과 아테네 장군 테미스토클레스의 연합 지휘 아래 북부 그리스 테살리아의 템페(Tempe)로 파견되었다. 그러나 그곳에 도착한 육군은 전투 한 번 치르지 못한 채 철수함으로써 북부 그리스를 포기해야만 했다.

기원전 481년 8월경 아테네는 무엇을 해야 하는가를 신들에게 물어보고자 델포이(Delphoi)에 신탁 사절을 파견하였다. 여사제 피티아(Pythia)는 아테네인들에게 집도 도시도 버리고 도망쳐서 페르시아인들이 아테네 시에서 시간을 허비하게 하라고 말했다. 이 말을 듣고 비탄에 빠진 신탁 사절은 다시 신탁을 구하였다. 피티아의 대답은 다음과 같은 시였다.

오, 아테네의 자손들이여, 당신네들의 도시는 무너질 것이다!
제우스께서는 오직 나무로 된 성벽만은 난공불락의 요새로 만들어주어서
너희와 너희 자식들을 구원해주실 것이다.
너희는 육로로 침공해 들어오는 기병과 보병의 대군을 가만히 앉아서 기다려서는 안 된다.
등을 돌리고 퇴각하라.
이윽고 진실로 반격을 가하게 될 날이 오리라.
성스러운 살라미스여, 그대는 여인들의 자식들을 멸망시킬 것이다.

사절들이 이러한 신탁을 갖고 아테네로 돌아오자 '나무로 된 성벽이 아테네를 구할 것이라'는 예언이 실제로 무엇을 뜻하는지를 놓고 시민들 사이에 의견이 분분하였다. 일부 원로들은 '나무로 된 벽'은 아크로폴리스 언덕의 나무 울타리를 뜻하고 해안에서 떨어진 섬 살라미스를 언급한 것은 그곳에서 페르시아와 싸우기를 피하라는 경고라고 주장하였다. 그러나 테미스토

클레스 등 다른 일부 사람들은 '나무로 된 성벽'은 새로 건조된 함대를 뜻하고, 살라미스를 '신성한'이라고 말한 것은 살라미스는 아테네인들에게는 승리의 장소이고 페르시아인들에게는 죽음이 손짓하는 곳임을 나타낸다고 주장하였다.[14]

델포이 사제들이 살라미스의 중요성을 예견하고 해전을 택하라고 충고할 수 있을 만큼 전략적 분석능력이 있었던 것 같지는 않다. 크세르크세스가 이미 사르디스(Sardis)에 대규모 육군을 소집한 상태였기 때문에 사제들은 페르시아가 육로를 통해 그리스 북부와 아티카에 대규모 침입을 해올 것으로 예상했을 것이다. 마라톤 전투에서 페르시아군을 참패시킨 경험이 있는 아테네인들도 육지에서 싸울 것을 기대했을 것이다. 헤로도토스는 델포이인의 권유로 사절들이 두 번째 신탁을 구했다고 말하지만 사제들이 테미스토클레스한테서 뇌물을 받았을 것으로 추론되기도 한다. 그러나 이를 뒷받침할 만한 명확한 증거는 없다. 투키디데스의 말처럼 테미스토클레스의 순간적인 민첩한 판단력과 탁월한 예견력에 기인했을 것이다. 기원전 481년 9월 초 테미스토클레스는 드디어 민회를 설득시켰고, 시민들은 페르시아의 침입을 분쇄하고자 해상에서 총력을 기울이기로 하였다.

그 이듬해 여름인 기원전 480년 8월경, 그리스 육군은 스파르타의 왕 레오니다스(Leonidas)의 지휘 아래 북부에서 아테네로 통하는 관문 테르모필레(Thermopylae)에서 남하하는 페르시아군과 싸우기로 결정하였다. 그리스 해군은 테르모필레 북쪽에 있는 에우보이아(Euboea) 섬과 본토 사이의 아르테미시움(Artemisium) 해협으로 이동하였다. 그리스 연합함대 271척 가운데 아테네가 가장 많은 127척을 제공했고 스파르타는 겨우 10척을 제공하였다. 이 때문에 아테네인들은 해군 지휘권을 다른 나라에 양도하려 하지 않았다. 그러나 아테네의 자긍심보다는 그리스의 단합이 더 중요하다고 판단한 테미스토클레스는 연합함대 사령관직을 스파르타의 에우리비아데스

---

14) Herodotus, Ⅶ. 141~143.

(Eurybiades)에게 양보하였다. 그렇지만 실질적인 그리스군 사령관은 아테네의 장군 테미스토클레스였다.

그런데 아르테미시움에 이르러 페르시아군의 정황이 예상과 다른 데 놀란 그리스 해군은 철수하고자 하였다. 에우보이아 섬 주민들은 그리스군이 자신들을 페르시아군에 양도할까 봐 두려움에 떨었고, 가족들을 피난시킬 수 있는 동안만이라도 머물러달라고 에우리비아데스에게 요청하였다. 그러나 그가 거부하자 테미스토클레스에게 50탈렌트라는 많을 돈을 주면서 부탁하였다. 테미스토클레스는 5탈렌트를 에우리비아데스에게 주었고, 코린트 지휘관 아데이만토스만에게 3탈렌트를 보냈다. 뇌물을 받은 두 사람은 아르테미시움에서 싸우기로 동의하였다. 이처럼 페르시아의 공격이 아테네에까지 이르기 전에 막아야 한다고 판단한 테미스토클레스는 해상에서 결전을 치르는 것이 유리하다고 확신하고 장래를 준비하고 있었던 것이다.

그러나 기원전 480년 8월경 테르모필레가 함락되자 그리스 함대는 아르테미시움에서 철수하였다. 아테네군이 후미를 맡은 채 남쪽으로 항해하면서 테미스토클레스는 항구나 적군의 배가 와서 멎을 만한 곳의 바위에 페르시아 해군에 동원된 이오니아계 그리스인들에게 메시지를 남겼다. 그들이 그리스인이라는 것을 기억하도록 호소하면서, 같은 혈족에 대항하여 싸우지 말라고 촉구하였다. 그 메시지는 이오니아인들의 자의식을 크게 압박했으며, 페르시아인들은 그들의 충성을 의심하게 되었다. 이렇게 테미스토클레스는 페르시아 군대에 불신의 씨를 뿌림으로써 이오니아 함대의 이탈을 사주하였다. 그러나 페르시아 군대는 중부 그리스의 도리스(Doris)·포키스(Phocis)·보에오티아(Boeotia) 등을 통과하면서 항복하지 않은 도시들을 불태우고 약탈하면서 점점 더 아테네에 가까이 다가오고 있었다.

기원전 480년 9월 말경 그리스 함대가 아르테미시움에서 돌아온 뒤 아티카로부터 시민들을 철수시켰다. 1959년 펠로폰네소스 반도의 트로이젠(Troizen)에서 발견된 이른바 '테미스토클레스의 법령'[15])에 따르면 도시를 포기하고 아르테미시움과 살라미스로 함대를 파견한다는 사전 계획들은 잠정안으로서 비상사태가 생길 때까지 실시되어서는 안 된다는 조건으로 그 이전에 통과되었다.

아티카에서 시민들을 철수시키기 위한 계획이 마련되었으나, 아테네인 가운데 실제로 철수안이 실행되리라고 믿은 사람은 거의 없었다. 그런데 이제 선택의 여지가 없었다. 공포가 도시 전체를 엄습하였다. 테미스토클레스의 촉구에 따라 대다수 아테네인들은 집을 떠나기 시작하였다. 도시는 아테네의 수호신 아테나에게 맡기고 여자와 아이들은 펠로폰네소스 반도에 있는 트로이젠으로 피난시켰다. 노인들과 노예들은 살라미스로 보냈다. 신전 보고의 재무관과 사제들은 성역을 지키기 위해서 아크로폴리스에 남았다. 군복무가 가능한 모든 아테네인과 거류외인들은 200척의 함대에 승선하였다.

이러한 위기 상황에서 테미스토클레스는 도편추방당한 후 어느 정도 시간이 경과한 사람들을 모두 불러들여 그리스의 시민으로서 힘과 지혜를 모으자고 제안하였다.[16] 이때 그와 오랜 반목관계에 있던 아리스티데스가 아테네로 돌아왔다. 아리스티데스는 곧 장군으로 선출되는데, 테미스토클레스가 배려한 것이었다.

아테네인들이 도시에서 철수한 직후 크세르크세스 군대는 아테네 시를 습격하고 불태웠다. 그리스 육군이 코린트의 이스트무스(Isthmus)로 후퇴하

---

15) 트로이젠은 일찍이 전설상 테세우스(Theseus)의 탄생지로 나온다. 여기서 또한 포세이돈(Poseidon)은 아들 히폴리토스(Hippolytos)의 말들을 놀라게 해서 말들의 주인인 아들을 죽음에 이르게 하였다. 오레스테스(Orestes)는 모친을 살해한 뒤 트로이젠에서 죄를 속죄받았다. 기원전 480년 페르시아인들이 아테네를 침입했을 때, 트로이젠 사람들은 아테네인 피난민들에게 관용을 베풀었다. 1959년 제임슨(Jameson, M. H.) 교수가 이곳에서 테미스토클레스의 철수 계획을 자세히 설명하는 유명한 비문을 발견하였다. 이 비문은 기존 문헌기록을 재확인해주었다는 점에서 긍정적으로 평가되는 반면, 그 진위 여부를 둘러싸고 많은 논쟁을 불러일으켰다. 비문 위조를 주장하는 학자들에 따르면 이 비문은 아티카 웅변가들에 의해 4세기 후반의 문헌사료 또는 원비문을 기반으로 재작성된 것이라고 한다.

16) Plutarchos, *Themistocles* 11.1. 아리스토텔레스는 테미스토클레스의 법령이 481/0년 Hypsichides가 아르콘직을 맡았던 해에 제안되었다고 한다(Aristotle, *Athenaion Politeia* 22. 8).

자, 함대에 오른 스파르타인들은 안전한 퇴각로가 없는 살라미스 섬은 죽음의 덫이라고 생각하고는 이스트무스로 퇴각하여 육군과 합류하고자 하였다. 테미스토클레스는 그리스 연합함대 총사령관 에우리비아데스에게 스파르타가 이스트무스에서 싸울 경우 수적으로 우세한 페르시아 함대가 신속히 스파르타를 격파하겠지만, 살라미스의 좁은 해협에서는 페르시아 함대가 수적인 우세를 이용할 수 없고, 소규모 그리스 함대들이 훨씬 더 효율적이라고 반대하였다. 더욱이 스파르타가 후퇴할 경우 아테네는 함대를 갖고 그리스를 떠나 이탈리아에 새로운 도시를 건설하여 신조도 없고 겁 많은 동료들에게서 벗어나 자유롭게 살 것이라고 위협하였다. 이에 겁을 먹은 에우리비아데스는 다른 장군들의 반대에도 불구하고 함대를 살라미스에 머물도록 명령하였다.

그러나 페르시아 함대와 육군이 해안선으로 집결하는 장면을 지켜본 그리스인들은 페르시아군의 거대한 규모에 위협을 느낀 나머지 다시 한 번 퇴각하려고 했다. 테미스토클레스는 자신의 주장이 더 이상 장군들에게 확신을 주지 못한다는 사실을 깨닫고는 페르시아 출신 심복 노예 시키누스(Sicinnus)를 크세르크세스에게 밀사로 보냈다. 시키누스는 "아테네의 테미스토클레스가 위대한 왕의 편에 섰고, 그리스 함대가 후퇴할 계획을 세우고 있으니 그리스인들이 도망치지 못하도록 육군과 연합하기 전에 공격하라"는 메시지를 전하였다.

이 소식에 크게 고무된 크세르크세스는 즉시 200척의 이집트 분견대를 살라미스 섬 근처로 출동시켰다. 프시탈리아(Psyttaleia) 섬에서 살라미스와 본토 사이에 해협으로 통하는 입구가 발견되자 크세르크세스는 이 섬에 대규모 보병을 상륙시켰다. 아리스티데스는 페르시아인들이 살라미스와 본토 사이의 서쪽 통로를 봉쇄했다는 소식을 제일 먼저 전하였다. 테미스토클레스가 자신을 추방한 정적이었지만 그는 "테미스토클레스여, 우리는 친구이지만, 우리는 서로간의 증오심을 버려야 한다. 우리는 자신의 이익을 위해서가 아니라, 누가 아테네를 위해서 최선을 다할 수 있는지를 서로 경쟁할 때다"라고 말하였다. 테미스토클레스는 시키누스와 함께 꾸민 일을 솔직하게 털어놓은 뒤, 그리스 연합함대의 장군들에게 페르시아가 포위했다는 소식을 직접 전하고 이 해협에서 싸우도록 권유해달라고 부탁하였다. 이제 그리스인들은 해상에서 일대결전을 준비하게 되었다.

날이 밝자 크세르크세스는 아이갈레오스 산의 높은 절벽 위에 설치된 왕좌에 앉아서 상황을 살폈다. 테미스토클레스는 아침에 바람이 일어 해협에 풍랑이 일어나기를 기다렸다가 배를 전열로 세웠다. 파도는 중심이 낮게 만들어진 그리스 배들에는 큰 영향을 끼치지 않았지만, 갑판이 높아 균형을 잃기 쉬운 페르시아 배들에는 심한 타격을 줄 수 있었다. 그리스 함대가 뱃머리에 달린 날카로운 충각으로 페르시아 함대의 측면을 공격했고, 적함들은 좁은 해협에서 서로 자기편끼리 우왕좌왕하다가 부딪쳐 침몰하였다. 그리스군은 적함을 계속 밀어붙여 해전사상 가장 위대한 승리를 거두었다. 이로써 동방 페르시아 제국의 팽창에 맞서서 그리스인의 자유와 독립이 구원되었다. 이것은 바로 그리스군의 용감한 행동과 테미스토클레스의 교묘한 전략이 만들어낸 결실이었다.

크세르크세스는 그리스에 10만 명의 군대와 함께 장군 마르도니우스(Mardonius)[17]를 남겨둔 채 아시아로 후퇴하기로 결정하였다. 그리스군 장군 회의에서 테미스토클레스는 크세르크세스 군대의 퇴각로를 막기 위해 헬레스폰트에 건설된 부교를 파괴하자고 주장하였다. 그러나 에우리비아데스와 아리스티데스는 페르시아인들이 아시아로 되돌아갈 수 있도록 부교를 놔두어야만 그리스가 페르시아에서 벗어날 수 있다고 반대하였다. 다른 장군들이 그들의 주장에 찬성했기 때문에, 테미스토클레스는 생각을 바꾸었다. 장래에 페르시아와 거래하려면 자신이 헬레스폰트 부교를 파괴하지 못하게 막은 사람으로 인식되는 편이 도움이 될 것이라고 판단했던 것이다.

---

17) 마르도니우스는 다리우스 왕의 누이동생의 아들로 크세르크세스와는 고종사촌지간이었는데, 왕의 측근에서 가장 큰 영향력을 행사하였다.

그는 자신이 페르시아 편이라는 확신을 주고자, 크세르크세스에게 또다른 밀서를 보냈다. 밀서의 정확한 내용은 알려지지 않았지만, 헤로도토스에 따르면 테미스토클레스는 크세르크세스에게 그리스 해군이 헬레스폰트 부교를 파괴하지 못하도록 자신이 막았다고 했다. 그러나 플루타르코스에 따르면 테미스토클레스가 크세르크세스에게 그리스군이 부교를 파괴하러 가고 있다고 알려주면서, 크세르크세스의 친구로서 페르시아인에게 미리 경고를 보낸다고 말한 것으로 전해진다. 밀서의 내용이 무엇이건 간에, 그것은 크세르크세스로 하여금 가능한 한 빨리 그리스를 떠나게 했고 테미스토클레스를 자신의 친구로 생각하게 만들었다.

전쟁이 끝난 뒤 그리스군 사령관들은 전리품을 분배하고 전투에서 뛰어난 역할을 한 사람들에게 보답을 하였다. 이 괄목할 만한 승리에 가장 큰 공을 세운 사람은 누구보다도 바로 아테네의 장군 테미스토클레스라는 사실을 모두 인정하였다. 본토로 돌아오자, 라케다이몬인들은 그를 스파르타로 데려가 지략의 상징으로 올리브관을 씌워주었고, 아름다운 전차를 내주면서 스파르타의 엘리트 전사 300명이 국경까지 호위하게 하였다. 테미스토클레스가 스파르타에 머무르는 동안에 섭정이었던 파우사니아스(Pausanias)와 만났을 가능성이 있는데, 이는 훗날 정적들이 두 사람의 공모를 의심하는 근거를 제공하였다.

조국을 등진 반역자

페르시아 전쟁이 끝난 뒤 스파르타와 아테네 양국의 패권체제가 확립되었다. 아테네에서는 스파르타와 협력하여 대(對)페르시아전을 수행하려는 친스파르타주의자와 아테네의 패권 수립을 지향하는 반스파르타주의자 사이의 대립이 격화되었다. 테미스토클레스는 특유의 통찰력으로 가까이 있는 스파르타가 페르시아보다 훨씬 더 위험하다고 판단하고는 아테네 시를 재건하고 피레우스 항과 연결하는 장성을 건설하기 시작하였다. 그러나 스파르타는 페르시아가 재침해올 경우 요새화된 아테네는 적의 거점이 될 수 있다는 이유로 성벽 재건을 중지하라고 요구해왔다. 스파르타의 진정한 의도를 간파한 테미스토클레스는 미리 선수를 쳐서 사절로 스파르타에 가서 성벽 건설 사실을 부정하고는 아테네로 사절단을 보내 직접 확인하게 하였다. 아테네에 도착한 스파르타 사절단이 성벽 건설이 진행되는 것을 발견하고는 떠나려 하자, 아테네인들은 테미스토클레스를 놓아줄 때까지 아테네에 체류할 것을 주장하였다. 결국 스파르타인들은 테미스토클레스가 시간을 벌기 위해 자신들을 속였다는 것을 깨달았다. 테미스토클레스와 스파르타 사절단이 풀려났을 때, 아테네의 성벽은 거의 완성되었다. 스파르타인들은 페르시아에서 테미스토클레스의 공적을 감안하여 일단 그 문제를 묵인하였다.

한편 동맹회의에서 스파르타가 페르시아에 협력한 모든 도시를 제명하자고 주장하였다. 테미스토클레스는 테베와 아르고스 등이 배제될 경우 스파르타가 쉽게 동맹을 제어할 수 있다는 점을 감지하고서 각국 사절단에게 스파르타의 제안을 거부하도록 설득시켰다. 다시 한 번 테미스토클레스는 스파르타의 정책을 좌절시켰으며, 이제 스파르타의 인내력은 한계에 달하게 되었다. 스파르타는 밀티아데스의 아들 키몬(Kimon)을 특별히 후원하여 테미스토클레스의 정적으로 키우고자 하였다. 동맹국들 역시 살라미스 전투 후 테미스토클레스가 직접 함대를 이끌고 크세르크세스에게 굴복한 그리스의 일부 섬사람들에게서 다른 장군들 모르게 금품을 거둬들인 일 때문에 그에게 좋지 않은 감정을 품고 있었다.

기원전 478년 스파르타 파우사니아스의 지휘 아래 그리스 동맹군은 키프로스와 비잔티움을 공략하였다. 그런데 파우사니아스의 거만한 태도와 페르시아와 그의 내통 의혹에 분개한 동맹국들은 스파르타에 반감을 품게 되었다. 동맹국들은 페르시아의 재침을 막기 위해 아테네가 그리스군을 통솔해줄 것을 요청하였다. 여기에는 아테네의 적극적인 막후 공작이 있었다. 아리스티데스는 라케다이몬 동맹에서 이오니아인들이 탈퇴하도록 사주했는데, 이때 파우사니아스 때문에 라코니아 사람들이 욕을 얻어먹는 것을 좋은 기회로 이용하였다. 키몬도 그를 도왔다.

드디어 기원전 477년 아테네를 맹주로 여러 나라가 공동기금을 만들고 델로스 섬에서 동맹을 결성하였다. 동맹의 실질적인 주도권은 아테네가 장악하였다. 아리스티데스가 주요 재무관으로 임명되었고, 키몬은 동맹군 사령관으로 임명되었다. 아리스티데스와 마찬가지로, 보수귀족 출신의 키몬도 테미스토클레스에게 반감을 갖고 있었다. 그는 마라톤 전투의 영웅 밀티아데스의 아들로, 아버지와 테미스토클레스의 정치적인 경쟁을 기억하고 있었기 때문이다. 더구나 페르시아에 대한 전쟁을 추구하고 친스파르타적인 성향을 가진 키몬은 테미스토클레스의 반스파르타주의에 동조하지 않았다. 이러한 중요한 직책에 테미스토클레스의 정적들이 임명됨으로써 그의 장래에 어두운 그림자가 드리워졌다.

기원전 476년 올림픽 대회 때 테미스토클레스가 경주 코스에 나타나자 모든 관람객들이 그를 바라보며 박수갈채와 환호를 보냈다. 그는 그리스를 위해 바친 모든 노력의 열매를 바로 이날 하루에 다 거두었다고 기뻐하였다. 이처럼 그리스에서 그의 인기는 여전히 높았으나, 아테네에서 평판은 벌써 나빠지기 시작하였다. 테미스토클레스의 영향력은 쇠퇴하고 정적들은 그를 공격하기 시작하였다. 그는 동료 시민들에게 끊임없이 자신의 공적을 상기시키려 했고, 그럴수록 민중은 더욱 혐오감을 느끼게 되었다. 더욱이 그가 자신의 집 근처에 아르테미스 신전을 건설하고 아르테미스를 가장 훌륭한 조언자라고 부르면서 마치 자신이 아테네뿐 아니라 그리스에서 가장 좋은 조언자인 양 자처하자 시민들은 그에게서 더욱 멀어져갔다. 이에 기회를 잡은 반대파들은 그를 암살할 음모를 꾸몄다. 그가 참주가 되고자 한다는 소문이 퍼져나갔고, 그의 거만한 태도는 소문을 더욱 확실하게 하였다. 마침내 기원전 472년경 테미스토클레스는 반스파르타주의자라는 이유로 아테네에서 도편추방되었다.

추방당한 뒤 테미스토클레스는 펠로폰네소스 반도의 아르고스에 정착하였다. 그러나 스파르타는 파우사니아스 장군의 페르시아 내통사건을 조사한 결과 테미스토클레스가 공범자라고 주장하였다. 과거에 테미스토클레스의 반스파르타 정책에 분개하고 있던 스파르타는 그를 체포해 반역죄로 재판에 회부하도록 아테네에 사절단을 파견하였다. 아테네의 정적들도 이에 찬성하였고, 궐석재판에서 반역죄로 유죄 판결을 받은 테미스토클레스를 체포하여 연행하도록 아르고스에 관리들을 파견하였다. 이러한 움직임을 알게 된 테미스토클레스는 코르키라(Corcyra)로 피신하였고, 그 다음에는 그리스 북서부의 에피루스로 갔다. 그곳에서 테미스토클레스는 아테네에서 밀항한 가족들을 만났다. 그러나 정적들이 여전히 그를 추격하고 있었기 때문에 에피루스에 오랫동안 체류할 수 없었다. 그는 안전한 곳은 단 한 군데밖에 없다는 것을 깨달았다. 결국 살라미스의 영웅 테미스토클레스는 페르시아로 도망갔다.

  기원전 465년 소아시아의 에페수스에 도착한 테미스토클레스는 내륙으로 가서 아르타크세르크세스 왕에게 예전에 자신이 살라미스 해전에서 부왕 크세르크세스에게 철수를 권고했으며 헬레스폰트의 부교를 파괴하지 못하도록 막았다는 내용의 서한을 보냈다. 1년 뒤 그는 페르시아의 수사에서 왕을 만나 절대적인 충성을 맹세하였다. 아르타크세르크세스는 테미스토클레스의 품성과 용기에 무척 감탄하였고, 현상금으로 내걸었던 200탈렌트를 그에게 주었다. 또한 그리스에 대한 전쟁 수행과 관련하여 조언을 해준다면 더 큰 보상을 할 것을 약속하였다.

  테미스토클레스는 페르시아어와 관습을 익혀 불과 수년 안에 왕의 총신이 되었으며, 소아시아에 있는 마그네시아(Magnesia)의 통치자가 되었다. 그는 값진 예물을 받고 페르시아의 대귀족과 같은 영광을 누리면서 지냈다. 그러나 테미스토클레스는 여전히 아테네를 그리워하였다. 페르시아에서 그는 거의 친구를 사귀지 못했다. 그는 한때 9명의 손님들만이 앉을 수 있는 아름다운 식당을 가졌는데, 이 식당을 친구들로 채울 수만 있다면 행복할 것이라고 말하기도 하였다. 그는 진정으로 아테네인으로 남았던 것이다.

테미스토클레스의 죽음에 관해서는 여러 가지 이야기가 전해지지만, 어느 것이 사실인지는 확실하지 않다. 그가 마그네시아에 있는 동안 단순히 병으로 죽었다는 설도 있다. 그러나 플루타르코스가 전하는 바에 따르면, 그리스인들과 전쟁을 하고 있던 아르타크세르크세스가 자신을 도와 그리스군을 공격하도록 테미스토클레스를 소환하자, 그는 자신의 과거 영예로운 업적을 더럽히고 싶지 않아했으며, 고국에 대한 충성과 아르타크세르크세스에 대한 보은 사이에서 괴로워하였다. 그리하여 자살을 결심한 그는 가족과 친구들을 자기 주위에 모아놓고 한 사람씩 손을 잡고 작별을 고한 다음 독약을 마셨다. 이렇게 하여 기원전 459년 그는 65세의 나이로 삶을 마감하였다.

마그네시아인들은 테미스토클레스의 공로를 기리기 위해 기원전 2세기 포룸에 거대한 무덤을 세웠다. 파우사니아스는 유언대로 친척들이 마그네시아에서 그의 뼈를 아티카로 가져와 고국에 몰래 매장했고, 마그네시아에 있는 무덤은 비었다고 말한다. 또한 파우사니아스는 아테네인들이 차차 살라미스의 영웅 테미스토클레스를 용서했으며, 피레우스 항에 그의 공적을 기리는 기념상을 세웠다고 전한다. 그러나 테미스토클레스의 가장 위대한 기념비는 대리석으로 만들어지지 않았다.

페르시아 전쟁이 끝나고 펠로폰네소스 전쟁(기원전 431~404년)이 일어날 때까지 50여 년 동안 아테네에는 아리스티데스·키몬·페리클레스 등 뛰어난 정치가들이 등장하였고, 예술·문학·철학이 발전하여 고전문명의 황금기가 도래하게 되었다. 테미스토클레스의 반스파르타 정책과 해군주의 정책을 이어받은 페리클레스는 아테네 시와 외항인 피레우스를 둘러싼 장벽을 완성해 스파르타의 침입에 대비하였고, 우수한 해군력으로 제해권을 장악하여 델로스 동맹의 지배권을 강화함으로써 아테네 해상제국을 이룩하게 되었다. 델로스 동맹기금으로 수당제를 도입하여 모든 시민들의 정치적 참여를 보장함으로써 페리클레스 시대에 아테네의 민주정은 완성 단계에 도달하였다. 이처럼 테미스토클레스는 당대의 아테네가 당면한 현실을 직시하고 미래의 방향을 설정한 탁월한 정치가였다.

평가

테미스토클레스는 기원전 5세기 초반 아테네에서 가장 탁월한 정치가였으나, 조국을 떠나 페르시아에서 반역자로 삶을 마감했기 때문에 당대뿐만 아니라 후대의 저술가들에게서도 좋은 평가를 받지 못했다. 그의 정치적 입지에 대해서도 신인(新人, novus homo)·민주정자·급진민주정자 등으로 다양하게 해석되었다. 당대의 역사가 헤로도토스는 『페르시아 전쟁사』에서 테미스토텔레스가 기원전 480년대 말에야 정계에 두각을 나타낸 신인으로 뛰어난 지략가이지만, 뇌물 수뢰로 사복을 채우고 페르시아의 비위를 맞추었다고 비난하였다.[18]

펠로폰네소스 전쟁 후반부터 과두주의자들은 테미스토클레스를 급진민주정의 기초자로 인식하기 시작하였다. 위작(僞作) 크세노폰은 테미스토클레스가 피레우스 항을 요새화하고 해군을 창설함으로써 권력의 균형을 하층계급으로 이동시켰다고 말하면서 그를 과두정치의 적이라고 주장하였다.[19] 30인 참주의 한 사람인 크리티아스(Critias)도 테미스토클레스가 정치활동을 통하여 재산을 3탈렌트에서 100탈렌트로 늘렸다고 비판하였다.[20]

그러나 기원전 5세기 중반부터 웅변가들은 테미스토클레스를 비당파적인 정치가이자 위대한 영웅으로 보았다. 리시아스는 그가 아테네의 위대한 입법가들 중 한 사람이었다고 평가한다.[21] 데모스테네스도 그가 아테네의 겸손한 영웅이었고 그의 현명한 조언은 살라미스 해전의 승리를 가져왔다고 칭송하였다.[22] 더욱이 크세노폰은 정치가가 되고자 준비하는 사람은 누구

---

18) Herodotus, VII.143 ; VIII. 4f ; VIII.57 ; VIII.109.
19) Pseudo-Xenophon, *Athenaion Politeia* I.2.
20) Aelian, *Varia Historia* 10.17.
21) Lysias, 30.27~28.

든지 테미스토클레스를 연구하고 그를 배우고자 노력해야 한다고 말하였다.[23] 이러한 인식은 특히 기원전 4세기 후반 마케도니아의 남하로 아테네가 위기에 처하게 되자 웅변가들이 과거 아테네의 영광을 회복하기를 바라는 자신들의 주장을 합리화하고자 테미스토클레스에 대한 기억을 회상한 데서 비롯되었다.

기원전 320년대에 아리스토텔레스는 『아테네인의 국제』에서 클레이스테네스 개혁 이후 아테네 정치가들을 귀족주의자(gnoirimoi : 명망 있는 사람들)와 민주정자(prostates tou demou : 민중의 보호자) 등 두 개 파당으로 양분하고, 테미스토클레스는 대규모 해군을 창설하고 에피알테스를 도와 아레오파고스회의 권한을 살인사건 재판권 이외에 모두 민회와 평의회에 이양함으로써 급진민주정의 길을 열어놓았다면서 그를 귀족정치에 대립하는 민주정자라고 평가하였다.[24] 아리스토텔레스의 주장처럼 에피알테스 개혁은 아테네 정치사에서 온건민주정에서 급진민주정으로 변화하는 기점이었다.

그러나 테미스토클레스는 기원전 472년경 아테네에서 도편추방을 당했기 때문에 기원전 462년에 에피알테스의 개혁을 도왔을 가능성은 거의 없다. 또한 기원전 460년 이전 아테네에서는 급진 개혁이 없었고 테미스토클레스의 정책에서 진보적인 경향을 찾아볼 수 없다. 그의 건함정책은 급진민주적 조치가 아니며, 당시 가난한 시민들에게는 부담이 되었고, 민중의 권리 신장으로 받아들여지는 것은 페리클레스 시대에 가서야 가능하였다.

한편 테미스토클레스가 죽은 지 약 600년이 지난 기원후 2세기에 플루타르코스는 「테미스토클레스전(傳)」에서 그를 민중의 인기에 기반하여 개혁을 추구한 급진민주정자라고 보았다. 그런데 플루타르코스는 현존하지 않는 많은 사료들을 토대로 저술했으나, 도덕적인 판단을 갖고서 다소 편향적인 여러 가지 전설을 삽입했으며 아리스토텔레스의 기본적인 전제를 의심 없

---

22) Demosthenes, 23.196~198 ; 18.204 ; 19.303.
23) Xenophon, *Memorabilia* 4.2.2. 또한 2.6.13 참조.
24) Aristotle, *Athenaion Politeia* 25.1~4.

이 그대로 받아들였다. 유력 가문 출신이 아닌 테미스토클레스가 정치적 기반이 없었기 때문에 민중, 특히 상공인층의 지지를 이용했을 가능성은 있지만 그는 클레이스테네스의 민주적 개혁에 공감한 온건민주파였다. 따라서 테미스토클레스를 에피알테스나 페리클레스 같은 급진민주정자로 볼 수 없다.

투키디데스는 『펠로폰네소스 전쟁사』에서 테미스토클레스는 타고난 재능으로 현재의 문제에 순간적으로 가장 적합한 판단을 내리고, 장래의 문제에 관해서는 모든 가능성을 잊지 않는 선견지명을 가졌으며, 아테네 해군력의 우위가 해상제국의 성립으로 연결되리라는 것을 예견한 탁월한 정치가였다고 가장 공정한 평가를 내렸다.[25] 이처럼 테미스토클레스는 페르시아 제국의 팽창정책에 맞서서 그리스인의 자유와 독립을 지키기 위해 자신의 모든 능력을 활용한 유능한 정치가였다.

조국의 이익과 자신의 명예를 위해서는 언제든지 필요한 수단을 능숙하게 조절하는 테미스토클레스의 능력은 오늘을 살아가는 현대인들에게도 매우 강한 인상을 준다. 기꺼이 어리석음을 용서하고 타협하고 정적들과 화해하는 그의 능력은 기존 체제에 저항하기보다는 그 체제와 더불어 일하고자 하는 인물의 전형이었다. 그는 탁월한 통찰력과 행동력을 갖춘 정치가였으며, 노련하고 원숙하며 청탁을 겸비한 정치가였다. 테미스토클레스의 삶은, 어떤 면에서는 한 시대를 이끌어간 위대한 지도자들은 도덕적으로 고결한 사람이 아니라는 것을 보여준다.

---

25) Thucydides, I. 93, 138.

참고문헌

김진경, 「아이스킬로스와 아테네의 정치」, 『그리스 비극과 민주정치』, 일조각, 1991, 60~107쪽.
이순연, 「아테네 트리에라르키아(τριηραχί)의 기원과 성격―테미스토클레스의 해군 법안과 포고령을 중심으로」, 『서양사학연구』 4 · 5합집(2001), 1~36쪽.
정진기, 「前 480년대 아테네의 政爭과 그 背景」, 『서양고전학연구』 2, 1988, 1~34쪽.
플루타르코스, 『영웅전』, 김병철 옮김, 범우사, 1999.
헤로도토스, 『역사』, 박광순 옮김, 범우사, 1987.
투키디데스, 『펠로폰네소스 전쟁사』, 박광순 옮김, 범우사, 1993.

페리클레스

민주정치의 완성인가, 독재의 가면인가

● 김창성(공주대 교수 · 서양고대사)

머리말

아테네 민주정치가 완성되는 시기는 페리클레스(Pericles, 기원전 499~ 429년)의 집권시기로 알려져 있다. 이 시기는 정치적인 제도로서의 민주주의가 완숙해졌을 뿐 아니라, 인류사에 발자취를 남길 만한 철학자와 예술가 · 시인이 등장하였고, 건축으로는 오늘날에도 남아 있는 파르테논 신전과 같은 걸작품이 만들어진다. 고전기라는 평가에 걸맞은 시기이자 주축 시대라고 할 만하다. 이 시기의 주역 페리클레스의 생애는 황금기 그리스 문명의 성격을 이해하는 데 중요할 뿐 아니라, 나아가 국가의 지도자들에게 주는 현실적인 교훈도 적지 않을 것이다. 특히 민주정을 이상으로 생각하는 우리에게도 어떤 안목을 가져야 할지 알려주리라 기대한다. 그러면 수신제가 · 치국 · 평천하의 3개 측면으로 나누어 페리클레스의 공과를 살펴보고, 마지막으로 평가를 종합해보겠다.

수신(修身) · 제가(齊家)

다음은 페리클레스의 출신에 관한 기술이다.

> 페리클레스는 아카만티스(Acamantis) 부족, 콜라르고스(Cholargos) 데모스 출신이며, 양친 쪽으로 둘 다 가장 훌륭한 가문과 족보를 가지고 태어났다. 그의 아버지 크산티포스는 미칼레(Mycale)에서 왕의 장군들을 제압했고,[1] 매우 고귀한 방식으로 페이시스트라토스 사람들을 몰아내고 참주정을 파멸시켰으며, 법을 제정하고, 화합과 안전을 증진시키는 데에 가장 온건한 체제를 수립한 클레이스테네스의 손녀[2]와 결혼하였다. 그의 모친은 사자를 낳는 꿈을 꾸고 며칠 뒤 페리클레스를 출산하였다. 그의 개인적인 모습은 두상이 길어서 균형이 맞지 않는다는 점을 제외하고는 나무랄 데가 없었다. 이런 이유로 그의 초상은 거의 투구를 쓰고 있는데, 그것은 장인들이 그를 비난하고자 하는 의도가 없었기 때문이라고 보인다. (플루타르코스, 「페리클레스」, 『비교열전』 3.1~2)

한마디로 페리클레스는 귀족가문 출신으로 아테네를 대변한다고 보아도 틀림없을 것이다. 특히 모계 쪽으로 알크마이온 가문과 관련이 있는 것으로 보인다. 이 가문은 기원전 636년 킬론파에 대한 살해사건을 저질러 문제가 되었다. 이를 빌미로 스파르타 쪽에서는 페리클레스를 폐위시킬 것을 주장하기도 하였다.

그는 소년시절 다몬 · 제논 · 아낙사고라스에게서 교육을 받았는데, 이런 교육이 훗날 정치가 · 장군 · 웅변가로서의 기초가 되었음은 물론이다. 그는 탁월한 웅변과 교양으로 대중의 마음을 사로잡았다. 아테네 시민은 그의 연설을 매우 좋아하여, 그의 연설이 천둥 번개와 같다거나 설득력의 신이 그

---

[1] 기원전 479년이다.
[2] 조카로 보는 견해가 일반적이다.

의 혀에 있다는 말을 듣기도 했으며, 올림피오스[3]라는 별명으로 불리기도 하였다.

사람들이 말하듯이 그가 그의 별명을 듣게 된 것은 그러했기 때문이다. 반면 일부 사람들은 그가 올림피오스라고 불리게 된 것은 도시를 장식한 건축물에서라고 생각하고, 다른 사람들은 정치가와 장군으로서의 그의 능력에서 비롯한다고 생각한다. 그리고 그 사람이 그러한 평판을 듣게 된 것이야말로 많은 특성에서 비롯하였음은 틀림없다. 그러나 당시의 희극작가들은 진지하게 또는 농담조로 그에 반대하여 가시 돋힌 말을 많이 했는데, 그가 그의 별명을 듣게 된 것이 주로 그의 말솜씨 때문이라는 것을 명백히 한다. 그들은 그가 자신의 청중에게 열변을 토할 때 마치 '천둥'과 '번개' 같았다고 말하였다. (플루타르코스, 「페리클레스」 8.2~3)

이처럼 말솜씨와 군중을 다루는 기술은 매우 뛰어났다. 플루타르코스에 따르면 "수사학이란 혼을 이끄는 것이며, 그 가장 큰 과제는 정서와 정염에 관한 방법인데, 이는 마치 혼의 음조를 만지고 두드리면서 가장 조화롭게 엮는 것"이라고 했던 플라톤의 말(『파이드로스』 p 271 c)을 그가 입증해 보였다는 것이다. 적어도 정치가라면 이런 정도의 교양은 있어야 하는 것이 아닌가 하는 생각이 든다.

그러나 우리가 지도자로서 페리클레스를 볼 때 더욱 경탄하는 점은 그가 절대로 뇌물을 받지 않는 청렴한 자세를 변함없이 유지했다는 사실이다.

페리클레스가 동맹국들과 왕들로부터 얼마나 많은 신세와 접대를 받았는지 말하는 사람이 없을 만큼, 그는 주어진 권력으로부터 아무런 선물도 받지 않고, 가장 청렴하게 자신을 지켰다. (플루타르코스, 「페리클레스와 파비우스 막시무스의

---

[3] Olympios. 올림포스 산에 살고 있다는 의미이며, 최고의 신 제우스와 같다는 뜻으로 생각될 수 있다.

대비」3.4)

그 부친이 물려준 것을 한 드라크마도 증가시키지 않았다.(플루타르코스,「페리클레스」15.5)

사실 정치가의 생명은 도덕성이라고 볼 때, 이러한 자질은 장기집권할 수 있었던 비결이라고도 보인다. 이런 정치가에게 신뢰가 가는 것은 오늘날이나 그때나 같다고 하지 않을 사람은 없을 것이다.

이제 그의 가정생활을 보도록 하자. 그와 결혼한 여인은 벌써 결혼한 전력이 있었고, 페리클레스와는 가까운 친척이었다. 전남편과의 사이에서는 칼리아스(Callias)라는 아들을 낳았고, 페리클레스와 결혼하여 크산티포스(Xanthippos)와 파랄로스(Paralos)라는 두 아들을 낳았다. 그러나 두 사람의 동거생활(symbiosis)은 만족스럽지 못했다고 한다. 그래서 오늘날로 말하자면 이혼을 했는데, 플루타르코스에 따르면 부인이 동의하고 다른 남자에게 혼인을 시켰다고 한다(플루타르코스,「페리클레스」24.5). 혼인시켰다고 번역한 'syneksdoken'은 아버지가 딸을 시집보낸다는 의미이니, 당시의 관행과 관련하여 흥미로운 사실을 전한다. 그에게는 그밖에도 서자(庶子, nothos)가 있었는데, 아마도 그가 남은 평생 사랑하던 아스파시아(Aspasia)[4]에게서 얻은 아들로 생각된다.

아테네인에게서 회자되었던 가십거리는 그와 아스파시아의 관계로, 이혼한 뒤 바로 그와 동거하면서 동료처럼 애인처럼 지냈던 것으로 전해진다. 아스파시아와 매일 두 번씩 긴 입맞춤을 했다고 하는데, 오늘날로서는 대수롭지 않은 일이지만, 엄격했던 그의 품성과 당시의 정서에 맞지 않았던 모양이다. 사람들은 그들의 동거를 못마땅하게 보기도 하여, 대놓고 첩(pal-

---

[4] 당시의 유명한 여성문객이라 할 아스파시아(Aspasia)와 기원전 445~429년에 동거한 것으로 알려져 있다. 그녀의 영향력에 관해서는 정기문,『여성사』, 푸른역사, 2004, 89~104쪽에 자세히 나온다.

lake)이라고 부르기도 하였다. 아스파시아는 밀레토스 출신으로 많은 철학자·정객과 담화를 나눌 만한 학식과 재기를 보유한 듯하다. 페리클레스가 이 여성에게 얼마나 깊이 빠졌는지를 보여주는 일화가 있다. 도시국가인 밀레토스와 사모스가 분쟁을 벌였을 때 아테네가 사모스에 대한 공격에 나서도록 막후조정한 자가 바로 아스파시아라고 사람들은 보았다. 물론 국가의 정책이 한 사람에 의해 좌우되는 것은 아니지만, 이런 식의 영향력이 행사된 것은 전혀 근거가 없지는 않은 듯하다. 그녀는 그를 어떻게 보았을까? 페리클레스가 죽자마자 돈이 많고 신분이 미천한 다른 남자에게 간 것으로 보아, 페리클레스와의 교제는 사업이었을 뿐이다.

자식들과의 관계는 어떠하였을까? 장남 크산티포스는 아버지의 쩨쩨한 태도가 마음에 들지 않았는지, 아버지의 명의를 빌려 빚을 얻어 쓰고는 이를 아버지에게 전가하기도 하였다. 그러나 페리클레스가 이를 거절하고 소송을 제기하자, 화가 난 아들은 아버지의 비밀과 단점을 만천하에 공개하여 웃음거리가 되게 했다고 전한다. 모든 면에서 엄격했던 그도 자신의 자식을 모두 잃어버리는 슬픔을 당하자 인간적인 면모를 그대로 드러내었다. 둘째 아들이 죽자 시신에 화환을 놓으면서 슬픔을 참지 못하고 통곡했다고 전해진다. 그도 부정이 풍부한 아버지였던 것이다. 적자를 다 잃은 그는 서자인 아들을 적자로 만들기 위해, 자신이 만들고 엄격하게 강행했던 법을 중지하였다.

> 따라서 수많은 사람들에 대해서 엄격하게 강행된 법이 그것을 제안한 사람에 의해서 중단된다는 것은 심각한 문제였다. 그러나 페리클레스가 가정생활에서 겪고 있는 재앙이 지난날에 보여주었던 거만과 오만에 대하여 그가 지불한 일종의 벌로 간주되었다. …… 그래서 그들은 그의 서자를 형제단 명부에 올리고 그에게 자신의 이름을 부여하였다. (플루타르코스, 「페리클레스」 37.4~5)

페리클레스는 누구보다 화려한 인생을 살았으나 말년에는 불운했을 뿐 아니라, 그가 죽은 뒤 그 서자마저도 기원전 406년 아테네인에 의해서 사형에 처해졌다.

지금까지 페리클레스의 수신제가 측면을 살펴보았다. 자신에 대한 엄격함이나 품성은 참으로 훌륭하고 정치가로서 좋은 자질을 구비한 것은 틀림없다고 하겠으나, 가정생활은 그리 특별하지는 않았다고 할 것이다. 오히려 평범하고 그만그만한 유형의 가정을 이끌어나갔으며 보통의 가장이 겪는 어려움을 겪고 고민했으리라 추측된다. 기원전 425년 비극「오이디푸스 왕」이 상연되었다. 오이디푸스의 극적이고 비참한 운명은 페리클레스와 비교되었다. 뛰어난 능력과 자신감에서 비롯한 오만은 마침내 가정의 불행이라는 국면을 맞이했다는 점에서 두 인물의 최후가 비슷하였던 것이다.

치국(治國): 민주정치에 대한 기여

페리클레스가 정치가로 등장하는 시기인 기원전 460년대에는 보수파와 개혁파가 대립하고 있었다. 대립된 문제는 스파르타와 어떤 관계를 유지할 것인가에 관한 것이었다. 기원전 463년 스파르타에 대지진이 일어나 혼란스러워진 상황에서 메세니아인들이 메토네 산을 점거하면서 항거하였다. 스파르타는 아테네의 원조를 요청하게 되었는데, 당시 아테네인들은 포위공격에 탁월하다는 평가를 받고 있었다. 보수파의 지도자 키몬(Cimon)은 스파르타와는 평화를 유지해야 한다는 입장을 취하고 있었으므로 스파르타를 지원하자는 주장을 폈다. 이에 대해 개혁파의 중심인물 에피알테스(Ephialtes)는 스파르타에 대한 지원을 반대하였다.

이 현안이 민회에 상정되자, 자영농들의 폭넓은 지지를 받고 있던 키몬이 승리하여 스파르타를 지원하게 된다. 그런데 반란지역에 대한 아테네군의 공격이 완료되지 않았는데도 스파르타 쪽에서 돌아가 달라고 요청하였다. 그 이유는 아테네군의 일부가 반란세력에 유리한 언동을 하였다는 것이다. 이렇게 해서 원정군이 회군하게 되자, 이것을 국가적인 모욕이라고 본 아테네 시민들은 키몬 측에 등을 돌리게 된다. 이런 여론을 등에 업고서 에피알테스 측은 아레오파고스 협의회의 권한을 축소하려고 시도한다. 이에 관해서는 다음과 같은 기록이 전해진다.

먼저 〔에피알테스는〕 아레오파고스 회원들에게서 많은 것을 제거하였다. 그는 그들의 공공업무 이행과 관련하여 그들을 고발함으로써 그렇게 하였다. 그런 다음 코논의 아르콘 재직시[5])에 아레오파고스 협의회에서 부가적인 권리를 박탈하였다. 이 권리를 통하여 아레오파고스 협의회는 국법에 대한 보호를 떠맡았다. 그는 이러한 권리의 일부를 500인 협의회에, 다른 일부를 민회와 시민법정에 돌려주었다. (아리스토텔레스, 『아테네인의 국제』 25.2)

아르콘 직책에 선출되는 것이 전에는 선거제였으나 기원전 487년 이후 추첨제로 바뀌었고, 아르콘 역임자로 구성되는 아레오파고스 협의회의 구성원이 주로 키몬을 지지했다는 것이다. 이때까지도 아레오파고스 협의회는 체제 수호 기능을 하고 있어서, 국가의 법을 개정하려고 할 때 권한을 발동하였다. 바로 이런 권한을 없앰으로써 보수세력을 억누른다는 목표가 달성될 수 있었고, 부수적으로 민회의 기능이 강화될 수 있었다. 이로써 아레오파고스 협의회는 재판의 기능만을 보유하게 되었다. 이 과정에서 페리클레스는 키몬에 반대하고, 개혁파인 에피알테스를 적극 도왔다. 그는 키몬을 도편추방하는 데 성공했으며, 에피알테스는 암살당했다. 결과적으로 개혁파가 주도권을 잡게 되었는데, 기원전 446년경에는 키몬이 사망하고 그를 이은 투키디데스(역사가와 동명이인)도 도편추방되면서, 한마디로 페리클레스가 독자적인 정치세력으로 떠오르게 되었다.

페리클레스는 기원전 443년 장군(strategos)으로 선출된 이후 15년 동안 민주정치를 이끈 유일한 지도자가 되었다. 아테네에서 장군은 군사적인 기

---

5) 기원전 462/1년이다.

능을 수행한다는 것말고도 특별한 의미가 있다. 아테네의 최고관직인 아르콘이 추첨제로 변화하면서 아르콘직의 비중은 약화되었다. 반면 장군은 선거로 선출되면서 다른 관직과는 달리 고도의 전문성을 지니고, 또 연임될 수 있었다. 요컨대 권력의 실세가 장군직이었던 것이다. 이 직책은 아테네 민주주의의 약점을 보완해줄 수 있는 제도로 평가되기도 한다.

페리클레스는 자신을 부유하게 만들기보다는 아테네의 번영을 가장 중요하게 생각하였다. 또한 그는 시민이 집안일뿐만 아니라 국가의 일을 보살펴야 하며 국정의 방향에 관심을 기울여야 한다는 것을 역설하고 실천하였다. 그는 여러 원정을 계획하고 이를 시행하였다. 승리를 얻으면 인기는 올라가기도 했으나, 실패를 맛보는 경우도 있었다. 그런 경우 아테네 시민은 그에게 책임을 돌렸다. 한 번은 그에게 50탈렌트의 벌금을 매기기까지 하였다.

그러나 시민들의 이런 변덕에도 페리클레스의 인기는 계속 유지되었다. 그가 인기를 유지할 수 있었던 이유는 무엇일까? 아무래도 그가 보여준 지휘관으로서의 판단력 덕분이라고 생각된다. 스파르타와의 전쟁이 일어나 함대를 이끌고 나가는데, 얼마 지나지 않아 일식이 일어나고 사방이 어두워진다. 병사들이 이를 불길한 징조로 보아 두려움에 떨게 된다. 페리클레스는 조끼를 들어 병사의 눈 앞에 두고 그것이 무섭냐고 물어본다. 아니라고 답하자, 일식이 규모만 클 뿐 이와 다를 바 없다고 말하여 병사들을 안심시킨다. 또 한 번은 톨미데스(Tolmides)가 보이오티아(Boeotia)를 침공하려고 하자 이를 만류했지만 말을 듣지 않고 나가서 참패한다. 그래서 다음과 같은 말이 회자되었다.

만약 누가 페리클레스에 의해서 설복되지 않으면, 가장 현명한 조언자인 시간(chronos)을 기다리지 않으면 안 된다고 사람들은 기억에 남을 만한 말을 하였다. ……이런 일은 페리클레스에게 호의와 더불어, 실천지를 지니고 있으며 또 폴리스를 사랑하는 자라는 명성을 부여했다. (플루타르코스, 「페리클레스」 18.1~2)

페리클레스가 평생 노력한 것은 무엇일까? 그가 만들려고 노력했던 체제는 다름 아닌 민주정치였다는 것을 다음 연설에서 유감 없이 드러내 보인다.

우리가 가지고 있는 국법은 이웃나라의 법들을 모방한 것이 아닙니다. 사실 우리는 다른 것을 모방하기보다는 우리가 다른 사람에게 모범이 됩니다. 그리고 국법의 이름은 민주정입니다. 왜냐하면 소수가 아니라 다수가 국가의 일을 관리하기 때문입니다. (투키디데스, 『펠로폰네소스 전쟁사』 2.37.1)

흔히 아테네 민주정의 토대로서 노예제와 제국주의가 언급된다. 즉 노예가 있음으로써 시민은 공무를 맡을 수 있는 여가를 지니게 되었고, 또 체제의 운영에 필요한 경비를 다른 나라에 전가시켜 체제의 운영이 가능했다는 말이다.

알다시피 아테네는 페르시아 전쟁에 승리함으로써 델로스 동맹의 맹주로 군림하였다. 원래 델로스 동맹은 페르시아의 재침에 대비하기 위해 군선이나 병력을 내도록 하는 규약을 맺었으나, 나중에는 다른 동맹국들이 공납금을 바치게 하고 동맹의 기금을 아테네로 옮긴다. 공납금을 바치지 않는 폴리스에 대해서는 강제하기도 하였다. 이로써 아테네는 제국으로 변모하게 되며, 이것이 민주정 운영에 필요한 자금원이 된다.

이 자금으로 아테네는 수군을 유지하면서, 빈민(thetes)들이 수병으로 활약할 수 있는 길을 열어놓았다. 이로 인해 보통 시민들 가운데 2만 명 정도였던 빈민의 절반이 혜택을 누리게 되고 정치 참여도 가능해졌다. 또한 아테네는 공무에 참여하는 자들에게 보수를 지급하는 제도를 마련했는데, 이를 처음 시행한 자가 바로 페리클레스였다.

게다가 페리클레스는 법정에서 봉사하는 것에 대해 보수를 도입한 최초의 인물이었다. 그것은 인민의 호의를 얻고 키몬의 관대함을 상쇄하는 것이다. 왜냐하면 키몬은 참주처럼 부유하여 공공봉사[6]를 후하게 베풀었을 뿐만 아니라, 자신의 동료 데모스 성원을 다수 부양하였다. 라키아다이(Lakiadai) 출신자들은, 원하면,

매일 그에게 가서 자신의 필요를 충족시킬 만한 것을 얻을 수 있었다. 또한 그의 토지는 담을 두르지 않았기 때문에 원하는 사람은 누구든지 그 생산물을 먹을 수 있었다. 페리클레스는 이런 유의 지출을 할 수 있는 재원이 없었다. ······그래서 페리클레스는 심판들에 대한 보수를 도입하였다. 어떤 사람들은 주장하기를, 법정이 더욱 악화된 것은 이것 때문이라고 한다. 왜냐하면 선발되고자 원하는 사람들은 잘사는 사람들이기보다는 언제나 일반인이었기 때문이다. (아리스토텔레스, 『아테네인의 국제』 27.2~5)

여기에서 우리는 페리클레스가 권력의 기반을 확립한 방법을 알 수 있다. 흔히 군중에 대한 개인적 시여가 불가능했던 그로서는 국가의 제도를 최대한 이용하는 것이 가능한 최선의 방법이었다. 그 결과 그는 수많은 지지자를 확보할 수 있었다는 것을 다음의 진술이 보여준다.

그들은 또한 아리스테이데스[7]가 제안한 대로 대중에게 안락한 수준의 삶을 제공하였다. 2만 명 이상이 공납금과 세금과 동맹국으로부터 부양되기에 이르렀다. 왜냐하면 6,000명의 심판과 1,600명의 시민 궁사, 여기에 더하여 1,200명의 기병, 500인 협의회원, 50명의 부두경비대, 50명의 아크로폴리스 경비대, 국내에 700명의 관리와 국외에 700명의 관리가 있었다. 후에 전쟁이 나는 경우, 2,500명의 중갑병이 더해지며 또 20척의 호위선과 추첨으로 선발되는 200명의 수비병을 수송할 다른 선박들이 있어야 한다. 게다가 당번 협의회원[8]과 고아와 죄수들도 있다. 이들은 모두 국가에서 부양비를 받았다. (아리스토텔레스, 『아테네인의 국

---

6) liturgia를 번역한 것으로 국가의 중요한 제전이나 행사 때 개인이 그 비용을 염출해 기여하는 행위를 말하는데, 처음에는 자발적이었으나 나중에는 부자들의 의무가 된다.
7) Aristeides: 기원전 489년 아르콘을 역임했으며, 의인으로 일컬어진 사람. 482년 도편 추방되었다가 정직한 행위로 인해서 2년 만에 본국으로 돌아왔다. 테미스토클레스를 도와 델로스 동맹을 실현하는 데 기여한 바가 크다.
8) prytaneion을 번역한 것으로, 공공비용으로 식사하는 사람을 가리킨다.

제」 24.3)

이 내용을 토대로 우리는 아테네 시민으로서 누릴 수 있는 특혜를 생각해 볼 수 있는데, 이는 명실상부하게 제국주의적인 국가구조 덕분이었음을 확인해준다. 이렇게 해서 페리클레스는 인민들에게 고삐(henia)를 주었다는 평가를 듣는다.

다음은 페리클레스의 야심찬 업적의 하나로 꼽히는 파르테논 신전의 건설에 관한 당대의 평가이다.

> 그러나 아테네에 가장 큰 즐거움과 장식을 가져다 주었으며, 나머지 인류에게 가장 위대한 경이를 가져다 주었고, 그리스의 세력과 옛 부흥에 대한 이야기들이 거짓말이 아니라는 유일한 증거가 되는 것은 페리클레스의 기념물 건축이었다. 그러나 그의 모든 조치 가운데 이것이 민회에서 그의 정적들에 의해 가장 많이 비방을 듣고 모욕을 들은 것이기도 하다. ……(플루타르코스, 「페리클레스」 12.1)

이 공사는 기원전 447년에서 432년간 무려 15년에 걸쳐 이루어졌다. 페리클레스는 이런 비방을 들을 만큼 막대한 액수를 지불하여 파르테논 신전을 짓게 하였다. 이렇게 무리한 공사를 한 이유는 무엇일까? 이 공사에 참여한 시민들이 많은 혜택을 누릴 수 있었고, 이들이 그의 지지기반이 되었음은 물론이다.

이쯤 되면 시민권은 하나의 특권으로 인식될 수 있었을 것이고, 이러한 혜택의 수혜자를 적절한 수준으로 통제하는 것이 긴요했을 것이다. 그래서 기원전 451년에는 양친이 시민이어야 자식이 아테네 시민으로 인정받을 수 있게 하는 법이 제정, 시행되었다. 그 내용은 다음과 같다.

> 국법의 현재 규정은 다음과 같다. 양친이 시민인 자는 시민이 될 권리가 있다. 또한 그들은 18세에 데모스 성원으로 등재된다. 그들이 등재되면, 데모스 성원은

등재된 자들에 관해서 맹세하고 투표로 결정한다. 먼저 그들이 합법적인 나이에 이르렀는지를 결정하는데, 만약 그렇지 않다고 하면, 그들은 다시 소년의 상태로 되돌아간다. 둘째로, 심사후보자가 자유인이고 법에 따라서 출생했는지를 결정한다. 만약 어떤 사람이 자유인이 아니라고 결정되면, 그 사람은 법정에 상소한다. 그리고 데모스 성원은 자신들 중에서 고소자들로 5명을 선발한다. 만약 그 사람이 등재될 권리가 없으면, 국가는 그를 노예로 판다. 그러나 만약 그가 승소하면, 데모스 성원들은 그를 등재해야 한다. 그뒤에 협의회는 등재된 사람들을 조사한다. 만약 어떤 사람이 18세보다 적게 보인다면, 그를 등재한 데모스 성원들에게 벌금을 부과한다. 청년들(ephebes)이 검사될 때는, 그들의 부친이 부족별로 모여 맹세를 하고, 40세 이상인 부족성원 중에서 청년들을 감독하기에 가장 좋고 가장 적절한 사람이라고 생각하는 자를 3명 선출한다. 이들 중에서 시민들은 각 부족의 보호자를 한 명씩 투표로 선출하고, 다른 아테네인들에게서 이들 모두에 대한 총감독을 선출한다. (아리스토텔레스, 『아테네인의 국제』 42.1~2)

다음의 기록은 이 법이 바로 페리클레스 자신의 제안에 따라 제정됐다는 것을 보여준다.

    안티도토스(Antidotos)의 아르콘 재직시(451/0) 시민의 수로 인해서, 페리클레스의 제안에 따라 양친이 시민이 아니라면 시민권을 가지지 않도록 결정하였다. (아리스토텔레스, 『아테네인의 국제』 26.3)

다음의 내용은 이 법이 얼마나 준엄하게 적용되었는지를 잘 드러낸다.

    결과적으로 5천 명 정도의 사람들이 혐의를 받고 노예로 팔렸으며, 시민권을 보유한 자들과 아테네인으로 판결받은 사람은 조사 결과 1만 4,040명이었다. (플루타르코스, 「페리클레스」 37.4)

어제까지도 시민으로 활보하던 사람이 이 법의 적용으로 노예로 팔리게 되었다. 이 법을 통해 우리는 아테네 시민권이 오늘날의 미국 시민권처럼 가지고 있는 것만으로도 특혜였다는 사실을 알 수 있다.

이상으로 우리는 아테네 민주정치의 실제를 충분히 볼 수 있었다. 여기에서는 페리클레스가 주도적이었다.

> 그는 폴리스를 큰 상태에서 가장 크게 그리고 가장 부유하게 만들었으며, 많은 왕들과 참주들의 권력을 능가하는 자가 되었다. (플루타르코스, 「페리클레스」 15,5)

이로써 페리클레스를 인민의 편에서 보면 애국자로 판단할 만하다. 그 모든 정책이나 그의 행동을 결정지은 것은 시민의 요구였고, 그는 이 요구의 실현에 최선을 다했다는 점에서 아테네 인민은 가장 훌륭한 대변자를 찾은 것이다. 이는 현대 정치제도에서도 이루기 어려운 이상적인 민주정의 참모습이라고 생각된다.

평천하(平天下): 대외정책과 전쟁

고대 그리스의 역사를 연구하는 학자들은 고대 그리스에는 오늘날 통용되는 의미의 민족주의가 없었다는 점을 지적한다. 그리스에 산재한 수많은 도시국가들은 그리스 민족이라는 공통점을 가지고 있었지만, 이해관계에 따라서는 이민족과 연합하기도 하고 동족끼리 전쟁을 벌이기도 하였다. 요컨대 민족주의가 하나의 힘으로 작용하지 못하고 있었다. 페르시아라는 대적을 상대하기 위해 단결력을 보여주었던 그리스가 공동의 적이 사라진 이후 심각한 분열현상을 드러냈으며, 그것은 수많은 국지전으로 나타났다. 그런 상태는 마침내 펠로폰네소스 전쟁으로 이어졌다. 그러면 이 전쟁을 중심으로 페리클레스의 대외정책을 살펴보기로 하자.

대개 큰 전쟁이 그러하듯이 이 전쟁도 작은 일에서 출발한다. 기원전 433

년 가을 코린토스와 식민시인 코르키라(Corcyra, 또는 코르푸 Corfu) 사이에 분쟁이 발생했다. 이것을 이용하여 아테네는 코르키라에 대해서는 동맹을 확보하는 한편, 코린토스에 상당한 간섭을 하였다. 코르키라는 아테네 사람들에게 펠로폰네소스 동맹국들에 대한 라이벌 의식을 조장하였다. 기원전 432년에는 코린토스가 펠로폰네소스 동맹국들에게 호소하자 메가라와 아이기나가 아테네를 비난하게 되고 스파르타도 전쟁에 앞서 사절을 파견했는데, 협상이 결렬되면서 기원전 431년에 전쟁이 일어난다.

여기에서 과연 전쟁의 원인 제공자가 누구인가 하는 문제가 떠오른다. 펠로폰네소스 전쟁이라는 표현은 전쟁을 일으킨 곳이 펠로폰네소스 쪽이라는 것을 가리키지만, 이를 기술한 투키디데스는 아테네의 관점을 대변한다는 점을 기억해야 할 것이다. 만약 스파르타의 관점에서 기술한다면, '아테네 전쟁'이라고 했을 것이다. 먼저 스파르타의 입장을 보자.

> 전쟁의 원인 중 가장 진실한 것과 관련하여, 비록 그것이 별로 언급되지 않았어도, 아테네인들이 강력해짐으로써 그리고 스파르타인으로 하여금 두려움을 갖게 함으로써 스파르타인으로 하여금 전쟁을 하지 않을 수 없게 하였다고 나는 생각한다. (투키디데스, 『펠로폰네소스 전쟁사』 I.23.4~6)

위의 글은 경쟁자에 대한 스파르타 측의 싹자르기, 즉 예방전쟁의 면모를 보여준다. 즉 아테네의 입장에서는 사실 팽창주의 정책을 펼치지 않았으며, 스파르타가 오히려 아테네 제국을 해체하기 위해 동맹국의 불만을 이용했다는 것이다. 그러나 다음의 글은 전혀 다른 사정을 전한다.

> 그러나 참으로 아테네로 사절들이 파견되고, 스파르타의 왕 아르키다모스가 고발의 대부분을 해소하고 동맹국들을 달랬으므로, 만약 메가라를 파멸시키자는 민회의 결의를 평화조약으로 바꾸도록 설득했다면 아테네인에게는 다른 어떤 이유가 있었어도 전쟁은 없었을 것이라 여겨진다. 그런데 페리클레스는 이 제안에 가

장 반대했으며, 메가라에 대한 승전의 분위기를 불러일으켰으므로, 그가 전쟁의 유일한 원인이다. (플루타르코스, 「페리클레스」 24.5)

위의 기술에 따르면, 아테네의 책임을 논하는 사람들은 아테네의 제국주의를 초들 것이며 페리클레스를 전쟁의 원흉으로 볼 것이다. 스파르타는 단지 말 못 하는 약한 폴리스의 견해를 대변한 것이니까 말이다.

여기서 우리는 페리클레스의 동맹국에 대한 정책이나 스파르타에 대한 대결의식을 검토해볼 필요가 있다. 아테네는 제국을 유지하기 위해 탈퇴 불가의 원리를 주장하고 이를 강행하여 물의를 일으켰다. 앞서 사모스를 정벌하자, 페리클레스의 주도 아래 그들의 수병과 장군을 처형하고 곤봉으로 머리를 부수어버리게 했다는 이야기가 전해진다. 이런 소식을 알고 있는 메가라로서는 생존을 위해 스파르타에 기댈 수밖에 없었을 것이다. 게다가 이렇게 엄한 동맹을 유지하면서 나온 공납금은 아테네의 치장을 위해 파르테논 건축비에 사용된다.

그들은 외쳤다. "그리스는 격앙하였다. 그리고 이 뻔뻔스러운 참주행위를 곰곰이 생각하라. 전쟁에 쓰기 위해 강요된 기부금을 가지고 우리가 우리의 도시를 금박으로 입히고 아름답게 장식하는 것을 그리스는 보고 있다. 이는 마치 바람둥이 여자가 수천 탈란톤에 해당하는 보석과 조각상과 신전으로 자신을 꾸미는 것과 같다." (플루타르코스, 「페리클레스」 12.2)

그의 정책이 공분을 자아낸 것은 물론이다. 이런 비난에 대해 페리클레스는 다음과 같이 응수하였다.

그들은 돈만을 납부한다. 만약 그들이 혜택받은 것 대신 돈을 내는 것이라면, 그 돈은 지불한 자의 것이 아니라 받은 자들의 것이다. (플루타르코스, 「페리클레스」 12.4)

받은 돈으로 부양을 하든 장식을 하든 그것은 당연하다는 논리를 편 것이다. 동맹국의 고통은 안중에도 없으며, 불만이 있으면 야만인에 대해서 스스로 지키라는 일침을 가한다. 페리클레스는, 페르시아와는 벌써 평화조약을 맺고 있었으면서도, 이 제국주의를 위장하기 위해 파르테논 신전에 야만족 켄타우루스를 인간의 적대자로 묘사함으로써 페르시아와의 전쟁 기억을 되살리는 데 심혈을 기울였다.

스파르타에 관해서는 다음과 같은 일화가 있다. 포키스인들은 델포이에 진군한 스파르타에게 프로만티아[9]의 권한을 주고 이를 새겨넣게 했는데, 페리클레스도 같은 권리를 얻어서 새겨넣게 했다는 것이다. 이를 신성전쟁(기원전 448년)이라고 한다. 플루타르코스에 따르면 페리클레스는 스파르타를 억누르는 데 집착하고 있었음을 알 수 있다.

> 라케다이몬인들을 후퇴시키는 것을 위대한 과업으로 생각했으며, 전적으로 그들에게 반대하였다. (플루타르코스, 「페리클레스」 21.1)

이렇게 보면 전쟁의 원인을 페리클레스의 심리적인 콤플렉스에서도 찾을 수 있다.

전쟁의 양상을 이해하려면 양쪽의 전략을 대비해볼 필요가 있다. 그 무렵 호플리테스라고 불린 중갑병은 육상전투에서 가장 기본적인 부대편제였다. 이것이 있어야 적의 영토를 점령하고 성을 공격할 수 있다. 그런데 성을 공격하려면 효과적인 공성(攻城)장비가 필요하다. 여러 정황을 종합하건대, 스파르타는 개별 전투에는 강했으나 공성에는 취약했던 것 같다. 아테네는 이 점을 의식하여 장성을 건설하게 되었는데, 스파르타는 이를 군사력 강화의 신호로 보고 반대하였다. 그러나 아테네인은 단시간에 이를 완성한다. 장성은 3차에 걸쳐 건설되었다. 제1차 펠로폰네소스 전쟁기간에 아테네와 항구

---

[9] Promantia. 이는 다른 사람들을 대신하여 신탁에 관해 조언을 해주는 제도이다.

인 페이라에우스로 연결되는 북벽과 팔레룸 만을 연결하는 장성이 그것이고, 마지막으로 기원전 444~442년 북쪽 벽에 평행한 형태를 지니게 되어 마치 목이 긴 플라스크 같은 모양이 된다. 이 장성은 시민들에게 충분하게 피신할 수 있는 공간을 제공했으며, 바다 쪽으로는 외부와 연결될 수 있었다. 아테네는 해군이 최강이었기 때문에 이런 전술을 채택한 것이다. 그러나 길게 보면 스파르타와 일전을 피할 수 없었다고 판단한 아테네인의 의식을 보여준다. 전쟁이 나자 페리클레스는 시민들에게 성 안으로 이주하도록 권하였다.

아테네인은 페리클레스의 충고를 받아들여, 그들의 아이들과 여자들과 그밖의 가재도구를 농촌에서 시내로 옮겼다. 심지어는 집에서 나무장식까지 뜯어왔다. 그들은 양과 소를 에우보이아 너머와 이웃한 섬으로 보냈다. 그러나 그들은 이러한 이주가 힘들다는 것을 알게 되었다. 왜냐하면 대부분의 사람들이 농촌에 사는 데에 익숙해 있었기 때문이다. (투키디데스, 『펠로폰네소스 전쟁사』 2.14.1)

처음 한 달 동안은 펠로폰네소스 동맹 쪽이 방기된 아테네의 영토를 유린하고는 퇴각한다. 그래서 전쟁 첫해에는 페리클레스가 예상한 대로 아테네가 심각한 피해를 입지 않았다. 그의 예측은 죽어서도 빛나고 있었던 것이다.

페리클레스는 (전쟁이 시작된 지) 2년 6개월 동안 살았다. 그리고 그가 죽었을 때, 전쟁에 관련한 그의 선견지명은 더욱 명백하게 드러났다. 왜냐하면 그가 말하기를, 때를 기다리고 함대를 보살피고, 전쟁이 있는 동안 제국을 확장하고자 하지 않고, 도시에 위험을 초래하는 일을 하지 않으면 승리를 거둘 것이라고 했기 때문이다. (투키디데스, 『펠로폰네소스 전쟁사』 2.65.6~7)

그러나 그가 예측하지 못한 일이 벌어진다. 그것은 바로 이듬해 아테네를 휩쓴 전염병이었다. 추정에 따르면 아테네 인구의 4분의 1이 사망한다. 이렇게 피해가 컸던 이유는 성벽 안에 사람들이 밀집한 상태였다는 점에서 찾을 수 있다. 이 전염병이 아테네에 큰 타격이었다는 것을 부인할 수 없다. 다음해에는 페리클레스도 사망한다. 당장 아테네의 운명이 결정되지는 않았으나 30여 년에 걸친 전쟁은 아테네가 다시 일어설 수 없는 타격을 가했으며, 전성기는 아테네에 다시 오지 않았다.

민주정치로 꽃핀 아테네는 이와 같은 제국주의를 배태하였다. 국내의 급진적인 민주정치는 국제관계에서는, 다시 말해 피동맹국의 입장에서는 참주에 불과했던 것이다. 페리클레스는 유능한 정치가였고 장군이었으나 국제관계에서는 자국의 이익을 지상과제로 본 단견의 정객으로, 그를 지도자로 내세운 대가는 아테네의 쇠퇴였다.

평가

우리는 페리클레스의 집권기를 민주정치가 완숙한 시기로 본다. 따라서 그를 민주주의의 투사나 대변자로 보는 것은 자연스럽다. 그러나 다음의 평가를 보는 순간 독자들은 당혹감을 감추지 못할 것이다.

 이름으로는 민주주의이지만 실제로는 일인자의 지배 아래 있다. (투키디데스, 『펠로폰네소스 전쟁사』 2.65.9)

 귀족들은 심지어 이전에도 페리클레스가 벌써 시민들 중에서 가장 중요한 인물이 되었다는 점을 인정하였다. 그러나 그들은 그에 대항하고 그의 권력을 무디게 할 사람이 국가에 있어서 노골적인 일인 지배가 되지 않도록 해야 한다고 걱정하였다. (플루타르코스, 「페리클레스」 11.1)

 투키디데스가 명백하게 설명하고 있으므로, 그의 권력에 대해서는 의심할 수 없다. 그리고 희극작가들은 의도하지 않은 것이지만, 그와 그의 친구들을 '새로운 페이시스트라토스 사람들'이라고 부르며 악의적인 조소를 하는 데서 그 점을 드러낸다. (플루타르코스, 「페리클레스」 16.1)

어떻게 이런 평가가 가능할까? 시혜를 받은 시민의 처지에서 보면 그런 평가는 부당할 것이다. 페리클레스는 자신들의 대변자로서 유감없는 역할을 했고, 추방을 두려워했으며, 도편추방의 명단에 오른 적도 있었고, 벌금도 물어야 했다는 점에서 그를 지배한 것은 시민이었기 때문이다. 혹자는 아테네 시민의 일방적인 지지를 받은 그를 시샘하여 소외당한 정치가들이 남긴 비평으로도 볼 수 있을 것이다. 15년 동안 연속으로 장군직이라는 실세의 위치를 독점한 것에서 민주정체의 허점을 파악하는 사람도 있겠다.

그러나 이 비판은 페리클레스에 대한 찬사이다. 플루타르코스는 다음과 같은 말을 전한다.

그 자신은 더 이상 (전과) 마찬가지로 인민에게 고분고분하지도 않고, 기꺼이 굴복하지도 않았으며, 미풍처럼 다수의 욕망에 맡기지도 않게 되었다. 오히려 제한이 없고 나약한 민중 선동가의 마치 꽃과 같고 부드러운 화합의 태도에서 벗어나 귀족과 왕의 정체를 고수했으며, 최선을 다해 바르고 흠 없는 정체를 이용하면서, 많은 것을 요구하는 인민을 설득하고 가르치면서……. (플루타르코스, 「페리클레스」 15.2)

이는 페리클레스가 정국을 주도하고 난 뒤 달라진 그의 태도를 잘 보여준다. 정권을 잡을 때까지의 태도와 국정을 장악한 뒤의 태도는 이처럼 달랐다. 그런데 플루타르코스는 달라진 모습에 관해서 다음과 같이 평가를 내린다.

시기심의 대상이 된 그 권력은 일인 지배로 일컬어지고 전에는 참주정이라고 했는데, 당시에는 그것이 정체(政體)의 안전방책이 되었던 것으로 드러났다. 그렇게 큰 타락과 군중은 현실에 나쁜 영향을 끼쳤다. 그는 이것을 약하고 낮게 만들어서 눈에 띄지 않게 했으며, 권력에서 억제할 수 없게 되는 것을 막았다. (플루타르코스,「페리클레스」29.5)

결국 페리클레스가 찬사를 받은 것은 바로 이 점이었다. 그가 없어짐으로써 아테네인은 제국을 잃었다. 그들을 제어할 인물이 없었기 때문이다. 이런 지적은 오늘날 민중의 인기에 영합하는 코드 정치가 곧 모든 정당성의 근거라고 생각하는 정치가에게 보여주는 타산지석의 교훈이기도 하다.

참고문헌

투키디데스, 『펠로폰네소스 전쟁사』, 박광순 옮김, 범우사, 1993.
아리스토텔레스·크세노폰, 『고대 그리스 정치사 사료-아테네·스파르타·테바이 정치제도』, 최자영·최혜영 옮김, 신서원, 2002.
김응종, 「아테네 민주정의 경이」, 『서양의 역사에는 초야권이 없다』, 푸른역사, 2005.
최자영, 『정치의 원형을 찾아서-고대 그리스 정치』, 살림, 2005.
키토, 『그리스 문화사』, 김진경 옮김, 탐구당, 2004.
김봉철, 『영원한 문화도시 아테네』, 청년사, 2002.
김창성, 『세계사 산책-서양고대』, 솔, 2003.
김진경 외, 『서양 고대사 강의』, 한울, 1996.
김진경, 『그리스 비극과 민주정치』, 일조각, 1991.
양병우, 『아테네 민주정치사』, 서울대학교 출판부, 1976.

이소크라테스

아테네의 실천적 지식인

● 김봉철(아주대 교수 · 서양고대사)

이소크라테스(Isokrates)는 기원전 4세기 아테네의 유명한 연설가(또는 연설문 작가)이자 교육자 · 정치사상가였다. 그는 데모스테네스와 더불어 당시 아테네를 대표하는 연설가였으며, 현재 그의 연설문 21편이 전해지고 있다. 또 그는 수사학 교사로서 큰 명성을 얻었는데, 당시 그의 학교는 플라톤의 아카데미아와 더불어 아테네 최고의 고등교육기관이었다. 그뿐이 아니었다. 그는 그리스의 현실문제에 끊임없이 관심을 보이고 당대의 현안에 대한 해결책을 적극 제시한 실천적 지식인이었다.

이소크라테스는 펠로폰네소스 전쟁이 일어나기 전인 기원전 436년에 태어나 카이로네이아 전투가 벌어진 기원전 338년까지 살았다. 장장 98세의 수명을 누렸으니 거의 한 세기의 시대적 변화를 직접 목도한 인물이었다. 더욱이 그의 시대는 단순한 시대가 아니었다. 그 시대는 고전기 그리스의 쇠퇴기로, 전통적인 폴리스 체제의 한계가 드러나고 새로운 질서가 모색되던 전환기였다. 그러므로 이소크라테스 개인의 행적과 사상의 흐름을 체계적으로 이해한다면, 고전기 그리스 사회의 변질과 쇠퇴 양상을 전반적으로 조망할 수 있을 것이다.

이소크라테스는 고전기 그리스의 지식인 계보에서 플라톤과 아리스토텔레스 못지않게 중요한 인물이었다. 그의 인식론적 토대와 교육론은 소피스트의 전통을 이어받았고 그의 범(汎)그리스주의는 현실적이고 경험적인 정치사상이었다. 그런 점에서 그는 플라톤과 대립적인 인물이었다. 플라톤이 소피스트를 비판하고 엘레아 학파-소크라테스의 철학을 이어받아 일원론적(一元論的)인 철학을 주장했다면, 이소크라테스는 경험세계의 다양성과 상대주의적인 측면을 인식한 다원론적 가치관을 제시하였다.

그의 이런 지성사적인 위상에도 불구하고 그의 가치관과 사상은 플라톤의 위세에 눌려 제대로 주목받지 못했다. 물론 그가 인간과 사회에 대해 체계적이고 보편적인 철학적 사고를 보여주지 못하고 단지 현실적인 사안들에 대해 개별적이고 때로는 모순적인 주장을 제시한 것은 사실이다. 그렇지만 그리스의 지성사적인 계보를 균형 있게 파악하고 그리스 고전문화의 다양성을 제대로 이해하자면, 아무래도 이소크라테스를 피해갈 수 없을 것이다.

이소크라테스와 그의 시대

이소크라테스의 생애

이소크라테스는 아테네에서 아울로스(aulos) 제조업자의 아들로 태어났다. 그의 부친 테오도로스(Theodoros)는 다수의 노예들을 거느리고 아울로스 공장을 운영했다고 한다.[1] 그의 부친 이전의 조상들에 대해서는 알려진 바가 전혀 없다. 그의 가문은 전통적인 귀족가문이 아니고 그의 부친 대에 이르러 수공업으로 많은 부를 축적한 신흥부유층이었던 것 같다. 당시 아테네에서 그의 가문은 부유한 재산가 계층에 속했다. 그의 부친 이후 3대가 부유층의 전유물인 공역(公役, leiturgia) 봉사를 자주 수행했고, 이소크라테스 자신은 남부럽지 않을 만큼 좋은 교육을 받으며 성장했던 것이다.[2]

---

1) 디오니시오스, 『옛 연설가들에 관해: 이소크라테스』 1; 플루타르코스 위서, 『연설가 10인전』 836E~836F. 아울로스는 고대 그리스의 관악기로, 오늘날의 피리와 같은 모양이었다.

이소크라테스가 어떤 교육을 받았는지는 정확하게 알 수가 없지만, 그가 소피스트의 교육을 받은 것만은 확실해 보인다. 특히 그는 고르기아스(Gorgias)의 교육을 받았을 것으로 보인다.[3] 소피스트는 기원전 5세기의 그리스에 등장한 직업적인 교사로, 여러 나라를 순회하며 수사학과 문법·수학 등을 가르쳤다. 소피스트는 보편적인 진리보다 실용적인 지식을 탐구하고 상대주의적인 가치관을 가르쳤다. 또한 그들은 회의론적인 시각에서 인간사와 인간제도의 불합리성을 비판하고 전통적인 가치관을 부정하기도 했다. 특히 당시 그리스의 지적·문화적 중심지였던 아테네에는 많은 소피스트들이 몰려들었다. 그들은 비싼 수업료를 받고 부유층 자제들을 교육했으며, 비극시인 에우리피데스나 정치가 페리클레스 등도 그들의 교육을 받았다. 이소크라테스 또한 그들의 교육을 받았는데, 소피스트 교육은 그의 사고와 가치관 형성에서 중요한 기반이 되었다.

이소크라테스의 집안은 펠로폰네소스 전쟁 도중 어느 때인가 재산을 모두 잃고 빈궁한 처지에 놓이게 되는데, 그때는 아마 기원전 413년에 있었던 스파르타군의 데켈레이아 점령 이후가 아니었을까 추측된다. 결국 이소크라테스는 가족의 생계를 위해 전쟁 후 10여 년 동안 법정연설문 작가 노릇을 하게 된다. 그러나 그는 법정연설문 작가 생활을 좋아하지 않았다. 마침내 그가 아테네에서 수사학 학교를 열어 본격적인 인생행로를 찾은 것은 기원전 390년경이었다. 그의 학교는 아주 큰 성공을 거두었다고 한다. 그뒤 이소크라테스는 50여 년 동안의 수사학 교육을 통해 아테네와 그리스의 유

---

[2] 디오니시오스, 앞의 책, 1, 9, 17 ; 플루타르코스 위서, 앞의 책, 836E~F, 838A ; 이소크라테스, 「안티도시스에 관해」 145, 161. 공역은 고대 아테네에서 부자들이 개인적인 희사를 통해 국가의 공공행사나 공익사업 경비를 충당한 일을 말한다. 예컨대 연극경연이나 음악경연에서 합창단(choros)을 훈련시키고 후원하는 코레기아(choregia), 체육장(gymnasion)의 훈련사들에게 급여를 지급하는 김나시아르키아(gymnasiarchia), 전선(戰船)의 유지·보수에 대한 경비를 지급하는 트리에라르키아(trierarchia) 등이 있었다.
[3] 이소크라테스의 스승과 그가 받은 교육에 대해서는 김봉철, 『전환기 그리스의 지식인, 이소크라테스』, 신서원, 2004, 38~43쪽 참조.

망한 청년들을 길러냈다. 그러나 그는 학교 내 교육활동에만 만족하지 않고 국가적인 현안들에 대해서도 자신의 견해를 적극 표명했다. 특히 그는 범그리스주의의 전파와 실현을 위해 열정적인 노력을 쏟았다.

이소크라테스의 시대

이소크라테스의 시대는 평화와 번성을 구가하던 시기가 아니었다. 펠로폰네소스 전쟁 이후 카이로네이아 전투에 이르는 100여 년의 그리스의 역사는 그리스 국가들간의 분쟁과 대립의 연속이었다. 그리스 세계를 대대적으로 분열시켰던 펠로폰네소스 전쟁(기원전 431~404년)이 스파르타 쪽의 승리로 끝났지만, 그리스에 평화가 찾아오지는 않았다. 전쟁 후 스파르타의 패권 강화와 그에 대한 여러 나라의 반발 때문에 코린토스 전쟁(기원전 395~388/7년)이 일어났고, 스파르타는 페르시아 왕의 지원을 얻고서야 겨우 전쟁을 마무리할 수 있었다.

그뒤 스파르타의 패권은 불안하게 유지되었다. 아테네는 제2차 해상동맹을 결성하여 스파르타를 견제했으며, 테베 역시 스파르타와 패권 경쟁을 벌여나갔다. 결국 스파르타는 레욱트라 전투(기원전 371년)에서 패함으로써 패권을 상실했고, 이후 10여 년 동안 테베가 그리스의 최강국 지위를 유지했다. 그러나 테베의 영광 역시 오래 가지 못했는데, 만티네이아 전투(기원전 362년)의 패배로 강대국의 지위를 상실했던 것이다. 그뒤로 그리스에는 패권을 추구할 만한 강대국이 존재하지 않았다. 아테네는 해상동맹을 기반으로 과거의 영광을 재현하고자 했지만, 동맹국전쟁(기원전 357~355년)의 패배로 인해 해상패권의 꿈을 접을 수밖에 없었다. 스파르타는 메세니아를 회복하고자 애썼지만 허사였다. 테베는 델포이 신전의 약탈문제로 포키스(Phokis)인과 전쟁을 벌였지만, 자력으로 포키스인을 제압하기에는 역부족이었다.

그리스의 대표적인 강국이던 아테네·스파르타·테베는 수십 년 동안의 소모적인 전쟁 속에서 국력을 낭비함으로써, 그리스의 질서를 유지할 만한 능력을 잃고 말았다. 이제 그리스인의 운명은 그들의 손을 떠나 외부 세계 강대국들의 수중에 놓이게 되었다. 그 강대국들이란 당대의 신흥강국 마케도니아와 지중해 세계의 최강 페르시아였다. 이러한 국내외 정세의 변화는 중요한 의미를 지닌 것이었다. 그것은 고전기 그리스의 기반이던 폴리스 체제의 이완과 쇠퇴를 뜻하는 동시에 새로운 국가체제를 요구하는 것이었다.

또한 이소크라테스의 시대에는 그리스 국가들 내의 시민단의 분열현상이 두드러지게 나타났다. 빈번한 전쟁으로 인한 자원의 낭비, 하층민의 빈곤화와 빈부격차의 증대는 시민단의 내부 분열을 초래하여 시민들의 공동체적 유대를 약화시켰다. 빈민들은 자신의 가난과 곤경에 대해 분노했으며, 그 분노가 사회적 내분으로 구체화된 사례들도 많다. 그들 중에는 가난 때문에 조국을 떠나 유랑하거나 외국에서 용병생활을 하는 사람도 있었다. 부자들도 불만이기는 마찬가지였다. 그들은 공동체에 대한 자신의 경제적 부담이 증대하고 또 자신들에 대한 사회적 불만이 증가하는 것을 못마땅해했다. 즉 부자와 빈민들이 국가 전체의 이익보다 자신들의 개별적인 이익을 더 중시하는 경향이 강해졌던 것이다. 국가를 구성하던 시민단의 이러한 분열은 폴리스 체제의 안정과 존속을 위협했다. 이처럼 이소크라테스의 시대에는 대내외적으로 고전기 그리스의 폴리스 체제가 심각한 도전을 받고 있었다.

이소크라테스의 작품들

오늘날 이소크라테스의 작품이라고 전해지는 것은 연설문 21편과 서간 9편이다. 그런데 그 중 일부에 대해서는 이소크라테스의 저술인지를 분명하게 규명하기 어렵다. 이 글은 주로 그의 교육활동과 범그리스주의 이념을 다루기 때문에, 여기에서는 일단 그와 관련된 연설문들의 저술 배경을 약술하고자 한다. 이소크라테스의 주장은 그때그때 아테네와 그리스의 정세를 반영한 것이기 때문에, 각 연설문의 주장과 그 시대적인 배경을 함께 고려할 필요가 있는 것이다.

교육에 대한 그의 입장이 제시된 연설문은 「소피스트들에 대해」와 「안티도시스에 관해」이다. 「소피스트들에 대해」는 기원전 390년경 씌어진 것으로 보인다. 그 무렵 그는 아테네에서 수사학 학교를 열면서 자신의 교육이념과 수사학 교육에 대한 입장을 널리 홍보할 필요가 있었다. 여기서 그는 기존 수사학자들의 교육과 논쟁학파[4]의 교육을 비판하고 자신의 수사학 교육을 대안으로 제시한다. 「안티도시스에 관해」는 기원전 354/3년의 것인데, 그가 안티도시스(antidosis)에 관한 소송[5]에서 패한 뒤 자신의 입장을 해명하기 위해서 쓴 자전적 연설문이다. 여기서 그는 자신의 삶과 가치관·교육 활동에 대해 밝히면서, 특히 '필로소피아'(philosophia)를 중심으로 자신의 교육이념을 설명한다.

이소크라테스의 범그리스주의에 대한 주요 자료는 「파네기리코스」와 「평화에 관해」 「필리포스」이다. 「파네기리코스」는 그의 대표적인 연설문으로 그가 기원전 380년의 올림피아(Olympia) 제전에서 발표한 것으로 보인다.[6]

---

4) 이소크라테스는 '논쟁학파'라는 말을 특정집단과 관련지어 사용한 것 같지 않다. 그는 실생활과 무관한 추론, 이론적이고 사변적인 논의, 논쟁을 위한 논쟁을 일삼는 사람들을 그런 명칭으로 일컬었던 것이다. 한편, 그는 에우클레이데스(Eukleides), 에우불리데스(Eubulides) 같은 소(小)소크라테스 학파(Minor Socratics)를 논쟁학파라고 부르기도 한다. C. Eucken, *Isokrates. Seine Positionen in der Auseinandersetzung mit den zeitgenössischen Philosophen*, Berlin, 1983, p.10 ; W. Jaeger, *Paideia*, III, p. 59 참조.
5) 안티도시스는 원래 '교환'을 뜻하는데, 아테네에서는 부자들의 공역(公役)과 관련된 재산 교환제도를 가리키는 말이었다. 공역을 부담하게 된 시민이 자신보다 더 부유하다고 생각하는 시민에게 그 임무를 대신 이행하든지 아니면 공역 수행기간 동안 서로 재산을 교환하든지 하라고 요구할 수 있었다. 그런 재산 교환을 안티도시스라고 한다. 만일 그 상대방이 안티도시스 요구를 거절할 경우, 둘 중 누가 공역을 수행할지는 소송을 통해 법정에서 결정되었다.
6) 필로스트라토스(Philostratos), 『소피스트 전기』 1. 17. 발표 연대를 기원전 388년이나 384년으로 보기도 하지만, 「파네기리코스」 126의 언급을 근거로 기원전 380년으로 보는 것이 일반적이다. 이소크라테스의 연설문 「파네기리코스」의 이름은 *panēgurikos*라는 형용사에서 나온 것인데, ho logos(연설·말)가 생략된 것이다. *panēgurikos*는 '공공제전을 위한(기리는), 과시적인'이라는 뜻이므로, 「파네기리코스」는 제전을 위한 축사(찬사)라고 할 수 있다. 이소크라테스의 이 연설문은 올림피아 제전에서 축사로 발표되었다고 한다.

여기서 그는 그리스의 무분별한 전쟁 상황을 비판하고 그리스인의 화합과 이민족 원정을 주장하는 범그리스주의 구상을 최초로 공표했다. 「평화에 관해」는 기원전 355년경 동맹국전쟁이 종결되기 직전에 씌어진 것인데, 여기서 이소크라테스는 아테네가 해상 지배정책을 포기하고 평화정책을 시행할 것을 촉구한다. 「필리포스」는 범그리스주의 구상을 재차 강조한 것인데, 기원전 346년 필로크라테스 평화가 체결된 직후의 것으로 보인다. 여기서 그는 그리스인의 화합과 이민족 원정을 지고(至高)의 과업으로 찬미하고 필리포스에게 그 과업의 지도자가 되기를 권유한다. 「필리포스」는 「파네기리코스」와 더불어 이소크라테스의 범그리스주의 구상이 체계적으로 잘 묘사된 대표적인 작품이다.

수사학 교사 이소크라테스

이소크라테스의 수사학 교육

이소크라테스는 현실정치에 직접 참여하기보다는 교육과 저술을 통해 사회에 대한 전망을 제시하고자 했다. 그는 기원전 390년경 아테네에 수사학 학교를 개설했다. 그때는 아직 플라톤의 아카데미아가 설립(기원전 387년경) 되기 전이므로, 그의 학교는 아테네 최초의 상설 고등교육기관이었다고 할 수 있다. 그뒤 그의 수사학 교육은 플라톤의 교육과 더불어 기원전 4세기 그리스의 교육과 문화를 선도했다.

이소크라테스는 기존 교육을 두 가지 방향에서 비판했는데, 하나는 사변적이고 비실제적인 이론 교육을 겨냥한 것이고 다른 하나는 도덕성이 결여된 수사학 교육을 향한 것이었다. 비현실적인 이론교육에 대한 비판은 논쟁학파의 교육과 플라톤의 아카데미아 교육을 염두에 둔 것이었다. 이소크라테스는 그들이 논쟁을 위한 논쟁을 일삼고 실생활과 무관한 공허한 사변을 가르친다고 비판했다. 반면, 소피스트들에 대해서는 그들의 교육이 도덕이나 시민적 덕성과는 무관하고 탐욕과 사리사욕을 위한 교육임을 비판했다.

그렇지만 그는 수사학 교육이 잘못 이용되는 실태를 비판한 것이지 수사학 교육 자체를 부정하지는 않았다. 그는 수사학 교육이 공익적인 주제를 다루고 시민적인 덕성을 함양한다면 인간에게 유익한 것이라고 보았다.

이소크라테스가 대안으로 제시한 교육은 '필로소피아' 교육이었다. '필로소피아'란 당시 아테네에서 어느 특정 학파의 전용어(專用語)가 아니었다. 오늘날처럼 '철학'의 의미로 사용되는 것은 플라톤이 사용하던 필로소피아 개념이다. 기원전 4세기 아테네는 각기 자신의 필로소피아를 교육목표로 삼은 교육자들의 경연장이었다. 플라톤의 필로소피아가 철학이었다면, 이소크라테스의 필로소피아는 수사학 교육과 관련된 것이었다. 이소크라테스의 필로소피아는 인간으로 하여금 더욱 분별 있는 정신과 정의로운 인격을 갖도록 하는 정신 교육이었다. 그는 필로소피아 교육을 통해 말하는 것(웅변술)과 생각하는 것(사고력), 행동하는 것(윤리성·공익 중시)이 합치된 전인적인 인간을 양성하고자 했다. 요컨대 그가 대안으로 제시한 교육은 실제로 유용한 교육, 구체적이고 경험적인 지식을 배우는 교육, 공익과 사회정의를 위한 교육이었다.

반면, 그의 경쟁자 플라톤의 교육이념은 이소크라테스와 달랐다. 플라톤의 교육이념은 그의 인식론과 긴밀하게 연관되어 있다. 그는 현상세계에 대한 지식인 독사(doxa)보다 실재의 세계에 대한 지식인 에피스테메(episteme)를 더욱 차원 높은 것으로 보았고, 절대 불변의 영원한 진리를 추구하는 필로소피아를 최고의 학문으로 간주했다. 이는 이소크라테스가 에피스테메에 대한 인식을 불가능한 것으로 보고 경험적이고 실제적인 지식을 추구한 것과 대조를 이룬다. 그래서 플라톤은 철학과 철학의 보조학문인 수학·기하학·천문학에 대한 교육을 강조한 반면, 수사학은 보편적인 진리성과 도덕성이 결여되어 있다는 이유로 배척했다. 수사학을 교육의 중심으로 삼았던 이소크라테스와는 이 점에서도 대조를 이룬다. 플라톤의 교육목표는 인간 세계에 대한 경험지식을 얻는 데 있지 않고 진리 발견을 위한 이성적 사유 능력을 계발·증진시키는 데 있었던 것이다.

이소크라테스의 제자들

이소크라테스의 학교는 그 무렵 아테네에서 가장 번창했던 것으로 보인다. 그의 학생들은 아테네뿐만 아니라 그리스 일대에서 모여들었으며, 그 수는 100여 명에 이르렀다고 한다.[7] 이소크라테스는 그리스 도처에서 많은 학생들이 자신의 교육을 받기 위해 아테네로 찾아온다고 자랑스러워했다. 이소크라테스의 전체 제자 수가 100명이었다고 보면, 그의 학생들이 3년 또는 4년 동안 교육받았다고 하므로 이소크라테스는 한 번에 6~8명의 학생들을 가르쳤을 것으로 보인다.[8]

이소크라테스의 대표적인 제자로는 아테네의 장군 티모테오스(Timotheos), 연설가 히페리데스(Hyperides), 역사가 테오폼포스(Theopompos)와 에포로스(Ephoros), 비잔티온의 연설가 피톤(Python) 등이 있었으며, 한 국가의 지배자들도 포함되어 있었다. 현재 확인된 그의 제자들의 면모를 살펴보면, 외국인보다 아테네인이 더 많고 현실정치에 관계한 인물들(정치가, 통치자, 유력 시민 등)이 많다. 이소크라테스의 학생 가운데 아테네인이 많았다는 것은 민주정치에서 정치적으로 성공하려는 청년들이 그의 학교에서 수사학을 배우고자 했음을 말해준다. 또 아테네인이 아닌 제자들도 대부분 에게 해 연안국가 출신이었는데, 그 지역의 정치체제는 아테네처럼 민주정이었을 가능성이 크기 때문에 그들 역시 조국의 현실정치에 유용한 수사학을 배우기 위해 몰려들었을 것이다.

그의 학교가 수사학학교로서 번성했다는 것은 이소크라테스의 제자 가운데 특출한 수사학자와 연설가들이 많은 것을 보아서도 입증된다. 아테네의 연설가 히페리데스 · 리쿠르고스(Lykurgos) · 이사이오스(Isaios), 수사학자 케피소도로스(Kephisodoros), 비잔티온의 연설가 피톤, 밀레토스의 연설가 필리스코스(Philiskos), 파셀리스의 연설가 테오데크테스(Theodektes) 등이

---
[7] 플루타르코스 위서, 『연설가 10인전』, 837C.
[8] 이소크라테스의 학생 수에 관해서는 김봉철, 앞의 책, 166~167쪽 참조.

그의 학교에서 교육받았던 것이다. 반면 그의 학교는 이론적인 탐구나 순수 학문 분야에서 특출한 학생을 거의 배출하지 못했다. 이는 이소크라테스의 학교가 그의 교육이론대로 현실적으로 유용한 지식을 중시하고 비실제적인 학문이나 이론 탐구를 배척했다는 것을 말해준다.

이소크라테스의 이러한 교육은 플라톤의 학교와 대조적인데, 플라톤의 학교에서는 비(非)아테네인의 수가 아테네인보다 훨씬 많고 철학과 수학 등 분야의 전문적인 학자들이 많이 배출되었던 것이다. 이는 아카데미아가 플라톤의 교육이념대로 철학과 이론적인 순수학문 중심으로 교육했음을 말해준다. 아카데미아는 단지 교육만을 위한 학교가 아니었고 교육과 연구활동이 함께 이루어진 학업공동체였다. 아카데미아에서는 그 학교 출신 학생들이 교사와 연구자로 충원되어 교육과 연구인력으로 확대재생산되는 구조를 갖추고 있었다.[9] 이는 이소크라테스의 학교가 수사학 교육에만 치중하여 학문의 축적과정을 이루지 못한 것과 비교되는 점이다. 그 결과 아카데미아가 플라톤 사후에도 계속 운영되어 서기 525년까지 존속한 반면, 이소크라테스의 학교는 그의 죽음과 함께 쇠퇴하게 되었다.

이소크라테스와 플라톤은 같은 시대(기원전 4세기)에 같은 장소(아테네)에서 활동한 교육자이면서도, 각기 다른 교육목표와 교육과정을 구상하고 실천했다. 이소크라테스는 실제적인 현실문제를 철저하게 자신의 학교 속으로 끌어들였다. 그는 세속적인 출세와 이익을 갈망하는 청년들에게 그것을 위한 기술인 수사학을 교육했다. 그러면서도 그는 수사학과 윤리를 결합시켜 수사학을 통한 전인교육(全人敎育)을 추구했다. 반면에 플라톤은 현실적인 문제에 대해 직접적인 대응을 피했다. 대신 그는 철학자 양성이라는 지도자 교육론을 통해 자신의 이상을 제시하고 철학 교육에 치중했다. 이소크라테스가 민주정이라는 현실제도를 인정하며 그 안에서의 개선을 위한 교

---

9) 아카데미아의 조직과 운영에 관해서는 F. A. G. Beck, *Greek Education*, London, 1964, pp. 227~239 ; J. P. Lynch, *Aristotle's School*, Univ. of California Press, 1972, pp. 54~63, 75~83 참조.

육에 목표를 두었다면, 플라톤은 민주정이라는 기반을 전적으로 부정하며 철학자 정치라는 비현실적인 대안을 제시했던 것이다.

범그리스주의의 대표자 이소크라테스

이소크라테스의 범그리스주의

이소크라테스는 기원전 4세기 범그리스주의 이념의 대표자였으며, 범그리스주의는 그의 대표적인 정치사상이었다. 그렇지만 이소크라테스가 그리스에서 범그리스주의를 최초로 주창한 것은 아니었다. 그리스인들은 벌써 상고기[10] 이래 올림피아 제전 등을 중심으로 그들의 공동체의식을 키워왔다. 그들은 공동의 언어, 공동의 종교행사를 통해 그들이 공동의 집합체임을 어느 정도 의식하고 있었다.

그러나 그리스인들의 독자적인 공동체의식은 문화적인 차원에 머물렀을 뿐, 더 이상 진전되지 못했다. 상고기 그리스에는 정치적 공동체로서의 그리스인에 대한 의식이 전혀 존재하지 않았던 것이다. 범그리스주의 관념의 형성에서 중대한 전환점이 된 것은 페르시아 전쟁이었다. 그리스인은 페르시아라는 외부의 강력한 위협에 직면하면서, 전쟁 도중에 일시적이나마 범그리스적인 연합을 처음 경험하게 되었다. 말하자면 이것이 범그리스주의의 출발점이었다. 종래에 문화적인 개념에 머물러 있던 그리스인의 동류의식이 미약하나마 이제 정치적인 차원으로 진전되었던 것이다.

범그리스주의가 그리스에서 본격적인 화두로 등장한 것은 기원전 5세기 말이었다. 그 선구적인 주창자들은 소피스트인 고르기아스와 아테네의 연설가 리시아스(Lysias)였다.

---

10) 고대 그리스의 역사는 미케네 문명(기원전 2000년경~1100년경), 암흑기(기원전 1100년경~800년경), 상고기(上古期, 기원전 800년경~479년), 고전기(기원전 479~338년), 헬레니즘 시대(기원전 323~146년), 로마 지배기(기원전 146년~기원후 476년)로 구분할 수 있다. 이 가운데 상고기와 고전기의 분기점은 페르시아 전쟁이다.

고르기아스는 레온티니 출신의 소피스트로 그리스 각지를 순회하며 수사학을 교육하는 직업교사였다. 그는 자신의 연설문「올림피아코스」(기원전 408년의 것으로 추정)에서 그리스인의 화합과 이민족 원정에 대한 구상을 표명했다고 전해진다. 그 연설문이 남아 있지 않기 때문에 자세한 내용은 확인할 수 없지만, 그가 제창한 두 가지 주장, 즉 그리스인 사이의 화합과 이민족에 대한 그리스인의 공동원정은 그뒤 범그리스주의 이념의 핵심적인 논제가 되었다.

리시아스도 비슷한 견해를 제시했다. 그는 자신의 연설문「올림피아코스」(기원전 388년경의 것으로 추정)에서, 그리스인들이 상호간의 분쟁을 중지하고 페르시아와 시라쿠사의 위협에 대처해야 한다고 주장했다. 그는 이민족이 그리스인과 서로 적대적인 관계에 있다는 것을 부각시키고 내심 이민족에 대한 원정을 암시했다. 그의 범그리스주의 주장 역시 고르기아스의 주장과 크게 다르지 않았다.

이러한 선구적인 기반을 바탕으로 범그리스주의 이념의 확립과 실천에 평생을 바친 인물이 이소크라테스였다. 그의 범그리스주의 구상은 기본적으로 고르기아스와 리시아스의 주장을 수용한 것이었다. 따라서 그의 범그리스주의 이념은 독창적인 구상이 아니라 선대의 생각을 이어받은 것이라고 할 수 있다. 그런데도 이소크라테스가 기원전 4세기 범그리스주의 이념의 대표적인 인물로 평가받는 것은 그가 범그리스주의 이상을 실천하기 위해 지대한 노력을 기울였기 때문이다. 또한 그는 고르기아스와 리시아스의 주장을 더욱 체계화하고 새 논지를 첨가하여 범그리스주의 이념을 더욱 확고하게 정립했다. 이소크라테스는 당시 그리스에서 범그리스주의 이념이 왜 필요한지에 대해 구체적인 설명을 추가했다.

이소크라테스의 범그리스주의는 당대의 주요 폐해, 즉 그리스인들간의 끊임없는 전쟁 및 빈곤화 양상과 연관된 것이었다. 그는 전쟁의 폐해를 막기 위해 그리스인의 동족성과 화합을 주장했고, 빈곤의 폐단을 해소하기 위해 이민족 원정을 제시하였다. 이민족의 땅을 점령·식민하여 토지 없는 빈민에게 토지를 제공하고 그로써 폴리스 내부의 안정을 도모할 수 있다는 것이었다. 그는 당시의 정치적·사회경제적 문제들에 대한 해결방안으로 범그리스주의 이념을 주장했던 것이다.

이소크라테스가 범그리스주의 이념을 체계적으로 표명한 것은 「파네기리코스」에서였다. 물론 그에 앞서 「헬레네」에서도 범그리스주의의 편린을 다소 드러내기는 했지만 역시 근본적인 체계는 「파네기리코스」에서 확립되었다. 이소크라테스는 「파네기리코스」를 쓰는 데 10년 정도의 기간을 들였다 하므로, 그가 범그리스주의를 표방한 시점은 기원전 390년경이었을 것으로 보인다.

이소크라테스의 범그리스주의는 그리스인이 공동의 운명을 지닌 집단임을 인식하는 데에서 출발한다. 그는 그리스가 그리스인의 공동의 조국이라는 것을 강조했다. 이러한 동족의식은 외부의 강력한 위협세력을 설정함으로써 더욱 분명해진다. 이민족, 특히 페르시아인을 그리스인의 적대자로 설정함으로써 그리스인의 결속을 다지는 것은 페르시아 전쟁 이후 흔한 관례였다. 더욱이 기원전 4세기에는 페르시아가 그리스에서 정치적 영향력을 다시 강화하고 있었기 때문에, 그리스에서는 페르시아에 대한 적대감이 확대되고 있었다. 그리스인의 화합을 강조하던 이소크라테스로서는 페르시아라는 강력한 외부의 적을 적극 부각시켜 그리스인의 단합을 촉구하고자 했다. 그에게는 이민족이 그리스인과 양립할 수 없는 선천적인 적대자였다.

그리스인의 동족의식과 페르시아인에 대한 우월의식에 기반을 둔 이소크라테스의 범그리스주의는 두 가지 기본적인 행동계획을 지니고 있었다. 그것은 그리스인들간의 화합과 이민족에 대한 공동원정이었다. 특히 이민족 원정에 대한 그의 집념은 각별한 것이었다. 그는 이민족 원정이 그 자체로서 고귀한 일일 뿐 아니라 그리스에 유익한 일이라는 점을 강조했다. 그는 당시 그리스의 큰 폐해였던 빈곤문제와 그로 인한 사회적 불안에 대한 해결을 이민족 원정과 연관시켜 주장했던 것이다. 그가 제시한 이민족 원정의 목적이 그러하다면, 이소크라테스 범그리스주의의 두 가지 기본계획의 관계가 분명해진다. 실천적인 측면에서는 먼저 그리스인의 화합이 충족된 뒤에 이민족에 대한 공동원정이 성사될 수 있다. 그런데 이소크라테스는 이민족 원정을 통해 그리스 내의 빈곤을 퇴치하고 그로써 폴리스의 안정과 그리스인의 화합을 정착시키고자 했다. 따라서 두 계획의 관계는 실천적인 측면에서는 선후관계로 볼 수 있지만, 그 내적인 논리에서는 상호보완적인 관계로 봐야 할 것이다.

범그리스주의와 현실정치

이소크라테스는 자신의 범그리스주의 구상의 실천을 위해 헌신적으로 노력했다. 그는 자신의 범그리스주의를 실천할 수 있는 국가나 개인이 등장할 때마다 그들에게 그 실천을 촉구하곤 했다. 이소크라테스의 생애는 그리스인의 이민족 원정을 실현하기 위해 바친 삶이었다.

이소크라테스가 「파네기리코스」에서 자신의 범그리스주의를 실천할 첫 번째 지도자로 지목한 것은 아테네와 스파르타였다. 그는 모든 그리스 국가들이 이 두 국가에 의존해 있는 상황에서 그리스인의 행동 통일을 위해 두 국가의 우호가 반드시 필요하다고 판단했다. 그래서 그는 이 두 국가들이 서로 동등하게 그리스의 지도권(hegemonia)을 나누어 갖는 것이 타당하다고 보았다. 그러나 이소크라테스의 희망과는 달리, 그리스는 여전히 계속되는 전쟁에 시달렸고 페르시아 왕의 정치 개입도 여전했다. 그가 그리스의 공동지도국으로 기대한 아테네와 스파르타도 모두 범그리스주의 이념을 외면한 채 자국 중심의 패권정책을 추진해나갔다.

그뒤 이소크라테스는 「파네기리코스」와 같은 대중연설 방식으로는 별 효과가 없음을 깨닫고, 자신의 이념을 실현할 수 있는 강력한 권력자에게 직접 호소하는 방식을 택했다. 그는 당대의 여러 권력자들에게 그리스인의 지도자가 되어 자신의 이념을 실천해줄 것을 요청했다. 이소크라테스는 페라이의 권력자 이아손(Iason)과 시라쿠사의 디오니시오스 1세에게 직접적으로든 간접적으로든 이민족 원정을 권유했을 것으로 보인다.

그가 가장 적극적으로 권유한 인물은 마케도니아의 필리포스 2세였다. 이소크라테스는 연설문 「필리포스」에서뿐 아니라 서간 2와 서간 3에서도 계속 필리포스를 범그리스적인 지도자로 주목했다. 그가 자신의 구상을 실현할 지도자로 필리포스를 선택한 이유는 필리포스가 부와 권력을 지닌 인물이었기 때문이다. 이소크라테스가 다분히 현실적인 이유에서 필리포스를 찬미했다는 것은 필리포스에 대한 그의 평가를 통해서도 입증된다. 사실 그는 필리포스가 그리스 내에서 영향력 있는 인물로 등장하기 전에는 그에게 별 관심을 나타내지 않았다. 그러나 필리포스가 많은 전쟁과 원정에서 탁월한 성공을 거두고 막강한 권력자로 떠오르면서 그는 이소크라테스의 관심을 끌게 된다.

기원전 4세기 후반 필리포스가 그리스 내에서 강자로 부각되면서, 그에 대한 아테네의 여론은 두 갈래로 나뉘었다. 한편에서는 그가 그리스 내의 최고 실력자라는 현실을 인정하며 그와 평화적인 관계를 유지하고자 했고, 다른 한편에서는 그를 아테네와 그리스의 자유를 침해하는 정복자로 간주하며 그와의 싸움을 독려했다. 친(親)필리포스 진영에는 이소크라테스, 연설가 아이스키네스(Aischines), 히페리데스, 장군 포키온(Phokion), 플라톤의 친척 스페우시포스(Speusippos)가 속했고, 반(反)필리포스 진영의 대표자는 연설가 데모스테네스였다. 양측의 대립은 기원전 340년대 말까지 서로 팽팽하게 진행되었다.

이소크라테스는 끝까지 필리포스에 대한 기대를 포기하지 않았다. 그는 기원전 342년경 필리포스와 그 아들 알렉산드로스에게 각기 서간을 보냈으며, 그의 마지막 연설문인 「판아테네코스」에서도 여전히 필리포스에 대한 관심을 드러내고 있다. 카이로네이아 전투 이후 그가 죽기 직전에 필리포스에게 썼다는 서간에서도 필리포스에 대한 기대와 찬미가 표출되어 있다.

그러나 이소크라테스 생전에 그의 권유를 받아들여 범그리스주의 구상을 구체적으로 실천한 권력자는 없었다. 물론 그의 범그리스주의 이념과 연결 지어 설명할 수 있는 사건들이 없지는 않았다. 예컨대 이아손이 이민족 원정의 기치를 내건 일이나 필리포스가 코린토스 회의에서 페르시아 원정을 결의하고 훗날 알렉산드로스 대왕이 원정에 나선 일을 그런 사례로 들 수 있다. 이 사건들은 모두 외형상으로는 이소크라테스의 범그리스주의 구상과 맥락을 같이하는 것이었다. 이아손의 경우, 그가 내건 구호와 「파네기리코스」의 구절이 서로 비슷한 것으로 드러난다. 아직 이아손의 구상에 대한 이소크라테스의 직접적인 연관성이 확인되지는 않았지만, 그래도 이소크라테스의 범그리스주의 선전이 간접적이나마 이아손의 결정에 영향을 미쳤을 것으로 보인다.

기원전 338년의 코린토스 회의에서 의결된 내용 역시 이소크라테스의 범그리스주의 구상과 매우 비슷하다. 코린토스 회의에서는 모든 그리스인들의 자유와 독립이 천명되고 그리스 전체의 '일반적 평화'가 추구되었으며, 또 페르시아 원정이 의결되고 필리포스가 총사령관으로 선출되었다.[11] 필리포스는 그 회의에서 그리스인의 평화와 페르시아 원정을 통해 자신의 그리스 지배권을 확립하고자 했다. 그런데 그가 그런 주장을 제기한 것은 그리스 내의 범그리스주의 여론을 의식한 탓이었다고 보이며, 그 여론 형성의 중심에는 이소크라테스가 있었다.

결론

이소크라테스의 생애는 고전기 그리스의 마지막 격동기와 그대로 일치한다. 펠로폰네소스 전쟁에서 카이로네이아 전투에 이르는 100여 년의 시기는 고대 그리스 역사상 가장 변화무쌍하고 혼잡한 시대였다. 그 역사의 격변 속에 이소크라테스가 있었다. 그는 아테네의 교육자이자 그리스의 국내 문제에 지대한 관심을 가진 지식인이었다. 그 역시 플라톤처럼 아테네 사회

---

[11] 코린토스 회의의 결의에 대한 당대 자료는 한 비문(Tod, *GHI*, no. 177)과 데모스테네스, 『알렉산드로스와의 협약에 관해』이고, 후대 자료로는 디오도로스, 16. 89. 2~3 등이 있다.

에 많은 불만을 품고 있었다.

그러나 이소크라테스는 교육과 학문 속으로 도피하지 않고 현실에 대한 개혁을 줄기차게 요구했다. 그는 당시 그리스의 곤경에 대한 해결을 범그리스주의에서 찾았다. 그가 보기에 모든 문제의 진원지는 전쟁이었다. 그는 그리스인들간의 전쟁을 막고 새로운 돌파구를 만들기 위해 페르시아 원정을 구상했다. 그 페르시아 원정은 그리스에 막대한 경제적 이득을 가져다 주고, 그로써 그리스의 경제적 빈곤화와 사회적 알력을 마저 해결할 수 있을 것이었다.

그는 자신의 구상을 실천하기 위해 부단한 노력을 기울였다. 비록 그 자신이 정치 일선에서 직접 활동하지는 않았지만, 실천력 있는 국가나 개인을 찾아 끊임없이 자신의 구상을 설파했다. 이소크라테스가 그의 시대를 대변했다는 평가를 받는 것은 현실문제에 대한 열렬한 관심과 적극적인 실천의지 때문이었다. 그에게 이처럼 현실에 대한 정확한 이해와 현실을 개선하려는 열정이 있었기 때문에, 그의 연설문 속에는 그 시기의 그리스가 생생하게 살아 있다. 그래서 우리는 이소크라테스를 통해 기원전 4세기의 그리스를 들여다볼 수 있는 것이다.

이소크라테스의 꿈은 그의 생전에 실현되지 못했다. 그러나 이후 그리스의 역사를 볼 때, 이소크라테스는 그리스가 나아가야 할 방향을 제시했다고 할 수 있다. 필리포스가 죽은 뒤 그의 아들 알렉산드로스 대왕이 부왕의 페르시아 원정 계획을 승계하여 성사시켰다. 알렉산드로스는 개인적인 야망을 충족시키고 그리스에서 지배권을 확립하기 위해 페르시아 원정을 결정했을 것이지만, 원정에 대한 구상을 끊임없이 홍보하고 호의적인 여론을 만들어낸 것은 이소크라테스의 역할이었다. 그런 점에서 이소크라테스는 고전기 그리스와 헬레니즘 시대 그리스를 잇는 교량 구실을 했던 것이다.

참고문헌

김봉철, 「前 367/6년의 평화 실패와 그리스인-페르시아인의 관계」, 『서양사론』 43, 1994, 31~93쪽.
김봉철, 『전환기 그리스의 지식인, 이소크라테스』, 신서원, 2004.
이형의, 「고전기 희랍인의 동방관」, 고려대학교 박사학위 논문, 1993.
최자영, 「두 가지 그릇된 자유와 민중을 위한 정치」, 『역사교육논집』 23~24, 1999, 1~28쪽.

N. H. Baynes, "Isocrates," *Byzantine Studies and Other Essays*, Univ. of London, 1955, pp. 144~167.
F. A. G. Beck, *Greek Education*, London, 1964.
K. Bringmann, *Studien zu den politischen Ideen des Isokrates*, Göttingen, 1965.
E. Buchner, *Der Panegyrikos des Isokrates*, Historia Einzelschriften 1958, Heft 2.
P. Cloché, *Isocrate et son temps*, Paris, 1963.
G. Dobesch, *Der panhellenische Gedanke im 4. Jh. v. Chr. und der "Philippos" des Isokrates*, Wien, 1968.
V. H. Ekaterina, & T. W. Benson, *Logos and Power in Isocrates and Aristotle*, Univ. of South Carolina Press, 2004.
C. Eucken, *Isokrates. Seine Positionen in der Auseinandersetzung mit den zeitgenössischen Philosophen*, Berlin, 1983.
M. I. Finley, *Studies in Land and Credit in Ancient Athens, 500~200*, Oxford, 1985.
A. Fuks, *Social Conflict in Ancient Greece*, Jerusalem, 1984.
P. Funke, *Homonoia und Arche*, Historia Einzelschriften, Heft 37, Wiesbaden, 1980.
H. -J. Gehrke, *Stasis. Untersuchungen zu den innerren Kriegen in der griechischen Staaten des 5. und 4. Jahrhuderts v. Chr.*, München, 1985.
W. K. C. Guthrie, *The Sophists*, Cambridge Univ. Press, 1971.
W. Jaeger, *Paideia* I-III, G. Highet 영역, Oxford Univ. Press, 1944.

R. C. Jebb, *The Attic orators from Antiphon to Isaeus*, London, 1876.
J. Kessler, *Isokrates und die panhellenische Idee*, Paderborn, 1911.
H. G. Kleinow, *Die Überwindung der Polis im frühen 4. Jahrhundert v. Chr., Studien zum epitaphischen Tatenkatalog und zu den panhellenischen Reden bei Lysias, Platon und Isokrates*, Erlangen, 1982.
V. Laourdas, *Ho Isokrates kai he epoche tou*, Athena, 1944.
A. Lintott, *Violence, Civil Strife, and Revolution in the Classical City, 750~330 B.C.*, Johns Hopkins Univ., 1981.
H. I. Marrou, *A History of Education in Antiquity*, G. Lamb 영역, London, 1956.
G. Mathieu, *Les idées politiques d'Isocrate*, Paris, 1925.
E. Mikkola, *Isokrates. Seine Anschauungen im Lichte seiner Schriften*, Helsinki, 1954.
C. Mossé, *La fin de la démocrtie athénienne*, Paris, 1962.
―――, *Athens in Decline 404~86 B.C.*, London, 1973.
K. Münscher, "Isokrates," *RE* IX, cols. 2146~2227.
W. Nestle, "Spuren der Sophistik bei Isokrates," *Philologus* 70, 1911, pp.1~51
G. Norlin 옮김, *Isocrates*, vol.1~2, Harvard Univ. Press, 1966~68.
H. W. Parke, *Greek Mercenary Soldiers*, Oxford, 1933.
S. Perlman, "Isocrates' 'Phillipus' and Panhellenism," *Historia* 18, 1969, pp. 370~374.
―――, "Panhellenism, the Polis and Imperialism," *Historia* 25, 1976, pp. 1~30.
――― 편, *Philip und Athens*, Cambridge, 1973.
T. Poulakos 외 편, *Speaking for the Polis: Isocrates' rhetorical education*, Univ. of South Carolina Press, 1997.
T. Poulakos & D. Dephew 편, *Isocrates and Civic Education*, Univ. of Texas Press, 2004.
S. Preuss, *Index Isocrateus*, Hildesheim, 1963.
P. Roth, *Der Panathenaikos des Isokrates: Übersetzung und Kommentar*, München, 2003.
M. B. Sakellariou, "Panhellenism: From Concept To Policy," *Philip of Macedonia* (M. B. Hatzopoulos 외 편, *Athens*, 1980), pp.128~145, 242~245.
G. Schmitz-Kahlmann, *Das Beispiel der Geschichte im politischen Denken des Isokrates*, Leipzig, 1939.
F. Seck 편, *Isokrates*, Darmstadt, 1976.

T. A. Sinclair, *A History of Greek Political Thought*, London, 1951.
B. S. Strauss, *Athens After the Peloponnesian War*, London, 1986.
Y. L. Too, *The Rhetoric of Identity in Isocrates: text, power, pedagogy*, Cambridge University Press, 1995.
S. Usener, *Isokrates, Platon und ihr Publikum: Hörer und Leser von Literatur* im 4. *Jahrhundert v. Chr.*, Tübingen, 1994.
L. Van Hook 옮김, *Isocrates*, vol.3, Harvard Univ. Press, 1968.
G. P. Welskopf 편, *Hellenische Poleis* I–III, Berlin, 1974.
A. Westermann 편, *Biographi Graeci Minores*, Amsterdam, 1964.
S. Wilcox, "Criticisms of Isokrates and His Φιλοσοφία," *TAPA* 74, 1943, pp. 113~133.
H. Wilms, *Techne und Paideia bei Xenophon und Isokrates*, Stuttgart, 1995.

데모스테네스

수사(修辭)의 전설

● 김헌(서울대 강사 · 서양고전문헌학)

1

국회의원같이 대중에 의해 뽑힌 대표자들이 아니라, 대중을 이루는 자유시민들이 직접 한 곳에 모여 도시국가 폴리스의 정책과 법안을 심의하고 결정하던 곳. 시민들 사이에 민사상의 분쟁이 생길 때도, 그 분쟁에 연루된 당사자들이 오늘날과 같은 검사나 변호사의 도움 없이 직접 법정에 나서서 고발하고 그에 대해 직접 변호하던 곳. 그곳은 바로 서구 민주주의의 원형을 발명해낸 고대 그리스의 아테네였다.

아테네의 민주주의를 이해하는 데 가장 중요한 것은 연설가들의 활동이라고 할 수 있을 것이다. 연설가란 특정한 직업을 지칭하기 이전에, 공적인 자리에서 말하는 사람을 일반적으로 가리키는 용어였지만, 차차 하나의 전문가를 지칭하는 용어로 굳어지게 된다. 전문적인 연설가들은 정책 토론에 참여하여 개인의 의견을 직접 피력하거나 특정 당파의 입장을 대변하고, 법정에 서야 하는 평범한 개인을 위해 요령 있는 변론 또는 고발을 위한 연설문을 대신 써주거나, 공공의 적으로 규정될 수 있는 사람을 직접 고발하고, 반대로 고발의 대상이 되는 경우에는 직접 자신을 변호하는 법정활동을 했던 사람들이다. 고대 아테네에서 활동한 대표적인 연설가들 가운데 단연 돋보이는 인물이 바로 데모스테네스(기원전 384~322년)이다.

그는 연설 수사학자들은 물론, 아테네 시민들 사이에서도 공인된 그리스 최고의 연설가로 인정받고 있었다. 그의 이름으로 남아 있는 연설문은 약 63편을 헤아리지만, 그 중 3분의 2 정도만이 분명하게 그의 작품이라고 할 수 있으며, 나머지는 동시대의 다른 연설가들이 쓴 작품들이 그의 작품 목록 속으로 끼어들어간 것으로 추측된다. 그의 연설문이 탁월했기 때문에 그의 연설문을 모방하는 경우가 많았을 것이고, 그 모방된 연설문 가운데는 그의 것이라 여겨질 만큼 훌륭하게 모방된 작품들도 적지 않았을 것이다.

데모스테네스의 연설문은 크게 네 범주로 분류될 수 있다. ① 의회에서 행한 연설(약 15편), ② 공적인 활동과 관련된 정치적 변론(약 7편), ③ 개인적인 생활과 관련된 민사 변론(약 23편), ④ 장례식에서 행한 추도 연설(1편). 그는 전통적인 형식을 존중하며, 아테네의 공적인 연설의 제도적 범주 안에서 연설문을 작성하고 실제로 행한 인물이다. 그의 연설문은 역사적 사실에 대한 교훈을 토대로 현실의 문제에 방향을 제시하는 한편, 탄탄한 수사적 논리를 바탕으로 풍부한 감성적 호소력을 갖추고 있었다. 플루타르코스는 아테네의 10대 연설가 가운데 가장 돋보이는 그를 로마의 최고 연설가 키케로에 비교하여 우리에게 전해준다. 이 글은 플루타르코스의 전기를 중심으로 데모스테네스를 소개하려는 목적으로 작성하였다.

2

간밤에 데모스테네스는 꿈을 꾸었다. 장소는 비극 경연대회가 열리는 극장(劇場). 그는 배우 복장으로 극장에 서 있고, 맞은편에는 '탈주자 사냥꾼'이라는 별명이 붙어 있던 아르키아스가 나타난다. 탈주자 데모스테네스는 탈주자 사냥꾼과 비극작품에서 연기 경쟁을 하고 있는 것이다. 이 경연대회의 분위기는 매우 살벌하고 비장하다. 그는 상대를 이겨야만 살아남을 수 있기 때문이다. 그는 혼신의 힘을 다해 많은 연기를 했고, 매혹적인 대사로 관객의 호응을 얻어내는 데 성공한다. 그가 이긴 것일까? 승리감에 빠지기엔 아직 이르다. 이어 출전한 아르키아스 팀의 연기는 더욱 강렬하게 관객을 사로잡는다. 관객들은 환호하고 갈채한다. 그는 풍부한 무대장비를 갖추고 잘 훈련된 합창단을 동반하여 데모스테네스를 완벽하게 압도한 것이다. 꿈은 현실이 된 것일까?

평생을 반(反)마케도니아 운동에 바쳤던 데모스테네스는 안티파트로스와 크라테로스가 아테네 쪽으로 접근해오고 있다는 소식을 전해 듣고 측근들과 함께 도시를 제일 먼저 빠져나와 달아났었다. 이에 흥분한 대중은 데마데스가 발의문을 제출하자, 즉각 그들의 사형을 선고해버렸다. 사형 집행을 피해 그들은 사방으로 뿔뿔이 흩어져 달아났고, 안티파트로스는 그들을 추격하기 위해 군사들을 모아 내보냈다. 그 추적대의 책임 대장이 바로 '탈주자 사냥꾼' 아르키아스였던 것이다. 이 사람은 먼저 아이기나로 도망쳐 내려갔던 반마케도니아 진영의 연설가 히페리데스와 히메라이오스를 잡아끌어내 클레오나이에 있는 안티파트로스에게 후송시켰다. 거기에서 그들은 몰살당했다. 히페리데스는 목숨이 붙어 있는 상태에서 혀가 잘렸다고 전해진다. 이제 남은 것은 반마케도니아 운동의 선봉장인 데모스테네스.

집요한 탈주자 사냥꾼은 데모스테네스가 카라우리아에 있는 포세이돈의 신전에 탄원자 신분으로 자리잡고 있다는 정보를 입수하였다. 그는 노련한 트라키아 창잡이들과 함께 작은 배를 저어 지체없이 그곳으로 달려갔다. 곧 데모스테네스는 그의 출현에 직면해야 했다. 그는 음험한 미소를 흘리며 데모스테네스에게 협상안을 제시한다. 어떤 험한 꼴도 당하지 않을 테니, 조용히 자기와 함께 안티파트로스에게 가자고 떠보는 것이다. '이제 모든 것이 끝났구나. 상황이 끝난 상태이고 어떠한 타협도 소용이 없을 것이라면, 비굴할 이유가 없다. 오히려 당당할 필요가 있다.' 아르키아스의 음흉한 친절을 묵묵히 듣고 앉아 있던 데모스테네스는 눈을 들어 노려보면서 단호하게 말했다. "아르키아스, 당신은 연기를 하면서 나를 설득한 적이 없었지.

지금도 마찬가지야. 당신이 무슨 약속을 해도 나를 설득할 수는 없을 것이다." 당황한 아르키아스가 성을 내며 으름장을 놓자, 그는 계속 말했다. "그래, 당신은 마케도니아의 세 발 의자에서 나올 법한 말을 하는군. 그렇지만 조금 전에 친절했던 당신은 나에게 연기를 했던 것이지. 조금 기다려보게. 내가 집에 있는 사람들에게 뭔가 편지를 쓸 수 있도록 말야." 이 말을 하고 나서 그는 당연하다는 듯 신전 속으로 물러났다.

데모스테네스는 체포되기 직전의 사람 같지가 않다. 그는 두루마리를 가지고, 마치 곧 쓸 것처럼, 입에다 갈대 펜을 갖다 대고 물었다. 문 옆에 서 있던 창잡이들은 곧 그가 몸을 떠는 것을 보고는, 물렁하고 사내답지 못한 사람이라며 놀렸다. 그렇지만 그 떨림은 두려움 때문에 생긴 것이 아니었다. 그는 버티지 못하고 주저앉았다. 그것도 역시 공포의 무게에 짓눌렸기 때문이 아니다. 아르키아스는 그에게 다가와 일어서라고 다그치며, 다시 한 번 안티파토로스와의 타협을 약속하는 이야기를 되풀이했다. 그러나 데모스테네스는 몸에 약기운이 퍼져 자신을 압도하고 있음을 느끼고 얼굴을 내밀었다. 그러고는 아르키아스를 뚫어지게 쳐다보며 말했다. "이제 당신은 늑장 부리지 말고 비극에서 크레온의 역할을 하고, 이 몸뚱이를 매장하지도 않은 채 내던져버릴 수 있겠군. 아, 사랑하는 포세이돈 신이여! 저는 말입니다, 아직 살아 있을 때, 당신의 신전을 일어나 나가겠습니다. 하지만 안티파트로스와 마케도니아 사람들에 의해 당신의 성전은 정결한 채로 남아 있진 못하겠군요." 이런 말을 한 뒤 벌써부터 떨며 비틀거리고 있는 자신을 부축해 달라고 요청하고는, 제단으로 다가가 막 지나치려는 순간 쓰러져 큰 신음 소리를 내며 숨을 거두었다. 그는 친(親)마케도니아 진영과의 타협을 거부한 채 갈대 펜에 숨겨놓은 독약을 입에 물고 자살을 감행한 것이다. 기원전 322년, 도시국가 폴리스 아테네의 자유를 위해 마케도니아의 제국주의적 침입에 저항하던 최고의 연설가 데모스테네스는 이렇게 세상을 떠났다.

3

    데모스테네스는 아버지의 이름을 고스란히 따왔다. 아버지인 데모스테네스는 훌륭하고 고귀한 가문 출신이었으며 재력가였다. 큰 공장과 칼 만드는 노예 기술자들을 소유하고 있었기 때문에 '칼 제조상'이라는 별명을 얻었다고 한다. 이른 나이에 세상을 떠나면서 그는 아들 데모스테네스에게 유산으로 인부가 30명 남짓 되는 무기 공장과 침대 제조기술을 가진 노예 인부 20여 명이 있는 가구 제조공장을 남겨주었다고 한다(「반[反]아포보스 연설문」 I. 9).

    그의 어머니에 관해서는 좋지 않는 이야기가 전해진다. 전하는 이가 데모스테네스와 정적관계에 있던 아이스키네스이므로 그 내용의 신빙성은 의심의 여지가 있지만, 어쨌든 그에 따르면 그의 어머니는 "반역죄 때문에 도시에서 추방당한 기론(Gyron)이라는 사람과 이방 여인 사이에서 태어난 여자"라고 한다(아이스키네스, 「반[反]크테시폰 연설문」 171-172). 외할아버지로 지목된 기론은 케라메이스 데모스 출신으로, 당시 아테네인들에게 조공을 바치던 타우리코스의 케르소네소스에 위치한 밀레토스 지역 식민도시인 폰토스 요새를 적에게 넘겨주었다는 죄목으로 사형선고를 받았다. 기론은 이 선고를 피해 도주하여 트라키아와 소아시아 사이에 위치한 보스포루스 왕국에 거주했는데, 거기서 스키티아 출신의 부유한 이방 여인과 결혼하였다. 데모스테네스는 「반아포보스 연설문」(II. 3)에서 자신의 어머니가 기론의 딸임을 인정하였다. 그녀의 이름은 클레오불레라고 알려져 있다(「10인의 연설가의 생애」 844A). 그렇만 클레오불레의 어머니는 스키티아 출신이 아니라, 보스포로스에 정착한 그리스인의 딸일 가능성이 매우 크다.

    데모스테네스는 일곱 살에 아버지를 여읜다. 그의 아버지는 약 15탈렌트에 해당하는 많은 재산을 물려주지만(「반아포보스 연설문」 I. 4) 법적인 후견인들이었던 아포보스·데모폰·데리피데스는 그 재산을 교묘하게 탕진하며 가로챈다. 데모스테네스는 이 사실을 직접 증언하고 있다. "아포보스는 내 선생님의 급료마저도 떼먹는 지경까지 자신의 탐욕을 밀고 나갔습니다"
(「반아포보스 연설문」 I. 46 참조). 이 때문에 플루타르코스는 데모스테네스가
자유시민에 적절한 초등교육을 받지 못했을 것으로 추측한다. 그러나 데모
스테네스 자신은 어렸을 때, "적절한 교육을 받기 위한 학교를 다녔다"고 주
장하고 있다(「명예의 관(冠)을 위한 연설문」 257). 어린 시절 데모스테네스는
신체가 강건하지 못하고 유약했던 모양이다. 그의 어머니는 그를 씨름(레슬
링)이나 사냥 같은 힘든 운동에는 내보내지 않았고, 통학 담당 노예들도 억
지로 그 운동을 시키지는 않았다고 한다(아이스키네스, 「반크테시폰 연설문」
225).

그에게 붙여진 별명은 여러 가지 정보를 제공한다. 우선 깡마르고 병약하
여 '바탈로스'라는 별명을 갖게 되었다고 한다. 이 별명과 관련된 몇 가지
흥미로운 사연들이 있다. 데모스테네스와 격렬한 논쟁을 벌였던 연설가 아
이스키네스는 데모스테네스가 "수치스럽고 추잡한 행동을 했기 때문에" 이
별명을 얻게 되었다고 말한다. 실제로 바랄로스라는 낱말에는 방탕한 난봉
꾼이라는 뜻이 있다. 한편 바탈로스란 '아주 여리여리한 피리 연주자' 또는
헤픈 내용과 권주가(勸酒歌)를 쓰던 시인이었다고 한다. 또다른 한편 '바탈
로스'란 신체 중 입에 담기에 점잖지 못한 부위 가운데 하나로, 알렉산드리
아의 문법학자 하르포크라티온의 설명에 따르면 '엉덩이' 또는 '항문'을 뜻
하는 단어였던 것 같다. 그리스 어휘 연구가 헤시키오스는 이 낱말에 대해
"천박한 난봉꾼이며, 여자인지 남자인지 분간할 수 없는, 방탕하고 제멋대
로인 사람"이라는 해설을 붙이고 있으니, 아무튼 나쁜 의미의 별명임이 분
명하다.

데모스테네스 자신도 이 별명을 인정하는 암시를 하고는 있다. 물론 그
별명이 붙은 이유는 부정했지만. 실제로 이 별명은 그의 생활이 방탕했을지
도 모른다는 사실과 관련된 것이 아니라 단지 "말을 더듬거리고 어눌하게
한다"는 뜻의 동사 'battarizō'와 연결된다고 이해할 수도 있다. 어린 시절
데모스테네스는 'l'(l)와 'r'(r), 이 두 발음을 하지 못하고 'l'(l) 대신 'r'(r)를

발음하곤 했다. 따라서 만약 그가 '방탕하게 살다'라는 뜻의 동사 '바탈리제인'(battalizein)을 발음하려고 할 때, 그는 발음상의 문제 때문에 '말을 정확하게 하지 못하고 더듬거린다'라는 뜻의 동사 '바타리제인'(battarizein)이라고 발음했을 것이다. 결국 이 단어는 그가 말할 때 어눌한 느낌을 주었던 사실을 놀리는 표현으로 사용되었을 가능성이 높다. 실제로 그는 연설가가 되기에는 불리한 발음과 발성구조를 가졌다고 전해지며, 불리한 천성을 불굴의 노력으로 극복하여 탁월한 연설가가 되었다는 점에서 입지전적인 인물로 평가되곤 한다. 이런 관점에서 본다면 그에게 붙여진 '바탈로스'라는 별명은 아이스키네스의 악의적인 해석과 달리 그가 부단히 노력하여 타고난 약점을 극복한 인물임을 보여준다고 하겠다.

아이스키네스는 '아르가스'라는 또다른 별명을 데모스테네스에게 덧붙인다. "그가 청년이 됐을 때, 자기 후견인들을 대상으로 10탈렌트가 걸린 소송을 제기하였습니다. 그뒤로 그에게는 아르가스라는 별명이 붙었던 것이지요"(「대사직에 관한 연설문」 99). 이 별명은 데모스테네스가 말하는 방식이 야수 같고 매섭다고 해서 붙여진 듯하다. 왜냐하면 몇몇 시인들이 뱀을 '아르가스'라고 부르기 때문이다. 어휘 연구가 수다와 하르포크라티온은 실제로 'argas'는 도리아 방언으로 뱀을 가리킨다고 말한다. 또한 그의 연설이 듣는 사람들을 괴롭게 하여 그런 별명이 붙었다고도 한다. 아닌게아니라 그의 연설은 매우 격렬하고 신랄하였다. 데모스테네스의 도전에 끊임없이 시달려야 했던 마케도니아의 필리포스 왕은 듣는 사람에게 즐거움을 선사한다는 이유로 이소크라테스의 연설을 운동선수들의 경기 모습에 비유한 반면, 데모스테네스의 연설은 호전적인 위력을 발휘한다는 이유로 맹렬한 군인들에 비유했다는 일화는 데모스테네스 연설의 치열한 특성을 잘 보여준다(가〔假〕 플루타르코스, 「10대 연설가」, 845 d).

4

데모스테네스는 어떤 동기에서 연설가의 꿈을 품게 되었던 것일까? 재판 방청이 금지된 나이였던 어린 그가 우연한 기회에 당시 화제가 된 사건을 방청할 기회가 있었다. 그 사건은 그 무렵 절정의 명성을 누리던 연설가 칼리스트라토스[1]가 사람들의 관심이 집중된 오로포스 관련 재판을 위해 법정 투쟁을 하던 소송사건이었다. 그 연설가는 그날 큰 성공을 거두었고 방청객들의 엄청난 환호와 온갖 칭송을 받으며 개선장군처럼 법정을 나섰다. 미래의 연설가는 그 광경을 보며 그날의 연설가가 누리던 영광을 자신의 미래 속에서 꿈꾸게 되었을 것이다. 플루타르코스는 좀더 성숙한 깨달음을 그 어린아이에게 부여한다. 연설가가 누리는 피상적인 영광보다는 "모든 것을 마치 손으로 주무르고 길들이는 본성을 지닌 듯한 말의 위력에 놀라 깊이 생각하기 시작했던 것이지요. 그때부터 그는 다른 공부와 어린애들이 흔히 하는 짓들을 집어치우고, 언젠가 자신도 연설가 대열에 끼게 되리라 생각하며 연습을 통해 자신을 다듬어나가는 데 노력을 기울였습니다."

그는 연설을 배우기 위해 당시 최고의 인기와 권위를 누리던 이소크라테스 대신, 실제 활용에서 더 역동적이고 유력하다고 인정되는 이사이오스를 택한다. 이사이오스는 특히 재산 상속문제에 정통했던 인물로, 자타가 공인하던 연설 수사학 교사였다.

기원전 364/3년 이사이오스의 지도 아래 연설 수사학을 익히던 중, 데모스테네스가 직접 소송에 나설 수 있는 나이가 되자 자신의 유산을 탕진한

---

[1] 칼리크라테스의 아들. 아피드나 데모스 출신의 뛰어난 연설가이며 정치가. 대중의 요청에 따라 카브리아스 · 티모테오스 · 이피크라테스 등과 함께 군 수뇌부에 발탁되어 활동하였다. 기원전 379년에서 361년까지 그의 활동은 절정에 이르렀으나, 결국 사형선고를 받고 아테네에서 테르마이 만(灣)에 있는 메토네로 도피하였다. 마케도니아와 자신이 도피해 있던 트라키아에서 몇몇 유용한 개혁안을 주창하기도 했던 그는 나중에 허가 없이 아테네로 들어갔다가 결국 체포되어 사형당하고 말았다. 아리스토텔레스도 그를 『수사학』에서 세 번(I.1.1364a19, 14.1374b26, III.17.1418b10) 언급한다.

후견인들을 상대로 소송을 걸었고, 우여곡절 끝에 상처뿐인 승리를 거두었다. 법정 소송의 승리를 통해서 상속재산 가운데 조금도 다시 받아낼 수는 없었기 때문이다. 그러나 잃기만 한 것은 아니다. 이를 통해 그는 경험과 야심을 갖게 되었고, 말을 통해 상대를 제압하는 연설의 위력을 맛보았기 때문이다. 곧 그는 본격적으로 대중 앞에 나서 공중(公衆)의 일을 수행하는 데 손을 대기 시작했다. 그의 시작은 일단 연설 대필자로 활동하는 것이었으며, 355년까지 그 일을 했던 것으로 전해진다.

그러나 데모스테네스가 처음으로 몸소 대중 앞에 나섰을 때, 그의 연설은 미숙함으로 인해 야유와 비웃음을 받아야 했다. 특히 그의 목소리가 약하고 발음이 정확하지 않은데다 호흡이 짧아 내용 전달에 많은 어려움이 있었던 모양이다. 초반의 실패에 어찌 할 바를 몰라 헤매던 그는 방황의 시절을 보내야만 했다. 이 방황에 종지부를 찍은 사건이 전설처럼 내려온다.

언젠가 한번 그가 실패를 맛보고 의기소침하여 집으로 돌아가고 있을 때, 친구인 배우 사티로스를 만났다. 데모스테네스가 자기는 누구 못지않게 열심히 했는데도 대중의 호의를 얻어내지 못하고 무시만 당했다고 하소연하자, 사티로스는 말했다. "말 잘했어, 데모스테네스. 나는 그 원인을 당장 치료할 수가 있지. 한번 에우리피데스나 소포클레스의 긴 대사들 중에 아무거나 하나 외워보겠나?" 그가 시킨 대로 데모스테네스가 대사 하나를 외워 읊자, 사티로스는 똑같은 대사를 인물의 적절한 성격에 맞게 읊으며 완전히 다른 모습으로 재현해냈다. 그 순간 연설가는 연기술(演技術)이 연설에 어떻게 생명력을 불어넣는지를 보며 감동했다. 그의 연설에는 배우들이 무대에서 보여주는 것과 같은 실연(實演)의 생명력이 턱없이 부족했던 것이다. 연설 내용을 어떤 동작과 어떤 말투로 표현할 것인가를 신경쓰지 않는 사람에게 숱한 연설 연습이란 얼마나 헛된 것인가를 생각하게 된 것이다. 이때부터 그는 지하 연습실을 만들고 매일 내려가 연기술을 다듬으며 철저한 발음 연습을 했다. 그 연습실에는 연설하는 자신의 모습을 전체적으로 다 볼 수 있는 커다란 거울이 있었다고 한다. 그는 종종 두세 달을 계속 그곳에서 지내기도 했으며, 밖에 나가고 싶어도 창피해서 포기하도록 머리 한쪽을 싹 깎기까지 했다고 한다.

 신체적인 약점들을 극복하기 위해 그는 입에 조약돌을 집어넣은 채로 긴 대사들을 낭독함으로써 혀가 짧아 생기는 부정확한 발음을 제거하고 명확하게 바로잡아가는 한편, 달리기를 하거나 급한 비탈길을 오르면서 동시에 어떤 연설문이나 시구(詩句)를 숨 한 번 들이쉬고 내뱉으면서 죽 읊어대는 방법으로 발음 연습을 했다고 전해진다. 이와 같이 다양한 방법을 시도하면서 피나는 노력을 통해 그는 별 볼일 없는 재능을 다듬어 위력적인 능력을 갖추게 되었던 것이다.

5

 우리에게 남아 있는 것으로는 첫 번째인 「(60인 후원회의 일원이었던) 심모리아에 관한 연설문」은 그가 30세(기원전 354년) 때 의회에서 발표한 것이었다. 그렇지만 데모스테네스가 본격적으로 폴리스의 정치활동에 뛰어든 것은 포키스 전쟁 이후라고 할 수 있다. 32세에 그는 메이디아스가 연루된 재판을 준비하고 있었다. 그는 정치활동에서 명성이나 영향력이 전혀 없는 상태였다. 이 재판에서 그는 3천 드라크마에 매수당했던 것 같다. 아이스키네스가 데모스테네스에게 행실이 못돼먹은 난봉꾼이라는 뜻으로 바틸로스라는 별명을 붙이게 된 것은 전혀 터무니없는 일만은 아니었던 모양이다.

 그의 수치스러운 행위는 그가 정치연설에서 추구하는 최고의 미덕이 고상함이었다는 사실을 고려할 때 매우 역설적이다. 그가 연설을 통해 무엇을 추구했는지는 「명예의 관을 위한 연설문」 「반(反)아리스토크라테스 연설문」 「면책을 위한 연설문」 「반(反)필리포스 대왕 연설문」 등의 예가 잘 보여준다. 이 모든 연설문에서 그는 가장 달콤한 것이나 가장 손쉬운 것, 또는 가장 잇속에 맞는 것 쪽으로 시민들을 인도하지 않았으며, 실용적이고 실리적인 요건들보다 고상함과 합당함을 더 중요한 것으로 내세웠던 것이다. 그렇지만 그의 행적은 그의 연설만큼 충분하게 고상하고 정의롭지 못했다. 돈문제에서 그는 몇 가지 실수를 저지른다.

물론 데모스테네스의 삶은 같은 시대의 웬만한 다른 연설가들보다는 훌륭했다는 평가를 받을 수는 있다. 그러나 데메트리오스의 말에 따르면, 데모스테네스는 전쟁터에서 무장(武裝)을 하고서도 전사로서는 믿을 만하지 못했고, 또 정치적인 행실에서, 특히 돈을 받아 챙기는 일에서 완전무결하게 자신을 지키지도 못하였다. 필리포스와 마케도니아에서 온 금화에는 손대지 않았다 해도, 위로부터 수사와 에크바타나에서 온 금화에는 쉽게 끌렸고, 마침내 휩쓸려 떠내려가고 말았다는 것이다. 그는 선조들의 고상한 행동을 칭송하는 데 충분한 능력이 있었고, 그와 같은 미덕을 앞세워 아테네 시민들을 설득하긴 했지만, 자신의 말을 철저히 실천하는 데는 그만큼 충분한 능력을 갖추지 못했던 것이다.

데모스테네스가 아폴로도로스에게 반(反)포르미온과 반(反)스테파노스 연설문을 써주고, 포르미온 역시 데모스테네스의 글을 가지고 아폴로도르스와 대결을 벌인 사건이 있었다. 이것은 그의 경력 가운데 가장 불명예스러운 사건으로 기록되어 있다. 이것은 같은 칼가게에서 상대를 공격하기 위한 칼을 법정 공방의 두 당사자에게 동시에 팔아먹은 것과 마찬가지였으며, 연설 대필가로서의 양심보다는 돈에 대한 욕심이 더 컸던 사람이라는 비난을 피하기 어려운 사건이었다.

6

그렇지만 데모스테네스의 생애 전체를 놓고 볼 때, 그가 마케도니아의 필리포스에 대항하는 변론을 정치활동의 고상한 근거로 삼고, 아테네의 독립과 자유를 명분으로 훌륭하게 투쟁하는 데서 그에 대한 평가는 정당하게 내려질 수 있을 것이다. 그는 마케도니아의 필리포스 안에서 아테네 민주주의와 자유 이념의 파괴적인 실체를 분명하게 발견했고, 아테네 시민들에게 필리포스가 아테네에 얼마나 큰 위협이 되는지를 지적하였다. 그것이 「반(反) 필리포스 연설문 I」(기원전 351년)이었다. 이 연설을 통해 그는 마케도니아에 대해 아무런 행동도 취하지 않은 아테네 사람들의 안일함을 나무라면서, 근접한 위험에 대처하기 위한 군사적·재정적 계획을 합리적으로 제시하였다. 기원전 349년에서 348년까지 데모스테네스는 세 편의 「올린토스 사람들을 위한 연설문」을 통해 필리포스의 공격을 받은 폴리스 올린토스를 방어할 것을 힘껏 권고하였다. 그의 제안이 받아들여지지 않자 데모스테네스는 평화조약 체결에 가담했으며, 마침내 기원전 346년 아테네와 필리포스 사이에는 평화조약이 체결되었다.

필로크라테스가 말하는 이 평화조약은 그뒤 몇 년 동안 그 일에 가담했던 사절들에 대한 소송을 불러일으켰다. 이 일은 아테네 역사에서 아주 유명한 소송 가운데 하나이며, 당시 정치적으로 당면한 문제들 속에서 연설의 기술이 한 역할에 대해 많은 정보를 제공해주고 있다. 데모스테네스는 자기 자신과 아이스키네스가 얼마 전 다른 동료들과 함께 체결시켰던 평화조약을 주장하는 입장에서 벗어나기를 원했다. 그는 친구인 티마르코스에게 평화를 중재했던 사절활동 중에서 아이스키네스가 보여준 행동을 문제삼아 그를 반역죄로 고발하게 하였다. 아이스키네스는 티마르코스가 젊은 시절 지조를 팔았던 일이 있다는 이유로 맞고소하며 대응했는데, 그런 일은 '시민권 박탈과 관련된 사건'이었으며, 그가 승소하였다(「반(反)티마르코스 연설문」). 데모스테네스는 시간이 좀 지나게 한 다음, 기원전 343년 자기 자신의 이름을 걸고 아이스키네스를 다시 고소하였다(데모스테네스, 「사절활동에 관한 연설문」). 아이스키네스는 단 30표 차로 간신히 무죄 방면됐지만, 데모스테네스는 그에게 충분히 위협을 가한 셈이었으며, 친마케도니아 세력들에게 반마케도니아 정치세력의 실체와 위력을 분명하게 확인시켜줄 수 있었다(아이스키네스, 「사절활동에 관한 연설문」).

데모스테네스는 반마케도니아 운동을 통해 젊은 나이에 명성을 얻었고, 연설 내용과 과감성에 의해서 두각을 나타내게 되었다. 그는 헬라스 세계에서 경탄의 대상이 되었으며, 최고의 정치연설가로 평가받기에 이르렀다. 처음부터 그는 정치활동에서 자신이 택한 자리를 끝까지 지키고 일생 동안 변하지 않았을 뿐만 아니라, 변하지 않기 위해 삶을 내던지기까지 했다. 그는 마치 단일하고 변하지 않는 음계(音階)에서 하나의 조(調)를 지키듯, 정치활동에서도 언제나 한결같았다고 플루타르코스는 평가한다.

데모스테네스가 정치활동에서 드러내는 성격은 평화가 지속되는 동안에도 선명했다. 그는 필리포스가 하는 일은 모두 비판했고, 아테네 사람들로 하여금 항상 그를 경계하게 하였다. 이런 까닭에 필리포스 쪽에서도 데모스테네스에 관한 말이 가장 많았다. 그가 10명의 사절 가운데 한 사람으로 마케도니아에 들어갔을 때, 필리포스는 모든 사절들에 귀를 기울이면서도 특히 데모스테네스의 말에 답변할 때 가장 고심했다. 이렇듯 그는 정치적으로 일관되게 반마케도니아 노선을 걸었다. 마케도니아의 제국주의적 팽창에 저항하며 아테네의 민주주의와 자유를 지키려고 했던 것이다.

7

사태가 마케도니아에 대항하여 전쟁을 하는 쪽으로 기울어가고 있을 때, 아테네 사람들은 데모스테네스에 의해 바짝 긴장하고 있었다. 가장 먼저 그는 참주들에 의해 필리포스 밑에 예속되었던 에보이아로 아테네 사람들을 끌고 갔다. 그들은 데모스테네스의 지침을 따라 에보이아에서 마케도니아 사람들을 내몰아버렸다. 두 번째로 그는 전쟁에 휩싸이게 된 비잔티움과 페린토스 사람들에게 군대를 파견하도록 대중을 설득했다. 곧이어 그는 사절의 일원이 되어 헬라스 사람들을 모아 필리포스에 맞서게 하였다. 그 결과 정식 시민군을 빼고도 1만 5천의 보병과 2천 마리의 말이 모였고, 재물과 봉급이 용병들을 위해 기꺼이 기부되었다. 에보이아인과 아카이아인, 코린토스인과 메가라인, 레브카스인과 케르키라인이 결집하고 있을 때, 데모스테네스는 강력한 군사력을 갖추고 있던 테베인들을 반마케도니아 동맹에 끌어들이는 일에 착수하였다. 그러나 포키스 전쟁과 관련해 그 무렵 필리포스에 의해 길들여져 있던 테베인들을 동맹에 참여시키기란 쉽지 않았다.

그러는 동안 필리포스는 암피사 관련 사건이 잘 풀려나간 뒤 엘라테이아를 곧장 급습했고, 포키스까지 점령해버렸다. 아테네 사람들은 큰 충격을 받았다. 어느 누구도 감히 단상 위로 올라가려 하지 않았으며, 도대체 무슨 말이 필요한지도 몰랐다. 아테네인들이 혼란과 침묵에 싸여 있을 때, 데모스테네스는 일어나 대중을 진정시키며 테베 사람들과 협력해야 한다고 제안했다. 그는 직접 사절의 일원이 되어 다른 사람들과 함께 테베로 파견되었다. 그 연설가의 능력은 테베인들의 마음에 명예를 향한 열정을 활활 타오르게 만들었다. 그들은 데모스테네스의 연설에 의해 한껏 고무되었으며, 그 성과는 눈부시게 나타났다. 필리포스가 즉각 평화를 요구하며 사절을 파견하였고, 마케도니아를 경계해야 할 적으로 삼아 전체 헬라스가 굳게 연합하였던 것이다. 장군들뿐만 아니라 보이오티아의 지도자들도 데모스테네스의 지시 사항을 실행하면서 그를 도왔다. 그는 아테네와 테베의 민회 모두에서 호의를 얻어냈으며, 부정의하고 부당한 방법을 취하지 않고 자신의 지도력을 발휘할 수 있었다. 말의 힘 하나로 헬라스를 하나로 단결시켰던 것이다.

그러나 헬라스가 하나로 뭉쳐지는 순간 헬라스의 자유는 끝장이 나버렸다. 데모스테네스는 헬라스의 군사력을 굳게 믿고, 많은 군사들이 적들에 맞서 싸우고자 보여주는 정력과 열정에 고무되어 있었다. 그는 테베 사람들에게는 에파이논다스를, 아테네 사람들에게는 페리클레스를 상기시키면서, 합리적인 판단에 따라 행동할 것을 호소했다. 기원전 346~338년 데모스테네스는 필리포스에 맞선 그리스인들의 마지막 패배를 확정지은 카이로네아 전투(기원전 338년)까지, 연설을 통해 아테네의 정치를 고취시킨 사람들 가운데 하나였다. 여기까지 보면 데모스테네스는 훌륭한 사람이었다. 그러나 적은 그가 생각했던 것보다 훨씬 강했다. 그가 말의 힘으로 뭉쳐놓은 헬라스 전체보다 강했던 것이다. 또한 그는 전투에서 자신이 했던 말과 일치하는 그 어떤 아름다운 행동도 전혀 보여주지 못하고, 강한 적 앞에서 결연하게 불굴의 의지로 싸우기보다는 자기 위치를 떠나 무기도 다 내던져버리고 도망가버렸다.

그런데도 대중은 그를 용서해주었을 뿐만 아니라 그에게 여전히 존경을 표하면서, 그를 건전한 판단력을 갖춘 사람으로 인정하여 또다시 정치활동에 참여할 것을 요청했다. 그들은 그에게 카이로네아에서 송환된 유골들을 위한 장례식의 예식연설을 해달라고 요청했다. 대중은 각별한 존경심으로 경의를 나타내며 그들이 데모스테네스에게서 받았던 조언들을 전혀 후회하지 않는다는 것을 분명히 보여주었다.

8

마침내 필리포스가 죽었을 때, 데모스테네스는 이 죽음을 자기 연설의 설득력을 높이는 데 교묘하게 이용하였다. 그는 대왕의 죽음을 비밀리에 알게 되었으면서도 대중에게는 이를 숨기고 있다가, 아테네인들이 앞으로의 일들에 대해 자신감을 갖도록 마음을 사로잡게끔 미리 손을 쓰기 위해 밝게 빛나는 모습을 하고 회의장으로 나갔다. 그는 아무것도 모르는 사람처럼 행동하면서, 아테네 사람들에게 아주 좋은 뭔가가 있으리라 기대하게 해주는 꿈을 보았다고 말했다. 데모스테네스가 선동하자, 여러 도시는 또다시 동맹을 결성하였다. 테베 사람들은 데모스테네스가 그들에게 무기를 제공해준 데 힘입어 주둔군을 덮쳐 많은 군사를 처치했으며, 아테네 사람들은 그들과 함께 전투에 합류하려고 준비하고 있었다. 또한 데모스테네스는 의회 연단을 장악하는 한편, 아시아에 있는 왕 직속 장군들에게 필리포스의 후계자 알렉산드로스를 상대로 전쟁을 일으키라고 고무하는 내용의 편지를 썼다. 그는 그 젊은 왕을 무시하며 한갓 '어린애'라고 불렀다.

그러나 그 어린 왕은 아버지의 죽음 이후 다소 동요하던 마케도니아의 내정을 탁월하게 수습한 뒤 일사불란하게 군사를 이끌고 몸소 보이오티아에 나타났다. 그의 출현에 아테네 사람들의 대담성은 자취를 감추어버렸고, 데모스테네스마저 기가 죽어버렸다. 아테네 사람들에게 황당한 배신을 당하고 버려진 테베 사람들은 자신들만의 힘으로 고독하게 싸워야만 했다. 결과는 분명했다. 그들은 결국 도시를 모두 날려버리고 말았다. 테베가 패배한 여파로 아테네 사람들은 거대한 혼란에 휩싸였다. 이때 데모스테네스는 다른 사람들과 함께 대사로 뽑혀 알렉산드로스에게 파견되었다. 그러나 그는 젊은 왕의 노여움이 두려운 나머지 목적지로 가지 않고 키타이론에서 슬그머니 뒤로 빠져나왔으며, 자신에게 거추장스럽게 입혀진 대사직을 몹쓸 벌레 떼어내듯 내던져버렸다.

알렉산드로스는 곧 사람들을 보내 아테네의 대중 지도자들을 요구했다. 그 명단에는 폴리에이크토스·에피알테스·리쿠르고스·모이로클레스·데몬·칼리스테네스와 카리테모스 그리고 데모스테네스가 포함되어 있었다. 바로 이때 데모스테네스는 대중에게 양들에 관한 이야기를 해주었다. 양들이 늑대들에게 개들을 건네주었다는 이야기를 하면서, 자기 자신과 자기 측근들을 대중을 위해 싸우는 개들에 비유하고, 알렉산드로스를 마케도니아의 독보적인 늑대라고 표현했다. 게다가 그는 "……여러분은 여러분 자신 모두를 건네주면서도 알아차리지 못하고 있는 것입니다"라고 말했다. 아테네 사람들이 이 사안을 놓고 격하게 논의하면서 우왕좌왕하고 있을 때, 데마데스는 5탈렌트를 받고 대사로 가서 그 사람들이 풀려나게 해주었고, 또 아테네를 그 왕과 화해시키는 데도 성공을 거두었다.

알렉산드로스가 돌아가자 친마케도니아파의 세력이 커진 반면, 반마케도니아로 상한가를 치던 데모스테네스는 별 볼일이 없어졌다. 실제로 스파르타 사람 아이스가 반마케도니아 운동을 새롭게 펼치려 했을 때 데모스테네스는 이에 동조해 다시 움직이려고 했지만, 그것도 잠깐, 곧 움츠러들고 말았다. 아테네 사람들이 그와 함께 일어나주지를 않았기 때문이다. 마침내 아이스는 패배하고, 라케다이몬 사람들은 박살이 나고 말았다.

이처럼 불리한 상황에서 크테시폰을 겨냥하여 '명예의 관'을 주제로 한 기소문이 제출되었다. 그 기소문은 카이로니코스 전쟁 직전 카이론테스가 아르콘(집정관)을 맡고 있을 때 작성되었으나, 실제 재판이 열린 것은 그 뒤로 10년이 지나 아리스토폰이 아르콘을 맡고 있을 때였다. 이 사건은 당대 최고의 연설가 아이스키네스와 데모스테네스 사이의 대립에서 마지막 대립으로 유명하다. 데모스테네스의 친구 크테시폰이 데모스테네스의 헌신적인 활동에 대한 보답으로 명예의 관을 선사하자고 제안하자, 아이스키네스는 거짓되고 불법적인 제안을 했다는 이유로 크테시폰에 대해 곧 소송을 제기하였다.

기원전 336년에 시작된 이 사건은 330년에야 비로소, 아이스키네스가 유리하다고 믿던 맥락에서 판결이 이루어졌다. 공적인 사건의 기소 가운데 어떤 것도 이만큼 유명한 것은 없다. 연루된 연설가들의 명성 때문이기도 했고, 재판관(배심원)들의 고결한 행동 때문이기도 했다. 아이스키네스는 데모스테네스의 친구 크테시폰을 공격하였다. 크테시폰은 짤막한 변론으로 답변했고, 동반 변론인 자격으로 개입한 데모스테네스가 긴 연설을 덧붙였다. 그 무렵 데모스테네스를 몰아붙였던 사람들은 막강한 권력을 쥐고 있고 친마케도니아 성향을 띠었지만, 그들 편에서 반마케도니아의 상징인 데모스테네스에게 반대하는 표를 던지지 않았던 것이다.

크테시폰은 무죄 방면된 반면, 아이스키네스는 벌금과 함께 앞으로는 동일한 종류의 고소를 할 수 없다는 금지 명령을 받았다. 친마케도니아파의 선봉에 서 있던 아이스키네스가 친마케도니아의 정세 속에서 반마케도니아의 데모스테네스에게 패배했다는 사실은 이해하기 쉽지 않은 역사의 아이러니이다. 아이스키네스에게서 핵심적인 정치활동의 수단을 박탈한 이와 같은 처벌은 그로 하여금 스스로 유배를 떠나도록 결심하게 만들었다. 패소한 이 연설가는 곧 아테네를 빠져나와 물러났고, 로도스와 이오니아를 무대로 연설 수사학을 가르치며 여생을 보내야만 했다.

'연설가들의 전투'였던 명예의 관(冠)에 관한 이 기억할 만한 소송을 아테네 사람들은 오랫동안 화제로 삼고 논평했던 것으로 보인다(테오프라스토스,

「성격에 관하여」 VII, 6). 지금도 보존되어오는 아이스키네스의 「반크테시폰 연설문」과 데모스테네스의 「명예의 관을 위한 연설문」은 고소의 연설방식과 변론의 연설방식이라는 연설의 두 가지 방식을 하나의 대립된 논쟁틀 안에서 읽을 수 있게 해주는 유일한 기회를 제공한다. 또한 「명예의 관을 위한 연설문」은 데모스테네스의 정치활동을 종합적이고 회고적으로 바로 그 자신의 입을 통해 직접 보여준다.

9

반마케도니아 운동이 알렉산드로스 대왕의 출현으로 좌절되었을 때, 데모스테네스는 독특한 설득력으로 정적 아이스키네스를 누르고 아테네 시민들의 호의를 얻어 정치력을 유지할 수 있었다. 그러나 고질적인 그의 재산욕과 청렴성 결여는 새로운 기회를 망가뜨렸다. 문제는 기원전 323년 하르팔로스 사건과 관련이 있었다.

그 무렵 알렉산드로스 대왕의 재무관이었던 하르팔로스는 사치벽 때문에 저지른 범죄행위와 이에 대한 알렉산드로스의 엄중한 조치가 두려워 아시아에서 아테네로 몰래 도착했다. 그가 아테네 시민들에게 재물들과 함선들을 맡기자 그의 재산에 눈독을 들인 연설가들은 즉각 그를 도와주었고, 또한 그를 받아들여 구해주어야 한다고 아테네 사람들을 설득하기 시작했다. 반대로, 데모스테네스는 하르팔로스를 추방해야 한다고 주장했다. 필연적인 이유도 없이, 더구나 부정하기까지 한 명목 때문에 알렉산드로스에 대한 범죄자인 하르팔로스를 보호함으로써 아테네를 쓸데없는 전쟁의 소용돌이 속으로 몰아가지 않도록 경계해야 한다는 의견을 내놓았던 것이다.

그런데 며칠 지나지 않아 하르팔로스의 재산에 대한 목록이 조사·작성되고 있을 때, 눈치 빠른 부정한 재무관은 데모스테네스가 외국산 술잔을 맘에 들어하면서 유심히 살펴보고 있는 모습을 보고는, 손으로 한번 들어서 그 무게가 얼마나 되는지 알아맞혀보라고 했다. 그 무게에 놀란 데모스테네스가 이것이 얼마나 나가느냐고 물어보자, 하르팔로스는 웃으면서 말했다. "당신에게 20탈렌트는 충분히 가져다 줄 겁니다." 그리고 밤이 되자 하르팔로스는 데모스테네스에게 그 술잔과 20탈렌트를 함께 보냈다. 데모스테네스는 거절하지 않았다. 그 반대였다. 뇌물을 받고 하르팔로스 쪽으로 넘어가버린 것이다.

이튿날, 데모스테네스는 모직으로 된 작은 띠로 목덜미 아래를 정성껏 잘 감싸고서 나갔다. 일어나서 이야기하라는 요청을 받자, 그는 자신의 목소리가 못 쓰게 되었다고 고갯짓을 보냈다. 그러나 사실 데모스테네스는 밤새 후두염에 걸린 게 아니라 돈독(毒)에 걸린 것이었다. 나중에 대중 전체가 그의 뇌물 수수 사실을 알아차렸을 때, 그가 변명을 늘어놓으며 설득을 시도하려고 했으나 허용되지 않았다. 대중은 거칠게 분노하며 야단법석을 부렸다. 어떤 사람이 일어나 조롱하는 말로 이렇게 말했다고 한다. "아테네 시민 여러분, 술잔을 쥐고 있는 사람의 말은 들으려고 하지 않는 것입니까?" 하르팔로스는 아테네에서 추방당하고, 재산목록 작성을 위해 조사에 가담했던 정치연설가들은 재산 조사를 받아야 했다.

이때 데모스테네스는 변명하거나 피신하는 대신 정면돌파를 시도하였다. 그는 직접 나서서 아레오파고스 의회가 그 문제를 철저히 조사하여 잘못이 있어 보이는 사람들에게 벌을 주라는 의안을 끌어들였던 것이다. 의회는 그의 요청을 받고 세워진 칙령에 따라 유죄 선고를 내린 최초의 사람들 가운데 그를 포함시켰다. 이때 데모스테네스를 기소하는 연설문을 쓴 사람은 데이나르코스였다. 마침내 데모스테네스는 법정에 출두해 50탈렌트의 벌금을 선고받고 투옥되고 말았다. 그는 그 고소사건에 대한 수치심과 감금생활을 견뎌낼 수 없는 신체적인 허약함 때문에 탈옥했다. 그는 주로 아이기나와 트로이젠에 머무르며, 멀리 아티카를 바라보고 눈물을 흘리면서 나약한 추방생활을 했다고 전해진다.

10

　그가 추방생활을 하고 있는 동안 알렉산드로스가 최후를 맞이했고, 헬라스의 각 도시가 다시 동맹을 결성했다. 그러는 사이 히페리데스와 손잡은 용병대장 레오스테네스는 라미아에서 안티파트론을 성벽 안에 몰아넣고 포위하고 있었다. 그러자 친마케도니아 성향의 연설가 피테아스와 카라보스 칼리메돈이 아테네에서 탈출해 안티파트론 쪽으로 붙었고, 그들은 친구들, 대사들과 함께 이리저리 다니면서 헬라스 사람들이 아테네 쪽에 붙지 못하도록 노력하고 있었다. 이때 데모스테네스는 도성에서 온 사절들과 합류한 뒤 헬라스의 도시들이 힘을 합하여 마케도니아인들을 모두 몰아낼 수 있게 하려고 노력했다.

　아르카디아의 회의장에서 데모스테네스는 헬라스 사람들을 위해 친마케도니아의 피테아스에 대항하며 반박연설을 했다. 아테네의 대중은 이런 행동들을 기뻐하며, 데모스테네스에게 귀향할 것을 투표로 결정해주었다. 그를 위해 아이기나로 삼단노의 갤리선이 보내졌고, 그가 페이라이에우스 항에 입성할 때 아르콘과 사제가 빠지지 않았으며, 다른 모든 시민들도 그를 진심으로 열렬히 맞이해주었다. 그에게는 아직 금전적 벌금형이 남아 있는 상태였지만, 아테네 시민들은 법적으로도 피할 길을 마련해주었다. 제단을 준비하고 장식하는 사람들에게 금전을 지급하는 관습이 있던 아테네인들은, 구원자인 제우스에게 제사를 지낼 때 데모스테네스에게 그 일을 맡기면서 필요한 것들을 마련하라며 계약금으로 50탈렌트를 주었는데, 그 금액은 바로 벌금형의 총액과 같았던 것이다.

　그러나 그리스의 정세는 빠르게 악화되고 있었고, 레오스테네스가 이끈 라미아 전투에서 아테네는 패배하였다. 알렉산드로스의 죽음이 알려지고 그리스 세계가 마케도니아에 반항했을 때, 마케도니아 진영의 진압은 혹독하였다. 아테네에 강요된 조건들 중에는 반마케도니아 노선의 연설가들을 양도하는 것이 있었다. 히페리데스와 데모스테네스는 피신하였다. 붙잡힌 히페리데스는 혀가 잘리는 등 고문을 받고, 그뒤 결국은 사형당했다. 침략자들의 손길을 피해 탈주하던 데모스테네스는 탈주자 사냥꾼 아르키아스가 보는 앞에서 타협을 거부한 채 갈대 펜 속에 감춘 독약을 마시고 기원전 322년 스스로 목숨을 끊었다. 그의 죽음과 함께 아테네의 자유시민들은 더 이상 자유시민일 수 없었고, 마케도니아 제국에 편입되어 민주주의를 반납한 채 살아가야만 했다. 연설가 데모스테네스의 죽음은 아테네 민주주의 몰락의 분명한 신호탄이었던 것이다.

알렉산드로스

헬레니즘 문명의 창시자

●조현미(원광대 강사 · 서양고대사)

배경

 알렉산드로스의 아버지인 필리포스 2세는 기원전 359년 33세의 나이에 마케도니아의 왕으로 즉위하였다. 그 무렵 고대 그리스 세계는 쇠퇴기로 접어들면서 여러 도시국가들이 주도권을 다투는 혼란 속에 빠져 있었다. 마케도니아의 왕자로 어린 시절 테베에 볼모로 가 있었던 필리포스는 그리스의 선진적인 문화와 전술을 익혔으며, 본국으로 돌아온 뒤 최강의 군사력을 길러내는 데 성공한다. 기병과 궁수들을 전문적으로 훈련시키고, 보병은 그리스식 밀집방진대를 도입하여 장창과 단검으로 무장시켰다. 그의 휘하에서 엄격한 훈련을 받은 마케도니아의 군대는 강력한 정예 직업군대로 거듭나게 되었다. 그는 마케도니아 영토의 확장이라는 목적을 달성하기 위해 쉬지 않고 주변 지역을 정벌하며 확장정책을 폈다.
 필리포스는 에피루스의 왕녀인 올림피아스와 결혼했는데, 그가 바로 알렉산드로스의 어머니이다.[1] 과격한 성격의 올림피아스는 오르페우스와 디

---

1) 에피루스는 알바니아 국경 부근의 산악지대에 있었다. 필리포스는 올림피아스가 14세

오니소스의 광적인 제사 의식과 신비주의에 빠져 있었으며, 뱀을 능수능란하게 잘 다루었다고 알려져 있다. 성격차이와 필리포스의 바람기로 평탄치 못한 결혼생활을 한 올림피아스는 자신의 아들이 필리포스가 아닌 제우스 신의 아들이라고 주장하였다.

알렉산드로스에게는 부모에게서 물려받은 여러 기질이 모두 나타나고 있다. 그는 아버지를 닮아 무자비하고 현실적인 정치인으로서의 면모를 지니고 있었으며, 어머니에게서는 신비주의적인 모습과 다혈질의 성격을 물려받았다. 알렉산드로스는 어린 시절부터 고대 종교에 깊이 빠져 있었다. 또한 스스로에 대해 특별한 존재라 느끼고 영웅에 대한 꿈을 키워나갔다. 청소년기의 알렉산드로스는 호메로스의 『일리아스』에 나오는 트로이 전쟁 이야기에 완전히 매료되었다. 호메로스의 작품을 통해 그는 전쟁영웅을 흠모하며 자신의 꿈을 키워나갔다. 훗날 페르시아 원정 중에도 그는 호메로스의 책을 늘 곁에 두었고, 잘 때는 그 책을 칼과 함께 베개 밑에 넣고 잘 정도였다고 전해진다.

알렉산드로스는 13세 무렵부터 아리스토텔레스(Aristoteles)의 가르침을 받았다.[2] 그는 스승에게서 호메로스를 비롯하여 문법 · 음악 · 기하학 · 수사학 · 의학 · 철학 등 그리스의 선진 학문을 배웠다. 그리스 문화에 대한 그의 존중과 애호는 어린 시절의 교육환경에서 비롯되었다고 볼 수 있다. 어린 시절 그는 아버지가 전쟁터에서 연일 승리의 소식을 전해왔을 때도 이를 복잡한 심경으로 받아들였다. "아버지가 계속 승승장구하여 모든 것을 다 이루면 내게는 중요한 일을 할 기회가 하나도 남지 않을 게 아닌가!"

되던 해 사모트라키 섬에서 열린 신비종교의 행사에서 그녀를 처음보고 반했다고 한다.
[2] 아리스토텔레스는 기원전 384년 마케도니아의 수도 펠라에서 조금 떨어진 그리스의 식민도시 스타기로스(Stagiros)에서 태어났으며, 필리포스와도 잘 알고 지냈다.

주변 정세

기원전 359년 페르시아의 아르타크세르크세스 3세(Artaxerxes III)는 왕위에 오르자 강력한 세력 확장정책을 꾀하였다. 이 같은 페르시아의 서진(西進)은 에게 해의 소아시아 지역에 페르시아 왕의 지배가 부활하는 것을 뜻하는 것이었다. 여러 민족으로 구성된 페르시아는 통일되어 있었던 데 비해 그리스인들은 같은 민족이면서도 각각의 도시국가를 중심으로 분열되어 있었다. 이들은 마케도니아를 중심으로 그리스를 통합하려는 필리포스의 팽창정책에 강한 반감을 품고 있었다. 그러나 다른 그리스인들과 달리 아테네의 이소크라테스(Isokrates)는 필리포스를 전(全) 그리스 십자군[3]의 우두머리가 될 운명을 지닌 인물로 높이 평가하였다. 이소크라테스는 그리스의 도시국가들이 단합하여 페르시아를 공격해야 한다고 앞장서 외쳤다.

이 노(老)정객은 마케도니아 왕에게 공개서한을 보내 그리스의 결합이라는 이상을 위하여 힘쓸 것을 촉구하고 그리스의 여러 국가가 공동목표 아래 하나가 될 것을 역설하였다. 이는 도시국가의 이상에 집착한 데모스테네스[4]가 마케도니아 왕을 끊임없이 경계하고 비난했던 것과는 명백한 대조를 보여준다. 페르시아와의 분쟁과정에서도 그리스인들은 언제나 통일전선을 펴지 못하고 분열되어 각자의 이익만을 추구했다. 따라서 필리포스는 무력으로 정복한 일부 지방에는 강력한 수비군을 두고, 다른 지역은 외교술과 돈의 힘으로 말을 잘 듣게 하였다.

카이로네아의 전투

기원전 338년 봄, 그리스에서 암픽티오니아 회의[5]의 요청서를 가진 사자

---
3) 마케도니아의 페르시아 침공을 중세 유럽 십자군의 아시아 침략에 비유한 것이다.
4) 신흥국가 마케도니아가 그리스 본토의 내분을 틈타 세력을 뻗치는 정세에 대항하여 반(反)필리포스 연설인 '필리피카'(Philippica)로 유명하였다.

가 마케도니아 궁정에 왔다. 그것은 암피사의 산간부족을 응징해달라는 군사적 요청이었다. 필리포스는 이를 중부 그리스에 발판을 마련하는 중요한 계기로 생각하고 기꺼이 환영하였다. 암피사로 가는 원정길에서 필리포스는 테베인들의 기를 꺾고자 엘라티아(Elatia)를 점령하여 성채화했는데, 아테네는 이를 자신들을 공격하기 위한 포석으로 생각하였다.[6] 결국 숙적 사이였던 아테네와 테베는 동맹을 맺고 다른 그리스 도시국가들까지 상당수 끌어들여 필리포스에게 저항하였다. 필리포스는 아테네나 테베와 전쟁을 할 생각은 없었으므로 화평을 위한 노력을 시도하였다. 그러나 반(反)마케도니아의 선봉인 데모스테네스를 위시한 주전파들의 거부로 양군은 결국 카이로네아(Chaeronea)의 들판에서 격돌하게 되었다.

이 전투에서 알렉산드로스는 정예 마케도니아 기병대의 선두에서 싸워 부왕 앞에 자신의 능력을 입증하였다. 아테네군은 결사적으로 싸웠으나 끝내 대열을 흩뜨리고 1천의 시체와 2천의 포로를 싸움터에 남긴 채 도주하였다. 테베군도 마지막까지 용감하게 버텼지만 그들이 자랑하던 신성부대는 거의 전멸하고 말았다. 카이로네아 전투의 승리 이후 필리포스는 그리스 전체를 한 바퀴 주유하였다. 이러한 여정은 기원전 337년 여름까지 1년 동안이나 계속되었는데, 그 목적은 마케도니아를 중심으로 페르시아 원정을 위한 그리스 연합군을 결성하는 것이었다. 그는 소아시아 진군 계획을 알린 뒤, 만장일치로 전 그리스군 총사령관으로 선출되었다.

왕위 계승

야만적인 상태에 놓여 있던 마케도니아를 강국으로 만들고, 그리스-마케

---

5) 고대 그리스에서 신전과 그 제의(祭儀)를 지키기 위해 결성한 종교동맹. 인보동맹(隣保同盟)이라고도 한다.
6) 위치상으로 아테네는 엘라티아의 남동 120킬로미터 정도에 있었고, 테베는 이 두 도시의 중간쯤에 있었다.

도니아 동맹의 맹주로서 페르시아 원정의 초석을 다지고 있던 필리포스 2세는 자신의 꿈을 이루지 못한 채 기원전 336년 암살당했다. 그러자 마케도니아와 원치 않는 동맹을 맺었던 그리스인들은 이 기회를 틈타 호전적인 마케도니아의 손아귀에서 벗어나고자 하였다. 이제 막 20세로 왕위에 오른 알렉산드로스는 이러한 상황을 수습해야 했다. 그는 3만의 군대를 이끌고 그리스로 진군하여 필리포스의 아들로서 정당한 계승권을 가진 자신이 그리스군의 총사령관임을 공식적으로 확인하였다. 그리스인들은 과거 필리포스와 약속했던 원정에 필요한 병력과 물자를 그대로 제공하기로 하였다.

알렉산드로스는 그리스를 돌며 어수선한 분위기를 제압한 뒤 본국에 돌아왔는데, 얼마 후 알렉산드로스가 전투 도중 피살되었다는 근거 없는 소문이 퍼지면서 그리스인들을 동요시켰다. 이러한 틈을 타고 테베인들이 반란을 일으키자 데모스테네스를 중심으로 한 반마케도니아파 아테네인들은 행동에 나섰다. 이들은 반마케도니아 동맹을 만들기 위해 전 그리스에 격문을 띄웠으며 페르시아와도 교섭을 하였다. 마케도니아가 제시한 범(汎)그리스의 통합이라는 명분이 와해될지 모르는 위기 앞에서 마케도니아군은 즉시 테베로 진군하였다.

알렉산드로스의 협상안을 거부한 테베인들은 잔인하게 살육당했으며, 6천 명이 죽고 3만 명 이상이 포로가 되었다. 테베의 시가지는 신전을 제외하고는 거의 대부분이 파괴되었고, 포로는 노예로 팔리는 신세가 되었다. 이렇게 테베를 잔인하게 대한 것은 마케도니아를 배반한 결과를 그리스 전역에 똑똑히 보여줌으로써 이들의 복종을 확실히 받아내려는 알렉산드로스의 의도였다.

테베가 파괴되었다는 소문을 들은 그리스 사람들은 강한 충격을 받았다. 그들의 입에서는 그토록 소리높여 외치던 '자유'라는 단어가 사라졌다. 아테네 의회는 과거 필리포스 2세와 개인적인 친분을 쌓았던 온건파 포키온과 데마데스를 사절로 보내 자신들에게 닥칠지 모르는 화를 모면하고자 했다. 사절로 나선 포키온은 알렉산드로스에게 그리스인들과 시급히 화합하여 동요를 방지하고, 칼끝을 외부로 돌릴 것을 충고하였다. 포키온의 조언을 받아들인 알렉산드로스는 나머지 도시국가들을 용서하기로 하고 화평의 조언을 받아들였다. 때는 기원전 335년 가을, 21세의 알렉산드로스는 그리스를 완전히 평정하고 총사령관으로서의 권위를 되찾았다. 이듬해인 기원전 334년 봄에는 소아시아로 진군할 준비가 모두 갖추어졌다.

원정 계획

알렉산드로스가 그리고 있던 페르시아 원정의 규모가 어떠했는가에 대해서는 논란이 분분하다. 필리포스의 경우에는 페르시아의 지배를 받고 있던 에게 해 동쪽 연안을 평정하여 이 지역을 그리스의 완전한 세력권 안에 두고자 하는 것이 목표였을 것이다. 알렉산드로스 역시 소아시아를 제2의 그리스로 바꾸려는 생각이 있었던 것이 확실하다. 이 땅은 대대로 그리스인들이 수많은 식민시를 건설하여 터를 잡고 살아온 그리스인들의 고향이었기 때문이다. 알렉산드로스는 소아시아의 서쪽을 손에 넣은 다음 여기에서 멈추지 않고, 일이 잘되면 실리시아와 시리아의 해안지방을 탈취한 뒤 이집트로 들어갈 생각이었다. 처음에 그가 구상했던 지역은 훗날 운명적으로 그를 끌어들인 먼 오리엔트 지역까지는 아니었다. 그가 오리엔트 침입을 마음에 굳힌 것은 이집트에서 시와의 신탁을 받고 암몬의 아들 파라오로 등극한 이후였다.

그라니코스 강의 전투

기원전 336년 페르시아의 왕위에 오른 다리우스 3세(Darius III)[7]는 이 젊

---

[7] 다리우스 3세(기원전 336~330년)는 페르시아 전쟁을 일으킨 다리우스 대왕(기원전 522~486년), 즉 다리우스 1세와는 다른 인물이다. 이 글에 나오는 다리우스는 모두 다리우스 3세를 가리킨다.

은 마케도니아 왕의 야심을 벌써 알고 있었다. 앞서 그리스에서 테베가 파괴된 이후 반마케도니아파 아테네인들의 일부가 페르시아 궁정으로 도망가 정보를 흘리고 있었다. 알렉산드로스의 첫 승리를 장식한 것은 그라니코스 강가의 전투였다. 이곳에서 그는 페르시아의 수비군들과 대면하여 맹렬한 기세로 싸웠고, 죽을 뻔한 고비를 넘기면서 결국 승리를 쟁취할 수 있었다. 그는 페르시아 원정의 중심지가 아테네라는 점을 새기도록 하기 위해 이 전투에서 얻은 300개의 갑주를 모아 아테네에 있는 아테나 여신의 신전에 걸어두게 하였다.

소아시아 정복

그라니코스 강 전투 이후 알렉산드로스의 위상은 매우 높아졌다. 죽음을 두려워하지 않는 초인적인 용기와 대담함을 모두에게 각인시켰으므로 병사들은 그가 가는 곳이면 어디든지 따라갈 결의를 하고 있었다. 그는 호메로스적 전형의 전사이며 신속하고 과감한 행동으로 장군으로서의 재능을 인정받았다. 알렉산드로스는 프리기아의 수도 다스키리온과 리디아의 옛 수도 사르디스를 점령하였다. 그가 이오니아의 여러 도시에 과거 그들이 누렸던 법도와 특권을 도로 찾아줄 것을 약속하자 모두 그를 구세주로 여기고 환호하였다. 이후 그는 곧장 이오니아 지방의 그리스계 도시인 에페수스로 입성하였다. 에페수스에는 아르테미스 여신의 대신전이 있었는데, 이 신전은 알렉산드로스가 태어난 날 공교롭게도 화재로 파괴된 이래 제대로 복구되지 못하고 있었다. 그는 여신에게 특별한 경의를 표시하고 싶었기 때문에 신전을 재건할 것과, 그 도시의 세금을 앞으로는 페르시아가 아닌 아르테미스 신전에 납부할 것을 명령하였다. 이곳을 떠나기 전에 그는 자신의 병사를 무장시키고 열병한 뒤 여신 아르테미스를 위하여 성대한 종교의식을 거행하였다. 이어서 기원전 334년 여름에는 밀레투스를 접수하였다.

한편 남쪽으로부터는 400척이나 되는 페르시아의 함대가 알렉산드로스

군을 저지하기 위하여 파견되고 있었다. 알렉산드로스의 군선은 수적으로 페르시아의 절반에 불과하였다. 페르시아와의 해전을 결정해야 하는 상황에서 그는 나름대로의 분석을 통해 해전을 피하는 것이 유리하다는 결론을 내렸다. 육지에서 알렉산드로스군이 승승장구하며 해안가의 영역을 넓혀나간다면 종국에 이들은 식량과 물을 얻기가 어려워질 것이고 멀리 외딴 섬 같은 곳에서 필요 물자를 조달해야 할 것이다. 이렇게 자신의 계산대로만 된다면 페르시아의 해군력은 큰 문제가 되지 못할 것이다. 이러한 상황 판단 아래 알렉산드로스는 해전을 피하고 소아시아 남서부의 다른 지역들을 정복하는 데 전력을 기울였다.

때는 334년 가을, 시리아 진출을 앞둔 시점에서 그는 전쟁을 일으킨 초기의 명분으로부터 현실적 인식이 많이 달라져 있었다. 자신은 페르시아에서 그리스인들을 해방하기 위한 원정을 명분으로 내세웠으나, 사실 소아시아에 살고 있는 그리스계 주민들은 자기들의 이해관계가 중요할 뿐 어느 편에 서느냐는 큰 문제가 아니라는 사실을 깨달았기 때문이다. 그러나 모든 그리스인들이 일치단결하여 페르시아를 몰아내기를 바라는 이상(理想)은 계속하여 그를 사로잡고 있었다.

알렉산드로스는 페르시아 왕의 주력군을 기다리지 않고 계속 전진하여 리키아(Lycia)의 팜필리아(Pamphylia)를 거쳐 기원전 333년 2월에는 고르디움에까지 이르렀다. 이곳에서 그는 신전 기둥에 매여 있는 유명한 고르디움의 전차를 보게 되었다. 이 전차는 산수유나무 껍질을 꼰 줄로 동여매어 있었는데, 아주 복잡하게 얽혀 있기로 유명했다. 전설에 따르면 그 매듭을 푸는 자가 아시아를 지배하는 왕이 된다고 전해지고 있었으나 이것을 푼 사람은 아무도 없었다. 알렉산드로스는 허리에 찬 검을 뽑아 단번에 그 매듭을 잘라 풀어버리고 자신이 아시아를 지배하는 왕이라고 선포하였다.

시리아 정복

원기를 회복한 알렉산드로스는 다리우스와의 이수스 결전을 눈앞에 두고 있었다. 다리우스는 당시 40세로, 기원전 336년 아르타크세르크세스 3세의 아들이자 그에게는 사촌뻘 되는 아르세스(Arses)가 암살당했을 때 페르시아의 왕위를 찬탈하고 등극하였다. 그는 재능이 있고 그리스어에도 능통한 왕으로 알려져 있다. 또한 자신을 섬기는 그리스인들도 관대하게 대했으며, 휘하에는 그리스 용병들을 많이 거느리고 있었다. 수십만으로 추정되는 대군을 이끌고 나온 페르시아의 군주 다리우스는 자신감에 가득 차 있었다.

반면 3만 명 정도로 상당한 열세였던 알렉산드로스가 던진 승부수는 정예 근위부대를 돌격시켜 페르시아군의 좌익을 돌파한 뒤 자신이 다리우스와 직접 대결을 벌이는 것이었다. 알렉산드로스의 전략은 적중하여, 마침내 다급해진 페르시아 왕은 전투 도중 도망을 가고 말았다. 대승을 거둔 마케도니아군은 페르시아군의 전차와 무기 등 여러 전리품과 함께 다리우스의 가족까지 포로로 잡게 되었다.

정복에 대한 알렉산드로스의 초기 구상은 소아시아·시리아와 북아프리카 연안지방을 포함한 전체 그리스계 식민지역을 거쳐 이집트로 입성하는 것이 1차적인 목표였다. 그러나 이제는 처음에 구상한 생각을 수정하여 더욱 원대한 목표를 설정하였다. 그는 이수스 전투에서 다리우스 왕을 격파한 자신감에 힘입어 광대한 페르시아의 동쪽 끝까지 손에 넣을 수 있다는 자신감을 품게 되었다. 그러나 당장은 처음에 구상한 대로 시리아와 이집트를 수중에 넣는 것이 중요했다. 이집트로 진군하는 과정에서 시리아의 비블로스(Byblos)와 시돈(Sidon) 시(市)는 알렉산드로스의 명성에 눌려 싸우지도 않고 그대로 항복하였다. 티루스와 가자(Gaza) 시는 저항했으나 알렉산드로스 군대의 끈질긴 공략으로 함락되고 말았다. 알렉산드로스는 티루스와 게이자에서 획득한 전리품 대부분을 고국의 어머니와 친지들에게 보냈다. 전리품들 중에는 실로 아름답게 세공된 향료함이 있었다. 알렉산드로스는 그 향료함에다 자신이 아주 귀하게 여기는 물건인 호메로스의 『일리아스』를 보관하였다.

이집트 입성

알렉산드로스가 유대를 거쳐 이집트의 관문인 펠루시움으로 진격했을 때 이집트인들은 전혀 저항하지 않았다. 이집트에서 알렉산드로스는 파라오가 되기를 원했으며, 암몬 신의 아들로서 당연한 계승권을 행사하고자 하였다. 500년에 가까운 세월 동안 이곳은 그리스 상인과 용병·학자들이 드나들었다. 8세기 이래로 나우크라티스(Naucratis)에는 그리스의 상업식민지가 벌써 건설되어 있었고, 7세기부터는 그리스 용병이 이집트인들에게 고용되었다. 그리스의 학자들도 오래 전부터 철학·과학·신비학·음악·조각 및 여러 기술의 발상지가 이집트라고 생각했기 때문에 이곳에 유학 와서 많은 것을 배웠다. 그들은 긴 세기 동안 이집트를 찾았고 이집트의 여러 학문과 종교 전통을 자기 나라에 가져가서 이식시켰다.

이집트의 오아시스 도시인 시와의 암몬 신탁은 그리스에서도 권위 있는 신탁으로 유명했다. 이처럼 오랫동안 그리스는 파라오의 땅을 존숭(尊崇)의 감정으로 대하여왔다. 그러한 이집트이기에 알렉산드로스는 이 파라오의 땅을 페르시아의 속박에서 해방하여 자신의 그리스 제국에 편입시키려는 강렬한 소망을 애초부터 지니고 떠나왔던 것이다. 그는 오래 전부터 이집트의 해안에 그리스의 대도시를 건설하여 지중해 남동부 최대의 교역 중심지로 만들고자 하는 구상을 했다. 그리하여 이집트 정복 직후에 기념비적인 역사적 사업이 착공되었는데, 이것이 바로 국제적인 대도시가 될 이집트의 알렉산드리아였다.

새로운 도시의 건설계획을 정비하자마자 알렉산드로스는 신탁을 받기 위해 제우스 암몬의 신전이 있는 시와를 향해 출발하였다. 시와로 가는 길은 사막을 가로질러가는 멀고도 험한 길이었다. 그는 자신이 정말 신의 아들인

지 확인하고 싶었다. 제우스-암몬 신전에서 그는 단독으로 성소에 들어가 신탁을 받았다. 신전에서 무슨 일이 있었는지는 기록에 없으나, 알렉산드로스는 신관들에게서 자신이 이집트의 파라오이며 암몬 신의 아들임을 확인받았을 것이다.

알렉산드로스가 지대한 성과를 거두고 이집트까지 수중에 넣게 되자 그리스 본토에서는 원정에 대한 관심과 호의가 고조되었다. 아직도 완고함이 꺾이지 않은 스파르타를 제외한 다른 도시국가들에서는 알렉산드로스에게 보낼 증원군 징집이 전보다 쉽게 이루어졌고, 그리스 곳곳에서는 그에게 청원하기 위해 사절들을 보내왔다. 알렉산드로스는 그리스의 여러 도시들이 자신의 정복사업을 이해하기 시작한 것이 매우 기뻤다. 그는 자신이 모든 나라를 단결시켜 신이 정해준 목표를 수행하고 있다는 것을 한시라도 빨리 전세계에 인식시키고 싶었다. 특히 그리스 문화의 중추를 이루는 아테네의 환호를 받고 싶은 알렉산드로스의 열망은 자신의 권위가 최고조에 이른 뒤에도 언제나 같았다. 그는 아테네의 지식을 배우고 자란 아테네의 정신적 포로였던 것이다.

시와를 방문하고 돌아온 뒤 다리우스가 알렉산드로스의 군대를 무찌르기 위해 대군을 일으켰다는 소식이 전달되었다. 자신이 구상한 그리스 제국의 꿈을 실현하기 위해서는 다리우스와 결판을 내어 페르시아를 그의 수중에 넣지 않으면 안 되었다. 이 시점에서 알렉산드로스는 원정의 끝이 어디가 될 것인지에 대해 명확히 알 수는 없었다. 알렉산드로스는 자신이 다시는 고향 땅을 밟지 못할 것이며, 가도가도 끝이 없는 세상의 끝자락을 정복하기 위해서 자신의 남은 생애를 모두 불태우게 되리라는 것을 꿈에도 생각 못 하고 있었다.

페르시아 정복

알렉산드로스는 새로운 원정을 떠나기에 앞서 언제나 성대한 그리스식

제전(祭典)을 열었다. 그리스의 극과 서정적인 무용, 경기, 음악 경연대회, 성대한 종교의식과 더불어 군대의 행진과 열병식이 이어졌다. 군사들은 가자 점령 이후로는 전투를 하지 못한 상태였고, 평화적으로 진군한 이집트에서는 전리품 약탈에 대한 자신들의 욕망을 억눌러야 했으므로 어서 빨리 출병하기를 바랐다. 원정군은 또다시 길고 고된 한여름의 행군을 겪은 뒤 기원전 331년 10월 가우가멜라에서 페르시아의 대군과 맞닥뜨리게 되었다.

가우가멜라 전투에서 추정되는 페르시아군의 수는 기록마다 서로 다르다. 그러나 알렉산드로스의 군대가 4만의 보병에 7천의 기병으로 편성되어 있었으므로, 페르시아군은 10만에서 15만 정도는 되었을 것이다.[8] 다리우스 왕은 4필의 말이 끄는 바퀴에 칼이 달린 200대의 전차에 큰 신뢰를 걸고 있었다. 그러나 페르시아 왕의 기대는 알렉산드로스의 치밀한 전략에 걸려 성공할 수 없었다.

알렉산드로스의 주된 전략은 페르시아의 위협적인 전차를 무력화시킨 뒤, 자신의 무적 근위부대를 직접 이끌고 다리우스 왕을 향해 곧장 돌격하는 것이었다. 적의 수뇌를 직접 공격하여 결판을 내는 것, 이것은 수적으로 열세인 알렉산드로스가 선택한 탁월한 전략으로 이수스 전투에서도 적중했었고 이곳 가우가멜라에서도 마찬가지였다. 수적으로도 훨씬 많을 뿐 아니라 강력한 무기로 무장한 적의 위세 앞에서 한순간의 틈을 놓치지 않는 불굴의 돌파력은 알렉산드로스이기에 가능한 일이었다. 그는 몸소 앞장서서 페르시아 왕에게 가는 길을 뚫었고, 이 저돌적인 젊은 마케도니아 왕이 던진 투창에 다리우스의 마부가 쓰러졌다. 이를 본 페르시아 왕은 순간 자신감을 잃고 전차에서 뛰어내려 말을 타고 곧장 도주하였다.

다리우스 왕의 도주가 알려지면서 페르시아군은 사기를 잃고 패주하기 시작했다. 페르시아군의 주력은 궤멸되어 사방으로 흩어졌고 알렉산드로스

---

[8] 페르시아군에는 박트리아의 부왕 베수스가 이끄는 군대를 비롯하여 인도·스키타이·파르티아·메디아·아르메니아·메소포타미아·바빌로니아·시리아·아라비아 군을 비롯한 다수의 파견부대가 참가하고 있었다.

의 군대는 압도적인 승리를 쟁취하였다. 알렉산드로스의 대담한 전술은 치밀하고 완벽한 것이 특징이지만, 때로는 상식 이하의 무모함을 내포하기도 했다. 그러나 어떤 경우라도 언제나 결과가 좋았기 때문에 단점이 가려지고 모든 것이 정당화되곤 했다. 가우가멜라 전투에서도 승리의 원인은 다리우스 왕을 패주시킨 알렉산드로스의 활약에서 나온 것이므로, 여기서도 우리는 그를 전술의 천재라고 평가하지 않을 수 없다.

다리우스의 후계자

알렉산드로스의 원정군은 잇따라 바빌론을 점령하고 페르시아의 수도인 페르세폴리스에 입성하였다. 페르시아 왕을 추격하는 와중에 알렉산드로스는 베수스가 역심을 품고 다리우스에게 양위를 요구하면서 그를 끌고 갔다는 뜻밖의 소식을 듣게 되었다. 다리우스는 결국 베수스에게 목숨을 잃고 죽은 시신만이 알렉산드로스에게 전해졌다. 그는 고인의 시신을 관에 넣어 군주의 격식에 맞춰 정중히 장례를 치르게 하였다. 이제 알렉산드로스가 타도해야 할 적은 베수스였다.

얼마 후 베수스가 아르타크세르크세스 4세라 칭하며 왕위에 올라 박트리아로 향하고 있다는 소식이 들리자 알렉산드로스의 군대는 그를 타도하기 위해 새로운 원정을 떠나야 했다. 기원전 330년 가을, 알렉산드로스는 박트리아를 향해 진군하였다. 박트리아로 가는 곳곳에서도 그는 자신의 세력권을 다졌으며, 중요한 지점에 자신의 이름을 따서 알렉산드리아 시를 세웠다. 베수스는 알렉산드로스가 박트리아에 오기 직전 소그디아나(Sogdiana)[9] 속주로 도주했으나 결국은 그도 배신을 당하여 알렉산드로스에게 넘겨지고 말았다. 알렉산드로스는 그를 죽도록 매질하고 다리우스 왕을 배신한 죄를 물

---

[9] 중앙아시아의 제라프샨 강 유역을 중심으로 하는 지역의 옛 이름. 대부분이 우즈베키스탄에 속하고 동쪽 일부가 타지키스탄에 속한다.

어 그때로서는 가장 잔인하다고 할 수 있는 페르시아식 극형을 언도하였다. 코와 귀가 잘린 베수스는 밧줄을 걸어 강제로 휜 나무에 팔다리를 묶은 뒤 나무를 묶은 밧줄을 끊어 온몸이 사방으로 찢어지게 하는 형벌을 받았다.

베수스가 죽은 뒤 알렉산드로스는 소그디아나 일대를 정복하고 스키타이와 우호관계를 맺었다. 그들에게서 흑해나 카스피 해, 아랄 해의 북쪽에 관한 이야기를 들은 그는 자신이 믿고 있던 세계보다 세계의 끝이 훨씬 멀다는 것을 알게 되었다. 신들이 그에게 부과한 세계정복의 사업은 그가 상상하고 있던 것보다 훨씬 큰일이며, 대지의 끝에 도달하려면 자신의 일생을 바쳐야할지도 모른다고 생각하였다. 따라서 제국의 북동 모서리인 이 지역에서 시간을 보내는 것보다는 대지를 둘러싸고 있는 '바깥 대양'을 찾기 위해 서둘러 인도로 가는 것이 시급하다고 생각했다. 그곳에서는 인간이 살고 있는 마지막 끝에 바로 이를 수 있으리라는 기대에서였다. 그는 세상의 끝에까지 이른 자신의 모습을 동경하며 지평선을 바라보았지만, 언제나 그의 앞에는 아직 극복해야 할 새로운 지역이 나타났다.

정복이 막바지로 치달을수록 알렉산드로스에게서 전제적인 모습이 강화되는 경향을 볼 수 있다. 알렉산드로스는 분명히 극단과 모순에 찬 사나이였다. 그는 교양과 박식함, 소탈하고 인간적인 측면을 지니고 있으면서도 위대한 왕, 두려움을 모르는 거친 용사의 이미지가 있었고 자제력과 방종, 관대함과 잔인함의 극단을 오고 갔다. 그의 여정에는 따뜻한 인간애를 보여주는 사건들이 즐비하다. 반면에 자신을 거역하는 자들에게는 잔혹한 모습을 거침없이 드러냈다. 박트리아를 향한 여정에서 그는 페르시아 왕의 후계자를 자처하면서 민심을 얻고자 노력하면서도 말을 듣지 않는 소수 부족이나 만족(蠻族)은 매우 잔혹하게 다루었다. 그가 보여준 이러한 다양한 성격 중에서 어느 것이 진정한 그의 모습인가를 세심하게 판단하기에 그의 인생은 너무나 짧았다. 어떻게 보면 이러한 모순되는 모든 성격이 그대로 그의 짧은 생애 속에 복잡한 인격으로 머물고 있었는지도 모른다. 그 핵심에는 어쩌면 어린 시절 가족관계에서 비롯된 근원적인 불안정이 자리잡고 있었는지도 모른다.

인도 침략과 회군

기원전 327년 알렉산드로스는 힌두쿠시 산맥을 넘어 아프가니스탄을 거쳐 인도로 가는 대장정을 시작하였다. 그의 군대는 마케도니아와 그리스군 이외에 각 지역에서 모집된 동방인의 군대로 충원되어, 알렉산드로스는 실로 다종다양한 인간군에 둘러싸여 있었다. 이즈음 알렉산드로스는 더욱 동방의 군주를 많이 닮아가고 있었는데, 거대한 알현용 천막 안에서 페르시아식 복장을 하고 때로 암몬 신을 나타내는 2개의 뿔을 머리에 달고 옥좌에 앉아 있기도 했다.

인더스 강을 건넌 것은 기원전 326년의 봄이었다. 그 동안 그는 몇 번이고 생명의 위협을 겪었으며, 수많은 부상과 어려움을 무릅쓰고 어느덧 인도에까지 이르렀다. 여기서 그는 인도의 포로스(Poros) 왕의 대군을 만났다. 그는 키가 2미터나 되는 용맹한 장사였는데, 그의 재능과 용기는 알렉산드로스를 탄복시켰다. 포로스의 군대를 격파한 뒤 알렉산드로스가 그에게 어떻게 대우받기를 원하는지 묻자 그는 "왕으로서 대우받기를 원한다"고 말하였다. 알렉산드로스는 포로스에게 원래의 왕국을 그대로 유지하게 하고, 그의 재산에 대한 약탈을 금지하는 명령을 내렸다.

포로스와의 전투 이후에도 알렉산드로스의 정복은 계속되어 히말라야의 봉우리를 바라보며 나아갔다. 그는 세계의 끝에 거의 다 왔다고 믿었으나, 막상 목적지에 도착하면 그 땅 너머에는 또다른 강대한 왕국이 계속되고 있다는 것을 알게 되었다. 그는 갠지스 강에 대한 이야기를 듣고 그 강은 틀림없이 세계의 끝을 따라 흐르고 있을 것이며, 만일 그렇다면 자기는 대지를 둘러싸고 있는 '바깥 대양'이 완전히 보이는 곳에 국경선을 정할 수 있을 것이라고 생각했다.

그러나 그의 부하들은 더 이상 미지의 땅에 대한 관심이 없었다. 인도의 환경은 그들이 적응하기 힘든 새로운 풍토였고 나쁜 기후는 그들을 괴롭혔다. 그들의 투구와 갑옷은 낡았고 무기는 닳아 있었으며 이국땅에서 싸우는 것에 회의를 느끼고 있었다. 오랜 전쟁으로 지쳐 있던 장병들은 이제 고향에 돌아가기만을 바라고 있었다. 부하들은 더 이상 알렉산드로스의 명령에 복종하려 하지 않았으며, 장교나 사병을 막론하고 알렉산드로스의 가장 충실한 부하들조차 그의 뜻에 반대하였다. 주술사들 역시 점괘가 흉조로 나오니 진군을 중단할 것을 권했다. 어쩔 수 없이 알렉산드로스는 귀환을 선택하게 되었다.

귀환

페르시아로 귀환하는 여정은 그의 새로운 탐험욕으로 인해 멀고도 험난한 과정을 겪었다. 그는 왔던 길을 더듬어가지 않고 새로운 탐험 루트를 선택했으며, 여러 전투를 통해 인더스 강 맞은편을 포함한 서부 인도의 전역을 손에 넣음으로써 국경을 더욱 확장하였다. 이 때문에 귀환을 시작한 지 1년이 지나도록 그는 페르시아에 돌아가지 못하고 인도 지역에 머무를 수밖에 없었다. 귀환이 늦어지자 향수병에 젖은 병사들의 반항적인 분위기가 또다시 고조되었다. 알렉산드로스는 더 이상 자신의 뜻만을 고집할 수 없음을 느끼고 인도를 떠나기로 결정했다. 그러나 그는 귀환길에 자신의 군대를 세 편으로 나누어 대지의 모습이 정확치 않은 부분을 탐험하고자 했다. 세 갈래로 나뉜 군대의 귀환길에서 사막을 거치는 두 번째 루트를 선택한 알렉산드로스는 죽을 고비를 여러 번 넘기며 전투와 모험을 겪었다.

원정군이 페르시아 제2의 수도인 수사로 귀환한 것은 기원전 324년 2월이었다. 알렉산드로스는 광대한 페르시아 제국의 주인으로서 동방의 전제군주 위치에 올라 있었다. 그의 근위기병대에는 동방의 귀족이나 제후들이 편입되어 있었으며, 페르시아·박트리아·스키타이를 비롯한 동방 출신의 기병대가 서방의 군대와 함께 근무하고 있었다. 그는 이들에게 둘러싸여 어느 것에도 얽매이지 않고 동방의 주인으로 자유로이 행세할 수 있었다.

알렉산드로스는 다리우스의 정식 후계자로 나서기 위해 다리우스의 장녀인 스타티라와 아르타크세르크세스 3세의 막내딸 파리사티스를 한꺼번에 아내로 맞이하였다. 뿐만 아니라 그는 자기 부하들과 페르시아 여인들의 합동결혼식을 주선함으로써 동방과 서방을 맺는 새로운 혼혈계급의 탄생을 장려하였다. 기원전 324년의 어느 봄 알렉산드로스의 결혼식이 있던 바로 그날, 90쌍 정도 되는 서방의 귀족 출신 장군들과 신분이 높은 페르시아 여인들의 결혼식이 동시에 치러졌다. 하급 장교나 병사들도 한꺼번에 1만 쌍에 육박하는 거대한 규모의 합동결혼식을 치렀다.

이러한 파격적인 합동결혼은 인류를 서로 대립하여 싸우는 두 개의 부류로 나누었던 아리스토텔레스식의 생각을 알렉산드로스가 뛰어넘었다는 것을 의미하였다. 그러나 그가 모든 인간에 대한 박애나 평등을 주장한 것은 아니었다. 그의 시도는 현실적인 정책에서 나온 것이었다. 그는 정복지의 여러 계층을 혈연을 통해 맺어줌으로써 자신이 정복한 세계의 모든 인류가 동질감을 가지고 스스로 그에게 복종하기를 바라는 뜻에서 이러한 시도를 하였던 것이다.

영광의 절정에서

알렉산드로스는 스스로를 신들이 내린 과업을 성취한 초인적인 영웅으로 생각했으며, 암몬의 아들로서 자신이 이미 신의 반열에 들어섰다고 확신하였다. 이제 그는 그리스의 모든 국가들에 대하여 자신이 제우스-암몬 신의 아들이며 신의 화신임을 공식적으로 인정할 것을 요구하였다. 대다수의 그리스 국가들이 그의 요망에 부응하여 이를 인정하였다.

알렉산드로스가 이룩한 제국은 안정기에 접어들었으나, 그는 원정을 멈추지 않고 자신이 정복하지 않은 세계의 마지막 끝을 모두 탈환하려는 계획을 세우고 있었다. 그는 바닷길을 따라 아프리카를 동쪽에서 서쪽으로 돌아

지브롤터 해협을 지나 지중해로 돌아오려고 생각하였다. 그곳으로 진출하려면 당시 서부 지중해 최강의 세력이었던 카르타고와 맞닥뜨릴 수밖에 없었다. 그는 해전에서 카르타고를 분쇄하기 위해 1천 척 정도의 군선을 건조할 것을 명령했다. 알렉산드로스는 이제 아테네가 세계의 중심이 되어야 한다는 생각을 극복하고 이집트의 알렉산드리아를 미래의 수도로 생각하고 있었다. 그의 목표는 세계를 정복하는 것이었으며, 대원정의 모든 계획은 순조롭게 준비되고 있었다.

그러나 새로운 원정의 출발만을 남겨놓고 있던 어느 날, 알렉산드로스는 이름 모를 열병에 걸리고 말았다. 그 누구도 어떤 의사도 그의 병을 고치지 못했다. 알렉산드로스는 병마를 이기지 못하고 재위 13년째 되는 기원전 323년 6월 13일 죽음을 맞았다. 신의 아들이요 위대한 정복왕이었던 알렉산드로스는 자신의 원대한 계획을 마무리하지 못한 채 33세의 젊은 나이에 세상을 떠났다.

알렉산드로스는 역사 속의 모든 위대한 왕을 능가하고자 했으며 헤라클레스나 아킬레우스가 초인적인 삶을 통해 궁극적으로 신격화된 것처럼 그 자신도 신의 반열에 오르고자 하였다.[10] 새로운 세계를 정복하고자 하는 욕구에서 그는 때로 무모한 도전을 하기도 했고, 그 때문에 많은 사람들을 사지(死地)에 몰아넣기도 했다. 정복의 모든 과정에서 그가 목숨에 연연해하지 않고 과감하게 위험에 뛰어든 것은 자신이 신의 아들이며 이 위대한 사업이 신들의 의지에 따라 수행되고 있다는 강력한 믿음 때문이었다. 그는 살아 있는 자로서 스스로 신이 되고자 하였다. 이러한 바람은 사후에 알렉산드로스의 후계자들이 자신들의 정통성 확보를 위해 그를 경쟁적으로 신격화하는 과정에서 서양의 지배자 숭배 전통의 기원을 이루었다.

---

10) 로마 키지 가문의 부조에는 다음과 같은 말이 씌어 있다. "나는 내 아버지 필리포스로 이어지는 신격화된 제우스의 손자 헤라클레스의 혈통을 따르고 있으며, 내 어머니 올림피아스에게서는 아킬레우스의 혈통을 이어받았다."

알렉산드로스의 유산

알렉산드로스가 위대한 이유는 단지 그가 거대한 제국을 정복했기 때문이 아니다. 그가 수행한 정복전쟁의 파괴와 살상의 흔적에도 불구하고, 그는 당시 서양에서 문명세계로 알려진 대부분의 지역을 통합했을 뿐 아니라 헬레니즘이라는 새로운 문명의 탄생을 가능하게 하였다. 헬레니즘은 폐쇄적이고 자기 충족적인 그리스의 폴리스 문명이 오리엔트의 문명과 만나 개방적이고 보편적인 문화로 탈바꿈한 새로운 문명의 조류였다.

그는 자신이 정복한 곳곳에 그리스식 도시인 알렉산드리아를 70여 개나 세운 것으로 알려져 있다. 이러한 도시는 수준 높은 그리스 문화가 동방의 문화와 만나는 새로운 산실이 되었다. 알렉산드로스의 군대는 병사들 외에도 문관·상인·환전상·신관·배우·악사·노예·창부 등 다양한 부류의 사람들이 따라다녔기 때문에 마치 하나의 그리스 도시가 이동하는 것과 같았다고 전한다. 그의 군대는 마케도니아인과 그리스인 외에도 각 정복지 출신의 용병대가 왕의 친위대와 기병대에까지 편입되어 있었으며, 기원전 4세기의 경제적 쇠퇴와 정치적 혼란에 시달리던 그리스인들이 새로운 세계로 진출하는 길을 열어주는 창구로서의 구실도 하였다.

알렉산드로스의 정복사업은 국제적인 문명의 교류를 가능하게 하였다. 그리스 문화는 페르시아를 건너 인도에서도 새로운 창조력을 발휘했으며, 그가 개척한 육로와 해로를 통해 각 문명세계들이 연결되었다. 원정로의 개척으로 동서 문화의 교류가 확대면서 공식화폐로 아테네의 주화가 사용되고 아테네의 언어인 코이네가 국제어로 쓰였다. 또한 알렉산드로스는 페르시아인들의 풍습에 매료되어 스스로 페르시아식 옷을 입고 페르시아인들을 중요한 직위에 등용하였다. 그는 동방적인 요소를 배척하지 않고 도입했을 뿐만 아니라 더욱 적극적인 결혼정책을 통해 자신이 정복한 세계의 모든 인류가 동질감을 가지고 살아가기를 바랐다. 이러한 동서융합정책은 자신이 넓혀놓은 세계의 활발한 문화교류를 촉진시켰으며, 거기에서 탄생한 헬레니즘 문명은 새로운 역사 발전의 원동력이 되었다.

헬레니즘과 그리스 문화는 유럽뿐 아니라 근동문화의 토대가 되었다. 기독교와 마니교·이슬람교라는 세 가지 위대한 종교는 헬레니즘 시대의 근동문화를 토대로 탄생한 것이었다. 헬레니즘 시대의 사상은 지중해에서 인더스 강에 이르는 지역 전체에 오랫동안 상당한 통합력으로 작용하였다. 이러한 헬레니즘 문명은 세계제국 로마로 유입되어 서양문명의 근간으로 뿌리내렸고, 그뒤 역사 전반에 영향을 미치면서 오늘날까지도 서양문명의 핵심요소로 자리잡고 있다. 그가 남긴 전쟁의 부정적인 이미지에도 불구하고 알렉산드로스의 정복사업은 문명의 거대한 발전과 교류를 가능하게 했으며 역사의 진보를 가능하게 하였다. 이러한 점에서 그의 원정은 세계사의 획기적인 사건이었다. 알렉산드로스는 진정 영웅이자 위대한 신의 아들이었다.

참고문헌

1) 알렉산드로스에 관한 고대의 자료

알렉산드로스에 관한 고대의 자료 중에서 가장 유용한 것은 아리아노스(Arrianos)의 *Anabasis and Indica*이다. 그의 자료는 기록의 신뢰성이 높은 것으로 평가된 라고스(Ptolemy Lagos)의 당대 기록에 의존하고 있다. 플루타르코스는 비판적인 역사가는 아니지만, 자신이 밝혔듯이 인물 열전을 통해 교훈적인 목적을 이끌어내려는 그의 의도에 충실했고, 군대와 다른 세부사항들에 대한 여러 정보를 남겼다. 현존하는 알렉산드로스에 관한 전기를 남긴 저자들, 즉 아리아노스 · 루푸스(Quintus Curtius Rufus) · 디오도로스(Diodoros) · 플루타르코스(Plutarchos) · 유스티누스(Justinus) 가운데 그 누구도 알렉산드로스 당대에 살던 인물은 없다.

이들 중 가장 앞선 시기의 저자는 디오도로스로, 그는 기원전 1세기 무렵의 인물이다. 이어서 루푸스와 플루타르코스는 기원후 1세기, 아리아노스는 2세기의 인물이다. 유스티누스는 3세기에 살았지만 그의 저작은 훨씬 더 오래된 저작들 중에서 편집한 것이다. 아쉽게도 알렉산드로스 당대에 씌어진 업적록들은 전하지 않는다. 분실된 자료는 알렉산드로스의 원정에서 기원전 331년까지 공식적인 기록을 맡았던 칼리스테네스(Callisthenes)의 기록과, 프톨레미 왕조의 설립자로 노년에 알렉산드로스의 전기를 쓴 라고스, 건축가이며 설계사였던 아리스토불로스(Aristobulos) 그리고 12권에 달하는 알렉산드로스의 역사를 쓴 클리타르코스(Clitarchos)의 저작이다.

2) 참고도서

Phillip Harding(ed.), *From the End of the Peloponnesian War to the Battle of Issus*, NY: Cambridge 1985(Translated Documents of Greece & Rome, 2), Library: DF 214.

M. M. Austin(ed.), *The Hellenistic World from Alexander to the Roman Conquest. A Selection of Ancient Sources in Translation*, NY: Cambridge 1981, Library: DF 222.

A. J. Heisserer, *Alexander the Great and the Greeks. The Epigraphic Evidence*, Norman: U. Oklahoma Press 1980, Library: DF 232. 5. H44.

R. B. Andrew, *Alexander the Great and the Middle East*, a biographical study

that is both scholarly and popular, 1963.
Arriagada G. Herrera, *The campaigns of Alexander*, Penguin Books, 1978.
J. R, Ashley, *The Macedonian Empire: the era of warfare under Philip II and Alexander the Great, 359~323 B.C.*, McFarland, 1998.
A. B. Bosworth, *A historical commentary on Arrian's History of Alexander*, Clarendon Press, 1998.
P. Briant, *Alexander the Great: man of action, man of spirit*, Harry N. Abrams, 1996.
O. Brien, & J. Maxwell, *Alexander the Great: the invisible enemy: a biography*, Routledge, 1992.
Curtius Rufus, *The history of Alexander*, Penguin Books, 1984.
J. G. Droysen, *Geschichte Alexanders des Grossen*, Berlin, 1890
D. W. Engels, *Alexander the Great and the logistics of the Macedonian army*, University of California Press, 1978 .
L. H. Frank, *Alexander the Great and Bactria: the formation of a Greek frontier in central Asia*, Brill Academic Pub., 1989.
W. M. Eric, *The Campaign of Gaugamela*, 1964.
P. Green, *Alexander the Great*, 1970.
T. G. Guy(ed.), "Alexander the Great: The Main Problems," in the series *Views and Controversies About Classical Antiquity*, 1966.
J. R. Hamilton, *Alexander the Great*, 1974.
N. G. L. Hammond, *Alexander the Great: King, Commander, and Statesman*, 1981.
F. L. Holt, *Alexander the Great and Bactria: the formation of a Greek frontier in central Asia*, New York, 1993.
I. C. P. Lionel, *The Lost Histories of Alexander the Great*, 1960.
_____, *The Lost Histories of Alexander the Great*, 1966.
Plutarch, *The Age of Alexander*, Penguin, 1973.
C. A. Robinson, *History of Alexander the Great*, Periodicals Service Co., 1953.
W. W., Tarn, *Alexander the Great*, Beacon Press, 1962.
A. Weigall, *Alexander the Great*, 1931.
U. Wilcken, *Alexander the Great*, Norton, 1967.
P. Briant, 『알렉산드로스 대왕』, 시공사, 1996.
M. Wood, 『알렉산드로스 침략자 혹은 제왕』, 중앙M&B, 2002.
조현미, 『알렉산드로스, 헬레니즘 문명의 전파』, 살림, 2004.

갈레노스

고대의학의 완성자

●성영곤(관동대 교수 · 서양고대과학사)

그리스 문명의 황금기는 대개 기원전 5, 4세기의 아테네를 지칭한다. 페리클레스로 대표되는 정치가들과 시민들이 민주주의를 꽃피웠으며, 소크라테스를 비롯하여 플라톤과 아리스토텔레스가 활동한 무대이기 때문이다. 하지만 그리스 과학은 그보다 훨씬 뒤에, 특히 그리스 반도 이외의 지역에서 활짝 피어났다. 기하학자인 에우클레이데스——그의 『원본』 (stoicheia)에는 오늘날 일반 교과과정에서 배우는 기하학 내용의 태반이 담겨 있다——는 기원전 3세기 알렉산드리아에서 활동하였고, 정역학과 유체역학의 주창자인 아르키메데스는 기원전 3세기 시칠리아 출신이었으며, 코페르니쿠스 이전까지 가장 위대한 천문학자로 꼽히는 프톨레마이오스가 태어나고 활동한 곳은 기원후 2세기의 알렉산드리아였다.

  프톨레마이오스보다 한 세대쯤 늦게 소아시아의 페르가몬에서 태어난 갈레노스는 이 같은 그리스 과학의 전통을 이은 위대한 의사이다. 갈레노스는 제자를 키우지도, 학파를 만들지도 못했지만, 중세 유럽과 이슬람의 의사들에게 그의 저술들은 필수적인 교과서였다. 또한 비판적이고 논쟁적인 그의 저술들을 통해 우리는 로마 제국 시대 의료계의 여러 사정과 알렉산드리아의 무제이온을 중심으로 기원전 3세기의 헤로필로스와 에라시스트라토스가 이루어낸 인체해부학의 성과를 알 수 있다. 과학혁명기까지 주도적 패러다임이었던 그의 인체해부학과 생리학은 어떤 의미에서는 아리스토텔레스의 동물학 체계를 인간에까지 확장시킨 것으로 볼 수 있으며, 무엇보다도 그가 수용하고 발전시킨 의학이론은 히포크라테스를 '의학의 아버지'로 정립하는 데 결정적으로 공헌하였다. 고대의학을 전문적 학문분야로 종합한 사람이 바로 갈레노스였던 것이다.

1. 가계와 초기교육

갈레노스는 건축가(architekton)인 니콘의 아들로 태어났다.[1] 태어난 해에 대해 연구자들은 128년 · 129년 · 131년 등 다양한 연도를 제시했지만, 130년 출생설이 통설로 받아들여지고 있다. 니콘은 물론 갈레노스 자신의 로마 시민권 소유 여부 등은 명확하지 않지만, 페르가몬의 유력가문이었다는 것을 충분히 짐작할 수 있다. 일부 연구자들 사이에서 클라우디우스(Claudius Galenus)라는 라틴식 이름이 거론되지만, 이는 르네상스기에 덧붙여진 것으로 고대 문헌에는 등장하지 않는다. 그리스 혈통이 분명하므로 그의 이름은 '갈레노스'로 표기되어야 마땅하다.

고대기간 동안 씌어진 본격적인 전기는 존재하지 않는다. 대신 갈레노스 스스로 여러 곳에서 자신의 생애와 관련된 일화들을 언급하였고, 심지어 자신의 저술목록들과 그것들을 어떤 순서로 읽어야 마땅한지 밝힌 독립된 글들도 남겨놓았다. 학문적 업적은 물론 그 생애도 상당한 정도까지 추적해볼 수 있는, 고대 지식인으로서는 예외적인 경우라고 하겠다.

---

1) architekton은 영어 architect의 어원이지만, 당시에는 건축가뿐만 아니라 토목기사와 무기 설계 및 관리 운용을 담당했던 사람들도 함께 지칭하였다. 비트루비우스의 경우에서 알 수 있듯이 아우구스투스 시대에 이르러 이미 이 분야(civil engineering)는 로마에서 존경받는 유망한 직업이었다. 그러나 건축가로서의 니콘의 업적이 무엇인지, 또 로마 군대의 병참기사(military engineer)로 복무한 경력이 있는지 등은 알려져 있지 않다.

크산티페 같은 어머니

니콘은 최고 수준의 전문교육을 받았고, 키케로식의 인문주의(humanitas)의 이상에 견주어보아도 상당한 수준의 교양인이었다. 로마 귀족들처럼 니콘은 일찍부터 아들의 교육을 직접 담당했는데, 수학·문법·논리학 등 교양과목 전반을 포괄한 것이었다. 성인이 된 뒤 씌어진 어떤 글에서 갈레노스는 자신의 어머니를 크산티페에 비유한 반면, 아버지에 대해서는 최고의 존경을 드러내 보였다. 단순한 수사에 불과할 수도 있겠지만, 갈레노스는 수다스럽고 정 많은 어머니와 소크라테스만큼이나 지혜롭다고 스스로 존경한 아버지 밑에서 풍부한 인성교육을 받았다고 할 수 있겠다.

갈레노스가 14세 때부터 수준 높은 철학수업이 추가되었고, 16세부터는 본격적인 직업교육이 시작되었다. 니콘은 아들이 건축가가 되기를 원했던 것 같은데, 이 무렵 자신이 이끌어줄 수 있는 안정되고 유망한 직업을 권고하는 아버지와 학구적인 아들 사이에 진로문제를 놓고 약간의 갈등이 있었다고 짐작된다. 또한 다른 측면에서 보면 집중적이고 절충주의적인 교육의 결과 다양한 철학사상을 접한 10대 중반의 갈레노스는 일종의 지적 위기에 빠져들었다고 볼 수 있다.

아버지의 꿈

진로문제는 뜻밖의 도움을 통해 해결되었다. 갈레노스 자신이 후술한 바에 따르면, 아버지의 꿈에 히포크라테스가 나타나 아들을 의사로 만들라고 권고했다는 것이다. 이 꿈 이야기가 자신을 그럴듯하게 포장하는 갈레노스의 허풍인지, 아니면 진지한 심리분석의 대상이 될 수 있는 것인지 — 프로이트식의 오이디푸스 콤플렉스 개념이건 융이 말하는 원형 개념이건 간에 — 잘 모르겠지만, 여하튼 상징적인 이야기임에는 틀림없다. 갈레노스는 히포크라테스에게 빚지고 의학에 입문했던 것이다.

2. 12년간의 의학교육

16세에 시작된 갈레노스의 의학교육을 맡은 첫 번째 스승은 사티로스였다. 142년의 콘술로 페르가몬에 아스클레피오스 신전[2]을 건립한 루시우스 쿠스피우스 루피누스를 따라와 페르가몬에 머물고 있던 이 의사를 개인교사로 삼을 수 있었다는 사실은 갈레노스 집안이 유력인사들과 가까웠다는 것을 말해준다. 또 사티로스가 이미 4년 동안 페르가몬에 머물고 있었다는 갈레노스의 지적이 맞다면 이 해는 146년이 되는데, 갈레노스가 130년에 태어났다는 주장은 이 같은 연대 추정에 따른 것이다.

사티로스가 담당한 갈레노스의 초기 의학교육은 임상수련과 다양한 이론들을 포괄한 것이었다. 그 중에서 사티로스가 아리스티데스의 주장을 가르쳤다는 사실은 흥미로운데, 갈레노스는 이 유명한 소피스트를 소년시절에 페르가몬에서 직접 만나보았을 가능성이 크다. 이런 일들은 갈레노스가 나중에 로마에서, 이른바 '제2 소피스트 운동'에 깊이 관여하는 단초가 된다.

20세 이전의 저술들

사티로스의 교육은 즉각적인 성과를 낳았다. 갈레노스 스스로 이 시기에 작성한 세 편의 논문 제목을 밝히고 있는데, 각각은 자궁의 해부(이 논문은 어떤 산파의 요청에 의해 쓰여진 것으로 초기부터 갈레노스가 해부학에 관심이 깊었음을 입증한다), 안과질환의 진단(이 논문은 소실되었다) 그리고 실제 임상경험의 중요성에 대한 변증을 주제로 삼고 있다. 세 번째 논문을 통해서 우리는 갈레노스가 초기부터 의학 같은 경험과학에서 확실성이란 무엇인가 하는, 일종의 방법론적이고 과학철학적인 문제에 깊은 관심을 보이고 있었

---

[2] 아스클레피온은 의신 아스클레피오스에게 헌정된 신전으로 신전의술의 중심지였다. 그러나 이곳에서도 세속적이고 합리적인 의료 조치를 완전히 배제하지 않았고, 때로는 의사들의 공동체의식을 고취하는 중심지 역할과 장기 환자들을 수용하는 일종의 병원 역할을 담당하기도 하였다.

다는 것을 알 수 있다. 또한 이 논의 가운데 갈레노스는 여러 의학학파의 입장에 대해 자신이 저술한 별도의 논문을 언급하고 있다.

그밖에도 연구자들은 현존하는 한두 편의 논문들이 이 시기의 저술목록에 추가되어야 한다고 주장한다. 가령 쿠들리엔(F. Kudlien)은 파트로필루스에게 헌정된 늑막염에 관한 짧은 논문도 이 시기에 씌어졌다고 추정하면서, 이 사람은 147년부터 148년 사이에 이집트의 고위 공직자였던 칼비시우스 파트로필루스일 가능성을 제시하고 있다. 그렇다면 초기에 저술된 논문들은 대개 산파나 유력자 등 개인들의 지적 호기심을 만족시키기 위해, 아니면 자신이 왜 의학을 공부해야 하는가 하는 문제의식에서 비롯된 셈인데, 수련과정 학생의 저술 동기로 수긍될 만한 설명이다. 여하튼 150년쯤 페르가몬을 떠날 때까지 갈레노스가 받은 초기의 의학 교육이 만만치 않았다는 것을 분명히 알 수 있다.

아버지의 사망과 지적 유랑

갈레노스가 20세 때 니콘이 죽었다. 영향력 컸던 아버지가 죽은 뒤 얼마 지나지 않아 갈레노스는 '두 번째 스승'이라고 인정한 의사 펠롭스에게 배우고자 스미르나로 떠나는데, 현재 터키 사람들이 이즈미르라고 부르는 이곳에서 그는 예상치 않은 사상의 보고와 접하게 되었다. 알비노스라는 철학자를 만나 플라톤 철학에 깊이 빠져들었던 것이다. 이후 플라톤주의는 히포크라테스주의만큼이나 갈레노스의 학문과 사상에 커다란 영향을 미치게 되었다. 갈레노스의 생애를 통틀어 가장 중요한 저작 중 하나로 꼽히는 「히포크라테스와 플라톤의 가르침들에 관하여」라는 후기의 저술은 이 양대 사상을 유기적으로 통합하려 한 지속적인 노력의 결과로 볼 수 있다.

알렉산드리아 유학

스미르나에서 머무른 기간은 명확하지 않지만, 여하튼 이곳을 떠난 갈레노스는 누미시아노스라는 의사가 있던 코린토스를 거쳐 알렉산드리아를 최종 유학지로 선택하였다. 당시 동부 지중해의 최대 도시로 학문과 예술의 중심지였으며, 기원전 3세기에는 고대 세계에서 유일하게 인체해부가 시행되었던 알렉산드리아는 갈레노스에게 분명 매혹적인 곳이었다. 갈레노스는 여러 곳에서 헤로필로스와 에라시스트라토스 등 예전의 해부학자들을 부러워하면서 인체해부가 더 이상 허용되지 않는 것을 한탄하고 있지만, 그때까지도 알렉산드리아는 보전된 인체골격 등을 통해 해부학을 체계적으로 공부할 수 있는 유일한 곳이었다.

역시 정확한 기간을 알 수 없지만 스미르나와 코린토스에서보다는 훨씬 긴 몇 년 동안 갈레노스는 알렉산드리아에 체류하면서 고대의학의 유산을 흡수하였다. 무제이온의 도서관이 큰 도움이 되었음은 물론이다. 그러나 다른 한편으로 갈레노스는 당시 알렉산드리아 의사들과 지식인들 사이에 유행하던 학문적 풍토에 매우 비판적이었다. 근대 지식인들이 중세 대학의 스콜라주의를 거론할 때 흔히 그러하듯이 '알렉산드리아의 학자들' 혹은 '알렉산드리아의 예언가들' 하는 식의 빈정대는 표현이 이후의 갈레노스의 저술들에 자주 등장하고 있는 것이다.

검투사들의 주치의

학업과 수련을 일단 마감하고 고향인 페르가몬으로 돌아왔을 때 갈레노스는 28세가 되어 있었다. 16세에 시작하여 장장 12년에 걸쳐 진행된 의학 교육은 수년간의 도제식 수련으로 끝나던 당시의 관례에 견주면, 또한 중세 대학 이후의 정규 의학과정에 견주어도 결코 짧지 않은 기간이었다. 더욱이 의사면허증 같은 인증제도도 없던 시기였다는 사실을 감안할 때, 펠롭스를 떠난 이후의 기간은 도제 수련을 마친 직인의 편력기간과 유사했다고 이해하는 것이 온당할 것이다.

페르가몬에서 갈레노스는 검투사들의 주치의로 몇 년 동안 머물렀다. 상당한 외과적 능력이 요구되는 직책이며, 동시에 의사로서는 생리학 및 해부학 분야의 임상적 기초지식을 확인할 수 있는 기회였다. 그러나 갈레노스는 일개 지방도시 프로 격투기 팀의 팀 닥터로 만족할 사람이 아니었다.

3. 1차 로마 체류와 소피스트 활동

마르쿠스 아우렐리우스(161~180년)와 루시우스 베루스(161~169년)의 공동 통치가 시작된 161년에 갈레노스는 로마로 갔다. 유력자들을 치료함으로써 그는 곧 명성을 얻게 되는데, 환자 중에는 에우데모스라는 소요학파 철학자가 있었다. 그를 통해 갈레노스는 플라비우스 보에투스라는 유력자를 소개받는데, 후자는 갈레노스를 상류층 지식인들의 모임에 끌어들였다. 보에투스는 집필을 권유하기도 했는데, 갈레노스의 가장 중요한 업적으로 인정받고 있는 해부학과 생리학 분야의 주요 저술들은 이때 작성된——그러나 보에투스만을 위한 것이 아니라 처음부터 '대중판'으로 기획된—— 논문들을 수정하고 확장한 것들이었다.

또한 보에투스는 간단한 실연을 포함한 해부학 공개강연을 주선하기도 했다. 의학 지식의 대중화는 교양적 지식의 수준을 높인다는 취지에서 1세기 말부터 소피스트 운동의 주창자들이 적극 추진해온 일이었다. 몇 차례에 걸친 갈레노스의 강연들은 성공적이었다. 공개 강연에 참여한 청중의 면면을 보면 루시우스 세르기우스 파울루스와 그나에우스 클라우디우스 세베루스 같은 고위 공직자들뿐만 아니라, 티르 출신의 하드리아누스와 알렉산드리아 출신의 데미트리오스 같은 유명한 수사학자들이 포함되어 있었다. 로마의 유력자들과 수사학자, 그리고 의사를 대표로 한 전문지식인들의 친교는 '제2소피스트 운동'의 중요한 특성이었다.

갈레노스는 틈나는 대로 자신의 성공이 '말에 의한 것'(logoi sophistikoi)이 아니라 실제적 진료능력에 의한 것임을 강조하지만, 어려서부터 받은 교양교육과 소피스트적인 변론 능력이 로마에서의 성공에 크게 기여했다는 것을 부인할 수 없다. 그런 반면 갈레노스는 다른 의사들과는 우호적인 관계를 유지하지 못했는데, 34세 되던 해 마르티알리오스라는 의사와 벌였던 격렬한 논쟁이 그 점을 잘 보여준다. 사실 전 생애를 통해 자신의 스승들을 제외하면 갈레노스가 존경한 동시대의 의사는 전무했다고 해도 무방할 것이다.

성공한 개업의의 낙향

애초부터 동업자들간의 경쟁은 피할 수 없는 일이었고, 특히나 제국의 수도 로마에서의 개업활동은 현대사회 못지않은 긴장과 스트레스의 연속이었다. 경쟁에 지치고 질시에 시달리던 갈레노스는 대중적 명성의 허망함에 대한 심정과 고향에 대한 향수를 간간이 드러내지만, 1차 로마 체류는 그럭저럭 5년을 끌었다. 로마의 후원자들이 자신을 붙잡는다는 핑계를 대고 있지만, 페르가몬의 내란이 진정되지 않은 것이 더 큰 이유였을 것이다.

루시우스 베루스가 파트리아 전쟁터에서 귀환하기 직전인 166년 봄에 갈레노스는 귀향길에 올랐다. 자신의 언급대로라면 군대와 함께 역병이 몰려온다는 소문을 듣고 서둘러 로마를 떠나 고향으로 갔다는 것인데, 만약 그것만이 이유라면 이는 의사로서 마땅히 비난받을 행동이다. 로마 생활에 싫증난 상황에서 전염병 핑계를 댄 것인지, 또는 별도의 학문적 편력을 위해 다른 여행을 계획했던 것인지 분명하지 않지만, 여하튼 로마에서 페르가몬으로 가는 귀향길은 제법 시간이 걸렸다.

황제의 소환: 게르만 원정에 종군할 뻔했던 갈레노스

그러나 고향에서 심신을 추스른 기간은 길지 않았다. 페르가몬에 도착한 지 얼마 되지 않은 168년 갈레노스는 공동 황제들로부터 소환명령을 받은 것이다. 갈레노스는 게르만 원정의 전초기지였던 아퀼레이아에서 군대에 합류하게 되는데, 이때 다시 역병이 창궐하였다. 황제들과 그 측근들은 서둘러 로마로 떠났고, 군대와 함께 남은 갈레노스는 종군의사로서 끔찍한 겨울을 맞게 되었다. 애써 신탁을 피하려 한 오이디푸스의 인간적 노력이 결국은 신탁의 예언대로 비극적인 결말로 이끌어 가듯이, 역병과의 대면도 갈레노스의 운명이었는지 모른다.

이 기간을 전후로 한 갈레노스의 행적에는 다소 모호한 부분이 있다. 그렇지만 169년 베루스가 뇌졸중으로 급작스럽게 사망한 뒤 단독 황제가 된 아우렐리우스가 본격적인 게르만 원정을 떠날 때 갈레노스는 코모두스의 개인의사라는 자격으로 로마에 남는 데 성공하였다. 2차 로마 체류가 시작된 것이다.

'제2 소피스트 운동'과 갈레노스

1차 로마 체류 동안 보에투스의 주선으로 시작된 공개 강연은 갈레노스의 지적 활동에 뚜렷한 영향을 미쳤다. 로마 상류층 인사들의 호기심을 만족시키면서 소피스트-수사학자들의 날카로운 논평에 응대하는 가운데, 갈레노스 자신도 더욱더 논쟁적이 되어갔다. 초기의 진지하고 학구적인 문체와 달리 이 시기 이후에 씌어진 갈레노스의 저술들은 과시적이고 수사적인, 또는 소피스트적인 특징을 강하게 보여주고 있는 것이다.

의사인 갈레노스가 소피스트 운동에 적극 참여했고, 결국은 그 중심부에 위치하게 되었다는 사실은 일견 의아해 보인다. 그러나 의사-소피스트(iatrosophist), 또는 의사-철학자(iatrophilosopher)는 당시의 시대 분위기였다. 연구자들은 갈레노스의 첫 번째 스승이었던 사티로스를 의사이자 소피스트로 간주하고 있다. 이런 스승 밑에서 의학공부를 시작했고, 또 플라톤 철학에 심취하면서는 좋은 의사는 훌륭한 철학자여야 한다고 굳게 믿고 있던 갈레노스였다.

고전기 소피스트들도 의학에 관심 있었다

사실 철학적이고 형이상학적인 관심은 기원전 5세기의 소피스트 운동에도 이미 있었다. 고전시대 소피스트들은 철학자들과 많은 것을 공유하고 있었으며, 역으로 소크라테스는 일종의 소피스트로 간주되어 아테네 민주법정에 고발되고 처형되었던 것이다. 대부분의 고전기 소피스트들이 실용적인 목적을 추구했던 것은 사실이다. 민주사회의 경쟁에 유용한 수사학 교육에 집중했던 고르기아스나 기억술 연마에 주력했던 히피아스 등은 대표적인 예들이다. 그러나 프로타고라스는 '덕'을 가르칠 수 있다고 주장했고, 결과적으로 개인으로서만 활동했던 다른 소피스트들과 달리 일종의 학파를 형성할 수 있었다.

한편 그리스인들이 추구한 '덕'(arete)에는 육체적 탁월함, 즉 건강한 신체가 포함되어 있었고, 이것이 소피스트들이 히포크라테스 의학에도 관심 기울인 주된 이유가 될 수 있다. 예를 들면 소크라테스 당대에 고액의 수업료로 악명 높았던 프로디코스는 「인간 본성론」에서 체액이론을 전개하고 있다. 역으로 후대의 의사들도 고전기 소피스트들의 저작을 무시하지 않았는데, 갈레노스는 분명히 「인간 본성론」을 읽었고, 특히 점액의 성질에 대한 프로디코스의 견해에 깊은 관심을 보였다.

의학 대중화 운동

로마 제국에서 다시금 창궐한 '제2소피스트 운동' 역시 수사학 교사들에 의해 주도된 것은 사실이지만, 당시 수사학의 사회적 기능은 고전기 아테네와는 크게 달랐다. 이제 더 이상 민주정치의 현장에서 필수적인 수단이 되지 못함에 따라 수사학은 그야말로 문필활동의 기교에 머무르게 되었다. 이런 상황에서 의학분야는 인생에서의 성공과 건강이라는 대중의 요구를 수용하는 새로운 영역으로 주목받게 되었다고 볼 수 있을 것이다.

수사학과 형이상학에 대한 몰두는 개업의사의 입장에서는 분명히 부정적인 측면이 있다. 그러나 기원후 2세기의, 그것도 제국의 수도에서 활동하고 있던 의사에게 수사학과 변론술은 경쟁에서 이기고 대중의 명성을 얻는 데 필수적인 요소였으며, 의료지식에 대한 사회적 수요를 만족시키기 위한 '대중판' 의학서적의 저술은 의사에게 부여된 새로운 의무였다. 건강에 대한 부유층의 과도한 관심 속에서 의사들간의, 그리고 의학학파들간의 전문직업적 경쟁은 일반적인 추세였고, 이 같은 시대 분위기에서 갈레노스는 대중을 자기 편으로 끌어들이는 수단으로 기꺼이 소피스트 운동을 활용했다고 보는 것이 온당할 것이다.

4. 2차 로마 체류와 학문적 업적

갈레노스는 199년 아니면 200년에 사망한 것으로 알려져 있는데, 로마에서 죽었는지 페르가몬에 귀향해서 죽었는지는 분명하지 않다. 그러나 2차 로마 체류는 적어도 25년 이상 지속되었으며, 이 긴 기간은 192년 평화의 신전에서 발생한 화재로 그곳에 소장되어 있던 갈레노스의 장서와 저술들이 소실된 것을 제외하면 평온하면서도 창조적인 시기였다.

갈레노스는 169년에 처음 얻은 코모두스의 개인의사라는 자격을 수년간 유지했는데, 이 특이한 자격은 한편으로는 개업의들 사이의 치열한 경쟁으로부터, 또다른 한편으로는 궁정의사라는 긴장되고 번거로운 직무로부터 갈레노스를 자유롭게 하였다. 다시 말해 황실의 후원 아래 갈레노스는 공개적인 논쟁을 삼가면서 의학 연구와 집필활동에 전념할 수 있었던 것이다. 이는 1차 로마 체류와 크게 다른 여건이었다.

황제들의 후원

소년시절부터 아버지의 인도 아래 유력자들과의 친교를 등한시하지 않았지만, 장년기 이후의 갈레노스가 로마 상류층, 특히 황제들과 맺은 친교는 가히 놀라운 것이었다. 코모두스의 개인의사라는 자격이 아우렐리우스 황제의 호의와 배려에 의한 것임은 굳이 말할 필요조차 없지만, 젊은 코모두스가 자신의 주치의에게 보인 신뢰는 180년에 황제가 된 이후에도 여전하였다. 또한 갈레노스는 193년에 다음 황제가 되는 셉티미우스 세베루스와도 오랜 친교를 유지했고, 후자의 황실비서이자 소피스트인 아엘리오스 안티파트로스와도 아주 우호적인 관계를 유지하였다.

아우렐리우스에서 코모두스 그리고 세베루스까지 3대에 걸친 황제들의 후원과 친교는 갈레노스가 의사라는 기능적 전문인으로서뿐만 아니라 포괄적인 의미의 지식인으로 대접받았다는 것을 뜻한다. 물론 갈레노스는 그 같은 예우에 합당한 인물이었다.

왕성한 저술가로서의 갈레노스

갈레노스의 방대한 저술은 당연히 의학분야에 집중되어 있지만, 그것을 넘어 생물학과 물리학 등 자연과학 전반과 철학·논리학·윤리학을 망라하며, 심지어는 기독교에 관한 글도 포함하고 있다. 소실되어 제목만 전해지는 수십 편의 논문들은 논외로 치더라도, 또 백과사전식으로 이전 사람들의 저작을 편집한 경우들을 제외한다면 아마도 갈레노스가 고대세계에서 가장 많은 저술을 남긴 사람일 것이다.

그러나 주제별로 편집된 단행본들만 계속 출간되고 있을 뿐, 근대 유럽어로 완간된 갈레노스 전집은 이렇다 할 만한 것이 없다. 대신 그리스어와 아랍어로 된 것을 제외하고 라틴어로 보전된 저술만을 편집한 『갈레노스 전작집』(C. G. Kühn [ed.], *Claudii Galeni Opera Omnia*, Leipzig, 1821~33)이 그나마 충실한데, 이 분량만 해도 20권 22책에 근 2만 쪽에 이른다. 현대판 편집으로 플라톤 전집이 대개 5권, 아리스토텔레스 전집이 12권, 그리고 분명한 사람의 저술이 아닌 『히포크라테스 전집』이 최대 10권 정도인 것과 비교하면 엄청난 분량이라는 것을 알 수 있다.

평가절하되었던 갈레노스

갈레노스의 초기 저술들이 유력자 또는 특정 수요자를 위한 주문 제작품이었다면, 1차 로마 체류기간 동안 씌어진 저술들은 일종의 대중판이었음을 부인하기 힘들다. 이전의 간결하고 논리적으로 명확한 저술들과 비교하면 문체상에도 변화가 있으며 자기 과시도 여러 곳에서 드러나 있다. 주로 이런 이유 때문에 일부 연구자들은 그를 주저없이 소피스트로 간주하기도 한다. 장황하고 허세가 많으며 논쟁적이라는 것이 갈레노스의 특성이고—그것도 어머니에게서 선천적으로 물려받은—, 따라서 빌라모비츠-묄렌도르프(U. von Wilamowitz-Moellendorff)가 붙인 '허풍선이'(Seichbeutel)라는 별명은 한때 그의 묘비명으로 간주되기도 하였다.

그러나 갈레노스를 대중의 기호에 영합한 통속적인 저술가로 속단해서는 안 된다. 현존하는 최종적인 형태의 저술들은 많은 경우 다시 고쳐 쓴 것들이며, 2차 로마 체류 이후 씌어진 대부분의 저술은 해당 분야의 전문의들이나 읽어낼 수 있을 만큼 학구적인 것이기 때문이다. 아테네가 그리스 세계의 맹주 지위를 잃어가는 동안 플라톤과 아리스토텔레스가 서양학문의 틀을 구축했듯이, '로마의 평화'(Pax Romana)가 저물어가는 동안 서양의학의 기본틀이 갈레노스에 의해 마련되고 있었던 것이다.

5. 갈레노스의 학문방법론 : 영향과 한계

고대 의사 가운데 갈레노스 이상으로 우리에게 알려져 있는 사람은 없으며, 서양의학의 역사에서 그만큼 영향을 끼친 인물은 어느 시대에도 없다. 견주어보면 히포크라테스가 떠오르지만, 이 전설적인 인물의 유산은 집단적인 것이었지 일개인의 것이 아니었다.[3] 가령 르네상스 시기의 해부학 강의실을 잠깐 들여다보면, 가운을 입은 근엄한 교수는 강단 위에서 갈레노스의 원문을 암송하고 있고, 앞에 있는 조수는 그에 맞추어 발밑의 시체 속에서 각각의 신체기관들을 들어서 긴장하고 있는 학생들과 경사진 강의실 발코니에까지 빙 둘러서 있는 호기심 많은 관중에게 보이고 있다. 후세 의사들이 갈레노스의 눈으로 인간 신체를 보았다는 말은 허언이 아닌 것이다.

의학사에서 갈레노스의 지위는 물리과학의 역사에서 아리스토텔레스가 차지했던 지위에 버금 간다. 갈레노스는 매우 정밀한 해부학적 지식을 갖추

---

3) 근대의 '히포크라테스 전통'이 어떤 것이었는지, 또 고대의 '히포크라테스 전통'에는 얼마나 다양한 전설적 요소들이 함께 섞여 있었는지 알아보려면 다음 논문들을 참조할 수 있다. 성영곤, 「히포크라테스 전통 : 최근 2세기의 연구사」, 『醫史學』 제6권 제1호, 1997, 105~120쪽 ; 「히포크라테스 전설」, 『醫史學』 제13권 제1호, 2004, 62~80쪽.

고 있었으며, 이를 바탕으로 자신의 의학체계를 확립하였다. 갈레노스는 의학을 무엇보다도 경험과학으로 자리매김하였던 것이다. 그러나 생명현상의 이해를 돕는 수단으로 목적론에 의지했던 측면에서 갈레노스는 아리스토텔레스를 능가한다. 사실상 갈레노스의 학문방법은 물리적인 현상을 자연적인 원인들로 설명하려 한 아리스토텔레스의 합리주의와, 신(demiurgos)이 모든 것을 완전히 계획한다는 플라톤의 형이상학이 결합된 것이었다.

갈레노스의 생리학 이론

예를 들어보자. 인체의 메커니즘을 고찰하는 생리학자들에게 심장의 기능은 결정적인 것이었다. 그러나 갈레노스는 플라톤을 따라 간장이 심장에 우선한다고 보았다. 간장이 감당한 핵심적 기능에 대한 갈레노스의 찬미는 플라톤이 「티마이오스」편에 기록해놓은 기묘하고 난해한 구절에 대한 해설이었다.

갈레노스에 따르면 간장은 소화계와 호흡계, 그리고 박동하는 심장 사이를 조정한다. 간장은 위장에서 음식이 소화 흡수되어나온 생성물을 장정맥을 통해 공급받는다. 이 생성물은 간장이 지닌 가장 중요한 기능에 의해 피로 바뀐다. 이렇게 생성된 혈액의 대부분은 대정맥을 거쳐, 확장하는 심장에 의해 우심방으로 빨려들어간다. 이제 심장이 수축하면 혈액의 일부는 폐동맥을 거쳐 폐에 양분을 제공하고, 나머지 대부분의 혈액은 격막(septum)이라 지칭된 심장의 중앙벽에 나 있는 작은 구멍들을 통과해 좌심방으로 옮겨진다. 여기서 혈액은 폐정맥을 통해 폐가 공급하는 생기(vital spirit)—사실상은 공기—와 일부 섞인다.

따라서 좌심방부터는 두 종류의 혈액이 존재한다. 생기에 의해 변화된 새로운 혈액은 생명력을 공급하는 유동체로 맑은 적색을 띠며 생기로 거품친다. 이제 이것은 심장에서 나가 동맥을 순환하면서 신체의 각 부분에 생명력을 공급한다. 한편 다른 종류의 혈액은 간장에서 나온 상태대로 검은 자양분을 담은 채 정맥을 서서히 옮겨다니면서 신체 각 부분에 영양분을 공급한다. 결국 동맥과 정맥을 통해 나간 두 종류의 혈액은 신체 속에서 모두 소모되며, 따라서 혈액은 간장에서 끊임없이 만들어져야만 한다.

인체 내부의 생리현상에 대한 이상의 설명은 잘못된 것이었고, 그에 따라 새롭게 발견된 허파 순환을 받아들이고, 나아가 동맥으로 나간 피가 정맥을 통해 다시 심장으로 돌아온다는 혈액의 대순환을 주장한 하비에 의해 새로운 생리학 혁명이 일어나게 된다. 그러나 그것은 17세기 과학혁명기에나 가능해지는 일이다. 갈레노스의 생리학체계에는 신체에 대한 일관된 설명이 있었고, 이는 해부학 자체의 기법만으로는 반박이 불가능하였다. 심장을 해부하여 격막을 조사했지만 우심방에서 좌심방으로 흐르는 혈액의 통로를 발견할 수 없었던 베살리우스—16세기 최고의 해부학자로 『인체의 구조에 관하여』라는 매우 근대적인 해부학 책을 썼다—조차 자신의 경험적이고 근대적인 이 발견의 의미를 애써 축소하면서 갈레노스주의자로 남을 수밖에 없었던 것이다.

과학의 역사와 역사라는 학문: 역사란, 그리고 과학이란 무엇인가?

특정 시기의 어떤 과학자가 이룩한 지적 성과물, 즉 특정한 과학이론은 다음 시기에는 극복되기 마련이다. 아울러 이 점은 과학이 '발전'을 말할 수 있는 거의 유일한 분야로 꼽히는 이유이기도 하다. 그렇다면 목적론적 사고는 전근대적인 것이고, 갈레노스의 이론들은 이미 틀린 것으로 판명된 만큼 더 이상 살펴볼 의미가 없는 것인가? 이것은 쉽사리 답하기 힘든 질문이다. 왜냐하면 이는 과학이란 무엇인가라는 질문을 함축하고 있기 때문이다.

과학적 '사실'(fact)은 자연 속에 이미 있는 것을 '발견'한 것이지만, 궁극적으로 한 사람의 과학자가 이루어낸 이론체계, 즉 패러다임은 마치 사회적 제도처럼 '발명'하고 '건설'한 것이다. 그렇다면 민주사회에 사는 우리가 로마 제국의 정치제도에 관심을 기울이는 것이 의미 있듯이, 갈레노스의 의학이론들 또한 여전히 관심을 기울일 만하다. 적어도 그것은 1500년 동안 서양의학의 기본 패러다임이었기 때문이다.

과학의 역사는 역사의 과학과 구별되는 것일 수도 있다. 스토아 철학자들이 문명을 통해서 인간은 자연 위에 '제2의 자연'(altera natura)을 세운다고 공언했듯이, 의학사가인 에델슈타인(L. Edelstein)은 과학의 역사를 정치사 위에 세워진 '제2의 역사'(altera historia)라고 주장하기도 한다. 정치사가 전쟁과 권력투쟁 그리고 파괴로 가득 차 있는 데 반해, 이 '제2의 역사'는 피나 정념에 의해 더럽혀지지 않고 대신 인간의 지적 능력을 실현하는 데 바쳐져 있다는 것이다.

그런 점에서 갈레노스가 「신체 부분들의 효용에 관하여」라는 저술에 덧붙인 다음의 구절은 깊이 음미할 만하다.

> 이것은 창조주에게 황소 백 마리를 제물로 바치고 수천 탈렌트의 계피를 분향함으로써가 아니라, 먼저 나 자신을 인식한 뒤 신의 지혜, 힘 그리고 그 탁월함을 다른 사람들에게 설명할 수 있음으로써 진정으로 깊은 신앙심을 갖는다는 신념에서 우리를 창조하신 신에 대한 찬가로 내가 집필한 신성한 책이다.

갈레노스는, 그리고 나아가 많은 고대 지식인들은, 자연 속에 있는 신성한 것을 찾으면서 자신의 구원과 삶의 목표를 추구했고, 그 성취를 맛보았던 것이다.

참고문헌

갈레노스에 대한 마땅한 국내 문헌은 없는 실정이며, 근대 유럽어로 된 갈레노스 전집 또한 완비되어 있지 않다. 대신 라틴어로 된 쿤(Kühn)의 전집을 기본으로 삼고, 여기에 누락된 저술들을 별도의 단행본들로 보완할 수 있다.

C. G. Kühn(ed.), *Claudii Galeni Opera Ommia*, 20 vols., Leipzig: Cnobloch, 1821~33).

J. Marquardt et als. eds., *Claudii Galeni Pergameni Scripta Minora*, 3 vols., Leipzig: Teubner, 1884~93.

G. Singer, *Galen, On Anatomical Procedures*, Oxford University Press, 1956.

M. C. Lyons & B. Towers (eds.), *Galen, on Anatomical Procedures, The Later Books*, trans. W. L. H. Duckworth, Cambridge University Press, 1962.

A. J. Brock, *Galen, On the Natural Faculties*, Loeb edition, Harvard University Press, 1916.

M. T. May, *Galen, On the Usefulness of the Parts of the Body*, 2 vols., Cornell University Press, 1968.

생리학 등 특정한 전문분야에서 갈레노스가 이루어낸 성과와 영향에 대한 연구서와 논문들 그리고 갈레노스의 저술에 대한 문헌학적 연구들은 무수히 많지만, 너무 전문적이고 부분적인 주제들이므로 여기에 일일이 열거할 필요는 없을 것이다. 반면 그의 생애와 업적을 총괄적으로 다룬 연구서들은 드물어, 아직도 Sarton의 시험적 개관을 넘어서는 단행본을 찾아보기 힘들다. 대신 갈레노스 생애에 대해서는 Kudlien이 집필한 D.S.B.사전의 해당 항목이 유용하며, 갈레노스의 의학적 업적에 대해서는 로이드(Lloyd)가 저술한 헬레니즘 과학사 교과서의 해당부분이 권장할 만하다.

G. Sarton, *Galen of Pergamon*, University of Kansas Press, 1954.

R. E. Siegel, *Galen's system of physiology and medicine*, Basel & New York, S. Karger, 1968.

F. Kudlien, "Galen," in *Dictionary of Scientific Biography* 16 vols., ed. C. C. Gillispie, New York: Charles Scribner's Sons, 1970~80.

G. E. R. Lloyd, *Greek Science After Aristotle*, New York: The Norton Library, 1973, Ch.9: "Galen."

제2부
로마 공화정

약사(略史) · 차전환 |
로물루스 · 김창성 |
한니발 바르카 · 차영길 |
노 카토 · 차전환 |
스키피오 아프리카누스 · 차영길 |
가이우스 플라미니우스 · 김경현 |
티베리우스 셈프로니우스 그라쿠스 · 허승일 |
가이우스 셈프로니우스 그라쿠스 · 허승일 |
가이우스 마리우스 · 김영목 |
루키우스 코르넬리우스 술라 · 강성길 |
카틸리나 · 김영진 |
마르쿠스 툴리우스 키케로 · 허승일 |
폼페이우스 마그누스 · 김덕수 |
카이사르 · 김덕수 |
푸블리우스 클로디우스 풀케르 · 김칠성 |
안토니우스 · 김덕수 |

약사(略史)

로마 공화정기 지중해 세계를 풍미한 인물들

● 차전환(충남대 교수 · 서양고대사)

왕정에서 출발한 도시국가 로마는 공화정기에 내부적으로 신분투쟁의 과정을 거치면서 정치적인 발전을 이룩하는 한편, 이탈리아 반도를 통일하는 위업을 달성했다. 이탈리아 도시들의 연맹체를 토대로 한 로마 공화국은 짧은 기간 내에 지중해 세계를 정복하여 제국을 건설했다. 그러나 제국의 중심으로 막대한 부와 외래문화가 흘러들어오면서 로마 사회와 시민들의 생활은 커다란 변화를 겪었고, 시민단의 분열과 내전의 혼란이 뒤따랐다.

도시국가 로마의 창건부터 이탈리아와 지중해 세계를 정복하여 통치하는 과정까지 파노라마처럼 펼쳐진 로마인들의 역사를 정치제도사적인 측면에서 구조적으로 이해하는 작업도 중요하지만, 이 책처럼 주요 인물들의 활약상을 살펴보는 것은 로마사의 주요 국면과 로마인들의 삶을 좀더 생생하게 드러낼 수 있을 것이다. 왕정기와 공화정기 로마사의 주역으로 이 책에 등장하는 인물들은 로물루스를 제외하면 모두 기원전 3세기 말 이후 살았던 사람들이다. 이는 무엇보다도 인물들의 활동을 재구성하는 데 필요한 사료의 여건이 반영된 것이기도 하다.

기원전 753년 도시 로마를 창건했다는 로마의 제1대 왕 로물루스

(Romulus)는 그를 둘러싼 신화의 해석이 논쟁거리가 될 정도로 신비에 휩싸인 인물이다. 마르스 신과 베스타 신의 여사제 사이에서 태어난 쌍둥이 로물루스와 레무스는 티베르 강물에 던져졌지만 늑대에 의해 구출되어 늑대의 젖을 먹고 자랐으며, 목자가 그들을 발견하여 길렀다. 자라서 로마를 건설한 로물루스는 동생 레무스를 살해하고 왕이 되었다. 학자들은 로물루스 전설의 기원, 의미 그리고 로물루스의 죽음에 대해 다양한 논쟁을 전개해왔다.

우리는 키케로와 디오니시우스 등 고대 저술가들의 사료를 토대로 로물루스의 업적을 살펴볼 수 있다. 로마는 지리적으로 이탈리아와 지중해 세계로 뻗어나가기에 매우 유리한 위치를 차지했는데, 이는 로마의 터를 잡은 로물루스의 공으로 돌려지고 있다. 로마의 왕정은 왕, 원로원, 인민의 민회 사이에 어느 정도 권력의 견제가 이루어진 정체로 파악되는데, 이런 왕정의 토대를 로물루스가 놓았다고 일컬어진다. 로물루스가 사비니 처녀들을 약탈하여 로마인들과 혼인하게 하고, 마침내 두 민족간에 융합이 이루어진 것은 이민족을 통합하고 시민권을 개방하는 정책의 일환으로 볼 수 있다. 로물루스는 대외적으로 이민족을 정복하고 복속된 국가들과 보호관계를 설정하는 한편, 피정복지의 일부 토지를 수용하여 식민시를 건설했다.

이밖에도 로물루스는 시민들을 트리부스와 쿠리아로 분산 배치했고, 귀족과 평민을 구분하고 그들이 마땅히 해야 할 일을 규정했으며, 또한 피호제도, 가부장권과 가족관계 그리고 국가의 종교 등 시민의 공적·사회적 생활 전반에 관련된 제도들을 마련함으로써 도시국가 로마를 경영하는 능력을 발휘했다고 일컬어진다. 이런 업적을 남긴 로물루스는 실제 인물이라기보다는 로마를 대표하는 인격의 표상이 집약된 것으로 이해된다. 로물루스 전설이 오랜 역사 과정을 통해 형성되었기 때문에, 그에게 돌려지는 이야기가 로마 건설 당시를 묘사한 것인지 아니면 공화정기의 정치 현실을 반영한 것인지도 논쟁의 대상이 된다.

그라쿠스 형제가 등장하기 전에도 포풀라레스적인 입장에서 원로원이 주도하는 지배질서에 도전한 정치가로 가이우스 플라미니우스(Gaius

Flaminius)를 꼽을 수 있다. 퀸투스 파비우스 픽토르(Q. Fabius Pictor)의 영향을 받은 폴리비우스와 리비우스 등은 한결같이 가이우스 플라미니우스를 적대적으로 묘사했기 때문에 그를 둘러싼 허구에서 사실을 가려내기가 쉽지 않다. 제1차 포에니 전쟁의 여파로 위기에 처한 소농과 빈민의 불만이 높아지던 때인 기원전 232년 호민관이 된 가이우스 플라미니우스는 갈리아와 피케눔의 공유지를 가난한 로마 시민들에게 분배해주는 농지법을 평민회에 제출했다. 이 법안은 원로원 의원들의 경제적 이익과 정치적 권위에 도전하는 것이었기 때문에 파비우스 막시무스(Q. Fabius Maximus Verruconsus)를 주축으로 하는 원로원은 반대했지만, 농지법은 평민들의 적극적인 지지 속에 평민회에서 통과되어 많은 수의 로마 시민들이 농지를 분배받았다. 그러나 가이우스 플라미니우스는 원로원과의 극단적인 대결로 치닫지는 않았는데, 원로원 의원들 중에는 농지법에 대해 유보적이거나 긍정적으로 판단하는 사람들도 차츰 나타났기 때문이었다.

그뒤 가이우스 플라미니우스가 정무관직의 코스를 따라 고위 정무관직을 차례로 역임한 것을 보면, 그를 원로원 과두지배에 시종 도전한 인물로 평가하는 것은 적절하지 않다. 가이우스 플라미니우스는 기원전 227년 프라이토르에 당선되었고, 시칠리아 총독으로 부임하여 공정하고 사려 깊게 통치함으로써 속주민들의 존경을 받았다. 이탈리아 북부로 대거 침입한 갈리아인들과의 전쟁이 계속되던 기원전 223년 콘술에 선출된 가이우스 플라미니우스는 인수브레스족과의 전투에서 승리를 거두었다. 원로원은 가이우스 플라미니우스의 개선식 요구를 들어주지 않았지만, 호민관들이 그 안건을 평민회에 제출하여 통과시킴으로써 그는 개선식을 치렀다. 이는 포풀라레스적인 정치가가 호민관과 평민회를 이용하여 원로원의 통치를 무시할 수 있던 또 하나의 실례를 보여준다.

기원전 221년 독재관으로 선출된 파비우스 막시무스가 가이우스 플라미니우스를 기병대장으로 임명한 사실은 농지법을 둘러싼 두 사람의 대립이 심각한 것은 아니었음을 시사한다. 가이우스 플라미니우스는 기원전 220년 켄소르로 선출되었으며, 호민관 퀸투스 클라우디우스가 원로원 의원들과 그 자식들의 상행위를 규제하는 법안을 제출했을 때 원로원 의원들 가운데 그 법안을 지지한 유일한 인물이었다. 이 법안도 원로원의 지지는 받지 못했지만 평민회에서 통과되었다. 한니발 전쟁이 시작된 이듬해 국가적인 위기 속에서 두 번째로 콘술에 선출된 가이우스 플라미니우스는 트라시메노 호수 근처에서 한니발의 매복작전에 말려들어 1만 5천여 명의 병사들과 함께 전사함으로써 생을 마감했다.

로마와 카르타고 사이에 서부 지중해 세계의 패권을 놓고 벌어진 한니발 전쟁(기원전 218~201년)은 명장 한니발 바르카(Hannibal Barca, 기원전 247~183년)와 자마 전투의 승리로 '아프리카누스'라는 별명을 얻은 푸블리우스 코르넬리우스 스키피오(Publius Cornelius Scipio, 기원전 236~183년) 등 많은 영웅들을 등장시키고 또 몰락시켰다. 가이우스 플라미니우스가 한니발과의 전투에서 목숨을 잃은 것 외에도 이 책에는 한니발과 스키피오 아프리카누스 그리고 노(老) 카토(Marcus Porcius Cato, 기원전 234~149년)의 활약상이 각각 소개되어 있는데, 한니발은 스키피오 아프리카누스에 의해, 스키피오 아프리카누스는 노 카토에 의해 몰락했다는 점에서 그들의 관계를 주목해볼 필요가 있다.

한니발은 26세 때인 기원전 221년 매형 하스드루발(Hasdrubal)이 살해당하자 히스파니아 군대의 총사령관직에 올라 히스파니아 공략에 나섰다. 로마와 동맹을 맺고 있던 사군툼(Saguntum)이 히스파니에서 카르타고의 지위에 위협이 된다고 생각한 한니발이 사군툼을 공격하여 장악한 것을 계기로 기원전 218년 로마와 카르타고 사이에 전쟁이 시작되었다. 이탈리아를 침입하기로 결심한 한니발은 로마의 파괴를 의도했다기보다 이탈리아의 로마 동맹국들을 이탈시킴으로써 로마로 하여금 시칠리아·사르데냐·코르시카를 포기하게 하고, 북아프리카와 히스파니아에 걸친 카르타고 제국을 넘보지 못하게 할 의도를 품고 있었던 것으로 이해된다.

기원전 218년 5월 히스파니아에 대한 통제권을 동생 하스드루발에게 맡긴 한니발은 병력을 이끌고 수도 카르타고 노바를 떠났다. 한니발이 코끼리 부대까지 포함된 대군을 이끌고 어떤 경로로 알프스를 넘었는지는 전문가들 사이에 추측만 난무할 뿐 정확히 알 수 없다. 10월 말경 알프스를 넘은 한니발은 포 강 지류인 티키누스 강 근처 전투에서 스키피오 아프리카누스의 부친인 콘술 푸블리우스 코르넬리우스 스키피오가 지휘하는 기병대와의 전투에서 승리했는데, 이 전투에 참전한 스키피오 아프리카누스는 위기에 빠진 아버지의 생명을 구출했다고 한다. 그뒤 한니발은 연전연승하며 아펜니노 산맥을 넘어 에트루리아 지역을 약탈하고, 아풀리아, 삼니움 그리고 캄파니아로 계속 나아갔다. 한편 로마의 독재관 퀸투스 파비우스 막시무스는 한니발을 추적하되 대결은 피하는 지연전술을 구사했다. 기원전 216년 8월에는 로마의 두 콘술이 지휘하는 8만여 대군과 한니발 군대가 칸나이(Cannae)에서 대결한 결과 한니발이 크게 승리하여 로마군 병사들 가운데 살아남은 자는 1만 4,500명 정도에 불과했다.

한니발이 칸나이 전투에서 크게 이긴 결과 이탈리아 제2의 도시 카푸아와 삼니움의 일부를 포함한 남부 이탈리아의 동맹국들이 로마를 이반했지만, 중부 이탈리아와 모든 라틴 식민시들은 여전히 로마에 충성스러웠다. 그뒤 한니발은 기원전 215년 마케도니아의 필리포스 5세와 동맹을 맺고, 214년에는 시칠리아의 시라쿠사가 로마에 반란을 일으키도록 도왔지만, 이탈리아에서는 로마의 지연작전으로 기원전 213년까지 별다른 전과를 올리지 못했다. 더구나 한니발은 수세에 몰린 히스파니아의 하스드루발과 본국 카르타고에서 아무런 도움도 받지 못했다. 항구도시를 장악하기 위한 한니발의 공격은 번번이 좌절되었고, 한니발 측의 몇몇 도시를 로마가 탈환하기 시작했다. 기원전 211년 한니발은 카푸아를 포위 공격하는 로마군의 방향을 돌리기 위한 의도에서 로마를 향해 진군하기도 했지만, 다시 이탈리아 남부로 돌아왔다. 곧 카푸아가 함락되었고, 그후 한니발은 더욱 이탈리아 남단으로 몰리는 처지였지만, 한니발 군대와 로마군의 결전은 이탈리아 밖에서 이루어질 것이었다.

이 무렵 히스파니아의 전세도 새로운 국면을 맞이했다. 히스파니아 전장에서 부친과 숙부를 잃은 스키피오 아프리카누스가 기원전 210년 히스파니아 전쟁의 사령관으로 임명되었는데, 그는 콘술이나 프라이토르를 역임한 경력이 없는데도 콘술과 동일한 임페리움을 부여받은 최초의 인물이었다. 스키피오 아프리카누스는 기원전 209년 카르타고 노바를 점령했으며, 208년에는 하스드루발을 격퇴했다. 그러자 하스드루발은 히스파니아를 벗어나 이탈리아로 향했는데, 그가 기원전 207년 메타우로 강 전투에서 패하여 전사함으로써 지원군에 대한 한니발의 희망은 무너졌다. 기원전 206년 스키피오 아프리카누스는 일리파 전투에서 마고와 기스코의 아들 하스드루발이 이끄는 카르타고 군대에 승리를 거둠으로써 히스파니아에는 소탕작전만 남게 되었다.

기원전 205년 콘술로 선출된 스키피오 아프리카누스는 전쟁의 무대를 아프리카로 옮기기를 원했지만, 원로원이 반대했다. 그러나 콘술 스키피오 아프리카누스의 임지가 시칠리아로 정해졌고, 그는 자신의 판단에 따라 시칠리아에서 아프리카를 침입해도 좋다는 원로원의 허락을 받았다. 시칠리아에 부임한 스키피오 아프리카누스는 기원전 204년 군대를 이끌고 아프리카에 상륙하여 우티카(Utica)를 공격했다. 그후 카르타고에서 서쪽으로 120킬로미터 떨어진 평원에서 벌어진 전투에서 스키피오 아프리카누스는 하스드루발과 시팍스가 이끄는 카르타고 군대를 패배시켰으며, 튀니스(Tunis)를 점령했다. 카르타고는 수도를 방어하기 위해 한니발을 소환했다. 강화를 위한 양측의 교섭은 실패로 끝났고, 기원전 202년 스키피오 아프리카누스가 자마 전투에서 한니발의 카르타고 군대를 결정적으로 패배시켰다. 로마가 제시한 조건에 따라 강화조약이 체결되었고, '아프리카누스'라는 별명과 함께 위대한 명성을 얻은 스키피오는 로마로 돌아와 개선식을 거행했다.

자마 전투의 패배로 로마를 응징하려는 한니발의 의지가 사라진 것은 아니었다. 기원전 196년 패전국 카르타고의 고위정무관이 된 한니발은 과두지배자들의 세력을 약화시키는 한편, 국가 재정을 재조직하여 로마에 대한 배상금이 지불될 수 있도록 노력했다. 그러나 그의 정적들은 로마인들에게 한니발이 시리아 왕 안티오코스 3세와 함께 로마에 대한 음모를 꾸미고 있다고 주장했다. 그리하여 진상을 조사하기 위한 로마의 사절단이 도착하자 한니발은 도주했다. 결국 한니발은 안티오코스 3세에게로 가서 로마와 전쟁할 것을 촉구했다.

기원전 192년 한니발은 안티오코스 3세를 동반하고 그리스로 가서 필리포스 5세를 끌어들여 이탈리아를 침입하는 전쟁을 하도록 부추겼다. 기원전 190년 시리아 함대를 에게 해로 이끌어 지휘하던 한니발은 로데스인들에게 패했다. 로마와 안티오코스 3세 사이의 평화조약에 따라 자신의 로마 양도가 정해지자 한니발은 크레타로, 거기에서 다시 비티니아의 프루시아스 1세에게로 도주했다. 기원전 183년 또는 182년 로마의 장군 티투스 플라미니누스가 한니발을 넘겨달라고 프루시아스 1세를 설득했을 때, 한니발은 로마의 포로가 되기를 거부하고 끝내 자결함으로써 로마의 적으로 세상을 떠났다.

스키피오 아프리카누스의 영광도 오래 가지 못했다. 그의 영예와 영향력을 경계하고, 또는 단순히 질투하는 정적들이 나타나게 마련이기 때문이었다. 기원전 199년 스키피오 아프리카누스는 켄소르로 선출되었고, 원로원 의장이 되었다. 기원전 194년 두 번째로 콘술에 선출된 스키피오 아프리카누스는 그리스로 가서 티투스 플라미니누스를 계승하고자 했으나 원로원의 반대로 뜻을 이루지 못하자 북부 이탈리아에 출정했지만 거의 전과를 올리지 못했다. 기원전 190년 스키피오 아프리카누스는 안티오코스 3세에 대항해 출정하는 군사령관인 동생 루키우스 코르넬리우스 스키피오의 부관(legatus)이 되기를 자원하여 아시아로 갔다. 그는 질병 때문에 전투에서는 아무런 역할도 하지 못했으며, 안티오코스 3세가 패한 뒤 평화조약의 조건을 제시하는 임무를 맡고 있었다. 안티오코스 3세는 강화가 성립되기 전에 유리한 조약을 체결하려고 스키피오 아프리카누스에게 뇌물을 제공했는데, 스키피오 아프리카누스는 그것을 거절한 것으로 보인다.

그뒤 로마에서는 이른바 스키피오파에 대한 정적들의 고발이 이어졌으며, 그 재판들을 주도한 사람은 기원전 204년 시칠리아와 아프리카에서 콰이스토르로서 사령관 스키피오 아프리카누스에게 봉사했던 노 카토였다. 스키피오 아프리카누스와 그의 동생 루키우스 스키피오는 전자는 안티오코스 3세가 제공한 뇌물을 받은 혐의로, 후자는 배상금을 횡령한 혐의로 고발당했다. 스키피오 아프리카누스는 혐의가 미칠 정치적인 파장을 제대로 인식하지 못한 채 고압적으로 행동했으며, 자신을 변호하는 데 소홀했다. 무자비하게 혐의를 추궁하는 정적들에게 혐오감을 느낀, 그리고 건강이 좋지 않던 스키피오 아프리카누스는 마침내 기원전 184년 재판을 피하기 위해 캄파니아의 리테르눔으로 자발적으로 망명하길 택했고, 이듬해 그곳에서 죽었다. 반면 노 카토는 원로원 내에서 고압적으로 영향력을 행사하던 스키피오파를 제거함으로써 원로원의 권위를 재확립했으며, 그뒤 원로원의 지도적인 인물로 그리고 켄소르로 역량을 발휘하게 되었다.

그라쿠스 형제의 개혁운동은 제국을 건설한 로마 공화국의 모순과 원로원이 주도하는 정치의 한계를 극명하게 보여주었다. 기원전 2세기 지중해 세계의 모든 부문에서 제국의 수도 로마로 부가 유입됨에 따라 로마의 귀족들은 거대한 부를 축적했고, 값싼 노예들을 이용한 라티푼디움 경영이 유행하였다. 그 결과 소농이 몰락하고 로마에는 주민들, 특히 빈민들이 늘어나 곡물을 안정적으로 공급해야 하는 문제가 대두되었을 뿐 아니라 병력 자원이 줄어들어 군대를 소집하는 데 어려움이 따랐다.

기원전 133년 호민관이 된 티베리우스 셈프로니우스 그라쿠스(Tiberius Sempronius Gracchus)는 로마 사회의 이러한 불균형을 시정하기 위해서는 귀족들이 과도하게 점유한 공유지를 부분적으로 몰수하여 빈민들에게 분배하는 정책이 필요하다고 생각한 듯하다. 티베리우스 그라쿠스의 가문은 당시 지도적인 원로원 귀족가문 중 하나였는데, 어머니 코르넬리아는 스키피오 아프리카누스의 딸이었고 원로원 보수파의 지도적인 인물이던 소(小) 스키피오(P. Cornelius Scipio Aemilianus)가 티베리우스 그라쿠스의 매부였다. 그러나 티베리우스 그라쿠스는 소 스키피오파와 대립관계에 있던 유력한 원로원 의원들의 도움과 충고를 받아, 원로원에서의 사전 논의 없이 그리고 소 스키피오가 로마에 없을 때 평민회에 농지법안을 제출했다. 동료 호민관 옥타비우스가 농지법안에 거부권을 행사하자 티베리우스 그라쿠스는 평민회를 통해 그를 면직시키고 다른 인물로 교체했다. 이는 선례가 없는 고압적이고 이례적인 조치였다. 그뒤 농지법은 통과되었으며, 농지법을 실시하는 권한을 가진 3인 위원은 티베리우스 그라쿠스와 그의 장인 그리고 동생 가이우스 그라쿠스로 구성되었다.

티베리우스 그라쿠스는 농지법을 실행하는 데 필요한 자금을 확보하기 위해 페르가뭄 왕국의 아탈로스 3세가 로마 제국에 유증하여 생긴 수익의 일부를 쓰기로 결정하였다. 그런데 이는 재정과 대외정책에 관한 원로원의 권한을 침해한 것이었다. 티베리우스 그라쿠스가 이례적으로 이듬해의 호민관 선거에 다시 출마하자, 선거날 보수적인 원로원 의원들과 그들이 동원한 세력에 의해 티베리우스 그라쿠스와 그의 지지자 300여 명이 살해당했다. 이것은 공화정 말기의 정치적 소요를 특징지은 폭력의 시작이었다. 농지법을 실시하려 한 티베리우스 그라쿠스의 진정한 동기가 무엇이었는지, 그리고 농지법이 어느 정도의 효과를 거두었는지에 대해 학자들은 다양한 해석을 내놓고 있다.

티베리우스 그라쿠스의 동생이자 뛰어난 웅변가로 기원전 123년과 122년 연이어 호민관을 역임한 가이우스 셈프로니우스 그라쿠스(Gaius Sempronius Gracchus)는 형보다 더욱 광범한 개혁을 시도했다. 그는 기원전 129년 소 스키피오가 해체한 농지분배 3인위원회를 다시 구성하여 권한을 부여함으로써 형의 농지법을 부활시켰다. 가이우스 그라쿠스의 조치 중에서 가장 중요한 것은 로마 시민들에게 밀을 싼값에 분배해주는 곡물법이었다. 당시 주민 50만 명으로 추산되는 대도시 로마에서 곡가의 심각한 유동이 정치적 긴장의 요인이었다는 점을 고려하면, 속주들에서 현물세로 징수되어 공급되는 밀을 비축해 로마 시민들에게 일정한 가격으로 매각하는 정책은 국고에 별로 부담을 주지 않으면서 사회·경제적인 필요에 부응했다고 평가할 수 있다.

가이우스 그라쿠스는 원로원을 견제하고 그 무렵 성장하던 부유층인 기사 신분의 협력을 얻기 위해 속주 아시아의 조세징수권을 기사 신분에게 매각하는 한편, 속주민을 가렴주구한 혐의로 고발당한 원로원 신분 총독을 재판하는 상설법정의 배심원 자격까지 기사 신분에게 주었다.[1] 가이우스 그라쿠스가 라틴 동맹국 시민들에게 로마 시민권을, 이탈리아 동맹국 시민들에게 라틴 시민권을 주자는 법안을 제출했을 때, 원로원은 호민관 마르쿠스 리비우스 드루수스(Marcus Livius Drusus)를 사주하여 시민들을 선동하는 데 성공했다. 그 결과 가이우스 그라쿠스는 기원전 121년의 호민관 선거에 출마했지만 낙선했고, 뒤이어 소요가 발생하자 원로원은 비상결의(senatus consultum ultimum)를 통해 콘술 오피미우스로 하여금 소요를 무력으로 진압할 권한을 부여함으로써 가이우스 그라쿠스 일파 250여 명이 살해되었고, 3천 명 정도의 시민들은 체포되어 재판도 없이 처형되는 정치폭력이 벌어졌다.

그라쿠스 형제에 대해서는 상반된 두 가지 평가가 존재해왔다. 한편으로는 가난한 시민들을 위해 타락한 귀족층에 대항하여 투쟁한 진지한 개혁가들로서 평가되었는가 하면, 다른 한편으로는 이기적으로 권력을 추구한 선동정치가들로서 비난의 대상이 되었다. 그라쿠스 형제 이후 원로원은 원로원의 전통적인 특권을 지지하는 옵티마테스(Optimates)와 인민 의지의 우월함과 인민의 이익을 내세우는 포풀라레스(Populares)로 분열되는 양상이 나타났다.

그라쿠스 형제 시대 이후 원로원은 한동안 로마의 정치를 통제했지만 유구르타 전쟁을 수행하는 과정에서 또다른 포풀라레스 지도자 가이우스 마리우스(Gaius Marius)가 권력을 장악하게 되었다. 원로원 신분이 아니라 기

---

[1] 가이우스 그라쿠스의 조치로 상설법정의 배심원들이 기사 신분으로만 구성되었는지, 또는 원로원 의원과 기사 신분 모두에서 선출되었는지는 학자들 사이에서 논란의 대상이 된다.

사 신분의 가문에서 태어난 마리우스는 콰이스토르와 프라이토르를 역임했으며, 원(遠)히스파니아 총독으로서 군사적인 능력을 입증함으로써 유구르타 전쟁의 사령관 메텔루스의 부관(legatus)으로 임명되었다. 기원전 107년 콘술에 선출되고 유구르타 전쟁의 지휘권을 장악하여 신속한 승리를 거두어 인기가 높아진 전형적인 '신인' 마리우스는 로마로 돌아왔을 때 자신이 기원전 104년의 콘술로 선출되어 있음을 알았다. 한편 당시 로마인들은 북부 이탈리아를 침입하려는 게르만 부족들의 심각한 군사적 위협에 직면하여 유능한 군사적 지도자를 원하고 있었기 때문에 기원전 104년부터 100년까지 해마다 마리우스를 콘술로 뽑았다. 마리우스는 게르만의 킴브리족과 테우토니족 등을 물리침으로써 엄청난 인기와 위세를 누리게 되었다. 그리하여 기사 신분과 평민들이 그에게 충성을 보인 것은 물론 카툴루스 같은 귀족들도 마리우스를 지지할 정도였다.

마리우스는 군사령관으로서 탁월한 능력을 발휘했지만 정치 지도자로서는 명확한 계획이 없었다. 포풀라레스의 지도자 마리우스는 옵티마테스에게 무시무시한 위협이었다. 기원전 107년 그가 군대복무를 위한 시민의 재산자격을 폐지한 것은 로마사에 중대한 영향을 끼쳤다. 군대에 소집할 수 있는 병력자원의 부족에 직면하여 실시한 이 조치는 무산자들이 봉급과 전리품 그리고 제대했을 때의 토지를 얻기 위해 군대에 지원할 수 있게 함으로써 직업군인의 길을 열어놓았는데, 군단 병사들은 원로원이 통제하는 국가의 군대에 속한다고 생각하기보다 자신들에게 물질적인 혜택을 제공하는 사령관에게 충성하는 경향을 보이게 되었다. 마리우스는 자신의 병사들에게 보상을 제공할 때는 그들이 로마 시민이든 이탈리아 동맹국 시민이든 차별하지 않았지만, 이탈리아 동맹국 시민들에게 로마 시민권을 개방하려는 마르쿠스 리비우스 드루수스의 정책에는 반대했다.

이 무렵 소아시아의 폰투스 왕 미트리다테스 6세가 로마 영토를 침입하여 로마에 대한 그리스인들의 반란을 부추기고, 속주 소아시아에 거주하는 8만 명의 로마인들과 이탈리아인들을 학살하는 사건이 벌어졌다. 마리우스는 미트리다테스에 대한 전쟁지휘권을 차지하길 희망했지만, 원로원은 한때 마리우스 휘하에서 봉사했던 루키우스 코르넬리우스 술라(Lucius Cornelius Sulla)에게 그 권한을 맡김으로써 내전이 벌어지게 되었다.

  귀족가문에서 태어난 술라는 누미디아 전쟁에서는 사령관 마리우스 휘하에서 콰이스토르로 봉사하면서 외교술로 유구르타를 넘겨받는 전과를 올렸으며, 마리우스가 게르만족을 물리치는 전투를 지휘할 때도 그의 휘하에서 싸웠다. 다시 동맹국 전쟁에서 명성을 얻은 술라는 기원전 88년의 콘술로 선출되었고, 원로원은 미트리다테스 전쟁의 지휘권을 콘술 술라에게 주었던 것이다. 그러자 마리우스는 호민관 술피키우스 루푸스와 제휴했고, 루푸스는 원로원 귀족들의 반대를 무릅쓰고 술라의 전쟁지휘권을 마리우스에게 넘겨주는 법안을 평민회에 제출해 통과시켰다. 이에 술라는 캄파니아에 있던 자신의 병사들을 이끌고 진격하여 로마를 장악했는데, 이는 로마 시민의 군대가 사령관을 위해 로마를 공격한 최초의 사건이었다. 마리우스와 그의 일파는 아프리카로 도주했다가 술라가 출정한 뒤 로마로 돌아와 기원전 87년의 콘술 루키우스 코르넬리우스 킨나와 합세하여 무력으로 로마를 장악했다. 마리우스는 옵티마테스 정적들을 학살했으며, 일곱 번째로 콘술을 지내던 기원전 87년에 죽었다. 술라가 미트리다테스 전쟁을 수행하는 동안 킨나가 로마를 통제했지만, 기원전 83년 봄 미트리다테스 전쟁에서 승리한 술라가 군대를 이끌고 로마로 진격하여 종신독재관이 되었다.

  독재관 술라는 정적들을 무자비하게 살해하고 그들의 재산을 몰수하는 한편, 몰수한 토지와 이탈리아 도처에 식민시들을 건설하여 12만 명에 이르는 자신의 병사들을 정착시켰으며, 포풀라레스의 세력기반을 약화시키고 원로원의 권한을 강화하는 일련의 개혁을 단행했다. 그는 호민관의 권한을 약화시키기 위해 호민관이 민회에 법안을 제출하기 전 원로원의 승인을 받게 하고 호민관의 비토권을 제한했으며, 호민관을 지낸 사람은 다른 정무관직을 맡을 수 없게 했다. 술라는 상설법정의 배심원 자격을 원로원 의원들로만 한정했고, 총독들의 수를 감안하여 프라이토르와 콰이스토르의 수를 늘렸으며, 콰이스토르가 되면 자동으로 원로원 의원이 되게 함으로써 원로원 명부에 대한 켄소르의 권한을 없앴다. 또한 술라는 속주 총독들이 원로원의 허락 없이는 군대를 이끌고 속주 경계를 넘을 수 없게 했다.

원로원을 강화하여 국제를 회복시킨 술라는 기원전 81년 스스로 독재관직을 내놓고 80년에는 콘술직을 보유했으며, 기원전 79년 사인(私人)으로서 캄파니아로 은퇴하여 이듬해에 죽었다. 술라는 일관되고 실제적인 개혁을 단행했지만 로마 사회의 갈등을 치유할 수 없었다. 오히려 그가 휘하의 군대를 이끌고 로마로 진격한 행위는 내전기의 군사 지도자들이 따르는 선례가 되었다.

한때 술라파에 속했던 그나이우스 폼페이우스(Gnaeus Pompeius Magnus)와 대부호 마르쿠스 크라수스(Marcus Licinius Crassus)가 그들의 군사적 지휘권을 통해 기원전 70년대에 지도적인 위치에 올랐다. 원로원이 히스파니아에서 일어난 마리우스파 퀸투스 세르토리우스의 반란과 스파르타쿠스의 노예봉기를 진압하는 임무를 폼페이우스와 크라수스에게 각각 맡겼을 때, 그들은 성공적으로 임무를 완수한 뒤 로마로 돌아와 옵티마테스의 반대를 무릅쓰고 기원전 70년의 콘술들로 선출되었다. 폼페이우스는 크라수스를 설득하여 술라가 호민관에게서 박탈했던 권한을 다시 부여했고, 루키우스 코타는 법정의 배심원이 될 수 있는 원로원의 독점을 무너뜨림으로써 술라가 확립한 원로원 주도의 체제는 사실상 붕괴되었다.

기원전 67년 폼페이우스는 호민관 가비니우스의 법안을 통해 지중해의 해적 소탕을 위한 임페리움을 획득하여 3개월 만에 해적을 소탕했고, 기원전 66년에는 호민관 가이우스 만리우스의 법안에 따라 아시아 속주들(실리시아·비티니아·폰투스)에 대한 권한과 대(對)미트리다테스 전쟁을 수행할 임페리움을 얻었다. 동방으로 출정한 폼페이우스는 미트리다테스를 즉시 패퇴시켰고(그는 자살했다), 식민시들을 건설하고 시리아를 속주에 병합했으며, 유대 사태를 해결하고, 향후 동방에서의 속주 조직을 위한 토대를 놓는 위업을 달성했다.

폼페이우스가 눈부신 성공을 거두는 동안 로마에서는 또다른 정치 지도자들이 부상하고 있었는데, 귀족 출신의 젊은 가이우스 율리우스 카이사르(Gaius Iulius Caesar)와 기사 신분 출신의 '신인' 마르쿠스 툴리우스 키케로(Marcus Tullius Cicero)가 바로 그들이었다. 크라수스의 적극적인 지원과 자신의 웅변술 그리고 정치적 수완을 바탕으로 기원전 60년대에 정치적으로 급속히 성장한 카이사르는 기원전 63년에는 대신관, 62년에는 프라이토르로 선출되었고, 61년에는 속주 히스파니아의 총독을 역임했다. 로마 역사상 가장 훌륭한 웅변가로 법정연설들을 통해 대중의 이목을 끈 키케로는 기원전 63년 콘술에 선출되었으며, '카틸리나의 음모'를 분쇄했다.

기원전 62년 말 귀환한 폼페이우스는 원로원의 우려와 달리 군대를 해산했고, 자신이 동방에서 수립한 체제를 비준해줄 것과 자신의 퇴역병들에게 정착할 토지를 줄 것을 원로원에 요청했지만 루쿨루스와 소(少) 카토를 중심으로 한 보수적인 옵티마테스에 의해 좌절을 맛보았다. 기원전 61년 크라수스는 기사 신분의 조세징수청부업자들이 불리하게 체결된 속주 아시아의 십일조 징수권 계약을 갱신하려는 것을 지지했는데, 그 계획도 소 카토의 반대에 맞닥뜨렸다.

그해 속주 히스파니아에서 귀환한 카이사르는 개선식을 위해 도시 로마 밖에서 기다리는 동안 기원전 59년의 콘술 선거에 출마할 수 있도록 요구했지만,[2] 소 카토 등이 반대하자 개선식을 포기한 채 군대를 해산하고 도시 로마에 들어와 콘술 선거에 입후보했다. 자신을 지원해줄 동맹자와 막대한 선거자금이 필요했던 카이사르는 폼페이우스와 크라수스에게 접근하여, 두 사람이 서로 화해하고 자신을 도와준다면 그들이 원로원에 요구했던 바를 관철시켜주겠다고 약속했다. 카이사르는 콘술에 선출되었고, 소 카토를 중심으로 한 카이사르의 정적들이 후원한 마르쿠스 칼푸르니우스 비불루스가 동료 콘술이 되었다. 콘술 카이사르는 원로원과 비불루스의 반대를 무릅쓰

---

2) 그것은 불법이었다.

고 폼페이우스와 크라수스를 위한 법안들을 평민회에서 통과시켰다.

기원전 59년 카이사르·폼페이우스·크라수스 세 사람은 흔히 '제1차 삼두정'으로 일컬어지기도 하는 맹약을 체결했으며, 폼페이우스는 카이사르의 딸 율리아와 결혼했다. 지배적인 세 사람이 강력한 연합을 결성함으로써 원로원은 로마 정치에 대한 통제력을 상실했다. 카이사르 자신은 바티니우스의 법을 통해 키살피나 갈리아, 일리리쿰, 나르보넨시스 갈리아에 대한 5년간의 총독직을 획득했다. 카이사르를 기소하려는 시도도 있었고, 온건한 원로원 의원들은 카이사르의 권한에 관한 법을 다시 제정할 것을 제안했지만 카이사르는 그것을 거부했다.

카이사르는 기원전 58년부터 50년까지 갈리아 전역을 정복했고, 그 과정에서 자신에게 충성하는 매우 강력한 군단을 양성했으며, 전리품을 통해 엄청난 부를 얻었다. 로마의 귀족 자제들은 행운을 얻기 위해 카이사르에게 몰려갔고, 거대한 돈이 로마의 상류층과 도시들로 흘러들어갔다. 플루타르코스는 갈리아를 정복하는 과정에서 1백만의 갈리아인들이 살해당하고, 1백만은 노예가 되었다고 보고했다. 카이사르의 성공이 로마 인민의 마음을 사로잡음으로써 그의 정치권력을 위한 토대가 될 것이었다.

한편 로마에서는 기원전 55년의 콘술이 될 것임을 자신하던 루키우스 아헤노바르부스가 카이사르를 소환하여 기소할 것을 약속했고, 망명지에서 돌아온 키케로는 카이사르에게서 폼페이우스를 떼어놓기를 바랐다. 크라수스를 통해 이러한 사정을 알게 된 카이사르는 기원전 56년 4월 루카(Luca)에서 폼페이우스·크라수스와 회동하여 그들의 맹약(동맹)을 갱신했다. 폼페이우스와 크라수스는 기원전 55년의 콘술들이 되었으며, 폼페이우스는 5년간 히스파니아 총독직을 얻었고 자신의 레가투스들을 통해 통치하는 것이 허용되었다. 크라수스는 5년간의 시리아 총독직을 얻었으며, 카이사르는 갈리아 총독직을 5년 연장했다.

그러나 세 사람의 동맹은 깨어지기 시작했다. 카이사르의 딸이자 폼페이우스의 아내이던 율리아가 기원전 54년에 죽었고, 크라수스는 기원전 53년

파르티아 원정 중에 전사했다. 기원전 52년 선거폭력 때문에 폼페이우스는 단독 콘술이 되었고, 옵티마테스는 폼페이우스에게 카이사르와의 동맹을 버리고 자신들과 합세하여 카이사르의 야심으로부터 공화국을 지키자고 설득했다. 기원전 49년 1월 초 원로원은 카이사르에게 소환 명령을 내렸고, 폼페이우스는 로마 공화국을 지킬 책임을 맡았다.

카이사르는 원로원의 명령에 복종하지 않고 군대를 이끌고 루비콘 강을 건너 이탈리아와 로마를 장악했다. 폼페이우스는 군대와 함께 아드리아 해를 건너 그리스로 후퇴했으며, 마케도니아에서 군대를 모집했다. 카이사르는 먼저 폼페이우스의 레가투스들이 통치하는 히스파니아로 가서 그들의 군단들을 신속히 패배시켰고, 기원전 48년 1월 그리스의 파르살로스 전투에서 폼페이우스 군대에 결정적인 승리를 거두었다. 폼페이우스는 내전기에 자신을 지원해준 이집트로 도주했지만, 기원전 48년 9월 이집트 해안에 도착했을 때 암살당했다. 이집트 위정자들이 승자 카이사르의 편이 되고자 했기 때문이었다.

뒤이어 이집트에 도착한 카이사르는 이집트 왕실의 분쟁에 개입하여 클레오파트라(Cleopatra VII)를 왕위에 복귀시켰다. 기원전 47년 카이사르는 소아시아에서 일어난 반란을 신속히 진압하여 동방 속주들을 재조직한 뒤 이탈리아로 돌아와 그의 부재중에 발생한 군대의 반란과 사회적 소요를 진압했다. 기원전 46년 북아프리카의 탑수스 전투를 통해 카이사르는 소 카토를 포함한 공화주의파 지도자 대부분을 몰락시켰고, 이듬해 히스파니아의 문다 전투에서 폼페이우스파의 저항을 완전히 분쇄했다.

전례 없는 영예와 권력을 장악한 카이사르는 로마로 돌아와 성대한 개선식을 치렀는데, 그것은 내전의 종식과 재건의 시작을 알리는 것이었다. 카이사르는 여러 차례 콘술을 역임했으며, 기원전 48년 잠시 독재관을 지냈고, 46년에 10년 임기의 독재관, 44년에 종신독재관이 되었다. 대신관이자 복점관으로서의 카이사르는 국가의 종교를 통제했고, 종신 켄소르 카이사르는 시민의 도덕과 풍기를 단속하는 임무를 지녔다.

카이사르가 로마사에서 담당한 역할에 대해, 그리고 그가 공화정을 폐지하고 왕이 되기를 의도했는가에 대해 역사가들은 치열한 논쟁을 전개해왔는데, 카이사르의 때 이른 죽음이 정확한 판단을 어렵게 하기도 한다. 기원전 44년 3월 15일 카이사르를 암살한 브루투스(Marcus Iunius Brutus)와 카시우스(Gaius Cassius Longinus)를 중심으로 한 일단의 원로원 의원들은 카이사르가 공화정을 파괴했으며, 왕이 되고자 의도했다고 생각한 것으로 이해된다.

카이사르가 살해됨으로써 로마는 다시 혼란에 빠졌다. 카이사르의 부하 장군이자 콘술이던 마르쿠스 안토니우스(Marcus Antonius)가 사태를 주도하며 자신에게 유리한 게임을 하려고 시도했지만 카이사르의 유언장에는 상속인이자 양자로서 18세의 가이우스 옥타비우스(Gaius Octavius)가 적혀 있었고, 막대한 재산의 대부분도 옥타비우스가 상속하게 되어 있었다.[3] 안토니우스가 옥타비아누스에게 카이사르의 유산을 넘겨주길 거부함으로써 두 사람은 불화하게 되어 카이사르파 군대의 주도권을 차지하기 위한 투쟁을 벌였다.

이런 상황에서 키케로가 주도하는 일단의 원로원 의원들은 옥타비아누스를 이용해 안토니우스를 파멸시키려고 시도했다. 카이사르의 암살 소식에 환호하며 정치활동을 재개한 키케로는 안토니우스가 카이사르와 함께 살해되었어야 한다고 공개적으로 말하면서, 일련의 연설을 통해 원로원이 안토니우스를 '국적'으로 선포하게끔 유도했다. 기원전 43년 초 안토니우스는 북부 이탈리아의 무티나 전투에서 원로원이 지원한 옥타비아누스파에게 패했다. 그러나 갈리아 나르보넨시스로 후퇴한 안토니우스는 그곳에서 서방 속주들의 총독들인 마르쿠스 레피두스(M. Aemilius Lepidus), 가이우스 폴리오(C. Asinius Pollio) 그리고 루키우스 플란쿠스(L. Munatius Plancus)와 제휴

---

[3] 옥타비우스는 카이사르의 양자가 됨으로써 가이우스 율리우스 카이사르 옥타비아누스(Gaius Iulius Caesar Octavianus)라는 이름을 얻었다.

했다.

한편 승리한 옥타비아누스는 원로원이 약속했던 보상을 거부하자 로마로 진군하여 콘술이 되었고, 카이사르의 암살자들을 추방하기로 결정했다. 기원전 43년 말경 카이사르파의 안토니우스·레피두스·옥타비아누스는 북부 이탈리아에서 회동하여 카이사르의 암살자들에 대항해 합세함으로써 로마를 통제하였고, 세 사람은 티티우스 법(lex Titia)에 따라 5년간 '국가 재건 3인 위원'에 임명되었다. 이로써 이른바 제2차 삼두정치가 성립되었다.

세 사람은 카이사르를 신격화했으며, 암살자들에게 복수한다는 구실로 처벌할 사람들의 명단을 공개하고 그들의 재산을 몰수했다. 이때 키케로를 포함한 130여 명의 원로원 의원과 기사 신분에 속하는 2천 명 정도의 사람들이 목숨을 잃었다. 기원전 42년 안토니우스와 옥타비아누스는 그리스의 필리피에서 벌어진 대규모 전투에서 브루투스와 카시우스의 군대에 결정적인 승리를 거둠으로써 카이사르의 암살자들을 응징했다.

그러나 세 사람이 협조를 유지하기는 쉽지 않았다. 기원전 40년 안토니우스와 옥타비아누스가 브룬디시움에서 회동한 결과 안토니우스는 옥타비아누스의 누이 옥타비아와 결혼하기로 했고, 로마 제국을 분할하여 안토니우스는 제국 절반의 동쪽 속주들을, 옥타비아누스는 속주 갈리아·히스파니아·일리리쿰을, 레피두스는 속주 아프리카를 차지했다. 안토니우스와 옥타비아누스는 기원전 37년 타렌툼(Tarentum)에서 다시 만나 '국가 재건 3인 위원'의 기간을 5년 연장하기로 합의했다. 그러나 기원전 36년 시칠리아에서 섹스투스 폼페이우스를 물리친 옥타비아누스는 섹스투스 폼페이우스와의 전투 중 배반한 레피두스를 포획하여 유배지로 보내고 그가 지휘하던 많은 군단들을 차지했다. 반면에 안토니우스는 파르티아(Parthia) 원정을 시도했지만 실패하고 간신히 철수했다.

이제 안토니우스와 옥타비아누스의 대결은 피할 수 없게 되었다. 안토니우스가 클레오파트라와 정치·군사적으로 동맹을 맺고 사랑한 것이 전쟁을 앞당겼다. 안토니우스는 클레오파트라에게 일부 로마 영토를 포함한 많은 권한을 넘겨주었고, 옥타비아와 이혼하지 않은 채 기원전 33년 클레오파트라와 결혼했다. 안토니우스는 기원전 31년에도 로마 민회에서 콘술로 선출되었으며, 원로원 의원들의 절반 정도가 옥타비아누스보다 그를 선호하였다. 옥타비아누스는 안토니우스의 불명예스러운 행동을 정치적 선전에 적극 활용하여 이탈리아와 서방 속주들을 결속한 뒤 안토니우스의 콘술직을 박탈했고, 시민간의 전쟁을 일으킨다는 비난을 피하기 위해 클레오파트라에 대한 전쟁을 선포하였다. 이것은 클레오파트라와 동맹한 안토니우스에게도 전쟁을 선포한 것이나 마찬가지였다.

　기원전 31년 악티움(Actium) 해전에서 안토니우스와 클레오파트라가 패했고, 안토니우스의 육군은 옥타비아누스에게 항복했으며, 이듬해 안토니우스와 클레오파트라는 이집트에서 자살했다. 이제 옥타비아누스가 로마 세계의 유일한 지배자가 됨으로써 로마 공화정이 끝나고 제정이 시작되었다.

로물루스

로마 최초의 CEO

● 김창성(공주대 교수 · 서양고대사)

1

건국의 시조들은 대개 신비감에 휩싸인 배경 또는 인간이 아닌 어떤 존재에게서 비롯하는 것을 볼 수 있다. 아울러 선한 행위로 표방된 절대적인 인물로 등장한다. 그런 등장에 익숙한 독자들이 로마의 건국 시조인 로물루스를 들여다보면, 몇 가지 상이한 사실에 충격을 받을 것이다.

먼저 출생 배경을 정치음모의 연장선상에서 찾을 수 있다는 점에서 유별나다고 볼 수 있다. 또 동생 레무스와 함께 늑대가 젖을 먹여 키웠다는 점, 이들을 구해준 사람이 평민이었다는 점, 훗날 평범한 목동들과 어울려 나라를 세웠다는 점도 일반적인 건국 영웅의 배경과 달리 지극히 서민적이고 자수성가적인 모습을 보여준다. 독자로 하여금 더 당황스럽게 하는 점은 동생을 죽이고 나라를 유지한 골육상쟁의 모습이 로마의 출발이라는 사실이다. 이 아름답지 못한 배경 때문에 로마의 초대 황제가 되는 옥타비아누스는 로물루스라는 명칭을 거부하고 아우구스투스라는 이름을 채택한다. 어떻게 보면 초라하고 비윤리적인데도 건국의 시조로서 로마인의 전형으로 추앙받는 것은 로물루스의 어떤 면모 때문일까?

2

로마 공화정 말기 정치가로 이름을 날렸을 뿐 아니라 오늘날 많은 문헌을 남겨 고대사회의 실상을 전해준 키케로는 로물루스의 업적 중에서 가장 중요한 것을 국가의 터를 잡은 점에서 찾고 있다. 그의 설명은 다음과 같다.

로물루스는 항구적이며 일관성 있고 바다에 큰 영향을 끼치는 강둑에 도시를 입지하였는데, 그가 해안의 유익함을 취하면서 동시에 약점을 회피할 수 있었던 것보다 신적인 예지를 지닌 것이 얼마나 더 있었겠습니까? 왜냐하면 그 도시는 바다에서 부족한 것을 받을 수 있으며 풍부한 것을 줄 수도 있는데, 동일한 강물을 따라서 생활과 경작에 가장 요긴한 것들을 바다에서 흡수할 뿐 아니라 심지어는 내륙에서도 받아들여 결국은 이 도시에 언젠가는 최고의 지배권을 지닌 터전과 집들이 마련될 것이라고 예견한 것으로 여겨지기 때문입니다. 즉 이탈리아의 다른 어떤 지역에 놓인 도시라도 사물에 대한 이 같은 능력을 더욱 쉽게 누릴 수 있으리라는 것은 확실하지 않습니다. (키케로, 『국가론』 2.5.10)

로물루스가 내륙도 아니고 해변도 아닌 중간지대인 강변에 나라를 건설한 것은 크게 보아 언젠가는 로마가 세계를 지배할 기초를 닦은 것이라고 말한다. 왜냐하면 해변에 자리잡을 경우 근본적으로 방어하기가 어렵고 사치풍조 등 외국의 풍습이 무분별하게 들어와 사람들의 미풍양속을 해할 우려가 있기 때문이다. 그래서 로물루스가 정한 터전은 이처럼 유익한 점이 있었을 뿐 아니라 방어에도 유리하여 기원전 390년에 있었던 갈리아인의 침입을 견뎌낼 수 있었다고 키케로는 평가한다.

우리는 이런 점에서 로마의 정치가들이 국가의 운영과 관련해 기본적으로 입지의 중요성을 인지하고 있었음을 알 수 있다. 특히 군대의 숙영과 새로운 도시 건설 등이 이런 관점에서 이루어졌다. 여기에서 로마인들도 기본적인 풍수의 중요성을 인식하고 있었다는 것을 알 수 있으며, 따라서 가장 적절한 위치에 자리잡은 것을 로물루스의 공으로 돌린 것은 당연하다고 하겠다.

이러한 입지 문제와 관련하여 최근의 고고학 연구성과는 몇 가지 중요한 시사점을 던지고 있다. 그 동안 학자들은 로마가 건국되기 이전의 라티움 지역이 지중해 문명의 흐름에서 차단된 고립지역이라고 보았고, 따라서 아이네아스가 라티움의 해변에 도달했다든가 해변지구에 거주 중심지역이 형성되었다는 주장은 역사적 근거가 별로 없는 전설로 파악해왔다. 그러나 팔라티눔 언덕에 대한 발굴조사에 따르면 바로가 전하는 로마 건국의 시기인 기원전 753년경 바로 이 지역에 4각형 구조의 오두막과 이 모습을 축소한 도기가 발견됨으로써 정주지가 존재하였고, 청동기 시대의 흔적이 나타나는 근처 기슭의 포룸 보아리움은 기원전 2000년대 중반부터 사람들이 거주한 것으로 확인된다. 이런 점에 비추어 로마의 중심지가 될 팔라티눔 지역에 일찍부터 활발한 교류가 있었고, 바로 이곳에 국가가 세워졌다는 전설은 사실과 부합하는 측면이 많다.[1]

이어서 키케로는 사비니 처녀들의 약탈혼을 다음과 같이 평가한다.

> 그는 새 나라를 공고히 다지기 위해서 새롭고도 다소 촌스러운 계획을 추종했는데, 그래도 이 계획은 왕국과 인민의 업적을 지키기 위한 것으로 그 나라의 위인과 오래 전부터 예견한 자에게 속합니다. (키케로, 『국가론』 2.7.12)

그런 계획은 결국 사비니인과의 전쟁을 불러일으키게 되는데, 그 전쟁의 와중에서 양측에 전쟁을 하지 못하도록 막은 것은 놀랍게도 사비니 여인들이었다. 여기에서도 우리는 약탈혼의 표적이 되었던 여인들이 로마와 그들의 친정이라 할 수 있는 사비니 사이의 평화중재에 나섰다는 사실에서 로물

---

[1] Aurelio Bernardi, "La Roma dei re fra storia e leggenda", *Storia di Roma*, I, 1988, pp.182~183(이하 Aurelio Bernardi로 표기).

루스의 정책이 얼마나 성공적이었는지를 알 수 있다. 이 사건을 계기로 두 종족간에 타협이 이루어지고, 아울러 융합의 계기가 마련된다. 이에 관해서 할리카르나소스의 디오니시오스에 따르면, 훗날 로마인을 지칭하는 퀴리테스(Quirites)라는 말은 본래 사비니 사람이었다가 로마인이 된 자들을 가리키는 표현이라고 하는데, 이것은 두 집단 융합의 흔적이 언어상에 남은 것이라고 할 수 있다.

이 점과 관련하여 고고학 발굴은 흥미로운 자료를 제시하고 있다. 로마의 건국이 이루어진 일곱 언덕 가운데 에스퀼리누스(Esquilinus) 언덕의 무덤에서 무기류가 발견되었는데, 이는 다른 언덕에서는 나오지 않은 것이다. 아울러 전승에 따르면 이곳에 토성(土城)이 있었다고 하는데, 이는 하나의 자치적인 촌락이 형성되었음을 뜻하는 것이다. 퀴리날레(Quirinale) 지역에도 촌락이 형성되어 있었다는 것을 고고학 발굴로 확인할 수 있다. 이 촌락을 형성한 사람들은 사비니 사람들로, 아펜니노 산맥 근처에서 이주한 것이다. 아울러 광범한 지역을 오가는 형태의 목축인 이목(移牧)도 사비니와 라티움 평야 사이에서 상당한 정도로 이루어지고 있었다.

이처럼 사비니를 비롯한 인근 지역 사람들이 교류하고 이주하면서 이들이 남긴 의식·문화·관습이 로마의 문화적 자산이 된 것으로 볼 수 있다. 특히 팔라티눔 지역은 테베레 강의 통제에서 중요한 역할을 하고, 북쪽의 에트루리아와 남쪽의 캄파니아를 연결하며, 강을 거슬러 올라 아펜니노 산지에 소금을 공급하고 내지의 공물을 외부로 수송하는 데 중요한 지역으로서 로마 건국의 중심지로 떠오르게 된 것이다.[2]

이로써 로물루스의 로마 건국과 관련된 전승이 단순한 전설이 아니라 나름대로 사실과 부합하며, 지리적인 이점을 충분히 고려한 결과임을 확인할 수 있다. 최근의 고고학적 발굴은 로마 건국과 관련된 정황이 사실과 일치한다는 점을 보여주고, 전승의 진위에 관한 문제도 재고할 필요가 있다는

---

[2] Aurelio Bernardi, p.183.

것을 인식시켜주고 있다. 아울러 라틴어에도 삼니움 계통의 어휘가 확인되어 여러 민족의 연합은 역사적인 사실로 확인되고 있다.[3] 이는 로물루스라는 건국의 시조가 최고경영자로서 입지의 선정에서 가장 중요한 결정을 내렸음을 다시 확인시켜준다.

3

그러면 로마라는 국가의 통치가 어떻게 이루어지도록 했는지를 살펴보고, 이를 국가 경영의 측면에서 정치·외교·국방·경제·사회·문화에 끼친 영향을 차례로 검토해보고자 한다.
로물루스의 통치에 관해서 키케로는 다음과 같이 보고한다.

> 이런 사실에서 비로소 그는 얼마 전 스파르타의 리쿠르고스가 보았던 것과 동일한 것을 파악하였습니다. 즉 최선자 각자의 권위가 절대적인 지배의 힘에 통합된다면, 단일한 대권과 권력이라도 왕국을 더 잘 통치하며 나라를 더 잘 지배한다는 점입니다. 그래서 그는 마치 원로원과 같은 이 자문회의의 지지를 받아 권력을 강화했으며, 인접한 다른 나라들과의 많은 전쟁도 기꺼이 수행하였습니다. 또 그는 전리품 중에서 어떠한 것도 자기 집에 가져가지 않았으며, 이로써 시민은 이익을 얻지 않은 사람이 없었습니다. (키케로, 『국가론』 2.9.15)

즉 통치 원리는 스파르타의 리쿠르고스가 추구했던 것과 마찬가지로 최선자, 즉 귀족들이 정치의 주도권을 잡는 체제를 의미하였다. 그래서 왕이라 하더라도 원로원의 지지를 받아 권력을 강화하였다는 것이다. 이 말은 로물루스가 경영의 기본원리를 잘 파악하고 참모들을 잘 활용하였음을 보여준

---

[3] 이를테면 bos(소)·scrofa(암퇘지)·lupus(늑대) 등이다. 상대적으로 삼니움 계통의 어휘가 적은 것에서 라틴어가 주도적인 언어였다고 인정된다. Aurelio Bernardi, p.185.

다. 이를 토대로 우리는 왕과 원로원 귀족 그리고 일반 시민으로 구성되는 정치구조의 근간을 로물루스가 만들었다는 인식이 있었음을 알 수 있다.

먼저 왕의 역할에 관해서 다음의 보고가 주목된다.

> 그(로물루스)는 명예와 관직을 나누었으며, 이것들을 각자가 지니도록 기획하였다. 왕을 위해서는 참으로 다음과 같은 특권을 들어올렸다. "먼저 왕은 신전·제사와 관련하여 주도권을 가지며, 신들을 위한 것은 모두가 왕에 의해서 시행될지어다. 그런 후에 법들과 조상의 관습에 대한 지킴이가 되고 본성과 계약에 따라 모든 소송에 관심을 기울이되, 법에 어긋난 것 중에서 가장 중요한 것은 왕 스스로가 심판하며 사소한 것은 원로원 의원들에게 위임하여 결코 송사를 둘러싸고 잡음이 생기지 않도록 미리 염두에 둘지어다. 또 원로원 회의를 모으고, 인민을 소집하며, 안건을 주창하고, 다수에 의해 결의된 것을 시행하도록 할지어다." 그는 이 특권을 왕에게 부여하였으며, 이것말고도 전쟁시에는 독재로서 주도권을 갖게 하였다. (디오니시오스, 『고대 로마』 2.14.1. 이하 디오니시오스로 표기)

여기에서 우리는 로마 왕정기에 왕이란 제의에 관하여 최고권한을 행사하는 존재로 파악되는 것을 알 수 있다. 그러나 전쟁을 제외하고는 자의적인 행위를 할 여지는 없다고 볼 수 있을 만큼 견제받는 직책이었다.

이어서 원로원에 대한 정책을 보면 로물루스의 의도를 파악할 수 있다.

> 그는 원로원 회의에 대해 다음과 같은 명예와 권한을 부여하였다. "만약 왕이 안을 제시하면, 그 모든 것에 관하여 결정하고 투표할지어다. 그리고 만약 의견에 관련하여 다수에 의해 표결되었으면, 효력이 있게 할지어다." 이것도 라코니아의 정체에서 도입되었다. 왜냐하면 라케다이몬인들의 왕들은 전제적이지 않아서 그들이 원하는 대로 행하지는 않으며, 오히려 장로회가 공공에 관한 지배권을 모두 보유하고 있기 때문이다. (디오니시오스, 2.14.2)

여기에서도 원로원에 광범한 권력을 분배하고 있고, 왕에 대한 견제 기능도 충분히 할 수 있도록 제도화했음을 알 수 있다. 이 같은 권한 부여는 원로원의 성격과 밀접한 관련이 있다. 그러면 애초에 어떻게 조직하였을까?

한편 로물루스는 이런 일들을 정비하고 나서 바로 원로원을 구성하고자 결심하였다. 그의 의도는 원로원 의원들과 더불어 국가의 일을 처리하는 것이었다. 귀족들 중에서 100명을 선발하였다. 그들의 선발은 다음과 같았다. 그 스스로가 모든 사람 중에서 1명을 최고선량으로 선언하고, 자신이 원정을 나갈 때 그에게 국정 운영을 맡길 것을 의도했던 것이다. 한편 각 트리부스[4)]는 3명의 인원을 선출하도록 하되, 당시 가장 지각 있는 연령대에 있으면서 좋은 씨족에서 나온 자를 선출하게 하였다. 이렇게 선출된 9명과 아울러 각 쿠리아[5)]에서 3명씩 귀족들 가운데 가장 적절한 자들이 선출되도록 하였다. 이렇게 하여 트리부스에 의해서 뽑힌 9명에 쿠리아 성원이 선출한 90명을 더하였고, 이들의 지도자로 (로물루스) 자신이 뽑은 자를 삼았다. 이로써 원로원 의원 100명의 수가 채워졌다. (디오니시오스 2.12.1~2)

---

4) 트리부스(tribus)는 흔히 부족(tribe)으로 번역되어 많은 오해를 일으킨다. 로마사에서 이 조직은 인위적인 행정조직이다. 그래서 연구자들은 지역구라고 번역한다. 이 말의 어원으로 짐작되는 단어는 'trifu'인데, 이는 그 자체로 하나의 단체를 지시하는 것이지 그 부분을 지시하는 것은 아니었다. T. J. Cornell, *The Beginnings of Rome-Italy and Rome from the Bronze Age to the Punic Wars*(c. 1000~264 BC), Routledge 1995, pp. 116~117(이하 T. J. Cornell로 표기). 부족의 명칭과 관련해서는 키케로, 『국가론』 2.8.14 : "한편 타티우스와 더불어 왕의 자문회의에—존경심 때문에 아버지라고 불리는—제일시민들을 그가 파견하였고, 자신과 타티우스 그리고 로물루스의 동료로서 사비니 전쟁에서 사망한 루쿠모의 이름을 빌려서 만든 3개의 트리부스와 30개의 쿠리아로 인민을 나누었습니다." 쿠리아의 명칭은 납치된 사비니 처녀들의 이름을 딴 것이라고 소개되어 있다. 흔히 세 트리부스는 로마·삼니움·에트루리아 세 단체의 대표성을 의미하는 것으로 해석된다.
5) 쿠리아(curia)라는 단어는 그리스사에서 형제단으로 번역되는 의제적 혈연단체인 프라트리아(phratira)로 번역된다. 이런 인위적인 조직을 지시하는 쿠리아는 라틴어의 co-viria, 즉 남자들의 모임이라는 표시에서 비롯한 것으로 파악된다. 아울러 일반적으로 쿠리아는 모임이 이루어지는 건물을 지시하기도 하였다. T. J. Cornell, p.118

로마 공화정기에 원로원의 충원은 1년 임기의 정무관직을 역임한 자들로 이루어지고 있다고 알려져 있다. 그러나 건국 초기에는 그런 절차가 불가능하므로 이 같은 조치가 필수적이었다고 하겠다. 여기에서 원로원은 지역이나 씨족의 대표로 대의체로서 출발하였음을 알 수 있다. 티티에스(Tities)·람네스(Ramnes)·루케레스(Luceres)로 이루어지는 3개 트리부스의 대표와, 각 트리부스가 10개로 나뉜 쿠리아 회의 대표로 구성된 원리는 오늘날 의회와 같다고 볼 수 있다. 훗날 사비니인과 통합되면서 이들 가운데 100명을 뽑아 원로원을 200명으로 확대[6]한 것은 바로 원로원이 세력의 크기를 반영하는 권력의 장으로 출발했음을 보여준다. 이런 배경에서 왕의 부재시에도 권력기관으로서 기능이 유지되었던 것이라고 판단할 수 있다. 아울러 지도자가 없어져도 국가의 기능이 원활하게 유지될 수 있도록 권력기관을 육성한 것은 로물루스라는 인물을 통해서 엿볼 수 있는 로마 정체의 우수성이기도 하다.

로마에서 마지막 권력기관은 민회로 알려져 있다. 흔히 민회의 역할은 공화정 후기에 들어서면서 강화되는 것으로 알려져 있으나, 이미 민회 기능의 중요성은 왕정기부터 인식되고 있었던 것이다.

인민·대중에게 다음의 3가지를 위임하였다. "(정무관을) 선발하고 법을 비준하며 왕이 선포한 전쟁을 결의할지어다. 그렇지만 만약 원로원에서 이런 결의들이 재가되지 않으면 이것들에 대한 권력을 가진 인민에게 제한이 없어서는 안 될지어다." 또 인민이 모두 한꺼번에 투표하지 않고 쿠리아별로 투표하여 그 결과를 원로원에 제시하였다. 이 관습은 우리 시기에 와서는 뒤집혀 있다. 왜냐하면 원로원이 인민의 투표를 재가하는 것이 아니라 원로원에서 의결된 것에 대해 인민이 주인이기 때문이다.(디오니시오스, 2.14.3)

---

6) 디오니시오스, 2.47.1.

여기에서 인민은 가장 중요한 선거·입법권·전쟁선포권 등 나라의 운명을 좌우할 권한이 있는 것을 볼 수 있다. 다시 말해 국가의 운명을 좌우하는 결정권은 인민에게 있다는 것을 알 수 있다. 로물루스 자신도 스스로 왕이 된 것이 아니라 인민의 추대에 의해서 왕이 된 것을 지적하고 있다.[7]

여기에서 로마인의 정치감각을 읽을 수 있는데, 우선 왕-원로원-인민으로 권력을 분산하고, 각 요소가 절대적인 권력을 누리지 않도록 배려하는 것이다. 왕은 원로원과 민회에서 견제받고, 원로원은 왕에 의해서 지명되며, 민회는 원로원의 재가를 받게 하였다. 이러한 정치상의 원리는 이른바 견제와 균형의 원리로 오늘날 정치이론에서 기초적인 이론으로 자리잡고 있는데, 그 토대를 잡은 사람이 바로 로물루스라는 것이다. 그리하여 로마인들 사이에서는 로물루스에 대해 '가장 강한 정체를 지각 있게 이끌었다'는 평가가 내려졌던 것이다. 그는 최고경영자로서 조직의 균형을 내다보고 있었던 것이다.

로물루스에 대한 평가는 그의 군사정책·대외정책과 관련하여 계속된다. 로물루스에 의해서 로마의 지방조직이 이루어졌는데, 이는 군사조직과 밀접한 관련이 있었다.

> 전체를 3개로 나누고 각 부분에 가장 뛰어난 자를 지휘자로 삼았다. 이어서 다시 3부분은 각각 10개의 부분으로 나누고 이들 중에서 가장 용감한 자를 같은 지휘자로 삼았다. 그는 큰 부분을 트리부스라 하고, 작은 부분을 쿠리아라 하였는데, 이는 우리가 살고 있는 이때에도 여전히 이렇게 일컬어진다. (디오니시오스, 2.7.2.)[8]

---

[7] 디오니시오스, 2.7.1.
[8] 이렇게 인위적으로 단체를 3분하여 조직한 것의 의미는 다음과 같다. 이탈리아 안의 다른 국가에서는 로마처럼 3분할 체계가 없었기 때문에 매우 독특하다는 것, 또한 3분할은 그리스의 경우 상고기에 존재했던 폴리스와 에트노스라는 국가형태 중에서 폴리스에만 해당된다는 것이다. 이런 점에서 로물루스에게서 비롯했다고 전승되는 3분할 체제는 그리스 형태의 폴리스가 로마에서도 출발하였음을 가리킨다. 그러나 일반적으로 학

군대를 이끌고 나갈 때 왕은 트리부스별로 천부장을 지명할 필요도 없으며, 켄투리아별로 백부장을 지명할 필요도 없고, 기병대장을 선발하고 배치할 필요도 없으며, 각자에게 고유한 부대를 택할 필요도 없다. 오히려 왕은 천부장들에게 명령하고, 이들이 각각 켄투리아 대장에게 명령하고, 이들로부터 십부장이 명령을 들어서 알게 되면 각자에게 복속된 자들을 이끌고 나갔다. 한번 결정이 내려지면 전체 병력 또는 그 일부가 소집되어 무장을 하고 지정된 장소로 가서 준비하였다. (디오니시오스, 2.14.4.)

이 사료에 나오는 지휘자는 '헤게모나'를 번역한 것으로, 이는 군대의 지휘관을 뜻한다. 아울러 그리스어로 천부장이라고 번역된 것은 라틴어로는 '트리부니 밀리툼'으로 군인들의 트리부니, 즉 트리부스 대표자라는 뜻이다. 또 쿠리아는 부대를 가리키는 '로코스'와 같은 것으로, 라틴어로는 백인대를 뜻하는 켄투리아와 비교된다. 이런 비교를 통해서 보았을 때 지방의 조직은 바로 군사의 편제와 맥을 같이하는 것임을 알 수 있다.

군대의 규모는 어떠하였을까? 논쟁의 여지가 크지만, 각 트리부스가 100명의 기사와 1,000명의 보병을 부담하여 300명의 기사와 3,000명의 보병이 로마 군대의 규모였을 것으로 보기도 한다.[9] 로물루스는 평소 이런 조직을 통해 군사력을 준비하고 있었고, 효율적인 국가 방어에 심혈을 기울였던 것을 알 수 있다. 흔히 우리가 로마를 군사제국이라고 표현할 때 그 기본이 되는 토대는 이렇게 마련되고 있었던 것이다. 따라서 로물루스는 '전쟁에서 적에게 두려움을 주고 모험을 좋아하는' 용장이 아니라 군대를 조직하고 유지하는 데에도 크게 기여한 최고경영자로서의 면모를 유감없이 보여주고 있다.

이런 군사력은 그 무렵 이웃 국가들과의 쟁패에서 큰 밑거름이 되어, 로

자들은 폴리스 국가의 형성을 기원전 7세기, 특히 에트루리아계의 5대 왕인 타르퀴니우스 프리스쿠스(재위 기원전 616~579년)가 로마에 도래한 시기로 잡는다. Aurelio Bernardi, p.194 ; T. J. Cornell, pp.117~118.

[9] T. J. Cornell, p.114.

마가 제국으로 발돋움하는 데 기여하였다. 이 성과를 유지하기 위해서는 정복된 지역민이나 국가와 일정한 관계를 맺는 것이 필요하다. 로물루스는 자신의 영역에 복속된 국가들에 대해서 다음과 같은 정책을 시행한다.

> 로마의 식민시, 동맹·우호 관계에 있는 국가들, 전쟁으로 복속된 국가들은 모두 자신들이 원하는 자를 로마인 중에서 골라 감독 및 보호자로 삼았다. 그리고 종종 원로원은 이들 국가들과 종족들의 문제점을 그들의 대변자들에게 보내면, 이들에 의해 결정된 사항들이 공식적인 것으로 간주되었다. 참으로 이런 뒤에 로마인들의 화합이 굳건해졌는데, 그것은 로물루스에 의해서 정비된 관습들 중에 기원을 둔다. (디오니시오스, 2.11.1~2)

이 정책은 공화정 시기에 로마가 팽창하면서 로마에 복속된 국가에 대해 보호관계를 설정한 것을 가리킨다. 이것이 로마 외교의 핵심이라고 할 수 있는데, 그 단초를 바로 로물루스가 제공했다고 평가하는 것이다. 그는 다음과 같은 정책을 시행하였다.

> 로물루스의 세 번째 정책이 있다. 모든 사람들 중에서 그리스인들이 가장 널리 행하는 것인데, 그 정책이야말로 모든 정책 가운데 가장 강한 것이라는 게 내 의견이다. 그것이야말로 로마인들에게 굳건한 자유의 기원이 되며, 주도권을 잡고 행사하는 것과 관련하여 적지 않은 몫을 차지한다. 즉 전쟁으로 정복한 국가에서 어린이부터 시작하여 차례로 몰살하지 않고, 노예로 만들지도 않으며, 그들의 땅을 버려두어 목초지로 바꾸지 않고, 오히려 그 토지 일부에 할당지를 받은 자들을 보내고, 지배받는 곳을 로마의 식민시로 만들 뿐 아니라, 심지어는 시민권을 일부 사람들에게도 주는 것이다. (디오니시오스, 2.16.1~2)

한마디로 피정복민에 대하여 관대한 정책을 펼치고, 나아가 로마의 식민시로 개발하는 것이라고 할 수 있겠다. 이렇게 하는 목적은 무엇인가?

그래서 인구가 많아 보이는 어떤 민족에 비해서도 로마 인민은 열등해지지 않았다.(디오니시오스, 2.16.3.)

그들이 실수하지 않고 우리와 맺은 우호관계를 종식시키지 않게 할 근거로 가장 효력이 큰 치료제는 우리가 국가를 로마의 식민시로 만들고 우리 동료 시민들 가운데 잘 어울리는 자들을 선발하여 그 식민시로 파견하는 것인데, 그것 자체가 명성과 안전 모두에 유익할 것이라고 여겨진다.(디오니시오스, 2.35.4)

이 자료에서 우리는 두 가지 중요한 사실에 주목하게 된다. 즉 인구의 증가에 관심을 기울이고 있다는 점과 로마의 안전한 방어를 중요시하고 있다는 점이다. 공화정 시기 로마는 자격이 있는 시민을 육성하고 이들을 로마 시민으로 받아들이는 정책을 취하여 계속 인구를 늘려왔고, 자신의 중심지 주변을 둘러싸는 식으로 식민시나 자치도시 등을 육성했는데, 이런 정책의 단초는 역시 로물루스에게서 발견된다. 그는 이미 규모의 경제와 우호적인 협력자의 중요성을 깊이 인식하고 있었다.

사실 타국을 지배한다는 것은 간단한 문제가 아니다. 피정복민에게 당근을 주어 자신과 묶어놓는 것도 중요하지만, 반대로 끊임없는 감시도 동시에 이루어져야 한다. 로물루스는 복속된 카이니나(Caenina)와 안템나(Antemna)에 대해서 다음과 같은 조치를 취하였다.

로물루스는 300명의 남자를 식민자로서 각 나라에 보냈다. 각 나라는 소유 토지의 3분의 1을 그들에게 추첨으로 분배되도록 결의하였다.(디오니시오스, 2.35.5)

이어서 카메리아(Cameria)에 대해서는 좀더 구체적으로 다음과 같이 처분하였다.

영토의 3분의 1을 벌과금으로 빼앗고, 그것을 자신에 속한 자들에게 분배하였다. …… 그리고 그들의 국가를 로마의 식민시로 만들었다. (디오니시오스, 2.50.4~5)

이처럼 복속된 국가에 대한 일부 영토의 몰수는 전통적으로 로마가 계승해왔던 정책이다. 이와 같은 정책이 계속된 결과 로마의 영토가 마치 모자이크처럼 이탈리아 반도에 산재되어 있었을 것으로 보는 견해가 일반적이다. 물론 그 경우 로마의 공유지로 존재했을 것이다. 이 같은 사정을 염두에 두면 로마가 기원전 1세기 초 동맹국 전쟁이 일어날 때까지 매우 복잡한 형태의 영토를 보유하고 있었음을 알 수 있다.

이런 식민정책은 로마 자체의 토지정책과 밀접한 관련이 있다. 왜냐하면 늘어나는 인구와 비교적 정체되어 있는 영토의 크기는 언제나 토지문제를 제기하는 원인이 되기 때문이다. 그러면 내부의 토지 분배는 어떻게 이루어졌는지 살펴보도록 하자.

모든 사람들이 트리부스와 쿠리아로 분산되고 배치되자, 그는 토지를 30개의 동등한 할당지로 나누어 각 쿠리아에 1개의 할당지를 수여하였다. 사람들이 신전과 성지 그리고 그와 관련된 용도나 공용으로 쓰도록 구별한 토지는 남겨두어 분배에서 제외하였다. 이것이 로물루스에 의하여 인정(人丁)과 농지에 대해 이루어진 유일한 분배이다. 이 분배에는 그처럼 공적이고도 매우 위대한 형평이 있었다. (디오니시오스, 2.7.4)

사람의 수와 농지의 규모를 동등하게 하여 각 단체에 부여함으로써, 각 쿠리아의 세력이나 부담을 균형 있게 했을 것으로 보인다. 여기에서 우리는 이런 형평이 개인에 적용되는 것이 아니라는 사실을 알 수 있다. 이렇게 한 이유는 팀제도의 장점을 그가 알고 있었다는 데서 찾을 수 있다. 그러면 단체 내의 사회관계는 어떻게 통제했는지 살펴볼 필요가 있다.

씨족에서 두드러진 자들과 덕에 관해 입증된 자, 또한 여가와 더불어 물자의 측면에서 풍부한 자들로 자녀가 있는 사람들을 신분이 모호한 자와 낮은 자와 가진 것이 없는 자들과 구분하였다. 한편 그는 가난한 운명에 있는 자들을 평민(플렙스)이라고 했는데, 이는 그리스인들이 데모티코스라고 일컫는 자이다. 대신 운명이 더 나은 자들은 귀족(파트리키이)이라고 했는데, 나이로 보아 타인보다 연장자이거나 자녀가 있거나 씨족 중에서 특출하거나 아니면 이 모든 것을 겸비하고 있기 때문이다. (디오니시오스, 2.8.1.)

로물루스는 한번 유력한 자들을 더 약한 자들과 구분하고, 이와 관련한 법을 만들었으며, 각자가 해야 할 것들을 정하였다. 귀족들은 사제가 되고 다스리며 그들 사이에서 재판하고 국가와 관련된 일들을 고수하면서 공무를 집행해야 한다. 반면 평민들은 이런 일을 하는 데 경험이 없고 그들의 소유도 빈한함으로 인해서 물질의 여유가 없어 배제되어야 하며 대신 농사일을 하고 가축을 치며 돈벌이 되는 기술을 힘써 발휘해야 한다. (디오니시오스, 2.9.1.)

로물루스는 이처럼 단체별로는 균등의 원리를 적용한 반면, 개인간에는 차등을 전제로 한 기능 분화의 원리를 적용하고 있다. 그래서 국가의 공무는 재산이 많은 귀족이 맡고, 평민은 생업에 종사하도록 하는 것이다. 이 같은 분화는 그뒤 로마의 정책에서 일관되게 볼 수 있는 것으로, 많은 정치가들이 정치적 평등에 반대하는 논리를 내세울 때 흔히 조상의 법을 지켜야 한다는 식으로 체제를 옹호하는 근거가 되었다. 그런데 이 글에서 귀족이 되는 근거는 단순히 혈통만이 아니라 재산과 무공을 비롯한 개인의 자질에서 찾는 것을 볼 수 있다. 그러므로 이러한 구분은 혈통으로 사회를 닫아놓은 것이 아니라 능력과 기여도에 따라서 상승의 기회를 부여하려는 정책이라고 판단할 수 있겠다.

이것은 직업의 선택과도 밀접한 관련을 맺고 있다. 로물루스는 로마인으로서 가질 수 있는 직업을 다음과 같이 제한하였다.

또 만약 제한하는 것이 전혀 없다면, (로물루스는) 본성에 따라 기울어질 것이라고 보고, 돌아다니면서 비천하고 부끄러운 욕망을 불러일으키는 기술은 취급하는 자의 육신과 정신을 제거하고 파괴하는 것으로 여겨, 노예들과 외국인들에게 다루도록 맡겼다. 그리고 그러한 것은 불명예에 의해 본래 로마인은 아무도 추구하지 않아왔다. 자유인에 의해서 추구될 수 있는 것은 오직 두 가지가 남는데, 하나는 농사에 관한 것이고, 다른 하나는 전쟁에 관한 것이다. …… 그러나 그는 그들이 전쟁과 관련되고 농업과 연관된 삶을 살도록 명령하였다. …… 왜냐하면 전쟁에서 빼앗은 토지와 포로와 재물을 될 수 있는 한 많이 공평하게 그들에게 분배하였고 그들은 기꺼이 전쟁에 대한 준비를 하였기 때문이다. (디오니시오스, 2.28. 1~3)

이 구절에서는 양인(良人)으로서의 로마인은 농사짓는 농부로, 전쟁에 참여하는 군인으로 그리고 국가의 시민으로 하나의 관념을 이루는 것을 볼 수 있다. 농업에 종사하는 자들이 군인의 자질 면에서 가장 충실하다는 것이 고대인의 인식이다. 그러므로 전사를 양성하고 유지하는 것이 국가의 근간인 사회에서 농민의 중요성은 새삼 강조할 나위가 없다. 크게 보면 이런 제도는 결국 노예라는 제도적 뒷받침을 받아야 하는 것으로 로마 역시 그런 고대사회의 한계를 안고 있었지만, 그런 정책의 결과 부를 집적할 수 있었던 것으로 보인다. 이 점에 관해서 다음과 같은 보고가 주목된다.

또 당시에는 재산이 가축과 토지 점유에 놓여 있었으므로 가축부자와 토지부자[10]라는 말이 생겼고, 그는 강제와 처벌에 의해서가 아니라 양과 소로 내는 벌금을 선고함으로써 질서를 유지하였습니다. (키케로, 『국가론』 2.9.16)

이처럼 로물루스는 국가의 기반이 농업이라고 보고, 이를 진흥하기 위한

---

10) pecuniosi et locupletes.

정책을 펼친 결과 농업이 크게 부흥한 것을 알 수 있다. 이런 사정은 고고학 발굴을 통해서도 확인되는데, 이 시기에는 산업에서 곡물 경작이 가장 중요한 위치를 차지했음을 알 수 있다. 특히 철기시대인 기원전 9세기에서 7세기 사이에 밀이 도입되었고, 물빼기와 삼림 벌채가 이루어지고 있었다. 아울러 라티움 지방에서는 청동보습을 단 쟁기의 사용이 늦게까지 이어지고 있었던 것으로 밝혀진다. 같은 시기 가축 사육은 부의 개념과 점유재산의 개념을 발전시키는 데 크게 기여한다.[11]

이런 사정에서 가족의 등장은 중요한 의미가 있다. 당시 영농은 가족 단위의 경영활동과 조직을 통해 이루어져서 위에서 언급한 대로 대규모 가축 사육, 방목지, 곡물 경작지에 대한 소유권을 강화함으로써 가족의 우두머리인 아버지가 가장의 권한을 공고히 한다. 다음 글은 가장의 권한을 잘 집약해서 보여준다.

> 아버지들이 자식들에게 미리 제시하지 않은 다른 귀족적인 업적을 용감하고 열심히 수행한 훌륭한 인물들이 얼마나 많이 아버지에 의해서 죽었는지 이야기해보도록 하자. …… 그러나 (로물루스는) 아버지에게 아들을 파는 것을 허용하기에 이르렀으며, 그런 허용이 야만적인지 아닌지, 본성에 따른 동정보다 더 중요한 것으로 간주되어야 하는지 아닌지에 대해서는 별로 주목하지 않았다. …… 그리고 이것은 세 번째 매각까지 아들을 거래하도록 허용하는데, 이는 노예에 대해 주인에게 준 것보다 자식들에 대해 아버지에게 더 큰 권한을 준 것이다. (디오니시오스, 2.26.6~2.27.2)

잘 알려져 있는 대로 이는 로물루스가 아버지에게 자녀의 생사 여탈권과 노예로 3회 팔 수 있는 권한을 준 것으로, 로마 초기 사회에서 가족의 등장과 더불어 자식에 대한 가장의 권한이 크게 증진되었음을 보여준다. 로물루

---

11) Aurelio Bernardi, p.184.

스는 국가 조직의 가장 작은 단위를 이런 식으로 조직하였다.

공고한 부부관계는 가족의 유지와 깊은 관련을 맺고 있다. 그리하여 로물루스는 부부관계에 대해서 다음과 같은 규정을 마련하였다.

한편 로물루스는 남편에게 부인의 정절 또는 부당한 가출과 관련하여 여자에 대한 고소권을 주지 않았고, 부인에게도 부당한 대우나 부당한 가출로 인해 피해를 보아도 남자를 고소할 권한을 주지 않았다. 또한 지참금을 돌려주고 애정을 쏟은 것에 대해서 법을 제정하지도 않았고, 호소하는 어느 편에 대해 아무것도 선포하지 않았다. 모든 것을 대신하여 하나의 법을 잘 지키게 하였는데, 마치 그것이 여러 가지 일을 포함한 것 같았다. 그는 오히려 여자들을 절제하고 정숙하게 처신하게 하였다. 한편 그 법은 다음과 같다. "여자인 부인은 신성한 혼인에 따라서 결합되었다면 모든 재산과 제사에 대해서 남자와 공유자가 될지어다. …… 진실로 여자들이 가장 신성한 것과 최초 음식에 대해 남자와 공유자가 될지어다"라고 한 것과 모든 운명을 함께하도록 한 것은 밀(farro)의 공유로부터 그 명분을 지니는 것이니, 분리되지 않는 관계라는 강제를 통해서 결속시키는 것이다. 따라서 이 혼인을 가를 것은 아무것도 없었다. (디오니시오스, 2.25.1~3)

여기에서 우리는 농사와 관련하여 부녀자들의 공로를 인정하고 있다는 인상을 받는다. 가축 사육이 남자들의 전유라면 곡물농사를 짓는 것에서 부인의 중요성, 다시 말해 식량 생산자로서의 여성의 중요성을 로물루스도 역시 인지하고 있었음을 보여주는 기록이라고 여겨진다. 이처럼 가족은 이 시대에 새로운 의미를 가지는 사회구성으로 인지되었음을 보여준다.

그런데 같은 농사를 짓고 국가방위에 전사로서 복무하는 데는 차별이 없는데도 귀족과 평민이라는 사회적 신분이 존재하는 것은 늘 갈등의 원인이 된다. 이것이 발전하면 흔히 서양고대사에서 자주 등장하는 스타시스로 이어지기에 양자의 관계에 대한 사회적 규율이 필요하였다. 이를 로마사에는 피호제도(clientela)라고 하는데, 이 제도의 기초를 놓은 이가 또한 로물루스이다.

그는 귀족에게 평민들을 예금처럼 위탁했는데, 평민은 많은 사람들 중에서 보호자(patron)로 있기를 원하는 자를 선택하였다. (디오니시오스, 2.9.2)

여기에서 일반적으로 귀족은 보호자로, 평민은 피보호자로 나누고 이들의 관계를 규정하였다. 먼저 귀족이 해야 할 일은 다음과 같았다.

귀족은 자신의 피호민을 위해 법을 설명해야 한다. 피호민은 법을 이해하지 못하고 있기 때문이다. 귀족은 피호민이 출석했건 아니건 간에 그 처지에 관심을 기울여 모든 것을 하되 마치 아버지가 자식에게 하듯 해야 한다. 즉 재산과 이에 관련된 계약의 근거에 이르기까지 관심을 기울여야 한다. 또 계약과 관련하여 어기는 사람이 있으면 불의를 당한 피호민을 대신하여 송사를 맡는다. 그리고 피호민이 고소당했을 때는 변론을 해야 한다. 한마디로 사적이든 공적이든 모든 사안에 대하여 무엇보다 중요한 평화를 제공하는 것이다. (디오니시오스, 2.10.1.)

물론 로물루스 시기에 피호관계가 법률소송 의뢰인과 변호사의 관계로 규정될 만큼 소송이 있었으리라고 보기는 어렵다. 다만 이런 관계의 시초가 로물루스의 정책이라고 설명되는 것이다. 한편 피호민의 역할은 다음과 같이 규정되었다.

피호민은 자신의 보호자를 위해서, (보호자인) 아버지가 재산이 부족한 경우 딸들이 혼인할 때 부조해야 한다. 그리고 그들 또는 그 자식들 중에서 누가 포로가 되었다면 적에게 몸값을 지불해야 한다. 사적인 소송에서 패하거나 공적 손실을 입어 돈으로 지불해야 하는 경우 개인의 재산에서 지불금이 나오게 해야 하는데, 빚을 주듯이 하지 말고 감사의 표시로서 해야 한다. 또 관직과 사제직 그리고 그 밖의 직책에 있을 때는 비용을 공동으로 염출하되, 마치 같은 씨족에 속한 자들이 참여하는 것처럼 해야 한다. (디오니시오스, 2.10.2)

여기에서는 피호민이 경제적인 지원을 하는 경우가 나온다. 이는 후대의 사정을 반영한 것으로 보이는데, 이처럼 피호민도 자기 능력의 범위에서 보호자에 대해 일정 급부를 하는 것을 알 수 있다. 따라서 이러한 피호관계는 일방적인 시혜관계가 아니라 상호적인 관계로 보아야 할 것이다. 그러므로 이런 관계를 맺었을 때 서로 대립하는 경우를 불경하다고 간주하는 것은 자연스럽다.

법정에서 서로 고소하거나 불리한 반대증언을 하거나 반대표를 던지거나 적의 편에 가담한 것으로 드러나는 것은 양쪽에 공히 신성하지도 정당하지도 않았다. 만약 이들 중에 어떤 자가 누구에게 피해를 입힌 것으로 확인되는 경우 그는 로물루스가 제정한 배신의 법에 적용되며, 피혐의자를 죽이기 원하는 자가 죽이는 것은 마치 지하의 신에게 바치는 제물처럼 신성한 것이었다. (디오니시오스, 2.10.3)

이 같은 피호관계에서 신의는 로마 사회를 유지하는 기본적인 힘으로 작용했으며, 로마가 비록 계급 갈등에 따른 사회동요의 소지가 컸고 이를 합리화했어도, 이런 기제로 인해 파국에 처하지는 않았던 것으로 보인다. 그러나 로물루스 당시 피호민들이 이처럼 보호자와 대등한 관계를 지닌 것으로 파악하기는 어렵다.[12] 오히려 농업의 진작에 따라 농장에 일용노동자들이 많이 필요했고, 벌채와 개간에 많은 노동이 필요하여 가장과 노동 제공자 사이에 일정한 관계가 성립되었을 것이다. 이런 관계가 일반적으로 피호관계로 묘사되었을 것이며, 가장은 보호자로서 보호 임무를 수행하는 대신 예속인은 절대 복종하고, 의무를 태만히 하는 경우 태형을 받았을 것으로

---

12) 귀족에 대항할 만한 자원과 조직을 가진 평민의 성장은 12표법 제정시기인 기원전 470~390년간의 사정으로 보는 견해가 설득력이 있다. 왕정기의 평민은 무기력한 존재였을 것으로 보는 데 별 이의가 없다. K. A. Raaflauf (ed.) *Social Struggles in Archaic Rome-New Perspectives on the Conflicts of Orders*, University of California Press, 1986, p. 206.

추측된다.[13] 이러한 추측을 뒷받침하는 것이 위의 인용문에서 피보호자가 펠라테스(Pelates), 즉 빈민 또는 소작인의 뜻을 지닌 그리스어로 표현되고 있다는 점이다.

로물루스는 종교에 관해서 다음과 같은 정책을 취하였다.

> 로물루스는 오늘날 우리가 국가의 큰 안녕에 도움을 준다고 믿는 조점(鳥占)에 크게 의존하였습니다. 즉 그 자신도 그것을 국가의 기초로 인식했으므로, 조점을 해본 뒤에 도시를 건설했으며, 조점을 행함에서 필요한 모든 공공업무를 마련하기 위해 각 부족에서 한 명씩의 조점관을 선발하고, 평민을 제일시민의 피호관계에 두었습니다. (키케로, 『국가론』 2.9.16)

로마인들은 이후 모든 국가행사에서 조점이라는 의식을 행하였다. 그것이 물론 권력자의 조작에 놓이는 경우도 있으나, 종교적인 길흉화복의 전조를 보고 자신의 행동을 결정지은 것이다. 로물루스 자신도 왕으로 추대받은 이후에도 신의 표시가 없으면 왕이 되지 않겠다고 한 바 있다. 이는 문화의 중요성을 깊이 인식한 최고경영자의 현명한 처신이다.

그러나 문제는 로마의 지배영역이 확대되면서 또는 외국과 교류하면서 필연적으로 들어오게 되는 외래 종교와 신앙을 어떻게 기존의 것과 조화시키는가였다. 이 점에 관해서는 다음과 같은 기록이 있다.

> 그리고 무엇보다도 내게 놀라운 것은 비록 그 국가로 들어온 많은 종족에게 조상 전래의 신들을 고향의 관습에 맞게 섬기는 것이 매우 필요했음에도, 이 국가는 공적으로 이방인의 관행 중에서 어느 것과도 경쟁관계에 들어서지 않았다는 점이다. 이것은 많은 국가에서 겪게 된 것이었으나, 오히려 만약 신탁에 따라 어떤 제례를 도입하게 되면, 자신의 평가에 부합하는 것을 가지고 모든 번잡한 우화를 배

---

13) Aurelio Bernardi, p. 185.

제하였다. (디오니시오스, 2.19. 3.)

그리고 그 사람은 이것과 관련한 지혜에 충분히 가치 있다고 추천받을 뿐 아니라 또한 신에 드리는 제사의 검약과도 그러하다. 그는 신들을 공경하는 절차를 마련했는데, 비록 전부는 아니더라도 그 대부분이 우리 시대까지 옛 장소에서 거행되고 있다. (디오니시오스, 2.23.4.)

로마는 외래종교를 배척하지는 않았으나 나름대로의 원칙에 따라 수용했다는 것을 알 수 있다. 번잡하고 쓸모없는 우화를 제외하고 로마인들이 가진 검약이라는 덕을 신을 경배하는 데 적용했던 것이다. 로마에 수많은 외래종교가 들어왔어도 로마 나름대로의 개성을 잃지 않았던 것은 바로 이 같은 정책의 결과로 이해될 수 있다.

4

몸젠은 로물루스가 실존인물이라고 보지 않았다. 그러나 그는 로물루스가 만들었다는 제도들은 역사성이 있는 것으로 보아 초기 왕정의 제도사를 주로 언급하고, 왕 개인에 관해서 별로 거론하고 있지 않다. 이런 원칙은 현재에도 유효하며, 일반적으로 로마사 서술에서 왕정기에 관해서는 소략한 서술만 있는 것도 그 결과이다. 흔히 로마라는 국가 명칭은 이 로물루스라는 이름에서 비롯하는 것으로 알려져 있다. 그러나 전문학자들은 오히려 로물루스라는 말이 로마에서 유래했으며, 로마인이라는 일반적인 뜻이 있다고 본다.[14] 이처럼 개인으로서 로물루스는 신화이다.

최근 역사 연구에서는 사실에 대한 추구 못지않게 일반 대중에게 그려넣은 관념이나 이미지의 중요성을 다시금 주목하고 있다. 지금까지 검토한 바

---

14) T. J. Cornell, p. 119.

와 같이, 로물루스가 정작 위인으로 인정받는 것은 국가정책과 경영능력에 대한 평가를 통해서이다. 다시 말해 진정한 국가 경영자로서 평가받은 것을 토대로 로마인은 기꺼이 로물루스에게 신격을 부여하고 있는 것이다. 이를 달리 표현하면, 로물루스는 역사상의 실제인물이라기보다는 로마를 대표하는 인격의 표상을 집약한 것이라고 볼 수 있다. 동생을 살해한 로물루스의 모습은 어떻게 평가하였을까? 플루타르코스의 다음 말은 로마인의 생각을 잘 표현해주고 있다.

> 만약 통찰력이 갑작스럽게 엄청난 격정 속에서 생긴다고 평가하는 사람이 없다면, 로물루스에게서 다른 점은 공무를 함께하는 것에 관한 의지와 명분에서 생긴 것이다. (플루타르코스, 「테세우스와 로물루스의 비교」 3.2)

즉 로물루스의 행위는 공적인 존재로서의 국가에 대한 생각에서 비롯하였다는 것이다.

로마인은 이처럼 가장 이상적인 로마인의 모습을 로물루스라는 이름으로 대변하고, 이를 신화라는 형태로 교육함으로써 자신의 사회와 제도를 유지하는 데 크게 힘썼다. 그렇게 본다면, 이상형으로 관념화된 로물루스는 로마인의 심성 속에 살아서 끊임없이 역사를 만들고 이어져오게 한 동력이 아닐까 한다. 리비우스의 말을 들어보자.

> (로물루스는) 원로원 의원들보다 대중 사이에서 더 소중해졌으며, 다른 사람들보다도 오랫동안 군인들의 마음에서 가장 환영받았다. (리비우스, 『도시의 건설로부터』 1.14.8.)

로물루스의 영향은 로마 시민 대중에게 살아 있는 신화로서 기능하였다. 현실적이고 이지적인 로마인들이 로물루스에게 주저 없이 신격을 부여하고 나아가 신이 되었다고 말하는 것은 이러한 영향력을 바르게 평가한 결과가 아닐까 한다. 오늘날에도 이러한 심상의 작용은 끊임없이 이루어지고 있다. 다만 우리에게는 그 자리를 차지할 뚜렷한 형상이 없다는 점이 다를 뿐이다.

참고문헌

키케로, 『국가론』.
디오니시오스, 『고대로마』.
마키아벨리, 『로마사 논고』, 강정인·안선재 옮김, 한길사, 2003.
프리츠 하이켈하임, 『로마사』, 김덕수 옮김, 현대지성사, 1999.
김진경 외, 『서양고대사강의』, 한울아카데미, 1996.
Aurelio Bernardi, "La Roma dei re fra storia e leggenda," Storia di Roma, I, 1988.
T. J. Cornell, *The Beginnings of Rome-Italy and Rome from the Bronze Age to the Punic Wars*(c. 1000~264 BC), Routledge, 1995.

한니발 바르카

로마가 만든 신화, 카르타고의 명장

●차영길(경상대 교수·서양고대사)

역사에서 신화로

때는 기원전 183년, 오늘날의 흑해 남쪽의 한 농가에서 추적자들을 피해 숨어들었던 한 노인은 자결하기로 결심한다. "이제 로마인들의 공포를 끝낼 시간이 되었구나. 그들에게 그토록 많은 걱정을 안겼던 이 늙은이의 죽음을 더 이상 마냥 기다리게 하고 싶지 않구나!" 기록에 전하는 한니발의 죽음에 관한 이야기이다. 카르타고의 명장 한니발은 마지막 순간까지도 포로가 되어 굴욕을 당하느니, 반지에 넣어 가지고 다니던 독약을 마시고 장렬하게 죽어갔을 것으로 생각되었다.

그렇게 64세의 생을 마감하는 순간에 한니발은 과연 무슨 생각을 하였을까? 그 짧은 순간에 뇌리를 스치고 지나가는 과거의 회한들이 무엇이었을지 모르지만, 한니발은 자신에 관한 이야기가 2천 년이 훨씬 지난 뒤에도 세계사에서 아주 유명한 이야기 중의 하나가 되리라는 것은 상상조차 하지 못했다. 이날의 죽음 이후 한니발 이야기는 수많은 학술 논문이나 책 속에서 그리고 문학작품이나 영화, 때로는 동화 속에서 상상과 기록의 경계를 넘나들며 끊임없이 다루어지고 있다. 오늘날에도 인터넷에서 한니발이라는 단어를 검색해보면 수백 개의 사이트와 문서가 뜬다. 한니발은 살아서는 역사였지만, 죽어서는 신화가 된 것이다.

신화의 껍질 속은?

우리는 한니발 신화의 껍질들을 얼마나 벗겨낼 수 있을까? 한니발의 진면목을 밝히고 그와 관련된 진실을 추적하기란 하늘의 별 따기 만큼이나 어렵다. 가장 큰 이유는 기록이 부족하고 남아 있는 유물·유적이 적기 때문이다. 오늘날의 카르타고 유적지에는 몇몇 건물의 잔해와 선박·무덤·동전 등의 파편이 일부 남아 있지만, 한니발 개인과 관련된 물품은 전혀 발견되지 않았다. 한니발이 죽은 뒤 30여 년이 지나 일어난 제3차 포에니 전쟁(기원전 149~146년) 때 로마가 카르타고 도시 전체를 철저하게 파괴한 것이 가장 큰 원인이었다.[1] 그후에도, 예컨대 소금을 뿌려 황폐화시킨 그 땅을 100여 년이 지나 카이사르가 다시 재건하기로 마음먹은 이후에도, 그리고 그 다음 시대에도 계속해서 석재가 부족한 이 지역에서는 기존 건물의 자재를 다시 뜯어다 사용하는 방식의 건축법이 이어졌다는 것도 또다른 요인이었다. 그럼에도 오늘날 그 유명한 이야기, 즉 코끼리 부대를 이끌고 눈 덮인 알프스를 넘었다는 등, 그에 관한 비교적 자세한 이야기가 전하는 이유는 한니발이 알렉산드로스처럼 자신의 그리스어 교사인 실레노스(Silenos)를 대동하여 기록을 남기려 했기 때문이고, 로마 측에서도 원로원 의원 파비우스

---

[1] 오늘날의 관점에서 보면, 고대의 카르타고는 포에니 카르타고와 로만 카르타고로 구분된다. 이 글에서 다룬 것은 전자이다. 포에니 카르타고는 페니키아인들이 건설하여 레바논의 본국보다 더 번성하고, 특히 페르시아가 소아시아를 통일한 뒤에는 지중해에서 가장 번영한 무역국가였는데, 기원전 146년 제3차 포에니 전쟁 때 로마의 초토화 정책에 따라 역사 무대에서 사라진다. 주민들은 모두 죽음을 당하거나 노예로 팔리고, 그 땅에는 소금이 뿌려져 그뒤 100년 동안 농사를 지을 수 없게 되었다고 전한다. 로만 카르타고는 그뒤, 폼페이우스의 잔당을 쫓던 카이사르가 그곳에 들렀다가 이 비옥한 땅을 그냥 놀릴 수 없다 하여 로마 식민자들을 이주시킬 계획을 세웠다고 하는데, 본격적인 개발은 아우구스투스 황제 시대부터 이루어진다. 이를 로만 카르타고라 일컫는다. 따라서 지역은 동일해도 둘 사이에 주민의 연계성은 없다.

픽토르(Fabius Pictor)가 당시의 상황을 기록해두었기 때문이다.[2]

그런데 몇몇 이야기들이 비교적 자세하게 전해지긴 하지만, 그것이 얼마나 사실에 토대를 둔 것인지에 대해서는 많은 부분이 베일에 싸여 있는 것 또한 사실이다. 가장 큰 이유는 당대 목격자들의 글이 현재 한 줄도 전하지 않은 채 그 기록을 보고 전한다는 말만이 후대에 남아 있기 때문인데다 그 후대의 전승들 사이에도 서로 일치하지 않는 부분이 꽤 있기 때문이다. 게다가 남아 있는 고대의 기록이 모두 로마 측 역사가들의 기술 내용뿐이라는 점 역시 혼란을 더욱 가중시킨다. 로마 측 기록자들이란 바로 폴리비오스(Polybios)와 리비우스(Livius)이다. 원래 그리스 쪽에서 인질로 잡혀온 폴리비우스는 한니발의 알프스 원정로를 따라가보았다고 하는데, 하여튼 그것도 40여 년 뒤의 일인데다가 그를 보호해준 스키피오 가문과의 긴밀한 유대관계로 인해 로마 측에 호의적일 수밖에 없었다.[3] 리비우스는 자신의 저술 142권 가운데 10권 분량을 제2차 포에니 전쟁(기원전 218~201년)에 할당하고, 이를 '한니발 전쟁'이라고 일컬었다.[4] 오늘날 한니발의 이야기를 재구성할 수 있는 토대는 분명 이 두 역사가의 공헌에 의존한다.

그런데 역사가의 당파성이나 집필 의도를 떠나서 또다른 큰 난관은 이들의 증언이 상당 부분 서로 다르게 기록되어 있다는 점이다. 예컨대 알프스를 넘는 한니발 군대의 이동에서부터 병력규모라든가, 기병대와 코끼리의 수 또는 각 전투에 참가한 로마군의 전상자 수에 이르기까지 분명 차이가

---

[2] 이들의 작품은 현재 전하지 않는다. 단지 폴리비우스와 리비우스가 그들의 말이라고 인용하는 부분을 통해서 추정할 뿐이다.
[3] 폴리비우스(기원전 200년경~118년경)는 현존하는 역사서 중에서 가장 오래된 『로마사』를 남겨놓았다. 그는 그리스인으로, 마케도니아 전쟁이 벌어졌을 때 로마에 인질로 끌려왔다. 스키피오 가문의 빛나는 군사적 명성은 폴리비우스가 그 가문에 대해 우호적으로 기술한 덕이 크다.
[4] 리비우스(기원전 65년~기원후 17년)는 공화정 시기를 다룬 가장 위대한 역사가이다. 그의 기념비적인 저서 *Ab Urbe Condita*는 현재 앞부분만 전한다. 초기 로마에 관한 우리의 지식은 매우 단편적이어서 신화와 전설·전승을 모은 데 불과하다. 그의 역사서가 없었더라면 상황은 더욱 열악했을 것이다.

있다. 그래서 어찌 보면 고대의 기록은 후대 역사가들에게 반가운 축복이자, 동시에 반드시 극복해야 하는 짐이 되기도 한다. 한니발 이야기를 고대의 사료에만 의지하지 않고 현대의 역사가들의 고민까지 동시에 참고하면서 세심하게 재구성해야 하는 이유가 바로 여기에 있다.

카르타고의 아들

한니발은 누구이며, 그는 왜 로마를 치려 했을까? 전설에 따르면 기원전 814년 권력에 굶주린 피그말리온이 왕위를 찬탈하기 위해 엘리사(일명 디도) 공주를 페니키아(오늘날의 레바논)에서 추방했다. 그녀는 일단의 무리를 이끌고 튀니스 만에 도착했다. 그곳의 토착세력은 소 한 마리 가죽으로 덮을 수 있을 만큼의 땅을 내줄 수 있다고 그녀를 놀린다. 엘리사는 기지를 발휘하여 이 가죽을 매우 가늘게 잘라 하나하나 이어서 작은 언덕을 둘러쌌다. 그곳이 장차 카르타고의 수도가 될 비르사 언덕이었다. 이렇게 '새로운 도시'가 건설되고 600여 년이 흐른 기원전 246년 한니발이 태어났다.

한니발이 태어난 바르카(Barca) 가문은 카르타고에서 유명한 집안의 하나로, 또다른 명망가 한노(Hanno) 가문이 농업 중심의 아프리카 경영론을 내세운 데 반해 상업 중심의 해상진출을 주창했다. 말하자면 카르타고는 번영하기 시작한 이래로 아프리카의 비옥한 농지에 토대를 둔 지주계층과 페니키아의 후예답게 바다로 진출하려는 상인계층의 이해가 꾸준히 대립하였던 것이다. 이것이 한니발의 대(對)로마 전쟁에서도 본국 카르타고에 어떤 집단이 권력을 잡고 있는지가 간혹 그의 발목을 잡는 요인으로 작용하기도 하였다. 상인계층의 이익을 대변한 바르카 가문의 권력기반은 대체로 카르타고 평민층의 지지를 받았던 것으로 보이며, 스페인 개발 이후로는 하나의 '왕조'처럼 전성기를 누린다. 한니발은 그 유산을 이어받아 로마에 도전할 것인가, 아니면 제한된 발전에 안주할 것인가의 갈림길에 서 있었던 인물인 셈이다.

한니발의 운명을 카르타고에서 스페인으로 옮겨놓은 사람은 그의 아버지였다. 한니발이 6세가 되던 기원전 241년 로마의 승리로 귀결된 제1차 포에니 전쟁(기원전 264~241년) 때 바르카 가문은 뛰어난 전략가를 한 명 배출하게 되는데, 그 사람이 바로 하밀카르 바르카(Hamilcar Barca)이다. 한니발은 그의 세 아들 중 장남으로 태어났다. 한니발은 보병보다 기병대의 기동성을 활용하여 측면이나 배후 공격 또는 매복 전술 등을 많이 사용했는데, 물론 칸나이의 대승처럼 자신의 독창적인 전술 개발도 있었고 꽤 많은 부분이 알렉산드로스의 전술을 연구한 결과라고 알려져 있지만, 하여튼 탁월한 전략가였던 부친의 영향도 매우 컸던 것으로 보인다. 이렇게 한니발은 카르타고의 아들이자 동시에 전쟁의 아들로 키워지게 된다.

오늘날에도 카르타고 북동쪽 250킬로미터 지점에는 한때 고대의 가장 부유했던 섬 시칠리아가 이탈리아 반도의 발끝과 아프리카 사이에 마치 징검다리 돌처럼 놓여 있다. 이 섬의 천혜의 비옥한 농지와 자연 항구는 몇백 년 동안 지중해의 여러 세력을 그 섬으로 끌어들이는 요인이 되었다. 기원전 8세기 이래로 그리스계 식민자들이 섬의 동쪽에 폴리스를 건설했으며, 섬의 서쪽 편에는 카르타고의 세력권이 형성되어 있었다. 그런데 이 섬에 제3의 실력자가 관심을 갖기 시작하면서 힘의 균형에 변화가 발생한다. 바로 로마의 등장이다. 마주 보는 두 세력권의 중간에 자리잡은 지리적 위치, 해상무역로를 연결해주는 거점들로 사용될 잘 발달된 항구들, 비옥한 농경지 등, 시칠리아 섬이 갖추고 있는 지리적 이점은 언젠가 '7개의 구릉촌락'에서 일어선 한 작은 도시가 이탈리아 반도를 통일하고 바다로 진출하게 되면 불가피하게 눈을 돌릴 수밖에 없는 조건이기도 했다.

기원전 265년에 관심을 행동으로 연결시킬 사건이 일어난다. 시칠리아 섬의 최강국인 시라쿠사의 공격을 받은 메시나에서 로마 지원파가 득세하면서 결국 로마가 메시나 지원에 나서고, 이에 대응하기 위해 시라쿠사와 카르타고가 동맹을 체결하자 전쟁이 터진 것이다. 결국 동부 지중해의 해상권을 놓고 구세력인 카르타고와 신흥세력인 로마가 힘을 겨루면서 장장 1세기 이상을 끄는 패권 다툼의 막이 오른 것이다. 이렇게 시작된 전쟁은 한니발이 태어난 해에 여전히 18년이나 계속되고 있었다. 그해에 한니발의 아버지 하밀카르 바르카는 격전지 시칠리아 섬의 총사령관이 되었다. 바르카(Barca)란 페니키아어로 번개를 뜻하는데, 이 가문의 별칭에 걸맞게 하밀카르는 로마군을 거의 패배시킬 수 있는 상태로 몰고 갔다.

그러나 카르타고 본국에서 아프리카 내륙 정복을 주장하는 한노파(派)의 지주계층이 권력을 잡게 되자 카르타고 정부는 전쟁에 다소 소극적이 된 반면, 로마는 전쟁의 막바지에서 마지막 총력을 쏟아부었다. 전쟁 뒤 반환한다는 명분을 걸고 부유층에게서 함대 건설비용을 갹출한 로마는 해군 선단을 새롭게 정비하여 마침내 기원전 241년 시칠리아의 서쪽 바다에서 카르타고의 대규모 군수품 보급선단을 침몰시킨다. 20여 년을 지루하게 끌어온 전쟁은 카르타고의 항복으로 끝났다. 승자가 요구한 강화조약이 체결되었다. "카르타고인은 누구도 시칠리아에 남아 있어서는 안 된다. 카르타고는 로마의 전쟁포로를 몸값 없이 돌려보내야 한다. 카르타고는 로마에 20년 동안 2,200탈렌트를 지불해야 한다"는 것이었다. 나중에는 조건이 더 강화되었다. 로마는 추가로 1,000탈렌트를 더 바칠 것과, 이탈리아와 시칠리아 섬 사이에 있는 모든 섬의 양도를 요구했다. 또한 카르타고의 용병반란을 진압하는 과정에서 사르데냐 섬에 군대를 진입시킨 것을 빌미로 그 섬마저 빼앗았다.

역사에 반복되는 교훈의 하나는 승자의 논리만을 강조하면 불평등조약을 낳게 되고, 결국 패자가 승복할 수 없는 불평등은 새로운 전쟁을 잉태한다는 것이다. 그것은 제1차 세계대전이든 제1차 포에니 전쟁이든 결코 예외가 아니었다.

'결코 로마의 친구가 되지 않으리라!'

전쟁으로 인해 시칠리아와 사르데냐 섬 그리고 오랜 무역거점들을 상실한 카르타고에는 새로운 시장의 개척이 절박한 문제였다. 3년간의 용병반란을 진압한 하밀카르는 전쟁 배상금을 마련한다는 구실을 내걸고 자신과 카르타고의 미래를 위해 스페인을 선택한다. 폴리비우스는 "하밀카르가 부대를 이끌고 새로운 곳을 찾아 떠나면서 당시 아홉 살인 아들 한니발을 데리고 갔다. 그는 헤라클레스의 기둥을 건너서 이베리아를 카르타고의 지배 아래 두려고 했다"고 쓰고 있다.

오늘날의 스페인 땅으로 떠나기에 앞서 바알 신전의 제례의식을 치른 하밀카르는 어린 아들로 하여금 '결코 로마의 친구가 되지 않을 것'을 신 앞에 맹세하도록 하였다. 어린 소년은 정말 아버지에게서 로마에 대한 적개심을 물려받은 것일까? 평생 동안 전장에서 로마에 대해 품었던 그의 증오심은 이때 시작한 것일까? 이것이 이른바 '바르카 가문의 복수심'을 '한니발 전쟁책임론'의 전거로 삼는 유명한 일화이다. 역사 해석은 고대건 현대건 항상 패자에게 전쟁의 책임을 떠넘기는 경향이 있다. 물론 여기에는 적국인 로마의 역사가들이 한니발을 '전쟁의 아들'로, '복수심으로 다시 태어난 전략가'로 묘사해온 것이 크게 일조했다. 그래서 현대의 역사가들 역시 정확한 판단이 서지 않는 것인지 모른다. 어떤 역사가는 이탈리아에서 15년 동안 무패 행진을 기록한 한니발에게서 빛나는 영웅의 모습을 보기도 하고, 어떤 역사가는 1만 명의 죽음에 아무 의미도 두지 않는 냉혈한의 모습을 보기도 한다. 또다른 역사가는 한니발을 로마인조차 천재라고 부른, 5개 국어에 능통한 높은 교육을 받은 인물로 묘사한다. 아마 한니발은 이런 면모를 두루 지녔을지 모른다.

한 가지 분명한 것은 전쟁의 원인이란 분명 양 당사자 모두에게서 찾아야 한다는 것이다. 또한 역사 속의 혁명의 경우와 마찬가지로 전쟁으로 가는 길 또한 화약을 장전하는 준비과정과 거기에 불꽃을 붙이는 점화의 순간을 구별해서 볼 필요가 있다. 전자의 과정이 동부 지중해의 해상권을 놓고 다툰 카르타고와 로마 사이의 패권경쟁이라고 한다면, 후자의 순간은 복수를 잉태하게 만든 불평등 강화조약이었다. 그리고 그런 복수심이 한니발에게 또다른 화약의 장전상태를 제공했다면, 거기에 새롭게 불꽃을 붙인 것은 기원전 219년의 사군툼 공략이었다.

알프스를 넘어 북쪽에서 이탈리아를 치다

역사서에는 기원전 218년 한니발이 카르타고 노바(오늘날의 카르타헤나)에서 대군을 움직였다고 기록되어 있다. 리비우스가 "가장 기억에 남을 전쟁"이라고 표현한 제2차 포에니 전쟁이 시작된 것이다. 전쟁은 로마 측의 선전포고로 시작되었으나, 발단이 된 것은 카르타고 측의 사군툼 공격이었다. 한니발은 기원전 221년 아버지의 뒤를 이은 매형 하스드루발이 하인으로 부리던 갈리아인에게 살해당하자, 26세에 군대의 추대를 받아 스페인 총사령관이 되었다. 처음 2년 동안 한니발은 로마와의 조약을 준수하여 에브로 강(스페인 북쪽을 흐르는 강) 이남에 대한 정복사업에 주력하였다. 에브로 강 협약이란 하밀카르와 하스드루발의 스페인 경영을 의혹의 눈초리로 바라보던 로마가 기원전 226년에 사절을 보내 체결한 것으로, 카르타고군은 무장한 채 에브로 강을 건너서는 안 된다는 것이었다.

어찌 보면 양국의 평화를 끝낸 것은 우연한 사건일지 모른다. 에브로 강 이남에 있던 도시 사군툼이 한니발에게 예속되어 있던 부족을 공격했고 이에 한니발은 사군툼을 응징한 것이다. 그런데 사군툼은 에브로 강의 남쪽에 있었지만 로마의 동맹국이었다. 전쟁 초기에 가만히 있던 로마는 사군툼이 함락되자, 그곳에서 군대를 철수할 것과 한니발을 전범으로서 넘겨줄 것을 요구한다. 그러자 카르타고 정부가 군대와 민중의 지지를 받는 한니발의 손을 들어주면서 로마의 선전포고로 이어진다.

사건의 발단이 된 것은 사군툼 공략이지만, 그 동기는 간단하지 않은 듯하다. 정말 스페인 경영과정에서 생긴 우발적인 사건이 커진 것인지, 아니면 바르카 가문의 오랜 숙원을 해결하기 위해 한니발이 심사숙고한 계획의 일부였는지, 또는 사소하게 처리할 수도 있는 사건을 빌미삼아 급속하게 힘을 회복한 카르타고를 치기 위한 명분을 로마가 확보하려 한 것인지 정확한 이유는 알 수 없다. 그러나 일단 전쟁이 터진 상황에서는 분명 우연보다는 의도적인 요인이 더 작용하는 방향으로 사건이 진행된 것은 분명하다.

한니발은 로마를 향한 대장정에 오르기 전에 혹시 있을지도 모르는 적의 반격에 대비하여 본국과 스페인에 만반의 준비를 갖추게 한 뒤, 작전의 신속성을 위해 가족을 동반하지 않고 원정에 올랐다. 고대의 기록에 따르면, 원정을 떠날 때 한니발이 이끌던 병력은 보병 9만 명에 기병 1만 2천명 그리고 코끼리 37마리이다. 군 편성은 기병 위주의 작전을 위한 편제를 짰는데, 탁 트인 평지에서 잘 조직된 로마 군단을 당해낼 수 없다는 점을 미리 고려한 것이었다. 한니발의 대군은 몇 개월 만에 스페인과 피레네 산맥을 횡단했다.

잠복해 있는 로마 군단을 피해 알프스 산맥으로 향한 행군로는 예나 지금이나 많은 이들 사이의 호기심과 상상력을 자극한다. "한니발은 이탈리아와 갈리아 사이의 자연 국경인 알프스 산맥을 넘는 데 성공했다. 누구도 부대까지 이끌고 알프스 산을 넘지 못했다. 한니발은 저항하는 알프스 주민들을 학살하면서 이 지역을 개척했고, 확실한 길을 만들어 코끼리가 완전무장한 채 지나갈 수 있게 했다. 이곳은 지금까지도 무장하지 않은 한 사람이 겨우 기어올라갈 수 있을 정도의 길이다." 그러나 기록이 전하는 이 길이 어느 계곡, 어느 골짜기인지는 아직 확실하지 않다. 고대에도 두 가지 설이 있었다.[5] 최근의 연구 중에는 폴리비우스와 리비우스가 제시한 두 행군로가 모두 옳다는 주장이 학계의 관심을 끌고 있다. 한니발이 대군을 둘로 나누어 행군했을 것이라는 이 주장은, 군 보급의 문제와 기밀 유지를 염두에 둘 때 신빙성이 있어 보인다.

---

5) 기원전 2세기의 폴리비오스는 오늘날의 피콜로산베르나르도 고개를 넘었다고 주장하며, 기원전 1세기의 리비우스는 그보다 조금 남쪽으로 내려간 곳인 몬지네브로 고개를 통해 넘었다고 주장한다. 현대에 이와 관련하여 여러 학설이 갈리는 이유도 고대 사료의 기록 차이 때문이기도 하지만, 한편 오늘날에는 달라져버린 2천여 년 전의 알프스 지형과도 관계가 있다.

하여튼 어느 길로 알프스를 올랐든지 간에 카르타고 대군은 9일 만에 정상에 닿았고, 보름 만인 12월 초에 마침내 북이탈리아 땅을 밟았다. 고대 문헌이 사실이라면 카르타고군은 알프스를 넘으면서 엄청난 피해를 입었는데 보병의 절반 이상을 잃고 코끼리 부대는 거의 전멸이었다. 이탈리아 땅을 밟은 병력은 보병 2만 명과 기병 6천 명, 합계 2만 6천 명이었다. 그래서 한동안 역사가들은 자연과의 싸움을 예상하지 못한 한니발의 전략적인 실수를 지적하기도 했다. 그러나 한동안 해상 루트로 제노바 상륙작전을 전개했다면 군대의 손실 없이 로마 진격작전을 신속하게 전개했으리라는 유력했던 가정도 로마가 사르데냐 섬에 2개 군단을 주둔시키고 제해권까지 장악하고 있던 상황을 염두에 둘 때 설득력을 잃는다. 그리고 최근에는 카르타고군의 막대한 피해에 대한 로마 측의 기록도 한니발이 무모하고 잔인한 인간이며 무조건의 증오심에 불탄다는 점을 보여주기 위한 과장된 역사 서술이라는 비판이 제기되고 있다.

연전연승 그리고 역사에 남은 매복전술

이탈리아로 들어온 한니발 군대는 포 강 지류인 티키누스 강에서 로마군과 처음 격돌했다. 카르타고군의 지휘관을 아직 경험 부족한 애송이로 본 로마인들은 오히려 한니발의 정예 기병부대에 막대한 타격을 입었다. 티키누스 강 전투의 패배 이후 로마 원로원은 시칠리아 섬에서 카르타고를 바로 공격할 계획을 철회하고 시칠리아 섬에 대기하고 있던 집정관 롱구스를 불러들였다. 롱구스는 남은 병력을 통합하여 트레비아 강 유역에 진을 쳤다. 기원전 218년 12월 어느 날 아침, 공격에 나선 로마군은 정면대결을 추구하는 자신들의 가치관으로는 이해할 수 없는 일이었으나, 한니발 군대의 기습에 대책 없이 당하고 말았다. 트레비아 강 전투에서도 패배하자 로마는 북이탈리아를 포기했고, 비옥한 포 강 유역이 한니발의 수중에 떨어졌다. 이제 로마 원로원도 위험한 적의 출현을 깨닫기 시작했다.

이 두 전투에서 승리한 한니발의 포로 처리방식은 그가 추구하는 전쟁의 목적이 무엇인지를 보여준다. 한니발은 포로들을 정렬시킨 뒤 두 집단, 즉 로마인과 다른 종족으로 나누었다. 그 다음 로마인은 포로상태로 남겨두고, 다른 포로들은 모두 몸값 없이 석방했다. 포로 교환이나 노예 매매는 고대 전쟁의 관례였으나 한니발은 그것을 파기한 것이다. 오히려 석방 포로들에게 로마의 압제에서 구해주기 위해 전쟁을 시작했노라고 돌아가서 주변에 알리도록 하였다. 그것은 그때까지 전황의 전개과정을 주시하고 있던 포 강 주변의 일부 갈리아 부족에게 효과가 있었다. 한니발의 군대는 당장 5만 명으로 늘어났다. 한니발의 목표가 이탈리아의 동맹국과 로마 사이를 갈라놓는 것이라는 사실이 이제 분명해진 것이다.

다음의 격전지는 에트루리아 지방의 트라시메노 호숫가였다. 기원전 217년 6월 20일 동틀 무렵, 로마 군단은 집정관의 지휘 아래 한니발이 위장해 놓은 카르타고군의 숙영지를 기습하다가 헤어날 수 없는 함정에 빠진다. 안개 낀 호숫가에 매복해 있는 적군에게 집정관을 포함하여 1만 5천 명이 살육당한 것이다. 한니발의 군대는 연전연승하였고, 불과 150킬로미터 앞, 즉 3일만 행군하면 닿을 수 있는 거리에 수도 로마가 놓여 있었다. 평민파의 기세가 꺾이고 원로원 귀족들이 주도권을 잡은 로마에서는 파비우스 막시무스(Fabius Maximus)를 독재관으로 선출하였다. 파비우스는 새로운 전술을 도입했다. 원정군대의 보급선을 차단하기 위해 인근 주민을 소개시키고 집과 평야, 비축품을 모두 불태우게 하는 한편, 정면대결을 피하고 소모적인 지연전술을 쓰는 것이다.

그러나 트라시메노 패배 이후에도 한니발 쪽으로 돌아서는 도시는 없었다. 로마의 동맹국들을 자기편으로 끌어들이려는 한니발의 정치적인 목표에는 진전이 없었다. 오히려 북쪽에서 전쟁을 하는 동안 로마는 중·남부 이탈리아에서 여전히 보급품을 받고 있었다. 한니발은 스페인을 떠나 이탈리아로 들어올 때 사용한 방식대로 다시 한 번 더 우회전술을 사용하기로 결심했다. 로마를 빙 돌아 남쪽으로 진군하여 로마의 동맹체제를 와해시키는 것이다.

'굼벵이'(cunctator)라는 비난을 받으면서도 파비우스는 여전히 소모적인 지연전술을 사용했다. 이런 전술이 '로마의 방패'라는 찬사를 받기까지는 많은 시간과 인내가 필요했다. 오히려 한니발이 파비우스의 영지만을 공격하지 않자, 적과 내통하고 있을지도 모른다는 의심을 받는 상황에서 파비우스는 별 전과도 올리지 못하고, 1년 임기를 채우지도 못한 채 소환당한다.[6] 이제 원로원에서는 급전파가 득세하게 되고 새로운 집정관으로 둘 다 전투 경험이 없는 루키우스 아이밀리우스 파울루스와 가이우스 테렌티우스 바로가 선출되었다. 특히 평민 출신이라는 이유로 인기가 높았던 바로는 8개 군단에 이르는 로마군 최대의 병력을 이끌게 되자, 그 수적인 우세를 자만했다. 그 사이 한니발은 아드리아 해안의 평원에 진을 쳤다. 한니발로 인해 역사에 길이 이름을 남길 칸나이라는 이름의 작은 부락 근처였다.

칸나이 전투

"알렉산드로스, 한니발, 카이사르의 전쟁을 읽고 또 읽어라. 그리고 너의 스승으로 삼아라. 그것이 군사학의 비밀을 터득하고, 위대한 지휘관이 되는 유일한 길이다." 나폴레옹의 이 말처럼 널리 인용되는 군사 격언도 없을 것이다. '전시대를 통틀어 가장 위대한 지휘관'이라는 수식어를 한니발에게 붙여준 것도 바로 칸나이 전투였다. 기원전 216년 8월 2일 숨 막히게 뜨거운 여름날, 바람은 남쪽에서 불었다. 남쪽에는 카르타고 군대가, 북쪽에는 로마군이 진영을 펼쳤다. 로마군은 파울루스와 바로 두 집정관의 8개 군단

---

[6] 그런 오해를 받자 파비우스는 자신의 영지를 국가에 헌납하여 존경을 받았다. 파비우스의 도중하차에는 또다른 사건 하나가 연결되어 있다. 기원전 217년 늦가을, 캄파니아에서 풀리아로 넘어가는 아펜니노 산맥에서 매복작전에 걸려든 한니발 군대가 기지를 발휘하여 2천 마리의 소뿔에 나뭇가지를 매달아 반대방향의 계곡으로 내달리게 해놓고 자신들은 매복한 로마군 앞으로 야밤에 유유히 산을 넘어가버린 사건이 발생한 것이다. 게다가 신중한 성격의 파비우스는 야간전투를 피하고자 하여 결국 기회를 놓치게 되는데, 그뒤 "한니발은 무엇이든 통과한다"는 명성을 얻은 반면, 로마군은 눈 앞에서 적을 놓치는 망신을 당했다. 이 사건 후 파비우스는 로마로 소환된다.

과 같은 수의 동맹군을 합쳐 모두 8만여 명의 대군이었다. 그때까지 로마 역사상 가장 규모가 큰 군대였다. 한니발은 보병 4만과 기병 1만을 거느리고 있었다.

칸나이 전투는 전쟁 역사상 가장 성공적인 포위작전으로 기억된다. 옆으로 길게 늘어선 로마군은 한니발의 새로운 전술을 제대로 파악하지 못했다. 다만 종전의 지연 전술에서 정면대결로 바꾸었을 뿐이다. 한편, 한니발은 정면대결을 피하는 대신 고대 전투사상 가장 어려운 전술을 구사했다. 한니발은 투석부대 뒤쪽으로 가운데가 볼록한 초승달 모양으로 보병을 배치했다. 이 진영은 중앙의 경보병이 퇴각해 로마군이 밀고 들어오도록 유도한 다음 좌·우 양쪽에 배치된 아프리카 중보병이 적의 측면을 공격하고, 동시에 기병대가 뒤로 돌아가 적의 배후를 친다는 전법이었다.

전투가 시작되자, 수적으로 우세한 기병으로 먼저 로마의 기병을 제압한 후, 적군의 보병을 등뒤에서 포위하여 이제 가운데가 오목하게 반원형으로 변형된 카르타고군의 포위망 안으로 밀어붙였다. 이렇게 이중 포위전술에 말려든 로마군은 패배를 눈앞에 두었다. 둥근 포위망에 갇힌 수만 명의 로마 군사가 속수무책으로 주변에서부터 학살당해 죽어갔다. 리비우스는 당시 상황을 이렇게 묘사했다. "사람들이 시체로 뒤덮인 들판의 한가운데에서 피를 철철 흘리며 일어서고자 했다. 그때 차가운 아침 공기가 그들의 상처를 수축시켰고 마침 기절상태에서 정신을 차리려고 하면 적이 다시 때려눕혔다. 넓적다리와 오금을 심하게 다친 몇몇 사람은 아직 가는 숨을 쉬고 있었다. 그들은 목을 드러낸 채, 나머지 숨을 끊어주기를 간청했다."

집정관 아이밀리우스와 원로원 의원 80명을 포함해 최소한 4만 8천 명이 살해당하고, 3천 명이 포로로 잡혔다.[7] 카르타고군은 단지 6천 명의 전사자

---

7) 로마 쪽 피해를 더 높게 잡는 견해도 있다. 최대 7만 명이 죽고 1만 명이 포로가 되었다는 것이다. 그러나 이런 수치도 문제가 있다. 예컨대, 이 전투에서 도망친 사람 가운데 집정관 바로를 포함하여 훗날 자마 전투의 영웅이 된 스키피오 아프리카누스도 있었다. 그러므로 원래 전쟁 관련 기록이 지닌 수치 확대의 경향도 염두에 두어야 한다.

가 났을 뿐이다. 결과는 로마군의 참혹한 몰살이었다. 역사상 단 하루 동안 이렇게 많은 전사자가 발생한 전투는 1916년 제1차 세계대전 중 서부 전선에서 치러진 한 전투를 제외하고는 유례가 없는 것으로 알려져 있다. 그러나 로마군은 포위망 안에서도 항복하지 않고 끝까지 저항했다. 수적 우세에도 불구하고 참패한 책임은 이들 병사들에게 있는 것이 아니라, 적장 한니발보다 전반적으로 아마추어에 불과했던 로마군 지휘관들에게 있었다.

한편, 칸나이 전투 이후에 한니발이 보인 행적, 즉 로마를 코앞에 두고 진군하지 않은 일은 최대의 의문으로 남아 있다. 고대의 역사가들도 이를 한니발의 치명적인 실수라고 평했으며, 현대의 역사가들도 비슷한 판정을 내린다. 당시의 카르타고군 장교들도 곧바로 로마를 치자고 아우성이었던 것으로 알려져 있다. 그러나 최근에는 다른 주장이 제기되고 있는데, 그것은 한니발의 그런 결정이 냉정하고 올바른 상황 판단에서 비롯된 것이라는 해석이다. 수가 적은 카르타고 병력에 비하면 거의 무한한 예비병력[8]을 갖춘 로마를 공격하는 것은 무리라는 점을 간파한 결정이라는 것이다. 한니발은 동생 마고(Mago)를 본국에 보내 승리를 알렸지만, 한노파가 장악하고 있는 본국 정부의 지원을 자신할 수는 없었다.

결국 로마를 무너뜨리려면 동맹체제를 와해시키는 방법밖에 없다고 확신한 한니발은 로마 측의 강화제의를 기다리거나 동맹체제 와해 쪽으로 방향을 잡았다. 사실 남부 캄파니아의 최대 도시 카푸아가 곧 투항해왔다. 로마에는 크나큰 충격이었다. 그러나 여기에 한니발의 오판이 있었다. 로마와 다른 동맹국들 사이의 관계는 단순한 계약관계 이상이었다. 칸나이 참패에도 불구하고 카푸아 이외의 어떤 도시도 로마에 등을 돌리지 않았다. 원로원도 포로 귀환을 포기하더라도 협상을 하려 하지 않았으며, 오히려 예비병

---

[8] 폴리비오스나 리비우스가 인용한 픽토르에 따르면, 기원전 218년 당시 루비콘 강에서 메시나 해협에 이르는 로마 동맹군의 총수는 75만이라고 한다. 이 가운데 3분의 1이 로마 시민이다. 여기에는 17~45세의 현역과 46~60세의 예비역이 포함되었고, 동맹국의 경우에는 현역만 헤아린 수치이다.

력을 차출하며 장기전에 돌입했다. 칸나이 전투 후 1년 만에 다시 20개 군단이 정비되었으며, 지휘권도 파비우스에게로 다시 돌아갔다. 그 사이 전장은 로마가 스페인으로 원정대를 보냄으로써 확대되어갔다. 한니발이 로마 동맹체제의 해체를 노렸다면, 로마는 한니발의 배후지인 스페인의 붕괴를 노렸다. 전투에서는 이겼으나 그 승리를 이용하지 못했다는 '칸나이의 승자'에 대한 혹평은 그 다음의 전쟁 진행 및 그 결과와 연결되어 있다.

이제 기나긴 종말이 준비되고 있었다. 그것은 안과 밖에서 다가오고 있었다. 하스드루발(Hasdrubal)이 지키던 스페인 전선이 서서히 이탈리아로 보충부대를 파견하기 힘든 상황으로 넘어가고 있었다. 그보다 더 심각한 변수는 승리감에 도취된 원정군대가 뜻밖의 도시 생활의 안락함에 젖어버리게 된 것이다. 기원전 216년에서 215년으로 넘어가는 겨울을 카푸아에서 보낸 한니발 군대에는 3년 만의 휴식이 도움이 되기보다 해악이 되었다. 이 점에서 리비우스의 지적은 일리가 있다. "잠자고, 술 마시고, 연회를 열고, 규율 없이 자유롭게 지내고, 목욕이나 하면서 아무 일도 하지 않고 빈둥거리는 그런 생활에 하루하루 안일하게 익숙해지면서 카르타고군은 육체와 정신의 예민함을 잃었다." 현대의 전술가들도 칸나이 전투 후 곧장 로마로 진군하지 않은 실수보다 이것이 한니발의 더 큰 실책이라고 말하기도 한다.

다시 아프리카로 돌아가다

기원전 208년, 하스드루발은 대군을 이끌고 형 한니발을 돕기 위해 대장정에 올랐다. 역사에는 우연으로 말미암아 상황이 바뀌는 경우가 종종 있다. 한니발에게 보낸 서신이 도중에 로마군에게 차단당하면서 이탈리아에서의 행군로와 합류 예정지점이 노출되자, 총력전으로 나온 로마군의 포위 전술에 하스드루발이 걸려든 것이다. 카르타고군은 전멸했고 하스드루발은 적진 한복판으로 말을 달려 장렬하게 전사했다. 며칠 뒤 카르타고 진영에 던져진 하스드루발의 목을 보고 한니발은 경악했다. 그해에 한니발과 로마는 어떤 교전도 없었다. 한니발이 개인으로서뿐만 아니라 국가적으로 입은 상처로 인한 슬픔에 잠겨 전쟁을 할 생각을 하지 않았던 것이다. 로마 쪽에서도 한니발을 방해하지 않고 조용히 두었다.

기원전 204년 가을, 30세에 불과한 로마의 새로운 지휘관 푸블리우스 코르넬리우스 스키피오(Publius Cornelius Scipio)는 군함 40척과 수송범선 400척을 이끌고 시칠리아 섬을 떠나 아프리카의 카르타고 북동쪽에 상륙했다. 그는 카르타고 본국을 공격해야 한니발을 이탈리아 남부에서 몰아낼 수 있다고 원로원을 설득했다. 한니발 전쟁 동안 한 번도 전쟁터가 된 적이 없는 아프리카의 카르타고는 큰 충격에 휩싸였다. 카르타고 본국이 이탈리아에 있는 한니발에게 도움을 받는 데에도 1년 넘게 시간이 걸렸다. 한니발이 철수한다는 소식이 로마에 전해졌을 때 '로마의 방패' 파비우스의 집에는 축하객들이 몰려들었고, 로마의 모든 신전에서 5일 동안 잇따라 감사의 제사가 올려졌다.

몇 개월 뒤인 기원전 202년, 북아프리카의 자마 인근에서 한니발과 스키피오가 격돌했다. 각각 5만 정도의 병력으로 수는 비슷했으나, 한니발의 군대는 이탈리아에서 퇴각할 때 데려온 정예 1만 5천 명을 제외하면 각양각색의 병사들이 뒤엉킨 잡동사니 부대에다 급조된 코끼리 부대까지 뒤섞인 상태였다. 게다가 이번에는 누미디아의 마시니사(Masinissa)의 기병대[9]가 로마 편에 가담했다. 더욱이 스키피오는 이미 10대 후반에 몇 차례 당했던 뼈아픈 경험을 통해 한니발의 전술에 능통해 있었으며, 지난 5년 동안의 스페인 전선에서 실전 경험을 쌓아 뛰어난 전략가로 성장해 있었다. 또한 그는 여느 로마 지휘관들과 달리, 헬레니즘 세계의 문화에 대한 포용력과 개인적

---

[9] 한니발이 연전연승한 비결의 하나는 기병대의 우위이다. 이탈리아에는 풍부한 말의 산지가 부족하며, 보병과 달리 기병은 오랜 기간 훈련을 필요로 한다. 당시 지중해에서 최고로 치는 누미디아 기병대와 스페인 그리고 갈리아의 기병대까지 포함하여 한니발은 로마군보다 우위에 있었다. 반면 자마 전투로 가는 시기에 스키피오는 자신의 아버지와 삼촌을 죽인 원수인 마시니사를 회유하여 자기편으로 삼았다. 10대 후반 이탈리아에서 한니발과 치른 전투에서 3차례 패배한 경험을 통해 기병대의 중요성을 절감한 것이다. 여기서도 스키피오의 포용력과 치밀고 냉철한 성품이 엿보인다.

인 관대함 덕분에 다국적군으로 구성된 부하들에게서 남다른 헌신을 끌어내는 카리스마도 지니고 있었다. 스키피오는 독창적인 새로운 전술을 자마에서 들고 나왔다. 스키피오는 가볍게 무장한 군인들을 맨 앞에 두어 후방의 진영 배치를 적의 눈으로부터 속인 채, 보병대를 소규모 단위로 띄엄띄엄 배치해 한니발이 풀어놓은 코끼리들이 그 사이로 빠져나가게 했다. 일부 코끼리들이 양 옆으로 빠져나가면서 오히려 양익에 배치된 한니발의 기병대 대열을 흩뜨려놓았다. 그 기회를 놓치지 않고 로마 기병대는 한니발 군대의 측면과 배후를 동시에 공격해 전투를 승리로 이끌었다. 결국 한니발은 자신이 예전에 이탈리아에서 성공시켰던 포위 전술에 똑같이 당한 것이다.

　패자는 어떤 협상도 할 수 없었으며, 승자가 강화 조건을 제시했다. 카르타고는 모든 포로와 탈주자와 도망한 노예를 돌려보낼 것, 전함을 완전히 없애고 전투용 코끼리를 양도할 것, 스페인과 이탈리아와 아프리카 사이에 있는 모든 섬을 포기할 것, 그리고 아프리카 밖에서의 교전을 금하며, 아프리카 내에서 전쟁을 할 경우에도 로마 원로원의 동의를 얻어야 한다는 내용이었다. 여기에 카르타고는 1,000탈렌트의 배상금을 내놓으며, 이 규정을 준수할 때까지 카르타고 청년 100명을 로마에 인질로 잡아둔다는 조항이 추가되었다. 로마로 개선한 스피키오는 '아프리카누스'(Africanus)라는 영예로운 칭호를 얻었다.

한니발의 유산

　예전에 우리나라 시골에서는 할머니들이 우는 아이 달랠 때 "밖에 호랑이와 있다!" 하여 울음을 뚝 그치게 하곤 했다. 호랑이는 무서움과 공포의 상징이다. 고대 로마에도 이와 비슷한 표현이 있다면 우연일까? 과장되게 전하는 말일지 모르지만, 로마에서는 아이들이 울면 "문 앞에 한니발이 와 있다!" 하여 울음을 그치게 했다고 한다. 한니발 전쟁 후기 카푸아가 로마군에 포위당하자, 이를 어떻게 제지할 방법이 없었던 한니발은 특유의 우회전략으로 로마 시로 군대의 기수를 돌린다. 로마 성벽 바깥에 하얀 백마를 탄 한니발이 나타난 모습이란 로마인들에게 그야말로 기절초풍할 일이었다. 이 사건이 후대 민간전승의 토대가 되었을지 모른다. 하여튼 한니발 전쟁 이후에 생긴 이러한 새로운 민담이야말로 그 전쟁이 로마인들에게 준 충격이 어떠했는지를 단적으로 대변한다. 물론 10여 년의 전쟁을 치르면서 초토화된 이탈리아 남부에서는 자영농체제가 무너지고 라티푼디움의 노예제 대농장으로 넘어가는 경제구조의 변화를 겪게 되며, 여기에 수반하여 향후 인구 100만의 거대 소비도시로 발전해가는 로마 시의 도시빈민층이 형성되는 그 다음 세기들의 잇따른 변화로 이어진다.

그런데 여기서 결코 간과할 수 없는 점이 있다면, 폴리비우스도 궁금해했듯이, 로마가 한니발 전쟁 이후 그렇게 짧은 시간 안에 지중해 전체를 급속하게 장악해나간 요인이 도대체 무엇일까 하는 것이다. 칸나이 전투의 비극이 로마 지휘관들의 아마추어적인 지휘능력에 기인한 것이라고 한다면, 자마 전투와 그 이후 지중해를 제패한 로마 군대의 연전연승은 어디에서 해답을 찾아야 하는 것인가? 한니발을 통해 배우고 익힌 전술에다 장기간의 전쟁을 통해 시행착오 과정에서 단련되고 다시 정비된 로마 시민군의 완성도를 결코 빼놓을 수 없을 것 같다. 사실 그런 로마 군대의 조직력과 용맹성이 자신들보다 머리가 하나 더 큰 게르만족을 라인 강 너머로 밀어내지 않았던가?

이런 점에서 보면 한니발은 로마 역사상 그 사회를 가장 급격하고 거대하게 변화시켰던 적국의 장수였다고 할 수 있다. 곧 로마를 공격하여 그 힘을 해체하려고 했던 한니발은 역설적이게도 로마에 그보다 더 큰 권력을 지닌 '세계제국'으로 발전해가는 초석을 다져주었다고 할 수 있다. 한니발이 살아서는 로마의 공포였지만, 죽어서는 로마의 영광을 상징하는 '신화'로 변모되어간 모순적 상징화의 내면에는 이런 이유도 담겨 있는 것인가?

참고문헌

1. 고대 문헌
Livy, *Ab Urbe Condita*.
Polybius, *Historiae*.

2. 현대 문헌
게오르그 그라페 외, 『임페리움』, 박종대 옮김, 말글빛냄, 2004.
로스 레키, 『카르타고 3부작』, 세종서적, 2004.
시오노 나나미, 『로마인 이야기』 2권, 김석희 옮김, 한길사, 1993.
아드리안 골즈워디, 『로마전쟁영웅사』, 강유리 옮김, 말글빛냄, 2005.
존 워리, 『서양고대전쟁사박물관』, 임웅 옮김, 르네상스, 2006.
필립 마티작, 『로마 공화정』, 박기영 옮김, 갑인공방, 2004.
한스 크리스티안 후프 외, 『역사의 비밀』, 오늘의책, 2001.
J. Fox, *Hannibal, Enemy of Rome*, Chicago: Adams, 1990.
D. Bowder, *Who was Who in the Roman World*: 753 BC~AD476, Cornell UP, 1980.
J. Briscoe, "The Second Punic War", chap.III in *Cambrigde Ancient History*, vol.2, 1989.
D. Hoyos, *Hannibal's Dynasty*: *Power and Politics in the Western Mediterranean 247~183 BC*, London: Routledge, 2003.

3. 한니발 전문 사이트
http://www.barca.fsnet.co.uk/
http://www.historical-atlas.galeon.com/pag1-I.htm

노 카토

국가를 위해 자신과 타인에게 엄격했던 정치가

● 차전환(충남대 교수 · 서양고대사)

노 카토(Marcus Porcius Cato, 기원전 234~149년)의 생애와 활약상은 매우 흥미롭고도 유익한 고찰의 대상이다. 그가 살았던 시대는 한니발 전쟁(기원전 218~201년)으로 시작하여 로마와 지중해 세계의 운명을 결정한 기원전 2세기의 처음 50년간을 포괄했으며, 그 운명을 형성하는 데 카토가 중요한 역할을 했기 때문이다. 기원전 234년 로마에서 남동쪽으로 15마일쯤 떨어진 투스쿨룸(Tusculum) 지방에서 태어난 카토는 기원전 195년 집정관직에 올랐다. 카토는 그후 15년 이내에 로마 정치의 지배적인 인물로서 문학과 법률 · 대외정책 · 국내정치 · 공공도덕 등 로마인들의 생활 전반에 커다란 영향력을 끼치다가 기원전 149년 세상을 떠났다. 카토는 어떤 성품이었으며, 어떻게 하여 난세에 다방면에 걸쳐 영향력을 발휘한 인물이 될 수 있었을까? 카토의 생애를 좇아 그의 업적을 살펴보고, 평가해보는 것이 이 글의 목적이다.

카토의 어린 시절에 대한 정보를 제공해주는 사료는 매우 적다. 그의 가문에는 최고 정무관직까지 오른 성공한 인물이 없었다. 카토는 부친이 용감하고 훌륭한 병사였으며, 조부도 용기를 발휘한 공로로 국가에서 5필의 말[戰馬]을 부상으로 받았다고 자랑하곤 했지만, 그는 결코 두드러지지 않은 가문에서 최초로 최고 정무관직에 올라 입신출세한 신인(*novus homo*)이었다. 플루타르코스에 따르면, 카토는 군인과 정치가로 활약하기 전 어린 시절의 많은 시간을 조상 대대로 세습된 사비니 지역의 농장에서 노동을 하며 보냈다.[1] 훗날 성공하여 부유한 시민이 되었을 때, 카토는 어린 시절 매우 검소한 생활을 했다고 말하곤 했다. 기원전 164년의 한 연설에서 카토는 값이 100드라크마를 넘는 옷을 입어본 적이 없다고 말했다.[2] 그래서 카토의 '가난한 농부'로서의 입장은 그의 반헬레니즘(anti-Hellenism)적인 태도만큼이나 중요했다고 말하는 학자도 있다.[3]

그러나 카토의 가문은 그리 가난하지는 않았던 것으로 보인다. 사비니 지역의 농장 규모는 작지 않았을 것으로 짐작되며, 그가 정치가의 길을 선택할 수 있었던 것은 가문의 경제적인 여건이 어느 정도 안정적이었음을 시사한다.[4] 카토가 검소(*parsimonia*)한 생활을 강조했을 때 검소함이란 경제적인 여건을 지칭한 것이 아니라, 재산을 현명하고 경제적으로 관리하는, 사치(*luxus*)에 반하는 태도를 뜻했다.

검소한 생활을 강조한 카토의 태도는 어린 시절의 경험에서 체득된 것으로 일컬어진다. 카토의 사비니 지역 농장은 군사적인 성공과 고결한 성품으로 유명한 만니우스 쿠리우스 덴타투스(Manius Curius Dentatus)가 소유했던 오두막집과 이웃하고 있었다. 만니우스 덴타투스는 매우 호전적인 민족들을 정복하고 필로스 왕을 이탈리아에서 몰아낸 위업을 달성한 인물로 세 번이나 개선식을 치른 영웅이었지만, 개선 후 오두막집으로 돌아와 작은 토지를 스스로 경작하며 살았다. 화덕에 순무를 끓이고 있는 만니우스 덴타투스에게 삼니움의 사절들이 찾아와 많은 황금을 주겠다고 제안했을 때, 그는

---

1) Plutarchos, *Marcus Cato*, 1.1.
2) Plutarchos, *Marcus Cato*, 4.3.
3) A. J. Toynbee, *Hannibal's Legacy II*, p. 426.
4) D. Kienast, *Cato der Zensor*, Heidelberg, 1954, p. 34 ; T. P. Wiseman, *New Men in the Roman Senate*, Oxford, 1971, pp. 166ff. 카토는 기원전 199년 아이딜리스였을 때 자신의 재산으로 경기(ludi)를 개최한 것으로 생각된다.

이런 음식으로 만족하는 사람에게는 황금이 아무런 필요가 없으며 자신은 황금을 소유하는 것보다 황금을 소유한 자들을 정복하는 것을 더욱 명예롭게 생각한다고 말했다.

카토는 이 전설적인 영웅이 살았던 오두막과 작은 토지를 자주 바라보고 영웅의 검소한 삶을 생각하면서 자신의 생활을 되돌아보고 스스로 열심히 일하며 사치를 배격했다고 한다.[5] 그러나 만니우스 덴타투스는 실제 인물이 아니라 카토가 웅변에서 내세운 허구적인 모델이었으며, 그 모델은 카토 시대 웅변에서 흔히 인용되었다.[6] 만니우스 덴타투스는 카토의 이상적인 모델로 등장했던 것이다.

카토가 제1차 포에니 전쟁(기원전 264~241년)과 제2차 포에니 전쟁(기원전 218~201년) 사이에 태어나 자라고 있을 때, 로마는 놀라운 변화의 문턱에 들어서 있었다. 로마 세계의 지평은 이탈리아 반도에서 전 지중해 세계로 넓어졌고, 로마는 머지않아 지중해의 패자가 될 것이었다. 무엇보다도 전투는 로마 사회의 일차적인 임무였고, 삶의 정상적인 일부였다. 한편 전쟁의 결과 로마는 거대한 부를 획득하고 있었으며, 그것은 사회에 심대한 영향을 끼쳤다. 로마의 상류층 인사들은 그리스인들의 문학·예술과 지적 유산을 흠모했으며, 그 영향을 받아 다양한 라틴 문학이 탄생하고 문학활동의 전통이 만들어지고 있었다. 카토는 이런 변화의 증인이었고 변화하는 사회의 일부였다.

카토가 군대 복무와 시민으로서의 활동을 시작할 수 있는 나이가 되던 무렵인 기원전 218년 제2차 포에니 전쟁이 일어났다. 전쟁 초기의 대량 학살과 파멸적인 전투들로 로마는 완전히 재난에 빠질 지경이었다. 전세의 회복은 느렸고 힘든 과정이었다. 로마 군대는 이탈리아, 알프스 이남의 갈리아, 히스파니아, 시칠리아 그리고 아프리카에서 싸웠다. 군대를 위한 인력 수요

---

5) Plutarchos, *Marcus Cato*, 2.1~3.
6) M. Gelzer, "Porcius," *RE* 22, 1953, coll. 109 ; D. Kienast, *Cato der Zensor*, p.11.

가 엄청났고, 군사적 재능을 펼칠 기회도 매우 많았다. 이 전쟁 동안과 전쟁 뒤 국가의 고위직에 몇몇 새로운 얼굴이 등장하고 원로원에도 많은 신인들이 진입했는데, 카토는 그런 사람들 가운데 대표적인 인물이었다. 전쟁이 신귀족 계층으로 들어갈 수 있는 문을 더욱 넓게 열어놓았기 때문이었다.[7]

1. 정치적 경력

카토는 전투에서 명성을 얻기를 열망하여 군대에서 풋내기에 불과할 때도 벌써 그의 신체 앞부분은 상처로 뒤덮였고, 여러 전투에서 가장 용감한 전사로 명성을 날렸다고 한다.[8] 한니발이 이탈리아를 초토화하고 있던 시기인 기원전 217년 또는 216년 17세의 카토는 최초로 군대에 소집되어 복무하게 되었다. 퀸투스 파비우스 막시무스와 마르쿠스 클라우디우스 마르켈루스가 지휘한 전투에 참여하며 카토는 기원전 214년까지 캄파니아(Campania)에서 복무했다. 마르켈루스가 군대를 시칠리아로 인솔했을 때 카토는 부관(tribunus militum)의 한 사람으로 시라쿠사를 공격하는 오랜 전투에 참여했다.

기원전 209년 카토는 퀸투스 파비우스 막시무스의 지휘 아래 타렌툼(Tarentum)을 탈환하는 전투에 참전한 것으로 보인다. 기원전 207년에는 하스드루발(Hasdrubal)의 지원군을 파멸시켜 한니발의 기를 꺾은 메타우루스 강(Metaurus) 전투에서 공을 세워 높은 명성을 얻었다. 일련의 전쟁을 통해 카토는 명성을 얻었을 뿐 아니라 유력한 정치·군사적 지도자들과 유대를 맺었다. 또한 웅변술이 탁월한 카토는 기원전 210~208년 법정에서 일련의 연설들을 통해 자신의 지지세력을 획득했다. 이런 바탕에서 카토는 정치 경력을 시작했다. 기원전 204년 카토는 재무관(quaestor)으로 선출되었고, 원

---

7) A. E. Astin, *Cato the Censor*, Oxford, 1978, pp. 5~6.
8) Livius, *Ab Urbe Condita*, 39. 40. 6.

로원 의원으로 활동을 시작했다.

재무관이 된 카토는 장차 한니발 전쟁을 승리로 이끌어 '아프리카누스'라는 별명을 얻게 될 푸블리우스 코르넬리우스 스키피오(P. Cornelius Scipio)에게 봉사하도록 시칠리아로 파견되었다. 시칠리아의 시라쿠사(Syracusa)에 기지를 둔 스키피오는 카르타고 본토를 침공할 원정군을 준비하고 있었는데, 여가시간에는 서방의 위대한 그리스 도시가 제공하는 문화적 기회를 향유했을 것이다. 저명한 군사령관 스키피오와 카토의 초기 관계는 학자들의 주요 관심사가 되었는데, 플루타르코스가 다음과 같은 일화를 전해주기 때문이다.

> 카토가 아프리카에서의 전쟁을 위해 재무관으로 스키피오에게 파견되었을 때, 그는 스키피오가 습관적으로 사치에 빠지고 병사들에게 돈을 아낌없이 나누어주는 것을 보았다. 따라서 카토는 대범하게도 스키피오가 비난받아야 할 가장 큰 악은 지출이 아니라, 실제적인 필요를 초과하는 보수가 병사들을 방탕한 쾌락에 빠지게 함으로써 병사들의 천성적인 근검을 타락시키는 것이라고 말했다. 스키피오는 자신을 전쟁으로 몰아넣는 태풍이 몰아치는 때에 지나치게 인색한 재무관은 아무런 필요가 없다고 대답했다. 또한 자신은 돈에 대해서가 아니라 업적에 대해 로마에 설명할 의무가 있다고 말했다. 그러자 카토는 시칠리아를 떠났고, 원로원 앞에 나아가 스키피오가 엄청난 돈을 낭비하며 마치 군사령관이 아니라 축제를 주재하는 사람처럼 체육관과 극장을 소년같이 탐닉한다고 비난하면서 파비우스와 결합했다. 이런 비난의 결과 스키피오에 관한 혐의가 사실인지 아닌지 조사하기 위해 스키피오를 데려올 사절들이 파견되었다. 스키피오는 사절들에게 전쟁에서의 승리는 그것을 위한 준비에 달려 있다는 것을 납득시켰다. 그리고 자신은 여가가 있을 때는 친구들과의 교제를 즐길 수 있었지만, 그런 교제로 인해 중대사를 경시하지 않았다는 것을 입증했다. 그러고는 아프리카에서의 전쟁을 위해 출항했다.[9]

---

9) Plutarchos, *Marcus Cato*, 3.5-8.

카토와 스키피오가 서로 성품이 대조적이어서 관계를 맺은 초창기부터 갈등을 빚을 수밖에 없었다거나, 또는 카토가 재무관으로 스키피오에게 봉사할 때부터 그를 증오하게 되었다고 보는 학자들도 있지만, 위에 언급한 플루타르코스의 이야기는 기원전 180년대에 카토와 스키피오 사이에 존재한 적대관계를 소급 적용하여 만들어낸 허구라는 것이 통설이다. 그 무렵 두 사람은 무엇보다도 서로의 군사적 능력에 대한 신뢰감에서 좋은 관계를 유지했다. 특히 이제 막 정무관의 길로 들어선 젊은 재무관 카토가 총독인 스키피오에게 무례한 행동을 하고 로마로 가서 그를 비난했다는 것은 납득할 수 없다. 카토는 로마로 귀환한 것이 아니라 스키피오와 함께 아프리카로 출정하여 재무관직을 마칠 때까지 스키피오의 지휘 아래 봉사했으며, 기원전 203년(또는 202년) 로마로 귀환했다.

로마로 돌아온 카토는 기원전 199년 평민 아이딜리스(aedilis)직에 선출되기 전까지 사업을 통해 꽤 많은 재산을 모은 것으로 보인다. 이 사업 기간은 성년이 된 카토가 군사적인 의무에서 적극적으로 활동하지 않은 최초의 긴 기간이었다.[10] 카토는 재산을 안전하고 수익성이 높은 부동산에 투자했으며, 나중에는 피해방인을 대리인으로 내세워 원로원 신분에는 금지된 상공업을 운영하게 했다. 또한 카토는 모험성은 적고 수익성은 높은 일종의 해상운송보험업을 통해서도 돈을 벌었다. 카토가 아이딜리스로 선출된 것은 그가 사업을 통해 많은 돈을 벌었고, 또한 법정에서 지속적으로 활동하여 지지 세력을 획득했음을 시사한다. 아이딜리스로서의 카토와 그의 동료 아이딜리스 가이우스 헬비우스(C. Helvius)는 평민들의 경기 및 유피테르 축제(Epulum Iovis)와 관련된 그밖의 경기들도 개최했다. 아이딜리스가 경기들을 성공적으로 개최하면 시민들의 인기를 확보했기 때문에 아이딜리스보다 높은 정무관인 법무관(praetor) 당선이 보장된 셈이었다. 이듬해인 기원전

---

[10] 카토는 기원전 216~203년의 기간 중 210~208년과 206~205년에는 군사적 봉사에서 벗어나 있었지만, 나머지 기간에는 출정했다.

198년 4명의 법무관 가운데 카토와 헬비우스 두 사람이 선출되었다.

법무관이 된 카토에게 코르시카 섬을 포함한 속주 사르데냐의 총독직이 맡겨졌다. 카토는 이탈리아 동맹국 시민들과 라틴 시민들로 구성된 2천 명의 보병과 200명의 기병으로 이루어진 군대를 이끌고 사르데냐로 가서 그곳에 주둔하던 제대 예정 고참 병사들의 군대를 대체했다. 당시 사르데냐는 전쟁의 무대가 아니었기 때문에, 군대의 주요 임무는 수비대로서 속주의 질서를 유지하는 일이었을 것이다. 사르데냐는 로마의 속주가 된 이래 기원전 215년에는 반란을 일으켰고, 그뒤에도 토착민들의 강탈과 약탈 행위가 계속되어 불온했다. 사르데냐 총독 카토는 그때 그리스에서 마케도니아인들을 상대로 전쟁을 하던 로마 군대에 상당한 양의 식량과 군복을 마련하여 신속히 조달해주었다. 속주민들은 로마에 조세를 납부하는 것 외에, 총독과 그의 참모들의 생활에 필요한 것을 부담했다.

카토가 실시한 정책을 보면, 전임 총독들과 그들의 참모들의 사치와 권리 남용 그리고 대금업자들의 횡포가 속주민들을 곤경에 빠뜨려 원성이 높았던 것으로 보인다. 카토는 자신과 참모들의 생활을 위해 속주민들에게서 징발하는 것을 전임자들보다 대폭 삭감했고, 스스로 매우 간소한 생활의 모범을 보였다고 한다. 또한 카토는 아마도 로마 시민이거나 이탈리아 동맹국 시민이었을 대금업자들의 활동을 엄격히 통제했으며, 고리대금업자들을 속주 밖으로 추방했다. 카토가 걸어서 도시들을 순회할 때는 그의 의복과 희생제를 올릴 때 쓰는 그릇을 운반하는 공노예 한 명만 데리고 다녔다고 한다. 총독이 호위병들이나 참모들도 없이 걸어다녔다는 진술은 과장이겠지만, 속주민에게 부담이 돌아가는 공금의 지출을 최대한 줄이고자 한 카토의 의도를 잘 보여준다. 간소한 생활과 청렴한 성품의 법무관 카토는 엄정한 통치로 속주민의 곤경과 불만을 해소했고 모범적인 총독의 상을 보여주었다.

평민 출신의 카토는 정무관직들의 코스(*cursus bonorum*)를 따라 재무관, 아이딜리스, 법무관을 차례로 역임했다. 카토는 군사적인 명성이 있었고, 정무관직들을 능숙하게 수행했으며, 발레리우스 플라쿠스(Valerius Flacus)

와 같은 강력한 귀족 가문의 후원을 받고 있었고, 법정 활동을 통해 자신의 지지세력을 두고 있었기 때문에, 마침내 기원전 195년 발레리우스 플라쿠스와 함께 최고 정무관인 집정관(consul)에 선출될 수 있었다. 집정관이 된 카토에게 속주 히스파니아의 총독직이 할당되었다.

카토가 속주로 떠나기 전 로마에서는 일종의 '사치 금지법'인 오피우스법(lex Oppia)의 존폐문제가 쟁점으로 대두되었다. 한니발 전쟁으로 매우 암울하던 때인 기원전 215년 제정된 이 법은, 어떤 여성도 지나치게 많은 금(장신구)을 소유하거나, 다채로운 색의 옷을 입거나, 공적인 종교적 목적을 위한 경우를 제외하고 도시나 읍 또는 도시와 읍에서 1마일 이내에서는 역축이 끄는 마차를 타선 안 된다고 규정했다.

그런데 기원전 195년 두 명의 호민관 마르쿠스 푼다니우스(Marcus Fundanius)와 루키우스 발레리우스(Lucius Valerius)가 이 법의 폐지안을 평민회에 제출하면서 그것을 둘러싸고 격렬한 논쟁이 벌어졌다. 리비우스에 따르면 다른 두 명의 호민관 마르쿠스(Marcus)와 푸블리우스 유니우스 브루투스(Publius Iunius Brutus)는 폐지안에 거부권을 행사할 것이라고 선언했고, 많은 저명한 인사들이 찬성 또는 반대의 두 진영으로 갈라졌으며, 카피톨리움 언덕은 법안의 지지자들과 반대자들로 가득 찼다. 특히 부인들은 거리로 몰려나와 포룸으로 가는 남자들에게 당신들의 행운은 날마다 증대하는 때에 자신들에게도 예전의 영예가 회복되도록 해줄 것을 간청했으며, 그들의 수는 날마다 늘어났다.[11] 부인들은 정무관들에게도 접근하여 호소했는데, 집정관의 한 사람인 카토는 오피우스법을 적극 찬성하는 연설을 했다고 한다.

리비우스는 여성들의 탐욕과 사치·방종에 대해 공격하면서 오피우스법을 찬성한 카토의 긴 연설과 그에 대응한 호민관 루키우스 발레리우스의 대조적인 연설을 기록했다. 그러나 그 연설들은 실제 연설을 반영한 것이 아

---

11) Livius, *Ab Urbe Condita*, 34.1~8.

니라 순전히 리비우스의 창안이라는 것이 학자들의 통설이다. 카토의 연설 원고는 리비우스에게 전혀 알려지지 않았으며, 리비우스 시대에 보존되어 있지도 않았을 것으로 여겨진다.[12] 리비우스가 창안한 카토의 연설문은 사료적인 가치가 거의 없지만, 카토가 오피우스법을 유지하려고 시도했다는 사실은 그가 당시 확산되고 있던 사치스러운 풍조를 우려하고 있었음을 보여준다. 그러나 오피우스법 폐지안은 그것에 대해 비토권을 행사하겠다고 선언했던 호민관들이 여성들의 압력에 굴복하여 비토를 철회함으로써 민회에서 통과되었다.

그해의 두 집정관 카토와 발레리우스 플라쿠스는 추첨으로 각각 속주 근(近)히스파니아와 갈리아 나르보넨시스의 총독으로 부임하게 됐는데, 히스파니아에는 속주민의 반란이 심각한 상황이어서 대규모 전투를 치러야 했으므로 총독에게는 전공을 세울 수 있는 매력적인 대상이었다. 원로원은 카토로 하여금 2개 군단, 라틴 동맹국 시민 병사 1만 5천 명, 기병 800명 그리고 전함 20척으로 구성된 대규모 병력을 이끌게 했으며, 이례적으로 총독 카토를 돕도록 법무관 푸블리우스 만리우스(Publius Manlius)를 함께 파견했다. 기원전 194년까지 계속된 전투에서 카토는 군사적인 능력을 유감없이 발휘한 결과 반란을 진압하여 속주의 질서를 확립했고, 속주의 영토를 확대했으며, 금광과 은광의 개발에서 나오는 많은 수익을 징수함으로써 속주 히스파니아에서 나오는 수입은 날로 늘어났다. 카토는 자신이 히스파니아에 체류한 날의 수보다 더 많은 수의 도시들을 점령했노라고 자랑했다. 카토의 전공(戰功)에 대한 보고를 들은 원로원은 사흘 동안의 감사제를 선포했으며, 카토는 로마에 와서 성대한 개선식을 치렀다.

---

12) 카토의 연설문의 어떤 단편도 문법학자들이나 다른 저술가들에게서 발견되지 않았다. E. Pais와 Kienast는 리비우스가 기록한 연설문이 원래의 연설을 기초로 구성되었을 것이라고 주장했지만, 대다수의 학자들은 그런 견해에 반대했다. 이에 대해서는 P. Flaccaro, "Le fonti per il consolato di M.Porcio Catone," *Studi storici per l'antichita classica* 3, 1910, pp.129ff ; H. H. Scullard, *Roman Politics 220~150 B.C.*, Oxford, 1973, p.257 ; A.E. Astin, *op.cit.*, p.25 참조.

2. 카토의 투쟁(기원전 194~184/3년)

카토는 기원전 192년경 로마의 정치가치고는 매우 늦은 42세의 나이에 리키니아(Licinia)와 결혼했다. 카토의 아내가 속한 리키니우스(Licinius) 씨족은 카토의 포르키우스 씨족과 마찬가지로 한니발 전쟁 이래 정치적으로 부상하고 있었으며, 신귀족 가문들간의 결혼을 통한 결합은 카토의 정치적인 영향력을 증대시키는 기반이 되었을 것이다. 콘술을 역임하고 개선식을 거행한 카토였지만, 그의 야심과 출세욕에는 끝이 없었다. 기원전 191년 카토는 마니우스 아킬리우스 글라브리오(M'. Acilius Glabrio) 휘하의 부관으로 그리스에 파견되었다. 카토에게는 그리스를 두루 돌아다니면서 안티오쿠스(Antiochus) 왕의 반(反)로마적인 선전에 대항하는 임무가 부여되었다. 카토는 로마 콘술 군대의 도착을 선포하면서 아카이아 연맹의 충성스러운 협력을 이끌어내기 위해 노력하고, 아테네에도 잠시 체류했다. 그해 5월 글라브리오의 로마 군대가 테르모필라이(Thermophilae) 전투에서 안티오쿠스를 패퇴시켰으며, 그 전투에서도 카토는 중요한 역할을 하였다.

기원전 190년 콘술에 선출된 루키우스 스키피오(L. Scipio)가 글라브리오의 지휘권을 대체하고, 글라브리오는 로마로 귀환하여 자신의 전공을 근거로 원로원에 개선식 허용을 요청했다. 마침 리구리아(Liguria)에 3년간 출정하고 막 돌아온 퀸투스 테르무스(Q. Minucius Thermus)도 개선식을 요청하고 있었다. 원로원은 두 사람의 요청을 동시에 검토한 뒤 글라브리오의 요청은 수락하고 테르무스의 요청은 거절했는데, 원로원 내에서 카토의 반대가 테르무스의 실패에 어느 정도 영향을 미친 것이 분명해 보인다. 카토는 테르무스가 살해된 적의 수를 허위 보고했고, 심지어 존재하지도 않은 전투들을 만들어냈으며, 자유로운 속주민 10명을 살해하고 동맹 도시들의 정무관들을 매질하는 등 권력을 남용했다고 비난했기 때문이다.[13]

---

13) Val. Max., 2.8.1.

그뒤 얼마 지나지 않아서 카토는 5년 전 콘술로 재직할 때의 행위와 관련된 혐의로 이름이 알려지지 않은 어느 호민관에 의해 민회(평민회)에 고발당했다. 카토에게 돌려진 혐의가 무엇이었는지 확실하지 않지만, 카토의 변론은 자신이 국가의 비용을 절약하는 다양한 방법을 사용했고 효과적인 군사 활동을 전개했다는 것에 집중되었다. 기원전 196년 테르무스가 프라이토르로서 히스파니아에서 활동했던 사실을 고려하면, 그가 카토에 대한 혐의를 위한 정보를 제공했을 가능성이 크다. 도덕주의적 색채가 강한 카토의 변론은 성공을 거두었다. 글라브리오의 개선식, 테르무스에 대한 카토의 공격 그리고 카토 자신이 고발당한 재판은 다시 한 번 카토를 대중의 관심 대상이 되게 하였다.

이러한 활동을 바탕으로 카토는 기원전 189/8년에 선출하는 켄소르직에 출마하게 되었다. 콘술을 역임한 사람은 대개 가능한 한 빨리 켄소르직을 보유하려고 노력했던 것을 고려하면 훌륭한 자질을 갖춘 카토의 켄소르직 출마가 과도한 야심으로 평가될 수는 없을 것이다. 그러나 카토는 자신과 제휴하여 입후보한 친구 루키우스 발레리우스 플라쿠스(L. Valerius Flaccus)와 함께, 강력한 경쟁 상대들에 직면했다. 그들과 경선을 벌일 자들로서 그리스의 '해방자' 티투스 퀸크티우스 플라미니누스(T. Quinctius Flamininus), 카토의 옛 사령관의 아들인 기원전 196년의 콘술 마르쿠스 클라우디우스 마르켈루스(M. Claudius Marcellus), 기원전 191년의 콘술로 그 무렵 개선식을 치른 푸블리우스 스키피오 나시카(P. Scipio Nasica) 그리고 191년의 또 다른 콘술 만리우스 아킬리우스 글라브리오가 출마했던 것이다.

글라브리오와 카토는 이제까지 친한 사이였지만 서로 공격하는 적대관계를 형성하게 되었고, 카토의 초창기 정치활동을 후원해준 인물의 아들인 마르쿠스 마르켈루스는 티투스 플라미니누스를 지지하면서 카토를 반대했으며, 스키피오 나시카와 아킬리우스 글라브리오는 '스키피오 그룹'을 대표했을 것으로 여겨진다.[14] 카토는 스키피오의 정치적 지지자에 속하는 많은 사람들을 공격하고 마침내 스키피오까지 공격하게 되지만, 당시 '스키피오 그룹'이 통일적인 것은 아니었다.

　최근 개선식을 올렸을 뿐 아니라 대중에게 선물을 제공함으로써 많은 유권자들의 호의를 얻고 있던 아킬리우스 글라브리오가 대(對)안티오쿠스 전쟁에서 획득한 전리품을 사취한 혐의로 두 명의 호민관들에게 고발당한 재판이 시작되자, 카토는 경쟁자인 글라브리오의 명성을 훼손하기 위해 모든 노력을 기울였다. 호민관들에 의해 증인으로 요청받았을 때, 카토는 정복된 안티오쿠스의 진영에서 보았던 금은제 용기(容器)들이 개선식에서는 보이지 않았다고 증언했을 뿐 아니라 글라브리오의 사령관직 자체를 불신하는 일련의 연설을 했다.

　켄소르 후보를 사퇴함으로써만 유죄 판결을 피할 수 있는 상황에 직면하자 글라브리오는 카토를 신랄하게 비난했고, 카토의 명성까지 훼손되었다. 글라브리오는 중도에 후보를 사퇴했으며, 카토의 당선 가능성도 갑자기 낮아졌다. 글라브리오의 운명은 스키피오 나시카에게도 부정적인 영향을 끼쳤는데, 특히 재판 동안 후자가 글라브리오를 옹호했을 것이기 때문이다. 카토와 제휴하여 선거운동을 하던 발레리우스 플라쿠스는 자신의 힘만으로는 정치적으로 비중이 거의 없었다. 결국 마르켈루스와 플라미니누스가 켄소르로 선출되었다.

　카토는 켄소르 선거에서 패했지만 절망하지 않고 5년 뒤의 다음 선거를 기약하며 다시 로마에서 중요한 정치가들 중의 한 사람으로 활동한다. 이 시기 카토는 법정과 민회 그리고 문학 분야에서 두드러진 정치가들과의 투쟁을 통해 자신의 명성을 높이게 되는데, 그의 유창한 연설과 법률 지식이 투쟁을 위한 중요한 수단이었던 것이다. 기원전 187년 원로원에서는 속주 군사령관(총독)들의 행위를 둘러싸고 일련의 열띤 논쟁이 벌어졌다. 카토가 저 유명한 '스키피오파에 대한 재판들' 가운데 최초의 재판을 부추기게 된

---

14) J. S. Ruebel, *The Political Development of Cato Censorius. The Man and the Image*, Diss., University of Cincinnati, 1972, p. 87.

것은 이런 분위기에서였으며, 재판의 주된 쟁점은 만리우스 불소(Manlius Vulso)에게 개선식을 허용할 것인가 하는 데서 비롯되었다.

만리우스 불소는 그리스에서 루키우스 스키피오(L. Scipio)에 뒤이어 군대를 지휘했기 때문에 안티오쿠스 왕이 마그네시아(Magnesia)에서 패전한 직후 지불하기로 되어 있던 배상금 3,000탈렌트 가운데 2,500탈렌트에 대한 책임이 있었다. 카토의 부추김을 받아 퀸투스 페틸리우스(Q. Petillius)라는 이름의 두 호민관들이 3,000탈렌트에 대한 회계보고를 요구했을 때 주요 대상은 만리우스 불소였지만, 루키우스 스키피오도 500탈렌트에 대한 책임이 있어 원로원에서 회계보고를 하도록 요구받은 것으로 보인다. 호민관들은 500탈렌트가 국고에 귀속되는 전쟁배상금이라고 주장한 반면, 스키피오파는 그 돈이 전리품이라면서 호민관들의 요구를 주제넘은 간섭이라고 거부했다. 500탈렌트에 대한 책임은 루키우스 스키피오에게 있었지만, 재판의 진정한 표적은 자신이라고 생각한 루키우스의 형 스키피오 아프리카누스(Publius Cornelius Scipio Africanus)가 개입하였고,[15] 그는 원로원 앞에서 회계장부를 찢어버렸다.

이로써 만리우스 불소의 운명은 원로원의 관심 밖이 되었고, 문제는 새로운 국면을 맞이했다. 스키피오 아프리카누스는 회계장부를 찢어버림으로써 동생을 기소할 수 있게 하는 증거를 파괴했으며, 자신의 권위와 영향력을 이용해 군사령관들의 독립성을 옹호하고자 하였다. 더욱이 스키피오 아프리카누스는 문제의 돈을 전리품(약탈된 돈 pecunia praedaticia)이라고 말함으로써 중요한 법적 쟁점을 제기했다. 로마의 군사령관은 전리품의 처분에서 상당한 재량권이 있었다. 루키우스 스키피오는 이 재량권을 확대 행사하여 문제의 돈으로 자기 병사들에게 보너스를 지급한 것으로 보인다. 그러나 병사들에게 보너스를 지불하는 것은 원로원의 오랜 특권이었기 때문에, 루

---

15) 기원전 190년 루키우스 스키피오가 군사령관으로 그라브리오를 계승하여 군대를 지휘할 때, 그의 형 스키피오 아프리카누스는 동생의 레가투스(legatus)였다.

키우스 스키피오의 행위는 원로원의 권한에 대한 침해로 보일 수 있었다. 또한 안티오쿠스 왕과 맺은 조약 규정은 루키우스 스키피오의 500탈렌트를 포함한 1만 5천 탈렌트의 전쟁배상금이 전리품이 아니라 국고에 속한다는 것을 분명하게 해주었다.

스키피오 아프리카누스는 자신의 위세로 뒷받침한 행위로 동생을 곤경에서 벗어나게 할 수 있기를 바랐을지 모르지만, 카토는 재빨리 기회를 포착하여 다시 한 번 자신의 능력을 입증한다. 이때 카토는 원로원 의원들의 상당한 지지에 의지할 수 있었는데, 왜냐하면 스키피오 형제의 고압적인 행동들이 로마의 유력한 귀족들로 하여금 스키피오 가문에 대한 분노를 증대시켰기 때문이었다. 카토는 또다른 호민관 가이우스 미누키우스 아우구리누스(C. Minucius Augurinus)로 하여금 루키우스 스키피오를 평민회에 소환하도록 했다. 카토 자신이 루키우스 스키피오의 혐의를 설명하고 난 뒤, 미누키우스는 루키우스 스키피오에게 벌금을 부과하고 그것에 대한 담보의 제공을 요구했다. 스키피오 아프리카누스가 다시 개입하여 미누키우스의 제안에 비토할 호민관을 찾으려고 했지만 실패했다. 루키우스 스키피오가 담보의 제공을 거부하자 미누키우스는 루키우스 스키피오의 체포를 명령했다. 그러나 이 단호한 조치는 호민관 티베리우스 셈프로니우스 그라쿠스(Ti. Sempronius Gracchus)[16)]가 비토함으로써 실현될 수 없었다.

그뒤 루키우스 스키피오의 문제가 어떻게 종결되었는지 분명하지 않지만, 그는 후에 여전히 원로원 의원으로 활동하고 정치적 만회를 시도한다.[17)] 어쨌든 루키우스 스키피오를 고발하고 공격함으로써 카토는 자신을 고압적인 개인들의 독립성에 대항하는 원로원 과두들의 챔피언으로, 그리고 로마 국가의 전통적인 가치를 옹호하는 인물로 드러낼 수 있었다.

기원전 186년 이탈리아에서는 바쿠스를 숭배(the Bacchic Cult)하는 자들

---

16) 기원전 133년의 호민관으로, 농지법을 제정한 티베리우스 셈프로니우스 그라쿠스의 부친.
17) Livius, *Ab Urbe Condita*, 39. 22. 8ff. ; A. E. Astin, *op.cit.*, p.62.

의 범죄행위와 방종이 심각한 문제로 부각되었다. 원로원은 바쿠스 숭배자들의 모임이 국가를 전복하려는 음모를 지니고 있다고 주장하면서 원로원의 결의를 통해 이탈리아 전역에서 숭배를 억압하는 강력한 조치를 실시하게 된다. 카토는 이 조치를 실시하도록 주장한 주요 인물 가운데 한 사람으로, 그리고 그의 「음모에 대하여」라는 연설은 이때 행해졌을 것으로 여겨진다. 카토는 대다수 원로원 의원들의 견해를 대변하는 입장에서 로마와 이탈리아의 종교 전통에 반하는 숭배의식에 대한 박해를 주장할 수 있었을 것이다.

그해 말 루키우스 스키피오가 실추된 정치적 운명을 만회하기 위한 시도로 기원전 184/3년에 선출하는 켄소르직을 위한 선거운동을 시작했다. 그는 안티오쿠스 전쟁에서 획득한 전리품으로 10일 동안의 장려한 경기들을 후원했다. 그런데 스키피오 나시카도 출마함으로써 루키우스 스키피오는 코르넬리우스 씨족(gens Cornelia)의 확고한 지지를 기대할 수 없게 되었다. 스키피오 아프리카누스는 확실히 동생 루키우스를 지지할 것이었지만, 기원전 187년의 스캔들 때문에 그의 영향력만으로 충분할 것인지는 아무도 장담할 수 없었다. 게다가 스키피오 형제 모두와 절친한 만리우스 불소도 출마했다. 카토 자신과 카토와 제휴한 친구 발레리우스 플라쿠스를 포함하여 모두 9명의 후보가 2개의 켄소르직을 놓고 치열한 경쟁을 벌이게 되었다. 어쨌든 이제 스키피오 아프리카누스가 지도하던 스키피오파 연합의 취약성이 드러났으며, 카토는 스키피오 아프리카누스를 공격할 기회를 포착했다.

그리스 문화 애호가로 유명하던 스키피오 아프리카누스는 안티오쿠스 왕에게서 좀더 관대한 강화조약을 허용해달라는 부탁과 함께 뇌물을 받았고, 안티오쿠스에게 몸값을 지불하지 않고 아들을 돌려받았다는 혐의로 기원전 184년 호민관 마르쿠스 나이비우스(M. Naevius)에 의해 고발당했다. 또한 공식적인 혐의는 아니었지만 스키피오 아프리카누스의 친(親)그리스주의(phil-Hellenism)가 그에 대한 의심을 부추기는 데 이바지했다. 선전에 의해 강화된 혐의는 스키피오 아프리카누스를 질투하는 정적들에게, 그리고 자신들의 특권을 침해하는 스키피오파에 대해 분개했을 원로원 의원들에게 그럴듯하게 들렸을 것이다.

스키피오 아프리카누스가 혐의에 대해 어떻게 대응했는지는 분명하지 않지만, 그는 혐의가 자신에게 미칠 정치적인 파장을 제대로 인식하지 못한 것으로 보인다. 혐의에 대한 스키피오 아프리카누스의 대답은 오만하고 얼버무리는 투여서 벌써 강렬해진 그에 대한 질투심(invidia)을 더욱 증대시켰을 뿐이었다. 정적들이 무자비하게 혐의를 추궁하자 그런 행태에 혐오감을 느낀데다가 건강이 좋지 않던 스키피오 아프리카누스는 결국 리테르눔(Liternum)으로 은퇴했으며, 이듬해 그곳에서 죽었다. 스키피오 아프리카누스가 몰락함으로써 원로원의 권위가 다시 확립되었으며, 특히 원로원 우위의 챔피언으로서의 카토에게 승리를 안겨주었다. 리비우스와 플루타르코스에 따르면 켄소르 후보자들 가운데 카토와 제휴한 발레리우스 플라쿠스를 제외한 나머지 후보들과 많은 귀족들이 카토를 낙선시키기 위해 협력했지만, 카토는 친구 발레리우스 플라쿠스와 함께 켄소르로 선출되었다.

3. 켄소르 카토

켄소르직은 로마의 정무관직 가운데 가장 연장자들과 가장 상류층 인사들이 진출하는 영예로운 직책으로서 정치가들의 경력의 정점이었다. 켄소르직은 콘술 역임자들의 경쟁 대상이었으며, 신인에게는 더욱 그러했다. 켄소르는 중요한 직무를 맡고 권한이 광범위해서 시민의 공적 삶의 많은 측면에 직접적인 영향력을 행사할 수 있었다. 카토가 켄소르직을 추구한 것은 비단 그것이 제공하는 명예 때문만은 아니었다. 카토는 선거운동 기간 중 엄정한 켄소르가 되어 로마 사회를 정화하겠노라고 유권자들에게 약속했고, 당선 후 그 약속을 실현하려는 일련의 정책을 실시하게 된다.

먼저, 켄소르 카토와 발레리우스는 원로원 의원들의 자격을 조사하여 원로원 의원 7명을 제명했다.[18] 제명된 원로원 의원들 중에는 '그리스의 해방자'로 불리는 티투스 플라미니누스의 동생 루키우스 퀸크티우스 플라미니누스도 있었다. 카토의 비난 연설에 따르면 루키우스 플라미니누스는 출정지 갈리아 키살피나에서 개최한 한 연회에서 단지 애인(아마도 팔라푸스라는 소년)의 변덕을 만족시키기 위해, 로마군에 도움과 보호를 요청해온 보이이(Boii)인의 수장을 처형했기 때문이었다. 프라이토르를 역임한 자로서 장차 콘술에 당선될 것이 유력하던 마닐리우스(Manilius)라는 원로원 의원도 제명되었는데, 낮에 딸이 보는 앞에서 아내를 포옹했다는 이유에서였다. 엄격한 도덕적 기준을 내세운 카토 자신은 천둥이 크게 칠 때를 제외하곤 낮에 아내를 껴안은 적이 없으며, 어린 아들 앞에서는 베스타 여사제 앞에서처럼 말을 조심했다고 한다.

카토는 기사들(equites)에 대한 검사도 실시하여 기사로 복무할 능력이나 자질이 없는 사람들에게서 말(馬)을 박탈하는 조치를 실시했는데, 스키피오 아프리카누스의 동생 루키우스 코르넬리우스 스키피오 등의 사례가 그러하다. 기사가 도덕적으로 부적절한 행동을 하거나 말을 잘 관리하지 못하거나, 또는 더 이상 기사로 복무할 수 없는 신체조건일 경우 그 지위를 상실할 수 있었기 때문이었다. 루키우스 스키피오가 원로원에서는 제명되지 않은 것으로 보건대 그가 기사로서의 자격을 상실한 진정한 이유는 허약한 신체조건 때문이었을 것으로 생각된다. 루키우스 베투리우스(Lucius Veturius)라는 사람은 기사로서 부적절한 행동을 했을 뿐 아니라 너무 비대하여 기사로 역할을 할 수 없다는 이유에서 말을 박탈당했다. 또한 켄소르 카토는 시민들과 재산을 등록할 때, 농장이나 포도원 경작을 게을리 한 사람들은 처벌하고 그들의 등급을 강등시켰다.

카토와 그의 동료 켄소르는 '공공이익'을 위해 최선의 노력을 다하고 공무 수행과 관련하여 결코 사리(私利)를 챙기지 않는 청렴하고 엄정한 정무

---

18) 기원전 199년의 켄소르들은 원로원 의원을 한 명도 제명하지 않았고, 기원전 194년에는 3명, 기원전 189년에는 4명의 원로원 의원이 제명되었다. A. E. Astin, *op.cit.*, p.88 참조.

관의 모범을 보여주는 한편, 공공이익에 반하는 시민들의 행위는 철저히 단속했다. 누군가 공유지를 침해하여 건물을 세운 경우 그 건물은 30일 이내에 허물어야 했고, 공공수로의 물을 개인의 집이나 토지로 끌어들이는 행위는 철저히 금지되었다. 켄소르는 수많은 공공건축과 기존 건물의 보수, 조세 징수 등 국가 재정과 관련된 중요한 일들을 청부업자들과 계약하는 일도 담당했다. 카토는 공매를 통해 공공건축의 청부가격은 가능한 한 낮게, 조세징수청부업자들과의 계약가격은 가능하면 높게 함으로써 국가 재정에 도움이 되도록 하는 데 세심한 주의를 기울였다. 카토의 연설들에 따르면 공무에서 사적인 이익을 추구하지 않고 '공화국을 위하는 것'이 그의 중요한 판단의 기준이었다. 이런 태도는 카토의 확고부동한 양심의 산물로 그의 기질 속에 깊이 뿌리박혀 있었고, 그의 전 생애를 특징지은 것이었다. 카토는 당시 정무관들의 권력 남용을 비난하면서 정무관직이 사리를 위한 수단이 되어서도 안 되며, 속주에 나간 정무관들은 국고에 귀속되는 어떤 전리품이나 수입도 착복해서는 안 된다고 주장했다.

특히 켄소르 카토는 사치와 향락을 적대시하면서 시민들의 사치 풍조를 억제하고자 노력한 것으로 유명하다. 장신구, 여성의 의복, 값이 1만 5천 아스를 넘는 마차 그리고 가격이 1만 아스 이상인 20세 이하의 노예 등에는 실제 가격의 10배 가치로 환산한 뒤 0.3퍼센트의 사치세를 부과하였다. 일련의 연설에서 당시의 사치스런 풍조를 비난하면서 카토는 '값이 100드라크마 이상인 옷을 입어본 적이 없고' '프라이토르나 콘술일 때에도 노예들과 똑같은 질의 포도주를 마셨으며' '가격이 1,500드라크마 이상 되는 노예를 구입한 적이 없다'는 등 자신의 검소하고 소박한 이미지와 생활방식을 내세웠다. 카토의 켄소르직을 특징짓는, 사치를 적대하는 정책의 배후에는 어떤 동기들이 있었을까?

카토가 생각하기에 시민이 사치스러운 생활로 상속시킬 재산을 감소시키는 것은 수치였고, 재산을 유지하고 증대시키는 것은 의무였다. 이런 견지에서 꼭 필요하지 않은 지출은 재산을 낭비하는 것이었으며, 개개 시민들의 번영은 전체로서 국가의 이익이 될 것이었다. 카토는 부(富) 자체에 대해 적대적이었던 것이 아니라, 국가를 기만하거나 속주민을 강탈하는 것과 같은 부정한 방법으로 재산을 획득하는 것을 지극히 혐오했다. 카토가 로마의 정치무대에서 활발하게 활동하던 기원전 2세기 전반 이탈리아 중남부 지방에서는 새로운 농업형태인 노예제 농장 경영이 발달하고 있었다. 카토를 비롯한 유력자들은 풍부한 자본을 토지와 노예에 투자하여 지속적으로 안정적인 수입을 추구하고 있었으며, 그런 부재지주들의 농장 경영을 위한 지침서로서 카토가 『농업론』(De Agricultura)을 저술한 것은 잘 알려진 사실이다. 카토는 정당한 방법으로 부를 추구하는 것은 중요시했지만, 부로 인한 사치와 타락의 경향을 우려하고 그것에 대처하고자 했다. 과도한 사치는 탐욕을 자극하고, 탐욕은 타락, 강탈 그리고 국가에 귀속될 전리품의 유용을 낳는다고 생각했기 때문이었다. 또한 카토가 사치를 억제하는 정책을 실시한 데는 군사적인 고려가 작용했을 것으로 여겨진다. 그는 제2차 포에니 전쟁의 오랜 군사적 고통과 한니발 군대에 의한 무시무시한 위협을 경험했으며, 군사적 용맹이야말로 그의 성공을 가능하게 한 중요한 요인이었다. 따라서 카토는 사치 풍조의 확산을 군대에 복무할 사람들의 신체적·도덕적 능력을 약화시키고 해치는 것으로 간주했을 것이다.

그러나 카토가 켄소르로서 실시한 정책들은 종종 잘못된, 실패할 수밖에 없는 것들로, 역사의 시곗바늘을 되돌리려 한 헛된 시도들로 평가되곤 하였다. 그는 해외 팽창으로 거대한 부와 헬레니즘 문화가 유입되면서 돌이킬 수 없을 만큼 변화한 로마 사회의 풍습(mores)을 절제된, 그리고 순수하고 검소한 생활을 하던 예전 사회의 풍습으로 되돌리려고 했다는 것이다. 이처럼 켄소르 카토의 정책을 부정적으로 평가하는 학자들은 흔히 카토가 추구한 주요 목적 가운데 하나가 로마 사회를 그리스의 영향에서 보호하는 것이었다고 생각했다. 로마인들의 옛 가치들에 대한 카토의 적극적인 옹호가 헬레니즘에 대한 일종의 저항으로 간주되었던 것이다. 그러나 그리스인들과 그리스 문화에 대한 카토의 태도는 매우 복합적이었으며, 반(反)헬레니즘이

켄소르 카토의 활동의 중요한 특성이었다고 간주할 만한 근거는 없다는 견해가 설득력 있게 제기되었다.[19]

카토가 사치와 방종이 군사적 효율에, 특히 군지휘관 계층에 미치는 부정적인 영향을 억제하려고 시도한 것은 과거에 대한 향수어린 집착이 아니라 현재의 문제였다. 물론 카토는 예전의 검소한 생활은 어쩌면 빈곤에 의해 강제된 것이었고, 이제 증가된 부는 어떻게든 소비되어야 했다는 사실을 간과했을지 모른다. 또한 카토는 사회의 문제들을 경제적, 사회적 또는 법적 구조의 문제로 파악하기보다는 본질적으로 도덕 수준과 개인적 행동의 문제로 바라보았던 것도 사실이다.

그렇지만 카토의 생애를 그가 살았던 시대의 맥락에서, 특히 그의 켄소르 직을 그 직책의 특성과 기능 그리고 한계라는 점에서 평가해보면, 카토는 면밀하고 유능한 인물로서 과거에 관심을 가졌던 것이 아니라 로마 사회가 직면한 당시의 중대한 문제들을 해결하기 위해 일관된 노력을 기울였다고 말할 수 있을 것이다. 카토는 '젊을 때부터 생의 마지막까지 공화국을 위해 다른 사람들의 적개심을 초래하기를 그치지 않았고' '사악한 사람들을 끊임없이 고발한 사람'이었다. 기원전 189년 글라브리오를 비난한 연설에서 기원전 149년 술피키우스 갈바(Sulpicius Galba)를 고발한 연설에 이르기까지 40년 동안 카토는 정무관직을 이용해 부정을 저지른 사람들을 고발하고 비난하는 연설을 했던 것이다.

기원전 149년 카토가 세상을 떠나기 몇 달 전 제3차 포에니 전쟁이 일어났는데, 카토는 이 전쟁의 시작에도 결정적인 영향을 끼쳤다. 로마 원로원에서는 전쟁 여부를 놓고 논쟁이 벌어졌다. 카토는 무엇보다도 경제적으로 급속히 부흥하고 로마에 대해 분개하고 있던 카르타고를 그대로 두는 것은 위험하다고 생각했기 때문에 카르타고의 파괴를 주장했다. 카토는 원로원

---

19) E. S. Gruen, *Culture and National Identity in Republican Rome*, Cornell University Press, 1992, p.52ff.

에서 연설할 때, 카르타고가 로마에서 배로 사흘밖에 안 걸리는 위치에 있다는 것을 상기시키기 위해 카르타고산 무화과 나무의 어린 가지를 치켜들었으며, 연설이 끝날 때마다 "그러나 카르타고는 파괴되어야 한다고 나는 생각합니다"(Ceterum censeo Carthaginem esse delendam) 하고 외쳤다. 반면 푸블리우스 스키피오 나시카가 이끄는 일파는 로마가 카르타고를 침입할 명분이 없고, 그렇게 하는 것은 대외 여론을 좋지 않게 하며, 카르타고를 외부의 두려운 적으로 남겨두는 것이 로마 사회를 유지하는 데 도움이 된다고 주장했다.

결국 누미디아인들의 도발에 카르타고인들이 무장하여 대응한 것을 계기로 카토의 주장은 실현되어 로마는 기원전 149년 카르타고를 공격했다. 카토는 전쟁이 일어난 지 몇 달 뒤 세상을 떠났으며, 카르타고는 기원전 146년 완전히 파괴되어 로마의 속주가 되었다. 카르타고와의 전쟁을 주장한 카토는 전쟁의 궁극적인 결과가 어떠할지 의심하지 않았을 것이고, 카르타고의 파멸이 로마 제국의 이익에 큰 도움이 될 것임을 확신했기 때문에 전쟁을 적극 주장했을 것으로 여겨진다.

스키피오 아프리카누스
로마를 구한 비운의 영웅

●차영길(경상대 교수 · 서양고대사)

운명의 신

"변덕이 심한 운명의 여신은 한 사람을 오래 좋아하지 않으니, 곧 싫증을 낼 것이오." 이 말은 아프리카에 상륙한 젊은 장군 스키피오의 승전 소식이 전해지자, 원로원 보수파의 대부 격인 파비우스[1]가 내뱉은 말이다. 플루타르코스의 말처럼 파비우스가 너무 늙어 판단력이 흐려진 것인지, 아무튼 스키피오는 예상을 깨고 자마에서 한니발의 군대를 상대로 엄청난 승리를 거두어 한때 '막막한 바다에서 표류하던 조국'을 구한 영웅이 되었다.

그러나 '아프리카의 정복자'(Africanus)라는 영광스러운 칭호를 받은 이 사나이의 운명은 노정객의 경계처럼 '변덕의 여신'의 손아귀를 벗어나지 못한다. 이른바 '모호한 뇌물 수수 혐의'에 휘말려 이탈리아 남부 캄파니아의 한 작은 도시에 낙향한 그는 이듬해 그곳에서 쓸쓸히 생을 마감한다. 때는 기원전 183년, 그의 나이 52세였다. 그는 자신의 시신을 그곳에 묻도록

---

1) 퀸투스 파비우스 막시무스(Quintus Fabius Maximus), 일명 '굼벵이'(cunctator) 또는 '로마의 방패'라고 불린 인물. 스키피오에 대한 그의 비판적인 입장은 특히 플루타르코스의 『영웅전』 파비우스 편에 잘 드러나 있다.

유언하면서 장례식도 로마에서는 치르지 못하게 했다고 전한다. 무엇이 그로 하여금 운명의 여신의 부름을 받았다가, 그리고 또 미움을 받아 그가 그렇게 지키려고 했던 도시를 등지게 한 것인가?

인간 스키피오

'스키피오 아프리카누스'의 본명은 푸블리우스 코르넬리우스 스키피오(Publius Cornelius Scipio)이다. 그가 속한 코르넬리우스 씨족은 로마의 전통적인 명문가로 수많은 후손을 배출하여 킨나(Cinna)·술라(Sulla)·돌라벨라(Dolabella)·스키피오(Scipio) 등의 네 가문으로 나뉘어 번창하고 있었다. 그 중 스키피오라는 가문명의 기원은 확실한 것이 없다. 다만 라틴어의 스키피오라는 단어가 원래 행정관의 권위를 상징하는 작은 지휘봉을 가리키는 말이고, 코르넬리우스 역시 목재의 한 종류를 일컫는 말이라는 점에 주목하여 현대의 학자들이 추측하기로는, 언젠가 코르넬리우스 일족 출신의 한 정무관이 스키피오라 불리게 되자 한 사람의 별칭이 가문명으로 발전하는 사례처럼 그것이 나중에 가문 이름으로 굳어졌으리라는 것이다.

기원전 235년, 로마에서 태어난 푸블리우스 스키피오 역시 그 가문의 남자아이들처럼 청장년 시절을 한니발과 벌인 전투 속에서 성장했다. 그에게 한니발과의 전쟁은 국가의 운명을 결정짓는 과제였을 뿐만 아니라, 가문의 명예를 회복해야 하는 운명의 연속이었다. 아버지와 숙부가 그 전쟁의 와중에 스페인 전선에서 사망했을 뿐만 아니라, 그 자신도 이탈리아 전선에서 연전연패하며 부상을 당하였다. 그처럼 조국과 가문의 비극을 가까이에서 몸소 체험한 그였기에 한니발이란 결코 비켜갈 수 없는 숙명적 존재였다. 다행스럽게도 한니발처럼 유서 깊은 가문에서 태어나 한 가문을 최고의 명망가로 끌어올린 이 인물은 총명함과 통찰력에서 카르타고의 경쟁자에게 결코 뒤지지 않았으며, 어떤 점에서는 오히려 더 앞서고 있었다.

흔히 스키피오는 고대의 명장들 가운데 알렉산드로스와 한니발 또는 카이사르와 비교되기도 한다. 그러나 알렉산드로스는 필리포스 2세에 의해 세워진 기반을 활용할 수 있었고, 한니발은 하밀카르의 스페인 속주를, 카이사르는 마리우스의 후광을 이어받았지만, 스키피오는 폐허 더미 위에서 모든 것을 혼자 건설해야 했다. 여기에서 더 나아가 한 인간으로서 스키피오의 면모는 온건함, 절제, 인간에 대한 동정심, 사람을 끄는 개인적인 매력 등 남다른 특징이 분명히 엿보인다. 비록 사생활에 대해서는 거의 알려진 바가 없지만, 칸나이 전투에서 전사한 집정관 아이밀리우스 파울루스의 딸 아이밀리아와 결혼했고 행복한 생활을 한 것으로 알려져 있다.

스키피오는 고대의 위대한 장군들 가운데 뚜렷한 도덕적 결함이 잘 지적되지 않은 유일한 인물이다. 한니발을 공격하는 불경·탐욕·배신·잔혹성과 같은 비난의 기록도 거의 없다는 점과, 알렉산드로스에게서 드러나는 아킬레스로 상징화되는 욕망의 화신이라는 결점도, 카이사르에게 따라다니는 성적인 방종, 정치적 음모와 부패, 이기적인 동기도 쉽게 지적되지 않는다. 도덕적 기준에서 보더라도, 물론 그것이 그 가문에 우호적이었던 폴리비우스나 로마의 영광을 형상화하려던 리비우스의 찬사일 가능성을 염두에 둔다 하더라도[2], 분명 그는 철학자나 종교 지도자 수준의 절제와 고귀함을 보여준다.

또한 이러한 인간적인 면모와 더불어 정치가로서의 스키피오 역시 동시대인들과 다른 장점을 지니고 있다. 현대의 역사가들도 지적하듯이 그는 누구보다도 헬레니즘 문화를 가장 잘 이해하고 있었던 로마 귀족이었다. 그는 로마 중심의 국가주의에만 매몰되는 것도 아니고 다른 문화에 배타적인 것도 아닌, 지중해 세계의 다양한 문화의 공존을 기꺼이 인정하는 입장을 취하고 있었다. 그런 세계관으로 인해 적장들과도 대화가 잘 된 인물로 알려져 있을 뿐 아니라, 심지어 마시니사 같은 원수마저도 포용해내는 정치적

---

[2] 스키피오 아프리카누스에 관한 고대의 가장 중요한 사료 역시 한니발의 경우와 마찬가지로 기원전 2세기의 그리스인 역사가 폴리비우스와 기원 1세기의 로마 역사가 리비우스이다.

감각과 포용력을 지닌 것으로 알려져 있다. 스키피오의 이러한 장점들은 실패 속에 배우면서 그것을 남다르게 창조해내는 그의 전략·전술 속에서 더욱 빛나게 된다.

스키피오에 대해서는 사실 정확하게 판단하기 힘든 면이 있는 것도 사실이다. 예컨대 알렉산드로스와 같은 '뱀의 아들'이라는 신성한 혈통에 관한 전승이라든가, 매일 새벽 주피터 신전을 찾아서 신과 대화를 하는 사람이라는 풍문이 도는 등 신비에 싸인 부분이 없지 않다. 이성적인 그리스인 폴리비우스가 잘 간파했듯이, 스키피오는 분명 대중의 마음을 사로잡기 위한 연기에 천부적인 재능이 있는 사람일지 모른다. 또한 그의 진정한 실체는 단순히 조작된 것도, 전적으로 진실한 것도 아닌, 훨씬 복잡한 것이었을지 모른다. 그러나 한 가지 분명한 것은 로마 귀족들, 특히 귀족 가문 자제들이 갖추어야 한다고 기대되는 로마인의 덕성인 미래에 대한 판단력과 고귀함 그리고 공동체의 이익에 대한 헌신과 열정[3]을 체현하고 몸소 실천한 인물이었다는 점이다. 그러나 그에 관해서는 단지 기원전 213년 조영관(curule aedile)에 선출되었다는 내용을 제외하면 기원전 216년 이전의 공직생활에 대해서는 거의 알려진 바가 없다. 현존하는 문헌들에는 기원전 210년 스페인 전선의 지휘권이 주어진 이후의 활동에 대해서만 알려져 있다.

운명의 해

기원전 264년에 시작된 포에니 전쟁은 로마가 자신의 정치적 장점과 군사적 역량을 결집하여 이탈리아 반도의 패권을 획득한 데 잇따른 피할 수 없는 귀착점이었다. 기원전 241년 로마의 승리로 끝난 전쟁에 대해 하밀카르 바르카의 야심은 로마와 카르타고의 사이의 다툼을 다시 불러일으켰을

---

[3] 로마인들은 이런 열정을 virtus라고 했는데, 최고에 대한 추구로서의 그리스인의 덕성인 arete와 구별된다. 마키아벨리는 이 비르투스가 로마의 영광을 가져온 역사를 발전시키는 힘이라고 주목하였다.

뿐 아니라, 그 규모를 한층 키워 그것을 지중해 세계의 패권 장악과 파멸 중 어느 하나를 선택할 수밖에 없는 도박으로 만들었다. 기원전 218년 한니발이 자신의 아버지가 뿌린 씨앗을 거두기 위해 알프스 산맥을 넘어 이탈리아 침공을 시작한 것이 바로 그것이다. 한니발은 티키누스 강과 트레비아 강 그리고 트라시메노 호수를 거치는 동안 연전연승하였으며, 그의 승리는 칸나이 벌판에서 그 절정에 이르렀다.[4] 그뒤 5년 동안 더 지속된 전쟁은 기원전 211년에 이르러 로마의 자원을 고갈시키고 동맹들을 지치게 만들었다. 이 무렵 로마의 힘은 전례 없이 와해되었고, 카르타고군은 스페인에서도 승리를 거두었다.

스페인 전선에서 스키피오의 아버지(푸블리우스 스키피오)와 숙부(그나이우스 스키피오)가 잇따라 전사하자, 원로원은 그 재난을 극복하기 위한 집정관 선출에 고심하고 있었다. 이 위험한 모험에 자청하는 사람이 아무도 없는 가운데 한 젊은이가 원로원 회의장 안으로 걸어들어왔다. 풋내기처럼 보이는 약관의 젊은이는 푸블리우스 코르넬리우스 스키피오라고 자기 이름을 댔다. 그리고 스페인에서 전사한 선친의 뒤를 이어 자기를 그 전선의 사령관으로 파견해달라고 자원했다. 의원들 대부분이 젊은이의 말을 진지하게 받아들이지 않았으나, 마침내 원로원 소장파의 적극적인 지지를 받아서 24세의 스키피오가 로마 공화정의 전례를 깨고 만장일치로 선출되자,[5] 원로원의 파격적인 결정은 시민들에게 큰 호응을 받으면서 전황은 새로운 전기를 맞게 된다.

여기서 제2차 포에니 전쟁(기원전 218~201년)에서 로마가 승리한 요인을 잠시 되짚어보는 것은 어떨까? 그 과정에서 원로원의 역할에 주목해볼 필

---

4) 이 전투들의 내용과 특징에 대해서는 이 책의 「한니발 바르카」 참조.
5) 관직 경험은 1년 전 조영관을 지낸 것뿐이고, 참전 경험도 17세 때 아버지 밑에서 처음 출전한 티키누스 전투와 19세 때 아이밀리우스 파울루스 밑에서 치른 칸나이 전투뿐이었다. 로마군 2개 군단의 2만 5천~3만 명의 병력을 지휘하는 임무는 집정관이나 법무관에게만 허용되는 일이며, 이 관직들은 모두 자격 연령이 40세였다.

요가 있다. 전쟁의 승리란 당연히 잇따른 전투의 승리의 결과이다. 스페인과 시칠리아에서 로마군이 승리를 거듭함에 따라 아프리카 침공이 가능해졌으며, 그것이 결국 한니발의 본국 소환으로 이어지고 궁극적으로 자마 전투에서 승리하여 로마가 전쟁을 승리로 이끌었으니, 당연히 지휘관으로서의 스키피오의 군사적 공과를 높게 평가해야 할 것이다.

그러나 그렇게 일련의 승리가 가능한 상황을 가능하게 만든 것은 분명 원로원의 결단이었다. 제2차 포에니 전쟁의 특징 가운데 하나는 여러 곳에서 동시에 전선이 열렸다는 것인데, 이런 전쟁형태를 선택함으로써 로마의 풍부한 자원의 이점을 충분히 활용한 것도 원로원의 판단에 따른 것이다. 또한 원로원이 전쟁을 감독하면서 보여준 폭넓은 전략적 시각과 단호한 선택 역시 전쟁의 승패를 결정한 중요한 요인이었다. 예컨대, 마르켈루스와 파비우스 같은 노련한 지휘관들에게 여러 차례의 집정관직을 허용하는 등 공화정의 원칙이나 전통보다는 실용적인 접근법을 채택한 융통성을 발휘한 것도 한 예이다. 이런 맥락에서 로마 원로원은 폐허가 되다시피 한 기원전 211년에 국가의 운명이 걸린 스페인 전선의 지휘권을 약관의 한 젊은이의 패기와 용기에 맡긴 것이다. 이는 훌륭한 선택이었다는 것이 머지않아 입증됐으며, 또한 전쟁을 승리로 이끄는 전환점이 되었다. 군대의 수적인 열세에도 불구하고 뛰어난 전략과 정보를 활용하고 지역민의 민심을 끌어안음으로써 카르타고인을 스페인 땅에서 몰아내고, 그 승리의 여세를 아프리카까지 몰고 간 것도 바로 젊은이의 용기와 열정을 선택한 로마 원로원이 있었기에 가능했던 것이다.

먼저 카르타고 노바를!

원로원으로부터 스페인 전선의 지휘권을 부여받은 스키피오는 보병 1만 명과 기병 1천 기를 태운 30척의 전함을 이끌고 티베르 강의 입구를 떠났다. 그는 스페인의 경계선 바로 안쪽에 군대를 상륙시킨 뒤 타라코를 향해 육로로 행군하면서 여러 동맹 사절단을 맞이했다. 그가 맨 처음 한 일은 병사와 동맹들의 자신감을 회복하여 견고히 하는 것이었고, 그 다음은 적의 사기를 떨어뜨리는 일이었다. 스키피오는 예리한 전술적 통찰력으로 스페인 전선이 한니발 전쟁의 진짜 열쇠라는 사실을 깨달았다. 스페인이 적군의 전쟁 수행 배후기지였던 것이다.

스키피오는 적의 본거지이자 생명선인 카르타고 노바(오늘날의 카르타헤나)에 일격을 가하기로 결심한다. 이 도시는 한니발의 아버지 하밀카르 바르카가 스페인 내의 카르타고 속주 지배를 위해 세운 도시로, 기원전 218년 한니발의 이탈리아 대장정이 시작된 근거지이자 카르타고의 강력한 상징이었다. 스키피오는 적의 병력과 작전계획에 대해 더 많은 정보를 모으기 시작했다. 당시 카르타고군은 3개 군대로 분산되어 있었으며, 모두 카르타고 노바에서 행군거리 10일 정도 되는 지점에 있었다. 스키피오는 수적으로 열세인 로마군이 강행군하여 7일 이내에 기습한다면 성공할 수 있다고 판단했다. 그러나 카르타고 노바는 두 면은 바다에, 다른 한 면은 담수호에 접해 있어 접근하려면 좁은 지협을 건너야만 하는 천연의 요새였다. 게다가 이 시대에는 요새로 방어된 장소를 직접 공격한 전례도 거의 없었다.

마침내 지형을 잘 아는 어부들과의 대화에서 만(灣)의 물이 빠지면 산호초 위로 걸을 수 있다는 사실을 알게 된 스키피오는 이를 작전에 활용하였다. 그는 함대의 상륙작전과 동시에 공격을 시작했다. "스키피오의 명령에 따라 얕은 물 위를 달려갈 때, 모든 병사들은 이것은 신이라야 할 수 있는 일이라는 생각을 했고…… 그런 생각으로 사기는 하늘을 찌를 듯했다." 리비우스는 이 일화를 기록하면서 "스키피오가 자신의 노력과 통찰력에 따른 발견의 기쁨을 신의 도움으로 돌렸다"고 말한다.

500명의 병사들이 산호초를 수월하게 통과하여 성벽에 도착하자 아무 저항 없이 그곳을 오를 수 있었다. 로마군은 통로를 따라가며 성채 경비병을 휩쓸어버리고, 육지로 통하는 성문으로 몰려가 앞쪽의 방어에 주력하고 있던 카르타고군을 뒤에서 급습했다. 한편 스키피오는 고지대의 로마 진영 앞에 단을 높이 쌓아올리고 전투를 감독하다가 상대편이 혼란에 빠진 것을 확인하자, 병사들과 사다리 부대로 하여금 도시의 성벽을 기어오르게 했다. 폴리비오스는 당시 상황을 이렇게 전하고 있다.

스키피오는 전투에 참여했으나, 신변의 안전을 최대한 살폈다. 3명의 부하에게 방패를 들게 하여 자신을 보호하도록 한 것이다. 그러면서 그는 전황이 어떻게 전개되는지도 보고 또 한편으로 병사들이 자신을 볼 수 있게 함으로써 부대의 사기를 북돋우기 위해 단이 쌓인 높은 곳에 올라가 부대가 이동하는 대로 왔다 갔다 하면서 전투를 지휘하였다.

이렇게 직접 전투에 참여하지는 않으면서 전투현장에 가까이 머무르는 방법으로 스키피오는 자신의 목적을 달성했으며, 이것은 그뒤 수세기 동안 로마 군대 지휘방식의 새로운 변화로 자리를 잡는다. 카르타고 노바의 점령은 스페인 전선의 세력균형에 엄청난 변화를 가져왔다. 그리고 인질을 가족에게 돌려보내는 조치를 취함으로써 로마와 동맹을 맺으려는 현지 부족의 수가 점점 늘어나게 되었다.[6]

스키피오는 카르타고 노바를 장악함으로써 전술적인 우위를 확보했다. 우선 카르타고군의 길목을 지킬 수 있게 되었으므로 만약 그들이 로마군을 향해 움직인다면 유리한 전장을 선택할 수 있게 되었다. 그리고 만일 카르타고군이 소강상태를 원한다면, 그들은 기지와 보급선 상실, 본국과의 연락

---

[6] 리비우스와 폴리비오스 양자가 모두 언급한 두 가지 일화는 스키피오를 가장 인간적이고 거시적인 안목을 지닌 위대한 정복자로 평가할 수 있는 근거가 되고 있다. 첫 번째 사건은 볼모로 잡힌 마도니우스의 아내의 요구에 대해 그녀를 포함한 모두에게 스키피오 자신의 여동생이나 딸들처럼 보호하겠다고 약속한 일이다. 두 번째 사건은 로마군 병사가 스키피오에게 여자 포로를 바친 것에 대해 처녀를 정중히 가족에게 돌려보냄으로써 절제를 보여준 일이다. 리비우스는 이 일화를 좀더 소개하는데, 처녀에게 약혼자가 있다는 사실을 안 스키피오가 신부지참금까지 보내줌으로써 스페인 부족들 사이에서 신임을 얻게 되었다고 한다.

두절 등의 고통을 겪게 될 상황이었다. 기원전 208년 마침내 하스드루발이 공세로 나서게 되었다. 이 해에 바이쿨라(Baecula) 근처의 전투가 전면전이었는지는 확실하지 않다. 한 가지 분명한 것은 전략 면에서 로마군이 상대보다 앞섰다는 것이다. 스키피오가 근소한 차이로 승리를 얻어냈던 듯하고, 하스드루발은 이탈리아에 있던 그의 형에게 합류하려고 출발했으나, 그때 입은 타격 때문에 원정이 더욱 힘들어진 것으로 보인다.[7] 스페인 전선의 전황을 가르는 결정적인 사건은 2년 뒤 일리파(Ilipa)에서 일어난다.

스페인 전선을 결정지은 일리파 전투

기원전 206년 봄, 카르타고군은 보병 7만, 기병 4천 그리고 코끼리 32마리를 앞세워 일리파를 향해 북진했다. 스키피오는 그들을 맞이하기 위해 보병 4만 5천 명, 기병 3천 명을 이끌고 일리파로 진군하여 적진 반대편의 나지막한 언덕에 진을 쳤다. 적장 마고는 이것을 기습의 기회로 생각하여 마시니사의 누미디아 기병을 포함한 모든 기병을 이끌고 로마군을 공격했다. 하지만 그런 가능성을 예견한 스키피오가 언덕 밑에 기병을 매복시켜둔 상황에서 카르타고군은 혼란에 빠졌다. 후위 부대의 지원으로 한동안 힘의 균형이 이루어졌으나 로마 군단 병력이 대거 투입되면서 처음에는 질서 있게 후퇴하던 카르타고군이 끈질긴 추격에 밀려 점차 붕괴되었다. 그 결과, 스키피오는 초반의 심리적 우위를 점하게 되었다.

이제 양 진영은 두 개의 낮은 능선 사이에 있는 계곡을 끼고 서로 대치했다. 여러 날 동안 카르타고군이 먼저 움직인 뒤 서로 대치하는 상황이 계속

---

[7] 하스드루발의 이탈리아 원정군은 그 다음해인 207년 한니발과의 연락망을 중간에 차단당해 행군로와 예정 집결지가 노출됨으로써, 메타우로 강가에서 로마군의 매복·포위 작전에 걸려 전멸당한다. 로마군은 하스드루발의 머리를 잘라 한니발의 진영에 던져넣어 카르타고군의 사기를 꺾어놓는다. 대경실색하는 한니발의 모습은 이후 르네상스 시대의 회화 작품들에서 극적으로 묘사되곤 했다.

되었으나, 양군의 진형은 변하지 않았다. 스키피오는 적의 생각이 고정된 틈을 타서, 어느 날 해가 뜨기 전에 기습작전을 펼쳤다. 스키피오는 이전의 전투대형을 변화시켰다. 스페인군을 중앙에 세우고 로마 군단을 양 날개에 배치했다. 일단 전투대형이 갖추어지자 카르타고군은 배치를 바꾸지 못했으나, 본격 접전이 시작되면서 스키피오 진영은 중보병 뒤에 경보병이 서고 그뒤로 기병이 배치되는 형태로 변형되었다. 스키피오가 진격 명령을 내리자, 로마 보병은 안쪽을 향해 횡대로 휘어져들어가 적의 날개에 정면으로 부딪쳐갔고, 중보병이 적의 날개를 정면에서 공격하는 동안 기병과 경보병은 바깥쪽으로 돌아 적의 측면을 지나친 뒤 후면을 파고들었다. 두 방향에서 가한 동시 공격은 적군에 혼란을 주기에 충분했으며, 이는 카르타고 정예군이 아닌 스페인군을 향해 가해졌기 때문에 더욱 결정적이었다. 게다가 기병의 측면공격으로 겁에 질린 코끼리들이 카르타고군의 본진으로 뛰어들자 혼란은 더욱 가중되었다.

한편, 카르타고 본진은 일정한 거리를 유지한 채 위협하고 있는 스키피오 측의 스페인 동맹군 때문에 양 날개를 도울 수 없었으며, 스키피오는 최소한의 무력으로 적의 주력군을 묶어둠으로써 이중 기동작전에 전력을 집중할 수 있었다. 밤을 틈타 카르타고 군대는 철수를 시작했으나 가데스로 통하는 후방을 막고 있는 로마군 때문에 대서양 쪽의 서쪽 둑을 따라 퇴각할 수밖에 없었으며, 거의 모든 스페인 동맹들이 이탈해버렸다. 스키피오군의 추격은 신속했고 카르타고군을 따라잡은 로마군의 일방적인 전투가 시작되었다. "이제 그것은 더 이상 전투가 아니었고, 소 떼를 도살하는 것과 같았다." 7만 명의 카르타고 군 가운데 6천 명 정도만이 탈출했다. 전쟁사에서 일리파 전투만큼 수적으로 우세한 적군을 상대로 완전한 승리를 거둔 예는 거의 드물다. 이는 '기습'과 '집중'의 원칙을 완벽히 적용한 결과이며, 승리의 효과를 극대화하는 결정력과 신속성을 발휘한 스키피오의 능력을 보여주는 것이었다. 이는 한니발이 추격전에 약했다는 평가와는 매우 구별된다.

일리파 전투에서 승리한 스키피오는 전쟁의 전체 국면을 조망하면서 아프리카로 눈을 돌리게 된다. 그는 아프리카를 공격해야만 로마를 한니발이라는 상존하는 위협에서 구할 수 있고, 나아가 카르타고라는 거대한 조직 자체를 몰락시킬 수 있다고 판단했다. 휴식을 권하는 동료들에게 '카르타고와의 진짜 전쟁'을 생각할 시기가 왔다고 말하면서 원로원의 최종 결정이 내려지기 전에 준비에 착수했다. 일리파 승리 이후, 누미디아인들을 설득하기 위해 로마 편으로 전향한 마시니사를 아프리카로 급파했다. 카르타고의 나머지 거주지역은 별 어려움 없이 소탕되었기 때문에, 일리파 전투를 전환점으로 하여 카르타고의 스페인 주둔은 사실상 종료되었다.

한편 스키피오의 스페인 전쟁에서 나타난 몇 가지 군사·정치 전략은 한니발의 전략과 다른 모습을 보여준다. 먼저 카르타고 노바에서 보여준 것은 일반적으로 한니발의 약점으로 지적되는 요새화된 거점의 공략전술이다. 다음으로 일리파 전투에서 보여준 이중 기동전술과 대선회작전은 그때까지 최고 전술이었던 단순 측면공격을 뛰어넘는 전술의 발전이며, 신속한 추격전에 의한 적군의 섬멸 역시 한니발과는 다른 새로운 군사전략이다. 또한 카르타고의 스페인 동맹 부족들의 무조건의 평화 요청을 관대하게 수용한 정책 역시 이 무렵부터 스페인이 포에니 전쟁의 무대에서 퇴장하는 결과를 유도함으로써 현명한 정치적 판단으로 증명되었다.

아프리카 원정

로마에 도착한 스키피오는 원로원에 보고했다. 그는 전황을 설명하는 가운데 공적을 장황하게 열거하기보다는 앞으로의 승리에 대한 전망을 제시하는데 주력했다. 이는 젊은이의 놀라운 성공이 원로원의 연장자들 사이에서 시샘을 불러일으키던 상황에서 현명한 선택이었다. 다음해 스키피오는 두 명의 집정관 후보를 선출하는 회의에서 만장일치로 호명되었지만, '공식적인 개선'의 영예는 완고한 원로원에 의해 거부되었다. 기록에 따르면 스키피오는 자신이 집정관에 선출된 것은 전쟁을 끝내기 위해서이며, 이를 위해 아프리카로 가야만 하고, 원로원이 반대할 경우 시민들에게 직접 호소하여 원로원의 결정을 무효화하겠노라고 선언했다고 한다. 스키피오는 원로원의 편협성을 알게 되자 여론을 빌려 원로원을 압박하려 했다. 파비우스로 대표되는 보수파는 젊은 원로원 의원들이 스키피오를 지지하고 나서자 타협안을 내놓았다. 다음해의 집정관의 임지를 시칠리아 섬으로 하고 아프리카 원정을 허락하지만, 집정관이 스스로 군대를 조직해야 한다는 것과 그것이 '원로원의 이익이 되는 경우로 제한한다'는 조건이 붙었다. 스키피오는 이 타협안을 받아들였다.

스키피오는 엄청난 열정으로 45일 만에 30척의 전함을 완성시켰다. 막을 수는 없지만 최대한 방해하려고 한 원로원은 그가 정규군을 데리고 가는 것을 거부했다. 스키피오는 7천 명의 지원자만 데리고 시칠리아로 출발했다. 그가 구하려고 하는 조국의 방해를 무릅쓰고 스키피오는 군사 경험이 없는 자원병들을 원정군의 주력군대로 훈련시켰으며, 시칠리아를 후방병참기지로 만들었다. 또한 보병 중심의 로마군 편제를 개편하여, 보병이 적을 묶어 두는 동안 기병이 결정적인 기동력을 발휘하도록 두 군대를 결합하고 균형을 맞추었다. 이런 전술은 훗날 자마(Zama)에서 그 빛을 발하게 된다.

역사가들은 한니발의 실패에 대한 책임의 일단을 카르타고 국내파의 견제에서 찾으려고 한다. 그러나 스키피오의 경우에는 이와 비슷한 난관에 주목하지 않는 경향이 있다. 사실 로마 원로원의 지원 차원은 공개적인 반대보다 더욱 치명적이었으며, 아프리카 원정 준비를 위해 시칠리아에서 1년 동안 지체되었던 이유가 되기도 했다. 그러나 정말로 놀라운 것은 스키피오가 1년 동안 시칠리아에 발이 묶였다는 것이 아니라, 비록 훈련은 잘되었다고 하지만 추구하는 목표에 비해 터무니없이 적은 병력을 이끌고 아프리카로 떠났다는 사실이다. 이 무모한 행동은 아프리카 상륙 후 그의 뛰어난 전술에 의해 성공적으로 보완되고, 자마 전투가 그것을 증명한다.

기원전 204년 봄, 스키피오는 아프리카를 향해 진격했다. 함대는 40척의 전함과 400척의 수송선으로 이루어졌다고 전해지며, 병력의 출발은 스키피오가 직접 지휘하였다. 출항한 지 이틀째 되는 날 군대는 우티카(Utica)에서 얼마 떨어지지 않은 지점에 상륙했다. 우티카 동쪽은 카르타고의 주요 식량원이었다. 로마군이 상륙했다는 소식이 퍼져나가자 동요와 공포로 피난민들이 모여들었고, 카르타고는 비상방어체제를 가동시켰다. 로마군의 첫 번째 목표는 확실한 배후기지를 마련하는 것이었다. 보병이 우티카로 행군하는 동안 함대도 그곳을 향해 급파되었으며, 앞서 나아간 스키피오 측의 기병대가 카르타고 기병과의 전투에서 승리의 소식을 보내왔다. 게다가 마시니사가 동맹 약속을 지켜 스키피오군에 합류하였다.

 이 무렵, 카르타고는 대부분 누미디아인으로 이루어진 4천 명의 기병을 급파했는데 이들의 임무는 시팍스와 하스드루발의 지원군이 도착할 때까지 시간을 버는 것이었다. 카르타고는 아프리카의 동맹들과 장군들에게 급전을 띄웠고, 이때 한노는 4천 명의 기병과 함께 우티카 근처의 로마군 진영에서 약 15마일 떨어진 한 마을에 머무르고 있었다. 스키피오는 마시니사의 기병대에 적의 앞까지 다가가 싸움을 걸다가 적이 총력 공격자세를 가다듬으면 서서히 후퇴하라고 지시했다. 진격과 후퇴를 반복하는 공방전이 계속되자 이에 짜증이 난 한노는 주력부대를 이끌고 돌격해왔다. 마시니사는 천천히 도망치면서 카르타고군을 스키피오의 기병들이 숨어 있는 언덕 쪽으로 유인했다. 포위망에 들어오자 스키피오의 기병들은 적의 측면과 후면을, 마시니사는 돌아서서 적의 정면을 공격했다.

 이 전투에서 크게 이긴 스키피오는 그뒤 1주일 동안 주변 지방을 돌며 모든 가축과 식량을 약탈했다. 이로써 주변에 넓은 진공지역이 생겼으며, 카르타고의 공격에 대비한 장애물을 세울 수 있었다. 식량과 안전이 보장되자 스키피오는 우티카 공략에 힘을 기울였으나, 육상과 해상을 통한 연합공격에도 요새는 함락되지 않았다. 스키피오군의 성공적인 상륙 소식과 승전보 그리고 아프리카를 휩쓸아친 전쟁의 분위기는 로마 원로원의 적절한 지원을 이끌어냈다. 시칠리아에 지원군이 파견되었고, 추가 병력이 아프리카 원정군에 보강되었다.

한편, 나무로 만든 카르타고군의 움막과 질서 없는 배치에 관한 정보를 접한 스키피오는 적진에 불을 지르고, 그 혼란 틈에 기습을 감행할 생각을 떠올린다. 강화 협상을 구실로 특사를 파견하면서 그 속에 전문적인 백부장을 수행원으로 변장시켜 섞어 보냈다. 매번 다른 밀정들을 파견하여 되도록 이면 많은 병력이 적진의 배치를 직접 파악하게 하였고, 그 결과 시팍스의 진지가 하스드루발의 진지보다 방화에 약하고 기습하기도 쉬울 것이라는 확신을 얻게 되었다. 로마군이 진지에 불을 붙이자 예상대로 불은 빠르게 번져갔다. 이를 우연한 화재라고 생각한 시팍스의 병사들은 무질서하게 움막에서 빠져나왔고, 그 안에서 잠든 채 죽거나 서로 밀치고 날뛰다 죽거나, 탈출구를 막아선 스키피오군에 의해 영문도 모른 채 도륙당했다.

카르타고에는 새로운 공포가 밀려왔다. 그러나 사람들은 어느 때보다 완강했고, 저항을 위한 강한 수단들이 강구되었다. 장기간의 포위에 대비한 식량 비축과 요새화 작업이 진행되었으며, 카르타고 원로원은 우티카의 포위를 풀기 위한 함대를 파견하고 한니발을 부르기로 결정했다. 그러나 스키피오는 벌써 튀니스에 도착하여 지형적인 난관을 이겨내고 거의 아무런 저항 없이 도시를 점령했다. 튀니스는 카르타고에서 겨우 24킬로미터 정도 떨어져 있었다. 폴리비오스에 따르면 "스키피오는 이것이 카르타고인들을 공포와 낙담 속에 몰아넣는 가장 효과적인 수단이라고 생각했다."

스키피오는 "승리가 손 안에 들어온 지금이라도 화해를 거부하지 않을 것"이라고 답하며 강화조건을 제시했다. 스키피오가 제시한 조건은 모든 전쟁포로를 로마에 돌려주고, 이탈리아와 갈리아를 비롯한 모든 지중해의 섬들에서 카르타고군을 철수하고, 스페인에 대한 모든 권리 주장을 포기하며, 20척을 제외한 모든 전함을 로마에 양도할 것이었다. 또한 상당한 양의 곡식과 금전 배상도 요구하였다. 카르타고는 이 조건을 수락하고, 스키피오와 로마에 각기 협상단과 평화사절을 파견하기로 했다. 그러나 강경파가 다시 득세하면서 휴전협상이 시간을 벌기 위한 수단으로 전락하고, 한니발과 마고에게 아프리카로 돌아오라는 급전을 띄웠다.

아! 자마

일반적인 역사 평가와는 달리 스키피오의 경우에는 한니발이 그의 조국에서 받은 정신적·물질적 지원에 비해 훨씬 열악한 상황에서 자마 전투를 시작한 것으로 보인다. 카르타고 원로원은 한니발에게 스키피오와 일전을 벌이도록 요구했고, 한니발은 서쪽으로 진군하여 서둘러 자마에 도착했다. 리비우스는 "여기 그들의 시대뿐 아니라, 어떤 과거의 기록을 살펴보아도 가장 위대한 두 장군이 만났다"고 말하며 스키피오와 한니발의 회동에 대한 설명을 시작한다.

한니발이 먼저 말문을 열었다. 전쟁의 승패는 그 결과를 누구도 알지 못하지 않겠느냐는 것이었다. 한 시간 동안의 대화는 스키피오가 그 동안 성취한 모든 것을 대수롭지 않은 것으로 폄하했다. 그리고 한니발은 평화안을 제시했다. "시칠리아·사르데냐·스페인은 확실하게 로마에 양도하고, 카르타고는 그 세력을 아프리카로 한정한다." 스키피오의 답변은 이러했다. "그것은 이미 로마의 소유이다. 한니발이 귀환하기 이전의 강화 조건을 인정하고, 휴전 동안에 발생한 수송선단의 약탈 등에 대해 배상을 한다면 고려해보겠다." 결국 협상은 결렬되었다.

이튿날 양측은 결전의 시점이 다가오고 있다는 것을 깨달았다. 스키피오는 말을 타고 부대를 사열하며 짧게 연설했다. 폴리비우스가 전하는 연설의 요점은 "승리 아니면 죽음이다. 목숨을 버릴 각오로 전투에 나가는 군대는 항상 승리한다"는 것이었다. 한편 한니발은 용병에게는 전리품에 대한 욕망을, 카르타고 징집병들에게는 전쟁에 패한 가족이 겪을 고통을 환기시켰다. 그리고 자신을 따른 병사들에게는 지난 17년 동안의 동료애와 불패의 신화, 스키피오의 아버지를 꺾은 트레비아 전투 그리고 트라시메노와 칸나이의 승리를 상기시켰다.

양측의 군대 배치와 전투 전개상황은 다음과 같았다. 스키피오 쪽은 중보병을 중앙에, 이탈리아 기병은 왼쪽 날개에, 마시니사의 누미디아군은 오른

쪽 날개에 배치했다. 그는 중보병들의 중대 사이에 공간을 두지 않도록 배치하고 보병대대 사이에는 넓은 공간을 마련했다. 보병대를 띄엄띄엄 배치하여 한니발이 풀어놓은 코끼리들이 그 사이로 빠져나가게 한 것이다. 전투 개시를 맡은 앞줄의 경보병들은 코끼리 부대에 밀린다면 즉각 후퇴하도록 명령을 받았다. 이 현명한 준비는 인명 손실을 줄이고 군대의 움직임을 원활하게 하는 동시에 반격의 힘을 증가시켰다.

카르타고군은 이전의 어느 전투에서보다 많은 80마리의 코끼리를 가지고 있었다. 한니발은 적에게 공포를 주기 위해 코끼리 부대를 최전선에 배치시키고 그뒤에 마고와 함께 돌아온 1만 2천 명 정도의 용병 군대로 제1선을 구축했다. 제2선에는 카르타고와 아프리카 징집병을 마케도니아군과 함께 배치하고, 제3선에는 한니발 군대를 세웠다. 양 날개에는 기병이 배치되어 누미디아 동맹은 왼쪽, 카르타고 기병은 오른쪽을 맡았다. 한니발의 총병력은 5만 5천 명 정도, 스키피오의 군대는 최대 3만 6천 명 정도였다.

전투가 시작되었다. 먼저 양측의 누미디아 기병 사이에 전초전이 벌어진 뒤 한니발의 명령에 따라 코끼리 부대가 로마군을 공격해들어갔다. 로마군이 엄청난 나팔 소리로 코끼리들을 겁에 질리게 만들자, 그 중 많은 수가 놀라서 오히려 카르타고군 쪽으로 돌진했다. 특히 카르타고군의 왼편 누미디아 기병의 피해가 컸으며, 마시니사는 이 기회를 놓치지 않고 공격을 감행하여 적의 기병을 압도했다. 한니발의 누미디아 기병이 패주하자, 카르타고 측의 왼쪽이 노출되었다. 나머지 코끼리 부대는 로마군의 앞줄로 돌격했으나, '공간'을 준비하고 세운 후퇴전략대로 코끼리들은 보병대 사이의 공간으로 빠져나갔다. 양 측면에서 창으로 찔러대는 공격에 오히려 코끼리들은 카르타고 측의 오른쪽을 향해 달려갔고, 때를 맞추어 로마 기병이 공격에 나섰다. 이제 한니발의 양 측면은 무방비로 노출되어버렸다. 칸나이 전투의 결정적인 장면이 입장만 바뀐 채 재현된 것이다. 스키피오의 통찰력과 비범한 재능은 적장의 수법으로 역공을 가한 것이었다.

이 사이에 양쪽 보병은 위협적인 함성을 지르며 서로를 향해 서서히 돌진했다. 그러나 한니발은 자신의 주력군을 움직이지 않았다. 처음에는 카르타고의 다국적 용병이 우위를 차지했으나, 무너지지 않고 뒤에서 격려하는 동료들에 힘입어 전투를 계속하는 로마군과 달리, 제2선의 지원을 받지 못한 앞쪽의 용병들은 점차 도주하기 시작했다. 그들은 제2선에서 퇴각로를 열어주지 않자 힘으로 길을 열려고 했고 카르타고군 자체 내에 혼전이 벌어졌다. 로마군은 횡렬로 더 길게 선 대형을 이용해 카르타고군의 측면을 둘러쌌다. 이제 카르타고군은 측면부터 서서히 잘려나가며 무너졌다. 생존자들은 제3선으로 후퇴했지만, 한니발은 패잔병을 거부하는 자신의 방침을 계속 유지했다.

이제 전투는 최후 국면으로 접어들었다. 로마군이 "전투력·경험·명성 등에서 진정한 맞수를 향해 돌진했다"는 리비우스의 찬사는 이후의 전투가 격렬하면서도 장시간 이어졌음을 뜻한다. 또한 한니발의 '노병'들이 트라시메노와 칸나이 시절의 한낱 그림자일 뿐이라는 주장도 잘못된 것임을 예증한다. 로마군은 코끼리 부대에 이어 카르타고군의 제1선과 제2선을 연파하여 사기가 올라 있었지만, 이제 제3선의 한니발의 2만 4천 명의 백전노장들과 상대해야 했다.

스키피오는 그 거대한 인간장벽에 마주친 상황에서 병력 배치를 새로이 했다. 적의 화살 사정거리 안에서 이렇게 대담한 행동을 한 이유가 무엇일까? 마지막 결정타에 힘을 집중하기 위한 밀집대형을 짜려는 것과, 곧 돌아올 기병을 생각하여 전통적인 편제를 유지하려는 것이 그 답인 것 같다. 이 마지막 국면에서 로마 보병의 역할은 한니발 군대를 묶어두어 기병이 치명타를 입힐 수 있도록 준비하는 것이었다. 로마 쪽 기병이 추격전에서 돌아올 때까지, 양측 보병은 자신의 자리에서 한치도 물러서지 않은 채 접전을 벌이고 있었다. 결국 한니발의 배후를 친 공격이 승부를 갈랐다. 폴리비우스와 리비우스는 카르타고 쪽의 인명 손실이 전사자 2만, 포로 2만이라는 데 의견을 같이한다. 로마 쪽에 대해 폴리비우스는 "1,500명 이상이 전사했다"고 하고, 리비우스는 "2,000명 정도 전사했다"고 말한다.[8]

한니발의 카르타고군은 스키피오의 로마군에 대패했다. 한니발의 상대는 이전에 그가 이탈리아에서 만났던 아마추어 지휘관이 아니었다. 자마에서는 전혀 다른 로마 장군을 만난 것이다. 기병의 우세가 승리의 관건이라는 선견지명을 가지고 뛰어난 외교 술수로 한니발 기병의 주력부대를 자기편으로 만든, 그리고 전술 차원에서 최대의 능력을 결집시킴으로써 병력의 열세를 만회할 수 있는 전투현장으로 적을 유인할 수 있는 로마 지휘관을 만난 것이다.

맺음말

이제 처음 던진 질문에 답을 구해야 될 때가 된 듯하다. 분명 스키피오 아프리카누스는 아우구스투스 황제 시대의 시인들이 노래했던 '피에타스' (pietas), 즉 조국에 대한 충성이라는 로마적 이상에 충실한 인물이었다. 또한 르네상스 시대의 마키아벨리가 로마 제국의 영광을 이룬 역사 발전의 원동력이라고 그렇게도 찬양한 '비르투스'(virtus), 즉 '열정'에 바탕을 둔 로마적 덕성에 충실한 인물이었다고 할 수 있다. 그의 거시적인 안목, 치밀한 준비, 끝없는 열정, 공동체에 대한 헌신 그리고 귀족적 고귀함, 이 모든 것을 갖춘 것이 사실 전형적인 로마인(vir bonus)으로서의 스키피오였다. 이 점에서 스키피오는 앞에 나서서 국가적 위기에 처한 로마인들의 협력을 이끌어내고 그 힘을 결집시킬 수 있었던 것이다.

운명의 여신이 스키피오를 선택한 이유가 그것이라고 한다면, 한편 불가사의할 정도의 휘황찬란한 경력이 순식간에 파멸의 그림자 뒤편으로 사라지게 한 것은 무엇일까? 그것은 천재적 전략가로서의 뛰어난 재능에 미치지 못하는 한 개인의 정치적 수완 때문인가? 아니면 기원전 213년의 조영관 선출과정을 묘사한 고대 작가들의 기록 속에 함축된 의미, 즉 로마의

---

8) 승자의 입장에서 기술된 역사이기 때문에 로마 쪽 전사자 수치가 과소평가되었다는 기존의 해석에 대해, 현대의 전투에서도 일단 전황이 갈릴 때 가장 큰 피해가 난다는 반론도 있다.

전통과 규범을 깨뜨리는 젊은이의 성공에 필연적으로 동반되는 질시와 분노를, 전쟁과 달리 평화는 막아주지 못했던 것인가? 그러나 그 무엇보다 가장 로마적인 해답을 찾아본다면, 이렇게 말할 수 있을 것이다. "로마는 영웅을 필요로 하지 않는다!"

참고문헌

1. 고대 문헌

Livy, *Ab Urbe Condita*.
Polybius, *Historiae*.
Plutarch's Lives : Fabius, Loeb series, vol. 3.

2. 현대 문헌

게오르그 그라페 외, 『임페리움』, 박종대 옮김, 말글빛냄, 2004.
로스 레키, 『카르타고 3부작』, 세종서적, 2004.
시오노 나나미, 『로마인 이야기』 2권, 김석희 옮김, 한길사, 1993.
필립 마티작, 『로마 공화정』, 박기영 옮김, 갑인공방, 2004.
아드리안 골즈워디, 『로마전쟁영웅사』, 강유리 옮김, 말글빛냄, 2005.
존 워리, 『서양고대전쟁사박물관』, 임웅 옮김, 르네상스, 2006.
하트 리델, 『스키피오 아프리카누스』, 박성식 옮김, 마리아북스, 1999.
J. Fox, *Hannibal, Enemy of Rome*, Chicago: Adams, 1990.
D. Bowder, *Who was who in the Roman World : 753 BC~AD 476*, Cornell UP, 1980.
J. Briscoe, "The Second Punic War," chap. III in *Cambrigde Ancient History*, vol. 2, 1989.
H. H. Scullard, (1970), *Scipio Africanus : Soldier and Politician*, London ; Id., 1980, *A History of Rome 753~146 BC*, 4th edn., London.
J. Shelton, *As the Romans Did : A Source Book in in Roman Social History*, Oxford UP, 1988.
K. T. Tretheway, *The Image of Scipio Africanus, 235~201 BC*, Ph. D. Dissertation, Princeton U.P., 2002.

3. 인터넷 사이트

http://www.perseus.tufts.edu
http://www.vroma.org

> 가이우스 플라미니우스

로마 평민의 참대변인

● 김경현(연세대 강사 · 서양고대사)

1. 가이우스 플라미니우스의 생애

가이우스 플라미니우스는 로마 공화정 중기에 활동한 대표적인 평민지도자이자 군사령관이다. 그러나 그의 정치적 경력이나 인지도와는 달리, 그의 가문과 어린 시절 또는 일상생활에 대해서는 전해지는 바가 거의 없다. 그의 가문은 플라미니우스라는 가문명이 암시하듯이 신관직(flamen)과 관련이 있을 것으로 추정되며, 그의 아버지는 비록 고위 정무관직을 역임하지는 못했지만 원로원 의원이었던 것 같다.[1)]

기원전 232년 호민관으로 선출된 플라미니우스는 약 50여 년 전 세노네스족(Senones)에게서 빼앗은 갈리아 지역의 공유지(ager Gallicus)를 로마 시민들에게 개별적으로 분배(assignatio viritim)하는 농지법을 통과시켰으며,

---

1) 로마 귀족들의 이름은 대개 이름, 씨족명, 가문명 순으로 구성되어 있으나, 가이우스 플라미니우스의 이름은 두 개로만 구성되어 있다. 이것은 플라미니우스의 가문이 로마에서 유력한 가문이 아니었다는 것을 암시한다. 그러나 발레리우스 막시무스(Valerius Maximus, 5.4.5)와 키케로(Cicero, De Inventione Rhetorica 2.52)는 플라미니우스의 아버지가 원로원 의원이었다고 언급한다.

기원전 227년에는 프라이토르(praetor)로 선출되어 속주 시칠리아(Sicilia)의 초대 총독으로 파견되었다. 또 기원전 223년에는 푸리우스 필루스(P. Furius Philus)와 함께 콘술로 선출되어, 인수브레스족(Insubres)과의 전쟁에서 승리한 뒤 평민들의 열렬한 지지 속에 개선식을 치렀다. 기원전 220년에는 켄소르(censor)로서 마르스 광장(Campus Martius) 남단에 플라미니우스 경기장(Circus Flaminius)을 그리고 로마와 아리미눔(Ariminum)을 연결하는 플라미니우스 도로(Via Flaminia)를 건설하였다. 제2차 포에니 전쟁이 일어난 이듬해인 기원전 217년 콘술로 다시 선출된 그는 아펜니노 산맥의 통로들을 보호하기 위해 아레티움(Arretium)으로 서둘러 진격했으나, 트라시메노(Trasimene) 호수에서 카르타고의 명장 한니발의 전술에 휘말려 패배하고 끝내 전사하였다.

2. 가이우스 플라미니우스의 업적과 활동

플라미니우스는 호민관(tribunus plebis) 시절부터 원로원과 계속 충돌했기 때문에, 로마의 사료들은 그에 관해 부정적이고 비판적인 태도만을 공유하고 있을 뿐 자세하고 체계적인 언급을 남기고 있지 못하다.[2] 그럼에도 플라미니우스는 당대의 많은 정치적 논쟁들에 직·간접으로 연루되어 있었기 때문에, 그에 관한 단편적이지만 소수의 일화들이 전해진다. 이를 바탕으로 필자는 플라미니우스의 업적과 활동을 그가 역임했던 관직의 순서에 따라 재구성해보았다.

---

[2] 폴리비오스(Polybios)는 자신의 『역사』 처음 두 권에서 기원전 264~220년을 다루지만, 주로 해외문제들만 다루고 있다. 카시우스 디오(Cassius Dio)의 『로마사』 8~12권도 비슷한 시기를 다루지만 애석하게도 단편만이 남아 있다. 또 리비우스(Livius)의 『로마사』 11~20권도 분실되었기 때문에, 호르텐시우스법이 통과된 기원전 287년부터 제2차 포에니 전쟁이 일어나기 직전까지 로마 국내외 문제에 관한 꽤 균형잡힌 설명들을 접할 수 없다.

호민관 플라미니우스의 농지법(lex agraria)
1) 제1차 포에니 전쟁 이후의 경제 상황

"역사상 가장 길고 치열했던" 제1차 포에니 전쟁은 전쟁의 패자인 카르타고뿐 아니라 승자인 로마에도 정신적으로나 물질적으로 막대한 피해를 입혔다. 더욱이 로마는 전쟁이 끝나고 난 뒤에도 크고 작은 전쟁들에 계속 연루되어 있었다.[3] 때문에 로마 군대의 주요 전력으로 전쟁터에 파견되었던 소농들은 대부분 자신들의 농지를 오랫동안 돌보지 못하고 방치할 수밖에 없었다. 결국 농지들은 황폐해지고 부채는 나날이 늘어, 국가의 부름을 받고 전쟁에 참여했던 소농들은 자신들의 농지를 헐값에 팔고 무산자로 전락할 수밖에 없었다.

사실 로마 정부는 이런 문제점을 해결하기 위해 정복지에서 빼앗은 토지를 로마 시민들에게 개별적으로 분배하거나 식민시를 건설하여 농민들을 집단 이주시키는 정책을 실시하곤 하였다. 그러나 포에니 전쟁으로 획득한 지역들은 농지 분배에도 식민시 건설에도 적합하지 않았기 때문에, 로마 정부는 기존의 정책들을 실시하지 못하고 있었다. 결국 소농들의 상황은 포에니 전쟁이 끝난 지 거의 10년이 다 되도록 개선되지 않고 계속 악화되고 있었다. 전쟁터에서 돌아온 소농들은 벌써 황폐해졌거나 다른 사람들 소유가 되어버린 농지들을 바라보면서 분통을 터뜨리지 않을 수 없었다. 이 문제를 해결하기 위해서 그들이 취할 수 있는 최선의 합법적인 방법은 자신들의 권익을 진정으로 보호하고 대변할 수 있는 평민 지도자를 선출하여 그가 소신껏 활동할 수 있도록 지원하는 것이었다.

---

[3] 기원전 235년부터 3년 동안 야누스(Janus) 신전의 문이 닫혀 있었다. 그러나 이 사실이 로마가 그 기간 동안 어떤 형태의 전쟁도 치르지 않았음을 뜻하지는 않는다. 그 전쟁에 관해서는 Z. Yavetz, "The Policy of C. Flaminius and the Plebiscitum Claudianum," *Athenaeum*, vol. 40, 1962, pp.325~344 ; H. H. Scullard, *A History of the Roman World 753 to 146 BC*, London & New York, 1980, pp.185~189 ; J.-M. David(tr. A. Nevill), *The Roman Conquest of Italy*, Oxford & Cambridge Mass., 1996, pp.14~18, 29~34 참조.

2) 플라미니우스의 선출과 농지법의 제안

평민 가문 출신의 플라미니우스는 당시 로마의 평민들이 진정으로 무엇을 원하는지 정확하게 알았으며, 좀더 구체적이고 실효성 있는 농지법안을 제출하기 위해 준비를 철저히 하고 있었다. 농지 분배는 경제적인 효과뿐 아니라 군사적인 효과까지도 고려해야 하기 때문에 어느 지역의 농지를 분배하느냐가 중요한 관건이었다. 로마의 해외정책과 국경의 상황까지도 정확하게 파악하고 있던 플라미니우스는 아리미눔 남부에 있는 갈리아 지역과 피케눔(Picenum) 지역의 공유지를 최적의 장소로 선택하였다. 그 지역의 공유지는 오랫동안 분배되지 않은 채 원로원 의원들이나 그 가족들에 의해 불법으로 점유되고 있었을 뿐만 아니라, 인접한 포(Po) 강 유역의 갈리아인들이 다시 준동하고 있었기 때문이다. 따라서 그 지역의 농지 분배는 먼저 로마 평민들의 요구를 충족시켜줄 수 있는 경제적 이점을 가지고 있었다. 또 기존의 국경선 뒤에 강력한 방어선을 구축함으로써 갈리아인들의 공격에 대비할 뿐만 아니라 그들에게 총공격을 감행할 수 있는 전진기지로 활용할 수 있는 군사적인 이점도 있었다.

플라미니우스는 농지 분배방법에 대해서도 철저하게 숙고하였다. 당시 로마가 경제적·군사적인 목적을 위해 실시하던 식민시 건설정책은 평민들의 불만을 더 이상 해소시킬 수 없었다. 전략적으로 중요한 지역에 건설되던 로마 식민시(colonia civium Romanorum)는 로마 시민들로만 구성되기 때문에 그 지역으로 파견되는 식민자의 수가 매우 제한되어 있었다. 또 라틴인들과 로마 시민들로 구성되는 라틴 식민시(colonia Latinae)는 로마 식민시보다 규모는 컸지만, 식민과 함께 로마 시민들이 자신들의 시민권을 상실하는 문제점을 안고 있었다.[4] 과거의 식민자들은 농지를 분배받는 조건으로

---

[4] 기원전 2세기 초반까지 라틴 식민시 건설에 따라 이주한 가구 수는 2,500~6,000세대로 다양했던 반면, 로마 식민시의 경우에는 300세대로 한정되어 있었다. 로마의 토지분배와 식민정책에 관해서는, P. L. MacKendrick, "Roman Colonization," *Phoenix*, Vol. 6, 1952, pp.139~146 ; E. T. Salmon, "Roman Expansion and Roman

자신들의 시민권을 자발적으로 포기했지만, 로마가 이탈리아의 최고 강자로 떠오르고 카르타고와의 전쟁에서 승리한 시점에서 로마 시민권은 쉽게 포기할 수 없는 하나의 특권이자 명예가 되었다. 로마의 평민들은 정부가 식민시 건설이라는 방법만을 고집하지 말고 더욱더 근본적인 방법을 제시해주기를 바라고 있었다. 플라미니우스가 많은 수의 로마 시민들에게 혜택을 부여할 수 있는 최선의 방법은 그때로서는 개별적으로 농지를 분배하는 방법뿐이었다.

준비된 호민관이나 다름없는 플라미니우스는 기원전 232년의 호민관 선거에 입후보했으며, 평민들에게 자신의 계획을 설명하고 그들의 어려움을 덜어주겠노라 약속하였다. 그는 호민관으로 선출되자마자 그 동안 준비했던 법안, 즉 약 50여 년 전 세노네스족에게서 빼앗았던 갈리아 지역과 피케눔 지역의 공유지를 로마 시민들에게 개별적으로 분배한다는 내용의 농지 법안을 제출하였다.[5]

3) 원로원의 반대

플라미니우스는 로마의 관례에 따라 먼저 최고 자문기관인 원로원(senatus)에 자신의 법안을 상정하였다.[6] 그가 원로원에서 농지 분배의 필요성과 구체적인 방안 등에 대해 연설을 하자마자 원로원은 크게 술렁이기 시작했다. 플라미니우스를 크게 질책하고 그의 법안을 철회하라는 소리가 원로원

Colonization in Italy," *Phoenix*, Vol. 9, 1955, pp.63~75; id., *Roman Colonization under the Republic*, London, 1969 참조.

[5] 고대의 사료들은 플라미니우스가 호민관직을 역임한 시기에 관해 의견을 달리한다. 폴리비오스(2.21.7)는 기원전 232년을, 키케로(Cicero Sen. 11)는 기원전 228년을 제시하고 있다. 그러나 플라미니우스가 기원전 227년의 프라이토르였다는 점을 고려한다면, 후자보다는 전자의 주장이 더 설득력 있는 듯하다.

[6] 발레리우스 막시무스(Valerius Maximus 2.2.7)와 조나라스(Zonaras 7.15)에 따르면, 공화정 초기에는 호민관들이 원로원 회의에 직접 참석하지 못하고 원로원 밖에서 원로원의 결의를 검토하였다. 그러나 언제부터인지는 정확하지 않지만 호민관들이 원로원 회의에 참석할 수 있게 됐으며, 심지어 원로원을 소집할 수도 있게 되었다.

에 진동하였다. 물론 플라미니우스가 이런 반대를 예상치 못한 것은 아니었다. 그는 자신의 농지법이 무엇보다도 원로원의 경제적인 이익을 위협하고 정치적인 권위에 도전하기 때문에 원로원의 강력한 반대에 부딪힐 것을 잘 알고 있었다. 많은 원로원 의원들이 플라미니우스가 분배하려 하는 지역의 농지를 거의 50년 동안이나 불법으로 점유하고 있었으며, 농지의 개별 분배와 같은 문제는 원로원의 고유 권한이었기 때문이다.[7]

일부 의원들은 그의 농지법이 인접해 있는 갈리아인들을 자극하여 전쟁을 도발할 것이며, 또 로마 시민권자들을 너무 멀리 파견하는 것은 도시국가의 전통적인 개념을 훼손한다는 이유들을 들어 반대하였다. 그러나 이런 이유들은 원론적인 반대에 불과하였다. 플라미니우스는 자신의 계획이 국경선 뒤의 후방을 강화하는 동시에 북부 지역의 국경선을 확대하고자 하는 로마의 기존 해외정책과 무관하지 않다고 주장하였다.[8] 아울러 그는 두 세대 전에 쿠리우스 덴타투스(M'. Curius Dentatus)가 로마에서 꽤 떨어진 사비네(Sabine) 지역에서 농지를 개별 분배하였으며, 기원전 283년 세나 갈리카(Sena Gallica)에 로마 시민들로만 구성된 식민시가 건설되었다는 사례들을 제시하면서, 로마는 도시국가의 새로운 개념을 이미 준비하고 있었다고 역설하였다.

또다른 원로원 의원들은 플라미니우스의 농지법은 경제적 입법이 아니라 정치적 입법이라고 꼬집었다. 그가 라틴 식민시를 건설하자는 다른 원로원

---

[7] 리비우스(Livius, 5.30.8)에 따르면, 기원전 396년 베이이(Veii)에 대한 푸리우스 카밀루스(M. Furius Camillus)의 승리를 기념하기 위해 원로원이 평민들에게 각각 7유게라(jugera)의 토지를 분배한다는 결의를 선포했다고 한다. 또 발레리우스 막시무스(4.3.5)와 프론티누스(Frontinus, *Strat*. 4.3.12)도 기원전 290년의 개별 분배가 원로원의 결의에 의해 이루어졌다고 전하고 있다.

[8] 로마는 기원전 241년 카르타고와 평화조약을 체결하면서, 에트루리아(Etruria)에 대한 지배력을 강화하기 위해 베이이 북부에 자리잡고 있는 팔리스키인(Falisci)에 대해 총공격을 감행하였다. 또 3년 뒤에는 카르타고의 항의에도 불구하고 사르데냐와 코르시카(Corsica)를 공격했으며, 아르누스 강 북부에 있는 리구리아족(Liguria)에 대한 공격을 시작하였다.

의원들의 절충안을 무시한 것이 바로 그 증거이며, 그는 빈민들과 무산자들에게 농지를 분배하려는 개혁정치가라기보다는 그들의 비위를 맞춤으로써 자신의 정치적 지지자들이나 확보하려는 선동정치가에 불과하다고 맹렬하게 비난하였다. 플라미니우스는 그런 공격들을 일축해버렸다. 그는 자신의 농지법안만이 더 많은 사람들에게 혜택을 골고루 나누어줄 수 있으며, 그것은 로마의 군사적인 문제도 해결할 수 있다고 굳게 믿고 있었기 때문에, 원로원 의원들의 공격에도 추호의 흔들림 없이 자신의 소신을 그대로 밀고 나갔다.

4) 농지법 통과와 농지위원으로 선출

플라미니우스가 제출한 안건은 원로원의 투표에 회부되었다. 원로원 의원들이 한 명씩 차례로 투표를 했으며, 결과는 예상대로였다. 원로원은 플라미니우스의 농지법안에 '아욱토리타스 파트룸'(auctoritas patrum)[9]을 부여하지 않음으로써, 그의 법안이 평민회에 상정되는 것을 공식적으로 반대하였다. 이런 원로원의 공개적인 반대와 비난을 무릅쓰고 플라미니우스는 평민들만의 집회인 트리부스 평민회(concilium plebis)를 소집한 뒤 자신의 법안을 제출하였다. 원로원 의원들은 다른 호민관들을 매수하여 방해하려고 했으며, 심지어 원로원 의원이었던 플라미니우스의 아버지를 예비 공청회(contio) 장소[10]에 보내 운집한 청중 앞에서 자신의 법안을 열정적으로 설명하고 있던 아들을 연단에서 끌어내리게까지 하였다.

---

9) 과거 '아욱토리타스 파트룸'은 민회에서 통과된 법에 부여하는 일종의 재가장치로 정치적인 무기로 사용됐지만, 기원전 339년의 푸블릴리우스법(lex Publilia)과 그 통과시기가 불분명한 마이니우스법(lex Maenia)에 의해 원로원에서의 형식적인 종교적 절차로 전락하였다.
10) 민회는 어떤 실질적인 결정을 내리기 위해, 즉 투표하기 위해 모이는 코미티아(comitia)와 어떤 결정을 내리지는 않지만 평민들의 공청회에 해당되는 콘티오(contio)로 구성되어 있다. 사실 로마에서는 법안이 제출되면 그것을 적어도 27일 이상 공고했으며, 그 기간 동안에는 몇 차례의 예비공청회를 열었다.

그러나 이것으로 플라미니우스의 의지를 꺾지는 못했다. 그는 자신의 법안을 끝내 평민회의 투표에 회부하였다. 원로원 의원들은 평민들의 마음을 제대로 헤아리지 못했기 때문에, 어리석게도 투표 당일 자신들의 피호민들(clientes)을 총동원하여 그 법안을 부결시키려고 하였다. 평민들의 각오 또한 이번에는 남달랐다. 그들은 플라미니우스의 농지법을 잘 이해했을 뿐만 아니라 원로원의 극단적인 행동에 대해서도 분노하고 있었기 때문에, 투표 당일 자신들의 권리를 행사하기 위해 로마로 몰려들었다. 드디어 플라미니우스의 농지법은 통과되었다.

그러나 플라미니우스는 원로원 의원들이 쉽게 협조하지 않을 것을 예상했기 때문에, 자신의 농지법 시행을 위한 안전장치를 마련해놓고 있었다. 즉 플라미니우스는 평민회에 요청하여 자신을 포함해 총 15명으로 구성된 농지분배위원회가 설치될 수 있도록 하였다.[11] 그는 동료 위원들과 함께 대상 지역에서 공유지와 사유지를 구분했으며, 공유지의 점유상태를 철저하게 조사하여 불법으로 점유되고 있던 농지들을 몰수하였다. 여전히 파비우스 막시무스(Q. Fabius Maximus) 같은 정치가들이 계속 반대했지만, 플라미니우스는 호민관으로 재직할 때나 임기를 마친 뒤에도 농지분배위원으로서 자신의 임무를 철저하게 수행함으로써, 꽤 많은 수의 로마 시민들이 농지를 개별적으로 분배받게 되었다.[12]

---

11) 플라미니우스가 농지분배위원이었다는 것을 직접 언급하는 사료는 아직 발견되지 않았다. 그러나 그와 파비우스 막시무스가 기원전 228년에도 반목하고 있었다고 증언하는 키케로의 기사를 받아들인다면 그는 아마도 농지분배위원으로 활동했을 것이다. 일반적으로 농지분배위원회는 3명으로 구성되는데, 이 경우 15명으로 구성되었다는 사실은 플라미니우스가 계획한 농지 분배의 규모를 짐작케 한다.
12) 이 지역이 제2차 포에니 전쟁 때 군사력의 중요한 공급지였다는 사실은 플라미니우스의 농지법으로 농지를 분배받은 자들이 매우 많았음을 뜻한다.

프라이토르(Praetor) 플라미니우스

1) 프라이토르로 선출

플라미니우스의 행동과 그 결과는 정치가로서의 자질과 뛰어난 업무 수행능력을 입증하는 데 손색이 없었다. 많은 원로원 의원들은 그에 대해 여전히 비판적이었지만, 판단을 유보하거나 긍정적으로 판단하는 원로원 의원들도 차츰 등장하기 시작하였다. 그러나 플라미니우스에게 무엇보다도 힘이 되었던 것은 평민들의 절대적인 사랑과 지지였다. 그들은 언제든 플라미니우스를 지원할 태세를 갖추고 있었다.

로마 최고의 정무관직인 콘술로 선출되는 것만이 자신의 정치적 야망을 실현시켜줄 수 있다는 것을 잘 알고 있었던 플라미니우스는 농지분배위원직을 마친 뒤 기원전 227년의 프라이토르직에 입후보하였다. 그 무렵 로마에서는 프라이토르 수의 증원에 대한 논의가 진행되고 있었다. 로마가 군사적 위협에 대처하고 이탈리아 반도 밖에서 획득한 영토들을 직접 통치하기 위해서는, 명령권을 가진 정무관들이 절실하게 필요했기 때문이다. 결국 플라미니우스가 입후보하던 그해 프라이토르의 수가 2명에서 4명으로 늘었다. 그에게는 더없이 좋은 기회였다. 비록 원로원 내 지지는 탄탄하지 않았지만, 그는 평민들의 광범위한 지원에 힘입어 프라이토르에 당선되는 영예를 누리게 되었다.

2) 시칠리아 총독

프라이토르가 된 플라미니우스는 추첨에 따라 당시 처음 신설된 시칠리아 총독직을 배정받았다. 그는 예전처럼 자신의 업무를 부지런히 파악했으며, 부임지에 도착하자마자 준수해야 할 법규와 규칙들이 담긴 총독의 칙령을 반포하였다. 그는 공정하고 사려 깊은 총독이 되기 위해 노력하였다. 우선 그는 시칠리아가 사르데냐(Sardegna)처럼 군사적인 반란에 휩싸이지 않도록 평화 유지에 힘썼으며, 시칠리아 내에서 발생하는 분쟁들을 공정하게 중재하고 조정하였다.

또 속주민들에 대해서도 세심한 배려를 아끼지 않았다. 그는 자신의 군대나 보좌관들이 군사적인 이유나 세금 징수 명목으로 속주민들의 재산을 불법적으로 강제 징발하거나 징수하지 못하도록 명령했으며, 위반했을 때는 아주 엄하게 처벌하였다. 그리하여 시칠리아인들은 로마의 통치에 순응했을 뿐만 아니라 플라미니우스에 대한 존경과 찬사를 아끼지 않았다. 플라미니우스에 대한 시칠리아인들의 좋은 기억은 그가 사망한 뒤에도 지속되었다.[13]

콘술(Consul) 플라미니우스

1) 갈리아인의 침입과 텔라몬(Telamon) 전투

플라미니우스의 시칠리아 총독 임기가 끝나갈 무렵, 이탈리아 북부 지역에서 다시 전운이 감돌기 시작하였다. 약 10년 전에도 준동한 적이 있었던 보이이족(Boii)[14]과 인접한 링고네스족(Lingones)이 규합했으며, 게다가 포 강 너머의 호전적인 인수브레스족을 불러들였다. 또 서부 지역에서 타우리니족(Taurini)이, 그리고 알프스 산 너머에서 가이사티족(Gaesati)이 가세하였다. 그리하여 그들의 총전력은 보병 5만 명에 기병 2만 명에 육박하였다. 로마는 카르타고의 장군 하스드루발(Hasdrubal)과 서둘러 협정을 체결하고 갈리아인들과의 전쟁을 준비하였다. 기원전 225년의 콘술인 아이밀리우스 파푸스(L. Aemilius Papus)는 아리미눔에 주둔했으며, 이름이 전해지지 않은 어떤 프라이토르는 에트루리아에서 아펜니노 산맥 서부 지역의 통로를 방어하고 있었다.

세력을 규합한 갈리아인들은 로마의 콘술 아이밀리우스가 주둔하고 있는 아리미눔을 공격하지 않고 아펜니노 산맥을 넘어서 곧장 에트루리아 지방

---

13) 플라미니우스의 아들이 쿠룰리스 아이딜리스(curulis aedilis)로 재직할 무렵, 즉 기원전 196년 시칠리아인들은 플라미니우스에 대한 호의에서 곡물을 로마로 보냈다(Livius 33.42.8).
14) 보이이족은 알프스 너머의 갈리아인들을 규합하여 기원전 236년 아리미눔으로 진격하였다. 그러나 그들은 그들 사이의 내분으로 인해 결국 군대를 철수시켜야만 했다.

으로 진격하였다. 그러나 그들은 몬테풀키아노(Montepulciano)에서 프라이토르에 대해 작은 승리를 거둔 뒤 로마로 향하지 않고 약탈한 전리품을 갖고 에트루리아 해안가를 따라 북상했으며, 뒤쫓는 아이밀리우스와의 전투를 최대한 회피하였다. 그러던 중 그들은 텔라몬이라는 지역에서 아이밀리우스의 군대뿐만 아니라 사르데냐에서 피사(Pisa)를 통해 급히 귀환하고 있던 아틸리우스 레굴루스(C. Atilius Regulus)의 군대와 맞부딪치게 되었다. 그들은 전선을 둘로 나누어 로마군에 대항했으나 결국 크게 패하였다. 비록 로마의 사령관인 아틸리우스가 전사했지만, 갈리아인들은 소수의 기병들만 탈출하는 데 성공했을 뿐 대부분 전사하거나 포로가 되었다.

2) 콘술로 선출

국경지대의 안전과 평화를 위해서는 텔라몬 전투의 승리의 여세를 계속 이어갈 필요가 있었다. 아이밀리우스와 그의 후임 장군들이 보이이족과 인수브레스족을 계속 몰아붙였지만, 전쟁을 완전하게 종식시키지는 못하였다. 시칠리아 속주에서 돌아와 로마의 상황을 주시하고 있던 플라미니우스는 기원전 223년 콘술직에 도전장을 내밀었다.

그에게 비판적이었던 원로원 의원들도 반대만을 고집할 수는 없었다. 먼저, 플라미니우스는 이미 프라이토르직을 역임했기 때문에 필요한 조건을 갖추고 있는 셈이었다. 또한 그는 그 지역에 정통한 전문가였을 뿐만 아니라 그 동안 역임한 직책들을 통해 자신의 탁월한 업무 수행능력을 입증했기 때문이다. 그는 이런 장점들과 조건들을 최대한 부각시켜 평민들을 포함한 다양한 계층의 지지를 끌어내는 데 성공하였다. 플라미니우스는 자신의 가문에서 처음으로 콘술에 오르는 영예를 누리게 되었다.

3) 인수브레스 갈리아인들과의 전쟁과 개선식 거행

그는 인수브레스족을 공격하기 위해 동료 콘술 푸리우스 필루스(P. Furius Philus)와 함께 포 강을 넘었으나 곧바로 그들과 전쟁을 치르지 않고, 먼저 로마에 우호적인 케노마니족(Cenomani)과 연합작전을 펼치기로 결정하였다. 플라미니우스의 선출을 못마땅하게 생각하고 있던 원로원 의원들은 그의 전략의 위험성을 지적하면서, 마침내 그의 소환을 결정하였다. 이를 위한 가장 좋은 방법은 종교적인 명분을 이용하는 것이었다. 원로원은 피케눔을 통과하는 강물이 피로 물들었으며, 아리미눔 하늘에 3개의 달이 떴다는 소문들과 콘술 선거 때 불길한 전조가 있었다는 사제단의 보고에 기초하여 플라미니우스에게 적들과 교전하지 말고 신속하게 귀환하여 사임하라는 내용의 편지를 보냈다. 편지의 내용을 짐작하고 있던 플라미니우스는 편지를 뜯어보지도 않고 전투를 시작하였다.

플라미니우스는 케노마니족이 인수브레스족과 같은 갈리아인이며 변덕스럽다는 것을 잘 알고 있었기 때문에 전투에는 참가시키지 않았다. 반면 그는 로마군 뒤에 강이라는 배수진을 치고 결전에 임하여 베르가모(Bergamo)와 브레스키아(Brescia) 남쪽 부근에서 적군에게 대승을 거두었다. 그는 사자를 로마로 보내 승리의 소식을 전하였다. 그러나 승전보도 명령을 무시하고 행동한 플라미니우스에 대한 원로원의 분노를 대신하지는 못했다. 원로원은 플라미니우스와 그의 동료 푸리우스 필루스의 소환을 계속 고집하였다. 플라미니우스는 이것마저 무시하려고 했으나, 동료 콘술이 자신의 공조 요청을 거부했기 때문에 어쩔 수 없이 소환에 응하였다.

비록 원로원의 요구에 따라 로마로 귀환하게 됐지만 플라미니우스는 다른 장군들과 마찬가지로 자신의 승리를 로마의 인민들 앞에서 인정받고 싶어했다. 그리하여 로마 시 밖의 마르스 광장에 있는 벨로나(Bellona) 신전에서 원로원 회의를 소집한 뒤 자신의 공적을 설명하고 개선식의 거행을 요구하였다.[15] 그러나 원로원은 이 승리의 원인은 플라미니우스 자신이 아니라

---

15) 로마 초기의 개선식은 전쟁을 승리로 이끌어준 신에게 감사하고 전쟁 중에 자행된 죄를 정화하는 종교적인 기능을 담당하였다. 그러나 로마의 팽창과 함께 개선식의 성격은 크게 변했다. 종교적인 기능을 완전히 상실한 것은 아니지만 개선식은 전쟁에서 승리한 장군에게 개인적인 영광을 제공하고 그와 그의 가족에게 정치적인 명예를 제공하

우수한 로마 군단과 용맹스런 군사 호민관들에게 있었다고 응수하면서 플라미니우스에게 개선식의 영예를 부여하는 것을 거부하였다. 이를 지켜보고 있던 호민관들은 원로원의 이런 처사를 못마땅하게 생각했으며, 결국 원로원의 반대에도 불구하고 이 문제를 평민회에 상정하였다. 평소 플라미니우스를 열렬하게 지지하던 평민들은 그의 승리를 인정하고 그에게 개선식 거행의 영광을 부여하는 데 찬성하였다. 그러나 개선식을 치른 플라미니우스 또한 원로원의 요구에 양보하지 않을 수 없었기 때문에 원로원의 요구대로 일찍 임기를 마쳤으며, 후임 콘술들은 예정보다 한 달 먼저 자신들의 임기를 시작하였다.

기병대장(magister equitum)으로 임명

기원전 221년 로마에서 헌정상의 문제가 발생하였다. 그해의 콘술들이 모두 이스트리족(Istri)에 대한 원정에 참가하고 있었기 때문에, 로마에 머무르면서 콘술 선거를 주관할 수 없었다. 원로원은 당대 최고의 정치가들 가운데 하나인 파비우스 막시무스를 딕타토르(dictator)로 임명하기로 의견을 모았다.[16] 로마의 관습에 따라 콘술이 로마에 와서 한밤중에 그의 선출을 선언하고는 다시 전쟁터로 떠났다.

딕타토르는 다른 정무관들과는 달리 한 명만 선출되었지만, 자신을 보좌하는 기병대장(magister equitum)을 직접 지명할 수 있었다. 파비우스 막시무스는 농지법을 두고 한동안 심하게 대립했던 플라미니우스를 지명하여 주위 사람들을 놀라게 하였다. 아마도 그의 인기와 능력을 고려한 정치적인 선택이었을 것이다. 플라미니우스도 내심 놀랐지만 이런 지명을 거부할 이

는 수단으로 변질되어갔다. 개선식에 관해서는 김경현, 「공화정 중기의 개선식과 로마 정치」, 『서양고대사연구』 15집, 2004, 57~78쪽 참조.

16) 초기 딕타토르의 주요 기능은 군사적이었다. 그러나 그 임기가 최고 6개월을 초과할 수 없는 임시적인 군사령관이었기 때문에 군사령관으로서의 중요성은 차차 퇴색된 듯하다. 그리하여 딕타토르들은 콘술 부재시 선거를 주재하기 위해서 또는 경기나 축제 등을 주관하기 위해서 임명되었던 것 같다.

유는 없었다. 그러나 그들은 직무를 시작하기 위해 점을 치는 동안 쥐가 시끄럽게 울었다는 이유로 사임해야만 했다.

켄소르(Censor) 플라미니우스
1) 켄소르로 선출

그러나 이로 인해 플라미니우스가 상심하거나 분노할 겨를은 없었다. 왜냐하면 기원전 220년에 임기가 시작되는 켄소르직 선거가 코앞으로 다가왔기 때문이다. 켄소르 직책은 처음에는 그리 중요하지 않았지만, 오비니우스법(lex Ovinia)이 통과된 이후 점차 비중 있는 직책이 되어갔다.[17] 그리하여 켄소르직에는 대체로 콘술직을 역임한 자들만 입후보할 수 있었다. 플라미니우스는 필요한 자격 조건을 벌써 갖추고 있었기 때문에 입후보하지 않을 이유가 없었다. 물론 원로원 의원들 가운데 상당수가 아직도 플라미니우스에 대한 편견을 버리지 않았다. 그러나 기원전 225년에 콘술이었던 자는 전사했으며, 기원전 224년에 콘술이었던 자는 벌써 켄소르직을 역임한 적이 있기 때문에, 켄소르직에 선출될 자격을 갖춘 사람은 많지 않았다. 따라서 플라미니우스는 아주 유리한 입장이었다. 그는 평민들의 변함없는 전폭적인 지지를 받고 있었지만 다양한 선거공약으로 더욱더 다양한 계층에게 지지를 호소하였다.

드디어 플라미니우스는 로마 최고의 원로들만이 자격을 갖춘 켄소르직에 오르게 되었다. 그는 켄소르로 선출되자마자 자신의 공약을 차례로 이행하였다. 원로원 의원 명부를 작성할 때 원로원 의원들의 기득권을 그대로 인정하여 별 변화를 가져오지 않았다. 반면 시민명부를 작성할 때는 전체 부

---

17) 그 통과시기가 불확실한 오비니우스법에 따라 원로원 등재의 임무가 콘술에게서 켄소르에게 이양되었다. 그 법에 관해서는 E. Frenczy, *From the Patrician State to the Patricio-Plebeian State*, Amsterdam, 1976, pp.152~164 ; T. J. Cornell, "The Lex Ovinia and the Emancipation of the Senate," C. Brunn, ed., *The Roman Middle Republic : Politics, Religion, and Historiography c. 400~133 B.C.*, Rome, 2000, pp.69~89 참조.

족에 골고루 등재되어 있던 해방노예들을 엄격하게 4개의 도시부족에만 다시 등재하였다. 이밖에도 플라미니우스는 평민들을 위해 농지를 분배했는데, 예전처럼 개별 분배를 고집하지 않고 원로원의 이름으로 라틴 식민시를 플라켄티아(Placentia)와 크레모나(Cremona)에 건설하였다.

2) 플라미니우스 경기장과 플라미니우스 도로의 건설

플라미니우스는 기사계층과 빈민들에게 경제적인 이득을 제공할 수 있는 대규모 공공토목공사도 계획하고 추진하였다. 그는 먼저 '평민들의 루디'(Ludi Plebeii)[18]를 개최할 수 있는 플라미니우스 경기장(Circus Flaminius)을 마르스 광장 남단에 건설했으며, 그 비용의 일부는 자신이 직접 충당하였다. 그것은 막시무스 경기장(Circus Maximus)처럼 길고 좁은 경주 트랙이 아니고 그냥 탁 트인 들판 같은 것이었지만, 평민들만의 최초의 공간이었다는 의미가 있다.

또 그는 자신이 호민관으로 재직할 때 농지를 분배했던 지역의 군사적 안전을 위해서 또 그 지역 농민들이 더욱 안전하고 신속하게 로마에 왕래할 수 있도록 로마에서 아리미눔에 이르는 플라미니우스 도로를 건설하였다. 그러기 위해서 이전에 사용하던 길들을 잘 활용하면서도 그 길들의 단점들을 보완할 수 있는 도로를 계획하고 건설하도록 독려하였다. 이 도로는 그뒤 포에니 전쟁 때 아주 중요한 군사도로로 사용됐으며, 또 움브리아(Umbria) 지역의 도시들과 로마를 긴밀하게 연결시켜줌으로써 로마가 이탈리아 반도의 중심지로 성장하는 데 중요한 구실을 하였다.

---

18) 왕정시대부터 로마인들의 삶의 중요한 한 부분을 차지했던 루디(Ludi)는 유피테르 옵티마테스 막시무스(Jupiter Optimus Maximus)에 대한 희생제이자 다양한 형태의 오락을 포함한 경기이다. 처음에는 귀족들과 평민들이 모두 참가하는 '로마인들의 루디'만 있었지만, 아마도 플라미니우스가 처음으로 평민 아이딜리스가 주관하는 평민들만의 루디를 만들었던 것 같다.

3) 메틸리우스법(lex Metilia)

그 무렵 로마에서는 염색업자들이 옷감에 광택을 내기 위해 움브리아 지방의 흙으로 천을 염색했기 때문에, 로마의 수질이 많이 오염되고 있었다. 켄소르에게는 로마의 시민들이 깨끗한 물을 이용할 수 있도록 관리해야 할 책임이 있었다. 그러나 로마에는 염색업자들의 행위를 단속할 수 있는 법률적인 근거가 아직 없었다. 켄소르는 민회를 소집할 권한이 없었기 때문에 관련 입법을 발의할 수도 없었다. 플라미니우스는 그의 동료 아이밀리우스 파푸스(L. Aemilius Papus)와 함께 논의한 뒤 호민관 메틸리우스(Metilius)에게 도움을 청하였다.[19] 켄소르들의 문제제기에 동의한 그는 염색업자들이 움브리아 지방의 흙으로 염색을 하지 못하게 하고 위반하면 처벌한다는 내용의 법안을 평민들 앞에 제출했으며, 결국 평민들의 찬성으로 통과되었다.[20]

클라우디우스법(lex Claudia)과 플라미니우스의 지지

기원전 219년 또는 218년경 원로원에서는 또 한 번의 큰 소동이 벌어졌다. 호민관 퀸투스 클라우디우스(Quintus Claudius)가 원로원 의원들과 그들의 자식들이 해외무역을 수행할 수 있을 정도의 대형선박을 보유하지 못하게 하는 법안을 제출했기 때문이다. 물론 처음에는 해외무역이나 해운업에 종사하는 원로원 의원들은 극소수였으나, 해상활동의 증가로 그 수는 꾸준히 늘어났다.[21] 그러나 문제는 이들 원로원 의원들이 해상무역에 종사한다

---

19) 법안을 제출했던 메틸리우스가 어떤 관직을 보유하고 있었는지는 불확실하다. 그러나 이 시기의 법안들이 대체로 평민회에서 제출되었으며 그의 집안이 대대로 호민관직을 역임하고 있었다는 점을 고려한다면, 아마도 호민관이었을 것이다.
20) 많은 학자들은 이 법이 원로원 의원들이 자신들의 토가를 움브리아 토양으로 윤을 내지 못하게 하거나 그들이 자연색 토가를 입도록 하는 일종의 사치법이라고 생각하였다. 그러나 기원전 195년 오피우스법(lex Oppia)의 폐지를 둘러싼 논쟁에서 그런 법에 대한 논의가 없었음을 상기해볼 필요가 있다. 또한 그 법이 사치법이라면 옷감의 소비자가 아닌 생산자를 규제하는 것은 설득력이 없다.
21) 캄파니아 지방의 해안도시들을 방어하기 위해 시작된 해군의 필요성이 제1차 포에니 전쟁의 시작으로 더욱 증가함에 따라 해외무역에 종사하는 원로원 의원들의 수가 늘어

는 사실보다, 그들이 국가의 이익보다 개인의 이익을 더 중요시한다는 데 있었다.[22]

클라우디우스는 이런 문제점을 간파하고 원로원의 반발을 예상하면서도 자신의 법안 제출을 강행하였다. 플라미니우스는 원로원 의원들이 자신들의 본분을 망각하고 이익 추구에만 전념하고 있다는 것을 신랄하게 비판하면서 클라우디우스의 법안을 강력하게 지지하였다. 그러자 대부분의 원로원 의원들은 이를 자신들의 경제적 이익이나 정치적 권위에 대한 직접적인 도전으로 간주하였다. 그들은 그 법안의 철회를 강력하게 요구하였다. 클라우디우스는 원로원의 동의를 구하지 못했지만 플라미니우스의 지지에 큰 힘을 얻어 자신의 법안을 평민회에 제출하였다. 평소 원로원 의원들에게 경쟁심을 느끼거나 반감을 품고 있던 기사계층과 평민들은 이 법안을 두 손을 들어 환영하였다.

두 번째 콘술로 선출 그리고 사망
1) 한니발의 침공과 트레비아 전투

로마가 클라우디우스의 법안으로 진통을 겪고 있을 때, 한니발은 기원전 218년 4월 말 히스파니아(현재의 에스파냐)의 뉴 카르타고를 출발하였다. 로마는 콘술 코르넬리우스 스키피오(P. Cornelius Scipio)를 마실리아(Massilia)로 파견했지만, 한니발은 벌써 이베루스(Iberus : 오늘날의 에브로 강) 강과 론(Rhône) 강을 지나 알프스를 향하고 있었다.

알프스 산을 넘어 이탈리아로 진군할 것을 감지한 스키피오는 횡단 후 지친 한니발 군대를 공격하기 위해 포 강 유역으로 이동하였다. 스키피오는

났다. 특히 기원전 243년 또는 242년 로마는 카르타고와의 전쟁을 조속히 끝내기 위해서 새로운 선단을 건조해야 했는데, 이는 보상을 약속받은 원로원 의원들의 도움으로 실현될 수 있었다.
[22] 기원전 219년의 일리리아(Illyria) 원정은 정당한 명분이 없는, 해운업자들의 입김이 작용한 원정이었다.

포 강의 지류인 티키누스(Ticinus) 강 서쪽 평원에서 한니발의 군대와 결전을 벌이게 되었으나 한니발의 누미디아 기병대 때문에 패하였으며, 자신도 부상을 입고 후퇴할 수밖에 없었다. 그뒤 스키피오는 다시 동료 콘술 셈프로니우스 롱구스(Ti. Sempronius Longus)와 함께 한니발의 기병대 공격에 덜 노출될 수 있는 트레비아 강 유역에 진지를 구축했으나, 한니발의 계략에 걸려들어 다시 전력의 3분의 2를 잃고 플라켄티아로 퇴각하였다. 그 결과 포 강 유역은 한니발의 수중에 떨어지게 되었다.

2) 콘술로 선출

로마군의 무기력한 패배와 뒤이은 포 강 유역의 상실은 많은 사람들에게 실망과 불안·분노를 안겨주었다. 한니발에 대적할 수 있는 새로운 군사령관의 임명이 무엇보다도 시급하였다. 때마침 콘술의 선거가 다가왔다. 플라미니우스는 이미 6년 전 콘술직을 역임했기 때문에 규정상 콘술직에 입후보할 자격이 없었지만 긴급한 국가적 위기는 예외를 인정하였다.[23] 그는 자신이 그 지역에 대한 전문가임을 내세우면서 한니발과의 전쟁을 조속히 종결하겠노라 약속하였다. 그는 얼마 전 원로원 내에서 클라우디우스의 법안을 홀로 지지한 사건으로 평민과 기사계층 사이에서 광범위한 지지를 얻고 있었고 북부 이탈리아 지역의 안전을 원하는 자들의 기대에 힘입어 콘술로 선출될 수 있었다.

원로원은 한니발의 기병대와 갈리아 동맹군들이 위력적으로 활동할 수 있는 북부 이탈리아 지역을 포기하고 중부 이탈리아 지역을 방어하기로 결정하였다. 그리하여 플라미니우스는 아레티움에서 서쪽 지역을, 동료 콘술인 세르빌리우스 게미누스(Cn. Servilius Geminus)는 아리미눔에서 동쪽 지역을 방어하기로 했으며, 필요하다면 한니발을 협공한다는 전략을 세워놓았다.

---

23) 기원전 342년 호민관 게누키우스(L. Genucius)는 10년 이내에 같은 정무관직을 보유하는 것과 1년에 2개 이상의 직책을 겸하는 것을 금지하는 법안을 통과시켰다.

그러나 플라미니우스는 원로원이 또 종교적인 이유를 들어 자신의 출정을 방해할까 두려워 적절한 종교적 의식을 치르지 않고 몰래 자신의 부임지로 출발하였다. 분노한 원로원이 그를 막으려 했지만 이미 늦었다.

3) 트라시메노 호수 전투와 플라미니우스의 전사

플라미니우스가 벌써 아레티움에 주둔하고 있다는 소식을 들은 한니발은 아르누스(Arnus) 강의 범람으로 물이 불어난 습지를 통과하여 에트루리아 지역으로 진군하였다. 한니발은 약탈을 자행함으로써 플라미니우스를 자극하여 아레티움 근처에서 전투하도록 유인하였다. 플라미니우스는 자기 눈 앞에서 동맹들의 마을과 농지가 불타는 것에 분노했지만, 한니발의 의도를 잘 알고 있었기 때문에 전투를 시작하지는 않았다. 그러나 보좌관들의 충고를 듣지 않고 근거리에서 그의 뒤를 추격하기로 결정했다. 한니발이 계속 측면을 노출하면서 유인했지만 플라미니우스는 그 덫에 걸려들어가지 않았다.

그러자 한니발은 갑자기 행군의 기수를 페루자(Perugia)로 향하게 함으로써 마치 자기가 로마로 진군하는 것처럼 보이게 하는 작전을 사용하였다. 한니발은 트라시메노 호수의 북쪽 연안을 지나가게 됐다. 지나는 길이 몹시 좁았으나 이곳을 제외한 호수 둘레는 육지 쪽으로 움푹 들어가 작은 평지를 이루고 있었다. 그는 자신의 병력을 언덕 위에 매복시켜놓고 기다렸다.

이 사실을 감지하지 못한 플라미니우스는 남하하고 있던 세르빌리우스의 군대와 협공을 하기 위해 한니발을 급하게 추격하였다. 다급해진 플라미니우스는 밝을 때까지 기다리지 않고 이른 아침 안개 낀 길을 따라 3만 6천 명의 병력을 이끌고 행군하였다. 이때 한니발의 신호에 맞춰 그의 병사들이 산에서 쏟아져 내려왔다. 전투는 두 시간이나 계속되었다. 치열한 전투로 로마 군인들은 대부분 죽거나 생포되었으며, 플라미니우스 자신도 전사하였다. 얼마 뒤 세르빌리우스가 플라미니우스 도로를 통해 파견한 4천 명의 기병대도 똑같은 운명에 처하게 되었다.

3. 지금까지의 연구성과와 앞으로의 전망

고대의 사료들은 플라미니우스를 로마의 평민들을 도덕적으로 타락시킨 선동정치가로, 또 공화정기 사회의 안정과 질서를 위협하는 포풀라레스(populares)의 일원으로 평가한다. 반면 현대의 학자들은 고대의 평가들이 플라미니우스의 주요 정적인 파비우스 막시무스의 사촌이자 역사가인 파비우스 픽토르(Q. Fabius Pictor)의 개인적인 반감 때문에 의도적으로 왜곡되었음을 지적한다. 그들은 플라미니우스를 더 이상 선동정치가로 간주하지 않으며, 그의 정치적·행정적인 능력을 긍정적으로 평가하고 있다.

그러나 이런 평가에도 불구하고 농지법을 제외하고는 플라미니우스의 다른 정치적 활동이나 행동은 다소 간과되고 있는 실정이다. 가장 큰 이유는 무엇보다도 이 시기를 언급하는 사료들이 다른 시기와 비교해볼 때 절대적으로 부족하기 때문이다. 또다른 이유는 대부분의 현대 학자들이 이 시기를 원로원 계층이 지배하는 과두 지배체제 시대라고 하는 데 동의하고 있기 때문이다.

필자도 원로원의 강력한 정치적 영향력을 부인하려는 것은 아니다. 그러나 현재 서양학계에서 원로원의 역할에 대한 논의가 다시 제기되고 있는 것처럼, 이 시기 정치에 대한 과거의 역사적 패러다임을 재고해볼 필요가 있다. 플라미니우스에 대한 연구가 그것의 출발점이 될 수 있을 것이다. 그에 대한 본격적인 연구는 과거 호민관을 신귀족(nobiles) 또는 원로원 계층의 정치적 도구로만 설명하거나 평민들을 무력하고 수동적인 존재로만 파악하던 통설이 지나치게 단순하고 획일적이었음을 보여줌으로써, 로마 공화정체의 운용에 대한 균형잡힌 이해를 가능하게 할 것이다.

티베리우스 셈프로니우스 그라쿠스
로마 혁명이 시작되다

●허승일(서울대 명예교수 · 서양고대사)

1. 출신 가문과 초기 교육

 티베리우스 셈프로니우스 그라쿠스(Tiberius Sempronius Gracchus)는 아버지 티베리우스 그라쿠스와 어머니 코르넬리아의 아들로 로마에서 태어났다. 그 시기가 언제인지는 밝혀져 있지 않다. 기원전 133년 티베리우스 그라쿠스가 암살당할 때의 나이가 30세가 채 안 되었다는 플루타르코스의 말대로라면, 그가 태어난 때는 기원전 162년이 된다. 그러나 여러 가지 정황으로 미루어볼 때, 아마 그는 기원전 163년이나 164년, 또는 더 거슬러 올라가 기원전 168년에 태어났다고까지 추정해볼 수 있다.
 티베리우스 그라쿠스가 속한 셈프로니우스 가문은 원래는 평민 가문이었다. 세습귀족(patricii) 가문인 아피우스 클라우디우스 가문의 정치세력을 등에 업고 기원전 238년 정계에 처음 입문하여 비로소 신귀족(nobiles)의 대열에 들어섰다. 그때 셈프로니우스 가문에서 최초로 콘술(consul)이 된 인물이 티베리우스 그라쿠스의 증조부였다. 그의 아들 역시 기원전 215년과 213년 두 차례에 걸쳐 콘술을 역임함으로써 셈프로니우스 가문은 정계에서 무시 못 할 가문으로 위상이 높아졌다.

그러한 셈프로니우스 가문의 영광을 이번에는 그의 조카가 계속해서 빛냈으니, 다름 아닌 그라쿠스 형제의 아버지였다. 그라쿠스 형제의 아버지는 기원전 177년과 163년 두 차례 콘술을 역임했고, 기원전 169년에는 켄소르(censor)로 활약한 바 있으며, 개선식을 두 차례나 치렀다. 특히 그는 한니발을 격파한 노(老) 스키피오 장군의 딸로 지혜와 학덕을 겸비한 당대 최고의 지성인인 코르넬리아와 결혼하는 행운도 얻게 된다. 뿐만 아니라, 그가 죽은 뒤의 일이지만, 그의 딸 셈프로니아가 제3차 포에니 전쟁에서 카르타고를 영원히 멸망시킬 소(少) 스키피오와 결혼하게 된다. 이는 셈프로니우스 가문이 클라우디우스 가문과 정적관계에 있던 스키피오 가문과도 정치적으로 제휴했음을 단적으로 나타내는 것이다.

이렇게 볼 때, 티베리우스 그라쿠스만큼 출신 배경이 좋은 귀족도 드물다. 그는 제2차 포에니 전쟁 때 자마에서 한니발 장군을 격파한 노 스키피오의 외손자였고, 어머니 코르넬리아가 노 스키피오의 딸이자 또한 오빠의 양자인 소 스키피오의 고모 겸 장모이기도 했기 때문에, 티베리우스 그라쿠스는 소 스키피오와는 처남매부지간이었다. 제3차 포에니 전쟁 때 그가 소 스키피오 장군의 막사에 같이 머무른 것도 다 이런 연유에서였다. 티베리우스 그라쿠스는 '잠만 자고 있어도' 때가 되면 콘술이 될 운을 지닌 행운아였다.

아버지 티베리우스 그라쿠스는 12남매를 낳았는데, 그 중 그라쿠스 형제와 누이를 빼고는 모두 죽었다. 아버지는 기원전 154년에 세상을 떠났을 것으로 추정되므로 티베리우스 그라쿠스는 소년기에 아버지의 죽음을 맞이했을 것이다. 어머니는 이집트 왕의 구혼을 받았지만 '나의 진주들'이라고 자랑한 그라쿠스 형제를 위해 이를 물리친 당당한 여인으로, 형제의 교육에 열정을 다 쏟았다.

원래 로마에서 청소년 교육은 아버지가 직접 담당하였다. 기원전 2세기 전반에 노 카토도 아들에게 직접 글 읽기와 쓰기를 가르쳤으며, 역사뿐 아니라 창 던지기, 말 타기, 권투, 추위 견디기, 티베리스 강에서 힘차게 수영하는 법까지 가르쳤다. 그러나 기원전 2세기 후반에 오면 사정은 달라진다.

귀족 가문은 거의 모두가 그리스 출신의 저명 학자나 수사학자를 가정교사로 초빙해 자식들의 교육을 전담시켰다.

이러한 시대적 유행에 따라 그라쿠스 형제의 어머니 코르넬리아도 일찍 세상을 떠난 아버지 대신 손수 초·중등 교육을 시키는 것은 물론, 미틸레네 출신의 유명한 수사학자 디오파네스와 이탈리아 쿠마이 출신의 스토아 철학자 가이우스 블로시우스를 가정교사로 삼아 형제의 교육을 담당하게 하였다.[1]

로마 귀족 청년들의 꿈은 유명 정치가가 되는 것이었다. 그렇게 되기 위해서는 민회·법정 등에서 청중의 심금을 울려 찬성표를 얻도록 연설을 잘해야 했다. 로마 시대의 고등교육이 수사학이 전부였던 이유도 바로 여기에 있다. 디오파네스의 수사학 교습 덕분에 그라쿠스 형제의 연설은 두고두고 찬사의 대상이 된다. 한편, 스토아 철학자 블로시우스에게서는 스토아 학파의 경제이론 중 안티파테르의 보수적인 이념을 전수받게 된다. 공유지(公有地)는 원래 국가의 소유물이기 때문에, 국가가 필요할 때는 언제든지 그 공유지를 몰수할 수 있고, 또 그것을 놓지 없는 시민들에게 나누어줄 수 있다는 것이다. 이것은 100여 년 전 스파르타의 아기스 왕과 클레오메네스 왕이 실천에 옮겼던 이념이기도 했다.

이밖에도 티베리우스 그라쿠스는 당시 그리스 문·사·철(文史哲)을 연구하기 위하여 매부 스키피오가 주도적인 역할을 하여 만든 '스키피오 서클'의 영향을 직·간접으로 받았을 가능성이 꽤 농후하다. 티베리우스 그라쿠스는 '스키피오 서클'의 정식 회원은 아니었던 것 같다. 그러나 소 스키피오의 조카인 아일리우스 투베로(Aelius Tubero)와 가이우스 카토(Gaius Cato)는 그 서클의 회원이었고, 바로 이들이 티베리우스 그라쿠스와는 친척이며 친구였다. 그러므로 티베리우스 그라쿠스가 그 서클의 회원은 아니었더라도 그 서

---

1) 허승일, 「서양 고대 그리스 로마 세계의 인성 교육」, 『師大論叢』 68, 2004, 135~159쪽 참조.

클에서 행해지는 각종의 토론 내용을 전해들어 알게 되었을 것이다.

그런데 바로 그 서클에서 주요 발제자로 맹활약했던 사람이 다름 아닌 중기 스토아 철학의 창시자 파나이티우스와 역사가 폴리비오스였다. 파나이티우스는 디오게네스의 직계 제자로, 역시 그의 제자인 안티파테르와 정반대의 의견을 품고 있었다. 디오게네스는, 마치 극장 좌석을 선점하면 그의 좌석이 되듯이 공유지도 선점하면 그의 사유지(私有地)가 된다고 역설했는데, 바로 이 논리를 받아들여 파나이티우스는 로마의 대토지 소유자들의 이익을 대변하는 새로운 이론체계를 내놓게 된다.[2]

한편, 폴리비오스는 로마가 최단기간 내에 지중해 세계 강국을 이루게 된 것은 로마 공화정이 혼합정체(混合政體)를 채택했기 때문이라는 유명한 정치이론을 내놓게 된다. 로마 공화정은 콘술이 왕정, 원로원이 귀족정, 시민의 각종 민회들이 민주정을 나타내는데, 이 3개의 정체가 혼합되어 서로 견제하면서 균형을 취하는 바로 그 장점 때문에 로마는 부국강병하게 되었다는 것이다. 폴리비오스는 이미 기원전 151년 이전에 출간한 『역사』 제6권에서 이렇게 로마가 자랑하는 혼합정체가 조만간 중우정을 배경으로 한 참주가 나타남으로써 붕괴될 것이라고 로마의 미래를 어둡게 예언한 바 있었다.[3]

2. 제3차 포에니 전쟁에 참전한 티베리우스 그라쿠스

이렇게 교육을 받고 견문을 넓히는 가운데 티베리우스 그라쿠스는 어느덧 17세가 된다. 그는 남들처럼 성인식을 치르고 복점관이 된다. 이어서 그는 군대에 장교로 입영하여 소 스키피오를 따라 카르타고를 멸망시키기 위해 제3차 포에니 전쟁에 참전하게 된다. 이때 그는 자연스럽게 매부이자 로

---

2) 허승일, 「티베리우스 그라쿠스의 농지 개혁에 끼친 스토아 경제 사상」, 『歷史敎育』 86, 2003, 219~246쪽 참조.
3) 허승일, 「폴리비오스의 混合政體論과 티베리우스 그라쿠스의 改革」, 『歷史學報』 119, 1988, 47~89쪽 참조.

마군 최고사령관인 소 스키피오 장군과 같은 막사에서 침식을 하게 된다. 『포에니 전쟁사』 초판을 기원전 151년 전에 내고 계속 그 후속사를 집필하고자 했던 역사가 폴리비오스도 이 전쟁에 참전했으므로, 이 3인은 스스럼없이 만나 로마 공화정 정치체제의 장점이라든가 로마군의 강함 등 주로 로마 공화국의 부국강병에 대해 토론하곤 했을 것이다. 이 전쟁에서 티베리우스 그라쿠스는 용맹을 발휘하여 적의 성벽에 제일 먼저 올라가 모든 젊은이들의 우상이 되었다.

제3차 포에니 전쟁이 끝난 뒤, 기원전 137년 티베리우스 그라쿠스는 콰이스토르(quaestor)가 되며 가이우스 만키누스(Gaius Hostilius Mancinus) 장군을 수행하여 히스파니아의 누만티아 전쟁에 참가하게 된다. 그러나 만키누스 장군은 무능했다. 로마군은 누만티아군에게 연전연패하였다. 2만여 명의 로마군과 그 예하 소속원들이 적에게 완전히 포위당했다. 만키누스 장군은 적과 휴전협정을 맺으려고 했으나, 적들은 협상대표로 티베리우스 그라쿠스를 지목하였다. 티베리우스 그라쿠스는 유리한 조건도 내세우고 양보도 하면서 휴전을 성립시켰다. 로마군은 무사히 빠져나와 로마로 귀환했다.

휴전을 성립시켜 수많은 로마인의 목숨을 구했다는 칭송을 듣게 되리라 들떠서 돌아온 티베리우스 그라쿠스 앞에는 히스파니아에서의 만키누스 장군의 패전을 문책하는 로마 원로원의 결의가 기다리고 있었다. 원로원은 누만티아인들과의 휴전조약을 조인하지 않았다. 오히려 적과 휴전한 만키누스 장군을 발가벗긴 채 누만티아 성으로 되돌려보내기로 결정하였다. 이러한 경우 군사령관과 그 예속 장교들도 적에게 넘겨주는 것이 상례였지만, 이때 소 스키피오가 손을 써서 처남인 티베리우스 그라쿠스를 위시해 군장교들은 제외시켰다. 소 스키피오가 자신이 누만티아인을 정벌할 기회를 잡으려고 만키누스 문책을 들고 나왔다는 소문이 파다했다.

이러한 정황이 티베리우스 그라쿠스가 정치생활을 막 시작하려고 할 때 부딪쳤던 로마의 정치적 기류였다. 그러나 로마는 전체적으로 볼 때, 도시 농촌 가릴 것 없이, 경제·사회·군사·교육 모든 면에서 대수술을 가해야 할 국가적인 대위기에 봉착해 있었다.

기원전 2세기로 접어들면서 로마에는 이미 헬레니즘식 토지 경영방식이 유행병처럼 번져 도시 로마의 인근 농토는 노예를 투입해 경영하는 가축 사육지와 과수 재배지로 변모해버린 지 오래였다. 이로써 로마의 중소 자영농민층이 빈민으로 몰락해 사회 · 경제적 문제가 된 것은 물론, 자손들의 교육 부실화와 군사력의 약화가 그 후유증으로 나타났다.

기원전 212년 로마 원로원은 도시 로마가 필요로 하던 곡물을 그 인근 지역 농촌에서 공급하던 것을 중단하고 해외 속주인 시칠리아 · 사르데냐에서 생산되는 곡물로 충당하기로 결의했었다. 기원전 146년에 카르타고를 멸망시키자 역시 그곳도 아프리카 속주로 지정하고 로마의 곡물 공급지로 이용하게 되었다. 그러나 로마에서는 곡가가 오르고 있었고, 기원전 138년에 이르면 2년 전에 비해 곡가가 5배가 오를 만큼 지중해 전역에 걸쳐 곡물가격이 앙등한 상태였다. 세 속주 가운데 도시 로마에 가장 많은 곡물을 공급하기 때문에 '로마의 유모'라고 알려진 시칠리아에서는 기원전 139년부터 노예반란이 일어나 곡물을 경작할 수 없게 되더니, 기원전 135년경에는 에우누스라는 자가 노예반란 무리들을 마치 정규군처럼 조직적으로 훈련하는 바람에 아예 노예전쟁이 돼버려 시칠리아의 황폐가 극에 달하게 되었다. 따라서 시칠리아로부터의 곡물 도입이 중단되자, 도시 로마는 곡가의 '살인적 폭등'에 시달리게 되었다. 굶어 죽는 자와 티베리스 강으로 투신 자살하는 자들이 잇달았다.[4] 그래서 로마 정계에서는 이러한 도시 로마의 곡물위기를 어떻게 해결하느냐가 현안의 최대과제로 떠올랐다.

사실, '스키피오 서클'의 회원이자 소 스키피오의 절친한 친우 라일리우스는 본격적인 도시 로마의 곡물위기가 도래하기 전인 기원전 140년대에 벌써 농지문제를 해결하려고 움직이고 있었다. 그는 민회에 농지법안을 제

---

[4] 허승일, 「그라쿠스 형제 개혁 시대의 도시 로마의 경제 위기」, 『西洋古典學硏究』 19, 2003, 51~79쪽 참조.

안했는데, 아마 그 내용은 공유지를 이용해 장차 닥쳐올 문제를 해결하자는 취지의 조항들로 구성되었을 것이다. 그러나 곧 부자들이 들고일어났기 때문에 그는 농지법안을 철회하고 말았다. 이 해프닝의 결과 그가 얻은 소득이란 '현자'(sapiens)라는 별명뿐이었다.

3. 호민관 티베리우스 그라쿠스의 농지법안과 폭풍전야의 로마 정가

이제 드디어 티베리우스 그라쿠스가 본격적으로 정치활동을 할 수 있는 길이 트이게 되었다. 그가 기원전 133년의 호민관이 된 것이다. 그는 곧 농지법안을 마련해 그의 공적 생활의 시발점으로 삼고자 했다.

플루타르코스에 따르면 티베리우스 그라쿠스가 농지법안을 들고 나온 것에는 여러 가지 동기가 작용했다고 한다. 수사학자 디오파네스와 철학자 블로시우스의 권고, 그라쿠스 형제의 어머니로 불리지 않고 소 스키피오의 장모라고 불리는 사실에 불쾌해하는 어머니 코르넬리아의 심기, 동년배인 스푸리우스 포스티무스와의 공명심 다툼, 기원전 137년 누만티아로 가는 도중 에트루리아 지역을 지나다가 본 노예노동에 의한 라티푼디아 경영과 이로 인한 피폐상, 특히 로마 거리의 기둥이나 벽·기념비에 씌어진 '국유지를 찾아서 가난한 동포들에게 돌려달라'는 로마 인민의 호소, 이 모든 것이 복합적으로 작용했다. 더욱이 당시 50여만 명의 인구가 밀집해 살던 로마 시에서는 곡물 부족으로 인한 곡가의 폭등으로 위기감이 최고조에 달해 있었다.[5]

티베리우스 그라쿠스가 농지법안을 들고 나올 당시 로마에는 정당이라는 것이 없었다. 귀족 가문들의 결합체인 붕당(朋黨) 또는 당파(黨派)가 있을 뿐이었다. 기원전 140년대와 130년대의 로마 공화국에는 소 스키피오(기원전

---

[5] 허승일, 「티베리우스 그라쿠스의 로마시 穀物需給計劃」, 『歷史學報』 142, 1994, 271~330쪽 참조.

147년·134년의 콘술)를 중심으로 한 붕당과 아피우스 클라우디우스(기원전 143년의 콘술)를 정점으로 한 클라우디우스 붕당의 양대 붕당이 존재했다. 이들 양대 정치집단 사이에는 정치권력을 장악하기 위한 치열한 투쟁이 전개되고 있었다. 문제는 티베리우스 그라쿠스가 아버지 대에 혼인정책으로 다져진 스키피오 정치집단에서 뛰쳐나와 정적관계에 있는 클라우디우스의 사위가 되어 개혁정치의 기수로 나섬으로써 발생한다. 그는 아마 이상적인 개혁정치를 꿈꾸다가 라일리우스의 농지개혁의 포기를 보고 크게 실망한 나머지 스키피오파에게는 더 이상 바랄 것이 없다고 보고 뛰쳐나온 듯하다. 그러니만큼 그가 당시 원로원의 제1인자 클라우디우스의 사위가 된 것은 결코 우연이 아니었을 것이다. 어쨌든 그는 새로이 둥지를 튼 소속 붕당의 정책 입안자로서 종전과는 궤를 완전히 달리하는 농지 분배 개혁정치를 주도하게 된다. 그가 지역구 평민회에 제출한 농지법안은 다음과 같다.

어떤 시민이든지 공유지 500유게라 이상을 점유할 수 없으며, 이에 대해서는 영구소유권을 부여하여 사유지로 인정한다. 또한 지주에게 장성한 아들들이 있을 경우, 2인에 한하여 1인당 250유게라씩을 더 점유하게 한다.

법정선을 넘어 몰수될 농지에 대해서는 금전상의 보상이 있으며, 또한 농작물·건물 및 시설물과 토지 개량에 소요된 경비에 대해서도 점유자에게 보상조치를 취한다.

대지주에게서 몰수된 농지에 대해서는 로마의 토지 없는 시민에게 1인당 30유게라씩 분배해주되, 이것은 국유지이므로 점유자는 소정의 지대를 국가에 납부해야 함은 물론 타인에게 이것을 매각할 수 없다.

이 법을 시행하기 위해 1년을 임기로 하는 3인위원회를 설치하고, 그 위원은 민회에서 선출한다.[6]

---

[6] 허승일, 「티베리우스 그라쿠스의 농지법 신고」, 『증보 로마 공화정 연구』, 1995, 59~112쪽 참조.

사실 위 농지법안의 내용을 조항별로 따져보면, 플루타르코스가 "부정과 탐욕에 대하여 이제까지 이보다 더 관대하고 온건한 법은 규정된 적이 없었다"고 갈파했듯이, 매우 온건한 입법조처였다. 이것은 클라우디우스 개혁붕당의 정치노선이기도 했다. 농지법안은 티베리우스 그라쿠스 단독으로 마련한 것이 결코 아니었다. 당대의 저명한 법률가인 리키니우스 크라수스 무키아누스와 역시 법률가이자 기원전 133년의 콘술인 무키우스 스카이볼라 형제, 그리고 원로원의 제1인자이며 장인인 아피우스 클라우디우스 등 유명 인사들의 협력을 얻어 만든 산물이었다.

그러나 부자와 지주들은 이 법안에 맹렬히 반대하였다. 티베리우스 그라쿠스가 국기(國基)를 흔들어 혁명을 하려 한다는 것이 그 이유였다. 그러자 티베리우스 그라쿠스는 민회에서 다음과 같이 열변을 토하였다.

> 이탈리아에 떠도는 야생짐승들도 각기 은신할 굴이나 집이 있습니다. 그러나 이탈리아를 위해 싸우고 죽는 사람들은 공동의 공기와 햇빛을 향유할 뿐, 정말 아무것도 가진 것이 없습니다. 쉴 곳도 집도 없이 그들은 처자식과 함께 떠돌아다니고 있습니다. 장군들은 전쟁터에서 병사들에게 적에게서 분묘와 신사를 방어하자고 촉구했는데, 이는 말도 안 되는 소리입니다. 왜냐하면 병사들 중 누구도 세습되는 제단을 가진 자가 없고, 이 많은 로마인들 가운데 그 누구도 조상의 분묘를 가진 자가 없기 때문입니다. 그들은 오직 다른 사람들의 부와 사치를 위해 싸우다 죽는 것입니다. 그들은 세계의 지배자가 되었지만, 그들 자신의 소유라 할 단 한 뼘의 땅도 가지고 있지 못합니다.

4. 동료 호민관 옥타비우스의 반대와 제거

로마 인민은 티베리우스 그라쿠스의 등장에 열광하면서 그의 농지법안을 적극 지지한다는 의사를 표명하였다. 농지 개혁 반대자들은 이에 크게 당황하였다. 단순한 논리를 들어 반대해봐야 아무런 성과도 얻을 수 없다고 생각한 그들은 아예 농지법안의 제정 자체를 무산시키려고 하였다. 그 방법은 간단하였다. 당시 호민관은 10명으로, 지역구 평민회에 법안을 상정할 때 한 명이라도 거부권을 행사하면 법 제정은 불가능하게 되어 있었다. 그리하여 그들이 내세운 꼭두각시가 호민관으로서 티베리우스 그라쿠스와 아주 절친한 마르쿠스 옥타비우스였다. 기원전 133년 1월 29일 마르쿠스 옥타비우스는 이 법안에 거부권을 행사하게 된다. 거부가 철회되지 않는 한, 호민관의 임기가 만료되기 전에 농지법안은 표결에 부칠 수 없게 되었다.[7]

티베리우스 그라쿠스는 크게 분개했다. 그래서 그는 원래의 온건한 농지법안 대신 인민에게는 더 유리하고 그들을 불법적으로 압제하는 지주들에게는 훨씬 불리한 다른 농지법안을 제출하였다. 이 법안은 현행법을 위배하고 토지를 사유한 사람들을 아무 보상(報償) 없이 퇴거시킨다는 내용을 골자로 하고 있었다.

티베리우스 그라쿠스와 옥타비우스는 날마다 이 법안을 놓고 찬반 격론을 벌였다. 티베리우스 그라쿠스는 옥타비우스 자신이 법을 위반하며 많은 공유지를 점유하고 있다고 지적한 뒤, 결코 부유한 형편은 아니지만 사재를 털어서라도 보상해주겠으니 제발 반대만은 하지 말아달라고 사정하였다. 그래도 그가 반대하자, 티베리우스 그라쿠스는 농지법안에 대한 표결이 끝날 때까지 나라의 정무 일체를 중지할 것을 선포하였다. 또한 국고가 있는 사투르니우스 신전을 봉하여 콰이스토르들이 거기에서 돈을 꺼내거나 일체의 지출을 하지 못하게 했으며, 이 선포를 위반하면 누구를 막론하고 처벌한다고 공고하였다. 실제로 그는 프라이토르 한 명을 처벌하기도 했다. 그러므로 모든 관리들은 두려워서 일체의 정무를 중지하였다. 훗날 키케로가 적절하게 언급했듯이, 티베리우스 그라쿠스는 왕이나 다름없었다. 그리고 그는 표결 날짜를 연기하였다.

---

[7] 이하 허승일, 「Tiberius Gracchus의 농지 정책-로마 혁명의 발단과 연관하여」, 서울대학교 석사학위 논문, 1967, 1~58쪽 참조.

그러자 대지주들이 상복을 입고 초라한 모습으로 나타났다. 그들은 티베리우스 그라쿠스를 암살할 자객을 구하고 있었다. 이를 안 티베리우스 그라쿠스는 대비책으로 옷 속에 단도를 차고 다녔다.

그 다음달인 2월 18일 그라쿠스가 투표 개시를 선언하자 반대파와 지지파 사이에 대혼란이 일어났다. 이때 콘술을 역임한 바 있는 만리우스와 풀비우스의 호소에 좇아 그가 동 법안을 원로원 회의에 상정했으나, 그곳에서도 아무런 결정을 보지 못했다. 이는 로마 원로원에서도 개혁·보수 양대 세력이 팽팽하게 맞서 어느 한쪽으로 의견이 수렴되지 않았다는 것을 뜻한다. 훗날 키케로가 적절하게 표현했듯이, 로마 원로원도 로마 인민도 티베리우스 그라쿠스의 농지법 제정문제를 놓고 두 쪽으로 갈라졌던 것이다.

이에 티베리우스 그라쿠스는 마지막 수순을 밟게 된다. 그는 민중 앞에서 옥타비우스의 손을 잡으며 정다운 말로 "인민의 소원을 들어주라. 그들이 요구하는 것은 법에 의한 정당한 권리에 불과하며, 국가를 위한 희생과 고생의 대가로 원하는 그들의 보수는 매우 보잘것없는 것이다"라고 호소했다. 그러나 옥타비우스는 이 요청을 거부했다. 그러자 티베리우스 그라쿠스는 그러면 둘 중 한 사람은 관직에서 물러날 수밖에 없다고 말하고, 먼저 자신의 해임안부터 인민의 표결에 부쳐 가결되는 즉시 사인(私人)이 되겠다고 제안했다. 그래도 옥타비우스가 반대하자, 그라쿠스는 그의 호민관직 해임안을 제출하겠으니 그러기 전에 다시 생각을 돌이켜달라고 말하고 민회를 해산시켰다.

이튿날인 19일 옥타비우스가 계속 거부권을 행사하자, 그라쿠스는 호민관직 창설 이유를 내세워 옥타비우스의 호민관직 박탈안을 민회에 제출하며 다음과 같은 열변을 토하였다.

호민관을 신성시하여 침범할 수 없는 위엄을 갖게 하는 것은 호민관이 평민을 섬기고 보호하는 까닭입니다. 그러므로 어느 호민관이라도 이러한 임무에서 벗어나 평민에게 해를 끼치고 인민의 권리를 축소시킨다면…… 모든 지역구의 찬성으로 그 직위를 박탈하는 것이 어찌 합법적이지 않겠습니까? …… 그러므로 호민관직도 신성성(神聖性)을 손상시키지 않고 타인에게 넘겨줄 수 있는 것입니다. 호민관직이 절대로 불가침(不可侵)의 것이 아님은 물론, 절대 박탈할 수 없는 것이 아니라는 것은 고위 공직에 있던 사람들이 스스로 그 직위를 사임한 예로 미루어보아 명백하게 알 수 있는 것입니다.

그리고는 표결에 부쳤다. 당시 지역구 수는 35개였는데, 17개 지역구의 표결 결과가 찬성이었다. 1개 지역구의 찬성표만 더 나오면 옥타비우스는 한낱 사인(私人)이 될 것이었다. 이때 그라쿠스는 투표의 진행을 중지시키고, 민중 앞에서 그를 안고 최후의 간곡한 말로 "동료 호민관인 친구가 아주 잔인하고 가혹한 법안을 통과시켰다는 비난을 듣게끔 하지 말아달라"고 통사정했다. 이 지경에 이르니 옥타비우스도 태연스러워하지만은 않았다. 눈에는 눈물이 가득하고 한참 동안 말없이 서 있었다. 그러나 건너편 한 곳에 모여 있는 부자들과 지주들을 보니, 그들의 지지를 잃을까 두려워한 옥타비우스는 티베리우스 그라쿠스에게 마음대로 하라고 말하였다. 동의안은 가결되고, 마침내 옥타비우스는 연단에서 끌어내려졌다. 군중이 달려들어 그를 해코지하자, 부자들이 달려와 그를 간신히 구해냈다. 이 와중에 그의 노예 하나는 두 눈이 뽑히기까지 했다. 티베리우스 그라쿠스의 추종자로 이름은 잘 알려지지 않은 무키우스라는 자가 옥타비우스 대신 호민관으로 선출되었다. 그의 농지법안은 가결되었고, 농지분배 3인위원으로 티베리우스 그라쿠스 본인과 그의 동생 가이우스 그라쿠스 그리고 그의 장인 아피우스 클라우디우스가 뽑혔다.

로마 공화정 사상 전대미문인 동료 호민관직 면직사건에 대해 당시 원로원 내의 보수파는 물론이고 일부 개혁파 의원들도 크게 당혹했을 것이다.

그런데 그라쿠스는 논쟁의 다른 편을 지지하고 있던 그의 동료 마르쿠스 옥타비우스를 특별규제로써 관직에서 제거할 만큼 그렇게 정신이 나간 상태에까지 이르렀다.

　리비우스의 『로마사』 요약자의 이 글은 당시 정치를 한다는 사람들이 그라쿠스를 제정신이 아닌 상태에서 저지른 짓이라고 혹평하고 있었음을 단적으로 보여주며, 또 플루타르코스도 티베리우스 그라쿠스에게 던질 수 있는 가장 큰 비난 한 가지는 동료 호민관을 파면시킨 것이라고 말하기까지 했다. 현대의 어떤 사가는 이를 심리적인 면에서 설명하기도 했다. 그라쿠스의 성격은 원래 온건하고 이성적이었지만, 뜻밖의 완강한 반대에 부딪치게 되자 격정에 휩싸여 과격한 정치활동을 야기하게 되었다는 것이다. 심지어 테오도르 몸젠은 티베리우스 그라쿠스가 '개혁'이냐 '혁명'이냐의 기로에서 후자를 택했다고까지 언급하고 있다.

　사실 티베리우스 그라쿠스의 눈에는 오히려 옥타비우스가 로마의 전통을 파괴하는 주범으로 비쳐졌다. 평민의 이익을 위해 선출된 호민관이 평민의 이익을 거스르는 행동을 하는 것은 로마 전통상 용납할 수 없는 일이었다. 평민층인 중소 자영농이 몰락함으로써 로마의 군사력이 약화된 것은 물론, 특히 속주 시칠리아의 노예전쟁으로 야기된 곡물위기에 봉착해 있던 때인 만큼, 티베리우스 그라쿠스는 농지법 제정은 로마를 원상회복시키는 첫 단추라고 보았던 것이다. 그러나 그는 곧 옥타비우스의 거부권 행사에 직면하자 '체제 내의 개혁'은 불가능하다고 피부로 느꼈다.

　여기서 티베리우스 그라쿠스가 농지법안 폐기의 '대안'으로 무엇을 '개혁'의 방법으로 삼을 수 있었을까? 그에게는 선택의 여지 없이, 오직 혁명의 길만이 남아 있었다. 티베리우스 그라쿠스는 로마인 누구나가 원하는 로마 최고의 정부형태, 즉 혼합정체를 온전하게 보존하려면 농지 분배가 필수적이고, 이를 위해서는 온전하게 보존하려는 바로 그 혼합정체의 벽을 다소 파손시키지 않고서는 안 되겠다는 딜레마에 빠져 있는 자신을 발견하게 되었던 것이다.

　이것은 분명 역설적인 설명이다. 한 번 더 말하면, 처음에는 순수한 전통적인 당파 정책의 노선에 입각하여 정치권력의 장악을 노리면서도 농지분배를 통한 혼합정체의 온전한 보존이라는 궁극적인 정책 목표를 위해 마련된 그의 개혁정치의 구상이 농지법이 제정되어야만 빛을 볼 수 있었기 때문에, 처음부터 그는 장애물인 혼합정체의 장벽을 깨야 하느냐 마느냐의 딜레마에 빠졌던 것이다. 물론 티베리우스 그라쿠스는 라일리우스처럼 'sapiens'로 끝날 생각은 추호도 없었다. 혼합정체를 온전하게 보존하기 위해서는 농지분배 개혁이 절실히 요청되는데, 이를 중도에서 포기하지 않으려면 혼합정체의 일부 또는 그 이상의 기관을 '본의 아니게' 손상시킬 수밖에 없다. 그러나 일단 개혁이 성공해 기초가 튼튼해지면 혼합정체는 자동적으로 원상복구될 것이 아니냐는 생각에서 그라쿠스는 동료 호민관을 면직시켰다고 봐도 큰 무리는 없을 것이다.

농지법이 제정된 이상, 이제 티베리우스 그라쿠스가 착수해야 할 일은 법정량 이상의 공유지를 점유하고 있는 자들에게서 토지를 몰수하여 토지 없는 로마 시민들에게 분배해주는 일이었다. 이 일을 구체적으로 담당할 농지분배 3인위원도 선출되었다. 그러나 문제는 이 일을 하는 데 소요될 엄청난 자금을 어떻게 확보하느냐 하는 것이었다. 국고를 관장하는 원로원은 농지법 시행에 소요되는 경비를 거의 지원하지 않았다. 티베리우스 그라쿠스는 다시 한 번 난관에 부딪혔다. 그런데 때마침 페르가몬 왕국의 아탈로스 3세가 유언으로 왕국을 로마 시민에게 유증하고서 사망한다. 그러자 티베리우스 그라쿠스는 아예 선례가 없는 특별조치를 강구한다. 그는 이 문제를 지역구 평민회에서 직접 처리, 농지 분배자금으로 쓰기로 결정하였다. 이것은 분명 원로원이 갖고 있는 외교와 재정에 관한 고유 권한을 지역구 평민회가 빼앗은 것이었다. 이렇게 지역구 평민회의 입법 절차를 통해 티베리우스 그라쿠스는 농지법을 차질 없이 착착 시행해나갔다.

이제 로마는 시민도 원로원도 양분되었다. 선점했던 공유지를 몰수당하는 부유층 시민과 농지법의 혜택을 받아 농지를 분배받는 빈곤층의 시민, 그리고 보수·개혁의 양대 분파로 갈라진 원로원은 점차 물러설 수 없는 대결과 투쟁의 장으로 내몰렸다. 티베리우스 그라쿠스의 정적들에게 그는 '풍운의 혁명가' 아니면 '왕위 찬탈자'로 비쳤다. 아니, 그들의 뇌리에는 그가 실제로 몇 달 동안 로마를 통치하고 있는 왕으로 각인되었다. 그렇지만 티베리우스 그라쿠스의 정적들에게는 당장 그의 농지분배를 중단시킬 방법이 없었다. 그저 세월이 흘러가기만을 기다리는 수밖에 없었다. 티베리우스 그라쿠스의 호민관 임기 1년이 끝나기를 그들은 학수고대하고 있었다.

5. 티베리우스 그라쿠스의 호민관 재선 시도와 정치폭력의 시대 개막

티베리우스 그라쿠스도 호민관 임기 종료일이 다가오자 크게 걱정하지 않을 수 없었다. 호민관 임기가 끝나는 날, 그의 농지 개혁 추진도 끝날 운명이었기 때문이다. 그래서 그는 또다시 정적들의 예상을 뒤엎는 정치행로를 밟게 된다. 다음해인 기원전 132년의 호민관에 다시 입후보하게 된 것이다. 당시 호민관의 연임(連任)은 관습보다는 법으로 금지되어 있었던 것 같다. 따라서 티베리우스 그라쿠스가 호민관 재선을 노린 것은 전례를 깨뜨린 것일 뿐만 아니라 확실히 국제(國制)에 어긋나는 것이었다. 이 사실을 그가 모를 리 없었다. 그는 많은 고뇌 끝에 호민관을 연임해야겠다는 결단을 내렸을 것이다. 호민관의 연임 금지라는 제도상의 약점 때문에 자신의 농지정책이 궁극적인 실효를 거두는 일, 다시 말해 중소 자영농민층을 재육성해 온전한 혼합정체를 원상복귀한다는 정책 목표를 포기할 수 없었을 것이다. 그는 일단 정책 목표를 달성하기만 한다면 정책 시행과정에서 어느 정도의 정체 손상은 보상받고도 남는다고 생각했음에 틀림없다.

한편, 스키피오 붕당의 총수인 소 스키피오는 누만티아인을 정벌하기 위해 히스파니아에서 전쟁을 치르는 중이었다. 자연히 로마에서 보수파를 진두지휘하는 역할은 극단적 보수파의 신념을 굳게 갖고 있던 티베리우스 그라쿠스의 이종사촌(큰이모의 아들)인 대신관 스키피오 나시카에게 돌아갔다.

기원전 133년 7월 호민관 선거일에 유피테르 신전과 유노 신전이 모셔져 있는 카피톨리움 언덕의 광장에 티베리우스 그라쿠스와 그의 일당 수백 명이 등장한다. 그리고 그들이 원로원 의원들의 몽둥이와 돌에 맞아 죽는 초유의 암살극이 벌어진다. 플루타르코스는 그 과정을 다음과 같이 생동감 넘치게 묘사하고 있다.

……티베리우스 그라쿠스는 소리를 질러도 들리지 않을 것이므로, 생명의 위협을 받고 있다는 뜻에서 손으로 자기 머리를 만졌다. 이것을 본 반대파 사람들은 곧 원로원으로 달려가, 티베리우스 그라쿠스가 왕위를 달라고 한다, 머리를 만진 것이 그 뜻이라고 전달하였다. 이 소식을 들은 원로원 전체는 큰 혼란에 빠졌다. 나시카는 이 참주를 정벌하고 나라를 수호하라고 콘술에게 요구하였다. 그러나 콘술은 먼저 폭력을 행사하고 싶지는 않았다. 공정한 재판을 하지 않고서는 어떤 시민의 생명도 빼앗고 싶지 않았다. 그러나 만일 인민이 티베리우스의 선동으로 또는 강제로 불법적인 표결을 한다면 결코 용인하지 않겠다고 부드럽게 대답하였다. 그러자 나시카는 자리를 박차고 일어나면서, "자, 콘술도 저렇게 나라를 배반하니, 법을 수호하고자 하는 분들은 내 뒤를 따르시오!" 하고 외치면서 옷자락을 집어 기처럼 높이 쳐들고 카피톨리움 언덕을 향해 달렸다. 그의 뒤를 따르는 의원들은 한 손으로 옷자락을 걷어잡고, 앞길에서 어물거리는 사람들을 밀치고 달려갔다. 그들의 지위를 존경하여 아무도 감히 대항하지 못하고 달아나면서 서로 짓밟혔다. 의원들의 수행원들은 집에서 곤봉과 몽둥이를 가지고 왔다. 의원들은 도망치는 군중이 짓밟아 쓰러뜨린 걸상 다리를 메고 티베리우스를 목표로 앞에 있는 사람들을 마구 갈겼다. 군중은 산산이 흩어지고 죽어 넘어졌다. 티베리우스는 달아나려다가 누구에게 옷자락을 잡혀 겉에 입었던 토가를 잃고 튜닉 바람으로 달렸다. 그러나 땅에 쓰러진 사람에게 걸려서 넘어졌다. 일어나려고 하는 찰라 첫 매를 맞았다.

첫 매를 내려친 자는 바로 원로원 내의 극단적 보수주의자인 푸블리우스

스키피오 나시카였다. 티베리우스 그라쿠스의 이 암살 장면을 훗날 키케로는 격정적인 오케스트라 연주처럼 묘사하여 전율과 긴박감의 극치를 느끼게 한다.

······그러나 그 살인자는, 가슴 깊숙한 곳으로부터 숨을 내뿜으며, 독이 잔뜩 올라 입에 거품을 물고 잔인하고 난폭하게 팔을 휘둘렀다. 무슨 일인가 의아해하면서도 움직이지 않는 그라쿠스에게 최후의 순간이 다가왔다. 그는 조용히 쓰러졌다. 자신의 사나이다움을 손상시키는 외마디 비명도 지르지 않고. 그 용감한 사람의 불행한 피에 젖은 살인자는 마치 가장 정당한 행위라도 한 양 주위를 둘러보면서, 유피테르 신전 쪽으로 걸어갔다. 그를 칭송하는 사람들을 향해 유쾌하게 손을 흔들면서.

티베리우스 그라쿠스의 나이 30여 세였고, 몽둥이와 돌에 맞아 죽은 사람의 수는 300명을 넘었다. 티베리우스 그라쿠스를 포함해 죽은 자의 시체는 티베리스 강에 던져졌고, 그의 친우 가운데 몇 명은 재판도 없이 추방당했으며, 수사학자 디오파네스를 위시한 몇 사람은 잡혀 죽었다. 가이우스 빌리우스는 뱀과 구렁이들이 들어 있는 통 속에 갇혀 죽었다.

티베리우스 그라쿠스가 암살당한 뒤 티베리스 강에 수장된 이 정치적 사건은 로마 공화국이 대격변기로 들어가는 전주곡을 이룬다. 몸젠의 말처럼, 그가 '혁명'의 길을 택했기 때문이다. 10년 뒤에는 그의 동생 가이우스 그라쿠스가 그 혁명의 길을 이어 또 한 편의 정치 드라마가 펼쳐지게 된다.

가이우스 셈프로니우스 그라쿠스

'형만한 아우 있다'

● 허승일(서울대 명예교수 · 서양고대사)

1. 티베리우스의 개혁운동과 동생 가이우스 그라쿠스

기원전 133년 티베리우스 그라쿠스가 로마에서 처참하게 살해당할 때, 형보다 나이가 9세 아래인 동생 가이우스 셈프로니우스 그라쿠스(Gaius Sempronius Gracchus)는 히스파니아에서 매부 소 스키피오 밑에서 누만티아인과의 전쟁을 치르고 있었다. 형이 농지법을 제정한 뒤 곧 후속 조치로 농지분배 3인위원에 동생을 선출한 바 있었기에, 누만티아인을 정복한 소 스키피오와 함께 귀국한 가이우스 그라쿠스는 형의 장인 아피우스 클라우디우스와 형 티베리우스 그라쿠스의 죽음으로 자리가 빈 농지분배 3인위원에 보궐선거로 뽑힌 그의 장인 리키니우스와 더불어 농지법을 성공리에 실시하였다. 5년마다 실시한 로마 시민의 센서스 조사에 따르면 이때 약 7만 5천 명의 로마 시민이 증가했는데, 이는 농지 분배의 결과였다.

이러한 성과를 올리는 가운데 일각에서는 이탈리아 동맹국 시민들의 농지법 시행에 대한 항변의 목소리가 드높아지고 있었다. 농지분배 3인위원이 법정량 이상의 공유지를 몰수하면서 이탈리아 동맹국 시민들이 선점하고 있던 로마의 공유지까지 건드렸기 때문이었다. 법정량 이상의 로마 공유지를 로마 시민들에게서 빼앗는 판에 이탈리아 동맹국 시민들이 불법으로 차지하고 있는 로마 공유지를 로마 국가가 몰수하는 것은 지극히 당연한 일이었지만, 이탈리아 동맹국 시민들은 소 스키피오에게 몰려가 자기들의 처지를 하소연하였다. 기원전 129년 드디어 소 스키피오는 이탈리아 동맹국 시민들의 간청을 받아들여, 농지분배 3인위원이 법정량 이상의 공유지를 몰수하는 권한을 박탈하는 조치를 취하게 된다. 이로써 농지분배 3인위원의 실질적인 활동은 중단되었다.

그뒤 수년간 가이우스 그라쿠스는 은둔생활을 한 것으로 알려져 있다. 그는 두문불출하면서 오직 수사학 연마에 매진하였다. 언제인지는 확실치 않지만, 마침내 그는 친구인 베티우스가 고발당하자 그를 변호하는 연설을 하게 된다. 가이우스 그라쿠스의 연설은 형의 연설에 못지않게 로마 공화국에서 쟁쟁한 명성을 날렸다고 훗날 키케로가 두고두고 칭찬할 정도였다. 그가 형의 뒤를 이어 호민관으로 정치활동을 하지 않을까 하는 두려움을 품게 된 가이우스 그라쿠스의 정적들은 그가 호민관에 입후보하지 못하도록 온갖 수단과 방법을 동원하게 된다.

때마침 가이우스 그라쿠스의 정적들에게도 반가운 일이 생기게 된다. 기원전 126년 콘술 오레스테스(Lucius Aulelius Orestes)가 사르데냐에 출정하게 되는데, 가이우스 그라쿠스가 콰이스토르로서 그를 수행하게 된 것이다. 사르데냐에서 가이우스 그라쿠스는 로마군 전 장병의 모범이 되었으며, 그의 명성은 외국에까지 알려지게 되었다. 그래서 로마 원로원 내의 정적들은 그를 계속 사르데냐에 붙들어두기 위해, 사르데냐 주둔 로마군을 교체하지만 오레스테스 장군만은 유임시킨다는 결의를 하였다. 사령관이 교체되지 않는 한 참모들도 교체되지 않는다는 점을 악용한 것이다.

가이우스 그라쿠스는 이러한 원로원의 조치에 크게 격분하였다. 그는 모두의 예상을 뒤엎고 로마에 나타났다. 켄소르(censor)들 앞에 불려가자 가이우스 그라쿠스는 "다른 사람들은 10년만 군에 복무하는데, 나는 12년을 복무하였다. 1년만 콰이스토르로 복무하면 귀국할 수 있는데도 나는 같은 장군의 콰이스토르로서 2년 이상이나 복무하였다"고 억울한 대우를 받고 있음을 항변했다. 그는 무죄가 되었다.

기원전 125년 이탈리아 동맹국 도시인 프라이겔라가 반란을 일으키자 정적들은 다시 가이우스 그라쿠스가 그 반란에 연루되었다고 고발하였다. 그러나 그는 법정에서 모든 혐의를 깨끗이 씻게 된다. 그리고 기원전 124년 7월, 정적들의 한결같은 반대에도 불구하고 다음해의 호민관 선거에 입후보하여 당선되었다.

2. 기원전 123년 호민관 가이우스 그라쿠스의 개혁법들

기원전 124년 12월 10일, 가이우스 그라쿠스는 호민관에 취임하자마자 두 개의 법을 제정한다. 인민에 의해 공직이 박탈된 자는 다시는 일체의 공직에 선출되지 못하며, 재판에 의하지 않고 시민을 추방한 관리는 인민의 재판을 받아야 한다는 것이었다. 전자는 티베리우스 그라쿠스에 의하여 호민관직에서 해임된 마르쿠스 옥타비우스에게 낙인을 찍으려는 것이 직접적인 목적이고, 후자는 프라이토르로 있으면서 티베리우스 그라쿠스의 친우들을 추방한 포필리우스를 노린 것이었다. 그러나 첫 번째 법은 어머니 코르넬리아의 충고를 받아들여 철회함으로써 칭송을 들었다. 두 번째 법은 포필리우스의 도주로 결말이 났다.

훗날 키케로가 형은 농지법(lex agraria), 동생은 곡물법(lex frumentaria)을 제정했다고 단 한 마디로 형제의 정책을 규정한 데서도 충분히 알 수 있듯이, 가이우스 그라쿠스의 최대 주요 입법은 세계 역사상 최초로 국가에 의한 곡물 배급에 관한 것이었다. 그는 창고법, 도로법, 농지법, 식민시 건설법, 속주 아시아 관세법, 반환법 등 여러 법을 제정하지만, 사실 따지고 보면 이는 모두가 곡물법을 시행하기 위한 보충법적인 성격을 띠고 있다.

원래 도시 로마의 곡물 수요는 인근 지역의 농지에서 생산하는 곡물로 충당되고 있었다. 그러다가 가축 사육과 과수 재배에 노예를 투입하여 경영하는 헬레니즘 세계의 토지 경영방식이 로마에 도입되자, 로마 인근의 밀밭은 거의 모두가 과수 재배지와 가축 사육지로 변하게 되었다. 그러자 한니발 전쟁을 치르는 가운데서도 기원전 212년 로마 원로원은 도시 로마에서 소비하는 곡물을 해외 속주인 시칠리아·사르데냐에서 생산되는 곡물로 충당할 것이라는 중대한 국가 곡물 수급정책을 결정한 바 있었다. 기원전 146년 카르타고가 멸망하면서 새 속주로 지정된 아프리카 역시 도시 로마의 새로운 곡물 공급지로 추가되었다. 그리하여 훗날 키케로가 적절하게 지적했듯이, 기원전 140년대 이후 도시 로마는 시칠리아·사르데냐·아프리카 세 해외 속주에서 들어오는 곡물에 거의 전적으로 의존하게 되었다.

설상가상으로 기원전 140년대에 들어서자 지중해 전역의 곡가가 앙등하기 시작한다. 이집트 파피루스 문서는 기원전 138년의 곡가는 2년 전에 비해 500퍼센트나 앙등했고, 기원전 127년에는 13년 전에 비해 1,200퍼센트나 등귀했다는 놀랄 만한 정보를 제공하고 있다. 만약 세 개의 해외 속주 중 한 군데라도 곡물 생산에 차질이 생긴다면 도시 로마는 당장 곡물 부족으로 곡가의 폭등이 초래될 위험한 상황에 처할 수밖에 없었다. 아닌게아니라 티베리우스 그라쿠스 시대 도시 로마의 극심한 곡물위기 상황은 기원전 130년대 초부터 시칠리아에서 노예반란이 일어났다가 중엽에 노예전쟁으로 극렬화된 나머지 시칠리아의 옥토가 거의 황폐해진 결과 빚어진 것이었다.

도시 로마의 곡물 부족사태로 인한 곡가의 앙등 현상, 곡물 위기상황은 티베리우스 그라쿠스의 시대 후에도 계속된다. 기원전 129년 도시 로마에 곡물이 크게 모자라자 이번에는 로마의 곡물 공급을 전담하는 아이딜리스(aedilis)가 그리스의 테살리아에 직접 가서 구걸하다시피 곡물을 구해오는 전무후무한 사태마저 발생하게 된다. 기원전 127년에는 기원전 140년에 비해 지중해 전역의 곡가가 무려 12배까지 뛰었음을 상기할 때, 도시 로마의 곡가 또한 상당히 등귀했으리라 쉽게 상상할 수 있다.

그러나 기원전 120년대의 가장 참혹한 사태는 북아프리카 농토에 메뚜기 떼가 극성을 부려 농작물을 망가뜨린 사건이었다. 즉 기원전 125년 메뚜기 떼가 새카맣게 날아와 옛 카르타고 지방인 아프리카 속주를 황폐화시키고, 이로 인해 역병이 돌아 20여만 명의 인구가 죽었던 것이다. 기원전 130년대 중반 시칠리아의 황폐화와 꼭 마찬가지로, 10년 후 이번에는 아프리카의 황폐화가 도시 로마의 곡물위기를 야기시켰다. 그 결과 가이우스 그라쿠스가 호민관에 나아가게 되는 기원전 124년 연말 로마는 아마 기원전 134년 티베리우스 그라쿠스가 호민관직에 나아가게 되는 때보다 더 심한 곡물위기 상황에 봉착해 있었을 것이다.[1]

가이우스 그라쿠스가 클라우디우스-풀비우스 소속 붕당의 정책 입안자로 나왔던만큼, 그의 곡물법안은 소속 붕당의 지도급 인사들의 법률 자문과 충고를 들었을 것이다. 형 티베리우스의 장인 아피우스 클라우디우스가 작고했기 때문에, 이번에 가이우스 그라쿠스는 자신의 장인 리키니우스의 지도를 많이 받았을 가능성이 크다. 그의 장인은 바로 기원전 133년의 콘술이었던 무키우스의 동생으로, 법률가 집안 태생이었기 때문이다. 또 그의 옆에는 기원전 125년 콘술을 역임한 바 있는 풀비우스 플라쿠스(Fulvius Flaccus)가 버티고 그를 도와주었다.

가이우스 그라쿠스의 곡물법 내용이 적힌 비문 같은 것은 전해오지 않는다. 후대의 여러 사가들이 여기저기 인용하는 글들에 로마 시민이 귀족 평민 가릴 것 없이 공공의 경비로 매달 밀 1모디우스(modius)당 $6\frac{1}{3}$아세스(asses)의 가격으로 5모디우스씩 배급받았던 것으로 기록되어 있다. 밀 5모디우스는 로마의 성년 남자 시민이 한 달간 필요한 곡물의 양이며, 밀 1모디우스의 배급가격은 시장 실세의 절반 이하였던 것으로 이해되고 있다. 또 로마 시에 거주하는 빈민만 곡물 배급 대상이 되었던 것이 결코 아니었다. 귀족도 배급받을 자격이 있었다는 것은 기원전 133년 콘술을 역임한 바 있는 피소라는 귀족이 배급현장에 나타났다는 기록으로 미루어 알 수 있다.

---

[1] 허승일, 「그라쿠스 형제 개혁 시대의 도시 로마의 경제 위기」, 『西洋古典學硏究』 19, 2003, 51~79쪽 참조.

그러나 배급 대상자가 오직 성년 남자 시민에 국한되었던 까닭에, 어린이와 부녀자, 60세 이상의 노인, 노예 등 그밖의 다른 가족 성원이 필요로 하는 곡물은 시장에서 직접 구매해야 했다.[2]

기원전 130~120년대 로마 시 거주 인구는 약 50여만 명으로 추산된다. 가이우스 그라쿠스 시대에 도시 로마에 상주한 로마 시민의 수를 정확히는 알 수 없으나 대강 20~30만 명으로 추정된다. 이처럼 많은 인구에게 곡물을 매달 정기적으로 배급해 먹여 살리는 일은 보통 어려운 일이 아니었다.

먼저, 배급할 곡물을 어떻게 확보하느냐 하는 문제가 있었다. 또한 시칠리아·사르데냐·아프리카 세 속주에서 곡물 생산을 독려, 오스티아 항구를 거쳐 로마로 운송하는 것도 큰 문제였다. 주지하다시피 지중해 지역에서는 지중해성 기후의 특성상 여름철에만 선박 운항이 가능하고 겨울철에는 불가능하다. 그러니만큼 동절기에 매달 배급할 만큼의 곡물도 여름철에 운송해야 한다. 로마로 운송된 곡물은 시내 창고들에 보관해야 하는데, 곡물을 창고에 보관하는 일은 이만저만 어려운 일이 아니었다. 온도와 습도를 조절하여 곡물의 부패를 방지해야 하는 것은 물론, 쥐와 같은 동물의 피해도 막아야 했다. 워낙 많은 곡물을 확보해야 했기 때문에 로마 시에 곡물을 공급할 수 있는 지역의 곡물 경작을 장려하는 것은 물론이고, 식민시들에서도 곡물 경작을 장려해야 했으며, 생산된 곡물을 로마로 운송하기 위한 도로들도 건설해야 했다. 이 모든 일을 가이우스 그라쿠스는 자신이 직접 맡아 했다고 플루타르코스는 전한다.

그는 도로를 만들고 공공의 곡물저장고를 건설하기 위해 몇몇 도시를 식민화하자는 정책을 제안하였다. 그는 거대한 이런 모든 다른 작업의 급속한 처리를 위해 필요한 명령을 내리려 하지 않고 이 모든 일을 그 자신이 감독하고 관리하였다. 이렇게 많은 사업을 하면서도 조금도 피곤한 줄 모르고 하나하나의 사업에 실로

---

[2] 허승일, 「가이우스 그라쿠스의 穀物配給政策」, 『歷史學報』 56, 1972, 65~95쪽 참조.

놀라운 정력과 정성을 기울여 마치 다른 일은 없는 듯 오직 그 일만 추진했으므로, 그를 지극히 미워하고 두려워하는 사람들도 모든 대사업을 어느 틈에 완성하는 그의 솜씨에는 감탄해마지 않았다. 그러나 일반 민중은 그의 인격에 탄복하였다. 토목청부업자, 기술자, 외국사절단, 고급 관리, 군인, 학생 등 온갖 종류의 사람들에게 둘러싸여 있으면서도, 사람을 가리지 않고 누구에게나 상냥하게 대하고 위신을 지키며, 만나는 사람에 따라 태도를 적절히 조절하였다.

가이우스 그라쿠스는 특히 도로 건설에 주력하여 이용하기에 좋고 편리하고 아름답게 만들었다. 길은 채석장에서 캐온 돌과 자갈로 다져서 산야를 막 건너가는 일직선으로 만들었다. 지형이 낮은 곳은 흙을 돋우고, 홍수가 나면 개울이 생기는 곳이나 산골짜기에는 다리를 놓고, 길 양편을 정확하게 수평으로 만들어 곧게 평탄하게 달리는 길이 보기도 아름다웠다. 모든 길을 마일(로마의 1마일은 그리스의 8스타디움에 가까웠다)로 재어 돌로 이정표를 만들어 세웠다. 길 양쪽에는 돌을 심고 간격은 좀더 좁혀서, 도중에 말에서 내렸다가 부축을 받지 않아도 쉽게 올라탈 수 있도록 하였다.

플루타르코스에 따르면, 가이우스 그라쿠스는 도로 건설과 창고 건축, 카푸아와 타렌툼 식민시 건설 외에도 17세 미만의 소년에게는 군복무를 면제해주고, 국고에서 군인에게 피복을 공급하며, 그 값을 봉급에서 공제하지 않는다는 법을 제정해 실시하였다고 한다.

그런데 문제는 그가 제안한 곡물법을 주법으로 하여 도로법, 창고법, 농지법, 식민시 건설법 등의 보충법 외에도 병역법 등을 시행하려면 '막대한'——이런 경우 천문학적이라는 표현이 더 적절할 것이다 —— 국가재정이 소요될 것이라는 점이다. 그 무렵 국고 관장은 로마 원로원 소관이었으며, 또 가이우스 그라쿠스의 정적들이 입을 모아 국고를 고갈시킨다는 명분을 내세워 그의 곡물 배급정책을 완강하게 반대하고 나서리라는 것은 불을 보듯 뻔한 일이었다.

3. 개혁자금의 공급원 소아시아

그러나 10년 전 형 티베리우스 그라쿠스가 직면했던 것과 똑같은 국면에 봉착하게 될 것이라는 점을 누구보다도 잘 아는 가이우스 그라쿠스는, 벌써 '국고 확보책'을 마련해두고 있었다. 그에게 국고 수입을 늘릴 원천이 될 만한 대상을 물색하는 과제는 그리 어렵지 않은 일이었다. 그는 형의 전철을 밟았다. 당시 속주로는 시칠리아, 사르데냐, 두 개의 히스파니아, 아프리카, 마케도니아, 아시아 속주가 있었지만, 이 가운데 그의 입장에서 경제적으로 가장 많은 이익을 취할 곳은 아시아 속주였다.

그라쿠스 형제의 선친과 피호관계를 맺었던 소아시아의 페르가몬 왕 아탈루스 3세는 이미 기원전 133년 티베리우스 그라쿠스가 로마에서 농지 분배정책을 실시하는데 원로원의 비협조로 심각한 재정적 곤란을 겪고 있다는 소문을 듣고서 그를 돕기 위해 사망시 유언으로 자신의 왕국을 로마에 유증한 바 있다. 형과 더불어 농지분배 3인위원으로 활약했던 동생 가이우스는 누구보다도 옛 페르가몬 왕국의 경제적인 가치를 잘 알고 있었다. 그러므로 가이우스 그라쿠스가 기원전 129년 속주 아시아로 지정된 옛 페르가몬 왕국을 자신의 곡물 배급정책을 실시하기 위한 자금 공급처로 이용할 생각을 품은 것은 지극히 당연한 일이었다.

그러나 여기에는 또다른 큰 문제가 있었다. 당장 도시 로마에서 굶주리고 있는 빈민들에게 매달 정기적으로 곡물을 배급하려면 배급해줄 곡물을 확보해야 하고——더욱이 그는 이중곡가제(二重穀價制)를 실시하려고 했다——, 로마 시에는 대형 창고를 짓고 로마로 연결되는 도로도 건설해야 하며, 카푸아와 타렌툼에 식민시도 건설해야 하고 군인들에게는 국고로 군복을 구입해주어야 하는데, 이 모든 일에는 현금, 그것도 천문학적인 현금이 당장 필요했던 것이다. 속주 아시아의 부(富)를 이용하되, 이를 어떻게, 그것도 시간을 지체하지 않고 되도록 빨리 이용하느냐 하는 방안을 모색하는 일이 그에게 남아 있었다. 아탈루스 3세가 유증한 재산 가운데 황실 재산은 형의 농지 분배정책에 벌써 사용됐으므로, 별도의 속주 아시아의 부를 이용하는 방책이 필요했다.

그래서 마련된 것이 가이우스 그라쿠스의 일련의 신속주 아시아 정책안이다. 먼저 속주 아시아의 세원을 최대로 확대하는 방안으로서 새로이 관세(關稅)를 징수한다. 곡물 배급정책을 시행하려면 막대한 현금이 당장 필요하므로, 속주 아시아에서 거두어들이는 세금을 급히 국고에 넣어 언제든지 꺼내 쓸 수 있게 하는 가장 효과적인 방법도 강구한다. 그리고 로마 국고 수입의 최대 증대를 위해 속주 아시아의 세원을 원천적으로 철저하게 보호할 방안도 모색한다.

가이우스 그라쿠스는 호민관에 취임하자마자 주법인 곡물법과 여러 보충법을 제정하면서 동시에 '가이우스 그라쿠스의 속주 아시아 관세법'(lex Sempronia portoria Asiae)을 제정하였다. 그는 속주 아시아에 처음으로 지대 십일세, 광산세, 방목세, 노예 해방세를 부과하면서 특히 세원을 최대한 확장하기 위해 여기에 새로이 관세를 부과하였다. 관세법은 에페소스를 위시하여 40여 개가 넘는 이오니아 해안과 마르마라 해협의 항구도시들이 카르나칼레 해협을 통과할 때 반드시 관세를 납부하도록 임대인(로마 인민, 즉 국가)과 임차인(조세징수청부업 회사), 임대기간, 관세소 소재지, 관세소의 기능과 역할, 관세 부과 물품, 관세율, 면세, 관세 포탈과 밀수 및 처리 등을 자세하게 규정하였다. 특히 관세율은 대개 2.5퍼센트였지만, 젊은 남녀 노예들과 자주색 염색재료인 바다조개에 대해서는 5퍼센트의 관세를 부과했는데, 이 관세들이 속주 아시아 조세의 주수입원이었다.

키케로의 말대로 속주 아시아는 로마의 '황금 당나귀'였다. 이곳의 국가 세입은 다른 속주들의 세입을 훨씬 능가했으며, 속주 아시아의 조세 수입은 로마 국가의 예산 규모를 완전히 바꾸어놓을 수 있을 만큼 규모가 컸다. 그러나 이 속주 아시아의 관세를 비롯한 조세 징수액을 어떻게 현금화하여 당장 국고에 집어넣는가가 가이우스 그라쿠스가 봉착한 가장 큰 난제였다. 로마 공화국에는 속주에서 세금을 징수하는 전담 정무관 제도가 없었다. 따라서 로마 당국은 조세징수청부업자들(publicani)의 주식회사(societas publicanorum)에 속주의 조세징수권을 임대해주는 방식을 통해서 속주의 세금을 거두어들였던 것이다.

가이우스 그라쿠스는 이러한 종래의 방식에 새로운 방법을 하나 더 첨가하였다. 그는 '가이우스 그라쿠스의 속주 아시아 관세법' 제정과 동시에 세제의 대쇄신을 단행, '속주 아시아[의 조세징수]를 켄소르들에게 위임하는 가이우스 그라쿠스법'(lex Sempronia de provincia Asia a censoribus locanda)을 제정하게 된다. 이 법은 켄소르의 주재 아래 앞으로 5년간 속주 아시아의 조세징수권을 공개 경쟁 입찰에 붙이고, 낙찰이 되면 그 전액을 국고에 일시불로 납부하게 하는 것이었다. 응찰 자격 요건을 갖춘 대상은 기사 신분(equites)의 '꽃'이라고 불리는 조세징수청부업자들로 구성된 주식회사였고, 그 회사는 낙찰 이후 5년 동안 속주 아시아에 징세 권한을 행사할 수 있었다. 공매는 로마에서 행해졌다. 그래서 낙찰받은 조세징수청부 회사는 그 엄청난 낙찰가를 곧장 현금으로 국고에 납부해야 했다. 속주 아시아의 향후 5년간의 조세징수권을 임대한 대가로 지불된 현금——거듭 말하거니와, 천문학적인 수치였을 것이다——은 곧 국고로 들어갔으며, 이 자금으로 가이우스 그라쿠스는 그의 곡물 배급정책과 그 부수적인 사업들을 차질 없이 수행해나갈 수 있었다.

그런데 로마 속주는 총독의 부정축재의 온상이었다. 로마의 정치 관행상 정계에 입문한 정치 지망생들은 거의 거액의 채무를 지고 있었다. 도시 로마의 건물 관리, 시장 통제, 곡물 공급, 치안 유지, 위생 검사, 경기 개최 등 행정의 모든 분야를 관장하는 아이딜리스만 하더라도 재판관이나 속주 총독으로 나가는 프라이토르가 되기 위해서는 자주 경기를 열어 로마 시민에게 무료로 '빵과 서커스 구경'을 제공해야 했기 때문이다. 이들이 프라이토르나 콘술이 되어 속주 총독으로 부임하게 되면 최소한 1년 만에 종전의 빚을 다 갚고, 퇴임 후 귀국하면 거부(巨富)가 되는 것이 통례였다.

그리하여 가이우스 그라쿠스는 속주 아시아와 관련하여 만연해 있는 원로원과 고위 정무관 사회의 공직기강을 바로잡기 위하여 쇄신법을 제정한다. 그 가운데 하나가 '콘술 관할 속주에 관한 가이우스 그라쿠스법'(lex Sempronia de provinciis consulraribus)이다. 이 법이 제정되기 이전에는 콘술들이 선출된 뒤 원로원이 속주들의 총독을 콘술로 보낼 것인지 프라이토르를 보낼 것인지를 결정하여 군대 지휘권이나 외교적인 임무를 부여하였다. 그러다 보니 이미 선출된 콘술들은 저마다 가장 경제성 있고 군대 지휘권이 있는, 말하자면 매우 인기 있는 속주 총독으로 나가기 위해 원로원에 로비를 벌이면서 뇌물을 증여하는 꼴사나운 일이 벌어졌다. 그래서 가이우스 그라쿠스는 이 법의 제정을 통해 콘술이 선출되기 전에 콘술이 총독으로 나갈 두 개의 속주—물론 속주 아시아가 주대상이었다—를 원로원이 미리 확정하도록 새로이 규정해놓았다. 속주 총독을 콘술급으로 정하고 나서 콘술 선거를 치르게 되면, 속주 총독 자리를 노리는 정객은 이제 켄투리아 민회 투표자들의 향방에 신경을 쓰면 되었다. 그들에게 일일이 뇌물을 뿌릴 수도 없었지만, 그럴 필요도 없었기 때문이다.

그러나 이것만으로는 충분하지 않았다. 속주에서 벌어지는 로마 정무관들의 경제 비리 또한 근절시켜야 했다. 당시 로마 국가와 사회에 만연해 있던 원로원 통치계층의 부정부패, 특히 속주 총독들의 속주민에 대한 만연된 부정축재 행위는 극에 달했으며, 그 규제장치가 유명무실해진 지도 벌써 오래였다. 기원전 149년에 제정된 칼푸르니우스 반환법은 총독들의 속주민 수탈을 방지하는 법적 구실을 못했으며, 기원전 126년에 제정되었다고 추정되고 있을 뿐인 유니우스 반환법조차도 제 기능을 발휘하지 못했다. 재판 대상인 전임 총독들과 같은 신분에 속해 있던 원로원 의원 출신의 배심원들이 종종 신분적 유대와 우호관계로 연결되어서 수치스럽게도 사면이라는 평결을 내리는 일이 비일비재했기 때문이다.

그 중에서도 특히 만리우스 아퀼리우스에 대한 소송은 더욱 가관이었다. 그는 기원전 129년 속주 아시아로 지정된 옛 페르가뭄 왕국의 문제를 최종적으로 해결하기 위해 아시아로 간다. 그는 아시아 지역에서 풍요롭고 비옥한 지역은 로마 속주에 편입시키고 불모의 산악지역은 소아시아에 할당했다. 그러고 나서 군주들 사이에 대립이 생기자, 아퀼리우스는 최고 입찰자에게 문제의 땅을 갖도록 하면서 꽤 많은 이익을 챙겼다. 아퀼리우스는 귀국 직후인 기원전 126년 부당 재산 취득 혐의로 푸블리우스 코르넬리우스 렌툴루스에 의해 고발당했다. 그가 죄를 지었다는 것은 분명한 일이었지만, 그의 동료인 원로원 의원 출신 배심원들은 그를 무죄 방면하였다.

4. 기원전 122년 호민관직에 재선된 가이우스 그라쿠스

가이우스 그라쿠스는 인기가 충천한 가운데 다음해인 기원전 122년의 호민관에 당선된다. 그러고 나서 그가 손을 댄 것이 바로 속주 아시아에서 총독의 비리를 척결하는 일이었다. 사실 1년의 임기 안에 엄청난 부를 얻을 수 있고, 그리하여 부패와 착취의 근본 원인이 되는 관직은 특히 속주 아시아의 총독자리였다. 또한 속주 아시아 총독의 주머니로 들어가는 엄청난 부——콘술이 될 때까지 로마 시민에게 '빵과 서커스'를 제공하기 위해 빌린 돈 등을 다 갚고 나서도 평생 동안 먹을 것을 벌어놓을 정도의—— 는 속주민들한테서뿐만 아니라 당연히 로마의 국고에서 빼앗아가는 것이었다. 이 돈은 원래 로마 시민을 위해 쓰일 돈이었다. 따라서 가이우스 그라쿠스는 로마 시민에게 돌아갈 돈이 속주 총독의 주머니로 들어가는 것을 막고 또 속주민을 위무하고 보호하기 위해 유명한 반환법(lex Sempronia repetundarum)을 제정했다. 그는 이 법을 통해, 종전과는 달리 기사 신분에서 차출된 배심원으로 구성된 법정에서 유죄로 판결받은 자는 거의 정치 생명이 끊기도록 조처했으며, 두 배 보상을 하도록 하였다.[3]

이러한 일련의 신국가 경제사회정책을 강력히 시행한 결과 호민관 가이

---

[3] 허승일, 「가이우스 그라쿠스의 사법 개혁 – 그의 반환법(lex Sempronia repetundarum)을 중심으로」, 『歷史教育』 89, 2004, 251~286쪽 참조.

우스 그라쿠스는 폭발적인 인기를 누리게 되었다. 원로원 내의 가이우스 그라쿠스의 정적들은 당황했다. 그러나 시간이 지남에 따라 정신을 바싹 차리게 된 그들은 폭력을 행사하거나 민중과 충돌하는 것은 피하고 오히려 더욱 더 양보하여 민중의 호감을 사는 쪽으로 정책 방향을 틀었다. 그리하여 그들이 내세운 것이 스키피오 붕당에 속하는 호민관 리비우스 드루수스였다. 그들은 그를 전면에 내세워 가이우스 그라쿠스와 정책 대결을 벌이는 것처럼 로마 평민에게 다가갔다. 플루타르코스는 다음과 같이 전하고 있다.

리비우스는 호민관으로서 원로원과 협력하기로 동의하고 떳떳하지도 않고 필요하지도 않은 정책을 꾸며냈다……. 원로원은 가장 좋은 시민만 추려 두 개의 이민단을 내보내자고 가이우스가 제안했을 때는 인민에게 아부한다는 이유로 비난하였다. 그러나 나중에 리비우스가 3천 명으로 편성된 이민단 열둘을 내보내자고 제안했을 때는 찬성하였다. 빈민에게 토지를 나누어주고 해마다 국고에 소작료를 지불하게 하자고 가이우스가 제안했을 때는 인기를 얻으려는 수작이라는 이유로 반대해놓고, 이 소작료도 면제하고 이민시키자고 리비우스가 제안했을 때는 찬성하였다. 라틴인에게 로마 시민권을 주자고 가이우스가 제안했을 때는 분격하고, 라틴인을 휘초리로 때리는 것은 군에 복무할 때에도 안 된다는 법안을 리비우스가 제안했을 때는 찬성하였다. 리비우스 자신도 인민 앞에 나서서 연설할 때, 원로원은 자기가 제안하는 것은 모두 찬성하며, 인민을 그만큼 존중하고 있다고 말하였다. 그의 정책이 어떤 성과를 거두었다면 실로 이것뿐일 것이다.

리비우스는 자기 자신이나 자기 이익을 위한 제안을 전혀 하지 않았고, 이민지를 개척·건설할 때도 다른 사람들에게 감독의 책임을 맡겼으며, 경리에 관한 일에도 전혀 관여하지 않아 인민들이 그가 진심으로 자기들을 위해 일하고 있다고 믿게 하였다.

가이우스 그라쿠스는 모든 일을 자신이 떠맡아 했다. 그의 동료 호민관 루브리우스는 파괴된 카르타고 고지(故地)에 유노니아 식민시 건설법을 제정하게 된다. 추첨을 통해 이 식민시 건설의 총책으로 뽑힌 가이우스 그라쿠스는 아프리카로 떠나 70일 동안 식민시 건설에 매달리게 되는데, 이 2개월 남짓 되는 가이우스 그라쿠스의 로마 부재기간이 그의 정적들과 리비우스 드루수스가 반(反)그라쿠스 정치활동을 하는 데 좋은 기회가 되었다. 그들은 특히 기원전 125년 콘술을 지낸 바 있으며 가이우스 그라쿠스를 전폭 지지하면서 도와주는 풀비우스 플라쿠스를 주공격 대상으로 삼았다. 그가 이탈리아 동맹국과의 분쟁을 조장하고 몰래 이탈리아인들의 반란을 부추겼다는 것이었다. 이로 인해 로마에서 가이우스 그라쿠스의 기세는 많이 꺾였다. 게다가 원로원의 세력가로서 예전에 가이우스가 파니우스를 미는 바람에 콘술 선거에서 낙선했던 루키우스 오피미우스가 콘술로 당선됨으로써 가이우스 그라쿠스에게 점점 위기가 닥쳐오고 있었다.

한편, 가이우스 그라쿠스는 유노니아 식민시를 건설하는 과정에서 선도의 깃발이 바람에 부러지는가 하면 제단 위의 희생물이 돌풍에 날려 도시 경계석 너머로 흩어지고, 또 이 경계석을 늑대들이 물고 멀리 가져가버리는 등 불길한 일이 생겼지만 70일 만에 모든 일을 끝내고 로마로 돌아왔다. 그는 먼저 집을 팔라티움 언덕에서 포룸 근처로 옮겼다. 포룸 근처에 가난하고 낮은 신분의 사람들이 모여 살았기 때문이다.

5. 반개혁운동과 가이우스의 죽음. 그러나 로마 혁명은 계속된다

드디어 오피미우스 일파가 가이우스 그라쿠스의 법들을 폐기시키려고 움직였다. 새벽 일찍부터 카피톨리움 언덕은 두 분파의 사람들로 꽉 들어찼다. 콘술이 제사를 드린 뒤 제물의 내장을 다른 곳으로 옮기던 그의 부하 퀸투스 안틸리우스가 풀비우스의 사람들에게 이렇게 말했다. "고귀한 이들에게 자리를 비켜, 이 나쁜 자식들아!" 그는 이런 말을 하면서 팔을 들어 모욕적으로 흔들었다. 안틸리우스는 바로 그 자리에서 커다란 펜에 찔려 죽었다. 많은 사람들이 그 죽음에 당황했다. 가이우스 그라쿠스는 고통스러워했고, 적들에게 오랫동안 원했던 핑곗거리를 제공했다며 그의 동료들을 신랄하게 나무랐다. 반면 오피미우스는 마치 좋은 징조를 얻은 듯 의기양양하여 시민들에게 복수할 것을 촉구했다.

그때 폭우가 쏟아져서 사람들은 일단 흩어졌다. 그러나 다음날 일찍 콘술 오피미우스가 실내에서 원로원을 소집하여 사안을 처리하고 있을 때, 한 무리의 사람들은 안틸리우스의 벌거벗은 시체를 상여에 싣고 포룸을 지나 통곡하면서 일부러 원로원 의사당 앞으로 가져갔다. 오피미우스는 이러한 것을 알고 있었지만 깜짝 놀라는 척하며 원로원 의원들을 밖으로 나오게 했다. 상여가 중앙에 놓이자 그들은 마치 두렵고 엄청난 사태를 보는 듯 탄식했지만, 많은 사람들은 이들 과두지배자들을 미워하고 비난하였다. 티베리우스 그라쿠스는 호민관이었는데도 카피톨리움에서 살해당하고 시체가 유기되었는데, 이 안틸리우스라는 부하는 비록 지나친 처벌을 받긴 했지만 스스로 그러한 일의 빌미를 제공했는데도 포룸에 놓이고, 또 로마의 원로원 의원들이 둘러서서는 한 명 남은 시민의 대변자마저 없애려고 부하의 죽음을 애통해한다는 것이었다. 그러자 원로원 의원들은 실내로 돌아가 표결로 콘술 오피미우스에게 힘을 다하여 폴리스를 지키고 참주들을 파멸시키라고 명령했다.

이에 콘술은 원로원 의원들에게는 무기를 들 것을 명령했고, 기사들에게는 완전무장한 가솔 둘을 데리고 아침 일찍 나오라고 지시했다. 풀비우스는 이에 대비해 사람들을 불러모았지만, 가이우스는 자기 아버지의 흉상 앞에 멈춰 서서 아무 말도 없이 오랫동안 바라보다가 신음과 울음을 터뜨리며 포룸을 떠났다. 이 모습을 본 많은 이들이 가이우스를 동정하게 되었다. 그들은 가이우스를 저버리고 배신한 것을 자책하고, 그의 집으로 가서 문 앞에서 밤을 보냈다. 풀비우스를 호위하던 자들은 달랐다. 이들은 떠들고 소리치면서 자신만만해했고, 풀비우스 자신은 가장 먼저 술에 취해서 나이에 어울리지도 않는 많은 언행을 했다. 그러나 가이우스의 추종자들은 국가에 흉사가 있을 것을 알고 침묵을 지키며 앞일을 걱정했고, 번갈아가며 불침번을 서며 밤을 지새웠다.

이튿날 술에서 겨우 깨어난 풀비우스는 콘술이었을 때 갈리아인들을 정복하고 얻은 전리품인 무기들로 자기 집에 모인 사람들을 무장시키고, 함성을 지르며 아벤티눔 언덕을 차지하기 위해 달려나갔다. 한편 가이우스는 포룸으로 가려는 듯이 무장을 하지 않고 토가만 입었으며 작은 단도 하나만 끌러 맨 채 나가려고 했다. 막 나가려는 그를 그의 아내가 문 앞에서 막아서더니 한 손으로는 그를, 다른 손으로는 아들을 감싸며 말했다. "오, 가이우스 님, 연단으로 가지 마세요. 어찌되었든 저는 예전처럼 당신을 호민관이자 입법관으로 보내드립니다만, 이 나라에서 존중하는, 고통을 겪게 하는 영예로운 전쟁이 아니라 티베리우스를 죽인 자들에게 자신을 내맡기고자 방패도 갖추지 않고 가시니, 옳은 일이 아니십니다······. 지금은 악한들이 힘을 얻었습니다. 칼이 정의를 잡았습니다. 만약 당신의 형이 누만티아에서 쓰러졌다면, 협상을 통해 그 시신을 돌려받을 수 있었을 것입니다. 저는 또 어느 강과 어느 바다에 청원하여 당신의 시신이 보존되도록 해야만 합니까? 티베리우스가 죽은 마당에 어느 신과 어느 법을 믿을 수 있겠습니까?" 리키니아가 이렇게 통곡하는 동안 가이우스는 조용히 그녀의 손을 풀고 아무 말 없이 친구들과 함께 떠났다.

모든 무리가 모였을 때 풀비우스는 가이우스의 설득에 따라 나이 어린 아들에게 사자(使者)의 표식을 지니고 포룸으로 가도록 했다. 그 아들은 매우 훌륭한 젊은이였다. 그는 정중하고 공손한 태도로 눈물을 흘리며 콘술과 원로원에게 화해의 메시지를 전달했다. 모여 있던 많은 사람들은 이제 그만 사건을 끝내기를 원했으나, 오피미우스는 그럴 생각이 없었다. 그래서 그 젊은이에게 책임 있는 시민답게 내려와 법의 심판에 맡기라고 종용하였다. 이때 가이우스는 그곳에 가서 원로원 의원들을 설득하기를 원했다고 한다. 그러나 어느 누구도 동조하지 않았다. 오피미우스는 기꺼이 일전을 치를 용의가 있어서 사자로 온 그 젊은이를 붙잡아 감시했고, 많은 무장한 사람들과 크레타의 궁수들을 앞세워 풀비우스의 무리 쪽으로 전진했다.

패색이 짙어지자 풀비우스는 어느 버려진 목욕탕으로 몸을 피했지만, 얼마 지나지 않아 발각되어 큰아들과 함께 살해당했다. 가이우스는 누구와도 싸우지는 않았으나 벌어진 사태가 보기 싫어 디아나 신전으로 들어갔다. 거기에서 가이우스는 자살하고자 했지만, 그의 절친한 친구들인 폼포니우스와 리키니우스에 의해 저지되었다. 그들은 가이우스의 칼을 빼앗으며 탈출할 것을 촉구하였다. 그러자 가이우스는 무릎을 꿇고 손을 내밀어 신에게 기도하면서, 로마인들이 그들의 배은망덕과 사악함으로 인해 영원히 노예가 되기를 간청했다고 전해진다. 대부분의 로마인들이 사면령이 반포되자마자 즉시 편을 바꾸었던 것이다. 가이우스는 도망쳤지만, 곧 나무다리에서 따라잡혔다. 가이우스의 두 친구는 그를 계속 가게 하고는 추적자들을 맞아 싸우다 죽었다고 플루타르코스는 전한다.

가이우스는 그의 가노(家奴) 필로크라테스라는 자를 데리고 도망쳤다. 모든 이들은 마치 경주를 구경하듯 소리질러 격려만 했을 뿐 아무도 그를 도와주지 않았다. 추적자들이 임박하여 그가 말을 요구했을 때 선뜻 내어준 자도 없다. 가이우스는 가까스로 분노의 여신들의 숲으로 피했는데, 거기에서 살해당했다. 필로크라테스가 손을 들어 그를 살해했던 것이다. 그런데 어떤 이들의 말에 따르면 그들 둘이 모두 적에게 생포되었는데, 그 종이 자신의 주인을 감싸안았기 때문에, 여럿이 달려들어서 먼저 그 종을 죽이기 전에는 가이우스를 때릴 수 없었다고 한다. 가이우스의 머리는 잘려서 운반되었는데, 오피미우스의 친구인 셉티뮬레이우스에게 빼앗겼다고 한다. 싸움이 시작될 때 가이우스와 풀비우스의 머리를 가져오는 자에게는 같은 무게의 금이 약속되었기 때문이었다. 그 머리는 셉티뮬레이우스에 의해 창 끝에 꽂힌 채로 오피미우스에게 건네졌고, 저울에 재었을 때 17과 3분의 2파운드를 가리켰다. 이것은 셉티뮬레이우스가 스스로 부정한 자일 뿐만 아니라 사악한 자임을 드러낸다. 그는 머리에서 뇌수를 빼내고 납으로 채워넣었던 것이다. 풀비우스의 머리를 가져온 자들은 더 형편없는 자들이어서 아무것도 받지 못했다. 가이우스와 풀비우스와 그들에게 가세한 사람들의 시체는 티베리스 강에 던져넣었다. 그 수가 3천이었다. 그들의 재산은 공매처분에 부쳐 그 돈을 나라의 수입으로 삼았다. 여자들이 죽은 가족을 위해 우는 것도 금지되고, 리키니아는 시집올 때 가져온 자기 재산까지 몰수당했다. 풀비우스의 막내아들에게 한 행동은 가장 참혹하였다. 전투가 벌어지기 전에 화평을 요청하러 왔다가 잡혔을 뿐 아무런 상관도 없는 소년을 전투가 다 끝난 뒤에 살해하였다. 그러나 무엇보다도 인민의 분개를 자아낸 것은 오피미우스가 큰 신전을 세워 '화합'의 신에게 바친다고 한 것이었다. 그렇게 많은 시민을 학살하고 마치 승리를 노래하는 듯이 도취되어 하늘 무서운 줄 모르는 짓으로 보였다. 그러므로 밤중에 누군가가 그 신전에 새긴 글 아래 이렇게 써놓았다. '불화의 열매가 화합의 신전이니라.'

가이우스 그라쿠스는 형처럼 살해당했지만, 그가 제정한 법들은 원로원에 의해 거의 폐기되지 않았다. 원로원이 가이우스 그라쿠스의 법들을 거의 그대로 존치시켰다는 것은 그들도 그의 국가적 차원의 정책 시행이 그때로서는 매우 절실히 필요했음을 입증하는 것이라고 할 수 있다. 그의 곡물법과 반환법 등은 그후 로마 공화정의 역사 발달에서 아주 중요한 위치를 차지하게 된다. 그의 정적들이 그를 살해한 것은 역시 형처럼 그가 혹시나 참주가 되는 것이 아닐까, 참주가 되어 그들 자신의 공유지 선점으로 사유지가 되다시피 한 토지를 빼앗기지 않을까 하는 위구심에서 '원로원의 최후 결의'(Senatus Consultum Ultimum)를 선포해 그와 그의 일파를 분쇄한 것이라고 봐야 할 것이다. 그러나 그와 그의 형, 즉 그라쿠스 형제가 뿌린 씨앗은 혁명의 1세기가 지난 뒤 로마 제정으로 열매를 맺게 되니, 바로 아우구스투스가 형제의 정치이상을 구현한 장본인이라는 사실이 이를 여실히 말해준다.

가이우스 마리우스

영원한 군인, 로마의 1인자

●김영목(목포대 교수 · 서양고대사)

1

　기원전 157년 로마 시에서 그리 멀리 않은 이탈리아 반도 내륙 깊숙이에 위치한 아르피눔에서 한 사내아이가 태어났다. 그의 이름은 가이우스 마리우스였다. 그의 조상은 몇백 년 동안 대대로 아르피눔에서 살았으며 라틴족의 핏줄이라는 자존심도 대단했다. 그러나 마리우스가의 사람들은 아르피눔의 작은 영토 내에서 언제나 지방유지로 살아갈 뿐 그들 중 누군가가 로마의 원로원에 들어가리라는 것은 상상도 못 했다. 아르피눔의 지방유지들 역시 자신들의 아들이 로마의 원로원 의원이 되리라고는 꿈도 꾸지 못했다. 이곳 주민들에게 로마 시민권이 부여된 것은 기원전 188년으로, 마리우스 가이우스가 태어나기 겨우 31년 전이었다. 그런데 이날 태어난 마리우스가 뒷날 로마 역사상 처음으로 일곱 번이나 집정관을 지내고 로마의 제1인자가 되리라고 누가 상상이나 했겠는가.
　대부분의 부유한 로마 젊은이들이 그렇듯이 유달리 키가 크고 건장한 17세의 청년이 된 마리우스는 장교 후보생으로 군에 입대했다. 군에 입대한 지 얼마 안 되어 그는 타고난 재능을 발휘해 주위 사람들의 주목을 받게 되었다. 그는 23세 때 벌써 스페인에서 누만티아 전쟁을 앞두고 있는 스키피오 아이밀리아누스의 개인 참모로 배치되어 있었다. 그는 본시 군인으로 태어난 사람이었다. 전장에서 마리우스는 타고난 천재였다. 그는 다른 사람들보다 육체적으로나 정신적으로 힘과 용기와 독립심이 뛰어났다. 그는 세계에서 가장 뛰어난 로마 군단에서 출세하는 것 이상의 일을 생각해본 적이 없었다. 군인 생활을 하는 동안 그는 자신에게 지시된 일을 어느 것 하나 거부하지 않았다.

마리우스가 주목을 받은 것은 스페인 누만티아의 전쟁터였다. 스페인 원주민 반란으로 애를 먹고 있던 로마는 카르타고를 멸망시킨 당대 최고의 장군 스키피오 아이밀리아누스를 누만티아 전선의 총사령관으로 파견했다. 그때 스키피오 막사에서 아이밀리아누스와 함께 식사를 하고 있던 한 사람이 물었다. "각하 뒤를 이어 로마군을 이끌어갈 장군은 누가 될까요?" 아이밀리아누스는 바로 옆자리에 있는 젊은 장교의 어깨를 두드리며 말했다. "이 사람일 거야." 이때 마리우스의 나이 겨우 23세였다. 그때부터 2년 뒤인 기원전 132년, 그는 아이밀리아누스를 따라 로마로 개선했다.

마리우스가 관직에 진출하려 한 것은 전적으로 군대에서 출세하기 위해서였다. 아이밀리아누스는 항상 마리우스가 지방지주로서의 자리만을 지키며 시간을 낭비하기에는 너무나 훌륭한 인물이라고 말해왔다. 그리고 이보다 더 중요한 사실은 그가 법무관 이상의 공직에 오르지 못하면 로마의 군대를 지휘할 수 없었다는 사실이다. 마리우스가 관직의 경로에서 첫 관문인 재무관직을 거쳐 호민관이 된 것은 호민관 가이우스 그라쿠스가 죽은 2년 뒤인 기원전 119년, 그의 나이 38세로 비교적 늦은 나이였다. 정치적 야망이 있는 평민 출신 귀족의 아들이라면 특별한 일이 없는 한 10년 전에 거쳤을 관직이었다.

마리우스가 호민관에 출마했을 때 그를 도와준 사람은 카이킬리우스 메텔루스였다. 늘 명문귀족 출신임을 내세워온 메텔루스 가문의 사람들은 정치적 배경이 전혀 없는 아르피눔의 촌놈 마리우스를 호민관으로 선출한 뒤 자기들의 하수인으로 부려먹을 생각이었다. 가이우스 그라쿠스가 죽은 뒤 원로원으로부터 더욱더 강력한 위협을 받고 있는 평민회를 보호하고자 마리우스가 열성적인 활동을 벌임으로써 자신이 메텔루스 가문의 하수인이 아니라는 것을 보여줄 때까지 그들은 계속 그렇게 생각하고 있었다. 그 무렵 루키우스 메텔루스 달마티쿠스는 평민회의 입법권한을 축소시키는 법안을 통과시키고자 했는데, 마리우스는 그 법안에 거부권을 행사하였다.

호민관을 역임한 뒤 마리우스는 감찰관의 승인을 얻어 로마 원로원의 일원이 되었다. 그리스어도 능숙하게 할 줄 모르는 이탈리아 촌놈이 자기 집안 사람은 물론 그의 고향 아르피눔 사람들을 자랑스럽게 만든 로마의 원로원 의원이 된 것이다. 그러나 호민관 재임시 그가 행사한 거부권은 그에게 엄청난 대가를 치르게 했다. 마리우스는 호민관 임기를 마치고 다시 평민 조영관직에 출마하고자 했지만, 메텔루스 가문 사람들의 방해로 그의 노력은 헛수고가 되고 말았다.

기원전 115년 그는 다시 법무관직에 입후보하여 열심히 운동을 벌였지만, 이번에도 또다시 메텔루스 가문 사람들의 반대에 부딪혔다. 그들은 메텔루스 달마티쿠스의 주도 아래 중상모략이라는 수단을 이용하여 마리우스를 공격했다. 그들은 마리우스가 로마인이 아니라 오지의 이탈리아 촌놈이라고 모욕하는가 하면, 로마는 가이우스 마리우스를 법무관으로 뽑을 필요가 없을 만큼 훌륭한 로마의 아들들을 충분히 갖고 있다는 말도 함께 퍼뜨렸다. 그러나 그는 득표수가 가장 낮긴 했지만 마침내 법무관에 당선되었다. 또한 선거 직후 그에게 씌워졌던 날조된 뇌물혐의도 벗고 살아남았다. 마리우스가 살아남은 것은 무엇보다 유권자들 가운데 군인으로서 그의 용감성을 잘 알고 있는 사람들이 많았기 때문이었다.

마리우스는 법무관을 역임한 뒤 먼 스페인의 총독으로 파견됐다. 그곳에서 그는 군사적으로 큰 성공을 거두었으며, 현지 광산 개발에 관계함으로써 많은 돈을 벌어 귀국할 때는 큰 부자가 되어 있었다. 그는 개선장군으로 귀국하였다. 2년 뒤 그는 집정관이 될 꿈을 꾸고 있었다. 마리우스에게 법무관직과 집정관직은 이 관직이 그에게 최고의 군지휘권을 준다는 사실에 의미가 있었다. 그리고 당연히 집정관직이 법무관직보다 훨씬 더 높은 지휘권을 부여하는 것이었다. 그러나 이 꿈은 쉽게 이루어지지 않았다. 그 이유는 무엇보다도 그가 내세울 만한 훌륭한 조상을 두지 못한 지방귀족 출신이었기 때문이다. 그리하여 그는 부모님이 맺어준 아내와 이혼하고 명문귀족인 카이사르 가문의 딸과 결혼했는데, 율리우스 일족에 속하는 카이사르 가문의 이 신부는 아직 태어나지 않은 율리우스 카이사르의 고모이다.

마리우스가 능력을 발휘할 수 있는 무대는 5년 뒤에 다시 찾아왔다. 이른바 유구르타 전쟁이 시작된 것이다. 48세가 된 마리우스는 총사령관 메텔루스의 부사령관으로 아프리카에 파견되었다. 누미디아 문제로 원로원이 골머리를 앓게 된 것은 결정적인 군사 개입을 결의한 기원전 109년보다 훨씬 이전으로 거슬러 올라간다. 한니발에 대해 공동투쟁을 벌인 공으로 로마와 동맹관계에 있었던 마시니사 왕은 로마의 공공연한 묵인 아래 권력을 장악할 수 있었다. 그런데 불안할 정도로 그의 권력이 강대해지고 누미디아 왕국에 대한 카르타고인들의 감정이 점점 좋아지자 로마 주위에서 새로운 카르타고가 등장할까 봐 불안해하는 목소리가 생겨나기 시작했다. 그러면서 로마는 조금씩 마시니사 왕에게 적대적인 태도를 취했다.

그러던 중 기원전 149년 마시니사 왕이 89세의 나이로 세상을 떠나고 누미디아 왕국은 그의 세 아들이 물려받았다. 그후 복잡한 권력투쟁과정을 거쳐 한때 스키피오 아이밀리아누스 휘하의 스페인에서 마리우스와도 함께 종군한 적이 있는 유구르타가 누미디아의 왕이 되었다. 유구르타와의 권력투쟁에서 패한 아드헤르발이 로마에 사절을 보내 자신의 곤경을 호소하면서 로마는 누미디아 문제에 직접 개입하게 된다. 집정관 오피미우스가 이끄는 10명의 원로원 의원으로 구성된 위원회가 누미디아로 직접 건너가 현장조사를 한 뒤 내린 결정은 왕국의 분할이었다. 아드헤르발은 키르타를 수도로 한 동부를, 유구르타는 서쪽을 차지하게 되었다. 이로써 유구르타는 아드헤르발과 마우레타니아 왕국 사이에서 마치 샌드위치 같은 형국이 되었다. 유구르타는 4년 동안 끈기 있게 기다리다가 아드헤르발의 군대를 공격했다. 크게 패배한 아드헤르발은 로마와 이탈리아 상인들의 도움으로 방위군을 재조직했다.

유구르타와 아드헤르발 사이에 전쟁이 일어났다는 소식은 원로원의 귀에 들어갔다. 원로원은 위원회를 파견하여 누미디아에 경고를 보냈다. 유구르타는 먼저 위원회와 연락을 취하여 그들에게 비싼 선물을 잔뜩 지워서 로마로 돌려보냈다. 그러자 아드헤르발은 로마에 원조를 요구하는 편지를 발송했고, 아드헤르발 편이었던 마르쿠스 아이밀리우스 스카우루스는 편지를 받자마자 다른 위원회를 이끌고 직접 누미디아로 갔다. 그러나 당시 아프리카의 상황이 매우 위험했기 때문에 그는 아무도 만나지 못하고 로마로 돌아가고 말았다. 스카우루스가 돌아가자마자 유구르타는 키르타를 점령하고 아드헤르발을 처형했으며, 장사 때문에 누미디아에 주재하고 있던 이탈리아인까지 처형해버렸다.

키르타에 거주하는 로마인과 이탈리아인에 대한 대학살 소식이 로마에 전해지자 시민들은 흥분하였다. 원로원은 후임 집정관으로 선출된 루키우스 칼푸르니우스 베스티아를 누미디아에 보냈으나, 유구르타에게서 막대한 뇌물을 받은 그는 유구르타와 평화협상을 맺고 로마로 돌아갔다. 호민관 가이우스 멤미우스는 베스티아가 유구르타에게서 뇌물을 받고 유구르타를 도와주었다는 비난을 퍼붓자 원로원은 다시 법무관 루키우스 카시우스 롱기누스를 누미디아로 보내 유구르타 왕을 로마로 끌고 오라고 지시했다. 뒤이어 기원전 112년 원로원은 유구르타에게 전쟁을 선포했다.

로마가 뜻밖에도 강경하게 나오자 유구르타는 로마에 사절을 보내 이탈리아인이 살해된 것은 불의의 사고였다고 해명하려 했지만, 사절은 로마의 성벽 안에도 들어가지 못했다. 이듬해인 기원전 111년 북아프리카에 상륙한 로마군을 맞이한 것은 유구르타가 이끄는 군대가 아니라 유구르타가 보낸 항복사절이었다. 유구르타가 원한 것은 로마가 자신을 누미디아의 왕으로 인정해주는 것뿐이었다. 군단을 이끌고 있던 집정관 베스티아는 유구르타의 왕위를 인정한다 해도 그것은 기정사실을 인정하는 데 불과하다고 생각하여 유구르타의 제의를 수락했다. 강화조건이었던 유구르타의 로마 방문도 실현되었다. 조인을 끝낸 집정관은 군대를 이끌고 아프리카에서 철수하였다. 그런데 여기서 유구르타가 이탈리아인 살해에 이어 두 번째 실수를 저질렀다. 로마에 체재하고 있던 누미디아 왕족 가운데 그의 사촌뻘 되는 인물을 암살한 것이다. 암살은 성공했지만 그 하수인이 붙잡히고 말았다.

유구르타를 제압해야 한다는 여론이 다시 일어났다. 이듬해인 기원전 110년 로마는 스푸리우스 포스투미우스 알비누스를 속주 아프리카의 총독으로 임명했으며, 유구르타와 전쟁을 치르도록 다시 아프리카에 군단을 파견했다. 그런데 알비누스는 선거를 치르기 위해 로마에 귀국한 사이 자신의 동생 아울리스 알비누스를 아프리카 속주 총독과 아프리카 군대의 총사령관으로 임명했는데, 그는 형이 없는 틈을 타 군사적인 명성을 얻고자 누미디아로 진군해갔다가 크게 패하고 치욕스런 항복을 하고 말았다.

로마인들은 로마군이 유구르타에 의해 철저히 패배했다는 소식에 큰 충격을 받고 패전의 책임을 묻기 시작했다. 새로 선출된 호민관 가이우스 마밀리우스는 부사령관 아울리스 알비누스를 반란죄로 처형해야 하며, 형 스푸리우스 알비누스 역시 반란 혐의로 재판해야 한다고 주장하였다. 또한 그는 루키우스 오피미우스 시대부터 유구르타와 수상한 거래를 했음직한 로마인들은 한 사람씩 특별법정에서 재판을 해야 한다고 주장했다. 원로원 역시 유구르타에게 그 조약을 인정할 수 없고 인정하지도 않을 것이라고 강경한 어조로 말하고, 아프리카에 파병할 로마군의 총지휘는 기원전 109년의 집정관으로 선출된 퀸투스 카이킬리우스 메텔루스에게 맡기기로 결정하였다. 메텔루스 가문은 그 무렵 원로원에서 최고의 권위와 영향력이 있었다. 이때 총사령관 메텔루스를 보좌하는 부사령관으로는 군대에서 온갖 고초를 겪으며 밑바닥부터 올라온 사람들 가운데 실력이 가장 뛰어난 인물로 인정받고 있던 48세의 가이우스 마리우스가 임명되었다.

기원전 109년 여름, 메텔루스 군대와 유구르타 군대 사이에 첫 번째 전투가 벌어졌다. 메텔루스가 보병대를 지휘하고 부장인 마리우스가 기병대를 이끌고 싸운 이 전투는 로마군의 승리로 끝났다. 누구보다도 로마군의 우수성을 잘 알고 있던 유구르타는 서전(緒戰)에서 패한 뒤 작전을 바꿔, 가능한 한 전면전을 피하고 게릴라 전법으로 나섰다. 메텔루스는 달아난 유구르타를 끝까지 추적하지 않았다. 그보다는 유구르타가 군대를 재편성하지 못하게 하는 작전을 썼다. 게릴라를 경계하기 위해 메텔루스는 군대를 양분하여 제1군은 자신이 직접 지휘하고 제2군은 마리우스에게 맡겼다. 기원전 108년의 회전에서 유구르타는 또다시 패배하여 도망칠 수밖에 없었다. 메텔루스는 외교전을 통해 주변 부족이 유구르타에게 등을 돌리게 하려고 애썼지만, 부족민들 사이에 유구르타의 인기가 워낙 높은 탓에 큰 성과를 거두지 못하고 전쟁은 장기전으로 접어들 양상을 보이기 시작했다.

마리우스는 상관인 메텔루스에게 전략 변경을 요구했지만 그는 전혀 귀 담아듣지 않았다. 총지휘권을 장악하지 않는 한 병사들도 자기도 아프리카 땅에서 꼼짝 못 하게 되리라고 판단한 마리우스는 집정관에 출마하기로 결심했다. 지휘관으로서의 재능을 높이 사 마리우스를 부사령관으로 임명하긴 했지만 출신으로 보아 자기와 같은 반열에 설 수 없다고 생각한 메텔루스는 집정관 출마를 위해 제대를 요청한 마리우스에게 허가를 내주기를 꺼렸다. 한번은 제대를 요청하러 온 마리우스에게 메텔루스는 "집정관이란 너 같은 이탈리아계 출신이 넘볼 수 있는 자리가 아니다. 그보다 훨씬 높은 자리지. 집정관이 될 사람은 출생부터 그에 걸맞게 태어나야 하고, 자기 자신뿐만 아니라 선조들의 업적도 있어야 한다"고 말하고는 옆에 있던 겨우 스무 살밖에 안 된 자기 아들을 가리키며 "마리우스, 네가 집정관이 될 수 있다 해도 저애와 비슷한 시기에 될 테니까 아직 시간은 충분하지 않은가" 하며 빈정거리기까지 했다.

사실 그랬다. 능력만 있으면 설사 명문귀족 출신이 아니더라도 법무관 정도는 될 수 있었지만, 소수의 지배귀족이 조상의 업적과 고귀한 가문 출신임을 내세우며 집정관직을 자신들에게만 유보된 공직이라고 여기고 있던 상황에서 오로지 내세울 것이라고는 군사적 능력 하나밖에 없는 지방의 한 촌놈이 집정관이 된다는 것은 거의 불가능했던 것이 당시 로마의 실정이었다. 그래도 메텔루스는 선거일을 겨우 12일 앞두고 제대 허가를 내주기는 했다. 아마 그는 마리우스가 로마로 돌아가 집정관직에 입후보한다 해도 당선될 가능성은 전혀 없다고 확신했기 때문에 그렇게 한 것 같다.

마리우스는 로마군 진영에서 멀리 떨어진 우티카까지 꼬박 이틀 동안 말을 달렸다. 우티카에서 배를 타고 사흘 만에 로마에 도착한 마리우스는 백인대회가 개최되는 시각에 간신히 맞출 수 있었다. 마리우스가 집정관 출마를 하기 위해 포로 로마노에 도착했을 때 여기저기서 군중이 몰려들기 시작해 그를 열광적으로 환영했다. 마리우스는 얼마 남지 않은 기간 동안 군중이 모여 있는 곳에서는 어디서든 연설을 했다. 로마에서 열린 민회에서 마리우스는 집정관 출마 의지를 분명히 했을 뿐만 아니라 공약도 분명히 했다. 유구르타를 생포하건 죽이건 유구르타 전쟁을 조기에 종결짓겠다고 약속한 것이다.

기원전 108년 말 백인대회를 뒤덮고 있던 분위기는 평민 마리우스에게 유리했다. 지난 몇 년 동안 로마군의 전적은 결코 만족할 만한 것이 아니었기 때문이다. 마케도니아에서는 북쪽에서 침입한 트라키아족에게 집정관 카토의 군단이 패배했고, 유럽 북쪽에서 쳐들어온 게르만족에게는 집정관 카르보의 군단이 패배했다. 또한 아프리카에서는 집정관이 이끄는 로마군이 유구르타와 싸운 뒤 굴욕적인 강화를 맺고 겨우 목숨을 건진 형편이었다. 지휘관은 모두 원로원 계급에 속하는 집정관들이었다. 병역 자격의 하한선을 내리면서까지 병사를 징집한 끝에 잇따라 패하는 사태가 일어나자 병역 해당자인 로마 시민들은 절망하고 있었다.

백인대회는 기원전 107년의 집정관으로 루키우스 카시우스 롱기누스를 제1집정관으로, 마리우스를 제2집정관으로 선출했다. 비록 50세의 늦은 나이에 차석 집정관이긴 했지만, 마리우스의 집정관 당선은 로마 사회를 경악과 흥분으로 들끓게 하기에 충분했다. 마리우스는 완전한 신인이었다. 그의 가문은 마리우스 이전에는 원로원 의원 하나 배출하지 못한 아르피눔의 지방 유력자에 불과했다. 그런데 가진 것이라곤 군사적 능력 하나밖에 없는 그가 쟁쟁한 귀족 경쟁자들을 물리치고 로마 최고의 관직인 집정관이 된 것이다. 그해 12월 8일 호민관 만리우스 만키누스(Manlius Mancinus)는 아프리카의 지배권을 카이킬리우스 메텔루스에게서 가이우스 마리우스에게 넘겨주는 내용의 법안을 평민회에 제출해 통과시킴으로써 다시 한 번 원로원 의원들을 놀라게 했다. 이리하여 메텔루스는 만키누스가 이끄는 평민회에 의해 아프리카 지배권을 빼앗기게 되었다.

집정관으로 선임된 마리우스는 지금까지 평생을 군대에서 보낸 만큼 로마 군단의 실태를 잘 알고 있었다. 그리고 어떤 방법으로든 그것을 타개해야 할 필요성을 절감하고 있었다. 그래서 그는 포로 로마노에 세워진 연단 위에서 시민들에게 다음과 같이 연설했다.

시민 여러분, 집정관들이 대부분 전에는 겸손한 공복임을 과시해놓고 일단 집정관에 당선되면 당장 오만하고 게으른 자로 표변한다는 것을 나는 잘 알고 있습니다. 그렇지만 나도 여러분에 의해 집정관으로 선출된 이상 그 책임을 완수하기가 얼마나 어려운지를 절감하고 있습니다. 집정관이란 로마 최고의 정무관인 동시에 군단의 최고 책임자이기도 합니다. 전투 준비를 하면서 동시에 국가 재정을 건전하게 유지하기를 잊어서는 안 되고, 병사 징집에 종사하면서 병사가 시민이라는 사실도 잊어서는 안 됩니다. 병사들이 모두 자진해서 병역에 종사하는 것만은 아니라는 사실도 명심하지 않으면 안 됩니다. 게다가 반대파가 있는 가운데서 일을 해나가지 않으면 안 됩니다. 이 책무를 수행하는 것은 여러분이 생각하는 것보다 훨씬 어렵습니다. 나와 출신이 다른 분들은 위대한 업적을 이룩한 조상들을 두었고 무슨 일이든 무조건 찬성해주는 친척들을 가졌으며 수많은 클리엔테스를 거느리고 있습니다. 이 후원자들은 그들이 실패하는 경우에도 그들을 지켜줍니다. 반면에 내 경우 나를 지켜줄 것은 나 자신의 능력과 성실함뿐입니다. 사람이 일을 하는 데에는 이 두 가지만 있으면 충분하다고 생각합니다. 진정으로 책무를 완수하고 싶어하는 자, 고생과 위험에 익숙한 자에게는 위대한 조상의 명성도, 친척이나 클리엔테스 세력도 쓸데없는 장식품에 불과하다고 나는 생각합니다. 나는 유구르타를 제압하기 위한 싸움에 여러분을 데리고 갈 것입니다. 나를 비판하는 자들은 전술에 관해 이론적으로만 알고 있을 뿐이지만, 나는 야전에서 배운 실무로서 알고 있습니다. 나는 확신합니다. 모든 인간은 평등하게 태어났다고 말입니다. 그러나 그와 동시에 공동체에 더욱더 공헌한 사람이 더욱더 고귀한 사람으로 대접받는다는 것도 확신합니다. 고명한 조상들의 초상도 없는 내가 로마 지도층에 들어간 것은 바로 어제 일입니다. 그렇지만 상속받은 명성을 더럽히기보다는 스스로 명성을 쌓아올리는 편이 더 나은 삶이라고는 생각지 않습니까? 그들의 지체 높은 혈통을 보여주는 눈부신 조상들의 초상에 대해 나는 나 자신의 몸에 남아 있는 수많은 전투의 상처 자국을 보여줄 것입니다. 그리고 나에게 명성이나 지위는 고생과 위험을 견디면서 나 스스로 획득한 것임을 분명히 말할 것입니다.

내가 여러분에게 가르칠 것은 이런 것입니다. 병사가 된 여러분은 모든 고난을 나와 함께할 것입니다. 또한 그것으로 로마를 구하게 될 것입니다. 행군할 때도 전투에 임해서도 나는 여러분 곁에 있을 것입니다. 여러분의 지휘관인 동시에 여러분과 똑같이 위험을 나누어 갖는 전우로서, 신들의 가호에 힘입어 승리도 명예도 찬사도 모두 우리의 것이 되리라고 확신합니다.

마리우스는 아프리카의 군지휘권을 넘겨받게 되었지만 메텔루스가 자신의 군대를 순순히 넘겨주지 않으리라는 것을 알고 새로운 군을 모집하지 않으면 안 되었다. 그러나 로마에는 군 징집원이 이미 고갈된 상태였다. 그래서 마리우스는 집정관의 권리인 정규군단 편성을 기존의 징병제가 아니라 지원병제도로 바꾸고자 했다. 이 일을 맡고 나선 사람은 호민관 만리우스 만키누스였다. 그는 마리우스의 열렬한 추종자로, 마리우스를 위해 평민회에서 지원병을 모집할 수 있는 권한을 집정관에게 주는 만리우스법을 통과시켰다. 이에 따라 로마의 병역은 시민의 의무가 아니라 선택에 따른 직업으로 바뀌었다. 마리우스의 호소에 응해 지원한 로마 시민들 대다수는 농지를 잃거나 하여 실업자가 된 사람들이었다. 시민병이 병역에 종사하는 동안 지급되던 경비는 지원병들의 급료가 되었다. 그라쿠스 형제는 실업자들에게 농지를 제공하거나 그들을 이주민으로 한 식민시를 건설하거나 공공사업을 진흥함으로써 이 문제를 해결하려 했지만 마리우스는 이 실업자들을 군대로 흡수했다.

그러나 로마 군대는 마리우스의 지원병제도에 따라 직업군인 집단이 되었다 해도 로마의 다른 사회계층에서 유리된 존재는 아니었다. 실업자만이 군인으로 지원한 것은 아니었기 때문이다. 군인도 직업이므로 상인이나 농민보다 군인을 직업으로 택하고자 하는 사람들도 지원했다. 마리우스의 군대는 여느 군대와는 달리 최하층민으로 구성되었다는 사실 그 이상의 변화가 있었다. 이들은 그 동안 군에 복무한 적이 없었기 때문에 병역에 대해서는 완전히 백지상태였다. 그래서 마리우스는 소대로 불렸던 과거의 전술단위 대신 소대의 3배 크기인 보병대를 창설하였다. 그뒤 로마 군단에서는 보병대가 최소의 군 단위가 되었다. 또한 그는 각 군단에 은빛 독수리를 단 군기를 나누어주고 군단의 상징으로 삼게 했다.

2

마리우스가 총사령관으로 부임했다는 소식이 아프리카의 두 왕 보쿠스와 유구르타에게 전해지자 보쿠스 왕은 겁을 집어먹고 당장 마우레타니아로 돌아갔다. 그래서 유구르타 혼자 마리우스와 대결하게 되었다. 6월 말에는 마리우스의 6개 군단 가운데 4개 군단이 로마의 아프리카 속주에 도착했다. 그 동안 그는 도시를 강탈하고 소규모 전투를 집중적으로 벌임으로써 최하층민 출신의 신병들에게 실전을 겪게 하여 강력한 군대로 만들어갔다. 아프리카에 도착한 뒤 전개된 첫 번째 전투에서 마리우스의 군단은 유구르타에게 결정타를 가함으로써 유구르타마저 도망치게 만들었다. 보쿠스 왕은 이 소식을 듣자마자 마리우스에게 사신을 보내 다시 로마의 예속민이 되고 싶으니 받아달라고 간청했다. 카푸사 원정은 성공적으로 진행되어 별 저항 없이 로마에 항복했다.

서전에서 패한 유구르타는 전략을 바꾸어 유리한 지형을 이용한 게릴라 전법으로 나섰으나, 유구르타의 거점들을 차례로 공략한 로마군은 그해 가을이 끝날 무렵 누미디아의 동쪽 절반을 평정하게 되었다. 그러나 유구르타는 여전히 건재했다. 연말이 다가오면서 마리우스의 집정관 임기는 끝나가고 있었다. 마리우스는 아프리카 전쟁을 수행하는 데 필요한 군지휘권인 임페리움을 계속 부여해달라고 백인대회에 요청했다. 백인대회는 그것을 가결했다. 그래서 이듬해인 기원전 106년에도 마리우스는 전쟁을 계속 수행할 수 있게 되었다. 이렇게 된 데에는 아프리카 전선에 파견된 병사들이 고국의 가족들에게 보낸 편지도 효력을 발휘했다. 지원병들은 총사령관 마리우스가 자기들과 똑같이 식사를 하고 진지를 만드는 작업에도 함께 참여하며 전쟁터에서는 누구보다 앞장서서 적과 맞선다고 써보냈다. 평민 출신 집정관의 평판은 실제 전과보다 먼저 높아졌다.

그러나 유구르타 전쟁을 끝내려면 전투에서 승리하는 것만으로는 불충분하다는 사실이 차츰 분명해지고 있었다. 마리우스의 과감한 전법으로 유구르타의 기지는 대부분 로마의 수중에 들어왔지만 유구르타의 최대 후원자인 보쿠스 왕과 유구르타의 사이를 끊지 않으면 전쟁을 일찌감치 끝내기 힘들었다. 그러나 여기에는 군사적인 재능보다 외교적인 재능이 필요했다. 마리우스에게는 그런 재능이 부족했지만, 휘하에 그 방면에 재능이 있는 인물이 새로 가담했다. 회계감사관으로 부임한 루키우스 코르넬리우스 술라가 바로 그 인물이었다. 마리우스는 유구르타와 연합하여 싸우다가 로마군에 참패한 보쿠스 왕이 은밀히 강화 의사를 타진해오자 거기에 재빨리 반응했다. 마리우스는 보쿠스 왕과 교섭하는 일을 술라에게 일임했다.

그해 11월 보쿠스 왕은 마리우스에게 교섭자를 보내달라고 요청해왔다. 보쿠스 왕을 만난 술라는 둘만의 단독회담을 요구했다. 둘 사이에 밀약이 이루어졌다. 유구르타와의 혼인으로 맺어진 유대관계에도 불구하고 그는 로마가 승인만 한다면 로마와 공식적인 동맹을 맺기로 했다. 다음날 보쿠스 왕은 유구르타에게 사람을 보내 잔치에 초대했으며, 초대에 응한 유구르타는 체포되어 술라에게 넘겨졌다. 오랫동안 로마를 괴롭혀온 유구르타 문제도 마침내 해결되었다. 로마인들은 모든 것이 마리우스의 공적이라고 믿고, 그가 아직 아프리카에 있는데도 이듬해인 기원전 104년의 집정관으로 그를 선출했다. 알프스 북쪽에서 게르만족이 접근하고 있다는 소식이 전해지고 있었기 때문이었다.

유구르타 전쟁을 어렵사리 끝낸 기원전 105년 당시 로마인들은 심각한 문제를 안고 있었다. 백인대회가 직접 출마도 하지 않은 마리우스를 집정관에 다시 선출한 것은 북쪽에서 다가오고 있는 게르만족을 마리우스라면 격퇴할 수 있으리라고 믿었기 때문이다. 북쪽 게르만족이 남하하기 시작한 이후 8년 동안 그들을 저지하기 위해 로마군은 다섯 번에 걸쳐 파병되었지만 다섯 번 모두 패배했다. 로마군이 패배를 거듭함에 따라 게르만족에 합류하는 갈리아인이 늘어나자, 로마인들은 점점 위기감을 느끼게 되었다.

특히 기원전 109년 집정관 마르쿠스 유니우스 실라누스가 7개 군단의 로마군을 이끌고 게르만족의 남하를 저지하러 나섰다가 크게 패했으며, 기원전 107년에는 수석 집정관 카이피오 지휘 아래 6개 군단을 파견했으나 그 역시 고전하고 있었다. 이에 기원전 105년 원로원은 집정관 나이우스 말리우스 지휘 아래 6개 군단을 편성하게 했다. 말리우스는 부사령관으로 마르쿠스 아이밀리우스 스카우루스를 임명하고 계속된 패전으로 고갈된 병력을 보충하기 위해 최하층민 중에서 신병을 모집하였다. 그리고 원로원은 나르보에 있는 퀸투스 카이피오에게 그의 군대를 즉시 로다누스 강까지 이동시켜 말리우스 군대와 합세하고 그와 그의 군대가 새로 선출된 집정관의 명령에 복종해야 한다고 통보했으나 카이피오는 그 명령을 따르지 않고 독자적으로 행동했다. 집정관 말리우스 막시무스는 카이피오에게 거듭 군대 합류를 명령했으나 카이피오는 자신과 같은 명문귀족이 아닌 벼락출세자 막시무스를 총사령관으로 인정할 수 없다며 명령에 따르지 않았다. 그뒤 서로 연합전선을 형성하지 못한 가운데 전개된 그 유명한 아라우시오 전투에서 거의 모든 로마군과 외인부대가 격멸당했으며, 카이피오 군단 역시 5만 5천 명의 병사 중 살아남은 자가 거의 없을 정도로 전멸했다. 이 전투에서 8만의 병사들 외에 2만 4천 명의 비전투요원이 사망했다.

아라우시오 전투에 대대장으로 참가했다가 간신히 살아남은 마르쿠스 아우렐리우스 코타는 원로원 의장에게 퀸투스 세르빌리우스 카이피오는 법을 위반했고 나이우스 말리우스 막시무스는 무능한 사령관이었다고 비난했으며, 아라우시오 전투의 패배는 지난날 한니발에게 패한 칸나이 전투보다 더 비참했다면서, 10만의 병사들 가운데 1만 3천 정도가 살아남았는데 그들 대부분은 도망쳤다고 했다. 또한 그는 로마의 운명은 이제 바람 앞의 등불로, 로마를 구할 인물은 마리우스밖에 없다면서 마리우스를 갈리아 속주 총독으로 임명하고 게르만족을 격퇴할 때까지 철회되지 않는 임페리움을 부여할 것을 주장했다. 법무관 만니우스 아퀼리우스 역시 마리우스는 지금 로마에 없지만 그를 다음해의 집정관 후보로 내세워야 한다고 주장했다.

백인대회에서는 기원전 104년의 수석 집정관으로 마리우스를 선출하였다. 마리우스는 아직 아프리카에 있고 자신이 직접 집정관 후보로 등록하지도 않은 가운데 부재중 집정관에 당선된 것이다. 이것은 전례 없는 일이었다. 수석 집정관으로서 게르만족의 남하를 저지할 임무를 띤 마리우스에게 다행스러웠던 것은 신들이 이 기회를 활용하는 데 필요한 준비기간을 주었다는 점이다. 남하를 계속하던 게르만족이 웬일인지 그해에는 남하를 멈추고 서쪽의 스페인으로 방향을 돌렸기 때문이다.

마리우스는 징병제에서 지원제로 바꾼 군제 개혁에 이어 몇 가지 조치를 취하였다. 우선 그는 비상시에는 선거를 치르지 않고 집정관이 직접 군단 사령관을 임명하도록 했다. 로마 시민권 소유자인 지원병과 동맹시 출신 병사의 구별을 없애고 병사들 사이의 무기와 장비의 차이도 없애 버렸다. 로마 군단의 보병은 이제 누구나 똑같은 투창과 방패와 칼을 갖게 되었다. 또한 그는 재산에 따른 계급을 나타내던 부대 깃발을 폐지하고 대신 로마 군단이 똑같이 은빛 독수리를 깃발로 삼도록 결정했다. 독수리가 로마를 상징하게 된 것은 이때부터이다. 기병대는 상류층 자제의 사관학교가 아닌 말을 잘 타는 누미디아나 스페인·갈리아·그리스 등지의 출신 병사들로 구성된 집단이 되었다. 징집제에서 지원제로 바뀜에 따라 군대는 실업자를 흡수하고 그 결과 병사를 장기적으로 부릴 수 있게 되었다. 군단 안에서는 재산 정도에 따른 계급이 완전히 없어졌다. 로마 시민과 동맹시민의 구별도 거의 사라졌다. 필요에 따라 군단수를 조정할 수 있게 되었고 장교에 대한 임명제를 도입함으로써 총사령관의 권력이 더욱 강화되었다. 총사령관을 정점으로 하는 장교와 사병의 관계도 훨씬 긴밀해졌다.

당시 로마에서는 최하층민에서조차 병사가 될 만한 사람이 고갈되어버려 그는 이탈리아 최하층민을 상대로 병사를 모았다. 마리우스는 기원전 104년 초 전임 법무관 만니우스 아퀼리우스와 루키우스 코르넬리우스 술라를 부사령관으로 대동하여 전 군단을 이끌고 아우렐리아 해안도로를 따라 북상했다. 그리고 4개월이 지난 6월 초 마리우스는 4개 군단을 이끌고 알프스 너머 갈리아의 드넓은 평야에 이르렀다.

그런데 이해에도 게르만족은 프랑스 중서부에 눌러앉은 채 움직일 기미를 보이지 않았다. 총사령관 마리우스는 병사들이 하는 일 없이 시간을 보냄으로써 연약해지는 것을 막기 위해 운하 건설에 동원하기로 했다. 나중에 마리우스의 운하라고 불린 이 운하는 마르세유와 프랑스 내륙 사이의 물자 유통에 이바지하게 된다. 로마군은 대기하는 중에도 속주의 사회간접자본 정비에 힘쓰고 있었던 셈이다. 이때부터 로마군이 어딘가에 주둔하고 있을 때는 그곳에서 토목공사를 벌이는 관습이 정착되었다.

그해도 별다른 일 없이 지나가고 있었다. 다만 언제일지 모르는 게르만족의 침입에 대한 불안감이 전보다 더 가중되고 있는 가운데, 그해 말 로마에서는 호민관 루키우스 카시우스 롱기누스의 발의로 아라우시오 전투의 패배 책임을 물어 카이피오의 임페리움을 박탈했을 뿐만 아니라 그의 원로원 의원직까지 박탈해버렸다. 여기서 한 걸음 더 나아가 반역죄로 그를 고소하려는 움직임까지 보였다.

백인대회에서는 기원전 103년의 집정관으로 가이우스 마리우스를 선출했으며 그가 계속 총사령관으로서 게르만족을 막도록 위임하는 동시에 그의 총사령관직을 다른 사람이 대신 맡지 못하게 했다. 연속으로 두 번이나 수석 집정관에 당선된 마리우스는 시대의 인물이었으며 어느 누구도 부정할 수 없는 로마의 1인자였다.

한편 수도 로마 시에서는 루키우스 아풀레이우스 사투르니누스가 마리우스의 보이지 않는 지원과 재정적인 도움을 받아 호민관으로, 그것도 최고 득표자로 당선되었다. 호민관에 취임하자마자 그는 자신의 후원자 마리우스를 위해 세심하게 준비해둔 아프리카 도서 지역의 토지 분배법안을 동료 호민관 가이우스 노르바누스와 함께 평민회에 상정, 통과시켰다. 그곳은 마리우스의 뜻에 따라 1년 전 루키우스 마르키우스 필리푸스가 공유지로 지정한 곳이었다. 바로 그 공유지를 마리우스의 최하층민 병사들이 제대할 때 1인당 100유게라씩 나누어주려는 것이다. 이 법안에 대해 평민들은 열렬한 지지를 보냈지만 원로원에서는 분노의 아우성이 들끓었다. 그들이 반대한 이유는 가이우스 마리우스에게 수천 명의 예속민이 생긴다는 것이고, 이들은 정작 땅을 구입하는 주체는 국가인데도 마리우스에게만 감사할 뿐 자신들의 진정한 은인이 국가라는 사실을 간과할 것이라는 것이었다.

1월 초 호민관 가이우스 노르바누스는 퀸투스 세르빌리우스 카이피오를 병력 상실이라는 죄목으로 평민회에 기소했다. 호민관 티투스 디디우스와 루키우스 아우렐리우스 코타가 재판 진행을 저지하려 나섰다가 성난 군중에 의해 연단에서 끌려내려왔다. 재판 결과 퀸투스 세르빌리우스 카이피오는 유죄선고를 받았다. 또한 그는 시민권을 박탈당하고, 그가 유용했다고 의심받은 1만 5천 탈렌트의 황금을 지불했으며, 로마에서 800마일 이내에 있는 불과 물은 접할 수 없게 되는 추방을 당했다.

뒤이어 사투르니우스는 나이우스 말리우스 막시무스를 병력 상실이라는 죄목으로 평민회에 기소하여 카이피오와 비슷한 결과를 얻어냈다. 아라우시오 전투에서 아들들을 잃은 말리우스 막시무스는 이제 로마 시민권과 재산마저 모두 박탈당하고 유형의 길을 떠났다. 이런 일은 일찍이 없던 일이었다. 이것으로 로마 시민들이 아라우시오 전투의 패배로 입은 피해와 절망감이 어느 정도였는지를 짐작할 수 있으며, 그 분노가 결국 그 전투의 지휘관인 사령관에게 투사되었다는 것을 알 수 있다. 2월 말 새로운 반역법 '아풀레이아 데 마이에스타테법'이 공포되었다. 이에 따라 지금까지 백인대회에서 주관했던 반역 재판은 주로 기사들로 구성된 특별재판에서 다루고 원로원은 이 재판에 전혀 관여할 수 없게 되었다.

기원전 103년 12월 10일에 실시된 집정관 선거에서 마리우스는 다시 수석 집정관으로 선출되었다. 차석 집정관으로는 퀸투스 루타티우스 카툴루스 카이사르였다. 그 동안 마리우스의 연이은 집정관 선출에 원로원 귀족들이 이번만은 어떻게 해서든지 막아보려 했지만, 오랫동안 위협의 존재였던 게르만족이 드디어 로마로 밀려들고 있다는 소문이 나돌면서 공포에 질린 로마 시민들은 압도적으로 마리우스를 집정관으로 선출했던 것이다. 그때 54세였던 마리우스는 네 번째로 집정관에 선출되었다. 수석 집정관 마리우스와 차석 집정관 카툴루스는 남하하는 게르만족을 맞아 공동으로 전투를 하기로 했다.

이동을 시작한 게르만족은 성년 남자의 수만 해도 30만 명에 이르렀다고 한다. 여자들은 물론 가축까지 데리고 수레에 짐을 잔뜩 실은 민족의 대이동이었다. 먹을 것이 풍부하다고 평판이 나 있는 이탈리아를 향해 이동하기 시작한 것이다. 게르만족은 부족별로 나뉘어 세 방향에서 침입하기로 했다. 튜튼족은 테우트보드의 지휘 아래 남프랑스의 해안을 따라 서쪽에서 이탈리아로, 킴브리족은 보이오릭스의 지휘 아래 알프스를 넘어 북쪽에서 이탈리아로 그리고 티그리니족은 동쪽 방면에서 알프스를 넘어 이탈리아로 들어오고 있었다.

로마에서는 마리우스가 서쪽을 맡고, 동료 집정관 카툴루스가 북쪽에서 쳐들어오는 킴브리족을 상대하게 되었다. 티그리니족은 시간이 좀더 걸릴 것이라고 생각하여 먼저 서쪽과 북쪽에서 적을 맞아 싸우기로 했다. 기다리고 있던 로마군 앞에 먼저 모습을 나타낸 것은 튜튼족이었다. 마리우스는 론 강 동쪽 연안에 구축한 진영에서 3만이 채 안 되는 병사들과 함께 기다렸다. 병사들이 2년 이상이나 주둔하고 있었기 때문에 그곳의 풀포기 하나, 나무 한 그루까지 모두 알고 있는 낯익은 곳이었다. 튜튼족은 남자만 해도 10만 명이 넘었다. 마리우스는 정면으로 대결하는 작전을 쓰지 않고 일단 적을 통과시키는 전술을 택했다. 게르만족은 진영에 틀어박혀 나오지 않는 로마군을 경멸하며 공격조차 하지 않고 그대로 지나쳤다. 그들은 로마군 병사들에게, 로마에 도착하면 너희가 잘 있다고 가족에게 안부를 전해주마고 농담을 던질 정도였다. 게르만족의 긴 행렬이 사라졌을 때 마리우스는 전군에 출동 명령을 내렸다. 마리우스는 수적으로 열세인 아군으로 하여금 적의 배후를 공격하게 한 것이다.

게르만족의 마지막 마차가 지평선 너머로 사라지기도 전에 막강한 6개 군단을 모두 거느리고 전속력으로 움직이기 시작한 마리우스는 그들을 앞질러 아르스 강을 건너 남쪽에 자리를 잡았다. 선두에 선 3만 명의 암브로네스족은 아르스 강 나루터에 이르렀을 때 로마군을 만났으며, 그들은 다른 게르만족을 기다리지 않고 로마군을 향해 진격해들어갔다. 그러나 로마군의 질서정연한 반격 앞에 살아남아 강의 나루터를 건너 돌아간 병사는 한 명도 없었다. 3만 명의 암브로네스족 전사들 시체가 산등성이를 뒤덮었다. 뒤따라오다가 강 건너에서 암브로네스족 전사들이 힘없이 무너지는 것을 보며 발을 동동 구르던 튜튼족은 테우트보드의 지시에 따라 로마군을 향해 진격해왔으나 그들을 향해 날아오는 로마군의 창과 칼에 완전히 무너지고 말았다. 마르세유에서 북쪽으로 20킬로미터쯤 떨어진 아쿠아이 섹스티아이에서 벌어진 유명한 '아쿠아이 섹스티아이 전투'는 로마군의 일방적인 승리로 끝났다. 3만 7천 명의 로마 병사들은 섹스티아이에서 치른 두 번의 전투에서 역사에 남을 승리를 거두었다. 3만 구의 암브로네스족 시체 위에 8만 구의 시체가 합해져 아르스 강변에 쌓였다. 소수의 튜튼족 전사들만이 살아남았다.

승리한 로마군에게는 수천의 튜튼족 아녀자들과 1만 7천의 생존 전사들이 전리품으로 주어졌다. 마리우스는 자기 몫의 포로들을 마실리아에서 온 노예상인들에게 팔고 받은 돈 전부를 그의 병사들에게 나누어주었다. 동맹시 마실리아와 속주 남프랑스는 게르만족의 위협에서 해방되었다. 그리고 7일 만에 수도 로마 시에 도착한 부사령관 만니우스 아퀼리우스의 손에는 승전 소식을 전하는 마리우스의 편지가 들려 있었다. 로마 시는 온통 기쁨과 흥분으로 넘쳐났다. 거리는 환호하는 시민들의 물결로 가득했다. 곧이어 치러진 집정관 선거에서 마리우스는 이듬해인 기원전 101년의 수석 집정관으로 또다시 선출되었고, 차석 집정관으로는 만니우스 아퀼리우스가 선출되었다.

한편 카툴루스 카이사르는 갈리아 지역의 총독으로 임명되어 그의 군대가 주둔하고 있는 플라켄티아로 돌아갔다. 그는 지난해 전략상의 실수로 큰 위기를 맞았다가 술라의 지혜로 그 위기를 벗어났었다. 그는 대규모 전쟁에 참여해본 경험이 없었기 때문에 수석 집정관 마리우스의 지시로 마리우스 휘하에서 오랫동안 군 경험을 쌓은 코르넬리우스 술라를 부사령관으로 임명하였다. 그러나 작전회의에서 전 군대의 희생을 감수하고라도 게르만족이 이탈리아 땅을 결코 밟지 못하게 하겠다고 한 맹세를 지키는 것을 그의 마지막 자존심으로 여긴 그는 전략상의 지리적인 이점을 무시한 채 적을 기다리기보다는 적극적으로 쳐올라가는 전술을 택하였다. 아테시스 강에 이르러서야 비로소 자신의 실수를 깨달은 카툴루스 카이사르는 죽음으로써 자신의 명예와 개인적인 자존심을 구하려 했으나, 술라와 휘하 장교들의 강한 반대에 부딪쳐 군대를 남하시킨 덕에 간신히 그의 군대를 구할 수 있었다.

킴브리족을 이끌고 온 보이오릭스는 아쿠아이 섹스티아이에서 튜튼족이 완패했다는 소식을 듣고 몹시 기분이 나빴다. 게다가 티그리니족이 이탈리아 침공을 포기하고 그들의 고향으로 되돌아갔다는 소식을 듣고 크게 낙담했으나, 그는 여전히 수적으로 우세한 킴브리족 단독으로 이탈리아를 정복할 수 있다고 자신하였다. 그러나 그에게는 이탈리아의 지리적인 구조와 특징을 모른다는 약점이 있었다. 6월 초 보이오릭스 휘하의 킴브리족은 파두스 강의 기슭을 따라 좀더 로마화한 대도시 플라켄티아로 향했다.

마리우스와 카툴루스가 이끄는 로마군은 킴브리족의 남하를 기다리지 않고 먼저 포 강을 건너 바로 북쪽에 있는 베르켈라이 평원에서 적이 접근해 오기를 기다렸다. 로마군이 도착한 것을 안 킴브리족의 왕이 사절을 보내 결전 날짜와 장소를 결정하자고 요구했다. 그리하여 전쟁터는 베르켈라이로, 날짜는 사흘 뒤로 정해졌다. 사흘 뒤에 치러진 전투에서 5만 2천의 로마군은 킴브리족을 대파하였다.

포근하고 서늘한 날씨에 익숙해 있던 킴브리족은 구름 한 점 없이 무더운 여름날, 그것도 숨 막힐 정도로 자욱한 먼지 속에서 싸워야만 했다. 로마 병사들에게 이것은 그리 힘든 상황이 아니었지만 게르만 전사들에게는 활활 타오르는 불구덩이 속에 놓인 것과 다름없었다. 정오가 되자 킴브리족 전사들은 거의 남지 않았다. 8만여 명의 킴브리족 전사들이 쓰러졌으며, 그 속에는 보이오릭스도 있었다. 간신히 살아남은 전사들은 알프스 저쪽의 갈리아로 도망쳤다. 전투가 끝난 뒤 6만여 명에 이르는 킴브리족 부녀자들과 2만여 명의 전사들이 노예로 팔렸다. 이날의 승리는 전적으로 병력을 효율적으로 활용한 마리우스의 탁월한 지휘가 거둔 성과였다.

마리우스와 카툴루스는 수도에서 치러진 개선식에 나란히 참석했다. 이탈리아도 게르만족 침입의 공포에서 해방되었다. 게르만족을 물리치는 데 성공한 직후 마리우스의 인기는 하늘 높은 줄 모르고 치솟은 상태였다. 백인 대회는 그를 기원전 100년의 집정관으로 다시 선출했다. 마리우스에게는 여섯 번째였으며, 기원전 104년부터 5년 동안 해마다 계속해서 집정관에 선출된 셈이다. 지방 출신의 이 신참자는 건국 이래의 어느 명문귀족도 달성하지 못했던 지위와 영예로 빛났다.

그러나 마리우스 자신이 착상하고 실행한 군제 개혁이 성공했기 때문에 생겨난 하나의 중대한 과제가 개선장군 마리우스를 기다리고 있었다. 마리우스가 도입한 지원제에 따라 로마 군단의 병사들은 직업군인이 되었다. 그들은 마리우스를 따라 아프리카와 알프스 너머 갈리아 그리고 북부 이탈리아에서 싸웠으며, 그때마다 이겼다. 승리의 결과 평화가 왔으나, 그와 동시에 그들은 일자리를 잃게 된 것이다. 개선식이 끝나자마자 7년 동안 마리우스 휘하에서 싸운 병사들을 기다리고 있는 것은 군대 해산이었다. 군대 해산은 곧 병사들의 실업을 뜻했다. 로마 정부는 퇴역병들에게 일자리를 마련해주거나 새 일자리를 얻을 때까지 실업수당도 주어야 했다.

전쟁은 끝났지만 기원전 100년에도 백인대회가 마리우스를 집정관으로 뽑은 것은 게르만족을 격퇴한 공로자에 대한 고마움을 표시하는 것과 함께 이 문제에 대한 처리를 그에게 맡기기 위한 것이기도 했다. 마리우스 자신도 이 문제를 심각하게 의식하고 있었다. 7년 동안이나 자신을 따라준 병사들은 그에게 소중한 클리엔테스였다. 파트로네스인 그에게는 그들이 정착할 곳을 마련해줄 의무가 있다고 강하게 느끼고 있었다. 그러나 마리우스가 느낀 의무감은 법적 규제에 따른 것이 아니라 인정에서 나온 것이었다.

마리우스의 생각은 로마인 사회에서는 타당한 배려였다. 호민관 루키우스 아풀레이우스 사투르니누스가 마리우스의 두뇌 역할을 했다. 사투르니누스는 오스티아의 재무관 시절 곡가 상승의 주범으로 의심받아 재무관 직위에서 해임되었다. 게다가 별다른 지지자를 두지 못한 그는 원로원 의원직까지 잃게 되었다. 그라쿠스 형제의 숭배자이기도 했던 그는 마리우스에 대한 시민들의 광범위한 지지를 이용하려고 마음먹었다. 사투르니누스는 먼저 서민층에 대해 정책가격으로 밀을 판매하는 곡물법을 개정하는 데 성공했다. 가이우스 그라쿠스 이후 1모디우스당 6.3아스로 고정되어 있던 밀값을 6분의 5아스까지 인하한 것이다. 이것은 무료 배급이나 마찬가지였다. 마리우스도 이 법안에 적극 찬성했다. 그에게는 이것이 옛 부하들에 대한 실업수당을 의미했기 때문이다.

그해 12월 10일 호민관들의 취임식이 끝난 뒤 재미있는 일이 벌어졌다. 사투르니누스가 호민관단을 완전히 장악하고 자신의 권한을 더욱 확대해갔던 것이다. 그는 취임한 지 8일도 안 되어 제대 병사들에게 국유지를 보상으로 나눠주자는 두 개의 법안 중 하나를 평민회에 상정했다. 그 국유지는 모두가 외국, 즉 시칠리아·그리스·마케도니아·아프리카에 있는 것들이었다. 이 최초의 토지 법안은 격렬한 반대를 이겨내고 마침내 평민회에 의해 통과되었다. 몇 년 동안 로마의 공유지로 지정되거나 로마인 부재지주들에게 제공되던 거대한 땅은 이제 최하층민 제대 병사들에게 분배되게 되었다. 뒤이어 두 번째 법안이 상정되었다. 이 법안은 게르만족과의 전쟁에서 로마가 획득한 새로운 공유지의 처리문제를 다룬 것이었다. 이 지역은 알프스 저쪽 갈리아 서쪽에 있는 나르보·톨로사·카르카소 주변 지역과 알프스 저쪽 갈리아 중앙에 자리잡고 있었다. 이제 갈리아 지방의 공유지 대부분이 최하층민 병사들에게 돌아가게 되었다. 원로원은 더욱 확고한 태도를 취하고 반대에 나섰다. 마리우스를 크게 지원하던 제1계급 기사들의 태도도 돌변했다.

호민관 사투르니누스 뒤에는 마리우스가 있다고 굳게 믿고, 당시 원로원을 주도하며 마리우스를 제거하기 위해서라면 어떤 일이라도 할 준비가 되어 있던 메텔루스 누미디쿠스와 카툴루스 카이사르 등 유력 원로원 의원들은 가이우스 마리우스가 로마의 모든 재산을 마치 자기 혼자 소유한 것처럼 마음대로 나눠주고 있다든지, 로마를 자기 것으로 만들려는 음모를 꾸미고 있다든지, 심지어는 그가 로마의 왕이 되고자 한다는 유언비어를 퍼뜨렸다. 그러나 자기 뒤에는 마리우스를 지지하는 시민들이 있다고 확신한 사투르니누스는 원로원의 항의에도 아랑곳하지 않고 오히려 한 술 더 떠서 마리우스의 퇴역병들을 수도 로마로 집결시킨 뒤 그들이 회의장을 가득 메운 평민회에서 원로원의 심기를 건드리는 법안까지 가결시켰다. 앞으로 원로원은 평민회에서 가결된 법안에 대해 5일 이내에 그 법안을 인정한다는 것을 선서로 밝히도록 규정한 법안이었다. 선서를 거부한 자는 원로원 의석을 박탈한다는 규정까지 두었다.

사투르니누스와 원로원의 대립은 이제 공공연해졌다. 이 대립을 중재할 수 있는 것은 집정관밖에 없었다. 그해의 집정관은 마리우스였다. 그러나 마리우스는 이런 종류의 흥정에는 서툴렀다. 자기 휘하에서 종군하다 제대한 병사들에 대한 의무감 때문에, 원로원 의원이기도 한 마리우스는 동료 의원들보다 먼저 호민관이 요구하는 선서를 하고 나섰다. 선서를 끝까지 거부한 것은 유구르타 전쟁에서 마리우스에게 지휘권을 빼앗긴 메텔루스였다. 그는 자진 망명이라는 형태로 로마 시를 떠났다.

기원전 98년의 호민관 선거에서 사투르니누스가 가장 많은 표를 얻어 세 번째 호민관에 당선되었다. 그런데 집정관 입후보자들이 마르티우스 평원에서 출마 선언식을 하는 날 새벽, 가이우스 멤미우스는 자신과 안토니우스가 집정관이 되리라는 기대에 우쭐해진 그의 예속민들과 지지자들을 거느리고 팔라티누스 언덕에서 마르티우스 평원까지 걸어가고 있었다. 도중에 그들은 사투르니누스의 친구인 법무관 가이우스 세르빌리우스 글라우키아와 그를 호위하는 무리들을 만났다. 길을 가다 마주친 이들 사이에서 벌어진 말다툼은 결국 멤미우스의 살해로 이어졌다.

멤미우스의 친구들이 도움을 요청하러 달려갔을 때 즉각 응한 사람 중에는 가이우스 마리우스도 있었다. 그가 사고가 난 장소에 도착했을 때 글라우키아와 그 무리들은 벌써 퀴리날리스 언덕으로 달아난 뒤였다. 원로원은 이를 위기로 보고 로마 역사상 두 번째로 비상포고령인 '세나투스 콘술툼 데 레푸블리카 데펜덴다'를 만장일치로 통과시켰다. 그리고 임기가 며칠 남지 않은 마리우스에게 수단과 방법을 가리지 않고 국가의 주권을 수호할 수 있는 최대한의 권한을 부여하였다.

마리우스는 오랜 망설임 끝에 사태 수습에 나섰다. 마리우스는 간단히 투항한 사투르니누스와 그의 일파를 죽이지 않은 것은 물론 감옥에 가두지도 않고 포로 로마노에 있는 한 건물에 감금해놓기만 했다. 그런데 사투르니누스를 증오하고 있던 귀족 출신 젊은이들이 밤에 무리를 지어 건물 지붕을 부수고 그 안에 있던 자들에게 기와를 던져 죽여버렸다. 마리우스는 더 이상 문제가 확대되는 것을 막기 위해 이 사건에 관계한 사람들을 체포하지 않고 그대로 방치하였다. 이 일은 그러잖아도 마리우스에 대한 각종 유언비어가 나돌아 그에게 의심을 품게 된 평민들이 예전에 보여주었던 열렬한 지지를 잃게 만들었다. 그는 기원전 99년에는 집정관 선거에 출마하는 것을 포기하였다. 그런 마리우스를 비웃기나 하듯 원로원은 망명 중인 메텔루스를 불러들이자는 제안을 압도적인 다수로 의결했다. 그 뒤 마리우스는 지친 심신을 달래기 위해 그리스와 소아시아로 여행을 떠났다. 사실 그는 정계에서 은퇴한 것이나 다름없었다.

3

마리우스가 그리스와 소아시아 여행을 위해 로마를 떠난 지 8년이 지났다. 표면상으로 로마는 평화를 누렸다. 외적의 위협도 없었다. 속주들도 평화를 유지하고 있었다. 농지를 잃고 도시로 흘러들어와 프롤레타리아가 된 자들의 문제에 대해서는 근본적인 해결책이 전혀 나오지 않았다. 호민관 사투르니누스는 살해당했지만 그가 성립시킨 법 ─ 빈민들에게 밀을 사실상 무상으로 공급하게 한 법 ─ 이 폐지되지 않은 것은 기득권을 지키는 것 말고는 모든 일에 소극적이 된 원로원 계급이 사회 불안과 연결되는 실업문제를 복지로 해결할 수 있다고 생각했기 때문이다. 식민시 건설은 북아프리카에 마리우스의 퇴역병들을 정착시킨 뒤로는 중단되어버렸다. 전쟁이 없는 이 시기에는 실업자를 대량으로 흡수할 수 있는 유일한 방법인 군대도 편성할 수도 없었다.

평화가 9년째 지속되던 기원전 91년, 이해의 호민관 가운데 마르쿠스 리비우스 드루수스가 있었다. 호민관으로는 늦은 나이인 39세의 이 신임 호민관은 30년 전 그라쿠스 형제의 개혁에 반대하는 원로원의 뜻을 받들어 그라쿠스의 법안보다 더 민중에게 영합한 법안을 미리 제출함으로써 가이우스 그라쿠스를 실각시키는 데 이바지한 바로 그 호민관의 아들이었다. 드루수스 집안도 유복한 기득권층의 일원이었으나 그는 아버지와 같은 길을 걷지 않았다. 그의 이러한 변화는 아라우시오 전투에서 그가 목격한 로마군의 참상이 원인이었다.

　호민관 드루수스가 맨 먼저 시도한 것은 동맹시 시민들에게 로마 시민권을 확대하는 일이었다. 그는 가이우스 때처럼 라틴 시민권 소유자에게 로마 시민권을 주고 그밖의 이탈리아 반도 주민들에게는 라틴 시민권을 주는 단계적인 방법이 아니라, 이탈리아의 모든 주민에게 당장 로마 시민권을 부여한다는 법안을 제출했다. 사실 동맹시의 시민권문제는 그것을 맨 먼저 지적한 가이우스 그라쿠스 이래로 로마의 국정 개혁을 가로막는 암적인 존재가 되어 있었다. 이 문제가 해결되지 않는 한 농지 개혁도, 경제구조 변화에 대한 대처도, 군제 개혁도 철저하게 이루어질 수 없었다.

　드루수스의 시민권 확대 법안을 둘러싸고 평민회는 엄청난 혼란에 빠졌다. 반대파는 강경했다. 집정관 필리푸스는 드루수스의 법안에 반대하는 안을 제출했다. 혼란이 계속되자 드루수스는 정면대결을 포기하고 회의장을 떠났으나, 집에 가는 도중 반대파에 살해당하고 만다. 호민관 드루수스의 암살은 이탈리아인들에게는 결정타가 되었다. 드루수스를 제거함으로써 시민권문제를 조기에 처리했다고 안심한 로마인들, 특히 원로원 계급은 이탈리아인들의 움직임에 아무런 주의도 기울이지 않았다.

　역사상 동맹시 전쟁으로 알려진 전쟁이 일어났다. 이탈리아 반도의 중부와 남부에 사는 여러 부족이 일제히 무장봉기를 일으킨 것이다. 이들은 모두 로마 연합에 가맹한 도시국가들로, 250년 동안이나 그들의 맹주였던 로마에 반기를 들고 일어선 것이다. 처음 궐기할 때 8개 부족이 참가했는데 대부분 이탈리아 동맹시였고, 라틴 식민시에서는 베누시아 한 곳만 가담했다. 이들은 다른 라틴 부족과 마찬가지로 투표권이 없는 로마 시민권을 갖고 있었기 때문에, 봉기한 이탈리아 동맹시에 비해 불만이 적은 편이었다. 또한 비옥한 경작지가 많은 캄파니아 지방의 그리스계 주민들이 로마 편에 남았다.

　기원전 91년에 일어난 동맹시 전쟁은 로마 연합 동맹국 중에서도 비교적 가난한 지역의 주민들이 일으킨 반란이었다고 할 수 있다. 동맹시 전쟁은 정치적인 의미에서뿐 아니라 군사적으로도 로마에 통렬한 타격이었다. 로마의 지배에 반대하여 봉기한 여덟 부족은 연합하여 독자적인 정부를 세우기로 결정했다. 나라 이름은 이탈리아, 수도는 코르피니움으로 정했다. 국가형태도 로마와 거의 비슷했다. 최종 결정권을 갖는 민회와 500명의 유력자로 이루어지는 원로원을 두고, 매년 두 명의 집정관을 선출하여 역시 선거에서 뽑힌 12명의 법무관과 함께 절대 지휘권을 갖고 군사와 정치를 담당하게 한다. 공용어로는 라틴어, 일반 통용어로는 삼니움어와 그밖의 방언을 사용하기로 결정되었다. 이탈리아 건국을 기념하여 8명의 전사가 칼을 맞대고 있는 도안의 기념주화까지 만들었다.

신생 이탈리아의 수도 코르피니움과 로마는 겨우 120킬로미터밖에 떨어져 있지 않았다. 동맹시 전쟁은 모든 의미에서 로마에 뼈아픈 타격을 주는 사건이 되었다. 지금까지 로마 군단에서 동맹시 출신 병사들이 차지하는 비중을 보건대 로마 연합군대의 절반이 되는 병력이 빠져나가버린 셈이 된다. 로마 집정관 밑에서 참모나 장교로 일하고 있던 동맹시 출신 장교들 중에는 로마 시민권을 가진 사람도 적지 않았지만, 그들도 고향 사람들과 행동을 같이했다. 바로 어제까지만 해도 같은 막사에서 한솥밥을 먹으며 함께 싸웠던 사람들이 적군과 아군으로 나뉘어 싸우게 된 것이다. 더구나 이들은 로마의 전술을 너무나 잘 알고 있었다.

기원전 90년 초 로마는 캄파냐 지방에 선을 긋듯이 하여 북부와 남부로 전선을 나누었다. 그해의 수석 집정관 푸블리우스 루틸리우스 루푸스가 북부 전선을, 차석 집정관 루키우스 율리우스 카이사르가 남부 전선의 총지휘를 맡기로 결정되었다. 두 집정관 휘하에는 각각 5명의 군단장이 배치되었다. 집정관 루푸스가 총지휘를 맡은 북부 전선에는 67세의 마리우스가 노년에도 불구하고 그의 부사령관으로 참전했다. 카이사르가 총지휘를 맡은 남부 전선에는 48세의 코르넬리우스 술라가 역시 부사령관으로 참전했다. 이에 대항하는 이탈리아 쪽도 북부 전선의 총지휘는 퀸투스 포페디우스 실로가, 남부 전선의 총지휘는 가이우스 파필루스 무틸루스가 맡았다. 이 두 명의 사령관 밑에 각각 5명의 군단장이 있는 것도 로마와 같았다. 동맹시 전쟁은 결국 로마 연합을 둘로 양분한 꼴이 되고 말았는데, 이는 로마의 정치적 실책 때문이었다.

전쟁 2년째인 기원전 90년의 전황은 전반에는 이탈리아가 우세했고, 후반에는 로마가 우세했다. 이 기간 동안 로마는 북부군 총사령관 루푸스가 사망했으며, 남부 전선에서도 2명의 군단장이 사망했다. 그러나 술라는 다른 누구보다도 혁혁한 전과를 세웠다. 그해 겨울 양쪽 군대가 잠시 싸움을 멈춘 사이 차석 집정관 율리우스 카이사르는 수석 집정관 루푸스가 전사했기 때문에 수도로 돌아가 백인대회를 소집했다. 그는 이 백인대회에 하나의 법안을 제출했다. 이 율리우스 시민권법(렉스 율리아 데 키비타테)은 동맹시 전쟁이 일어나기 전에 동맹자들이 요구한 것, 즉 로마 시민권 취득을 전면적으로 수용한 것이다. 단, 로마에 겨누고 있는 칼을 거두어야 한다는 하나의 전제 조건이 붙었다. 백인대회는 이 법안을 가결했다.

율리우스 시민권법이 제정되자 그 효과는 곧 나타났다. 전쟁의 구실이었던 로마 시민권이 제공된 마당에 더 이상 싸울 명분이 사라진 동맹시민들이 대부분 무기를 내려놓았으며, 그때까지 태도를 결정하지 않고 눈치를 보고 있던 에트루리아인과 움브리아인들이 로마 편에 가담했다. 이로써, 남부 전선에서는 실로의 지휘 아래 간헐적으로 전투가 계속되었지만 사실상 전쟁은 종식되었다. 동맹시 전쟁의 종식과 더불어 200년 이상 지속되어온 로마 연합은 마침내 해체되었다. 로마는 이제 도시국가를 초월한 새로운 형태의 국가로 진입하게 되었다. 동맹시나 동맹부족들은 이제 로마 국가를 구성하는 지방자치단체가 되었다.

한편, 이탈리아 반도에서 동맹시 전쟁이 일어나기 직전 동방에서는 심각한 상황이 전개되고 있었다. 기원전 115년부터 폰투스 왕국의 왕위에 앉아 있던 미트리다테스 6세가 로마가 혼란기에 접어든 틈을 타고 제국을 세우기로 결심한 것이다. 그는 인접국 비티니아의 왕이 죽은 뒤 후계자 다툼이 일어나자 자신의 측근을 왕위에 앉히고 역시 인접국인 카파도키아 왕위에도 자기 아들을 앉히는 데 성공했다.

그러자 이 두 나라의 왕족들이 동맹관계에 있는 로마에 호소해왔다. 로마는 원로원 의원들로 구성된 사찰단을 파견해 중재에 나섰으며, 사찰단의 중재로 두 나라의 왕위는 각각 정통 후계자로 돌아갔다. 그런데 1년도 지나지 않아 이탈리아 반도에서 동맹시 전쟁이 일어나자 미트리다테스는 이 틈을 이용하여 비티니아를 장악하고 그 서쪽에 있는 옛 페르가몬의 영토로 쳐들어갔다. 그곳은 로마의 속주였다. 로마가 동맹시 전쟁의 종결을 서두른 이면에는 이런 사정이 있었다.

동맹시 전쟁이 끝난 기원전 89년 겨울, 로마로 돌아온 루키우스 코르넬리우스 술라는 이듬해인 기원전 88년의 집정관에 출마하여 당선됐다. 또한 오리엔트 전선을 담당하는 임무도 맡게 되었다. 그는 집정관 임기가 시작되자마자 미트리다테스와 싸우기 위한 준비에 착수했다. 군단 편성을 위한 지원병 모집이 캄파냐의 지방도시인 눌라에서 시작되었다. 문제는 기원전 88년의 호민관 푸불리우스 술피키우스 루푸스가 마리우스와의 협력을 기대하고 새로운 법안을 평민회에 제안했다는 것이다. 신시민들이 거주지역에 따라 35개의 선거구 어디에서나 투표할 수 있도록 한 내용의 이 법안은 평민회를 통과하였다. 그는 여기에 오리엔트 정벌의 총사령관을 마리우스로 한다는 결의를 평민회에서 통과시켰다.

술라는 자기가 그토록 기다려왔던 최고 지휘권을 갖고 전승의 영광을 차지할 기회를 빼앗긴 사실을 도저히 참을 수 없었다. 술라는 미트리다테스 원정을 위해 편성한 군단이 주둔하고 있던 카푸아에 도착하여 병사들을 소집했다. 그러고는 자기는 지금부터 로마로 돌아가 실력을 행사해서라도 더럽혀진 명예를 회복할 작정이라고 했다. 병사들은 대부분 술라를 따라 2년 동안 동맹시 전쟁을 함께 치른 자들이었다. 그들은 술라의 사병이나 다름없었다.

로마에 있던 마리우스와 술피키우스 일파가 허를 찔린 것은 로마 집정관이 군대를 이끌고 수도로 쳐들어올 리 만무하다고 생각한 것이었다. 방어할 준비도 갖추지 않은 수도는 몇 시간의 작은 충돌을 거쳐 술라의 군대에 제압당했다. 마리우스는 에트루리아를 거쳐 아프리카로 달아났으며, 호민관 술피키우스는 붙잡혀 살해당했다. 이 사건은 로마 역사상 최초의 쿠데타였으며, 로마인이 무력으로 로마를 제압한 최초의 사례가 되었다.

로마를 장악한 술라는 포로 로마노에 시민을 모아놓고 전후 사정을 위협적으로 설명했다. 또한 그는 설령 백인대회나 평민회에서 의결된 사항이라도 원로원의 승인을 얻지 못하면 실시되지 않는다는 법안을 제안했고, 이 법안은 반대 없이 가결되었다. 이로써 기원전 287년의 호르텐시우스법이 200년 만에 개정된 것이다. 그리고 구시민과 신시민의 권리 평등을 꾀한 술피키우스법은 자동 폐기되었다. 이어서 술라는 마리우스와 술피키우스 일파, 즉 이른바 민중파 지도자들을 반역자로 선언하고 그들을 도와준 자에 대해서도 똑같은 죄로 처벌한다는 법을 제정하였다.

이듬해인 기원전 87년의 집정관으로 옥타비우스와 킨나가 선출되었다. 술라는 차기 집정관 킨나를 불러 술라가 제정한 법을 지키겠다고 맹세하게 하고 그 동안 미루어온 동방 원정의 길에 올랐다. 술라가 대동한 군대는 보병 5개 군단에 기병을 더해 3만 5천 명에 이르렀다.

술라가 이탈리아를 떠나자마자 킨나는 맹세를 깨뜨렸다. 그는 우선 백인대회를 소집하여 반역자로 규정된 마리우스와 그 일파의 명예 회복을 결의한 법을 제정하였다. 그리고 신시민들이 35개 선거구 어디에서나 투표할 수 있도록 한 술피키우스법을 부활시켰다. 그러나 동료 집정관 옥타비우스가 거부권을 발동하면서 또다시 무력충돌이 일어났다. 패한 킨나는 로마에서 달아났다. 바로 이때 정세 변화를 탐지한 마리우스가 아프리카에서 6천 명의 병사와 함께 귀국했다.

무력으로 로마를 장악한 것은 마리우스와 킨나 쪽이었다. 그뒤로 원한에 사로잡힌 마리우스의 복수극이 시작되었다. 집정관 옥타비우스는 살해당했고, 킨나가 로마에서서 도망친 뒤 집정관에 선출된 메룰라 역시 살해당했다. 마리우스의 명령으로 살해당한 사람들은 원로원 의원 50명, 기사계급에 속하는 사람이 무려 1천 명에 달했다. 희생자 가운데는 술라파가 아닌 사람들이 상당수 있었는데, 이들은 단지 마리우스와 그의 일파를 역적으로 선언한 법안이 제안되었을 때 반대하지 않았다는 이유에서 희생당했다.

수많은 사람을 처형한 뒤 마리우스의 분노가 사라지자 로마는 일단 평온해졌다. 백인대회는 이듬해인 기원전 86년의 집정관으로 킨나와 마리우스를 선출했다. 마리우스에게는 일곱 번째 영광이었다. 그러나 그는 임기가 시작된 지 13일째인 기원전 86년 1월 13일, 71세의 나이로 세상을 뜨고 말았다. 마리우스의 죽음으로 집정관 자리가 하나 비었다. 킨나는 이 자리에 자파인 플라쿠스를 앉히는 데 성공하고, 이때부터 미트리다테스 원정에서 돌아 온 술라에 의해 패배할 때까지 킨나의 독재정치가 시작되었다.

루키우스 코르넬리우스 술라

공화국보다 권력을 더 사랑한 공화주의자

●강성길(광양제철고 교사 · 서양고대사)

1. 생애

플루타르코스(Plutarchos)에 따르면, 그는 자신의 묘비명을 다음과 같이 새기기를 원했다고 한다. '친구에게 선행을 베푸는 데 그를 따를 친구가 없었고, 적에게 악행을 베푸는데 그를 따를 적이 없었노라'고. 그는 자신이 신의 은총을 받고 있는 행운아라고 굳게 믿었다. 그가 자신의 군대로써 두 번째로 로마 시를 점령하여 최고의 영광을 얻었을 때 원로원은 그가 펠릭스(Felix), 즉 행운아임을 공식적으로 천명했다. 그가 바로 루키우스 코르넬리우스 술라 펠릭스(Lucius Cornelius Sulla Felix)였다.

젊은 시절

술라는 기원전 138년에 태어났다. 그는 과거 한때 누렸던 드높은 영광을 뒤로 하고 갑자기 위세를 잃어가던 귀족 가문 출신이었다. 그의 조상 중에는 푸블리우스 코르넬리우스 루피누스(P. Cornelius Rufinus)가 있었다. 루피누스는 삼니움인들과 피루스를 상대로 한 전쟁에서 집정관(콘술)직을 두 번, 독재관(딕타토르)직을 한 번 역임했다. 불행히도 그는 당시의 법률이 규정하는 이상의 은을 소유한 탓에 원로원에서 제명당했다. 루피누스의 아들인 푸블리우스 코르넬리우스 술라는 기원전 250년경 유피테르 신관직을 맡았다. 그는 술라라는 이름을 얻은 가문의 첫 인물이자, 루키우스 코르넬리우스 술라 펠릭스의 고조부였다. 술라의 증조부와 조부는 각각 기원전 212년과 186년의 법무관(프라이토르)이었다. 술라의 아버지도 법무관이었을지 모르지만 이를 입증할 자료는 없다. 그의 부친은 두 번 결혼했는데, 두 번째 아내이자 술라의 계모는 꽤 많은 재산을 보유하고 있었다고 한다.

술라의 젊은 시절에 대해서는 알려진 것이 별로 없다. 술라는 일찍이 그리스어를 철저히 익혀서 그리스·라틴 문학의 탄탄한 기초를 닦았다. 그런데 그가 10대, 아마도 16세가 되던 무렵 그의 행운은 역전되었다. 그의 부친이 죽으면서 그에게 별다른 재산을 남기지 않았기 때문이다. 이로 인해 그가 몹시 가난해지지는 않았을 것이다. 그러나 당시 귀족의 기준과 그에게 열린 정무관직을 얻기 위해 필요한 재산 기준으로 보아, 그는 가난한 존재가 틀림없었다. 그의 재산은 기사 신분의 재산 기준에도 미치지 못했을 것이기 때문이다.

자신에게 닥친 불운 탓인지 술라는 한동안 저급한 부류에 몸을 던져 방탕한 생활을 했다. 그는 자신의 출신에 어울리지 않게 사회에서 천대받는 배우들 또는 가수들과 아무런 거리낌 없는 친구로 지냈고, 심지어 매춘부들과도 어울려 지냈다. 그 생활은 나름대로는 그에게 두 가지 행운을 가져다 주었을 것이다. 첫째, 그는 남성으로서 매력을 한껏 발휘했다. 그리하여 연상의 부유한 정부 니코폴리스(Nicopolis)가 그를 사랑하게 되었고, 그녀는 그에게 상당한 재산을 물려주었다. 술라의 계모도 술라를 자기 자식인 양 사랑하여 그에게 많은 유산을 남기고 죽었다. 이를 통해 술라는 마침내 정계에 입문할 수 있는 재산을 확보하게 되었다. 둘째, 그 생활은 술라가 사람들과 함께 지내면서 그들을 친구로 사귀어 자기 편으로 만들 수 있는 천부적인 자질에 눈뜨게 하는 계기가 되었을지도 모른다.

마리우스 휘하의 술라

술라는 30세의 늦은 나이로 정치 경력을 시작했다. 그는 기원전 108년(기원전 107년을 위한) 재무관(콰이스토르)으로 선출되었다. 그 무렵 북아프리카의 누미디아 왕국에서 전쟁이 일어났다. 유구르타(Jugurta) 전쟁(기원전 111~104년)이라 불린 이 전쟁은 기원전 111년에 시작되어 아직 끝나지 않은 상태였다. 기원전 108년이라는 해에는 또한 평민파(포풀라레스)의 협력자이자 신인(노부스 호모)인 가이우스 마리우스(Caius Marius)가 그 가문에서 최초로 집정관으로 선출되었다. 그는 기원전 107년 귀족 출신의 유능한 장군 퀸투스 카이킬리우스 메텔루스(Quintus Caecilius Metellus)가 보유한 유구르타 전쟁의 명령권(지휘권, 임페리움)을 민회의 결정에 따라 물려받게 되었다. 놀랍게도 그는 귀족 출신이자 군사적 경험이나 지식이라고는 보잘것없는 술라를 부관으로 선택했다. 그는 술라에게 이탈리아에 남아서 기병을 모집하여 아프리카로 데려오라고 명령했다.

마리우스는 전쟁을 수행하기 위해 병사를 모집하는 전통적인 기준인 재산 자격을 무시했다. 그 대신 그는 군인으로서 적합한 신체 조건을 갖춘 무산 시민들을 포함하는 모든 지원자들로 충원하는 조처를 단행했다. 그의 조처는 의외로 중대한 정치적 변화를 불러왔다. 로마 군단이 무산자 지원병으로 더 많이 충원될수록, 군단병은 전리품 획득과 퇴역 후 생계를 위해 공화국 자체보다는 자신의 지휘관에게 충성을 바쳐 그의 피보호인이 되었기 때문이다.

기원전 106년 술라가 모집한 대규모의 기병이 마리우스의 군대와 합류했다. 살루스티우스(Sallustius)에 따르면, 술라는 대단한 야망을 품은 인물이었다. 그는 웅변에 능하고, 영리했으며, 남의 편의를 잘 봐주는 친구였다. 눈에 띄는 군사적 경험이 적었던 그는 짧은 기간 안에 군대에서 매우 유능한 군인이 되었다. 여가시간에 그는 여전히 쾌락을 즐겼지만, 자신의 의무도 결코 게을리 하지 않았다. 그는 부하들에게 다정하게 대했고 가능한 한 많은 호의를 베풀었으며, 그들의 고충을 성심성의껏 들어주었다. 한편 그는 상관들의 행위와 명성을 결코 드러내놓고 헐뜯지도 않았다. 이 덕분에 술라는 마리우스와 그의 부대원들에게서 두터운 신임을 얻었다.

기원전 106년 가을 마리우스와 술라는 유구르타가 방어 계획을 추진하는 데 꼭 필요한 요새들과 전리품들을 차지했다. 유구르타는 하는 수 없이 장인인 마우레타니아(Mauretania)의 국왕 보쿠스(Bocchus)에게 서쪽 누미디아를 떼어내주면서까지 보쿠스를 전쟁에 끌어들였다. 마리우스는 키르타(Cirta) 가까이에서 두 국왕의 연합군대도 패퇴시켰다. 이로 인해 큰 손실을 입은 보쿠스는 로마와 평화조약을 체결하지 않을 수 없는 처지에 놓이게 되었다. 마리우스는 조약의 체결을 위해 부관인 술라를 보쿠스에게 보냈다. 보쿠스의 함정으로 몸소 걸어들어가고 있는지도 모르는 불확실한 상황에서 술라는 빼어난 외교술을 발휘하여 보쿠스를 설득했다. 기원전 105년 보쿠스는 사위인 유구르타를 배신하고 그를 술라에게 넘겨주었다. 이에 기쁜 나머지 술라는 이를 기념하는 반지를 자랑삼아 끼고 다녔다. 유구르타 전쟁은 이렇게 종식되었다.

한편 로마 북쪽 변경에는 더 큰 위협이 도사리고 있었다. 기원전 106년의 집정관인 퀸투스 세르빌리우스 카이피오(Quintus Servilius Caepio)와 기원전 105년의 집정관인 그나이우스 말리우스 막시무스(Gnaeus Mallius Maximus)는 아라우시오(Arausio) 전투(기원전 105년)에서 갈리아의 게르만 종족 가운데 하나인 킴브리인들에게 8만 명 정도의 병력을 잃는 뼈아픈 패배를 당했기 때문이다. 두말 할 것도 없이, 기원전 104년의 집정관으로 당선된 마리우스가 게르만족과의 전쟁에서도 명령권을 받았다. 이로 인해 그는 기원전 101년까지 잇달아 집정관으로 선출되었다. 그는 다시 한 번 술라를 선택했다. 마리우스가 비록 유구르타 전쟁의 공로를 독차지했다 하더라도, 술라에게 마리우스의 권위는 아직까지는 자신의 장래를 위해 더없이 필요했으리라.

마리우스는 게르만족과의 싸움에서 드러난 전술적인 문제를 해결하기 위해 과감한 군사 개혁을 단행했다. 술라는 기원전 104년과 103년 마리우스의 부관으로 맹활약했다. 한편에서 그는 톨로사(오늘날의 툴루즈)를 주요 도시로 삼은 남부 갈리아의 텍토사게스인(Tectosages)을 진압했다. 다른 한편에서 그는 게르만족의 하나인 마르시인(Marsi)을 외교적인 방법으로 설득하여 그들을 로마의 동맹자로 만들었다.

술라는 마리우스의 동의를 얻어 기원전 102년의 동료 집정관이자 군사적 재능이 부족한 듯한 퀸투스 루타티우스 카툴루스(Quintus Lutatius Catulus) 휘하의 군단장으로 자리를 옮겼다. 그는 군수품 공급이라는 어려운 업무를 수행하는 데 뛰어난 재능을 보였다. 마리우스는 아쿠아이 섹스티아이(Aquae Sextiae)에서 테우토네스인들과 암브로네스인들을 격퇴했다. 대조적으로 카툴루스와 술라는 킴브리인들과의 싸움에서 패하기도 했지만, 마리우스의 군대가 카툴루스의 군대를 지원했다. 두 집정관은 기원전 101년 베르켈라이(Vercellae) 부근에서 킴브리인들을 전멸시키는 데 성공했다. 카툴루스 휘하의 술라 역시 이 전투의 승리에 크게 기여했다. 마침내 이 전쟁도 끝났다.

마리우스와 결별

앞선 두 전쟁에서 두각을 나타냈던 술라는 더욱 높은 관직을 추구하는 데 남다른 열정을 보였다. 그는 조영관(아이딜리스)을 거치지 않고 곧바로 기원전 98년의 법무관직에 도전한 것이다. 그러나 그는 낙선의 고배를 마셔야 했다. 다음해에 그는 뇌물을 뿌리는 행위도 마다하지 않았다. 드디어 그는 기원전 97년의 도시 담당 법무관으로 선출되었다. 원로원은 속주 실리시아(Cilicia)의 총독으로 술라를 선정했다.

한편 기원전 102년 이후 아시아에서 폰투스(Pontus) 왕국의 미트리다테스(Mithridathes) 6세는 아리아라테스 7세의 카파도키아(Cappadocia) 왕국을 넘보기 시작했다. 결국 그는 아리아라테스의 순수 왕통을 단절시키고, 자신의 충복이자 카파도키아의 귀족인 고르디우스(Gordius)를 섭정으로 내세워 자신의 어린 아들을 카파도키아의 왕(아리아라테스 9세)으로 임명했다. 한때 아리아라테스 6세의 왕비였던 라오디케(Laodice)와 결혼한 비티니아(Bithynia) 왕국의 니코메데스(Nicomedes)는 사절을 통해 기원전 97년(술라의 법무관 시기) 아리아라테스 6세의 가짜 아들을 내세워 로마 원로원에 카파도키아의 지배권을 요구했다. 이에 맞서 미트리다테스도 또한 아리아라테스 9세야말로 사실상 아리아라테스 6세의 아들이라고 원로원에서 고르디우스에게 주장하도록 명령했다.

다른 한편 기원전 100년 마리우스는 여섯 번째의 집정관직을 차지했다. 그러나 이후 그의 정치적인 영향력은 현저히 줄어들고 있었다. 그는 빛나는 전과로 얻었던 최고의 영광을 되찾고 싶었다. 물론 그의 전공 분야는 전쟁이었다. 그는 아마도 기원전 98년 아시아로 떠나 카파도키아에서 미트리다테스와 니코메데스를 직접 만났을 것이다. 요컨대 그는 미트리다테스에 대한 전쟁 지휘권을 얻고자 했으리라. 같은 해에 로마로 돌아온 마리우스는 소아시아의 상황을 원로원에 보고했다. 원로원도 사태의 심각성을 재빨리 이해했다. 그러나 그의 기대에 어긋나게, 원로원은 문제 해결을 위해 한때 마리우스의 부관이었던 술라를 선택했다.

원로원은 니코메데스와 미트리다테스의 요구를 들어주기는커녕 오히려 카파도키아를 자유롭게 해주었다. 카파도키아인들은 자신의 국왕을 뽑도록 원로원에 요청했으며, 원로원은 이를 인정했다. 그들은 유능한 귀족 아리오바르자네스(Ariobarzanes)를 국왕으로 선택했다. 그러나 미트리다테스의 충복인 고르디우스가 이를 인정하지 않고 그를 왕국에서 내쫓아버렸다. 이에 따라 원로원은 실리시아의 총독인 술라에게 아리오바르자네스를 카파도키아의 국왕으로 앉히도록 명령했다.

기원전 96년 술라는 전직 집정관의 명령권을 보유하고서 해적 소탕을 위해 소규모 군대만을 이끌고 실리시아로 갔다. 그는 주변 동맹국의 군대를 효율적으로 동원하여 고르디우스와 그를 지지하는 카파도키아인·아르메니아인의 연합군을 무찔러 원로원의 명령을 완수했다. 이 과정에서 술라는 아르메니아인들을 추격하여 유프라테스 강 어귀에까지 다다랐다. 그는 로마인으로서는 처음으로 파르티아 제국과 접촉하게 되었다. 동양과 서양의 두 강대국이 만나는 순간이었다. 그는 위세를 부리며 파르티아 제국의 사절을 만났다. 이즈음 칼데아의 한 점술가가 술라의 용모와 행동을 유심히 살폈다. 그는 술라가 최고의 영광을 얻고 행운이 절정에 달하는 때에 죽게 되리라 예언했다. 이 예언은 술라의 이후 삶에 큰 영향을 미쳤을 것이다.

원로원의 명령을 완수하여 미트리다테스를 견제하고 카파도키아와 주변의 왕국을 로마의 이익에 맞게 안정시키는 업무에는 상당한 기간이 필요했을 것이다. 따라서 술라는 아마도 기원전 92년에야 비로소 기원전 91년의 집정관을 꿈꾸며 로마로 귀환했을 것이다. 그러나 뜻밖의 결과가 술라를 기다리고 있었다. 마리우스의 지지를 받았던 마르키우스 켄소리누스(C. Marcius Censorinus)라는 사람이 술라를 기소한 것이다. 술라가 아리오바르자네스에게서 부당한 재산을 취득했다는 것이 그 이유였다. 비록 그 재판이 열리지는 않았다 하더라도, 이 사건은 희망에 찬 술라를 적잖이 실망시켰을 것이다. 그는 기원전 91년 집정관의 입후보를 포기해야 했을 것이기 때문이다.

그러나 술라도 가만히 보고 있지만은 않았다. 기원전 91년 후반기에 술라의 옛 친구인 보쿠스가 유구르타를 술라에게 넘겨주는 장면을 새긴 기념 조각상을 카피톨리누스에 세우자고 제안했다. 원로원은 술라와 마리우스의 대립을 부추길 의도로 그것을 승인했다. 이에 마리우스는 격분했다. 마리우스와 술라가 서로 싸우기 일보직전의 상황이었다. 때마침 동맹국 전쟁(기원전 91~87년)이 터졌는데, 이 전쟁이야말로 술라에게 행운을 안겨다 주었다.

기원전 91년의 호민관인 리비우스 드루수스(Livius Drusus)는 이탈리아의 동맹국 시민 모두에게 로마 시민권을 부여하는 법안을 제안했다. 리비우스 드루수스의 죽음으로 이것이 수포로 돌아가자, 동맹국 전쟁이 일어났다. 이 전쟁에서 마리우스는 경쟁 상대인 술라와 연합하여 마르시인들을 격퇴하기도 했다. 그러나 마리우스는 연로한 나이에 떨어지는 기력에 비례하듯 그의 군사적인 명성도 차츰 약해져만 가는 듯했다. 대조적으로 전쟁이 종반으로 치달을수록 술라의 군사적인 명성은 높아져만 갔다. 그는 폼페이를 점령하고, 이어서 히르피니인들의 저항을 무력화시켰다. 나아가 그는, 그의 조상 루피누스가 그랬듯이, 삼니움인들을 무찔렀다. 사실상 그는 동맹국 전쟁을 거의 마무리짓는 데 영웅적인 역할을 담당했다. 이제야 집정관에 오르기 위한 그의 노력이 결실을 맺는 듯했다.

한편 로마가 동맹국 전쟁에 온 힘을 기울이고 있을 때, 폰투스의 국왕 미트리다테스도 이 기회를 놓치지 않았다. 기원전 90년 그는 티그라네스의 도움을 얻어 비티니아와 카파도키아를 장악했다. 이 문제의 해결을 위해 원로원은 마니우스 아퀼리우스(Manius Aquilius)를 파견했다. 아퀼리우스는 미트리다테스에게 두 지역에서 물러나라고 명령했다. 미트리다테스는 순순히 따랐다. 이번에는 아퀼리우스가 너무 앞서나갔다. 그는 왕위를 되찾은 비티니아의 왕 니코메데스에게 압력을 행사하여 폰투스 왕국을 공격했던 것이다. 미트리다테스는 아퀼리우스에게 두 번씩 사절을 보내 공격의 부당성을 경고했다. 그러나 아퀼리우스는 막무가내였다. 제1차 미트리다테스 전쟁은 원로원과 로마 인민의 인준 없이 이렇게 진행되고 있었던 셈이다.

기원전 89년과 88년에 걸쳐 미트리다테스의 아시아 정복이 시작되었다. 그는 카파도키아를 다시 점령했다. 미트리다테스의 군대가 로마의 지배를 받고 있던 아시아의 속주를 휩쓸었다. 그는 니코메데스의 군대를 격퇴했다. 결국 아퀼리우스는 과욕에 상응하는 잔인한 죽음을 맞이해야 했다. 미트리다테스는 아시아의 속주에 거주한 로마인들과 이탈리아인들을 지정된 날에 학살하도록 명령했다. 그 수가 자그마치 8만여 명에 이르렀다. 나아가 그는 그리스 여러 도시국가들의 해방자로 자처했다. 아테네를 포함한 대부분의 도시국가들이 그를 환호했다.

한편 기원전 89년 가을경 아시아에서 미트리다테스의 승리와 로마의 지배가 붕괴하는 조짐을 알리는 소식이 로마로 전해졌다. 로마 원로원과 인민은 미트리다테스에 대한 전쟁을 선포했다. 원로원은 추첨을 통해 그 전쟁에 대한 지휘권을 기원전 88년의 집정관인 술라에게 주었다.

기원전 88년 술라의 새로운 시도 : 로마 진군

기원전 89년 술라는 거의 만장일치의 표를 얻어 로마 최고의 정무관으로 선출되었다. 기원전 88년의 집정관이 되었던 것이다. 동료 집정관은 폼페이우스 루푸스(Q. Pompeius Rufus)였다. 그는 술라와 함께 기원전 91년의 호민관인 리비우스 드루수스 서클의 성원이기도 했다. 술라는 곧 결혼동맹을 통해 자신의 정치적인 지위를 확고히 다졌다. 먼저 그는 자신의 딸을 폼페이우스의 아들과 결혼시켰다. 다음으로 그 자신은 세 번째 부인인 크로일리아(Cloelia)와 이혼하고 메텔루스 가문 출신인 카이킬리아 메텔라(Caecilia Metella)를 네 번째 아내로 맞이했다. 이런 식으로 그는 그 무렵 조금씩 약해지고 있다 하지만 여전히 강력하고도 고귀한 가문인 메텔루스 가문과 손잡게 되었다.

동맹국 전쟁이 술라를 집정관으로 만들었다면, 그 전쟁의 원인은 술라에게 새로운 문제를 던졌다. 비록 로마 시민권이 동맹국 시민들에게 주어졌다고 해도, 그들에게는 로마 시민과 동등한 투표권이 부여되지 않았기 때문이다. 문제를 일으킨 장본인은 드루수스 서클의 성원이자 기원전 88년의 호민관인 술피키우스(P. Sulpicius)였다. 술피키우스는 술라의 동료 집정관 폼페이우스 루푸스의 절친한 친구이기도 했다. 그는 드루수스의 계승자로서 새로운 시민의 제2의 옹호자가 되기를 원했던 것 같다.

기원전 88년 새로운 시민들은 아마도 로마의 35개 트리부스 가운데 8개의 트리부스에서만 투표했을 것이다. 게다가, 아피아누스에 따르면, 그들은 8개 트리부스 각각에서 옛 시민인 로마 시민이 먼저 투표하고 난 뒤에야 투표했을 가능성이 크다. 비록 새로운 시민이 옛 시민인 로마 시민보다 수적으로 우세하다 할지라도, 이러한 로마의 조치는 새로운 시민의 정치적 영향력을 거의 무력하게 했을 것이다. 로마 민회의 선거와 법안은 35개 트리부스의 과반수인 18개 트리부스의 동의로 결정되었기 때문이다. 술피키우스는 이것을 고치고자 했다. 그는 투표를 위해 로마 시로 온 새로운 시민들과 피해방민을 35개 트리부스 모두에 재분배하는 법안을 제안했다. 그 결과는 명확했다. 비록 35개 트리부스 각각에서 새로운 시민이 옛 시민 다음으로 투표했을지라도, 그들은 수적인 우세로 로마 민회에서 큰 정치적 영향력을 행사할 수 있을 것이기 때문이다.

　술피키우스는 자신의 법안에 대한 술라와 폼페이우스의 동의를 내심 기대했다. 그는 두 사람의 지지를 얻기 위해 단호한 행동도 마다하지 않았다. 아직 법무관직도 역임하지 않은 율리우스 카이사르 스트라보(C. Iulius Casear Strabo)도 술라의 손에 떨어진 미트리다테스 전쟁의 명령권을 얻고 싶었다. 이를 위해 먼저 그는 기원전 87년의 집정관직을 얻고자 했다. 그러나 그가 집정관에 입후보하기 위해서는 법무관직을 거쳐야 한다는 빌리우스의 법에서 예외적인 특권을 확보해야 했다. 이를 위해 그는 기원전 87년 초 원로원에 호소했다. 술피키우스는 술라와 함께 카이사르 스트라보의 행동에 강력히 반대했다.

　그러나 술피키우스의 기대는 말 그대로 기대로 끝나버렸다. 확고한 정치적 입지를 다진 것으로 생각한 술라는 무리수를 두지 않으려고 했다. 그는 폼페이우스와 함께 술피키우스 법안의 반대를 분명히 했다. 술피키우스는 실망했지만 포기하지는 않았다. 그는 얼굴을 반대 방향으로 돌려 새로운 동맹자를 찾았기 때문이다. 오래 전부터 미트리다테스 전쟁의 명령권을 갈망했던 사람이 있었으니, 바로 백전노장 가이우스 마리우스였다. 그는 어느덧 경쟁자가 되어버린 술라를 미워했다. 마리우스는 카이사르 스트라보와 마찬가지로 기원전 87년의 집정관직을 확보하여 전쟁의 명령권을 획득하는 방법도 생각했을 것이다. 그러나 그는 더욱 빠르고 확실한 방법을 선택했다. 이제 술피키우스와 마리우스 사이에는 이해관계가 일치했기 때문이다. 그것은 술피키우스에게는 법안의 통과였고, 마리우스에게는 전쟁의 명령권이었다. 이제 마리우스는 물론이요 기사 신분과 손잡은 술피키우스는 원로원에 반대한다고 천명한 집단을 조직했다. 드디어 그는 자신의 법안을 평민회에 상정하였다. 물론 옛 시민인 로마 시민은 그의 법안에 강력히 반대했다.

　이 소식을 듣자마자 술라는 동맹국 전쟁에서 마지막 저항지 가운데 하나인 놀라(Nola)에서 급히 로마 시로 돌아왔다. 그와 폼페이우스는 평민회의 투표를 막기 위해 모든 공적 업무의 정지(유스티티움 또는 축제일)를 선포했다. 술피키우스 쪽도 잠자코 있지 않았다. 소동이 뒤따랐다. 그 와중에 술라의 사위이자 폼페이우스의 아들이 죽음을 당했다. 불행 중 다행으로 술라와 폼페이우스는 도망쳤는데, 하도 급한 나머지 술라는 마리우스의 집으로 피신했다. 거기에서 그들 사이에 거래가 있었다. 술라에게는 집정관직을 유지하게 하고 마리우스에게는 모든 공적 업무 정지를 해지한다는 둘 사이의 약속이었다. 술라는 약속을 지키자마자 미트리다테스 전쟁을 치르기 위해 동방으로 떠나고자 카푸아(Capua)에 있는 장교 본영으로 달려갔다. 그뒤 그는 놀라에 있는 주력 부대와 합류했을 것이다.

술라가 카푸아의 본영에 도착하자마자, 그는 아주 놀라운 소식을 접했다. 앞에서 언급했듯이, 로마 원로원은 추첨으로 술라에게 미트리다테스 전쟁의 명령권을 주었다. 그런데도 술피키우스의 법안을 통과시켰던 로마 민회가 전쟁의 명령권을 술라에게서 마리우스에게 넘겨야 한다는 법안을 통과시킨 것이다. 술라는 이러한 결정이 내려지리라 예상하지 못했을 것이다. 그러나 선례가 없는 것도 아니었다. 약 20년 전 다름 아닌 마리우스가 이러한 결정을 통해 유구르타 전쟁의 명령권을 메텔루스 누미디쿠스(Q. Caecilius Metellus Numidicus)에게서 순순히 물려받았기 때문이다.

마리우스의 기대와 달리, 술라는 또 한 사람의 메텔루스 누미디쿠스가 아니었다. 술라는 자신을 위해 로마 역사에서 엄청난 결과를 가져다 줄 새로운 시도의 첫발을 내디뎠다. 그는 자신의 군대를 이끌고 로마로 진군했던 것이다. 동맹국 전쟁으로 애국심이 바래져갔던 술라의 군단병은 엄청난 이득을 가져다 줄 미트리다테스 전쟁을 위해 아무런 거리낌 없이 공화국 로마를 버리고 술라를 선택했다. 그렇지만 리키니우스 루쿨루스(L. Licinius Lucullus)를 제외한 술라의 원로원 의원급 장교들은 모두 술라의 새로운 시도에 반대했다.

술라가 마리우스의 행동을 미처 예상하지 못했다면, 마리우스 또한 술라의 로마 진군까지는 생각하지 못했을 것이다. 마리우스와 술피키우스는 미처 준비할 틈도 없이 들이닥친 술라의 군대를 맞아 싸워야 했다. 그들은 별

다른 대응도 못 하고 술라의 군대를 피해 도망쳐야 했다. 로마 시를 장악한 술라는 마리우스와 술피키우스 등 12명의 정치인을 국가의 적, 즉 공적(hostes)으로 선포했다. 그뒤 술피키우스는 살해되었고, 마리우스는 가까스로 목숨을 보전하여 아프리카로 달아났다. 술라는 술피키우스에 의해 폐위된 집정관 폼페이우스를 복위시켰다. 그는 술피키우스가 민회에서 통과시켰던 법률을 모두 폐기했다. 폭력으로 통과되었다는 것이 그 이유였다. 이어서 그는 호민관의 권한을 크게 축소하고 원로원의 권위를 강화시킬 목적을 지닌 여러 법률을 제정했다.

술라의 로마 진군은 그의 예상 이상의 반대를 불러일으켰다. 로마 시민은 물론이요 원로원마저도 공화국을 위한다고 내세운 술라의 태도를 믿지 않았던 것이다. 그러므로 술라 자신이 지지한 호민관과 집정관 후보자들이 기원전 87년을 위한 선거에 선출될 가능성은 낮아 보였다. 하는 수 없이 그는, 코르넬리우스 킨나(Lucius Cornelius Cinna)와 그나이우스 옥타비우스(Gnaeus Octavius)가 기원전 87년의 집정관으로 선출되기 직전, 그들이 술라의 법률들을 수호하리라는 맹세를 로마 시민이 보는 앞에서 행하도록 명령했다. 그러나 집정관으로 선출된 뒤 킨나는 호민관인 베르길리우스(M. Vergilius) 또는 베르기니우스(M. Verginius)라 불리는 사람을 시켜 술라를 기소했다. 술라는 이에 응하지 않고 기원전 87년 미트리다테스와 싸우기 위해 5개 군단을 이끌고 동방으로 홀연히 떠났다.

킨나의 시대와 내전

동맹국 전쟁에서 부관으로 활약한 킨나에게도 동맹국 전쟁의 원인이 새로운 문제를 던져주었다. 문제를 일으킨 장본인은 바로 그 자신이었다. 그는 자신의 맹세에 아랑곳없이 술피키우스와 유사하게 새로운 시민들과 피해방민을 로마의 35개 트리부스에 재분배하는 법안을 제안했기 때문이다.

킨나가 법안을 제안하자, 원로원과 동료 콘술인 옥타비우스 그리고 옛 시민인 로마 시민이 강력히 반대했다. 원로원의 지원을 받은 옥타비우스는 다수의 호민관을 통해 비토권을 행사하게 했다. 그 와중에 옛 시민과 새로운 시민 사이에 소요가 발생했다. 킨나와 그를 따르는 소수의 호민관이 로마를 떠났다. 그러자 원로원은 킨나의 집정관직을 박탈하고 그를 공적으로 선포했다. 킨나는 놀라로 갔다. 거기에는 술라가 동방으로 떠나기 전 그 지역을 수비하도록 배치한 로마 분견대가 있었다. 킨나도 거리낌없이 술라의 선례를 따랐다. 그는 놀라에 배치된 군대를 활용하고자 했다. 킨나의 행동에 대응하여, 원로원은 아직까지 로마 시민권을 받지 못한 삼니움인과 루카니아인과 같은 동맹국 시민 모두에게 시민권을 부여하겠다고 선포했다. 그러나 삼니움인들은 여기서 한 걸음 더 나아갔다. 그들은 원로원이 도저히 받아들일 수 없는 조건을 제시했기 때문이다. 한편 킨나와 천신만고 끝에 에트루리아에 상륙하여 군대를 모집한 마리우스는 그들의 조건을 흔쾌히 받아들였다. 이어서 킨나와 마리우스는 로마 시를 점령하여 권력을 장악했다.

곧이어 피의 숙청이 뒤따랐다. 옥타비우스는 물론이요 킨나를 대신했던 집정관이자 유피테르 신관인 코르넬리우스 메룰라(L. Cornelius Merula)가 무참히 살해되었다. 이제 술라가 공적으로 선포되고, 그의 재산은 몰수당했다. 물론 술라의 법률들도 폐기되었다. 술라를 도왔거나 마리우스가 미워했던 적어도 14명의 귀족들과 원로원 의원들이 무참히 학살당했으며, 그들의 재산은 몰수되어 공매되었다. 이어서 기원전 86년을 위한 집정관 선거에서 킨나와 마리우스가 선출되었다. 마리우스는 예언에 걸맞게 70세의 나이에 일곱 번째로 집정관이 되었다. 그러나 그는 취임 이후 보름을 버티지 못하고 쓰러졌다. 그는 과거의 위대한 영광을 뒤로 하고 욕심과 복수심으로 가득 찬 노년의 삶을 마감했다.

마리우스가 죽은 뒤 킨나가 정치적인 우위를 차지했다. 그는 기원전 84년까지 연속하여 집정관직을 차지했다. 기원전 86년의 동료 집정관은 발레리우스 플라쿠스(L. Valerius Flaccus)였다. 기원전 85년과 84년의 동료 집정관은 카르보(Cn. Carbo)였다. 이 시기를 이른바 '킨나의 시대'(Cinnarum Tempus)라고 한다. 키케로에 따르면 이 시기는 상대적으로 평온했다. 첫째,

모든 동맹국 시민에게 로마 시민권이 주어졌다. 앞서 언급한 새로운 시민을 위한 법안이 통과되었고, 이에 따라 로마 시로 와서 도시 담당 법무관에게 직접 신고할 수 있었던 소규모의 부유한 새로운 시민들이 로마 트리부스에 등록되었을 것이다. 둘째, 킨나파와 원로원의 협조가 어느 정도 잘 이루어 졌고, 기사 신분도 이에 동조했던 것 같다. 셋째, 동방에 있는 술라에게로 도망간 정치인도 그리 많지 않았을 것이다. 넷째, 플라쿠스는 동맹국 전쟁 이후 매우 불안정한 경제를 개선하고자 화폐 가치의 회복을 위한 법률을 제 정하기도 했다.

한편 술라는 기원전 87년 5개 군단인 3만 명 정도의 병력을 이끌고 에피 루스에 상륙했다. 그는 로마에서 아무런 지원도 받지 않고 온 힘을 다해 아 테네와 싸워 그곳을 겨우 함락시켰다. 그는 카이로네아에서 1 대 3의 불리 한 수로 아르켈라우스(Archelaus)가 지휘한 미트리다테스의 군대를 격파했 다. 이어서 그는 아르켈라우스의 패잔병과 에보이아에서 바다로 건너온 폰 투스의 지원군을 보이오티아에서 다시 철저히 무찔렀다. 아르켈라우스와 미트리다테스의 군대는 그리스 본토를 떠나 에보이아로 달아났다.

다른 한편, 로마에서 킨나는 술라에게서 미트리다테스 전쟁의 명령권을 이양받기 위해 기원전 86년의 동료 집정관 플라쿠스를 파견했다. 두 개 군단 을 이끌고 그리스에 도착한 플라쿠스는 별다른 성과를 이루지 못했다. 결국 그는 비시니아에서 그의 부관 플라비우스 핌브리아(C. Flavius Fimbria)의 사 주를 받은 그의 병사들에 의해 살해되었다. 플라쿠스의 명령권을 물려받은 핌브리아는 미트리다테스의 군대를 패주시키고 페르가몬으로 진군했다.

이제 미트리다테스는 술라와 핌브리아를 서로 대립시켜 협상의 주도권을 차지하고자 했다. 술라는 되도록이면 일찍 이탈리아로 돌아가고 싶어했다. 그리하여 그는 기원전 85년 여름 트로아스의 다르다노스에서 미트리다테스 와 온건한 평화조약을 체결했다. 미트리다테스는 예전과 같이 폰투스의 국 왕이자 로마의 동맹자로 남았다. 대신 미트리다테스는 소아시아의 모든 정 복지를 포기하고, 술라의 이탈리아 귀환을 위한 70척의 전함과 2,000탈렌트의 배상금을 술라에게 제공해야 했다. 이어서 술라가 소아시아로 진군하여 핌브리아와 마주했고, 결국 핌브리아의 군대가 송두리째 술라의 진영으로 넘어왔다. 이에 핌브리아는 자살을 선택했다. 술라는 기원전 85년과 84년에 걸쳐 미트리다테스를 받아들였던 속주의 여러 지역과 도시 국가들에 대한 배상금과 세금 부과를 통해 킨나파와 싸우기 위한 준비를 갖추었다.

술라가 내전에서 승리하려면 무엇보다도 먼저 기원전 88년의 로마 진군 이후 그를 대하는 로마의 옛 시민과 새로운 시민 그리고 원로원이 보인 차가운 반응을 고려해야 했을 것이다. 이에 따라 그는 이탈리아로 귀환하기 이전에 자신의 입장을 확고히 천명하는 선전활동에 주력했다. 한편에서 그는 로마 원로원이 내린 결정을 고스란히 존중한다고 선언했다. 다른 한편 그는 킨나파를 지지하는 세력을 최소화하고 아군과 적군의 구분을 분명히 하고자 했다. 이를 위해 기원전 85년 술라는 원로원에 편지를 썼다. 먼저 그는 유구르타 전쟁에서 미트리다테스 전쟁까지 자신의 영웅적인 업적을 나열했다. 다음으로 집정관이 되기 직전에 맹세를 어긴 킨나와 킨나의 지지자들이 자신과 자신의 가족 및 친구들에게 가했던 '만행'을 강조했다. 마지막으로, 그는 이들에 대한 복수를 선언하면서도 이들을 제외한 나머지 로마의 옛 시민과 새로운 시민들의 권리를 고스란히 존중한다고 했다.

원로원은 술라에게 사절을 보내 양측의 평화적인 해결을 촉구했으나 허사였다. 기원전 84년 킨나는 이탈리아가 아닌 그리스에서 술라와 대적하기로 마음먹었기 때문이다. 킨나는 일부 군대를 아드리아 해를 건너 앙코나(Ancona)로 출동시켰으나, 이 와중에 그는 살해되었다. 킨나가 죽자, 원로원은 즉시 로마 시로 와서 도시 담당 법무관에게 직접 신고하지 않은 동맹국 시민 모두에게도 로마 시민과 동등한 투표권을 인정했을 것이다. 이제 로마는 카르보의 수중에 떨어졌다.

기원전 83년 봄 술라는 드디어 이탈리아의 브룬디시움에 상륙했다. 그가 도착하자마자, 더 젊은 세대의 유력인사들이 그와 합류했다. 마르쿠스 리키니우스 크라수스(Marcus Licinius Crassus)는 히스파니아에서 소규모 군대를 이끌고 왔다. 아프리카에서는 메텔루스 누미디쿠스의 아들 메텔루스 피우스(Metellus Pius)가 왔다. 특히 이탈리아의 피케눔에서 군대를 일으켜 3개 군단을 이끌었던 폼페이우스(Cn. Pompeius Strabo)는 술라에게서 임페라토르(Imperator)라는 아첨 섞인 칭호를 받을 정도로 더없이 유익한 원군이었다.

술라는 기원전 83년의 집정관 노르바누스(C. Norbanus)를 카푸아 근처에서 격퇴했다. 이어서 그는 테아눔 근처에서 또 한 명의 집정관인 스키피오(L. Corneius Scipio)와 휴전협정을 맺으려 했다. 그는 동맹국 시민 모두에게 로마 시민과 동등한 투표권을 인정했던 기원전 84년의 원로원 결의를 존중할 것이라고 선언했다. 그렇지만 그는 동맹국 전쟁에서 맞서 싸웠던 삼니움인들을 새로운 시민으로 인정하지 않았을 것이다. 그들이 기원전 87년의 원로원 결정을 받아들이지 않고 킨나와 마리우스와 손잡았다는 것이 그 이유였을 것이다. 이로 인해 이제까지 중립을 지키던 삼니움인들은 술라의 반대편과 손잡게 되었다. 이 휴전 협정은 스키피오 휘하에서 활약한 유능한 장군 퀸투스 세르토리우스(Quintus Sertorius)가 술라를 불신함으로써 깨어졌다. 이 때문에 스키피오의 군대는 술라의 진영으로 넘어가버렸다.

기원전 82년의 집정관은 그나이우스 파피리우스 카르보(Cn. Papirius Carbo)와 죽은 마리우스의 양자 가우스 마리우스(Gaius Marius)였다. 카르보는 수천 명의 삼니움인을 자신의 군대로 끌어들여 북부에서 작전을 펼쳤다. 마리우스는 양아버지의 명예를 업고 에트루리아를 중심으로 한 지역에서 수많은 전역병을 모아 로마 시 외곽에서 작전을 진행했다. 그는 술라와 힘겨운 전투 끝에 프라이네스테로 몸을 숨겼다. 술라는 클루시움에서 카르보와 싸워 그의 군대의 사기를 꺾었다. 술라를 지지한 메텔루스와 폼페이우스마저 성공을 거두자, 카르보는 북아프리카로 도피했다.

기원전 82년 11월 1일 내전을 결정짓는 최대 전투가 콜리나(Collina) 성문 가까이에서 벌어졌다. 삼니움인들을 포함하여 7만 명을 헤아리는 마리우스파 군대가 로마로 돌진했다. 왼쪽 날개를 맡은 술라와 오른쪽 날개를 책임진 크라수스의 군대가 밤새도록 계속된 격렬한 전투 끝에 가까스로 승리했다. 곧 프라이네스테는 함락되고, 마리우스는 자살했다. 이렇게 하여 내전은 술라의 승리로 사실상 끝났다.

독재관 술라

콜리나 성문 전투가 끝나자, 술라는 그를 향해 무기를 들었던 전 이탈리아의 개인과 공동체뿐만 아니라 모든 잠재적인 반대자마저도 쓸어버릴 마음을 먹은 듯이 학살을 자행했다. 그는 벨로나 신전 가까이에서 6천 명의 삼니움인 포로를 학살했다. 삼니움 지역 전체와 에트루리아 일부 지역은 철저히 파괴되었다. 더욱이 그는 자신을 위해 충성을 다 바친 장병들과 지지자들을 위한 토지와 돈을 필요로 했다. 그는 얼마 안 지나 법익박탈자 명단 공고(proscriptio)라는 방법을 고안했다. 명단에 포함된 사람들은 법의 보호를 박탈당해 살해되거나 그들에게 현상금이 걸렸다. 그들의 재산은 몰수되었고, 그들의 아들과 손자들까지 정무관 직과 원로원 진출이 봉쇄되었다. 그나마 가장 적은 수의 희생자를 기록한 아피아노스(Appianos)를 따른다고 하더라도, 40명의 원로원 의원들과 약 1,600명의 기사 신분이 죽음을 당했다. 심지어 부유함 때문에 명단에 포함되는 사람까지 생겨났다. 술라는 희생자들의 노예들 중에서 신체가 건장한 노예 1만 명을 따로 해방시켜 자신의 호위대로 삼았다. 그는 또한 약 12만 명을 정착시킬 10개 식민시를 위한 토지를 확보했다. 그들은 술라가 원하면 즉시 소집할 수 있는 자신의 피보호자가 되었다.

기원전 82년 술라가 로마로 다시 입성했을 때, 원로원은 그의 과거 행위 모두에 대한 적법함을 승인했다. 기원전 82년의 집정관이 내전으로 모두 사망했기 때문에 원로원은 집정관 선거를 위해 원로원 제1위자(프린켑스 세나투스)인 발레리우스 플라쿠스(L. Valerius Flaccus)를 간왕(interrex)으로 임명했다. 그러나 술라는 플라쿠스에게 원로원의 의사와는 다른 의향을 내비쳤다. 플라쿠스는 술라를 독재관(dictator)으로 임명하는 법안을 켄투리아 민회에 제출해야 했다. 술라는 발레리우스법을 통해 '법률을 제정하고 공화국을 재구성하는' 독재관으로 임명되었다. 기원전 271년 파비우스 막시무스(Fabius Maximus Cunctator)가 독재관이 된 이후 처음 있는 일이었다. 임기가 6개월로 한정된 과거의 독재관과 달리, 술라는 자신이 원하는 기간 동안 생살여탈권을 비롯한 최고의 권력을 보유했다. 이어서 그는 기원전 81년 1월 미트리다테스 전쟁에 대한 성대한 개선식을 거행하고 국제 개혁에 돌입했다.

기원전 81년 술라는 독재관으로서 국제 개혁을 단행했다. 그는 메텔루스 피우스(Metellus Pius)와 함께 기원전 80년의 집정관으로 선출되었다. 80년의 집정관으로 취임하자마자 그는 독재관직을 내놓았을 것이다. 기원전 79년에도 그는 집정관으로 선출되었으나, 이마저 내던지고 한 사람의 로마 시민(私人, privatus)으로 돌아왔다. 그는 캄파니아의 전원 소유지에서 다섯 번째의 젊은 아내 발레리아(Valeria)와 함께 나머지 삶을 행복하게 보낼 참이었다. 그곳에서 그는 자신의 정치적인 삶을 변호하는 「회고록」을 썼다. 기원전 78년 술라는 간부전(肝不全)으로 삶을 마감했다. 그의 나이 60세였다. 그를 지지했던 이탈리아의 수많은 사람들이 그를 위해 성대한 장례식을 치렀다. 그는 로마에서 화장되었다. 칼데아의 점술가의 예언대로, 그는 최고의 영광을 얻고 행운이 절정에 달하는 때에 죽음을 맞은 셈이었다.

2. 술라의 국제 개혁

기원전 91년의 호민관 리비우스 드루수스는 가이우스 그라쿠스(Caius Gracchus)의 선례를 따라 배심법과 이탈리아 동맹국 시민들에 관한 문제 해결에 나섰다. 역설적이게도, 그는 가이우스 그라쿠스의 개혁을 좌절시켰던 리비우스 드루수스의 동명의 아들이었다. 그의 개혁안의 주요 내용은 다음과 같다. 첫째, 기사 신분에서 300명을 선발하여 원로원의 규모를 600명으로 확대하고, 600명의 원로원 의원 중에서 배심원을 선발한다. 둘째, 이탈리아 동맹국 시민에게 로마 시민권을 부여한다. 그는 민회를 통한 법적인 방법으로 개혁을 이루고자 했으나, 결과는 그의 죽음과 동맹국 전쟁이었다. 동맹국 전쟁을 통해 로마는 동맹국 시민들에게 시민권을 부여했다. 그러나 드루수스가 제기했던 문제들은 여전히 해결되지 않았다.

술라는 동맹국 전쟁의 빛나는 전과로 기원전 88년의 집정관에 올랐다. 그는 드루수스 서클의 언저리에 속했다. 그는 마리우스의 군제 개혁에 따라 전리품과 전역 후의 토지를 위해 공화국이 아니라 지휘관에 절대 충성하는 군대를 지휘했다. 그는 그 군대와 함께 마리우스·술피키우스·킨나와 대결하며 자신의 입지를 다져나갔다. 그는 자신의 안전과 이익에 부합하거나 걸림돌이 되지 않는 한 로마 공화국의 전통과 드루수스의 개혁노선을 바탕으로 원로원의 권위를 강화하는 국제 개혁을 이루어냈다.

기원전 88년의 개혁

술라는 로마 진군으로 마리우스와 술피키우스의 세력을 누르고 개혁에 착수했다. 그는 동맹국 전쟁으로 로마 시민권을 부여받은 새로운 시민에게 로마 시민과 동등한 투표권을 부여하고자 했던 술피키우스의 법을 폐기시켰다. 따라서 그는 새로운 시민과 관련된 문제를 제쳐두고 원로원의 권위를 강화시키려 했다. 그의 주요 개혁은 다음과 같다. 첫째, 그는 어느 안건도 원로원의 사전 승인 없이는 민회에 제안될 수 없고, 입법 투표는 트리부스 민회가 아닌 좀더 보수적인 켄투리아 민회에서 이루어지도록 했다. 이로 인해 호민관은 평민회를 통해 법률을 제정할 수 없었다. 둘째, 그는 기사 신분에서 300명을 뽑아 원로원의 규모를 300명에서 600명으로 늘리고자 했다. 셋째, 그는 도시 평민을 위해서 식민시 건설을 제안했다.

그러나 원로원 확대안과 식민시 건설안이 실제로 실시되었는지는 확실하지 않다. 더욱이 술라의 로마 진군으로 로마 시민뿐만 아니라 원로원마저도 그의 개혁을 달가워하지 않았던 것 같다. 킨나가 기원전 87년의 집정관으로 선출되자, 술라는 미트리다테스 전쟁을 위해 군대를 이끌고 동방으로 떠났다. 이어서 킨나와 마리우스가 군대를 이끌고 로마 시를 장악하자, 그가 제정한 법률은 모두 폐기되었다.

기원전 81년의 개혁

기원전 82년 말 술라는 '법률을 제정하고 공화국을 재구성하는' 독재관으로 임명되었다. 기원전 81년 내전의 승리자이자 독재관으로서 그는 더욱 철저한 국제 개혁을 단행할 수 있었다.

첫째, 기원전 87년에 킨나와 기원전 84년에 로마 원로원은 새로운 시민에게 옛 시민인 로마 시민과 동등한 투표권을 부여했다. 술라는 기원전 84년의 원로원 결의를 존중하여 새로운 시민이 35개 트리부스에 등록되어 옛 시민과 동일하게 투표하는 권리를 인정했다. 따라서 그는 로마뿐 아니라 이탈리아 자치도시들(municipia)의 지주들인 기사 신분에서 300명을 선출하여 원로원의 규모를 600명 정도로 확대했다. 원로원의 의석 수를 증원한 목적 가운데 하나는 술라의 법정 개혁에 요구된 충분한 수의 배심원을 확보하는 것이었다. 확대된 원로원을 유지하기 위해 재무관의 수가 12명에서 20명으로 증원되었다. 새로운 시민의 상류층에서도 선출된 재무관은 재임 중 자동으로 원로원 의원이 되었다. 이로 인해 호구총감(켄소르)의 권한은 매우 약화되었다.

둘째, 술라는 평민회의 결정을 신뢰하지 않았다. 그래서인지 그는 민회에서 재판을 행하던 관행을 폐지하고 이를 상설 법정으로 대체했다. 배심원들은 원로원 의원들로 충원되었다. 그는 상설 법정을 운영할 충분한 판사를 확보하기 위해 법무관의 수를 6명에서 8명으로 늘렸다. 이를 통해 주요 범죄를 재판하기 위한 배심원 법정이 7개로 확대되었다. 예를 들면 부당취득 재산 반환을 청구하는 법정, 대역죄를 다루는 법정과 선거 때 뇌물 수수 행위를 다루는 법정 등이 있었다. 법정 개혁은 그의 개혁 가운데 영구적인 영향을 끼쳐 이후 로마 형법의 기초를 놓았다고 할 수 있다.

셋째, 법무관 수의 증원에는 법무관직을 지낸 8명과 집정관을 지낸 2명이 10개의 속주를 맡을 수 있는 총독을 안정적으로 확보하는 목적도 있었다.

술라는 자신의 경험을 거울삼아 총독의 임기를 1년으로 제한했다. 그는 또한 대역죄에 관한 법(lex de maiestas)을 제정하여 원로원의 승인 없이는 전쟁을 위해 자신의 속주를 넘어가지 못하게 했다. 이것은 그가 정계에서 은퇴한 이후 총독이 원로원을 장악할 만큼 강력한 군대를 보유하지 못하게 하고, 원로원이 총독과 군대를 장악하게 하기 위해서였다.

넷째, 술라는 마리우스와 킨나의 집정관 연임을 거울삼아 기원전 180년에 제정된 빌리우스의 정무관직에 관한 법(lex Villia annalis)을 더욱 엄격하게 고쳐 정무관직의 역임경로(cursus honorum)를 엄수하게 했다. 이에 따라 정무관직에 입후보할 수 있는 법정 최소연령은 재무관직은 30세, 법무관직은 39세, 집정관직은 42세로 조정되었다. 그는 또한 어떤 관직이라도 반드시 10년의 간격을 두어야만 재선될 수 있도록 규정했다.

다섯째, 술라는 호민관과 평민회의 권한을 철저히 약화시켰다. 호민관직이 철폐되지는 않았지만, 호민관은 원로원의 승인 없이는 법안을 제안할 수 없었고, 아주 제한적인 범위에서만 거부권을 행사할 수 있었다. 더욱이 호민관직을 역임한 자는 다른 정무관직으로 나아갈 수조차 없었다.

끝으로, 술라는 로마 정부가 가난한 시민에게 시장가격보다 낮게 곡물을 제공하는 규정을 없앴으며, 연회비용과 장례비용의 제한 등 사치를 제한하는 법률들을 제정했다.

술라가 위기에 처한 '공화국을 재구성' 하기 위한 근본적인 개혁을 시행했다고 볼 수는 없었을 것이다. 그렇다고 하여 그의 개혁이 결코 반동적이지는 않았다. 그것은 어떻게 보면 술라가 처한 정치적 현실을 개선하려는 현실적이고도 행정적인 개혁이라고 할 수 있을 것이다. 첫째, 비록 그의 국제가 기원전 70년 폼페이우스와 크라수스가 호민관의 권한을 부활함으로써 타격을 받았다고는 하지만, 그것은 카이사르가 정권을 장악할 때까지 기본적으로 변함없이 유지되었기 때문이다. 둘째, 동맹국 전쟁으로 로마 시민권을 부여받은 새로운 시민이 그로 인해 로마의 국제 속으로 편입되었기 때문이다.

그렇다면 술라의 국제 개혁은 왜 실패했는가? 술라는 당시에 깊이 뿌리박힌 문제를 인식하지 못했던 것 같다. 그는 자신에게 절대적인 충성을 바쳐 승리와 권력을 안겨주게 했던 군대로 인해 생겨나는 근본적인 문제에 관심을 기울이지 않았기 때문이다. 그는 전역병들의 토지 분배 책임을 원로원에 맡김으로써 이 문제를 해결할 수는 없었던가? 그는 가난한 시민에게 규정된 가격으로 곡물을 제공하는 규정까지도 반드시 폐지해야 했던가? 마리우스 군제 개혁의 최대 수혜자 가운데 하나였던 그가 자신과 같은 군지휘관보다 공화국에 충성을 다하는 공화국 군대를 만들 수 있는 근본적인 제도 개혁의 필요성을 깨닫지 못했던 것이다.

요컨대, 술라는 권력을 장악하기 위해 자신이 보인 본보기의 뿌리를 뽑지 못했다. 비록 그가 영속적인 전제정을 결코 꿈꾸지 않았다 하더라도, 행운아 술라의 로마 진군은 제정으로 나아가는 길을 열었던 셈이다.

참고문헌

강성길, 「로마 동맹국 전쟁과 내전 시기(기원전 91~82년) 신시민의 투표권」, 『서양고대사연구』 17집, 2005, 91~129쪽.
김경현, 「호민관 권한(Tribunicia Potestas)의 부활의 배경에 대하여」, 『서양고대사연구』 3집, 1995, 41~76쪽.
김기욱, 「루키우스 코르넬리우스 술라(Lucius Cornelius Sulla)의 개혁」, 충남대 대학원 석사학위 논문, 2001.
김영목, 「Sulla 체제에 대한 고찰」, 『역사학연구』 11집, 1983, 121~145쪽.
김진경 외 지음, 『서양고대사강의』, 한울, 1996.
김창성, 「로마 동맹국 전쟁 이후 자치도시(municipium) 건립의 추이와 조국의 이념」, 『역사교육』 82집, 2003, 249~279쪽.
김창성, 『세계사 산책: 서양 고대』, 솔, 2003.
로널드 사임, 『로마혁명사』 1, 허승일·김덕수 옮김, 한길사, 2006.
최병조, 『로마법 강의』, 박영사, 1999.
하이켈하임·프리츠, 『로마사』, 김덕수 옮김, 현대지성사, 1999.
허승일, 『로마사입문』, 서울대출판부, 1993.
허승일, 『증보 공화정 연구』, 서울대출판부, 1995.

카틸리나

콘술 자리를 노린 음모가인가, 인민의 대변자인가

● 김영진(서울사대부중 교사)

1. 카틸리나의 음모

어느 사회나 경기 침체기에는 실업으로 인한 생활고 또는 사업 실패 등의 이유로 빚을 지는 사람들이 늘어나게 마련이지만, 그 대책을 강구하기는 쉽지 않다. 우리나라에서는 특히 쉽게 돈을 쓸 수 있었던 신용 카드 때문에 빚을 진 사람들이 부쩍 늘어나면서 사회적으로 큰 문제가 되자 이자나 빚을 탕감 또는 말소해주는 제도들을 마련하였다. 이 제도를 마련하는 과정에서 '도덕적 해이' 문제를 제기하면서 반론을 펴는 사람들의 수도 만만치 않았던 것이 사실이다.

지금부터 약 2천여 년 전인 고대 로마 사회에도 이러한 문제로 인한 사회적 갈등이 있었는데, 그 중심에 있던 인물이 로마 공화정 후기에 태어난 귀족 출신의 루키우스 세르기우스 카틸리나였다. 그는 오늘날의 대통령 격에 해당하는 콘술 선거공약으로 '부채 말소'[1]를 제시했던 인물이다.

---

1) '타불라이 노바이'(tabulae navae)는 직역하면 '새로운 서판'이라는 뜻이다. 즉 기존의 채무관계가 기록되지 않은 '새로운 서판'이란 곧 부채의 총체적인 말소를 뜻한다.

그러나 오늘날 카틸리나에 대하여 알고 있는 사람들 대부분은 그를 어떤 인물로 떠올리는가? '콘술 당선에 실패하고 무력으로 콘술의 자리를 노리던 음모가'로 알고 있는 사람들이 많다. 카틸리나가 그런 인물로 알려진 데에는 유명한 정치가이자 변론가였던 키케로가 남긴 「카틸리나에 대한 네 차례 연설」의 영향이 크다. 그러나 키케로는 당시 카틸리나와 같이 콘술 선거에서 경쟁했고, 카틸리나의 계획에서 제거하기로 되어 있던 주요 인물, 이른바 정적이라고 할 수 있다. 따라서 그는 카틸리나에 대하여 객관적인 평가를 내리기 힘든 상황이었다.

카틸리나에 대한 또 하나의 기록은 카틸리나가 사망한 지 약 20년 뒤에 씌어진 살루스티우스[2]의 글이다. 살루스티우스는 카틸리나가 죽은 뒤 키케로와 대립관계에 있던 인물이었는데, 카이사르의 사후 공직에서 물러나 글쓰기에 전념하였다. 살루스티우스는 카틸리나에 대한 논문의 서두에서 자신의 젊은 시절 탐욕을 반성하면서 가능한 한 정직하게, 또한 당파에서 자유롭게 카틸리나의 음모에 대하여 서술할 것이라고 밝히고 있다.[3] 살루스

---

2) 살루스티우스는 기원전 86~35년경에 살았던 인물이다. 기원전 55년 콰이스토르를 지냈으며, 기원전 52년에는 호민관을 역임하였다. 그는 포풀라레스 정치자이자 키케로의 정적이었던 푸블리우스 클로디우스와 연대를 맺고 있었는데, 기원전 52년 클로디우스가 밀로에게 살해당하자 밀로를 변호한 키케로를 대적하는 데 주역을 맡았다. 따라서 살루스티우스는 키케로와 대립관계에 있었다. 뒤에는 카이사르를 도와 프라이토르직과 아프리카 속주 총독직을 차지했으나 부당재산 취득혐으로 재판을 받았다. 카이사르의 영향력 덕분에 재판에서는 구해졌으나 그 이후의 정치생명은 끝났다. 그는 굉장한 부자이기도 했으나, 카이사르가 죽은 뒤에는 공직에서 물러났으며, 여생은 글쓰기에 전념하였다. 카틸리나 음모에 대한 글은 카이사르가 죽은 후인 기원전 41년경에 씌어진 것으로 보인다.
3) 키케로 반대파였던 살루스티우스가 키케로를 비난하기 위한 의도는 없었는지, 또한 그의 논문 첫 부분에서 밝힌 대로 젊은 시절에 대한 회의를 느끼게 되어 도당(factio)에서 벗어나 카틸리나 음모에 대해 서술할 것을 약속한다는 말을 과연 믿을 만한지 살펴볼 필요가 있다. 살루스티우스가 기원전 51년 카이사르에게 쓴 편지를 보면, 그는 도당을 통렬히 증오하였다. 더욱이 카토에 대한 묘사도 악의적이어서, 카토를 행동보다는 말이 앞서고, 원칙적인 사람이라기보다는 약삭빠른 정치인으로 묘사하고 있다.
그러나 카이사르가 죽은 뒤 공직에서 은퇴하고 카틸리나 음모에 대해 쓴 글에서 카토에 대한 묘사는 전과 사뭇 다르다. 이 시기 살루스티우스는 그가 한때 포함되었던 투쟁에서

티우스의 글 또한 기본적으로는 키케로의 연설을 바탕으로 씌어졌지만 키케로의 연설과 함께 살루스티우스의 논문을 읽어보는 것이 카틸리나를 좀 더 객관적으로 파악하는 데 도움이 될 것이다. 또한 카틸리나라는 인물을 파악하는 데는 그의 선거공약이었던 '부채 말소'를 함께 생각하는 것이 필수적이다.

카틸리나와 관련해 남아 있는 기록들은 그의 '음모'를 중심으로 되어 있기 때문에, 그의 일생에 대해 자세히 알기 어렵다. 단지 기원전 108년경 태어났으며, 귀족 출신이고, 빚을 많이 지고 있었다는 사실만을 알 뿐이다. 또한 그를 따르는 무리들이 전 계층에 걸쳐 많이 있었던 것으로 보인다. 그의 공직생활[4]을 살펴보면, 콰이스토르[5](재무관)에 오른 뒤 기원전 68년 프라이토르[6](법무관)로 선출되었고, 다음해에는 프로프라이토르(프라이토르 대행)로 속주 아프리카를 통치하였다. 그리고 이듬해인 기원전 66년과 기원전 65

멀리 벗어나 있었다. 이 시기 살루스티우스는 몇 년 전 악의 있는 용어로 묘사했던 카토를 잊은 듯하다. 카틸리나 음모에 대한 서술에서 살루스티우스는 카토를 성실함·엄격함·확고부동함의 화신으로 묘사하고 있다. 따라서 카틸리나 음모에 대한 서술 속의 카토에 대한 묘사에서 추론할 수 있듯이, 살루스티우스는 이 시기 진정으로 도당에서 자유롭게, 솔직하게 글을 썼다고 생각해도 무리가 없을 듯하다. 또한 그의 논문에는 키케로의 연설이 실려 있지 않지만, 그를 인간적인 고뇌를 지닌 지도자로 묘사하고 있다.

4) 당시 관직에 오르는 명예의 경로는 콰이스토르–아이딜리스–프라이토르–콘술 순이었다. 한 개인이 고위 관직을 독점하는 것을 막기 위해 1년에 한 개 이상의 쿠룰레직(상아 의자를 제공받는 관직으로 아이딜리스·프라이토르·콘술·켄소르)을 보유하거나 10년 안에 똑같은 관직을 두 번 맡는 것을 불법으로 규정하였다.

5) 그때는 30세부터 취임할 수 있었고, 트리부스 인민회에서 4명이 선출되었다. 2명의 콰이스토르는 콘술을 따라 전쟁터에 파견되었으며, 그곳에서 병력에 대한 군수물자 보급과 급료 지급을 책임지는 병참장교 역할을 하였다. 2명은 도시에 남아 국고 관리자와 조세사건 담당 검찰관 역할을 수행하였다. 국고는 사투르누스의 신전에 보관되었기 때문에, 건물에 보관된 국가 기록과 문헌을 관리하는 임무도 맡았다.

6) 그때는 40세부터 취임할 수 있었으며, 켄투리아회에서 8명이 선출되었다. 로마의 재판을 담당하였다. 프라이토르의 수가 이렇게 늘게 된 것은 10개의 속주를 담당할 총독을 충분히 배출하기 위해서였는데, 로마에서 임기를 마치면 프로프라이토르로서 자동으로 속주 총독을 1년 동안 하게끔 규정되어 있었다.

년에는 콘술[7] 선거에 입후보하려고 했으나, 아프리카에서의 부당재산 취득 문제로 기소되어 있었기 때문에 후보 자격을 박탈당했다.

기원전 64년의 콘술 선거는 카틸리나가 무죄판결을 받은 뒤라 그에게는 더없이 좋은 기회였다. 기원전 64년 콘술 선거의 후보는 모두 7명이었다. 이때 강력한 후보가 3명 있었는데, 그들이 바로 카틸리나·안토니우스·키케로였다. 안토니우스와 카틸리나는 함께 키케로에 대항했으나, 결국은 안토니우스와 기병계급의 지지를 받은 키케로가 선출되었다. 카틸리나는 다시 다음해인 기원전 63년 콘술 선거에 출마했지만, 키케로가 먼저 안토니우스에게 마케도니아 속주를 내줌으로써 그를 자기편으로 끌어들였다. 또한 선거에서는 시라누스와 무레나가 선출됨으로써, 선거는 카틸리나의 패배로 끝이 났다.

여기까지만 본다면 카틸리나는 콘술 선거에서 떨어진 인물로 역사 속으로 희미하게 사라져갔겠지만, 카틸리나라는 이름이 후세에 알려지게 된 것은 이때부터이다. 카틸리나는 자신의 목표를 이루기 위해 원로원 의원과 키케로를 살해하고 도시를 장악하려는 계획 — 키케로에 따르면 '음모' — 을 세운다. 그 음모가 성공했다면 어떻게 되었을까? 그러나 이는 퀸투스 쿠리우스와 정을 통하고 있던 풀비아라는 여자를 통하여 사전에 키케로에게 새나가고 있었고, 키케로는 자신을 죽이려는 시도를 감지한 뒤 카틸리나를 비난하는 첫 번째 연설을 하였다. 그날 밤 카틸리나는 에트루리아에 있던 만리우스 부대로 떠났다. 그러나 로마에는 아직까지 카틸리나와 편지를 주고받는 공모자들이 있었는데, 편지를 전달해주던 알로브로게스의 외교사절이 배신하여 키케로에게 이를 누설함으로써 공모자 다섯 명이 잡히게 되었다. 결국 공모자 다섯 명은 키케로의 감독 아래 처형되었으며, 카틸리나는 로마 군대와의 전투에서 목숨을 잃게 된다.

---

[7] 그때는 43세부터 취임할 수 있었고, 켄투리아회에서 2명이 선출되었다. 로마 행정 및 군대의 수장이었다.

2. 음모의 동기와 부채 문제

카틸리나가 원로원 의원과 키케로를 살해하고 도시를 장악하려는 음모를 꾸민 이유는 무엇일까? 키케로와 살루스티우스 모두 카틸리나가 콘술에 대한 야망을 품고 있었다고 이야기한다. 그러나 콘술이 되려는 야망만이 있었다면 카틸리나에게 많은 동지들이 따를 수 있었을까? 살루스티우스는 카틸리나가 동지에게 한 연설을 실어서 카틸리나의 생각을 표현한다.

인간의 정신을 가진 어떤 사람이, 우리는 생활필수품마저도 부족한데 독재자는 많은 부를 가지고 있고, 바다를 밀어내고 산을 평평히 하는 데[8] 정력을 기울이는 것을 참을 수 있겠습니까? 그들은 두 개 또는 그 이상의 저택을 연결하는데, 반면 우리에게는 가정의 벽난로를 가진 어느 누가 있습니까? 그들은 그림, 조각, 양각 화병을 쌓아두고, 새것을 부수고 다른 것들을 세웠습니다. 요컨대, 그들은 모든 방법에서 재산을 잘못 사용하였고, 결국 극도의 사치 때문에 재산을 제어할 능력이 없었습니다. 그러나 우리의 집에는 궁핍함이 있으며, 부채를 지지 않았더라도 현재는 비참하고 미래는 더욱 희망이 없습니다. 요컨대 비참한 삶 이외에 우리에게 무엇이 남았습니까?

당시 카틸리나가 한 연설이 그를 따르는 12명의 원로원 의원들과 4명의 기사계급에게 한 것을 고려할 때, 당시의 사회적인 빈부 격차와 소수 지배층의 극도한 사치가 카틸리나의 음모가 동지들에게 공감을 얻을 수 있었던 이유가 되었다는 것을 알 수 있다. 귀족들 사이에서도 빈부의 격차가 나타나고 있었던 것이다. 한편, 에트루리아에 있던 카틸리나의 동지 만리우스가 마르키우스 렉스[9]에게 대표단을 보내면서 함께 보낸 메시지에도 주목할 필

---

[8] 바닷물을 양어장으로 옮기기 위해 언덕을 깎고 바다에 빌라를 세웠다는 이야기이다.
[9] 만리우스에 대항하여 원로원에서 파견한 장군이다.

요가 있다.

> 신들과 인간들을 증인으로 내세웁니다. 장군, 우리는 조국에 대항하거나 다른 사람들에게 위험을 초래하기 위해서가 아니라, 우리의 신체를 불의에서 보호하기 위해 무기를 들었습니다. 왜냐하면 우리는 비참하고 빈곤하며, 고리대금업자의 폭력과 잔인함 때문에 대부분의 사람들이 조국에서 내쫓겼으며, 모든 명예와 재산을 잃었습니다. 우리 중 어느 누구도 우리 조상들의 관습의 보호를 받지 못했고, 우리의 재산을 빼앗긴 뒤 개인의 재산을 보유하거나 법의 보호를 받지 못했으며, 그렇듯 고리대금업자와 프라이토르의 잔혹함은 컸습니다.

결국 카틸리나의 계획은 개인의 욕망보다는 당시의 사회경제적인 여건과 밀접한 관련이 있었던 것이다. 따라서 카틸리나는 계획이 성공했을 때의 보상으로 다음과 같은 내용을 제시하고 있었다.

> 많은 사람들은 그에게 전쟁의 상태, 전쟁의 포상이 무엇인지, 어디에 어떠한 원조가 있는지 그리고 어떠한 전망을 가질 수 있는지 설명해줄 것을 요구하였다. 그래서 카틸리나는 부채 탕감, 부자·관직자·제관·강탈자들의 재산 몰수와 약탈 그리고 전쟁에서 승리하면 가질 수 있는 다른 모든 것을 약속하였다.

카틸리나가 제시한 보상 조건은 높은 관직이 아니라 경제적인 보상이었다. 실제로 술라 이후 로마 공화정 말기에는 지배층 내에서 재산 분배의 격차가 엄청나게 벌어지고 있었다. 예를 들어 유명한 웅변가이며 기원전 69년의 콘술이었던 호르텐시우스는 공작과 야생동물의 사육지, 양어지 등으로 알려진 땅을 소유할 정도로 막대한 재산가였다. 또한 당시 키케로의 전재산은 1천만 세스테르티 정도였을 것으로 추정되는데, 이것도 풍족한 생활을 즐길 수 있는 배경은 됐지만 크라수스[10]와 폼페이우스 등의 거부(巨富) 앞에서는 극히 조촐한 것에 불과하였다.

한편 이 시기의 로마 인민들은 살기가 더 어려워진 때였다. 기원전 70년대부터 기원전 63년까지 로마에는 새로운 화폐가 별로 발행되지 않았다. 이에 결과한 화폐의 유동성 부족은 이자율의 상승과 이로 인한 집세, 토지 임대가격의 상승을 가져왔다. 이는 소상점주나 소장인 그리고 인술라[11]에 거주하는 이들에게 부채문제를 안겨주었으며, 심할 경우 파산에 이르게까지 하였다. 시내의 인술라는 구조와 내부 시설이 허술했지만, 집세는 로마 시외의 4배나 되었다. 기원전 47년 카이사르는 1년 동안 집세를 면제하도록 하는 조치를 취했는데, 그 무렵 1년 평균 집세를 2천 세스테르티로 계산하였다.

속주의 부채문제는 로마보다 더 심각했다. 속주는 로마와는 달리 이자율의 한계가 정해져 있지 않았기 때문에, 이자율이 최고 48퍼센트까지 오르는 경우도 나타났다. 게다가 속주는 로마보다 부채 상환을 강제로 부과하기가 훨씬 더 쉬웠다. 따라서 속주와 속주민들의 토지 또는 재산이 부채 때문에 로마의 부유층에게로 넘어가는 일이 많았을 것이다.

로마 공화정 후기에 들어오면 이러한 부채문제가 심각했던 것으로 보인다. 기원전 86년 콘술이었던 플라쿠스는 전체 부채의 4분의 3을 탕감하는 법령을 도입하였다. 만리우스는 마르키우스 렉스에게 보낸 메시지에서 플라쿠스가 제정한 발레리우스법[12]을 상기시킨다.

그리고 가장 최근의 우리 기억에, 많은 양의 부채 때문에, 모든 귀족들의 동의에 따라 은은 동으로 변제되었다.

---

10) 기원전 115~53년. 폼페이우스 · 카이사르와 함께 삼두정치를 했으며, 대부호로도 유명하다.
11) 평민들의 연립주택.
12) 기원전 86년 콘술이었던 루키우스 발레리우스 플라쿠스는 부채 총액의 4분의 3을 변제해주고 정치불안과 부패한 대금업자들 때문에 가치가 하락한 화폐가치를 회복시키는 법안을 도입하였다.

카틸리나 슬로건과 비슷한 법이 실행된 전례가 있었다는 것은 카틸리나와 그 지지자들에게 더욱 힘을 주는 동기로 작용했을 것이다. 그러나 키케로는 과두정의 모순을 한마디도 언급하지 않았으며, 오히려 카틸리나의 음모를 자신을 위해 이용한다. 키케로는 콘술 선거 당시 매우 불리한 처지에 놓여 있었는데, 그것은 바로 신인(homo novus)이라는 출신 때문이었다. '신인'은 가문에서 처음으로 관직을 차지한 기사들을 지칭하는 말로, 콘술직을 차지하는 경우는 매우 드물었다. 기원전 64년 콘술 선거에서 귀족이라는 유리한 위치를 차지하고 있던 카틸리나가 패배한 것은 키케로의 뛰어난 연설 때문이었다. 키케로의 계속되는 독설은 자신의 지위를 계속 유지하고 인민들을 설득하기 위한 효과적인 수단이 되었을 것임에 틀림없다. 살루스티우스는 자신의 저작에 키케로의 연설을 싣지 않고 카틸리나의 연설만 실음으로써 카틸리나에게 변호할 기회를 준다.

콘술 키케로는 그의 출석을 두려워하거나, 또는 분노하여, 공화국에 유익한 훌륭한 연설을 했고, 후에 그는 그것을 써서 출판하였다. 그러나 그가 자리에 앉았을 때, 카틸리나는 모든 것을 부인하려고 준비한 듯 겸손한 표정과 청원하는 말투로, 원로원 의원들에게 자신에 관한 이야기를 경솔하게 모두 믿어서는 안 된다고 청원하기 시작하였다. "저는 훌륭한 가문에서 태어났고, 청년기의 삶도 배웠습니다. 저는 저의 조상들처럼 로마 인민에게 봉사해왔는데, 귀족인 제가 국가를 전복함으로써 이익을 얻는다고 생각해서는 안 됩니다. 국가를 구원한 사람이 로마 시의 뜨내기 시민인 키케로이니 말입니다."

위의 글에 따르면 키케로는 자신의 '신인'이라는 출신을 극복하기 위해 콘술 경쟁 후보였던 카틸리나 음모의 동기를 자신에게 유리하게 이야기한 것이다. 또한 키케로의 정치관은 카틸리나의 콘술 공약을 받아들일 수 없는 커다란 역할을 하였다. 카틸리나의 공약은 '부채의 총체적 말소'였다. 그러나 키케로의 정치관은 '사유재산'의 옹호를 강조하는 데 있었고, 이에 따르면 부채의 총체적 말소는 사유재산권을 위협하고 나아가 국가의 안정을 위협하는 잘못된 발상이었다. 즉 키케로는 인민을 위한 정치가라기보다는 귀족을 대변하는 정치가였다.

3. 카틸리나에 대한 평가

키케로와 살루스티우스는 모두 처음에는 카틸리나가 매우 타락한 인물이라는 데 동의한다. 먼저 카틸리나에 대한 키케로의 평가를 살펴보자. 키케로는 카틸리나가 사생활부터 용납할 수 없는 범죄로 얼룩져 있다고 주장하였다.

> 그대가 유혹에 의해 함정에 빠뜨린 젊은이에게, 그대는 그의 범죄를 위한 무기나 그의 욕망을 불붙일 횃불을 제공하지 않았습니까? 무엇이 사실입니까? 최근에 그대는 전 부인을 죽인 뒤 새롭게 결혼하기 위해 집을 비웠을 때, 이 범죄에 또 다른 믿기 어려운 범죄를 저지르지 않았습니까?

게다가 키케로는 2차 연설의 서두에서 카틸리나를 비인간적인 괴물로 표현하기까지 한다.

> 이제 그 형편없는 괴물은 더 이상 우리의 성벽 안에서 바로 그 성벽에 대항한 어떠한 파괴도 계획할 수 없을 것입니다.

이렇게 카틸리나를 괴물이라고까지 표현한 이유는 연설의 이어지는 내용을 통해 유추할 수 있다. 키케로의 2차 연설 내용을 보면, 그 무렵 로마에는 카틸리나에 대한 키케로의 연설을 믿지 못하고, 카틸리나를 지지하는 사람들이 다수 있었던 것으로 보인다.

그러나 내가 고발하는 것을 믿지 않는 사람들이 얼마나 많으며, 심지어 그를 변호하고, 너무 어리석기 때문에 그 일에 대해서 어떠한 생각도 없으며, 너무 사악해서 그의 편을 드는 사람들이 얼마나 많은지 당신은 추정할 수 있습니까?

또한 키케로의 조치를 비난하는 사람들도 있었던 것으로 보인다.

사람들은 그의 희망과 목적이 좌절된 것이 아니라, 죄없고 결백한 그가 추방당했으며 콘술의 힘과 위협에 의해 몰아내졌다고 말할 것입니다. 그리고 만약 이러한 과정을 따른다면, 그를 범죄자가 아니라 연민의 대상으로 생각하기를 바라는 사람들이 있을 것이며, 나를 가장 주의깊은 콘술이 아니라 가장 무자비한 독재자로 생각하기를 원하는 사람들이 있을 것입니다.

키케로가 카틸리나에 대해서 인민들에게 두 번이나 비난하면서 그의 타락을 강조한 이유는, 카틸리나를 추방한 자신의 조치에 정당성을 부여하려는 측면이 강하게 작용하였다. 당시 로마의 입법과 투표 과정은 민회에서 이루어졌기 때문에 귀족의 정치적인 행동은 인민의 이해관계와 완전히 떨어져서 수행될 수 없었다. 이런 맥락에서 키케로도 확실한 증거 없이 카틸리나를 로마에서 추방한 자신의 행동에 대해 인민들에게 동의를 구해야 했을 것이다.

특히 이때는 로마 인민들이 경제적으로 어려운 시기였다. 이러한 시기에 부채 말소를 슬로건으로 내건 카틸리나를 추방한 키케로는 카틸리나를 비난하는 데 주력할 수밖에 없었을 것이다. 카틸리나에 대한 키케로의 평가가 신뢰성을 얻으려면, 키케로는 그의 연설에서 공화정 내의 문제점과 지배층의 사치문제를 짚어야 했을 것이다. 그러나 키케로는 음모를 발각함으로써 사유재산을 끝까지 지켰다는 자신의 업적을 치장하기에 바쁘다. 카틸리나 음모가 해결된 후인 기원전 69년, 키케로는 제1차 삼두정 시대의 악화된 상황과 자신의 운명에 대한 불안 속에서 아티쿠스에게 다음과 같은 글을 쓴다.

만약 귀족들의 손으로 다가오는 수염 있는 붉은 숭어들이 양어장에 있다면, 귀족들은 자기 손가락으로 천국을 얻었다고 생각할 것이고, 그밖의 다른 것에는 무관심합니다.

결국 키케로 자신도 당시의 지나친 부의 집중과 지배층의 타락을 불만스럽게 생각하고 있었던 것이다. 그러나 카틸리나 음모가 최고의 권력을 가진 키케로 자신을 함께 겨냥하고 있었기 때문에, 또 자신의 정치관을 유지해야 했기 때문에 키케로는 과두정 편에 서야만 했던 것이다.

한편 키케로는 카틸리나 지지자 가운데 다섯 번째 부류는 모든 종류의 범죄자들이라고 분류하였다. 그리고 그들이 카틸리나가 가장 믿는 친구들이라고 이야기한다. 또한 카틸리나 지지자들의 타락을 다시 한 번 강조한다.

어떠한 모든 이탈리아 내의 죄수, 검투사, 강도, 암살자, 존속 살해범, 유언 위조자, 사기꾼, 난봉꾼, 방탕아, 간부, 평판 나쁜 여성, 젊은 타락자, 부도덕자, 포기한 인물들이 카틸리나와 가장 절친하게 지냈다는 것을 인정하지 않겠습니까? 이 몇 년 동안 그 없이 어떤 살인이 일어났겠습니까? 어떤 고약한 방탕함이 그 없이 이루어졌겠습니까?

위와 같은 사람들은 로마 코미디와 풍자에 등장하는 상투적인 인물이다. 배우들은 주로 도둑, 기둥서방, 검투사, 군대 탈영자와 동등하게 여겨졌다. 따라서 키케로의 글에 나오는 타락한 카틸리나의 지지자들에 대해서는 문자 그대로 믿기 어렵다. 키케로는 예전부터 빈곤한 시민들을 범죄자의 집단으로까지 보고 있었다. 기원전 58년 로마 시민들의 세력을 배경으로 호민관 푸블리우스 클로디우스가 일어나자, 키케로는 그 세력에 밀려 1년 반이라는 짧은 기간이긴 하지만 추방의 길에 올랐던 적이 있었다. 그때 클로디우스가 최초로 곡물을 무상배급하자 모여든 가난한 시민들을, 키케로는 이렇게 묘사하였다.

민회에 집단으로 참석하여 국가의 피를 빨아먹고 사는 저 비참한 반아사의 거머리들인 근성이 더러운 평민들.

또한 그들을 '먼지를 뒤집어쓴, 더러운 도시의 인간 쓰레기들' '배 밑에 괸 더러운 물과 같은 도시의 쓰레기들' '가난에 찌들고 몸을 닦지 않는 자들' '사악한 자들'로 묘사했다. 심지어 빈곤을 일종의 범죄로 간주하여 '가난한 자들'을 '범죄자들'로 취급하기까지 했다. 따라서 '부채의 총체적 말소'를 주장하던 카틸리나와 그 지지자들이 범죄자로 보이는 것은 키케로에게 당연한 일이었다.

살루스티우스 또한 로마의 기사계층이었으며 호화로운 정원들과 별장들을 가지고 있었던 것을 감안할 때, 그가 카틸리나를 악당으로 본다고 생각하기 쉽다. 그 역시 처음에는 성격이나 의도·행동에서 악한 카틸리나를 묘사하였다.

첫째, 젊은 카틸리나는 벌써 많은 사악한 음란한 짓—귀족계급의 처녀, 베스타 여신의 여제관과—을 하였고 둘째, 이와 같이 법과 도리에 반하였다. 마침내 그는 오레스틸라에 대한 열정에 사로잡혔는데, 그녀의 외모를 제외하고는 귀족들이 한 번도 그녀를 칭찬하지 않았다. 그리고 그녀가 성년인 그의 의붓아들을 두려워하여 그와 결혼하기를 망설였을 때, 일반적으로 이러한 흉악한 결혼을 하기 위해 빈 집을 만들 목적으로 그가 아들을 살해했다고 확실히 믿어진다. 참으로 이것이 그의 범죄를 조급히 했던 첫째 원인이었다고 보인다. 왜냐하면 순수하지 못한 정신은 신과 사람들에게 적의를 품어, 깨거나 자거나 평온할 수 없었다. 이렇듯 양심은 자극되어 있는 정신을 황폐하게 하고 있었다. 그러므로 그의 창백한 안색, 핏발어린 눈, 때로는 빠르고 때로는 느린 걸음. 한마디로 그의 얼굴과 외양에 정신착란이 나타나서 오락가락하였다.

또한 타락한 많은 사람들이 카틸리나를 지지했다고 제시한다.

노름·연회·주색에 유산을 낭비한 모든 음탕한 자, 방탕아, 도박꾼, 불명예나 범죄의 대가를 치르고 면하기 위해 많은 부채를 진 자, 게다가 모든 방면에서 살인이나 신성모독의 판결을 받았던 자, 또는 자신이 저지른 범죄 때문에 재판을 두려워했던 자, 또한 손과 입으로 이웃 시민들의 위증이나 피를 지지했던 자, 마지막으로 치욕·가난 또는 사악한 마음을 좇던 모든 이들─이 모든 사람들이 카틸리나와 가장 가깝고 소중하였다.

그러나 이 이야기는 살루스티우스 글의 처음에 제시되어 있지 않다. 살루스티우스 논문의 절반 이상은 수식적인 내러티브로 구성되어 있는데, 14장에 가서야 그는 카틸리나의 행동을 나타내고, 26장에 가서야 실제 음모를 이야기한다. 카틸리나의 첫 번째 연설을 제외하면 1~25장은 로마 과두정의 견해에서 본 음모를 나타낸다. 살루스티우스가 음모에 대해서 설명하기도 전인 도입부에 개인적인 논평을 실어놓은 것은 매우 의도적인 것이다. 살루스티우스는 정신과 육체의 대비 속에서 술라의 통치 이후 로마 젊은이들의 정신이 해이해졌다고 지적함으로써 카틸리나의 악인의 특징은 시대의 유산임을 지적한다.

재산이 명예가 되기 시작하고 영광·지배력·권력이 뒤따르자 미덕은 광택을 잃기 시작하고, 가난은 불명예로 간주되기 시작했으며, 결백은 악의로 간주되기 시작하였다. 그러므로 재산으로 인해 사치와 탐욕·오만함이 젊은이들을 엄습하였다. 그들은 약탈하였고 낭비하였다. 그들 자신의 것을 경시하고, 다른 사람의 것을 탐내었다.

살루스티우스는 자신의 논평 바로 다음에 카틸리나의 연설을 실음으로써 사치와 탐욕으로 물든 자들이 사실은 카틸리나가 공격하려는 쪽임을 암시한다. 더욱이 그의 글의 경우 뒷부분에 가서는 카틸리나의 새로운 면을 부각하여 묘사한다. 만리우스와 카틸리나 부대의 마지막 전투에 관한 서술에는, 카틸리나가 군대에서 자신의 결심을 연설한 부분이 있다. 이 연설에서 카틸리나는 조국과 자유를 위해서 싸우고 있음을 강조한다.

전쟁에 나아갈 때 여러분은 오른손에 있는 자유와 조국을 가슴에 품는 것 이외에 재산·영예·명예를 기억합니다. 만약 우리가 승리한다면 모든 것이 우리에 의해 안전할 것이며, 군수품이 가득 찰 것이며, 자유시와 식민시는 문을 열 것입니다. 그러나 만약 우리가 두려워 중지한다면, 그 반대가 될 것입니다. 어떠한 장소와 친구들도 무기로써 보호할 수 없는 사람들을 보호하지 않을 것입니다. 게다가 병사들이여, 동시에 우리와 저들은 같은 긴박한 상황에 처해 있지 않습니다. 우리는 나라와 자유와 목숨을 위하여 싸우고 있습니다. 그들은 소수의 권력을 지키려는 헛된 투쟁입니다. 그러므로 진군하십시오, 더 큰 용기를 가지고. 여러분의 예전의 용맹을 기억하십시오.

그리고 지금까지의 음모에 대한 낙관론은 현실에 대한 직시와 비관으로 바뀐다.

나는 여러분과 함께 최악의 불명예로 추방당하여 생애를 지내도 좋습니다. 로마의 어떤 사람은 재산을 잃고 다른 도움을 바랄 수도 있습니다. 그러나 그러한 상태는 사나이에게 수치스럽고 참을 수 없는 것처럼 보이기 때문에, 여러분은 이 길을 따르기로 결정하였습니다.

이러한 연설 내용에는 지휘관으로서 그의 솔직함이 녹아 있다. 더 나아가 카틸리나는 그의 전투에 대한 마지막 책임과 병사들에 대한 배려를 나타내고 있다.

그는 트럼펫을 불어 군대가 평야로 내려오도록 이끌었다. 그후 전쟁의 위험을 함께 나눔으로써 병사들의 용기를 증대시키기 위해 모든 말들은 보낸 뒤, 그 자신도 다른 병사들과 같이 걸어서 그 위치에 군대를 배치하였다.

결국 살루스티우스의 진술은 완전히 카틸리나를 옹호하는 내용으로 채워진 것이다. 그리고 마지막 전투가 끝난 뒤의 상황을 묘사하면서, 카틸리나의 불굴의 정신을 강조한다.

카틸리나는 살해된 적들의 시체 속에서, 그의 군사들과 멀리 떨어져 발견되었는데, 아직도 가느다랗게 숨을 쉬고 있었으며, 그의 얼굴에는, 그의 전 생애를 통하여 그를 활기차게 했던 불굴의 정신이 나타나 있었다. 또한 전 군대에서, 전투 중이나 도망 중에 자유민 출신의 시민 아무도 잡히지 않았는데, 모두가 자기 자신의 목숨을 마치 적의 목숨인 것처럼 돌보지 않았던 것이다.

카틸리나와 함께 남았던 시민들은 왜 전투에서 항복하거나 도망가지 않았겠는가? 이는 카틸리나의 연설과 행동에는 이들 시민들이 자신의 목숨을 내걸 만큼 그를 전폭적으로 믿고 따르게 한 무엇인가가 있었다는 것을 반증하는 대목이다. 우리는 살루스티우스 글의 후반부에서 카틸리나에 대한 새로운 평가를 발견하게 된다. 키케로는 카틸리나의 개인적인 과거 행동을 근거로 카틸리나를 비난하지만—살루스티우스도 글의 전반부에서는 카틸리나의 타락한 모습을 제시한다—살루스티우스 글의 후반부에 오면 카틸리나는 자신의 말을 버리고, 전투의 맨 앞에 서서 싸우는 훌륭한 지도자로서의 면모를 보인다. 그리고 이 전투가 매우 불리하다는 것을 알면서도, 소수의 권력자들에게 대항하여 공화국과 인민의 자유를 위해 목숨을 걸고 끝까지 싸운다. 카틸리나의 군대도 이러한 카틸리나를 끝까지 믿고 따른다.

결국 우리는 정부군과 음모자들의 마지막 대치상황과 전투를 통해 카틸리나의 의도를 더욱 확실히 알 수 있으며, 카틸리나의 정신과 태도를 통하여 우리는 키케로가 이야기하는 것처럼 카틸리나가 단지 콘술 선거에 실패하고 콘술이 되기 위해 국가를 전복시키려 했다는 주장이 잘못된 것임을 느끼게 된다. 그리고 마리우스의 독수리 군기는 카틸리나가 마리우스의 포풀라레스[13]적인 강령을 지지했음을 뒷받침한다. 이러한 독수리 문장과 군기는 키케로의 연설에서 보인다.

나는 그대가 만리우스와 협정을 맺고 날을 정했다는 것을 잘 압니다. 또한 그에게 그대의 모든 무리에게 장차 파멸을 가져올 것으로 확신하는 그 은(銀)독수리를 미리 보냈다는 것을 잘 압니다. 그것으로 그대의 집에 악행으로 더럽혀진 성소가 세워졌습니다.

살루스티우스는 이 군기가 마리우스 부대와 관련이 있다는 것을 마지막 전투에 대한 묘사에서 확실히 밝힌다.

그 자신은 그의 피해방민과 퇴역한 군인들과 함께 독수리 군기 옆에 위치를 잡았는데, 그것은 킴브리아인들과의 전쟁 중에 마리우스 부대에 있었다고 전해졌다.

살루스티우스도 키케로와 마찬가지로 처음에는 카틸리나와 지지자들을 부정적으로 묘사하면서 시작하지만, 저작의 뒷부분, 특히 정부군과 음모자 간의 대치국면으로 가면서 이러한 부정적인 묘사는 사라진다. 대신 카틸리나의 연설과 행동을 통해 그의 애국심과 부하를 아끼는 마음을 묘사하면서 카틸리나를 옹호한다. 그리고 전투가 끝난 뒤 음모자들의 장렬한 최후와 전투에 이기고서도 아무런 성과도 얻지 못한 정부군들에 대한 묘사를 통해 실패한 음모의 최후 모습을 그리면서 글을 마친다.

살루스티우스는 카틸리나에 대한 키케로의 연설이 과장된 것임을 깨닫

---

[13] 포풀라레스는 귀족 출신의 정치가로 '인민과 함께 인민을 통해', 즉 지역구 평민회를 통해 정책을 추구했으며 이른바 민중에게 인기 있는 안들을 제안하는 경향이 있었다. 반면 옵티마테스는 귀족 출신 정치가로 '원로원과 함께 원로원을 통해' 정치를 했으며, 재산 소유권이나 국가경제의 이름으로 민중에게 인기 있는 안들을 저지하는 경향을 띠었다.

고, 그에 대한 인식을 바로잡기 위한 목적으로 글을 썼다. 살루스티우스는 저작의 첫 부분을 통해, 카틸리나 음모는 기원전 1세기 과두정 체제에 따른 빈부의 차와 부채문제를 바로잡으려는 시도였다는 것을 밝힌다. 또한 마지막 부분에서 정부군과 음모자들의 대치상황을 통해 카틸리나가 훌륭한 지도자였으며, 로마 인민의 편에 섰던 포풀라레스였다는 것을 알린다. 대부분의 글에서 그러하듯이, 살루스티우스가 주장하고 싶은 바는 글의 서두와 결말에 있는 것이다.

마르쿠스 툴리우스 키케로

로마 공화정의 마지막 '대부'

● 허승일(서울대학교 명예교수 · 서양고대사)

1. 키케로의 생애

마르쿠스 키케로(Marcus Tullius Cicero)는 기원전 106년 라티움의 아르피눔(지금의 이탈리아 아르피노)에서 부유한 기사 신분(equites)의 아들로 태어났다. 그의 소년시절은 고향 사람인 가이우스 마리우스가 로마 정치를 주도하고 있을 때에 해당한다. 그는 로마에서 그리스 수사학을 배우고 포룸에서 주요 연설가들의 연설을 경청했는데, 특히 법률가로서 복점관인 무키우스 스카이볼라(Q. Mucius Scaevola)에게서 많은 것을 배웠다. 스카이볼라는 소 스키피오의 친구로 '스키피오 서클'의 주요 멤버였던 가이우스 라일리우스의 사위였다. '스키피오 서클'에 대한 스카이볼라의 생생한 기억을 담은 이야기는 소년 키케로에게 강한 인상을 심어주어 훗날 그로 하여금 『공화국론』(De Republica)을 쓰는 대본이 되기도 하였다. 철학은 아카데미 학파로서 기원전 88년 이후 로마에 체류하고 있던 젊은 라리사의 필론(Philon of Larissa, 기원전 160~85년)에게서, 특히 한 사물을 상반되는 두 관점에서 보고 논쟁하는 것을 배웠다. 기원전 85년경 필론이 죽은 뒤 그는 스토아 학파의 디오도토스(Diodotus, 기원전 60년경 사망)의 제자가 된다.

기원전 89년 키케로는 폼페이우스 스트라보(대 폼페이우스의 아버지) 밑에서 군복무를 했으며, 기원전 81년 처음으로 법정에 등장해 변호활동을 시작한다. 그러나 그 일이 건강을 해쳐, 그는 기원전 79년부터 77까지 3년간 건강도 돌볼 겸 그리스와 소아시아를 여행하면서 공부하게 된다. 그는 반년 동안 아테네에 머물면서 아카데미 학파를 이끌고 있던 아스칼론의 안티오코스(Antiochos of Ascalon)에게 사사했다. 또 로도스 섬에서는 당대 수사학의 최고 권위자인 아폴로니오스 몰론(Apollonios Molon of Rhodes)에게서 말하는 기법을 배우기도 했다.

귀국한 뒤 키케로는 기원전 76년 시칠리아 섬의 서부 릴리바이움에서 콰이스토르로 공직생활을 시작하게 된다. 기원전 70년 폼페이우스와 크라수스가 콘술일 때, 그는 시칠리아 총독을 지낸 가이우스 베레스를 부정축재를 했다는 이유로 탄핵하여 명성을 얻게 된다. 기원전 69년 쿠룰리스 아이딜리스를 거쳐 기원전 66년에는 프라이토르가 되며, 기원전 63년에는 콘술이 되어 인생의 절정기를 맞이하게 된다. 기원전 59년부터 시작되는 제1차 삼두정치 시대에는 주로 저술활동을 했다. 기원전 44년 3월 15일 율리우스 카이사르가 암살당한 뒤 안토니우스를 공격하면서 마지막으로 로마 공화정을 부활시키려고 애쓰다가 결국 기원전 43년 12월에 제2차 삼두정치의 희생물이 되고 만다.

사실 키케로만큼 로마 공화정 후기와 헬레니즘 시대의 말미를 다양하게 산 인물도 없다. 그는 폼페이우스나 카이사르처럼 야전군 사령관은 역임하지 못했다. 그렇지만 그는 철학자 · 수사학자 · 역사가 · 법률가 · 정치가의 여러 얼굴을 하고 우리에게 다가오고 있다.

우선, 그는 위대한 철학자였다. 그는 신(新)아카데미 학파에 속했지만, 당대에 유행하던 스토아 학파와 에피쿠로스 학파의 철학이론에도 정통하였다. 『최고선악론』(De Finis Bonorum et Malorum)에서는 스토아 학파와 에피쿠로스 학파의 이론적인 윤리 논쟁을 소개하는가 하면, 아테네에서 소요학파의 철학을 공부하는 아들에게 보내는 서간문 형식으로 스토아 학파의 윤리실천사상을 쓴 『의무론』(De Officiis)에서는 '명예'(honestum), '공리'(utilitas) 그리고 '양자간의 충돌'을 3부로 나누어 정리해놓고 있다. 스토아 학파와 에피쿠로스 학파 측의 자세한 철학이론서가 전해오지 않는 지금 상황에서 그의 철학적 저서들의 가치는 자못 크다 하지 않을 수 없다.

키케로는 위대한 수사학자이기도 하였다. 기원전 81~80년간에 쓴 『주제창출론』(De Inventione)에서는 연설할 때 '무엇'에 대해 말할 것인가를 논하는 것을 필두로, 기원전 50년 중반 이후 『수사학 구성』(Partitione Oratoriae), 『연설가론』(De Oratore), 기원전 46년에는 『브루투스론』(Brutus) 등 10여 권에 이르는 수사학 저서를 내놓음으로써 서양 고대 수사학의 이론 체계를 확립시켜놓았다.

한편 키케로는 위대한 역사가이기도 하였다. 역사란 시대의 증인이고, 진리의 빛이며, 기억의 되살림이고, 삶의 스승이며, 옛 세계의 소식 전달자라고 정의를 내리며 이를 몸소 보여주는 많은 정치논설·서간문·연설문을 썼다. 사실 카이사르 암살 이후 카이사르파 장군들과 키케로를 중심으로 한 원로원 공화파 귀족 간의 치열한 정치투쟁과 군사력 충돌에 관한 역사서는 남아 있지 않은데, 이 간극을 우리는 키케로의 각종 문헌을 통해 어느 정도 복원할 수 있는 행운을 누리고 있다.

아울러 키케로는 더 나아가 『법률론』(De Legibus)에서 로마 공화국을 이상 국가로 보고 로마 국가의 이상적인 법률체계가 무엇인지를 서술하였다. 그는 법정에서 「베레스 탄핵」(In Verrem)과 「세스티우스 변호」(Pro Sestio) 등등 수많은 고발과 변호를 통해 법률가로서의 그의 명성을 유감없이 보여주고 있다.

2. 공화정 후기 로마의 정치와 키케로의 정치사상

그러나 무엇보다도 키케로는 위대한 정치가였다. 그는 기원전 63년 카틸리나 음모사건을 해결해 로마의 국부(國父)가 되었고, 카이사르 암살 뒤 기원전 44~43년간에 안토니우스 제거운동을 주도하여 공화정의 부활을 꾀함으로써 자신의 마지막 정치활동을 화려하게 장식하게 된다.

키케로는 로마 공화정 마지막 '혁명의 세기'와 생을 같이한다. 기원전 146년 로마는 카르타고·마케도니아·코린토스를 정복함으로써 외견상 지중해 세계제국을 건설하기는 하지만, 내부적으로는 경제·사회적인 모순이 곪아터지는 시발점이기도 하였다. 기원전 130년대와 120년대에 그라쿠스 형제는 농지 분배와 곡물 배급을 통해 로마를 구하고자 하지만, 도시국가, 즉 폴리스의 정치이념과 행정수단 그리고 경제적 제도로써는 이미 지중해 세계국가로 변신한 로마의 현안 문제들을 해결할 수가 없었다. 그리하여 그라쿠스 형제가 기존 폴리스의 '제도권 내의 개혁' 방식에서 벗어나 새로운 국가 차원의 정책 방안을 계속 내놓으면서 정치 이상을 실현하고자 한 덕택에 로마는 당분간 위기의 시대를 잘 넘기는 것처럼 보였다.

이 와중에서 로마 원로원과 로마 인민은 기존 보수세력을 옹호하는 집단과 새로운 시대 변화에 적응해야 한다는 개혁집단으로 양분되었다. 이에 따라 새로이 '원로원파'라는 옵티마테스(Optimates)와 '민중파'라는 포풀라레스(Populares) 두 범주의 정치가가 등장하게 된다. 즉 포풀라레스이건 옵티마테스이건 모두가 귀족 출신이긴 하지만, 정치하는 방법이 전자는 '지역구 평민회'를, 후자는 '원로원'을 통해 한다는 것이 다르다. 구체적으로 농지 분배, 곡물 배급, 부채 말소, 군제대 보상 문제 등을 국고가 감당할 수 없다는 등의 이유를 내세워 원로원은 반대 의사를 분명히 하자, 그렇다면 위에 열거한 여러 문제를 지역구 평민회에서 입법활동을 통해 해결해보겠다고 나선 것이 포풀라레스였던 것이다. 그 첫 번째 인물이 바로 그라쿠스 형제였다.

그러므로 기원전 1세기는 포풀라레스와 옵티마테스의 투쟁의 역사라고 해도 과언이 아니다. 마리우스와 술라의 혼란기를 거쳐 카틸리나와 키케로, 제1차 삼두정치, 카이사르 사후 안토니우스와 키케로의 투쟁, 제2차 삼두정치가 다 그러하였다.

따라서 기원전 65년, 로마의 정치 정세는 원로원 옵티마테스 쪽에서 보면 불안하기 짝이 없었다. 폼페이우스는 대군을 이끌고 동방 원정을 떠나 로마에는 없었고, 크라수스와 율리우스 카이사르가 평민층을 정치적으로 이용하여 득을 보려고 호심탐탐 노리고 있는 가운데 혈통귀족(patricii) 출신 루키우스 카틸리나(Lucius Catilina)가 포풀라레스로서 준동하기 시작했다. 그러나 옵티마테스 쪽에서는 특히 카틸리나의 등장을 막을 만한 정치적 인재가 없었다. 그리하여 기사 신분 출신이긴 하지만 프라이토르를 역임하고 정치적 야망을 품고 있던 키케로를 전면에 내세워 이용하기로 한 끝에 그를 기원전 63년의 콘술로 뽑고 카틸리나를 낙선시킨다. 이리하여 기사 신분인 키케로가 정치 신인(novus homo)으로 관직귀족(nobilitas)의 대열에 처음 동참하게 되는 것이다.

그러나 일단 콘술이 된 키케로는 로마의 정통 혈통귀족보다 더 귀족적인 역할을 하게 된다. 일찍이 기원전 66년 야심만만하고 젊은 카이사르·크라수스 등 일단의 귀족들이 평민층을 교묘하게 이용하며 정치적으로 득세하려 하자 키케로는 옵티마테스의 대변자로서 원로원 의원 신분과 기사 신분의 이른바 '양 신분의 화합'(concordia ordinarum)을 들고 나왔다. 즉 농지 분배, 곡물 배급, 부채 말소, 군제대 보상이라는 현안 문제를 제기하는 포풀라레스의 정치공세가 워낙 강하기 때문에 이를 잠재우기 위해서는 원로원 의원과 기사의 두 신분이 화합해야 한다는 것이었다. 그래도 힘이 딸리면 이탈리아의 전 유산 시민이 일체가 되어 포풀라레스에 대항하여 로마 공화정을 수호해야 한다는 것이었다(consensus omnium bonorum). 더 나아가 로마는 그라쿠스 형제 이전의 '이상국가'로 회귀해야 한다고 주장했는데, 이는 키케로가 기본적으로 그라쿠스 형제 이전의 로마 공화국을 원로원의 권위에 따라 법과 질서가 잘 유지되는 이상국가로 보았기 때문이다(otium cum dignitate).

3. 기원전 63년의 콘술 키케로

그 최초의 시련이 기원전 63년 키케로가 콘술로 있을 때 닥치게 된다. 폼페이우스가 로마 대군을 이끌고 동방 원정을 떠나 있는 사이, 로마에 있던 크라수스와 카이사르가 동방 원정을 성공적으로 마치고 로마로 귀환할 폼페이우스를 정치적으로 견제하면서 자신들의 정치 야욕을 채우기 위해 호민관 룰루스(Publius Servilius Rullus)를 전면에 내세워 지역구 평민회에 농지법안을 제출하게 한다. '룰루스 농지법안'의 내용은 호민관들로 10인위원회를 구성하여 그들에게 나라의 전권을 위임하자는 것이다. 즉 이 10인위원회에 이탈리아, 시리아 그리고 폼페이우스가 최근에 정복한 모든 나라의 모든 국유지를 임의로 매각 처분하는 권한, 누구든지 재판하고 추방할 수 있는 권한, 이민지를 개척할 수 있는 권한, 국고금을 임의로 사용할 수 있는 권한, 군대를 징집·유지하는 권한 등을 위임하자는 것이었다. 물론 10인위원회는 폼페이우스를 배제하고 크라수스와 카이사르 일파로 채워놓아 로마의 정치를 주무르겠다는 속셈에서였다.

그러자 키케로는 원로원에서 이 농지법안을 통렬히 비난 공격하여 준동자들의 입을 다물게 하고, 지역구 평민회에 가서는 노도와 같은 웅변을 토해 법안에 대한 비토권을 행사하게 하겠다는 위협을 가함으로써 이 농지법안을 철회하게 하였다.[1] 이렇게 첫 시련을 키케로는 무사히 넘겼다.

그러나 곧이어 귀족 출신으로 기원전 63년 콘술에 입후보했으나 키케로에게 패했던 카틸리나가 크라수스와 카이사르의 후원을 받아 포풀라레스로 전면에 나서서 정치활동을 하게 됨에 따라 로마는 다시 한 번 소요에 휩싸이게 된다. 로마 공화국에는 두 개의 몸이 있는데 하나는 약체, 즉 원로원으로서 유약한 머리, 즉 키케로를 지니고 있고, 다른 것은 강체, 즉 인민으로

---

1) 한효석,「기원전 63년 세르빌리우스 룰루스의 농지법안의 정치적 성격」, 서울대학교 석사학위 논문, 2004, 1~54쪽 참조.

서 머리가 없다. 그래서 만약 그 몸이 자기의 도움을 필요로 한다면 자기가 그 머리가 되어주겠다면서 카틸리나는 '부채의 총체적 말소'(tabulae novae)를 들고 나왔다. 기원전 86년 콘술 플라쿠스가 전체 부채의 4분의 3을 탕감해준 바 있는데, 카틸리나는 한 걸음 더 나아가 아예 기존의 부채를 말소해준다는 것이었다. 12명의 원로원 의원과 4명의 기사가 이에 가담하였다.

카틸리나를 지지하는 세력은 전국적인 규모로 커졌고, 로마에서는 렌툴루스(Publius Cornelius Lentulus)를 중심으로 로마 시에 불을 지르고 키케로를 위시하여 많은 귀족들을 죽이려는 음모가 행해지고 있었다. 이에 키케로는 재빨리 이 '카틸리나의 음모'를 적발하고, 렌툴루스를 비롯한 5명의 주동자들을 재판도 하지 않고 즉각 처형해버렸다. 카틸리나는 로마를 벗어나 지방에서 군대를 조직하여 싸웠으나, 기원전 62년 목숨을 잃고 만다. 이때 키케로는 로마를 구했다고 하여 국부(pater patriae)라는 칭호를 얻게 된다.[2]

4. 키케로, 폼페이우스 그리고 카이사르

그러나 로마에는 계속 포풀라레스가 등장한다. 기원전 58년, 이번에는 푸블리우스 클로디우스(Publius Clodius Pulcher)가 스스로 귀족 신분을 버리고 평민 신분을 취해 호민관이 된 후, 곡물의 무상배급을 실시해 도시 로마 평민의 압도적인 지지를 받으면서 정치 전면에 나서게 된다. 그 배후세력으로는 카이사르와 크라수스가 있었는데, 그 세가 너무 강해 폼페이우스마저 두문불출할 정도였다. 특히 클로디우스는 키케로가 가이우스 그라쿠스의 법을 위반하면서 카틸리나 일당을 재판도 하지 않고 처형했다면서 그의 생명을 위협하였다.

키케로는 이 난관을 폼페이우스의 힘을 빌려 돌파하려고 하였다. 그렇지

---

[2] 김영진, 「기원전 63년 카틸리나 '음모'의 재조명 – 키케로와 살루스티우스의 평가를 대비하여」, 서울대학교 석사학위 논문, 2001, 1~54쪽 참조.

만 폼페이우스는 클로디우스의 세력을 두려워하여 움직이지 않았다. 키케로는 자진해서 로마를 벗어나 외국에 나가 있을 수밖에 없었다. 1년 반 뒤 키케로는 폼페이우스의 도움을 받아 로마로 귀국하게 된다. 키케로는 기원전 57~56년 겨울 폼페이우스를 카이사르에게서 떼어놓으려고 애쓰지만 성공하지 못한다. 폼페이우스는 키케로의 충고를 무시하고 카이사르 및 크라수스와 맺은 삼두정치의 협약을 기원전 56년 4월 루카에서 갱신했다. 그뒤 키케로는 폼페이우스의 압력에 굴복하여 삼두와 제휴하는 것에 동의했다. 이 기간 동안 키케로는 기원전 55년에는 『연설가론』, 기원전 54~51년간에는 『공화국론』과 『밀로를 변호함』(Pro Milone) 등의 주요 저술을 내놓게 된다.

키케로는 기원전 51년 1년 동안 로마를 떠나 소아시아 남부의 실리시아 속주 총독으로 나가 있기도 했다. 키케로가 로마로 돌아올 무렵 폼페이우스와 카이사르는 권력을 독점하기 위해 서로 싸우고 있었다.

키케로가 로마 교외에 이르렀을 때인 기원전 49년 1월, 카이사르가 루비콘 강을 건너 이탈리아를 침공했다. 1월 17일 로마 교외에서 폼페이우스를 만난 키케로는 캄파니아에서 신병을 모집해달라는 그의 요청을 받아들이지만, 폼페이우스와 함께 이탈리아를 떠나지는 않았다. 3월 28일 카이사르와 면담한 자리에서 키케로는 더 이상 폼페이우스와 싸우지 말라는 의견을 용감하게 제시하지만, 카이사르는 이를 거부하였다. 키케로는 카이사르의 독재관(獨裁官) 정치를 비난했다. 그러고는 또다시 저술활동을 하여 기원전 46년에 『브루투스론』·『연설가』(Orator) 등의 수사학 저서가 나온다. 기원전 45년에는 사랑하는 딸 툴리아가 죽어 키케로는 큰 슬픔에 잠긴다.

5. 키케로, 옥타비아누스 그리고 안토니우스

기원전 44년 3월 15일, 드디어 카이사르가 60여 명의 로마 공화정 수호파 원로원 의원들에게 암살당한다. 암살자들은 키케로가 귀족 출신이 아니라는 점, 60세가 넘은 고령이라는 두 가지 이유를 들어 암살 음모에서 배제하지만, 카이사르 암살 이후 안토니우스 제거운동에 발 벗고 나섬으로써 마지막으로 그는 제2의 화려한 정치활동에 나서게 된다.[3]

카이사르가 암살당하자 로마는 극도의 불안과 공포, 혼란과 무질서 속에 내동댕이쳐진다. 3일간의 권력의 진공기가 지난 후 키케로가 나서서 암살자 집단과 카이사르파 지도자들 사이의 화해를 주선한다. 양측은 카이사르 암살의 죄를 묻지 않으며, 카이사르의 유언장을 유효하다고 인정함으로써 피차 하나씩 서로 주고받았다. 그후 안토니우스가 로마의 제1인자가 되어 원로원의 눈치를 살피면서 정치를 주도해나간다.

카이사르 암살은 로마의 정계 개편을 예고하는 것이었다. 그 가운데 안토니우스가 콘술로서 가장 유리한 고지를 차지하고 있었다. 카이사르의 암살로 공석이 된 콘술 자리에 젊은 돌라벨라가 들어서지만, 그는 얼마 지나지 않아 시리아 총독으로 나간다. 카이사르 밑에서 기병대장으로 있던 레피두스는 군대를 이끌고 갈리아 속주 총독으로 가게 되었기 때문에 그 역시 로마 권력의 핵심부에서 멀리 떨어져 있었다. 카이사르 암살의 핵심인물인 마르쿠스 브루투스와 가이우스 카시우스 역시 한동안 안토니우스의 눈치를 살피는 처지에 놓여 있었다. 로마 원로원과 키케로도 잠시 관망하는 자세를 취했다. 문제는 파르티아를 정벌하기 위해 마케도니아에 주둔한 로마 7개 정규 군단과 함께 있는 18세의 옥타비아누스로, 그가 어떤 행동을 취하느냐가 로마의 운명을 좌우할 것이었다. 왜냐하면 옥타비아누스는 카이사르의 양자로서 양부의 재산 4분의 3을 물려받기로 되어 있었는데, 이는 곧 카이사르의 후계자임을 예고하는 것으로 카이사르파인 안토니우스와 정치적 긴장관계를 유발할 것이었기 때문이다.

따라서 로마의 정치 기류는 카이사르파로서 가장 유리한 고지를 차지한 안토니우스가 어떻게 옥타비아누스를 견제하느냐 하는 쪽으로, 옥타비아누

---

[3] 이에 대해서는 허승일, 「로마 군대와 원로원의 정치－카이사르 암살부터 옥타비아누스의 콘술 취임까지」, 서울대학교 박사학위 논문, 1984, 1~102쪽(『증보 로마 공화정 연구』, 316~432쪽 참조.

스는 어떻게 안토니우스에게서 카이사르의 후계자임을 인정받느냐 하는 쪽으로, 원로원과 키케로의 입장에서는 어떻게 카이사르파인 안토니우스와 옥타비아누스를 이간질시켜 싸움을 붙임으로써 어부지리를 얻을 수 있느냐 하는 쪽으로 흘렀다. 특히 키케로는 카이사르가 암살당한 마당에 이제 안토니우스만 제거하면 로마 공화정은 그야말로 마지막으로 기사회생할 수 있는 좋은 기회를 맞이했다고 생각하고 있었다. 이는 안토니우스를 카이사르의 후계자가 되는 데 가장 큰 장애물이라고 여기는 옥타비아누스가 정치적으로 원로원에서 큰 영향력을 행사하고 있는 키케로와 제휴할 소지를 충분히 제공할 만한 공통점이기도 하였다.

그해 4월 키케로는 로마를 떠나 시골에 머물고 있었다. 마케도니아에 체류하고 있던 옥타비아누스는 드디어 어머니와 의부(義父) 필리푸스의 충고를 무시하고 이탈리아로 오게 된다. 오는 도중 그는 키케로를 찾는다. 안토니우스를 견제하는 데 옥타비아누스를 이용하기를 원했던 키케로는 마침 원로원의 정치세력을 이용하고자 하는 옥타비아누스가 내심 그렇게 반가울 수가 없었다. 두 사람은 정치적으로 제휴할 것을 다짐했다.

로마에 온 옥타비아누스는 안토니우스를 만나 쿠리아회를 열어 자기가 카이사르의 양자임을 확인해줄 것과 카이사르의 유언장에 명시된 대로 카이사르 유산의 4분의 3을 줄 것을 요구하였다. 그러나 안토니우스는 이 요구를 들어주지 않았다. 카이사르의 동료 콘술이었던 안토니우스와 카이사르의 양자인 18세의 옥타비아누스, 이 두 사람 사이에는 불화와 경쟁의 불길이 번지기 시작했다.

한동안 사태를 관망하던 안토니우스는 친위대를 구성, 이를 배경으로 6월 1일을 기해 독자적인 정책을 추구하기 시작한다. 이에 겁을 먹은 카이사르 암살의 주모자 브루투스와 카시우스는 8월 중순 각기 마케도니아와 시리아로 떠났고, 안토니우스의 콘술 임기가 끝나는 연말까지는 로마를 떠나 있는 것이 낫다고 생각한 키케로도 아테네에 유학차 머물고 있는 아들을 만나기 위해 그리스로 떠나게 된다. 로마 공화국은 명실상부 안토니우스의 1인 천하가 되었다.

그러나 운명의 여신의 장난인지 역풍(逆風)이 두 번씩이나 불어 키케로가 탄 배는 되돌아와야 했다. 그리하여 8월 31일 로마 시민의 열렬한 환영을 받으면서 로마로 귀환한 키케로는 9월 2일 안토니우스를 제거하면 로마 공화국은 회생할 수 있다는 신념으로 제1차 필리피카(Philippica) 연설을 하게 된다. 마케도니아의 필리포스 대왕이 아테네를 침공하자 아테네의 민주투사 데모스테네스가 아테네 시민들이 총궐기하여 이에 맞설 것을 호소하는 「필리포스를 공격함」(Philippica)이라는 제목으로 웅변을 토한 바 있는데, 키케로는 안토니우스를 필리포스로, 자기 자신을 데모스테네스로 상정하여 같은 제목의 연설문으로 안토니우스를 공격하기 시작했다. 옥타비아누스와 정치적 동맹을 맺은 키케로는 같은 카이사르파인 안토니우스와 옥타비아누스 두 사람을 이간시켜 적대하게 하면서, 특히 다음해인 기원전 43년에 들어서 양자간에 군사력 충돌을 야기하게 하면서, 4월 21일 제14차 필리피카 연설을 할 때까지 약 7개월간 로마 원로원의 정치를 주도하며 오직 공화국의 부활만을 위해 전력 투쟁하게 된다.

한편 안토니우스와 옥타비아누스는 카이사르가 유산으로 남긴 로마 군대를 서로 확보하려고 혈안이 되어 있었다. 그래서 안토니우스는 마케도니아 주둔 군단에게 이탈리아 동남부 브룬디시움으로 이동할 것을 명령한 뒤 부인 풀비아와 함께 로마를 떠난다. 그 사이에 옥타비아누스는 캄파니아로 가서 양부인 카이사르가 제대 후 정착시킨 고참 노병들에게 1인당 500데나리우스씩 주고 3천 명을 재소집하게 된다. 그리고 나서 그는 키케로의 조언을 듣고자 비밀회담을 열 것을 바라지만, 별 필요성을 느끼지 못한 키케로에게 거부당한다. 그는 11월 10일 제1차 로마 진군을 하여 국가를 위해 안토니우스와 싸울 것을 천명한다.

거의 동시에 브룬디시움에 도착한 안토니우스 부부는 연병장에 모인 군단 병사들에게 100데나리우스씩 줄 테니 자기에게 충성 서약을 하라는 지시를 내렸다. 그렇지만 이미 옥타비아누스에게서 500데나리우스씩 받을 것이라는 전단을 받은 바 있는 그들에게 크게 반발을 사고 말았다. 이 사실을 안 안토니우스는 300명의 백부장을 즉결 처형하고 전군에게 동해안을 따라 북상하라는 명령을 내린 뒤 로마로 귀환하였다.

기원전 44년 11월 24일은 옥타비아누스나 안토니우스 모두에게 아주 중대한 날이었다. 북상하던 용감한 전신(戰神)의 군단, 즉 마르스 군단이라 불리던 제3군단이 안토니우스를 배신하고 옥타비아누스 진영으로 넘어가는 극적인 사건이 벌어졌다. 며칠 후인 11월 28일에는 제4군단이 마르스 군단의 뒤를 따라 안토니우스 진영을 이탈, 옥타비아누스 군단의 캠프에 합류하였다. 이 소식을 접한 안토니우스는 대경실색하여 잔류 장병들에게 달려가 1인당 500데나리우스씩 주겠다고 하여 제2·제35 2개 군단의 병사들을 휘하에 묶어놓게 되었다. 그러나 이제 옥타비아누스는 제7·제8 재소집 2개 군단뿐만 아니라 로마 정규 군단 중에서도 최강이라 할 마르스 군단과 제4군단을 확보하게 되었고, 이에 고무된 키케로는 더욱더 안토니우스 공격에 열을 가하게 되었다.

기원전 44년은 이렇게 저물어갔다. 이해가 끝나면 안토니우스는 콘술 임기가 끝나 한낱 사인(私人)이 되고 만다. 새해인 기원전 43년에는 원로원파인 히르티우스와 판사가 새 콘술로 취임하게 되어 있었다. 키케로는 희망에 가득 차 있었다.

드디어 기원전 43년 새해 아침이 밝았다. 일개 사인이 된 안토니우스가 갈리아 키살피나 총독 데키무스 브루투스의 무티나(지금의 모데나) 성을 봉쇄해 포위망을 좁혀가고 있고, 옥타비아누스는 이 안토니우스를 치러 무티나로 달려가고 있던 1일, 카이사르의 유언장에 따라 새 콘술이 된 히르티우스와 판사는 원로원 회의를 소집해 3일까지 계속 회의를 하였다. 이때 결의된 내용은 다음과 같다. 첫째, 옥타비아누스를 프로프라이토르(propraetor : 프라이토르 대행)로서 임페리움을 지닌 야전군 사령관으로 임명한다. 둘째, 옥타비아누스의 재소집 고참 노병의 제7·8 양 군단 병사들은 자식과 함께 병역을 면제받고, 안토니우스의 제대병들이 정착해왔던 토지를 받으며, 캄파니아 토지도 이용하도록 한다. 특히 콘술 히르티우스 휘하에 들어갈 마르스 군단과 제4군단 병사들에게는 1인당 5천 데나리우스——이 액수는 연봉의 22배를 약간 웃도는 거액이다——씩 국고에서 지급받을 것이며, 또 특별히 토지도 지급받을 것이다.

회의를 끝마치고 콘술 히르티우스는 안토니우스를 치러 무티나 성으로 향했다. 3월 말에는 콘술 판사가 신병 4개 군단을 이끌고 이에 합세하게 된다. 첫 접전은 4월 15일 포룸 갈로룸에서 있었고, 안토니우스는 크게 패했다. 이 승전 소식을 접한 키케로는 마지막 제14차 필리피카 연설을 하면서 큰 공을 세운 마르스 군단과 제4군단의 병사들을 극찬하였다.

그러나 운명의 여신은 끝내 키케로가 떠받치고 있는 공화국 편이 아니었다. 4월 21일 전투에서 안토니우스가 크게 패하지만 콘술 판사도 전사한다. 설상가상으로 15일의 전투에서 부상당했던 콘술 히르티우스마저 사망한다. 콘술이 한 사람이라도 살아 있었으면 로마 공화국은 얼마든지 파국을 면할 수 있었을 것이다. 왜냐하면 보궐선거를 통해 콘술을 선출하면 정상적인 국정 운영이 가능했을 것이기 때문이다. 그러나 콘술 2명이 모두 죽자 로마 공화국은 이제 키잡이 없는 배가 되었다.

4월 26일 원로원 회의가 소집되어 안토니우스는 국적(國賊)으로 선포됐지만, 옥타비아누스와 마르스 군단과 제4군단의 지휘권은 데키무스 브루투스에게로 넘어갔다. 옥타비아누스는 데키무스 브루투스의 휘하에 들어가라는 원로원의 명령을 받자마자 이를 거부하는 답신을 써서 로마로 보냈다. 그는 원로원에 병사들에게 약속한 보상금을 지급하고 토지를 할당해줄 것과 이 전쟁을 끝내줄 것을 강력하게 요구하였다. 5월 10일경 옥타비아누스의 편지를 받은 원로원은 5월 13일 원로원 회의를 긴급 소집한다. 그러나 그들은 사태의 긴박성을 감지하지 못하고 자기들 자체의 힘으로 해결할 수 있다는 자만에 빠져, 재정 악화라는 이유를 들어 약속한 금액을 반으로 줄이고 옥타비아누스를 배제시키려 하였다. 그러나 원로원의 배은망덕을 군대가 용납지 않았다. 병사들이 그들 사령관 옥타비아누스의 동석 없이는 어떠한 명령도 경청하기를 거부했기 때문이다.

6월 초 옥타비아누스는 로마 원로원에서 재차 콘술직 획득을 위해 노력했으나 허사로 돌아갔다. 그런데 5월 29일 안토니우스의 군대와 레피두스 군대가 손을 잡았다는 충격적인 소식이 로마에 전해지자 분위기는 완전히 바뀌어, 원로원은 다시 한 번 옥타비아누스에게 협력을 구하게 되었다. 이때 옥타비아누스는 특히 키케로에게 보낸 사적인 편지에서 두 사람이 다 같이 콘술직을 보유하되, 자신은 전적으로 키케로 귀하가 하라는 대로 맡기겠다고 제안한다. 그리하여 키케로는 원래 콘술직은 40세가 되어야 차지할 수 있지만, 옥타비아누스의 경우 젊기는 하나 휘하 군대의 불만을 잠재우기 위해서라도 그의 콘술직 요구를 들어주고, 그 대신 노련한 원로 정치가인 자기를 콘술로 함께 뽑아 그를 도와주게 하면 되지 않겠느냐고 원로원에 제의하였다. 그러나 원로원은 이를 단호히 거부했다.

이 요구마저 무산되자, 7월 하순 주로 백부장들로 구성된 400명의 사절단이 로마 원로원에 나타나 그들의 사령관에게는 콘술직을 그리고 병사들에게는 약속된 돈의 지불을 요구했다. 원로원이 이에 대해 대답을 주저하자, 코르넬리우스라는 백부장은 원로원 의사당 안에 들어와 토가를 뒤로 젖히고 검을 빼들면서 말하기를, "만약 당신네들이 돕지 않는다면, 이 칼이 우리를 도와줄 것이오"라는 한마디를 남기고 돌아갔다. 드디어 분노에 찬 옥타비아누스와 그의 휘하 8개 군단은 루비콘 강을 건너 로마를 향해 제2차 진군을 하게 된다.

한편 원로원은 옥타비아누스가 로마를 향해 온다는 소식을 듣자 몹시 당황했다. 키케로는 어딘가 숨어서 보이지도 않았다. 그리하여 원로원 의원들은 회의를 열어 그가 요구하는 모든 것을 액면 그대로 의결했는데, 그 내용은 옥타비아누스의 병사들에게는 본래 약속한 금액인 5천 데나리우스를 주도록 한다, 분배는 10인의 원로원 의원 대신 옥타비아누스 자신이 직접 하도록 한다, 그리고 옥타비아누스에게는 로마에 부재중이라도 콘술직에 입후보할 수 있는 특권을 부여하도록 한다는 것이었다. 원로원은 이 결의사항을 옥타비아누스 군대에 통고하기 위해 사절단을 급파했다.

그러나 원로원은 아무런 반항도 해보지 못하고 옥타비아누스에게 다시 로마를 그대로 내주는 것을 곧 후회하게 된다. 그리하여 원로원은 심기일전 로마를 방어하기 위해 서두르면서, 한편으로는 데키무스 브루투스와 무나티우스 플란쿠스의 구원병이 도착하기를 기다렸다. 더욱이 아프리카에서 소환된 2개 군단이 오스티아 항에 도착하자 자신감이 생긴 원로원은 옥타비아누스에게 보낸 결의사항을 다시 파기하였다. 그리고 국고를 야니쿨룸 언덕으로 옮기고 티베리스 강 다리를 감시하는 등 전투태세를 취하는데, 이때 키케로 역시 사람들의 눈에 띈다.

그러나 옥타비아누스 군대가 로마에 입성하자 분위기가 확 달라졌다. 시민들은 그를 우호적으로 맞이했고 로마 주둔 3개 군단은 곧 그에게로 넘어갔다. 로마 시 프라이토르인 코르누투스는 비분강개하여 자결했다고 한다. 키케로는 친구를 통해 옥타비아누스를 간신히 만난 자리에서 지금까지 그에 대한 자기 자신의 태도를 변명하고, 특히 자기가 옥타비아누스를 원로원에서 콘술 입후보자로 추천해놓았다고 말했다. 그러나 옥타비아누스의 입에서 흘러나온 단 한마디 말은 키케로가 자기의 마지막 친구라는 빈정거림뿐이었다.

그러나 그날이 채 가기 전에 로마에서는 흥분과 전율의 막간극이 벌어진다. 그날 밤 로마에는 옥타비아누스의 저 유명한 2개 군단, 즉 마르스 군단과 제4군단이 국가에 적대적인 행동을 취한 것을 후회하면서 옥타비아누스에게 반기를 들고 공화국 쪽으로 넘어갔다는 소문이 퍼졌다. 로마에 있는 군지도자와 원로원은 한 번 더 용기를 냈다. 그들은 외부에서 지원병이 올 때까지 옥타비아누스에게 저항할 수 있으리라고 믿었다. 그리하여 원로원은 크라수스를 피케눔으로 보내 신병을 모집하게 했다. 공화국은 참으로 희망과 기대에 차 있었다. 원로원 의원들은 밤중이지만 환희에 차 의사당에 모여들었는데, 이때 키케로는 현관에 서서 입장하는 원로원 의원들과 일일이 악수를 나누며 축하인사를 보냈다. 그러나 군대의 배반에 관한 소문이

허위라는 것이 드러나자, 키케로는 제일 먼저 마차를 타고 어디론가 사라졌다. 드디어 8월 19일 옥타비아누스가 콘술직에 올랐다.

6. 제2차 삼두정치의 성립과 키케로의 몰락

한편, 5월 29일 극적으로 제휴하여 한 몸이 된 안토니우스 군대와 레피두스 군대는 이탈리아 북쪽에서 내려와 로마를 점령하고 있던 옥타비아누스의 군대에 손짓하여 옛 카이사르파 군대가 단합하자고 제의해왔다. 그래서 이해 10월 옥타비아누스·안토니우스·레피두스 3자가 모여 로마 통치에 관한 협약을 맺게 된다. 키케로의 목숨은 이제 삼두의 손에 달려 있었다. 안토니우스는 키케로부터 먼저 죽이지 않는다면 협정이란 도저히 있을 수 없다고 고집했으며, 레피두스도 같은 의견이었다. 옥타비아누스는 처음 이틀 동안 키케로를 살려주자고 고집하다가, 사흘째 되는 날 마침내 양보하였다.

앞에서도 잠시 이야기했지만, 사실 키케로의 원래 생각은 한 몸을 이루고 있는 카이사르파 군대가 안토니우스 군과 옥타비아누스 군의 두 전열로 나뉘어 서로 물고 뜯어 한쪽이 궤멸되면, 그 나머지를 쳐 공화국을 최종 부활시킨다는 것이었다. 5월 중에 키케로는 "젊은이(옥타비아누스)는 찬양받고 영예를 얻고 고귀해져야 한다"고 본심을 털어놓은 적이 있는데, 끝에 나오는 '고귀해져야 한다'는 말은 제거되어야 한다는 의미로, 옥타비아누스를 철저하게 이용하고 버리려고 했던 것이다. 이를 총명하기로 이름난 옥타비아누스가 모를 리 없었다. 그 또한 키케로를 철저하게 성공적으로 이용했지만, 종국에는 그를 버렸던 것이다.

한편 키케로는 이탈리아를 떠날 준비를 하면서도 한 가닥 옥타비아누스의 구원의 손길을 기다리고 있었다. 우왕좌왕하던 키케로는 기원전 43년 12월 6일 결국 안토니우스가 보낸 군사들에게 살해당했다.

그는 마차 바깥으로 목을 내밀었고, 이내 목이 잘렸다. 그의 나이 64세였다. 안토니우스가 명령한 대로, 그들은 머리와 함께 필리피카 연설문을 썼던 그의 두 손도 잘라냈다.

그의 잘린 머리와 두 손이 로마로 옮겨왔을 때, 마침 선거를 치르고 있던 안토니우스는 그 소식을 듣고 눈으로 확인한 뒤, "이제야 숙청은 완성되었도다"라고 소리를 높였다. 그는 키케로의 머리와 두 손을 연단의 돌출부 위쪽에다 놓으라고 명령했는데, 그 광경은 로마인들로 하여금 키케로의 얼굴을 보는 것이 아니라 안토니우스 영혼의 형상을 보는 것이라 생각하며 떨게 만들었다.

안토니우스의 부인 풀비아는 키케로에 대한 원한이 뼈에 사무쳤었다. 키케로가 필리피카 연설을 할 때마다 풀비아를 처로 삼은 자는 클로디우스처럼 비명횡사한다고 그녀를 혹독하게 공격했기 때문이다. 어느 날 밤 풀비아는 로마 포럼의 연단으로 달려가 키케로의 혓바닥을 송곳으로 뚫어 구멍을 냈다. 공화국을 위해 장렬하게 자결한 소 카토의 죽음이 로마 공화국의 죽음을 상징한다면, 정녕 불세출의 연설가로 로마 공화국을 끝까지 살리려고 동분서주했던 키케로의 최후야말로 로마 공화국의 영원한 상징을 나타내는 것이었다. 키케로는 결코 옛날로 돌아가려는 한낱 몽상가가 아니었다.

폼페이우스 마그누스

떠오르는 태양, 지는 태양

● 김덕수(서울대 교수 · 서양고대사)

1. 떠오르는 태양

"세상은 지는 태양보다는 떠오르는 태양을 숭배하는 법이오." 이는 청년 폼페이우스가 말년의 술라를 빗대어 한 말이다.[1] 그러나 폼페이우스 또한 다시 떠오르는 태양 카이사르와의 대결에서 패하여, 이집트에서 무참히 살해당한 뒤 역사의 뒤안길로 쓸쓸하게 사라졌다. 한때 알렉산드로스 대왕을 흠모했고, 그의 업적에 버금가는 위업을 달성하기 위해 노력했으며, 실제로 기원전 1세기 로마 장군들 중에서 '마그누스'(위대한 자)라는 칭호를 얻을 만큼 국가를 위해 또 자기 자신의 명성을 위해 많은 업적을 내기도 했던 폼페이우스, 그는 58세가 될 때까지 파란만장한 삶을 살았다

그나이우스 폼페이우스는 기원전 106년 폼페이우스 스트라보의 아들로 태어났다. 스트라보는 콰이스토르와 프라이토르를 거쳐 시칠리아 총독을 지냈고, 기원전 90년 동맹국 전쟁에서는 자신의 대영지와 피호민들이 많이

---

[1] 그는 술라(기원전 138~78년)보다는 서른세 살 어렸고, 카이사르(기원전 106~43년)보다는 여섯 살이 많았다. 술라에게는 두려움의 대상이었으며, 카이사르는 '후생가외'(後生可畏)라는 말과 같이 그를 두렵게 했다.

있던 고향인 피케눔에 레가투스로 파견되어 반란자들을 진압하는 직무를 맡았다. 뛰어난 장군이었던 스트라보는 아들 폼페이우스, 키케로, 카틸리나 등 청년 장교들과 함께 반란군 진압작전에 들어가 기원전 89년 콘술로서 아스쿨룸을 정복하는 데 성공했다. 기원전 87년에는 포풀라데스파 킨나 반란을 진압하는 임무를 부여받았는데, 오히려 킨나와 협상을 했던 것으로 알려지고 있다. 그는 같은 해에 벼락을 맞아 죽었는데, 살아 있을 때는 그의 위세에 눌려 기를 펴지 못하던 사람들이 시신이 담긴 관 뚜껑을 열고 시체를 끌어내어 모욕할 만큼 평판이 나빴다.

플루타르코스는 폼페이우스 스트라보가 탐욕 때문에 로마 시민들에게서 큰 미움을 받은 반면 아들 폼페이우스는 오히려 일찍부터 지지를 받았다고 말한다. 아버지와 달리 절제 있는 생활태도와 전쟁에서 보여준 능숙한 기량, 뛰어난 연설과 성실한 마음 그리고 친절한 태도가 사람들을 사로잡았기 때문이다. 그는 또한 외모에서 알렉산드로스 대왕을 닮았다고 해서 한때 알렉산드로스 대왕이라고 불린 적도 있었다.

2. '젊은 도살자' 폼페이우스

청년 폼페이우스는 술라파와 마리우스파가 서로 대립하는 내전의 소용돌이 속에서 불안한 나날을 보내야 했다. 아버지 스트라보가 죽은 뒤 폼페이우스는 정적들에 의해 공금횡령죄로 고소당했다. 재판을 담당했던 안티스티우스는 법정에 나온 청년 폼페이우스가 자신의 무죄를 침착하게 입증하며 자신을 변호하는 것을 보고 마음이 끌려 사위를 삼고 싶어했다. 마침내 폼페이우스는 안티스티우스의 제안을 받아들여 그의 딸 안티스티아와 비밀리에 약혼을 했으며, 무죄 방면되고 얼마 지나지 않아 그녀와 결혼했다.

당시 로마 정치는 포풀라레스(민중파)의 손에 넘어가 있었고, 기원전 86년 초 마리우스가 71세의 나이로 죽자 그의 동료 콘술이었던 킨나가 사실상 포풀라데스의 지도자로서 독재를 하고 있었다. 23세 청년 폼페이우스는 킨나

편에 가담하기 위해 찾아간 적이 있었다. 그러나 킨나는 청년 폼페이우스의 앞날을 내다보는 혜안이 없어 그를 무시해버렸다. 이 사건으로 오히려 악의적인 비난과 악평이 나돌자 신변의 위험을 느낀 폼페이우스는 고향 피케눔으로 잠적해버렸다.

폼페이우스가 잠적하자 킨나가 폼페이우스를 죽였다는 소문이 퍼지면서 그의 독재에 불만을 품은 병사들이 반란을 일으켜 킨나를 살해했고, 포풀라레스파의 권력은 그의 동료 콘술 카르보에게 넘어갔다. 그러나 카르보는 킨나보다 더 가혹한 폭군으로 군림했다. 사람들은 카르보의 공포정치에서 해방될 날만을 기다렸다. 마침 오리엔트에서 전공을 세운 옵티마테스의 대변자 술라가 로마로 돌아올 준비를 하면서 또 한 차례 정치투쟁이 예상되었으며, 일대 결전을 앞두고 카르보가 지지세력을 규합하기 시작했다. 카르보는 피케눔의 부호이며 앞날이 유망해 보이는 폼페이우스에게 사람을 보내 자신을 지지해줄 것을 요청했다. 그러나 이미 대세는 술라 편에 있었기 때문에 약삭빠른 폼페이우스는 그의 제의를 거절하고 오히려 술라 편에 섰다.

폼페이우스는 자신의 존재와 능력을 인정받을 수 있는 전공을 세우기를 원했다. 폼페이우스는 단지 20대 초반의 청년이었지만, 아버지의 유산을 이어받아 피케눔의 부호였고 그의 피호민들로 사병(私兵)을 일으킬 수 있을 만큼 역량이 있었다. 그는 사병들을 일으켜 아우크시뭄이라는 큰 도시를 점령했고, 카르보를 지지하는 사람들을 추방시켰다. 이런 방식으로 폼페이우스가 여러 도시들을 장악해나가자 많은 사람들이 그에게 몰려들어 3개 군단 병력을 이루게 되었고, 군량과 군수품도 확보했다. 그뒤에도 폼페이우스는 카르보를 지지하는 카리나·클로엔리우스·브루투스 세 장군의 군대를 물리쳤고, 콘술 스키피오와 카르보의 군대마저 무너뜨려 술라의 군대와 만날 수 있었다. 한참 전성기를 누리는 55세의 술라 앞에 나타난 23세의 청년 폼페이우스는 떠오르는 태양이었다. 폼페이우스는 술라를 '임페라토르'(대장군)라 불렀고, 술라 역시 폼페이우스를 '임페라토르'라고 부르며 화답했다.

이때부터 이탈리아를 장악하고 독재관이 되어 공화정을 재건한 술라의 시대가 열렸고, 그 밑에서 폼페이우스가 전공을 세우면서 자신의 역량을 키우게 되었다. 첫눈에 폼페이우스의 능력을 알아본 술라는 공적·사적 관계를 통해 그를 자기 밑에 확실하게 붙잡아두고 싶어했다. 가장 확실한 방법은 당시 권력 정치가들이 잘 써먹던 정략결혼을 활용하는 것이었다. 술라는 폼페이우스를 자신의 의붓딸 아이밀리아와 결혼시키려고 했다.

그러나 대부분의 정략결혼이 그러하듯이 그 결혼 역시 문제가 많았다. 폼페이우스는 기원전 86년 안티스티우스의 딸 안티스티아와 결혼한 상태였는데, 그녀는 폼페이우스와 결혼함으로써 부모 모두를 잃은 뒤였다. 안티스티아의 아버지 안티스티우스는 사위 폼페이우스 때문에 술라파로 간주되어 기원전 82년 원로원에서 마리우스의 아들에게 살해당했고 어머니 또한 그 충격으로 목숨을 끊었기 때문이다. 정략결혼의 희생자가 된 아이밀리아 역시 개인적으로 불행을 겪어야 했다. 그녀는 술라의 처 메텔라가 전남편 스카우스루스에게서 얻은 딸인데, 벌써 다른 남자와 결혼하여 임신 중인 상태였다. 결국 아이밀리아는 남편과 강제로 이혼해야 했고, 술라 때문에 부모를 모두 잃은 안티스티아는 또 술라 때문에 이혼까지 해야 하는 치욕을 겪는 등 정략결혼의 비극이 연출된 것이다. 그 결혼의 불행은 거기에서 그치지 않았다. 아이밀리아가 폼페이우스와 재혼한 지 얼마 지나지 않아 아이를 낳다가 죽었기 때문이다.

가정적으로 이러한 비극을 겪으면서도 폼페이우스는 술라의 기대에 걸맞게 충성하면서 철저하게 술라를 위해 활동했다. 폼페이우스는 자신이 어려울 때 도와준 친구들이 자기 눈 앞에서 술라에게 공격을 당할 때 그들을 변호해주지 않았다. 더 나아가 그는 술라파 정적들을 색출하여 처형하는 데 누구보다도 앞장서서 '아둘레스켄툴루스'(젊은 도살자)라는 별명을 얻기도 했다. 술라는 이러한 폼페이우스를 신임했으며, 그의 군사적 능력을 시험할 겸 또 해외에서 일고 있는 반(反)술라파의 저항을 분쇄하기 위하여 그에게 특별명령권을 주어 시칠리아와 아프리카로 보내고자 했다.

그리하여 기원전 82년, 24세의 폼페이우스는 원로원의 결의에 따라 프라이토르급 임페리움을 받게 되었다. 그때까지 사병을 모집해서 지휘한 적은 있지만, 아직 로마의 공식적인 정무관직을 수행한 적이 없으므로 그는 사인(私人, privatus)인 셈이었다. 전에도 비상시에 임페리움을 받고 전쟁에 나간 사례가 있었지만, 그것은 평민회의 결정에 따른 것이었다. 그러나 이번 결정은 원로원의 강화를 체제의 기본으로 잡은 술라가 원로원의 결의로 특별명령권을 부여했다는 점에서 그 의미가 있었다. 결국 한 개인에게 특별 명령권을 줌으로써 원로원이 주도하는 공화정 체제의 기반을 잠식할 강력한 권력자의 등장을 원로원이 자초하고, 이는 나중에 아우구스투스의 원수정치로 나아갈 수 있는 선례를 남긴 셈이 되었다. 그러나 당시 술라나 원로원의 옵티마테스들은 그렇게 생각하지 않았다. 원로원이 필요할 때에 강력한 장군들을 이용하고 또 버릴 수 있다고 생각한 것인데, 그것은 오판이었다.

3. 폼페이우스 '마그누스'

포풀라레스파의 우두머리 카르보는 시칠리아를 거점으로 큰 세력을 이루고 있었고 페르펜나가 그를 지지하며 도와주고 있었다. 그러나 폼페이우스가 군대를 이끌고 시칠리아에 상륙하자 그 위세에 눌린 페르펜나는 도망쳤고, 시칠리아는 폼페이우스에게 쉽게 점령되었다. 그는 3선 콘술을 지낸 반(反)술라파의 주역 카르보 등 유력한 로마인들을 모욕하며 잔인하게 처형해 버렸다.

아프리카에서는 마리우스파인 도미티우스가 마리우스보다도 더 큰 규모의 군대를 거느리고 술라 체제에 저항하고 있었다. 6개 군단 병력에 120여 척의 군선, 800척의 수송선을 거느리고 아프리카의 우티카 항과 카르타고 항에 도착한 폼페이우스는 불과 40일도 지나지 않아서 저항세력을 진압했을 뿐 아니라 도미티우스를 지지했던 누미디아 왕까지 굴복시켰다. 이로써 폼페이우스는 로마의 힘과 위력을 아프리카인에게 과시하고 자신의 역량을 유감없이 발휘하였다. 전쟁을 끝내면서 그는 며칠 동안 아프리카 사자와 코끼리 사냥에 군대를 동원하기도 했다. "아프리카 맹수들에게도 로마군의 힘과 용기를 알게 하기" 위해서였다.[2)]

폼페이우스가 시칠리아와 아프리카에서 반(反)술라파를 물리친 것은 술라에게는 큰 기쁨이었다. 그러나 폼페이우스가 군사적인 성공을 바탕으로 명예와 인기를 얻고 자신을 능가하는 세력으로 자라는 것을 원치 않았던 술라는 그의 인기가 치솟는 것이 두려워졌다. 그리하여 술라는 폼페이우스에게 1개 군단을 제외한 모든 병력을 해산하고 후임 사령관을 보낼 테니 대기하라고 명령했다. 그러나 그 명령에 반발한 것은 폼페이우스보다도 오히려 그와 함께 싸운 병사들이었고, 폼페이우스는 그들을 진정시키려 했다. 이 소식을 접한 로마 시민들은 더욱더 폼페이우스를 위대한 인물로 보고 그를 환영할 준비를 하였다. 이처럼 군대와 평민들의 인기를 한 몸에 받고 있는 폼페이우스를 술라 역시 무시할 수 없었다. 술라는 그를 '마그누스'라고 부르며 환대했다. 이로써 25세의 로마 청년이 그전에 어떤 귀족도 받아보지 못한 명예 칭호인 '폼페이우스 마그누스'로 불리게 되었다. 이러한 분위기에서 폼페이우스는 자신의 전공(戰功)에 걸맞은 개선식을 요구했다.

그러나 공화정 체제를 재건한 술라는 아무리 전공이 크다 해도 원로원 의원도 아닌 일개 청년에게 개선식을 열어준다는 것은 국제에 어긋난 일이라며 강력하게 반대했다. 그에 대해 폼페이우스는 "세상은 지는 태양보다는 떠오르는 태양을 더 숭배하는 법이오"라고 말하면서 자신을 향한 로마 시민들의 인기를 무기로 활용했다. 이 말에 놀란 술라는 개선식을 허용할 수밖에 없었다.

새로운 태양이 벌써 동쪽 산 언저리로 떠오르고 있었고, 어제의 태양은 서산을 넘어가고 있었다. 그 이듬해인 기원전 80년 술라는 독재관 직에서 스스로 물러났으며, 2년도 되지 않아 기원전 78년 60세의 나이로 죽었기 때

---

2) 플루타르코스, 『폼페이우스』, 이성규 옮김, 『플루타르크 영웅전 전집』 제2권, 현대지성사, 2000, 1143쪽.

문이다. 술라가 마지막에 얼마나 폼페이우스를 시기하고 싫어했는지는 유언장에서 그가 자기 친구들에게 유산을 주며 자기 아들의 장래를 부탁한 반면 폼페이우스에 대해서는 전혀 언급하지 않은 데에서도 잘 드러난다. 폼페이우스는 분노를 억누르며 술라의 장례식만은 명예롭게 치러지도록 도와주었다. 이제 다가온 10년은 동터오른 태양이 지중해 세계 전체를 비추는 '폼페이우스 마그누스'의 세상이었다.

4. 폼페이우스의 시대

술라가 죽은 뒤 술라의 과두정을 최초로 공격한 사람은 유서 깊은 귀족 가문 출신으로 기원전 78년의 콘술이었던 마르쿠스 아이밀리우스 레피두스였다. 그는 술라 체제에서 추방당한 정적들의 재산을 헐값에 사들여 재산을 늘렸고, 시칠리아 총독으로 재임할 때 가렴주구하다가 탄핵당할 위기를 겨우 넘긴 부패 정치가였다. 그는 술라가 죽자 마치 그의 후계자라도 되는 것처럼 마르스 광장에서 국장으로 치를 것을 주장하기도 했지만, 그의 장례식이 끝나자 포풀라레스적인 내용을 담은 법안—술라 체제에서 추방당한 모든 이들의 귀환, 빈민들에게 곡물을 염가로 배급, 몰수 토지 주인에게 반환, 호민관들의 권한 회복—을 민회에 제출했다. 앞의 두 법은 가까스로 통과됐지만, 나머지 두 법은 옵티마테스들의 반대로 좌절되었다. 술라의 정적들과 흩어져서 숨어 지내던 마리우스파가 로마로 돌아오기 시작했다. 그 중에는 페르페르나, 소 루키우스 킨나, 율리우스 카이사르도 있었다.

포풀라레스들이 로마로 돌아오고 이탈리아 전역에서 술라에 의해 추방되었던 자들이 고향으로 돌아오면서 정치적 혼란이 가중되자 원로원 내의 옵티마테스들은 위기의식을 갖게 되었다. 에트루리아에서는 추방되었다 돌아온 농민들이 무장반란을 일으켜 술라의 전역병들을 몰아내는 일도 일어났다. 원로원 의원들은 레피두스를 제거할 기회로 삼기 위해 그에게 반란세력을 진압하라는 명령을 내려 북이탈리아로 파견했다. 그러나 레피두스는 오히려 갈리아 키살피나로 올라가서 지지세력을 모은 뒤 그곳을 부하 장군 유니우스 브루투스에게 맡긴 채 군대를 이끌고 내려와 에트루리아의 무장반란세력과 손잡고 로마로 진군하기 시작했다. 상황이 급변하자 원로원은 또 다른 콘술 카툴루스에게 레피두스 세력을 막아내게 했고, 폼페이우스를 북부 이탈리아로 파견해 레피두스 지지세력을 진압하게 했다. 북부 이탈리아로 간 폼페이우스는 브루투스가 자진해서 항복을 해오자, 항복은 받아들이고, 브루투스는 부하 장군을 시켜 죽이게 했다.[3] 이로써 폼페이우스는 원로원 내의 옵티마테스들에게 심한 비난을 받았다. 한편 카툴루스에게 패한 레피두스는 사르데냐로 도주했다가 그곳에서 병사했다.

이탈리아 밖에서 활동한 반(反)술라파 세력의 중심에는 퀸투스 세르토리우스가 버티고 있었다. 세르토리우스는 마리우스 밑에서 킴브리 전쟁과 동맹국 전쟁에 참가했고, 마리우스 사후에 소수의 로마 장교들을 이끌고 히스파니아로 건너간 마리우스의 마지막 계승자였다. 그는 히스파니아 본토 출신 병사들을 징집하여 독자적으로 훈련시킨 막강한 군대로 8년 동안 술라파 정부와 그를 정벌하도록 파견된 술라파 장군들에 맞서 싸워 승리한 전설적인 로마 장군이었다. 그는 또한 히스파니아 본토 출신 귀족들에게 로마 시민권을 주어 충성을 확보했고, 그들의 청소년들을 교육할 학교를 세우고 로마 문화를 이식하는 데도 힘썼다. 세르토리우스는 평소에도 자신의 적은 술라이지 로마가 아니라고 역설하면서 술라 사후에 로마의 정치 지도자들과 화해할 뜻을 내비쳤지만, 술라의 후계자들, 특히 폼페이우스의 생각은 달랐다. 그는 이번 원정을 통해 3년 동안이나 고전하고 있는 술라의 옛 친구 메텔루스 피우스와 대비되는 전공을 세워 자신의 군사적인 능력을 인정받고 싶어 했다.

그러나 기원전 76년 히스파니아에 도착한 폼페이우스는 군사적인 상황이 예상보다 훨씬 나쁘다는 것을 알게 되었다. 탁월한 전술가이며 야전군 사령

---

[3] 그가 바로 훗날 카이사르를 암살하는 데 가담한 브루투스의 아버지였다.

관인 세르토리우스는 폼페이우스보다 적은 병력을 가지고 두 번씩이나 패배를 안겨주었다. 폼페이우스는 기원전 73년경 증원군의 도움으로 전세의 주도권을 잡았고, 세르토리우스가 부하 장군 페르페르나에게 암살당하는 바람에 가까스로 히스파니아 원정을 마칠 수 있었다. 개선장군 폼페이우스는 페르페르나를 세르토리우스 살인죄로 처형했다. 그는 세르토리우스의 선례를 존중하여 히스파니아인들을 공정하게 대했고, 우호관계를 유지하고자 힘써서 자신의 지지세력으로 삼았다. 히스파니아인들은 폼페이우스에 대한 감사를 잊지 않았다.

또한 폼페이우스는 이탈리아로 돌아오는 길에 운좋게도 에트루리아로 도피하고 있던 5천 명의 노예부대를 만나 그들을 쳐부수었다. 기원전 73년 트라키아 왕족 출신 노예 스파르타쿠스가 이끄는 일단의 검투사들이 카푸아의 검투사 훈련 막사를 이탈하면서 시작된 이탈리아 노예반란은 남부 이탈리아를 공포의 도가니로 몰아넣었었다. 마리우스가 킴브리 전쟁에서 생포한 갈리아인과 게르만인 노예들은 광활한 농장에서 고된 노동으로 혹사당하고 짐승 취급을 당하면서 마음속에서 분노를 억누르고 있었다. 스파르타쿠스가 이끄는 반란이 일어나자 그들은 하나씩 하나씩 스파르타쿠스에게 모여들었다. 그들은 주변 농장들을 공격하여 노예감옥의 죄수들을 대열에 합류시키고 무기를 탈취하여 7만 명의 병력으로 불어났다. 전쟁 초기에 원로원이 파견한 네 명의 프라이토르와 두 명의 콘술이 이끄는 로마 군단이 스파르타쿠스 군대와 싸워 크게 패했다. 잇달아 패배하면서도 원로원 정부는 히스파니아의 세르토리우스 반란과 아시아의 미트리다테스 반란 등으로 군사력이 분산되어 있었기 때문에 쉽게 노예반란을 진압할 수 없었다.

마침내 노예 진압업무는 전쟁과 정적 숙청 그리고 재산 몰수과정에서 많은 재산을 모았던 크라수스에게 맡겨졌다. 일찍이 술라 지지자였던 그는 막대한 자금을 풀어서 많은 병사를 모집했고, 그들을 훈련시켜 스파르타쿠스를 타도하려고 마음먹었다. 2년 이상 로마 군단을 괴롭힌 스파르타쿠스 세력도 결국 크라수스 군대에 패하여 많은 수가 십자가 처형을 당했고, 일부가 북부 이탈리아로 도피하다가 로마로 귀환하던 폼페이우스 군대에 걸려들어 몰살당한 것이다. 이로써 폼페이우스는 히스파니아 전쟁의 승리뿐만 아니라 스파르타쿠스 노예전쟁의 전공도 내세울 수 있었다.

전승을 거두고 로마로 돌아온 두 장군 폼페이우스와 크라수스는 성문 밖에서 군대를 야영시키며 원로원의 명령을 기다렸다. 두 사람 모두 군사적 명예인 개선식과 정치적 명예인 콘술직을 원했다. 기원전 73년 프라이토르직을 지낸 45세의 크라수스는 문제가 되지 않았지만 폼페이우스는 콘술의 법정 적령에서 여섯 살이나 어렸고, 그전에 밟아야 하는 하급 관직을 제대로 거치지 않았기 때문에 현실적으로 불가능한 일이었다. 결국 원로원 내 옵티마테스들은 술라 체제를 무너뜨리지 않고는 폼페이우스의 요구를 들어줄 수 없었지만, 그의 요구를 무시할 경우 군단들을 로마 시내로 들이는 위험을 감수해야 했다. 그리하여 마침내 폼페이우스는 법적 요구조건을 면제받고 26세의 젊은 나이에 크라수스와 함께 기원전 70년 콘술이 되었다. 폼페이우스의 콘술직은 술라 사후 공격받아온 술라 체제가 더 이상 작동할 수 없음을 보여준 사건이었다. 또한 폼페이우스는 이제 더 이상 술라파가 아니라 폼페이우스파의 우두머리가 되었다.

당대의 강력한 군사 지도자인 두 사람은 콘술이 되자 대립이 심해졌다. 크라수스는 주로 원로원 내 옵티마테스들 사이에서 지지세력을 모았고, 폼페이우스는 평민들 사이에서 인기가 있었다. 폼페이우스가 호민관제도를 부활시키고 새로운 법률에 따라 기사들에게 재판권을 되돌려주었기 때문이다. 이는 평민의 인기를 유지하려는 계산뿐만 아니라 법률안을 제안할 수 있는 호민관들을 자기 지지세력으로 끌어들이기 위한 전략이었다. 비록 콘술의 임기는 끝났지만 폼페이우스는 인민이 자신을 부르는 날을 고대하고 있었다. 그의 젊음과 군사적인 재능은 국가를 위해 쓸모가 많았고, 권리를 회복한 호민관들은 누가 강력한 지도자인지 알아볼 것이기 때문이다.

문제는 동방에서 터졌다. 동부 지중해에서 크레타 섬과 소아시아의 실리시아 지역을 무대로 해적이 출몰하여 해상무역을 방해하고 약탈을 일삼음으로써 로마에 큰 골칫거리가 되었다. 특히 로마에서 정쟁과 내분이 심화되면 해적들의 활동은 더욱 활발해졌다. 기원전 70년대에는 해적들이 대담하게도 로마의 관문인 오스티아 항구와 이탈리아 본토 해안도시들까지 공격했으며, 시칠리아 해안에서도 활개를 치고 다녔다. 해적들의 활동은 로마 시에 물자를 보급하는 선박들의 항해를 막았고, 이는 무엇보다도 로마 시로 들어오는 곡물 수송에 큰 장애가 되었다. 해외에서 로마 시로 들어오는 곡물 공급이 차단되면서 곡물가격이 폭등하고 로마 시민들은 기근상태에 빠지게 되었다.

이러한 상태를 해결하려면 강력한 군사지도자와 군대가 필요했는데, 이를 위해서 기원전 67년 호민관 가비니우스는 하나의 특별법을 제안했다. 그 내용은 동부 지중해를 무대로 약탈을 일삼는 해적을 토벌하기 위해 지중해와 해안지대에 대해 비상대권을 행사할 콘술급 최고사령관을 임명하여 그가 지중해와 그에 접한 50마일 이내의 모든 해안지방에 대해 관할 속주 총독보다 상급 임페리움을 행사하게 하자는 것이었다. 이 법은 총사령관에게 6천 탈렌트의 국가 예산을 쓰고 500척의 함대를 조직하며, 필요한 경우 12만 명의 보병과 5천 명의 기병을 모집하고 프라이토르급 부하 장군들과 콰이스토르 2명으로 구성한 참모단을 임명할 권한을 부여했다.

콘술 칼푸르니우스 피소와 일부 원로원 의원들은 이 법안이 한 사람에게 지나치게 큰 권력을 부여한다는 이유로 완강히 반대했지만, 해적들로 인한 피해가 워낙 심각하고 이 법안을 지지하는 인민들의 요구가 강력했기 때문에 논란을 거듭한 끝에 통과되었다. 법에는 총사령관의 이름을 처음부터 거명하지는 않았지만, 가비니우스와 대다수 원로원 의원들이 염두에 둔 적임자는 폼페이우스였다. 이 법의 수혜자가 된 폼페이우스는 기원전 66년 가비니우스를 레가투스로 발탁하고 기원전 58년 콘술직을 약속함으로써 그에게 적절한 보상을 해주었다.

특별명령권을 받은 폼페이우스의 활약은 로마인들의 기대를 충족시키기에 충분했다. 그가 명령권을 받던 당일 천정부지로 치솟던 곡물가격이 떨어지기 시작했기 때문이다. 그는 석 달 만에 동서 지중해와 흑해를 무대로 활동하던 해적의 본거지와 그들의 선박들을 모조리 파괴했다. 그가 성공한 비결은 군사력의 우위 때문이기도 하지만 한편에서는 투항한 해적을 소아시아의 농촌에 정착시킴으로써 그들 스스로가 해적활동을 그만두었기 때문이기도 했다. 훗날 그들은 폼페이우스를 지지하는 그의 피호민들이 되었다.

해적 못지않게 로마 정치의 발목을 잡고 있던 문제는 미트리다테스 반란이었다. 폰투스 왕 미트리다테스는 기원전 75년경 친아들이 없던 비시니아 왕 니코메데스 4세가 자신의 왕국을 로마에 유증하자 그에 반발하여 로마가 그 왕국을 접수하기 전에 자신의 군대로 비시니아를 점령했다. 미트리다테스는 술라파 세력이 지배하는 로마 정부에 대항하기 위하여 해외에 망명 중인 마리우스파 세력, 크레타와 실리시아의 해적, 히스파니아의 세르토리우스 군대와 동맹을 맺었다. 이미 세르토리우스 군대와 해적을 토벌한 폼페이우스는 여세를 몰아 미트리다테스와 그의 지지세력을 물리치기 시작했다. 폼페이우스의 군사력에 밀린 미트리다테스는 코카서스를 지나 크림 반도까지 후퇴했는데, 그곳에서 너무 가혹할 정도로 신민들을 징집하여 재기하려다가 오히려 백성들의 반발을 샀으며, 반란세력이 궁정을 포위하자 왕실 가족들을 죽이고 자신도 자결하고 말았다. 이로써 로마의 지배권을 흔들던 강력한 세력이 사라지게 되었다.

그뒤 폼페이우스는 기원전 64년과 63년 두 해 동안 시리아와 팔레스타인을 점령하고 친(親)로마 세력에 왕권을 부여함으로써 동방에서 평화와 안정을 이룩했다. 폼페이우스의 활동으로 로마 제국의 동쪽 국경은 지중해에서 유프라테스 강까지 확대되었고, 동방에서 막대한 전리품과 공납이 로마로 유입되면서 국고를 채웠으며, 알렉산드로스 대왕 이래로 '로마의 평화', 즉 팍스 로마나가 실현되었다. 이때가 폼페이우스의 전성기였다.

5. 몰락의 시작 삼두정치

　기원전 62년 말경 동방의 정복자 폼페이우스 마그누스가 브룬디시움에 상륙했다. 로마 시민들은 과거의 술라가 그러했듯이 폼페이우스도 동방에서 세운 전공과 군사적 명예를 근거로 독재관이 되어 독재정치를 할 것으로 생각하고 폼페이우스를 두려워했다. 그러나 그는 그들의 우려와는 달리 이탈리아에 상륙하자마자 자신의 군대를 해산했다. 사실 기원전 61년 초만 해도 공화정의 미래는 밝아 보였다. 원로원이 카틸리나 음모를 처리하는 과정에서 단합된 힘을 보여주었고, 특히 콘코르디아 오르디눔(양 신분의 화합)을 표방한 키케로가 분위기를 주도할 수 있었다. 또한 독재를 할 가능성이 가장 높았던 폼페이우스가 군대를 스스로 해산한 것도 좋게 작용했다.
　그러나 그 모든 것이 공허해지고 말았다. 크라수스의 질투, 폼페이우스에 대한 원로원 옵티마테스 지도자들의 반감, 폼페이우스 자신의 서툰 행보 그리고 키케로의 허영심, 이 모든 것이 사태를 복잡하게 하여 평화로운 분위기를 깨뜨렸다. 자기 스스로 내린 군대 해산과 같은 조치가 자신의 명예를 더 높일 수 있다고 판단한 폼페이우스는 원로원이 자신을 알렉산드로스에 비견되는 인물로 칭송할 것을 기대했지만, 크라수스는 의도적으로 폼페이우스를 무시하고 오히려 카틸리나 음모에서 국가를 위기에서 건진 키케로만을 추켜세우는 발언을 했다. 허영심에 들뜬 키케로는 회의에 참석한 폼페이우스를 순간 잊어버리고 자신의 화려한 공적을 장황하게 늘어놓기 시작했다.
　폼페이우스의 실망과 분노는 이만저만이 아니었다. 그는 군사적인 명예는 차치하더라도 자신의 퇴역병들을 위한 토지와 동방에서 처리한 문제들에 대한 원로원의 재가가 필요한 상황이었기에 아주 온건한 요구사항을 제시했으나 그것마저 카토의 악의적인 반대로 거절당했다. 원로원 내 옵티마테스들은 정치적인 실수를 거듭했다. 카토는 히스파니아에서 돌아온 카이사르가 이미 투표로 확정된 개선식을 허용해줄 것과 로마에 부재 중이라도 콘술에 입후보할 수 있도록 해달라는 요구에 대해서도 반대 발언을 했다. 카이사르는 개선식과 콘술 입후보를 모두 챙길 수는 없었다. 이 모든 것이 원로원 옵티마테스들의 유일한 보호자로 나설 수 있는 폼페이우스를 권력가들의 연합과 막판경쟁으로 내몰고 있었다.

크라수스 역시 기사 신분과 자신의 재정적인 이권을 침해하는 옵티마테스들에게 반감을 품고 있었다. 폼페이우스·카이사르·크라수스는 세력가들이었지만 자기 한 사람의 힘으로는 공화정체제 자체를 흔들 수 없었다. 그러나 그들이 힘을 합치면 국가는 위기에 처할 수밖에 없었다. 공교롭게도 원로원의 옵티마테스, 그 중에서도 키케로나 카토처럼 당시 로마 공화정의 재건을 꿈꾼 자들이 스스로 폼페이우스·카이사르·크라수스가 서로 손잡도록 사태를 몰아가고 있었다.

세 권력가들 사이의 사적인 제휴인 제1차 삼두정은 이러한 역사적 배경에서 탄생하게 되었다. 3인의 권력가들은 나머지 두 사람에게 해가 되지 않는 목표만을 추구할 것을 결의했다. 당시 목표는 분명했다. 폼페이우스는 자신의 전역병들을 위한 토지와 동방에서 처리한 문제들에 대한 공적인 재가를 원했고, 크라수스는 자신의 기사 신분 친구들의 세금 감면을 원했으며, 카이사르는 속주와 군대의 지휘권을 원했다.

개선식을 포기하고 기원전 59년 콘술직에 도전한 카이사르는 폼페이우스와 크라수스의 지지를 받고 무난히 콘술이 되는 데 성공했다. 그러나 카이사르의 동료 콘술로는 폼페이우스의 친구 루케이우스가 낙선하고 옵티마테스들의 지지를 받은 카토의 사위 비불루스가 당선되었다. 따라서 세 사람 가운데 유일하게 콘술이라는 공적인 지위를 갖게 된 카이사르는 두 사람의 정치적 이해관계를 대변할 수밖에 없었다. 기원전 59년과 그뒤 몇 해 동안 카이사르는 삼두들의 이해를 반영하는 법들을 제정했다.

폼페이우스의 처지에서 보면 삼두정치는 자신의 파멸의 시작이었다. 기원전 59년 삼두정 출범 당시 폼페이우스와 크라수스는 서로 경쟁관계에 있었고, 카이사르는 그 경쟁을 이용하면서 중간에서 이해를 조정하는 역할을 맡았다. 사실 카이사르는 두 사람보다 정치적으로 열세였지만 떠오르는 태양이었다. 그에게는 중천에 떠오를 때까지 시간이 필요했다. 삼두정은 카이사르가 자신의 권력을 더 강화할 수 있도록 시간을 벌어준 셈이 되었다. 카이사르의 의도는 정략결혼에서도 잘 드러났다. 카이사르는 자신의 딸 율리아를 폼페이우스와 결혼시킴으로써 개인적인 유대를 좀더 강화했고, 자신은 루키우스 칼푸르니누스 피소의 딸 칼푸르니아와 결혼함으로써 귀족 가문들의 지지를 확보하려고 했다. 이로써 폼페이우스는 카이사르의 도움을 받아 자신을 모욕한 원로원 내 옵티마테스들에게 복수할 수 있었지만, 그것이 근본적인 문제를 해결한 것은 아니었다.

6. 지는 태양 폼페이우스

폼페이우스는 기원전 57년 곡물공급위원직을 맡아 다시 한 번 자신의 능력을 발휘하였다. 기원전 56년 4월 삼두 사이의 불화로 삼두정이 와해될 분위기에서 세 사람은 북부 이탈리아 루카에서 만나 다시 협력을 다짐했다. 그리고 폼페이우스는 크라수스와 함께 기원전 55년 콘술이 되었으며, 삼두정은 5년간 연장되었다. 콘술 임기가 끝나자 크라수스는 자신의 영지인 아시아로 떠났고, 카이사르는 갈리아에서 자신의 세력을 확대한 반면 폼페이우스는 대극장을 지어 로마 시민들에게 각종 볼거리를 제공하면서 자신의 인기를 다지고 있었다. 그는 히스파니아 속주 통치권을 가지고 있었지만 자기 레가투스들(부하 장군들)을 파견하여 그곳을 통치하게 하고 자신은 로마 근교에 머물면서 정세를 주도하려 했다.

그러나 폼페이우스의 몰락은 벌써 서서히 다가오고 있었다. 폼페이우스의 아내가 되어 카이사르와의 개인적인 끈으로 큰 힘이 되어주던 카이사르의 딸 율리아가 기원전 54년 초 죽으면서 양자 사이에 균열이 생기기 시작했고, 기원전 53년에는 두 사람 사이의 완충 구실을 했던 크라수스가 파르티아 원정에서 전사하면서 삼두체제는 양두체제로 바뀌었는데, 두 사람의 역학관계는 떠오르는 태양과 지는 태양에 비유될 수 있었기 때문이다. 7여 년 동안 갈리아를 정복하는 과정에서 강력한 군대를 지휘하고, 또 로마 지배권을 유럽 대륙으로 확장한 카이사르는 과거의 명성에 의지하는 폼페이우스의 경쟁상대가 아니었다.

갈리아에 나가 있던 카이사르는 자신의 지지세력을 충동질하여 로마를 무정부상태로 만들었다. 다급해진 원로원의 옵티마테스들은 카이사르의 힘을 제압할 상대는 폼페이우스뿐이라는 사실을 알고 있었다. 폼페이우스에게 늘 반대만 하던 카토도 원로원에서 "무정부상태보다는 어떤 형태로든 정부가 있는 것이 좋습니다. 이 혼란스러운 시기에 폼페이우스보다 더 뛰어난 통치자는 없을 것입니다"라고 연설했다. 자신에 대한 기대에 우쭐해진 폼페이우스는 만일 카이사르가 로마로 쳐들어오면 어떻게 막겠느냐는 질문에 어리석게도 "이탈리아의 어느 땅이든지 내가 밟기만 하면 군대와 말이 샘처럼 솟아날 것이오"라고 호언장담하였다. 그러나 막상 기원전 49년 카이사르의 군대가 루비콘 강을 건너 이탈리아로 진격했을 때 그를 막는 군대는 없었다. 폼페이우스는 자신을 지지하는 원로원 의원들과 지지자들을 이끌고 로마를 버리고 이탈리아 남부의 브룬디시움으로 갔다가 그리스로 건너갔다. 카이사르는 두 달도 안 되어 피 한 방울 흘리지 않고 로마와 이탈리아를 접수할 수 있었다.

그리스로 후퇴한 폼페이우스에게 전에 은혜를 입은 동방의 왕들과 지지세력들이 모여들기 시작했다. 공화정적 자유를 바라는 로마 귀족들도, 전에는 폼페이우스와 대립하던 키케로도, 폼페이우스에게 아버지를 잃어 평소에는 인사도 하지 않던 브루투스도 카이사르에 맞서기 위한 유일한 지도자 폼페이우스 편에 가담함으로써 폼페이우스를 따르는 귀족 옵티마테스들은 원로원을 구성하고도 남을 정도가 되었다. 겉모양만 보면 폼페이우스 쪽이 더 유리해 보였다.

그러나 전쟁은 수에서 판가름나는 것은 아니었다. 폼페이우스파와 카이사르 군대의 마지막 대전은 기원전 48년 여름 파르살루스 평원에서 벌어졌다. 카이사르의 군대는 2만 2천 명, 폼페이우스의 군대는 그 갑절이나 되었다. 그러나 결과는 폼페이우스 군대의 대패였다. 폼페이우스는 겨우 배 한 척에 몸을 의지해서 일단 망명한 다음 다시 세력을 규합하기로 했다. 그의 참모들은 파르티아·아프리카 등을 망명처로 논의하다가 그리스에서 가까운 이집트로 가기로 했다.

  그렇지만 이집트 해안에 도착한 폼페이우스는 변절한 로마인들에게 속아서 해변에 내렸다가 무참하게 살해당하고 말았다. 한때 지중해를 평정했던 영웅치고는 너무나 어이없고 초라한 죽음이었다. 나중에 이집트에 상륙한 카이사르는 이국 땅에서 변절자의 손에 죽은 폼페이우스를 애도하면서 살인자를 찾아 처단하도록 명령했다. 비록 권력투쟁의 상대였지만 한때 사위이기도 했던 대(大) 폼페이우스에 대한 마지막 예우는 한 셈이었다. 이로써 한때 지중해를 비추던 로마의 태양은 서산으로 넘어가고, 새로운 태양 카이사르가 지중해 위로 솟아올랐다.

참고문헌

플루타르코스, 『폼페이우스』, 『플루타르크 영웅전 전집』 제2권, 이성규 옮김, 현대지성사, 2000.

카이사르

왕이 되고자 열망하다가 죽어서 신이 되다

● 김덕수(서울대 교수 · 서양고대사)

1. 생애 마지막 날 3·15

기원전 44년 3월 15일. 카이사르는 원로원 회의장으로 향했다. 그가 회의장에 들어설 때 원로원 의원들은 모두 일어나 존경을 표하며 그를 맞이했다. 평소와 다른 점이 있다면 몇몇 원로원 의원이 카이사르를 둘러쌌으며, 그 중의 대표격인 킴베르 틸리우스가 무슨 할 말이 있다는 듯 카이사르에게 다가선 것이다. 킴베르가 추방당한 자신의 형제들을 위해 청원을 하자 둘러싼 이들이 거들고 나섰다. 카이사르가 나중에 이야기하자는 제스처를 쓰며 그를 외면하려 했을 때, 킴베르가 갑자기 카이사르의 겉옷을 잡아당겨 벗겨버렸다.

이것이 행동 개시를 알리는 신호가 되었다. 다음 순간 카스카 형제 중 한 사람이 카이사르의 목에 칼을 찔렀다. 카이사르는 카스카의 팔을 잡고 철필로 찔렀다. 그러자 공모한 원로원 의원들이 카이사르에게 달려들어 마구 찔러댔다. 순식간에 일어난 거사였다. 카이사르는 23군데 상처를 입었다. 거사에 직접 가담했다가 나중에 보복당해 죽은 원로원 의원들은 14명이었다. 기원전 49년 루비콘을 건넌 지 5년 만에 독재관으로 군림하던 카이사르는 그렇게 죽었다. 3월 15일, 우리에게는 3·15 부정선거로 이승만 자유당 정권이 몰락하는 원인이 된 날이었지만, 서양인들에게는 한 영웅의 죽음을 알리는 역사적인 날이었다.

그의 죽음이 끝은 아니었다. 오히려 그는 죽음과 더불어 더 유명해지고 역사에 길이 남게 되었는지도 모른다. 다음은 귀족 가문에서 태어나 피비린내 나는 내전의 소용돌이를 살아남아 로마의 일인자가 되고, 개혁이라기보다 혁명에 가까운 조치들을 취하면서 한 시대를 살고, 죽어서 신이 되어 오히려 더 유명해진 한 인간 카이사르의 이야기이다.

2. 카이사르의 가정 환경

가이우스 율리우스 카이사르는 기원전 100년 7월 12일, 도시 로마 중 서민주택이 밀집해 있는 수브라에서 태어났다.[1] 아버지는 아들과 같은 이름을 가진 가이우스 율리우스 카이사르였고, 어머니는 아우렐리우스 코타 가문 출신인 아우렐리아였다.[2] 카이사르가 속한 율리우스 씨족은 전설의 시대인 트로이 전쟁기까지 거슬러 올라가는 명문 씨족이었다.[3] 그러나 율리

---

1) 로마인들의 이름은 보통 세 부분으로 되어 있다. 카이사르의 정확한 이름은 가이우스 율리우스 카이사르인데, 첫 번째 이름이 개인명이고, 두 번째는 씨족명, 세 번째는 가문명이다. 따라서 그 이름을 굳이 분석하자면 율리우스 씨족에 속한 카이사르 가문의 가이우스이다. 로마인의 경우 첫 번째 이름만이 개인을 뜻하는데, 그 이름조차 아버지와 아들이 같이 쓸 경우가 흔했다. 사료에서 신원을 정확히 확인하려면 세심한 주의가 필요하다.
2) 로마 여자들의 이름은 씨족명에 여성형 어미 -a를 붙인다. 아우렐리우스 씨족의 딸은 아우렐리아이다.
3) 율리우스 씨족의 시조는 아이네아스의 아들인 율루스 아스카니우스다. 아이네아스는 유피테르의 딸인 베누스 여신의 아들로, 트로이 전쟁의 폐허 속에서 베누스 여신의 가호 아래 가까스로 도망쳐나와 지중해를 유랑하다가 카르타고를 거쳐 이탈리아에 정착했으며, 나중에 로마 건국왕이 되는 로물루스와 레무스의 조상이 되었다. 결국 율루스 씨족은 베누스 여신을 통해 유피테르까지 거슬러 올라가는 신성한 씨족이고, 그 후손이 로마의 건국왕이 되었으므로 왕족이라고 할 수 있다.

우스 씨족이나 카이사르 가문에서는 카이사르가 태어나기 전 100여 년 동안 콘술을 단 한 명 배출했을 뿐이었다. 다만 고모 율리아가 당대 민중파 우두머리인 가이우스 마리우스와 결혼한 것을 보면 카이사르 가문을 비천한 가문이라고 할 수는 없을 것이다. 카이사르의 아버지는 프라이토르를 역임한 뒤 속주 총독으로 파견을 앞두고 그가 14세 때(기원전 86년)에 죽었다.

카이사르의 어머니 아우렐리아는 개혁적인 성향의 학자 집안인 아우렐리우스 코타 가문 출신으로 교양 있는 여자로 정평이 나 있었다. 그녀는 남편이 죽은 뒤 재혼하지 않고 외아들 카이사르를 키우는 데 힘을 모았으며, 아들의 가정교사로 이집트 출신 갈리아인을 붙여주었다. 유년시절 교육을 맡는 갈리아인 가정교사는 카이사르에게 그리스어뿐 아니라 훗날 그가 갈리아를 정복하는 과정에서 많은 도움이 되었을, 갈리아에 대한 지식을 가르쳐 주었을 것이다.

카이사르의 청년기는 마리우스가 이끄는 민중파와 술라가 이끄는 귀족파가 권력투쟁을 벌이는 내전기였다. 정치적으로 볼 때 카이사르 가문은 고모 율리아의 남편이 당시 민중파 지도자 마리우스였기 때문에 애초부터 민중파로 분류되었다. 카이사르가 12세 되던 해(기원전 88년)에 술라가 콘술로 선출되고 이어서 오리엔트 원정군 사령관으로 확정되면서 로마 정치는 급속도로 보수화했다. 마리우스가 호민관 술피키우스와 손잡고 평민회를 통해서 술라파를 저지하려 했지만 헛일이었다. 술라는 오리엔트 원정을 위해 준비된 군대를 이끌고 로마로 진군하여 권력을 장악했다. 이제 민중파의 우두머리로서 거듭 여섯 번이나 콘술 지위에 오르며 로마 정치를 좌지우지하던 마리우스가 쫓겨나고, 술라를 지도자로 하는 귀족파 세력이 로마의 정치를 주도하게 되었다. 민중파의 수난이 시작되었고, 그 여파는 마리우스의 처조카였던 카이사르에게도 미칠 수밖에 없었다.

그러나 그 이듬해인 기원전 87년 콘술로 선출된 킨나는 원래 귀족파였지만 술라가 오리엔트에 나가 있는 사이 민중파로 돌아서서 마리우스파의 명예를 회복시키고 마리우스를 다시 로마로 불러들였다. 70세가 된 마리우스는 자신이 당한 수치를 보상하려는 듯이 술라파 원로원 의원들과 그를 지지했던 부유한 기사들을 대량 학살했다. 이어서 마리우스는 킨나와 함께 기원전 86년 콘술로 선출되었다. 그러나 7선 콘술직에 오른 마리우스는 취임한 지 13일 만에 70세의 나이로 죽었고, 단독 콘술로 남은 킨나의 민중독재가 시작되었다. 이처럼 기원전 80년대는 술라파와 마리우스파가 서로 권력을 다투고 반대파를 살육하는 살벌한 시기였다.

3. 민중파로서의 경력이 과장된 카이사르의 초기 생애

이처럼 살벌한 시기에 카이사르는 로마에서 청소년기를 보냈다. 그러나 그의 초기 생애를 말해주는 사료는 많지 않다. 다만 민중파 지도자 코르넬리우스 킨나의 딸 코르넬리아와 결혼함으로써 카이사르가 마리우스의 처조카일 뿐만 아니라 민중파 지도자 킨나의 사위로서 자신의 정치적인 성향을 좀더 분명히 했고, 민중파다운 당당한 모습을 보여주었다는 몇 가지 이야기만이 소개될 뿐이다.

그러나 기원전 84년 말 술라가 로마로 돌아오기 전에 민중파 안에서 내분이 일어나 킨나가 살해당했고, 기원전 83년 봄에는 4만 명을 거느린 술라가 또다시 군대를 이끌고 로마로 돌아왔다. 그 과정에서 술라파와 민중파 사이의 내전이 펼쳐졌으며, 카이사르가 18세 되던 기원전 82년 가을 로마 근교에서 벌어진 전투에서 술라가 승리함으로써 로마는 다시 귀족파 세상이 되었다.

로마를 장악한 술라는 마리우스보다 더 확실하게 민중파 정적들을 파괴하고, 귀족 중심의 공화정치를 재구축하려고 했다. 민중파 원로원 의원들과 그쪽에 줄을 섰던 기사들의 명단, 이른바 '법익 박탈자 명단'이 작성됐으며, 그들에 대해 높은 현상금과 함께 색출과 살해가 이어졌다. 이렇다 할 '죄목'은 없지만 18세의 청년 카이사르는 마리우스의 처조카이며 킨나의 사위라는 사실 자체만으로도 충분히 문제가 되었을 것이다. 그러나 술라의 측근들이, 그가 아직 적극적인 정치활동을 한 것도 아니고 아버지도 없는 불쌍한 처지라며 사면을 요청해서 카이사르는 용케 화를 면할 수 있었다.

플루타르코스는 『카이사르 전기』 첫 부분을 기원전 82년 권력을 장악한 술라가 카이사르와 코르넬리아를 갈라놓으려 했다는 내용으로 시작한다.[4] 코르넬리아가 민중파 지도자 킨나의 딸이라는 점 때문이었다. 더 나아가 카이사르가 비범한 인물이라고 판단한 술라는 카이사르를 코르넬리아와 이혼시키고 자기 친척 여자와 결혼시켜 자기 사람으로 만들려고 애썼지만, 카이사르가 반대하는 바람에 뜻을 이루지 못했다는 것이다. 술라는 이에 대한 보복으로 카이사르의 유피테르 제관직을 박탈하고, 아내 코르넬리아의 지참금과 대대로 내려오는 세습재산을 몰수했으며, 카이사르는 도망자 신세가 되었다. 카이사르가 킨나의 사위일 뿐만 아니라 민중파 우두머리인 마리우스의 처조카였기 때문에 카이사르에 대한 술라의 반감과 미움은 더 컸다는 것이다. 이처럼 고대의 자료들은 애초부터 청년 카이사르가 장래 민중파의 지도자가 되기에 충분한 호연지기와 용기를 보여주었다는 시각에서 작성되었다.

그러나 술라가 다시 권력을 잡은 기원전 82년부터 카이사르가 신관으로 선출되는 기원전 73년까지의 약 10여 년 동안 카이사르의 생애가 민중파로서의 당당한 삶이었다고 말하기는 어렵다. 기원전 82년 술라의 이혼 명령을 거부하고 소아시아로 도피한 카이사르는 마르쿠스 테르무스 총독의 군대에 지원하여 기원전 81년까지 그의 참모로 활동했다. 그는 또한 기원전 78년경 잠시 킬리기아의 총독 세르빌리우스 이사우리쿠스 밑에서 군대생활을 하다가 술라의 사망 소식을 듣고 급히 로마로 돌아왔다. 이어서 술라 체제에 반대하는 레피두스의 봉기가 있었지만 폼페이우스에 의해 진압되었다. 기원전 77년 잠시 로마에 머무르던 카이사르는 기원전 76년 로도스 섬으로 유학

---

[4] 물론 현대의 역사가들은 플루타르코스의 카이사르 전기의 앞부분이 소실되었다고 생각한다.

을 떠났는데, 해적에게 붙잡혀 고생하다가 풀려나기도 했다. 카이사르는 26세 때(기원전 74년경) 로마로 돌아왔다.

카이사르는 기원전 74년 말 또는 기원전 73년 초 신관의 한 사람으로 선출되었다. 로마 역사에서 신관은 정치가들의 명예의 표지였으며, 콘술 가문의 아들들에게는 정치적인 출세를 보장해주는 수단이었다. 그러나 카이사르 집안은 최근 100여 년 동안 내세울 만한 조상이 없었고, 내전의 정치적 격랑 속에서 자신을 지지해줄 친구들도 별로 없었다. 게다가 독재관 술라는 신관의 선출권을 민회에서 명문귀족들로 구성된 신관단으로 이관했는데, 신관단은 과두지배층 유력자들로 이루어진 강력한 세력의 중심이었다. 이러한 정치판도의 변화는 카이사르에게 불리하게 작용했을 것이지만, 정치적 배경이 별로 없던 카이사르가 신관에 선임된 것이다.

카이사르가 보수파가 지배하는 신관단의 지지를 받아 신관이 된 것은 술라 체제에서 카이사르가 신관단 구성원들인 귀족파 세력의 호의를 얻으려고 노력한 증거일 것이다. 카이사르를 신관으로 선출하는 데 힘을 써준 귀족들로는 대신관이며 기원전 80년 콘술을 지닌 퀸투스 메텔루스 피우스, 기원전 79년의 콘술 푸블리우스 세르빌리우스 이사우리쿠스, 기원전 78년의 콘술 퀸투스 루타티우스 카툴루스, 기원전 73년의 콘술 마르쿠스 루쿨루스가 있었다. 카이사르는 세르빌리우스 이사우리쿠스 밑에서 군생활을 했고, 또다른 일원인 마르쿠스 루쿨루스와 변호사 활동을 하면서 유리한 판결을 얻어내기도 했다. 카이사르는 선임 신관이자 친족인 가이우스 코타의 추천을 통해서 신관이 될 수 있었을 것으로 추정되는데, 코타는 술라에게 카이사르의 사면을 간청했던 인물이었기 때문이다.

가이우스 코타는 기원전 75년의 콘술이었으며, 그 이듬해 갈리아 총독을 지냈다. 그는 갈리아에서 총독으로 근무할 때 전쟁에 승리하여 원로원에서 개선식의 영예를 얻은 인물이었다. 그러나 실제로 로마에 와서 개선식을 거행하지 못하고 죽었는데, 아마도 기원전 74년의 어느 때로 추정된다. 코타의 죽음으로 신관직이 공석이 되자 곧바로 카이사르가 그 자리에 선임된 것이다. 당시 카이사르는 소아시아에서 로마의 지배권에서 독립을 꾀한 미트리다테스 세력을 진압하기 위하여 소아시아 원정에 참여하고 있었다.[5] 로도스 섬에서 신관직 선임 소식을 들은 카이사르는 곧 로마로 돌아와 직무를 시작했다.

그때까지만 해도 귀족파 세력은 카이사르를 신관직에 참여시킴으로써 자기 파로 만들 수 있다고 생각했던 것 같다. 왜냐하면 카이사르는 기원전 78년 술라 체제를 전복시키기 위해 봉기한 레피두스 혁명에 관여하지 않았고, 기원전 74년에는 스스로 군대를 일으켜 옛 마리우스파 장군 세르토리우스에게 연계된 미트리다테스 지지세력을 아시아에서 축출했기 때문이다. 당시 카이사르는 귀족들에게 민중파로서 위험인물로 주목받지는 않았던 것이다.

로마의 청년 귀족에게 신관직은 아주 중요한 자리였다. 신관은 정상적인 군무를 거치지 않고도 고위 관직으로 나아갈 수 있는 특혜가 있었기 때문이다. 신관직을 역임한 로마의 청년 귀족들은 고위 정무관직 출세가 보장되었고, 나중에 콘술직까지 이를 수 있었다. 카이사르는 신관이 됨으로써 또다른 이익을 얻게 되었는데, 그것은 그를 신관직에 선임하는 데 도움을 주었던 세르빌리우스와 카툴루스와 경합을 벌여서 기원전 63년 대신관에 선출될 수 있었기 때문이다. 그 승리를 얻기 위하여 그는 신관의 선출권을 민회에 되돌려주는 것을 내용으로 하는 라비에누스법을 지지했고, 그 결과 술라파가 장악했던 신관직에 대한 통제권을 박탈하였다.

따라서 카이사르의 초기 경력부터 민중파적인 성향과 평민들의 지지를 과도하게 강조하는 것은 그의 후기 경력에 근거한 시대착오적인 평가라고 할 수 있다. 오히려 카이사르는 귀족파 귀족들의 지원을 받아 정치무대에 등장했고, 카이사르 역시 정치가로 출세하기 위해 자신에게 힘이 되는 세력이 누구인지를 나름대로 계산해서 행동했던 것이다. 이는 술라 체제와 보수파가 득세하는 과정에서 목숨을 부지하고 정치적 출세를 열망했던 카이사

---

5) 수에토니우스, 『율리우스 카이사르』, 4, 2.

르의 처세술의 결과였다.

4. 민중파 정치가 카이사르의 활동이 시작되다

기원전 75년을 전환점으로 로마의 정치적인 주도권은 개혁파 쪽으로 기울기 시작했다. 기원전 75년 콘술인 가이우스 코타는 호민관직 역임자에게 고위급 정무관 진출을 보장하는 법안을 제안하여 통과시켰다. 카이사르가 민중파로 두각을 나타내기 시작한 것은 이러한 시대 분위기의 변화와 신관직 선임의 결과였다. 그뒤로 카이사르의 정치활동은 평민들의 지지와 평민회를 기반으로 해서 전개되었고, 술라와 그의 추종세력인 귀족파의 보수적인 정치성향에 도전하기 시작했다. 이러한 정치활동에 힘입어 카이사르는 민회에서 기원전 71년 천부장직(트리부누스 밀리툼)에 입후보하여 당선되었다.

카이사르가 천부장으로 재직하던 기간은 그의 정치 생애에서 중요한 전환점이 되었다. 카이사르는 천부장으로 있으면서 술라가 약화시켰던 호민관의 권한을 회복시키는 일에 적극 나서는 등 술라 체제에 대해 본격적인 공격을 시작했기 때문이다. 카이사르는 그 기간 주로 로마에 머물렀으며, 스파르타쿠스와의 전쟁으로 많은 군대를 유지할 필요가 있던 이탈리아에서 군사적인 역할을 했을 것으로 추정된다. 그는 스파르타쿠스 반란군을 진압하기 위해 먼저 군대를 징집해서 훈련하고, 이어서 전투에도 참여하는 등 천부장으로서의 직무를 수행했을 것이다. 그때 스파르타쿠스 반란을 진압한 장군은 크라수스였으므로, 카이사르는 아마도 그의 지휘권 아래 참전하면서 장차 크라수스와의 유대를 돈독히 했을 것이다. 이는 나중에 폼페이우스·크라수스와 함께 삼두정치를 결성할 수 있는 좋은 인연이 되었다.

이러한 카이사르의 정치적 변신과 귀족파의 과두지배에 불리한 조치를 요구하는 카이사르의 정치운동에 그를 신관으로 선임하는 데 찬성했던 다른 귀족들은 크게 당황했을 것이다. 그러나 카이사르는 벌써 마리우스의 계보를 이어가는 민중파 지도자로서 자신의 힘을 키워가고 있었기 때문에 귀족파도 어찌 할 수 없었을 것이다.

　민중파로서 카이사르의 활동은 술라 체제에서 법익을 박탈당하고 추방당했던 사람들과 그들의 자식들을 복권시키는 일에서도 잘 나타났다. 카이사르는 폼페이우스와 크라수스가 콘술로 재직하면서 호민관의 권한을 완전히 회복시켰던 기원전 70년 호민관 플로티우스로 하여금 추방된 레피두스 지지세력들을 복권시키는 법안을 제안하게 했다. 그는 처음으로 민회 연단에 올라가 이 플로티우스법(lex Plotia)에 대해 찬성 연설을 했고, 이러한 그의 행동은 카이사르가 술라 체제에서 추방당했던 시민들의 권한을 완전히 회복시키는 민중파적 정치운동의 적극적인 주창자였음을 보여주는 최초의 증거이다. 이와 같이 법익 박탈자의 아들들에게 정무관직에 나갈 수 있는 권한을 회복시키려는 카이사르의 시도는 기원전 63년에도 이어졌고,[6] 그의 노력은 권력을 잡은 기원전 49년에 완전히 실현되었다.

　기원전 60년대로 접어들면서 카이사르는 더 많은 정치적 경제적 권리를 요구하는 로마 평민들, 로마 시민권을 원하는 속주민들, 새로이 부상하는 신흥귀족세력을 자신의 지지세력으로 규합하면서 힘을 키워나가기 시작했다. 신관으로서의 명성과 천부장으로서의 민중파적 정치활동 덕분에 평민들 사이에서 카이사르의 인기는 높아만 갔다. 이러한 인기를 바탕으로 카이사르가 나아간 관직은 31세 이상의 로마인에게 열려 있는 콰이스토르직이었다. 술라의 법령에 따라 콰이스토르 역임자부터 원로원 의원이 될 수 있었다. 카이사르는 기원전 69년 콰이스토르직에 입후보하여 당선되었다.

　같은 해에 마리우스의 아내였던 고모 율리아가 죽었다. 그는 죽은 율리아 고모와 그 남편 마리우스의 초상을 들고 나와 장례 연설을 함으로써 평민들에게 마리우스 시대를 환기시키면서 로마 민중의 열렬한 지지를 받았다. 이는 마리우스와 그 일파가 국적(國賊)으로 선언되고 나서 처음 있는 일이었다. 그리고 같은 해에 민중파 지도자 킨나의 딸인 아내 코르넬리아가 죽자

---

[6] 벨레이우스, 2, 43, 4.

젊은 아내의 죽음을 안타까워하며 추도 연설을 함으로써 강력한 인상을 부각시켰다. 그때까지만 해도 로마에서는 나이 든 부인의 장례식에서만 추도 연설을 했기 때문이다. 그는 이 일로 인정 많은 사람이라는 칭찬을 들었다. 이제 그는 자기 가정에서 민중파적 배경의 끈이 되었던 고모와 아내를 잃었지만, 새로이 민중파의 지도자로 부상하고 있었다.

기원전 69년 여름 카이사르는 총독 안티스티우스 베투스를 보좌하는 콰이스토르로 속주 히스파니아 울테리오르에 파견되었다. 속주 히스파니아에서 그는 재정관으로서의 직무를 수행했고, 안티스티우스의 명령에 따라 속주의 주요 도시들을 돌면서 재판을 관장했다. 이러한 목적으로 가데스에 갔을 때 그는 우연히 헤라클레스 신전에서 알렉산드로스 대왕의 상을 발견하고는 깊은 한숨을 내쉬었다고 수에토니우스는 전한다. "알렉산드로스가 세계를 제패하던 나이가 되었는데도 나는 무엇 하나 사람들이 기억할 만한 것을 달성한 게 없구나."[7] 그는 마음속으로 알렉산드로스 대왕에 버금 가는 명성을 추구하기 시작했다.

그는 총독 안티스티우스의 허락을 받고 히스파니아를 떠나 로마로 돌아오다가 기원전 68년 갈리아 키살피나에 머무르면서 로마 시민권을 요구하는 그곳 주민들을 지지했다. 그들의 요구가 당시 콘술들의 반대에 부딪쳐 별 성과를 얻어내지 못했지만, 갈리아 키살피나 주민들에 대한 카이사르의 관심은 장차 그의 정치적인 기반을 확대할 수 있는 기회를 제공하였다.

5. 폼페이우스의 등장과 카이사르

호민관직 복권과 플로티우스법 지지 발언을 통하여 카이사르는 벌써 민중파 지도자로서의 명성을 굳게 했다. 로마에서는 여전히 원로원이 국사를 논하고 국가가 나아갈 방향을 정하는 중심기관이었지만, 강력한 일인자들

---

7) 수에토니우스, 『율리우스 카이사르』, 7.

의 등장과 그들의 권력욕을 막지는 못했다. 술라 이후 부상한 새 지도자는 폼페이우스였다. 기원전 106년에 태어난 폼페이우스는 술라가 재확립한 체제가 기원전 77년 콘술 레피두스가 이끄는 민중파의 반란에 의해 도전받았을 때 동료 콘술 퀸투스과 함께 그 반란을 진압하고 귀족파의 새로운 지도자로 떠오르기 시작했다. 폼페이우스는 또한 마리우스의 친구이며 술라 체제의 탄압을 피해 히스파니아로 망명해 8년여 동안 저항을 계속하며 그곳을 독자적으로 통치하던 세르토리우스 군대를 진압하라는 원로원의 특명을 받고 히스파니아 속주로 부임하여, 기원전 72년 그 속주를 다시 로마 지배권으로 편입시켰다. 폼페이우스는 기원전 73년 남부 이탈리아의 카푸아에서 트라키아 출신 노예 스파르타쿠스가 이끄는 검투사 노예들의 반란(기원전 73~71년)을 진압한 크라수스와 함께 국가를 위기에서 구한 공로로 기원전 70년 콘술이 되었다. 앞으로 전개되는 기원전 60년대는 폼페이우스의 시대였다.

　이러한 상황에서 정치감각이 뛰어났던 카이사르가 폼페이우스에게 다가간 것은 당연한 일이었다. 기원전 67년 초 동부 지중해를 무대로 약탈을 일삼는 해적 토벌을 위한 특별법을 폼페이우스의 대리인 역할을 하던 호민관 가비니우스가 제안했을 때, 한 사람에게 권한이 집중하는 것을 싫어하던 대부분의 보수적인 원로원 귀족들에 대해서 카이사르와 키케로 등 소수의 원로원 의원들은 국가를 위해 불가피하다는 생각으로 찬성했다. 민회에서 평민의 지지를 구하고 있을 때 카이사르는 당시 명성이 있던 귀족들 중에서 그 법을 지지했던 유일한 귀족이었다고 전해진다. 폼페이우스는 지중해 제해권과 해안에서 50마일 반경 내의 영역 통치권을 3년 임기로 받았다. 그리고 500척의 배와 그가 원하는 만큼의 병사들로 징집할 수 있었다. 이 작전을 위한 모든 군자금이 승인되었고, 관할 속주 재산의 처분권이 주어졌다. 이러한 대권을 부여받은 폼페이우스는 3개월 만에 크레타 섬과 실리시아를 무대로 활동하던 해적들을 소탕하는 전과를 올렸다.

　폼페이우스는 소아시아에서 로마에 반기를 든 폰투스의 왕 미트리다테스를 제압하는 작전을 맡아 별 성과를 올리지 못하던 루쿨루스에게서 작전권을 인계받아 미트리다테스를 축출하고 왕국을 접수했다. 이어서 시리아·유대 등 아시아 국가들을 로마 속주로 편입시켰다. 이로써 폼페이우스는 로마의 패권을 동방 세계에 공고히 했고, '마그누스'(위대한 자)라는 별명을 얻게 되었다.

이처럼 폼페이우스가 기원전 60년대 초반부터 강력한 지도자로 부상하고 있을 때 카이사르 역시 신흥 민중파 지도자로 떠오르고 있었다. 기원전 69년 콰이스토르로서 갈리아 키살피나인들의 시민권 청원운동 지지가 직접적인 효과가 있던 것은 아니지만, 민중파 지도자로서 카이사르의 인기를 더해 주었다. 또한 기원전 68년에는 마리우스의 처이며 카이사르의 고모인 율리아의 장례 연설과 킨나의 딸이며 자신의 아내였던 코르넬리아의 장례 연설을 통해 평민들의 마음에 평민의 권익을 위해 활동하던 마리우스를 기억나게 했다. 이는 귀족파 과두지배자들의 정서에 크게 거슬리는 행위였다. 특히 율리아의 장례식에는 술라가 기억 속에서조차 사라지게 하고 싶었던 마리우스의 조상(彫像)까지 들고 나왔으니 평민의 반응이 더 좋았을 것임은 분명하다.

그러나 평민들의 당파가 있었던 것은 아니었으며, 정치적인 지배세력은 여전히 귀족이었다. 카이사르는 몰락한 귀족, 새로이 부상하는 귀족을 자기 편으로 끌어들이기 시작했다. 그때 술라 이후 귀족파의 우두머리는 폼페이우스였다. 그는 가비니우스법을 적극 지지함으로써 폼페이우스와 우호적인 관계를 만들어갔다. 이처럼 폼페이우스라는 실세 지도자와 평민들의 광범위한 지지를 바탕으로 기원전 65년(35세) 카이사르는 귀족 아이딜리스로 선임되었다.

아이딜리스가 됨으로써 카이사르는 평민의 인기를 얻기가 더 유리해졌다. 그는 사비를 들여서 아피우스 도로 보수 등 대대적인 공공 토목공사와 검투사 경기를 개최하여 평민들에게 즐거움을 선사했기 때문이다. 그는 또한 술라파가 파괴했던 마리우스의 동상을 카피톨리움 언덕에 다시 세웠고,

이로써 자기가 마리우스를 계승하는 평민파 지도자임을 확실히 했다. 기원전 63년(37세) 대신관인 메텔루스 피우스가 죽음으로써 공석이 된 대신관직을 놓고 명망가 출신 귀족들이 경합을 벌였는데, 카이사르가 이들에게 도전장을 내밀었기 때문이다. 경쟁자 중 한 사람은 기원전 79년 콘술을 지낸 세르빌리우스 이사우리쿠스와 기원전 78년 콘술을 지낸 루타티우스 카툴루스였는데, 공교롭게도 카이사르가 신관이 되는 데 힘을 실어준 60대의 콘술급 인사들이었다. 이들에 비하면 카이사르는 하급 정무관인 콰이스토르와 아이딜리스만을 역임한 37세의 애송이였다. 그러나 이제 술라파를 계승한 귀족 세력은 카이사르의 적수가 되지 않는다는 것이 입증되었다. 카이사르는 그들을 제치고 대신관으로 선출된 것이다. 카이사르는 국가 종교의 최고 우두머리가 되었고, 포로 로마노의 대신관 관저로 이사하여 살게 되었다.

기원전 63년 키케로가 콘술이던 해에 카틸리나 음모사건이 폭로되어 관련자들이 처형되는 사건이 일어났다. 키케로와 카토가 국가를 지키기 위해 관련자들의 처형을 강력하게 주장한 반면, 카이사르는 이들과 그 후손들이 로마 시민과 국가를 향해서 복수의 칼날을 갈게 하는 것은 오히려 국가에 도움이 안 된다고 주장하면서 관련자들의 재산을 몰수하고 이탈리아 도시들에 유배를 보내 감시하자는 온건한 처벌을 제시했지만 받아들여지지 않았다. 이 일로 키케로는 '국부'라는 칭호를 받았지만, 카이사르는 원로원 회의장을 나서면서 음모자들의 처형을 바라는 사람들로부터 린치를 당하고 공포에 싸여 집으로 돌아왔다. 이때부터 카이사르의 원로원 혐오증과 불신은 커지기 시작했다. 그해 내내 카이사르는 원로원에 나가지 않았다.

기원전 62년, 38세의 나이로 프라이토르가 된 카이사르는 호민관 카이킬리우스 메텔루스와 함께 급진적인 개혁 법안을 추진하려 했다. 그러나 다른 호민관들과 원로원 의원들의 반대에 부딪쳐 두 사람은 일시적으로 관직에서 쫓겨나기까지 했다. 다행히 로마 평민들이 들고일어나 카이사르를 지지했기 때문에 원로원도 카이사르를 복귀시킬 수밖에 없었다. 그뒤에도 카이사르는 카틸리나 사건 연루 혐의로 고소되는 등 정치적인 어려움을 당했다.

또한 가정에서도 아내 폼페이아와 귀족 클로디우스 사이의 스캔들이 사람들 입에 오르내리자 폼페이아와 이혼했다. "내 아내는 그런 의심도 받아서는 안 된다"는 것이 그의 이혼 사유였다.[8] 그러나 카이사르는 정치가로서는 냉철한 현실주의자였다. 카이사르가 기원전 60년 콘술로 있는 동안 자신의 가문에 수치를 안겨준 클로디우스를 지지하여 호민관에 당선되게 한 것이다. 정적인 키케로에게 타격을 입히는 데에는 클로디우스와 그의 세력이 큰 도움이 되었기 때문이다.

기원전 61년 카이사르는 히스파니아 총독으로 부임했다. 그는 히스파니아에 부임하자마자 기존의 20개 보병대에 10개 보병대를 추가했다. 히스파니아 서북부의 칼라이키와 루시타니를 정복하고 대서양까지 진출하여 그 가운데 소국들을 로마에 편입시켰다. 카이사르는 군사적인 정복에 성공하여 병사들로부터 임페라토르 칭호를 받고 개선장군이 되어 로마로 돌아왔다. 그에게는 이제 로마에서 개선식을 열고 콘술로 나아가는 길만이 남아 있었다. 그런데 개선식을 열려면 로마 밖에서 원로원의 재가를 기다려야 했고, 콘술에 출마하려면 무장을 해제한 채 로마에 들어와 직접 콘술에 입후보해야 했다. 그는 예외를 인정해달라고 원로원에 요청했지만 묵살당하자 콘술에 입후보하는 쪽을 택했다. 또한 카이사르는 동방에서 돌아온 뒤 원로원과 관계가 악화된 폼페이우스, 대부호 크라수스와 손잡고 이른바 제1차 삼두정치를 맺었다.[9] 카이사르는 삼두들의 지지를 근거한 콘술 선거운동을 하여 칼푸르니우스 비불루스와 함께 기원전 59년 콘술로 당선되었다. 그의 나이 40세였다.

이처럼 카이사르는 공화정의 최고 정무관인 콘술이 될 때까지 원로원을 중심으로 하는 보수적인 귀족들의 반대를 무릅쓰고 정치적인 힘을 키워갔다. 그리고 콘술에 선출되자 반대하는 자는 동료든 정적이든 불문하고 힘으

---

8) 플루타르코스, 『카이사르』, 10, 6.
9) 삼두정치라는 말은 법적인 용어는 아니고, 세 정치가의 사적인 담합의 결과였다. 삼두들은 공화정제도를 자신들에게 유리하게 운영했다.

로 몰아붙이면서 민중파 지도자답게 급진적인 개혁안들을 내놓았다. 먼저 원로원 의사록과 민회 의사록을 작성해서 공고하게 했다. 또한 그는 원로원의 반대와 동료 콘술 비불루스의 반대를 물리치고 농지법안을 민회에 제출해 통과시켰다. 동료 콘술 비불루스는 카이사르의 독주를 견제하지 못했을 뿐만 아니라 임기 중에 제대로 공무를 수행하지 못했다. 그래서 기원전 59년 공문에서는 "카이사르와 비불루스가 콘술이던 해"가 아니라 "율리우스와 카이사르가 콘술이던 해"라고 하는 표현이 유행하기도 했다.

카이사르의 콘술 임기 중 중요한 사건은 폼페이우스와의 관계를 더 긴밀히 유지하기 위해서 딸 율리아를 폼페이우스와 결혼시키고, 카이사르 자신은 칼푸르니우스 피소의 딸 칼푸르니아와 결혼한 것이었다. 칼푸르니우스는 카이사르의 뒤를 이어 후임 콘술로 당선되었다. 카이사르는 삼두의 일원이며 사위인 폼페이우스와 장인 칼푸르니우스의 지지를 받아 자신의 거취에 관련된 법안들을 통과시켰다. 그 법에는 카이사르가 갈리아 지방과 알프스 나머지 지역, 일리리쿰을 합친 지역의 통치권과 4개 군단 지휘권을 5년간 받기로 되어 있었다. 이를 계기로 갈리아 속주를 중심으로 카이사르의 영향력이 점점 커지기 시작했다.

6. 장군으로서의 카이사르

제1차 삼두정치를 맺고 갈리아 총독으로 활동한 기원전 50년대는 가히 카이사르의 시대였다. 그는 로마 역사상 그 누구보다도 더 용맹하고 뛰어난 장군의 면모를 보여주었다. 플루타르코스는 과거 파비우스·스키피오·메텔루스뿐만 아니라 마리우스와 술라, 루쿨루스 형제도 명성이나 인품에서 카이사르를 능가할 수 없었다고 말한다. 한때 지중해의 해적을 소탕하고 소아시아를 평정함으로써 동부 지중해 세계에 팍스 로마나를 달성하고 '마그누스'라는 별명을 얻은 폼페이우스와 비교해도 카이사르가 뛰어나다는 것이다.

기원전 58년부터 기원전 50년까지 9년 동안 갈리아 총독으로 복무하면서 카이사르는 300만 명의 적과 싸워 100만 명을 죽이고 100만 명을 포로로 잡았으며, 800여 개의 소도시와 300여 개의 부족을 정복해 로마의 속주로 만들었다. 그는 또한 브리타니아 원정을 감행해서 잉글랜드를 정복했으며, 라인 강을 건너 게르만족을 공격하기도 했다. 사실 카이사르의 군사적인 업적은 서양고대사에서 유럽 대륙을 로마 문명권에 편입시킨 것이었다.

카이사르는 불리한 조건과 환경에서도 적을 제압하는 군사적인 능력이 뛰어났다. 유럽 대륙은 자연환경을 보더라도 험준한 산악지형이 많았고, 기후도 이탈리아와 비교할 때 원정군에게는 불리했다. 또한 갈리아인이나 게르만족은 아직 문명화하지 않은 야만상태에 머물러 있었기 때문에 대처하기가 더욱 어려웠다. 카이사르는 이러한 조건을 극복하고 군사적인 승리를 거두었을 뿐만 아니라 정복민들을 인간적으로 대우함으로써 그들이 로마의 지배권을 벗어나지 못하도록 통치했다.

장군으로서의 카이사르의 능력은 부하들의 충성심을 확보하는 데서도 나타났다. 다른 장군 밑에서는 평범했던 병사도 일단 카이사르의 부하가 되면 사력을 다해 충성했다. 그렇게 된 원인은 그가 부하들에게 재산과 명예를 골고루 나누어주었기 때문이다. 그는 재물을 자신만을 위해서 쓰는 법이 없었으며, 전공을 세우거나 모범이 되는 부하들에게는 늘 물질적인 보상을 해주었다.

또한 그는 위험한 상황에서도 장군이라고 피하지 않고 늘 앞장서서 싸우는 모범을 직접 보여주었다. 신체 조건이 좋지는 않았지만 그것을 핑계삼아 힘든 일을 피하려 하지 않았다. 힘든 행군이나 초라한 식사도 마다하지 않고 병사들과 똑같이 먹고 행동했다.

이처럼 카이사르의 군사적 승리와 정치적 위상이 높아가면서 전에는 그를 키워주고 지지하던 귀족들조차 그에게 두려움을 느끼기 시작했다. 기원전 54년 카이사르의 딸로 폼페이우스와 결혼했던 율리아가 죽으면서 두 사람 사이가 갈라지기 시작했고, 기원전 53년에는 파르티아 원정에 나섰던 크라수스가 이끄는 로마군이 대패하고 패주하던 크라수스가 살해당해 삼두정치가 사실상 무너지면서 카이사르와 폼페이우스의 양자대결로 귀결되었다. 그러자 이러한 정세 변화에 카이사르를 반대하던 귀족파는 폼페이우스를 중심으로 반(反)카이사르 진영을 구축하고 카이사르 거세작전에 돌입했다. 결국 양자 사이의 내전은 시간문제가 되었다.

기원전 49년 초 원로원은 '비상결의'를 통해 폼페이우스에게 무제한의 권한을 부여하는 법안을 가결했으며, 카이사르는 군대를 이끌고 루비콘 강을 건너 로마를 점령했다. 폼페이우스와 원로원 보수파가 그리스로 망명하면서 로마는 카이사르의 세상이 되었다. 기원전 48년 여름 그리스의 파르살로스 전투에서 폼페이우스 군대가 크게 패하고, 이집트로 망명한 폼페이우스가 이집트인들에게 살해당했으며, 기원전 46년 봄에는 아프리카의 탑수스 전투에서 소 카토, 스키피오가 이끄는 귀족파 세력이 패함으로써 로마 세계는 카이사르의 지배권 아래 떨어졌다.

7. 개혁자로서의 카이사르

기원전 45년 10년 임기의 독재관이 된 카이사르는 대대적인 개혁을 단행했다. 카이사르는 원로원 의원수를 증가시키고, 프라이토르·아이딜리스·콰이스토르와 하급 정무관의 수도 늘렸다. 콘술을 제외하고 민회에서 선거로 뽑던 정무관들의 절반은 그대로 민회에서 뽑고, 나머지 절반은 추천장을 공고해서 카이사르가 사실상 지명하게 했다. 또한 시민권을 박탈당한 사람의 자식들에게도 관직 취임을 허용했다.

카이사르의 개혁 가운데 지금까지 영향을 끼치고 있는 것은 태양력 채택이다. 로마인들은 전통적으로 태음력을 사용했는데, 계절의 변화에 잘 맞지 않았기 때문에 그럴 때마다 그것을 맞추기 위하여 신관들이 윤달을 삽입했지만 여전히 폐해가 있었다. 또한 지중해 여러 민족을 통치하는 중심국가로서 역법의 통일이 중요했다. 카이사르는 1년을 태양의 운행에 맞춰 365일로

정하고 윤달을 폐지했으며 4년마다 하루씩 윤일(閏日)을 넣기로 했다. 이를 기원전 45년 1월부터 적용하게 했으니, 그 결과가 바로 율리우스력이다. 이 율리우스력은 르네상스 시대 천문학의 발달로 지구가 태양의 둘레를 한 바퀴 도는 데 걸리는 시간이 365일 6시간이 아니라 365일 5시간 48분 46초라는 사실이 발견되어 1582년 교황 그레고리우스 13세가 문제점을 보완할 때까지 지중해 세계와 유럽 대륙에서 사용하는 공동의 달력이 되었다. 오늘날 전세계가 그레고리우스력에 따라 공적·사적 생활을 하는데, 그 바탕은 카이사르의 율리우스력인 것이다.

카이사르는 죽기 전에 웅장한 계획을 수립해놓았다. 그는 모의 해전을 개최했던 연못을 메우고 지상 최대의 마르스 신전을 건축했으며, 그리스어와 라틴어 도서를 많이 수집해 시민들에게 공개하고 이 일을 마르쿠스 바로에게 맡겼다. 또한 폼프티눔 늪지 간척, 푸키누스 호수의 배수, 아드리아 해에서 아펜니노 산맥을 관통해 티베리스 강에 이르는 도로 건설, 코린토스 운하 건설 등 다양하고 거대한 프로젝트들을 구상하고 있었다. 그 중 코린토스 운하 건설은 카이사르 이전에는 마케도니아의 데메트리우스 1세가 구상했었고 카이사르 이후에는 칼리굴라·네로가 시도했지만 성공하지 못하다가, 1893년 6.3킬로미터의 운하가 건설되어 아티카 반도와 펠로폰네소스 반도를 나누게 되었다.

8. 카이사르의 관용(클레멘티아)

카이사르가 내전의 소용돌이 속에서 로마의 일인자가 될 수 있었던 것은 그의 관용 정신 때문이었다. 마리우스·술라·폼페이우스·크라수스 등 당대의 장군들은 군사력·정치력으로 한 파벌, 한 당파의 지도자로서, 정치적으로 경쟁관계에 있는 세력에 대해서는 힘이 생기면 잔인하게 보복했다. 반면 카이사르는 비록 정치적 경쟁세력이라 해도 일단 승패가 판가름나면 관용의 정신을 발휘하여 과거의 정적들도 기꺼이 받아들였다. 수에토니우스에 따르면 폼페이우스는 국가를 위해 아무것도 하지 않는 사람을 적으로 간주한다고 선언했지만, 카이사르는 중립을 지킨 사람을 우리 편으로 간주한다고 말했다. 그리스의 파르살로스 전쟁터에서 폼페이우스파와 막판 대결을 앞두고 동포 시민의 목숨을 살려주도록 했으며, 전투가 끝난 뒤 부하들에게 적 중에서 누구든 한 사람을 골라 살려줄 것을 허락했다. 내전이 끝났을 때 사면하지 않은 자들까지도 모두 이탈리아로 귀국해 정무관직에 취임하거나 군대를 지휘하는 것을 허락했다. 또한 시민들이 파괴해버린 술라와 폼페이우스의 동상도 재건하게 했다. 사실 카이사르에게 칼을 댄 자들은 대부분 내전기에 폼페이우스파로 있다가 카이사르의 사면을 받고 원로원 의원으로 복귀한 자들이었다.

또한 카이사르는 적들조차도 일단 전쟁이 끝나면 평화롭게 살 수 있도록 배려했다. 갈리아 정복 전쟁기에 헬베티아족이 로마 군대에 많은 피해를 입히고 끈질기게 공격했을 때 그들을 어렵게 제압할 수 있었다. 그때 카이사르는 싸움터에서 도망쳐나온 10만 명도 넘는 적을 그들이 버린 땅에 돌아가 살도록 허용했다. 이처럼 그는 로마인이든 비로마인이든 패자에게 관용의 정신을 베풀었다.

9. 독재자 카이사르의 최후

그러나 카이사르가 정치권력이나 명예를 지나칠 정도로 추구했다는 것은 분명하다. 그는 계속해서 콘술직을 장악했고, 풍기 감찰관, 국부, 임페라토르 칭호 독점 등 자신에게 과도한 관직과 명예가 집중되는데도 그것을 그대로 받아들였다. 기원전 44년 초 카이사르는 3월 중에 파르티아 원정을 떠나겠다고 발표했고, 2월에는 원로원과 민회에서 종신독재관이 되었다. 카이사르가 죽게 된 이유는 원로원을 무시한 독재정치, 더 나아가 왕이 되고자 하는 정치적인 야심 때문이었다. 카이사르의 측근들은 로마 시민들의 여론을 떠보며 계속해서 카이사르의 왕 만들기를 추진했다. 그들은 로마의 신탁집에 있는 예언을 들먹이며 로마는 왕의 통치를 받아야만 파르티아를 정복할 수 있다는 소문을 퍼뜨렸고, 로마 근교 알바에서 돌아오는 카이사르를 왕이라고 떠받들며 맞아들였다. 그러나 사람들이 이에 대해 반감을 품은 것을 알고 "나는 왕이 아니라 카이사르다"라고 말함으로써 언짢은 심기를 드러냈다.

또한 2월 중순에 치러지는 루페르칼리아 축제 때는 안토니우스가 미리 짜둔 각본에 따라 카이사르에게 왕관을 바치는 모습을 연출해 보였는데, 동원된 소수의 박수부대만이 손뼉을 친 반면에 카이사르가 이것을 거절하자 대다수의 시민들이 우레와 같은 박수로 답했다. 안토니우스가 다시 왕관을 바치자 역시 소수만이 박수를 친 반면에 카이사르가 두 번째로 거절하자 더 큰 박수가 터져나왔다. 카이사르를 지지하던 군중도 왕이 되고자 하는 카이사르의 권력욕에 대해서는 거부감을 느끼고 있었던 것이다.

바로 그 권력욕이 함정이었다. 카이사르가 파르티아 원정을 앞두고 마지막 원로원 회의장에 나가던 날 3월 15일, 그에게 불길한 징조와 암시들이 아내 칼푸르니아와 점쟁이들의 점괘를 통해서 많이 보고되었다. 플루타르코스에 따르면, 그가 회의 연기를 주저하고 있을 때 음모자 가운데 하나인 데키무스 브루투스가 카이사르에게 와서 점쟁이들의 점괘를 비웃으며 "원로원 의원들이 지금 모두 모여서 당신이 오기를 기다리고 있습니다. 더구나 지금 그들은 이탈리아를 제외한 모든 땅에서 당신을 왕으로 선포하고, 이탈리아의 모든 땅과 바다에서 왕관을 쓸 수 있도록 결의하려고 앉아 있습니다"고 설득했다고 전한다.[10]

그리하여 카이사르는 암살 모의자들이 기다리고 있는 원로원 회의장에 참석하기로 결정한 것이다. 그 회의 장소는 공교롭게도 정치 선배이고 사위이며 또한 그와 마지막 권력투쟁을 벌였던 폼페이우스 극장 앞 회랑 부분이었고, 그가 죽음을 맞이한 곳은 폼페이우스 동상 아래였다. 그곳에 폼페이

---

10) 플루타르코스, 『카이사르』, 64, 2.

우스는 마치 자신의 정적이 살해되는 광경을 총지휘라도 하듯이 서 있었다. 결국 독재정치를 장기화하고 왕으로 군림하려는 카이사르는 23군데의 상처를 입고 쓰러졌다. 권력욕의 희생제물이 된 것이다. 카이사르가 죽은 뒤에도 권력욕에 눈이 먼 많은 독재자들은 역사의 교훈을 망각한 채 독재를 하다가 살해되었다.

10. 신이 된 카이사르

카이사르는 늘 죽음을 염두에 두고 살았던 것 같다. 죽기 전날 밤 마르쿠스 레피두스의 초대를 받고 함께 식사를 했는데, 어떻게 죽는 것이 가장 좋은가 하는 질문을 받았을 때 그는 선뜻 "갑작스러운 죽음"이라고 말했다. 결과적으로 파르티아 원정을 사흘 앞두고 카이사르는 자기 바람대로 갑작스럽게 죽음을 맞이했다.

물론 카이사르의 죽음이 그를 암살했던 자들의 생각처럼 공화정의 자유를 회복시키지는 못했다. 이른바 '해방자들'은 로마 시민들의 지지를 받지 못한 채 법익 박탈자 명단에 올라 처형되거나 재산을 몰수당하고 추방되었고, 또 전쟁에 패해서 살해되거나 자살로 삶을 마무리했으며, 로마의 정치는 그의 양자인 옥타비아누스에 의해 승계되었다. 그는 18세의 젊은 나이로 로마 정치무대에 데뷔하여 안토니우스와 레피두스와 손잡고 죽은 카이사르를 신격화하고, 신의 아들이 되어 카이사르가 이루지 못한 일인자의 지위를 확고히 하여 황제가 통치하는 로마 제국을 수립했다. 그러나 카이사르의 죽음에서 교훈을 얻은 그는 왕이 아니라 제일 시민, 즉 프린켑스라는 타이틀로 광대한 로마 제국에 '로마의 평화'를 이룩했다.

참고문헌

플루타르코스, 『카이사르』, 『플루타르크 영웅전 전집』 제2권, 이성규 옮김, 현대지성사, 2000, 1302~1354쪽.
수에토니우스, 『율리우스 카이사르』, 『12인의 로마 황제』 제1권, 박광순 옮김, 풀빛미디어, 1998.
시오노 나나미, 『로마인 이야기』 제4·5권, 김석희 옮김, 한길사, 1996.
라인하르트 라펠트, 『로마 황제들의 눈물』, 김이섭 옮김, 찬섬, 1997.

푸블리우스 클로디우스 풀케르

최초로 곡물 무상배급한 귀족 출신 호민관

●김칠성(서울대 박사과정 수료 · 서양고대사)

1. 키케로에 의해 왜곡된 클로디우스

　귀족 출신 호민관 푸블리우스 클로디우스 풀케르(Publius Clodius Pulcher, 기원전 92~52년)는 로마에서 최초로 곡물 무상 공급을 실시하였다. 로마 시 하층민의 지지로 급성장한 그는 로마 정치사에서 가장 선동적인 인물이 되었다. 그러나 그는 로마 공화정 말기의 여러 인물 중에서 가장 복잡하고 이해하기 어려운 인물로 평가되고 있다.

　클로디우스는 '산만하고 방탕한 자' '양심이 없는 모험가' '무모한 대중 선동가' '거리소요를 사주하는 깡패 두목' '폭력단을 동원한 자' '대중을 위한다면서 소란을 조성하는 호민관' 등으로 지탄받았다. 이런 비판들은 주로 키케로가 주도했는데, 키케로는 기원전 52년 클로디우스를 살해한 밀로(Titus Annius Milo)의 변호를 맡으면서 오히려 피살당한 클로디우스를 비판하였다.

　공화정 말기의 기록은 풍부하지만 대부분 한 사람, 즉 키케로가 남긴 것이다. 이런 점은 클로디우스의 경우 심각한 문제가 된다. 우리가 클로디우스에 대해 아는 대부분의 지식은 클로디우스의 목소리는 상실된 채, 클로디우스에게 가장 적대적이었던 키케로의 기록에 따른 것이기 때문이다. 클로디우스의 정치경력은 확대되거나 또는 간과된 것이었다. 클로디우스에 대한 이러한 오해는 남아 있는 사료가 편견을 가지고 기록한 것이기 때문인데, 특히 키케로의 저술이 그러하다. 사료에서는 클로디우스가 거만하고 유약한 귀족으로 말도 어눌하고 카틸리나 음모와 관련된 자로 묘사되었다. 당대인들은 이러한 키케로의 견해를 따랐기 때문에 클로디우스에 대한 완전한 묘사는 불가능한 것이다. 따라서 역사가들은 키케로가 클로디우스의 정치를 완벽하게 기록했다고 보지 않는다.[1]

키케로에 의하여 왜곡된 클로디우스 상(像)은 현대에도 변하지 않았다.[2] 오랫동안 연구자들은 클로디우스를 실제로는 그렇지 않았는데도 키케로·옵티마테스·국가·상류신분의 적(敵) 또는 크라수스, 카이사르, 삼두정가의 동료로 파악하기보다는 이상한 존재로 관심을 기울였다. 아울러 클로디우스를 어떤 인물을 돋보이게 하는 존재자나 대리자로 격하시키려는 경향도 있었는데, 이는 클로디우스를 기원전 50년대 정치사건의 주도자로 보지 않으려는 태도에서 비롯된 것이다.

이 글에서는 클로디우스를 도구적 인물이라거나 특정 사건의 단편적인 인물로 파악하는 그 동안의 연구를 지양하고, 클로디우스를 로마 공화정 후기의 정치에서 주체적인 인물로 복원하고자 한다. 이런 점에 유의하여 이 글에서는 그의 정치적 성격, 신분 전환, 입법을 중심으로 살펴보기로 한다.

2. 다양한 정치 성격

클로디우스의 정치 성격은 로마 공화정 말기의 정치상황 속에서 고찰해

---

[1] 클로디우스가 남긴 기록은 아무것도 없기 때문에 클로디우스에 관한 기록은 주로 키케로에 의존할 수밖에 없다. 이 글에서는 주로 키케로의 전거를 비판하면서 클로디우스를 고찰할 것이다.
[2] 마이클 파린티, 『카이사르의 죽음』, 이인종 옮김, 도서출판 무수, 2004, 83~85쪽.

야 할 것이다. 기원전 133년 이후 1세기 동안 로마 공화정은 위기와 내란의 격동 속에서 붕괴해갔다. 클로디우스의 정치는 그라쿠스 형제의 개혁의 연장선에서 살펴야 할 것이다. 기원전 133년과 기원전 121년, 그라쿠스 형제의 개혁과정에서 야기된 정치폭력, 호민관들이 평민회를 통해 원로원 지배귀족들을 무력화시켜 포풀라레스의 선례가 된 점은 분명히 공화정의 몰락을 촉진시킨 요인으로 지적될 수 있다. 원로원 귀족들의 권위가 무너졌고, 그들이 정파간의 경쟁과 개인적인 이익 추구에 몰두한 나머지 공화정의 구조적인 문제들에 대처하지 못한 것은 공화정 몰락의 주요한 원인이었다. 로마의 지배층은 공화정의 사회체제에 대한 아래로부터의 토지 요구에 한동안 협력하여 대처했으나 대외적인 위기가 종식되자 다시 분열되었다.

이런 와중에서 옵티마테스는 폼페이우스로 하여금 기원전 60년 대중적인 정치지도자들이었던 카이사르와 크라수스를 끌어들여 제1차 삼두정치를 하였다. 삼두정치는 원로원이 군사령관들에 대한 통제권을 상실해가는 것을 보여주는 대표적인 사례였다. 기원전 59년 콘술에 선출된 카이사르는 호민관 바티니우스(Vatinius)의 동방 속주체제를 인정하였다. 또한 카이사르 자신은 속주 갈리아 지역을 경략하여 군대와 명성 그리고 부를 얻는 동안, 로마 시에서는 도시빈민들의 지지를 바탕으로 야기되는 폭력과 소란이 더욱 고조되었다.

기원전 58년 호민관 클로디우스는 시민들에게 곡물을 무상으로 공급하는 법안을 제출하였고, 그 법안은 통과되었다. 클로디우스는 도시 대중의 인기를 통하여 도시에서 조직화된 무장폭력을 일으킬 수 있다는 것을 보여주었다. 이에 대응하여 원로원 의원 밀로는 사적으로 폭력단을 조직하였다. 기원전 52년 밀로의 폭력단은 클로디우스를 비아 아피아(Via Appia)에서 살해하였다.[3]

이러한 공화정의 몰락과정에서 클로디우스는 정치적으로 복잡한 자취를

---

[3] 김진경 외, 『서양고대사강의』, 도서출판 한울, 1998, 281~291쪽.

남겼다. 그 예를 살펴보자. 그는 보나 데아(Bona Dea)의 성스러움을 깨뜨렸다. 보나 데아는 '좋은 여신'이라는 뜻으로 다산과 순결을 관장하는 여신인데, 특히 고대 로마의 결혼한 여성에게서 숭배받았다. 목신(牧神) 파우누스의 아내이자 딸인 파우나와 동일시되기도 했으며, 그리스 신화에서 성장을 관장하는 여신 다미아와 동일시되기도 하였다. 보나 데아의 신전은 로마의 아벤티누스 언덕에 있었는데, 이 여신을 모시는 일에는 여성들만 관여하였다. 매년 12월 4일에 열리는 보나 데아에는 여성들만 참석했으며, 제물로 바쳐지는 동물도 수컷은 쓰지 않았다.

기원전 62년 대신관인 카이사르의 도무스(Domus, 대저택)에서 보나 데아의 의식이 치러졌다. 의식이 치러지는 밤에는 모든 남성들의 출입을 금지하였다. 전해지는 바에 따르면, 클로디우스는 풀루트 연주자로 여장을 하고 카이사르의 부인 폼페이아(Pompeia)를 찾으러 여성들 사이에 살짝 들어갔다가 굵직한 저음 때문에 남성이라는 사실이 드러나 큰 혼란이 벌어졌다. 발각된 그는 소녀 노예의 도움을 받아 가까스로 도망쳤다. 클로디우스의 침입으로 의식은 중단되었다. 그러나 여사제들은 여신의 평화를 유지하기 위해 즉시 의식을 되풀이해서 거행하였다. 이 의식에 참석했던 귀족 신분의 여자들은 이내 자신들의 남편에게 사건의 전모를 알렸다. 그는 보나 데아 숭배의식을 공개적으로 망쳤기 때문에, 그의 불법 침입은 여신의 평화를 파괴하고 공화정의 안녕을 위협하였다. 이러한 그의 추문은 기원전 61년 초반의 로마 정계를 좌우했으며, 그의 이력에 오점을 남겼다. 보아 데아의 추문 사건은 사실이지만, 이 사건도 클로디우스에 대한 편견을 바탕으로 서술되었을 것이다.

오늘날 클로디우스의 정치적인 성격은 세부적으로 연구되었기 때문에, 우리는 키케로가 제공했던 사실보다 더 풍부하게 그의 모습을 알 수 있게 되었다.

먼저 클로디우스의 정치적인 성격을 파악하기 위하여 그의 추종자를 분석할 필요가 있다. 그렇다면 클로디우스의 공적인 지지 요청에 응했던 클로디우스 일파(Clodiani)는 누구였을까? 대중적인 인기의 기반이 되었던 클로디우스의 추종자들은 종종 클로디우스 일파로 묘사되었다. 물론 클로디우스 일파를 구성하는 사람들은 평판이 좋지 않았다. 그들은 단순히 범죄자와 노예가 아니라 성격 파탄의 범죄자와 노예들, 암살자와 검노들이라는 것이었다. 키케로가 클로디우스의 추종자를 소상점주(tabernarii) · 임금노동자(mercenarii) · 고용인(conductii) 등으로 좀더 일상적인 표현을 사용하여 묘사했을 때에도 그들의 저급한 성품을 강조하였다.

또한 키케로는 클로디우스 일파를 클로디우스의 군대(Execitus Clodianus)라고 표현하였다. 이런 표현에서 클로디우스의 대중적인 인기는 준군사적인 형태를 기반으로 했다는 것을 알 수 있다. 이런 사실은 클로디우스의 가신들 경우에는 적절하다. 클로디우스는 당시 귀족과 마찬가지로 호위병 역할을 하는 종자들을 거느리고 있었다. 그러나 이 집단은 클로디우스 일파의 극히 일부분을 구성했을 것이다. 클로디우스의 추종자들은 대부분 콜레기아(collegia : 동업자조합)의 구성원이었으며 주로 수공업자(opifices) · 소상점주(tabernarii)였는데, 이들은 키케로가 경멸한 노동자들이었다. 소요를 일으키기 위하여 클로디우스는 그들에게 종종 가게 문을 닫으라고 명령을 내렸다. 그렇게 해서 소집된 소상점주와 수공업자는 클로디우스의 핵심 추종자들이 되었다. 클로디우스 일파 가운데 일부는 노동자들이거나 일자리가 없는 빈민들이었지만, 이들은 자신들이 처한 상황 때문에 수공업자나 소상점주에 비해 클로디우스가 의지할 만한 주도세력은 되지 못하였다. 실업자도 클로디우스 편이기는 했지만 일당(日當)을 포기할 만한 능력이 없었다.

기원전 58년 클로디우스의 활동과 관련된 신분층은 소상점주가 되거나 콜레기아의 우두머리가 되었다. 이와 같은 추종자들은 피해방민이거나 피호민들과는 다르다. 이런 사실은 그들이 원할 때만 클로디우스 일파였다는 것을 뜻한다. 그들 중 어느 누구도 의미 있는 클로디우스의 추종자들은 아니었던 것이다. 따라서 그들을 무조건 포풀라레스라고 파악하는 것은 무리다. 이러한 상황에서 클로디우스를 도구적 존재자 또는 독립적 행위자라는 식으로 평가하는 것은 의미가 없다. 관점을 달리해서 보면, 그는 양자일 수도 있고 둘 다 아닐 수도 있다.

한편 클로디우스는 동료들과 유대관계가 없는 인물은 아니었다. 클로디우스는 원로원의 다른 정치가들과 마찬가지로 하나의 정책을 위해 다른 이들과 협력할 수밖에 없는 인물이었다. 또한 클로디우스는 대개의 문제들을 언제나 성공적으로 처리하지도 못했으며 또한 대중폭력에 의존하지도 않았다. 그래서 클로디우스의 정치적인 좌절은 그의 성취와 마찬가지로 옵티마테스와 포풀라레스라는 단순한 대립구도로 설명되지는 않는다. 그는 필요하면 정적인 키케로 또는 삼두정치가들과 협력하거나 대립하기도 하였다. 또한 그가 포풀라레스에 가깝다고 해서, 그의 정책이나 정치적 행보를 대중의 요구에 부합하기 위한 것이라고 파악하는 것도 옳지 못하다. 그는 다른 정치가들과 마찬가지로 더욱 전형적인 원로원 의원이 되었으며, 법정에서 변론하고 투표에서 성공하는 데 필요한 부를 축적하고 인맥을 맺었다. 요컨대 그를 단순히 포풀라레스 정치인으로 속단하면 안 된다. 그는 다양한 정치적 상황에서 경계를 넘나들고 정적과도 협력하는 정치가였기 때문이다.

그래서 우리는 공화정 후기의 정치에서 포풀라레스를 가난한 자와 억압받는 자의 옹호자로 파악하려는 키케로의 오류를 피해야 한다. 왜냐하면 공화정 후기는 포풀라레스와 옵티마테스[4]의 도식적인 투쟁만으로 파악할 수 없기 때문이다. 또한 로마 정치는 다양하고 상반된 주장과 야망으로 복잡하게 뒤얽혀 있기 때문이다.

클로디우스를 지지했던 세력을 클로디우스 일파라고 한다. 앞에서 말한 바와 같이 이들은 주로 수공업자와 소상점주를 중심으로 하며, 키케로가 언급한 것처럼 고용된 흉악범과 검투사로 이루어진 것은 아니었다. 따라서 클로디우스 일파는 키케로의 평가처럼 기존 정부를 폭력적으로 전복시키려는

---

[4] 포풀라레스와 옵티마테스에 대해서는 허승일, 『증보 로마 공화정 연구』, 서울대 출판부, 1995를 참고하라.

무리는 아니었다. 당시 로마 사회에서 인민의 시위 자체는 새로운 것도 없고 위험한 것도 아니었다. 평민들은 자신들의 입장을 경기와 쇼에서, 민회에서 그리고 재판에서 환호와 야유로 나타냈다. 인민은 때로는 무질서해지기도 하였다. 심지어 그들은 심각하게 침해당했다고 느끼거나 식량 부족과 같은 위기에 직면했을 때는 소요를 일으키기도 했다. 그러나 이런 현상은 로마 정치에서 일상적인 일이었다.

3. 귀족에서 호민관으로 신분 전환

수에토니우스(Suetonius)에 따르면, 클로디우스가 속했던 귀족 클라우디우스(Claudius) 가문은 공화정 후기까지 클로디우스라는 이름으로 21개 콘술직과 7개 켄소르직을 역임했고, 6번의 개선식과 2번의 작은 개선식을 치렀다. 또한 로널드 사임(Ronald Syme)은 "로마 전체사의 주요사건에서 클라우디우스 가문의 활약상을 볼 수 있다"고 언급하였다. 로마의 어떠한 귀족 가문도 그들과 경쟁할 수 없었다. 1세기 동안 옛 명성을 되찾으려고 투쟁한 율리우스 가문, 세르기니우스 가문, 그밖에 다른 많은 귀족가문과는 달리 클라우디우스 풀케르 가문은 결코 명성을 실추시키지 않았다. 클라우디우스 가문과 항상 다투던 키케로조차도 그들의 탁월함을 부인하지 않았다. 키케로는 그들을 일컬어 '훌륭한 가계' '존귀한 신분과 고관대작'이라고 했다. 요컨대 클라우디우스 가문은 천년왕국 로마의 절반 기간인 500년 동안을 탁월하게 지배할 만큼 위세가 당당한 집안이었다.

그런데 귀족인 클로디우스가 평민으로 신분 전환을 모색한 이유는 무엇인가? 사실 저평가되었지만 기원전 60년에도 클로디우스는 귀족 지위에서 벗어나려고 몇 번 시도하였다. 귀족이 평민이 될 수 있는가 하는 점은 차치하더라도 그런 신분 전환이 있었는가는 불분명하다. 이런 물음은 클로디우스의 노력만이 유일한 답이다. 결국 그는 절차상의 문제로 신분 전환에 실패했지만 그 대신 입양으로 평민이 되었다.

클로디우스는 보나 데아 사건 동안이나 그 이전에 평민 지위로 신분을 전환하고 시칠리아로 가기 전이나 가는 중인 기원전 60년 호민관 헬레니우스(C. Herennius)와 협정을 맺었다. 그는 켄투리아회가 열리기 전에 자신을 평민으로 바꾸는 법안을 재판관에게 제출하도록 하였다. 평민이 되려는 클로디우스의 열망은 호민관으로 출마하려는 의지로 표명되었다. 클로디우스가 키케로에게 복수하기 위하여 호민관직을 추구했다는 주장은 고대의 일치된 견해이다. 그래서 클로디우스가 귀족에서 평민으로 신분 전환을 모색한 것은 역사가의 관심을 끌기에 충분했다.

이런 문제를 심도 있게 고찰하기 위하여, 클로디우스의 신분 전환에 대한 디오(Dio)의 기록을 살펴보도록 하자. 디오에 따르면, 클로디우스는 귀족이 호민관에 선출될 수 있는 법률을 제안하도록 호민관들을 설득했지만 실패하였다. 그러자 클로디우스는 호민관이 되기 위하여 자신의 귀족 지위를 버리고 평민회에 입회하였다. 몸젠은 클로디우스의 귀족 지위 포기 선언을 우리가 잘 모르는 또다른 절차인 '신성한 귀족 신분의 포기'와 동일시하였다. 몸젠은 신성한 귀족 신분의 포기를 평민으로의 신분 전환과 대등한 것으로 여겼고 클로디우스도 분명히 그렇게 했다는 것이다. 디오의 설명을 빌리면, 클로디우스는 귀환 직후인 기원전 60년 5월 24일 평민이 되어 호민관으로 선출되기 위한 기초인 '신성한 귀족 신분 포기'를 하였다. 디오는 클로디우스의 억지스러운 신분 전환을 입양(ἐκποίησις, 동사 ἐκποιεῖν)이라는 단어로 표현하였다.

우여곡절 끝에 기원전 60년 클로디우스는 입양으로 평민이 되었다. 이에 대하여 키케로는 기원전 57년 추방에서 돌아온 뒤, 클로디우스의 입양은 무효이므로 그의 호민관직도 불법이라고 주장하였다. 이러한 입장은 키케로가 팔라티누스 언덕에 있는 자신의 대저택을 복구하려는 노력으로 발표한 『도무스(domus)에 관하여』(De Domo)에서도 나타났다. 키케로는 폰테이우스(Fonteius)가 클로디우스를 입양한 것이 입양절차에 위배된다고 주장하면서 클로디우스의 전례가 되도록 방치된 귀족사회의 종말을 예고하였다.

키케로는 클로디우스의 위협 때문에 고향으로 은퇴할 때만 해도 클로디우스 입양의 적법성을 문제삼지 않았다. 그러나 키케로는 추방된 이후에야 비로소 클로디우스의 호민관직과 입양의 적법성을 비난하였다. 입양 이후 클로디우스의 이름은 P. Fonteius P. f. Pulcher(아니면 Clodianus)가 되어야 하지만, 그는 자신의 옛 성과 공식 이름을 유지하였다. 게다가 그의 아이들도 클라우디우스의 이름을 계속 사용하였다. 베일리(Shackleton Bailey)는 당시 83건의 입양에서 클로디우스와 비교할 만한 것은 8건이 있는데, 이런 예들로 보아 클로디우스의 행동이 일반 관습과 다르더라도 불법은 아니었다고 판단할 수 있다. 그러므로 클로디우스의 입양에 대한 키케로의 비판은 조작과 편파의 혼합물이었다. 클로디우스의 입양은 삼두정치가가 키케로를 위협하려고 클로디우스에게 호민관이 되도록 허용한 편법임이 분명하다. 그러나 키케로가 보여주려고 한 것처럼 클로디우스의 행동은 일면 비관례적인 것이기도 하였다.

그가 평민으로 신분을 전환하려고 한 것은 우려한 대로 1년 안에 중대한 일을 발생시켰다. 즉 클로디우스의 정치상황이 바뀐 것이다. 기원전 58년 7월이나 8월에 호민관 선거가 치러졌는데, 예상대로 클로디우스는 호민관으로 선출되었다.

4. 실제 정책으로서의 기원전 58년 4법(法)

클로디우스 정치의 실제적인 성격은 기원전 58년 그의 4법(quattuor leges)에서 구체적으로 나타났다. 기원전 58년 12월 10일, 클로디우스는 호민관직에 취임한 날 4법을 제출했으며, 그것들을 모두 반대 없이 입법 처리하였다. 아스코니우스는 이 법을 '독으로 가득 찬 4법'(quattuor leges perniciosae)이라고 일컬었다. 클로디우스는 이 법을 토대로 강력한 호민관의 경력기반을 마련했고, 기원전 58년뿐 아니라 이후까지도 정권의 기초를 마련하는 데 사용하였다. 또한 클로디우스의 입법은 도시평민(plebs urbana)을 신속하게 무장하여 동원할 수 있는 새로운 방법을 제공하였다. 그러나 클로디우스는 포풀라레스를 추구하면서도 자신의 원로원 동료들을 완전히 소외시키지 않으려고 하였다. 더욱이 그의 정치는 '법'이라는 제도를 통해 현안을 해결하려고 한 점에서 카틸리나가 음모로 현안을 해결하려고 한 것보다 세련되고 발전된 것이라고 할 수 있다.

클로디우스는 4법의 발표와 채택 과정에서 자신의 새로운 정책의 중요성을 선전하기 시작했는데, 이때 가장 예측 가능했던 반대자인 키케로의 저항에 직면하였다. 클로디우스의 4법에는 ① 콜레기아에 관한 클로디우스법(lex clodia de collegiis), ② 곡물법(lex frumentaria), ③ 인민회에 관한 클로디우스법(lex clodia de agendo cum populo), ④ 켄소르가 의원을 선출하는 절차에 관한 법(lex de censoria notione)이 있었다. 이런 법들을 통하여 클로디우스가 호민관으로서 펼친 정치활동의 내용을 알아볼 수 있다.

먼저 '콜레기아에 관한 클로디우스법'을 보자. 이 법은 기원전 64년 원로원의 결의로 억압된 콜레기아를 복원시키고 새로운 콜레기아의 등록을 허가하는 법이었다. 이 법은 직종인을 고무시켰다. 원래 키케로는 콜레기아를 국가의 안전을 위협하는 것으로 저평가하면서, 새로운 콜레기아(nova collegia)를 노예의 콜레기아라고 하였다. 그런데 이 법은 새로운 콜레기아의 설립을 허용하였고, 그들의 명부는 도시 단체에 관해 구역별로 작성된 포괄적인 기록, 즉 키케로가 말한 로마 시 콜레기아 명부(tota urbe descriptio)의 일부였다.[5] 로마의 콜레기아, 특히 직업 콜레기아는 노예가 아닌 피해방민(libertini)이 다수를 구성하였다. 키케로는 피해방민을 묘사하면서 그들을 불리하게 하려고 할 때는 노예와 관련된 용어를 쓰는 습관이 있었다. 키케로는 자신이 증오하는 호민관 클로디우스를 지지하는 콜레기아를 묘사할 때도 그렇게 하였다. 따라서 우리는 콜레기아에 관한 키케로의 묘사를 문자 그대로 받아들일 수 없다.

---

[5] *Dom.* 129.

둘째, '곡물법'은 곡물 무상배급법으로 도시민의 지지를 받았다. 기원전 122년 그라쿠스 형제는 곡물 무상배급을 시도했지만 성공하지 못하였다. 가이우스 그라쿠스는 곡물을 무상배급이 아니라 시가의 10분의 1로 유상배급하려고 하였다. 그런데 기원전 58년 클로디우스가 이 법을 통하여 곡물 무상배급을 실시했다는 것은 의미가 있다. 이 법은 10세 이상의 로마 시민에게 월 5모두스의 식량을 무상으로 공급하는 것을 규정하였다.

나는 P. 클로디우스가 4법을 통과시켰음을 언급하였다. 그 중 하나는 곡물법이다. 이 법은 인기가 대단해서 키케로가 이 법을 언급하지 않았는데, 이 법의 주요 내용은 곡물(frumentum)을 인민에게 무상으로 배급한다는 것이다.[6]

이러한 공공증여는 매년 약 108만 세스테르세스의 국가 비용으로 매달 약 30만 명에게 곡물을 배급했다고 추정하면 크게 잘못되지 않을 것이다. 클로디우스의 이러한 조치는 비용이 많이 드는 것이었기 때문에 대개의 원로원 의원들은 그것을 과도하다고 여겼지만, 어떠한 호민관도 감히 이 법에 대한 거부권을 행사하지 못하였다. 그러나 이 법은 도시평민이 거주하는 모든 구역에서 환영받았고, 그에게 인민의 지속적인 지지를 안겨주었다. 클로디우스의 이후 정치적 지지도는 주로 그의 대중적인 인기(popularitas)에 의존하였다. 마침내 클로디우스 법은 성공을 거두었다.

셋째, '인민회에 관한 클로디우스법'은 민회를 소집하는 것을 제한하거나 금지하는 기존 규제들을 변화시켰다. 즉 아이리우스와 푸피우스의 법(leges Aelia et Fufia)을 완화시킨 법이었다. 이 법에 대하여 우리가 알고 있는 유일한 사료들은 키케로가 이 법에 대해 격분하여 비난했다는 것과 아스코니우스와 디오의 기록인데, 후자의 두 기록은 키케로의 말을 반복해놓은 데 지나지 않는다. 이 법은 4법 중에서 가장 덜 이해되는 것이므로 키케로의 비난

---

6) *Asconius*, 8(C).

을 요약하고 각각에 대한 증거를 검토해보는 것이 유용하다.

그렇다면 아이리우스법(lex Aelia)는 무슨 법일까? 이것은 오브눈티아티오(obnuntiatio : 불길한 징조들에 대한 공표) 폐지에 관한 법이었다. 오브눈티아티오는 기원전 59년 전면적으로 나타났다. 공공생활은 길조와 흉조에 따라 규제되었는데, 민회를 점복으로 규제하는 다른 수단이 바로 오브눈티아티오였다. 오브눈티아티오는 오래된 관행이었고, 이것이 호민관들에게까지 연장된 것은 기원전 5세기까지 거슬러 올라갈 수 있을 것이다. 그렇다면 아이리우스법의 목적은 무엇이었을까? 아마도 이것은 조상 전래의 관습(mos maiorum)을 명문화한 것이었을 수도 있고, 누구에 대해 어떤 상황에서 누가 오브눈티아티오를 할 수 있는지를 규정한 것일 수도 있다.

로마법이 불확실하거나 모호하게 정의된 특권에서 비롯된 분쟁들을 정리하려는 경향이 있었다는 점으로 미루어볼 때, 이 법은 사실상 건전한 복점 교리를 공법에다 명문화시킨 것이라는 점은 결코 놀라운 일이 아니다. 클로디우스법은 카이사르와 옵티마테스 사이의 점복을 둘러싼 불화의 결과에 대해 어느 한쪽으로 치우칠 필요는 없었다. 그래서 '인민회 투표에 관한 클로디우스법'을 단지 포풀라레스의 호소력을 가진다고 보는 것은 잘못이다. 이는 이 법의 제안자인 클로디우스를 단순한 포풀라레스 호민관(tribunus popularis) 이상으로 보이게 하려는 의도를 갖고 있었기 때문이다.

마지막으로 '켄소르가 의원을 선출하는 절차에 관한 법'은 켄소르가 원로원 의원의 선발(lectio senatus)을 수행하는 절차를 개혁한 법이다. 이 법은 일반적인 공공의 이해를, 특히 원로원 신분과 관계있는 문제를 다루었다. 결국 클로디우스법은 겉으로는 관습에 맞추는 작은 혁신을 도입함으로써 원로원 의원의 개인적이고 집단적인 위엄을 보호하는 개혁이었던 것이다.

그런데 키케로는 사태를 다르게 보았다. 키케로가 망명에서 돌아온 뒤 클로디우스법은 켄소르직 자체를 폐지하는 것과 마찬가지라고 주장하였다. 키케로의 입장은 분명히 과장되기는 했지만 그의 논리는 타당하다. 클로디우스법은 원로원 의원 선발의 효용성을 무디게 함으로써 실제로 켄소르의 권력을 약화시켰다. 바로 그렇기 때문에 이 법이 많은 원로원 의원에게 호소력을 가졌던 것이며, 이 법은 최소한 로마의 센서스에 수반되던 문제들을 해결하려는 시도였다.

그러나 이것은 성공하지 못하였다. 클로디우스법에 규정된 공청회가 너무 많았고, 다음 센서스가 시도된 기원전 54년까지 너무 오래 걸려서, 루스투룸(lustrum: 5년마다 조사하는 센서스가 끝난 다음에 지내는 로마의 재계식)이 이루어질 가망성이 거의 없었다. 결국 클로디우스법은 기원전 54년의 실패 이후 기원전 52년 클로디우스가 죽자 콘술 메텔루스 스키피오에 의해 폐지되었다.

앞에서 살펴본 것처럼 클로디우스의 4법은 평민뿐만 아니라 기사 신분과 원로원 의원의 지지를 얻으려는 것을 목표로 하였다. 그는 곡물 무상배급과 콜레기아를 통하여 분명히 평민들의 지지를 얻었을 것이다. 클로디우스가 오브눈티아티오 절차를 명문화한 것은 신중하고 시의적절한 입법으로 존중받았다. 게다가 원로원 의원의 선발에 대한 개혁은 분명히 원로원의 지지를 받기 위한 것이었다. 당연하게도 클로디우스의 포풀라레스 조치들에 대해 위협을 느낀 선한 사람들(boni)은 극소수였다. 그러나 무상 곡물은 거의 저지할 수 없는 제안이었고, 클로디우스법은 최소한 어떤 뜻에서도 혁명적이지 않다는 것이 분명하였다. 사실 전체 일정은 균형이 잡힌 것이었다. 결과적으로 삼두정치가 편에서나 선한 사람들 편에서나 클로디우스법의 통과를 저지시키려는 움직임은 없었다. 주로 키케로가 저항했는데, 흥미롭게도 그는 삼두정치가 아니라 원로원의 지도자들에게 양보하라고 설득당했다.

디오에 따르면, 닌니우스는 키케로와 함께 클로디우스의 모든 법안을 막으려고 노력하였다. 그러나 당시 클로디우스는 전례 없는 대중적인 인기를 얻었고 콘술의 지지를 받았다. 또한 기원전 58년이 시작되었을 때 클로디우스는 삼두정치가·원로원과 더불어 광범위한 정치적 연대를 이루었는데, 이것은 그의 4법이 다양한 계층의 지지와 호응을 받고 있었음을 시사한다.

클로디우스는 1월 내내 콜레기아와 곡물 배급에 대한 자신의 법률을 실행하느라 분주했는데, 그것은 4법을 검토하면서 논의했던 활동들이다. 오래된 콜레기아를 복원하고 새로운 콜레기아를 설립하며, 동시에 평민에게 곡물을 무상으로 배급할 적절한 수단을 고안하는 일은 모든 힘을 쏟아야 하는 일이었을 것이다. 클로디우스는 이런 일에 대응하여 평민을 소집해서 자신을 지지하게 했는데, 당연하지만 이것은 시민의 자유를 콘술의 권한 남용에서 지켜야 하는 호민관의 권리이자 의무였다. 여기에서 4법이 처음으로 효력을 발휘하였다. 결국 호민관 클로디우스는 기원전 58년의 법들을 통하여 자신의 정치적인 성격을 드러냈다. 클로디우스의 구체적인 정치행위는 이 법으로 키케로를 추방하고 그의 도무스를 파괴한 것에서 여실히 드러났다.

이렇듯 클로디우스법은 이전의 연구들에서 단편적으로 언급한 것처럼 단순한 포풀라레스로서의 인기정책에 급급한 클로디우스의 모습을 뛰어넘는 것이었다. 그것은 나름대로 치밀함과 합리성이 있으며, 정치가로서의 클로디우스의 역동성과 유능함을 보여주었다.

5. 클로디우스에 대한 평가

그렇다면 클로디우스는 로마 공화정의 정치에서 얼마나 중요한 역할을 했을까? 물론 클로디우스가 로마 정치에 끼친 영향은 지대하다. 그는 적어도 이후의 지도자들에게 만약 로마를 지배하고자 한다면 거대하고 지속적인 몸짓으로 인민의 지지를 구해야만 한다는 사실을 알게 해주었다. 클로디우스는 평민의 열망(favor plebis)을 조직적인 소요와 폭력으로 표면화하였다. 그리하여 도시평민은 클로디우스와 지속적인 관계를 바탕으로 비록 불완전하지만 정치적 정체성과 정치적 권리에 대한 감각을 발달시킬 수 있었다.

클로디우스가 로마 정치에 더욱 직접적으로 영향을 준 것은 폼페이우스에게 단독 콘술직의 무대를 마련해주었다는 것이다. 즉 그가 타살되어 그의 시신이 로마로 운구되어 화장되면서 일어난 인민폭동으로 폼페이우스가 단독 콘술이 되었는데, 이것은 삼두정의 세력균형을 무너뜨렸으며, 이후의 로마 정치에 영향을 끼쳤던 것이다.

　설령 클로디우스가 삼두정 시기나 그 이후의 프린키파투스 때의 상호작용과 구조에 중요한 영향력을 행사하지 못했다 하더라도, 그는 분명히 당대에 중요하였다. 쿠리아를 파괴하고 폼페이우스의 단독 콘술직 무대를 마련해준 계기는 그 무엇도 아닌 바로 클로디우스 시신의 화장이었기 때문이다. 밀로는 결코 사소한 인물이 아니었지만, 비아 아피아에서 밀로가 죽었다면 그와 비슷한 동요가 일어나지 않았을 것이다. 또한 클로디우스는 곡물 무상 배급으로 로마 사회에 지속적으로 공헌했다는 점도 빼놓을 수 없다.

　공화정 후기는 단순히 제정의 전주곡으로 파악하지 않는 것이 바람직하다. 기원전 60~50년대는 단순히 내전의 도움닫기가 아니었다. 기원전 50년대 로마 정치를 클로디우스 없이, 그리고 그의 대중선동과 특별한 관계없이 고찰하는 것은 불가능하다. 기원전 60~50년대의 사건들은 클로디우스의 삶과 경력과 연결되어 있다. 사태를 이렇게 설명해본다면, 클로디우스는 그 자신의 복잡성과 실패에도 불구하고 그가 활동했던 기원전 58~52년 기간은 비록 짧지만 로마의 공화정과 제정을 연결해주는 중요한 시기라고 할 수 있다.

참고문헌

김진경 외, 『서양고대사강의』, 도서출판 한울, 1998.
지동식, 『로마 공화정 위기론』, 법문사, 1981.
지동식 편역, 『로마사 연구의 제문제』, 고려대학교 출판부, 1983.
허승일, 『증보 로마 공화정 연구』, 서울대 출판부, 1995.
마이클 파린티, 『카이사르의 죽음』, 이인종 옮김, 도서출판 무수, 2004.
안토니 에버릿, 『로마의 전설 키케로』, 김복미 옮김, 서해문집, 2003.
프리츠 하이케하임, 세드릭 A. 요, 앨런 M. 워드 개정, 『로마사』, 김덕수 옮김, 현대지성사, 1999.
김영진, 「기원전 63년 카틸리나 '음모'의 재조명 : 키케로와 살루스티우스의 평가를 대비하여」, 서울대학교 석사학위 논문, 2001.
허승일, 「로마의 정부형태」, 『사회과학교육』 제6집, 2003.

안토니우스

권력도 사랑도 잃은 로마인

● 김덕수(서울대 교수 · 서양고대사)

사랑하는 여인의 품에서 숨을 거둔 안토니우스

클레오파트라가 자살했다는 소문을 들은 안토니우스는 자신을 질책했다. 에로스라는 하인에게 자신에게 급박한 상황이 닥치면 자기를 죽여달라고 다짐을 해둔 터였다. 에로스에게 바로 이때라고 말하자 칼을 뽑아든 에로스는 안토니우스를 겨누다가 갑자기 돌아서더니 제 몸을 찔러 자살을 하고 말았다. 쓰러지는 에로스를 보던 안토니우스는 오히려 부끄러운 마음이 들었다. 노예만도 못한, 용기 없는 자신을 한탄하면서 칼로 배를 찌르고 침대로 쓰러졌다. 그러나 숨이 끊어지지 않고 고통으로 신음하던 안토니우스는 주위 사람들에게 자기를 죽여달라고 애원했다. 사람들이 외면하고 밖으로 나갔을 때 클레오파트라의 몸종 디오메데스가 들어와 클레오파트라가 모셔 오라는 지시를 받고 왔노라고 말했다. 클레오파트라가 살아 있다는 것을 안 안토니우스는 그녀에게 달려가 가까스로 만날 수 있었다. 그는 죽어가면서 자신을 위해 슬퍼하지 말라고 부탁하고, 자신은 세상에서 가장 큰 영광과 권력을 누리며 살았을 뿐만 아니라 다행히도 마지막에는 로마인에게 정복되었으니 기뻐해달라고 당부했다.[1]

마치 한 편의 멜로 드라마 같은 내용이다. 이것이 카이사르 사후 사실상 로마의 일인자로 유력했던 안토니우스의 초라한 최후였다. 카이사르 다음의 권력자로, 옥타비아누스·레피두스와 함께 제2차 삼두정의 일원으로, 옥타비아누스의 매부로 로마 세계를 호령하던 안토니우스의 생애는 먼 이국땅 이집트에서 53세를 일기로 그렇게 끝났다. 사랑하는 여인의 품에 안겨서.

초기 생애

안토니우스와 관련된 이야기는 두 가지 원인 — 로마 당대부터 받은 부정적인 평가와 그 영향을 받은 후대의 저작들 — 때문에 역사적인 진실에 접근하기가 어렵다. 안토니우스의 부정적인 상을 각인하는 데 가장 큰 영향을 끼친 것은 키케로와 옥타비아누스이다. 카이사르가 암살당한 뒤 공화정 회복의 최대의 걸림돌을 안토니우스로 본 키케로는 그만 제거하면 공화정이 회복될 수 있다고 믿었기 때문에 안토니우스를 맹렬히 비난하는 연설을 하다가 결국 안토니우스가 보낸 군인들에게 살해당했다. 로마 시대의 저작 중 가장 많은 작품이 남아 있는 키케로의 글에는 안토니우스에 대한 비방과 인신공격이 많이 남아 있다.

또한 카이사르 사후 로마의 정치무대에 등장한 옥타비아누스는 한때 안토니우스·레피두스와 삼두정치를 결성했으나 결국에 가서는 안토니우스와 권력투쟁을 벌였고, 기원전 31년 악티움 해전, 기원전 30년 알렉산드리아 전투를 거치면서 그를 자살로 몰고 갔다. 마지막 군사적 충돌을 앞두고 벌인 선전전에는 양자 모두 상대의 약점을 공격하는 중상비방이 많이 동원될 수밖에 없었다. 그뒤 옥타비아누스는 내전의 최종 승자가 되어 초대 황제로 등극했지만, 패장 안토니우스는 쓸쓸히 역사의 무대로 물러날 수밖에 없었다.

---

1) 플루타르코스, 『안토니우스』, 이성규 옮김, 『플루타르크 영웅전 전집』 제2권, 현대지성사, 2000, 1737~1738쪽.

역사에서 패자에 대한 배려는 늘 부족하다. 로마 제정 시대에 나온 자료들이 초대 황제와 대립한 안토니우스를 변호하기는 쉽지 않았을 것이다.

안토니우스 상(像)에 또다른 영향을 끼친 것은 후대 작가들이나 영상물들인데, 여기서는 주로 이집트의 여왕 클레오파트라와의 사랑이 초점이 되었다. 특히 대문호 셰익스피어의 『안토니우스와 클레오파트라』에서 안토니우스는 명예와 권력을 버린 열정적인 로마인으로 그려졌고, 안토니우스와 클레오파트라의 사랑, 연인의 자살 소식(잘못된 정보였지만)에 충격을 받아 자살을 시도하고, 연인의 진짜 자살을 보고 다시 진짜 자살을 함으로써 영원한 세계에서의 만남을 앞당기려는 했다는 모티프는 『로미오와 줄리엣』에도 영향을 주었다. 결국 안토니우스는 사랑 앞에 모든 것을 포기한, 열정적인 삶을 살다 간 로마인으로, 클레오파트라는 전도유망한 로마의 장군을 유혹하여 대세를 그르치게 한 요부(妖婦)로 만든 것이다. 과연 안토니우스는 그런 인물이었을까? 선입견을 버리고 그의 삶을 하나씩 추적하면서 우리에게 익숙한 그에 대한 평가를 재고해보자.

마르쿠스 안토니우스는 기원전 83년 1월 14일에 태어났다. 아버지는 크레티쿠스라는 별명을 가진 마르쿠스 안토니우스(Marcus Antonius Creticus)로 마리우스와 술라의 공포정치 시기를 무사히 넘겼지만 이렇다 할 역할을 하지는 못했다. 그의 어머니 율리아는 루키우스 율리우스 카이사르와 풀비아 사이에서 태어났다. 보수적인 성향을 띠었던 안토니우스의 외할아버지는 나중에 독재관이 된 카이사르의 먼 친척뻘로, 기원전 87년 마리우스파 추종자들에게 희생되었다. 그는 당시 민중파였던 마리우스와 킨나에게 반대했던 것이다. 외할머니가 풀비아 씨족 출신이었다는 것은 주목할 필요가 있는데, 안토니우스의 두 번째 아내가 풀비아였기 때문이다.

안토니우스 가문은 전통적인 파트리키이 가문이 아니라 평민 출신으로 관직을 통해 귀족 반열에 오른 노빌레스 가문이었고, 평민 출신 귀족들이 득세할 때조차 지도적인 역할을 하지는 못했다. 안토니우스 가문의 명성을 처음으로 알게 한 조상은 기원전 334년 기병대장이 된 마르쿠스 안토니우스였으나 그가 공화정기의 쟁쟁한 인물들 사이에서 사람들의 기억 속에 남아 있기는 불가능했으며, 설사 유명했다 해도 안토니우스 당대로 보면 아주 오래 전의 인물이었다. 따라서 안토니우스가 활동할 무렵 그의 가문은 파비우스 가문이나 코르넬리우스 가문과 같은 명문 가문들보다는 한참 격이 떨어지는 가문이었다. 그렇다고 그 집안이 재산이 많은 것도 아니었다.

다만 당시 정치현실은 원로원 귀족 중심의 옵티마테스 세력과 평민회 중심의 포풀라레스 세력이 서로 권력을 다투는 혼란기여서 전통적인 명문 가문이라도 정치적인 상황 변화에 따라 하루 아침에 몰락할 수 있었고, 별 볼 일 없던 가문도 새롭게 부상할 수 있었다. 안토니우스는 아마도 당시의 정치현실에서 자신의 위치를 잘 파악했던 것 같다. 민중적인 기반을 토대로 자신의 능력을 보여 출세하는 것, 그것이 그와 그의 가문이 성공할 수 있는 유일한 가능성처럼 보였는데, 안토니우스는 그 길을 잘 밟아나갔기 때문이다.

안토니우스는 얼굴이 잘생기고 몸집도 좋았으며, 멋진 수염과 넓은 이마, 높은 코 등은 그림이나 조각에서 보는 헤라클레스 신을 닮았고 매우 남성적이었다. 더구나 안토니우스의 조상은 헤라클레스의 아들 안톤에게서 시작되었다는 전설이 오래 전부터 내려오고 있었다. 안토니우스는 사람들에게 그 전설을 믿게 하려는 듯이 특히 얼굴과 옷차림에 많은 신경을 썼다.

키케로와의 악연: 기원전 63년의 카틸리나 음모사건

우리에게 부정적인 안토니우스 상을 각인시킨 장본인 키케로는 아르피눔 지방의 기사 신분 출신자로 마리우스 이래 첫 신인 정치가였다.[2] 그는 기원전 63년 콘술직에 올라 카틸리나의 반란 음모를 미리 밝혀내고 주모자들을

---

[2] 로마사에서 신인 정치가(Novus Homo, New Man)란 자기 가문에서 처음으로 콘술이 된 사람을 가리킨다.

처벌하여 국가를 위기에서 건진 공로로 '국부'(國父, Pater Patriae)라는 칭호를 받은 바 있었다. 문제는 그 사건이 날로 험악해져가던 로마의 정치상황을 키케로·카토로 대표되던 원로원 내의 귀족파 세력과 그에 반대 전선을 구축한 민중파 세력으로 양분시켰다는 것이다.

특히 카틸리나 사건은 그때 20세에 도달한 청년 안토니우스에게 개인적으로 씻을 수 없는 상처를 남겼다. 기원전 72년경 안토니우스의 아버지가 세상을 떠나자 어머니는 코르넬리우스 렌툴루스(Cornelius Lentulus Sura)와 재혼했는데, 계부 렌툴루스가 카틸리나 음모사건에 연루되어 키케로에게 잡혀 기원전 63년 12월 사형을 당했던 것이다. 이로써 공화정 수호파의 지도자로 부상한 키케로는 이제 막 정치 경력을 쌓아가려고 하던 안토니우스의 적대감의 표적이 되고 만 것이다. 물론 키케로가 청년 안토니우스에 대해서 적대감을 품을 이유는 없었다. 그러나 파벌들간의 권력투쟁으로 불안정하던 시점에 전도유망하던 청년 안토니우스의 정치활동은 자연히 반(反)키케로 진영, 즉 반(反)원로원파로 연결될 가능성이 높았고, 이는 곧 양자 사이의 대립을 더 심화할 수밖에 없었다. 기원전 42년 겨울 키케로의 살해까지 몰고 간 두 사람 사이의 갈등의 씨앗은 기원전 63년에 심겨진 셈이었다.

클로디우스·쿠리오와 함께 민중파로 출발한 안토니우스

안토니우스의 청년시절은 낭비벽이 심하고 술과 여자에 빠져 헤어나오지 못하는 방탕아의 모습으로 묘사되는데, 이는 그의 생애 동안 공적인 활동 외에 그의 사적인 생활을 묘사할 때마다 등장하는 단골 메뉴이다. 플루타르코스는 그 원인을 친구 쿠리오(C. Scribonius Curio, 기원전 84~49년)를 잘못 사귀었기 때문이라고 말한다.[3] 안토니우스는 250탈렌트의 빚을 졌는데, 이는 젊은 청년에게는 상상도 할 수 없을 만큼의 막대한 금액이었다. 그러나

---

3) 플루타르코스, 앞의 책, 1675쪽.

아들이 그 엄청난 안토니우스의 빚보증을 섰다는 사실을 알게 된 쿠리오의 아버지는 오히려 안토니우스를 문제삼아서 다시는 자기 집에 발을 들여놓지 못하게 했다는 것이다. 그러나 안토니우스의 낭비벽도 사라지지 않았고, 안토니우스와 쿠리오와의 관계도 끝난 것이 아니었다. 안토니우스는 쿠리오와 가까운 관계를 유지하던 클로디우스의 민중운동에 가담했기 때문이다.

민중파 지도자 클로디우스(P. Clodius Pulcher, 기원전 92?~52년)는 기원전 67년까지만 해도 키케로와 사이가 좋았으나 기원전 63년 당시 콘술이던 키케로가 카틸리나 음모 관련자들을 처벌하자고 주장할 때 클로디우스의 연루 혐의를 제기하자 서로 대립하기 시작했다. 크라수스가 매수한 한 배심원의 무죄 평결로 가까스로 방면된 클로디우스는 그때부터 원로원 내 옵티마테스 세력인 키케로에게 반대하고 로마 시 평민들의 이익의 대변자로서 포풀라레스적인 정치성향을 명확히 하기 시작했다. 클로디우스는 기원전 60년에는 귀족 신분에서 평민 신분으로 이적을 신청했다가 원로원 귀족들의 반대로 뜻을 이루지 못했고, 기원전 59년 당시 대신관이었던 카이사르의 지원을 받아 마침내 쿠리아 민회에서 신분 이동 허가를 얻어냈다.

평민 신분으로 이적한 클로디우스는 기원전 58년의 호민관으로 선출되었다. 그는 로마 시 평민들에 대한 곡물 무상배급, 콘술들인 가비니우스와 피소에게 속주 배정, 키케로 추방 등 주로 포풀라레스 운동의 선두주자로 활동하기 시작했으며, 안토니우스 역시 이 운동에 함께했다.[4] 그러나 워낙 정세가 불안정하고 클로디우스에게 반대하는 세력들의 위협 또한 만만치 않자 안토니우스는 기원전 58년경 그리스로 건너가 웅변술을 배우며 학문에 정진하였다. 그럼에도 불구하고 포풀라레스 성향의 쿠리오와 클로디우스의 연대는 이후 전개될 안토니우스의 정치생활의 성향을 사실상 확정지었고, 그가 카이사르파의 일원이 되게 했다.

그러나 20대 후반의 안토니우스의 경력에서 주목할 만한 장점은 그의 군

---

[4] 클로디우스는 기원전 52년 귀족파 행동주의자인 밀로에게 살해당했다.

사적 능력과 병사들 사이의 인기였다. 기원전 57년경 안토니우스가 그리스에 머물고 있을 때 그는 가비니우스의 기병대장(magister equitum) 자격으로 처음으로 시리아 원정에 참가할 기회를 얻게 되었다. 그의 임무는 유대인들의 반란을 사주한 아리스토불루스를 축출하는 것이었다. 안토니우스는 아리스토불루스와 그의 아들을 생포하고 로마군보다 더 많았던 반란군을 물리침으로써 자신의 군사적인 재능을 유감없이 보여주었다. 이어서 이집트 내전에 참가해 왕위에서 쫓겨난 프톨레마이오스 12세를 복위시켰다.[5] 이처럼 기원전 57~55년을 동방에서 보낸 안토니우스는 기원전 53년 로마로 돌아왔다.

당시 로마는 키케로-폼페이우스를 주축으로 하는 옵티마테스 세력과 갈리아 총독으로 나가 있던 카이사르를 주축으로 하는 포풀라레스 세력으로 갈려 있었다. 청년기부터 쿠리오와 가까웠던 안토니우스는 쿠리오와 함께 반(反)키케로·친(親)카이사르 진영에서 활동했다. 안토니우스는 쿠리오의 도움을 받고 콰이스토르직에 입후보하여 당선되었으며, 기원전 52년 콰이스토르로서 갈리아 속주로 파견되어 총독 카이사르의 부관으로 활동했다. 그뒤 기원전 50년 로마로 돌아온 안토니우스는 갈고 닦은 웅변실력과 카이사르가 보내준 선거자금을 이용해 기원전 49년의 호민관으로 입후보하여 당선되었고, 이어서 조점관으로 당선되었다.

기원전 49년 쿠리오는 죽었지만, 안토니우스에 대한 그의 영향은 기원전 45년 안토니우스의 결혼에서 드러난다. 안토니우스는 쿠리오의 미망인 풀비아와 결혼을 했는데, 그녀는 클로디우스의 아내(기원전 62~52년)였다가 그가 밀로에게 살해당하자 쿠리오와 재혼(기원전 52~49년)한 경력을 가진 여장부였던 것이다. 안토니우스에 대한 민중파 클로디우스나 쿠리오의 영

---

5) 클레오파트라 여왕의 아버지인 프톨레마이오스 12세는 아우레테우스 왕가의 마지막 왕이었다. 그가 죽은 뒤 아들들과 딸 클레오파트라 사이에 내전이 일어났는데, 권력에서 밀렸던 클레오파트라는 카이사르의 도움을 받아 왕위를 되찾을 수 있었다. 카이사르가 죽은 뒤 클레오파트라는 안토니우스와 손잡고 왕위를 유지하려 했다.

향력은 풀비아라는 여자의 승계를 통해서도 드러나고 있는 것이다.

카이사르의 오른팔 안토니우스

기원전 49년의 로마 원로원은 폼페이우스를 내세운 옵티마테스 세력이 주도권을 잡고 있었다. 이러한 상황에서 그해 호민관이 된 안토니우스는 로마에서 카이사르의 대변자 역할을 했다. 기원전 49년 콘술 마르켈루스가 새로 모집하는 군대를 폼페이우스에게 맡기자고 제안했을 때 안토니우스는 강력하게 반대하고 나섰다. 또한 폼페이우스의 군대를 해산시키느냐 카이사르의 군대를 해산시키느냐를 두고 논란을 벌일 때 대부분의 원로원 의원들이 카이사르 군대의 해산을 찬성했지만, 안토니우스는 폼페이우스와 카이사르의 군대를 동시에 해산시키자는 안을 내놓았다. 그리하여 안토니우스의 안에 대해 원로원 의원들이 갑론을박하자 콘술 렌툴루스가 안토니우스를 원로원에서 퇴장시켰다. 신변에 위협을 느낀 안토니우스는 원로원을 나와 노예의 옷으로 갈아입고 카이사르의 군대가 있는 갈리아 속주로 피신하였다. 보고를 받은 카이사르가 군대를 이끌고 루비콘 강을 넘어 로마로 진군함으로써 내전이 시작되었고 폼페이우스와 그 핵심세력은 그리스로 도주했다.

내전기에는 안토니우스의 군사적인 능력이 잘 발휘되었다. 그리스로 도주한 폼페이우스 군대와 싸운 파르살루스 전투에서 카이사르가 우익을 맡고 안토니우스는 좌익을 맡았는데, 카이사르파 군대가 대승을 거두는 데 크게 기여했기 때문이다. 승리한 카이사르는 독재관이 되고 안토니우스는 기병대장이 되어 로마의 치안을 맡았다. 그러나 로마로 돌아온 안토니우스와 그의 병사들이 오히려 로마의 질서를 어지럽히고 방탕한 생활을 했기 때문에 시민들의 원성을 사기도 했다.

카이사르가 히스파니아에서 승리를 거두고 로마로 돌아왔을 때 가장 큰 대접을 받은 사람은 바로 안토니우스였다. 카이사르는 자신의 개선 전차에 안토니우스를 함께 태우고, 그 다음 전차에는 자기 조카딸의 아들인 옥타비우스를 태웠기 때문이다. 안토니우스와 그보다 20세 어린 옥타비우스의 공식적인 첫 만남은 이처럼 안토니우스에게 유리하게 시작되었다. 카이사르는 기원전 44년 5선 콘술이 되면서 안토니우스를 자신의 동료 콘술로 삼았다. 안토니우스는 명실상부하게 카이사르의 오른팔로, 2인자로서의 법적 지위를 갖게 된 것이다.

카이사르는 기원전 44년 2월 14일 원로원에서 종신독재관(Dictator Perpetuus)의 칭호를 얻었으며, 이로써 카이사르의 독재관 정치는 정착되는 듯했다. 이제 카이사르는 2년여에 걸친 파르티아 원정을 다녀오기로 되어 있었다. 그러나 안토니우스는 종신독재관 카이사르를 왕으로 앉히려는 듯이 한 걸음 더 나아갔다. 2월 15일 루페르칼리아 축제 때 안토니우스와 그 일파는 카이사르의 머리에 월계관을 씌움으로써 로마 시민들의 반응을 떠보려고 했던 것이다. 카이사르가 거절하는 듯이 고개를 돌리자 시민들은 힘찬 박수를 보내주었다. 월계관을 씌우려 하고 그것을 거절하는 행위가 여러 차례 반복됐지만 결과는 마찬가지였다. 로마 시민들은 카이사르가 독재관 정치를 하는 것은 용인했지만, 왕이라는 칭호를 가지고 시민들을 직접 통치하는 것에는 반대한다는 뜻을 분명히 한 것이다. 마침내 월계관은 카이사르의 동상에 씌워졌는데 이번에는 호민관들이 그것을 벗겨버리자 시민들이 더 크게 박수를 쳤다. 카이사르는 이러한 반응에 화를 내고 호민관들을 파면시켰다. 이 사건은 안토니우스의 의도와는 달리 결국 공화정파 귀족들로 하여금 한 달 뒤 카이사르 암살로 나아가게 했다.

카이사르 암살 이후의 지도자 안토니우스

카이사르의 암살 모의에 참여한 자들은 60여 명의 원로원 의원들이었다. 그 중에는 카시우스·브루투스 등 폼페이우스파로 있다가 사면된 자도 있었지만, 대다수는 카이사르의 옛 친구와 장교들이었다. 플루타르코스에 따르면 안토니우스도 암살 음모를 사전에 알고 있었던 것으로 전해진다.[6] 암살 모의에 참가한 대부분의 사람들이 안토니우스도 끌어들여야 한다고 주장했지만, 트레보니우스가 적극 반대해 무산되었다는 것이다. 트레보니우스가 히스파니아에서 돌아오는 카이사르를 맞으러 나갈 때 안토니우스와 같은 천막에 있었는데, 조용하고 진지하게 그의 의중을 타진해보니 그 제안에 답변하지는 않았지만 카이사르에게 보고하지도 않았다는 것이다. 거사 일자는 카이사르가 파르티아 원정을 사흘 앞두고 열릴 원로원 회의 때, 즉 기원전 44년 3월 15일로 정해졌다. 카이사르가 2년 동안 로마를 비우게 되면, 그리고 그가 파르티아 원정에서 승리해 개선하면 그의 인기는 더 치솟을 것이 뻔했다. 그래서 음모자들은 3월 15일의 원로원 회의가 그를 제거할 마지막 기회라고 보았다.

음모자들은 거사에 앞서 카이사르의 오른팔인 안토니우스를 함께 죽일 것인가 말 것인가를 두고 의논했다. 그런데 이 문제에 대해 브루투스가 반대하고 나섰다. 법과 정의를 위해서 독재관 카이사르를 타도하는 것이 거사의 핵심이라는 것이다. 결국 카이사르가 원로원에 들어갈 때 누군가가 안토니우스에게 말을 걸어 관심을 다른 곳으로 돌리게 한 뒤 카이사르를 공격하자는 쪽으로 결론이 났다. 카이사르가 폼페이우스 회랑이라고 부르는 원로원 회의장에 들어서자 암살자들이 청원할 문제가 있다는 듯이 카이사르에게 다가가 둘러싸고, 카스카를 시작으로 암살자들이 카이사르를 칼로 마구 찔러서 살해했다. 로마 시민과 군대의 열광적인 지지를 받으며 한때 지중해 세계의 영웅으로 떠오른 카이사르는 그렇게 힘없이 쓰러졌다. 그의 나이 56세, 공교롭게도 마지막 경쟁자였던 폼페이우스가 죽은 지 4년 만에 그의 동상 밑에서 쓰러진 것이다.

브루투스 등 암살 주모자들은 자신들의 행위를 정당화하는 연설을 하려 했지만 원로원 의원들은 혼비백산해서 도망쳤고, 사태의 중대함을 알아차린 안토니우스도 노예로 변장하고 피신했다. 소식을 접한 시민들도 두려움

---

6) 플루타르코스, 앞의 책, 1685쪽.

에 떨며 문을 걸어 잠그고 밖으로 나오려 하지 않았다. 독재자를 타도했다고 외치면서 시민들의 환호를 받을 것으로 예상했던 암살자들조차 예상하지 못한 상황이 전개되었다. 그들은 카피톨리움 신전으로 올라가 대책을 논의했다.

　암살자들이 자신을 죽일 계획이 없다는 것을 알아차리자 단독 콘술로 남게 된 안토니우스는 카이사르의 아내 칼푸르니아를 찾아가 카이사르의 공문서들을 확보하고 사태 수습에 나서기 시작했다. 근(近) 히스파니아와 갈리아 나르보넨시스 총독 지명자로 부임지로 떠나려다 카이사르 암살사건을 접한 레피두스가 로마 성 밖에 주둔하던 군대를 동원하여 암살자들을 응징하려 하자, 안토니우스는 레피두스를 찾아가 군사적 충돌보다는 사태 수습을 위한 협상을 제안했다. 또한 자기 아들을 암살자들이 머무르던 카피톨리움 신전으로 보내서 타협을 하기로 했다. 이렇게 해서 카이사르가 죽던 날 저녁 안토니우스는 카시우스를 만나고 레피두스는 브루투스를 만나 사태를 수습하기로 했다.

　3월 17일 콘술 안토니우스의 주재로 원로원 회의가 열리고 수습책이 논의되었다. 다수의 원로원 의원들은 카이사르를 참주로 단죄할 것과 그의 암살을 필요하고 정의로운 행위로 평가하여 그의 시체를 티베리스 강에 던지고, 그의 모든 법령과 조치를 무효화하는 안에 찬성했다. 그러자 안토니우스가 나서서 그러한 극단적인 조치는 로마 시민들의 반발을 사서 정치적인 혼란을 가중시킨다고 주장하면서, 암살자들을 처벌하지 말고 브루투스와 카시우스를 각각 속주 총독으로 내보내되, 카이사르의 조치들은 계속 유효한 것으로 하자는 타협안을 제시했다. 원로원 내의 브루투스와 카시우스 지지자들조차 카이사르의 모든 조치에 법의 효력을 부여하고, 공모자들에게 사면을 베풀며, 카이사르에게 국장을 허용하자는 안을 지지함으로써 원로원 회의에서 타협에 이를 수 있었다. 이러한 타협을 이끌어낸 안토니우스는 이제 로마의 가장 유력한 일인자가 되었다. 내전을 막고 혼란에 빠질 수 있는 정세를 수습했기 때문이다.

그러나 문제는 그렇게 간단하지 않았다. 카이사르를 암살한 암살자들의 대의명분을 인정했기 때문에 우선 공화정파와 그것을 대표한 브루투스의 인기와 영향력을 무시할 수 없었다. 또한 카이사르의 유서가 공개되면서 그의 양자이자 상속자로 거명된 옥타비우스의 존재, 그리고 민중파 지도자 카이사르에 대한 로마 시민들의 반응 또한 카이사르 사후의 정세에 주요한 변수였다.

3월 20일 카이사르의 장례일에 안토니우스는 짧고 간단한 조사를 했다. 카이사르의 업적이 낭독되고 그의 유언장이 공개되었다. 카이사르는 로마 시민에게 티베리스 강 건너편의 정원들을 희사했으며 시민 1인당 300세스테르티우스를 나누어주게 했다. 그런데 그날 공표된 유언장의 주된 수혜자는 안토니우스가 아니라, 입양자이며 상속자로 거명된 카이사르의 조카딸의 아들 옥타비우스였다. 안토니우스는 암살자 가운데 하나인 데키무스 브루투스와 함께 부차적인 상속자로만 언급되었기 때문이다.

다만 군중의 반응은 안토니우스에게 유리한 환경을 만들어주었다. 카이사르의 유언장 내용에 흥분한 군중이 로마 광장에서 카이사르의 시체를 화장하고 그를 죽인 암살자들에게 복수를 다짐하며 원로원 회의장에 불을 질렀기 때문이다. 이로써 원로원을 기반으로 하는 공화정파와 암살자들의 위치는 불안정해지고, 카이사르파의 대표격인 안토니우스의 입지는 높아질 수 있었다. 사태가 이렇게 되자 생명의 위협을 느낀 암살자들은 로마 시 외곽으로 도주하고 로마는 카이사르파의 수중으로 떨어졌는데, 카이사르파의 우두머리는 안토니우스였다.

벌써 카이사르의 미망인 칼푸르니아에게서 4천 탈렌트나 되는 재산과 그가 갖고 있던 공문서들을 받은 안토니우스는 카이사르의 뒤를 이어 사실상 독재관처럼 자기에게 유리하게 공무를 처리하기 시작했다. 레피두스에게는 카이사르가 맡았던 대신관직을 주었다. 그 자신은 콘술이었고, 동생 가이우스는 프라이토르, 동생 루키우스는 호민관이었다. 마치 안토니우스 가문의 세상처럼 보였다. 카이사르의 양자이자 상속자로 지명된 옥타비우스가 5월경 로마에 도착할 때까지 로마의 정치 상황은 그러했다.

옥타비우스의 등장과 안토니우스

카이사르 누이동생의 외손자였던 가이우스 옥타비우스는 당시 18세에 지나지 않았으며, 안토니우스보다 20세나 어린 청년이었다. 그는 카이사르와 함께 파르티아 전쟁에 참여하기 위해 에피로스의 아폴로니아에서 군사훈련을 하며 대기하고 있었다. 그러나 도착한 것은 카이사르가 아니라 그가 죽었다는 소식이었다. 사태의 심각성을 깨달은 옥타비우스는 가족들의 반대를 무릅쓰고 아그리파 등 친구들과 협의하고 로마로 가기로 했다. 그는 카이사르가 죽은 지 한 달 뒤인 4월 중순 아드리아 해를 건너 브룬디시움에 도착하여 아피우스 가도를 타고 로마로 향했다. 그는 나폴리에 있는 어머니 아티아를 방문했다. 아티아는 아버지 옥타비우스가 죽자 전직 콘술이었던 필리푸스와 재혼해서 그의 별장에 거처하고 있었다. 문제는 청년 옥타비우스 주위에 카이사르파가 몰려들기 시작했다는 것이다.

옥타비우스는 근처 별장에 머무르던 키케로도 방문했다. 공화정파의 상징적 지도자인 62세의 키케로의 눈에 카이사르의 상속자 18세의 옥타비우스는 애송이였고, 실제로 그를 "푸에르!"(아들아!)라고 불렀다. 안토니우스를 카이사르와 함께 죽이지 못한 것을 카이사르 암살자들의 최대 실책이라고 생각하던 키케로에게는 사실상의 독재자 안토니우스를 견제하고 방해하는 수단으로 옥타비우스가 나름대로 쓸모가 있었다. 카이사르 사후에도 여전히 불투명해진 공화정을 카이사르파의 분열을 통해서 회복하는 것, 그것이 키케로의 정치적인 목표였기 때문이다.

기원전 44년 4월 말경 로마에 도착한 옥타비우스는 곧장 안토니우스를 찾아갔다. 상황은 또다시 급전(急轉)하기 시작했다. 옥타비우스는 안토니우스에게 카이사르의 상속자로서 칼푸르니아가 맡겨놓은 재산을 달라고 요구했다. 로마 시민들에게 카이사르가 약속한 300세스테르티우스씩을 나누어

줄 의무가 있다는 것이다. 그러나 상당 부분의 재산은 벌써 안토니우스가 써버린 뒤였다. 안토니우스는 어린 그를 얕잡아보고 돈을 내주지 않았다. 그러나 옥타비우스는 안토니우스가 카이사르의 암살자들을 관대하게 처리함으로써 카이사르의 병사들에게서 반감을 사고 있다는 것을 잘 알고 있었다. 카이사르의 후계자 옥타비우스는 이 점을 이용해 안토니우스에 대한 군대의 충성심을 약화시키기 시작했다.

옥타비우스의 등장으로 안토니우스의 지위는 도전받기 시작했다. 그 상황에서 안토니우스에게 불리한 또다른 변수는 키케로의 활동이었다. 키케로는 안토니우스가 주도해가는 로마 정치에 반감이라도 가진 듯이 원로원 회의에도 나오지 않았다. 기원전 44년 9월 1일 안토니우스는 원로원 출석을 등한시하는 키케로를 공개적으로 비난했다. 이에 대해 키케로는 온건하게 반박 연설을 했지만, 시간이 가면서 더욱 강도 있게 안토니우스를 비난하기 시작했다. 그는 안토니우스를 독재자, 깡패, 술주정꾼, 겁쟁이, 부도덕한 자 등으로 낙인찍으면서 그를 통렬하게 비판했다. 12편에 이르는 키케로의 안토니우스 비판 연설문은 기원전 4세기 아테네에서 마케도니아의 필리포스를 비판한 연설가 데모스테네스의 연설에 비유하여 「필리피카」라고 명명되었다. 기원전 44년 말 안토니우스의 콘술 임기가 끝나갈 무렵 카이사르파 내의 분열은 더 심해지고, 키케로를 위시한 공화정파의 공격도 강화되면서 상황은 그에게 더 불리하게 전개되었다.

안토니우스는 북부 이탈리아를 차지하고 있던 데키무스 브루투스를 포위공격해서 그 지역을 자신의 거점으로 하려 했다. 그러나 브루투스의 저항은 완강했고, 원로원은 그를 돕기 위해 기원전 43년 신임 콘술들인 아울루스 히르티우스와 가이우스 비비우스 판사를 파견했다. 게다가 안토니우스에게 반감을 품은 19세의 옥타비우스가 사병을 동원하려 하자 원로원은 그에게 프라이토르의 권한과 원로원 의원의 자격을 주어 구원군에 합류시켰다. 일시적으로 공화정파의 대의명분에 참여한 옥타비우스는 원로원에서 푸짐한 보상, 즉 합법화된 자신의 병사들에게 줄 돈과 토지 그리고 자신을 위해 법정 연령보다 10년 앞서 콘술직에 출마할 권한을 약속받았다. 콘술이었던 안토니우스가 공화정파 군대로부터 협공을 당하는 위기에 처했다. 무티나 전투에서 두 콘술이 전사함으로써 옥타비우스가 남은 군대를 지휘하게 되었다. 안토니우스는 무티나를 포기하고 갈리아 남부로 퇴각하여 레피두스와 합류했다.

무티나의 승리는 공화정파의 승리였고, 한때 카이사르 사후 로마를 좌지우지하던 안토니우스는 공적(公敵)으로 선언되고 갈리아로 물러나 있었다. 안토니우스는 생애 최대의 위기를 맞게 되었다. 키케로는 이제 옥타비우스만 제거하면 공화정의 회복은 실현된다고 생각했다. 적어도 기원전 43년 초에는 그렇게 될 것 같았다. 로마로 돌아온 옥타비우스에 대해 원로원은 약속한 보상을 시행하지 않았다. 원로원이 거부하자 옥타비우스는 로마로 진군하여 로마를 장악하고, 19세의 나이에 무명의 친척 퀸투스 페디우스와 함께 스스로 콘술이 되었다.

옥타비우스는 쿠리아 민회를 열어서 자신의 양자 수속을 밟아 이제 비로소 '가이우스 율리우스 카이사르 옥타비아누스'라는 이름을 얻게 되었다(이때부터 그는 옥타비우스가 아니라 옥타비아누스로 불리게 된다). 그는 동료 콘술 페디우스의 이름으로 페디우스법을 제정하여 카이사르를 살해한 자들에게 유죄를 선언하고 그들에 대한 추방을 결의했다. 또한 원로원이 안토니우스에게 내렸던 조치들을 철회시키고 북부 이탈리아로 향했다. 안토니우스·레피두스와 합류하기 위해서였다. 이렇게 하여 공화정파에 대립하는 카이사르파가 안토니우스·레피두스·옥타비아누스 세 사람에 의해 재건된 것이다. 기원전 43년 가을 보노니아(지금의 볼로냐) 근처를 흐르는 작은 강에서 만난 세 사람은 '국가재건 삼인위원'이라는 그럴듯한 이름으로 이른바 '삼두정치'를 결의했다. 세 사람의 결의는 기원전 43년 11월 27일 호민관 티티우스의 발의로 평민회를 통과한 티티우스법에 의하여 법적 효력을 갖게 되었다. 이로써 제2차 삼두정치가 결성되었다.

동맹의 강화를 위하여 옥타비아누스는 안토니우스의 아내이자 푸블리우스 클로디우스의 미망인 풀비아의 딸 클로디아와 결혼했다. 그러나 삼두정치 초기만 해도 실세는 안토니우스였다. 안토니우스는 갈리아 키살피나와 갈리아 코마타를, 레피두스는 갈리아 나르보넨시스와 양(兩) 히스파니아를 세력권으로 확보한 반면 옥타비아누스는 북아프리카·시칠리아·사르데냐·코르시카를 장악했는데, 대부분이 폼페이우스의 아들 섹스투스가 탐내는 지역들이고 일부는 사실상 그가 장악하고 있던 곳이었다.

삼두정치에서의 안토니우스

삼두정치의 등장으로 로마 정치는 다시 카이사르파와 공화정파 간의 대립으로 치달았으며, 안토니우스는 판세를 주도할 수 있게 되었다. 그러나 기원전 42년 1월 1일 삼두정치가 공식적으로 출범하기도 전인 기원전 43년 말에 사실상 권력을 장악한 삼두는 처벌자명단 공개로 카이사르의 암살에 대한 보복을 시작했다. 그들이 내건 명분은 카이사르의 복수였지만, 실제 이유는 도합 43개 군단에 이르는 자신들의 군사비를 조달하기 위하여 재산을 몰수하려는 것이었다.

삼두는 서로의 정적을 제물로 삼기로 했다. 옥타비아누스는 안토니우스의 적 키케로를, 안토니우스는 자신의 외삼촌 루키우스 카이사르를, 레피두스는 자신의 동생 파울루스를 희생제물로 내놓았다. 삼두들은 자신들이 넘겨준 사람과 넘겨받은 사람을 다 같이 살해했는데, 그들은 인척이거나 한때 자신을 아끼던 사람들이었다. 다음으로 카이사르 암살에 가담한 원로원 의원들이 살해당했고, 그밖에도 130명의 원로원 의원과 2천 명에 이르는 기사 신분 출신자들이 재산을 빼앗기고 추방당했다.

특히 키케로에 대한 증오감이 극에 달했던 안토니우스는 그를 죽이러 병사들을 보내면서 그의 머리와 오른손을 잘라오라고 명령했다. 자신을 비난하는 연설문을 썼다는 이유 때문이었다. 기원전 43년 12월 7일 안토니우스가 보낸 병사들에 의해 살해당한 키케로의 목과 오른손은 로마 광장 연단에 높이 달렸다. 안토니우스의 아내 풀비아는 키케로의 혀를 송곳으로 여러 차례 뚫어서 증오심을 나타냈다. 안토니우스의 외삼촌 루키우스 카이사르는 자기를 죽이러 병사들이 쫓아오자 누이인 안토니우스의 어머니에게로 피신했다. "루키우스 카이사르를 죽이려거든 너희들의 대장을 낳은 나부터 죽여라." 이렇게 해서 그녀는 자기 동생을 구해주었다.[7]

기원전 42년 1월 초하루에 정식으로 직위에 오른 삼두들은 원로원과 정무관들에게 카이사르의 법을 준수할 것을 서약하도록 강요하고, 로마 광장의 한 신전을 카이사르에게 봉헌했으며, 특별법에 따라 카이사르에게 신 율리우스라는 이름을 부여하여 그를 로마 국가의 신들의 반열에 올려놓았다. 이탈리아에서 모든 공화정파 저항세력을 진압한 삼두는 동방 속주들을 장악하고 있는 브루투스와 카시우스에 대해 전쟁을 벌이기로 했다. 카이사르 암살의 주동자들인 브루투스와 카시우스는 마케도니아 연안의 필리피에 진을 치고 있었다.

안토니우스와 옥타비아누스는 28개 군단을 이끌고 그리스에 상륙하여 필리피로 쳐들어갔고, 기원전 42년 가을 그곳에서 두 번에 걸쳐 전투가 벌어졌다. 첫 번째 전투에서는 브루투스가 옥타비아누스를 물리쳤지만, 두 번째 전투에서는 안토니우스가 카시우스를 물리쳤다. 패배한 카시우스는 모든 것을 잃었다고 생각하고 자살했는데, 이것은 공화정파에 큰 손실이었다. 3주일 뒤에 재개된 전투에서 브루투스 역시 패하여 자살했다.

필리피 전투는 삼두의 승리로 끝났으며, 특히 안토니우스는 전승의 영광과 지배령을 더 많이 차지할 수 있었다. 안토니우스는 동방 전역과 모든 갈리아 속주를 차지했고, 옥타비아누스에게는 양 히스파니아와 섹스투스 폼페이우스가 차지하고 있는 시칠리아와 사르데냐가 할당되었다. 섹스투스 폼페이우스와 내통했다는 혐의를 받은 레피두스는 삼두정에 대한 신의를 입증하여 재정복한다는 조건으로 아프리카 속주를 맡겼으나 그의 지위는

---

7) 플루타르코스, 앞의 책, 1690쪽.

더 약화되었다. 옥타비아누스에게는 더 어려운 일이 기다리고 있었다. 이탈리아로 돌아가 군대를 해산하고 이탈리아인들의 재산을 몰수해 10만 명이 넘는 전역병들을 정착시켜야 했기 때문이다. 안토니우스는 동방으로 가서 그 지역의 정치 안정을 꾀하고 군단들에게 약속한 자금을 마련하는 과업을 수행하기로 했다. 필리피 전투의 수혜자는 안토니우스였다.

클레오파트라와 안토니우스

안토니우스가 부유한 동방의 여러 속주를 맡은 것 자체가 삼두정에서 그의 우위를 보여주는 것이었다. 그는 소아시아의 속주들이 9년치 조공을 2년에 내게 함으로써 막대한 돈을 모았으며, 자신과 로마에 유리하다고 판단한 대로 왕들을 세우기도 하고 폐하기도 하였다. 그는 기원전 41년 실리시아의 타루수스에 머물면서 이집트 여왕 클레오파트라(Cleopatra VII, 기원전 69~30년)를 소환했다. 여왕이 한때 공화정파 암살자들을 돕고 자금을 제공했는지를 해명하도록 부른 것이다.

당시 28세였던 클레오파트라는 은으로 된 노와 자줏빛 돛을 단 호화 유람선을 타고 나타났다. 화려한 옷으로 치장한 채 배에서 내리는 여왕에게는 우아한 향기가 감돌았다. 그 만남은 로마에서 온 일인자와 마지막으로 남은 헬레니즘 왕국 이집트 여왕의 당당한 만남이었다. "클레오파트라의 코가 한 치만 낮았어도 세계 역사가 달라졌을 것이다"라는 파스칼의 말에는 안토니우스가 관능적인 외국 여왕에게 완전히 마음을 빼앗겨 로마 제국의 일인자가 되는 대사를 그르쳤다는 암시가 들어 있다. 그러나 그때 두 사람은 사랑놀음을 할 정도로 여유가 있지는 않았다. 클레오파트라는 자기 정적들을 제거하기 위해 로마 군대의 지원이 필요했고, 안토니우스는 파르티아와의 전쟁과 옥타비아누스와의 경쟁에 드는 군사력을 확보하기 위해 이집트의 지원과 경제력이 필요했다. 비록 연정이 없지는 않았겠지만, 두 사람 모두 정치적인 계산이 앞섰다는 것을 부인할 수는 없다.

그러나 클레오파트라와의 만남은 안토니우스가 예상하지 못했던 결과를 가져왔다. 그 무렵 이탈리아에서는 안토니우스도 모르게 동생 루키우스 안토니우스와 처 풀비아가 옥타비아누스를 상대로 전투를 치르고 있었는데, 궁극적인 목적은 안토니우스를 로마 제국의 일인자 자리에 앉히려는 것이었다. 그러나 풀비아와 루키우스 안토니우스의 군대는 옥타비아누스의 충실한 오른팔인 아그리파와 살비디에누스의 반격을 받고 오히려 페루시아에 포위당하면서 실패로 끝났다. 옥타비아누스는 두 사람을 용서했지만, 루키우스 안토니우스는 히스파니아로 가서 죽고, 풀비아는 그리스로 가서 안토니우스를 만나고 얼마 지나지 않아 죽었다. 결국 안토니우스파 두 사람의 군사활동은 오히려 옥타비아누스의 주가만 올려준 셈이 되었다.

이처럼 안토니우스의 측근들이 옥타비아누스와 전투를 벌이고 있을 때 이집트에 머무르고 있던 안토니우스는 파르티아인들이 시리아, 팔레스타인 그리고 소아시아를 점령하고 있다는 소식을 접했다. 그러나 안토니우스는 파르티아인들과 싸울 군대며 군자금이 부족했다. 그는 그리스로 건너가 페루시아(지금의 페루자) 전투에서 패해 그곳으로 와 있던 풀비아를 만났다. 안토니우스는 아내에게서 옥타비아누스와의 전투의 진상과 함께 섹스투스 폼페이우스와의 동맹을 통해 문제를 해결하라는 조언을 들었다. 안토니우스는 페루시아 전투 건에 대해서는 풀비아를 질책했으며, 이탈리아로 건너가 병력을 모집하려고 했다. 전에 이탈리아는 옥타비아누스와 자신의 공동 지배령으로 약속되어 있었기 때문이다.

브룬디시움에 상륙하려 하자 옥타비아누스 군대가 안토니우스를 저지했고, 양자 사이에 전투가 벌어질 위기에 처했다. 그러나 양쪽 군인들의 거부와 중재 요구로 기원전 40년 10월 이른바 '브룬디시움 협약'이 체결되었다. 안토니우스는 동방 속주들의 통제권을, 옥타비아누스는 서방 속주들과 일리리쿰을, 레피투스는 아프리카를 배정받았으며 이탈리아는 공동 지배 지역으로 확인했다. 이 협약을 공고히 하기 위하여 얼마 전 아내 풀비아가 죽은 안토니우스는 기원전 40년 11월 초 옥타비아누스의 누나 옥타비아와 재혼했다. 이로써 카이사르파의 재결합과 평화가 정착되었다.

그러나 삼두가 화합을 다지면서 자신을 소외시키고 있다고 생각한 섹스투스 폼페이우스가 해상을 봉쇄하며 로마의 식량 공급망을 차단하자 로마는 기근에 시달렸고, 곳곳에서 '빵과 평화'를 외치는 폭동이 일어났다. 결국 기원전 39년 가을 안토니우스와 옥타비아누스는 나폴리 근처 미세눔 곶에서 섹스투스 폼페이우스를 만나 시칠리아와 사르데냐가 폼페이우스 영역임을 인정함으로써 일시적인 평화를 이끌어냈다(미세눔 협약).

하지만 그 평화는 오래가지 않았다. 옥타비아누스가 기원전 38년부터 두 차례에 걸쳐 시칠리아에서 활약 중인 섹스투스 폼페이우스를 몰아내기 위해 공격했다가 참담한 패배를 당한 것이다. 옥타비아누스는 기원전 37년 남부 이탈리아의 타렌툼에서 안토니우스를 만나 시칠리아 전쟁에 대한 지원을 요청하고, 기원전 38년 12월 31일로 종료된 삼두정치의 임기를 다시 5년 연장하기로 결정했다(타렌툼 협약).

옥타비아누스가 서방의 패권을 공고히 하기 위하여 분투하고 있을 때 안토니우스는 그의 권력욕을 채워주기 위해 허송세월을 하다가 독자적인 정치세력을 확보하기 위하여 기원전 37년 안티오크에서 클레오파트라와 결혼했다. 동방 속주들의 지배자로서 안토니우스는 파르티아 원정에서 승리하고 자신의 권력을 강화하기 위해 클레오파트라를 이용하려 한 것이다. 그렇다고 안토니우스가 옥타비아와 이혼한 것은 아니었다. 로마법은 외국인과의 결혼을 인정하지 않았기 때문에 법적인 아내는 옥타비아였고, 클레오파트라는 정부(情婦)일 뿐이었다.

안토니우스는 기원전 36년 클레오파트라의 반대를 무릅쓰고 파르티아 원정을 감행했다. 그러나 우방이던 아르메니아의 왕 아르타바스데스가 배반하면서 2만 명의 병사를 잃은 채 시리아로 돌아왔다. 옥타비아누스는 기원전 36년 시칠리아 원정에 성공하여 서방과 이탈리아에서의 수위권을 장악한 반면 동방 속주들에 대한 통제권이 약화된 안토니우스는 점점 더 클레오파트라에게 의존하게 되었고, 마침내 옥타비아와 이혼하였다. 안토니우스는 기원전 31년 그리스 서부의 악티움 해전에서 싸우다가 클레오파트라와 함께 이집트로 도주하여 기원전 30년 이집트에서 자살로 생을 마감했다.

안토니우스에 대한 평가

역사에서 패자는 말이 없다. 말하고 싶어도 할 기회가 주어지지 않는다. 그 점에서 안토니우스는 억울하다. 사적으로는 물론이고 공적으로도 모든 인간은 장단점이 있게 마련인데, 안토니우스는 공사를 막론하고 부정적인 면이 몹시 강조되어 있기 때문이다. 우선 청년기의 방탕과 무질서한 생활은 고대 작가들의 글에서 거듭 강조되고 있다. 이는 카이사르의 오른팔 노릇을 할 때도, 옥타비아누스와의 삼두정 시기에도, 특히 클레오파트라와 만난 뒤 일련의 과정에서는 거의 삼류소설에 등장하는 인격 파탄자처럼 묘사되어 있다. 요컨대 그는 타고난 방탕아였다. 그러나 사실 그 점에서 보면 옥타비아누스 또한 안토니우스 이상으로 여성 편력이 화려하고 자유분방했다.

역사학자라고 말할 수는 없지만 로마사 연구가이며 작가로『로마인 이야기』라는 대작을 쓴 시오노 나나미는 안토니우스에게는 전시에 필요한 군사적인 재능은 있지만 전시가 아닌 평시의 통치능력은 없었고, 이것이 카이사르가 후계자로 거명하지 않은 이유라고 말한다.[8] 이른바 그의 행정능력, 위기 관리능력에 문제가 있다는 것이다. 그러나 안토니우스의 행정능력이나 위기 관리능력은 카이사르 사후 로마 정치가 내전으로 치달을 가능성이 높았을 때 가장 잘 발휘되었다는 사실을 부인할 수 없다. 그는 공화정파와 카이사르파 사이의 타협과 조정을 통해 대파국을 미연에 방지한 뛰어난 정치가였다.

그의 최대 실책은 자기 정치권력의 근거지를 로마 이탈리아가 아닌 이집트 동방에 두었다는 점이다. 그러나 그 문제를 클레오파트라의 미모에 현혹

---

8) 시오노 나나미,『로마인 이야기』5, 김석희 옮김, 한길사, 1996, 389~390쪽.

된 결과라고 보는 것은 적절하지 못하다. 클레오파트라는 미인계 하나로 모든 것이 가능하다고 판단한 순진한 여자가 아니었다. 그녀는 헬레니즘 시대 300년 전통의 막바지에 이집트 왕가의 내분을 수습하면서 왕위를 두고 동생과 권력투쟁을 치러야 했던 이집트 여왕이었다. 클레오파트라는 지중해를 정복하고 통치하는 로마의 힘과 그 미래를 예견할 수 있는 충분한 안목을 가진 정치가였다. 그 점에서 보면 제1차 삼두정치의 승자인 카이사르가 이집트의 미래를 위해서는 가장 좋은 보호막이 될 수 있었다. 그러나 카이사르가 죽은 뒤 로마 정치의 앞날이 불투명했을 때 그녀가 택할 수 있는 상대는 사실 안토니우스뿐이었다. 카이사르의 양자로서 자신보다 나이가 7살이나 어린 옥타비아누스와 손을 잡는다는 것은 카이사르의 친자 카이사리온을 낳은 클레오파트라로서는 현실적으로 불가능했을 것이다. 안토니우스와 클레오파트라의 만남과 연합은 정치적인 계산에서 나온 것이다. 다만 타협의 결과가 두 사람 모두의 파멸로 이어졌기 때문에 그들에게는 어떤 역사의 평가에 대해서도 변호할 기회가 없는 것이다. 선택은 자유이지만 결국 그 책임은 본인에게 떨어지는 것이니까.

그렇지만 안토니우스가 영원한 패자라고 할 수는 없다. 카이사르의 양자 옥타비아누스가 권력의 정점에 올랐듯이, 안토니우스의 후손들 역시 훗날 권력의 정점에 올랐기 때문이다. 옥타비아누스의 누나 옥타비아에게서 얻은 딸 안토니아의 자손들인 가이우스, 클라우디우스, 네로 황제가 바로 그들이다.

제3부

로마 제정

약사(略史) · 김덕수 |
아우구스투스 · 배은숙 |
네로 · 안희돈 |
베스파시아누스 · 안희돈 |
디오클레티아누스 · 정기문 |
콘스탄티누스 · 조인형 |
율리아누스 · 최혜영 |
오도아케르 · 김병용 |
헤로데 대왕 · 최창모 |
퀸틸리아누스 · 안재원 |
마르쿠스 비트루비우스 폴리오 · 김칠성 |
호라티우스 · 김진식 |
성 아우구스티누스 · 정기환 |

약사(略史)

팍스 로마나의 인간과 역사

● 김덕수(서울대 교수 · 서양사)

기원전 753년 중부 이탈리아 라티움 지방의 팔라티움 언덕 작은 산골 마을에서 시작한 로마는 500여 년을 거치면서 이탈리아 반도를 통일하고, 지중해 세계를 정복하여 유럽 · 아시아 · 아프리카를 다스리는 대제국으로 성장했다. 세르반테스의 말대로 "로마는 하루 아침에 이루어진 것이 아니었다." 많은 로마인들이 대제국 로마를 건설하는 과정에서 부침을 거듭했다. 특히 공화정의 마지막 세기인 기원전 1세기에는 로마 제국의 대외적 팽창과 대내적 권력투쟁이 함께 진행되면서 로마의 정체가 공화정에서 제정(帝政)으로 발전했다.

로마 역사에서 제정의 등장은 기원전 2세기 말 그라쿠스 형제의 개혁으로 시작된, '로마 혁명'의 총결산이었다. '로마 혁명'은 도시국가 로마의 정치체제인 공화정치가 지중해 제국으로 변모한 로마를 경영하기 어렵다는 것을 보여준 사건이었다. 기원전 2세기 말 티베리우스 그라쿠스의 농지법이나 가이우스 그라쿠스의 곡물법 등 개혁입법운동은 사실 미래지향적이고 혁명적인 성격보다는 공화정의 원상을 회복하려는 복고적인 성향, 원로원 귀족들과 부유한 시민들에게 대항하여 로마 시민의 대다수를 차지하는 중소 자영농을 재육성하려는 '제2의 신분투쟁'과 같은 것이었다.

기득권을 고수하려 했던 원로원 과두지배층은 그 개혁운동을 이기적인 권력욕에 사로잡힌 참주의 등장과 공화정의 파괴로 보았고, 참주와 추종자들의 제거만이 사태의 해결이라고 보았다. 그러나 그라쿠스 형제와 그 추종 세력의 정치적 숙청과 탄압으로는 근본문제가 해결되지 않았다. 오히려 로마 공화정은 개혁노선을 계승하는 포풀라레스들과 원로원 지배를 고수하려는 옵티마테스들의 내전 때문에 혼란과 무질서로 빠져들었다. 로마 혁명의 신호탄이 올라간 것이다.

마리우스와 술라, 폼페이우스와 카이사르가 로마 국가의 통치권을 위해 세력을 다투었고 마침내 카이사르가 독재관이 되어 독재정치를 펼쳤다. 그러나 폼페이우스를 물리친 카이사르마저 기원전 44년 3월 15일 원로원에서 암살당하면서 로마 정국은 다시 혼미상태에 빠졌다. 시민들을 독재자에게서 해방시켰다고 환호하던 '해방자'들에 대해 로마 민중은 처음에는 냉담한 반응을 보이다가 차차 반감을 드러내기 시작했고, 이에 편승하여 이른바 제2차 삼두정을 결성한 안토니우스·레피두스·옥타비아누스가 해방자들을 물리쳤다. 외부의 적이 사라지자 잠시 세력 균형을 유지하던 삼두체제는 기원전 36년 레피두스가 권좌에서 축출당한 뒤 옥타비아누스와 안토니우스의 양자 대결로 압축되었다. 그러나 기원전 31년 악티움 해전과 이듬해 알렉산드리아 전투에서 패한 안토니우스의 자살로 내전의 막이 내렸으며, 마지막 승자인 옥타비아누스에 의해 제정시대가 열렸다.

아우구스투스(Augustus, Gaius Iulius Caesar Octavianus, 기원전 63~기원후 14년)는 그라쿠스 형제, 마리우스, 카이사르로 이어진 포풀라레스 전통과 술라, 폼페이우스, 키케로와 카토 그리고 브루투스, 카시우스 등 해방자들이 제시했던 옵티마테스적 명분을 적절하게 배합하면서 '팍스 로마나'(Pax Romana: 로마의 평화)의 출발인 '아우구스투스의 평화', 즉 '팍스 아우구스타'를 만들어가기 시작했다. 이러한 시대적 배경에서 아우구스투스가 "벽돌의 로마를 받아서 대리석의 로마로 물려주었다"고 자랑스럽게 말했듯이 로마는 공공건축물들로 화려하게 장식되었다. 바로 이 시대의 위대한 건축가이자 건축이론가로 활동한 인물이 '건축의 아버지'라고 불리는 비트루비우스(Marcus Vitruvius Pollio, 기원전 80년~?)였다.

비트루비우스는 기원전 80년경에 태어난 것으로 추측된다. 그가 30대 초반 카이사르 건축기술자로 활동한 내전기가 혼란과 무질서·파괴의 시대였다면 내전이 끝나고 시작된 아우구스투스의 프린키파투스 치세는 무너진 공공건물들을 다시 세우고, 프린켑스의 위상에 걸맞은 새로운 시설들이 로마 곳곳에 세워지는 건설의 시대였다. 로마 사회에는 절제와 근검의 기운이 되살아나면서 보수적인 분위기가 만연했으며 무책임한 변화와 과도한 확장은 자제되었다. 비트루비우스의 『건축론』은 이러한 시대상을 반영하였다. 이 시대에는 아우구스투스의 권위를 드높이기 위한 기념비적인 건축 활동이 전개되었다. 이런 공공건축 활동 가운데 두드러진 것은 아우구스투스 포룸(forum), 아우구스투스의 저택 그리고 황가 일원의 매장을 위한 아우구스투스 영묘(mausoleum) 등 개인적인 필요를 위한 것들이었다.

아울러 그는 종교시설인 콩코르디아(Concordia) 신전, 카스토르(Castor)와 폴룩스(Pollux) 신전, 마르스 울토르(Mars Ultor) 신전 그리고 아라 파키스 아우구스타이(Ara Pacis Augustae : 아우구스투스의 평화 제단)를 만들었다. 이로써 비트루비우스의 생애 동안, 건물이 없는 캄푸스 마르티우스(Campus Martius)와 건물이 빽빽한 옛 포룸 지역에 중요한 건축물이 축조되면서 도시 로마의 모습은 급변하였다. '아우구스투스의 평화'가 없었다면 아마도 '건축의 아버지' 비트루비우스는 존재하지 않았을 것이다. 그러나 또한 비트루비우스가 있었기에 신전들과 공공건축물을 통해 아우구스투스의 평화는 로마와 지중해 세계에서 더욱 찬란하게 빛날 수 있었다.

아우구스투스 시대는 또한 라틴 문학의 황금시대였다. 호라티우스(Quintus Horatius Flacus, 기원전 65~8년)는 베르길리우스와 함께 라틴 문학의 황금기를 장식한 문인 가운데 하나이다. 호라티우스는 기원전 65년 아풀리아 지방의 북쪽에 있는 베누시아에서 해방노예의 아들로 태어났다. 신분은 낮았지만 아들 교육에 유난히 많은 정성을 들였던 호라티우스의 아버지는 아들이 시골 마을에서 평범하게 사는 것을 원치 않았기에 어린 호라티우스를 데리고 로마로 왔다. 로마에서 초급교육을 받은 호라티우스는 다시 아버지의 도움을 받아 아테네로 유학을 떠났다.

그러나 그의 유학생활은 그리스에서 카이사르파와 공화정파 사이의 내전이 전개되면서 중도에 끝나게 되었다. 청년 호라티우스는 자유를 수호하기 위해 독재관 카이사르를 살해한 브루투스와 카시우스가 이끄는 공화정파에 가담했고, 브루투스에 의해 트리부누스 밀리툼이라는 명예로운 직을 얻었다. 그러나 그는 공화정의 대의명분에 끝까지 충실하지 못했으며, 더욱이 기원전 42년 가을 필리피 전투에서 공화정파가 크게 패배함으로써 옥타비아누스에게 붙잡혔다.

곤궁한 처지가 되어 로마로 돌아온 호라티우스는 먹고살기 위해서 프라이토르의 서기 역할을 할 수밖에 없었다. 그뒤 로마의 서사시인 베르길리우스의 소개로 마이케나스를 만나게 되어 그의 후원 아래 시를 쓰게 되었다. 이미 문인들의 보호자(patronus)로서 명성이 자자했던 마이케나스는 호라티우스에게 사비눔의 영지를 주어 그가 편안한 마음으로 시를 쓸 수 있게 해주었다. 더욱 중요한 것은 마이케나스가 호라티우스를 아우구스투스에게 소개해준 것이다. 마이케나스가 호라티우스를 얼마나 아꼈는지는 친구이자 주군이기도 했던 아우구스투스에게 남긴 마지막 유언에서 "호라티우스 플라쿠스를 저처럼 생각해주시기를……" 하고 부탁한 사실에서도 알 수 있다.

아우구스투스 역시 호라티우스의 글솜씨를 높이 평가하고 황제의 서한 담당관이 되어달라고 부탁했지만, 그는 건강상의 이유로 거절하였다. 그래도 아우구스투스는 화를 내지 않고 그에게 계속해서 호의를 보였다.

호라티우스는 자신의 『서정시』 제1권 제1편을 마이케나스에게, 제2편을 아우구스투스에게 바침으로써 문학활동의 보호자인 두 사람에 대한 감사를 나타냈다. 호라티우스에게 아우구스투스는 제우스로부터 국가 재건의 임무를 부여받은 인물로 그리고 아폴론이 인간의 모습으로 이 땅에 내려온 것으로 간주되었다.

아우구스투스가 개혁정치가였다면 호라티우스는 미래를 노래하는 시인, 무사이 여신들의 사제로서 다른 방식으로 행복의 요체를 전해준다. 국가의 개혁은 다만 국가적 정의의 문제이지만, 호라티우스가 보는 행복의 실체는 국가를 넘어선 개인과 개인의 관계로부터 보장받을 수 있는 것이기 때문이다.

로마 제정의 등장과 함께 시작한 팍스 로마나, 즉 '로마의 평화'는 로마 시민들뿐 아니라 속주민들에게도 평화와 안정을 가져다 주었다. 공화정 시기에는 속주에 부임한 로마 총독들이 로마에 돌아갔을 때 필요한 정치자금을 확보하기 위해 속주민들을 가렴주구하는 경우가 많았다. 더욱이 내전시기에 로마의 권력자들은 속주의 토착지배층을 자기 편으로 확보하기 위하여 충성을 대가로 보호막이 되어주었다. 아우구스투스 치세에 오면 광대한 속주가 황제 속주와 원로원 속주로 이원화되었다. 황제 속주에 파견된 총독들은 사실상 황제의 임페리움 아래 위임을 받아 통치하는 대리인이었고, 원로원 속주의 총독들도 원로원의 결의에 따라 속주를 배정받고 통치했지만, 황제의 영향력에서 자유롭지 못했다. 이처럼 사실상 총독들의 상관으로서 존재하는 황제는 제위의 안정을 위해서도 속주민들의 보호자로서의 역할까지 수행했다. 황제 가문의 보호와 시혜를 가장 잘 활용한 인물이 바로 유대 왕국의 헤로데 왕(Herod the Great, 기원전 70~4년)이었다.

기원전 70년대 후반에 태어난 헤로데는 벌써 반세기 전 하스모니아 왕조의 요한 힐카누스가 이두메(에돔의 그리스어) 지방을 정복하고, 그 지역 사람들을 모두 강제 개종시킬 때 유대교로 개종한 이두메 출신 귀족 가문이었다. "혈통이나 부에서 그리고 그밖의 지위에서 이두메의 유력인사"였던 헤로데의 아버지 안티파테르는 자신이 후원하는 힐카누스 2세(기원전 63~40년)의 고문관으로, 기원전 47년 유대 감독관(epitropos)으로 임명되었다.

그러나 안티파테르와 헤로데의 권력은 처음부터 부침(浮沈)하는 로마의 권력에 발빠르게 기회주의적으로 충성한 결과로 얻은 것이었다. 기원전 63년 로마의 폼페이우스 장군이 유대를 점령하자, 부자(父子)는 로마의 동의와 지원 없이는 아무 일도 할 수 없다는 사실을 깨달았다. 그들은 포풀라레스와 옵티마테스 간의 권력다툼으로 로마의 공화정이 불안정한 틈을 타 팔레스타인에서 자신의 권력기반을 닦아나갔다. 폼페이우스에게 충성하던 안티파테르는 그가 세상을 떠나자 폼페이우스를 버리고 카이사르와 교분을 맺기 시작했던 것이다. 카이사르의 이집트 원정에 지원군을 파견하여 혁혁한 전과를 올린 그는 로마 시민권을 부여받고, 마침내 유대의 행정장관(procurator)이 되었다. 이때 약관 25세의 나이에 아버지로부터 갈릴리의 행정관으로 임명받은 헤로데는 이미 그 지역의 산적 토벌에 성공해 강력한 통치자로서의 명성을 얻었다.

33년간 헤로데 대왕의 통치는 유대인들에게는 비인간적일 정도로 엄격했으며, 로마에는 역겨울 정도로 비굴하였다. 그러나 그를 좋아하든 싫어하든, 헤로데는 흔들리지 않는 정치적·외교적 방책을 유지함으로써 팍스 로마나의 범위 안에서 유대 국가의 협력과 통합, 안녕과 질서를 꾀한 군주였다. 헤로데 대왕이 죽자 그의 나라는 세 아들 — 유대와 이두메·사마리아를 직접 통치한 아켈라우스(기원전 4년~기원후 6년), 갈릴리와 페레아의 영주가 된 헤로데 안티파스(기원전 4년~기원후 39년) 그리고 북쪽의 가울라니티스와 트라코니티스·바타나이아를 다스린 필립(기원전 4년~기원후 37년) — 에 의해 셋으로 분열되었다. 헤로데 대왕이 죽은 지 70년 후에 불어닥친 반로마-메시아 운동인 제1차 유대 반란(66~70년)으로 더 이상 유대 사회를 통합할 수 있는 단 한 명의 지도자를 갖지 못한 채, 유대 역사에서 가장 비극적인 재앙, 곧 유대 국가의 멸망이 닥쳤다. 그렇다고 헤로데의 변덕스럽고 야만적인 권력 의지가 정당화되는 것은 결코 아니다. 헤로데는 로마의 권력 앞에서는 착한 노예의 성격을, 유대인에 대해서는 사악한 주인의 성격을 동시에 지니고 있었다. 심장은 이두메인, 정신은 로마인이었던 헤로데 대왕은 그렇게 이스라엘을 다스렸다.

서기 14년 아우구스투스가 죽은 뒤 황제직은 티베리우스(Tiberius Claudius Nero, 기원전 42년~기원후 37년, 재위 14~37년), 칼리굴라(Caligula)[1]로 불린 가이우스(정식 이름은 Gaius Iulius Caesar Augustus Germanicus, 재위

37~41년)와 클라우디우스(Tiberius Claudius Germanicus, 기원전 10년~기원후 54년, 재위 41~54년)의 뒤를 이어 네로(Nero Claudius Caesar, 37~68년, 재위 54~68년)에게로 넘어갔다. 어머니 아그리피나의 권력욕 때문에 17세의 나이로 황제에 오른 네로는 통치 초기 5년은 스승인 세네카와 브루스의 조언을 받아들여 원로원을 존중하고 시민들의 세금을 경감해주었으며 로마시에서 성대한 경기를 개최하고 가난한 시민들에게 자선을 베풀었다. 따라서 통치 초기에는 정치적 식견이 있는 세네카나 브루스가 국정에 영향력을 행사할 수 있었다. 그러나 아그리피나의 권력욕이 워낙 강해서 자주 의견대립을 겪게 되자 네로는 어머니 아그리피나를 정치에서 축출했고, 더 나아가 조언자들마저 제치고 혼자서 권력을 행사하려 했다.

게다가 그는 자제심이 없고 감정적이며 예술적인 재능을 광적으로 과시하려 했다. 결국 통치 5년째 되던 해 모후인 아그리피나를 살해하고, 아내 옥타비아까지 독살했다. 64년 로마 시 팔라티움 언덕과 카일리우스 언덕 사이에 있는 대경기장 동쪽 빈민가에서 큰 화재가 발생해 막대한 피해가 났다. 이때 네로가 로마의 화재를 구경하면서 트로이 함락의 시를 읊었다는 소문이 돌자 그는 기독교도들을 속죄양으로 삼아 위기를 모면하려고 했다. 이로써 네로는 기독교를 탄압한 최초의 황제로 낙인찍히게 되었다.

네로의 포악성과 사치는 도를 더해갔고, 그에 따라 암살 모의사건이 이어졌다. 네로의 보복은 무자비했다. 무수한 희생자들이 나왔는데, 그 중에는 철학자 세네카, 시인 루카누스, 소설가이자 비평가 페트로니우스도 있었다. 대화재도 권력찬탈 음모도 66~67년 네로의 그리스 순회공연을 막지는 못했다. 그는 여러 명의 연주자, 합창단원, 배우 그리고 관리와 시종, 군인과 경호원들을 거느리고 올림피아·코린토스·델피를 비롯한 여러 지역에서 가수나 비극배우 또는 전차기수로 등장했으며, 1,808개의 상과 트로피를 받

---

1) '칼리굴라'는 작은 군화라는 뜻이다. 아버지 게르마니쿠스가 라인 강을 넘어 원정하던 시절 가이우스가 군단 병사의 군화(caligae)를 신고 있어서 '칼리굴라'라는 별명을 얻었다.

고 돌아왔다.

그러나 네로는 66년에 시작된 유대 반란과 68년 갈리아 속주에서 일어난 빈덱스 반란을 막지 못하고 친위대에게마저 버림받자 자살로 생을 마감했다. 이로써 카이사르의 양자 아우구스투스가 연 율리우스 클라우디우스 황가가 몰락하고 내전이 벌어졌다. 내전의 와중에 69년에는 오토 · 갈바 · 비텔리우스 · 베스파니아누스 등 네 명의 황제가 권력을 다투다가 마침내 베스파시아누스가 권력을 잡고 플라비우스 황가를 열었다.

베스파시아누스(Titus Flavius Vespasianus, 기원후 9~69년)는 기원후 9년 이탈리아 중부 사비눔 지방의 레아테(Reate) 시 인근에 있는 작은 마을의 기사 가문에서 태어났다. 아버지는 아시아 속주의 여러 도시에서 정직한 징세 청부업자로 칭송받던 자였다. 베스파시아누스는 트라키아에서 트리부누스 밀리툼직을 역임했고, 크레타와 키레나이카에서 콰이스토르로 근무했으며, 아이딜리스를 거쳐 39년 프라이토르로 당선되었다. 그의 아내는 플라비아 도미틸라였는데, 그녀와의 사이에서 티투스와 도미티아누스 그리고 딸 도미틸라를 얻었다.

베스파시아누스는 군대에서 무공을 많이 세웠다. 클라우디우스 황제 시절인 41년과 42년에는 황실의 가신 나르키수스(Narcissus)의 보호(patronage) 아래 라인 강 유역에 주둔한 제2군단 아우구스투스의 사령관으로 활약했으며, 43년에는 이 군단을 이끌고 브리타니아 섬을 원정하여 전공을 세웠다. 51년에는 보궐 콘술직에 선출되었다. 그뒤 그는 가난과 불운으로 어려움을 겪었다. 62년 베스파시아누스는 아프리카 속주의 총독직을 역임하면서 관직을 매매했다는 혐의를 받았다. 그는 돈을 모으기 위하여 노새장사를 했는데, 그 때문에 사람들에게서 노새몰이꾼이라는 별명을 얻었다.

66년 베스파시아누스는 네로 황제의 그리스 여행을 수행하던 중 네로가 노래를 부르는데 졸거나 자리를 뜨는 사소한 실수를 하는 바람에 미움을 사게 되어 관직에서 쫓겨났다. 네로는 그의 문안인사도 거부할 정도로 크게 화를 냈다. 베스파시아누스는 시골에 칩거하다가 유대 반란이 일어나자 네로에 의하여 다시 사령관으로 발탁되었다. 네로는 그의 탁월한 군사적 재능을 인정했을 뿐 아니라 그가 미미한 기사 가문 출신이기 때문에 제위에 대한 위협세력이 아니라고 여겨 그를 재기용한 것이다.

유대 반란을 진압하는 동안 네로 황제가 자살하고 69년 내전이 일어났을 때 베스파시아누스는 네로의 뒤를 이은 갈바 황제에게 충성을 맹세했지만, 갈바가 죽고 오토에 이어 비텔리우스가 제위에 오르면서 내전이 계속되었다. 이 상황에서 이집트와 시리아 주둔 동방군대의 절대적인 지지를 받던 베스파시아누스는 69년 7월 1일 알렉산드리아 시에서 공식적으로 황제로 선포되었으며, 이어 69년 10월 24일 이탈리아 북부의 크레모나 시 인근에서 비텔리우스의 군대를 격파함으로써 권력을 잡게 되었다.

베스파시아누스 황제는 통치기간 내내 하층 시민들에게 일자리를 마련해 주기 위하여 힘썼다. 그는 노년에 이르러서도 용기와 유머를 잃지 않았다. 79년 임종이 닥치자 그는 "드디어 이제 내가 신이 되는구나"라고 농담할 정도였다. 그는 임페라토르는 서서 죽어야 한다는 자신의 신념대로 안간힘을 쓰면서 일어서려다가 쓰러졌다. 사후에 그는 신성한 베스파시아누스(Divus Vespasianus)로 신격화되었다.

공화정 시대에는 원로원이나 민회에서 정치 토론과 법정 연설을 위해 실용적인 학문이던 수사학이 인기가 많았으나 제정 시대에 들어서 그 영향력이 점점 줄어들기 시작했다. 그러나 이 시대에 저술활동과 제자 양성을 통해 수사학 전통을 이어간 수사학자가 퀸틸리아누스(Quintilianus, Marcus Fabius, 35~96년)였다. 서기 35년 히스파니아의 칼라구리스(오늘날 스페인의 칼라오라 지역)에서 태어난 그는 96년경 로마에서 생을 마감했다. 그는 로마에서 문법학자 레미우스 팔라이몬과 연설가이자 수사학자인 도미티우스 아페르에게서 문법과 수사학 교육을 받고, 59년 고향 히스파니아로 돌아갔다. 그러다가 68년 히스파니아 총독이었던 갈바(기원전 3년~기원후 69년. 69년에 몇 주 동안 황제 자리에 올랐다)를 따라 로마로 돌아왔다. 로마에서 그는 변호사로 그리고 수사학 교사로 활동하게 되는데, 71년부터 베스파시아누스 황제가 공식적으로 설립한 수사학 학교에서 수사학 교수로 활약했으며, 소플리리우스(61/62~117년) 등 제자들을 배출했다.

89년 퀸틸리아누스는 연설과 수사학의 몰락 원인을 논의한 『수사학의 몰락 원인에 대하여』(De causis corruptae eloquentiae)를 출판했으며 대략 90년을 전후로 수사학 교수에서 물러난 뒤 92년부터 그의 주요 저서인 『수사학 교육』(Institutio Oratoria)을 집필하기 시작했다. 94년 퀸틸리아누스는 도미티아누스 황제(51~96년, 재위 81~96년)의 양자에게 수사학을 가르친다. 그는 95년 『수사학 교육』 12권을 출판했으며, 지금까지 퀸틸리아누스의 이름으로 두 권의 『모의연설』(Declamationes) 교재가 전해지고 있다.

팍스 로마나라는 말에서 알 수 있듯이 서기 1~2세기 로마 제국은 안정과 번영을 구가하였다. 아시아·아프리카·유럽 세 대륙에 걸쳐 있던 로마 제국의 영역 어느 곳에서도 전쟁의 말발굽 소리가 들리지 않았으며, 브리타니아와 팔미라 같은 오지에까지 로마 문명의 상징인 거대한 건축물이 세워졌다.

그러나 오현제 가운데 마지막 황제인 마르쿠스 아우렐리우스 시절 팍스 로마나의 영광은 기울기 시작하여, 그후 제국은 100여 년 동안 존폐의 위기를 맞는다. 위기의 직접적인 원인은 외적의 침입이었다. 북쪽에서는 게르만족이 침입했고 로마 제국의 동쪽에 있던 거대한 페르시아 제국도 쳐들어왔다. 이렇듯 외부로부터 군사적인 압박이 강해지자 로마 사회도 군국주의적인 성격을 띠게 되었다. 사회의 관심이 온통 군인을 육성하고 전비를 마련하는 데 집중되었으며 갈수록 군대의 영향력이 커졌다. 끊임없이 제위 찬탈전이 벌어졌고, 234년에서 284년 사이에 26명의 황제가 바뀌었다. 26명의 평균 재위기간이 2년 정도밖에 되지 않았으며, 그 중 자연사한 황제는 한 명밖에 없었다. 이 시기 황제들의 두상들을 보면 예외 없이 모두 잔뜩 찡그리고 있는데, 언제 누가 자신을 죽일까 하는 걱정에 사로잡혀 있었기 때문인 것으로 보인다. 이렇게 내우외환이 계속되는 가운데 농지는 황폐해지고 사람들은 고향을 떠나 떠돌아다녔다. 설상가상으로 250년경에는 페스트로 추정되는 전염병이 지중해 연안 전역을 휩쓸었다. 이제 로마 제국은 생명을 다한 것처럼 보였다.

바람 앞의 촛불처럼 위태로운 로마 제국을 구하고 새로운 생명을 불어넣어 다시 천년을 살 수 있게 해준 사람은 바로 디오클레티아누스(Gaius Aurelius Valerius Diocletianus, 243~316년)다. 243년 달마치야 해안에 있는 소도시 디오클레아의 아주 비천한 가정에서 태어난 디오클레티아누스의 원래 이름은 '제우스처럼 유명한 자'라는 뜻의 디오클레스(Diocles)였다. 그의 아버지나 그 자신이 원로원 의원 아눌리누스(Anullinus) 집안의 피해방자유민이었다. 디오클레티아누스가 출세할 수 있었던 것은 그가 뛰어난 무인이었기 때문이다. 3세기 로마는 군인들의 세상이었고, 공을 세운 사람은 누구든 높은 자리에 오를 수 있었다. 특히 270년 이후 디오클레티아누스의 고향인 일리리아(지금의 크로아티아) 출신 군인들이 연달아 황제—아우렐리아누스, 프로부스, 카루스—가 되었다. 이 같은 시대상황은 디오클레티아누스의 출세에 결정적인 도움이 되었을 것이다. 디오클레티아누스의 평생 동반자였던 막시미아누스도 일리리아 출신이었다.

디오클레티아누스는 카루스(Carus, 282~283년) 황제 시절인 283년에 본격적으로 역사무대에 등장한다. 그는 근위기병대장이었고, 그해 콘술직에 올랐다. 카루스 황제가 대규모 군사를 이끌고 페르시아 원정길에 올라 큰 승리를 거두고 돌아오는 길에 갑자기 죽어 내분이 일자, 284년 디오클레티아누스가 군인들의 지지를 받고 황제가 되었다.

비천한 출신이 세계 최대 제국의 황제가 되었으니 개인적인 감회와 기쁨이 남달랐겠지만, 디오클레티아누스 앞에 놓인 과제는 몹시도 막대했다. 100년에 걸친 외적의 침입을 막아내느라 제국은 만신창이가 되었고, 페르시아와 게르만족의 침입은 계속되었다. 디오클레티아누스는 동쪽과 북쪽의 적과 끊임없이 싸우면서 로마 제국을 완전히 새롭게 변모시켜야 한다는 것을 깨달았다. 머리끝에서 발끝까지 모든 것을 변화시키지 않는다면 로마 제국은 살아남을 수 없었다. 가장 시급한 문제는 황제권의 절대성을 확립하는 것이었다. 군인들이 멋대로 황제를 갈아치우는 군인황제 시대가 계속된다면 제국의 힘을 결집시켜 외적을 막는다는 것은 불가능했기 때문이다. 따라서 디오클레티아누스는 전제정과 사분체제를 도입하여 정치를 안정시키고자 했다. 그러나 디오클레티아누스의 노력은 한 세대도 지나지 않아 물거품이 되었다. 로마 제국은 새로운 황제의 등장과 함께 생명을 연장할 수 있었는데, 그가 바로 로마 제국의 정체성을 바꾸고 중세시대를 향하는 길을 연 콘스탄티누스 황제이다.

콘스탄티누스(Flavius Valerius Constantinus, 280~337년)는 280년경 다키아 리펜시스의 나이수스(Naissus: 지금의 유고슬라비아의 니슈)에서 콘스탄티우스(Constantius Chlorus)와 헬레나(Helena) 사이에서 태어났다. 그는 기독교 신자인 어머니 헬레나의 영향을 받으면서 소년 시절을 보냈으며, 청년 시절에는 니코메디아에 있는 디오클레티아누스의 궁정에서 지냈다. 콘스탄티우스는 디오클레티아누스와 막시미아누스가 동반 퇴위한 뒤 명목상 선임 아우구스투스가 되긴 했지만, 실제 로마 제국의 지배자는 298년 페르시아에 대한 승리의 후광에 둘러싸여 있던 갈레리우스(Galerius)였다. 306년 스코틀랜드의 픽트족(Picts)이 브리타니아 섬을 침공하자 콘스탄티우스는 아들 콘스탄티누스와 함께 픽트족을 상대로 신속하고도 손쉽게 승리한 뒤 요크(York)에서 죽었다. 그가 통치하던 군대는 그의 아버지 대신 콘스탄티누스를 아우구스투스로 선언했다.

콘스탄티누스는 당장 갈레리우스에게 편지를 써서 자신을 아우구스투스로 인정해달라고 요청했으나 갈레리우스는 카이사르의 직함과 직위를 주었다. 젊은 콘스탄티누스는 자신이 여전히 크게 존경하고 있던 디오클레티아누스가 수립해놓은 동서 로마의 사분체제를 유지하고 평화를 깨뜨리지 않을 목적으로 그 제의를 조용히 수락했다. 시간이 자신의 편이라고 확신한 콘스탄티누스는 알레마니인(Alemani)과 프랑크인을 상대로 거듭 승리를 거둠으로써 자신의 입지를 꾸준히 강화했다.

막시미아누스의 아들 막센티우스(Maxentius)는 콘스탄티누스가 승승장구하고 있다는 소식을 듣고 크게 노했다. 그는 전임 아우구스투스의 적자(適出)인 자신이 권좌에 오를 더 큰 권리가 있다고 믿었다. 따라서 개인적으로 혐오하던 갈레리우스가 자신의 길을 가로막고 있다는 사실을 발견했을 때 자연히 불만이 차올랐다. 306년 그는 인기가 없던 세베루스에게서 로마를 탈취했다. 갈레리우스가 막센티우스에게 아우구스투스 직함을 부여하기를 거부하자, 막센티우스는 스스로 그 직함을 취했다.

마침내 막센티우스는 그의 부친 막시미아누스가 콘스탄티누스에게 제거 당한 데 대해 보복한다는 핑계로 콘스탄티누스에게 선전포고를 했다. 콘스탄티누스는 자신의 군대를 로마 근처로 이동시켜 밀비우스 다리(Milvian Bridge) 반대편에 진을 치게 했다. 이때는 막센티우스의 통치기념일, 즉 312년 10월 27일이 다가오고, 그의 통치 5년째가 막바지에 접어들던 무렵이었다. 콘스탄티누스는 꿈에서 병사들의 방패에 그리스도의 표식인 χ와 ρ를 새겨넣고 전쟁에 나가라는 계시를 받고 그의 군대로 하여금 이런 표식을 지닌 채 임전태세를 갖추게 하였다. 드디어 막센티우스의 군대가 밀비우스 다리를 건너 공격해왔으나, 먼저 콘스탄티누스 군대가 밀비우스 다리를 파괴하여 막센티우스의 군대는 티베르 강에서 참패를 당했고, 막센티우스도 티베르 강을 건너 도망하다가 익사하였다.

이처럼 콘스탄티누스가 군사적으로 큰 승리를 거두면서 서방세계에서의 기독교도들에 대한 박해는 일단 종식되었다. 원로원과 로마 시민들은 콘스탄티누스를 로마 제국의 황제로 영접하였다. 원로원은 콘스탄티누스가 밀비우스 다리 전투에서 승리한 데 대한 보답으로 막시미누스 다이아(Maximinus Daia)가 스스로 자랑스럽게 여겨 사용하던 가장 위대한 인물이라는 뜻의 '막시무스'(Maximus)라는 칭호를 그에게 수여하였다. 이렇게 하여 콘스탄티누스는 24세의 젊은 나이에 콘스탄티누스 대제가 되어 서방세계에서 최고의 지도자로 부상하게 되었다.

동로마에서는 리키니우스와 막시미누스 다이아가 권력을 다투다가 막시미누스 다이아가 리키니우스에게 패한 뒤 314년에 죽음으로써 리키니우스가 유일한 지배자가 되었다. 당시 리키니우스는 콘스탄티누스 대제의 의형제로 통치서열상 콘스탄티누스 대제 다음이었다. 그러나 기독교에 반대하며 콘스탄티누스의 인기와 권력이 강화되는 것을 시기한 리키니우스는 그를 타도하려고 계속 음모를 꾸몄다. 드디어 314년 콘스탄티누스와 리키니우스가 결전을 벌였으나 결정적인 승부는 나지 않았다. 10여 년의 소강상태가 지난 후 323년 리키니우스는 콘스탄티누스에게 패하여 생포되었으며, 그의 지지세력도 324년 6월 아드리아노플 전투에서 콘스탄티누스의 아들 크리스푸스(Crispus) 군대에 패함으로써 기독교의 지지를 받은 콘스탄티누스가 동·서 로마를 통일한 유일한 황제가 되었다.

콘스탄티누스는 요르단 강에서 세례받기를 원했지만, 그럴 기회를 찾지 못한 채 그의 생애 마지막까지 세례식을 연기했다. 그가 헬레노폴리스(Helenopolis)에서 병에 걸린 것은 아마 페르시아 원정을 준비하던 중으로 추측된다. 치료에 실패하자 그는 콘스탄티노플로 돌아가려 했지만, 니코메디아 근처에서 몸져누울 수밖에 없었다. 이곳에서 콘스탄티누스는 세례를 받고, 황제의 자줏빛 옷 대신 세례받는 사람이 입는 하얀 옷을 걸쳤다. 337년 5월 22일 사망한 그는 콘스탄티노플에 있는 사도교회에 묻혔는데, 무덤에는 사방에 각각 6개씩의 기념물이 늘어서 있다. 콘스탄티누스 황제의 개종과 친기독교 정책으로 인해 다신교 전통의 로마 제국은 이제 유일신을 숭배하는 기독교 제국으로 발전해갈 수 있었다.

이와 같은 상황에서 기독교 제국으로 정체성이 변화한 데 반발하여 다신교 전통을 지닌 고대 로마의 자존심을 지키려 했던 황제가 율리아누스(Flavius Claudius Iulianus, 332~363년, 재위 360~363년)였다. 율리아누스는 331년 콘스탄티노플에서 콘스탄티누스 황제의 이복동생 율리우스와 비티니아 출신의 어머니 바실리나 사이에서 태어났다. 율리우스와 바실리나는 기독교 신자였다고 추측된다. 특히 어머니 바실리나는 죽을 때 막대한 유산을 교회에 유증하였다. 바실리나는 율리아누스가 태어난 지 얼마 안 되어 병으로 죽었고, 아버지 율리우스는 여섯 살 때 다른 여러 형제들과 함께 황실 내의 권력투쟁 때문에 일어난 군사들의 난으로 죽음을 당하였다. 그 결과 콘스탄티누스 황제의 세 아들인 콘스탄티누스 2세, 콘스탄티우스 2세, 콘스탄스가 권력을 잡으면서 너무 병약하여 곧 죽을 것 같았던 율리아누스의 이복형 갈루스와 여섯 살로 아직 어린이였던 율리아누스를 제외한 그밖의 친척들은 모두 살해당했다. 율리아누스는 이 처참한 살육전을 목격했던 것으로 보이며, 이는 어린 마음에 충격과 두려움을 안겨주었을 것이다.

아버지와 친척들을 모두 잃은 처참한 살육전 이후 율리아누스는 황제 콘스탄티누스 2세의 지시에 따라 격리된 장소에서 성장하게 되었다. 337년 그는 니코메디아로 보내졌으며, 342년경에는 마켈룸으로 옮겨져 여러 모로 성향이 다른 이복형 갈루스와 함께 고독한 청소년기를 보냈다. 공식 가정교사였던 에우세비오스 주교나 카파도키아의 게오르기오스가 콘스탄티노플 주교가 되어 떠나면서 실질적으로 율리아누스의 교육을 맡은 가정교사는 그리스어와 여러 고전적 지식에 능통한 마르도니우스였다. 마르도니우스도 기독교인이었지만 율리아누스에게 그리스 철학과 문학을 가르쳐줌으로써 헬레니즘적 지식에 관한 토대를 닦아주었다. 율리아누스는 자신이 황제가 되지 않았더라면 철학자가 되었을 것이라고 고백하기도 했다. 마켈룸 시절 후반기부터 그는 기독교를 벗어나 이교 사상가로 성숙해가고 있었다.

340년 황제 콘스탄티누스 2세가 동생 콘스탄스의 영토를 침입하다가 죽고, 콘스탄스는 마그넨티우스 장군에게 암살당했다. 이제 콘스탄티누스의 세 아들 가운데 콘스탄티우스 2세만 남아 로마 제국을 혼자 통치하게 되었다. 콘스탄티우스 2세는 황후 에우세비나와의 사이에 아직 자식이 없었기 때문에 유일한 혈육으로 남아 있던 사촌동생 갈루스와 율리아누스에게 통치권을 나눠주기로 결심했다. 그러나 먼저 부황제 카이사르로 임명된 갈루스가 실정(失政)의 책임을 지고 354년 반역죄로 처형당하자 그뒤를 이어 율리아누스가 카이사르로 임명되어 갈리아로 파견되었다. 360년 2월 페르시아 국경에서 페르시아 왕 사포르와 접전하고 있던 콘스탄티우스 2세가 율리아누스가 지휘하는 갈리아 군단 중 네 개 군단을 페르시아 국경으로 보내어 자신을 지원해줄 것을 요청했을 때 군대가 반란을 일으켜 율리아누스를 정황제 아우구스투스로 선포했다. 이에 율리아누스를 정벌하러 오던 콘스탄티우스가 갑자기 죽음으로써 율리아누스는 유혈사태 없이 단독 황제로 등극했다.

단독 황제가 된 율리아누스는 콘스탄티노플에 입성하여 이른바 칼케도니아 재판을 단행하면서 콘스탄티우스에게 충성하던 많은 신하들을 재판하여 처형하고, 로마의 전통 종교의식과 신전을 복구하는 정책을 폈다.

362년에는 페르시아 원정이라는 대사업을 앞두고 소아시아의 페시누스에 들러 키벨레 여신 사원을 복구하기도 하고 그녀에게 바치는 찬송집을 쓰기도 하였다. 362년 7월 율리아누스는 안티오크에 도착하였다. 여기서 그는 기독교도들을 억압하고 이교를 부흥시키려는 종교정책과 더불어 곡물가격 안정법 같은 행정적 개혁에도 힘을 기울였다. 그러나 기독교가 우세하던 안티오크 시민들과는 불편한 관계가 계속되었으며, 이때를 배경으로 「수염을 싫어하는 사람들」이라는 작품이 씌어지기도 했다.

363년 3월 율리아누스는 안티오크를 떠나 본격적인 페르시아 원정에 나섰다. 처음에는 페르시아의 수도 크테시폰을 함락시키는 등 승리를 거두었다. 페르시아 영토 깊숙이 들어가면서 가지고 온 배를 불태워버리는 등 배수진의 각오로 전투에 임했으나, 페르시아 쪽이 은밀히 보낸 스파이를 군대의 길잡이로 삼아 헤매는 등 페르시아의 작전에 말려 고전하다가 363년 6월 어느 날 페르시아군과의 전투 도중 부상으로 죽었다. 율리아누스의 후임 황제로는 군인들의 추대에 따라 기독교도 조비아누스가 즉위하였다.

율리아누스의 이름 앞에 흔히 붙는 수식어는 'Apostata', 즉 배교자다. 이는 종교적인 분위기가 몹시 강한 표현이긴 하지만 뒤집어보면 다신교적인 로마의 전통종교를 마지막으로 회복시키려 한 그의 노력을 잘 드러낸다고 할 수 있다. 그뒤로 서양에서는 '로마=기독교'의 정체성을 거부한 황제가 더 이상 나타나지 않았다. 그리하여 율리아누스는 로마 제국을 이교 제국으로 되돌리려 한 최후의 로마 황제로 남게 된다.

율리아누스 이후 로마 제국은 명실상부한 기독교 제국으로 발전해갔으며, 로마 제국에서 기독교는 하나의 종교이자 세계관, 문화와 전통으로 굳어지기 시작했다. 이 시기에 장차 가장 영향력 있는 기독교 세계관을 체계화하여 제시한 교부가 바로 아우구스티누스이다.

아우구스티누스(St. Augustinus, Bishop of Hippo, 354~430년)는 354년 11월 13일 타가스테(Tagaste: 지금은 수카라 Souk Ahras라고 불리는 튀니지의 소도시)에서 이교도인 아버지 파트리키우스(Patricius)와 기독교도인 어머니 모니카 사이에서 태어났다. 그의 가족은 부유하지는 않았지만 아주 존경받을 만한 가문이었고, 아버지인 파트리키우스는 그 도시의 시 참사 회원(Curiales)으로 활동하고 있었다.

아우구스티누스는 어머니의 영향으로 기독교 교육을 받았다. 그의 어머니는 어려서부터 아우구스티누스로 하여금 십자가로 성호를 긋게 했고 교리문답을 받게 했다. 언젠가 몹시 아팠을 때 한번은 세례받을 것을 요청했지만, 그 위험이 지나가버리자 당대의 풍습에 따라 그 성례인 세례받는 것을 뒤로 미루었다. 아버지 파트리키우스는 타가스테와 마다우라(Madaura)의 학교에서 아들이 좋은 성적을 거두자 변호사 공부를 시키기 위해 그를 카르타고로 보내고 싶어했지만 아우구스티누스가 16세 때인 370년경 세상을 떠나 뜻을 이루지 못했다. 반면 아우구스티누스는 카르타고에 가서 수사학·웅변술을 공부하는 등 진리 탐구에 몰두하고 싶어했다. 그러나 16세의 청년 아우구스티누스가 체험한 대도시 카르타고는 아프리카에서 학문의 중심지였을 뿐만 아니라 향락의 도시이기도 했다. 진리 탐구와 세속적인 향락 추구라는 두 가지에 몰두한 그는 어느 여자와 동거해 18세 때 아데오다투스라는 아들을 얻기까지 했다.

22세부터는 당시 유행하던 마니교(Manicheanism)에 심취하였다. 마니교는 인간의 내면과 이 세상에 퍼져 있는 악의 문제를 선과 악의 대립구도로 설명했다. 즉 일단의 빛인 영혼이 물질적인 악한 육체에 둘러싸여 있어서 끊임없이 충돌한다는 선(광명)과 악(암흑)의 이원론을 주장한 것이다. 그러나

29세부터 마니교에 회의를 품으면서 로마로 간 그는 30세 때 밀라노(Mediolanum) 수사학 교사로 부임하게 되었다. 밀라노에서 그는 주교 암브로시우스를 만나고 기독교를 긍정적으로 생각하기 시작했다. 동거하던 여인과 헤어진 그는 33세 때 자기 아들 아데오다투스와 함께 암브로시우스에게 세례받음으로써 기독교도가 되었고, 34세에 고향 타가스테로 돌아와 수도원 생활을 했다. 마침내 395년에는 히포의 주교로 임명되어 30여 년 동안 도나투스파·펠라기우스파 등의 이단교리와 싸우고 교회 수호를 위해 그의 생애를 바쳤다.

아우구스티누스 말년에는 게르만족의 침입으로 제국 전체가 혼란에 빠졌다. 특히 410년 여름 단 사흘 동안 고트족의 알라리크가 로마를 약탈한 사건은 기독교인들에게나 이교도들 모두에게 충격적인 사건이었다. 로마가 완전히 파괴된 것은 아니지만 그 도시는 600년 이상 이탈리아에서 주인 노릇을 했으며, 그 중 후반부 400년 동안은 당시에 알려진 문명세계의 심장부 구실을 했기 때문이다. 고트족의 로마 약탈사건을 계기로 로마 제국의 기독교화에 반대하면서 전통종교를 주장하던 이교도들이 일제히 기독교를 공격하기 시작했다. 야만족에 의한 로마 약탈은 로마가 전통적인 신을 버리고 낯선 기독교를 국교로 내세웠기 때문이라는 것이다.

이 사건은 기독교도들에게도 충격이었다. 로마 제국은 기독교 국가가 되었는데 어찌된 일인가? 제국이 무너져도 기독교로 개종한 로마는 영원히 멸망하지 않는다고 노래한 기독교 시인 프루덴티우스의 말에 희망을 걸고 있던 기독교도들은 그 사건의 의미를 해석해야 했다. 이 사건에 직면하여 아우구스티누스의 친구이자 제국의 기독교 관리인 마르켈리누스(Marcellinus)가 히포의 아우구스티누스에게 이 문제를 해명해달라는 요청을 했으며, 그에 대한 답으로 413년부터 426년까지 13년 동안 씌어진 것이 저 유명한 『신국』(De Civitate Dei)이다.

아우구스티누스는 『신국』 전 22권 중 전반부(1~10권)에서 로마 약탈의 책임이 기독교 때문이라는 비난이 근거 없음을 논박하고, 후반부(11~22권)에서는 인류의 역사를 '신국'과 '지상국' 사이의 투쟁으로 묘사했다. '신국'은 그리스도를 믿고 신을 사랑하는 자들의 공동체이고 '지상국'은 그리스도를 거부하고 자신을 사랑하는 자들의 공동체인데, 두 나라의 싸움은 최후의 심판으로 '신국'이 최종 승리할 때까지 계속된다는 것이다. 그는 신국에 들어가는 것이 인간의 선행의 소산이 아니라 전적인 신의 은총의 산물이라는 점을 강조함으로써 인간의 구원에서 인간의 의지는 효능이 없다고 주장했다.

아우구스티누스는 430년 히포가 반달족에게 완전히 포위되어 함락당하기 직전에 그들의 말발굽 소리와 아우성을 들으면서 숨을 거두었다. 로마는 도처에서 야만족에 의해 무너지고 있었다. 그러나 기독교회는 이러한 역동적인 역사관으로 무장하면서 견고한 조직과 신앙심을 가지고 중세라는 오히려 새로운 시대를 맞이하고 있었다.

전통적으로 서로마 제국은 476년 게르만 출신 용병대장 오도아케르(Odoacer, 430~493년)에게 몰락한 것으로 알려지고 있다. 오도아케르는 고트족 계열에 속하는 스키르족(Skiren) 출신으로 430년경에 태어났다. 오도아케르의 476년 이전 행적에 대한 믿을 만한 기록은 오도아케르가 죽은 뒤 511년경에 작성된 성 세베리누스(St. Severinus)의 전기이다. 이 전기는 성 세베리누스의 제자 에우기피우스(Eugippius)가 쓴 것이다. 이에 따르면 오도아케르는 이탈리아를 정복한 어느 민족의 왕자도 왕도 아니었고, 다른 수많은 게르만족과 마찬가지로 로마 황제의 용병으로 지칭되고 있으며, 이탈리아로 출발하기 전 당시 도나우 유역에서 잘 알려진 성 세베리누스의 거처로 찾아와 기도를 부탁했다고 한다. 오도아케르는 469년 노리쿰으로 망명하여 그곳에서 선교활동을 하고 있던 성 세베리누스를 만났으며, 470년 그의 무리들과 함께 로마 제국의 용병이 되었다.

당시 로마에서는 원로원 귀족 출신으로 장군(magister militum)직을 갖고 있던 부르군트 출신의 군도바트(Gundobad)가 473년 글리케리우스(Glycerius)를 황제로 즉위시켰다. 그러나 동로마 황제 레오 1세(Leo I)는 이를 인정하지 않고, 달마치야의 장군 네포스(Iulius Nepos)를 황제로 임명하여 이탈리아로 보냈다. 네포스는 처음에는 서로마의 황제로서 뜻을 관철하려 했지만 끝내 뜻을 펴지 못한 채 475년 그의 장군이었던 오레스테스(Orestes)에게 폐위당하고 달마치야로 돌아갔다. 오레스테스는 직접 황제가 되지 않고 아들 로물루스(Romulus Augustulus)를 서로마 황제로 추대했다.

오도아케르는 오레스테스가 네포스를 물리칠 때 공을 세운 대가로 이탈리아에 거주할 권리와 함께 이탈리아의 3분의 1을 내놓으라고 오레스테스에게 요구했다. 그러나 오레스테스는 이를 거절했다. 이에 오도아케르는 476년 8월 28일 플라켄티아(Placentia) 전투에서 오레스테스를 물리치고 로물루스를 폐위시켰다. 그리고 로마 원로원은 476년 황제의 인장을 콘스탄티노플로 보내며 두 제국에 한 황제로 충분하다는 의견을 제시했다. 또한 오도아케르를 아이티우스나 리치메르 같은 로마 장군의 지위로 천거하였고, 그에게 행정직을 맡길 것을 부탁하였다. 이 사실을 접한 동로마 황제 제노(Zeno)는 오도아케르를 파트리키우스(Patricius)에 임명하는 것을 네포스에게 일임하였다. 동로마는 480년까지 달마치야에서 통치하던 네포스를 서로마의 공식적인 황제로 생각했던 것이다. 그러나 오도아케르는 네포스에게 아무런 요구도 하지 않았다.

오도아케르는 아마 공식적인 절차를 밟지 않고 로마의 장군직을 수행하면서 이탈리아에서 자신의 입지를 키워갔던 것으로 보인다. 그는 476/7년 시칠리아를 반달족의 왕 가이제리히(Geiserich)에게서 빼앗아 이탈리아에 복속시킴으로써 이탈리아의 곡물 공급을 원활하게 하였다. 또한 480년에는 네포스가 죽자 달마치야를 복속시켰다. 당시 오도아케르가 두 명의 콘술 중 한 명을 추천했을 때, 제노가 그 추천을 고려한 점으로 미루어 서로마에서 그의 영향력은 대단했던 것으로 보인다. 그는 486년 콘스탄티노플의 사주를 받은 루기족의 왕 펠레토이스(Feletheus)가 공격하려 하자 동생 후눌프(Hunulf)와 함께 선제공격을 하여 루기 왕국을 정복했다. 이에 따라 루기 왕국에 속했던 모든 식민지도 이탈리아에 복속되었다.

오도아케르의 성장은 콘스탄티노플에 대한 위협으로 느껴졌으며, 이에 대한 대책이 강구되었다. 487년 제노와 동고트족의 왕 테오도리쿠스가 아주 중요한 계약을 맺었다. 이 계약에 따르면 테오도리쿠스가 황제를 대신하여 오도아케르를 굴복시킬 경우 그 지역의 통치권을 갖게 되었다. 동고트족은 이탈리아에 욕심이 났고 테오도리쿠스는 기꺼이 그 일을 수행하였다. 이제까지 테오도리쿠스는 동로마에서 대체로 성가시고 불안한 존재로 받아들여졌으나, 제노는 오도아케르를 제거하기 위해 테오도리쿠스와 손잡고 그의 이탈리아 정복을 사주했다.

테오도리쿠스의 원정군에는 잔류하던 루기족은 물론 로마인들까지도 참여하였다. 489년 8월 그가 이탈리아에 당도하면서 전쟁이 시작되었다. 서고트족의 알라리크 2세의 부대가 테오도리쿠스 군대에 합류하자, 오도아케르는 라벤나로 돌아가 방어하였다. 그러나 라벤나 전투가 시작된 지 2년 후인 492년 여름 라벤나는 육로는 물론 해로까지 봉쇄당했다. 493년 2월 오도아케르와 테오도리쿠스는 이탈리아 공동지배에 협약하였다. 이 협정이 있은 후 테오도리쿠스의 군대는 라벤나 시로 진입했고, 3월 5일 오도아케르와 그의 아내, 아우 및 그의 추종자들을 살해한 뒤 테오도리쿠스를 왕으로 추대하였다. 이 왕권은 동고트족뿐만 아니라 로마인들에게도 미치는 것이었다.

따라서 로마 제국의 존립에 실질적인 타격을 준 사람은 오도아케르라기보다 테오도리쿠스라고 할 수 있다. 비록 오도아케르가 서로마 황제를 폐위시켰다 하더라도 그는 로마를 위해 싸운 로마의 장군이었으며, 그의 활약에 힘입어 로마는 유지되었기 때문이다. 이에 비해 동고트족의 테오도리쿠스는 이탈리아 정복과 더불어 동고트족은 물론 로마인의 왕으로 군림하면서 로마가 아니라 동고트족의 왕국을 유지시킨 셈이 된다. 로마를 위해 싸운 이민족 출신 오도아케르에 대한 동로마 황제의 배신은 로마의 도덕성에 큰 흠집을 남겼으며, 제국의 분열을 막을 어떤 명분도 제시할 수 없었다.

아우구스투스

로마 제국의 일인자가 된 옥타비아누스 이야기

●배은숙(계명대 강사 · 서양사)

1. 카이사르의 후계자 옥타비아누스

출생

아우구스투스의 원래 이름은 가이우스 옥타비우스(G. Octavius)[1]로, 기원전 63년 9월 23일 로마에서 태어났다. 그의 고향은 로마 시 남쪽 40킬로미터에 위치한 라티움(Latium) 지역의 소도시 벨리트라이(Velitrae)였다. 같은 이름을 가진 아버지 옥타비우스(G. Octavius)는 기원전 69년 콰이스토르(quaestor)를, 기원전 64년 평민 아이딜리스(plebis aedilis)를, 기원전 61년

---

[1] 아우구스투스 원래 이름은 가이우스 옥타비우스였으나 기원전 44년 카이사르가 유서에서 그를 입양함으로써 '가이우스 율리우스 카이사르 옥타비아누스'(대개 옥타비아누스로 약칭)가 되었다. 한편 기원전 27년 원로원은 옥타비아누스에게 아우구스투스라는 칭호를 수여했다. 이 글에서는 아버지인 옥타비우스와의 혼동을 피하기 위해 기원전 44년 입양 전이라도 기원전 27년 아우구스투스라는 칭호를 받기 전에는 옥타비아누스라고 하고, 그 이후에는 아우구스투스라고 한다. 공화정기에 '아우구스투스'라는 형용사는 신전과 같은 신성한 장소나 사제들의 신성한 행동을 표현하는 말이었다. '신성한' '숭고한' '존엄한' 등의 의미로 사용되었기 때문에 기원전 27년 원로원에서 옥타비아누스는 왕의 이름인 로물루스(Romulus) 대신 아우구스투스라는 칭호를 받아들였다.

에 프라이토르(*praetor*)를 지냈다. 옥타비우스는 원래 기사 출신이었지만 여러 관직을 역임함으로써 가문에서 처음으로 원로원 의원이 되었다. 옥타비우스는 두 번째 결혼한 아티아(Atia)에게서 딸 옥타비아와 아들 옥타비우스를 얻었다. 아티아는 율리우스 카이사르(Gaius Iulius Caesar)의 조카딸이며, 카이사르는 아들 옥타비우스의 외할머니의 오빠가 된다. 기원전 58년 아들 옥타비우스가 4살 때 아버지 옥타비우스가 사망하자 아티아는 곧바로 필리푸스(Lucius Marcius Philippus)와 재혼하였다. 그뒤로 아들 옥타비우스는 어머니와 함께 의붓아버지 필리푸스 집에서 살았다.

외모와 사생활

옥타비아누스는 옅은 금발에 약간은 곱슬머리였고, 키는 약 173센티미터였다. 그는 외모를 가꾸는 편이 아니었지만 잘생기고 기품이 있었다고 역사가 수에토니우스(G. T. Suetonius)는 전한다. 갈리아 속주의 어느 지도급 인사가 옥타비아누스를 절벽에서 밀어버릴 생각으로 접견했으나 그 얼굴을 보고 자신의 마음이 누그러져 그렇게 하지 못했다는 말은 과장이라고 해도, 온화한 느낌의 용모를 짐작하게 한다.

옥타비아누스는 4번 결혼하였다. 첫 번째는 기원전 48년의 콘술이었던 세르빌리우스(Servilius Isauricus)의 딸과 결혼하였다. 그러나 기원전 43년 마르쿠스 안토니우스(M. Antonius)와의 동맹을 위해 이혼하고, 안토니우스의 의붓딸 클라우디아(Claudia)와 재혼하였다. 이어 율리아의 생모인 스크리보니아(Scribonia)와 결혼했다가 이혼하고 티베리우스(Tiberius Claudius)의 생모인 리비아(Livia)와 결혼하였다. 이들 외에도 충실한 조언자였던 마이케나스(C. Maecenas)의 아내 테렌티아와(Terentia)의 애정행각에 대해서는 널리 알려져 있다. 기원전 16년 옥타비아누스가 전쟁을 하기 위해 갈리아 지역으로 간 것이 사실은 어느 누구의 시선도 받지 않고 테렌티아와 살기 위해서였다는 소문이 나돌 정도였다. 이밖에 3명의 여성이 더 거론되지만 연애기간은 길지 않았고, 정도도 심한 편은 아니었다.

옥타비아누스는 검소한 생활을 하였다. 팔라티움 언덕에 있는 그의 집은 크지 않았고 화려한 대리석 장식도 없었다. 키케로(M. Tullius Cicero)가 여덟 채의 빌라를 소유한 것과 비교할 때 특별한 장식이 없는 그의 빌라 세 채는 소박하다고 할 수 있다. 또한 그는 항상 소식(小食)을 했고, 포도주는 즐기지 않았다. 유난히 추위를 많이 타고 허약한 체질이었던 그는 겨울에는 옷을 네 벌이나 껴입을 정도였다. 그는 목과 눈이 안 좋았고, 동상·습진·비염·류머티즘·결석 등 각종 질병에 시달렸다. 매년 초봄과 생일 전에는 주기적으로 통증을 호소하였다. 특히 기원전 42년 필리피 전투 때는 몸이 아파서 브루투스(M. Brutus)에 대한 전투를 치를 수 없었다. 기원전 28년 검투사 경기 때도 몸이 아파서 경기를 주관하지 못했다. 기원전 25년 히스파니아 반란을 진압한 뒤에는 몸이 너무 아파서 로마 시로 귀환이 늦어지게 되었다. 기원전 23년에는 중병에 걸려 회복이 불가능한 것으로 판단하고 죽음을 준비했으나 냉탕요법이 효과를 보아 가까스로 위기를 넘겼다. 말년에는 원로원 회의에 참석하지 못할 정도로 기력이 쇠진하였고 난청에 시달렸다. 이처럼 잦은 와병에도 불구하고 평균 수명이 30세였던 그 시절 78세까지 살았다는 것은 아이러니가 아닐 수 없다.

성격

많은 사가들이 옥타비아누스를 종잡을 수 없는 수수께끼 같은 인물로 파악하는 이유는 그 스스로가 모호한 형식을 취하기를 좋아했기 때문이다. 그는 드러내는 것보다 숨기는 것이 더 설득력을 얻는다고 생각하였다. 어떤 사람이 시칠리아의 한 부패한 관료가 자신의 욕심을 드러내는 솔직한 사람인지 아니면 단순한 도둑인지를 물었을 때 옥타비아누스가 그냥 "그렇다"고만 대답했다는 일화는 본심을 드러내지 않는 그의 성격을 대변해준다.

연설 습관에서 볼 때 옥타비아누스는 완벽주의자였던 것 같다. 그는 웅변술이 부족하지 않았지만 언제나 준비된 원고를 읽었다. 말하려는 내용을 잊어버릴 위험과 생각하려고 애쓰는 노력을 피하기 위해서였다. 심지어 아내리비아와 대화할 때도 즉흥적으로 너무 말을 많이 하거나 또는 너무 말을 적게 할까 봐 미리 할 말을 준비했고, 자기가 한 말을 적게 했다고 한다.

젊었을 때 옥타비아누스는 잔인한 면을 드러냈다. 필리피 전투 뒤 브루투스의 목을 잘라 카이사르의 조상(彫像) 밑에 두게 하였고, 페루시아(Perusia) 전투 동안 목숨을 구걸하는 정적들을 모두 죽이라고 명령하였다. 권력투쟁 과정에서만 잔인했던 것은 아니어서, 악티움 해전 직후에도 많은 사람들을 처형하였다. 용서를 구하는 사람들을 모두 용서해주었다는 그의 말은 사실이 아니다. 그러나 그는 내란이 종결된 후에는 되도록이면 인자하고 관대한 모습을 보이고자 노력하였다. 그가 원로원 회의 도중 화가 나서 의사당을 박차고 나간 적은 있었지만, 이 일로 처벌받은 사람은 없었다. 속주에 브루투스의 조상을 건립하려는 움직임도 저지하지 않았다.

정계 진출

카이사르에게는 친아들이 없었고, 딸마저 기원전 54년 사망하였다. 둘째 여동생 율리아에게 두 아들이 있었지만 카이사르는 그들에게 특별한 애정을 보이지 않았다. 반면 옥타비아누스에게는 각별한 애정을 느껴, 그가 아프리카에서 폼페이우스(Cn. M. Pompeius)파와 전쟁할 때 16세인 옥타비아누스를 참모진에 참가시키고자 할 정도였다. 폼페이우스파와의 전쟁이 끝난 뒤 카이사르가 파르티아 전쟁을 위해 마케도니아로 6개 군단을 파견했을 때 옥타비아누스는 군단과 함께 갔다. 그뒤 그는 그리스 수사학을 배우고, 근처에 주둔해 있는 군단의 장교들에게서 군사훈련을 받기 위하여 아폴로니아(Apollonia)로 갔다. 이때 그는 가장 절친한 친구이자 나중에 후계자로 고려한 아그리파(M. V. Agrippa)를 만났다.

아폴로니아에서 머문 지 3개월 정도 되었을 때 그는 어머니에게서 카이사르가 살해되었으니 급히 로마 시로 돌아오라는 편지를 받았다. 일부 백부장들(centuriones)이 그에게 군대를 모을 것을 주장했지만 그는 로마 시의 상황을 제대로 파악하기 위해 이탈리아로 향했다. 이탈리아 남부 지역에서 그는, 카이사르의 유언장이 공개되었고 자신이 카이사르 재산의 4분의 3과 그 이름을 상속받았다는 사실을 알았다. 이로써 19세의 옥타비아누스가 정치 전면에 등장하였다.

돈과 군대의 확보

나이도 어리고 군사적인 업적이나 관료로서의 경험도 없는 옥타비아누스가 권력을 장악하기 위해서는 군대와 합법적인 지위가 필요했으며, 군대를 유지하기 위해서는 돈이 필요하였다. 카이사르 휘하에서 복무하다가 식민시에 정착한 제대군인들을 움직이게 하는 근거는 카이사르에 대한 충성심보다 돈이었다. 카이사르가 옥타비아누스에게 상속한 재산 가운데 현금은 안토니우스가 내놓지 않았기 때문에 찾을 수 없었다. 이에 옥타비아누스는 카이사르의 부동산을 경매로 팔아 재원을 마련하였다. 이 돈으로 남부 이탈리아의 식민시에 정착한 제대군인들을 중심으로 3천 명의 군인을 모았다.

안토니우스의 권력 독점을 파기하려는 원로원의 계획은 옥타비아누스가 합법적인 지위를 얻는 데 큰 역할을 하였다. 원로원에게 옥타비아누스는 카이사르의 양자라는 명목으로 군대의 지지를 얻어 안토니우스를 무너뜨릴 때 잠시 이용하다가 그가 몰락하면 쉽게 버릴 수 있는 유용한 도구로 보였다. 원로원은 기원전 43년 1월 무티나(Mutina) 전투를 앞두고 옥타비아누스가 10년이나 일찍 원로원 의원이 될 수 있는 특권을 약속했다.

그러나 그것이 오히려 역효과를 내었다. 무티나 전투 이후 옥타비아누스가 안토니우스와 연합하여 삼두정을 결성하게 된 동기가 바로 자신을 소모품으로 본 원로원에 대한 반감에서 나왔기 때문이다. 원로원은 공석이 된 콘술직에 옥타비아누스가 입후보하려는 움직임을 용인하지 않았고, 그가 지휘하던 마케도니아 군단 중 2개 군단을 데키무스 브루투스에게 양도하라고 지시하였다. 반면 마케도니아와 시리아를 불법적으로 차지한 마르쿠스 브루투스와 카시우스(L. Cassius)의 지위를 합법적인 것으로 승인해주었다. 결국 원로원의 의도가 명백해지자 서로 대립하던 카이사르 진영이 다시 손을 잡게 되었고, 이는 기원전 43년 11월 삼두정의 결성으로 이어졌다.

삼두정의 탄생과 함께 삼두들은 많은 원로원 의원들과 기사들을 추방·처형하고, 재산을 몰수하였다. 그 목적은 두 가지—하나는 브루투스와 카시우스와의 싸움에서 배후를 공격당하지 않기 위해 정적을 제거하려는 것이었고, 또 하나는 군인들에게 줄 자금을 확보하기 위해서였다. 군대는 삼두들의 힘의 근원이었다.

성공한 선전 선동가

기원전 42년 10월과 11월 두 차례의 필리피 전투에서 승리한 뒤 안토니우스는 복종을 다짐받고 군인들에게 줄 돈을 마련하기 위해 동방으로 갔으며, 옥타비아누스는 이탈리아로 돌아왔다. 옥타비아누스는 기원전 40년 루키우스 안토니우스(Lucius Antonius)에게 대항한 페루시아 전투와 기원전 36년 섹스투스 폼페이우스(Sextus Pompeius)와의 싸움에서 승리함으로써 서부 지중해에 대한 지배권을 확보하였다. 옥타비아누스는 페루시아 전투에서의 승리로 갈리아 지역과 군대를 장악하게 되었고, 섹스투스 폼페이우스에 대한 승리로 곡물이 이탈리아로 원활하게 공급될 수 있었으며, 시칠리아에서 징수한 자금으로 군인들에게 상여금을 줄 수 있었다.

기원전 30년대 중반 원로원 가문 출신자들 가운데 옥타비아누스를 지지하는 사람들이 많이 생기게 되었다. 옥타비아누스가 섹스투스 폼페이우스 휘하의 지휘관들 중 많은 사람들을 용서해준 행동, 시칠리아를 장악하려고 시도하다 실패한 레피두스(A. Lepidus)를 대사제(*Pontifex Maximus*)직에 그대로 둔 행동, 안토니우스가 파르티아에서 돌아오면 공화정을 회복할 것이라고 선언한 행동은 원로원 내에 지지자를 확보하는 데 도움이 되었다. 그러나 수적으로는 여전히 안토니우스파가 많았다. 기원전 32년의 콘술들을 포함하여 많은 원로원 의원들이 안토니우스 진영으로 갔을 때 동방에 또 하나의 로마 원로원을 만들 수 있을 정도였다고 한다. 이들이 옥타비아누스 진영으로 넘어오게 된 것은 클레오파트라(Cleopatra) 때문이었다.

안토니우스파였던 플란쿠스(M. Plancus)와 티티우스(M. Titius)가 제공한 안토니우스 유언장에 관한 정보는 옥타비아누스의 정치선전 자료로 유용했다. 옥타비아누스는 원로원과 로마 인민에게 유언장의 내용을 폭로했는데, 그 안에는 안토니우스가 클레오파트라와의 사이에서 낳은 아이들에게 재산을 상속한다거나 자신이 죽으면 그녀 옆에 묻어달라는 내용이 담겨 있었다. 살아 있는 자의 유언장을 공개하지 않는 전통을 어긴 옥타비아누스의 행위가 문제되었지만, 그 내용이 워낙 로마인들의 정서를 거스르는 것이어서 온갖 비난이 안토니우스에게로 쏠리게 되었다. 안토니우스가 클레오파트라를 로마의 여왕으로 만들려 한다거나, 이집트의 알렉산드리아를 제국의 수도로 삼고, 군인들의 방패에 클레오파트라의 이름을 새기려고 한다는 식으로 안토니우스에 대한 나쁜 소문이 눈덩이처럼 커져갔다.

옥타비아누스에게 클레오파트라의 존재는 안토니우스와의 전쟁의 본질을 왜곡시키는 데 활용되었다. 같은 로마인들끼리의 권력투쟁이 아니라, 로마를 위협하는 외국인과 그에 현혹된 안토니우스에 대항한 전쟁이었다. 모든 시민들이 자발적으로 자신에게 충성을 맹세했다는 옥타비아누스의 말이 모두 사실은 아니라 해도 최소한 전쟁의 명분과 동의는 분명해졌다. 이러한 정치선전 덕분에 옥타비아누스는 외국 여왕의 위협에서 로마를 구해낼 국가의 구원자라는 이미지가 힘을 받게 된 것이다.

2. 로마 제국의 초대 황제 아우구스투스

아우구스투스와 원로원

아우구스투스는 기원전 31년 3선 콘술이 된 이래 해마다 콘술직을 연임하였다. 기원전 27년 공화정을 로마 인민과 원로원에게 돌려준다는 선언, 즉 '공화정의 회복'을 선언했을 때 그는 7선 콘술이었다. 그러나 기원전 23년 11선 콘술직에 있을 때 자신의 동료 콘술과 일부 원로원 의원들의 암살 음모가 발각되어 콘술직에서 물러난 뒤에는, 기원전 5년과 2년 잠시 콘술직을 역임한 것을 제외하고 정무관직을 차지하지 않았다. 대신 그는 정무관이 가지는 권한만 보유하였다. 콘술이 아니면서 군대를 지배할 수 있는 콘술의 명령권(*consulare imperium*)을 보유하였고, 호민관이 아니면서 법안을 발의·거부할 수 있는 호민관의 권한(*tribunicia potestas*)을 보유하였다.

아우구스투스가 원로원 의원들의 자질을 조사할 수 있었던 것 역시 켄소르의 권한(*censoria potestas*) 덕택이었다. 기원전 29년 그는 원로원 의원들의 명부를 수정하였다. 이때 약 50명의 의원들은 자발적으로, 140명의 의원들은 강요에 의해 사퇴하였다. 기원전 18년에 행한 명부 수정으로 원로원은 술라 시기와 같은 600명 선이 되었다. 그뒤에도 한 번 이상 원로원의 명부를 수정하였다. 사료에는 의원의 수가 너무 많고 자격이 없는 사람들이 의원직을 유지하고 있는 상황이 명부 수정의 이유로 제시되어 있다. 물론 내란이 끝난 후 1천여 명에 이르는 원로원은 효율성이 떨어졌고, 재산 자격을 갖추지 못했거나 낮은 신분 출신의 의원도 있었다. 그러나 의원들이 강요에 의해 사퇴하고, 아우구스투스가 신변의 위협까지 느낀 점은 그가 내세운 이유와 기준이 의원들 모두에게 공감을 줄 정도는 아니었음을 반영한다.

아우구스투스 시대에 원로원은 여전히 국가의 중요한 기구였다. 원로원은 행정·재정·사법에서 많은 역할을 하였다. 아우구스투스는 더 많은 원로원 의원들을 행정에 참여시키고자 여러 직책을 신설하였다. 원로원은 국고, 곡물 무상분배, 도로와 도수관, 각종 건물, 군인들에게 지급되는 봉급과 상여금의 재원인 군사금고(*aerarium militare*) 등을 관리하였다. 아시아와 아프리카 같은 속주에 총독을 파견하는 일도 원로원의 업무였다.

공화정의 회복을 주창한 아우구스투스는 국정에서 원로원의 권위를 인정하였다. 그의 권한이나 정책은 원로원의 승인을 거쳐 이루어졌다. 물론 그에 대한 원로원 의원들의 불만이 전혀 없는 것은 아니었다. 암살음모가 발각되었고, 결혼법 제정과 상속세 부과에 대한 의원들의 반대는 상당하였다. 그러나 군사 지배권, 여러 번의 원로원 명부 수정과 가난한 의원들에 대한 재정적 지원이 가져온 잠재적인 효과, 지속적인 평화, 대중적인 인기 등은 대규모의 장기적인 저항을 어렵게 만들었다.

기사 등용

공화정 시기에 원로원 의원 다음으로 중요한 세력이었던 기사 신분은 자유인 태생으로, 일정한 재산을 소유해야 유지할 수 있었다. 35세 이하는 국가에서 지급하는 말을 타고 매년 7월 15일에 거행되는 기사 행진 의식에 참여하였다. 기원후 1세기 행진 의식에 참여한 기사의 수는 5천 명 정도였다. 그 수가 적은 이유는 이탈리아와 속주에서 공무를 수행하는 사람들은 로마 시에서 행해지는 의식에 참여하기 어려웠기 때문이다.

아우구스투스 시대에 기사들은 행정 부문에 많이 등용되었다. 주화 주조, 법정, 감옥, 로마 시내 도로를 관리하는 20명의 기사들이 있었다. 비정기적이긴 하지만 호민관과 속주에서 근무할 콰이스토르가 부족할 때 기사들이 그 직책들을 역임하고, 원로원으로 들어갈 수 있었다. 또 기사들은 군대와 관련된 직책들을 많이 역임하였다. 각 군단에서 장교급으로 있는 6명의 트리부누스 밀리툼(*tribunus militum*) 가운데 1명은 원로원 가문의 후손들이었고, 나머지 5명은 기사 신분에 속하였다. 보병대장(*praefectus cohortis*)·기병대장(*praefectus alae*)·공병대장(*praefectus fabrum*)·함대장(*praefectus classis*)·소방대장(*praefectus vigilum*)·근위대장(*praefectus praetorio*) 등도 기사들이었다. 이들 직책은 모두 임명직으로 아우구스투스와 속주 총독, 군단장들이 임명했기 때문에 임명권자의 개인적인 의사가 많이 반영되었다.

기사들은 이집트, 키프로스, 사르데냐, 코르시카, 유대, 알프스 지역의 속주에서 총독으로 활동하였다. 특히 이집트는 3개의 로마 군단과 소수의 보조군단(*auxilia*)이 주둔하고, 이탈리아로 유입되는 곡물의 3분의 1을 책임지며, 아우구스투스의 개인 재산으로 간주되는 지역이었다. 원로원 의원들의 출입을 통제할 정도로 중요한 지역을 기사들이 다스렸다. 황제 속주의 조세를 징수하는 업무도 기사들이 맡았다.

후대의 황제인 클라우디우스(T. Claudius)는 아우구스투스가 이탈리아 모든 도시들의 훌륭하고 부유한 사람들을 원로원에 앉히기를 바랐다고 하였다. 이탈리아 도시의 상류층은 대부분 기사 신분에 속한다. 기사들을 등용한 이유는 원로원 가문의 수적 감소에 있었다. 출산을 기피하는 경향으로 인해 전통적인 원로원 가문의 수가 점점 줄어들었기 때문이다. 따라서 원로원 가문 출신자들로 관직을 모두 채울 수 없었는데, 그 공백을 기사들이 메운 것이다. 또한 재산이나 신분에서 원로원 의원들보다 열등한 기사들에게 아우구스투스의 후원은 절대적이었다. '정치적인 충성심'이 기사 등용의 또하나의 이유가 되었다.

군사정책

아우구스투스의 군사정책은 첫째, 군대에 대한 지배권을 확고히 하려는 목적을 가지고 있었다. 군대에 대한 지배권을 내놓는 행위는 '정치적인 자살'을 의미할 만큼 위험하였다. 기원전 27년 아우구스투스는 평화로운 속주는 원로원의 관할 아래, 좀더 위험한 속주는 자신의 관할 아래 두었다. 대부분의 군단은 전쟁 가능성이 있는 변경지역에 주둔했기 때문에 이러한 속주 분할은 군대를 장악하기 위해서였다. 개선식 거행을 아우구스투스 자신의 가족으로 제한하고자 한 목적과 '임페라토르'(imperator)라는 칭호를 자신의 이름으로 사용한 이유는 그것이 군대와 관련되었기 때문이다.[2]

둘째, 군단의 수를 줄였다. 내란 직후 60개 정도의 군단이 있었다. 내란의

---

[2] 황제(emperor)의 어원인 임페라토르라는 칭호는 공화정기 군대의 명령권을 가진 정무관이 적군에 승리를 거둔 후 군인들이 그 승리를 환호하여 부르는 말이었다. 군지휘관은 로마 시내로 들어오면 개선식 때를 제외하고는 군사명령권을 잃기 때문에 그 칭호를 더 이상 사용할 수 없었다. 새로운 명령권을 받아 승리할 경우 또다시 임페라토르라고 불린다. 따라서 이 칭호는 일시적인 것이었다. 기원전 45년 카이사르는 임페라토르를 그의 첫 번째 이름으로 사용할 권리를 부여받았지만 개선식 때만 사용하였다. 기원전 43년 아우구스투스도 개선식에서만 사용하였다. 그러나 기원전 38년 갈리아에서 주조된 주화에 그는 '임페라토르 카이사르, 신성한 율리우스의 아들'로 새겨졌다. 그는 임페라토르를 일시적인 칭호가 아닌, 그 개인의 이름으로 영구적으로 사용하였다.

재발 가능성이나 군대 유지비를 고려할 때 이 수는 너무 많았고, 몇 년 동안의 복무로 제대를 희망하는 자들도 있었다. 아우구스투스는 이 가운데 30만 명을 제대시켜 식민시에 정착시키거나 고향으로 돌려보냈다. 이로써 28개의 군단만 남았고, 기원후 9년 3개 군단이 전멸한 뒤 25개의 군단이 있었다. 긴 국경선이나 침입 가능한 적들로 인해 부족한 군대는 보조군으로 보충하였다. 속주민들로 구성된 보조군에 대한 대우는 군단보다 나빴기 때문에 유지비가 적게 들었다.

셋째, 군인의 복무연한을 확정하였다. 공화정기와 같이 필요할 때 징집하고 위기가 해소되면 해산하는 체제로는 군인들을 지속적으로 훈련시킬 수 없었고, 긴급할 때 충분한 인원을 징집할 수 있다는 보장도 없었다. 이러한 결점을 해결하기 위해서는 장기간 고정적으로 복무하는 상비군이 필요하였다. 복무기간은 근위병은 12년, 군단병은 16년이었고, 예비군으로 4년을 더 복무해야 했다. 기원후 6년 이후 복무기간이 더 늘어나 근위병은 16년, 군단병은 20년이었고, 예비군으로 5년을 복무해야 했다. 그러나 복무연한이 잘 지켜진 것 같지는 않다. 기원후 14년 소동을 일으킨 군단병들의 불만 가운데 하나는 공식적인 제대 후에도 계속 군복무를 해야 하는 관행이었다. 제대 상여금 지불 문제나 신병 징집의 어려움, 기존 군인들의 유익한 경험 등이 복무 연장의 원인이었다.

넷째, 군인을 위한 재원을 마련하였다. 내란이 유발된 원인 중의 하나는 군인들에게 제공되는 돈과 땅이 지휘관 개인의 능력에 달려 있었다는 데 있다. 따라서 군인들이 국가가 아니라 지휘관 개인에게 충성하는 현상이 나타날 수밖에 없었다. 지휘관이 군인들의 금전적인 욕구를 만족시키지 못할 경우 더 이상 충성스러운 군대는 존재할 수 없었다. 카이사르는 상여금을 요구하는 군인들에게 다음 전쟁에서 획득할 전리품으로 줄 것을 약속함으로써 그들의 불만을 완화시켰다. 평화시에는 그러한 전리품에 대한 약속을 할 수 없었다. 아우구스투스가 제대하는 군인들에게 복무의 대가로 나누어준 돈과 땅의 재원은 그 자신의 사비였다. 군인들을 위한 지속적인 재원이 마련된 때는 기원후 6년이었다. 아우구스투스 자신과 속주의 여러 공동체의 기부금으로 군사금고를 창설하였다. 그뒤 재원이 부족하여 5퍼센트의 상속세와 1퍼센트의 경매세를 거두었다. 이는 경제적인 측면에서 군지휘관들과 군인들 사이의 연결고리를 끊기 위해서였다.

아우구스투스의 군사정책의 목적은 내란의 발생과 외부 침입의 위험을 막으려는 데 있었다. 목적 달성을 위해 그는 군인들의 지지를 잃지 않도록 노력하였다. 아우구스투스는 군인들 중 자신의 경호를 담당하는 근위대를 우대하였다. 근위병들은 주둔지, 복무 기간, 금전적인 측면에서 군단병보다 더 좋은 대우를 받았다. 다만 로마 시에 주둔하는 병력을 전체 9개 대대 중 3개 대대로 제한하여 정치에 이용될 가능성을 없애고자 하였다. 그러나 티베리우스 시기의 근위대장인 세자누스(Sejanus)가 로마 시 교외에 모든 근위대를 집중시킴에 따라 그들의 정치 개입 가능성은 커졌다.

도시 평민의 지지

아우구스투스가 로마 시에 거주하는 평민들의 지지를 받을 수 있었던 이유는 그들의 기본적인 생활 문제를 해결하고자 노력했기 때문이다. 공화정 시기 로마 시의 급격한 인구 팽창은 주택이 무계획적으로 난립하는 결과를 가져왔다. 특히 평민들에게 임대주택은 투기의 대상이었다. 될 수 있는 한 많은 주택을 지어 임대하기 위해서 벽이 지탱할 수 있는 것보다 더 높게 집을 지었고, 가족이 늘어나면서 나무로 칸막이를 만들어 방을 구분했기 때문에 구조상 늘 붕괴와 화재의 위험이 도사리고 있었다. 기원전 60·56·54년 많은 주택이 붕괴되었다. 기원전 54년처럼 홍수로 티베르 강이 범람하면 벽돌에 물이 스며들어 뒤틀리기 때문에 대규모 주택 붕괴로 이어질 수밖에 없었다. 기원전 50년의 대규모 화재와 그 이듬해의 지진과 연이은 화재로 많은 지역이 파괴되었다. 그러나 내란 때문에 건축과 보수 작업은 부분적인 수준에 그쳤고, 화재 진압은 일부 부유층 노예들에게 의존하였다.

기원전 14·9·7년에 화재가 발생하면서 아우구스투스는 도시 전체를 체계적으로 관리할 필요성을 느꼈다. 기원전 7년 그는 로마 시 전체를 주요 도로를 따라 14개의 지구로 재편성하였다. 각 지구를 할당받은 정무관들에게 담당 지구 내에서 발생하는 화재와 치안·도로를 관리하게 하였다. 기원후 6년에는 기사를 책임자로 하는 소방대(*vigiles*)를 창설하였다. 소방대가 무기는 휴대하지 않고 물통·담요·사다리 등을 가지고 다닌 것으로 보아 군사적인 측면은 적었다. 로마 시의 치안은 로마 시장의 지휘를 받는 로마 시 수비대(*cohortes urbanae*)가 담당하였다.

주거 문제와 더불어 곡물 부족을 해소하는 일 또한 중요했다. 내란기 로마 시의 평민들은 만성적인 기근에 시달렸다. 이탈리아는 내란으로 피폐해져 필요한 양의 곡물을 생산할 수 없었다. 아우구스투스 시대에도 별로 다르지 않았다. 기원전 22년부터 18년까지 심각한 기근이 발생하여 아우구스투스가 사비로 곡물을 분배했으나 이는 일시적인 조치에 불과했다. 전직 콘술, 전직 프라이토르, 기사들이 곡물 문제를 담당하게 된 이유는 더욱 지속적인 관리체계가 필요했기 때문이다.

아우구스투스는 곡물 무상 분배, 신전 건축과 보수, 도로 건설과 보수, 도수관 건설 등의 경비를 사재로 충당하였다. 그는 대중적인 경기를 개최하는 데도 꽤 많은 비용을 지출하였다. 기원전 23년부터 프라이토르가 경기를 관장하면서 국고에서 경비를 지출하였다. 그 경비가 갈수록 늘어나자 국고로 개최하는 경기는 한 해에 세 번으로 제한하였다. 반면 아우구스투스는 다른 정무관을 대신하여 자신과 가족들의 이름으로 수십 번 경기를 개최하였다. 공화정 시기 아이딜리스라는 직책이 인기를 얻을 수 있었던 요인 가운데 하나는 경기 개최였다. 경기를 주관하는 자의 이름이 시민들에게 알려졌고, 이것은 선거에서 중요한 이점으로 작용하였다. 마찬가지로 아우구스투스가 사비를 들여 경기를 개최한 행동은 평민들의 지지를 얻는 데 도움이 되었다. 무상 곡물과 경기 관람의 혜택을 받는 대상은 로마 시민권을 가진 자로 제한되었다. 아우구스투스는 외국의 피로부터 로마의 순수한 혈통을 지키는 일이 중요하다고 생각하였다. 노예 해방을 억제하거나 해방노예와 자유인을 엄격하게 구분한 이유도 순수한 혈통에 대한 그의 고집 때문이었다.

후계자 문제: 아우구스투스의 마지막 선택 티베리우스

아우구스투스는 카이사르의 유언을 통해 정계에 진출했고, 카이사르 개인의 재산과 이름을 상속받았다. 카이사르의 공식적인 지위는 상속의 대상이 될 수 없었다. 그 역시 자신의 지위를 후계자에게 그대로 상속할 수 없었다. 후계자는 원로원과 민회로부터 권한을 받아야 했다. 아우구스투스는 자신과 같은 권한을 받아 자연스럽게 공식적인 후계자가 될 사람을 주로 자신의 혈족 안에서 찾았다. 후계자 후보로 거론된 사람은 기원전 23년에 사망한 조카 마르켈루스(M. C. Marcellus), 기원전 12년에 사망한 친구 아그리파, 기원후 2년과 4년에 각각 사망한 외손자 루키우스(Lucius Caesar)와 가이우스(Gaius Caesar) 순이었다. 의붓자식인 티베리우스는 마지막 선택이었다.

후계자 후보들의 중심에는 외동딸 율리아가 있었다. 여성은 민회에도 참석하지 못했기 때문에 율리아를 매개로 계승작업을 할 수밖에 없었다. 거론된 사람들은 모두 율리아와 결혼한 사람이거나 그녀의 아들들이었다. 아들이 없는 상황에서 아우구스투스로서는 어쩔 수 없는 선택이었다고 해도 정략결혼의 수단이 된 율리아에게는 너무나 가혹한 삶이었다. 율리아는 아우구스투스에게서 엄격한 교육을 받았다. 항상 좋은 이미지를 남길 수 있는 행동을 하도록 노력해야 했고, 낯선 사람과의 접촉도 엄격히 금지되었다. 결혼 역시 아우구스투스의 뜻에 따랐다. 여러 번의 강요된 결혼으로 율리아의 방탕은 도를 더해갔다. 기원전 2년 율리아는 간통죄로 추방당했고, 관련된 젊은 귀족들도 추방당하거나 처형당했다.

후계자 문제에서 가장 의문스러운 죽음을 맞이한 사람은 아그리파 포스투무스(Agrippa Postumus)이다. 율리아와 아그리파 사이에 태어난 아우구스투스의 외손자 포스투무스는 기원후 4년 티베리우스와 함께 아우구스투스의 양자가 되었다. 몇 년 지나지 않아 포스투무스는 난폭한 성격 때문에 추방되었다가 아우구스투스가 사망한 직후 죽었다. 제위 계승과 체제 안정의 걸림돌을 제거하기 위해 아우구스투스가 살해를 지시한 것인지, 리비아나 티베리우스가 지시한 것인지, 그들의 충성스러운 신하가 자발적으로 죽인 것인지, 아니면 자연사한 것인지는 논쟁거리이다.

아우구스투스는 좀더 안정적으로 세습이 이루어지기를 바랐다. 이는 마르켈루스와 아그리파가 동시에 후보자로 거론되고, 가이우스와 루키우스를, 티베리우스와 포스투무스를 동시에 양자로 삼는 형태로 나타났다. 티베리우스에 대한 아우구스투스의 감정은 그다지 좋지 않았다. 그는 티베리우스의 난폭하고 거만한 성격을 비난했으며, 가이우스와 루키우스의 죽음을 드러내놓고 안타까워했다. 그러나 그에게는 티베리우스 이외의 대안이 없었다. 아우구스투스 자신이 정한 사람이 지위를 계승했다는 점에서는 성공했다고 볼 수 있지만, 자신의 혈통을 선택할 수 없었기 때문에 그 개인으로 봐서는 불운한 종말이 아니었을까.

3. 아우구스투스의 신체제에 관한 논쟁과 전망

체제의 성격 논쟁

아우구스투스가 확립한 체제는 프린키파투스(*Principatus*: 원수정)로 불린다. 이 말은 그가 사용한 프린켑스(*princeps civitatis*: 제1시민)라는 칭호에서 나왔다. 공화정 시기 업적이나 영향력 면에서 지도자로 인정받는 사람들이 프린켑스라고 일컬어졌고, 이들의 견해는 원로원이나 민회에서 중요시되었다. 따라서 아우구스투스가 프린켑스로 불린 일은 공화정적인 전통에 위배되지 않았다. 그는 통치한다거나 지배한다는 말을 사용하지 않고, "내가 프린켑스로 있을 동안" "내가 프린켑스가 되기 이전에" 하는 식으로 표현하였다. 칭호와 제도가 공화정 시기와 같다고 하여 아우구스투스가 선포한 것처럼 공화정이 회복됐다고 볼 수 있는가의 문제는 주된 논쟁거리였다.

로마 시대의 역사가 타키투스(C. Tacitus)는 아우구스투스의 프린키파투스를 군주정이라고 신랄하게 비판하였다. 아우구스투스의 주장과는 달리 공화정 시기의 법과 관행은 지켜지지 않았고, 모든 사람들이 프린켑스의 명령만 기다렸다는 것이다. 타키투스식의 시각은 19세기 중반까지 계속되어 '교활한 전제군주'라는 표현까지 나타났다. 19세기 말 몸젠(Th. Mommsen)은 '양두정'(Dyarchy)이라는 독특한 이론을 제기하였다. 몸젠은 프린켑스인 아우구스투스와 원로원이 지배권을 나누어 가지면서 꽤 협력한 체제였다는 뜻에서 양두정이라는 말을 사용하였다. 20세기 초 마이어(Eduard Meyer)는 원로원이 체제의 주인이었고, 아우구스투스 또한 공화정을 회복하기 위해 노력했다고 주장하였다. 이들의 주장 이후 '회복된 공화정' '군사 군주정' '위장된 군주정' 등 여러 가지 용어로 체제를 정의하려는 시도들이 있었다.

법제사적인 연구와 더불어 아우구스투스와 그 지지자들의 관계를 파악한 정치·사회사적인 연구는 20세기 들어 큰 성과를 거두었다. 프레머슈타인 (A. von Premerstein)은 우의(*amicitia*)·피호관계와 같은 사회적인 유대가 아우구스투스의 권력 확립에 중요한 역할을 했다고 보았다. 기원전 32년의 충성의 맹세는 그러한 사회적 유대에서 나왔고, 이 맹세는 구속력을 가져 아우구스투스를 로마의 지배자로 만들었다는 것이다. 프레머슈타인의 영향을 받은 사임(R. Syme)은 일련의 파시스트처럼 아우구스투스를 모험가, 군사 선동가, 전제군주, 위선자, 야심가 등으로 비판하였다. 사임에 따르면, 경력과 인맥관계를 알 수 있는 원로원 의원들과 기사들의 부침에 초점을 맞추어볼 때 카이사르와 아우구스투스 시대를 거치면서 지배계층은 공화정기의 귀족에서 이탈리아 전체에서 모집된 새로운 엘리트들로 바뀌었다. 이를 사임처럼 '혁명'으로 표현할 수 있는지, 지속적인 '파당'(*factiones*)이 존재했는지에 대한 논쟁이 제기되었으나, 개인의 경력과 인맥관계에 초점을 맞춘 그의 연구방법은 20세기 내내 활용되었다.

1960년대 이후의 논쟁

1960년대 아우구스투스 시대에 대한 세부적인 연구들이 활기를 띠었고, 그 연구들은 오늘날까지도 많은 논쟁을 불러일으키고 있다.

첫째, 아우구스투스에 대한 반대와 저항에 초점을 맞춘 연구가 독일에서 활성화되었다. 1960년 자틀러(P. Sattler)는 프린키파투스라는 체제를 아우구스투스 한 개인이 이룩한 것으로 보지 않고, 강력한 적대세력과의 오랜 정치적 대결의 열매, 즉 '힘의 상호작용'으로 보았다. 그러한 정치적 대결은 기원전 18년 원로원 명부 수정에 대한 저항 이후 종결되었으며, 이듬해 거행된 축제는 새로운 시대의 시작을 알렸다는 것이다. 2000년에 출판된 데텐호퍼(M. H. Dettenhofer)의 학위 논문은 여러 저항 속에서 아우구스투스가 국가의 기능을 자신의 수중에 집중시키는 과정에 무게를 두었다. 예를 들어 기원전 23·22년의 곡물 부족사태는 로마 시 평민들의 지지를 얻기 위해 곡물 공급을 줄인 아우구스투스에 의해 심화되었다고 보았다. 또한 결혼법은 귀족세력을 약화시키려는 의도에서 제정되었다고 하였다. 결혼을 통해 가문의 재산 상속자가 늘어나면 분할 상속의 전통을 따르는 귀족들의 경제적 기반이 약화되기 때문이다.

둘째, 외교정책에 대한 논쟁이 본격화되었다. 고대 사가들은 아우구스투스가 제국을 확대시키지 말라는 유언을 남겼다고 전한다. 이를 근거로 아우구스투스가 방어주의자·평화주의자였다는 견해가 지배적이었다. 그가 공격적인 공화정 후기의 전통을 깨고 국경선을 제한했다는 1961년 마이어(H. D. Meyer)의 주장은 그 연장선상에 있다. 그러나 브런트(P. A. Brunt)는 곧바로 마이어의 주장을 반박하면서 아우구스투스의 정복욕을 설파하였다. 이를 지지하는 글들이 속속 발표되면서 제국주의자라는 주장은 힘을 얻게 되었다. 물론 아우구스투스를 제국주의자로 볼 때 공격적인 외교정책이 그의 일생 동안 지속되었는지에 대해서는 의견이 분분하다. 특히 기원후 6년 파노니아 속주에서 반란이 일어나고, 기원후 9년 3개 군단이 게르만족에게 전멸당한 사건을 기점으로 아우구스투스가 방어적인 자세로 변했다고 보는 견해와 그러한 사건 이후에도 여전히 공격적인 정책을 추구했다고 보는 견해가 있다.

셋째, 예술사적인 연구가 활발해졌다. 문학작품과 그림·조상·부조 등의 예술작품을 통해서 아우구스투스의 이미지를 파악하려는 노력은 1930년대 파시스트 정권이 아우구스투스의 업적을 기리기 위해 평화의 제단(Ara Pacis)과 마우솔레움(Mausoleum)·광장(Forum) 등 많은 고고학적 유물들을 발굴하면서 시작되었다. 제2차 세계대전 이후, 특히 독일 고고학자들은 아우구스투스 시대의 예술을 정치적인 의미보다 단순히 그리스적인 형태의 부활 또는 변형으로만 보았다. 1960년대 후반기부터는 이를 아우구스투스의 '정치적 선전' 또는 '여론 조작'의 일종으로 파악하려는 견해가 우세해졌으며, 더 나아가 그의 이미지를 그 개인이 만들었다는 단선적인 측면에 반대하는 학자들도 나타났다. 1980, 90년대 월레스-해드릴(Wallace-Hadrill)·잔커(P. Zanker)·화이트(P. White)는 아우구스투스 시대의 이미지를 형성하는 데 그와 로마인들이 협력했다는 점을 강조하였다. '상호관계'라는 표현을 반복해서 사용한 갈린스키(K. Galinsky) 역시 문학작품·벽화·비문·도로명 등에서 아우구스투스의 업적을 기리는 관행은 그의 의도와 여러 사람들이 자발적으로 한 행동에서 유래했으며, 이를 통해 그의 '권위'(auctoritas)가 높아졌다고 보았다.[3]

아우구스투스의 긴 생애와 사회 전반에 걸친 업적, 내란과 평화가 교차하는 시대적 복합성으로 인해 그에 대한 통합적인 결론을 내리기란 쉽지 않다. 결론을 내릴 수 없다고 말하는 학자도 있다. 여러 세부적인 문제들은 더 많은 연구가 필요하다. 특히 아우구스투스 개인의 생활에 대한 증거는 많지 않기 때문에 그가 진정으로 어떤 사람이었는지, 그의 인간적인 고뇌와 감정이 무엇이었는지는 앞으로 연구해야 할 과제로 남는다.

---

3) 아우구스투스는 "권위 면에서 모든 사람들을 능가한다"고 말하였다. 권위가 있다는 말은 모든 사람들에게서 존경을 받고 있음을 뜻한다. 가문·부·능력·업적·덕망 등이 권위를 형성하는 데 기여한다.

참고문헌

수에토니우스, 『풍속으로 본 12인의 로마 황제 1』, 박광순 옮김, 풀빛미디어, 1998.
타키투스, 『타키투스의 연대기』, 박광순 옮김, 범우사, 2005.

네로

절대권력을 꿈꾼 예술가 황제

●안희돈(강원대 교수·서양사)

1. 집권

　기원후 54년 10월 13일 정오, 네로는 친위대장 부루스를 비롯한 고위 관리와 그리스인 황실 가신들을 대동하고 팔라티누스 언덕에 있는 왕궁에 들어섰다. 클라우디우스 황제는 전날 저녁에 사망하였다. 클라우디우스의 아내이자 네로의 어머니인 아그리피나는 점성술가에게 길일을 택하게 하였고, 이제 사람들의 환호 속에 네로가 제위에 올랐다.

　황제가 된 직후 네로는 친위대 병영을 방문하였다. 친위대장 부루스가 병사들의 지지를 확보했으며, 그들의 지지는 결정적으로 중요하였다. 네로는 그들에게 클라우디우스 황제가 주었던 것과 같은 규모의 하사금과 곡물 무상배급권을 수여할 것이라고 약속하였다. 제정 초기 사령관이 휘하 병사에게 내리는 하사금은 뇌물 이상의 의미를 지녔다. 그것은 로마 사회의 전통적인 피호제(patronage) 아래 보호자와 피호민 사이의 일차적인 유대를 확인해주는 것이었다.[1]

---

1) E. Flaig, *Den Kaiser Herausfordern: Die Usurpation im Roemischen Reich*, New

수에토니우스는 특유의 흥미로운 필체로 네로의 개인적인 인상을 다음과 같이 전한다.

> 그는 평균 키에 주근깨가 많았고 몸에서 고약한 냄새가 났다. 머리칼은 엷은 금발이고 용모는 매력적이라기보다는 준수한 편이었다. 눈은 푸른빛이 도는 회색이었고 시력이 조금 약했다. 목은 굵고 배는 튀어나왔으며 다리는 가늘었다.[2]

네로는 유력 왕실가문 출신이었다. 그는 인민의 인기가 높았던 게르마니쿠스의 외손자였고 아우구스투스의 고손자였다. 그러나 그로 인해 네로의 가족은 제위에 오를 때까지 엄청난 탄압을 견뎌야 했다. 어머니 아그리피나(=소 아그리피나)는 기원후 15년 게르마니쿠스가 사령관으로 근무하던 라인강 유역의 어느 변경지대에서 태어났다. 오늘날의 쾰른 시인 그곳은 이후 그녀의 이름을 따서 콜로니아 아그리피넨시스, 즉 '아그리피나의 식민시'로 명명되었다. 티베리우스 황제가 즉위한 뒤 아그리피나가 네 살이 됐을 때 아버지 게르마니쿠스가 의문의 병에 걸려 죽었다. 게르마니쿠스의 죽음은 그의 전공과 인기를 시기한 티베리우스의 음모에 의한 것으로 추측된다. 그녀가 14세 때 어머니 아그리피나(=대 아그리피나)는 티베리우스 황제에게 탄압받아 외딴 섬으로 유배당하였다. 그녀는 그곳에서 심한 매질을 견디지 못해 굶어 죽었으며, 그녀의 두 아들, 즉 네로의 두 외삼촌도 참혹한 죽음을 당하였다.

소 아그리피나는 13세에 그나이우스 도미티우스 아헤노바르부스와 약혼하였다. 벨레이우스 파테르쿨루스는 그나이우스를 탁월한 인물이라고 평했지만, 많은 글에서 그는 재정적으로 믿을 만하지 못하고 포악한 성격의 소유자라고 묘사되었다. 그는 역모와 간통 그리고 근친상간 등의 혐의를 받아

York, 1992.
2) Suetonius, *Nero*, 51.

곤경에 빠졌지만 티베리우스 황제가 죽고 소 아그리피나의 오빠인 가이우스, 즉 일명 칼리굴라가 황제가 되면서 위기에서 벗어났다.[3] 바로 이해인 37년에 네로가 태어났다.[4] 그의 본명은 루키우스 도미티우스 아헤노바르부스였다.

제위에 오른 가이우스는 처음에는 누이들에게 호의를 베풀었다. 그러나 제위를 둘러싼 대립은 남매간의 정도 파괴하고 말았다. 39년 아그리피나는 가이우스에 반대하는 역모를 꾸민 혐의로 기소되어 유배되었다. 이듬해에 네로의 아버지가 병사하였다. 그는 아들 네로에게 재산의 3분의 1을 유산으로 남겼지만 공동상속자였던 가이우스 황제가 그마저도 모두 차지하였다. 돈도 없고 아버지도 없고 어머니는 유배된 상황에서 세 살밖에 안 된 어린 네로는 고모인 도미티아 레피다의 시골 농장에서 어렵게 성장하였다.

41년 가이우스가 죽고 그의 숙부인 클라우디우스가 황제가 되었다. 아그리피나는 유배지에서 귀향하고 네로는 재산을 돌려받았다. 어머니 아그리피나는 재산이 많은 원로원 의원 크리스푸스 파시에누스와 재혼했는데, 그는 많은 재산을 남긴 채 44년경 갑자기 죽었다. 그의 죽음에는 아그리피나가 연관되었을 가능성이 높다.

클라우디우스 황제 시절에는 황후 메살리나가 친자 브리타니쿠스를 제위에 앉히기 위하여 왕조 내의 유력인물 탄압에 앞장섰다. 그러나 아그리피나는 탄압을 피할 수 있었다. 그녀는 네로를 위하여 콘술직을 역임한 아스코니우스 라베오를 보호자로 확보하였다. 47년 아홉 살의 나이로 처음으로 공개석상에서 모습을 나타낸 네로는 영광스러운 가문의 후예로서 사람들의 환호를 받았다. 48년 메살리나는 정부인 가이우스 실리우스를 제위에 앉히려는 음모를 꾸미다 실패하자 자결하였다. 클라우디우스 황제는 황실재정감(a rationibus)이었던 팔라스의 강력한 권고를 받아들여 질녀인 아그리피

---

[3] 칼리굴라는 '작은 군화'라는 뜻으로, 게르마니아 주둔 병사들이 사령관 게르마니쿠스의 아들 가이우스를 위하여 지어준 애칭이었다.
[4] 네로의 출생연대는 저술가에 따라 35년부터 39년까지 다르게 이야기된다.

나와 재혼하였다. 그들은 명망 있는 왕실 자손인 아그리피나와의 혼인이 황제의 지위를 공고히 해줄 것이라고 판단하였다.

그때 아그리피나의 나이는 34세였다. 그녀는 이전의 어느 황실 여성보다도 더욱 강력한 영향력을 행사하였다. 원수정체제에서 황제의 지위는 국법상 개인적인 것으로, 왕조적이거나 세습적인 것이 아니었으며 황후의 지위도 마련되어 있지 않았다. 그러나 메살리나는 황후로서 권력을 행사했으며, 그뒤를 아그리피나가 이었다. 그녀는 곧 '아우구스타'라는 칭호를 얻었다. 황제들은 '아우구스투스'라는 칭호를 썼지만 그 아내가 '아우구스타'라는 칭호를 쓴 적은 일찍이 없었다. 아우구스투스의 존경받는 아내였던 리비아조차도 남편이 죽기 전까지는 '아우구스타'라는 칭호를 쓰지 않았다. 클라우디우스 황제 시절 발행된 한 주화에는 클라우디우스 황제와 아그리피나가 함께 새겨진 금화와 은화가 있었으니, 이것은 당시로서는 새롭고도 충격적인 일이었다.

아그리피나는 겉으로는 냉정함과 우아함을 잃지 않으면서, 친자인 네로를 제위에 앉히려는 야심을 이루기 위하여 비밀리에 준비하였다. 첫 번째 장애물은 클라우디우스 황제와 메살리나 사이에서 태어난 아들 브리타니쿠스였다. 그는 네로보다 네 살 어렸지만 황제의 친자였기 때문에 네로보다 제위계승권에서 우선시되었다. 이를 위하여 아그리피나는 당시 54세의 세네카(=소 세네카)와 손을 잡았다. 그는 기원전 4년 스페인의 코르도바에서 보수적이고 부유한 수사학자였던 세네카(=대 세네카)의 세 아들 중 둘째로 태어났다. 소 세네카는 대중연설가, 스토아 철학자 그리고 문학가로서 명성을 얻었다. 그는 칼리굴라 치세 때 원로원 내의 지도적인 연설가가 되었지만 클라우디우스 황제가 집권한 뒤에는 메살리나에게 탄압을 받아 코르시카로 유배되었다.

아그리피나는 클라우디우스와 혼인한 뒤 세네카를 소환하여 고위직에 복직시켰고 자신의 아들 네로의 교육을 맡겼다. 네로는 고위 신분의 로마인 자제들이 받았던 교육을 정상적으로 받았던 것 같다. 세네카는 몸소 네로를 교육했을 뿐만 아니라 그의 교육 전반을 감독하였다. 그러나 아그리피나는 로마인의 전통적인 태도를 견지하여, 세네카가 아들에게 철학 공부를 너무 많이 시키지 않도록 경계하였다.

아그리피나는 네로를 클라우디우스와 메살리나 사이에서 태어난 옥타비아와 약혼시켰다. 당시 옥타비아의 나이는 아홉 살에 불과했다. 그녀는 친가와 외가 양쪽 혈통상으로 모두 아우구스투스의 누이인 옥타비아의 증손녀였다. 이듬해인 기원후 50년 네로는 클라우디우스의 양자로 공식 채택되었다. 이렇게 하여 소년 루키우스 도미티우스 아헤노바르부스는 네로라고 불리기 시작했는데, 그 이름은 클라우디우스 가문의 별칭 가운데 하나였다.

이제 클라우디우스 황제는 60대의 노인이 되었다. 그는 복잡한 성격의 소유자였다. 그는 행정분야에서는 능력을 발휘하면서도 개인적으로는 아내와 가신의 영향을 크게 받아 어리석은 판단을 내렸으며, 한편으로는 원로원의 전통적인 지위를 존중한다고 공언하면서도 다른 한편으로 황제권에 대한 위협세력을 심하게 탄압하였다. 원수정체제에서 황제권의 국법상 기반이 불안정한 점이 주요 배경이었다고 할 것이다.

아그리피나와 그녀와 손잡은 그리스인 가신들이 황제를 대신하여 큰 영향력을 행사하였다. 아그리피나는 병적일 정도로 신경이 예민해져서 자신과 자신의 아들에게 위협이 되는 자들을 제거하였다. 아우구스투스와 티베리우스 황제 시기에 성했던 역모재판이 다시 부활했다. 밀고자들(delatores)이 극성을 부렸다. 클라우디우스 치세 동안 적어도 30명의 원로원 의원과 200~300명의 기사들이 죽음을 당하였다. 어린 네로를 돌보아주던 네로의 고모 도미티아 레피다도 희생당했다. 네로는 어머니의 강압 때문에 고모를 위해하는 증언을 해야만 했다.

레피다가 제거된 후에도 아그리피나는 여전히 자신의 지위가 불안정하다고 느꼈다. 그녀의 권력은 아직 최고가 되지 못했다. 원로원 의원들은 아그리피나와 그녀에게 충성하는 밀고자들과 기소자들에게 적대감을 품고 있었다. 특히 황제인 클라우디우스를 믿을 수 없었다. 그는 언제든지 예측하지 못한 말을 하여 그녀가 두려워하는 상황들을 만들어낼 수 있었다. 그녀는 네로가 제위에 오를 날을 마냥 기다릴 수 없다고 판단하였다. 타키투스에 따르면 아그리피나는 황실 음식감별사를 매수하여 버섯에 독을 타게 하였다. 그러나 둔감한 클라우디우스는 독이 든 음식을 먹고도 별다른 반응을 보이지 않았다. 아그리피나는 경악하여 다음 조치를 취하였다. 그녀는 황실 의사 크세노폰을 불렀다. 크세노폰은 클라우디우스가 토하는 것을 돕는 체 하면서 그의 입에 독이 묻은 가죽을 밀어넣었다.[5] 타키투스의 이야기는 전체적으로 볼 때 부자연스럽고 모순이 있다. 아그리피나가 클라우디우스를 독살했다는 견해에 반대하는 이야기도 있지만,[6] 어쨌든 클라우디우스가 누군가에게 죽음을 당했다는 견해가 널리 퍼져 있다.[7]

2. 집권 전반기의 궁중 암투

클라우디우스의 장례식 연설에서 네로는 황제의 권한을 수락하고 새로운 출발을 약속하였다. 그는 황실에서 더 이상 비밀재판을 하지 않을 것이고 원로원을 존경할 것이며 아우구스투스의 통치원리를 존중할 것을 약속하였다. 그는 친부 도미티우스를 기리는 조상을 세워줄 것을 원로원에 요청하면서도 자신을 위한 조상 건립은 사양하였다. 네로는 신임 콰이스토르가 검투사 시합을 개최하게 하는 의무를 폐지하여 가난한 신임 원로원 의원의 부담을 덜어주었으며, 빈한한 귀족에게는 신분 유지에 필요한 재산을 유지할 수 있도록 보조금을 지급하였다.

네로가 집권한 첫해에 아그리피나는 아들과 함께 공동 통치자로 행세하려고 하였다. 처음에는 그녀의 야심이 실현되는 것으로 여겨졌다. 그녀는 아들 대신 제국의 모든 통치업무를 처리하였다. 그녀는 사절을 접견했으며,

---

[5] Tacitus, *Annals*, 12. 67.1-68.1.
[6] Josephus, *Antiquitates Judicae*, 20. 8. 1.
[7] Juvenal, *Satires*, 6. 620-623.

여러 도시와 총독 그리고 국왕들에게 서신을 내렸다.[8]

그러나 1년을 넘기지 못하고 그녀는 세네카와 부루스에 의해 정치적 실권을 상실하였다. 여성이 공개적으로 정치에 간여하는 일은 로마의 전통에서는 있을 수 없는 일이었다. 세네카와 부루스는 모두 아그리피나의 보호를 받으면서 정치경력을 시작했지만, 아그리피나와 정치적으로 대결을 벌이면서 파격적인 행보를 보이는 그녀에 대하여 자연스럽게 충성을 거부할 수 있었다. 양측은 모두 황제의 지지와 환심을 사고자 노력하였다. 개인교사 경험이 있는 세네카는 네로의 인성을 정확하게 간파하고 그 목표를 위하여 젊은 황제로 하여금 감미로운 생활(la dolce vita)에 빠지도록 내버려두었다. 그들은 네로가 악테라는 피해방민 출신의 정부(情婦)와 놀아나는 것을 방기하거나 조장하였다. 반면 아그리피나는 네로가 열심히 활동하고 자신의 행동에 책임있는 태도를 보이게 하려고 노력하였다. 네로는 어머니의 지시를 귀찮게 여겨 들으려 하지 않았고 국정보다는 음악 등의 예술분야와 향락에 빠져들었다.

아그리피나의 정치적 위상은 점점 약해져갔다. 54년과 55년에 발행된 주화를 비교해보면 이러한 변화를 알 수 있다. 54년에 발행된 주화에서는 아그리피나가 네로 황제와 마주 보고 등장하는데, 이것은 그녀의 지위가 네로와 대등했음을 암시한다. 반면 55년 주화에서 아그리피나는 네로와 같은 방향을 바라보고 있으면서 네로보다 뒤에 있다. 안티오크 · 알렉산드리아 · 니카이아 등 속주에서 발행되는 주화에서도 처음에는 아그리피나의 모습이 나타나지만 55년 이후에는 등장하지 않는다.

집권 초기 네로에게 큰 영향력을 행사한 인물은 세네카였다. 55년 세네카는 『자비론』(De Clementia)을 저술하여 이상적인 황제의 모습을 설명하였다. 세네카는 그 글에서 황제권의 절대성과 자의성을 강조하였다. 그러나 그가 로마 공화국의 이상을 포기하고 헬레니즘 세계와 오리엔트 세계의 전

---

[8] Cassius Dio, 61. 3.

제군주제를 옹호한 것은 아니었다. 세네카는 네로가 신에게서 부여받은 권력과 부는 영광스러운 것이지만 그것이 덕(virtus)과 조화를 이루도록 행동해야 함을 지적하였다.

그러나 그의 글만을 가지고 정치가 세네카에 대한 평가를 내려서는 안 된다. 카시우스 디오는 그가 황제의 조언자로서 많은 부를 모았다고 전한다. 기원후 60년 브리튼인들이 로마의 가렴주구에 견디지 못한 나머지 부디카의 주도로 반란을 일으켰다. 세네카는 그 반란에 어느 정도 책임을 져야 할 인물이었다. 그 역시 브리튼 섬에서 가렴주구에 몰두했기 때문이다. 세네카는 집권 초기 젊은 네로에게 큰 영향력을 행사하면서 아그리피나와 권력투쟁을 벌인 인물이었다.

타키투스를 비롯하여 귀족 신분 출신의 후대 저술가들은 세네카와 친위대장 부루스를 옹호하는 입장에서 네로의 치세를 평가하였다. 그들은 네로의 집권 전반기에는 훌륭한 통치가 이루어졌지만, 62년 부루스가 죽고 세네카가 정계에서 은퇴한 뒤에 상황이 달라졌다고 설명하였다. 이러한 이분법적 해석은 후대인들에게도 이어졌다.[9] 그리하여 네로의 집권 후반기는 이러한 선입관 때문에 실제보다 훨씬 더 부정적으로 묘사되고 있다.

네로의 치세에 대한 후대인의 평가가 대체로 부정적인 데 반하여 이른바 '네로의 치세 5년'(quinquennium Neronis)에 대한 언급은 매우 기이한 것이다. 현제로 꼽히는 트라야누스 황제가 네로의 치세 5년간은 제국이 훌륭하게 통치되었고 황제와 원로원의 관계가 일찍이 그 어느 때보다도 원만했다고 말하였다는 것이다. 고대의 저술가들은 이 구절을 어떻게 받아들여야 할 것인가를 놓고 매우 당황하였다. 그들은 네로의 덕치(德治) 5년은 단지 공공 건축분야나 군사적 업적 등에 관한 이야기를 하는 데 불과하다며 그 의미를 축소하였다.[10]

---

9) T. K. Roper, "Nero, Seneca and Tigellinus," *Historia* 28, 1979, pp. 346~357.
10) Aurelius Victor, *Liber de Caesaribus*, 5. 2-4.

네로가 악테라는 이름의 정부와 사랑에 빠져 옥타비아와 이혼하려 하면서 어머니와의 관계는 더욱 악화되었다. 아그리피나는 옥타비아와의 이혼은 정치적으로 네로에게 심각한 타격이 될 뿐만 아니라, 자신이 공들여 성사시킨 혼인을 파기하는 것은 자신에 대한 반항이라고 생각하였다. 그러나 사랑에 눈이 먼 네로에게는 어머니의 설득도 효과가 없었다. 그는 어머니가 자신이 하는 말이나 행동에 사사건건 간섭하고 반대한다고 생각하였다. 그는 제위에서 물러나 로데스 섬에 가서 살겠노라고 어머니의 비위를 상하게 했다.[11] 그리고 나서 네로는 아그리피나의 주요 지지자였던 팔라스를 해고하였다. 아그리피나는 격분했다. 그는 브리타니쿠스를 제위 후보자로 암시하면서 아들 네로를 위협하였다.

그러나 55년 2월 브리타니쿠스는 15세를 채우지 못하고 죽었다. 공식적으로는 간질병으로 죽었다고 발표되었지만, 사람들은 그가 독살당했을 것이라고 믿었다. 그렇지만 소요사태는 일어나지 않았다. 당대 로마인들은 최고권력은 일인지배자의 수중에 안전하게 확보되어야 한다고 생각하면서 그의 죽음을 어쩔 수 없는 것으로 받아들였다.

브리타니쿠스의 죽음은 세네카와 부루스 그리고 네로의 입장을 강화시켜 주었다. 세네카와 부루스가 그의 죽음에 책임이 있는지는 확실하지 않지만, 적어도 사후에 세네카는 네로의 입장을 옹호하는 연설문을 작성하였다. 세네카와 부루스는 영향력을 행사하여 친지와 동향인들을 정부 요직에 앉혔다. 그들 모두 스페인 지방 출신이었다. 세네카의 처남 폼페이우스 파울리누스는 56~58년 하부 게르마니아 군단사령관을 역임했고, 부루스와 동향인인 루키우스 두비우스 아비투스가 그뒤를 이었다.

59년 네로는 어머니 아그리피나를 제거하기 위한 음모를 꾸몄다. 그는 어머니를 초청하여 화해를 빙자한 만찬을 밤늦게까지 연 다음 귀갓길에 사고를 가장하여 제거하려 하였다. 그는 미세눔 함대사령관인 아니케투스를 이

---

11) Suetonius, *Nero*, 34.

용하여 그녀를 태운 배가 한밤중에 호수 한가운데에 이르렀을 때 배를 침몰시키게 하였다. 그러나 그녀는 헤엄쳐나와 목숨을 건졌다. 그녀는 아들 네로의 음모라는 것을 알았지만, 신변의 안전을 지키기 위해서는 우연한 사고였던 것처럼 행세해야 한다고 판단하였다. 그녀는 네로에게 사신을 보내 사고 이야기와 함께 다행히도 자신은 무사하다는 것을 전했다.

그러나 아그리피나의 예상은 빗나갔다. 이 소식을 접하고 공포에 빠진 네로는 세네카와 부루스를 불러 자문을 구하였다.[12] 이 부분에서 타키투스는 세네카와 부루스가 그 이전에 음모계획을 알고 있었는지 불분명하다는 말을 덧붙여 그들을 두둔하려는 태도를 보인다. 반면 디오는 세네카가 네로에게 그 음모를 사주했다고 말한다. 부루스는 네로에게 친위대를 동원하는 것은 불가능하다고 말했다. 친위대는 황실 가족 모두에게 충성을 다하기 때문이었다. 결국 아니케투스가 미세눔 함대의 장교들을 동원하여 아그리피나를 살해하였다. 공식적으로는 아그리피나가 사신을 보내 네로 살해를 기도하다가 적발되자 자결했다고 발표되었다. 세네카는 네로를 위하여 원로원에서의 해명성 연설문을 작성해주었는데, 그 연설문에서 네로는 아그리피나의 사망에 관한 공식견해와 함께 그녀가 권력욕에 눈이 어두웠고 클라우디우스 황제 시절 여러 악행에 대해 책임이 있다고 비난했다. 원로원은 네로에게 아부하는 결의를 통과시켰다. 스토아 철학자로 명성이 높던 트라시아 파이투스를 제외하고 아무도 감히 반대 의사를 나타내지 못했다. 파이투스는 원로원의 결의에 항의하는 표시로 조용히 의사당에서 퇴장하였다.

네로의 범죄 동기에 대하여 타키투스는 정부 포파이아 사비나의 사주를 받았다고 말하지만, 옥타비아와의 이혼과 포파이아와의 혼인은 62년에야 이루어졌기 때문에 그의 설명이 정확하다고 할 수 없다. 아마도 네로는 어머니의 심리적 간섭과 지배에서 벗어나 독재권력을 마음껏 향유하고자 하는 욕구에서 모친 시해라는 범죄를 저지른 것으로 보인다. 네로는 억압적인

---

12) Tacitus, *Annals*, 14. 6-7.

어머니 밑에서 자라면서 비뚤어진 성격의 소유자가 되었고, 어른이 된 후 어머니의 반대 때문에 야기된 긴장과 압박감을 견디지 못해 범죄를 결심했을 것이다.

궁정 음모 가운데 마지막으로 중대한 고비는 옥타비아와의 이혼이었다. 네로는 그녀에게 전혀 애정이 없었다. 당시 로마의 황실과 귀족가문 내에서 이혼과 재혼은 빈번했다. 그러나 옥타비아와의 이혼은 쉽지 않은 문제였다. 그녀는 황실의 여자들 중에서 보기 드물게 정숙한 언행으로 인민의 인기를 받고 있었다. 이혼은 정치적으로 위험한 선택이 될 수 있었다. 부루스는 끈질기게 이혼에 반대하였다. 네로가 자꾸 이혼을 주장하자 부루스는 "좋습니다. 그렇다면 그녀에게 혼인 지참금을 돌려주십시오"라고 대답했다고 한다. 혼인지참금이란 바로 제국 자체를 암시하였다.

이혼은 부루스가 죽은 뒤에 이루어졌다. 그녀가 아이를 낳지 못했다는 점이 이혼 구실이 되었다. 이혼한 지 12일 만에 네로는 포파이아와 재혼했으며, 옥타비아는 군대의 감시 속에 캄파니아로 추방당했다. 그러자 로마에서 주민의 항의 시위가 벌어졌는데, 이 시위로 인하여 옥타비아의 운명은 결정되고 말았다. 로마 시 주민의 시위는 언제나 정권의 안보를 심각하게 위협하는 것으로 여겨졌다. 시위가 진압되고 나서 옥타비아는 간통 누명을 쓰고 판다테리아 섬으로 유배되어 62년 6월 처형당했다.

3. 로마 평민의 옹호자 네로

62년 이후 네로 황제는 친평민정책을 적극적으로 실시하고 유명 인사들을 처형하여 원로원 귀족층에게 두려움을 불러일으켰다. 귀족에 대한 탄압은 다른 한편으로는 친평민정책의 일환으로 풀이될 수 있다. 로마 제정기 황제와 평민 사이에는, 귀족에 대항하는 일종의 정치적 동맹관계가 형성될 가능성이 높았다. 평민은 황제를 지지하고, 황제는 귀족의 횡포에서 평민을 보호하고 그들의 생계를 보장하는 메커니즘이 형성될 수 있었던 것이다.[13]

소 플리니우스는 트라야누스 황제를 칭송하는 글에서 트라야누스의 훌륭한 통치와 이전의 못된 황제를 대조했는데, 특히 그가 가장 황제답지 못하다고 꼽은 인물이 바로 네로였다. 그는 한마디로 네로를 '배우황제'라고 불렀다. 즉 덕(Virtus)·자비(Clementia)·정의(Iustitia)·경건(Pietas) 등 황제로서의 덕목과 귀족의 위엄(dignitas)을 함께 지켜야 할 황제가 배우가 되어 무대에 서는 것이야말로 가장 천박하고 타락한 모습이라고 판단하였다. 당대 로마 사회에서 배우는 매우 천시되었다. 그들은 대부분 노예이거나 시민권이 없는 자유민이었으며, 시민인 경우에는 시민으로서의 법적 권리를 박탈당하였다. 그들은 로마법상으로 검투사·창녀 등과 같이 '수치스러운 자들'(infames)로 분류되었다. 그러나 배우는 로마 사회와 정치를 신랄하게 풍자하여 평민에게서 많은 인기를 모으기도 하였다. 네로가 배우가 되어 무대에 선 행위는 '인민적 친근성'(levitas popularis)을 과시하기 위한 정치적 의도를 담은 것이었다.

네로는 친정을 시작하면서 경제면에서도 친평민정책을 적극 실시하였다. 네로의 집권기 동안 국고의 지출 내역을 살펴보면 세네카와 부루스가 영향력을 행사하던 전반기와 네로가 친정을 본격적으로 실시한 후반기가 크게 대조를 이루는 것을 알 수 있다. 집권 후반기에 공공경기와 축제 개최, 공공건축사업, 곡물 배급, 하사품 지급 등에서 많은 지출이 이루어졌던 것이다. 집권 후반기에 유베날리아 축제와 네로의 축제가 신설되었고 공중목욕탕·황금궁전(domus aurea) 등 많은 건축사업이 이루어졌다. 축제를 개최하면서 네로는 로마 평민에게 먹을 것을 제공하고 문화활동을 후원하여 로마 평민의 보호자(patronus)임을 과시하였다. 이것은 당대 로마 사회에서 큰 영향력을 행사하던 보호제를 통해 문화의 보호자로서 정치적 입지를 강화하려는 의도를 담고 있는 것이었다.

---

13) R. Gilbert, *Die Beziehungen zwischen Princeps und Stadtroemischer Plebs im Fruechen Prinzipat*, Bochum, 1976, p. 13.

제정 초기 황제들이 벌인 건축사업은 한편으로는 로마 평민들에게 일자리를 제공하기 위한 경제적 필요에서, 다른 한편으로는 자신의 정치적 선전을 위하여 이루어졌다. 웅장한 건축은 통치자의 업적을 과시할 수 있는 좋은 수단이었다. 건축정책의 이러한 이념적 성격은 원수정체제의 토대를 닦은 아우구스투스 때부터 분명하게 드러난다. 그는 사치스럽게 건축사업을 전개했을 뿐만 아니라 그 건물들이 자신이 세운 것임을 적극적으로 선전하였다.

네로가 지은 건물 가운데 오늘날까지 남아 있는 건물을 살펴보면 로마 예술과 건축의 역사에서 혁신적이고 탁월한 것들이라는 점을 알 수 있다. 기원후 64년의 로마 시 대화재는 도시 대부분의 지역을 휩쓴 국가적 재난이었다. 그러나 화재 후 로마 시가 재건되면서 새로운 건축·건설 사업이 이루어지는 계기로 작용하기도 하였다. 대화재 이후 네로는 로마 시 재건사업을 적극적으로 펼쳤다. 그는 화재로 소실된 지역을 재건하면서 도시 미관을 배려했으며, 화재에 대비하기 위하여 새로운 건축규정을 법으로 강제하였다. '도시 건물양식에 대한 네로의 법'(lex Neronis de modo aedificiorum urbis)이 바로 그것이다. 네로를 비판하는 타키투스조차도 네로의 로마 시 재건 노력을 이례적으로 칭찬하면서 자세하게 설명하고 있다.[14] 네로의 도시 정비조치는 이탈리아의 도시와 소읍에 영향을 주었는데, 특히 오스티아 시에서 그러했다.

네로가 문학적인 감흥에 젖어 '불타는 트로이'를 재현하기 위하여, 또는 화재 후 황금궁전을 새로이 짓기 위하여 일부러 불을 질렀다는 소문이 있었으며, 수에토니우스와 디오도 네로의 방화를 이야기한다. 그러나 네로의 방화 혐의는 근대 학자들 사이에서 대체로 부정되고 화재 당시 네로는 로마에 있지 않았으며, 보름달이 뜬 여름밤은 방화에 가장 좋지 않은 시기다. 당시 로마 시는 급증하는 인구로 인하여 주택 사정이 몹시 좋지 못했으며 화재가

---

14) Tacitus, *Annals*, 15. 43.

빈발하였다.15) 궁전 재건문제와 관련해서는 네로는 소실된 '연결궁전'(domus transitoria)에 대한 애착이 강했고, 초기 발화 지점은 이후 황금궁전이 들어선 곳과 많이 떨어져 있었다는 점을 말할 수 있다.

네로의 구호 노력에도 불구하고 대화재와 관련하여 그를 비방하는 소문이 끊이지 않았다. 당대 로마 사회에서 통치자들은 로마 시 주민의 여론과 소문을 정치적으로 매우 민감하게 받아들였다. 커다란 국가적 경사가 지배자의 덕치 때문이라고 칭송받는 것과 마찬가지로 좋지 못한 일은 지배자의 부덕의 소치라는 식의 비난이 흔히 있었다. 불타는 로마 시를 내려다보며 네로가 노래를 불렀다는 소문은 국가 재난시에 통치자가 한가로이 빈둥거렸다는 이미지를 주민에게 강력하게 유포시켰으며, 네로 황제를 크게 당황하게 하였다. 그는 적대적인 여론을 되돌리기 위하여 희생양을 찾았는데, 그것이 바로 기독교도였다.

그 무렵 로마 사회에는 반유대인 정서가 널리 퍼져 있었다. 자유주의 성향의 세네카조차도 유대인을 맹렬하게 비난하였다. 유대인의 선민의식 그리고 유대인과 기독교인의 유일신 신앙과 구원관은 결국 이교도에 대한 배타성으로 표출되었다. 로마인들은 그들의 그러한 사회적 배타성을 인류에 대한 증오라고 여겼다. 그러나 유대인을 희생양으로 삼기에는 정치적 부담이 너무 컸다. 네로의 아내 포파이아 사비나가 유대인 편을 든데다가 지중해 동부지역에서 유대인의 반발이 극심해질 것이라는 부담감이 작용하였다. 당시 그리스인과 유대인은 앙숙간으로 다투는 실정이었고 유대 지방에서 반(反)로마 정서는 절정에 이른 상태였다. 그에 비하여 기독교도는 정치적인 부담이 덜했으며, 기독교도에 대한 로마인의 반감은 반유대인 정서 못지않게 나빴다.16)

---

15) Z. Yavetz, "The Living Conditionsof the Urban Plebs in Republican Rome," Latomus vol. 17, 1958, p. 500 이하.
16) Tacitus, *Annals*, 15. 44.

4. 몰락

네로가 정치를 주도한 62년 이후 황제와 원로원의 대립이 심화되었다. 그 뒤로 네로는 유력 가문의 원로원 귀족을 중용하지 않았다. 그러나 제정 초기 로마 사회에서 하층민의 지지만으로 정권을 유지할 수는 없었다. 제국 동부 그리스 세계에서 네로는 폭넓은 지지를 받았지만, 정치적으로 중요하지 않았다. 65년 발생한 칼푸르니우스 피소의 음모는 네로 정권이 심각한 정치위기에 직면했음을 잘 보여주는 사건이었다. 이 음모는 가담자의 규모뿐 아니라 황실가문의 인물이 개입하지 않고 원로원 귀족이 중심이 되어 준비했다는 점에서 네로에게는 충격이었다. 이제 원로원 귀족계급은 하나가 되어 율리우스-클라우디우스 가문의 제위 계승권을 부정하기에 이른 것이다.

피소의 음모 이후 네로와 원로원의 관계는 회복될 수 없을 만큼 악화되었다. 네로는 유력가문의 귀족들이 자신의 제위를 위협한다고 확신하고 그들을 본격적으로 탄압하였다. 이러한 네로의 공포와 불안감은 속주 군대의 사령관에게까지 확대되었다. 그들 역시 원로원 귀족 신분이 대부분이었기 때문이다. 66년 겨울 네로는 전승으로 명성이 높던 장군 코르불로와 게르마니아 속주의 사령관 스크리보니우스 형제를 제거하였다. 명장으로 이름이 높았던 코르불로는 네로가 당시 여행 중이던 그리스로 소환되어 역모혐의를 받고 자결을 명령받았다. 네로가 몰락한 이유 중에는 군대를 소홀히 대한 것도 있지만 과장되어서는 안 된다. 전체적으로 보아 네로가 군대에서 인기가 없었다고 단정할 수 없다. 제14군단 게미나처럼 일부 군대는 네로에게 열성적으로 충성을 다하기도 했다.

파격적인 행보를 보였던 네로 황제는 사후에도 여러 방향으로 오래도록 기억되었다. 네로의 친평민정책은 후대 황제들에게 정권의 안정을 위하여 필요한 것으로 인식되었다. 일부 로마인들은 그를 추모하였다. 그의 무덤에는 몇 년 동안 꽃이 바쳐졌고 그의 초상이 세워졌으며 마치 그가 돌아오기라도 한 것처럼 그의 이름에 의한 포고가 내려졌다. 69년 황제가 된 오토는 네로의 정책을 계승하겠다고 선언했으며, 비텔리우스도 제위에 오른 뒤 네로와 친분이 두터웠다는 점을 내세웠다. 동부지역에서도 오래도록 그가 살아 있다고 믿으면서 그의 귀환을 고대하는 자들이 있었다.[17] 1세기가 끝나기 전에 적어도 세 명의 인물이 동부지역에서 네로를 자칭하면서 봉기하였다. 유대인들은 로마인에게 강한 적대감을 보이면서 로마 제국에 신의 복수가 내리기를 희망하였다. 그들은 티투스 황제 치하에서 네로를 자칭하는 한 인물이 봉기한 뒤 추종자를 이끌고 파르티아 영토로 들어간 사실을 떠올리고 파르티아에서 네로가 귀환하여 로마 제국에 벌을 내려주기를 고대하였다. 반면 기독교도들에게 네로는 최초의 기독교도 박해자로 기억되었다. 「요한 계시록」에는 네로가 세계 종말의 순간에 등장하는 적그리스도(Antichrist)의 선구자로 기록되었다.

---

17) Dio Chrysostom, *Oration*, 21. 9-10.

베스파시아누스

로마 최초의 기사 신분 황제

● 안희돈(강원대 교수 · 서양사)

1. 생애

베스파시아누스는 기원후 9년 이탈리아 중부의 사비니 지역에 있는 레아테(Reate) 시 인근의 작은 마을에서 태어났다. 그는 미미한 기사 가문 출신이었는데, 할아버지는 공화정 말기 내란기에 백부장으로 폼페이우스 휘하에서 카이사르의 군대와 싸우다 파르살루스 전선에서 패주하였다. 그는 고향으로 돌아가 지내다가 특별사면을 받은 후에는 한 고리대금업자 밑에서 일했다. 아버지는 속주 아시아에서 관세의 징세청부업을 했고 헬베티인들이 사는 곳으로 이사하여 대금업자 노릇을 하다가 그곳에서 죽었다. 그는 아시아 속주의 여러 도시에서 정직한 징세청부업자로 칭송받았다.

베스파시아누스는 그의 둘째 아들이었다. 베스파시아누스라는 이름은 그가 외가로 양자를 가서 얻은 이름이었다. 외가는 누르시아 지방의 명문가로, 외할아버지 베스파시우스 폴리오는 군단 부관(tribunus militum)과 수석백부장(praefectus castrorum)직을 역임했고 외삼촌은 프라이토르급 원로원 의원이었다. 베스파시아누스는 코사에서 친할머니 테르툴라 슬하에서 귀여움을 받으며 자랐다. 그래서 그는 황제가 된 뒤에도 이 요람지를 자주 방문했다. 수에토니우스는 그가 할머니와의 어린 시절의 추억을 소중하게 간직하여 집안 잔치에서는 할머니가 쓰던 작은 은잔만 사용했다고 전한다. 그는 형 사비누스보다 관직에 늦게 진출하였다. 그는 성년이 된 후에도 오랫동안 관직에 오르지 않다가 어머니의 질책을 받고 트라키아에서 군단 부관직을 역임했고, 크레타와 키레나이카에서 콰이스토르로 근무했으며, 아이딜리스를 거쳐 기원후 39년 프라이토르로 당선되었다.

그의 아내는 플라비아 도미틸라였는데 그녀와의 사이에서 티투스와 도미티아누스 그리고 딸 도미틸라를 얻었다. 그러나 아내와 딸은 그가 황제가 되기 전에 죽고 말았다. 아내가 죽은 뒤 베스파시아누스는 재혼을 하지 않고 예전의 정부였던 여자 피해방민인 카이니스(Caenis)와 동거했으며, 황제가 된 뒤에도 그녀를 합법적인 아내인 것처럼 대하였다.

베스파시아누스는 군대에서 무공을 많이 세웠다. 클라우디우스 황제 시절인 기원후 41년과 42년에는 황실 가신 나르키수스(Narcissus)의 보호(patronage) 아래 라인 강 유역에 주둔한 제2군단 아우구스타의 사령관으로 활약했고, 43년에는 이 군단을 이끌고 브리튼 섬을 원정하여 전공을 세웠다. 51년 보궐 콘술직에 선출된 이후 그는 가난과 불운으로 어려움을 겪었다. 62년에 그는 아프리카 속주의 총독직을 역임하면서 관직을 매매했다는 혐의를 받았다. 그는 돈을 모으기 위하여 노새 장사를 했는데, 그 때문에 사람들에게서 노새몰이꾼이라는 좋지 못한 별칭을 얻었다.

66년 베스파시아누스는 네로 황제의 그리스 여행을 수행하던 중 사소한 실수로 네로의 미움을 사게 되어 관직에서 쫓겨났다. 네로가 노래를 부르는 동안 자리를 뜨거나 졸았기 때문이었다. 네로는 그의 문안 인사도 거부할 정도로 크게 화를 냈다. 베스파시아누스는 시골에 칩거했는데, 유대 반란이 일어나자 네로에 의하여 사령관으로 다시 발탁되었다. 네로는 그가 군사적인 재능이 뛰어날 뿐만 아니라 미미한 기사 가문 출신이었으므로 제위에 대한 위협세력이 아니라고 여겨 다시 기용하였다.

유대 반란을 진압하는 동안 네로 황제가 죽고 69년 내란이 전개되었다.

베스파시아누스는 네로의 뒤를 이은 갈바 황제에게 충성을 맹세했지만 갈바가 죽고 오토에 이어 비텔리우스가 제위에 오르자 상황은 달라졌다. 69년 내란기 동안 군단이 정국을 주도했는데, 군단병들이 아니라 군 지휘관이 주도적인 역할을 행하였다. 당시 제국 내에는 라인 지방, 다뉴브 강 유역 지방 그리고 동부 변경지방 등 세 곳에 군대가 집중 배치되어 있었다. 동부지역과 다뉴브 강 유역 지방 주둔 군단들은 라인강 지역 주둔 군단에 대하여 경쟁심과 시기심을 품고 있었다. 그들은 라인 강 지역 군단 사령관 출신인 비텔리우스 황제 밑에서 그 지역 군단 출신 장교들이 출세가도를 달리는 반면에, 자신들은 부당한 대우를 받고 있다고 생각하였다. 그들은 시리아 속주 총독이자 사령관인 가이우스 리키니우스 무키아누스에게 기대를 걸었지만 그는 유대 지방 사령관이었던 베스파시아누스를 지지하였다.

이러한 상황에서 이집트 태수(praefectus)였던 티베리우스 율리우스가 69년 7월 1일 알렉산드리아 시에서 베스파시아누스를 공식적으로 황제로 선포하였다. 그는 유대인 철학자 필론의 조카였는데, 유대 지방의 카이사리아에서 베스파시아누스가 황제로 선포되기 이틀 전의 일이었다. 아마도 그는 이러한 발빠른 조치로 베스파시아누스에게서 여러 특권을 부여받을 수 있을 것이라고 생각한 듯하다. 이집트의 태수는 황제의 프로쿠라토르로부터 압도되지 않았던 유일한 로마의 속주 총독이었다. 그의 이러한 조치는 동부지역에서 베스파시아누스가 지지를 확보하는 데 중요한 역할을 하였다.[1]

69년 10월 24일 이탈리아 북부의 크레모나 시 인근에서 벌어진 전투에서 베스파시아누스의 군대는 비텔리우스의 군대를 격파하였다. 69년 12월 22일 원로원은 무키아누스의 지시에 따라 베스파시아누스에게 합법적인 황제의 지위를 부여하였다. 이 입법 조치에 따라 베스파시아누스는 아우구스투스 이래 황제들이 행사하던 황제로서의 여러 권한을 한꺼번에 합법적으로 받았으며, 그가 군대에 의하여 황제로 추대된 이후 69년 12월 이전에 그가

---

[1] E. G. Turner, "Tiberius Julius Alexander," *JRS* vol. 44, 1954, pp. 54~64.

황제로서 행한 여러 조치의 합법성을 소급하여 부여받게 되었다.[2]

수에토니우스는 베스파시아누스에 대하여 그가 개인적으로 도량이 넓고 유머가 있으며 사람들에게 후하게 베풀었지만 유일한 결점은 지나친 금전욕이었다고 말한다. 알렉산드리아인들은 베스파시아누스를 자신들이 경멸하던 한 왕의 별명을 붙여 '키비오사쿠테스'라고 불렀다. 그 말은 그들이 천시하던, 소금에 절인 물고기를 파는 행상을 뜻하였다. 또한 수에토니우스는 베스파시아누스의 장례식에서 어느 희극배우가 고인이 된 그를 조롱하는 이야기를 전한다. 그 배우는 관례대로 고인의 가면을 쓰고 생전의 그의 언동을 흉내내었다. 그는 많은 사람이 지켜보는 가운데 한 황실 관리에게 장례비용에 행렬비용을 합하면 모두 얼마인지를 물었다. 그 관리가 1천만 세스테르티이라고 답하자 그는 이렇게 말했다. "나에게 10만 세스테르티이를 내놓거라. 그러면 나를 티베르 강에 던져도 좋다."

그는 가난한 주민들에게 일자리를 마련해주기 위하여 배려하였다. 카피톨 신전 공사가 진행 중일 때 한번은 한 기술자가 그에게 찾아와 거대한 돌기둥을 옮길 수 있는 기중기를 사용하겠다고 보고했다. 그는 그 기술자에게 상을 주면서도, "나로 하여금 가난한 노동자를 부양하게 해달라"고 말하고 그의 제안을 거절하였다. 이는 기술 개발에 무관심했던 고대 귀족계층의 태도와 하층민의 생계문제 해결을 위하여 노력한 베스파시아누스의 모습을 잘 보여주는 일화이다.

79년에 이르러 베스파시아누스는 고령으로 건강이 크게 악화되었다. 그럼에도 그는 황제로서의 직무를 다하려고 노력하였다. 그는 노년에 이르러서도 여전히 용기와 유머를 잃지 않았다. 임종이 닥치자 그는 "드디어 이제 내가 신이 되는구나"라고 농담을 했다. 그는 임페라토르는 서서 죽어야 한다는 자신의 신념대로 안간힘을 쓰면서 일어서려다가 쓰러졌다. 사후에 그

---

[2] 이 법에 관한 논의로서는 안희돈, 「로마황제 베스파시아누스의 임페리움에 관한 법」, 『역사교육』 제54집, 1993, 113쪽 이하 참조.

는 신성한 베스파시아누스(Divus Vespasianus)로 신격화되었다.

2. 체제 정비

베스파시아누스가 69년 내란의 최종 승자가 되어 성공한 황제가 될 수 있었던 이유는 무엇인가? 첫째, 그의 뛰어난 군사적 재능을 들어야 할 것이다. 군인들은 그를 지휘관으로 받아들였으며, 그는 그들을 효과적으로 지휘하였다. 둘째, 그는 아들과 후계자를 두고 있었다는 점이었다. 그가 제위에 오를 때 티투스는 30세였고 둘째 아들인 도미티아누스는 18세였다. 100여년 만에 끔찍한 내란을 다시 경험한 로마인들은 무엇보다도 평화를 원하였다. 그들은 후계자문제를 안정적으로 해결한 베스파시아누스가 일인자가 되어 안정과 평화를 가져다 줄 것이라고 믿었다. 셋째, 그에게는 강한 용기와 의지가 있었다. 그는 자신이 해야 할 일이라고 판단하면 온갖 장애를 뚫고 그것을 이루었다. 그는 부하들에게 의존하거나 기만당하는 인물이 아니었다. 그는 귀족적이지도 사치스럽지도 않았으며, 돈의 소중함을 아는 인물이었다.

그러면서도 그는 촌스럽지 않았다. 그는 호메로스와 메난드로스를 적절하게 인용할 줄 알았고 그리스어와 라틴어로 농담을 할 줄 알았다. 그는 자신의 정책에 대한 사람들의 비난과 여러 어려운 상황을 슬기롭게 넘길 줄 아는 인물이었다. 그는 상식과 현실감각을 지닌 인물이었다.

제위에 오른 뒤 그가 해결해야 할 과제는 엄청난 것이었다. 첫째, 군대의 기강을 바로잡아야 했다. 내란이 끝나기는 했지만 군대의 충성심과 사기는 크게 흔들렸다. 둘째, 아직 반란이 진압되지 않았다. 서부에서는 바타비족이, 동부에서는 유대인들이 반란을 일으켰다. 그밖에도 폰투스 지역, 브리튼 섬 지역, 마우레타니아 지역이 안정되지 않은 상태였다. 아프리카 속주에서는 오이아 시와 렙티스 시가 서로 싸우고 있었고 제국의 북동쪽 변경지역에서는 다키아인·록솔라니인 등 변경 이민족들이 다뉴브 강을 넘어 로마 영토를 약탈하고 있었다. 셋째, 내란으로 야기된 물질적 손실을 보수하는 일이 시급하였다. 돈이 필요했지만 국고는 고갈된 상태였다. 넷째, 무엇보다도 전쟁으로 인한 도덕적·심리적 충격을 극복하고 제국 전체에 걸쳐 건강한 신뢰감을 회복해야 했다.

이러한 과제를 해결하기 위하여 베스파시아누스는 새로운 통치체제를 만드는 대신 아우구스투스의 체제를 충실하게 따랐다. 아우구스투스가 고안해낸 원수정체제는 한 세기 동안 사람들에게 평화를 가져다 주었다. 원수정체제는 지중해 세계에서 로마의 지배권을 지속시켜가는 데 많은 장점이 있었다. 68년 일어난 봉기는 원수정체제에 대한 반대가 아니라 황제에 대항한 봉기였다. 당시 상황에서 정치사상으로서의 공화주의는 이제 그 실질적인 힘을 상실하였다. 이처럼 아우구스투스의 위대한 업적은 강건하게 남아 있었다. 원수정은 계속 유지되어야 했다. 필요한 것은 적절한 인물이었다.

이러한 역량을 베스파시아누스는 소유하고 있었다. 그의 나이가 벌써 60세에 이르렀지만 그는 말년의 티베리우스 황제처럼 염세적이지도 않았고 클라우디우스 황제처럼 병약하지도 않았다. 그는 강인하고 의욕에 넘쳤다. 베스파시아누스는 통치체제를 정비하고 정책을 펴나가면서 여러 면에서 아우구스투스를 모범으로 삼았다. 그의 여러 입법조치들은 아우구스투스와 클라우디우스의 입법을 계승한 것이었으며, 발행된 주화 가운데 상당수는 아우구스투스의 주화를 모방한 것들이었다. 그는 아우구스투스의 건설계획을 실현하여 콜로세움을 세웠다. 그는 카일리우스 언덕에 신성 아우구스투스의 신전을 완공하고 그의 숭배의식을 다시 시행하였다.

그는 자신이 신에게서 황제로서의 특별한 권능을 부여받은 존재임을 선전했는데, 이를 위하여 동부 세계의 종교적인 정서를 활용하였다. 당시 동부지역에서는 세계를 지배할 인물이 유대에서 나올 것이라는 믿음이 널리 퍼져 있었다. 그는 황제가 된 뒤에도 곧바로 로마로 입성하지 않고 동부지역에 머무르면서 자신과 아들 티투스를 사람들에게 선전했으며, 알렉산드리아 시를 방문해 장님의 눈을 뜨게 하고 앉은뱅이를 걷게 하는 기적을 행

하였다.[3]

그 동안 그는 심복 무키아누스와 둘째 아들 도미티아누스로 하여금 로마에서 정치적 입지를 다지게 하였다. 그들은 비텔리우스의 잔당 세력을 소탕하고 네로 황제 이후 대역죄로 기소된 자들의 시민권을 모두 회복해주었으며 원로원 의원들로 하여금 여러 위원회를 구성하게 하여 내란으로 인한 피해보상 청구소송, 행정 개선안 마련, 카피톨 신전 소각으로 사라진 공문서 복구 등의 업무를 담당하게 하였다.[4] 70년 6월에는 카피톨 신전 복구공사가 본격적으로 시작되었다. 신전 복구는 로마의 권력이 공고함을 전세계에 선전하기 위한 것이었다.

동부와 서부에서 진행되던 반란도 진압되었다. 유대인 반란의 마무리는 큰아들인 티투스에게 맡겨졌다. 이는 군사적 명성을 드높여 티투스의 정치적 입지를 강화하기 위한 의도였다. 서부에서 일어난 바타비족의 반란은 아니우스 갈루스와 페틸리우스 케리알리스 두 명장에 의하여 진압되었다. 따라서 베스파시아누스는 70년 10월에야 로마에 입성했지만 자신이 로마에 안정과 평화를 가져온 인물이라는 점을 명확하게 알릴 수 있었다. 그는 친평민적인 황제의 모습을 선전하기 위하여 카피톨 신전 건립부지에 가서 그곳의 쓰레기를 몸소 날랐다.[5]

베스파시아누스는 정권의 안정을 위하여 먼저 후계자문제를 확실하게 해결하고자 노력하였다. 그는 자신의 두 아들을 대중 앞에 내세웠다. 그는 큰아들 티투스와 함께 10년의 재위기간 중 모두 일곱 번이나 정규 콘술직에 올랐다. 그는 둘째 아들 도미티아누스에 대해서는 두 차례 정규 콘술직에 오르게 했고, 네 차례에 걸쳐 보궐 콘술직에 오르게 하였다. 주화상으로 그 두 아들은 '젊은이의 프린켑스'(Princeps Juventutis)라는 칭호를 얻었으며, 양자 모두 카이사르라고 일컬어졌다. 그뒤 카이사르라는 칭호는 제위 계승

---

3) Tacitus, *Histories*, 4. 81 ; 5. 13.
4) Tacitus, *Histories*, 4. 40 ; Suetonius, *Vespasianus*, 8. 5.
5) Tacitus, *Histories*, 4. 53 ; Suetonius, *Vespasianus*, 8 ; Cassius Dio, 65. 10.

자를 가리키는 의미로 사용되었다. 큰아들 티투스는 예루살렘을 함락하여 유대 전쟁을 종식시킨 후 71년 봄 로마 시에서 성대한 개선식을 치렀다.

그는 프로콘술의 임페리움을 수여받았고 아버지와 함께 호민관의 권한을 공유했으며 73년과 74년에는 아버지와 함께 켄소르직을 역임하였다. 그는 아버지의 이름으로 서한과 칙령을 내릴 수 있었고 원로원에서 베스파시아누스를 대신하는 콰이스토르로 행동하였다. 수에토니우스는 티투스를 베스파시아누스의 동료이자 제국의 수호자 구실을 했다고 말하는데, 그의 이러한 평가는 과장이 아니었다. 베스파시아누스는 "내 아들이 나를 계승할 것이다. 그외에는 그 누구도 나를 계승할 수 없다"고 공언하였다.[6]

베스파시아누스는 군대의 기강을 다시 세웠다. 그는 친위대의 규모를 16개 보병대(cohorts)에서 9개로 축소하였다.[7] 과거의 경험에 비추어 친위대는 정치에 개입할 가능성이 높았다. 티베리우스 황제 시절의 세야누스와 네로 황제 시절의 님피디우스 사비누스가 그러했듯이 야심적인 친위대장은 특히 경계해야 할 대상이었다. 베스파시아누스는 두 명의 친위대장을 한 명으로 줄이고 그 자리를 자신의 아들 티투스에게 맡겼다. 이 조치는 사실 쉽지 않은 결정이었다. 동부지역에서는 벌써 티투스가 제위에 야심을 품고 있다는 소문이 돌았다. 예루살렘 함락 직후 사람들이 그를 임페라토르라고 환호하는 것을 방치했으며, 아피스 종교의식에 참석해 왕관을 머리에 썼다고 전해졌다.

그러나 베스파시아누스는 부자간의 정을 의심하지 않았으며, 그의 이러한 믿음은 헛되지 않았다. 티투스는 충성을 다하였고 의심을 사지 않으려고 극도로 조심하였다. 베스파시아누스에 대한 여러 차례의 음모가 있었던 것으로 전해오지만, 79년의 경우를 제외하면 자세한 내용이 알려져 있지 않다. 믿었던 두 명의 친구인 장군 카이키아 알리에누스와 연설가이며 퇴임총

---

[6] Suetonius, *Vespasianus*, 25 ; Cassius Dio, 65. 12.
[7] 일개 보병대는 300~600명 정도였으며, 10개 보병대와 300~700명 규모의 기병대가 모여 일개 군단을 이루었다.

독인 에프리우스 마르켈루스가 음모를 꾸몄는데, 그들은 티투스에게 적발되었다. 카이키나 알리에누스는 즉각 처형당했고, 마르켈루스는 재판에 회부되자 자결하였다.[8)]

군단병에 대한 통제권을 확립하기 위하여 그는 군기를 엄정하게 확립하였다. 그는 군대의 환심을 사기 위하여 전혀 연연해하지 않았다. 그는 아우구스투스의 뒤를 이어서 군대의 고위직은 윤번제로 맡게 하고, 그 지위는 공화정의 시민적인 전통에 충실한 자에게만 허용하였다.

베스파시아누스는 집권 초기 원로원 의원으로 구성된 소수 집단의 반대를 받았다. 그 중심인물은 헬비디우스 프리스쿠스였으며, 아룰레누스 루스티쿠스와 유니우스 마우리쿠스 등이 그를 따랐다. 그들은 황제의 역할을 축소하고 원로원의 위상을 강화시키려 시도하였다. 아마도 그들은 미미한 기사 가문 출신의 황제인 베스파시아누스를 원로원 의원의 권위로 압도할 수 있다고 생각한 듯하다. 헬비디우스는 황제를 맞이할 원로원 대표 사절을 선발하는 문제와 국고의 고갈상황을 해소하기 위한 조치를 취하는 데에서 원로원이 주도적으로 행동해야 한다고 주장했지만 지지를 얻지 못하였다.

특히 문제가 된 것은 네로 황제 시대 원로원 의원 탄압에 앞장섰던 고발인(delatores)에 대한 처리문제였다. 무소니우스 루푸스는 네로 시대 고발인이었던 켈레르를 공격하여 유죄판결을 이끌어냈다. 이에 고무받은 헬베디우스는 악명을 떨쳤던 대표적인 고발인 에프리우스 마르켈루스를 공격하였다. 유니우스 마우리쿠스는 제국의 공문서 보관소를 공개하여 고발인들의 이름을 모두 공개할 것을 도미티아누스에게 요구하였다. 그러나 도미티아누스와 무키아누스는 받아들이지 않았다. 마르켈루스에 대한 기소는 취하되고 아시아 속주의 총독으로 파견되었다.

그뒤 원로원은 더욱 순종적인 태도를 보였다. 그러나 헬베디우스는 공격을 멈추지 않았다. 그의 가문은 누대에 걸쳐 황실가문과 대립하였다. 그의

---

8) Cassius Dio, 65. 16. 3 ; Suetonius, *Titus*, 3.

아내 파니아는 네로 시대의 저명한 철학자이며 네로에게 죽음을 당한 트라시아 파이투스의 딸이었다. 파니아의 할아버지 카이키나 파이투스는 클라우디우스 황제에게 반대하는 음모에 가담한 인물이었다. 헬비디우스는 의도적으로 베스파시아누스 황제를 모욕했을 뿐만 아니라, 카시우스 디오의 표현에 따르면 군주정을 공격하고 공화정을 칭송했으며 인민에게 공개적으로 혁명을 선전하였다.[9] 베스파시아누스는 관대했지만 더 이상 참을 수 없었다. 헬비디우스는 추방되었으며, 곧 죽음을 당하였다.

당시 로마에는 사료에 '철학자들' '스토아 학자들' 그리고 '견유학자들'이라고 언급되는 순회 설교자들이 등장하여 사회질서와 통치체제를 비난하는 연설을 하였다. 특히 견유학자로 불리는 자들은 학문적 논의를 무정부적이고 파괴적인 주장으로 발전시켰다. 그들은 무질서를 설교하고 모든 통치자들을 공격했으며 관습과 예절을 무시하는 태도를 자랑하고 다녔다. 이들에게 분개한 무키아누스는 71년 견유학자 등 모든 철학자와 점성술가들을 로마에서 추방하도록 하였다.

철학자들의 지나친 행동 때문에 그들은 로마에서 인기가 없었다. 퀸틸리아누스, 타키투스, 아피아누스, 카시우스 디오 모두 철학자들에게 반대하였다. 디오 크리소스톰과 루카누스는, 견유학자들은 세상에 이름을 알리기 위해서라면 무엇이라도 할 것이라고 비난하였다. 처음에 베스파시아누스는 견유학자들에게조차 관용적인 태도를 보였다. 그는 단지 그들을 추방하는 데 그치고자 하였다. 추방된 견유학자 가운데 하나인 데메트리우스가 로마시 밖에서 그에 대한 비난연설을 계속하자 그는 다음과 같이 말했다. "너는 내가 너를 죽이도록 만들려고 발광을 하고 있구나. 그러나 나는 개가 짖는다고 해서 그 개를 죽이지는 않는다." 그러나 마침내 그는 몇 년 후 죽음을 당하고 말았다.

---

[9] Cassius Dio, 65. 12. 2.

3. 업적

베스파시아누스가 집권 초기에 행한 조치 가운데 정치적으로 가장 중요한 것은 켄소르 직무였다. 한 세기 전 아우구스투스는 전쟁과 추방으로 인한 원로원 귀족의 결원을 충원하고 자신에게 충성을 다한 인물들에게 보상하기 위하여 새로운 인물들을 원로원에 끌어들였다. 베스파시아누스도 마찬가지 과업을 떠맡았다. 집권 초기에도 그는 원로원 의원직을 충성을 다한 자들에게 부여했지만, 73~74년간에 아들 티투스와 함께 켄소르직에 오르면서 그 작업이 본격 추진되었다. 그는 유능한 인재를 적극 등용했는데 트라야누스, 아니우스 베루스 그리고 율리우스 아그리콜라 등이 베스파시아누스 통치기에 선발되어 후대에 활약한 대표적인 인물들이었다. 그는 능력이 있는 자들이면 이탈리아인이든 속주민이든 가리지 않고 발탁하였다. 켄소르직 과업을 수행한 뒤 그는 아우구스투스와 클라우디우스 황제가 그러했듯이, 로마 시의 신성 경계선을 확장하고 평화의 신전을 봉헌하였다. 그 신전에는 유대 원정의 전리품을 안치하였다. 이제 베스파시아누스는 정복자, 평화를 이룩한 자 그리고 국가를 회복시킨 자로 자부할 수 있게 되었다.

베스파시아누스의 업적 중에서 가장 오래 기억되고 동시에 가장 인기가 없었던 것은 재정의 안정을 이루는 일이었다. 그것은 가장 힘든 과제였다. 그는 그 과업에 적합한 인물이었다. 그는 기호가 단순하고 과시욕이 없었다. 그는 클라우디우스와 네로 궁전의 과시적이고 사치스러운 생활을 단호하게 중지시켰다. 더욱 절제되고 검소한 기운이 황제에게서 시작되어 사회 전반에 퍼져나갔다.[10] 그러나 검소한 것만으로는 부족하였다. 돈이 필요했다. 그러기 위해서는 징세를 늘려야 했는데, 베스파시아누스는 그 문제에 완강하게 매달렸다. 그는 국가재정을 지불능력상태로 만들기 위해 400억 세스테르티이 이상의 돈을 모을 것이라고 발표하여 사람들을 깜짝 놀라게

---

10) Tacitus, *Annals*, 3. 56.

하였다. 그 액수는 제국의 매년 수입의 20배가 넘는 것이었다.

많은 속주들이 번영을 누렸고 그리하여 이전보다 담세 능력이 크게 늘었다. 베스파시아누스는 동부지역의 속주 조직을 크게 변화시켰는데, 일부 변화는 파르티아와 대(大)아르메니아의 공격을 막기 위한 전략적 필요에서 나온 것이었지만 대부분은 재정수입을 늘리기 위해서였다. 그는 동부지역을 제국의 직접 지배를 받는 속주로 편제함으로써 징세를 강화하였다.[11] 그는 네로가 해방시킨 아카이아 속주를 다시 제국에 병합하였고, 유대 왕국과 나바타이아 피호왕국을 제외하고 동부의 모든 지역을 속주체제 아래 편입시켜 제국의 직접 지배를 받게 하였다. 예를 들어 그는 소아시아 남부의 리키아(Lycia) 지방을 팜필리아 속주에 편입시키고 카파도키아와 갈라티아를 통합했으며, 피호왕국인 코마게네(Commagene) 왕국을 시리아 속주에 그리고 소(小)아르메니아 지역을 카파도키아 속주에 통합시켰다.

베스파시아누스는 돈을 거두기 위하여 새로운 세금을 부과하였다. 그는 유대 금고(fiscus Iudaicus), 알렉산드리아 금고(fiscus Alexandrinus), 아시아 금고(fiscus Asiaticus) 등 세 개의 특별금고를 신설한 것으로 알려져 있는데 그 시기는 아마도 집권 초기였을 것이다. 유대 금고는 유대인들이 해마다 예루살렘 신전에 바치던 2드라크마를 카피톨 신전에 납부하게 한 것이었다. 제국 내 유대인의 수를 감안할 때 그 액수는 꽤 컸을 것이다. 나머지 두 금고가 누구에게 얼마씩 세금을 부과했는지에 대해서는 알 수 없고, 다만 알렉산드리아 금고가 아마도 이집트산 곡물 공급과 연관되었을 것이라고 추측될 뿐이다.

수에토니우스는 그가 징세에 혈안이 되어 오줌세(vectigal urinae)까지 거

---

[11] 최근 일본의 구와야마 다다푸미 교수는 베스파시아누스가 동부지역에서 행한 일련의 속주조직 변경과 군단의 이동조치가 기존의 주장처럼 파르티아를 막아내기 위한 군사전략적 목적에서 나온 것이라기보다는 더 많은 세금을 거두기 위한 대내적이고 재정적인 이유에서 나온 조치였다고 주장했다. Kuwayama Tadafumi, "Vespasian and the East,"『서양고대사연구』, 제14집, 2004, pp. 153~170.

두었다고 전한다. 당시 세탁업자나 가죽 무두질장이들이 공중화장실의 오줌을 거두어 사용했는데, 그는 이 오줌에 세금을 부과했던 것 같다. 아들 티투스가 이에 항의하자 그는 아들의 코에 처음으로 징수한 돈을 들이대면서 "어떠냐, 냄새가 나느냐?"라고 물었다. 아들이 아니라고 답하자, 그는 이렇게 말했다. "하지만 이것은 오줌으로 거두어들인 돈이다."

이렇게 세금을 늘린 이외에도 베스파시아누스는 징세청부회사에 대한 통제권을 행사하여 징세조직을 강화하였다. 또한 그는 공공재산에 대한 감독을 강화하였다. 불법적으로 점유된 공유지는 이탈리아에 있든 속주에 있든 간에 국가소유로 돌려놓았다. 그는 심지어 자투리땅(subsiciva), 즉 식민시의 토지 분할작업 때 분할되지 않고 남겨진 토지에 대한 문제도 다루었다. 이 미분할지에는 두 종류가 있었는데, 토지구획작업 밖에 놓여 있는 토지이거나 토지구획작업 내에 있으면서도 경작 불가능한 것으로 추정되던 토지였다. 할당되지 않았으므로 원칙상으로는 공유재산이었지만, 시간이 지나면서 그 토지들은 자연히 사람들이 점유하게 되었다. 베스파시아누스는 불법 점유자들에게서 이 토지를 회수하기 시작하였다. 그의 행동은 분노를 불러일으켜 전 이탈리아에서 사절들이 쇄도하였다. 베스파시아누스는 이에 타협하여, 더 이상은 몰수하지 않는 대신 이미 환수한 토지는 그가 그대로 공유지로 삼았다.

베스파시아누스가 온갖 방법을 동원하여 돈을 짜내기는 했지만, 그는 결코 구두쇠는 아니었다. 그는 자신을 위해서가 아니라 제국을 방어하고 안정시키는 데, 그리고 문화를 장려하는 데 재정을 지출하였다. 그는 재산이 부족해진 원로원 의원들에게 그 신분을 유지하는 데 요구되는 재산을 채워주었으며, 곤궁해진 콘술급 인사들에게도 해마다 50만 세스테르티이의 돈을 지원하였다. 그는 화재와 지진으로 파괴된 제국 내 여러 도시를 아름답게 재건하는 데 돈을 지출하였다. 그는 명망 있는 수사학자인 퀸틸리아누스에게 급료를 주어 라틴 수사학교를 운영하게 하였다. 로마 최초로 국립 고등교육기관이 설치된 것이다. 그는 시인과 예술가를 경제적으로 후원하였다.

정부가 이처럼 교육과 문화 활동을 장려하자 제국 전역에 걸쳐 개별인이나 단체가 그 뒤를 따랐다. 소(小) 플리니우스는 코뭄 시에 학교를 설립하였다. 여러 교사들이 속주 소읍에 있는 학교들에서 일자리를 얻었다. 그는 교사들에게 납세와 병사를 숙박시킬 의무로부터 면제권을 부여하였다. 이는 교사들의 사회적인 지위가 향상되었음을 짐작하게 한다.

그는 공공사업에 많은 돈을 썼다. 로마 시에서 그는 유피테르 신전, 평화의 제단, 콜로세움 등을 지었다. 안티오크 등 주도에서도 그러한 사업이 이루어졌으며 교량과 도로가 건설되었다. 소읍들도 그 혜택을 입었다. 리키아 지방의 소읍인 카디안다(Cadyanda) 주민들은 다음과 같은 감사의 비문을 남겼다. "황제 베스파시아누스께서 그 도시를 위하여 마련한 돈으로 목욕탕 건물을 건설하셨다."[12]

베스파시아누스는 제국 전역에 로마 문명을 확산시키기 위하여 노력하였다. 그는 시민권이 없던 스페인 지방의 모든 주민들에게 라틴 시민권을 부여하였다. 이 조치로 베스파시아누스는 새로운 징병 기반을 확보하였다. 로마인들은 스페인 지역을 지배한 이래 그들의 군사적인 재능을 일찍이 간파하고 기병·보병 등으로 활용하였다. 또한 베스파시아누스의 조치 덕분에 지방 자치시 생활이 새로운 활력을 얻게 되었다. 스페인 지역은 몇백 년 동안 로마의 지배를 받아오면서 문학 분야에서 훌륭한 인물을 많이 배출하였다. 베스파시아누스의 조치는 그 공헌에 보답하는 의미를 지닌 것이기도 했다.

베스파시아누스는 미개발지역에는 새로운 식민시를 건설하거나 기존 도시에 새로운 정착민을 이주시켰다. 아프리카의 아마이다라(Ammaedara), 북부 스페인의 플라비오브리가(Flaviobriga), 스위스의 아벤티쿰(Aventicum), 판노니아의 시르미움(Sirmium) 식민시가 새로 건설되었고 시리아의 카이사리아 시는 새로운 정착민을 받아들여 로마 문명을 확산시키는 중심지 구실을 하였다.[13] 속주는 꾸준히 로마화되어갔다. 베스파시아누스 이전에 이미

---

12) *Inscriptiones Graecae ad Res Romanas Pertinentes* III, 507.

스페인과 나르보넨시스 지방에서 원로원 의원과 정무관을 배출했으며, 기원후 80년에는 아프리카인으로는 처음으로 프론토(Q. Pactumeius Fronto)가 콘술직에 올랐다. 이는 제국의 로마화가 진전되었음을 보여주는 증거라고 할 것이다.

베스파시아누스는 인재를 기용하는 데서 무엇보다도 능력을 중시하였다. 네로 치하에서 고발인으로 악명을 떨쳐 원로원 의원의 미움을 받던 마르켈루스를 아시아 속주 총독으로 임명한 경우가 대표적이다. 그는 3년 동안 그 곳 총독으로 일하면서 행정적인 능력을 발휘하였다.[14] 베스파시아누스의 인사 문제와 관련하여 수에토니우스는 한 가지 흥미로운 일화를 전한다. 한 젊은이가 관직 임명에 대한 감사의 인사를 전하러 그를 찾아왔다. 그러나 베스파시아누스는 그 젊은이에게서 마늘 냄새가 나는 것을 알고 "나는 그대가 마늘 냄새 풍기는 것을 더 이상 볼 수 없다"고 꾸짖고는 그 임명을 취소했다는 것이다.

새로이 형성된 귀족층은 베스파시아누스를 존경하고 그를 위하여 열심히 일했다. 그리하여 새로운 사회 분위기가 조성되었다. 베스파시아누스는 율리우스-클라우디우스 왕조 시절의 궁정과 사회의 사치풍조를 억제하였다. 그는 자신의 조상을 영웅시하려는 아첨꾼들을 비웃었으며 형식적인 절차를 폐지하였다. 그는 자신을 만날 수 있는 자들의 등급을 폐지하여 모든 이들과 동등하게 만났고 접견자의 몸수색을 중지시켰다. 그 관행은 가이우스가 암살된 이후 즉위한 클라우디우스에 의하여 처음 도입된 것이었다. 그는 음모를 꾸민 자들을 용서하기도 했는데, 그들은 원수정을 꾸려가는 일이 얼마나 무거운 짐인지 모르는 바보들이라고 농담하기도 하였다. 수에토니우스는 "그가 부재중이어서 사안을 알지 못했거나 그의 의지에 반하여 결정이 내려졌거나 또는 그가 오도되거나 하지 않는 한 무고한 사람이 처벌받은 경

---

13) P. W. *s.vv.* Coloniae and T. Flavius Vespasianus, cols. 2681 sqq.
14) R. K. McElderry, "Some Conjectures on the Reign of Vespasian," *JRS* vol. 3, 1913, pp.116~126.

우는 베스파시아누스 치하에서 거의 없었다"고 말한다.[15] 이것은 네로 치하에서 세네카가 이상적인 군주가 갖추어야 할 덕목으로 강조한 자비(clementia)와는 그 성격이 다른 것이었다. 베스파시아누스는 스스로 모범을 보여 다른 이들로 하여금 열심히 일하게 만들었던 것이다.

---

15) Suetonius, *Vespasianus*, 15.

디오클레티아누스

쓰러져가는 로마 제국의 구원자

●정기문(군산대 교수 · 서양사)

1. 서언

3세기의 위기와 로마 제국의 혼란

팍스 로마나(Pax Romana)라는 말에서 알 수 있듯이 1~2세기 로마 제국은 안정과 번영을 구가하였다. 아시아 · 아프리카 · 유럽 세 대륙에 걸쳐 있던 로마 제국의 영역 어느 곳에서도 전쟁의 말발굽 소리가 들리지 않았으며, 브리타니아와 팔미라 같은 오지에까지 로마 문명의 상징인 거대한 건축이 세워졌다.

그러나 5현제 가운데 마지막 황제인 마르쿠스 아우렐리우스 시절에 팍스 로마나의 영광은 소멸되기 시작했으며, 그후 제국은 100여 년 동안 존폐의 위기를 맞는다. 위기의 직접적인 원인은 외적의 침입이었다. 먼저 북쪽에서는 게르만족이 침입하였다. 로마인들은 북쪽 국경선 밖에 있는 이민족들을 통칭해 게르만족이라고 불렀다. 로마가 기원후 9년, 즉 아우구스투스 황제 시절에 토이토부르크 전투에서 패하여 북쪽으로 진군을 멈춘 뒤 로마와 게르만의 관계는 소강상태를 보였다. 그러나 160년대 이후 게르만족은 줄기차게 남하하였다. 게르만족은 국경선을 뚫고 로마의 도시들을 계속 약탈했다. 결국 253년 발레리아누스가 황제로 취임했을 때, 라인과 다뉴브 변경은 폐허가 되었다. 또한 알레마니족(Alemanni)이 라에티아(Raetia : 스위스)를 약탈하고 이탈리아로 침입해왔고, 마르코마니족(Marcomanni)이 판노니아(서부 헝가리)를 황폐화시켰다. 이런 상황에서 로마 제국의 동쪽에 있던 거대한 제국 페르시아가 쳐들어왔다. 페르시아는 안티오크를 비롯한 소아시아 일대를 점령했다. 페르시아군에 맞선 로마군은 연전연패했으며, 259년경에는 발레리아누스 황제가 페르시아군에 포로로 잡혀가기까지 했다.

이렇듯 외부로부터 군사적인 압박이 강해지자 로마 사회도 군국주의적인 성격을 띠게 되었다. 사회의 관심이 온통 군인을 육성하고 전비를 마련하는 데 집중되었으며 갈수록 군대의 영향력이 커졌다. 셉티미우스 세베루스(재위 193~211년)가 임종의 침상에서 행한 유언은 로마 세계의 주인이 군인으로 바뀌었음을 잘 보여준다. 그는 두 아들에게 "화목하게 지내라. 병사들을 부유하게 하고 나머지는 무시하라"고 말했다. 제국의 주인이 된 군인들은 황제까지 마음대로 갈아치웠다. 때문에 끊임없이 제위 찬탈전이 벌어졌고, 234년에서 284년 사이 26명의 황제가 바뀌었다. 황제 26명의 평균 재위기간이 2년 정도밖에 되지 않았으며, 그 중 자연사한 사람은 1명밖에 없었다. 이 시기 황제들의 두상들을 보면 예외 없이 모두 잔뜩 찡그리고 있는데, 언제 누가 자신을 죽일까 하는 걱정에 사로잡혀 있었기 때문인 듯하다.

이렇게 내우외환이 계속되는 가운데 농지는 황폐해졌고 사람들은 고향을 떠나 유랑하였다. 설상가상으로 250년경에는 페스트로 추정되는 전염병이 지중해 연안 전역을 휩쓸었다. 이제 로마 제국은 생명을 다한 것처럼 보였다. 교회사가 에우세비우스는 3세기의 위기에 대해 이렇게 말했다.

> 계속되는 페스트가 어디에서 오는지, 무서운 질병이 어디에서 오는지, 여러 가지 파멸이 어디에서 오는지, 다양하고 많은 인간의 죽음이 어디에서 오는지, 왜 이 거대한 도시의 인구가 조금밖에 안 되는지 사람들은 놀라고 당황했다.

2. 황제가 되기까지

출생과 출세

바람 앞의 촛불처럼 위태로운 로마 제국을 구하고 새로운 생명을 불어넣어 다시 천년을 살 수 있게 해준 사람이 디오클레티아누스이다. 디오클레티아누스의 성장과정과 출세과정에 대해서는 알려진 것이 거의 없다. 원래 고대인은 어린이를 독자적인 인격으로 분류하지 않았으며, 어린 시절이 어른이 된 후의 삶에 중요한 영향을 끼친다는 개념이 없었다. 고대의 많은 전기 작가들은 주인공의 어린 시절을 생략하고 바로 성년 시절부터 다루곤 했다. 따라서 고대인이 쓴 디오클레티아누스에 대한 고대의 전기가 있다 하더라도 그의 어린 시절에 대해서는 별로 기록하지 않았을 것이다.

그러나 사료를 검토해볼 때 디오클레티아누스가 매우 천한 가정에서 태어난 것은 확실하다. 디오클레티아누스는 243년 달마치야 해안의 살로나에서 태어났으며, 거기에서 디오클레스(Diocles)라는 이름으로 자랐다. 그의 아버지나 그 자신이 원로원 의원 아눌리누스(Anullinus) 가계의 피해방자유민[1]이었다. 그의 아버지는 서기였다고 전해진다. 디오클레티아누스 자신이 피해방자유민이었다면 그는 실제로 노예로 태어났을 것이고, 그가 피해방자유민의 아들이었다면 자유롭게 태어났어도 '비천한 자'(humiliores)[2]에 속했다. 따라서 그는 교육을 거의 받지 못했을 것이고, 기껏해야 하인으로서 필요한 실제적인 기술을 습득하거나, 정말 그의 아버지가 서기였다면 읽고 쓰는 것을 배웠을 것이다.

디오클레티아누스가 출세할 수 있었던 것은 그가 뛰어난 무인이었기 때

---

[1] 로마의 노예는 해방된 뒤에도 옛 주인에게 여러 가지 봉사를 해야 했으며, 정치적으로도 완전한 시민권을 갖지 못했다. 이 때문에 해방된 노예를 피해방자유민이라고 부른다.
[2] 3세기 이후 로마의 전통적인 신분 구분, 즉 원로원·기사·평민으로 구분하던 방식이 약해지고 고귀한 자(honestiores), 비천한 자(humiliores)로 구분하는 새로운 구분법이 통용되기 시작했다.

문이다. 앞에서 설명했듯이 3세기 로마는 군인들의 세상이었고, 공을 세운 사람은 누구든 높은 자리에 오를 수 있었다. 특히 270년 이후 디오클레티아누스의 고향인 일리리아(지금의 크로아티아) 출신 군인들이 연달아 황제가 되었다. 아우렐리아누스·프로부스·카루스가 바로 그들이다. 이렇듯 270년 이후 로마의 군대에서 일리리아 출신들이 크게 활약한 것은 디오클레티아누스의 출세에 결정적인 도움이 되었을 것이다. 디오클레티아누스의 평생 동반자였던 막시미아누스도 일리리아 출신이다.

황제 즉위

디오클레티아누스는 카루스(282~283년) 황제 시절인 283년에 본격적으로 역사무대에 등장한다. 그는 근위기병대장이었고, 그해 콘술직에 올랐다. 카루스 황제가 대규모 군사를 이끌고 페르시아 원정길에 올라 큰 승리를 거두고 돌아오는 길에 갑자기 죽었다. 황제가 죽자, 카루스를 따라 원정길에 올랐던 그의 아들 누메리아누스(283~284년)가 황제로 즉위하였다. 그러나 그는 어리고 무인으로서 자질이 없었기 때문에 그의 장인 아페르가 실권을 장악하였다. 누메리아누스는 약 1년간 통치한 뒤 소아시아에서 죽었다. 카루스나 누메리아누스는 최후의 군인 황제들로, 수명을 다하지 못하고 살해당한 것 같다. 누가 이들을 죽였을까? 실권자였던 아페르일까, 아니면 근위기병대장이었던 디오클레티아누스일까, 아니면 둘이 공모했을까?

누메리아누스가 죽은 뒤 그의 죽음은 비밀에 부쳐졌으며, 아페르와 디오클레티아누스는 서로 황제가 되려고 권력투쟁을 벌였다. 전임 황제의 장인이었던 아페르가 먼저 유리한 고지를 차지하였다. 아페르는 284년 11월 20일 누메리아누스의 죽음을 선포하고 새로운 황제로 즉위하려고 했다. 그러나 그날 디오클레티아누스는 아페르가 전임 황제의 살해범이라고 선포하고 전임 황제의 복수를 선언하였다. 병사들은 디오클레티아누스 지지를 선언하고 순식간에 디오클레티아누스를 새로운 황제로 추대하였다.

이때 디오클레티아누스가 정치적 야망이 없었다면 황제에 올라서는 안

되었다. 그 무렵 서방은 카루스 황제의 큰아들 카리누스(283~284년)가 통치하고 있었기 때문이다. 디오클레티아누스가 황제 자리에 욕심이 없었고 진정 전임 황제의 복수만을 원했다면 그는 아페르를 죽인 뒤 카리누스의 명령을 기다려야 했을 것이다. 그러나 디오클레티아누스는 황제 자리에 오르라는 병사들의 요구를 곧 받아들여 제위에 올랐다. 따라서 디오클레티아누스가 선임 황제들의 죽음에 어떻게든 연루되었을 가능성이 있다.

아무튼 디오클레티아누스는 즉위 직후 자신을 유피테르의 현신으로 부르게 했다. 그가 취임 직후 유피테르의 보호를 받는 사람으로 선전한 것은 그가 카루스 가문과 아무런 혈연적인 관계가 없기 때문이고, 또한 서방을 다스리는 황제 카리누스를 인정하지 않겠다는 의도를 담고 있다. 디오클레티아누스가 이렇게 카리누스에게 공격적인 태도를 취한 이유는 카리누스가 폭군으로 악명이 높았기 때문인 것 같다. 카리누스는 유능한 장군이었으나, 급한 성격과 복잡한 여자문제 때문에 폭군 소리를 듣고 있었다.

이렇듯 아버지나 동생의 살해범일 수도 있는 디오클레티아누스가 자신의 허락도 없이 황제로 즉위하자 카리누스는 분노하였다. 그는 군대를 이끌고 동방으로 진격하여 반란을 일으킨 판노니아 주둔군의 지휘관 율리아누스를 베로나 근처에서 격파하고, 계속하여 디오클레티아누스를 공격했다. 오늘날의 베오그라드에서 그리 멀지 않은 마르굼(Margum)에서 양편은 치열한 전투를 벌였다. 카리누스 군대가 승세를 굳히고 있는 상황에서 갑자기 카리누스가 암살당했다. 암살범은 그의 휘하 장교였는데, 그는 카리누스가 자신의 아내를 유혹한 것에 앙심을 품고 있었다고 한다. 카리누스가 암살당하자, 디오클레티아누스가 최종 승리를 거두고 로마 제국의 유일한 통치자가 되었다.

노예로 태어나 세계 최대 제국의 황제가 되었으니 개인적인 감회와 기쁨이 남달랐겠지만 디오클레티아누스 앞에 놓인 과제는 너무나 막대한 것이었다. 100년에 걸친 외적의 침입을 막아내느라 제국은 만신창이가 되어 있었고, 페르시아와 게르만족의 침입은 계속되었다. 디오클레티아누스는 동쪽과 북쪽의 적과 끊임없이 싸우면서 로마 제국을 완전히 새로운 모습으로 변모시켜야 한다는 것을 깨달았다. 머리끝에서 발끝까지 모든 것을 변화시키지 않는다면 로마 제국은 살아남을 수 없었다. 가장 먼저 확립해야 할 것은 황제권의 절대성이었다. 군인들이 멋대로 황제를 갈아치우는 군인황제시대가 계속된다면 제국의 힘을 결집시켜 외적을 막는다는 것은 불가능했기 때문이다. 그리하여 디오클레티아누스는 전제정과 사분체제를 도입하여 정치를 안정시키고자 했다.

3. 정치와 행정 개혁

황제권의 강화

234~284년간에 26명의 황제가 바뀐 사실에서 드러나듯 3세기에는 황제가 지나치게 자주 바뀌었다. 이렇게 황제가 자주 바뀐 것은 군인황제시대라는 특수한 상황 때문이기도 했지만, 근본적으로는 황제 계승의 원칙이 명확하지 않았기 때문이다. 아우구스투스가 수립한 원수정체제에서 제위 계승은 선임 황제의 유언, 세습 그리고 선출이 결합된 모호한 방식에 따라 이루어졌다. 이 때문에 제위 계승을 두고 분란이 끊이지를 않았다.

여기서 원수정이라는 체제에 대해서 잠시 살펴보자. 기원전 27년 로마의 유일한 통치자가 된 옥타비아누스는 자신을 '제1시민'(princeps)이라고 부르게 했다. 역사가들은 제1시민이 통치했던 시대를 원수정(principatus)이라고 한다. 북한의 김일성이 취했던 원수라는 칭호를 생각해보면 이를 쉽게 이해할 수 있는데, 김일성은 왕은 아니었지만 왕과 같은 절대권력이 있었다. 로마 제국의 원수도 엄격히 말하면 황제가 아니었다. 그는 공화정기에 이미 존재했던 관직들을 종신으로 취하면서 몇 가지 권리를 덧붙였다. 중요한 관직들을 종신으로 차지하고 군대와 돈을 장악한 제1시민은 분명 황제와 같은 강력한 존재였다.

그러나 실질적으로 그가 황제와 같은 강력한 권한이 있다 하더라도 엄격하게 말하면 결코 황제가 아니었다. 로마 시민들이 그를 만나는 데는 특별한 의식이 필요하지 않았다. 그가 동등한 시민 가운데 일인자일 뿐이지 시민 위에 존재하는 특별한 존재가 아니기에 무릎을 꿇지도 않았다. 또한 그에게는 입법권이 없었으며, 자신의 제위를 원로원의 동의 없이 세습시킬 수도 없었다. 일반적으로 황제라고 알려진 사람들, 즉 네로나 마르쿠스 아우렐리우스 같은 사람들의 지위가 바로 이 '제1시민'이었다. 따라서 이들을 황제라고 부르는 것은 정확한 것이 아니다.

제위에 오른 직후, 즉 285년부터 디오클레티아누스는 원수정체제의 이런 한계를 인식하고 황제권을 강화하는 한편 제위 계승원칙을 명확히 하는 작업에 착수했다. 먼저 디오클레티아누스는 황제를 부르는 명칭부터 바꾸었다. 즉 그는 황제를 도미누스(dominus)라고 부르게 했는데, 도미누스는 라틴어로 '주인'이라는 뜻이다. 도미누스가 통치하는 새로운 체제는 도미나투스(Dominatus)라고 불린다. 이제 황제는 모든 시민의 주인으로 군립하게 되었으며, 화려한 왕관을 쓰고 높은 자리에 앉은 반면 시민들이 엎드려 신하의 예를 갖추고 황제를 알현해야 했다.

이렇게 로마 시민들의 주인이 된 황제는 프린켑스[3]와는 완전히 다른 법적 지위를 갖게 되었다. 원수정기에 황제로 지명된 사람이 황제로 취임하려면 원로원의 승인을 받아야 했다. 극심한 내분이 진행되었고, 군대의 힘이 막강했던 군인황제시대에도 황제로 즉위한 사람들은 원로원의 승인을 받았다. 집권할 때 명분이 약한 황제일수록 원로원의 승인을 얼른 받고 싶은 욕구를 강하게 느꼈을 것이다.

디오클레티아누스는 취임할 때 원로원의 권위를 전혀 인정하지 않았다. 그는 로마를 방문하여 원로원의 승인을 받기는커녕 콘스탄티노플 근처에 있는 도시 니코메디아를 수도로 삼고 즉위식을 거행하였다. 디오클레티아누스는 즉위 6년 만인 290년 밀라노에서 자신의 성공적인 통치와 전쟁의 승

---

[3] 앞에서 설명했듯이 '제1시민'이라는 뜻이다.

리를 기념하는 성대한 축제를 열었다. 이때 디오클레티아누스는 로마를 축하 장소로 삼지 않았고, 원로원 의원들로 하여금 밀라노로 와서 자신을 알현하라고 명령하였다. 또한 그는 원수정기에 원로원이 가지고 있던 원로원 속주에 대한 통제권과 입법권을 박탈하였다. 이제 황제가 단독으로 입법권을 갖게 되었는데, 이는 디오클레티아누스가 세운 새로운 체제가 원수정기와 근본적으로 단절했음을 뜻한다.

사분체제의 수립

이렇게 황제권이 강화되었지만 제국은 너무나 넓었고, 여러 곳에서 이민족의 침입과 반란이 동시에 계속되었다. 교통과 통신이 발달하지 않은 상황에서 황제 한 명이 제국 전체의 상황을 파악하고 능동적으로 대처하는 것은 불가능했다. 따라서 디오클레티아누스는 제국의 위기를 극복하고 안정된 기반을 조성하기 위해서 통치자의 수를 늘려야 한다고 생각하였다.

앞에서 살펴보았듯이 디오클레티아누스는 페르시아 원정길에 카루스 황제가 죽으면서 후임 황제로 선출되었다. 페르시아는 동방의 강국으로, 로마를 지속적으로 압박했다. 따라서 디오클레티아누스는 집권 후에도 오랜 기간 동안 페르시아의 위협에 맞서야 했다. 그가 동방지역인 니코메디아를 수도로 삼은 데에는 페르시아의 위협도 한몫했을 것이다. 이런 상황에서 서방지역에서는 게르만족의 침입이 심해졌다. 사르마티아족이 다뉴브 연안을, 알레마니족과 부르군트족이 라인 강 남부지역을 침입해왔으며, 285년에는 갈리아 지역 전체가 반란의 소용돌이에 휩싸였다.

디오클레티아누스는 페르시아에 발목이 잡혀 서방 원정을 감행할 수 없었다. 이때 디오클레티아누스는 선택의 기로에 섰다. 누군가에게 대규모 군대를 주어 서방지역을 평정하게 해야 한다. 그런데 그가 반역을 일으킨다면 어떻게 될 것인가. 군인황제시절의 혼란이 아직 가시지 않았고, 자신이 즉위한 지 1년밖에 되지 않았기 때문에 반란의 위험이 높았다. 이 딜레마를 해결하기 위해 디오클레티아누스는 당시 출중한 장군이었던 막시미아누스에게 큰 양보를 하기로 결심하였다. 즉 그를 자신의 양자 겸 부제(Caesar, 副帝)로 삼은 것이다. 막시미아누스는 디오클레티아누스의 기대를 저버리지 않았다. 그는 갈리아 지역의 반란을 진압하고 여러 번에 걸친 게르만족과의 전투를 성공적으로 이끌어 그들을 라인 강 동쪽으로 몰아냈다.

이에 디오클레티아누스는 287년 그를 정제(Augustus, 正帝)로 임명하였다. 막시미아누스가 정제가 됨으로써 제국에는 동등한 권한을 가진 두 명의 황제가 존재하게 되었다. 디오클레티아누스는 동방지역을, 막시미아누스는 서방지역을 각각 동등한 권한을 가지고 통치하였다. 그러나 테오도시우스 이후의 상황처럼 제국이 동서로 양분된 것은 아니다. 두 명의 정제가 협의하여 모든 법령과 정책을 수립하였기 때문이다.

두 황제는 협력하여 제국을 재건하기 위해 노력했으나 곳곳에서 반란이 일어나고 게르만족의 침입도 계속되었다. 특히 막시미아누스의 부장이었다가 286년 반란을 일으킨 카라우시우스가 계속 브리타니아를 차지하고 있었다. 이런 상황에서 재위 10주년을 앞두고 디오클레티아누스는 중대 결단을 내린다. 세계사에서 유일무이한 이상적인 정치체제를 구축하여 제국의 기반을 더욱 공고하게 만들기로 결심한 것이다.

그는 293년 3월 1일 갈레리우스를 자신의 부제로, 콘스탄티우스(훗날 기독교를 공인한 것으로 유명해진 콘스탄티누스의 아버지)를 막시미아누스의 부제로 임명하고 제국을 사등분하였다. 디오클레티아누스는 비티니아·아라비아·아프리카·이집트를 담당했고, 갈레리우스는 일리리쿰·아시아를 맡았다. 막시미아누스는 로마·이탈리아·시칠리아·서아프리카와 히스파니아를 담당했고, 콘스탄티우스는 브리타니아와 갈리아 지역을 맡았다. 이처럼 제국을 사등분하여 통치하는 체제를 사분체제라고 한다. 부제들은 담당지역을 방어하면서 통치훈련을 쌓고 장차 정제들을 계승하게 될 것이다. 이렇게 디오클레티아누스는 후임 황제를 미리 정함으로써 제위 계승을 둘러싼 분란을 종식시켰다.

그러나 사분체제에서 가장 혁신적인 것은 정제와 부제들의 통치기간을 정한 것이다. 디오클레티아누스는 통치 10주년 기념에 즈음하여 부제들을 임명하고, 통치 20주년이 되는 303년부터 양위를 계획하다가, 드디어 305년에 막시미아누스와 동반 퇴임했다. 디오클레티아누스의 양위는 미리 계획된 행동이었다. 디오클레티아누스는 퇴임 직전 비록 병을 앓기는 했으나 퇴임 후에도 6년을 더 살았으며, 무엇보다도 동료 정제였던 막시미아누스가 동반 퇴임했다는 것이 이를 입증한다. 두 명의 부제를 정제로 승격시킨 뒤 세베루스와 막시미누스 다이아가 새로이 부제로 임명되었다.

따라서 디오클레티아누스는 부제 기간 10년, 정제 기간 10년이라는 임기제를 구상했던 것 같다. 이 점에서 디오클레티아누스는 지나치게 시대를 앞서가는 사람이었다. 그가 퇴임한 뒤 콘스탄티누스의 반란으로 정국이 혼란스러워지자 막시미아누스가 정계 복귀를 권유했을 때, 디오클레티아누스는 자신은 채소를 키우면서 평범하게 살겠노라며 단호하게 거부하였다. 디오클레티아누스가 살았던 시기와 그후 1500년 이상 왕위세습제가 유지되었다는 사실을 생각해본다면 디오클레티아누스의 행동은 참으로 높이 평가해야 할 모범이다.

디오클레티아누스는 황제권을 강화하고 사분체제를 확립하여 20년이 넘게 통치하면서 군인황제시대를 종식시켰다. 그러나 디오클레티아누스에게는 해결해야 할 또다른 난제가 있었다. 3세기의 위기 기간에 제국의 경제가 피폐해졌기 때문에 제국을 안정시키기 위해서는 경제를 안정시켜야 했던 것이다. 그의 경제개혁은 크게 조세개혁, 화폐개혁 그리고 최고가격령으로 나누어볼 수 있다.

4. 경제개혁

화폐개혁 단행

팍스 로마나 시기 로마의 화폐는 금화인 아우레우스(aureus), 은화인 데나리우스(denarius), 동화인 아스(as)로 구성되었다. 금 1파운드로 40개(네로 이후에는 42개)의 아우레우스를 만들었고, 은 1파운드로 84개의 데나리우스를 만들었으며, 1아우레우스＝25데나리우스, 1데나리우스＝16아스였다. 각 화폐의 가치가 엄격하게 관리되었기 때문에 로마의 화폐는 멀리 인도에까지 폭넓게 통용되었다. 그러나 3세기 이후 로마의 화폐는 명성과 신용을 잃었다. 황제들이 전쟁자금을 마련하기 위해 화폐를 남발하고 화폐의 순도를 급격히 떨어뜨렸기 때문이다. 그리하여 화폐들의 가치가 거의 없어져버렸기 때문에 환전상들이 로마 화폐를 받지 않는 지경에까지 이르렀다.

환전상들이 국가가 발행한 화폐의 교환을 거부한 것은 로마의 공권력이 거의 와해되어버렸고, 시민들이 극심한 인플레이션에 시달렸다는 것을 뜻한다. 따라서 화폐개혁을 통해 안정된 교환수단을 제공하는 것은 제국의 경제를 안정시키기 위해서 가장 먼저 수행해야 할 작업이었다. 그러나 디오클레티아누스는 상당 기간 화폐개혁에 착수하지 못했다. 의지가 있다고 해서 바로 화폐개혁을 단행할 수 없었다. 오늘날처럼 신용제도가 발전하지 않은 상황에서 화폐가 가치를 유지하려면 명목가치와 실질가치가 거의 비슷해야 한다.[4] 즉 금화나 은화의 순도를 높여서 금화나 은화를 녹여 단순히 금과 은으로 거래해도 화폐에 표시된 가치와 어느 정도 조화를 이루어야 하기 때문에, 화폐개혁을 단행하려면 엄청난 규모의 금과 은을 확보해야 하는 것이다.

금의 확보는 상대적으로 어렵지 않았던 것 같다. 공화정기 이래 로마는 지속적으로 금의 해외 유출을 금하는 정책을 추진해왔고 3세기의 위기 시기에 사람들이 부(富)를 금과 부동산으로 축적했으며, 제국의 일부 금광이 계속 유지되었기 때문이다. 로마의 주요 금광은 카르타고·다키아·북히스파니아 지역에 있었는데, 이 금광들은 260년대까지 유지되었다. 그러나 은의 확보는 어려웠던 것 같다. 팍스 로마나 시기 이래 은이 수입품의 결제대금과 게르만족을 달래기 위한 협상금으로 쓰여, 지속적으로 해외로 유출되었

---

4) 이런 화폐를 경화라고 한다. 반면 명목가치와 실질가치가 다른, 가령 현대의 지폐는 연화이다.

기 때문이다.

은을 확보하기 어려웠기 때문에 본격적인 화폐개혁의 단행은 늦추어졌다. 그러나 286년부터 파운드당 60개씩 주조한 금화를 발행했다. 그뒤 상당한 규모의 금화가 발행되었을 텐데, 3세기에 사라졌던 금화 유적지가 디오클레티아누스 이후에는 자주 발견되기 때문에 그가 꽤 많은 양의 금화를 발행했을 것으로 추정된다.

디오클레티아누스의 금화 발행이 중요한 것은 그가 금본위제를 확립했기 때문이다. 중세 유럽과 비잔티움 제국의 주요 화폐는 솔리두스(solidus)였다. 디오클레티아누스가 솔리두스를 최초로 발행했다는 것은 다음 비문이 명확하게 보여준다.

금에 대하여
순도 확인을 받은 금의 가격, 금괴로든 또는 솔리두스로든
금 1파운드[5)]   7만 2,000데나리우스
실처럼 만들어진 금 1파운드   7만 2,000데나리우스

이 비문에서 주목되는 것은, 금이 화폐로든 금괴로든 가격이 같다는 조항이다. 금이 화폐로든 금괴로든 가치가 같다는 것은 디오클레티아누스가 금본위제를 채택했다는 것을 뜻한다.

금본위제 확립 이외에도 디오클레티아누스의 화폐개혁은 또다른 의미가 있다. 3세기에 로마의 통치력이 붕괴되면서 화폐제도도 와해되었는데, 이는 이 시기에 심각하게 대두된 로마 제국 내의 지방 주조와 모조 주조의 문제를 살펴보면 잘 알 수 있다. 이것은 두 가지 방향으로 진행되었다. 첫 번째는 국가가 스스로 중앙정부의 주조권을 지방정부에 이양하는 것이었다. 아우구스투스 시대에는 로마와 룩두움 두 지역에 주조소가 있었지만, 네로 이

---

5) 로마 파운드는 324.5그램이다.

래 고르디아누스 3세 때까지 로마 국가는 오직 로마 시에서만 제국 주조소를 운영하였다. 따라서 로마 국가가 운영하는 지방 주조소는 존재하지 않았고, 도시 로마가 로마 국가의 금·은화를 주조하였다. 그런데 3세기 중엽 위기가 가중되고 더 이상 중앙정부가 화폐를 적절히 생산할 수 없게 되자, 로마는 동방의 여러 주조소에 필요한 양의 주조를 부과하였다. 셉티미우스 세베루스가 동방원정을 하면서 전쟁에 필요한 경비를 충당하기 위해 동방의 여러 주조소에서 주조했던 것이 그 예다.

국가가 요청한 것 외에, 로마의 허락을 받지 않은 지방 주조가 증가하였다. 제정 전반기 제국 서방에서 모든 종류의 주조는 국가가 독점했기 때문에 서방에서는 법적으로 지방통화가 전혀 발생할 수 없었다. 또한 동방에서는 지방 자치시들이 은화와 동화를 생산하고 있었지만, 그것은 어디까지나 로마의 통제 안에서 행해졌다. 그러나 3세기 중엽부터 축장(蓄藏), 인플레이션, 주조소와 분배통로의 단절 등은 여러 지방에 양화의 부족을 가져왔다. 그리하여 정부의 묵인 아래 모조 주화나 지방 주화가 여러 지방에서 성행하였다.

먼저 동방에 독립적인 주조소가 성립되었고, 발레리아누스 때는 서방에도 주조소가 성립되었다. 이렇듯 동·서방 두 지역에서 진행된 지방분권화 경향은, 대규모 반란에 의해 더욱 격심해졌다. 갈리에누스 시기에는 "30명의 왕"들이 있었다고 이야기될 정도로 반란이 성행했으며, 갈리아에서 일어난 대규모 반란은 디오클레티아누스 시기까지 지속되었다. 이들 반란 왕국들은 로마와 비슷한 화폐제도나 별도의 화폐제도를 만들었다.

주조의 지방화는 동방과 서방에서 다른 결과를 야기했다. 로마보다 경제적으로 뒤지고 상대적으로 자치시가 발전하지 않았던 서방에서는 자체 지방 주조보다는 모조가 성행하였다. 반면 자치행정이 발달하고 로마보다 경제적으로 선진 지역이었으며 여전히 활발하게 경제활동을 영위하고 있던 동방에서는 가능하다면 자기 지방의 동화를 사용하였다. 이와 같이 지방의 모조나 주조가 점차 성해져 각 지역 화폐간의 통일성이 깨졌고, 중앙집중화된 화폐제도의 운영은 중단되었다.

지방의 모조 주조와 로마의 허락을 받지 않은 주조가 증가하는 반면, 자율적으로 운영되던 지역 주조소들은 3세기 중반에 이르러 거의 화폐 주조를 중단하였다. 제정 전반기에 로마의 지방들은 행정면에서 광범위한 자율권을 누렸고, 특히 동방 속주들은 화폐 주조 면에서도 지방의 필요를 위해 자체의 은화와 동화를 생산할 수 있었다. 시리아·아시아·이집트에서 주조된 세 종류의 은화가 지역 은화의 대표격이었는데, 그것들은 모두 로마의 데나리우스와 교환될 수 있도록 가치가 매겨졌다. 또한 약 150개 도시들이 아우구스투스 시대에 자체의 동화를 생산하였다. 각 지역의 동화 발행량은 매우 많았는데, 그것은 로마의 동화가 각 지방으로 확산되기는 했지만 로마에서 동화를 주조하여 운반하는 비용이 비쌌고 로마가 최대한 자치시들의 자율을 존중했기 때문이다.

이렇듯 자율적으로 운영되던 동방의 지방 화폐는, 평가절하된 로마의 은화가 대량으로 흘러들어오면서 차차 그 안정성을 상실하였다. 각 지방 화폐들이 모두 로마의 화폐와 연관되어 있었기 때문에, 로마의 데나리우스가 불안해짐에 따라 그 가치를 유지하기가 힘들어졌고, 3세기 전반기에 로마가 동방에서 계속 대규모 군사원정을 감행하자 로마의 화폐가 대량으로 동방에 유입되어 자체의 화폐를 발행할 필요가 없어졌다.

디오클레티아누스는 이렇게 혼란스러운 화폐제도를 복원하기 위해 전제국에 주조소를 설치하였다. 디오클레티아누스 시기의 주요 주조소는 동방지역의 안티오크·시즈쿠스·니코메디아·테살로니카·세르디카·헤라클레아·알렉산드리아·시스키아, 서방지역의 로마·카르타고·아퀼레이아·티키니움·룩두움·테레베리·이안티눔·론디니움·아르레타 등이었다. 디오클레티아누스는 위의 주조소들을 그가 새로 편성한 관구체제에 따라 제국 전체에 설치하고, 각 관구의 사정에 따라, 즉 예를 들면 군사속주인가 비군사속주인가에 따라 설치에 차이를 두었다. 이는 디오클레티아누스가 정교하게 주조행정을 재조직했음을 시사한다.

이로써 2세기 말부터 등장하던 지방 주조나 화폐제도의 지방화 현상은 사라졌고, 중앙에서 관리하는 통일된 주조체계가 완성되었다. 이는 제국에 편입된 후에도 계속 자체의 주조권을 인정받고 있던 이집트에서 테트라드라크마의 생산이 중단된 것을 통해서 잘 알 수 있다. 디오클레티아누스는 화폐개혁을 통하여 전 제국을 단일통화권으로 만들었다. 이는 디오클레티아누스의 개혁으로 제국의 통합성이 매우 강화되었다는 것을 보여준다.

공평조세의 원칙 수립

원수정기 로마는 속주민들에게서 속주세(tributum)를 징수했다. 속주세 가운데 정규세로는 토지세(tributum soli)와 인두세(tributum capitis)가 있었고, 비정규세로는 '축하 금'(aurum coronarium)이 있었다. 축하 금은 원래 황제나 장군들이 즉위한다든가 전공을 세워 개선할 때 축하하기 위해서 각 자치시들이 자발적으로 납부하는 금이었지만 차차 돈으로 납부되었고, 3세기 이후에는 정규적인 조세처럼 징수되었다.

3세기의 위기와 인플레이션 현상은 이렇게 운영되던 로마의 조세제도에 큰 변화와 문제를 불러왔다. 3세기에 전쟁이 계속되면서 조세 징수량을 늘려야 했고, 인플레이션이 심화되면서 화폐가 아니라 현물로 조세를 징수해야 했기 때문이다. 로마는 이에 직면하여 비정규세를 증대시키는데, 이는 조세부담의 지역별 편차를 증가시켰다. 따라서 조세부담은 늘 군사적인 위협을 받고 변경에 인접한 속주들에서 가장 무거웠고, 전장에서 멀리 떨어진 지역에서는 상대적으로 가벼웠다.

디오클레티아누스는 3세기 혼란에 빠진 조제제도를 혁신적으로 개혁하여 로마 제국 운영의 새로운 원리를 제시하였다. 먼저 그는 그 동안 직접세를 면제받는 특권을 누리던 이탈리아를 과세지역에 편입하였다. 즉 이탈리아를 속주(provincia)[6]로 편성하여, 제국의 다른 지역과 이탈리아의 차별을

---

6) 이 단어는 원래 '부담을 진다'는 뜻을 갖고 있다.

없앴다. 이는 이탈리아 시민과 속주민의 차이를 근본적으로 제거하는 것이었다.

또한 디오클레티아누스는 새로운 징수의 원칙을 제시하였다. 원수정기 로마 국가는 속주별 총액제로 조세를 징수했고, 그 내부에서 어떤 형태로 조세를 징수하는가에는 별 관심을 기울이지 않았다. 따라서 지역의 관리들이 실제로 주민들이 납부할 액수를 정했다. 그런데 3세기의 위기 때 제국의 행정력이 와해되면서 관리들이 임의로 조세를 부과하는 경향이 증대되었다. 따라서 조세의 형평성과 조세부담의 예측 가능성을 높이기 위한 조처가 필요했다.

과연 어떤 방식으로 조세의 형평성을 회복할 수 있을 것인가? 디오클레티아누스는 제국 전체에 적용할 수 있는 과세원칙을 정했다. 다음 사료는 디오클레티아누스가 제시한 새로운 부과원칙을 보여준다.

> 5유게라의 포도원은 1유굼(ἰοúγον)의 아노나(annona)를 낸다.
> 20유게라의 곡물 경작지는 1유굼의 아노나를 낸다.

위 사료에서 유굼(유게라의 단수)은 일정한 소출을 내는 토지의 면적단위이다. 1아노나는 병사 1명이 1년 동안 필요한 곡물의 양이다. 즉 위의 사료는 5유게라의 토지를 가진 사람이 병사 1인이 1년 동안 필요한 곡물을 내야 한다는 것을 뜻한다. 그런데 디오클레티아누스는 매년 정부가 필요한 총액을 먼저 산정한 다음 그것을 총 유굼 수로 나누도록 했다. 따라서 매년 납세자가 부담해야 하는 양이 변했다. 물론 과세 대상이 토지에 한정된 것은 아니다. 사람과 생물체는 카푸트(caput)로 산정했다. 1카푸트는 표준적인 남자 1인의 노동력에 부과되는 조세의 양을 말한다. 여자나 어린아이, 가축은 일정한 비율에 따라 1카푸트를 구성하였다. 따라서 카푸트는 단순히 사람에게 부과되는 인두세가 아니라 조세 산정의 기본단위였다.

결국 디오클레티아누스의 조세개혁은 과세 대상을 확대하고, 전 제국에 적용되는 과세원칙을 제시함으로써 조세 부과의 형평성을 높이려는 것이었다. 디오클레티아누스의 조세개혁으로 속주민과 로마 시민의 차이가 없어지면서 이제 로마 제국의 모든 시민은 진정으로 동등한 사람들이 되었고, 제국의 통합성은 크게 확대되었다.

한편 디오클레티아누스는 최고가격령을 실시했는데 그것은 1,480여 개의 항목에 대해서 가격의 상한선을 정한 것이다. 많은 비문들과 사료들이 최고가격령이 전 제국에 몇 년 이상 실시되었다는 것을 증명한다. 그 동안 최고가격령의 시행은 억압적인 경제정책 또는 전제적인 정치체제의 특성을 보여주는 것이라고 생각하는 학자들이 많았다. 그러나 프랑스 혁명 시기에도 최고가격령이 실시됐을 때, 그 정책의 주요 지지자들은 민중이었다. 귀족이나 부르주아들은 최고가격령의 시행을 결단코 반대했다. 디오클레티아누스도 최고가격령을 통해서 상인계층의 과도한 이윤 추구를 억제하려고 했다. 따라서 최고가격령은 민생을 안정시키려는 특단의 조처였지, 민중을 억압하려는 것은 결코 아니었다.

5. 맺음말

3세기 로마 제국은 내우외환에 시달렸으며 통치체제가 거의 붕괴한 상태였다. 황제들이 수시로 교체되었으며 극심한 인플레이션으로 경제가 마비되어버렸다. 이때 새로운 통치체제를 수립함으로써 이 위기를 극복하고 로마 제국을 위기에서 구한 사람이 디오클레티아누스이다. 놀랍게도 그는 일리리아 지역의 천민이었다. 그는 군인으로서 명성을 얻은 뒤 병사들의 지지를 받아 황제가 되었다.

황제가 된 그는 먼저 황제권을 강화하고 제위 계승원칙을 명확히 세우는 일에 착수하였다. 자신을 도미누스, 즉 신민들의 주인이라고 부르게 했으며 지상의 유피테르라고 신격화하였다. 또한 원수정기에 원로원이 갖고 있던 입법권, 제위 계승 승인권, 속주통치권을 박탈해버렸다. 그리하여 로마의 원로원은 로마 시의 자치시 의회로 격하되었다. 이제 제국의 모든 통치권이 황제에게 집중되었다.

그러나 한 사람이 그런 막강한 권한을 가지고 그렇게 넓은 제국을 통치할 수 없다고 생각한 디오클레티아누스는 여러 명이 제국을 분할하는 새로운 체제를 구축하였다. 그가 세운 체제는 사분체제라고 일컬어지는데, 이는 4명의 황제가 제국을 넷으로 분할하여 통치하는 것을 말한다. 2명은 정제, 2명은 부제로 각각 맡은 지역을 통치했으며, 정제가 유고시에는 부제가 정제의 제위를 계승하였다. 이렇게 디오클레티아누스는 사분체제를 수립함으로써 군인황제시대의 혼란을 끝냈다.

그러나 디오클레티아누스는 새로운 정치체제를 구축하는 데 만족하지 않고 경제를 개혁함으로써 제국 운영의 새로운 원리를 제시하였다. 그의 경제 개혁 가운데 가장 중요한 것은 조세개혁이다. 그는 그 동안 직접세를 면세받던 이탈리아 지역을 속주로 편제하여 속주와 똑같이 과세하도록 했다. 이는 정복자로서 누려오던 로마 시민들의 특권을 없애고, 정복자와 피정복자의 차별을 철폐한 혁신적인 조처였다. 이 덕분에 로마 제국은 명실상부한 '보편제국'으로 성장했으며, 지중해 문명의 통합성은 더욱 강화되었다. 그가 수립한 이런 제도에 기초하여 로마 제국은 이후 1천 년 이상 지속되었다.

이처럼 위대한 황제는 과연 어떤 죽음을 맞았을까?

디오클레티아누스는 305년 은퇴하면서 자신이 새로 수립한 체제가 계속 유지되어 로마가 새로운 번영을 맞기를 기대하였다. 그러나 그가 새로 세운 체제는 너무나 빨리 무너져버렸다. 306년 새로이 정제가 된 콘스탄티우스가 브리타니아에서 죽었다. 그가 죽자 부제로 있던 세베루스가 정제가 되었다. 그러나 콘스탄티우스의 아들 콘스탄티누스가 반란을 일으켜 자신이 황제라고 선언하였다. 이에 은퇴한 황제인 막시미아누스의 아들 막센티우스도 로마의 근위대를 바탕으로 황제를 선언하였다. 또다시 제국은 혼란에 빠졌다.

내란상태가 지속되자 막시미아누스가 디오클레티아누스를 찾아와 로마 제국을 안정시키려면 그와 디오클레티아누스가 다시 정치에 나서야 한다고 말하였다. 디오클레티아누스는 옛 동료의 요청을 어리석은 것이라고 일축하면서 "자신이 직접 키운 양배추를 본다면 그런 말을 하지 않을 것이다"라고 대답했다. 그뒤 몇 년을 더 살다가 디오클레티아누스는 조용하게 죽었다.

참고문헌

T. D. Barnes, *The New Empire of Diocletian and Constantine*, Harvard University Press, 1982.

S. Bolin, *State and Currency in the Roman Empire to A.D. 300*, Almquist & Wikswll, 1958.

H. Bott, *Die Grundzüge der Diokletianischen Steuerverfassung*, 1928.

P. Brown, *The World of Late Antiquity: From Marcus Aurelius to Muhammad*, 1971.

T. S. Burns, *Barbarians within the Gates of Rome*, 1994.

J. B. Bury, *History of the Later Roman Empire*, 1923

A. Cameron, *The Later Roman Empire*, Harvard Univ. Press, 1993.

_____, *The Mediterranean World A.D. 395~600*, Routledge, 1993.

S. Corcoran, *The Empire of the Tetrarchs; Imperial Pronouncements and Government AD 284~324*, Clarendon Press Oxford, 1996.

W. Goffart, *Barbarians and Romans A.D. 418~584: the Technique of Accommodation*, Princeton Univertity Press, 1980.

_____, *Caput and Colonate: Towards a History of Late Roman Taxation*, University of Toronto Press, 1974.

R. M. Haywood, *The Myth of Rome's Fall*, 1958.

M. Heichelheim, *Wirtschatsgeschicte des Altertums*, A. W. Sijthoff-Leiden, Band 1·2·3, 1938.

A. H. M. Jones, *The Later Roman Empire*, Vols. 1, 2, London, 1964.

D. Kagan, *The End of Roman Empire: Decline or Transformation*, 1978.

H. P. Kohns, *Versorgungskrisen und Hungerrevolten in spätantiken Rom*, Rudolf Habelt Verlag, Bonn, 1961.

T. Mommsen, *A History of Rome under the Emperors*, 1996.

A. Piganiol, *L'empire chrétien*, Pressses universitaires de France, 1947.

H. Pirenne, *Mohammed and Charlemagne*, George Allen & Unwin Ltd., 1939.

S. Williams, *Diocletian and the Roman Recovery*, New York, 1985.

콘스탄티누스

서구 세계를 기독교 문화로 개종시키다

●조인형(강원대 명예교수 · 서양고대사)

1. 콘스탄티누스의 출생과 성장

콘스탄티누스의 본래 이름은 플라비우스 발레리우스 콘스탄티누스(Flavius Valerius Constantinus)이다. 그는 280년경 다키아 리펜시스(Dacia Ripensis)의 나이수스(Naissus)[1]에서 아버지 콘스탄티우스 클로루스(Constantius Chlorus)와 어머니 헬레나(Helena) 사이에서 태어났다. 그는 기독교 신자인 어머니 헬레나의 영향을 받으며 소년 시절을 보낸다. 그는 어린 시절을 니코메디아(Nicomedia)에 있는 디오클레티아누스(Diocletianus)의 궁정에서 자라면서 강하고 준수한 청년으로 성장했다.

콘스탄티누스 자신은 모친의 신앙적 감화보다는 부친의 영향으로 막강한 군인이 되고자 하였다. 그리고 자기가 차후에 대권을 장악하면 기독교의 도움을 받아 국가 발전을 생각할 정도로 기독교에 호감을 갖고 있었다. 그는 기독교인들이 정직한 무리이고 균형잡힌 삶을 사는 자들이며, 신에 대한 충성심이 매우 강하기 때문에 그것을 황제를 향한 충성심으로 선용하면 큰 도

---

[1] 지금의 유고슬라비아 니슈.

움이 될 것이라고 믿었다.[2]

콘스탄티우스는 디오클레티아누스와 막시미아누스가 동반 퇴위한 뒤 명목상으로는 선임 아우구스투스였지만, 로마 제국의 실질적인 지배자는 갈레리우스(Galerius)였다. 그는 298년 페르시아에 대하여 거둔 승리의 후광에 여전히 둘러싸여 있었다. 동방의 막시미누스 다이아(Maximinus Daia)와 서방의 플라비우스 발레리우스 세베루스(Flavius Valerius Severus) 두 카이사르는 모두 갈레리우스에게 지시를 받고 헌신했다. 그들을 통해서 갈레리우스는 제국의 주요 부문들을 통제할 수 있었다. 젊은 콘스탄티누스가 자신의 궁전에서 거한다는 사실이 갈레리우스에게는 여러 가지로 이익이었다. 향후 콘스탄티우스와 정치적인 거래를 할 때 볼모로 쓸 수 있을 것으로 생각한 듯하다.[3]

306년 스코틀랜드의 픽트족(Picts)이 잉글랜드를 침공한 사건이 콘스탄티우스에게 아들 콘스탄티누스를 돌려달라고 요구할 만한 확실하고 그럴듯한 이유를 제공했다. 그 동안 써먹었던 콘스탄티누스를 그냥 보낼 생각도 없는 데다 쿠데타의 가능성을 의심한 갈레리우스는 버틸 수 있을 때까지 버텼으나 결국에는 그 청년을 보내기로 동의하고 여행하는 데 필요한 서류들에 서명을 해주었다. 갈레리우스가 마음을 바꿀지도 모른다고 판단한 콘스탄티누스는 어느 날 밤 도망치듯 갈레리우스의 궁전을 빠져나와 신속히 귀향길에 올랐다. 도중에 혹시 있을지도 모를 추격에 대비하여 남겨두고 가야 하는 파발마들을 모두 죽이거나 발을 부러뜨렸다. 그렇게 해서 아버지가 있는 불로뉴(Boulogne)에 도착하여 아버지와 함께 브리타니아(Britannia)로 항해했다. 콘스탄티우스는 픽트족을 상대로 신속하고도 손쉬운 승리를 거둔 뒤 요크(York)에서 죽었다. 그가 통치하던 군대는 콘스탄티누스를 그의 아버지

---

2) Grant Michael, *The Roman Emperor: A Biographical Guide to the Rulers of Imperial Rome, 31 B. C.~A. D. 476*, London: Weideufeld & Nicolson, 1985, p. 227; 정수영, 『새교회사』, 규장문화사, 118~119쪽.

3) Fritz M. Heichelheim, 『로마사』, 김덕수 옮김, 현대지성사, 837~838쪽.

대신 아우구스투스로 선언했다.[4]

  콘스탄티누스는 즉각 갈레리우스에게 편지를 써서 자신을 아우구스투스로 인정해줄 것을 요청했다. 내전의 모험을 무릅쓰고 싶지 않았던 갈레리우스는 이 요청을 대놓고 거절하지 않았다. 그는 콘스탄티누스에게 카이사르의 직함과 직위를 줌으로써 절충을 시도했다. 젊은 콘스탄티누스는 자신이 여전히 크게 존경하고 있던 디오클레티아누스가 수립해놓은 동서 로마의 4제(四帝) 정치를 유지하고 평화를 깨뜨리지 않을 목적으로 그 제의를 조용히 수락했다. 아울러 갈레리우스의 측근 세베루스가 아우구스투스의 지위에 올랐어도 크게 동요하지 않았다. 시간이 자신의 편이라고 확신한 콘스탄티누스는 알레마니족(Alemanni)[5]과 프랑크족(Frank)을 상대로 거듭 승리를 거둠으로써 자신의 입지를 꾸준히 강화했다.[6]

  막시미아누스의 아들 막센티우스(Maxentius)는 콘스탄티누스가 승승장구한다는 소식을 듣고 대노했다. 그는 전임 아우구스투스의 적자(適者)인 자신이 권좌에 오를 더 큰 권리가 있다고 믿었다. 그러므로 개인적으로 혐오하던 갈레리우스가 자신의 길을 가로막고 있다는 사실을 발견했을 때 자연히 불만이 차올랐다. 306년 그는 인기가 없던 세베루스에게서 로마를 탈취했다. 갈레리우스가 막센티우스에게 아우구스투스 직함을 부여하기를 거부하자, 막센티우스는 스스로 황제의 직함을 취했다.[7]

  마침내 막센티우스는 그의 부친 막시미아누스가 콘스탄티누스에 의해 제거된 데 대해 보복한다는 핑계로 콘스탄티누스에게 선전포고를 하게 되었다. 당시 막센티우스는 세베루스(Severus)로부터 도망해온 군사로 보강된 그의 부친에게서 물려받은 군대와, 최근에 그가 마우리타니아(Mauritania)와 이탈리아에서 모병한 자신이 지휘하는 군대를 가지고 있었기 때문에, 콘스

---

4) 위의 책, 838쪽.
5) 게르만인을 말함.
6) Fritz M. Heichelheim, 앞의 책, 838~839쪽.
7) 위의 책, 839쪽.

탄티누스의 군사보다 병법(兵法) 면에서 우세한 입장이었다.

마침내 확고한 용기와 모든 일에 각오가 되어 있는 콘스탄티누스는 자신의 군대를 로마 근처로 이동시켜 밀비우스(Milvian) 다리 반대편에 진을 치게 했다. 이때는 막센티우스의 통치기념일, 즉 312년 10월 27일이 다가오고 그의 통치 5년째가 막바지에 접어들고 있던 때였다. 콘스탄티누스는 꿈속에서 병사들의 방패에 그리스도의 표식인 χ와 ρ를 새겨넣고 전쟁에 나가라는 계시를 받고 그의 군대로 하여금 이런 표식을 지닌 채 임전태세를 갖추게 했다. 마침내 막센티우스의 군대가 밀비우스 다리를 건너 공격해왔으나, 먼저 밀비우스 다리가 콘스탄티누스 군대에 의해 파괴됨에 따라 막센티우스의 군대는 티베르 강에서 참패를 당했다.[8] 그리하여 막센티우스도 티베르 강을 건너 도망하다가 익사하게 되었다.

이제 양자간의 격렬한 전쟁은 콘스탄티누스 군사의 승리로 끝남에 따라 서방세계에서 기독교도들에 대한 박해는 일단 종식되게 되었다. 원로원과 로마 시민들은 콘스탄티누스를 로마 제국의 황제로 영접했으며, 특히 원로원은 콘스탄티누스가 밀비우스 다리 전투에서 보여준 용기와 승리에 대한 보답으로 막시미누스 다이아(Maximinus Daia)가 항상 자칭해서 쓰던 가장 위대한 인물이라는 명칭인 막시무스(Maximus)라는 칭호를 그에게 수여하였다. 따라서 콘스탄티누스는 24살의 젊은 황제로 서방세계에서 최고의 지도자로 부상하게 되었다.

그후 리키니우스는 막시미누스 다이아와 접전하게 되었고, 막시미누스 다이아는 두 전투에서 리키니우스에게 패한 뒤 314년에 사망하였다.[9] 당시 리키니우스는 통치 서열상 콘스탄티누스 대제 다음이었으며, 콘스탄티누스

---

8) Lactantius, *On the Manner in Which the Persecutors Died*, trans by W. Fletcher(*Ante-Nicene Fathers*, vol. VII), Grand Rapids: Eerdmans, 1951, p. 318(M. P. XL IV); Eusebius, H. E. IX. 9; J. W. C. Wand, 『교회사(초대편)』, 이장식 옮김, 기독교서회, 1978, 185쪽.

9) Harry R. Boer, *A Short History of the Early Church*, Grand Rapids, Michigan, p. 105.

대제와 의형제 사이였다. 그러나 리키니우스는 선한 사람들의 본보기에 등을 돌리고 사악한 폭군들이 행했던 범죄적인 우매한 행동을 하면서, 거룩한 계약의 피로써 맺어진 동맹관계를 파기하고 콘스탄티누스를 타도하려고 계속 음모를 꾸몄다.[10] 마침내 콘스탄티누스와 리키니우스가 314년 결전을 벌였으나, 결정적인 승부는 마련되지 않았다. 리키니우스가 기독교에 반역하는 동안에도 10여 년 동안 평화는 지속되었다.

리키니우스는 기독교에 대한 정책이 앞으로 콘스탄티누스와의 전투 때 이교도의 지지를 받을 수 있을 것으로 생각했다. 그렇지만 리키니우스 군대는 323년 콘스탄티누스 군대와 싸워 패하고 그 자신은 생포되었으며, 그의 잔존세력도 324년 6월 콘스탄티누스의 아들 크리스푸스(Crispus) 군사에 의해 아드리아노플 전투에서 소탕되었다. 이에 따라 이제 동·서방에서 기독교에 대해 적대하던 비기독교 세력은 마지막으로 제거되고 기독교 세력이 드디어 최종적인 승리를 거두게 되었다.[11]

콘스탄티누스는 요르단 강(Jordan River)에서 세례를 받기를 원했지만, 그럴 기회를 찾지 못한 채 그의 생애 마지막까지 세례식을 연기했다.[12] 그가 헬레노폴리스(Helenopolis)에서 병에 걸린 것은 아마 페르시아 원정을 준비하던 중으로 추측된다. 치료에 실패하자 그는 콘스탄티노플로 돌아가려 했지만, 니코메디아 근처에서 몸져누울 수밖에 없었다. 이곳에서 콘스탄티누스는 세례를 받고, 황제의 자줏빛 옷 대신 세례받는 사람이 입는 하얀 옷을 걸쳤다. 그는 337년 5월 22일 사망했고, 콘스탄티노플에 있는 사도 교회에 묻혔는데, 무덤 주위에는 사방에 각각 6개씩 기념물이 늘어서 있다. 그러나 이것은 종교적 과대망상증을 표현했다기보다는 오히려 그의 확신, 즉 자신은 사도들의 후계자로서 기독교 전파를 위해 인생과 공직을 바쳤다는 믿음

---

10) Eusebius, H. E. X. 8.
11) Eusebius, H. E. IX. 9; H. E. X. 9.
12) 그가 세례받기를 연기한 의도에 대해서는 그의 아들 크리스푸스와 왕비 파우스타를 처형한 문제와 관련시키는 학자들이 많다.

을 표현한 것이었다.

2. 콘스탄티누스 대제의 업적

콘스탄티누스의 개종에 힘입어 로마 제국은 기독교 국가로 변모하기 시작했으며, 그의 추진력 덕분에 형성된 기독교 문화는 비잔티움 제국과 서유럽의 중세 문화가 발전할 수 있는 길을 열어주었다. 그의 주요 업적은 다음과 같다.

기독교 신앙의 자유 공인

최후 대박해를 단행한 표면상의 황제는 디오클레티아누스였지만, 실제로 배후에서 박해를 조종하고 강화한 인물은 갈레리우스로 보인다. 그가 311년 사망한 뒤에는 막시미누스 다이아에 의해 더욱 혹독한 박해가 전개되었는데, 이를 전후한 시기에 서방세계에서는 막센티우스가 콘스탄티누스에게 도전하면서 기독교도들에게 심한 박해를 가했다. 근대 독일의 교회사가 샤프(P. Shaff)는 기번(E. Gibbon)의 주장을 받아들여 최후 대박해 기간에 희생된 순교자 수는 2천 명 이하가 될 것으로 추산하는데,[13] 유세비우스의 『교회사』(Historia Ecclesiastica)와 『팔레스타인의 순교자들』(De martyribus Palaestinae)에 나타난 기록에는 성직자들과 유세비우스의 친지·동료들에 관한 순교 서술이 주축을 이루고 있다.

이러한 희생자들을 초래하게 한 최후 대박해는 그 박해의 장본인인 갈레리우스가 311년 불치의 중병에 걸려 죽음을 앞두고 박해 중지 칙령을 내리게 됨에 따라, 한동안 박해가 완화되는 듯했다. 그러나 동방에서는 막시미누스 다이아, 서방에서는 막센티우스에 의해 최후 대박해가 혹독하게 자행되던 중 콘스탄티누스와 리키니우스가 대두하면서 313년 밀라노 칙령에 의

---

13) Philip Schaff, *History of the Christian Church*, Vol. II. Wh. B. Eerdmans Pub. 1910, p. 69.

해 마침내 박해가 종식되었다.

갈레리우스는 박해 중지 칙령을 공포한 지 5일 후에 사망했다. 밀라노 칙령(Edict of Milan)은 '밀라노 헌법'이라고도 불리는 데, 그 이유는 그것이 311년에 선포된 갈레리우스의 칙령을 확장한 법이기 때문이다. 밀라노 칙령은 콘스탄티누스와 리키니우스 간의 '협상'(Absprache)의 산물임이 분명하다.[14] 로마 제국의 통치자가 이제 단 둘, 즉 콘스탄티누스와 리키니우스 둘만 남았으므로[15] 제국의 안정을 위하여 이 둘은 어쩔 수 없이 평화적인 동맹을 맺어야만 했기 때문이다. 밀라노 칙령의 골자는 다음과 같다.

우리는 벌써 오래 전부터 종교의 자유를 부인해서는 안 되며, 각 사람에게 자신의 결정에 따라 거룩한 의무를 수행할 권리를 부여해야 한다는 것을 깨닫고 있었다. 따라서 모든 백성과 기독교인들이 자신이 선택한 종교와 독특한 예배 방법을 준수해도 좋다는 명령을 내렸었다. 그 칙령은 많은 분파들에게 이러한 특권을 부여하였는데, 그 중 어떤 분파는 얼마 후 이런 종류의 배려와 의식을 시행하지 않고 움츠러들었다. 그러므로 나 콘스탄티누스 아우구스투스와 리키니우스 아우구스투스는 좋은 조건 아래 밀라노로 와서 공익 및 복지와 관련된 일들을 고려하면서, 무엇보다 이 일들이 모든 백성에게 유익하고 도움이 되리라고 여겼다. 우리는 하나님을 공경하고 예배하는 일에 대한 것을 먼저 제정하기로 결정했다. 우리는 기독교인과 모든 백성에게 자유 의지에 따라 원하는 신앙 양식을 좇을 것을 허락한다. 우리 및 우리의 통치 아래 살고 있는 백성들에게는 어떤 신이나 거룩한 존재들이라도 호의를 나타낼 것이다. 그러므로 우리는 건전하고 올바른 의도를 갖고서 기독교인들이 자신들의 관습을 지키고 예배를 드리는 자유를 박탈하지 않는

---

14) 종교적인 질의 안에서 조언은 협상으로 이끌려졌고, 이 협상은 이전에 받아들여졌던 것과 마찬가지로, 밀라노 헌법 안에서 어떤 타도(Niederschlag)도 아닌 형태로 이루어졌다.
15) 콘스탄티누스는 서방을, 리키니우스는 동방을 통치하게 되었다. J. W. C. Wand, *A History of the Early Church To A. D. 500*, Methuen & Co. LTD., London, 1957, p. 128.

다는 우리의 뜻을 명령하는 바이다. 각 사람이 자신에게 적합하다고 생각되는 신앙에 자신의 마음을 바칠 권리를 허락한다. 그러면 그 신은 모든 일에서 우리에게 자신의 은총과 자비를 나타내실 것이다. 이것이 우리의 기쁨임을 기록하는 것은 당연한 일이다…….16)

도나투스파 분쟁 해결을 위한 콘스탄티누스 대제의 노력

기독교도들에 대한 디오클레티아누스 황제의 박해기간(303~305년) 동안 아프리카에 있는 교회의 지도자 몇 명은 신성한 교회의 서류를 파기하라고 요구하는 로마 당국자들의 명령에 복종함으로써 형벌이나 순교를 피한 데 대해서 비난받았다. 박해가 끝난 뒤 주교와 성직자들 가운데 몇 사람은 성서의 파기자들, 신앙의 배반자들이었다는 것을 인정하였다. 또다른 사람들은 주장하기를, 그들은 성물을 파기한 것이 아니라 박해를 피하기 위하여 때때로 이단문서들과 그밖의 문서들을 당국자들에게 주었다면서 그러한 혐의를 완강히 부인했다. 모든 진실한 기독교도들은 그리스도 안에서 자기의 신앙을 수호하기 위해 열렬히 죽기를 각오하지 않으면 안 된다고 믿었던 위대한 키프리아누스(Cyprianus) 같은 과거의 순교자들을 열렬히 찬미한 아프리카의 많은 기독교도들에게, 기독교 박해 아래 그리스도를 부정한 죄와 신의 거룩한 말씀을 파기한 죄는 특히 극악한 과오처럼 보였다.

평화가 회복된 후인 312년에 카이킬리아누스(Caecilianus)는 하류층의 지지를 받지는 못했지만, 장로로서 카르타고의 주교로 선임되었고 시민들에게 갈채를 받았다. 카이킬리아누스는 압퉁기(Aptungi)의 주교 펠릭스(Felix)에 의해서 그리고 또다른 2명의 주교에 의해서 주교로 위임되었다. 이에 대한 반대가 카르타고의 엄격주의자들(Rigorists) 중에서 돌발했다. 그들은 박해 기간 동안 과오를 저지른 사람들에 대한 관대한 정책을 따랐던 카이킬리아누스와 그의 후계자 멘수리우스(Mensurius)를 좋아하지 않았다. 이 같은

---

16) Eusebius, H. E. X. 5.

반대 집단들이 도나투스파(Donatist)의 기원이 되었다. 이 집단은 누미디아(Numidia) 출신 주교 약 70명의 도움을 받아 312년 카르타고에서 종교회의를 개최하여 신앙의 배반자로서의 성직 수임자인 카이킬리아누스와 펠릭스를 비판했으며, 카르타고에 있는 도나투스파의 주교로 마조리누스(Majorinus)를 선임했다.[17]

313년 기독교로 개종한 콘스탄티누스 대제는 기독교의 존재 의미를 로마 제국 내에서 오랫동안 추진되어오던 통일과업의 완성과 결부시키려는 의도가 있었음이 분명하다. 황제도 하나요, 법률도 하나요, 자유민에게 부여되는 시민권도 하나이므로 종교도 하나여야 했다. 기독교가 로마 제국의 통일을 촉진하는 인자(因子)가 되려면 먼저 교회 자체가 통일되어야 한다는 생각을 하고 있었다.[18]

이런 시각에서 콘스탄티누스 대제는 로마의 주교 밀티아데스(Miltiades)와 마르코(Mark)에게 다음과 같은 편지를 보내 도나투스파의 분쟁을 해결하려고 노력했다.

> 콘스탄티누스 아우구스투스는 로마의 감독 밀티아데스와 마르코에게 문안합니다. 훌륭한 아프리카의 총독 아눌리누스(Anulinus)는 나에게 다음과 같은 내용의 소식을 여러 번 전해왔습니다. 즉 카르타고의 감독 카이킬리아누스가 아프리카의 동료 감독들로부터 비난을 받고 있다고 합니다. 나의 충성스러운 신하가 다스리고 있으며, 많은 주민들이 살고 있는 이 지역에서 사람들이 타락하고 두 진영으로 양분되는 경향이 나타나고 있으며, 특히 감독들이 서로 불화하고 있다고 합니다. 이것은 참으로 중요한 문제라고 여겨지므로 나는 카이킬리아누스를 고발한 열 명의 감독, 그리고 카이킬리아누스가 자신을 변호하는 데 필요하다고 생각하는 또

---

17) Herbert A. Deane, *The Political and Social Ideas of St. Augustine*, Columbia Univ. Press, 1963. p. 175.

18) Williston Walker, *A History of the Christian Church*, Charles Scribner's Sons, New York, 1970. p. 105.

열 명의 감독을 로마로 소환하기로 결심했습니다. 당신도 그곳에 참석하여 내가 이 목적으로 서둘러 로마로 소환한 당신의 동료 레티키우스(Reticius) · 마테르누스(Maternus) · 마리누스(Marinus)의 견해를 청취하여 그것이 거룩한 율법에 일치하는지 알아보시기 바랍니다. 당신이 이 일의 전말을 완전히 알게 하기 위해서, 아눌리누스가 보내온 문서의 사본들을 이 서신에 동봉했습니다. 그것들을 앞서 말한 당신의 동료들에게도 보냈습니다. 그것을 읽고 어떻게 해야 이 문제를 정확하게 조사하고 공정하게 결정할 수 있을지 생각해보십시오. 내가 거룩한 가톨릭 교회를 위해 이처럼 관심을 나타내고 있으며, 또 당신이 분파주의나 분열의 여지를 남기지 않기를 바라고 있다는 점을 유념하시기 바랍니다. 하나님의 능력이 당신에게 오래도록 함께하시기를 빕니다.[19]

니케아 종교회의에서 콘스탄티누스 대제의 역할

콘스탄티누스 대제는 아를(Arles) 종교회의(314년)에서 도나투스 논쟁을 수습하기 위해 사용했던 계획을 다시 한 번 구사하게 되었다. 그는 이번에 동 · 서방의 대표 성직자들이 모이는 전체 교회 회의를 소아시아 북서부에 위치한 비두니아의 니케아에서 소집했는데, 이 회의는 기독교사상 최초의 공의회(公議會)로 헬라어 오이큐메네(Οιυμενε)를 따라 에큐메니칼(εLυμενιLαλ)이라고 불린다.

325년 5월 25일에 시작하여 7월까지 42일 동안 진행된 이 회의는 교회사상 가장 중요한 계기로 기독교 전통 속에 언제나 살아남아오고 있다.[20] 이 회의에는 주교를 비롯한 300여 명의 성직자가 참석했으며, 집사 · 장로 등 교회 지도자들도 참석했다고 한다. 대제는 이 회의의 진행이나 경비 · 여비에 필요한 성직자들의 비용을 모두 황제 금고의 지출로 충당할 것을 각 지방장관에게 시달하고, 참석자들의 여정에 최선의 편의를 제공할 것을 당부

---

19) Eusebius, H. E. X. 5.
20) J. H. Smith, *Constantine the Great*, New York, Charles Scribner's Sons, 1971, p. 201.

하였다.[21]

회의 첫날의 개회식은 궁내의 재판실(Judgement Hall)에서 개최되었는데, 주교들은 회의실에 놓인 긴 의자에 자리를 차지했다. 침묵 속에서 콘스탄티누스 대제의 수행원들이 입장했는데, 이들은 호위대의 병정이 아닌 기독교도들과 대제의 친구들이었으며, 이들은 모두 무기를 소지하지 않았다. 신호에 따라 회의 참석자들이 모두 기립했다. 대제는 자줏빛 옷을 입고, 제관(帝冠)을 쓰고, 금과 다이아몬드로 만든 훈장을 달고 입장했다. 대제는 각각의 열(列)을 따라 맨 앞까지 나아갔다. 금으로 장식된 조그마한 나무의자가 놓여 있었다. 주교에게 허락을 받은 뒤 대제가 그 자리에 앉았다.[22] 나머지 사람들도 자리에 앉았고, 주교인 니코메디아의 유세비우스가 일어나 환영사를 했다.[23]

환영사를 마친 유세비우스가 자리로 돌아가자 콘스탄티누스 대제가 라틴어로 간결하고도 공식적인 말투로 개회사를 했다. 이 개회사 속에는 대제가 니케아 종교회의를 개최한 목적과 의도가 그대로 반영되어 있다. 기독교에 대한 대제의 솔직한 태도가 여기보다 더 명백하게 나타난 곳은 따로 없을 것이다. 그의 개회사 요지는 다음과 같다.

친애하는 동반자들이여! 당신들의 일치된 면모를 보고 이를 성취하는 것이 짐의 중요한 소망입니다. 짐은 우주를 주관하는 신에게 우선 감사드리고 짐에게 평강 이상의 더 많은 축복을 주신 신에게 감사드립니다. 당신들뿐만 아니라 동참한 모든 사람들이 상식적인 심령의 조화로 모두 하나가 되기를 바랍니다. 따라서 짐은 이제부터는 우리의 행복한 국가를 손상시켜 훼방하는 악의 있는 적대자가 결코 없기를 기도합니다. 이제 불경건한 폭군들의 전쟁 행위는 영원히 우리 구주이

---

21) T. D. Barnes, *Constantine and Eusebius*, Harvard University Press, p. 214.
22) Eusebius, *Vita Constantini*, III, 10.
23) VC III, 11. II장의 서두는 그 이름을 암시한다. 유세비우스는 그 연사를 "오른쪽 옆의 맨 앞사람"이라고 묘사하고 있다.

신 신의 권능으로 제거되기를 기도하고, 또한 모욕적인 비방으로 신의 계율을 무시하는 악의의 역사가 결코 노출되지 않기를 기도합니다. 왜냐하면 짐의 견해로는 신을 숭배하는 교회 내에서의 내부투쟁은 어떤 종류의 전쟁이나 갈등보다도 더 사악하고 위험하기 때문입니다. 이러한 것은 외적 불화보다도 짐의 마음을 슬프게 합니다……[24]

대제가 라틴어로 이러한 개회사를 하고 다른 사람이 통역을 마친 뒤 대제는 그 회의에서 사회를 보는 사람에게 참석한 회원들의 견해를 개진하도록 허락하였다. 이에 대하여 어떤 회원들은 자신들을 변호하면서 번갈아 서로 공격하기 시작했다. 이런 태도로 수없는 언쟁이 파당을 전개했고, 격렬한 논쟁이 전개되었다. 이러한 상황에서도 대제는 모든 회원들의 발언을 동일하게 인내하는 자세로 경청해주었고, 부동의 태도로 모든 제안을 받아들였으며, 때때로 번갈아 각파의 주장에 조력하면서, 점차 가장 격렬한 논쟁자들의 견해까지도 화해로 조정해나갔다. 때로는 대제 자신이 잘 모르는 그리스어를 사용하여 동시에 모든 회원들에게 친절하게 자기 의사를 밝힘으로써 회원들을 설득하고, 자신의 논리로 또다른 회원들을 확신시키면서, 때로는 말 잘하는 회원을 칭찬하고, 견해의 통일을 모든 사람들에게 호소하면서, 대제는 진실로 인기 있고 친절한 신앙의 빛으로 대두하였다. 그의 이러한 활동은 모든 논란이 되는 종교문제에서 회원들을 한 마음과 하나의 견해로 이끌어 합의에 이를 때까지 계속되었다.[25]

이단사상을 엄격하게 막는 신조가 완성되었으므로, 주관자들은 거기에 참석한 모든 감독들에게 신조에 서명하도록 하는 사항을 요청하여 이것이 결의되었다. 이것은 신조를 확인하는 새로운 방법이었으며, 또한 이것은 감독들의 정통신앙 여부를 시험하는 최초의 사례가 되었다. 이러한 형식의 서

---

24) P. Schaff & H. Wace, *Nicene and Post-Nicene Fathers*, vol. I. WM. B. Eerdmans Publishing Co. Grand Rapids, Michigan, 1890, p. 523; VC III. 12.
25) *Ibid.*, p. 523; VC III. 13.

명방법을 실제로 누가 고안해냈는지는 알 수 없으나, 아마도 호시우스(Hosius) 또는 그의 권고에 따라 대제 자신이 제안했던 것 같다.

이와 같은 형태로 니케아 신조는 대제와 조정을 받은 가이사랴의 유세비우스를 중심으로 한 중도파의 침묵 또는 협조로 니케아 종교회의에서 통과되었다. 그리하여 이 회의는 결국 알렉산데르 일파와 서방세계의 의도대로 일단 종결되었다.

콘스탄티누스 대제의 기독교 신장정책

콘스탄티누스 대제가 티베르 강을 건너기 전에는 그는 다만 자신의 마음을 사로잡은 기독교만을 염두에 두고 있었을 뿐이다. 그러나 그가 로마에 들어가는 길이 열리면서 그는 기독교도들을 위해서도 뭔가를 해야만 했다. 당시 집권자들은 이제 기독교도들에 대한 박해를 포기했지만, 지배층은 여전히 기독교도들을 바람직한 사회집단으로 간주하지 않았다. 콘스탄티누스 대제의 후계자들도 역시 그 대제의 선임자들 못지않게 일단 로마의 신성한 영역에 들어서자 어쩔 수 없이 로마의 찬란한 역사에 매혹되고 말았다. 그러나 카피톨(Capitol) 신전의 웅장한 건축물이나 로마 신들의 경이적인 신전들도 콘스탄티누스 대제에게는 거의 아무런 영향을 주지 못했다. 그의 뇌리에는 이미 혁명적인 계획들이 떠오르고 있었으며, 즉시 그 계획들을 수행하기 위한 과업에 착수한 것이다.[26]

콘스탄티누스 대제는 로마에 2개월밖에 머무르지 않았으나, 기독교도를 위한 조처 등에 착수할 여유는 있었다.[27]

갈레리우스는 다만 교회를 탄압하려는 시도를 포기했을 뿐이었지만, 콘스탄티누스 대제는 교회가 상실한 재산을 후하게 보상해주었다.[28] 콘스탄

---

26) Andrew Alföldi, "The Attitude of Constantine to Christianity," in the Conversion of Constantine and Pagan Rome, Oxford Univ. Press, 1969. pp. 36~37.
27) Ibid., p.129.
28) Eusebius, H. E. X. 5. 9ff.; Lactant. De mort. Pers. 48. 7~9.

티누스 대제는 3명의 기독교 출신 고문, 즉 스페인의 코르도바 감독 호시우스, 교회사가인 가이사랴의 유세비우스, 로마의 교부 락탄티우스(Lactantius)를 고문위원으로 채택하고, 국가의 종교정책에 대한 자문을 받았다.29)

콘스탄티누스 대제는 군인들의 투구·무기 그리고 대제의 복장의 작은 부분조차도 기독교를 상징하는 엄격한 규정을 정했는데, 누구든 그것을 함부로 변경시키는 사람에게는 가장 가혹한 처벌을 내렸다.30)

콘스탄티누스 대제는 북아프리카의 속주들을 그의 영역에 포함시키는 데 성공하자 모든 교회의 재산을 완전히 회복시켜줄 것을 명령했을 뿐만 아니라,31) 그의 재정기구를 통하여 그 속주들의 가톨릭 단체들에 헌금을 납부하도록 조처했다.32) 그리하여 그는 뒤에 기독교 단체들에 유산을 받을 수 있는 자격을 부여함으로써 거대한 교회재산이 형성되는 기반을 닦아놓았다.33) 또한 대제는 312년 말 이전에 종파주의자들을 제외한 성직자들에게 정부에 대한 과중한 재정적 의무를 면제해주었다.34) 이런 조치말고도 대제는 훗날 성직자들에게 공공비용으로 생계비를 지불할 것을 약속하였다.

로마 국가의 재정은 매우 문란해져 있었기 때문에 제국 말기의 로마 황제들은 부득이한 경우가 아니면 그 같은 담세(擔稅)의 면세를 결정하지 않았다. 그 같은 면세는 오직 공공시설에 관련된 상인들과 동업자들에게만 부여되고 있었다. 그러므로 콘스탄티누스 대제는 그의 이 같은 조치를 통해 기독교회를 공적으로 유익한 기구라고 인정한 셈이었다. 그가 실제로 그의 칙령에서 서술했듯이, 성직자는 국가에 유익한 활동을 하고 있으며, 따라서 특권으로써 보상받아야 한다는 것이었다.35)

---

29) Eligin S. Moyer, *op.cit.*, p.101.
30) Andrew Alföldi, *op.cit.*, p.40.
31) Eusebius, H. E. X. 5. 15ff.
32) *Ibid.*, X. 6. 1ff.
33) God. Theod. xvi. 2.4; E. Stein, *Geschichte des Spätröm.* Reiches, i, 1928, 149.
34) Euseb. H. E. X. 6,7; God. *Theod.* xvi. 2. i. 2~7.
35) Euseb. H. E. X. 7.1.

기원 318년에 공포된 칙령은 정무관들과 같은 효력을 주교의 재판권에 부여해주었다. 어떤 소송사건이든 양 당사자는 이 주교의 재판권에 마음대로 호소할 수 있었다.[36] 또한 성직자에게 재판권을 부여한 것과 비슷한 성격을 띤 또 하나의 호의는 새로운 형태의 노예해방이었다(321년). 정무관들에게 부여했던 노예해방의 권한을 교회의 성직자들에게 부여했다.[37]

이교 세계에 기독교회의 축제력(祝祭曆)을 적용시키기 위해 취해진 최초의 조치는 일요일을 성일(聖日)로 준수하게 하는 법률적 규정이었다(321년). 물론 기독교의 휴일은 매우 보편화되어 있던 태양신에게 바쳐진 날이었다. 그러나 그 같은 사실로 인해 그 조치를 중립적인 것이었다고 볼 수는 없는 것이다.[38]

대제는 또다른 방침에 따라 교회와 국가를 밀접하게 접근시키는 과업을 추진해가고 있었다. 그는 로마 제국의 고위 행정직에 점차 많은 수의 기독교도들을 불러들였다. 아를 종교회의가 교회법규의 관점에서 기독교도 출신 총독들의 지위를 규정했을 때, 분명 그 의도는 그때까지 관례적이던 국가봉사의 단호한 거부를 막고, 대제에 의해 그 같은 직위에 임명된 새로운 인물들의 입장을 완화시켜주자는 것이었다. 그러한 인물들은 상당수에 달했다는 것이 분명하다.[39]

아를 종교회의의 결의에 따라 그 같은 총독들은 교회의 법규를 침해하는 일은 무엇이든 해서는 안 되었고, 또 그때까지만 해도 그 총독직의 직능과 결부되어 있던 이교적인 제물 헌납에 참여해서도 안 되었다. 기독교도 총독

---

36) God. *Theod.* i. 27. 1; Seeck, *Regestem*, 57.
37) J. Vogt, *Konstantin der Grosse und Sein Jahrhundert*, Muenich, Bruchman, 1949, 123f.
38) Euseb. *Vita Const.* 4, 18을 Cod Theod. ii. 8 I과 Cod. *Just.* iii. 12. 2에 기록된 그 법을 언급하면서 기독교 가르침의 정신에 따라 그 법은 그날을 주님께 바친다고 주석을 달고 있다. 그 법 자체에는 다만 태양신의 날을 말다툼이나 싸움질로 보낸다는 것은 합당치 않다고 되어 있다.
39) Andrew Alföldi, *op.cit.*, p. 49.

들이 1월 3일 또는 로마 제국의 다른 축제일에 제국 시민의 충성의 표시로 간주되어오던 황제를 위한 제물 헌납을 이행하지 않고 다른 사람들에게도 그 제물 헌납의 이행을 강요하지 않았을 때, 특히 그 결의의 혁명적인 성격은 명백해졌다.[40]

대제는 로마의 라테란(Lateran) 교회와 그밖의 지역에 교회를 건축하는 데 재정을 지원했으며, 319년에는 사사로운 이교신에 대한 봉사(奉祀)를 금했으며, 성직자를 위한 연보(捐補)를 허용하기도 했다.[41]

콘스탄티누스의 어머니 헬레나가 성지순례를 떠난 것은 어떤 의미에서는 326년 황실에서 일어난 비극을 속죄하기 위해서였을 것이다. 헬레나는 여행 중 가난한 사람들에게 자선을 베풀고 깊은 신앙심에서 우러나온 종교활동을 펼쳤으며, 특히 예루살렘과 베들레헴에 교회를 세운 것으로 유명하다. 콘스탄티누스의 장모인 유트로피아(Eutropia)도 맘레(Mamre)에 교회를 세웠다.

예루살렘에서 예수가 부활할 때까지 누워 있던 성스러운 무덤이 발견되자 열광한 콘스탄티누스는 그 자리에 웅대한 교회를 새로 짓게 했으며, 노동력과 물자를 지원했을 뿐만 아니라 설계와 장식에 대한 제안도 아끼지 않았다. 콘스탄티누스는 콘스탄티노플에서 교회 건축에 관심을 보였다. 그가 특히 관심을 쏟은 것은 하기아소피아(Hagia Sophia)[42]와 사도 교회

---

[40] H. V. Soden. *Unhunden* no. 14. p.18에는 'Aelafius'라는 이름이 나온다. 베인스는 *Releigh Lecture*, 1930, 76에서 그가 아블라비우스(Ablabius)와 동일 인물이 아니라고 생각하고 있다.

[41] Williston Walker, *A History of the Christian Church*. Third ed., New York, 1960, p.105.

[42] 이것은 일반적으로 소피아 성당이라고도 하는데, '거룩한 지혜'라는 뜻이다. 좀더 정확히 말하면 성 삼위일체의 제2위격인 '그리스도의 거룩한 지혜'라는 뜻을 담고 있다. 원래 이 성당은 콘스탄티누스 대제가 수도를 콘스탄티노플로 옮긴 뒤 360년에 나무 지붕의 작은 교회로 지어졌으나, 404년 아르카디우스 황제 때 화재로 무너졌으며, 그후 테오도시우스 2세 때 복원(415년)되었다. 현재의 소피아 대성당은 유스티니아누스 황제 때 건립된 것이다(532~537년).

(Apostolic Church)였다. 로마에서는 320년대 후반 산피에트로 성당(San Pietro Church)이 착공되었는데, 콘스탄티누스는 이 성당 건축을 위해 많은 헌금을 하고 재산을 아낌없이 기부했다. 한편 트리어와 아퀼레이아, 누미디아의 키르타, 니코메디아, 안티오크, 가자, 알렉산드리아를 비롯한 여러 지역의 교회들도 직접 또는 간접으로 그의 관심 덕분에 발전했다.

황제는 기독교를 열심히 공부하는 학생이기도 했다. 리키니우스 군사를 격파하기 전에도 그는 신학자이자 논쟁가인 락탄티우스를 트리어로 불러들여 맏아들 크리스푸스의 가정교사로 임명했다. 말년에 그는 콘스탄티노플에서 갈수록 늘어나는 기독교도를 위해 성경을 새로 발간하여 보급하게 했다. 그는 군대를 위해 특별한 기도문을 만들었고, 원정 중에는 막사 안에 이동 예배당을 설치하기도 했다. 그는 기독교 의식 그리고 기독교도가 특히 민감하게 받아들이는 문제와 관련된 수많은 법률을 공포했다.

콘스탄티누스는 기존 관행에 경의를 표하면서 급작스럽고도 전면적인 변화를 이룩해야 했기 때문에 그의 공공정책에 일부 불명확한 점이 있는 것은 어쩔 수 없는 일이었다고 할 수 있다. 그러나 콘스탄티누스는 시골의 전통적인 주술에는 관대한 태도를 보였다. 이교와 밀접한 관계가 있는 고전 문화와 교육은 계속 명성과 영향력을 누렸다. 그에 못지않게 시민생활과 밀접한 관계가 있는 지방 신관들도 콘스탄티누스보다 오래 존속했다. 콘스탄티노플 자체는 주로 기독교 도시였으며, 도시 건설이 끝났을 때는 기독교 예배를 통해 신에게 도시를 헌납하고 완공을 축하했다. 유명한 이교도 예언자 소파트로스(Sopatros)도 이 축하 행사에 참석했다.

그밖의 업적

그는 리키니우스 군사를 격파한 뒤 비잔티움을 콘스탄티노플이라는 이름으로 바꾸었는데, 그가 서로마에서 콘스탄티노플로 돌아오자마자 이 도시를 훨씬 확대된 도시 계획에 따라 그의 상설 수도이자 '제2의 로마'로 재건하기 시작했다. 330년 5월에 끝난 콘스탄티노플 건설은 1세기 전부터 진행된 로마와 황제들 사이의 분열을 확인해주었다. 로마는 제국의 전략적 필요성에 적합하지 않은 지역이 된 지 이미 오래였다. 로마는 아직도 엄청나게 부유하고 유명한 도시이자 제국의 중심지였지만, 정치적으로는 제한된 중요성밖에 갖지 못하게 되었다.

그가 재위하는 동안 궁정의 계급제도가 더욱 발전했고 변경에 수비대를 두는 대신 기동 야전군에 더 많이 의존하게 되었는데, 이것도 역시 그 시대의 흐름 속에 벌써 내포되어 있다고 할 수 있다. 콘스탄티누스가 주조한 솔리두스(solidus)라는 금화는 그뒤 몇 세기 동안 비잔티움 제국의 기본 화폐단위로 쓰였는데, 3세기의 무정부상태 이후 그의 전임자들이 정치적·군사적 안정을 회복하기 위해 애쓰지 않았다면 콘스탄티누스가 새 금화를 발행하는 업적도 이룩하지 못했을 것이다. 정치와 통치권에 관한 콘스탄티누스의 정책과 좀더 직접적인 관계를 맺고 있는 것은 아마 권한이 줄어든 지방장관의 출현일 것이다. 이들 지방 장관들은 민간재정에 관해서는 여전히 최고의 권한이 있었지만, 군사문제에 대해서는 직접적인 통제권을 행사하지 못하고 새로 창설된 기병대장과 보병대장에게 권력을 넘겨주었다.

콘스탄티누스는 내전에서 거둔 승리에 더하여 프랑크족과 사르마티아인(Sarmatians)·고트족(Goths)에게도 승리를 거두어, 군사정책에서는 완벽한 성공을 누렸다. 특히 내전에서는 대담하고 창의적인 전략을 능수능란하게 구사하는 솜씨를 보여주었다. 콘스탄티누스는 정적들에게 무자비했고, 기독교도에 대한 관용을 제외하고는 그가 제정한 법률들은 주로 그 잔혹성 때문에 유명하다. 이런 잔혹성은 그후 로마법 집행의 특징이 되었다. 그의 주요한 정치적 업적은 제국을 세 아들에게 물려줌으로써 상속에 따른 제위 계승을 재확립했다는 데 있다. 그러나 그의 아들들의 제위 계승권은 그가 죽은 뒤 유혈사태가 잇따른 뒤에야 겨우 확보되었다.

콘스탄티누스가 가장 큰 업적을 남긴 분야는 무엇보다도 사회사와 문화사 분야일 것이다. 그가 왕조 확립에 성공한 것과 더불어, 기독교화한 제국의 지배계급이 그를 본받아 발달하기 시작한 것은 기독교의 특권적인 지위를 가장 확고하게 뒷받침해주었다. 그리고 로마 제국의 기독교화를 떠받친 토대는 법률 집행보다는 오히려 이런 유행의 흐름이었다.

4세기에는 이 흐름이 두 가지 방향으로 발전하기 시작했다. 이 흐름은 비잔티움 제국과 서유럽에서 발달한 중세문화의 본질에 기본적으로 이바지했는데, 하나는 기독교 성서문화가 상류계층의 전통적인 고전문화와 나란히 발전한 것이었고, 또 하나는 세속 지배계층과 주교, 기독교 지식인과 성직자들 사이에 새로운 형태의 종교적 후원관계가 확대된 것이었다. 콘스탄티누스는 후계자들에게 할 일을 많이 남겨놓았지만, 312년 로마 제국을 기독교 국가로 만들기로 결정한 것은 그의 개인적인 선택이었다. 따라서 유세비우스가 콘스탄티누스의 통치를 신의 섭리가 실현된 것으로 본 이유를 쉽게 이해할 수 있다. 또한 콘스탄티누스가 자신의 역할을 13번째 사도 역할로 평가한 것도 충분한 설득력을 얻는다.

3. 콘스탄티누스 대제에 관한 평가

유세비우스와 락탄티우스는 콘스탄티누스 대제를 위대한 인물로 찬사하고 있지만, 율리아누스(Julianus)는 풍자문학을 통하여 그를 악마, 살인마, 전통신의 배신자로 표현한다. 조나라스(Zonaras)와 조시무스(Zosimus)는 콘스탄티누스 대제가 크리스푸스와 파우스타를 간통혐의로 처형했으며, 마르켈리누스(A. Marcellinus)와 오로시우스(P. Orosius)도 대제가 확실한 이유도 없이 친족들을 처형했다고 비난하였다. 따라서 필로스토르기우스(Philostorgius)와 조나라스는 이런 범죄의 대가로 대제가 이복형제들에게 독살을 당하게 되었다고 주장하였다. 콘스탄티누스 대제의 차남 콘스탄티우스(Constantius)는 이를 구실로 이복형제들을 중심으로 한 친족을 대량 학살하는 사건을 337년을 계기로 야기시켰다. 이에 대해 율리아누스는 아테네 귀족회에 보낸 서신에서 콘스탄티우스를 혹독하게 비난하고 있다. 유세비우스가 이러한 대제 가문의 불미스러운 일들을 모두 은폐하고 대제를 찬사로 미화하고 있는 것은 역사적인 진실에 대한 왜곡된 서술로서 비판받아야 마땅할 것이다.

유세비우스는 콘스탄티누스 대제가 312년 밀비우스 다리 전투에서 막센티우스와 결전을 치르기 전 꿈에 본 신의 계시에 따라 군인들의 방패에 그리스도의 표식을 새기고 전쟁에 나간 결과 승리한 것에 감사하여 기독교로 개종하게 되었다고 주장한다. 그러나 조나라스는 대제가 악성불치병에 걸렸을 때 신탁자들의 말을 듣고 아기들의 피를 태운 연기로 목욕하려고 카피톨 신전으로 가려다가 백성들의 비탄의 소리를 듣고 기독교로 개종하게 되었다고 주장한다. 또한 소조멘(Sozomen)과 조시무스 그리고 유나피우스(Eunapius)는 대제가 전술한 바와 같은 친족 처형에 대한 죄책감에서 기독교로 개종하게 되었다고 주장한다. 필자도 처형론을 주장하는 이런 학자들의 견해에 공감하며, 그의 친족 처형에 대한 죄책감과 불안심리가 개종하게 된 내면적 배경에서 중요한 원인이라고 생각한다.

유세비우스는 콘스탄티누스 대제가 황금과 부에 초연한 인물이라고 찬사를 보내지만, 조시무스는 대제가 기부금 할당을 통해 군비를 강징하고 폴리스(follis)라는 토지세를 강징하여 도시민의 생활재정이 격감됨에 따라 생활 자체를 포기하는 사람들까지 있었다고 주장하는 것으로 미루어보아, 유세비우스가 콘스탄티누스 대제의 약점을 은폐하고 되도록이면 미화하려는 태도를 여기에서도 엿볼 수 있다.

유세비우스는 콘스탄티누스 대제가 다른 어떤 신도 경배하지 않았으며, 그가 신교의 신비로움을 잘 알고 있었다고 서술하지만, 그가 개종하는 계기가 되었다는 312년 후 로마에 세운 동상이나 대제 당대에 주조된 화폐에 태양신(Sol)을 상징하는 내용이 항상 부조되어 있는 것으로 보아 그가 로마인들이 숭배하던 전통신과 완전히 단절했다고 보기는 어렵다.

유세비우스는 콘스탄티누스와 막센티우스의 전쟁, 콘스탄티누스와 리키니우스의 전쟁이 발생한 배경을 불경신에 대한 경신의 도전, 즉 전쟁 그 자체를 종교전쟁으로 보고 패배 원인도 불경신의 숭배 때문으로 본다. 그러나 락탄티우스는 콘스탄티누스와 막센티우스와의 전쟁을 동·서방의 주도권 쟁탈전으로 본다. 또한 피가뇰(A. Piganiol)은 콘스탄티누스와 막센티우스와의 전쟁은 종교전쟁이 아니며, 콘스탄티누스 대제는 박해받는 기독교도의 복수자로서의 길을 결코 가지도 않았다고 주장한다. 그레고르(H. Grögoire)는 이런 전쟁을 십자군 원정이라고 서투르게 갖다 붙이는 것보다 더 역사적인 거짓말은 없다고 했으며, 리들리 (R. T. Ridley)는 콘스탄티누스 대제와 리키니우스의 전쟁과 관련해 오히려 콘스탄티누스 대제를 리키니우스에 대한 침략자로 이해하는 것은 어렵지 않다고 주장한다. 313년 콘스탄티누스 대제와 리키니우스가 밀라노 칙령을 공동선언한 사실에 대해서도 보그트(Joseph Vogt) 같은 학자는 리키니우스의 내심과 의도를 고려할 것을 주장하기도 하지만, 그러나 공동의 견해를 통해 신앙의 자유선택을 허용하고 기독교 발전에서 중요한 역할을 한 리키니우스에 관한 서술은 한 마디도 하지 않고 그가 우상숭배자라는 적그리스도의 입장에서만 서술하는 것은 편견적이고 왜곡된 서술로 비판하지 않을 수 없다. 나중에 양자의 관계가 악화되어 전쟁으로까지 확대되었다 하더라도, 있었던 사실을 그대로 보지 않고 콘스탄티누스 대제만이 기독교 발전의 주역인물처럼 서술하는 것은 분명한 편견이라고 생각된다. 사실 위에 언급한 전쟁들은 경신과 불경신의 전쟁이라기보다는 오히려 주도권 쟁탈 의도가 내재해 있음이 분명한데, 유세비우스는 콘스탄티누스 대제를 기독교적인 입장에서만 보려는 시각 때문에 이와 같은 오류를 범하고 있는 것으로 보인다.

현대학자들 중에서 부르크하르트(J. Burckhardt)는 콘스탄티누스 대제가 신앙심이 없는 비종교적인 정치가로서 기독교와 이교를 구분하지 않은 인물이라고 혹평하는데, 슈바르츠(E. Schwartz)·뢰벤클라우(J. Löwenklau) 등도 그와 동일하게 대제를 혹평하고 있다. 그러나 바로니우스(Baronius)는 그 대제를 기독교도들의 왕자의 표본으로 등장시킬 것을 주장하며, 알푈디(A. Alföldi)와 반스(T. U. Barnes) 등도 대제를 긍정적인 차원에서 바라본다. 이런 양극의 입장에서 베인스(H. N. Baynes)는 대제가 성자도 폭군도 아니라고 주장하는데, 기번(E. Gibbon)과 포크스-잭슨(F. J. Foakes-Jackson) 등도 베인스처럼 중도적인 입장을 취하고 있다.

콘스탄티누스 대제에 대한 이상의 견해를 종합해볼 때, 대제에게는 부정적으로 볼 수 있는 불미스러운 측면과 긍정적으로 볼 수 있는 공헌적인 측면이 분명히 내재해 있음에도 불구하고, 어느 한쪽만이 옳다고 하는 주장은 편견이라고 생각된다. 따라서 유세비우스가 『콘스탄티누스 대제 전기』(*Vita Constantini*)를 통해서 대제의 불미스러웠던 점은 모두 은폐해버리고 오직 긍정적인 시각에서 찬사로 일관하고 있는 것은 역사적 진실을 왜곡하고 있음을 입증해준다. 물론 『콘스탄티누스 대제 전기』가 대제 당대의 시대상과 기독교 발전사 그리고 대제의 정치관 등을 이해하는 데 중요한 작품이긴 하지만, 대제에 대한 유세비우스의 기독교적이고 획일적 조명은 전술한 바와 같이 왜곡·편견·미화된 서술의 오류를 범하게 되었음을 인정해야 한다고 생각한다. 따라서 대제의 기독교 발전사적 측면은 긍정적으로 볼 수 있고, 그의 오류된 서술은 부정적으로 볼 수 있어야 하므로 필자는 대제의 양면성을 고찰하여 수용한 베인스·기번·포크스-잭슨의 중도적 견해에 공감하면서, 대제에 대한 『콘스탄티누스 대제 전기』의 잘못된 서술들은 역사적 진실의 기초 위에 과감히 교정되고 올바르게 인식되어야 한다고 생각한다.

4. 기독교 세력 승리의 사학사적 의미

최후 대박해의 마지막 무렵에 기독교도들에 대한 적대세력인 막센티우스와, 그와 맥을 같이하는 콘스탄티누스 대제와의 혈맹관계를 파기한 리키니우스의 추종세력이 각각 밀비우스 다리 전투와 아드리아노플 전투에서 패하고 콘스탄티누스 대제를 중심으로 한 기독교 세력이 최종 승리를 거둔 역사적 사실은, 교회사적으로나 서양 중세 사학사적 입장에서 볼 때 각별한 의미가 있다고 생각한다. 이에 관해서 유세비우스는 그의 『교회사』 제10권에서 자세히 언급하고 있다.

유세비우스는 이교세력과 기독교 세력 사이에 야기된 전술한 전쟁에서 기독교 세력이 승리한 것은 궁극적으로 인간의 능력에 의해 성취된 것이라 기보다는 신의 도움과 신의 능력에 따라 이루어진 것으로, 신이 모든 악의 세력을 제거하는 원동력이라고 보고 있다. 따라서 유세비우스는 신의 능력의 위대성에 대해 다음과 같이 언급한다.

> 신은 진실로 위대하시고, 경이로운 일을 행하신 주님은 홀로 위대하시며, 수로 셀 수 없을 만큼의 놀랍고 영광스럽고 위대한 일을 행하신 그분은 위대하시다. 시간과 계절을 바꾸시고, 왕을 없애기도 하고 다시 세우기도 하며, 가난한 자를 기름 더미에서 끌어내시고 약한 자를 티끌에서 끌어올리신[43] 그분은 위대하시다. 그분은 왕자들을 왕좌에서 내치시고, 겸손한 자를 티끌에서 들어올리셨다. 그분은 굶주린 사람들을 좋은 것으로 채워주시고, 자랑하는 자의 손을 부수어버렸다.[44]

이와 같이 신은 역사의 현장에 직접 개입하여 인간을 신의 뜻대로 이끌어가게 하는 배후자이며, 인간의 의지와는 상관 없이 신의 의지를 강력하게 이 지상에서 실현해가고 있다는 것이다.

유세비우스는 신의 도성을 건설하는 데 공헌한 자는 콘스탄티누스 대제로, 그는 신의 대리자이며 완성자라며 다음과 같이 극찬한다.

> 여태까지 살아온 왕들 가운데 자신의 이름으로 지상에 있는 모든 인간의 입과 귀를 충만시켜주실 만큼 위대한 업적을 성취한 왕은 누구입니까? 모든 인류에게 땅 끝에서 땅 끝까지 그렇게 공정하고 정당한 법률을 선포할 만큼 강력했던 왕은 누구입니까? 미개한 종족들의 원시적인 관습을 문화적이고 인간적인 법률로 만

---

43) 「다니엘서」 2: 31; 「시편」 113: 7.
44) Eusebius, X. 4; R. G. Collingwood, *The Idea of History*, Oxford University Press, 1946. p. 56; Peter Meinhold, *Geschichte der Kirchlichen Historiographie*, Band I. verlag Alber Freiburg/München, p. 95.

든 사람이 누구입니까? 계속해서 모든 이에게 공격당했지만, 영원히 자신의 시대가 되도록 하기 위해 초인간적인 위대함을 보여준 이가 누구입니까? 태초부터 지상의 어느 곳에도 숨겨져 있지 않고 태양 아래 모든 지역에서 발견될 수 있는 이 전대미문의 일을 사람들에게 강력하게 행사하신 분이 누구입니까? 영혼의 적들과 싸움을 벌이고 있는 사람보다 더욱 강하다고 판명된 군인들을 진실된 종교라는 무기로 무장시킨 이가 누구입니까?[45]

이처럼 유세비우스는 인류 역사가 아브라함-그리스도-콘스탄티누스를 주축으로 진보하고 있으며, 콘스탄티누스 대제에 이르러 그 진보가 정점에 달한 것으로 보고 있다.

---

45) Eusebius, H. E. X. 4; LC VIII.

참고문헌

김국경, 「콘스탄티누스 대제의 종교정책에 관한 한 고찰」, 고려대 교육대학원, 1985.
F. M. Heichelheim, 『로마사』, 김덕수 옮김, 현대지성사, 1999.
김원봉, 「콘스탄티누스 황제에 의해 변화된 로마 제국의 종교상황과 고대 카톨릭교회」, 협성대학교 신학대학원, 1999.
김인수, 「로마 제국과 초기 기독교에 있어서 경건과 기구의 문제」, 연세대학교 연합신학대학원, 1971.
김주한, 「콘스탄티누스 대제와 정교(政敎) 관계에 대한 연구」, 한신대학 대학원, 1988.
김황중, 「초대교회에 있어서 기독교 정통 확립과정에 대한 연구」, 연세대 연합신학대학원, 1991.
김홍수, 「도나티스트 논쟁에서의 교회와 국가관계」, 한국신학대학 대학원, 1980.
박용규, 『초대교회사』, 총신대학 출판부, 1994.
H. Chadwick, 『초대교회사』, 서영일 옮김, 기독교문서선교회, 1983.
F. F. Bruce, 『초기교회역사』, 서영일 옮김, 기독교문서선교회, 1986.
손두환, 『기독교교회사』(I), 총신대 출판부, 1983.
Eusebius Pamphilus, 『유세비우스의 교회사』, 엄성옥 옮김, 은성, 1990.
K. S. Latourette, 『기독교사』(상), 윤두혁 옮김, 생명의 말씀사, 1985.
이영헌 외 편역 『세계기독교회사』, 대한기독교서회, 1978.
J. W. C. Wand, 『교회사』(초대편), 이장식 옮김, 대한기독교서회, 1978.
정병식, 「Constantine 황제의 기독교공인에 관한 역사적 배경」, 서울신학대학 대학원, 1988.
정수영, 『새교회사』, 규장문화사, 1991.

R. H. Bainton, *Constantine the Great*, Harper & Row, Publishers, New York, 1972.
G. P. Baker, *Constantine the Great and the Christian Revolution*, Dodd, Mead & Com., New York, 1930.
V. Burch, *Myth and Constantine the Great*, Oxford University Press, London, 1927.

J. Burckhardt, *The Age of Constantine the Great*, Univ. of California Press, Berkeley and Los Angeles, 1949.

H. A. Drake, *In Praise of Constantine*, University of California Press, Berkeley, 1975.

John B. Firth, *Constantine the Great*, G. P. Putnam's, Sons, London, 1923.

R. M. Grant, *Augustus to Constantine*, Happer & Row, Publishers, New York, 1970.

L. B. Holsapple, *Constantine the Great*, Sheed & Ward, Inc., New York, 1942.

R. Macmullen, *Constantine*, Croom Helm, London, 1969.

A. Piganiol, *L'Empereur Constantin*, Les Editions Rieder 7, Place Saint–Sulplice, 7 Paris, 1932.

J. H. Smith, *Constantine the Great*, Charles Scribner's Sons, New York, 1971.

율리아누스

최후의 이교 황제

● 최혜영(전남대 교수 · 서양고대사)

1. 생애

율리아누스 황제는 로마 제정 말기의 황제 중에서 콘스탄티누스 황제와 더불어 아주 많은 관심과 흥미를 모으는 인물이다. 기독교를 공인한 콘스탄티누스 황제의 조카였던 그는 콘스탄티누스 가문의 사람들이 그러했듯이 기독교 교육을 받으며 성장하였다. 그러나 황제가 된 뒤로는 기독교를 억압하고 이교 옹호정책을 추진하였다. 그리하여 그는 로마 제국을 이교 제국으로 되돌리려 한 최후의 로마 황제로 남게 된다.

그는 331년 콘스탄티노플(지금의 이스탄불)에서 콘스탄티누스 황제의 이복동생 율리우스와 비티니아 출신의 어머니 바실리나 사이에서 태어났다. 율리우스와 바실리나는 기독교 신자였다고 추정된다. 특히 어머니 바실리나는 죽을 때 막대한 유산을 교회에 유증하였다. 바실리나는 율리아누스가 태어난 지 얼마 안 되어 병으로 죽었고, 아버지 율리우스는 여섯 살 때 다른 여러 형제들과 함께 군사들의 난으로 죽음을 당하였다. 이는 337년 콘스탄티누스 황제의 장례식이 치러진 지 몇 개월 뒤 콘스탄티노플에 있던 병사들이 콘스탄티누스 이복형제들의 섭정을 반대하며 일으킨 것이었다.

그 결과 콘스탄티누스 황제의 세 아들인 콘스탄티누스 2세, 콘스탄티우스 2세, 콘스탄스가 권력을 잡게 되고, 그밖의 친척들은, 너무 병약하여 곧 죽을 것 같았던 율리아누스의 이복형 갈루스와 아직 어린이였던 여섯 살의 율리아누스를 제외하고 모두 살해당했다. 율리아누스는 이 처참한 살육전을 목격한 것으로 보이며, 이는 어린 마음에 충격과 두려움을 안겨주었을 것이다. 훗날 율리아누스는 콘스탄티우스 2세가 방조하여 이 살육전이 일어났다고 이야기한다.

율리아누스가 황제가 된 뒤에 쓴 글(Logos VII)에 이와 관련한 흥미로운 이야기가 나오는데, 율리아누스가 자신을 주인공으로 하여 쓴 이 이야기의 내용은 다음과 같다. 어떤 부자 상인이 탐욕스럽고 어리석은 아들 여러 명을 데리고 있었다. 여기서 부자 상인이란 콘스탄티누스 황제이며, 탐욕스러운 아들들은 콘스탄티우스 2세를 비롯한 그의 아들들이다. 이들에게 의지할 곳 없는 한 천덕꾸러기 어린이(율리아누스 자신)가 있었다. 제우스 신은 이 아이를 살려줄 것을 운명의 여신(모이라)들과 함께 결정하고, 태양신 헬리오스에게 특별히 이 아이의 양육을 부탁한다. 제우스는 콘스탄티누스 등의 일가에 의해 전통적인 미덕이 사라져간 것(즉 기독교를 수용하고 전통 신앙을 저버린 것)을 한탄하고, 그것을 바로잡을 사명을 이 아이에게 부여한다. 태양신 헬리오스는 이 아이를 자신의 아들, 자신의 분신으로 받아들여 여러 가지 난관에서 그를 돌보아주며 보호한다. 예를 들면 337년 콘스탄티누스 황제가 죽은 뒤에 일어난 군사폭동 등과 같은 경우이다. 헬리오스와 함께 여신 아테네도 이 아이의 양육을 함께 맡는다. 그뒤 율리아누스는 헤르메스 신의 안내로 신들의 세계를 방문한다. 거기에서 태양신을 비롯한 여러 신은 율리아누스에게 여러 무기와 왕의 자질에 대한 교훈을 주면서, 조상 대대로의 덕을 회복시킬 것을 당부한다. 신들은 율리아누스가 그의 임무를 무사히 마칠 경우 그들과 같이 거하면서 살게 될 것임을 약속한다.

아버지와 친척을 모두 잃은 처참한 살육전 이후 그는 황령의 감시 아래 격리된 장소에서 성장하게 되었다. 337년 그는 니코메디아로 보내졌고, 342

년경에는 마켈룸으로 옮겨져 여러 모로 성향이 달랐던 이복형 갈루스와 함께 고독한 청소년기를 보냈다. 마켈룸 시절은 율리아누스의 심성 발달에 중요한 영향을 끼쳤다. 여기서 율리아누스는 친한 친구나 상담자 없이 고독한 시절을 보내면서 이교적인 성향의 책들을 접하고 기독교와는 관계가 소원해졌다. 최초의 공식적 가정교사는 에우세비오스 주교였는데, 그는 곧 주교가 되어 떠났다. 그 다음 율리아누스의 양육을 맡은 이는 카파도키아의 게오르기오스였는데, 그도 훗날 주교가 되어 떠나게 된다. 그는 아마도 율리아누스의 일거수 일투족을 감찰하여 보고하는 역할도 담당했을 수 있다.

실질적으로 율리아누스의 교육을 맡은 이는 마르도니우스였다. 마르도니우스는 어머니 바실리나의 가정교사로 키워졌던 일종의 환관으로, 그리스어와 여러 고전 지식에 능통하였다. 아마도 기독교인이었을 마르도니우스는 그러나 율리아누스에게 그리스 철학과 문학을 가르쳐줌으로써 헬레니즘적 지식에 관한 토대를 닦아주었다. 마르도니우스는 율리아누스가 인간적인 사랑을 느낀 유일한 인물이었던 것으로 보이며, 길을 걸을 때 땅만 보고 걷도록 조언하는 등 단순성과 인격적인 미덕 면에서도 영향을 주었다.

율리아누스에게 헬레니즘적 지식을 심화시킨 것은 게오르기오스가 소장하고 있던 서적들이었다. 게오르기오스의 도서관에는 기독교 서적뿐 아니라 그리스 철학과 수사학, 문학, 특히 플로티노스와 포르피리오스, 이암블리코스 등의 신플라톤주의 철학자들의 저서가 많았다. 스스로 고백하듯이, 어린 시절의 율리아누스는 이러한 책들을 읽으면서 위안을 받았으며 내면을 헬레니즘적 사상으로 채우게 되었다. 율리아누스는 자신이 황제가 되지 않았더라면 철학자가 되었을 것이라고 고백한다. 마켈룸 시절 후반기부터 그는 기독교를 벗어나 이교 사상가로서의 틀을 서서히 굳히게 되었을 것으로 추정된다.

348년부터 355년까지는 율리아누스가 감시생활에서 풀려나 자유롭게 여행하던 시기였다. 학생으로 페르가몬과 니코메디아·에페수스·아테네 등을 방문하였다. 이 시기의 스승은 수사학자였던 헤케볼리오스였으나, 율리아누스는 당시 최고의 수사학자였던 이교도 리바니오스에게 애착을 느끼고 그의 강의 노트를 구해 공부하였다. 페르가몬에 들렀을 때는 이암블리코스의 제자 노(老) 아에데시오스를 찾아갔다. 아에데시오스는 벌써 늙어서 그 제자들이 활동하고 있었는데, 그의 제자들은 크게 두 부류로 나뉘었다. 한 부류인 에우세비오스나 크리산티오스는 철학적 명상의 삶을 추구하고 있었고, 다른 제자인 막시모스는 주술적인 측면에 우선권을 두었는데, 이는 당시 신플라톤주의의 두 가지 큰 흐름을 대변하는 것이기도 하였다. 즉 포르피리우스적인 흐름과 이암블리코스적인 흐름이 그것이다.

율리아누스는 처음에 에우세비오스·크리산티오스 등과 수학하며 교류했지만, 좀더 매력을 느낀 쪽은 당시 출타 중이었던 막시모스였다. 율리아누스는 막시모스의 행적을 듣고는 그길로 막시모스를 찾아 에페소스로 거주지를 옮길 정도로 그에게 매료되었다. 막시모스와의 만남은 율리아누스가 기독교를 버린 결정적인 계기를 마련해주었다.

율리아누스는 350~351년 막시모스의 인도로 헤카테 여신 주술의식에 은밀히 참석한 것으로 보인다. 어두운 동굴에서 치러진 이 주술의식은 헤카테 여신의 상이 처음에는 미소를 띠다가 마침내 웃기까지 하며 횃불이 켜지고 움직이는 것을 포함하였다. 여기에 참석했던 율리아누스는 자기도 모르게 십자가를 그음으로써 이 주술적 의식은 처음에는 실패했다고 전한다. 막시모스는 이를 경계하고 그렇게 하지 말 것을 당부했으며, 그 다음에 성공했다고 전한다. 이 일화는 율리아누스가 기독교적 울타리를 벗어나 이교로 들어서게 되는 것을 상징한다. 율리아누스가 "나는 20년 동안 잘못된 길(즉 기독교도였다는 뜻)을 걸어왔으나 태양신의 도움으로 거기에서 벗어났다"고 고백하는데, 이 기간은 대체로 이 시기에 해당된다고 하겠다.

율리아누스의 이름 앞에 흔히 붙는 수식어는 'Apostate', 즉 배교자다. 그런데 르네상스 시대의 보댕(J. Bodin)에서 20세기의 파우던(P. A. Fowden) 등에 이르기까지 이 배교자라는 칭호에 의문을 나타내는 사람들이 있었다. 배교자라는 칭호가 적절하지 않은 이유로는 첫째, 이 용어가 기독교 중심적

용어라는 점이며, 둘째, 율리아누스는 한번도 진실로 기독교도였던 적이 없으므로 배교하지도 않았다는 점을 들었다. 앞의 이유는 타당할 수도 있지만, 후자의 경우는 확실한 검증이 불가능하다. 교회에서 '봉독자' 역할을 담당한 적도 있는 율리아누스가 진정으로 어떠한 생각을 했는지는 알 수가 없기 때문이다. 그러나 위에서 본 예들에서처럼 무의식중에 십자가를 그었다든가, "20년 동안 잘못된 길을 걸어왔다가 버렸다"는 율리아누스 자신의 고백으로 미루어보아 기독교도였다고 보는 편이 더 타당할 듯하다. 어쨌든 긴 역사가 흐르는 동안 율리아누스라 불리던 같은 이름의 인물들과 그를 쉽게 구별되는 수식어가 되었으므로, 그냥 '배교자 율리아누스'라고 해도 큰 문제는 없을 것이다.

아테네에 체류하는 동안 율리아누스는 많은 사람들과 교류하면서 그가 추구하던 그리스 고전 전통과 직접 만나는 기회를 가졌다. 이때 고대 세계 최대의 미스터리로 불리는 엘레우시스 의식에도 직접 참여했던 것으로 보인다. 이때 기독교도인 카파도키아의 세 교부 중 한 명으로 꼽히는 나지안조스의 그레고리오스나 바실레이오스를 만나 함께 수학하기도 했으며, 이들은 후에 율리아누스를 비판하는 글을 남기게 된다. 그레고리오스는 이 무렵 율리아누스의 인상착의를 '쉴새없이 굴리는 광기어린 눈동자, 높은 코, 구부정한 목, 미친 듯한 어색한 큰 웃음소리, 음험하고 우울한 표정'이라고 묘사하고 있다. 아테네 체류는 율리아누스에게 큰 기쁨을 주었으며, 그뒤에도 아테네와 헬레니즘은 율리아누스의 영적인 고향 구실을 하였다.

340년 황제 콘스탄티누스 2세가 동생 콘스탄스의 영토를 침입하다가 죽고, 콘스탄스 역시 마그넨티우스 장군에게 암살당했다. 이제 콘스탄티누스의 세 아들 가운데 콘스탄티우스 2세만 남아 로마 제국을 혼자 통치하게 되었는데, 황후 에우세비나와의 사이에는 아직 자식이 없었다. 콘스탄티우스 2세는 유일한 혈육으로 남아 있던 사촌동생 갈루스와 율리아누스에게 통치권을 나눠주기로 결심하였다.

먼저 그는 갈루스를 자신의 누이 콘스탄티나와 결혼시킨 뒤 351년 부제

(副帝)로 임명하였다. 갈루스는 금발머리를 가진 아름다운 외모의 청년이었지만, 일반적으로 무능하면서도 잔인했다고 평가된다. 율리아누스도 갈루스의 인격이나 자질이 형편없었음을 인정하면서, 그 원인을 본래의 부족한 자질과 함께 위협적이고 고립되어 있던 성장 환경 탓으로 돌리고 있다. 자신은 그런 와중에도 책 속에서 위안을 얻었지만, 갈루스는 그러지 못했다는 것이다. 갈루스는 실정(失政)의 책임을 지고 354년 반역죄로 처형당했다.

이어 콘스탄티우스 2세는 황후 에우세비나의 조언에 따라 율리아누스를 부제로 임명하고, 자신의 또다른 누이 헬레나와 결혼시킨 뒤 갈리아 지방으로 부임하게 했다. 이제 율리아누스는 생명의 위협을 받던 천덕꾸러기에서 하루아침에 로마 제국의 카이사르 지위에 오르게 되었다. 조정에는 율리아누스에게 비교적 호의적인 황후 에우세비나가 있는가 하면 황제와 신임 카이사르 사이를 멀어지게 하려는 측근도 많았기 때문에 율리아누스의 위치는 매우 불안정하였다. 그런데 부임할 당시 거의 아무런 군사적 실권도 없고 군사적인 훈련이나 환경과도 거리가 멀었던 율리아누스는 모두의 예상을 뒤엎고 갈리아에서 혁혁한 전공을 쌓게 되었다. 그는 아르젠토라툼 전투를 비롯하여 라인 강 유역을 평정하는 등 군사적으로 많은 성공을 거두고, 행정·사법적 개혁에도 능력을 발휘했던 것이다.

360년 2월 페르시아 국경에서 페르시아 왕 사포르와 접전하고 있던 콘스탄티우스 2세는 율리아누스가 지휘하는 갈리아 군단 중 4개 군단을 페르시아 국경으로 보내어 자신을 지원해줄 것을 요청하였다. 콘스탄티우스 2세가 군대를 보내줄 것을 요청한 배경에 대해서는 두 가지 상반된 견해가 있다. 하나는 당시 사산조 페르시아 원정이 로마 제국의 오랜 숙원이었고, 실제로 콘스탄티우스는 보조군대가 필요하여 요청했으며, 이는 아우구스투스로서의 당연한 권리였다는 견해이다. 다른 하나는 율리아누스가 혁혁한 군사적 성공을 거둔 데 대한 시기와 그의 세력이 급성장하는 데 불안을 느낀 콘스탄티우스가 율리아누스 세력을 분산시키기 위해 요청했다는 설이다. 아마 콘스탄티우스는 이로써 두 가지 문제를 다 해결할 수 있으리라 계산했을 수 있다.

 그런데 생활 근거지가 갈리아 지방이어서 고향을 떠나 멀리 페르시아 국경까지 가기 싫어하던 갈리아 군인들은 폭동을 일으키게 되고, 그들에 의해 율리아누스는 황제로 선포되었다. 즉 이제까지의 부제 카이사르가 아니라 정제(正帝) 아우구스투스로 선포된 것이다. 군인들에 의해 아우구스투스로 선포된 때부터 율리아누스는 철학자의 표상인 수염을 기르고 이교신들에게 공개적으로 제사를 드리는 등 이교도임을 공적으로 표방하고, 이교정책을 노골적으로 추진하기 시작하였다. 율리아누스가 즉위한 배경에 대해서는 여러 논란이 있다. 율리아누스가 황제가 되기 위해 그전부터 서서히 음모를 꾸미고 있었다는 설과, 율리아누스 자신이 주장한 것처럼 타의에 의해 억지로 황제가 된 것이라는 견해가 대립되어 있는 것이다. 율리아누스 자신은 이 사건에 대해 당시 「아테네인들에게 보내는 글」이라는 일종의 반(反)콘스탄티우스 선전문에서 자신이 아우구스투스가 된 것은 자신의 뜻과는 상관없이 군대에 의해 강제로 즉위하게 되었다고 해명했다. 아테네인들은 이 편지에도 불구하고 콘스탄티우스 2세를 계속 지지하였다.

 율리아누스가 황제로 선포되면서 콘스탄티우스 2세와의 사이에 야기되었던 긴장과 전쟁 국면은 율리아누스를 정벌하러 오던 콘스탄티우스가 갑자기 죽음으로써 해결되었다. 전투가 일어났다면 명분으로든 실세로든 율리아누스에게 불리했을 상황에서 유혈사태 없이 단독 황제가 된 것이다. 임종하는 자리에서 콘스탄티우스 2세는 율리아누스에게 제위를 물려주라 했다고도 하고, 율리아누스를 진작 죽이지 않았음을 후회했다고도 한다. 급작스러웠던 콘스탄티우스의 죽음에 대해서 나지안조스의 그레고리오스는 율리아누스가 콘스탄티우스를 독살했다고 주장하기도 하였다.

 단독 황제가 된 율리아누스는 콘스탄티노플에 입성하여 이른바 칼케도니아 재판으로 콘스탄티우스에게 충성하던 많은 신하들을 재판하고 처형하였다. 더불어 행정개혁을 시도하면서 자신의 권력기반을 다졌다. 또한 궁중 내의 화려한 연회나 쓸데없는 사치 등을 금지시키고, 많은 궁중 관리와 시

종들을 해고하는 등 위엄과 장려한 의식 속의 황제보다는 철학적이고 검소한 황제로서의 생활양식을 택하였다.

362년 율리아누스는 페르시아 원정이라는 대사업을 앞두고 안티오크를 향해 떠났다. 페르시아 원정의 동기에 대해서는 다만 페르시아를 위협하려고 했을 뿐 원정하려는 생각은 없었다는 견해도 있지만, 그의 글들을 분석해볼 때 아마도 페르시아 원정이라는 대사업을 단행함으로써 로마 역사상 가장 위대한 황제가 되고 싶었을 것으로 추정된다. 율리아누스는 페르시아 원정을 준비하면서 소아시아의 페시누스에 들러 키벨레 여신 사원을 복구하기도 하고 그녀에게 바치는 찬송집을 쓰기도 하였다. 362년 7월 그는 안티오크에 도착하였다. 여기서 그는 기독교도들을 억압하고 이교를 부흥시키려는 종교정책과 더불어 곡물가격 안정법 같은 행정적인 개혁에도 힘을 기울였다. 그러나 기독교가 우세하던 안티오크 시민들과는 불편한 관계가 계속됐으며, 이때를 배경으로 『수염을 싫어하는 사람들』이라는 작품이 씌어졌다.

363년 3월 율리아누스는 안티오크를 떠나 본격적인 페르시아 원정에 나섰다. 처음에는 페르시아의 수도 크테시폰을 함락시키는 등 승리를 거두었다. 페르시아 영토 깊숙이 들어가면서 가지고 온 배를 불태워버리는 등 배수진의 각오로 전투에 임했으나, 페르시아 쪽이 은밀히 보낸 스파이를 군대의 길잡이로 삼아 헤매는 등 페르시아의 작전에 말려 고전하다가 6월 어느 날 페르시아군과의 전투 도중 부상으로 죽었다. 율리아누스의 후임 황제로는 군인들의 추대에 따라 기독교도 조비아누스가 즉위하였다.

율리아누스의 죽음에 대해서는 여러 설이 있다. 역사가 암미아누스 마르켈리누스의 기록에 따르면 율리아누스가 어디서 날아왔는지 모르는 창에 찔렸다고 되어 있다. 율리아누스의 스승 리바니오스는 로마 군대 내의 기독교도 군사가 율리아누스를 미워하여 찔렀다고 한탄하고 있다. 기독교 사가 테오도레투스는 율리아누스가 하늘에서 내려온 창 또는 칼에 찔려 죽었으며, 죽을 때 그는 "갈릴리인이여(예수 그리스도를 뜻하는 말), 네가 이겼도다"

라고 외쳤다고 한다. 연대기 작가 말라라(Malalas)에 따르면 율리아누스는 죽으면서 "태양아, 네가 날 파멸시켰구나"라고 소리쳤다고 한다. 율리아누스는 태양신의 도움을 얻어 전통적인 태양숭배국 페르시아를 정복하려고 했는데, 태양신은 율리아누스 편을 들기보다 페르시아 편을 들어 오히려 자신을 죽게 했기 때문이라는 것이다.

19세기에 채록된 비잔티움 시대의 어느 노래는 메르쿠리우스라는 한 성인이 율리아누스를 죽였다고 한다. 율리아누스가 페르시아 원정을 떠나던 당시 카이사레아 지방에서 기독교도 바실레오스를 만났다. 이때 바실레오스는 율리아누스에게 흑빵 세 개를 주었는데, 그 선물이 작은 데 화가 난 율리아누스는 페르시아 원정을 마치고 돌아올 때 카이사레아를 파괴하겠다고 위협하였다. 그래서 바실레오스와 친구들은 열심히 기도했으며, 그 결과 메르쿠리우스라는 한 성인이 가서 율리아누스를 죽였다는 내용이다. 메르쿠리우스는 데키우스 황제 때 순교한 기독교도로 그 유골이 카이사레아에 있었다. 한 가지 더, 최근 아랍어에 능한 역사가 바우어삭은 이쪽에서 전승된 자료를 응용하여 페르시아 쪽이 고용한 사라센인에 의해 죽었다는 학설을 발표하였다.

2. 관련 사료와 의의, 유의점

율리아누스에 관한 문헌 사료는 매우 풍부하다. 무엇보다도 그 자신이 남긴 많은 연설문과 찬송집·논설집·서간이 남아 전해지고 있다. 황제가 되기 전 콘스탄티우스 2세에게 바친 두 편의 헌증문, 콘스탄티우스 2세의 왕비 에우세비나에게 바친 한 편의 헌증문이 있다. 황제가 된 후의 작품들로는 태양신 헬리오스에게 바친 찬미집, 신들의 어머니 키벨레에게 바친 찬미집, 안티오크 시민들에 대한 자신의 불편한 심기를 담은 『수염을 싫어하는 사람들』, 갈릴리인(기독교인)에 대한 반박문, 어느 키닉 학자를 비판하며 쓴 논설문, 그밖에 수많은 편지 등이 있다.

당대와 5세기 때의 기록도 많다. 당대인의 기록으로는 로마 말기 최대의 역사가 암미아누스 마르켈리누스의 기록을 비롯하여, 이교 측의 리바니오스·에우나피오스 등의 기록, 기독교도였던 나지안조스의 그레고리오스의 기록 등이 있다. 5세기 때의 사료로는 소크라테스·소조메노스·테오도레토스 등의 기독교 사가들과 조시모스 같은 이교 사가들의 기록이 전해지고 있다. 최근에 와서는 여러 고고학적 발굴의 성과로 당시의 화폐·접시·동상·비석 등에 새겨진 금석문, 신전 건축물, 달력, 분묘 등의 사료들이 발굴되어 문헌 사료들을 보충하여 알 수 있게 되었다. 당시 제정되었던 법령들에 대한 연구도 행해져왔다.

이처럼 이례적으로 많은 사료가 반증하듯이, 한국에서는 거의 없는 편이지만, 율리아누스 연구물은 오늘날까지도 매우 풍부하다. 그의 인기가 높은 데는 그의 극적인 삶이나 행적도 한몫을 하지만 그가 살았던 시대의 상징성에도 있다고 보인다. 율리아누스가 살았던 4세기는 기독교와 이교 사이의 종교적 갈등이 최고조에 달했던 시기였는데, 율리아누스의 이교주의는 이러한 시대적 갈등을 잘 대변해주기 때문이다. "로마 제정 말기를 연구하는 사가들은 이교주의의 종말을 당연한 것으로 여기는 오류에 빠지곤 한다"는 브라운(P. Brown)의 지적처럼, 고대는 이교의 시대이고 콘스탄티누스 황제 이후는 기독교의 시대라는 것이 도식화된 전통적 역사해석이었다. 그런 의미에서 콘스탄티누스 황제의 조카로서 기독교를 버리고 이교로 돌아선 율리아누스는 고대와 중세 사이의 사상적인 변화를 연구하는 데 더욱 복합적이고 다층적인 측면의 중요한 고리를 제공한다고 할 수 있다.

율리아누스를 연구할 때 주의할 점은 율리아누스의 생애를 평면적·단선적으로 봐서는 안 된다는 것이다. 율리아누스는 참으로 극적인 삶을 살았으며 짧은 기간 동안 변신을 거듭하였다. 로마 황가에서 태어났지만 실권자의 칼날에 금방 죽을 수도 있던 몹시 위험한 환경에서 자라다가 다시 로마 최고의 실권자가 되는 반전을 거듭한 그의 삶을 고려해볼 때 그의 사고나 태도가 변함없이 그대로 지속되었다고 보는 것은 무리다. 특히 황제 권력에 대한 생각이 그러했다. 아직 콘스탄티우스의 지배권 아래 있을 때 그에게 로마 황제의 권력은 자신을 언제라도 죽음으로 몰아갈 수 있는 두려운 것이었다. 그러나 단독 황제가 된 후에도 황제권에 대한 그의 관념이 그대로일 리는 만무하다. 그러한 그의 사상의 변화는 그의 글 속에서도 찾을 수 있다. 그러나 일부 연구들은 그러한 시차를 염두에 두지 않고 뭉뚱그려서 보기 때문에 율리아누스에 관한 여러 오해가 생기고 있다.

또 하나 이와 연관하여 주의할 점은, 율리아누스에 관한 이제까지의 연구들은 율리아누스의 종교사상에 초점을 맞추어온 경향이 많았다는 점이다. 그러나 필자가 보기에 율리아누스를 이해하는 데에는 로마 황제권력과의 함수관계가 매우 중요하다. 그의 배교 배경은 여러 가지가 있겠지만, 그 중 가장 직접적인 계기가 되었던 것은 황제권력을 둘러싼 콘스탄티우스와의 대립구도였다는 점을 간과해서는 안 된다. 필자는 율리아누스가 기독교를 버리고 이교를 택한 결정적인 계기는 '권력의지'였다고 생각한다. 물론 어릴 때부터 사상적으로 신플라톤주의 계통의 서적에 심취하면서 헬레니즘적 사상체계에 물들었다든가, 심리적으로 자신의 아버지와 친척들의 목숨을 앗아가고 자신의 목숨까지 위협하던 로마 황실의 종교적 배경이 기독교였다든가, 자기 주변의 기회주의적인 기독교인들이 많았다든가 하는 이유도 있을 수 있겠지만, 결정적인 계기는 바로 콘스탄티우스 황제와의 결전이었다. 또한 이는 율리아누스의 경우에만 해당되는 것은 아니다.

예컨대 기독교를 공인한 콘스탄티누스가 그러했다. 그는 자신이 태양신 아폴론을 직접 보았다고 말하는 둥 원래 태양신의 신봉자였으나, 강력한 적 막센티우스와의 결전인 밀비우스 다리 전투를 앞두고 황급하던 차에 기독교 신의 도움을 기원했으며, 이 전투에서 승리하자 기독교로 선회하였다. 콘스탄티누스와 동시대 공동황제였던 리키니우스도 그러했다. 리키니우스는 콘스탄티누스와 함께 연합할 때는 기독교 옹호 노선을 표방했지만, 훗날 콘스탄티누스와 싸우게 되자 기독교를 박해하면서 이교정책으로 돌아섰던 것이다. 황제 테오도시우스와 싸웠던 에우게니우스도 마찬가지였다. 아르보가스트에 의해 황제로 세워진 에우게니우스는 한때 기독교인으로 알려져 있었지만, 394년 아퀼레이아 근처의 프리기두스 강에서 기독교 황제로 공인받은 테오도시우스 황제와 싸울 때는 기독교 표지를 단 테오도시우스에 대항하여 유피테르의 군기를 들고 대항하였다.

  이런 맥락에서 볼 때, 이교적 성향을 키워가던 율리아누스는 기독교 황제 콘스탄티우스와 결전하게 되면서 공식적으로도 이교 신들에게 도움을 요청한 것으로 보인다. 급박한 상황에서 콘스탄티우스가 열병으로 급작스럽게 죽고 자신이 단독 황제가 되자 율리아누스는 이교 신들의 '힘이 더 세며', 자신은 신들의 도움으로 로마 황제 자리에 앉았다고 믿게 되었을 것이다. 실제로 이때 율리아누스는 그리스의 엘레우시스의 최고 신관을 불러다 여러 주술의식을 행했으며, 황제로 등극한 뒤 많은 선물을 들려 돌려보냈다고 이교 사상가 에우나피오스는 전한다.

  황제가 된 율리아누스는 승리를 안겨준 신들이 자신에게 맡긴 소명을 이루려고 했는데, 그의 소명은 한마디로 그가 쓴 글의 제목처럼 '크로니아', 즉 '황금시대'의 구현이었다. 율리아누스가 황금시대를 실현하는 데 안팎으로 도사리고 있던 두 가지 적은 기독교와 페르시아 제국이었다. 그래서 안으로는 기독교 세력을 약화시키고, 로마인들의 신앙심을 전통적인 로마의 신들에게로 돌아가도록 하는 데 총력을 기울였으며, 밖으로는 페르시아 제국 정벌에 박차를 가하였다. 이처럼 율리아누스의 사상은 종교·철학적 차원에서뿐만 아니라 로마 황제로서 그의 정치적 의도와 구상을 함께 고려할 때 제대로 파악할 수 있다.

3. 정치관

  그의 정치관은 콘스탄티우스에게 바친 연설문에도 집중적으로 나타나지만, 이러한 연설물들은 그가 생명의 위협을 느끼던 시절 콘스탄티우스의 눈치를 보며 남긴 것들이다. 즉 아첨이 섞인 상투적인 문구로 포장된 것이기 때문에 그의 진심이라고 보기 힘든 것도 많다. 율리아누스의 진정한 정치관과 정치적 야심을 엿볼 수 있는 글들은 오히려 그가 황제가 된 후에 쓴 글들에서 찾을 수 있다.

특히 율리아누스의 정치관을 엿볼 수 있는 흥미로운 책은 『카이사르들』이다. 이 책은 362년 안티오크에서 페르시아 원정을 준비하면서 썼는데, 작품의 첫머리에서 율리아누스는 크로노스 신의 축제일인 '크로니아'(대개 12월 중하순경)를 즐기기 위한 것이라고 그 집필 동기를 밝히고 있다. 그 줄거리는 다음과 같다. 로마를 창건한 로물루스(퀴리누스)가 달 바로 아래 지점에서 신 크로노스와 제우스 등 올림포스의 신들과 로마 역대 황제들을 초대하여 연회를 열기로 하였다. 특별히 네 개의 옥좌가 신 크로노스와 그 아내 레아, 제우스와 그 아내 헤라를 위해 마련되었으며, 나머지 신들에게도 서열에 따라 질서정연하게 좌석이 배정된다.

이어서 율리우스 카이사르를 비롯해 콘스탄티누스와 그 아들들에 이르기까지 역대의 로마 황제들이 모두 차례로 등장한다. 그 과정에서 각 황제들의 업적과 실정(失政)이 신들에 의해 평가·논의되고, 네로와 칼리굴라 같은 '나쁜' 황제들은 퇴장당한다. 헤르메스 신의 제안으로 로마 황제들의 최종 우열을 가리게 되는데, 최종 결선에 오른 이들은 카이사르, 옥타비아누스, 트라야누스, 마르쿠스 아우렐리우스, 알렉산드로스 그리고 콘스탄티누스이다. 이 가운데 알렉산드로스는 로마 황제는 아니지만, 헤라클레스의 요청으로 참가하게 된다. 또 율리아누스의 백부 콘스탄티누스는 그 공적 덕분에 최종 경선에 오른 것이 아니라 그를 극적으로 비판하려는 의도에서 그렇게 되었다는 것이 줄거리가 전개됨에 따라 드러난다.

최고의 황제를 뽑는 방법은 두 가지다. 먼저 황제들이 자신의 업적에 대해서 연설을 한다. 다음으로, 삶의 궁극적인 목적 또는 원리가 무엇이냐는 신들의 질문에 황제들이 대답한다. 철학자 황제 마르쿠스 아우렐리우스가 가장 우수한 황제로 뽑히는 반면, 전통종교를 버리고 기독교를 수용한 콘스탄티누스는 아무런 공적도 없는 다만 부패하고 방탕한 황제로 묘사된다.

『카이사르들』에서 최종 후보로 선출된 황제들로 미루어볼 때, 율리아누스의 이상적인 황제상은 다음과 같이 요약할 수 있다. 첫째, 철학적 자질을 갖춘 군주이다. 그리하여 철학자 황제 마르쿠스 아우렐리우스가 최고의 훌륭한 황제로 신들의 최대 다수표를 얻게 된다. 둘째, 군사적인 능력을 갖춘 군주이다. 최종 경선자에 오른 카이사르·옥타비아누스·트라야누스·알렉산드로스 등 대부분의 황제들은 모두 뛰어난 군사적 승리와 업적을 남긴 이들이다. 특히 로마 황제가 아니었던 알렉산드로스를 등장시킨 율리아누스의 의도는 뚜렷한데, 그는 알렉산드로스를 페르시아 원정에 성공했던 유일한 군주로 보고 있다. 페르시아 원정을 눈앞에 둔 그가 알렉산드로스의 동방원정을 무시할 수 없었던 것은 당연하다. 셋째, 전통 신들에 대한 신앙심 강한 황제이다. 이는 반대로 전통적인 신들에 대한 믿음을 버리고 기독교를 공인했던 콘스탄티누스 황제를 심하게 비판하고 조롱하는 데서 잘 드러난다.

그런데 이러한 자질들은 바로 율리아누스 자신과 밀접한 관련이 있다. 필자는 『카이사르들』의 이면에 숨어 있는 진정한 주인공은 바로 율리아누스 자신이라고 생각한다. 그는 무엇보다도 마르쿠스 아우렐리우스 같은, 자타가 공인하는 철학자 황제이다. 게다가 군사적 자질도 출중한 황제이다. 그는 이미 카이사르처럼 갈리아 지역에서 군사적으로 큰 성공을 거두었고, 이제 준비하고 있는 페르시아 원정마저 성공적으로 끝내면 알렉산드로스처럼 오리엔트 정복의 업적까지 이루게 되는 것이다. 또한 전통 신들에 대한 그의 신앙심과 헌신은 두말 할 나위도 없이 지극한 것이었다. 말하자면 율리아누스는 철학과 통치기술, 군사적 능력 그리고 신들에 대한 경외심을 골고루 갖춘 이상적인 황제로서, 모든 황제들의 표상이 되리라는 것을 암시하고 있는 것이다.

다른 한편 모든 황제들은 율리아누스에 의해 결점이 있는 것으로 그려지고 있다. 기독교로 개종함으로써 로마 제국을 부패시킨 콘스탄티누스는 말할 것도 없고, 알렉산드로스는 자제심 부족과 명예욕으로, 카이사르는 불타는 공명심의 정치가로, 옥타비아누스는 철학적 자질이 부족한 카멜레온적

황제로 비판받는다. 심지어 최고의 황제로 뽑힌 마르쿠스 아우렐리우스조차 아내와 아들(콤모두스)을 편애함으로써 후대 로마 정치에 해악을 끼쳤다고 은근히 비판받고 있다. 이러한 비판은 율리아누스 자신의 경우와 대비된다. 재혼하여 후사를 두라는 주위 신하들의 말에 만약 자신이 아들을 둔다면 그 아들이 태양신 헬리오스의 아들 파에톤같이 될 수 있다면서 거절했다는 일화는, 자신이 마르쿠스 아우렐리우스보다 더 분별력 있는 황제가 될 것임을 암시하는 것으로 보인다. 즉 모든 황제들의 장점을 한 몸에 지니고 있으면서, 결점이 없는 자기 자신이야말로 유사 이래 로마 최고의 이상적인 군주가 될 것이며, 그리하여 전설상의 크로노스 지배 시대, 즉 새로운 황금 시대를 가져올 것임을 은근히 암시하고 또 바라고 있는 것이다.

이 작품의 절정은 각 황제들과 그 수호신들과의 짝짓기다. 마르쿠스 아우렐리우스는 크로노스와 제우스, 알렉산드로스와 트라야누스는 헤라클레스, 카이사르는 아레스와 비너스, 옥타비아누스는 아폴론과 짝을 짓는다. 그러나 전통 신들 중에서 자신의 짝을 찾지 못한 콘스탄티누스는 방종의 여신들 그리고 예수 그리스도와 합류한다. 여기서 예수는 죄인들의 신으로 묘사되고 있다. 그렇다면 율리아누스의 수호신은 누구인가? "율리아누스의 수호신은 바로 미트라다"라는 헤르메스의 극적인 선언으로 이 작품은 끝난다. 이 구절은 율리아누스가 열렬한 미트라교 신자였다는 전통설을 낳게 하는 근거가 되었다. 과연 율리아누스 황제는 열렬한 미트라교 신자였을까?

4. 종교사상

지금까지 율리아누스는 반(反)기독교 사상가이며 미트라교 숭배자로 널리 알려져 있었고, 그에 관한 연구도 이를 중심으로 이루어져왔다. 여기에서는 미트라교를 비롯한 율리아누스의 종교사상과 반기독교 사상에 대하여 살펴보도록 하겠다.

태양신에 대한 율리아누스의 헌신은 잘 알려져 있다. 그는 자신을 태양신의 아들로 자처하면서, 어린 시절의 참극에서 자기를 보호하여 살려준 이도, 그가 병들었을 때 그를 치료해준 이도 태양신이라면서 그와 태양신과의 특별한 관계를 설명하고 있다. 『태양신에게 바친 찬미집』이라는 방대한 분량의 글 첫머리에서 그가 황제 자리에 오른 것은 태양신에 의해 정해진 운명이라고 고백하고 있다. 또한 태양신이야말로 로마 제국을 세운 신인데, 로마 창건자인 로물루스의 영혼이 그러했던 것처럼 율리아누스의 영혼도 태양신으로부터 지상에 보내졌으며, 나중에 다시 신들 속으로 올라갈 것이라고 한다.

통설에서는 이 태양신을 미트라 신으로 해석하는 경향이 강했다. 그 근거는 앞에서 언급되었던, 『카이사르들』이라는 작품의 마지막에 나오는 "율리아누스의 수호신은 바로 미트라"라는 헤르메스의 선언 때문이다. 그리하여 이 한 구절 이외에는 율리아누스가 미트라교 신자임을 밝히는 직접적이고 분명한 증거가 없는데도, 많은 학자들은 이것이야말로 율리아누스가 열렬한 미트라교 신자임을 드러내는 단적이고 충분한 증거로 보았던 것이다. 이 견해는 비데(J. Bidez), 녹(A. D. Nock)을 비롯해 아사나시아디(P. A. Athanassiadi), 나아가 율리아누스의 작품집을 편찬한 라이트(W. Wright), 라콩브라드(C. Lacombrade) 등 거의 모든 학자들이 받아들였으며, 최근에는 스미스(R. Smith)까지도 율리아누스가 미트라교 신자였다고 보는 것이 안전(safe)하다고 하였다.

반면 율리아누스가 미트라교에 입교했는지의 여부조차 확증할 수 없다고 주장한 튀르캉(Turcan)은, 이것을 율리아누스가 실제로 미트라교 신자여서가 아니라 기독교도들을 조롱하고 충격을 주기 위한 의도로 썼다고 해석하였다. 기독교와 비슷한 점이 많아 특히 기독교도들의 혐오를 받았던 미트라교 신자를 가장함으로써 그런 효과를 노렸다는 것이다. 필자가 보기에 이것은 페르시아 원정을 앞두고 페르시아의 수호신 미트라의 도움을 얻기 위한 일종의 에보카티오(evocatio) 의식의 일종이었다. 에보카티오란 전쟁을 수행할 때 적국의 신들을 대하는 전통적인 로마의 종교정책이었다. 즉 어떤 민족이나 국가와 싸울 때 적국의 신의 도움을 받아야 함락이 가능하다고 보고 적국의 신을 초청하는 의식이다. 당시 율리아누스는 페르시아 원정 준비의 막바지에 이르러 있었고, 페르시아의 수호신 미트라의 도움을 받아야 페르시아 원정이 가능하다고 보고 로마의 전통적인 에보카티오 의식을 따른 것이다. 이 글을 통하여 율리아누스는 미트라 신을 자신의 수호신으로 모실 터이니 나를 도와달라고 기원하고 있다. 미트라가 수호신이 된다는 말은 자신이 페르시아의 영토를 포함하는 황제가 된다는 말과도 통한다.

따라서 태양신 역시 종교적인 의미와 더불어 역사적인 맥락에서 정치적인 측면에 대해서도 의미를 두는 것이 옳다고 생각한다. 율리아누스의 태양신은 단순한 미트라 신이라기보다는, 이교주의 내의 모든 철학과 종교의 정수를 모아 집약한 산물이면서, 무엇보다도 로마 제국과 황제의 수호신으로서의 강력한 정치적 기능을 지닌 국가신으로 보는 편이 더 옳다고 생각한다. 그 당시 무적의 태양신(솔 인빅투스, Sol Invictus)으로 상징되는 태양신 숭배는 전래의 헬리오스나 아폴론 등의 태양신 숭배에 시리아 지역의 태양신 바알(헬리오가발), 페르시아에서 들어온 태양신 미트라 등의 모습까지 포함한 로마 제국에서 가장 번성한 국가적 숭배 대상이었다. 그 무렵 태양신 숭배사상과 태양신은 기독교와 예수 그리스도에 대항하는 이교도들의 최후의 보루 역할을 담당하였다.

이러한 배경에서 율리아누스가 태양신을 정점으로 한 범세계적인 이교를 구상한 것은 자연스러운 결과라고 보인다. 그는 이 '우주적인 이교 교회' 속에 제우스·아폴론 등 전통적인 신들에 대한 신앙과 엘레우시스 밀교 의식, 키벨레 여신 숭배, 오르페우스 숭배, 미트라교 등 모든 이교적인 신들과 신앙체계를 받아들였다. 또한 칼다에아 신탁, 특히 헤카테 신앙을 중심으로 한 주술적인 측면도 간과할 수 없다. 율리아누스의 최측근 막시모스는 이에 매우 능한 인물이었으며, 역사가 암미아누스 마르켈리누스에 따르면 율리아누스 자신도 모든 주술적 기술에 능하였다.

이러한 총체적 이교 교회의 수장은 태양신의 아들이자 로마 황제인 율리아누스 그 자신이다. 율리아누스에 따르면, 온 우주에는 신들의 왕 태양신이 있으며, 그 밑에 여러 지역신들이 있다. 태양신은 각 민족에게 그들의 신들을 각각 할당해준다. 따라서 이들 지역신들은 왕(태양신)의 대리인 또는 지사 같은 역할을 한다. 로마 제국의 수호신은 당연히 신들의 왕인 태양신이며, 로마 제국의 황제는 태양신의 지상의 대리자이다. 태양신은 모든 면에서 유대교나 기독교의 신보다 훨씬 우월한 존재인데, 태양신이 전 우주의 신이라면 기독교의 신은 유대 지역을 근거로 한 지역신에 불과하다. 율리아누스는 위대한 우주신이면서 동시에 자신과 로마 제국의 수호신인 태양신을 갈릴리인들의 신(기독교의 신)과 대비시키면서 이교 신앙의 우월성을 드러내고자 한 것으로 보인다.

어릴 때부터 기독교 교육을 받으며 자란 율리아누스는 기독교를 비판하는 데 기독교와 관련해 얻은 지식을 활용하였다. 그에 따르면 예수 그리스도는 어떤 죄악이든지 쉽게 용서해주는 '죄인'들의 신이다. 아니, 그는 병든 이들을 고쳐주는 등 약간의 기적을 행하였을 뿐, 평범한 인간이었다. 그리고 그러한 기적은 이교의 마술사들도 흔히 할 수 있는 정도에 불과하였다. 또한 예수가 물 위를 걸었다면 헤라클레스도 물 위를 육지처럼 걸을 수 있었으며, 예수가 병든 사람들을 치료했다면 그리스의 의료신 아스클레피우스는 더 잘 치료할 수 있었다. 요컨대 예수는 화려한 로마 제국과는 대조적인 어느 보잘것없는 변두리 지역인 갈릴리에서 활동하던, 로마 황제의 한 신민에 불과했던 것이다. 예수는 인간에 불과했지만 사도 요한이나 바울에 의해 훗날 신으로 추앙되었다고 율리아누스는 설명한다.

율리아누스는 여러 가지 면에서 기독교를 비판하였다. 그에 따르면 기독교는 무신론적(atheistikos)이고 불경하며 미신적(deisidaimona)인 종교였다. 왜 무신론적이고 불경한가 하면, 로마의 전통적인 국가신들을 믿지 않기 때문이다. 또한 기독교는 쾌락을 추구하는, 도덕적으로 타락한 종교였다. 왜 도덕적으로 방탕한 종교인가 하면, 기독교는 아무리 큰 죄인이라도 물로 씻고 몇 번 가슴을 치면 용서받는 종교라는 것이다. 즉 그에게 예수 그리스도의 '속죄'라는 개념은 이해하기 힘든 것이었다. 의인은 죄를 짓지 않고 선행을 하며 올바른 삶을 사는 이들이어야 마땅한데, 그저 예수 그리스도를 믿으면 살인자도 사기꾼도 용서받을 수 있다는 기독교는 '저질' 종교라는 것이다. 또한 기독교는 전염병처럼 사회의 안녕을 해치는 '질병'(nosos)이다. 왜냐하면 기독교인들은 열렬히 전도하고 순교까지 마다하지 않으면서 급속히 퍼져나갔기 때문이다.

율리아누스가 보기에 총체적으로 기독교는 문화적 전통이 결여된 야만적이고 비이성적인 종교였다. 유대교는 기독교보다는 조금 나았는데, 왜냐하면 유대교는 그래도 전통이라도 있었지만, 기독교는 거기에서나마 떨어져 나온 신흥종교였기 때문이다. 율리아누스가 기독교도들을 '갈릴리인'이라고 불렀던 이유도, 장대하고 화려한 로마 제국에 비추어 변두리에 사는 보잘것없는 사람들이라는 경멸적인 의미를 담았기 때문이다. 따라서 율리아누스에게 헬레니즘적 전통종교를 버리고 기독교로 개종한다는 것은 '야만화'하는 것을 뜻했다.

그러면서도 그는 기독교의 장점을 뼈저리게 알고 있었으며, 그가 구상한 이교 교회에 이를 적용하려고 애썼다. 즉 기독교도들 중에는 거지가 없고 자기들 내의 가난한 이들을 도와줄 뿐만 아니라 다른 이들까지 도와준다고 안타까워하면서, 이교도들이 그런 역할을 넘겨받아야 한다고 이교 성직자에게 권면하고 있다. 또한 그는 기독교인들은 마치 아이들을 과자로 꾀어서 유괴하는 것처럼 묘사하는데, 그는 기독교인들이 도와주고 '과자를 주는', 즉 선행하는 관행을 잘 알고 있었다. 또한 기독교인들이 하느님과 교회를 위해 헌신하는 모습을 이교 성직자들이 본받기를 원했다.

사실 율리아누스의 이교 교회에 대한 관념이나 애정이야말로 전통적인 이교적 태도라기보다는 기독교적인 것이다. "신을 사랑한다는 말은 우스꽝스럽다"고 퉁명스럽게 말한 아리스토텔레스의 관점이 전통적 종교에 익숙하던 대부분 사람들의 관점이었고, 이교 신들을 위해 누군가가 기독교도처럼 순교한다는 것은 거의 생각지도 못했던 당시의 정황으로 볼 때, 이교를 향한 그의 애정이나 관심의 정도, 기본적인 종교적 틀은 바로 어릴 때부터 익숙했던 기독교에서 나온 것이었다.

5. 영향과 평가

율리아누스의 영향에 관해서는 다양한 평가가 내려지고 있다. 당대의 어느 금석문은 율리아누스를 이교와 전통의 회복자로 평가하고 있다. 율리아누스의 이교정책은 그 무렵 아직 광범하게 존재하던 이교 세력을 배경으로 하고 있었으며, 후대에도 많은 영향을 끼쳤다고 볼 수 있다. 율리아누스의 영향에 대해 도즈는 율리아누스가 오래 살았더라도 이교주의의 종말은 막을 수 없었을 것이라고 보았고, 하이드는 율리아누스가 오래 살았더라면 인류는 빨리 암흑시대에서 벗어날 수 있었을 것으로 보았으며, 존스는 알 수가 없다는 회색지대를 택한다.

율리아누스가 죽은 뒤 비잔티움 정신세계의 흐름은 크게 네 가지 줄기로 나타났다. 첫째, 가능한 한 헬레니즘 문화를 배제하려는 흐름이다. 둘째, 헬레니즘 문화를 교회의 프로크루스테스적 침대에 맞춘 뒤 선택적으로 수용하려는 흐름이었다. 셋째는 헬레니즘을 극도로 미워하고 금욕적인 면을 강조하는 흐름이었고, 마지막 넷째는 거꾸로 헬레니즘 문화 자체를 그대로 신격화하려는 것이다. 율리아누스의 헬레니즘은 두 번째 바로크 헬레니즘의 이면적 흐름으로 살아남았다. 이는 그리스-로마의 고전 가운데 기독교에 대항하는 종교적·철학적 요소를 배제한 뒤 나머지를 수용하려는 것이다. 이는 바로크 헬레니즘의 한 국면으로, 비잔티움 휴머니즘으로 연결되었다.

그리하여 율리아누스의 헬레니즘은 비잔티움 제국 내에서 교육받은 많은 사람들의 사상적 기반을 이루었다. 그의 '정신적 자손'들은 은밀한 가운데 계속 배출되어 훗날 비잔티움 제국이 무너졌을 때 강한 힘으로 분출되어 르네상스 시대의 사상적 분화구를 마련해주기에 이르렀다. 무엇보다도 그의 태양왕정 이데올로기는 비잔티움 제국의 태양왕권 사상으로 살아남았으며,

오랜 세월이 흐른 뒤 루이 14세의 태양왕정으로까지 이어지게 된다. 물론 이는 율리아누스 개인의 영향이라기보다 율리아누스의 태양왕권 사상을 가능하게 했던 정치역학구조의 계승이라고 보는 편이 더 맞을 것이다.

그는 고대부터 오늘날까지 시대적 풍조나 개인의 가치관에 따라 매우 다양한 평가를 받고 있으며, 역사가는 물론이요 문학가의 소재로도 끊임없이 다루어져왔다. 예컨대 당대인으로서 그의 스승이었던 리바니오스는 그를 신과 같은 인물로 극찬한 반면, 그와 함께 수학했던 그레고리오스는 혹평하였다. 중세 가톨릭 교회로부터는 기독교를 박해한 악의 화신으로 그려졌다가 르네상스 인문주의자들로부터는 비극적인 휴머니스트로 그려졌다. 로렌초 드 메디치는 율리아누스에 관한 희곡을 썼는데, 여기서 율리아누스는 총명하고 야망에 찬 '르네상스적' 인물로 그려져 있다. 17~18세기에 이르러 계몽주의 철학자들은 그들의 사상을 일찍이 구현한 선구자적 영웅으로 그렸다. 예컨대 몽테뉴는 그의 중세적·악마적 이미지를 벗기면서 유럽 문학가의 한 사람으로 새롭게 평가했으며, 디드로와 볼테르는 그들처럼 미신을 미워한 이상적인 사상가로 평가하였다. 19세기의 역사가 기번은 율리아누스를 천부적인 자질을 갖춘 황제로 보았다. 『인형의 집』을 쓴 입센도 율리아누스에 대한 드라마를 썼으며 비달의 소설도 나왔다.

20세기에 와서도 그에 대한 평가는 매우 다양하다. 어떤 이는 율리아누스를 존 F. 케네디 대통령이나 시어도어 루스벨트 대통령에 비견하기도 하고, 마오쩌둥이나 레닌에 비견하기도 한다. 그의 전기를 쓴 역사학자 바우어삭은 그를 청교도적인 이교도로, 파우던은 역동적인 헬레니즘주의자로 평가한다. 코제브는 율리아누스가 겉으로는 기독교를 미워하고 이교를 열렬히 부활시키려는 듯이 보였지만, 그것은 가면일 뿐 실제로는 이교도를 가장한 철학적 무신론자라고 평가하였다. 필자는 율리아누스를 '권력에 희생당한 철학적 권력 지향자'라고 요약하고 싶다. 그에 대한 평가나 해석은 아마도 시대풍조나 개인의 취향과 관점에 따라 앞으로도 계속 달라질 것이 틀림없다.

참고문헌

1차 사료

Julianus, *Opera*,

-*Julian*, W. C. Wright, 3 vol. LCL, London, 1913~23.

-*L'Empereur Julien* : Œvres Complètes, I, II, eds. J. Bidez, G. Rochefort, C. Lacombrade, Paris, 1924~64.

Ammianus Marcellinus, *Res Gestae*, J. C. Rolfe, LCL, London, 1950.

Codex, *Theodosii*, C. Pharr, NY, 1952.

Eunapios, *Vitae Philosophorum*, W. C. Wright, LCL, 1921.

Gregorios(Nazianzus), *Kata Ioulianoum*, C. W. King, BCL, London, 1888.

Libanios, *Logoi*, A. F. Norman, LCL, 1969.

Malaras, *Chronographia*, E. Geffereys, Melbourne, 1986.

Mamertinus, *Panegyrici Latini* III(XI), Mynors, Oxford, 1964.

Saloutius, De Diis et Mundo, G. Murray, *Four Stages of Greek Religion*, NY, 1912, Appendix.

Sokrates, *Ekklesiastike Historia*, PG, 67, E. Walford, BEL, London, 1860.

Themistius, *Themistii Orationes*, W. Dindorf, Hedesheim, 1961.

Theodoretos, *Ekklesiastike Historia*, PG, 67, Evagrius, BEL, London, 1854.

Zosimos, *Historia Nea*, L. Mendelssohn, Stuttgart, 1887.

B. Bischoff, D. Nörr, *Eine unbekannte Konstitution Kaiser Julians*, München, 1963.

The Emperor Julian, Panegyric and Polemic, ed. S.N.C. Lieu, Liverpool, 1989.

2차 사료

J. M. Alonso-Nunez, "The Emperor Julian's Misopogon and the Conflict between Christianity and Paganism," *Anc. Soc.* 10, 1979, pp. 311~324.

_____, "L'Empereur Julien et les Cyniques," *Les Etudes Classiques* 7, 1984, pp. 254~259.

R. Asmus, "Kaiser Julians Mosopogon und seine Quelle I-II," *Philologus* 76 · 77,

1920 · 1921; pp. 266~292 ; 109~141.
P. Athanassiadi, "A Contribution to Mithraic Theology," *JThS* 28, 1977, pp. 360~371.
P. Athanassiadi, "Julian," *An Intellectual Biography*, London, 1992.
B. Baldwin, "The Caesars of Julian," *Klio* 15, 1978, pp. 449~466.
T. D. Barnes, "Julian and Themistius," *GRBS* 22, 1981, pp. 187~189.
G. J. M. Bartemlink, "L'empereur Julien et le vocabulaire chretien," *VChr* 11, 1957, pp. 37~48.
N. H. Baynes, "The Death of Julian the Apostate in a Christian Legend," *JRS* 27, 1937, pp. 22~29.
J. Bidez, *La vie de l'empereur Julien*, Paris, 1930.
H. W. Bird, "The Recent Research on the Emperor Julian," *EMC* 26, 1982, pp. 281~296.
F. Blanchetiere, "Julien philhellene, philosemite, antichrétien," *JJS* 31(1980), pp. 61~81.
R. C. Blockley, "Gallus and Julian as Caesars of Constantius II," *Latomus* 31, 1972, pp. 433~468.
G. W. Bowersock, *Julian, the Apostate*, London, 1978.
G. W. Bowersock, "The Emperor Julian on his Predecessor," *YCIS* 27, 1982, pp. 159~172.
J. Bouffartigue, *L'empereur Julien et la culture de son temps*, Paris, 1992.
R. Browing, *The Emperor Julian*, London, 1975.
A. Cameron, "Julian and Hellenism," *Anc. World* 24, 1993, pp. 25~29.
G. Dawney, "Julian the Apostate at Antioch," *CIH* 8, 1939, pp. 305~315.
J. F. Drinkwater, "The Pagan Underground, and the Userpation of Julian the Apostate," *Studies in Latin Literature and Roman History*, Bruxelles, 1983.
C. Fouquet, "L'Hellénisme de l'empereur Julien," *BAGB*, 1981, pp. 192~202.
J. F. Gilliam, "Titus in Julian's Caesars," *AJPh* 88, 1967, pp. 203~208.
F. D. Gilliard, "Notes on the Coinage of Julian the Apostate," *JRS* 54, 1964, pp. 135~141.
A. Hadjinicolau, "Macellum lieu d'exil de l'empereur Julien," *Byzantine* 21, 1951, pp. 15~22.
C. Head, *The Emperor Julian*, Boston, 1976.
W. E. Kaegi, *Research on Julian the Apostate, 1945~64*, *CW* 58, 1965, pp. 229~238.

R. Klein, *Julian Apostata*, Darmstadt, 1978.
A. Kojeve, "The Emperor Julian and His Art of Writing," *Ancient and Moderns*, NY, 1964, pp. 95~103.
C. Lacombrade, "L'empereur Julien émule de Marc-Aurèle," *Pallas* 14, 1967, pp. 9~22.
A. Meredith, "Porphyry and Julian against the Christians," *ANRW* II 23.2, pp. 1119~1149.
A. Murdoch, *The Last Pagan Julian the Apostate and the Death of the Ancient World*, Gloucestershire, 2003.
I. Müller-Seidel, "Die Usurpation Julians des abtrünigen in Lichte seiner Germanenpolitik," *HZ* 180(1955), pp. 225~244.
A. D. Nock, "The Deification of Julian," *JRS* 47, 1957, pp. 115~123.
G. Ricciotti, *Julian the Apostate*, trans. M. J. Costelloe, Milwaukee, 1960.
R. Smith, *Julian's God: Religion and Philosophy in the Thought and Action of Julian the Apostate*, London, NY, 1995.
최혜영, 「율리아누스 태양신 헬리오스의 정치적 의미」, 『서양사론』 61집, 1999, 31~65쪽.
최혜영, 「베르길리우스의 Ecloga IV와 율리아누스 Logos VII에 나오는 메시야 사상」, 『서양고전학연구』 13, 1999, 193~226쪽.

오도아케르

서로마 제국의 멸망과 중세의 시작?

● 김병용(조선대 교수 · 서양사)

1. 오도아케르의 생애

오도아케르의 출생에 대해서는 잘 알려진 바가 없으며, 단지 고트족 계열에 속하는 스키르족(Skiren) 출신으로 430년경 태어났다고 추정된다. 그의 아버지 에디카(Edika)는 스키르족을 이끌고 루기족과 함께 동해에서 도나우로 이동하여 여느 민족들과 마찬가지로 훈족 아틸라의 지휘 아래 들어갔다. 스키르족은 훈족이 멸망한 뒤 남부 모에지아(Moesia)에 정주하였다. 그러나 그곳은 당시 동고트족을 중심으로 루기족(Rugier) · 게피드족(Gepiden) 등 게르만족이 세력을 확보하고 있었을 뿐 아니라 게르만족 이외의 다른 민족들도 진을 치고 있었다. 에디카는 이곳에 정주했으며, 세력을 장악하기 위해 두 차례나 다른 민족을 공격했으나 큰 성과를 거두지는 못했다. 다만 두 번째 공격 때 우군 불소(Wulso)와 함께 동고트족 아말리가(Amali)의 수장 발라머(Walamer)를 죽이는 데 성공하였다. 그러나 전쟁에는 결국 패하고 말았다. 동고트족은 발라머의 뒤를 이어 동생 테오데미르(Theodemir)가 지휘했는데, 그는 훗날 오도아케르를 죽인 테오도리쿠스의 아버지였다.

오도아케르의 생애에서 476년 이전 자신의 부족과 이탈리아에서의 지위에 관한 기록은 아주 조금 전해지는데, 그마저도 내용의 신빙성이 의심되고 있다. 한 자료에서는 오도아케르를 '고트족의 왕'으로 지칭하고 있다. 이는 저자가 고트족을 넓은 의미로 이해하여 당시의 게르만족을 모두 고트족으로 이해했음을 말해준다. 다른 자료에서는 오도아케르가 '투르클링족(Turklingen)의 왕'이었다고 기록하고 있다. 이와 같은 사실을 토대로 오도아케르가 터키계 인물이었다는 허황된 주장이 제기되기도 하였다. 그러나 여기서 투르클링족은 동고트족 계열의 헤룰족(Heruler)을 지칭하며, 이는 당시의 여러 민족에 대한 정보가 정확하지 않았음을 말해주는 동시에 많은 게르만족 계열의 민족이 구분되지 않을 만큼 서로 밀접한 관계를 맺고 있었음을 알려주는 것이기도 하다.

오도아케르의 476년 이전 삶에 대한 믿을 만한 기록은 오도아케르가 죽은 뒤 511년경에 작성된 성 세베리누스(St. Severinus)의 전기이다. 이 전기는 성 세베리누스의 제자 에우기피우스(Eugippius)가 쓴 것으로, 이에 따르면 오도아케르는 이탈리아를 정복한 어느 민족의 왕자도 왕도 아니었고, 다른 수많은 게르만족과 마찬가지로 로마 황제의 용병으로 일컬어졌으며, 이탈리아로 출발하기 전 도나우 유역에 잘 알려진 성 세베리누스의 거처로 찾아와 기도를 부탁했다고 한다. 이 기록을 토대로 오도아케르는 469년 노리쿰으로 망명하여 그곳에서 선교활동을 하고 있던 성 세베리누스를 만났으며, 470년 그의 무리들과 함께 로마 제국의 용병이 되었다는 것을 알 수 있다.

당시 로마에서는 원로원 귀족 출신으로 장군(magister militum)직을 갖고 있던 부르군트 출신의 군도바드(Gundobad)가 473년 글리케리우스(Glycerius)를 황제로 즉위시켰다. 그러나 동로마의 황제 레오 1세(Leo I)는 이를 인정하지 않고 달마치야의 장군 네포스(Iulius Nepos)를 황제로 임명하여 이탈리아로 보냈다. 네포스는 처음에는 서로마의 황제로서 뜻을 관철하려 했지만 끝내 뜻을 펴지 못하고, 475년 그의 장군이었던 오레스테스(Orestes)에게 폐위당하고 달마치야로 돌아갔다. 오레스테스는 직접 황제가 되지 않고 아들 로물루스(Romulus)를 서로마의 황제(Augustulus)로 추대했다.

오도아케르는 오레스테스가 네포스를 물리칠 때 공을 세운 대가로 이탈리아에 거주할 권리와 함께 이탈리아의 3분의 1을 내놓을 것을 요구했다. 그러나 오레스테스는 이를 거절하였다. 이에 오도아케르는 476년 8월 28일 플라켄티아(Placentia) 전투에서 오레스테스를 물리치고 로물루스를 폐위시켰다. 그리고 로마 원로원은 476년 황제의 인장을 콘스탄티노플로 보내면서 두 제국에 한 황제로 충분하다는 의견을 제시했다. 또한 오도아케르를 아에티우스나 리치메르 같은 로마 장군의 지위로 천거하였고, 그에게 행정직을 맡길 것을 부탁하였다. 이 사실을 접한 동로마 황제 제노(Zeno)는 오도아케르를 파트리키우스(Patricius)에 임명하는 것을 네포스에게 일임하였다. 동로마는 480년까지 달마치야에서 통치하던 네포스를 서로마의 공식적인 황제로 생각했던 것이다. 그러나 오도아케르는 네포스에게 아무런 요구도 하지 않았다.

오도아케르는 아마 공식적인 절차를 밟지 않고 로마의 장군직을 수행하면서 이탈리아에서 자신의 입지를 키워갔던 것으로 보인다. 그는 476/7년 시칠리아를 반달족의 왕 가이제리히(Geiserich)에게서 빼앗아 이탈리아에 복속시킴으로써 이탈리아의 곡물 공급을 원활하게 하였다. 또한 480년에는 네포스가 죽자 달마치야를 복속시켰다. 당시 오도아케르가 두 명의 콘술 중 한 명을 추천했을 때 제노가 그 추천을 고려했던 점으로 미루어보아 서로마에서 그의 영향력은 대단했던 것으로 보인다. 또한 그는 486년 콘스탄티노플의 사주를 받은 루기족의 왕 펠레토이스(Feletheus)가 공격하려 하자 동생 후눌프(Hunulf)와 함께 선제공격을 하여 루기 왕국을 정복했다. 이에 따라 루기 왕국에 속했던 모든 식민지도 이탈리아에 복속되었다.

오도아케르의 성장은 콘스탄티노플에 대한 위협으로 느껴졌으며, 이에 대한 대책이 강구되었다. 487년 제노와 동고트족의 왕 테오도리쿠스가 아주 중요한 계약을 맺었다. 이 계약에 따르면 테오도리쿠스가 황제를 대신하여 오도아케르를 굴복시킬 경우 그 지역의 통치권을 갖게 되었다. 동고트족은 이탈리아에 욕심이 났고 테오도리쿠스는 기꺼이 그 일을 수행하였다. 그 동안 테오도리쿠스는 동로마에서 대체로 성가시고 불안한 존재로 받아들여졌으나, 제노는 오도아케르를 제거하기 위해 테오도리쿠스와 손잡고 그의 이탈리아 정복을 사주했다.

테오도리쿠스의 원정군에는 잔류하던 루기족은 물론 로마인들까지 참여하였다. 그는 489년 8월 이탈리아에 당도하였고 전쟁이 벌어졌다. 서고트족 알라리크 2세의 부대가 테오도리쿠스 군대에 합류하자, 오도아케르는 라벤나(Ravenna)로 돌아가 방어하였다. 그러나 라벤나 전투가 시작된 지 2년 후인 492년 여름, 라벤나는 육로는 물론 해로까지 봉쇄당하였다. 493년 2월 오도아케르와 테오도리쿠스는 이탈리아 공동지배에 협약하였다. 이 협정을 맺은 뒤 라벤나 시로 진입한 테오도리쿠스는 3월 5일 오도아케르를 암살하였다. 또한 오도아케르의 아내와 아우 및 그의 추종자들을 살해했다. 동고트족 군대는 테오도리쿠스를 왕으로 추대하였다. 이 왕권은 동고트족뿐만 아니라 로마인들에게까지 미치는 것이었다.

따라서 로마 제국의 존립에 실질적인 타격을 준 사람은 오도아케르라기보다 테오도리쿠스라고 할 수 있다. 비록 오도아케르가 서로마 황제를 폐위시켰다 하더라도 그는 로마를 위해 싸운 로마의 장군이었고, 그의 활약에 힘입어 로마는 유지되었던 것이다. 이에 비해 동고트족의 테오도리쿠스는 이탈리아 정복과 더불어 동고트족은 물론 로마인의 왕으로 군림하면서 로마가 아니라 동고트족의 왕국을 유지시킨 셈이 된다. 로마를 위해 싸운 이민족 출신 오도아케르에 대한 동로마 황제의 배신은 로마의 도덕성에 큰 흠집을 남겼으며, 제국의 분열을 막을 어떠한 명분도 제시할 수 없게 되었다.

2. 476년의 역사적 의미

중세의 시작?

언제가 중세이며 왜 중세인가 하는 물음은 다른 역사적 시대구분 문제와 마찬가지로 늘 논란의 대상이 되지만, 뾰족한 결론을 맺지 못하는 대표적인 논쟁거리이다. 중세를 시대구분하는 데서 무엇보다도 중요한 것은 로마 제국과 게르만족의 관계이다. 특히 고대에서 중세로 변화하는 5세기를 전후한 시점에 로마 제국 내에서 게르만족의 역할이 중요하게 고려된다. 무엇보다도 유럽 중세의 시작으로 공론화되어 거론되는 것은 476년 오도아케르가 로물루스 황제를 폐위시킨 사건이다.

476년에 대한 여러 주장을 살펴보면, 엔슬린(Ensslin)은 오도아케르가 로마의 파트리키우스(Patricius)이며 장군으로 황제권을 대행했다고 주장하였다. 그러나 슈타인(Stein)은 당시 황제 제노(474/75년, 476~491년)가 오도아케르에게 파트리키우스 칭호를 준 것은 사실이지만, 그렇다고 그가 최고 장군의 지위를 누렸다고 할 수는 없다고 주장한다. 존스(Jones)도 오도아케르가 야만족의 왕이므로 비록 콘술 추천권이 있었다 하더라도 임명권은 행사할 수 없었음을 강조했다. 이상의 해석들은 특히 1960년대를 전후로 본격적으로 진행되어 오늘날까지 큰 영향력을 행사하고 있다. 그렇지만 476년이 아무리 중요하다고 하더라도 그것이 중세의 시작인가에 대해서는 더욱 객관적인 접근이 필요하다.

476년이 과연 중세를 여는 결정적인 해인가? 로물루스는 476년 9월 나폴리에 있는 루쿨라눔 성(Castellum Lucullanum)으로 폐위되었다. 그리고 몇 년 늦게 성 세베리누스의 성유물이 노리쿰에서 루쿨라눔 성으로 옮겨졌다. 그럼에도 당대의 문헌에서는 황제 폐위에 관한 기록은 찾을 수 없고, 성 세베리누스의 소식은 쉽게 발견된다. 476년의 폐위 사건과 서로마 제국의 멸망에 관한 최초의 기록은 518/19년에 작성된 마르첼리누스 코메스(Marcellinus Comes)의 연대기에서 발견된다.

476년의 사건이 이렇게 뒤늦게 주목받은 이유는 476년 이전에도 공위시대가 있어왔을 뿐 아니라 율리우스 네포스가 480년까지 서로마뿐 아니라 동로마에서도 합법적인 황제(Augustus)로 인식되었기 때문일 것으로 추측된다. 다른 한편으로는 마르첼리누스 코메스가 485년 콘술을 지냈고 보에티우스(Boetius)의 장인이었던 심마쿠스(Symmachus)가 쓴 『로마사』(*Historia*

Romana)의 영향을 받았기 때문이라고 주장한다. 다시 말해 476년의 사건 기술은 로마 원로원의 귀족의식이 표현된 것으로 여겨진다.

이에 반하여 데만트, 루기니 그리고 최근 들어 크로크(Croke)는 마르첼리누스의 연대기가 동로마의 입장에서 씌어졌으며, 요르다네스의 『로마사』는 심마쿠스의 영향을 받지 않았다고 주장하였다. 그리고 그들은 마르첼리누스의 연대기가 5세기에서 6세기로 전환하는 시기에 씌어졌고 콘스탄티노플 지역사를 다루는 에우스타티우스(Eustathius von Epiphaneia)의 연대기를 모방했을 뿐 아니라, 요르다네스도 에우스타티우스 등의 자료를 참고했다고 주장한다. 더 나아가 크로크는 정치적 이해관계, 즉 테오도리쿠스 체제를 옹호하기 위한 관점에서 그 시대를 바라본 것이 아니라, 마르첼리누스와 요르다네스의 서술이 서로마의 황제가 폐위되고 나서 한참 뒤에 작성된 것으로 실용적인 관점에서 씌어졌음을 강조한다. 어쨌든 마르첼리누스의 관점은 서로마 원로원 귀족의 특성을 반영한다기보다는 동로마적인 것으로 보인다.

다시 말하여 476년의 사건은 당대에 큰 의미를 갖지 않았던 것으로 여겨지며, 이에 따라 이 사건을 중세의 시작으로 보는 데에는 많은 문제점이 있다고 생각한다.

게르만족의 로마 침입?

다음으로 오도아케르와 로마 제국 사이의 관계를 살펴보면, 오도아케르 이전의 아르보가스트나 스틸리코 같은 게르만족 출신 로마 장군들과 로마 제국 사이의 관계와 차이가 없어 보인다. 로마 장군 아에티우스(Aëtius)는 451년 게르만족과 함께 프랑스 중부 평원에서 훈족을 물리쳤다. 로마인들이 게르만족과 연대하여 이민족을 물리친 것이다. 따라서 로마 제국과 게르만족의 관계는 흔히 '게르만족의 침입'이라는 용어로 대변되는 적대적인 관계만은 아니었다. 또한 서로마 제국의 식민지를 누가 지배하느냐 하는 문제가 로마와 이민족 사이의 적대적인 전투로 결정되는 일은 아주 드물었다.

단지 아프리카의 반달족, 이탈리아의 롬바르드족만이 침입자로서 로마 제국의 영토에 별 저항 없이 진입하였다.

5세기 후반부 많은 전란으로 혼란스러운 정국에서 게르만족과 아나톨리아 남서 산악지역의 이사우리아족 같은 이민족들은 동로마 제국의 군대를 지휘하였다. 알란족 아스파르(Aspar)는 434년 서로마의 콘술이 되었다. 아스파르는 441년 페르시아 정복에 나섰고, 447~450년 훈족과 싸웠으나 별다른 전과를 올리지 못하였다. 그는 황제 마르키아노스(Markianos)와 레오 1세 때 고트족과 연대하여 황제위를 노렸으나 실패하였다. 당시 레오 1세는 이사우리아족의 타라시스(Tarasis 또는 Tarasicodissa)의 도움을 받아 아스파르의 공격을 막을 수 있었다. 레오 1세가 죽은 뒤 타라시스의 아들이 레오 2세로 황제가 되었으나 곧 죽고, 같은해 타라시스가 제노라는 이름으로 황제가 되었다. 그러나 475년 장모의 동생 바실리스코스(Basiliskos)에게 황제위를 찬탈당했다가, 그 이듬해 다시 되찾았다.

이와 같이 동로마가 정치적으로 불안정한 가운데 476년 로물루스 아우구스툴루스가 오도아케르에 의해 폐위당한 것이다. 앞에서 지적한 대로 동로마의 황제 제노는 오도아케르를 자신의 부하로 여겼으나 오도아케르의 성장에 점차 위협을 느끼고 동고트족을 이용해 그를 제거했다. 그뒤 동고트족은 이탈리아 반도에서 독립적인 동고트 왕국을 수립했으나, 유스티니아누스(Justinianus)는 동고트 왕국을 멸하고 서로마 지역을 로마 제국에 재편성시켰다. 그러나 유스티니아누스 황제가 죽자 제국은 재분할되어 다시는 원상복구될 수 없었다.

이러한 사실은 476년보다 오히려 565년이 고대의 종말과 동시에 중세 유럽이 형성되기 시작한 해로 더 적당해 보이게 한다. 그리고 더 나아가 유스티니아누스가 서거한 뒤도 제국은 584년 라벤나에 총독부를 설치하여 751년 랑고바르드족에 의해 그것이 파괴될 때까지 서로마 지역을 다스렸다. 그러므로 제국의 이탈리아 지배는 751년까지 지속된 것으로 볼 수 있으며, 중세 유럽의 시작도 여기에서 더 큰 의미를 찾을 수 있을 것이다.

476년의 의미가 강조되는 또다른 이유는 로마가 점령당했다는 사실에 있다. 그러나 로마 제국의 천도사를 살펴보면 476년의 로마 점령이 큰 의미가 없다는 것을 알 수 있다. 로마의 황제는 서로마에서는 밀라노·트리어·파리에 거주했으나 5세기에는 주로 라벤나에 거주했다. 동로마에서는 마르마라(Marmara) 해변에 있는 니코메디아(Nikomedeia)에 거주했으며 330년부터는 콘스탄티노플에 거주했다. 또한 도나우 강 유역에서는 주로 테살로니케(Thessalonike)와 시르미움(Sirmium)에 거주하였다. 따라서 로마는 단지 명예수도로서 기능했을 뿐이며, 원로원이 그곳에 있긴 했지만 정치적으로는 이미 아무런 영향력도 행사하지 못했다.

이러한 측면에서 로마 점령이란 단지 상징적인 것일 뿐 실질적인 의미는 없었다. 비잔티움으로 천도하기 이전 로마 제국의 정치 중심지는 4분체제 시절부터 밀라노였다. 잘 알려진 바와 같이 서로마의 수도는 381년 밀라노로 지정되었으며, 403년 더 나은 군사요충지로서의 기능을 고려하여 라벤나로 옮겨졌다. 그러나 밀라노는 천도 후에도 여전히 서로마의 중심지로서 기능하였다.

또한 무엇보다도 게르만족이 로마를 침입했다면 게르만족의 로마에 대한 군사적 우위가 증명되어야 할 것이다. 그러나 제정이 부활한 디오클레티아누스 황제 시기의 로마 군사력은 브리타니아에서 메소포타미아에 이르는 지역을 통제할 수 있을 만큼 강력하였다. 300년경 로마의 군대는 30만 명에 이르렀으며, 이 가운데 4만 5천 명이 해군이었다. 5세기 초 서로마 제국은 11만 3천 명의 야전군과 13만 5천 명의 국경수비군을 거느리고 있었다고 주장되는데, 4~5세기에 걸쳐 로마의 병력은 이에 미치지 못한 것으로 파악된다.

그리고 로마의 병력도 제국의 재정적인 뒷받침이 따르는 한 충원될 수 있었다. 물론 잦은 전쟁으로 국고가 축나고 전쟁 지역의 세수가 중단되자 재정난이 가중되었다. 유스티니아누스 황제 말기인 565년의 한 주장에 따르면, 로마 제국의 전체 병력은 15만 명 정도였다고 한다.

게르만족의 병력은 많은 경우 과장되어 주장되었기 때문에 산출하기가 어렵다. 그럼에도 믿을 만한 집계에 따르면, 민족이동기 게르만족의 병력은 많아야 3만 명 정도로 추정된다. 이렇게 볼 때 로마 군대는 게르만 군대보다 수적으로 훨씬 우세했을 뿐 아니라, 훨씬 더 잘 조직되고 잘 훈련되어 있었다. 그러므로 476년 게르만족이 서로마 제국을 멸망시켰다는 것은 물리적인 힘의 우위를 고려할 때 무리한 주장이라고 할 수 있다.

좀더 사실적인 해석은 게르만족은 로마 제국의 허락을 받고 로마 제국에서 활약했으며, 게르만족의 역할이 증대한 것도 로마 제국과의 적대적인 대결을 통해서라기보다 서로 보완하는 관계에서 이루어졌다고 할 수 있다. 따라서 게르만족을 중심으로 한 서양 중세의 시작을 476년의 역사적인 사건과 결부시키는 것은 지나친 확대해석이라고 생각된다.

참고문헌

정기문, 「서로마 제국의 멸망」, 허승일 외 지음, 『로마 제정사 연구』, 서울대학교 출판부, 466쪽 이하.
G. Althoff(Ed.), *Die Deutschen und ihr Mittelalter*, Darmstadt, 1992.
E. Boshof 외, *Geschichte*, 3. Auflage, Köln, Wien, 1983.
J. B. Bury, *A History of the Later Roman Empire*, 2 vols., London, 1889.
H. Chantraine, "Konstantinopel-Vom zweiten Rom zum Neuen Rom," *Geschichte in Wissenschaft und Unterricht* 43, 1992, pp.3~15.
B. Croke, "A. D. 476: The Manufacture of a Turningpoint," *Chiron* 13, 1983, pp.81~119.
Dahn, "Odovakar," *Allgemeine Deutsche Biographie*, Band 24, ed. Historische Commission bei der königlichen Akademie der Wissenschaften, Leipzig, 1887.
A. Demandt, *Die Spätantike. Römische Geschichte von Diocletian bis Justinian 284~565 n. Chr.*, München, 1989.
W. Ensslin, "Zu den Grundlagen von Odoakers Herrschaft," *Serta Hoffilleriana*, Zagreb, 1940, pp.381~388.
H. -J. Gehrke, *Kleine Geschichte der Antike*, München, 1999.
H. -D. Heimann, *Einführung in die Geschichte des Mittelalters*, Stuttgart, 1997.
A. H. M. Jones, "The Constitutional Position of Odoacer and Theoderic," *Journal of Roman Studies* 52, 1962, pp.126~130.
W. E. Kaegi, *Byzantium and the Decline of Rome*, Princeton, 1968.
St. Krautschick, "Zwei Aspekte des Jahres 476," *Historia* 35, 1986, pp.344~371.
A. Lippold, "Odoacer(Odovacar)," *Der Kleine Pauly. Lexikon der Antike*, Band 4, Deutscher Taschenbuch Verlag, München, 1979.
U. Neddermeyer, *Das Mittelalter in der deutschen Historiographie vom 15. bis zum 18. Jahrhundert*, Köln/Wien, 1988.
G. Ostrogorsky, *Geschichte des Byzantinischen Staates*, 3. Auflage, München, 1963.

E. Pitz, "Mittelalter," *Lexikon des Mittelalters* Band 6, München, 2002.
W. Pohl, *Die Germanen, Enzyklopädie deutscher Geschichte*, Band 57, 2. Auflage, München, 2004.
_____, *Die Völkerwanderung. Eroberung und Integration*, Stuutgart, Berlin, Köln, 2002.
P. Schreiner, *Byzanz*, Oldenbourg Grundriss der Geschichte, 2. überarbeitete Auflage, München, 1994.
E. Stein, *Geschichte des spätrömischen Reiches*, Bd. 2, Paris u. a., 1949.
_____, "Untersuchungen zur spätbyzantinischen Verfassungs und Wirtschaftsgeschichte," *Mitteilungen zur osmanischen Geschichte* 2, 1925, Nachdruck : Amsterdam, 1962, pp. 1~59.
F. Winkelmann, Gomolka-Fuchs, G., *Frühbyzantinische Kultur*, Leipzig, 1987.
H. Wolfram, *Die Goten und ihre Geschichte*, München, 2001.
_____, *Das Reich und die Germanen*, 2. Auflage, Berlin, 1992.

라틴어 자료

Monumenta Germaniae Historica(이하 *MGH*), *Auctores Antiquissimi*(이하 *AA*) I, 2, Berlin, 1887; *Eugippii vita sancti Severini, recensvit et adnotavit Hermaanus Sauppe.*
MGH, AA, XI, ed. Th. Mommsen, Berlin, 1894, Nachdruck, München, 1981, p. 91 : *Marcellini v. c. comitis chronicon ad a. DXVIII continuatum ad a. DXXXIV.*
MGH AA, V, 1, ed. Th. Mommsen, Berlin, 1882, Nachdruck, München, 1982, 344, 345, p. 44 : Jordanes, *De summa temporum vel origine actibusque gentis Romanorum*, Romana ; 242, 243, p. 120 : Jordanes, De origine actibusque getarum.
MGH Scriptores rerum Langobardicarum et Italicarum, ed. Societas Aperiendis Fontibus rerum Germanicarum medii aevi, 1878, Hannover : "Origio gentis Langobardorum" (p. 3, 3) ; "Historia Langobardorum codicis Gothani," p. 8, 3 ; "Pauli Historia Langobardorum" (lib. 1, 19, p. 47, 16, p. 56, 19) ; "Agnelli qui et Andreas liber pontificalis ecclesiae Ravennatis," ed. O. Holder-Egger, p. 303 이하 ; "Gesta Episcoporum Neapolitanum," ed. G. Waitz, p. 40, "Ex Vita sancti Laurentii Episcopi Sipontini" (p. 544).

헤로데 대왕

심장은 이두메인, 정신은 로마인

● 최창모(건국대 교수 · 히브리 중동학)

1. 출생과 터 닦기

정확히 알 수는 없지만, 헤로데는 기원전 70년대 후반에 태어났다. 그는 이미 반세기 전 하스모니아 왕조의 요한 힐카누스가 이두메 지방을 정복하고 그 지역 사람들을 모두 강제 개종시킬 때 유대교로 개종한 귀족 가문에서 태어났다. 헤로데의 아버지 안티파트로스는 "혈통이나 부에서 그리고 그 밖의 지위에서 그야말로 이두메의 유력인사"(『유대 전쟁사』 1.123)였다. 많은 돈을 자기 뜻대로 사용할 수 있는 당파심이 강한 사람(『유대 고대사』 14.8)이었던 그는 자신이 후원하는 힐카누스 2세(기원전 63~40년)의 고문관으로서, 기원전 47년 유대의 감독관(epitropos)으로 임명되었다.

안티파트로스와 헤로데의 권력은 처음부터 부침(浮沈)하는 로마의 권력에 대한 확고부동한 충성심에서 나온 것이었다. 기원전 63년 로마의 폼페이우스 장군이 유대를 점령하자, 부자(父子)는 로마의 동의와 지원 없이 할 수 있는 일은 아무것도 없다는 사실을 깨달았다. 그들은 평민파와 원로원 간의 권력다툼으로 로마의 공화정이 불안정한 틈을 타 팔레스타인에서 자신의 권력기반을 닦아나갔다. 폼페이우스에게 충성하던 안티파트로스는 그가 세상을 떠나자 폼페이우스를 버리고 카이사르와 교분을 맺기 시작했던 것이다. 카이사르의 이집트 원정에 지원군을 파견하여 혁혁한 전과를 올린 그는 로마의 시민권을 부여받고, 마침내 유대의 행정장관[1]이 되었다(『유대 전쟁사』 1.193~194). 이때 25세에 아버지에게서 갈릴리의 행정관으로 임명된 헤로데는 벌써 그 지역의 산적들을 공세적으로 토벌함으로써 강력한 통치자로서의 명성을 얻었다.

그러나 기원전 40년대 후반, 헤로데의 정치적인 운명은 매우 나빠졌다. 카이사르가 카시우스·브루투스에게 암살당하자 로마 제국은 내란에 휩싸이고 그들이 아우구스투스와 한편이 된 안토니우스와 패권을 다투었다. 그 사이 시리아의 총독으로 부임한 마르쿠스를 도와 새로운 권력을 얻으려던 헤로데의 아버지 안티파트로스가 정적에 의해 독살당했다. 그 틈을 타서 하스모니아 왕조의 후손 마타티아 안티고누스가 파르티아 기병대의 도움과 하스모니아 왕정 복귀를 지지하는 유대인들을 등에 업고 예루살렘을 공격해 들어왔다. 대제사장 힐카누스 2세를 체포하여 대제사장에 복귀하지 못하

---

[1] 유대 지방의 통치자에 대한 공식적인 칭호가 무엇이었는지에 관한 논의는 매우 복잡하고 어렵다. 견해는 크게 둘로 나뉜다. 대부분의 학자들은 초기부터 행정장관(procurator)이 다스렸다고 보는 반면에 다른 학자들은 아그리파 1세를 전후로 초기에는 지방장관(praefectus)이라 불리다가 클라우디우스 황제(기원전 10년~기원후 54년) 때부터 행정기구의 발전에 발맞추어 행정장관이라 칭했다고 주장한다. 두 용어(직책)는 벌써 공화정 시대부터 존재한 것으로 알려졌다. 의심할 여지 없이 행정장관의 기능은 황제의 영토를 관리하고, 황실의 여러 지방에서 발생하는 수입을 관리·감독하는 것이었다.
한편, 아우구스투스 시대부터 클라우디우스 원년에 이르기까지 지방장관이라는 칭호가 지방의 행정관(governor)이라는 명칭으로 사용됐다는 명백한 증거가 있다. 행정장관이라는 호칭이 지방장관으로 바뀐 것은 클라우디우스 황제 때가 유일하다. 유대 지방과 관련한 문서에서 통치자에 대한 공식 칭호가 무엇이었는지에 관해서는 분명치 않다. 행정장관이라는 칭호는 아그리파 1세 이전부터 그리스어(*πίτ5οπος)와 라틴어(procurator)에서 모두 나타나는 것은 사실이다. 그러나 클라우디우스 시대 이후부터는 자주 지방장관을 의미하는 그리스어(Ἔαρhος)가 라틴어(praefectus)로 번역되어 사용된다(『유대 고대사』 19.363; 20.193,197). 가이사랴에서 발견된 비문에서 폰티우스 빌라도(기원후 26~36년)를 '유대 지방장관'(praefectus Iudaeae)이라고 부른 것은 대표적인 예라 할 수 있다. 유대의 지방장관은 황제가 직접 임명했으며, 주로 로마의 기사단에 속했다.

도록 귀를 자르고, 헤로데의 형 파사엘을 체포해 처형하였다(『유대 고대사』 14.363~369; 『유대 전쟁사』 1.268~273, Dio Cassius xlviii.26.2). 그리고 안티고누스는 유대의 왕이 되었다. 기원전 40년, 헤로데는 유대를 빠져나가 이집트를 거쳐 로도스 섬을 경유해 이탈리아로 도망가고 말았다(『유대 고대사』 14.370~378; 『유대 전쟁사』 1.277~281).

기원전 39년 헤로데는 파르티아에게 빼앗긴 로마의 동쪽 식민지를 해방시키려는 적극적인 계획을 세우고 있던 로마의 안토니우스의 환심을 사고 원로원의 지지를 얻어 '유대의 왕'—헤로데는 자신이 유대의 통치자가 되려는 절실한 야망이 결코 자신을 위한 것이 아니라 유대의 합법적인 상속자로서 아리스토불루스 3세를 위한 것임을 강조하고, 로마는 유대를 해방하기 위해서 파르티아가 안티고누스에게 부여한 '왕'의 지위를 헤로데에게 동등하게 부여해야 한다고 생각했다. 헤로데는 제사장 가문 출신이 아니었기 때문에 대제사장에 오를 수 없었다—으로 임명받아 유대 지방으로 돌아왔다(『유대 전쟁사』 1.282~285, 290~292; 『유대 고대사』 1.388~389).[2] 헤로데는 2년간의 전투 끝에 하스모니아 가문의 마지막 통치자 안티고누스를 물리치

---

[2] 헤로데가 유대 왕으로 임명된 해가 기원전 40년이었는지 아니면 기원전 39년이었는지에 관한 견해 차이는 요세푸스와 아피안(Appian, *Civil Wars* v. 75, 319)의 보도가 일치하지 않는 데서 비롯된 것이다. 아피안은 안토니우스가 기원전 39년 동방에 머물러 있는 동안 폰투스의 다리우스 왕, 이두메와 사마리아의 헤로데 왕, 피시디안의 아민타스 왕 그리고 실리시아의 폴레몬을 각각 임명했다고 전하고 있다. 도미티누스 칼비누스와 아시니우스 폴리오가 두 번째 영사직을 수행하던 기원전 40년에 헤로데를 유대의 왕으로 임명했다는 요세푸스(『유대 고대사』 14.389)와 불일치하는 부분이다. 그러나 안토니우스가 로마를 떠난 뒤, 즉 그가 동방에 머물러 있을 때 행해진 것이라는 아피안의 언급은 분명하다. 기원전 39년 임명이 이루어졌다는 것이 안토니우스가 로마에 있던 기원전 40년 헤로데가 왕권을 부여받았다는 사실과 모순되지 않는다. 주목할 만한 것은 아피안이 헤로데를 이두메와 사마리아와 관련해서 언급할 뿐이라는 사실이다. 그것은 기원전 40년 로마에서 헤로데가 유대의 왕으로 임명된 직후인 기원전 39년에 관한 보도이기 때문이다. 다시 말해서 힐카누스 2세가 통치하던 얼마 안 되는 땅을 물려받은 헤로데에게 안토니우스가 기원전 40년 그의 왕국에 포함되지 않았던 주변의 영토—사마리아와 이두메 일부(마리사·아도라)—를 더 주어 헤로데의 통치구역을 확장시킨 것이었다.

고, 기원전 37년 여름 예루살렘을 정복하고 자신의 왕국을 되찾을 수 있었다(『유대 고대사』 14.487).[3] 헤로데는 동방에서는 유일한 로마의 봉신 왕(vassal king : 본래 그 땅을 다스렸던 왕족 출신이 아닌 자로서 왕이 된 사람을 일컫는다) 가운데 한 사람이 되었다. 이로써 "정권이 안티파트로스의 아들 헤로데에게로 넘어갔다"(『유대 고대사』 16.491). 이두메 출신의 도리스와 사이에 아들을 두고 있던 헤로데는 하스모니아 왕조의 아리스토불루스 2세의 아들 알렉산데르의 딸이자 힐카누스 2세의 손녀인 마리암네와 결혼식을 올렸다(『유대 고대사』 14.467 ; 『유대 전쟁사』 1.344).

33년 동안 유대를 통치한 헤로데의 통치 시기는 크게 세 부분으로 나눌 수 있다. 첫 시기는 권력의 터를 닦던 기원전 37~27년이고, 둘째 시기는 로마와의 관계와 그의 리더십이 안정되고 경제가 부흥하면서 야심적인 건축물을 세워나가던 평화와 융성의 시기인 27~13년이며, 마지막 시기는 국내

---

[3] 소시우스의 명령에 따라 로마인의 조력을 받은 헤로데가 예루살렘을 쟁탈했다는 요세푸스의 보도는 로마 집정관을 기준으로 한 연대를 따른 것뿐이다. 예루살렘 쟁탈은 마르쿠스 아그리파와 카니니우스 갈루스가 로마의 집정관으로 있을 때 일어났는데, 그해가 바로 기원전 37년이었다(『유대 고대사』 14.487). 요세푸스는 덧붙이기를, 그해는 제185회 올림피아드가 열리던 제3월 금식일이었다고 하였다. 금식일은 문자적으로 말해서 대속죄일(욤 키푸르)을 뜻한다. 요세푸스는 단지 '금식하는 바로 그 날'이라는 표현과 더불어 '금식 절기'라고도 하였다. 그는 덧붙이기를, 이날은 바로 27년 전 폼페이우스가 예루살렘을 정복한 날과 같은 날이라고 하였다(『유대 고대사』 14.488 참조). 폼페이우스가 예루살렘을 정복한 것이 기원전 63년이었기 때문에, 요세푸스의 언급대로라면 헤로데가 예루살렘을 탈환한 것은 기원전 36년이 된다. 그러나 고대의 비(非)유대 문학에서는 금식하는 날로 보통의 안식일에 관한 언급이 반복해서 등장한다. 디오 카시우스는 헤로데가 예루살렘을 탈환한 것이 '안식일이라 불리는 날'이었을 뿐만 아니라, 폼페이우스가 예루살렘을 정복한 날 또한 그러하였다고 주장하고 있다(Dio Cassius xlix.22.4 ; xxxvii.16.4). 요세푸스에게서도 폼페이우스의 예루살렘 정복이 대속죄일이 아닌, 제3월에 일어난 것이 분명하다(『유대 고대사』 14.66). 여기서 '제3월'은 기원전 63년 봄에 시작된 성전 포위 석 달째라는 의미로 해석할 수 있는데, 이는 이 사건을 다루는 요세푸스의 평행구(『유대 전쟁사』 1.149 참조)와 일치한다. 대속죄일이 속한 10월까지 포위가 계속되었다는 것은 거의 불가능하다. 한마디로 헤로데가 정치적으로나 군사적으로 예루살렘을 쟁탈한 것이 기원전 37년이라는 주장을 받아들이지 못할 이유는 거의 없다 하겠다.

의 내분과 로마의 오해로 인한 관계 이탈, 헤로데의 육체적·정서적 건강 악화로 말미암은 비극적인 13~4년이다. 그는 백성들에게는 비인간적일 정도로 엄격했으며, 로마에는 역겨울 정도로 비굴하였다.

헤로데의 터 닦기는 밖으로는 로마와의 교분과 충성 서약으로, 안으로는 하스모니아 왕조와의 겨루기를 통해 시작되었다. 로마에서 돌아온 헤로데가 기원전 37년 예루살렘을 정복했으나 그것이 곧 통치의 시작은 아니었다. 그것은 오히려 새로운 문제의 시작에 불과한 것이었다. 헤로데는 가장 먼저 하스모니아 왕조의 안티고누스를 지지하던 유대 지도자 45명을 예루살렘에서 처형했다(『유대 고대사』 15.5). 그들의 재산을 압수하고, 그 수익은 로마의 후원자들에게 진 빚을 갚는 데 사용하였다. 또한 몰락한 하스모니아 왕가의 딸과 결혼함으로써 인연을 맺었다. 그것이 하스모니아 왕가에 대한 화해의 몸짓이었는지 아니면 왕조를 지지하는 백성들에 대한 두려움 때문이었는지는 알 수 없는 노릇이다.

즉위 이후 헤로데는 비정상일 정도로 통치 안보에 신경을 썼다. 그는 자신의 오랜 친구이자 바빌로니아 사람 하나넬을 대제사장에 임명하였다(『유대 고대사』 15.22~40, 56). 대제사장에 오르기로 되어 있던 아리스토불루스 3세가 배제되고 무시당하자, 그의 어머니, 즉 힐카누스 2세의 딸이자 마리암네의 어머니인 알렉산드라가 몹시 격앙하여 안토니우스의 연인인 클레오파트라 7세를 찾아가서 간청을 하였다. 안토니우스는 아리스토불루스 3세를 대제사장에 임명하도록 헤로데를 설득시켰으며, 헤로데는 마지못해 17세의 아리스토불루스 3세를 대제사장에 임명하였다(『유대 고대사』 15.31~41). 헤로데가 아리스토불루스 3세의 인기와 클레오파트라 7세와 교분이 깊은 알렉산드라가 취한 잠재적인 위험성의 정도를 깨닫는 데는 그리 오랜 시간이 걸리지 않았다(『유대 고대사』 15.52). 헤로데는 예리코의 왕궁에 있는 수영장에서 그 젊은 대제사장을 물에 빠뜨려 죽여버렸다(『유대 고대사』 15.54~56).

헤로데는 유대인의 어떤 소요도 사전에 기선을 제압하였다. 헤로데는 자신을 지지하는 백성들에게는 은혜를 베풀어 더욱 든든한 자신의 추종자로 만드는 대신, 하스모니아의 왕족을 지지하는 자들은 잔인하게 대하였다. 안티고누스가 안티오크에서 참수당하자(『유대 고대사』 15.8~9;『유대 전쟁사』 1.357), 헤로데는 젊은 아리스토불루스 3세를 연금시키고, 힐카누스 2세를 사형에 처했으며, 알렉산드라를 요새에 감금해버렸다. 그들이 반란을 선동하거나 리더십에 대한 권리를 주장할지도 모른다는 두려움 때문이었다(『유대 고대사』 15.174~178, 183~186). 심지어 훗날 자신의 부인 마리암네가 살아 있어서 백성들을 교란시킨다는 이유로 처형하기까지 했다(『유대 고대사』 15.231).

반(反)헤로데 정서의 중심에는 알렉산드라가 있었다. 비록 가택연금상태에 있었지만, 사랑으로 안토니우스를 완전히 사로잡고 있던 클레오파트라 7세에게 헤로데의 죄를 고발하였다. 헤로데에 대한 신의를 의심한 안토니우스는 헤로데의 몇몇 도시—특히 예리코의 종려나무 농장 등—를 빼앗아 클레오파트라 7세에게 선물하였다. 더구나 클레오파트라 7세의 요청으로 안토니우스는 헤로데를 알렉산데르 야나이우스 때부터 시작되어 연례적으로 문제가 되어오던 나바티안과의 위험한 전쟁에 내보냈다. 헤로데는 나바티안을 쉽게 공략하지 못하였다. 그러나 인력과 장비에서 많은 손실을 보았음에도 불구하고 헤로데는 오히려 많은 전과(戰果)를 거두고 돌아왔다(『유대 고대사』 15.108~120;『유대 전쟁사』 1.364~369).

헤로데를 괴롭힌 것은 음모와 전쟁만이 아니었다. 기원전 31년 봄, 유대 지역을 덮친 대재앙 지진에서 약 3만 명의 사람이 사망하고 수많은 가축을 잃었다(『유대 고대사』 15.121~22). 그보다 더 결정적인 사건은 악티움 전투에서 자신의 후견인인 안토니우스가 패한 것이었다(『유대 고대사』 15.161~162). '아우구스티누스'라는 존칭을 얻어 황제에 오른 옥타비아누스는 로마 제국의 유일한 통치자로 우뚝 섰다. 헤로데가 이전에 안토니우스와 맺었던 의리와 그에 대한 충성심은 새 통치자의 신뢰와 지지를 얻는 데 가장 결정적인 장애였다.

그러나 기원전 30년 봄, 헤로데는 즉시 로도스 섬에 머물고 있던 옥타비아누스를 찾아가 충성을 선언했다. 약간 극적이긴 하지만, 유대 역사가 요세푸스는 옥타비아누스 앞에서 행한 헤로데의 연설을 이렇게 기록하였다.

> 오, 카이사르이시여! 저는 안토니우스에 의해 유대의 왕으로 임명받았습니다. 솔직히 말씀드려 나는 그를 위해 최선을 다해 나의 왕권을 사용하였습니다. 만일 아라비아인들(cf. 나바티안)과의 전쟁만 없었더라도 나는 무장을 하고 안토니우스를 도와 폐하를 공격했을 것입니다. …… 또한 안토니우스가 패전한 뒤에도 저는 은인을 버릴 수가 없었습니다. …… 어쨌든 저는 안토니우스와 함께 전쟁에서 패한 패자입니다. 따라서 저는 마지막 운명을 걸고 왕관을 벗어던지고 오직 폐하의 은덕만을 믿고 이같이 나온 것입니다. 그러므로 폐하께서는 제가 누구와 우호 관계를 맺었는지를 우선적으로 보지 마시고, 제가 얼마나 신실하게 우의를 지키려했는가를 살펴봐주시기를 간곡히 당부드립니다(『유대 전쟁사』 1.388~390).

새 황제(공식적으로는 기원전 27년에 황제가 된다)의 관심은 유능함을 담보로 한 충성스러운 통치자였다. 그는 헤로데가 안토니우스에게 보여준 충성심을 지당하고 칭찬할 만한 것으로 여겨, 헤로데에게 다시 왕관을 씌워주었다(『유대 전쟁사』 1.391~392). 그후 안토니우스 세력의 마지막 저항을 진압하러 이집트로 내려가는 옥타비아누스를 돌레마이(악고)에서 영접한 헤로데는 국빈으로서 그를 맞아 최고의 예우를 갖춰 대접하고, 그의 병사들에게 풍부한 물과 포도주를 제공함으로써 사막을 통과하는 데 기여하였다. 이집트 정복을 마친 옥타비아누스는 헤로데에게 클레오파트라 7세에게 빼앗겼던 예리코를 비롯하여 트랜스요르단의 가다라와 히포, 사마리아, 가자, 안테돈, 야파, 스트라토의 망대 등을 선물로 주었다(『유대 고대사』 15.217; 『유대 전쟁사』 1.395~397). 헤로데는 옥타비아누스가 유대를 통과하여 로마로 돌아갈 때, 다시금 아낌없는 대접을 하고, 그를 안티오크까지 배웅하였다. 헤로데는 아우구스투스의 신뢰받는 가신(家臣, clint)으로서 군주의 지위와 권력을 빼앗기지 않았을 뿐만 아니라, 헤로데를 시리아의 행정장관으로 임명하게 함으로써 주변의 여러 지역을 자신의 영토로 편입시켜 하스모니아 왕조가 다스리던 영토의 대부분을 차지하였다(『유대 고대사』 15.343~348). 로마에 대한 헤로데의 충성심은 잘 알려져 있었으며, 이는 거의 부모에게서 물려받은 유전적인 특질이었다.

2. 통치술

기원전 27년 이후부터 14년 동안 헤로데의 번영과 업적은 가히 절정에 달하였다. 그가 통치하는 영토는 확장되었으며, 더 이상의 전쟁은 없었다. 지역의 사회적인 불안도 거의 사라졌다. 로마와의 결속은 헤로데의 통치정책에서 중추를 이루었다. 헤로데는 로마의 후원자들에 대한 충성과 사의(謝意)를 표현하는 데 기회를 놓치지 않았다. 기원전 20년 아우구스투스 황제가 시리아를 다시 방문했을 때 헤로데는 그를 맞이하여 황제와의 교분을 더욱 두텁게 했을 뿐만 아니라(Dio Cassius liv.8.1~3), '로마인의 친구'(Φιλορωαιος)라는 별칭을 사용하였다.[4] 아우구스투스는 가다라인의 저항을 막은 계기로 헤로데의 동생 페로라스를 페레아 지방의 행정관으로 임명하였다(『유대 고대사』 15.354~362). 이를 계기로 그 이듬해 헤로데는 황제를 만나러 로마로 건너갔다.

헤로데는 또한 로마의 2인자이자 아우구스투스의 수석부관인 마르쿠스 비프사니우스 아그리파와 점차 교분을 맺어두었다. 기원전 16~13년 흑해에서 군사작전을 펼치던 그를 만나러 소아시아를 거쳐 레스보스 섬에 간 헤로데(『유대 고대사』 15.350)는 그에게 유대 방문을 청하였다. 기원전 15년 아

---

[4] 이 용어는 헤로데가 로마와 동등한 또는 독립적인 지위를 가진 자라는 의미가 아닌 것은 분명하다. 헤로데는 '로마인과의 동맹' 관계를 강조하였다. 한편, 헤로데가 '카이사르의 친구'(ΦιλοLαισαρ)라는 칭호를 사용했는지에 관해서는 의문이다. 이는 한 비문(*Inscriptiones Graecae* III, no. 551; *Orientis Graeci inscriptiones selectae* no. 427)에서 발견된 것인데, 그것이 헤로데를 일컫는 칭호인지 아니면 아그리파 1세의 형인 칼시아의 왕 헤로데를 일컫는 칭호인지는 논의가 계속되고 있다.

그리파는 헤로데가 새로 건설한 세바스티아와 가이사랴, 유대 광야의 3대 요새인 알렉산드리움 · 헤로디움 · 힐카니아 요새들을 방문하였다. 아그리파는 예루살렘에 머물면서 백성들의 환호를 받았으며, 감사의 표시로 예루살렘 성전에 제물을 바치고 민중에게 향연을 베풀었다(『유대 고대사』 16.12~15; Philo, *Legatio* 294~297).

자신의 왕국 내에서 헤로데는 절대권력을 휘둘렀다. 지지를 보증하는 하나의 방식은 충성 서약이었다. 기원전 20년경 헤로데가 카이사르에게뿐만 아니라 자신의 통치권에 대한 충성 서약을 명령하였다(『유대 고대사』 17.42). 헤로데의 즉위일은 공휴일로 지정하고(『유대 고대사』 15.423), 자신의 명예를 위해 유대 법에 저촉되는 동상을 세우기도 하였다. 훗날 가이사랴에 아그리파 딸의 동상도 세웠다(『유대 고대사』 19.357). 헤로데의 왕권은 주기적으로 동전에 '헤로데 왕'이라고 새겨넣음으로써 분명히 나타내었다.

헤로데는 모든 주요 기관을 장악함으로써 완전한 지배력을 행사하였다. 최고재판소인 산헤드린[5]은 언제든지 헤로데의 요구에 따라 소집되어 재판하는 고무도장이었다. 이 재판기구는 이전의 유대 기구들과는 더 이상 연속성이 없는 새로운 형태의 기구로, 그리스 왕들의 비밀회의(privy council)와 비슷한 것이었다. 의회 의원들 중에는 '왕의 친구들'이나 측근자, 심지어 그리스어로 토론하고 관리하는 '헬레네'(그리스인)들도 포함되어 있었다.

대제사장직 역시 헤로데가 자신의 목적을 위해 조종하는 또다른 기구였

---

[5] '에레츠 이스라엘'(이스라엘 땅)은 제2차 성전시대의 대부분을 제국들—페르시아 · 그리스 · 로마 등—의 통치를 받고 있었다. 이 기간 동안 유대인들—에레츠 이스라엘에서 살든지 바깥 디아스포라 세계에서 살든지 간에—은 어느 정도의 자치를 누렸다. 백성들의 대표기구로서 페르시아 시대 말기 또는 그리스 시대 초기부터 존재하기 시작한 산헤드린은 유대 민족 자치정부의 최고의결기구였다(『유딧서』 4:8, 11:14, 15:8; 『유대 고대사』 12.138; 「마카베오」 1:10, 4:44). 70명 또는 71명(M. Sanhedrin 1.6)의 제사장과 현자(또는 서기관)로 구성된 산헤드린은 종교기구로서 성전과 관련된 일, 사법기구로서 재판과 처벌 그리고 입법의회(βουλή)로서 시의회 등의 기능을 갖고 있었다. 산헤드린의 수장은 대제사장이었으며, 성전과 자치정부의 행정을 책임졌다. 예루살렘 성전 멸망과 함께 산헤드린은 해산, 폐지되었다.

다. 제2차 성전시대에 걸쳐 대제사장은 유대에서 가장 명예로운 기둥이었으며, 하스모니아 왕조에서는 유대 민족의 실질적인 통치자로 이해되었다. 헤로데는 이 기구를 통제하는 것이야말로 자신의 성공적인 통치를 위해 매우 중요한 것임을 잘 알고 있었다. 헤로데는 자신을 전적으로 신봉하면서 그리스식 관습에 익숙한 자들을 주로 대제사장에 임명하였다. 기원전 23년 이집트 출신 보이투스의 아들 시몬(『유대 고대사』 15.320~322)을 대제사장으로 임명한 때는 헤로데가 그의 딸과 사랑에 빠진 직후였다. 시몬은 헤로데가 죽기 직전까지 대제사장으로 봉직하였다.

또한 헤로데는 군대를 철저하게 통제하고 배치하였다. 그의 왕국에 로마군[6]은 주둔하지 않았으며, 헤로데의 군대는 질서를 유지하기에 충분한 역량이 있었다. 유대인과 비유대인—헤로데의 주요 보좌역은 주로 그리스인들이 맡았다. 특히 왕국의 재정담당 행정관 등 주요 보직은 프톨레미 왕족과 가까운 그리스인들이 책임지고 있었다. 아울러 왕 주변에서는 동시대 그리스의 주요 문학작품들과 역사서·철학서·의학서들이 늘 발견되었다—으로 구성된 그의 군대는 그리스-로마적인 특성을 띠고 있었다. 왕의 친위대 또는 경호대 격에 해당하는 정예부대는 기원전 40~37년에 설치되었는

---

[6] 로마의 군대는 군단(legion)과 지원단(auxilia)으로 구성된다. 군단은 로마 시민으로 구성되며, 지원단은 일부 장교를 제외하고는 일반적으로 비(非)로마 시민으로 구성된다. 이들이 복무를 마치고 제대하면 시민권을 얻는다. 유대 지방에는 군단이나 군단의 일부가 상시 주둔하지 않았다. 따라서 지방장관 역시 그런 부대를 지휘할 권한을 갖지 않았다. 오직 필요한 경우에 한하여 로마 제국의 중요한 동쪽 군사기지였던 시리아에 주둔하고 있던 군단이 예루살렘으로 향하였다. 알렉산드리아의 필로는 시리아 군단을 '유프라테스의 군대'라고 불렀다(Philo, *Legatio* 207, 259). 로마의 지원단은 일반적으로 보병대의 경우 천부장(milliariae)·오백부장(quingenariae)·백부장(centurion) 등으로 조직되어 있으며(「사도행전」 10:1 참조), 기마대의 경우 기병대대(alae)로 편성되었다. 팔레스타인 지원단의 주요 병력은 세바스테와 가이사랴에서 왔다. 헤로데가 죽고 유대 지방이 로마의 영토로 편입된 뒤, 로마는 헤로데의 군대를 접수하여 유대에 있는 로마 수비대의 주요 분대로 삼았다. 로마 수비대의 본부는 이 지역의 수도인 가이사랴에 두었으며(『유대 고대사』 18.55 ; 『유대 전쟁사』 3.66), 유대의 주요 명절기간에는 질서 유지를 위하여 예루살렘에 1개 대대를 주둔시켰다(『유대 전쟁사』 2.224, 5.244).

데, 외관상으로 헤로데 병력의 조직 내에 속하였다(『유대 고대사』 14.394;『유대 전쟁사』 1.290, 301). 본래 이 정예부대는 악티움 해전이 끝난 뒤 아우구스투스가 클레오파트라 7세의 경호원으로 복무하던 400명의 갈리아 사람을 헤로데에게 선물하면서 편성된 외인부대(外人部隊)였다(『유대 고대사』 15.217). 이들은 헤로데의 장례식에서 장례 행렬을 이끌며 경호를 맡았던 자들이었다(『유대 전쟁사』 1.672;『유대 고대사』 17.198). 헤로데의 군인들 사이에서 탁월한 자들은 세바스티아와 가이사랴에서 차출한 약 3천 명의 군인들이었다.

군대와 법정을 유지하기 위한 필요한 비용과 엄청난 경비가 들어가는 야심찬 건축비용은 주로 세금[7]으로 충당되었다. 세수(稅收)는 주로 농업 생산물[8]에 부과되는 세금과 더불어 매수와 판매에 부과되는 세금으로 충당되었

---

[7] 로마의 통치 영역으로서 유대는 당연히 로마에 세금을 지불했다. 기원전 63년 폼페이우스의 예루살렘 정복과 가비누스의 시리아 통치 이후부터 카이사르가 힐카누스 2세와 화해할 때까지 유대 지방은 로마 제국에 직접 세금을 내야 했다. 그러나 헤로데가 유대의 왕이 된 뒤로는 세금 지불체계가 바뀌어 결과적으로 로마 당국과 유대의 세금 지불인 사이의 직계 중개자는 더 이상 없었다. 기원 6년, 헤로데의 아들 아켈라우스의 영토가 로마로 편입된 이후 상황이 바뀌어 로마는 새로운 세금 징수방법을 고안해내야 했다. 근본적으로 예전의 방법과 크게 달라지지는 않았으나, 새로운 세금 징수방법은 인구조사(λαογραφια)에 기초하였다. 이른바 인구 비례에 따라 세금을 부과(poll-tax imposition)하는 방식이 도입된 것이다. 인구 조사와 관련하여 새로운 구역을 설정하고 행정기구를 새로 설치하는 것은 당연한 일이었다. 우리가 알고 있는 로마의 인구 조사는 기원전 12년 아우구스투스 통치 때 갈리아 지방에서 실시한 것이었으며, 유대 지방에서 실시한 인구 조사로는, 정확한 정보와 기록은 없지만, 기원전 6년에 실시한 것으로 알려진 시리아의 지방총독 퀴리니우스(Quirinius)의 인구 조사 기간 중에 일어난 갈릴리의 유대의 소요사건을 통해 알려져 있다(『유대 고대사』 18.1~10, 23~25;『사도행전』 5:37;『누가복음』 2:2 참조). 또 제2차 성전시대 말 시리아의 행정장관 갈루스(Cestius Gallus) 시대의 인구 조사(『유대 전쟁사』 6.422~424. T. B. Pesahim 64b 참조)는 유대 반란으로 이어져 유대 사회를 멸망으로 치닫게 하는 데 원인이 되었다. 후대의 법적 자료에 따르면, 세금은 14세부터 65세의 이르는 남자에게 부과되었으며, 부과된 세금은 1인당 1데나리온이었다(『마가복음』 12:13~17;『마태복음』 22:15~22;『누가복음』 20:20~26). 요세푸스에 따르면, 아그리파 1세가 백성들의 세금을 감면하여 예루살렘에서는 가구당 세금을 징수하였다(『유대 고대사』 19.299).

다(『유대 고대사』 17.205). 우리는 백성들에게 부과된 과중한 세금으로 인한 불평에 관해 종종 듣게 되는데(『유대 고대사』 16.154~156, 17.308; 『유대 전쟁사』 2.85~86 참조), 세금은 특히 유대 소작농에게 가장 무거운 것이었다. 헤로데에 대한 가장 급진적인 저항의 진원지는 갈릴리였다. 그러나 헤로데는 갈릴리의 상류층과 두터운 교분을 맺음으로써 그 저항을 처리해나갈 수 있었다. 헤로데의 통치 말기 대제사장에 임명된 테오필루스의 아들 마티아스와 엘렘의 아들 요셉이 갈릴리 사람이었다는 것은 매우 흥미로운 사실이 아닐 수 없다(『유대 고대사』 18.78).9)

세금만으로 충당하기 어려운 경비는 왕의 부가적인 수입과 사유지를 통해 충당했다. 헤로데 개인의 부와 재산은 조상에게서 물려받은 땅과 함께 정적들의 재산을 압류하는 방식으로 증대시켜나갔다. 특히 하스모니아 왕가가 소유하고 있던 거대한 땅을 전유(專有)함으로써 새로운 소득원을 넓혀나갔다. 예리코 근처의 기름진 땅과 해안 평야 그리고 이즈르엘 골짜기의 드넓은 평원은 그렇게 소유하게 되었다. 사마리아에는 왕의 사유지를 갖고 있었다(『유대 고대사』 14.191, 197, 257, 321, 330; 『유대 전쟁사』 1.473). 물론 기원전 23~20년에 아우구스투스에게서 선물로 받은 땅들도 그의 재산에 포함되었다.

관세(關稅)는 유리한 교역로를 통제함으로써 거두어들였다. 기원전 31년 이래 이 지역 안보의 안정은 상업활동을 활성화시키는 데 기여했는데, 아라

---

8) 기원전 25년 기근 때 헤로데가 이집트에서 곡식 8만 코르(약 2만 8,155톤)를 수입했다는 요세푸스의 기록(『유대 고대사』 16.299~316)은 분명 예외였다. 긴급한 경우를 제외하고 팔레스타인에서 생산되는 농산물——채소 · 과일 · 올리브 · 무화과 · 건포도 등——은 자급자족할 만큼 충분히 생산되었으며, 일부 이집트 · 스페인 · 펠루시움 등지에서 수입해 들여온 소금, 절인 생선, 건어물, 해산물 등은 일종의 사치품에 해당하였다.
9) 요세푸스의 『유대 고대사』에서 마티아스가 예루살렘 출신이라는 기술은 그가 대제사장에 임명되기 이전부터 예루살렘에서 활동했다는 것을 나타낼 뿐이다. 탈무드 자료에 따르면 요셉 벤 엘렘은 갈릴리 세포리에서 환영받은 마티아스의 친척이었다. P. T. Yoma I. 38d, Horayot III. 47d, Megillah I. 72a, T. Yoma I. 4 참조.

비아 반도로 통하는 나바티아인들의 교역로와 가이사랴를 중심으로 한 지중해 항구들을 연결하는 해상로는 중요한 세수원이 되었다. 아라비아에서 가져오는 향료와 약재에는 매우 높은 관세가 부과되었다(Pliny, *Natural History* XII. 63~65). 키프로스의 구리광산 개발 역시 세수를 늘리는 데 기여했으며(『유대 고대사』 16.128), 다윗의 무덤을 열어 3천 달란트를 훔친 것도 짭짤한 수입원이 되었다(『유대 고대사』 16.179~182). 이는 헤로데가 성전 금고에 보관되어 있던 재원을 성전 건축 등의 비용으로 충당했다는 증거로 해석된다.

팍스 로마나의 축복은 지역경제에도 크게 기여하였다. 지중해 세계에 걸쳐 활발하게 전개된 무역은 파르티아·아라비아·인도를 넘어 크게 확대되었다. 로마 세계의 평화로운 환경은 유대와 디아스포라, 특히 헤로데와 디아스포라 상류층 유대인 사이의 연결을 강화시켜주었는데, 디아스포라 유대인들의 예루살렘 순례와 그들이 성전에 내는 성전세 또는 기부금 또한 예루살렘 경제에 크게 기여하였다. 유대에 찾아온 일시적인 기근과 전염병으로 세금이 감면되기도 했으나, 그것은 어디까지나 일시적인 현상이었다(『유대 고대사』 15.365).

3. 건축물들

헤로데가 세운 이 시대의 건축물들은 이 지역의 어떤 시대, 어떤 인물의 업적과도 견줄 수 없을 만큼 가장 우뚝 선 것이었다. 도시·요새·성채·왕궁·성전·체육관·극장·원형경기장·전차경주장·기념탑·항구·수로 등 건축물들이 그의 통치기간 내내 결코 멈추지 않고 여러 지역에 계속 세워졌다. 그의 건축물에 관한 자료는 주로 요세푸스의 『유대 고대사』와 『유대 전쟁사』 그리고 고고학적 발굴결과 등에 의존해 있다. 건축물을 세운 위치도 각각 특이하고 다양하여, 마사다 요새의 북쪽 왕궁은 깎아지른 듯한 절벽 위에, 가이사랴는 지중해의 아름다운 해변에, 예리코의 겨울 왕궁은 수자원이 풍부한 따뜻한 곳에 세웠다. 때로는 다기능 건축물도 세웠는데, 유대 광야에 건설한 헤로디움이 대표적이라 할 것이다. 헤로디움은 여름 왕궁이자 지역의 수도로, 요새로, 기념물로, 자신의 무덤으로 사용하기 위해 지었다.

헤로데 당시 가신(家臣) 왕들의 관습 가운데 하나는 자신의 후원자에게 경의를 표하여 건축물이나 도시의 이름을 붙여주는 것이었다. 자신의 예루살렘 왕궁의 두 날개에 헤로데는 각각 카이사리움(Caesareum)과 아그리피움(Agrippeum)이라는 이름을 붙였으며, 극장 주변에는 황제에게 경의를 표하는 비문을 새겨넣었다(『유대 고대사』 15.272). 또 헤로데는 요르단 강의 근원지 카이사르 파네이온에 아우구스투스 황제를 위한 하얀 대리석 신전을 건설하였다(『유대 전쟁사』 1.404). 지중해변의 도시 안테돈을 아그리페움이라 일컬었고, 예루살렘 성전의 출입문 하나에는 아그리파의 이름을 새겨넣었다. 헤로데의 손자 중에는 아예 이름이 같은 자도 있었다.

그러나 황제에게 경의를 표하여 지은 헤로데의 대표적인 도시는 세바스테와 가이사랴였다. 헤로데의 첫 번째 주요 프로젝트였던 세바스테('아우구스타'를 뜻하는 그리스어)는 기원전 27년에 시작하여 25년에 완성한, 로마의 황제에게 바친 도시이다. 세바스테는 고대 북왕조 이스라엘의 수도였던 사마리아이다. 왕의 안전을 강화하기 위해 3.6킬로미터의 성벽을 쌓은 이 도시는 길이 34미터, 너비 24미터 크기의 신전을 비롯하여 길이 82미터 너비 70미터에 약 6천여 개의 기둥을 사용한 앞마당 등이 화려하게 세워졌다(『유대 전쟁사』 1.403; 『유대 고대사』 15.296~298). 그러나 이 도시에서는 헤로데의 아들인 알렉산데르와 아리스토불루스가 처형당했는데(『유대 고대사』 16.394), 그것은 이 도시가 헤로데에 대한 충성심이 어떠했는가를 보여주는 사건이라 하겠다. 아울러 이 도시에는 여느 그리스식 도시들과 마찬가지로 도시민으로서의 유대인은 거의 거주시키지 않았다.

기원전 10~9년에 헤로데가 완성한 가장 큰 도시이자 더욱 야심찬 건축 계획은 스트라토의 망대가 서 있던 가이사랴에서 그 꽃을 피웠다. 헤로데 왕국의 중부에 자리잡은 이 도시는 로마와 통하는 해상로의 중심이자 사마리아, 샤론 평야 등지에서 생산되는 풍부한 농산물을 주요 도시로 실어나르기에 적합한 최고의 항구로, 예루살렘과 경쟁 도시가 될 정도였다(『유대 고대사』 15.331~341 ; 『유대 전쟁사』 1.408~414). 이처럼 헤로데는 거대한 도시와 인상적인 항구 건설에 막대한 재원을 쏟아부었다. 극장과 원형경기장, 전차경주장과 왕궁, 목욕탕과 공회당과 바실리카, 아우구스투스를 위한 신전 그리고 거대한 수로와 상하수도 등 전형적인 그리스-로마식 도시다운 자랑할 만한 건축물을 남겼다. 물론 경기장에서는 5년마다 올림피아드를 개최하여 그리스-로마의 풍속을 지켜나갔다. 최근의 발굴결과는 이 도시의 위용과 멋을 보여주기에 충분한 것이었다.

헤로데는 자신의 개인적인 필요와 쾌락을 위해서도 여러 건축물을 지었다. 자신의 제왕적인 특권의식을 건축물을 통해 표현하고자 했던 것이다. 왕궁 가운데 최고는 예루살렘에 있었다. 성전 북서쪽 모퉁이에 세운 안토니아 요새—헤로데가 예루살렘에 세운 최초의 건축물로, 마르쿠스 안토니우스를 기념하여 지었다. 예수가 빌라도에게 재판을 받은 곳으로 알려진 리소스트로톤(Λιθ(στρωτον, 박석[薄石], 「요한복음」 19:13)이 바로 이 요새 안이었다—와 윗 도시에 15년에 걸쳐 지은 호화로운 중앙 궁전—헤로데의 왕궁 가운데 가장 규모가 큰 이 궁전은 누벽과 탑으로 둘러싸였는데, 거기에는 파사엘 · 히피쿠스 · 마리암네를 기념하는 높이 35~45미터의 탑을 세웠다—이 그것이었다. 유대 역사가 요세푸스는 헤로데가 방방곡곡에 세운 왕궁들에 관해서도 언급하고 있는데(『유대 고대사』 17.274), 지중해변의 아스칼론(『유대 고대사』 17.321), 베레아의 암마타(『유대 고대사』 17.277), 예리코(『유대 고대사』 17.274), 유대 광야의 헤로디움(『유대 고대사』 17.323~325)과 사해 근처의 마사다(『유대 전쟁사』 7.286~294), 갈릴리의 세포리(『유대 고대사』 17.271) 등이 그곳이며, 신약성서에서도 가이사랴에 세운 헤로데 왕궁이 언급된다(「사도행전」 23:35).

헤로데의 야심적인 예루살렘 건축 계획은 유대인의 지지를 얻고자 하는 목적이 있었다. 특히 크기나 화려함에서 타의 추종을 불허하는 성전 건축은 지금까지도 그 정체가 완전히 밝혀지지 않을 만큼 웅장한 것이었다. 오늘날 성전 산(Temple Mount 또는 Haram esh-Sharif)이라 불리는 거대한 구역(서쪽 480미터, 동쪽 470미터, 북쪽 315미터, 남쪽 280미터, 총 15만 스퀘어미터)을 지대와 성벽을 쌓아 조성하고, 그 위에 화려한 성전을 세웠다. "아름다운 돌과 봉헌물로 꾸며놓은"(「누가복음」 21:5) "이 성전을 짓는 데는 무려 46년이나 걸렸다"(「요한복음」 2:20).[10] 어느 라비는 "헤로데의 건축(성전)을 보지 못한 자는 그의 생애에서 어떤 아름다운 것도 못 본 자이다"(b.B.Bat.4a)라고 칭송할 정도였다. 헤로데의 건축 계획에는 성벽과 성문, 성채와 망대, 극장과 원형경기장 그리고 히포드롬(전차경주장) 등이 포함되었다. 일부는 고고학 발굴을 통해 그 규모와 위치가 확인되었으며, 일부는 아직까지 고고학적인 증거를 찾지 못하여 그 위치마저 알지 못한다.

4. 죽음과 평가

말기의 헤로데의 통치는 비열한 것이었다. 그것은 복잡한 가계(家系)와 관련되었다. "헤로데 왕에게는 아내가 아홉이나 있었다"(『유대 전쟁사』 1.562). (실제로는 12명이나 되었다. 이들은 거의 동시에 살았다. 그러나 자녀는 15명에 불과했다.) 가족간의 음모와 조작이 만연했으며, 헤로데조차 이 타락한 행동을 제어할 능력을 발휘하지 못하였다. "헤로데는 외적으로는 성공했을지 모르지만 내적으로는 엄청난 가정 불화에 시달려야만 했다"(『유대 전쟁사』 1.431)는 요세푸스의 기록은 헤로데의 불행했던 가족사와 이로 인한 비극적인 음

---

10) 예루살렘 성전 공사는 헤로데 통치 제18년(기원전 19/20년)에 시작하여 공식적으로 9년 반 뒤에 완공하였다. 성전 산 지역을 조성하고 성벽을 쌓는 데만 8년이 걸렸고, 성전 자체를 건설하는 데에는 18개월이 걸렸다. 그러나 요세푸스에 따르면 실제로 공사를 마친 것은 알비누스가 통치하던 기원 62~64년경이었다고 한다. 공사를 끝냈을 때, 직업 없이 떠난 노동자들이 1만 8천 명이었다고 기록하고 있다(『유대 고대사』 15.380~402; 20.219).

모와 살해를 엿보게 해준다.

통치 초기에 있었던 하스모니아 왕가(마리암네 · 알렉산드라)와 이두메 출신(살로메 · 키프로스) 사이의 갈등은 어느 것과도 비교되지 않을 만큼 격렬하고 광범위한 것이었다. 불화는 마리암네에게서 시작되었다. 헤로데와 결혼하여 그의 아내가 된 하스모니아 왕가 출신의 마리암네는 헤로데의 사랑을 받았으나, 헤로데가 그녀의 동생이자 대제사장이었던 아리스토불루스 3세를 살해하자 증오심에 불타올랐다. 마리암네의 증오심은 헤로데의 누이동생 살로메와 그 남편인 요셉에 대한 미움으로 이어졌다. 그러나 오히려 마리암네와 요셉이 통정했을지도 모른다는 오해 때문에 결국 헤로데로 하여금 마리암네와 요셉을 모두 처형하는 비극으로 치달았다.

헤로데와 마리암네 사이에서 낳은 두 아들—둘 사이에는 다섯 아들이 있었는데, 알렉산데르와 아리스토불루스는 로마에서 6년 동안 교육을 받았으며, 로마 제국의 수도의 문화를 흡수하였다. 기원전 17년 헤로데는 직접 로마에 가서 이들을 유대로 데리고 왔다—은 어머니를 처형한 아버지를 적으로 간주하였다. 어떤 자들이 "왕의 두 아들이 왕을 해할 음모를 꾸미고 있다"고 비난하자, 헤로데는 첫 부인 도리스에게서 낳은 안티파트로스를 총애하였다. 이복동생들을 제거하기 위한 안티파트로스의 모략과 아첨은 유효하여, 마침내 헤로데는 알렉산데르에게 자신을 독살하려 했다는 죄목을 씌워 로마의 카이사르에게 고소하였다. 재판에서 카이사르를 설득하는 데 성공한 알렉산데르는 무혐의로 풀려나 유대로 돌아와 헤로데와 화해하였다. 그러나 형제들간의 경쟁과 갈등은 음모와 중상모략으로 이어져 불화가 끊일 새가 없었다. 기원전 7년, 결국 헤로데는 두 아들을 세바스테로 보내어 교수형에 처하고 말았다(『유대 전쟁사』 1.534~551).

그러나 이로써 가족간의 책사(策士)가 끝난 것이 아니었다. 계략으로 확보한 헤로데의 후계자로서의 지위는 여전히 안전하지 않았다. 우선 안티파트로스는 백성들에게서 큰 비난을 받았다. 그리고 처형당한 알렉산데르와 아리스토불루스에게는 각각 두 아들과 3남 2녀의 자녀가 있었는데, 헤로데는 불쌍한 손자 손녀들을 보살피며 그들을 안티파트로스의 자식들과 결혼을 시켜 화해시키려고 했다. 그러나 안티파트로스는 아첨으로 헤로데를 설득하여 결혼 상대를 바꿔버렸다(『유대 전쟁사』 1.552~566;『유대 고대사』 16.188~219).

안티파트로스가 권력의 중앙으로 점차 나아가자 헤로데의 동생 페로라스는 그에게 붙었다. 페로라스의 아내는 오만해져서 헤로데의 딸들에게 모욕을 줄 만큼 안하무인이었다. 헤로데는 이들을 미워하였다. 결국 헤로데는 이 부부를 외국으로 추방시켜버렸다. 후에 병든 헤로데는 동생이 보고 싶어 전갈을 보내어 귀국을 종용했으나 끝내 그들은 돌아오지 않았다. 헤로데의 병세는 호전되었고, 얼마 후 페로라스는 세상을 떠났다. 헤로데는 페로라스의 시신을 예루살렘으로 옮겨와 성대한 장례식을 치러주었다(『유대 전쟁사』 1.567~581).

그러나 페로라스의 사인을 규명하는 과정에서 안티파트로스가 그를 독살하려 했다는 사실이 밝혀지자, "사람을 의심하는 것에 이미 질려 있던"(『유대 전쟁사』 1.584) 헤로데는 후원자들과 긴밀한 관계를 맺고자 로마에 가 있던 안티파트로스에게 귀국하라는 지시를 내렸다. 아무 영문도 모른 채 귀국한 안티파트로스는 기소되어 재판을 받게 되었다(『유대 고대사』 17.52~145). 헤로데는 중병에 걸리는 바람에 안티파트로스에 대한 사형 집행을 연기했지만, 결국 헤로데는 안티파트로스보다 닷새를 더 살고 나서 세상을 떠나고 말았다. 헤로데의 죽음의 원인은 노년에 얻은 병 때문이었으나, 사실상 불행한 가족사로 인한 극심한 스트레스 또한 그 원인으로 작용했다.

헤로데가 병들었다는 소문 때문에 민심은 동요하고, 급기야 백성들의 반란이 일어났다. 율법에 정통하여 백성들의 존경을 받던 유다와 마티아는 헤로데가 성전 정문 위에 세운 금독수리상이 율법에 어긋나므로 부수어버려야 한다고 군중을 선동하였다. 장안에는 헤로데가 죽었다는 소문까지 퍼졌다. 성난 군중은 금독수리상을 박살내버렸다. 분노한 헤로데는 주동자를 체포하여 화형에 처하도록 명령하였다(『유대 고대사』 17.149~167).

헤로데의 병세는 나날이 악화되어 피부병과 결장(結腸)·수종(水腫)·호흡장애 등의 합병증세가 나타났다. 점술가들은 헤로데의 병이 라비들에게 가한 가혹행위 때문이라고 떠들어댔다. 헤로데는 삶의 욕망을 버리지 못하고 요르단 강의 온천에서 요양을 하는 등 온갖 치료방법을 다 동원해봤지만 소용이 없었다. 예리코의 겨울 궁전으로 돌아온 헤로데는 죽기 전까지 음모를 꾸몄다. 강자의 비극은 곧 강자의 허무주의라 했던가! 전국 각지에서 유명인사들(아마도 예루살렘에서 소란을 피웠던 자들)을 소환하여 히포드롬에 감금하고, 누이동생인 살로메와 그녀의 남편이자 헤로데의 매제인 알렉사스를 불러 다음과 같이 당부하였다.

내가 죽으면 유대인들은 기뻐서 그날을 명절로 지킬 것이라는 것을 나는 잘 알고 있소. 그대들이 내 명령을 따라주기만 한다면 내 장례식은 성대한 행사가 될 것이오. 물론 백성들이 애도하는 이유가 딴 데 있긴 하겠지만. 내가 죽으면 즉시 병사들을 히포드롬으로 보내 그곳을 에워싸고 그 안에 감금한 자들을 모조리 살해하기만 하면 되오. 그렇게 되면 온 유대의 모든 가정이 원하든 원치 않든 간에 슬퍼하게 될 것 아니겠소.(『유대 전쟁사』 1.660 ; 『유대 고대사』 17.173~175 참조)

기원전 4년 안티파트로스를 처형한 뒤 5일 만에 헤로데가 사망하자,[11] 살로메와 알렉사스는 병사들에게 예리코의 히포드롬에 감금되어 있는 자들을 풀어주라고 명령하였다. 헤로데의 영토는 그의 유언에 따라 왕이 된 장남 아켈라우스가 예루살렘과 유대 지방을, 안티파스가 분봉왕으로 갈릴리와 사마리아 북부를 그리고 필립이 트라코니티스 지역을 각각 다스리게 되었

---

[11] 헤로데의 사망 연대에 관한 몇몇 이의 제기가 있다. 기원전 1년이라는 주장은 헤로데 아들들의 통치 연대와 로마사에서 제기된 것인데, 여전히 의문이 남는다. 다른 한편 헤로데의 사망이 기원전 4년 봄이 아니라 기원전 5년 12월이라는 주장은 그 근거로 메길라트 타아니트(Megillath Ta'anith)에 대한 후기 주석을 들고 있는데, 아람어 텍스트와의 대조 등 역사적 전거(典據)로 삼기에는 텍스트의 가치를 의심하지 않을 수 없다.

다(『유대 고대사』 17.188~190).

헤로데의 장례식은 그의 뒤를 이어 왕이 된 아켈라우스가 성대하게 집행하였다. 관은 금으로 장식하고, 자주색 천으로 싼 시신을 상 위에 눕히고, 시신의 머리에는 금으로 만든 왕관을 씌웠다. 그의 오른손에는 홀이 들려 있었다. 헤로데의 아들들과 친척들이 관의 뒤를 따르고, 그뒤로 경호대가 전쟁터에 출정하는 병사들처럼 대형을 갖추고 호위하며 따랐다. 맨 뒤에는 헤로데를 섬기던 종들이 따랐다. "헤로데의 장례 행렬은 (예리코에서) 헤로디움까지 자그마치 39킬로미터를 행진했다"(『유대 전쟁사』 1.673; 『유대 고대사』 17.199).

헤로데에 대한 평가는 오늘날과 마찬가지로 동시대의 역사가들에게서도 엇갈린다. 1세기의 유대 역사가 요세푸스는 "헤로데는 …… 왕위를 차지한 지 34년 만에 세상을 떠나게 되었다. …… 헤로데는 가정생활을 제외하고는 그 어떤 면에서도 그 누구 못지않게 번영을 누린 인물이었다. 일개 평민이었던 헤로데가 왕위를 차지하고 오랫동안 왕좌에 앉았다가 후손에게 권좌를 물려주기까지 했으니 그보다 더 출세한 사람은 없을 것이다. 그러나 그는 생활에서는 불행하기 그지없는 사람이었다"(『유대 전쟁사』 1.665)라는 기록을 남겼다. 탈무드는 헤로데가 잔인한 통치자요 '하스모니아가(家)의 노예'였다고 썼다(T. B. Baba Bathra 3b). 20세기의 유대 역사가 요셉 클라우스너는 "마카비 일가가 유대인의 팔레스타인을 건설하였다. 그리고 헤로데 왕가가 그것을 무너뜨렸다"고 평가하였다.

어떤 이는 헤로데를 야욕과 허영으로 가득 찬 지도자라고 헐뜯고, 어떤 이는 헤로데를 예술적인 정열을 불태운 건축광이었다고 칭송한다. 어떤 이는 그를 경멸하고, 어떤 이는 그를 격찬한다. 세련되고 유능한 정치인으로서 권력을 빈틈없이 사용한 탁월한 외교가라는 평가와, 무능하고 맹목적인 잔혹한 통치자라는 평가가 엇갈린다. 사랑과 증오, 강함과 약함, 과대한 계획과 소심한 염려 등이 그의 이중적인 성격과 행동에서 잘 드러난다. 예수가 태어나던 때, 헤로데가 베들레헴의 어린이들을 모두 처형했다는 보도

(「마태복음」 2:16)는 이러한 그의 성격을 잘 드러낸다 하겠다.

　그를 좋아하든 싫어하든 간에, 헤로데는 흔들리지 않는 정치적·외교적 방책을 유지함으로써 팍스 로마나의 범위 안에서 유대 국가의 협력과 통합, 안녕과 질서를 꾀하였다. 헤로데가 죽자 그의 나라는 세 아들——유대·이두메·사마리아를 직접 통치한 아켈라우스(기원전 4년~기원후 6년), 갈릴리와 페레아의 영주가 된 헤로데 안티파스(기원전 4년~기원후 39년) 그리고 북쪽의 가울라니티스·트라코니티스와 바타나이아를 다스린 필립(기원전 4년~기원후 37년)——에 의해 셋으로 분열되었다. 헤로데가 죽은 지 70년 뒤에 불어닥친 반(反)로마-메시아 운동인 제1차 유대 반란(기원후 66~70년)으로 더 이상 분열된 유대 사회를 통합할 수 있는 단 한 명의 지도자를 갖지 못한 채, 유대 역사에서 가장 비극적인 재앙, 곧 유대 국가의 멸망이 다가왔다. 그렇지만 그런 사실이 헤로데의 변덕스럽고 야만적인 권력의지를 정당화해 주는 것은 결코 아니다. 헤로데는 로마의 권력 앞에서는 착한 노예의 성격을, 유대인을 향해서는 사악한 주인의 성격을 동시에 지니고 있었다. 심장은 이두메인, 정신은 로마인이었던 헤로데는 그렇게 이스라엘을 다스렸다.

참고문헌

J. Jeremiahs, *Jerusalem in the Time of Jesus*, trans. by F. H. and C. H. Cave, London, 1969.
A. H. M. Jones, *The Herods of Judaea*, 2nd ed. Oxford, 1967.
J. Klausner, *History of the Second Temple*, IV, Jerusalem, 1950(in Hebrew).
M. Naor(ed.), *The King Herod and His Era*, Jerusalem, 1985(in Hebrew).
A. Schalit, *König Herodes: der Mann und sein Werk*, Berlin, 1969.
Emil Schürer, *The History of the Jewish People in the Age of Jesus Christ*, vol. I, II, III, T & T Clark, 1979.
M. Stern, "The Reign of Herod and the Herodian Dynasty," in *The Jewish People on the First Century*, vol.1, Ed. by S. Safrai and M. Stern, CRINT, Assen., 1974, pp.216~307.
_____, "Social and Political Realignments in Herodian Jerusalem," in *The Jerusalem Cathedra*, vol.2, Ed. by L. I. Levine, Jerusalem, 1982.
최창모, 『이스라엘사』, 대한교과서(주), 2005.
_____, 『예루살렘: 순례자의 도시』, 살림, 2004.
_____, 『돌멩이를 먹고사는 사람들』 2권, 건국대학교 출판부, 1997.

퀸틸리아누스

고전수사학의 완성자

●안재원(서울대 강사·서양고전문헌학)

1. 시작하는 말

퀸틸리아누스는 일반 독자들에게는 낯선, 특히 한국의 독자들에게는 잘 알려지지 않은 수사학자이다. 그는 키케로(기원전 106~43년) 같은 유명한 정치가도 아니었고, 카이사르(기원전 100~44년) 같은 장군도 아니었으며, 브루투스(기원전 85~42년)처럼 공화정과 민주정을 위해 싸운 사람도 아니었고, 호라티우스(기원전 65~8년)처럼 불후의 시작(詩作)을 남긴 사람도 아니었다. 이런 사정으로 말미암아 그의 생애와 업적에 대해서 우리에게 전해지는 자료들은 거의 없다. 이런 사정에도 불구하고 학자들은 그의 생애와 업적에 대해서 개괄적으로 다음과 같이 보고한다.

퀸틸리아누스의 본래 이름은 Quintilianus, Marcus Fabius이며, 기원후 35년 스페인의 칼라구리스(오늘날 스페인의 칼라오라[Calahorra] 지역)에서 태어났다. 국록을 받은 최초의 수사학자로 유명한 퀸틸리아누스는 96년경 로마에서 생을 마감했다고 학자들은 추정한다. 그는 로마에서 문법학자 레미우스 팔라이몬, 연설가이자 수사학자인 도미티우스 아페르에게서 문법과 수사학 교육을 받는다. 59년에 그는 고향 스페인으로 귀향한다. 그러다가

68년에 당시 스페인 총독이었던 갈바(기원전 3년~기원후 69년. 69년에 몇 주 동안 황제 자리에 올랐다)를 따라 로마로 돌아온다. 로마에서 그는 변호사로 그리고 수사학 교사로 활동하게 되는데, 71년부터 베스파시아누스(39~81년) 황제(재위 69~79년)가 공식적으로 설립한 수사학 학교에서 수사학 교수로 활약한다. 대표적인 제자로는 소 플리니우스(61/62~117년)를 들 수 있다.

퀸틸리아누스는 기원후 82년에 결혼했으며, 83년과 84년에 두 아들을 얻는다. 그러나 아내는 둘째 아들을 출산하고 나서 바로 세상을 저버렸으며, 이어 89년에는 큰아들이, 93년에는 작은아들마저 그의 곁을 떠난다. 이러한 불행 속에서도 89년 퀸틸리아누스는 연설과 수사학의 몰락 원인을 논의한 『수사학의 몰락 원인에 대하여』(De causis corruptae eloquentiae)를 출판한다. 대략 90년을 전후로 수사학 교수에서 물러났고, 92년부터 그의 주요 저서인 『수사학 교육』(Institutio Oratoria)를 집필하기 시작한다. 94년 퀸틸리아누스는 도미티아누스(51~96년) 황제(재위 81~96년)의 양자에게 수사학을 가르친다. 95년에 그는 『수사학 교육』(Institutio Oratoria)이라는 12권의 저작을 출판한다. 퀸틸리아누스의 이름으로 『모의연설』(Declamationes)이라는 두 권의 교재가 전해져 내려온다.

이상이 퀸틸리아누스에 대한 개괄적인 보고이다. 그러나 이 보고는 퀸틸리아누스가 인간적으로 어떤 성품의 소유자인지, 학자로서 어떤 특징이 있는지, 수사학자로서 그가 어떤 의미가 있는지, 그의 작품이 중세와 르네상스에 어떻게 전승되었고 어떤 과정을 통해 다시 빛을 보게 되는지를 잘 알려주지 않는다. 따라서 이 글은 방금 제기한 질문들에 더욱 자세한 답변을 제공하고자 한다.

2. 퀸틸리아누스의 인간적인 면모

퀸틸리아누스는 인간적이고 지극히 가족을 사랑한 사람이었다. 앞에서 언급했듯이 그는 40대 중반에 늦은 결혼을 했다. 그러나 불행히도 그의 가족들은 모두 일찍 죽었다. 그들의 죽음에 대해 그는 자신의 심정을 『수사학 교육』 6권 「서문」에서 다음과 같이 토로한다.

나는 아이들의 엄마를 이른 시기에 잃었다. 그녀는 열아홉의 나이가 채 되기 전에 두 아들을 낳았다. 그러나 가혹한 운명이 그녀를 앗아갔다. 하지만 그녀는 불행하게 저세상으로 간 것은 아닐 것이다. 나에게 닥친 이 불행 하나만으로도 나는 깊은 상처를 받아서, 그 결과 다시 어떤 행운이 찾아온다 할지라도 그것이 나를 행복하게 하지는 못할 것이기에 말이다. 사실 그녀는 여자가 갖추어야 할 모든 덕성을 소유한 아내였다. 그런 아내였기에, 그녀는 남편에게 치유하기 어려운 상처를 남기고 떠나가버렸다. 너무도 어린 나이에 그렇게 가버렸다. 내 나이를 생각한다면 나는 아내를 잃은 것이 아니라 딸을 가슴에 묻은 것이다. 아직 두 아들이 살아 있는데 말이다. 그렇게 가서는 안 되었는데 말이다. 그러나 그녀 자신이 그렇게 원한 것이다. 나는 살아서 이렇게 고통받고 있는데, 이 고통을 피해 서둘러 그렇게 가버렸다.

큰아들은 갓 다섯 살이 될 때 자기 엄마를 따라가버렸다. 운명이 나의 두 눈에서 한 눈을 앗아가버린 셈이다. 나는 이 불행에 대해서 어떤 위로도 원하지 않는다. 탄식을 들어달라고 하소연하지도 않는다. 슬픔을 줄일 방법이 도대체 어디에 있단 말인가? 그러나 내가 어찌 잊을 수 있단 말인가? 그 사랑스러운 얼굴을, 입가에서 흘러나오는 사랑스러운 목소리를, 막 피어오르기 시작했던 불꽃 같은 재능을, 저 차분했던 몸가짐과 지금도 믿을 수 없는 저 어른스러웠던 마음가짐을 말이다. 이런 다섯 살 먹은 아이를 나는 사랑했었다. 설령 그가 다른 사람의 자식이라 할지라도, 그는 나의 사랑을 독차지했을 것이다. 그러나 운명은 계속해서 자신의 음모를 이어갔다. 나를 더 큰 고통으로 갈기갈기 찢어놓은 것은 그 녀석이 저를 돌보아주었던 유모보다, 그 나이 또래 아이들이 으레 그렇듯이, 나보다는 자기를 길러주신 할머니를 따르고 사랑해야 하는데, 실은 다른 사람들 모두를 제치고 나만 좋아하고 사랑했다는 것이었다.

그러나 나는 이 고통에 실은 감사드린다. 세상에서 최고였던 아이의 엄마가, 어떤 찬사도 부족했던 아이의 엄마가 몇 달 전에 먼저 세상을 떠났기에 말이다. 나의 불행으로부터 흘러나오는 눈물이 그녀와 함께했던 즐거움보다 크지는 않기 때문이다.

이 불행들 이후 나는 하나 남은 아들에게 인생의 즐거움과 희망을 다 걸었다. 나는 그가 충분한 위안을 나에게 제공해줄 것으로 믿었다. 형처럼 그렇게 이른 시기에 가지 않았고, 꽃망울이 맺는 시기를 넘어 열매가 영글기 시작하는 나이인 열 살을 넘겼기 때문이다. 비탄을 걸고, 찢기는 가슴을 걸고, 저 망자들을 걸고, 나의 고통을 지켜보고 있는 신명을 걸어 맹세하노니, 얼마나 타고난 재능의 소유자였던가, 배운 것을 얼마나 잘 깨우쳤던가, 나도 이 방면에 충분한 경험을 가진 사람으로 그만큼 탁월한 녀석을 보지 못했다. 뿐만 아니라 누가 억지로 시킨 것도 아닌데 열심이었고(이는 가르쳤던 선생님들이 잘 알고 있다), 올바르고, 효심 깊고, 사람됨이도 갖추었고, 그릇도 컸던 녀석이었다. 그래서 일찍 개화한 꽃을 사정없이 떨구어버리는 번개를 두려워하듯이, 그렇게 나의 저 희망을 앗아가버릴지도 모른다는 어떤 두려움이 엄습하곤 했고, 인간에게 주어진 분수를 넘어서지 못하도록 작용하는 어떤 질투가 이 아이를 노리고 있을지도 모른다는 생각에 떨기도 했을 정도로 뛰어난 녀석이었다. 큰아들과 마찬가지로 작은아들도 행운이 부여한 외적 선물들, 듣기에 유쾌하고 분명한 목소리, 매력적인 표현과 마치 두 언어를 위해 태어난 사람인 양 그리스어와 라틴어 문자를 정확하게 구사할 수 있었던 능력을 그는 가지고 있었다.

그러나 희망은 여기까지다. 저 얼마나 대단한 놈이었던가, 용기와 신중함, 고통과 두려움에 맞서 싸운 저 힘은 도대체 어디에서 나온 것일까? 저 녀석의 저 용기는, 그리고 의사들도 놀란 8개월의 투병생활을 견딘 저 힘은 도대체 어디서 생겨난 것일까? 죽어가면서도 나를 위로한 녀석이었다. 도대체 어떤 녀석이기에 죽어가면서도 이미 더 이상 이승의 세계에 속하지도 않으면서도, 생사의 경계를 왔다 갔다 하면서도 배우기를 마다하지 않고 글월을 주워섬기기를 포기하지 않았단 말인가! 오, 나의 텅 빈 희망이여, 눈물로 넘쳐흐르던 너의 눈동자를, 너의 도망가는 숨결을 나는 정녕 보았단 말인가? 온기 없이 싸늘한 시신을 껴안으면서 너의 영혼을 나는 정녕 받아들였단 말인가? 내 안에서 살아남아 나와 함께할 너의 마지막 숨길을 나는 진정코 들이마실 수 있었단 말인가? 나는 내가 지고 있는 형벌을 받아 마땅한 아버지다. 나는 생각하면 생각할수록 자라나는 고통을 받아 마땅한 아버지다. 죽기 직전까지도 집정관이 너를 양자로 삼으면서 나라의 큰 기둥이 될 것이라고 기대하며 희망을 주었는데, 사법전담관(Praetor)이었던 삼촌이 너를 사위로 삼겠다고 했는데, 연설에서 할아버지를 넘어설 것이라고 했는데, 그런 너를 나는 잃어버렸구나. 살아남아서 이런 형극의 고통을 견뎌야 하는구나. 살고 싶어서 이러고 있는 것이 아님을, 분명코 지금 견디고 있는 이 인내가 남은 내 인생이 너를 설득시킬 것이라고 확신한다. 하릴없이 이 모든 불행을 운명 탓으로 돌리는구나. 어느 누구도 자기 탓이 아니면 이토록 길게 고통스러워하지 않는다. 그런데도 나는 아직 살아 있구나. 살아야 할 다른 이유를 발견해야 하는데. 결국 가장 학식이 높았던 사람들을 따르는 것이 순리일 것이다. 그들은 불행을 견디는 유일한 위로가 글이라고 추천한다.

사실 약간 긴 인용이다. 이렇게 길게 인용한 데에는 세 가지 이유가 있다. 첫째, 퀸틸리아누스가 얼마나 자신의 아내와 아들을 사랑했는지를, 즉 그가 지극히 가정적인 사람이었다는 점을 보여주기 위해서이다. 퀸틸리아누스가 겪은 고통과 슬픔을 본인의 표현말고 다른 어떤 주석과 설명도 대신할 수 없기에 말이다. 둘째, 수사학 교육은 이론 중심적인 서적이어서 딱딱하고 이른바 연설의 즐거움을 맛볼 수 있는 작품이 아니다. 그런데 유독 이 대목(『수사학 교육』 6권의 「서문」 친구 마르켈루스에게 보낸 편지)만은 매우 문학적이고, 연설가로서 퀸틸리아누스의 문체가 어떠한지를 잘 보여주기 때문이다. 셋째, 바로 『수사학 교육』 12권의 탄생이 그의 개인사, 즉 자신과 가족에게 닥친 불행을 배경으로 한다는 점을 말하기 위해서이다. 사랑하는 아내와 두 아들의 상실 그리고 이 상실에서 오는 슬픔과 고통에 대한 위로와 위안으로서 그는 저술작업을 택한 것이다. 이는 마치 키케로가 45년 자신의 딸 툴리아를 잃고 철학과 저술 작업에 몰두한 것과 그 궤를 같이한다. 어쩌면 『수사학 교육』 12권은, 퀸틸리아누스가 밝히듯이, 막내 아들이 죽으면서 그의 가슴에 남기고 간 "영혼을 받아들이면서 내 안에서 살아남아 나와 함께할 마지막 숨길"이 그의 저술작업을 통해 부활한 것일지도 모르겠다.

3. 퀸틸리아누스의 학자적인 특징

학자로서 퀸틸리아누스는 세 가지 특징의 소유자였다. 그는 먼저 체계를 중시한 학자이다. 이어 그는 역사적 전개와 발전과정을 중시했으며, 마지막으로 다른 학자들의 이론과 입장을 무조건적으로 수용하거나 배척하지 않고 언제나 비판적인 접근을 원칙으로 삼았으며, 마찬가지로 자신의 이론과 입장에 대해서도, 만약 다른 더 나은 대안이 없을 경우, 자신의 의견을 개진하지만, 이때에도 그는 매우 신중한 자세를 취했다. 이들 개별 특징을 뒷받침해주는 근거들을 구체적으로 제시하면 다음과 같다.

퀸틸리아누스의 체계 중시는 두 가지 점에서 두드러지게 포착된다. 이는 한편으로 논의 전개에서, 다른 한편으로 전문 개념(Terminus Technicus)의 사용에서 잘 드러난다. 그러면 먼저 논의 전개에서 나타나는 퀸틸리아누스의 체계적인 면모를 살피기로 하겠다. 대표적으로 '어법'(말의 통용에 대한 규정)과 관련한 한 대목을 읽어보면 다음과 같다(1권 6장 1~5절).

> 어법은 합리·고어·권위·관용에 의거한다. '합리'는 유추와 때때로 어원을 이용할 때 드는 근거이다. '고어'는 어떤 위엄이 깃든 표현인데, 종교적인 표현일 때 특히 그렇다. '권위'는 연설가나 시인들에게서 종종 취해진다. 시인들의 경우 운율이 그들에게 면책 사유를 제공하기 때문이다. (······) '관용'은 사실 가장 확실한 길잡이다. 말은 명백하게 해야 하는데, 마치 공인된 동전을 사용해야 하듯이 일상적으로 인정된 어법을 준수해서 한다.

인용문에서 볼 수 있듯이 퀸틸리아누스의 논의 전개방식은 총론 차원의 개괄적인 분류를 한 문장으로 먼저 제시하고, 이어 각론에 해당하는 개별 분류 범주를 하나씩 하나씩 설명하는 방식으로 자신의 논의를 전개해나간다. 이러한 전개방식은 작품 전체에 걸쳐 일관되게 나타난다.

이어 전문 개념 사용에서 퀸틸리아누스에게서 관찰되는 체계성을 논의하겠다. 대표적으로 논증 · 논거로 번역되는 argumentum을 예로 삼겠다. 퀸틸리아누스는 argumentum을 크게 두 가지 의미로 사용한다. 하나는 이야기나 우화 또는 비극의 소재 · 내용 · 줄거리를 뜻한다(『수사학 교육』 2권 4장 2절, 5권 10장 9~10절, 10권 1장 100절). 다른 하나는 논거 · 증명 · 증명수단을 지칭한다. 그러나 이를 다시 그는 넓은 의미와 좁은 의미로 구분해서 사용한다. 넓은 의미의 argumentum은 논증 · 추론의 동의어로 사용된다(『수사학 교육』 3권 8장 60절, 4권 1장 60 · 73절, 3장 2절 등). 좁은 의미의 argumentum은 논거 · 증명 수단을 뜻한다.

이 양 의미에 대해서 퀸틸리아누스는 『수사학 교육』 5권 10장 1~125절에서 체계적으로 다룬다. 1~19절에서 퀸틸리아누스는 argumentum의 용어 설명과 정의를 다루고, 그리스 전문어 enthymema · epicheirema · apodeixis를 포괄하는 라틴어 대표 전문용어로 argumentum을 제시한다. 20~99절에서는 개별 논거를 분류한다. 이 분류는 크게 인물과 사안으로 나뉜다. 인물에서 끌어올 수 있는 논거로는 가문, 혈통, 조국, 성, 나이, 교육, 신체 특징, 건강, 사회적 지위, 재산, 직업, 경력 등의 토포스를 열거하고, 사안에서 끌어올 수 있는 논거로는 원인, 결과, 장소, 시간, 도구, 수단, 실행가능성, 우연, 정의, 유사, 차이, 반대, 류, 종, 종차 등의 토포스를 제시한다.

퀸틸리아누스의 역사 중시는 두 가지 특징으로 나타난다. 그 중 하나는 수사학 이론 발전의 역사적 전개과정을 중시한다는 데 있다. 다른 하나는 역사적 전개과정을 해명할 때, 단순한 나열이 아니라 비교에 의한 열거(synkrisis)를 사용한다는 데 있다. 비교는 한편으로 독자에게 자신이 말하고자 하는 바를 분명하게 하고, 다른 한편으로 로마의 수사학이, 아니 로마 문화가 단순한 그리스 문화의 아류에 불과한 것이 아니라 독자적인 문화를 이루었다는 것을 강조하기 위해서이다. 마찬가지로 퀸틸리아누스의 역사적 사실을 다루는 대목을 직접 읽어보는 것이 다른 어떤 주석과 설명보다도 더 많은 설득력을 제공할 것이다(『수사학 교육』 3권 1장).

8. 사람들은 시인들이 언급하는 그 사람들(아마도 『호메로스』에 나오는 영웅들임) 이후로 수사학으로 향하는 길을 처음으로 낸 사람이 엠페도클레스라고 말한다. 그런데 수사학에 대한 전문적인 저서를 남긴 사람들은 코락스와 시칠리아 출신 티시아스이다. 이들을 시칠리아 섬 레온티누스 고르기아스가 추종했으며, 고르기아스는 엠페도클레스의 제자였다고 한다.

9. 고르기아스는 천수를 누리는 복을 받았는데(왜냐하면 109년을 살았다고 전해지기 때문이다), 동시대에 많은 사람들과 함께 수사학의 전성기를 누렸다. 이미 앞에서 말한 많은 연설가와 수사학자들이 그를 경쟁자로 삼았다고 한다. 그는 소크라테스가 죽고 난 뒤에도 한참을 더 살았다고 한다.

10. 이어 칼케돈 출신의 트라시마코스, 이 사람과 함께 키오스 출신의 프로디코스, 압데라 출신의 프로타고라스를 들 수 있다. 특히 프로타고라스는 에우아툴루스에게 1만 데나이루스의 돈을 받고 수사학을 가르쳤다고 한다. 이 가르침은 나중에 수사학 저서로 출판됐다. 아울러 엘리스 출신의 히피아스와 플라톤이 팔라메데스라 일컫은 엘레아 출신의 알키다마스를 언급해야 한다.

11. 안티폰 또한 중요한 사람인데, 이 사람은 최초로 연설을 글로 썼고 수사학 교재를 저술했다. 이 사람은 자기 자신을 위해 직접 변론을 썼는데, 사람들은 이 변론에 큰 신뢰를 부여했다고 전한다. 아울러 폴리크라테스도 소개해야 한다. 이 사람은 소크라테스를 공격하는 변론을 지은 사람이다. 그리고 비잔티움 출신의 테오도루스도 언급해야 한다. 이 사람은 플라톤이 '말의 기술자'라고 부른 사람 가운데 한 명이다.

12. 이렇게 언급한 사람들 중 프로타고라스와 고르기아스가 처음으로 공통 상식(loci communes)을 다루었으며, 감정(affectus)은 프로디코스와 히피아스와 프로타고라스 그리고 트라시마코스가 다루었다고 한다. 페리클레스 이전에는 어

떤 연설도 미리 글로 지어지지 않았다고 키케로는 브루투스 편에서 주장한다. 사실 페리클레스의 연설이 몇 개 전해져 내려오지만, 이것들은 페리클레스의 명성에 부합할 정도로 훌륭한 연설은 아니다. 따라서 페리클레스가 직접 글로 썼다는 것을 부정한 사람들이 있는데, 이는 결코 놀랄 만한 일이 아니다. 그래서 이른바 그의 연설이라고 내려오는 것이 실은 다른 사람에 의해서 지어졌다는 주장도 일리 있는 것이다.

13. 앞에서 언급한 수사학자들은 많은 제자들을 길렀는데, 이들 가운데 특히 고르기아스의 제자 이소크라테스가 유명하다. 이소크라테스의 스승이 누구인가에 대해서는 사람들마다 입장이 다른데, 나는 아리스토텔레스의 말을 믿는다.

14. 이소크라테스를 기점으로 수사학의 여러 학문적 분파가 생겨났다. 수사학을 배우기 위해 모든 학문의 영역에서 매우 뛰어난 사람들이 이소크라테스를 찾아왔다고 한다. 이 때문에 전하는 바에 따르면, "이소크라테스가 말하는 바를 참고 듣는 것 그리고 그에 대해 침묵하는 것은 수치다"라는 필로크테테스의 저 귀절을 인용하면서 아리스토텔레스는 여든아홉의 고령에도 오후에 수사학 강의를 개설했다고 한다. 이소크라테스나 아리스토텔레스 양자 모두 수사학 저서를 남겼다. 그러나 아리스토텔레스의 책들이 권수에서 더 많다. 같은 시기에 테오덱테스가 활약했는데, 이 사람에 대해서 위에서 논의했다.

15. 아리스토텔레스의 제자인 테오프라스토스도 또한 수사학에 대해서 열심히 저술했다. 이 사람을 기점으로 철학자들이, 좀더 명확하게 말하자면 스토아 철학자들과 소요학파의 수장들이 수사학자들보다 더 열심히 수사학을 다루었다.

16. 그러다가 마침내 헤르마고라스가 수사학에 고유의 길을 제시하였는데, 이 길을 대다수 사람들이 따른다. 헤르마고라스의 맞수이자 경쟁자로 아테네이우스를 들 수 있다. 이 사람들 이후에 아폴로니우스 몰론, 아레우스, 카이킬리우스와 할리카르나소스 디오니시오스가 많은 저작을 남겼다.

17. 그렇지만 페르가몬 출신의 아폴로도로스가 주목받았는데, 그는 아우구스투스 카이사르의 선생이었다. 원래는 가다라 출신이지만 자신은 로도스 섬 출신으로 인정받고자 원했던 테오도로스를 들어야 한다. 테오도로스가 로도스 섬으로

은퇴했을 때, 티베리우스 카이사르가 그의 수업을 들었다고 전한다.

18. 아폴로도로스와 테오도로스는 학문적 관점에서 서로 상반된 입장을 취했다고 한다. 이 상반된 입장으로 말미암아, 마치 철학분파처럼 아폴로도로스 일파 또는 테오도로스 일파라는 무리들이 생겨났다. 그러나 아폴로도로스의 가르침은 특히 그의 제자들에 의해서 잘 알려졌다. 그의 가르침을 전파하는 데 가장 열심이었던 사람들이 가이우스 발기우스인데, 이자는 라틴어로 전파하는 데 주력했고, 그리스어로 전파하는 데 노력한 사람은 아티쿠스이다. 그는 저서를 한 권 출판했는데, 이는 마티우스에게 헌정한 것이다. 도미티우스에게 보낸 편지에 그가 다른 저서를 냈다는 이야기가 없기 때문이다. 반면 테오도로스는 많은 저서를 남겼다. 그의 제자로는 헤르마고라스를 들 수 있는데, 이 사람을 보았다는 사람이 아직도 살아 있다.

19. 로마인들 중에는, 적어도 내가 아는 범위에서는, 수사학으로 나아갈 수 있는 이정표를 세워준 최초의 사람이 마르쿠스 카토이다. 이어 마르쿠스 안토니우스가 수사학에 손만 대었다. 왜냐하면 그의 여러 저서 중 이 작품만 유독 미완결 상태로 전해 내려오고 있기 때문이다. 이어서 조금 덜 유명한 몇몇 사람이 뒤따른다. 만약 그들을 언급해야 한다면, 그들에 대해 논의해야 할 것이다.

20. 그러나 연설뿐 아니라 가르침에서도 또한 빛났던 사람은 역시 마르쿠스 키케로였다. 그는 연설과 연설 기술의 가르침에서 우리 로마인들 사이에 유일무이한 모범으로 추앙받는다.

퀸틸리아누스가 다른 학자들의 입장을 다루는 태도에 대해서 마지막으로 다루겠다. 그는 특히 수사학 교육 집필과 관련해서 자신의 고유한 생각을 펼쳐 위험한 길을 가기보다는 다른 저자들을 서로 비교·비판하여 안전한 집필을 선호하는 학자로 나타난다. 이는 그가 자신이 수집할 수 있는 모든 텍스트를 수집해 검토했다는 것에서 잘 나타난다. 단적인 예로 쟁점(Status) 이론을 다룬 『수사학 교육』 3권(6장 35~38절)을 들 수 있다.

즉 아폴로도로스는 동일한 주제(아마도 추정에 대하여)를 논의하기 때문이다. 그는 문제제기 방식을 추측을 통해 찾아가야 하는 외부에 위치하는 것과 우리의 생각 안에 자리잡고 있는 것이라고 나누었다. 전자를 '사건'(pragmatikos)으로, 후자를 '생각과 관련한 것'(peri ennoias)으로 일컫는다. 전자를 다시 aproleptos 와 proleptos로 나눈 사람들도 있는데, 이들도 같은 것을 논의하고 있는 셈이다. aproleptos는 의심스러운 것을 뜻하고 proleptos는 추측을 뜻한다. 후자를 통해서 우리는 '주어진 것'을 해명한다. 테오도로스는 '인가?' 문제를 추정과 수반 현상들로 분류하지만 실은 같은 것을 이야기하고 있다. ……

위의 인용에서 보았듯이 퀸틸리아누스는 결코 자신의 생각과 상상력에 입각해서 논의를 전개하지 않는다. 대신 그는 문헌을 철저히 조사하고, 그 조사에 입각하여 각각 입장의 약점과 강점을 논의하고 난 다음 조심스럽게 자신의 주장을 견지한다. 그는 문법학자 트리폰에게 보내는 편지에서 자신이 『수사학 교육』을 기술하기 위하여 약 2년간 기초자료 조사를 했다고 밝힌다. 또 자신이 옳다고 판단하는 견해만 고집하는 것이 아니라 반대 입장도 제시하고 그 생각의 원저자를 밝혀주며, 심지어는 원어에 대한 자세한 설명과 주석을 통해서 그리스어를 라틴어로 번역한다. 이러한 글쓰기 방식은 당시 로마의 풍토에서는 찾아보기 힘들다. 예컨대 호라티우스의 『시학』을 보라. 사실 이 작품은 기원전 3세기의 문학이론가인 네오프톨레마이오스의 작품을 번역한 것이다. 그러나 호라티우스는 이에 대해 전혀 언급하지 않는다. 따라서 퀸틸리아누스의 이러한 분석방식과 저술방식은 실제로 오늘날 대학에서 통용되는 학문적 글쓰기와 크게 다르지 않은 것이다.

4. 수사학자로서 퀸틸리아누스

수사학자로서 퀸틸리아누스는 키케로와 비교했을 때 다음과 같은 네 가지 특징이 있다. 먼저 그도 키케로가 강조한 철학 공부의 중요성을 잘 알고 있다. 그러나 퀸틸리아누스는 수사학에 강조점을 찍는다. 물론 퀸틸리아누스도 철학의 필요성과 중요성을 인정하지 않는 것은 아니었지만, 키케로처럼 철학 공부를 강조하지 않고 수사학에 방점을 부여한 이유는 공동체의 일에 전혀 관심을 두지 않고 일체의 공적 활동과 의무를 방기하는 당대 철학자들의 생활태도 때문이었다.

이어서 퀸틸리아누스는 연설가의 도덕적인 측면을 강조한다. 퀸틸리아누스에게 어떤 이가 훌륭한 연설가상의 기준에 맞는지 않는지를 결정하는 핵심척도는 바로 도덕(virtus)성이기 때문이다. 이 도덕성은 두 가지를 강조하는데, 그 중 하나는 로마적 덕목이며 다른 하나는 인간성 또는 사람 됨됨이다. 실천을 강조하는 로마적 덕목의 강조는 퀸틸리아누스의 연설가적 모범이 카토(기원전 234~149년)라는 데에서 잘 나타난다.

다음으로 학교 수사학(Schulrhetorik) 문제에 대해 키케로는 자신은 비판가이지 교사가 아니라고 주장한다. 키케로와는 대조적으로 퀸틸리아누스는 수사학의 학교 교육을 중시한다. 이에 대한 근거로 퀸틸리아누스 문체의 두 가지 특징을 제시할 수 있다. 그 중 하나는 내용을 전개하는 체계인데, 이것은 학교 교과서 체계의 전형적인 예이다. 다른 하나는 퀸틸리아누스의 교육지침이다. 이 교육지침은 두 가지 원리로 구성되어 있는데, 하나는 모방(imitatio)이고 다른 하나는 경쟁(aemulatio)이다. 이 모방원리에 따라 무엇을 읽어야 할지가 결정되는데, 이를 자세히 다룬 것이 『수사학 교육』 10권이다. 여기에서 퀸틸리아누스는 철학자들의 작품 중 연설가에게 도움이 되는 작품은 어떤 것인지, 역사서와 작가로는 누구를 읽어야 하는지, 비극 작품과 작가로 누가 적당한지 등, 이른바 연설가들이 읽어야 할 고전 선정작업을 한다. 이는 퀸틸리아누스의 교육자적인 모습을 보여주는 전형적인 예라고 하겠다.

마지막으로 키케로의 수사학은 사실 정치가론이다. 이에 반해 퀸틸리아누스는 시민 교양교육에 중점을 둔다. 연설가에게는 정치활동이 핵심적인 사항인데도 퀸틸리아누스는 이 부분을 크게 강조하지 않는다. 대신 그는 건전 시민의 양성에 중심을 둔다.

5. 『수사학 교육』의 목차와 작품구조

지금까지 우리는 퀸틸리아누스가 인간적으로 어떤 성품의 소유자인지, 학자로서 어떤 특징이 있는지, 수사학자로서 그가 어떤 의미가 있는지를 살펴보았다. 이렇게 한 것은 사실은 『수사학 교육』 전 12권이 어떤 과정을 통해 세상에 태어나게 되었는지를 말하기 위해서였다. 이 작품의 탄생 배경에는 가족사의 불행과 약 20년이 넘는 현장 경험과 약 2년간에 걸친 철저한 자료 조사와 준비, 학자로서의 엄격함과 비판적 시각 그리고 수사학에 닥쳐올 위기에 대비하고자 하는 노(老) 수사학자의 수사학에 대한 사랑(amore quodam operis)이 자리잡고 있다.

『수사학 교육』은 모두 12권으로 구성되어 있다. 이 12권은 내용상 크게 두 부분, 즉 이른바 Res(사안, 판단, 생각, 실제, 표현 대상)와 Verba(말·표현수단)로 나눌 수 있다. 1권에서 6권까지 Res 부분에 속하고, Verba 부분에는 7권에서 12권까지가 포함된다. 다시 1권에서 12권까지 개별 작품의 내용을 살펴보면 다음과 같다.

1권 문법·음악·기하학에 대한 논의
2권 연설가가 되기 위한 입문과정에 대하여 (1~9장)
  수사학의 이론적 토대와 학적 경계에 대하여(10~21장)
3권 수사학체계 전체에 대한 보고
4권 연설 부분에 대한 논의
  서문 구성에 대하여(1장 1~79절)
  사실 기술/ 사실 묘사에 대하여(2장 1~132절)
  주제 이탈에 대하여(3장 1~17절)
  논증 목적 제시에 대하여(4장 1~9절)

논증 구성에 대하여(5장)

5권 비기술 증거 의존 입증에 대하여(1~7장)

　　　기술 의존 논증에 대하여(8~14장)

6권 결론 구성에 대하여(1장 1~55절)

　　　감정/감성, 인성/인품, 기지와 재치에 대하여(2~5장)

7권 쟁점 구성이론에 대하여

　　　추정 쟁점 구성에 대하여(2장 1~57절)

　　　정의 쟁점 구성에 대하여(3장 1~36절)

　　　사건 성격 쟁점 구성에 대하여(4장 1~44절)

　　　기록과 법조문 해석 쟁점 구성에 대하여(5~10장)

8권 문체에 대하여

　　　문법 준수에 대하여(1장)

　　　명백함에 대하여(2장)

　　　표현/장식에 대하여(3장)

　　　강조와 축소에 대하여(4장)

　　　표현에서 일반적인 지침(5장)

　　　전이 의미에 대하여(6장)

9권 문채에 대하여

　　　문채론에 대한 일반적 논의(1장)

　　　의미 문채에 대하여(2장)

　　　단어 문채에 대하여(3장)

　　　문장 구성에 대하여(4장)

10권 수사학 입문자들을 위한 읽기 교육 지침에 대하여

　　　연설가가 읽어야 할 그리스-로마의 운문-산문 작가들

11권 적절성(시기와 장소에 맞게)에 대하여(1장)

　　　기억에 대하여(2장)

　　　연기에 대하여(3장)

12권 연설가가 지녀야 할 인성과 성품과 지적 능력에 대하여

목차 구성은 퀸틸리아누스가 작품 전체 구조에 대한 계획을 가지고 있었으며, 이에 따라 작품을 치밀하게 저술해나갔음을 보여준다. 사실 이 작품은 다음의 세 가지 점에서 중요하다. 먼저 이 작품은 서양 고대의 수사학 이론을 완결지은 저서로서 중요하며, 이어 고대 수사학자들의 논쟁사를 정리한 이론사에 대한 사료로서 가치가 있으며, 마지막으로 구어 전통의 수사학 전통이 문어 중심의 고등 교양교육 중심으로 넘어갈 수 있는 토대를 제공한다는 점에서 중요하다.

6. 수사학 교육의 문헌 전승과 복원

퀸틸리아누스의 수사학 교육이 카롤링거 왕조 이전에 어떻게 전승되어왔는지를 보여주는 자료는 없다. 그러나 우리는 카시오도루스(490년?~583년?)나 이시도루스(6/7세기에 활약)의 작품에서 그의 흔적을 추적할 수 있다. 8세기에 오면 알퀴누스(735~804년)의 작품에서 마찬가지로 퀸틸리아누스의 영향을 살필 수 있다. 이어 페레레 출신의 루푸스(805~862년)도 퀸틸리아누스를 읽었다. 그는 독일의 풀다 수도원에서 에브라누스 마루누스의 제자였으며, 841년부터는 고향 페레레의 수도원장으로 활약했다. 이 수도원장을 통해서 퀸틸리아누스는 프랑스에 소개된다.

퀸틸리아누스가 영국에서 주목받기 시작한 것은 12세기 초 솔즈베리의 존(1120~1180년)이라는 학자 덕분이었다. 이 학자는 어려서는 프랑스에서 살았으며 아벨라르두스의 제자였다. 그는 후에 캔터베리 대주교의 비서로 활약했는데, 처음에는 테오발트, 뒤에는 토머스 베켓의 비서관으로 일했다. 나중에 일어난 베켓 살해사건은 제프리 초서의 「캔터베리 이야기」가 탄생하게 된 동기를 제공한다. 솔즈베리 출신 존의 주요 작품은 『정치가들』(Policraticus)이라는 저서인데, 이 작품의 도처에서 우리는 퀸틸리아누스의 흔적

을 찾을 수 있다.

퀸틸리아누스가 『수사학 교육』에서 말한 이것들은 실은 지혜의 교육에도 적용해야 하는 것이다.

이 인용에서 살필 수 있듯이, 퀸틸리아누스의 『수사학 교육』이 고등 교양교육의 중요한 교재로 사용되고 있었다는 것을 확인할 수 있다. 사실 13세기에 퀸틸리아누스의 영향력이 얼마나 대단했는지를 보여주는 사람은 솔즈베리의 존이 아니라 빈센티우스 벨로바켄시스(1190~1264년)였다. 그는 도미니쿠스파에 속하는 수도승으로 나중에 루트비히 9세의 선생으로 활약했다. 이때 그는 『왕자들의 교육에 대하여』라는 작품을 저술하는데, 이 작품은 퀸틸리아누스의 『수사학 교육』을 모델로 삼은 것이다. 이상의 기술에서 퀸틸리아누스 영향을 한마디로 요약한다면 그의 『수사학 교육』은 중세 고등교육의 '거울'(speculum)이었다고 할 수 있다.

그러나 르네상스 시대의 인문주의자들에게 퀸틸리아누스는 그렇게 사랑받는 사람은 아니었다. 이는 대표적으로 두 명의 인문주의자의 반응에서 잘 나타난다. 먼저 동로마의 수도 콘스탄티노플에서 태어났고 문헌사냥꾼으로 유명한 프란체스코 필렐포(1398~1481년)의 반응을 살펴보자. 그는 밀라노의 귀족 프란체스코 스포르차에게 보낸 1440년 7월 10일자 편지에서 퀸틸리아누스의 문체에 대해 다음과 같이 적고 있다.

잘 모르겠지만 그의 문체는 스페인풍입니다. 이는 분명히 미개한 것에 속하는 것입니다. (……) 퀸틸리아누스는 말을 통해서 감동을 주지도 못하고, 뭔가를 속시원하게 가르쳐주는 것도 아니고, 그렇다고 즐거움을 주는 것도 아닙니다"

인용문에서 보이듯이, 필렐포는 퀸틸리아누스를 거의 야만인으로 취급하고 있다. 그리고 그는 수사학의 전문용어(movere · docere · delectare)를 이용해 퀸틸리아누스의 문체와 어투를 비난하고 있다. 과연 이 비난과 폄하가 정당한 것일까? 이는 정당하지 못한데, 이에 대하여 두 가지 근거를 제시할 수 있다. 하나는 필렐포가 읽은 퀸틸리아누스의 『수사학 교육』은 구제척인 연설이 아니라 연설가를 기르는 교육용 교과서라는 점이다. 즉 『수사학 교육』은 사실 수사학을 배우는 학생을 겨냥해서 지은 책이 아니라 수사학 교사를 위한 연수용 교재이다. 따라서 문체와 내용 구성이 일반 산문, 특히 연설문과는 거리가 멀다. 즉 연설 현장에서 듣고 감동하고 즐기며 뭔가를 통쾌하게 배우기에는 너무나도 부적합한 작품이며, 차분히 하나씩 하나씩 따져가며 분석하면서 읽어야 하는 문체이다. 따라서 필렐포의 비난은, 수사학자로서 퀸틸리아누스를 평가하지 못하고 연설가로서 퀸틸리아누스를 염두에 둔 탓에 생겨난 오해이다.

이어 우리는 인문주의 시대를 본격적으로 열었던 프란체스코 페트라르카(1304~74년)의 편지에서 다른 근거를 찾을 수 있다. 그의 편지의 주요 대목을 읽어보자.

    예전에 당신(아마도 퀸틸리아누스)의 이름을 들었다. 당신에 대한 글도 읽었다. 그리고 당신이 날카로운 지성의 소유자로 일컬어지는데, 그것이 도대체 무엇에 근거하는 것인지 의아해하곤 했다. 그러다가 뒤늦게 당신의 비범함을 알게 되었다. 갈기갈기 찢기고, 아, 상처로 가득 찬 『수사학 교육』책이 내 손에 도착했다. 모든 것을 황폐케 해버리는 시간의 힘을 인정하지 않을 수 없었다. 그리고 나에게 이렇게 말했다. "시간이여, 너는 네가 늘 그렇게 하듯이 그렇게 행하는구나. 너는 어떤 것도 지켜주지 않는구나. 너는 재물을 바쳐야만 믿음을 주는구나. 오, 게으르고 오만 방자한 시간이여! 너는 저 위인들을 나에게 되돌려보내는구나. 가장 나태하게 돌보면서! 오, 아무것도 낳지 못하는 그리고 흉악스러운 시간이여, 그토록 배우고 쓸 것이 많은 이 문헌들을 더 알아볼 수 없도록 만들어버렸구나. 너는 이 작품만이라도 나에게 온전히 넘어오도록 하는 일조차도 소홀하게 했구나." 그럼에도 이 책으로나마 내(아마도 페트라르카)가 당신(아마도 퀸틸리아누스)에 대해서 바른 판단을 내릴 수 있게 되어 다행이다. 한참 동안 나는 당신을 오해하고 있었다. 오해에 종지부를 찍게 된 것을 고맙게 생각한다. 비록 여기저기 풀어헤쳐졌지만, 그렇지만 아름다운 몸을 보았다.

인용을 요약·분석하면 다음과 같다. 페트라르카도 처음에는 필렐포처럼 퀸틸리아누스에 대해서 부정적인 생각을 가졌다. 또한 퀸틸리아누스에 대한 사람들의 높은 평판이 부당한 것이라고 의심했다. 그러나 페트라르카는 『수사학 교육』 책의 원문을 직접 접하고 난 다음, 자신의 이전 생각이 잘못된 것임을 깨닫고 이 잘못을 시간 탓으로 돌린다. 여기에서 우리는 페트라르카가 퀸틸리아누스에게 오해를 품게 된 원인을 더욱 구체적으로 말할 수 있게 된다. 즉 그것은 다름아닌 인문주의자들이 접할 수 있었던 『수사학 교육』의 텍스트가 한편으로는 일부에 불과해서 퀸틸리아누스의 비범함을 알 수 없었거나, 다른 한편으로는 문헌이 전승되는 과정 중에 텍스트가 뒤섞이고, 그래서 오염된 결과(codices mutiles)에서 기인했다는 것이다. 그리하여 페트라르카는 온전하게 전해진 퀸틸리아누스의 『수사학 교육』을 보지는 못했지만 이 작품이 아주 뛰어난 작품이라고 평가한다. 이는 아마도 페트라르카가 전문적으로 문헌을 추적하고 이어 본격적으로 문헌판독(Palaeographie)을 시작한 문헌학자였기에 가능한 일이었을 것이다.

페트라르카가 아쉬워하면서 그토록 보고 싶어했던 『수사학 교육』 전 12권의 발견은 콘스탄츠 회의(1414~18년)와 관련된다. 얀 후스(1415년)의 화형을 결정했고 교황 요한네스 22세의 퇴위와 마르티누스 5세 선출문제를 논의했던 이 회의에 문헌 사냥꾼이면서 문헌학자이자 인문학자였던 포조 브라치올리니(Poggio Bracciolini, 1380~1459년)가 마르티누스 5세의 비서로 참석한다. 이때 포조는 사실 신임교황의 비서로서의 역할보다는 문헌 추적에 더 관심을 쏟고 있었는데, 이 관심사를 해결하기 위해 회의 도중 주변 지역을 자주 여행하였다. 이 문헌 추적여행 중에 그가 방문한 곳이 바로 장크트갈렌(Sankt Gallen) 수도원이었다.

당시 장크트갈렌 수도원의 원장과 수도사들은 세속의 문헌 판본들에 전혀 관심을 보이지 않았다. 이런 이유에서 세속의 문헌 판본들이 마대에 담긴 채 먼지와 곰팡이와 거미줄로 가득 찬 보관 창고에 내던져져 있었다. 이 먼지더미에서 포조가 마침내 『수사학 교육』 12권의 문헌 판본을 발견하였다. 그러나 포조는 자신이 발견한 퀸틸리아누스의 『수사학 교육』 판본에 대한 가치를 전혀 몰랐다. 이 판본의 가치를 제대로 알아본 사람은 그의 친구 리오나르도 브루니(1369~1444년)였다. 포조는 장크트갈렌 수도원 창고에서 발견한 문헌 판본들에 대한 편지를 니콜로 디 니콜리(1363~1437년)에게 보냈는데, 이 편지(1416년 11월 13일자 편지)를 읽게 된 브루니가 이 판본들 중에 퀸틸리아누스의 문헌 판본이 들어 있는 것을 확인하고는 그 기쁨을 다음과 같이 표현하였다.

나(아마도 브루니)는 우리 친구 니콜리 집에서 최근의 여행과 몇 권의 책들을 발견했다고 알려온 자네의 편지를 읽었다. (……) 그러나 자네가 찾아낸 것이 실은 자네가 생각하는 것보다 훨씬 귀중한 보물임을 알아야 할 것이다. 왜냐하면 갈기갈기 상처입고 온몸이 풀어헤쳐진 퀸틸리아누스가 자네 덕분에 자신의 몸을 온전하게 스스로 치유하고 복원해낼 수 있을 것이기 때문이다. 나는 책들의 제목들을 읽었다. 지금까지 전해져온 것은 거의 절반 이상을 상실한 것이고 그것도 상처로 가득 찬 판본인 반면, 자네가 찾아낸 것은 온전하게 전체가 보존된 것이다.

이렇게 발견된 퀸틸리아누스의 『수사학 교육』은 1470년 로마에서 처음으로 책(editio princeps)으로 출판된다. 이어서 1471년에는 베네치아 출판본이, 다음에는 1514년과 1521년에 알디나(Aldina) 출판본이 뒤를 따른다. 이어 수많은 문헌학자들에 의해서 편집되고, 번역되고, 이에 대한 주석서가 씌어지고, 아울러 수많은 작가들과 사상가들 그리고 정치가들의 입과 손을 통해서 인용되고 참조되고 교육된다. 이런 과정을 통해서 『수사학 교육』은, 아니 퀸틸리아누스는 다시 서구의 근세와 현대 역사에, 특히 수사학과 문헌학 그리고 교육의 현장에 부활한다.

7. 맺는 말

『수사학 교육』은 2천 년이 지난 오늘날에도 수사학의 가장 중요한 고전 텍스트로 사랑받고 읽혀지고 참조되고 있다. 또한 서양의 말하기, 글쓰기, 토론 교육에서 아주 중요한 참조 텍스트로 인용되고 사용되고 있다. 이를 가능하게 한 힘은 앞에서 말했듯이 한편으로는 약 20년간에 걸친 현장 경험과 약 2년여에 걸친 철저한 자료 조사와 준비, 학자로서의 엄격함과 비판적 시각 그리고 수사학에 대한 사랑이었을 것이다. 다른 한편으로 그 힘은 '말하기 교육' 또는 '수사학'에 대한 그의 설명과 논의가 지닌 보편적 설득력일 것이다. 이 보편적인 설득력이 한국 독자들에게도 통할 수 있는지에 대해서는 아직 확신할 수 없다. 아직 한국에 번역 소개되지 않았고, 한국어로 된 학문적 논의가 본격적으로 진행된 적이 없기 때문이다.

그러나 마지막으로 빠트리지 말고 언급해야 할 점이 있다. 그것은 2천 년이라는 "모든 것을 황폐케 해버리는 시간의 힘"에 맞서서 퀸틸리아누스의 온전하고 "아름다운 몸"을 볼 수 있도록 "재물"과 열정과 인생을 시간의 제단에 헌납한 문헌학자(studiosus perennis)들에 대한 찬사이다. 페트라르카에서 현대의 영국인 문헌학자 윈터보톰까지, 퀸틸리아누스를 온전하게 복원하고 보존하기 위해 모든 것을 앗아가는 저 "시간"과 싸워온 이 문헌학자들의 문헌에 대한 사랑(Philologia)이 없었다면 퀸틸리아누스는 아직도 지하세계에서 그리고 그의 작품들은 어느 수도원 창고의 먼지더미에서 뒹굴고 있을 것이다. 아니, 어느 가정집 불쏘시개로 벌써 세상에서 완전히 사라졌을지도 모를 일이기에 말이다.

마르쿠스 비트루비우스 폴리오

고대 건축의 금자탑을 쌓은 건축의 아버지

● 김칠성(서울대 박사과정 수료 · 서양고대사)

1. 고대 건축물 앞에서 던지는 질문

사람들은 지중해 세계를 여행하다 보면 수많은 고대 건축물들을 접하고 경탄하게 된다. 도처에 그리스 · 로마의 건축물들이 있다. 파르테논, 콜로세움, 하기아 소피아, 신전, 원형경기장 등에서 '이렇게 웅장한 건축물들은 어떻게 만들어졌을까?' 하는 의문을 갖게 된다. 이 질문에 대한 해답은 '건축의 아버지'라고 일컬어지는 비트루비우스(Marcus Vitruvius Pollio)에게서 찾을 수 있다.

2. 아우구스투스 황제 시대의 건축

건축가이자 군기술자인 비트루비우스는 카이사르와 아우구스투스 황제 시대(기원전 27년~기원후 14년)에 활동하였다. 비트루비우스의 저서는 지금까지 단 한 권이 전해진다. 그의 『건축론』(*De Architectra Libri Decem*)[1]은 현

---

1) 이 책은 두루마리로 되어 있으며, 책의 이름은 원래 붙어 있지 않다. *DE ARCHITEC-*

존하는 건축 문헌 중에서 고대는 물론 르네상스 시대, 바로크 시대, 신고전주의 시대 그리고 현대까지도 고대 건축에 관한 최고의 권위서로 인정받고 있다. 이 책이 저술된 연대는 1권과 이 책에 인용된 인물들을 중심으로 판단해보면 공화정이 마무리되고 제정이 시작되는 시기라고 추정할 수 있다.[2] 이 책은 포괄적으로 악티움 해전(기원전 31년) 이후 10년 동안인 기원전 30~20년경에, 구체적으로 기원전 27년경에 출판되었을 것이다. 이 시기는 혼란과 내전 이후에 찾아온 평화와 번영의 기간으로, 세계를 재건할 수 있다는 확신이 충만하고 새로운 건물들이 많이 건축된 시기였다.

도시 로마는 제국의 위엄에 어울리게 장식되지 않았고 홍수와 화재에 노출되어서, 아우구스투스 황제는 도시 로마를 매우 아름답게 꾸몄다. 황제 자신이 벽돌 도시를 보았지만 대리석 도시를 남겨주었노라고 자랑한 것은 당연하다.[3]

게다가 이 시기에는 새로운 세계질서를 추종하는 지식인들이 과학·기술·문학·예술·건축 부문에서 국제적인 문화를 선도하였다. 『건축론』에는 이러한 시대적 분위기가 반영되어 있다.

신은 폐하[4]께서 사회복지와 공공질서를 확립하셨을 뿐만 아니라 실리적인 목적을 위하여 공공건물을 건축하셨음을 잘 알고 있습니다. 그래서 신은 폐하께서 획득하신 속주로 인하여 국가가 부강해졌을 뿐만 아니라 폐하의 위대함으로 그곳

TRA LIBRI DECEM은 책의 이름이 아니라 책의 형태를 묘사한 것이다. 이 책은 1412년 발견되었다. 이 책의 원본은 4종이며, 판본으로 나온 것은 1486년 이후다. 특히 1511~67년 프라 지오콘도(Fra Giocondo)의 여러 판본이 요즈음에 볼 수 있는 번역본의 원전이 되었다. 책의 이름은 『건축십서』, 『건축서』, 『건축론 10권』 등으로 번역되었지만, 의미가 불분명하기 때문에 이 글에서는 『건축론』이라고 한다. 이 글에서 인용한 숫자는 『건축론』의 권, 장, 절을 뜻한다.
2) 『VITRUVIUS 建築十書』, 오덕성 옮김, 기문당, 1985, 5쪽.
3) Suetonius, *Augustus*, 28.3.
4) 아우구스투스 황제.

의 공공건물에 권위가 수반되는 것을 목도함으로써, 저 자신이 건축에 관한 졸저를 집필하여 남들보다 먼저 폐하께 헌정할 수 있는 기회를 가져야만 한다고 감히 생각합니다.5) …… 신은 폐하께 헌정하기 위하여 이 졸저를 쓰기 시작하는데, 왜냐하면 신은 폐하께서 이전에 건설하셨던 것, 현재에도 건설 중인 것, 그리고 미래에도 신민의 공공 또는 개인 건물들을 후대에 물려줄 수 있도록 훌륭하게 만드는 것, 그리고 폐하의 다른 찬란한 업적에 관심을 갖고 있기 때문입니다.6)

주지하는 바와 같이 로마 제정은 아우구스투스에 의하여 시작되었다. 당시 로마에는 공화정 세력이 대부분 소멸되었으며 새로운 정치체제가 탄생하였다. 로마는 공화정 말기에 벌써 제국으로서의 위용과 골격을 갖추고 있었다. 제정은 공화정의 골격을 유지하는 선에서 황제 개인에게 권력을 집중시키는 절충적인 형식을 취하였다.

아우구스투스는 이러한 기대에 부응하였다. 그의 정책은 현상을 유지하고 내실을 다지는 것이었다. 당시 로마에서 필요한 것은 그 동안 쌓아온 저력을 다지면서 다음 단계를 향한 도약을 준비하는 것이었다. 그리하여 로마 사회에는 절제와 근검의 기운이 되살아나면서 보수적인 분위기가 만연했으며, 무책임한 변화와 과도한 확장은 자제되었다. 로마에는 안정되고 평화로운 시대가 열렸으며, 화려한 과시보다 내실 있는 발전이 이루어졌다. 이러한 로마 사회의 전반적인 분위기는 건축분야에서도 동일하게 나타났다. 아우구스투스 시대의 건축에서 절제적인 분위기가 나타나는 것은 바로 이런 이유 때문이다.

제정 초기의 건축은 대개 두 가지 경향으로 나타났다. 첫째, 공화정 말기의 기념비적인 건축과 건축기술의 발전은 계속되었다. 둘째, 아우구스투스의 현상 유지와 내실 다지기가 건축에서도 비슷하게 나타났다.

---

5) 1. praef. 2~3.
6) 1. praef. 3.

제정 초기에는 공화정 시기의 건축기술이 계속 발전하였다. 벽돌쌓기는 제정 초기 건축기술의 중요한 발전이었다. 벽돌쌓기 기술이 다양해짐에 따라 벽 구조의 강도도 강화되었다. 발전된 벽돌쌓기 기술은 둥근 천장과 함께 건축에 응용되면서 건축구조의 효과를 향상시켰다. 토목 인프라의 건설도 계속되었다. 아오스타(Aosta)·리미니(Rimini) 등 제국의 여러 곳에는 아우구스투스 다리가 건설되었다.[7] 이 시대의 건축물들에는 아우구스투스의 이름이 새겨졌다.

이러한 시대적 배경에서 제정 초기의 건축활동은 안정적으로 이루어졌다. 먼저 정치가의 권위를 고양시키기 위한 기념비적인 건물이 축조되었다. 이런 건축물들 중에서 두드러진 것은 아우구스투스 개인의 건축이었다. 아우구스투스는 자기 이름을 따서 아우구스투스 포룸(forum)과 아우구스투스의 저택을 지었다. 또한 그는 자기 무덤인 아우구스투스의 영묘(Mausoleum)를 만들었다. 아울러 그는 종교시설인 콩코르디아(Concordia) 신전, 카스토르(Castor)와 폴룩스(Pollux) 신전, 마르스 울토르(Mars Ultor) 신전 그리고 아라 파키스 아우구스타이(Ara Pacis Augustae : 아우구스투스의 평화 제단)를 만들었다.

비트루비우스의 『건축론』은 이러한 시대상을 반영하였다. 비트루비우스의 생애 동안, 건물이 없는 캄푸스 마르티우스(Campus Martius)와 건물이 빽빽한 옛 포룸 지역에 중요한 건축물이 세워지면서 도시 로마의 모습은 급변하였다. 이런 공사의 대부분은 정치가와 당파가 후원하였다. 원래 신전을 유지하는 것은 일반적으로 원로원의 고유권한이었으며, 개인은 자신의 이름으로 신전을 짓거나 복원하는 것이 금지되었다. 그러나 기원전 121년 오피미누스(L. Opiminus)는 콩코르디아 신전을 재건축할 때 최초로 그렇게 하도록 허가를 받음으로써 그렇게 하기를 열망하는 다른 로마인들에게 선례를 남겼다. 비트루비우스가 언급한 많은 신전은 바로 이런 부류이며, 그는

---

7) 임석재, 『서양건축사-땅과 인간』, 북하우스, 2003, 265~270쪽.

이런 신전을 복원하거나 재건축하였다.

3. 비트루비우스의 교육과 경력

비트루비우스는 그의 『건축론』으로 유명하다. 그러나 그의 생애는 자세히 알려지지 않았다. 그의 이름마저도 16세기 프라 지오콘도(Fra Giocondo)의 판본에 'Marcus Vitruvius'라고 씌어 있는 것이 지금까지 통용된다.[8] 더욱이 그는 건축의 아버지라고 불릴 수 있지만, 그 자신이 건축한 건물은 『건축론』에 단 한 번 언급될 정도로 별로 알려진 바가 없다.

> 품위 있고 아름다운 바실리카의 구조방식은 파노에서 내가 직접 감독하여 건설한 방식에서 찾아볼 수 있다.[9]

그렇지만 그의 경력의 흔적은 『건축론』에 남아 있다. 따라서 우리는 『건축론』으로 그의 생애를 추측할 수밖에 없다. 비트루비우스는 기원전 80년경에 태어난 것으로 추정된다. 그는 기사 신분은 아니었지만 로마의 자유민이었을 것이다. 그는 부모에 의하여 전문적인 교육뿐만 아니라 광범위한 인문교육을 받았다.

> 신은 아테네 법률에 찬동(贊同)한 부모의 무한한 은혜에 감사합니다. 부모는 아테네 법률의 타당성을 인정하고 신이 자유학예(ars)를 배울 수 있도록 배려하였는데, 그 자유학예는 대부분 교양교육과 학문이 아니고서는 결코 완성할 수 없는 것이기 때문입니다. 신은 부모의 배려와 여러 스승의 가르침을 통해 더욱 폭넓은 지식을 습득할 수 있었으며, 문학, 예술 그리고 글쓰기에서 얻은 즐거움을 통해 지

---

[8] 『VITRUVIUS 建築十書』, 4쪽.
[9] 5. 1. 6.

식을 습득할 수 있게 되었습니다.[10]

로마의 교육은 보통 3단계로 되어 있다.[11] 1단계에서는 학생들이 국어교사(grammaticus)의 지도에 따라 교양교육을 받게 된다. 로마의 교양교육은 전문화과정이나 도제가 되기 전의 연령인 15살에서 18살까지의 젊은이를 가르치는, 다양한 분야의 교사들이 맡았다. 학생들은 국어교사 또는 수사학교사(scholaticus)의 지도를 받았으며, 문법·문학·수학 등의 교육과정을 공부하였다. 그들은 이 단계에서 부모의 의도에 따라 다른 교사들로부터 기하학·음악·역사 등을 공부하였다. 비트루비우스는 이런 교사들로부터 기하학과 천문학을 배웠을 것이다.[12] 웅변술을 공부하는 2단계는 정치경력을 위하여 매우 전문화된 준비과정이다. 비트루비우스는 『건축론』에서 수사학의 논리로 서술하고 키케로의 수사학을 언급했으며, 자신이 수사학을 공부했다고 주장하는 것으로 보건대 그는 2단계 교육을 받았던 것으로 추측된다. 우리는 『건축론』보다 앞서 발표된 키케로의 『웅변가론』(기원전 55년)에서도 건축가가 수사학을 공부했다는 사실을 확인할 수 있다.

> 저 유명한 건축가 필로(Philo)는 아테네인에게 병기창을 만들어주었다. 그가 웅변술로 시민들에게 자신의 작업방식을 설명했다면, 그것은 연설가의 기술이라기보다 오히려 건축가의 기술에 속한다고 말해서는 안 된다.[13]

3단계 교육에서 비트루비우스는 건축가 또는 건축교사의 지도 아래 도제수업을 받았을 것이다. 비트루비우스가 여러 지역을 여행했다는 사실은 그

---

10) 6. praef. 4.
11) 로마 교육에 관해서는 허승일, 「서양 고대 그리스 로마 세계의 인성교육」, 『서울대학교 사대논총』 제68집, 2004년 6월, 135~159쪽을 참고하라.
12) 9. 1. 16.
13) Cicero, *De Oratore*, 1. 62.

의 책에 나타난 광범위한 지역에 관한 다양한 묘사와 상세한 지식을 통해서 알 수 있다. 실제로 그는 북부 이탈리아의 전쟁과 갈리아의 전쟁에 파견되었다. 그는 아드리아 해안의 파노에서 일했으며, 라리그눔(Larignum)[14]의 포위와 관련하여 유일한 출전을 남겼다. 또한 그는 기원전 49년 마실리아(Massilia)의 포위에서도 일익을 담당하였다. 게다가 그는 북아프리카의 경험을 8권에서 생생하게 묘사하기도 했다. 비트루비우스의 이러한 여행은 그의 교육이나 경력의 일부라고 판단할 수 있다.

비트루비우스가 주로 건축 연구를 위하여 참고한 지역은 도시 로마와 캄파니아(Campania)인데, 이곳은 비트루비우스 집안의 주요 활동무대였다. 특히 기원전 2~1세기경, 캄파니아는 건축가와 건축기술의 혁신을 주도한 지역이었다. 그는 이 두 지역 가운데 한 곳 또는 두 곳에서 성장하고 교육받았을 것이다.

그렇다면 그는 이곳에서 어떻게 건축가가 되기 위한 교육을 받았는가? 먼저, 그는 직간접적으로 그리스 건축의 이론과 실제를 공부하였다. 그는 각 권의 서문에서 자신의 교사에 대하여 여러 번 언급하였다.[15] 그는 교양교육을 받은 뒤에 한 명이나 여러 명의 건축가 또는 건축교사의 도제가 된 것 같다. 이런 교사들 중에는 그리스인 또는 그리스인에게서 교육받은 로마인들이 있었다. 그는 기원전 146년에 메텔루스(Q. Caecilius Metellus)가 메텔루스의 주랑을 건축하기 위하여 고용한 키프로스의 건축가 헤르모도루스(Hermodorus)의 교육을 받았을 것이다. 한편 그는 기원전 3세기 후반 또는 기원전 2세기 초반에 활동한 프리에네(Priene)와 피테오스(Pytheos)로부터 유래한 이오니아 헬레니즘 건축의 보수적인 전통을 계승한 건축가로 인식되었다.

만약 비트루비우스가 기원전 80년경에 태어났다면 그의 경력은 그가 30

---

14) 2.9.15.
15) 4.4.3; 6.praef.4; 6.praef.5; 9.1.6; 10.11.2; 10.3.8.

대였을 기원전 50년경에 시작했을 것이다. 그때는 카이사르와 폼페이우스 사이에 내전이 일어난 시기(기원전 49년)였다. 그뒤 20년 동안 그의 경력 대부분은 우선석으로 군대와 관련된다고 추정하는 것이 타당하다. 이런 점은 그가 투석기에 대해서 기술적인 책임을 역설한 것에서도 알 수 있다. 비트루비우스는 카이사르의 건축기술자로 전장과 식민시에서 일했다고 추정되는데, 이런 사실은 8권에서도 알 수 있다. 아울러 그가 『건축론』을 저술한 뒤 상수도 건설관리 책임관(cura aquarum)으로 아그리파(M. Agrippa) 밑에서 근무한 경험[16]으로 미루어보건대 이런 사실은 설득력이 있다.

비트루비우스는 자신의 실제적인 조력자인 옥타비아(Octavia : 아우구스투스의 누이)[17]의 중재로 아우구스투스에게서 지속적인 호의(commoda)를 받았다.

> 신은 발리스타(ballista : 공성용 투석기), 스콜피온(scorpion : 투석기의 일종) 그리고 다른 노포를 만들었습니다. 신은 이것들로 인해서 업무 수행의 보상을 받았습니다. 폐하께서 신에게 첫 보상을 하사하신 이후, 그것을 폐하의 누이의 조언으로 갱신하셨습니다.[18]

여기에서 호의가 뭔지는 분명하지 않지만 아마 봉급이었을 것이다. 그는 이것을 받아서 『건축론』을 저술하거나 완성할 수 있는 여유를 가졌을 것이다. 그는 『건축론』을 저술한 뒤 상수도 건설관리 책임관이라는 중요한 건축가가 되었을 것이고, 상수도관 크기의 표준화를 책임졌을 것이다.[19]

---

16) *De Aquis Urbis Romae*, 25.1.
17) 1. preaf. 2.
18) 1. preaf. 3.
19) Frontinus, 25.1, 27~30.

4. 『건축론』의 내용

비트루비우스가 『건축론』에서 다루는 내용은 협의의 순수건축뿐만 아니라 토목·공병·기계류를 포함한 광의의 의미로, 오늘날의 건설부문에 가깝다. 그 내용은 건축 조형의 원리에서 시작하여 기술적인 차원에 이르기까지 다방면의 내용을 취급하며, 일부는 경험적인 토대를 중심으로 서술한 것이지만 순수이론 부분은 대개 고대 그리스의 문헌과 학설을 인용·발췌한 것이다.[20] 비트루비우스는 『건축론』을 자신의 경험과 그가 큰 영향을 받았던 헤르모게네스(Hermogenes) 그리고 다른 그리스 건축가에 대한 연구를 토대로 저술하였다. 이러한 연구성과를 토대로 저술된 『건축론』은 건축 안내서라기보다는 건축 전문서였다. 그가 아우구스투스에게 이 책을 헌정한 것으로 보아, 이 책은 아마도 아우구스투스에게서 공직을 얻는 데 중요한 역할을 했을 것이다.

비트루비우스는 1권에서 건축가는 다음의 공부를 통하여 광범위한 교양을 겸비해야 한다고 주장하였다.[21] ①이론과 실제의 겸비, ②기하학·역사·철학·음악·의술·법률·천문학 등의 지식, ③산수를 통한 비례의 계산, ④철학과 사물의 본질을 연구하는 자연과학, ⑤수학적 음악의 이해와 노포의 비례적 관계성, ⑥극장 설계 때의 음악적 하모니, ⑦기후, 천문학, 해시계 제작을 통한 우주의 질서, ⑧연계적인 학문을 포괄적인 흐름으로 파악하기, ⑨전문가의 이해와 전체 학문의 고른 습득, ⑩보편적 지식의 이해 등. 이런 지식들은 현대적인 의미로 회화·기하학·광학·수학·역사·철학·음악·의학·천문학 등으로 요약할 수 있다. 요컨대 건축가는 광범위한 교양이 있어야 한다는 것이다.

비트루비우스 자신도 이러한 교육을 받았다. 교양교육을 통하여 비트루

---

20) 『VITRUVIUS 建築十書』, 4쪽.
21) 1.1.1-17

비우스는 방대한 지식뿐만 아니라 비판적인 사고를 함양하였다. 그는 여러 지식의 가치와 의미에 대하여, 건축가가 다방면의 학문을 두루 섭렵하는 것에 대하여, 특히 건축가가 철학과 자연과학적인 지식을 알아야만 하는 것에 대하여 심도 있는 고찰을 하였다.

비트루비우스는 건축가는 이러한 교양교육을 바탕으로 철저한 건축교육을 받아야 한다고 주장하였다.

무지한 자들이 마음대로 하고서도 죄를 면하는 일은 더 이상 없을 것이며 정확한 과학적인 훈련으로 자격을 갖춘 자들만이 건축가라는 직업을 무난하게 수행할 수 있기 때문입니다. 그래야 선한 시민이 무절제한 지출로 잘못될 수 없을 것이고, 심지어 자신의 재산을 모두 잃어버리는 일도 없을 것입니다. 건축가 자신도 역시 처벌에 대한 두려움 때문에 비용의 한계를 계산하고 말하는 일에 신중해질 수밖에 없을 것이며, 그래서 선한 시민들은 자신이 예상한 비용이나 그보다 얼마 초과되지 않은 비용으로 자신의 건물을 손에 넣을 수 있게 될 것입니다. 이러한 것들에는 훈련된 지성에 따른 신중한 사고와 계획이 필요합니다. 왜냐하면 이러한 것들은 기계장치가 없이 그리고 다양한 방식으로 솜씨 있게 적용되는 고된 공부가 없이 이룰 수 없기 때문입니다.[22]

『건축론』의 주제는 크게 두 가지로 나눌 수 있다. 첫째는 공학으로서의 건축학이고, 둘째는 인문학로서의 건축학이다. 비트루비우스는 특히 후자를 강조했는데, 이런 점은 건축가는 개인적 재능과 전문화된 실용적 지식뿐 아니라 다양한 분야의 교육을 받아야 한다는 것을 뜻한다. 마치 히포크라테스 학파의 의사가 건강을 위하여 환경의 중요성을 인식하는 것과 마찬가지로, 비트루비우스는 건축이 인간과 인간을 둘러싼 환경의 물리적이고 지적인 생활에 관계되는 것을 취급해야 한다고 인식하였다. 이처럼 인문학으로서

---

[22] 10. preaf. 2~3.

의 건축학을 강조한 것은 바로(Varro)나 키케로에게서도 나타난다. 바로는 의학에 이어 건축학을 9개 교양과목에 포함시켰다. 또한 키케로는 건축학을 공부하려면 많은 학습이 필요하다고 주장하면서, 공학보다 인문학으로서의 건축학을 강조하였다.

전문지식이 필요하거나 상당한 유용성이 있는 기술, 의술, 건축술, 도덕적으로 선한 것들에 관한 교습술은 출신 성분에 적합한 사람들에게 명예로운 직업이다.[23]

그러면 『건축론』의 내용을 알아보자. 1권은 건축 일반, 건축가의 자질, 도시 설계, 2권은 건축의 기원과 자재, 3권과 4권은 신전 건축, 5권은 공공 건물, 6권은 개인 건물, 7권은 바닥, 천장, 벽의 마무리 치장 재료, 8권은 물 공급, 9권은 해시계 제작, 10권은 민간과 군사의 기구를 서술하고 있다. 이런 내용 가운데 건축 방법과 재료를 설명한 2권과 7권, 비율법칙을 설명한 3권과 4권은 건축학적으로 매우 중요하다. 이러한 『건축론』의 내용을 종합해보면, 1권에서 8권까지는 건축 시공, 9권은 해시계 제작, 10권은 건축기구에 관한 것으로, 이 세 분야는 당시 건축 분야에 속하였다. 초기 그리스 시대에는 건축의 내용이 주로 신전으로 국한되었으나, 헬레니즘-로마 시대에 오면서 이처럼 다양한 분야가 생겼다. 이 내용은 다음의 표[24]로 정리할 수 있다.

비트루비우스는 이런 건축들은 내구성(firmitas)・편리성(utilitas)・심미성(venustas)을 충분히 고려하여 만들어야 한다고 주장하였다.

내구성은 기초를 과학적으로 선택하여 단단한 지반과 암반에 시공될 때 이루어진다. 편리성은 건물의 배치에 오류가 없고 방해되지 않을 때, 그리고 건설의 모

---

[23] 『키케로의 의무론-그의 아들에게 보낸 편지』, 허승일 옮김, 서광사, 1997, 1.151.
[24] 김동호, 「비트루비우스 건축미학 연구」, 홍익대학교 대학원 미학과 석사학위 논문, 2003, 53쪽.

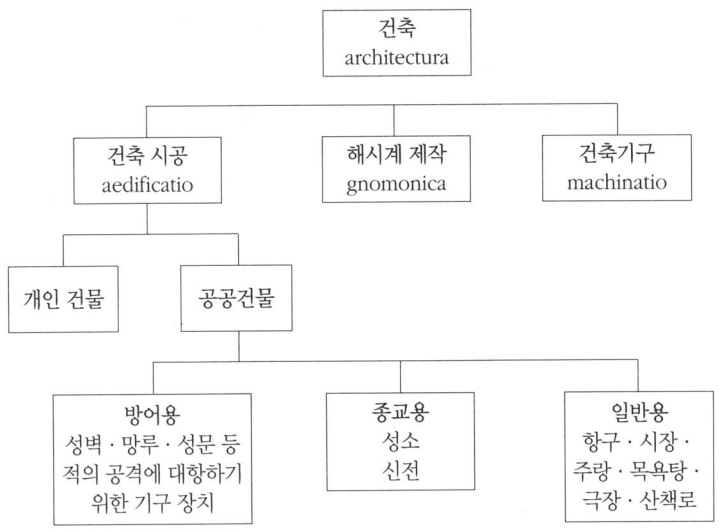

든 단계가 적합하고 타당할 때 이루어진다. 심미성은 건축의 외관이 마음에 들고 호감이 갈 때, 그리고 건축의 부분들이 균형의 올바른 원리에 따라 적절한 비율로 만들어질 때 이루어진다.[25]

건축이란 실용적인 것을 목표로 한다고 본 비트루비우스는 실용과 미에 관하여 서술했으며, 건축 형식을 구성하는 기본을 기하학으로 판단하고 그리스의 비례이론·형식이론에 자신의 이론을 연관시켜 서술하였다. 그의 이론은 오늘날까지 건축의 고전이론으로 인정받고 있다. 그는 건축의 기본원리를 배치(ordinatio : 전체적인 구상)·설계(dispositio : 디자인·배열)·맵시(eurythmia : 미적인 균형·조화)·균형(symmetria)·적절함(decorum : 어울림. 상황에 적합한 것) 그리고 배분(distributio : 적절한 배분, 경제비용, 건축자재, 신분에 맞게 집을 만드는 것, 경제성의 원리)으로 파악하였다. 물론 이런 개념들은 정의하는 내용과 규정된 범주가 난해하여 각각에 대한 개념 파악이 분명하

---

25) 1.3.2.

지 못하다. 그러나 이런 기본원리들을 대별하면, 양적 개념의 범주에 속하는 원리로는 배치·균형·맵시가 있으며, 질적 개념의 범주에 속하는 원리로는 설계·적절함·배분이 있다. 또한 이런 기본원리들 중에서 직접적인 건축미 이론은 맵시·균형·적절함이 있다.

비트루비우스가 규정한 미적 원리의 하나는 균형이다. 균형은 고전의 미학설(美學說)인 수와 비례에 따른 형식설을 기본으로 하는 것인데, "균형은 건축물의 여러 부분 사이의 적절한 동의이고, 기준으로 선택된 특정한 부분에 따라서 일치하여 다른 부분들과 관계를 갖는 전반적인 계획을 말한다."[26] 또다른 미적 원리는 맵시이다. "맵시는 건축물의 부분들을 조정하여 건축물을 아름답고 적합하게 하는 것이다. 건축물의 부분들이 넓이에 적절한 높이가 되었을 때, 길이에 적절한 넓이가 되었을 때, 즉 건축물의 여러 부분이 모두 균형적으로 맞을 때, 맵시는 이루어진다."[27]

한편 비트루비우스는 과학을 통하여 실험과 직접관찰의 중요성을 깨달았다. 예를 들어 천문학은 해시계의 사용을 이해하고 기구를 측량하는 데 필수적이다. 점성학은 인간생활의 조직에 제공하는 통찰력 때문에 필요하다. 기계들과 그 원리들은 물질의 조작에 쓸모가 있기 때문에 필수적이다. 그는 대부분의 기계는 자연에 의해 만들어지고, 우주의 순환은 궁극적으로 기계를 움직이게 한다고 보았다. 그는 바람이 물과 불의 충돌의 결과라는 사실을 입증하기 위하여 아이올리필레스(aeolipiles : 기원전 2세기경 발명된 증기력에 의한 회전장치)의 사용을 인용하였다.

비트루비우스는 이런 사실을 그리스의 책에서 알았다고 밝혔다. 아울러 그는 초기 그리스 과학자에 관한 중요한 정보를 제공하였다. 또한 그는 매우 실제적인 주제를 밝히기 위하여 그리스 사상가의 이론을 인용하였다. 예를 들면, 아르키메데스가 시라쿠사 히데로 2세의 황금관에서 불순물을 찾아

---

26) 1.2.3
27) 1.2.4.

내는 방법을 그의 욕조에서 발견했다는 유명한 일화는 바로 비트루비우스가 전한 것이다.[28]

또한 비트루비우스는 독창적인 연구방법과 이국적인 사고에도 관심을 기울였다. 그가 하나의 주제를 다루는 데 백과사전적인 관심을 쏟은 것도 주목할 만하다. 당시 가장 정확한 수평계 기구로 코로바테스(chorobates)를 추천한 것, 극장의 공명 항아리 사용, 벽을 유지하는 독특한 형태에 관한 묘사, 상수도 배수조(castellum aquae)를 변형시킨 것, 목재를 끈으로 묶은 요새 건축, 불에 견디는 낙엽송(larch) 목재의 발견, 파노에서 바실리카를 설계한 형태 등이 그 실례이다.

5. 비트루비우스에 대한 평가

앞에서 살펴본 것처럼 비트루비우스는 고대 건축의 금자탑을 쌓았다. 그의 『건축론』은 지금까지 고대 건축에 관한 가장 중요한 문헌이다. 따라서 우리는 그를 '건축의 아버지'라고 부를 수 있다.

그러나 그가 『건축론』을 저술한 연대는 예수 탄생 이전의 로마 제국 초기(기원전 27년경)로 추정되는데, 이때는 아직 로마의 건축활동이 본격적으로 시작되기 전이었다. 따라서 이 책에는 지금까지 남아 있는 로마 건축의 웅대함을 보여주는 거대한 원형극장이나 돔과 볼트를 갖춘 건축물을 연구하는 데 참고가 될 만한 자료는 남아 있지 않다.[29]

게다가 그는 당대 건축에 대하여 보수적인 입장을 취했다. 그가 캄파니아 건축의 혁신에 대하여 헬레니즘 스타일의 규칙성을 부여한 것은 보수적인

---

[28] 9. praef. 9~11.
[29] Robert Mark, *ARCHITECTURAL TECHNOLOGY up to the Scientific Revolution (The Art and Structure of Large-Scale Building)*, The MIT Press, 1993 ; 『서양건축기술사—역사적 건축물의 예술성과 구조 기술』, 김태중·조행래 공역, 경남대학교 출판부, 1999, 9쪽.

시도라고 할 수 있다. 왜냐하면 그는 서기 2세기에 벽돌로 표면 처리된 (brick-faced) 콘크리트와 둥근 천장으로 표면 처리된 새로운 형태의 가능성을 인식하지 못했으며, 이런 양식을 만들어낸 기술에 대해서도 비판적이었기 때문이다. 아울러 그는 구운 벽돌로 표면 처리된 둥근 천장, 콘크리트의 혁명적인 변화에 대해서도 언급하지 않았다. 또한 화산재로 표면 처리된 (tufa-faced) 기와의 내구성을 불신하였다.

비트루비우스가 추구한 로마 건축의 이상적인 모델은 이오니아의 보수적인 고전양식이었다. 그는 기념비적인 건축에 대해서는 헤르모게네스를 규범으로 삼는 이오니아 고전주의를 따랐다. 이런 면에서 최근 비트루비우스에 관한 연구에서는 그를 보수적 또는 반동적으로 파악하는 것이 일반적이다.

비트루비우스의 입장은 일종의 사대주의이기도 했지만, 원로원이 바라던 사회 분위기와 일치하였다. 원로원은 당시의 급진적인 변화와 그에 따르는 무책임한 욕구를 부담스러워하였다. 그 무렵 로마의 사회 분위기는 원로원에만 부담을 주는 것은 아니었다. 비트루비우스와 아우구스투스 그리고 원로원의 이해는 상통하였다. 이러한 정치적 배경에서 제정 초기의 건축이 보수적인 경향을 나타내는 것은 당연하였다. 비트루비우스의 보수적인 경향은 당시 로마 건축이 과장된 허식으로 흐르는 것을 막는 데 긍정적인 면도 있지만, 로마 건축의 창조성을 늦추는 보수적인 결과를 낳기도 했다.

비트루비우스는 공화정 후기의 문화처럼, 전통을 존중하고 선택적으로 다른 성과를 받아들여 종합적인 절충주의(eclecticism)를 표방하였다. 헬레니즘적 견해를 견지했던 그는 신전과 공공건물의 설계에서 고전적인 전통을 보존하고자 하였다. 그는 건축이 매우 복잡한 기술이고 풍부한 전통의 통제를 필요로 할 뿐만 아니라, 혁신적인 개인 능력과 지적인 적용을 통해 개선되어야 한다고 보았다. 따라서 『건축론』은 헬레니즘 지식 또는 아우구스투스 시대의 건축에 대한 개인적인 비판과 건축활동이 활발했던 시대를 규정하는 중요한 단서를 창조적인 방법으로 제공한다.

그렇지만 비트루비우스의 『건축론』이 그의 생애 동안 알려지거나 읽혀졌는지 또는 제정 초기의 건축 발달에 영향을 주었는지는 여전히 논쟁거리로 남아 있다. 왜냐하면 그의 영향에 관한 동시대의 문헌이나 흔적이 없기 때문이다. 그러나 그는 후대의 식자층에게는 알려졌다. 그는 고전문헌에서 여러 번 언급되었다. 먼저 노(老) 플리니우스(Gaius Plinius Secundus)는 『박물지』에서 비트루비우스가 목재, 색칠하기, 조각, 돌의 정보를 제공했다고 하였다. 노 플리니우스는 『박물지』에서 설명한 로마의 건축기법과 벽화에 관한 대부분의 내용들을 밝히지 않았지만, 사실 비트루비우스의 이론을 빌린 것이다. 다음으로는 프론티누스(Frontunus)가 있다. 그는 로마의 상수도관은 건축가 비트루비우스의 이론에 기초하여 표준화했다고 주장하였다. 그러나 프론티누스에 의하여 주어진 상수도의 크기는 비트루비우스에 의하여 주어진 크기와 완전하게 맞는 것은 아니다. 세비우스(Sevius)는 아폴리나리스(Sidonius Apollinaris)가 비트루비우스를 매우 뛰어난 건축가라고 생각한다고 밝히고 있다. 또한 소(少) 플리니우스와 아폴리나리스는 비트루비우스가 고대 건축을 포괄적으로 설명했다고 말했다. 요컨대 우리는 이러한 언급들을 통하여 고대에서 비트루비우스의 『건축론』은 대단한 권위를 가졌다는 사실을 알 수 있다.

근대에 이르러 비트루비우스는 규범적 법칙(canonical rule)과 패러다임적 형태(paradigmatic form)를 시행한 건축가로 파악되었다. 비트루비우스적 고전주의(Vitruvian classicism)는 당시의 캐치프레이즈였다. 이런 입장은 주로 16~17세기 주석자와 삽화가에서 기원하였고, 브라만테(Bramante)와 라파엘(Raphel)의 서클에서 활성화되었으며, 세를리오(Serlio)·팔라디오(Palladio)·비뇰라(Vignola)를 거쳐 18세기 프랑스의 페로(Perrault)로 계승되었다. 결국 비트루비우스는 '건축의 아버지'라고 평가할 수 있으며, 그 영향력은 오늘날까지도 계속되고 있다.

참고문헌

비트루비우스, 『VITRUVIUS 建築十書』, 오덕성 옮김, 기문당, 1985.
임석재, 『서양건축사-땅과 인간』, 북하우스, 2003.
『키케로의 의무론-그의 아들에게 보낸 편지』, 허승일 옮김. 서광사, 1997.
Robert Mark, *ARCHITECTURAL TECHNOLOGY up to the Scientific Revolution (The Art and Structure of Large-Scale Building)*, The MIT Press, 1993 ; 『서양건축기술사-역사적 건축물의 예술성과 구조 기술』, 김태중·조행래 옮김, 경남대학교 출판부, 1999.
권태문, 「비트루비우스의 건축의 기본원리 중 숨메트리아에 관한 연구」, 『대한건축학회 논문집 계획계』 16권 8호(통권 142호), 2000년 8월.
권태문, 「비트루비우스의 건축의 기본원리 중 에우류드미아에 관한 연구」, 『대한건축학회 논문집 계획계』 16권 11호(통권 145호), 2000년 11월.
김동호, 「비트루비우스 건축미학 연구」, 홍익대학교 대학원 미학과 석사학위 논문, 2003.
김진일·권태문, 「위트루위우스의 건축미학이론에 관한 연구」, 『학술발표대회 논문집-계획계/구조계』 Vol. 4, No.1, 1984.
허승일, 「서양 고대 그리스 로마세계의 인성교육」, 『서울대학교 사대논총』 제68집, 2004년 6월.

호라티우스

사비눔에서의 우정과 행복

● 김진식(서울대 강사 · 서양고전문헌학)

Integer vitae scelerisque purus
인생에 고결하며 죄에 물들지 않으며(carm. I 22,1)

1. 아우구스투스의 평화

기원전 27년 1월 16일 로마의 원로원은 옥타비아누스에게 아우구스투스(Augustus)라는 명예로운 칭호를 부여한다. 로마의 원로원과 시민들은 그가 로마의 재건을 위해 노력한 일로 크게 감명받았던 것이다. 아우구스투스라는 칭호로써 옥타비아누스의 절대권력이 공인되었고, 옥타비아누스는 공화정이라는 허울을 쓴 로마를 다스리는 독재자가 되었다. 아우구스투스는 "조상들의 모범(exempla maiorum)을 시민들의 가슴속에 되새기며, 전쟁의 폭풍이 세 세대를 거치는 동안 황량해진 토대 위에 옛 로마인들의 용기를 새롭게 심고 키워내려 노력하였다."

세 세대나 지속된 전쟁은 다름 아닌 로마의 내전이었다. 백성들은 삼대에 걸쳐 칼날을 세우는 소리를 들어야 했고 부모들이 저지른 죄로 인해 자식들은 전쟁의 소리를 듣고 자라야 했다(carm. I. 3, 21 이하). 말 그대로 동족상

잔, 호라티우스는 내전을 "형제를 살해하는 범죄"(scelus fraternae necis, epod. 7, 17)라고 비유하고 있다. 로물루스와 레무스로부터 로마가 시작되었다면 이때부터 형제들간의 죽이고 죽는 역사도 같이 시작되었던 것이다. 레무스의 피가 땅을 적셨던 것처럼 로마인들이 죽어 흘린 피가 온 강토에 흘러내렸다.

끔찍한 내전을 종식시킨 사람은 율리우스 카이사르의 양자 옥타비아누스였다. 그는 19세의 나이에, 암살당한 카이사르의 후계자로 지목되어 유학 중이던 그리스를 떠나 로마로 돌아온다. 기원전 42년 옥타비아누스는 필리피(Philippi)의 전투에서 브루투스와 카시우스를 패배시키고 카이사르의 복수에 성공한다. 이제 로마는 옥타비아누스와 안토니우스에 의해 동서로 양분되는데, 서쪽은 옥타비아누스가 동쪽은 안토니우스가 다스린다. 이 둘 사이에는 권력투쟁이 계속되었으며, 안토니우스와 클레오파트라가 한편이 되어 로마에 대항하자 이집트 응징을 핑계로 전쟁을 시작한다. 기원전 31년 옥타비아누스는 악티움 해전에서 안토니우스와 클레오파트라에게 승리한다. 비운의 두 남녀는 자살로써 패배를 받아들였다. 옥타비아누스의 승리로 내전이 끝을 맺었다. 오랜 전쟁이 끝났다.

옥타비아누스의 재건이 시작되었고 재건정책이 진행되었다. 혁신이 필요했다. "저주받은 문명"(exsecrata civitas, epod. 16, 18)를 털어버려야 했기 때문이다. 형제의 피를 본 죄(scelus)로 벌써 얼마나 많은 세대가 전쟁터에서 죽어가야 했단 말인가. 황금의 시대가 지나가고 철(ferrum)의 시대, 다시 말해 칼(ferrum)의 시대가 오리니, 사람들아, 나를 따라 절망의 땅을 버리고 축복받은 땅을 찾아 떠나자(secunda vate me datur fuga, epod. 16, 64 이하) 외치던 시인의 목소리는 얼마나 간절히 혁신을 요구하였던가? 호라티우스의 이른바 '로마시 연작'(carm. III 1~6)은 이러한 시대적 분위기를 선명히 보여주는 시다. 그래서 사람들은 호라티우스의 시를 옥타비아누스의 정책을 선전하는 시라고 보기도 했다.

그러나 혁신을 외치는 말의 외피를 걷어내면 옥타비아누스와 호라티우스는 많이 다르다. 국가라는 큰 틀 안에서 시민들의 행복과 안녕을 보장하면서, 시민들의 건전하고 건강한 삶을 되잡으려고 옥타비아누스가 정책을 내놓았다면 호라티우스는 다른 혁신의 길을 가고 있었다. 행복의 길로 모든 로마 시민을 안내하리라는 호라티우스의 눈에 국가는 늘 한계가 있었기 때문이다.

이 짧은 글에서 우리가 호라티우스가 추구했던 행복을 구체적으로 살펴보는 것은 어림도 없는 일이다. 또한 그의 시 한 편 한 편을 새겨 읽어보는 작업을 빼놓을 수 없으니 더욱 할애된 지면 안에서 이룩하기는 어려운 과제이다. 여기에서는 다만 호라티우스라는 시인의 삶을 살펴보면서 국가라는 거대한 틀에서 인간의 행복을 위한 아우구스투스의 노고가 시인이 발견하는 행복에서 멀리 있다는 점을 보여주고자 한다.

2. 호라티우스의 생애

호라티우스의 생애에 관해 현재 우리가 알고 있는 것은 거의 그가 남긴 작품들에서 우리가 읽어낸 정보에 기초하거나 수에토니우스(Suetonius, 70~140년)의 전기와 포르피리오스(Porphyrios, 234년?~305년?)의 호라티우스 작품에 대한 주석에서 볼 수 있는 전승에 기초하여 재구성한 것이다.

포르피리오스는 다음과 같이 시작한다. "서정시인인 퀸투스 호라티우스 플라쿠스는 해방노예인 아버지에게서 태어났으며 베누시아가 고향이다. 베누시아는 아풀루스 지방 또는 루카누스 지방에 속하는지 불분명한데, 그 자신도 밝히는바, 왜냐하면 베누시아의 농부는 양쪽의 접경에서 밭을 간다." 호라티우스가 태어난 베누시아는 아풀리아 지방 북쪽의 한 도시이다. 호라티우스는 『세설』(Satura), 우리가 보통 '브룬디시움으로의 여행'(Iter Brundisium)이라고 일컫는 제1권 제5편에서 아피아 가도를 따라 브룬디시움으로 가는 길에 고향의 산천을 우리에게 보여준다. 아우피두스 강(Aufidus)이 이 아풀리아를 가로질러 흐르고 있으며, 베누시아와 가까운 곳에 불투르 산(Vultur)이 솟아 있다.

그는 아버지와 함께 고향을 떠나 로마로 오게 된다. 포르피리오스는 호라티우스의 『편지』(*Epist*. II 2, 41)를 인용하며 "소년인 그는 아버지와 함께 로마로 이주한다. 그 자신이 말하는 것처럼 '나는 로마에서 양육되고 가르침을 받을 기회를 가지게 되었다. 분노한 아킬레우스가 얼마나 많이 그리스인들에게 화를 입혔는지를 배우게 되었다.' 아버지가 그를 초급학교에 보냈을 때, 그는 재능 덕택에 아주 적은 비용으로 배울 수 있었고 아버지의 가난을 극복하였다"고 적고 있다. 이러한 공부의 기회는 그의 아버지의 강한 의지가 있었기에 가능했던 것으로 보인다. 호라티우스의 『세설』(I 6, 65~92) 가운데 일부를 인용해보자.

> 그러나 만약 나의 본성이, 그렇지 않았다면 올바를, 마치 커다란 몸에서
> 찾아지는 작은 점들을 네가 흠잡는 것처럼,
> 사소한 잘못과 적은 결함을 가지고 있다면,
> 만약 탐욕과 지저분함과 난잡함을
> 누구도 나에게서 질책하지 않는다면, 깨끗하고 죄 없이,
> 자화자찬 같지만, 내가 친구들에게 사랑받고 산다면
> 그 이유는 아버지에게 있다. 척박한 땅에 가난하였으나
> 나를 플라비우스의 학교에 보내기를 원치 않으셨는데, 거기에는
> 힘있는 백부장에게서 태어난 힘있는 아이들이 다녔다.
> 그 아이들은 왼팔에 필통과 책판을 걸고
> 이디부스 날(Idibus)에 월사금 8전을 가져오곤 했다.
> 그러나 아버지는 나를 로마로 데리고 오기를 감행하셨고
> 기사계급과 원로들이 자신의 자식들에게 가르치는
> 학문을 배우도록 하셨다. 누군가 힘있는 시민처럼 옷 입고 시종을 데리고
> 다니는 것을 보았다면, 그는 이러한 비용이
> 조상이 물려준 재산에서 나온다고 생각했을 것이다.

그 자신이 몸소 충실한 보호자가 되어 모든 선생들에
동행하셨다. 더군다나 덕의 첫 번째 명예로운 일인바,
그는 창피한 모든 행동과 추악한 추문에서 멀리하게 하였다.
그는 내가 언젠가 훗날 사소한 일을 외치고 다니거나
그 자신처럼 세금 징수업자를 좇을지라도 누구도 그에게
잘못을 돌리지 못하리라 자신하여 두려워하지 않았으며
내가 원망하지도 못하리라 자신하셨다. 이제 칭송이 그에게
주어질 것이며 커다란 감사가 나로부터. 나는 결코 이러한
나의 아버지를 부끄러워하지도 않으며, 자유인이 아니며
자신의 잘못이 저명하지도 않은 부모를 가진 탓이라 변명하는
사람처럼 변명하지도 않을 것이다.

호라티우스는 아테네로 유학길에 오른다. 그러나 그의 유학은 내전에 의해 중도에서 끝나게 된다. 포르피리오스는 다음과 같이 적고 있다. "그는 젊은 시절 아테네로 갔다. 거기에서 내전이 그를 방해하여 그는 브루투스의 당파를 추종하게 되었다. 브루투스에 의해 군사호민관라는 명예로운 직을 얻었으나, 당파가 패배했을 때 다른 이들처럼 끝까지 남아 있지 않았고 카이사르에게 붙잡히게 되었다." 기원전 42년 필리피 전투에서 옥타비아누스 당파와 싸워 그가 전쟁터에 서게 되었을 때를 편지에서 회상하고 있다

훌륭한 아테네의 선생들은 학문을 약간 더 보태주었다.
나는 곡선과 직선을 구별하여 알기를 원했고
아카데미아의 숲속에서 진리를 탐구하기를 원했다.
그러나 시련의 시절이 나를 행복한 자리에서 몰아내어
내전의 열기가 초년병인 나를 무장시켰다.
카이사르 아우구스투스의 힘에 당하지도 못할 무장을.
필리피가 나를 그곳에서 내보내자마자

> 돈도 다 떨어져 궁색해지고 아버지의 집과 재산도
> 없어져, 가난이 나를 감히 시를 쓰게끔 만들었다.(*Epist.* II 2, 43~54)

마지막 행에 밝히고 있듯 그는 곤궁한 처지가 되어 로마로 돌아왔다. 그리고 당장은 프라이토르의 서기 역할로 생업을 삼았다. 그리고 그는 먹고살기 위해 글을 써야 했다. 로마의 서사시인 베르길리우스의 소개로 나중에 마에케나스를 알게 되었고 카이사르 아우구스투스와도 교류가 있었다 (*Epist.* II 1, 1~17을 보라). 호라티우스가 시를 쓰기 시작하여 마에케나스와 친분을 맺게 되었을 때를 그는 『세설』 제1권 제6편, 52~64에서 다음과 같이 적고 있다.

> 행복한 나는
> 우연히 당신의 친구가 되었다고 말할 수 없습니다.
> 행운이 당신을 나에게 보낸 것이 아닙니다. 예전에
> 위대한 베르길리우스, 또 바리우스가 내가 어떠한 사람인지를 말하였고
> 내가 직접 당신 앞에 나아가 띄엄띄엄 무언가를 말하며
> 부끄러움이 말문을 막아 좀더 말하지는 못하였습니다.
> 유명한 아버지에게서 태어나지도 않았으며
> 사투레이아누스의 말을 타고 토지를 둘러보지도 않는다고,
> 다만 어떤 사람인지를 이야기했습니다. 당신은 당신이 늘 그러하듯
> 몇 마디 대답했고 나는 돌아왔습니다. 아홉 달 뒤 당신은 나를 불러
> 친구들에게 끼도록 명령했습니다. 나는 당신을 기쁘게 하는 일을
> 크게 여겼으니, 당신은 훌륭한 사람과
> 추한 사람을 유명한 아버지가 아니라 삶과 마음의 순수함으로
> 구별하십니다.

수에토니우스가 남긴 전기에 따르면 "처음에는 마에케나스에게, 다음으

로 아우구스투스에게 관심을 얻어, 두 사람 모두의 우정으로 적잖은 지위를 지녔다. 마에케나스가 그를 얼마나 사랑했는지가 충분히 이 시구를 통해 증명된다." 마에케나스가 지었다는 다음 시구는 별로 신통치 못하나마 호라티우스에 대한 애정은 분명히 드러나 보인다.

> ni te visceribus meis, Horati
> plus iam diligo, tu tuum sodalem
> Phineo videas strigosiorem
> 만약 내가 너를 이제 더 이상 나 자신보다
> 사랑하지 않는다면, 호라티우스여! 너는 피네우스보다
> 더 말라빠진 너의 친구를 보게 될 것이다.

호라티우스에 대한 마에케나스의 애정에 관하여 수에토니우스는 계속해서 다음과 같이 적고 있다. "아우구스투스에게 남긴 유언에서 '호라티우스 플라쿠스를 저처럼 생각하시기를'이라는 마지막 말들을 통해 훨씬 더 많이 증명된다." 마에케나스는 시인에 대한 각별한 애정으로 호라티우스에게 사비눔의 영지를 주었는데, 이 영지에서 호라티우스의 시가 탄생한다.

호라티우스는 마에케나스가 떠나고 59일 뒤 로마에서 57세의 나이로 죽었다. 에스퀼리누스 언덕 가장자리, 마에케나스의 무덤 옆에 묻혔다. 12월 8일 코타와 토르콰토스가 집정관이었을 때인 기원전 65년에 태어나, 11월 27일 마르키우스와 아시니우스가 집정관이었을 때인 기원전 8년에 죽었다.

3. 아우구스투스의 평화를 보는 호라티우스의 시각

아우구스투스가 호라티우스를 어떻게 여기는지를 보여주는 수에토니우스의 보고를 우리는 읽을 수 있다. 수에토니우스는 아우구스투스가 황제의 서한 담당직을 제시한 일, 호라티우스가 건강상의 이유로 거절했으나 아우

구스투스는 화를 내지 않았으며 계속해서 호의를 보인 일, 그를 높이 평가하여 「세기의 찬가」(Saeculare Carmen)와 두 양자의 승전가를 짓게 한 일 등을 보고하고 있다. 수에토니우스는 아우구스투스와 호라티우스를 가까운 관계로 보여주려고 애쓰고 있는 듯하다. 그럼에도 우리는 오히려 아우구스투스에 대한 호라티우스의 태도가 아우구스투스가 바라는 만큼 그렇게 다감하지는 않았음을 엿보는 기회를 갖는다. 호라티우스는 다음과 같이 시작하는 편지를 아우구스투스에게 보낸다.

> 당신이 홀로 그렇게 많고 커다란 업무를 수행하시고
> 이탈리아를 군대로써 보호하시며, 도덕으로써 꾸미시며
> 법률로써 바로잡으시니, 장황한 말로써 당신의 시간을 지체시킨다면
> 공익에 대하여 제가 우를 범하는 일일 것입니다. 카이사르여!
> (*Epist.* II 1, 1~4)

우리는 이 편지의 서두에서 지난날 자신에게는 편지를 쓰지 않는다는 아우구스투스의 불평에 뭔가 변명을 늘어놓고 있는 호라티우스의 모습을 볼 수 있다. 우리의 영웅 아우구스투스는 로물루스와도 같이, 위대한 업적으로 신전에 모셔진 많은 영웅들과도 같이, 인간 종족과 대지를 경영하며 험한 전쟁을 다스리고 농토를 분배하며 도시를 세우고 온갖 괴물을 물리치는 그의 빛이 찬란하고, 이 땅에 머무를 때나 죽어 이 땅을 버릴지라도 그는 모두에게 사랑을 받으리라 칭송한다. 이것은 호라티우스의 서정시에 나타나는 입장과 그리 다르지 않은 듯 보인다.

호라티우스는 자신의 서정시 제1권 제1편을 마에케나스에게 바치고 제2편을 아우구스투스에게 바치고 있다. 여기에서도 이미 아우구스투스는 이런 모든 과제를 제우스에게서 부여받은 인물로 그려진다. 그는 아폴론 신에 인간의 모습으로 이 땅에 내려온 인물이었다. "당신 우리의 지도자, 카이사르여!"(『서정시』제1권 3, 52행). 내란을 종식시키고 자손이 번영할 수 있는 기

틀을 만들었으며, 로마의 안녕을 위해 강한 군대와 도덕과 법률을 정비하는 일에 종사했던 아우구스투스를 호라티우스는 마치 신의 반열에 오른 인물로 그리고 있었다.

그러나 아우구스투스에게 보내는 편지글에는 우리의 눈길을 끄는 한 대목이 들어 있다. "당신이 홀로 그렇게 많고 커다란 업무를 수행하시니 tanta negotia solus"라고 덧붙여 "홀로"가 유난히 강조된 뜻은 무엇일까? 또 호라티우스의 전기적 전승을 읽으면서 우리가 보는 호라티우스의 무관심은 또 어떻게 해석할 수 있을까?

호라티우스의 『서정시』 제3권 제1시부터 제6시를 우리는 보통 하나로 묶어 '로마 송시'라고 한다. 그리고 이 시에서 드러나는 시인의 메시지는 국가에 대해, 특히 아우구스투스가 통치하던 당시의 국가에 대해 한 개인이 지녀야 할 덕목이라고 해석하곤 한다. 저 유명한 구절, "조국을 위해 목숨을 내놓는 것은 달콤하다"(Dulce et decorum est pro patria mori, 『서정시』 제3시 2, 13행), 이 구절을 그런 해석의 강력한 근거로 제시하곤 한다. 더군다나 『서정시』 제3권 4, 37~42행을 읽으면 이러한 해석이 과연 옳다고 여길 수밖에 없을 것이다.

> 당신들은 높으신 카이사르를, 전쟁에
> 지친 군사들을 마을마다 정착시키며
> 그들의 노고를 끝마치려는 그를
> 피에리아의 동굴에서 회복시키소서!
>
> 당신들은 부드러운 조언(lene consilium)을 주시고,
> 주심을 기뻐하십니다. 여신들이여!

그렇지만 이 인용시에서도 우리가 주목해야 할 부분은 '부드러운 조언'이며, 이와 관련해서 나머지 '로마 송시'에서 시인이 주목하는 삶, 로마인의

모범이 되는 삶과 그 시 안에서 읽을 수 있는 '농부의 삶'의 표상이 맺는 관계가 '부드러운 조언'을 이해하는 데 많은 시사점을 제공한다는 점이다.

4. 호라티우스의 삶

호라티우스는 그의 『세설』 II 6에서 사비눔에서의 생활을 다음과 같이 묘사한다.

> 오 시골 동네, 내가 너를 언제 가지랴? 언제나
> 옛사람들의 책들과, 이제는 잠과 한가한 시간들로
> 삶의 성가신 일을 잊은 달콤함을 즐기는 일이 허락될까?
> 언제나 피타고라스의 형제 콩과 동시에
> 살진 비계를 충분히 얹은 기름진 채소가
> 신들의 밤과 저녁식사들이여! 그것들을 나와 내 친구들이
> 내 집 화덕 앞에서 먹으며 퉁명스러운 종들을
> 먹고 내린 음식으로 먹인다. 각자 제 원하는 대로
> 함께 마시되 서로 다른 크기의 잔을 말리고, 되지 않은
> 규율일랑 버리고 잘 마시는 이는 독주를 잡거나
> 적당하게 섞어서 더욱 기쁘게 촉촉히 취하거나.
> 말이 시작되고 다른 이의 저택이나 재산은 말고
> 레포스가 잘 추네 마네도 말고 우리에게 훨씬 더
> 어울리는 것, 모르면 안 좋을 것, 둘 중에 하나
> 부가 사람을 유복케 하는가 아니면 덕인가
> 자기 이익 아니면 올곧음이 우리를 우정으로 이끄는가
> 선의 본성은 무엇이며 선의 최고는 무엇인가?

인간관계는 양자의 균형이다. 균형을 국가적인 관점에서 보자면 정의와

법이다. 그러나 이 균형을 개인의 도덕적 관점에서 보자면 우정이다. 세상의 거짓을 멀리하고 우정의 실현 가운데 살아가는 삶에서 이미 사회적 정의를 거론할 필요가 없는 것이다. 그것은 오로지 우정의 문제이다. 이러한 우정이 실현되는 공간을, 앞의 인용에서 보았듯 호라티우스는 사비눔의 영지에서 찾았다.

  아우구스투스가 개혁정치가였다면 호라티우스는 미래를 노래하는 시인, 무사이 여신들의 사제로서 다른 방식으로 행복의 요체를 전해주고 있다. 국가의 개혁은 다만 국가적 정의의 문제이지만, 호라티우스가 보는 행복의 실체는 국가를 넘어선 개인과 개인의 관계를 통해 보장받을 수 있는 것이기 때문이다.

성 아우구스티누스

하나님의 진리를 향한 열정

● 정기환(목원대 신학대학 교수)

성 아우구스티누스의 생애는 아무도 경쟁할 수 없는 비옥함으로 우리에게 펼쳐져 있다. 자신의 영혼에 대해서, 자신의 정신세계에 대해서, 그만큼 감명적인 사실을 말해주는 그런 고대의 인물은 따로 찾아보기 힘들다. 그러나 아우구스티누스에 대한 서술에서는 몇 가지 논제를 한정하고 그 안에서 전체를 그려보는 것이 합리적이라고 본다. 첫째, 아우구스티누스가 정신적인 방황을 끝내고 신앙으로 돌아오는 과정, 둘째, 그가 주교직을 맡을 때까지 교리적으로 성숙해가는 과정, 셋째, 히포의 주교좌에서 그의 여러 활동의 완전한 전개과정을 중심으로 기술해보겠다.

1. 회심에 이를 때까지의 생애(354~386년)

아우구스티누스는 354년 11월 13일 타가스테(Tagaste)[1]에서 태어났다. 그 곳은 오늘날 수카라(Souk Ahras)라고 불리는 곳으로, 고대의 히포 레기우스인 보나(Bona)에서 60마일이나 떨어진 곳이다. 타가스테는 당대에 막 도나

---

1) 안나바 동남쪽에 있는 알제리의 수카라. 오늘날의 튀니지에서 가깝다.

투스파에서 개종한 지방총독 관할구역인 누미디아(Numidia)의 작은 자유시였다. 그의 가족은 존경받을 만한 가문이긴 했지만 부자는 아니었다. 그의 아버지 파트리키우스(Patricius)[2]는 그 도시의 시 참사회원(Curiales)이었으며 이교도였다. 그러나 아우구스티누스의 어머니 모니카를 기독교의 어머니상(像)으로 만들었던 존경할 만한 덕목들은 마침내 파트리키우스를 세례의 은총으로 이끌었으며, 371년경 거룩한 죽음으로까지 이끌었다.

아우구스티누스는 기독교 교육을 받았다. 그의 어머니는 아우구스티누스로 하여금 십자가로 성호를 긋게 했으며 교리 문답자들 가운데로 입적시켰다. 언젠가 매우 아팠을 때 세례받을 것을 요청했지만, 그 위험이 지나가버리자 당대의 풍습에 따라 세례를 뒤로 미루었기 때문이다.

그가 기도하는 사람들의 모임에 가입한 것은 그의 영혼에 세 가지 큰 개념을 각인하게 했다. 그것은 첫째, 신의 섭리였으며, 둘째, 미래의 삶은 가공할 만한 제재가 있으리라는 것이었으며, 셋째, 주 되신 그리스도였다.

> 내 유약한 어린 시절부터 나는 내 어머니의 젖으로부터 '당신의 아들 나의 주'라는 바로 그 이름을 빨고 자랐다. 나는 그 이름을 내 마음 깊은 곳에 간직하였다. 바로 그 신의 이름이 없이 내게 제시된 모든 것은, 비록 그것이 아무리 우아하고 잘 씌어져 있다 하더라도, 심지어 진리로 채워져 있다 할지라도 결코 나를 사로잡지 못했다.[3]

그러나 그러한 지적이며 도덕적인 위기가 당분간은 이 모든 기독교적인 감성들을 질식시키기도 했다. 감정은 공격의 첫 번째 목표였기 때문이다. 타가스테와 마다우라(Madaura)의 학교에서 아우구스티누스가 좋은 성적을 얻자 만족한 아버지 파트리키우스는 변호사직을 위한 공부를 시키고자 그

---

[2] 아우구스티누스의 아버지 파트리키우스는 시의회의 의원이었으며, 데쿠리오(Decurio)의 아들이었다.
[3] 『고백록』 I권 IV장.

를 카르타고로 보내기로 결정했다. 그러나 불행하게도 거기에 필요한 자원을 모으는 데 몇 달이 걸리는 바람에 아우구스티누스는 16세 나이를 타가스테에서 자신의 덕목에 숙명적일 수도 있는 태만의 생활로 보냈다. 본래 불과 같은 본성적 격렬함으로 쾌락에 탐닉한 것이다.

370년 말 아우구스티누스가 카르타고에 도착했을 때 그를 둘러싼 환경은 모두 그를 올바른 길에서 이끌어내려고 유혹하고 있었다. 그때도 거의 절반은 이교적인 대도시에서 오는 유혹과 다른 학생들의 외설적인 행태와 극장들, 자신의 문학적 성공에 대한 도취감과 언제나 첫째가 되고자 하는 자만적인 욕구가 그런 유혹이었다. 얼마 지나지 않아 그는 어머니 모니카에게 어떤 여인과 관계를 맺었다는 사실을 고백해야만 했다(372년). 그 사실은 그에게 하나의 속박으로, 거기에서 벗어난 것은 15년간의 예속생활을 끝낸 밀라노(Mediolanum)에서였다.[4]

이 위기에 대한 이해에서 피해야 할 것은 두 개의 극단이다. 몸젠(Mommsen) 같은 몇몇 사람은 『고백록』에 나타나는 슬픔의 어조로 말미암아 잘못 결론을 내려 방금 앞의 사건을 과장했다. 『사례사전』(*Realenzyklopädie*, 제3판 II권, 268쪽)에서 루프스(F.Loofs)는 몸젠에 대해 바로 이 점을 꼬집고 있다. 그럼에도 그가 관대한 면모를 보여주는 것은 아우구스티누스 당대에는 교회가 첩제도를 허용했다고 말할 때였다. 『고백록』만이 루프스가 톨레도의 제17번 정경 규정을 이해하지 못했음을 증명한다.[5]

그렇지만 바로 이 경우에라도 아우구스티누스는 어떤 권위를 유지했고,

---

4) Kurt Flasch, *Manichaismus, Augustin, Einführung in sein Denken*, Philipp Reclam jun. Stuttgart, Universal-Bibliothek, Nr. 9962.
5) 400년의 톨레도 규정 제17번에 따르면 다음과 같다.
"충실한 부인 하나와 더불어 동시에 첩을 둔 경우 그 남편은 파문되어야 하지만, 만일 그가 아내를 대신하여 두고 부인이라는 명목으로 한 여자만을 대동함으로 만족한다면 그는 결코 성체 배령식에서 거절당해서는 안 된다. 만일 그가 앞에서와는 달리 행동할 경우 그가 자신의 과오를 고치고 참회를 통하여 자신의 본분으로 돌아올 때까지 그는 파문되어야 할 것이다."

그런 사실에 영예를 돌리는 것에 대해 일종의 양심의 가책을 느꼈으며, 또한 19세부터는 그 악의 사슬을 끊으려는 순수한 욕망을 품었다는 점이 언급되어야 한다.[6] 사실 373년에 아우구스티누스가 키케로가 쓴 『호르텐시우스』(Hortensius)[7]라는 책을 읽음으로써 전혀 새로운 경향성을 띠게 되었는데, 이를 통해 그는 키케로가 그렇게 웅변적으로 찬양하는 지혜에 대한 사랑을 흡입받을 수 있었다. 그뒤로 아우구스티누스는 수사학을 단순히 직업으로 간주했으며, 그의 마음은 철학에 가 있었다.

같은해인 373년 아우구스티누스와 그의 친구 호노라투스(Honoratus)는 마니교의 함정에 빠지지 않으면 안 되었다. 그렇게 위대한 정신의 소유자인 그가 페르시아인 마니(Mani, 215~276년)가 조잡한 물질적인 이원론으로 종합해놓고 50년 전쯤 아프리카로 도입되었던 동방적인 허풍에 희생당했어야 했다는 것은 이상해 보인다. 아우구스티누스는 믿음과 성서에서 여러 모순을 발견했다고 주장한 마니 교도들의 믿음과 자긍심과 그들의 가르침에서 자연과 자연의 신비스러운 현상들에 대한 설명이 해방시킨 자유철학의 여러 약속들로 말미암아 유혹을 받았다.

아우구스티누스의 탐구정신은 자연과학에 열광적이었다. 또한 마니 교도들은 자신들의 선생인 밀레브의 파우스투스(Faustus v. Mileve)[8]로부터 어떤 비밀도 감출 수 없다고 말했다. 더구나 아우구스티누스는 악의 기원에 대한 문제로 시달려 그 문제를 해결하지 못할 경우에는 두 개 원리의 충돌이론을 승인해야 할 것이기 때문이었다. 뿐만 아니라 다시 자유를 거절하고 죄를

---

6) 루프스는 계속하여 아우구스티누스의 심적인 자세를 말하고 있다. 비록 그가 톨레도 공의회의 제17번 정경을 위배하긴 했지만, 그런 경우에라도 아우구스티누스는 어떤 권위를 유지했으며, 양심의 가책을 느꼈다는 것이다. 또한 루프스는 아우구스티누스가 19세부터는 자신이 매여 있던 사악한 욕망을 끊으려는 순수한 욕망을 가졌다고 높이 평가한다.
7) 로마의 웅변가로, 누구보다도 키케로의 라이벌이었다.
8) 파우스투스는 마니교 전파자이다. 밀레브 출신인 그는 로마에서 웅변가로 명성을 얻었다.

저지르는 행위를 이질적인 원리로 돌리는 도덕적 무책임성에 매우 강력한 매력이 있었다.

일단 이 종파에 끌려들어간 뒤로 아우구스티누스는 그의 성정을 다하여 마니교에 혼신의 힘을 바쳤다. 그는 마니교의 모든 책을 읽었으며 마니교의 모든 이론을 받아들여 변호했다. 그의 불같은 개종은 그의 친구 알리피우스 (Alypius)[9]와 타가스테의 마이케나스(Maecenas)라고 할 수 있는 로마니우스 (Romanius)[10]를 오류로 이끌고 들어갔다. 이 마니교 시절에 아우구스티누스의 문필적 능력은 완전한 발전에 도달했지만, 그가 이 오류의 가르침을 받아들였을 때는 아직도 카르타고의 한 학생에 불과했다.

공부가 끝난 뒤 아우구스티누스는 정규과정을 밟아 변호사 사회(Forum litigiosum)에 들어갔으나, 그는 문학경력을 더 선호하였다. 그리하여 포시디우스(Possidius)[11]에 따르면, 아우구스티누스는 타가스테로 돌아와 문법을 가르쳤다고 한다. 그 젊은 교수는 학생들을 매료시켰다. 그러나 아우구스티누스의 어머니 모니카는 아우구스티누스의 이단성을 깊이 안타까워했다. 많은 눈물로 말미암아 키운 아들은 망할 수 없다는 암브로시우스 주교[12]의

---

[9] 알리피우스는 알제리의 타가스테 출신으로, 그 마을에서 처음으로 아우구스티누스의 학생이 되었다. 아우구스티누스의 가까운 친구이기도 했던 그는 394년 타가스테의 주교가 되었다.
[10] 로마니우스는 아우구스티누스의 부친 친구로, 아우구스티누스의 학비를 댄 사람이다.
[11] 성 아우구스티누스의 자서전을 기록한 사람으로 이교도에서 개종했다. 397년이나 403년에 누미디아의 칼마(Calma) 주교가 될 때까지 히포의 수도원에서 생활했다. 포시디우스는 도나투스파의 이론과 펠라기우스와 적대한 싸움에서 아우구스티누스를 도왔다. 아우구스티누스가 임종할 때는 그의 곁에 있었으며, 아우구스티누스의 작품목록 이외에도 그의 생애에 관한 기록을 남겼다.
[12] 밀라노의 주교이자 성서 비평가. 339년경 트리어(Trier)에서 태어난 그는 로마의 근위대장관(Praefectus praetorio)을 지내기도 했다. 교회와 국가의 관계에 관한 중세 개념의 전형이 된 여러 사상을 맨 처음 내놓은 인물이다. 그의 저서들은 라틴 웅변의 걸작으로 인정받아왔으며, 그가 지은 찬송가들을 통해 그의 음악적 업적은 오늘날까지도 기억되고 있다. 또한 위대한 그리스도교 신학자 히포의 성 아우구스티누스를 개종시키고 세례를 준 교사로, 교회가 로마 제국의 폐허 위로 떠오르는 환상을 본 모범적인 주교로도 기억된다.

권고가 아니었더라면 모니카는 아마 아우구스티누스를 집으로 영접하지 않으려 했을 것이고 식탁에도 들이려 하지 않았을 것이다.

비로 그뒤에 키르타고로 간 아우구스티누스는 거기에서 계속 수사학을 가르쳤다. 그의 기량은 이 넓은 무대에서 더 유망해 보였다. 그리하여 인문학에 대한 불굴의 추적 노력 덕분에 그의 지력은 완전한 성숙도에 이르렀다. 아우구스티누스는 시적인 경연대회에서 상을 타냈으며, 지방총독이었던 빈디키아누스(Vindicianus)는 그에게 우승상(Corona agonistica)을 수여하였다.

문학에 심취했을 이 시기에 그는 마니교를 거부하기 시작하였다. 마니교가 아우구스티누스의 처음 애호사안이었다 하더라도 마니교의 가르침들이 그의 불안함을 잠재워주기에는 태부족이었기 때문이다. 아우구스티누스 자신이 마니교에 대해 매력을 잃었다고 제시한 이유에 따르면, 그것은 무엇보다도 마니교 철학의 가공할 사악함 때문이었다. 이 철학은 모든 것을 두드려부수고 아무것도 세우지 않는다. 또한 가톨릭의 성서적 논거에 대한 마니교 철학의 대답이 오로지 "성서는 위조되었다"[13]는 것이었기 때문이다. 그러나 무엇보다도 중요한 이유는, 아우구스티누스가 현대적인 의미의 과학을 마니교에서 발견하지 못했다는 점 때문이었다. 이들이 아우구스티누스에게 약속했던 자연과 그 규칙에 대한 지식을 발견하지 못한 것이다. 아우구스티누스가 그들에게 별의 운동에 관하여 물었을 때 그들 중 어느 누구도 대답하지 못하고 그저 "파우스투스를 기다리라. 그가 모든 것을 그대에게 설명해줄 것이다"라고만 말했다.

---

13) E. Glenn Hinson, *Manichaeism in Merger Dictionary of the Bible*. 기독교에 대한 마니교도들의 설명에서 기독교의 교리는 모두 위조되었다는 것이다. 마니교는 기독교에 대한 마니교의 적극적이고 적대적인 선전공략으로 4세기에 많은 신자를 얻게 되었으며, 그 논리는 후대에도 마니교가 선교적으로 성공을 거두는 데 도움을 주었다. 그리하여 중세기에 이를 때까지 파울리키안파(Paulicianers) · 보고밀리안파(Bogomils) · 파타렌네파(Patarenes) 그리고 특히 남프랑스와 북이탈리아에서 많은 신도들을 거느렸던 카타르파에도 심대한 영향을 끼쳤다고 강조한다(*Manichaesm in Merger Dictionary of the Bible*, p. 546).

마니교의 유명한 주교인 밀레브의 파우스투스가 드디어 카르타고에 왔다. 아우구스티누스는 그를 방문해 질문했다가 파우스투스가 모든 학문과는 전혀 이질적인 범속한 수사학자에 지나지 않다는 사실을 깨달았다. 비록 아우구스티누스가 그 종파를 당장 포기한 것은 아니더라도 그의 생각은 마니교의 교리를 거절하였다. 그런 환상은 아우구스티누스에게 9년이나 지속되었던 것이다.

이 위대한 인물의 종교적 위기는 암브로시우스 주교의 영향력 아래에서만 풀릴 수 있었다. 383년 29세가 된 아우구스티누스는 저항할 수 없는 매력에 복종했다. 그러나 아우구스티누스의 어머니는 그의 출발을 못미더워 했고 아들과 헤어지기를 몹시 싫어했기 때문에, 그는 핑계를 대고 야밤에 출항해야 했다.

로마에 이르렀을 때 심한 병에 걸려 있던 아우구스티누스는 몸이 회복되자마자 수사학 학교를 열었다. 그러나 수치도 모르는 학생들에게 혐오감을 품은 아우구스티누스는 밀라노에서 자리 하나가 비어 있던 교수직에 응모하여 그 자리를 얻고 지방총독인 심마쿠스(Praefectus Symmachus)[14]의 수락을 얻었다.

아우구스티누스는 주교였던 암브로시우스를 방문한 뒤 그 성인의 친절한 권유를 받아들여 그의 설교에 정기적으로 참여하게 되었다. 그러나 아우구스티누스가 신앙을 받아들이기 전에 그의 마음에는 분명히 여러 우여곡절을 밟아온 3년의 투쟁과정이 있었다. 처음에 그는 비관적 회의주의에 따라 플라톤 학파 철학으로 기울었다. 그리고 나서는 신플라톤 철학(Neuplatonische Philosophie)[15]이 그를 순수한 열광으로 그를 감응시키게 했

---

[14] 로마의 총독 심마쿠스(Praefectus Symmachus, Quintus Aurelius Symmachus, 340~410년)는 로마의 정치가이자 웅변가로, 지방총독(384년)과 집정관(391년)을 지냈다. 그는 최후의 이교 방어자로 성 암브로시우스의 적대자이기도 했다. 그의 논변(Discours)과 서간들(Lettres)이 남아 있다.

[15] 신플라톤주의의 창시자는 플로티누스(Plotinus, Lycopokis, 205~270년)로 오늘날의 이

다. 밀라노에서 아우구스티누스가 플라톤의 작품을 읽을 때 어떤 진리를 발견할 수 있다는 희망이 동터왔던 것이다. 그는 자신과 자신의 친구들이 진리를 추구하는 데 헌신하는 삶, 곧 명예와 부 또는 쾌락에 대한 세속적 갈망에서 벗어나 그 규율로써 독신생활을 했으면 하는 꿈을 다시 꾸기 시작했다(『고백록』, VI).

그러나 그것은 꿈에 지나지 않았다. 아우구스티누스의 열정들은 아직도 그를 노예로 만들었던 것이다. 또한 밀라노로 같이 간 어머니 모니카는 그에게 결혼을 권고했으나 그의 약혼녀는 너무나 젊었다. 아우구스티누스가 아데오다투스(Adeodatus: 하나님이 주신 아들이라는 뜻)라는 아들의 생모를 버리긴 했지만, 그녀의 자리는 다른 여자로 말미암아 채워져 있었다. 이렇게 그는 그의 마지막 투쟁과 고뇌의 시기를 통과하고 있었다.

곧이어 아우구스티누스는 예수 그리스도만이 진리와 구원에 이르는 유일한 길이라는 확신을 얻게 되었다. 그뒤에는 저항이 마음으로부터만 왔을 뿐이다. 암브로시우스의 후계자 심플리키아누스(Simplicianus)[16]는 아우구스티누스에게 유명한 신플라톤주의 수사학자 빅토리누스(Victorinus Afer)[17]의 회심에 관한 이야기를 들려주었는데, 이것은 아우구스티누스가 33세가 되던 386년 9월 밀라노의 정원에서 기독교를 향해 무릎을 꿇게 한 위대한 은총의 매였다.

며칠 뒤 병이 났을 때 아우구스티누스는 가을의 휴일을 선용하였다. 그는 자신의 교수직을 버리고 어머니 모니카와 아들 아데오다투스 그리고 그의 친구들과 함께, 당시의 그로서는 기독교와 떼려야 뗄 수 없는 참된 철학을 온몸을 다해 추구하고자 베레쿤두스의 시골 대농장인 카시아쿰(Cassiacum)으로 갔다.

집트 아시우(Assiout) 출신이며, 그리스계 철학자이다. 플로티누스의 작품들은 그의 제자 포르피리우스(Porphyrius)에 의해 에네아드(Ennéades)라는 제목으로 편집되었다.
16) 심플리키아누스는 암브로시우스를 이어 397년에 밀라노의 주교가 되었다.
17) 빅토리누스는 판노니아(Pannonia)의 페타우 주교였다.

2. 회심에서 주교직에 이르기까지(386~395년)

아우구스티누스는 점차 기독교 교리를 알게 됐으며 마음속에 플라톤 철학과 계시된 교리들의 융화를 새기고 있었다. 이 사고의 변화를 주재한 법칙은 근자에 와서 빈번히 잘못 생각되어왔다. 그 사실을 정확하게 규정하는 것은 매우 중요하다. 카시아쿰의 고독과 적막함은 오랫동안 가슴속에 간직했던 꿈을 실현하게 했다. 아우구스티누스는 자신이 쓴 『플라톤 학파에 반대하여』(Contra Academicos)라는 책에서 진리를 향한 갈망만으로도 유쾌해진 이 삶의 이상적인 평온함을 기술했다. 그가 그의 젊은 친구들의 교육을 완성한 것은 어떤 때는 문헌 강독을 공동으로 하고 또 어떤 때는 어머니 모니카를 초대한 철학적인 모임을 통해서였다. 그것에 관한 설명들은 서기가 기록해놓았는데, 이것은 『대화록』(Dialogues)의 근거를 제공해주었다.

나중에 리켄티우스(Licentius)[18]는 자신의 편지에서 아우구스티누스가 지극히 평범한 사건들부터 지극히 숭고한 토론에 이르기까지 습관적으로 전개한, 바로 그런 철학적인 아침과 저녁들을 회상하곤 하였다. 저들의 모임에서 기호하는 주제들은 진리, 확실성(『플라톤 학파에 반대하여』), 철학에서의 참행복(『행복한 생활』 De Vita Beata), 세계의 섭리적 질서와 악의 문제(『질서론』 De Ordine) 그리고 마지막으로는 하나님과 영혼이었다(『고백록』, 「영혼의 불멸성」).

여기에서 현대의 비평가들이 제기한 문제가 생긴다. 아우구스티누스가 카시아쿰에서 이 『대화록』을 썼을 때 아우구스티누스는 기독교인이었는가가 그런 문제이다. 지금까지는 아무도 그 사실을 의심하지 않았다. 역사가들이 『고백록』에 의지하여 믿은 것은 아우구스티누스가 카시아쿰에 있는 빌라로 은적한 것은 그 이중의 목표를 위한 것으로, 첫째는 그의 건강을 증진

---

18) Adolf von Harnack, *Dogmengeschichte*, Vol.6. SS.155. 리켄티우스에 대해서는 구체적인 사실이 잘 알려져 있지 않고, 다만 베레쿤두스의 농장에 같이 갔던 인물들 중 하나로 묘사되고 있다.

시키기 위한 것이며 둘째는 수세(受洗)를 위한 준비였다는 것이다.

그러나 오늘날의 어떤 비평가들은 이 은적한 곳에서 이루어진 철학적인 대화들과 『고백록』에 기록된 영혼의 상태 사이에서 과격한 반립상태를 발견했다. 하르낙(A. v. Harnack)은 아우구스티누스가 386년에 은적생활을 하면서 『고백록』이라는 저서를 쓰는 가운데 400년의 주교의 심정을 투영한 것이 틀림없다고 말한다.[19] 더 나아가 그밖의 다른 학자들은, 밀라노의 빌라에서 지낸 은적생활이 실상은 기독교인이 아니라 플라톤주의자로서의 생활이라고 주장한다. 또한 카시아쿰의 생활에서 드러나는 것은 기독교인의 회심이 아니라 철학으로의 회심이며, 순수하게 기독교적인 위상은 390년이 되어서야 비로소 시작된다는 것이다.

그러나 『대화록』에 대한 이 해석은 사실과 본문의 검증을 버텨나갈 수가 없다. 아우구스티누스가 387년 부활절에 세례를 받았다는 것은 인정이 되며, 그 수세 행위가 그에게 의미 없는 의식이었다고 누가 생각할 수 있을 것인가? 그와 마찬가지로 또한 그 정원에서의 광경, 곧 은적생활의 본보기와 성 바울의 서신을 읽었다는 것과 빅토리누스의 회심과 어머니 모니카와 함께 「시편」을 읽으면서 아우구스티누스가 맛본 무아경들—이 모든 것이 이후에 조작해낸 이야기일까? 마찬가지로, 또한 388년 아우구스티누스는 그의 훌륭한 변증인 『가톨릭 교회의 성성(聖性)』을 썼는데, 바로 그 시점에 그가 아직도 기독교인이 아니었다는 사실을 어떻게 생각할 수 있을 것인가?

그러나 논거를 정리하려면 오직 『대화록』 자체를 읽는 수밖에 없다. 그것은 아우구스티누스가 인정하듯이(『고백록』, IX, iv) 순수한 철학적 작업이며, 청년시기의 한 작품이며, 허세가 없다. 그렇지만 이것은 아우구스티누스의 기독교 교육의 전체 역사를 담아내고 있다. 일찍이 386년 카시아쿰에서 씌어진 최초의 작품을 보면 그의 연구에서 커다란 동기가 되는 바가 우리에게

---

19) Philipp Schaff, *Dogmengeschichte*, SS.120 참조. 샤프는 하르낙의 문장을 비판적으로 검토하고 있다.

암시된다. 그의 철학의 목적은 권위에 이성의 뒷받침을 주려는 것이며, "그에게서 권위란 다른 모든 것을 점유하고 그로부터 그가 도피하기를 바라지 않았던 것이 그리스도의 권위였다." 또한 그가 플라톤 학파를 사랑한다면 그 이유는 자신의 신앙과 언제든 조화를 이루는 여러 해석을 이들 학파에서 발견하는 것이 중요하다고 보았기 때문이었다(『플라톤 학파에 반대하여』, III, c. X).

분명히 말하자면 그런 확신은 과격한 것이기는 하나 이 『대화록』 가운데 플라톤주의자가 아닌 기독교도로서의 아우구스티누스가 말하고 있다. 그가 우리에게 내보여주는 사실은 그를 확신시켰던 논거인 자신의 참회에 대한 사사로운 세부사항이요, 성 바울 계열의 학파에 속해 있던 자신의 신앙의 진보이다. 그 안에서 그의 플라톤적인 연구들이 일깨운 지적인 자만에 대한 그 자신의 승리에 이르기까지 예수 그리스도의 신성에 대한 자신의 친구들과 그와의 즐거웠던 모임들이었으며(『행복한 생활』, I, ii), 점차적으로 자신의 열정을 진압하는 과정이었으며, 자신의 유일한 부인으로서 지혜를 택하는 결정이었다(Soliloquia).

그런 가치를 놓고 이제 신플라톤주의가 저 위대한 아프리카 신학자의 정신에 영향력을 주었던 것을 평가하기는 쉬운 일이다. 성 아우구스티누스의 작품을 읽는 사람은 그 누구라도 이 영향력이 있었음을 부인하기 어렵다. 그러나 그런 사실이 어느 때고 간에 플라톤 때문에 복음을 희생했다는 주장은 신플라톤주의의 영향력을 지나치게 과장하는 것이 될 것이다. 아돌프 폰 하르낙은 그의 연구에서 다음과 같이 현명하게 결론을 맺고 있다.

> 따라서 그의 철학이 그의 종교적인 교리들과 일치하는 한 성 아우구스티누스는 솔직히 말해 신플라톤주의자이다. 모순이 생기자마자 그는 결코 당황하지 않고 그의 철학을 종교에, 즉 이성을 신앙에 종속시키는 것이다. 그는 무엇보다 기독교인이었기 때문이다. 그의 정신을 붙들고 있던 철학적인 모든 질문은 점점 더 뒷전으로 물러간 것으로 발견된다.

그러나 그 방법은 위험스러웠다. 이 두 개의 가르침 사이에서 조화를 추구하는 과정에서 아우구스티누스는 너무도 쉽사리 플라톤 가운데서 기독교를 찾으려 했거나 아니면 복음서에서 플라톤주의를 발견하려 했거나 둘 중 하나이다. 그의 『철회론』(Retractiones)에서와 도처에서 그가 승인하는 바는 자신이 언제나 이 위험을 피하지는 않았다는 것이다. 그렇기 때문에 그는 플라톤주의에서 말씀에 대한 전체의 교리와 성 요한의 전체 서론을 발견했다고 생각했다. 아우구스티누스는 처음에 자신을 오도한 많은 신플라톤적인 이론들을 받아들이지 않았는데, 세계를 하나의 거대한 영으로 만드는 보편적인 영에 대한 우주론적인 이론과 모든 사람들에게 공통되는 영이 있는가, 아니면 각 사람에 대하여 오로지 하나씩의 영이 있는가 등이 그런 문제에 속한다.

그러나 다른 한편 그가 늘 비난한 것은, 샤프(Philipp Schaff)가 적절히 지적하듯 플라톤주의자들인데, 이들이 기독교의 근본적인 요점들을 모른다는 점과 그 요점들을 거절한다는 것이었다. 그 첫째는 크나큰 신비인 말씀이 육신이 되었다는 사실이며, 둘째는 겸손의 기초 위에 서 있는 사랑이라는 점이다. 또한 플라톤주의자들은 은총을 무시하며, 그런 계율들을 실현시키는 데 어떤 도움도 없이 고매한 도덕적 계율만을 제시하고 있다고 주장한다.

신적인 은총이야말로 아우구스티누스가 기독교의 세례에서 추구했던 바이다. 387년 사순절에 아우구스티누스는 아데오다투스·알리피우스와 함께 밀라노로 갔으며, 수세 후보자들(Competentes) 가운데 자리를 차지하고 부활절 아니면 적어도 부활절 무렵(부활절부터 일주일) 암브로시우스 주교에게서 세례를 받았다. 이 무렵 아우구스티누스는 알리피우스·에보디우스(Evodius)와 함께 은둔생활을 위해 아프리카로 가기를 원했다. 이 시기에 아우구스티누스는 분명 가을까지 밀라노에 머무르며 「영혼의 불멸성」과 「음악론」을 저술한 것이 틀림없다.

387년 가을 아우구스티누스가 오스티아(Ostia)로 항해하려고 할 때 그의 어머니 모니카가 죽었다. 모든 관련 문헌을 보아도 그녀의 성스러운 죽음과 아우구스티누스의 슬픔에 대한 이야기(『고백록』 IX)보다 더 절묘한 감정이 들어 있는 것은 찾아볼 수 없다. 아우구스티누스는 몇 달 동안 로마에 남아 있으면서 주로 마니교를 반박하는 일에 종사했다.

아우구스티누스는 참주인 막시무스(Maximus)[20]가 388년 8월에 죽은 뒤 아프리카로 항해해갔으며, 카르타고에서 잠시 쉬었다가 자신의 고향 타가스테로 돌아왔다. 고향에 도착하자마자 그는 완전한 이념을 수행하기를 원했다. 그리하여 자신의 모든 재산을 팔고 그 수입을 가난한 자들에게 나누어주기 시작했다. 그리고 나서 아우구스티누스는 친구들과 함께 이미 고립되어 있던 자신의 사유지로 물러가 그곳에서 가난과 기도와 바울 서신들에 대한 연구 가운데 공동생활을 영위하고자 하였다. 『83개의 문제들』(LXXXIII Quaestiones)은 그 은둔 중에 열린 여러 모임의 결과였다. 『마니 교도들에 반대한 창세기』(De Genesi contra Manichaeos), 『스승론』(De Magistro), 『참종교론』(De vera Religione)도 그런 모임의 결과였다.

아우구스티누스는 사제로 허입하고 싶다는 생각을 하지 않았다. 또한 주교직에 대한 두려움 때문에 심지어 선거가 필요한 여러 도시들을 피해 도주했다. 어느 날 영혼의 구원이 위기에 처해 있던 어떤 친구가 히포로 불렀을 때 아우구스티누스는 교회에서 기도하는 중이었는데, 그때 사람들이 갑자기 그의 주위로 모여들더니 그에게 갈채를 보내면서 그 당시 주교였던 발레리우스(Valerius)[21]에게 아우구스티누스를 사제직위로 승진시켜달라고 간청했다. 아우구스티누스가 울면서 승진시켜주지 말 것을 간청했지만 주교는 사람들의 탄원을 받아들이지 않으면 안 되었으며, 그리하여 391년 아우구스

---

20) 로마의 반립황제(388년). 골 지방에 자리잡았을 때 게르만족과 더불어 항거를 시도하다가 이탈리아로 퇴각해 그곳을 포위했지만 오히려 정복당하여, 테오도시우스 황제(379~395년)의 명령에 따라 처형당했다(*Dictionnaire Hachette*, Spadem-ADAGP Paris 1980, pp. 805~806).

21) 발레리우스 주교는 아우구스티누스가 성서를 더 잘 구사할 수 있게 하려고 391년 부활절 전에 세례 후보자들에게 가르침을 통해 더 잘 알 때까지 사제직을 뒤로 미루어놓았다가 시작하게 했다.

티누스는 성직을 받게 되었다.

이 새내기 사제는 자신의 성직 임명을 타가스테에서 종교생활을 재개하기 위해 걸부된 이유라고 보았다. 또한 발레리우스는 아주 완전하게 그를 인정했기 때문에 어떤 교회의 소유지를 아우구스티누스의 처분에 맡겼으며, 그렇게 함으로써 아우구스티누스가 그가 세운 두 번째 수도원을 건립할 수 있게 했다. 5년 동안의 사제생활은 놀라울 정도로 성과가 많았다. 발레리우스는 설교하는 직무가 주교들에게 할당된 것이었음에도 아우구스티누스에게 설교를 하도록 간청했다.

아우구스티누스는 이단들과 싸웠으며, 특히 마니교와 싸웠는데, 또한 그의 성공은 놀라울 만한 것이었다. 공적인 모임에서 아우구스티누스가 도전한 위대한 학자들 중 포르투나투스(Fortunatus)는 패배하면서 심하게 수모를 당한 나머지 히포에서 도주하기까지 했다. 아우구스티누스는 393년 10월 8일 카르타고의 주교(Primatus) 아우렐리우스(Aurelius)가 이끈 아프리카 전체 공의회에 참석하여 주교들의 요청에 따라 강연을 했는데, 이 완성된 형태의 연설은 후기에 가서 「믿음과 신조」(De fide et symbolo)라는 논문이 되었다.

3. 히포의 주교(396~430년)

히포의 주교였던 발레리우스는 노년에 쇠약해지자 아프리카의 대주교 아우렐리우스의 허락을 얻어 아우구스티누스를 보좌주교(Coadjutor)로 임명해 자신을 돕게 했다. 그리하여 아우구스티누스는 누미디아 대주교 메갈리우스(Megalius)의 손에 자신을 봉헌토록 하지 않으면 안 되었다. 당시 42세의 새 주교 아우구스티누스는 사목적인 임무와 종교생활의 엄격성을 연결시키는 방법을 잘 알고 있었다. 비록 그가 자신의 수도원을 떠난다 해도 그의 주교 거처지는 종교적 청빈을 지키고자 결속한 성직자와의 공동생활을 위한 수도원이 되었어야 했을 터이다.

그가 그렇게 세운 것은 정규 성직자나 수도사들의 집단이었을까? 이것은 종종 제기하게 되는 질문이지만, 우리가 느끼는 것은 그런 여러 구분을 거의 생각하지 않는다는 것이다. 어쨌든 간에 히포의 주교 저택은 참된 성직자들의 양성소였으며, 곧 아프리카 전반에 확산된 수도원 창시자들과 그 인근 교구들을 점유하게 된 주교들의 제공처였다. 아우구스티누스의 생애를 기록한 포시디우스는 아우구스티누스의 생애를 다루면서 10명의 친구들과 제자들을 나열하는데, 이들은 모두 주교직위에까지 올랐던 사람들이다. 그리하여 아우구스티누스는 수도사들의 교구장이며 아프리카에서 성직자 생활의 개혁자로서 존칭을 얻었다. 그러나 그는 무엇보다도 진리의 방어자이며 영혼의 목자였다. 그의 교리적인 활동과 그 영향력은 교회 자체만큼 그렇게 오랫동안 지속되겠지만 그만큼 다양하였다.

아우구스티누스는 설교를 자주 했으며, 때로는 닷새 동안이나 계속해서 설교한 적도 있었다. 그의 설교는 모든 사람의 심정을 사로잡는 사랑의 정신을 흡입시켰다. 그가 쓴 편지들은 그 당시 알려진 세계와 당대의 여러 문제에 대한 해결책들을 확산시켜 알게 하였다. 또한 그는 자신이 참석했던 다양한 아프리카의 공의회, 예컨대 398년, 401년, 407년 그리고 419년에 열린 카르타고 공의회와 416년과 418년에 열린 밀레브 공의회들에서 자신의 정신을 각인시켰다. 또한 그는 마지막으로 오류의 가르침들과 맞서 지칠 줄 모르고 싸웠다. 이런 투쟁을 모두 다 말하려면 한정이 없을 것이다. 그러므로 오로지 주요 논쟁만을 선택해야 할 것이며, 그 각각의 논쟁들에서 이 위대한 히포의 주교가 취한 교리적인 태도를 지적해내야 할 것이다.

1) 마니교 논쟁과 악의 문제

아우구스티누스는 주교가 된 뒤 수세 시기부터 동지였던 신앙인들을 교회로 데려오는데, 그는 이전의 열정을 잃지 않은 한층 더 아버지다운 모습을 띠고 있었다.

진리를 얻는 데 얼마나 큰 대가를 치르는지를 모르는 우리에 대하여 분노를 발하게 하라……. 나로 말하자면 내가 눈멀어 여러분의 가르침 가운데 방황할 때 내 형제들이 나에게 지녔던 동일한 인내심을 내가 여러분에게 지녀야겠지요.(「푼다멘투스의 편지에 대한 반박론」 III)

이 논쟁 중에 발생한 기억될 만한 사건 하나는, 404년 마니교 종파의 위대한 교사인 펠릭스(Felix)[22]에게 이긴 위대한 승리였다. 그는 히포에서 자신의 오류의 가르침을 전파하고 있었는데, 아우구스티누스는 공공의 모임에서 분명 큰 소동을 유발할 수 있는 문제를 끌어내었던 것이다. 펠릭스는 자신이 승복함을 선언했으며 신앙을 받아들였다. 또한 아우구스티누스와 더불어 그 모임의 일정 사안에 서명을 하였다. 아우구스티누스는 자신의 작품들 가운데 마니를 논박했고(397년), 400년에는 유명한 파우스투스를 논박했으며, 405년에는 세쿤두스(Secundus)를, 파울루스 오로시우스(Paulus Orosius, 초기/5세기)가 자신에게 위협적으로 통고했던 숙명론적인 프리스킬리아누스파(Priscillianisten)를 계속 논박하였다.

이 반박서들은 성 아우구스티누스의 분명하고 논의의 여지가 없는 악에 대한 영원한 문제, 곧 플라톤주의자들처럼 하나님의 모든 행위는 선하며, 도덕적인 악의 유일한 근원은 피조물들의 자유라고 선언하는 낙관주의에 근거한 견해들을 포함한다(『신국』 XIX권 XIII장 13항 제2번). 아우구스티누스는 자신과 같은 인간 안에서마저도 자유의지의 변호를 그처럼 열심히 지지하고 있으므로 그가 마니교를 반박한 작품들은 오늘날에도 아직도 생생한 논쟁 가운데에서 무진장한 지식의 보고를 찾을 수 있게 한다.

얀센주의자들은 아우구스티누스가 무의식적으로 펠라기우스파였으며 그가 후기에 이르러 아담의 죄를 통한 자유의 손실을 인정했다고 주장하지만 그것은 헛된 일이다. 아우구스티누스의 복잡한 체계와 그의 특유한 용어에

---

[22] 펠릭스는 마니 교도 가운데 선택된 자이다. 마니교파의 위대한 교사로 꼽히는 그는 히포에서 자신의 잘못된 가르침을 전하고 있었다. 후에 아우구스티누스에게 패한 펠릭스는 승복당했음을 선언했을뿐더러, 관련 교리사안에 서명까지 했다.

익숙하지 못한 현대 비평가들은 의심할 여지도 없이 한층 더 과격하게 주장하였다. 『역사문헌 연구지』(Revue d'histoire et de litterature religiuses)에서 마르지발(Margival)은 마니교 교리에서 무의식적으로 흡입한 형이상학적인 비관주의의 희생자가 바로 아우구스티누스라고 했다.[23] 그는 "악의 필연과 영원성에 대한 동방적인 사고는 아우구스티누스보다 더 열성적인 방어자를 찾아보지 못할 것"이라고 한다. 어떤 것도 이 사실과 더 반대되는 것은 아무 것도 없다. 아우구스티누스가 승인하는 것, 곧 의지의 첫 번째 선한 경향성이 어떻게 하여 하나님에게서 오는 선물인지를 마르지발은 이해하지 못했던 것이다(Retractiones, I, XXIII. n. 3).

그러나 기억해야만 할 점은 아우구스티누스는 결코 자유에 대한 주요 이론들을 취소하지 않았다는 사실과 그 주요한 조건, 곧 선택하거나 결정하는 데서 완전한 능력을 구성하는 것에 대한 자신의 의견을 수정하지 않았다는 점이다. 그렇게 중요한 관점에 대한 자신의 저술들을 수정하는 데서 감성 또는 성실성에 대한 분명성 어느 하나에서도 그가 결함이 있었다고 누가 감히 말할 수 있겠는가?

2) 도나투스 논쟁과 교회론

도나투스파 분열사건은 제2기부터 교회를 소용돌이 속으로 몰아넣은 몬타누스파[24]와 노바티아누스파[25]의 논쟁 가운데 최후의 삽화적인 사건이다.

---

[23] Margival, Revue d'histoire et de Litterature religieuses, 2004, p. 447.
[24] 몬타누스파(Montanist) 또는 몬타누스주의는 2세기 후반기의 묵시록적인 운동으로, 그 기원은 프리기아의 몬타누스(Montanus von Phrygien)에게로 거슬러 올라간다. 이 운동은 교회에 대하여 조속하게 성령을 부어주는 것을 기대하며, 로마령 아프리카에서 몬타누스주의의 지류로서 특히 금욕적인 특징들을 발전시켰다.
[25] 노바티아누스파(Novatianist)는 데키우스 황제 때(249~250년) 생겨난 서방 교회의 강경주의파다. 그 지도자는 노바티아누스(Novatian)로, 그는 로마의 사제이자 삼위일체 교리에 대한 정통적인 작품의 저술가이기도 했다. 노바티아누스파에 대해서는 잘 알려져 있지 않으며, 전적으로 일치하지도 않는다. 노바티아누스 자신은 발레리아누스 황제 시대인 257~258년에 순교한 것으로 추정된다.

동방이 다른 여러 관점에서 말씀의 신적이며 기독론적인 문제를 토론하고 있을 때 서방은 서방이 취하는 더욱 실천적인 성격으로 말미암아 죄에 대하여 그 모든 형태 중에서 도덕적인 질문들을 전적으로 다루었다.

일반적인 문제는 교회의 성결성이었다. 죄인들은 용서를 받아 교회 내에 머무를 수 있을까? 아프리카에서 그 문제가 특히 관심을 기울인 것은 성직체계의 거룩성이었다. 312년 성서를 불사르는 데 가져다 준 어떤 배교자에 의해 카르타고의 주교 카이킬리아누스(Caecilianus)[26]의 성직 임명을 타당한 것으로 받아들이기를 거절한 누미디아의 주교들은 분열을 시작했으며, 동시에 다음과 같은 신중한 질문들을 제기하였다. 첫째, 성직자들의 능력은 사제의 도덕적인 가치에 의존하는가? 둘째, 교회의 성결성은 성직자의 무가치성과 얼마나 양립할 수 있는가?

아우구스티누스가 히포에 도착한 시기에 그 분열사건은 크게 확산되었으며 정치적인 경향성들과 동일시되었는데, 이는 로마의 지배력에 대항하는 민족적 운동과 일치될 수도 있는 것이었다. 어떤 사건이건 간에 그 사건들 가운데 황제들이 엄격한 법률을 통해 막아내려고 했던 반사회적인 보복운동, 곧 지하 역류세력을 발견하기가 쉬운 것이다.

'그리스도의 군대'라고 알려진 이상한 종파와 가톨릭 사람들이 도둑당이라고 불렀던 키르쿰킬리움파(Circumciliones)[27]는 환상적이고 파괴적이라는 관점에서 중세기의 혁명집단과 비슷했다. 이 사실은 황제들의 가혹한 법규정을 감안할 때 결코 놓쳐서는 안 될 사실이다.

아우구스티누스와 도나투스파의 투쟁의 역사는 또한 이단에 대한 강경한 조치를 적용하는 데 대한 의견의 변화의 역사이기도 하다. 그리고 아프리카

---

26) 카이킬리아누스는 311년 아니면 307년부터 카르타고의 주교를 지냈다. 니케아 공의회에 참석했다고 알려진 그는 라틴아프리카 출신의 유일한 주교였다.

27) 도나투스파(Donatist)파 또는 키르쿰킬리움파(Circumcilliones)는 카르타고의 주교 카이킬리아누스가 받아들이기를 거절하자 압퉁가의 펠릭스 가톨릭 교도들로부터 분리한, 아프리카 교회 내의 하나의 분리체였다.

에 있는 교회의 공의회의 핵심이 바로 아우구스티누스 자신이었는데, 그 교회는 그를 따라 변화하기에 이르렀다. 이 견해들의 변화는 특히 408년에 씌어진 그의 편지 93개에서 발견된다. 처음에 여러 모임과 친절한 토론에서 그는 통일성을 재수립하려고 시도하였다. 아우구스티누스는 아프리카에서 열린 여러 공의회의 화해적인 조처들에 영감을 불어넣었으며, 도나투스파에게 대사들을 보내 다시 교회로 들어올 것을 청하거나 적어도 403년의 모임에 대표자들을 보내줄 것을 요구하였다.

도나투스파는 이 선제 제의들에 처음에는 침묵으로 응수하다가 그 다음에는 모욕으로 응답했고 마지막에 가서는 폭력으로 대한 나머지, 아우구스티누스의 친구이자 칼라메트의 주교인 포시디우스는 도주함으로써 겨우 죽음을 면할 수 있었다. 바가이아(Bagaia)의 주교는 끔찍한 상처를 입고 버려졌으며, 히포의 주교의 생명은 여러 번에 걸쳐 도발되었다(「도나투스파의 주교 야누아리우스에게 보내는 편지」 LXXXViii). 이 키르킬리움파의 광폭성에는 거센 탄압이 요구되었으며, 그 때문에 발생한 많은 회심 사건들을 목격하고 아우구스티누스는 그 이후 강경한 법을 승인하였다.

그러나 중요한 제한점은 지적되어야 한다. 곧 성 아우구스티누스는 이단이 사형으로 처벌받는 것을 결코 원하지 않았던 것이다.

우리가 그대들에게 요구하는 것은 그대들이 살인하지 말라는 것이다(Vos rogamus ne occidatis, 「집정관 대리에게 보내는 100번째 편지」).

그러나 주교들은 아직도 교회 분열주의자들과 회담하기를 우호했기 때문에, 410년 호노리우스 황제(384~423년)가 반포한 칙령이 도나투스파의 거절 행위에 종지부를 찍었다. 411년 6월 286명의 가톨릭교인과 279명의 도나투스파 주교들 앞에서 엄숙한 공의회가 열렸다. 도나투스파 대변인들은 콘스탄틴 출신의 페틸리아누스(Petillianus von Konstantin)와 카르타고의 프리미안(Primian v. Karthago), 카이사리아의 에메리투스(Emeritus von Caesarea)였다. 가톨릭의 웅변가들은 아우렐리우스와 아우구스티누스였다.

그 당시 역사적 문제에 대해서는 히포의 주교가 카이킬리아누스와 그의 축사자였던 펠릭스의 무죄를 주장했고, 교리적 논쟁에서 아우구스티누스는 가톨릭 논제인 교회가 지상 위에 있는 한 그 거룩함을 잃지 않고 저들을 회심시키기 위해 그 영역 안에서 죄인들을 관용할 수 있음을 실증했다. 황제의 이름으로 집정관 대리 마르켈리누스(Marcellinus)는 모든 점에 대해서 가톨릭의 승리를 비준하였다. 그리하여 도나투스파는 조금씩 조금씩 없어지다가 반달족이 나타남과 더불어 사라졌다.

슈프레히트(Sprecht)에 따르면 아우구스티누스는 매우 광범하고도 당당하게 교회론에 대한 자신의 이론을 발전시킨 덕분에 은총의 박사는 물론 교회박사로 명명될 만한 가치가 있다고 했으며, 또한 묄러(Möhler)는 자신의 『교의학』(Dogmatik, p. 351)에서 "감정의 깊이와 구상의 힘으로 말미암아 바울 시기 이후로 교회론에 대해서 씌어진 어떤 것도 성 아우구스티누스의 작품과 비교될 수 없다"고 말한다.[28] 아우구스티누스는 『교회의 신적인 설립』에 대한 키프리아누스의 수려한 장절들과 교회의 권위, 그 필수불가결한 특징들과 성례 전 은총의 경세와 집행이라는 성 키프리아누스의 수려한 여러 페이지를 수정하고 완성했으며, 심지어는 그것을 넘어서기까지 했다.

도르너(Dorner)·빈데만(Bindemann)·뵈링거(Böhringer)와 특히 로이터(Reuter) 같은 개신교 비평가들은 아우구스티누스의 이 역할을 선포하기도 하고 때로는 과장도 하고 있다. 하르낙은 모든 관점에서 볼 때 이들에게 그리 찬동하지는 않지만, "아우구스티누스가 특히 가톨릭 사고를 긍정하여 강조하는 것은 여러 관점 가운데 하나이다……. 그 다음으로 교회의 권위를 종교적인 힘으로 개혁했으며, 실제적인 종교 위에 교회의 교리라는 선물을

---

28) 슈프레히트와 묄러는 모두 성 아우구스티누스야말로 감성의 깊이와 구사의 힘을 지니고 있었으며, 바로 그런 힘을 바탕으로 씌어진 『교회론』은 어느 누구의 작품과도 비교할 수 없다고 평가한다.

줄 수 있었다"고 주저하지 않고 말한다(『교리사』[Dogmengeschichte] II, iii) 도르너는 밀레브의 옵타투스29)가 동일한 교리들에 대한 기초를 이미 표명했었음을 승인한다. 그러나 아우구스티누스는 성 키프리아누스와 옵타투스의 견해들을 심화시키고 조직화했으며 완성하였다.

3) 펠라기우스 논쟁과 은총의 박사 아우구스티누스

도나투스파에 적대한 투쟁의 결말은 죽음에 이를 때까지 아우구스티누스의 끊임없는 주의력을 요구했을 뿐만 아니라 개인들과 교회를 위해서도 영원한 문제가 되었다. 따라서 아우구스티누스의 신학구조를 좀더 구체적으로 설명하지 않으면 안 될 것이다. 여기서 반드시 지적되어야 할 사실은 논쟁의 여러 국면이다. 알라리크(Alaric)가 로마를 점령한 뒤 펠라기우스30)와 그의 제자 켈레스티우스(Coelestius)31)가 도피처를 찾고 있던 아프리카는 펠라기우스파의 처음 소란이 생긴 주요 중심지였다. 일찍이 412년 카르타고에서 열린 공의회는 원죄교리에 대한 펠라기우스파의 공격 때문에 이 펠라기우스파를 정죄했던 것이다. 아우구스티누스가 펠라기우스파에 반대하여 보낸 다른 여러 책들 중에는 그의 유명한 『본성과 은총론』(De natura et gratia)이라는 책이 있었다. 아우구스티누스의 활동으로 팔레스타인의 디오스폴리스(Diospolis)에서 열린 공의회를 기만하는 데 성공한 이들 개혁자들(=펠라기우스파)에 대한 정죄는 더 후기에 카르타고와 밀레브에서 열린 여러 공의회에서 반복되었으며, 교황 인노켄티우스 1세(417년)가 승인하였다.

---

29) 성 키프리아누스와 함께 옵타투스를 여기에서 언급한 것은 성 아우구스티누스가 이 두 사람의 견해를 완성했다고 보기 때문이다.
30) 펠라기우스주의는 구원에 대하여 인간이 자신의 노력을 통해 처음의 근본적인 발걸음을 내디딜 수 있다고 본다.
31) 펠라기우스의 친구인 켈레스티우스는 이전에 변호사였으며, 펠라기우스보다 한층 더 강경하게 원죄를 거절했다. 그는 아담의 죽음을 죄의 형벌이라고 보지 않고 무언가 자연스러운 것으로 보면서도, 죄의 용서를 위해 받는 세례와 유아세례의 필수 불가결성을 거부하지 않는다. K. Heussi, *Kompendium der Kirchengechichte*(S.131).

펠라기우스 계열의 두 번째 음모가 로마에서 전개되었으나 켈레스티우스의 전략이 당분간 혼란을 야기했던 교황 조시모스는 아우구스티누스의 가르침을 받아 418년 이들 이단에 대한 장중한 정죄를 선언했다. 그뒤로 그 싸움은 켈레스티우스파에 대한 지도력을 소유했으며, 아우구스티누스를 맹렬하게 공격했던 에클라눔의 율리아누스(Julianus v. Eclanum)[32]에 적대하여 문서로 싸움이 이루어졌다.

426년 후기에 이르러 반(反)펠라기우스라는 명칭을 얻은 한 학파가 목록에 올랐는데, 그 첫 회원들은 아프리카의 하드루메툼(Hadrumetum) 수도사들이었다. 이들은 성 빅토르의 유명한 수도원장이었던 카시앙(Cassian)이 이끈 마르세유 출신들로 구성된 여러 사람들이 추종하였다. 예정의 절대적인 근거 없음을 인정하는 것이 불가능했기 때문에 이들은 아우구스티누스와 펠라기우스의 중간노선을 추구하였다. 이들은, 은총은 그 은총을 받기에 합당한 자들에게 주어지지 않으면 안 된다고 주장했으며, 그밖에 다른 사람들에게는 주어져서는 안 된다고 보았다. 그러므로 호의가 우선권을 가지며, 그 호의는 갈망하고 요구하며 하나님이 보상하는 것이다. 저들의 견해를 들은 아키텐의 프로스퍼(Prosper von Aquitanien, 390~463년)는 「성자들의 예정론」(De praedestinatione sanctorum)에서 이 첫 번째 구원을 위한 갈망이 얼마나 하나님의 은총에 근거하는지를 설명하고, 하나님의 은총이 우리의 예정을 통제한다고 한 번 더 명쾌하고도 상세하게 해설했다.

4) 아리우스주의에 대한 반대투쟁과 임종의 시기

426년 히포의 거룩한 주교는 72세의 나이로 죽은 뒤 선거에서 야기될 수 있는 소요를 막기 위해 성직자와 일반 신도들 모두에게 부제인 헤라클리우스를 자신의 보조자요 후계자로 선택하게 했으며, 그에게 외부적인 행정을

---

[32] 율리아누스(384~454년)는 펠라기우스 계열의 신학자로, 아풀리아(Apulia)에 있는 에클라눔 출신이다.

맡겼다. 그때 아우구스티누스는, 아프리카가 그 무렵 예기치 않았던 망신살과 백작이었던 보니파키우스의 427년의 반란으로 동요되지 않았다면 얼마간의 휴식을 취할 수도 있었을 것이다.

여제인 플라치다(Placida)[33])가 보니파키우스에게 대적하기 위해 보낸 고트족과 보니파키우스가 자신을 돕도록 불렀던 반달족은 모두 다 아리안 계열이었다. 아리안 계열의 주교 막시미누스(Maximinus)는 황제의 군대를 이끌고 히포에 들어왔다. 아우구스티누스는 공적인 회담(428년)과 여러 저술들을 통하여 신앙을 방어하였다. 아프리카의 황폐화에 깊은 슬픔을 통감한 그는 보니파키우스 백작과 여제 플라치다 사이의 화해를 도출하기 위해 노력했다.

그리하여 마침내 평화는 재수립되었으나, 반달계의 왕 가이세리크(Geiseric)와는 평화를 재수립하지 못했다. 보니파키우스는 정복당하여 많은 주교들이 이미 자신들을 보호하기 위해 도주해왔던 히포에서 도피처를 구했다. 그런데 요새화가 잘되어 있던 히포 시는 18개월에 걸친 포위공격의 공포에 시달려야 했다. 아우구스티누스는 자신의 고통을 통제하기 위해 노력하면서 계속하여 에클라눔의 율리아누스를 논박하였다. 그러나 포위공격 초기에 아우구스티누스는 자신이 결정적인 병이라고 생각했던 병에 걸리고 말았다. 그리하여 그는 3개월의 찬탄을 자아내는 인내와 열렬한 기도 끝에 430년 8월 28일 76세의 나이로 이 유랑의 땅을 떠났다.

---

33) 플라치다(390~450년)는 테오도시우스 2세의 딸이며, 410년 로마에서 포로가 되었을 때 고트족의 알라리크에게 끌려갔다. 414년 아틀라우프(Atlauf) 왕과 결혼했으며, 아틀라우프가 살해된 뒤에 자신의 남동생인 호노리우스에게 섭정했다. 425년 자신의 아들 발렌티누스 3세가 즉위했을 때도 섭정자로 활동하였다. 비타협적인 가톨릭 교도였던 그녀는 에우키아(Eutychia) 논쟁에서 교황 레오 1세를 지지했다. 또한 그녀는 라벤나(Ravenna)에 여러 유명한 교회를 설립하기도 했다.

용어 해설

2왕제 스파르타의 공동 통치제. 스파르타에서는 아기스 왕가(Agiadai)와 에우리폰 왕가(Eurypontidai)가 각각 왕을 내어 공동으로 통치했으며, 먼저 즉위한 왕이 선임 왕이 되었다. 그러나 다른 지역에서도 공동 통치의 예를 찾아볼 수 있으므로 2왕제가 스파르타만의 독특한 체제라고 보기는 어렵다.

6각운(헥사미터, hexameter) 서사시와 교훈시 등에서 사용하던 운율로, 6개의 운각(韻脚)으로 이루어진다.

가이우스 그라쿠스의 곡물법(lex frumentaria) 티베리우스 그라쿠스의 죽음으로 좌절되었던 개혁운동은 기원전 123년 그의 동생 가이우스 그라쿠스가 호민관이 됨으로써 다시 불이 붙었다. 가이우스 그라쿠스는 도시 로마 평민들의 지지를 확고히 하기 위해 국가가 로마 시에 거주하는 시민 한 사람에게 1모디우스(modius)당 시세의 반가 이하인 6 1/3 아세스(asess)로 매달 5모디이(약 33킬로그램)씩 배급한다는 내용의 곡물법을 제정했다. 당시는 막대한 양의 곡물이 속주들에서 10분의 1세로 로마 시로 유입되고 있었고, 국가는 단지 수송·하역·보관에 드는 경비만 부담하면 되었다. 가이우스의 개혁법안 중에서 특히 가장 많이 비판받은 이 곡물법안은 생산자들이 아니라 소비자들을 염두에 두고 물가 안정이라는 측면에서 고안된 것이었다. 그러나 개혁 반대세력은 가이우스가 평민들의 인기를 얻기 위한 정치적인 목적으로 곡물법을 제정했다고 비난하면서 국고 고갈과 평민들의 나태를 반대 이유로 들었다. 그러나 가이우스는 곡물법은 무상배급이 아니고 단지 시장가격의 반값으로 국가가 시민들에게 밀을 공급하는 것이며, 귀족이건 평민이건 구분 없이 모든 시민이 수혜대상이라는 점을 들어 반대파의 입을 막았다. 가이우스의 곡물법은 공화정 후기 포풀라레스들이 로마 시의 평민들을 지지세력으로 끌어들일 수 있는 단골 메뉴가 되었다. 기원전 58년에는 호민관 클로디우스가 로마 시민에 대한 무상배급을 시도했고, 제정시대에 오면 곡물 공급문제가 '빵과 서커스' 정책의 일환으로 황제의 권력 유지에 중요하게 기능하기도 했다.

가이우스 그라쿠스의 반환법(lex Sempronia repetundarum) 기원전 123년 호민관이 되어 곡물법으로 개혁운동에 성공한 가이우스 그라쿠스가 기원전 122년의 호민관에 재선되어 추진한 부당취득재산 반환에 관한 법. 기원전 149년 칼푸르니우스법(lex Calpurnia)을 시작으로 속주민을 부당하게 가렴주구한 총독이나 고위정무관을 고발하는 부당취득재산 반환청구소송 법정이 설치되었으나, 그 법정의 배심원이 주로 원로원 의원들로 구성되었기 때문에 속주 총독들에게 문제가 있다 해도 사법 처리하기가 쉽지 않았다. 가이우스 그리쿠스가 개혁운동을 할 때 1년의 임기 안에 엄청난 부를 얻을 수 있는, 그리하여 부패와 착취의 근본 원인이 되는 관직은 특히 속주 아시아의 총독자리였다. 또한 속주 아시아 총독의 주머니로 들어가는 엄청난 부―콘술이 될 때까지 로마 시민에게 '빵과 서커스'를 제공하기 위해 빌린 돈 등을 다 갚고서도 평생 동안 먹을 것을 벌어놓을 정도의―는 속주민들뿐만 아니라 당연히 로마의 국고에서 빼앗아가는 것이었다. 이 돈은 원래 로마 시민을 위해 쓰여질 돈이었다. 따라서 가이우스 그라쿠스는 로마 시민에게 돌아갈 돈이 속주 총독의 주머니로 들어가는 것을 막고 또 속주민을 위무하고 보호하기 위해 유명한 반환법을 제정했다. 그는 이 법을 통해, 종전과는 달리 기사 신분에서 차출된 배심원으로 구성된 법정에서 유죄로 판결된 자는 거의 정치적 생명이 끊기도록 조처하고, 두 배 보상을 하게 하였다. 가이우스 그라쿠스는 반환법에 따라 원로원 의원과 친족들, 고위정무관들에게서 법정의 배심원직을 박탈하고 배심원들을 기사들에게 할당함으로써 기사 신분이 원로원 귀족, 즉 관직 귀족들을 견제할 수 있게 했다. 이로써 하나의 사회신분으로서 기사 신분이 명확히 그 모습을 드러내게 되었다.

결혼법(Lex Iulia de maritandis ordinibus) 기원전 18년 결혼과 출산을 장려하기 위하여 발족된 법이다. 남성은 25~60세, 여성은 20~50세에 결혼할 의무가 있었고, 배우자가 사망하거나 이혼한 경우 남성은 6개월 이내, 여성은 1년 이내에 재혼해야 했다. 미혼자나 재혼하지 않는 자는 상속상의 불이익을 당했다. 자식을 많이 둔 사람은 정무관직 입후보나 총독직 임명에서 혜택을 준 이 법은 상류층의 반발을 샀다. 기원후 9년 수정된 법에서 재혼기간이 남성은 18개월, 여성은 2년으로 확대되었으며, 상속의 제약도 완화되었다.

계승신화 신들의 통치권이 우라노스에서 크로노스에게로, 크로노스에게서 다시 제우스에게로 넘어갔다는, 무시무시한 신들의 전쟁에 관한 신화. 고대 오리엔트의 엔 마 엘리후(En ma Eliu)와 쿠마르비(Kumarbi) 신화 그리고 울리쿰미(Ullikummi)의 노래에서 유래한 것으로 간주한다.

고발인(delator) 로마 제정 초기에 등장한 직업적 기소자들. 고발인 제도는 사인(私人)에 의한 기소행위를 인정하는 공화정 이래 로마의 사법제도 전통과 제정 초기의 빈번한 역모재판 사례가 결합되어 나타났다. 황제의 국법상의 지위가 불안정했던 제정 초기에 황제들은 황제의 권위에 도전하는 행위를 입법을 통해 역모행위(crimen maiestatis)라고 규정하였다. 고위관리들 사이에서도 불안과 상호 경쟁심이 존재하여 상호 비방과 모함이 극심하였다. 이러한 분위기에서 직업적으로 역모재판을 벌이는 기소자들이 크게 활약했는데, 이들이 바로 고발인이다. 기소에 성공할 경우 받게 되는 물질적 포상에 이끌려 더욱 활발하게 활동하여 일부 고발인들은 악명을 떨치기도 했다.

공공봉사(레이투르기아, leitourgia) 이 말은 '사람의, 공공의'라는 뜻을 가진 레이트(leit)와 일을 의미하는 우르기아(ourgia)의 합성어로 생각된다. 애초 이 말은 국가의 중요한 행사 때 개인이 그 비용을 염출하여 기여하는 행위를 말한다. 일반적으로 훈련비용을 대거나 합창단의 공연비용을 대는 것을 말했으며, 특별한 경우 3단노선을 만들어 공중에 희사하는 것도 이 행위에 들어갔다. 비극 상연의 후원자는 아르콘에 의해서 지명되었으며, 일반 합창단이나 부족의 잔치비용은 부족에 의해서 돌아가며 후원자가 지명되었다. 이는 처음에 자발적이었으나 나중에는 부자들의 의무가 되었으며, 거류외인에게 부담되기도 한다. 흔히 법정에서 시민은 자신의 정당성을 입증할 때 이 의무를 다하였음을 밝혔다. 이 제도와 관련하여 흥미로운 점은 지명받은 사람이 다른 사람을 지정하고 그가 비용을 더 잘 댈 수 있을 것이라고 주장하면, 지명받은 사람은 그와 재산을 맞바꾸거나 법정에 제소할 수 있었고, 스스로 부담하기도 했다는 것이다.

나바타이아인(Nabataean, 라틴어 Nabataea) 서기 1세기경까지 트랜스요르단의 고대 에돔 지역에 왕국을 이루며 큰 세력을 이루며 살던 셈족으로, 기록물을 남기지 않았기 때문에 주로 그리스-라틴 자료에 의존하여 그들의 역사를 알 뿐이다. 이 자료들에 따르면 나바타이아인을 아라비아인으로 여기고 있는데, 인명이나 신의 이름 등 고유명사나 언어의 문법 등을 고려할 때 두 인종간의 관계는 가깝다고 할 수 있다. 유대인과 나바타이아인 사이의 최초 접촉은 하스모니아 왕조 때 유대 지도자 야손이 나바타이아인의 통치자 아레타스에게 도피처를 요청한 데서 시작된다. 하스모니아 왕조의 등장과 함께 두 왕국은 가까워졌다. 하스모니아 왕조 말기에 친(親)나바타이아인 측과 친로마 측으로 갈라진 왕족들 간의 갈등으로 말미암아 각기 원군을 요청했으나 나바타이아인의 회군(回軍)으로 로마와의 직접적인 충돌은 일어나지 않았다. 서기 2세기 이 지역에 대한 로마의 통치가 시작된 이래 로마는 나바타이아인의 정치적인 독립을 박탈했지만, 그들의 종교와 문화는 유지하였다. 그러나 비잔티움 제국이 들어오면서 이 지역은 기독교화하였다. 페트라 등 세계문화유산으로 등록된 화려한 도시들은 바로 이들이 만든 것이다.

노부스 호모(novus homo) 정치 신인, 엄밀하게 말하면 한 가문에서 맨 처음 콘술이 됨으로써 노빌레스 가문의 반열에 들게 한 사람을 말한다. 공화정 말기에 기사 신분 출신으로 처음 콘술이 된 키케로 같은 인물이 대표적이다.

농지분배 3인 위원회(triumviri agris iudicandis asignandis) 티베리우스 그라쿠스가 농지법을 추진하기 위해 트리부스 평민회에서 선출한 3인 위원들로 구성된 특별위원회. 농지 보유현황을 파악하여 사유지와 공유지를 구분하고, 농지법 규정을 초과한 공유지 보유분을 시민들에게서 몰수해 그것을 추첨을 통해 토지 없는 시민들에게 30유게라씩 분배하는 권한이 있다. 최초의 농지분배 3인 위원으로는 티베리우스 그라쿠스와 동생 가이우스 그라쿠스 그리고 티베리우스의 장인 아피우스 클라우디우스가 선출되었고, 티베리우스가 살해된 뒤에는 가이우스 그라쿠스의 장인 리키니우스 크라수스가 선임되었다. 기원전 129년 동맹국 시민들의 반빌을 지지하는 소 스키피오기 개입하는 바람에 농지분배 3인 위원회는 사법권을 박탈당한 채 그 활동이 정지되었다.

니케아 종교회의(The Council of Nicaea) 예수의 신성과 인성을 둘러싼 논쟁을 종식시키기 위해 325년 콘스탄티누스 대제가 비두니아의 니케아에서 소집한 종교회의. 예수의 신성을 부정하는 아리우스(Arius) 논쟁은 교회의 분열을 가속화하는 교리논쟁으로, 그 내분은 심각한 것이었다. 그 논쟁의 계보를 보면, 서방세계에서는 히폴리투스(Hyppolytus)·노바티아누스(Novatianus)·테르툴리아누스(Tertullianus)·알렉산더(Alexander) 등의 신학사상을 전수받은 아타나시우스(Athanasius)파와 동방세계에서는 사모사타의 바울(Paul of Samosata), 이레나이우스(Irenaeus), 이그나티우스(Ignatius), 오리게네스(Origenenes) 등의 신학사상을 전수받은 아리우스파가 대립하는 구도였다. 특히 아리우스파와 아타나시우스파가 대립하던 시대에 와서는 그 논쟁이 극에 달해 동·서방의 교회가 큰 혼란에 빠지게 되었다. 콘스탄티누스 대제는 교회의 분열이 궁극적으로 로마 제국의 통일정책에 지대한 해독을 끼칠 것을 우려하여 마침내 325년 비두니아의 니케아에서 세계적인 성격을 띤 최초의 종교회의를 개최하게 하였다. 이 회의는 325년 6월 19일 소집되어 두 달 동안 열렸다. 이 회의에는 주교들을 비롯한 300여 명의 기독교계 지도자들이 참석했고, 콘스탄티누스 대제가 참석하여 지켜보는 가운데 유세비우스가 사회를 보았다. 이 회의에서는 예수의 신성과 인성을 인정하는 아타나시우스파가 정통파로 인정되고 아리우스파는 이단으로 단정되었으나, 그뒤 오랫동안 논쟁이 계속되었다.

노(老) 스키피오(Publius Cornelius Scipio Africanus, 기원전 236~183년) 스키피오 아프리카누스. 본명은 푸블리우스 코르넬리우스 스키피오로 기원전 202년 자마 전투를 승리로 이끌어 원로원에서 '아프리카누스'라는 영예로운 칭호를 얻었으며 제2차 포에니 전쟁에서 한니발을 물리치고 로마를 승리로 이끌었다. 일명 대(大) 스키피오라고도 한다. 소(少) 스키피오는 노스키피오의 장남의 양자로 제3차 포에니 전쟁에서 기원전 146년 카르타고를 함락한 뒤 초토화시킨 인물을 가리키며, 이때 대동한 그리스 출신의 역사가 폴리비오스가 이들 스키피오 가문의 전쟁들, 즉 포에니 전쟁에 관해 기록을 남겨두었다.

델로스 동맹(Delian League, 기원전 478/7~404년) 페르시아의 재침을 막기 위해 아테네의 주도로 만들어진 해상동맹으로, 소아시아·트라키아와 에게 해의 그리스 도시들 대부분이 참가했다. 아테네인이 동맹군 사령관을 맡았고, 각 동맹국은 함대와 선원을 직접 제공하거나 동맹 기금을 분담하였다. 모든 동맹국 대표자들이 동맹금고가 보관되어 있는 아폴론의 성지 델로스 섬에 모여 해마다 회의를 열었다. 동맹금고는 기원전 454년 아테네로 옮겨졌다. 기원전 449/448년 평화조약으로 페르시아의 위협이 물러간 뒤에도 아테네는 동맹 유지를 위해 분담금을 강요하고, 동맹국이 탈퇴할 경우 보복하였다. 아테네가 동맹국의 내정에 개입해 민주정을 강요하고 군대를 주둔시키고 사법권까지 간섭하게 되자 동맹국의 불만이 터져나왔다. 기원전 404년 아테네가 펠로폰네소스 전쟁에서 패하자 동맹은 해체되었다.

도나투스파(The Schism of Donatism) 디오클레티아누스 황제의 박해 때 교회에는 많은 배교자가 생겼다. 그뒤 신앙의 자유가 찾아오자, 이 배교자를 처리하는 문제가 대두했다. 카르타고의 주교 멘수리우스(Mensurius)가 죽은 뒤 케실리아누스(Caecilianus)가 선출되었으나, 그를 서임한 펠릭스(Felix)는 디오클레티아누스 황제 박해 때 배교행위를 했다는 이유로 누미디아의 신부·주교 70명이 반대하여 이 서임을 무효로 만들고 마요리누스(Majorinus)를 내세우는 이중 선거가 있었다(312년). 후자를 지지하는 사람들은 얼마 뒤에 사망한 마요리누스의 뒤를 이을 주교로 도나투스(Donatus)를 세우는 동시에, 박해 때 신앙고백을 거부한 성직자가 집행하는 성사(聖事)는 무효라고 선언하였다. 이러한 엄격주의자들은 아프리카 지역의 모든 교회에 케실리아누스와의 친교를 단절할 것을 요청하는 회람장을 보냈다. 이렇게 하여 북아프리카 교회는 엄격주의를 지지하는 도나투스파 교회와 관용주의로 기운 가톨릭 교회로 나뉘게 되었다.

디오니소스 축제 그리스 신화에서 디오니소스(Dionysos/Bacchus)는 제우스와 세멜레(Semele)의 아들이다. 디오니소스는 포도를 관장하는 신으로, 대지의 생명력과 관계가 되는 풍요와 다산을 기원하는 지신(地神)이다. 디오니소스는 이집트와 트라키아(Thracia)에서 그리스로 들어온 외래 신인데, 나중에 올림포스의 주신으로 군림했으며, 나아가 디오니시아(Dionysia) 축제로 발전하였다. 디오니소스는 그리스-로마 종교에서 특히 포도주과 황홀경의 신으로 알려져 있다. 디오니소스 신의 영감을 받으면 초자연적인 힘을 지니게 된다고 여겨졌고, 그를 기리며 흥청망청 잔치를 벌이는 의식이 성행했다. 로마에서는 바쿠스에 대한 숭배가 한때 크게 유행했으나, 기원전 186년 이후부터는 이탈리아 전역에서 혹독한 탄압을 받았다.

딕타토르(dictator, 독재관) 로마에서 왕정이 폐지된 뒤 군사적인 위기와 나중에는 국내 위기에 대처하기 위해 설치된 비상 또는 임시 정무관이나 정무관직을 가리킨다. 독재관은 원로원의 제안에 따라 콘술에 의해 임명되었고 쿠리아 민회에서 승인받았으며 임기는 6개월이었다. 24명의 수행(릭토르)을 데리고 다녀 국왕과 비슷한 권력을 지닌 것으로 비칠 수 있으나, 차라리 콘술 두 명의 권위를 한데 모은 권력을 보유했다 할 것이다. 독재관직은 기원전 216년 이후 폐지되었으나, 술라와 카이사르에 의해 부활되었다. 그러나 부활한 독재관직은 범위와 목적에서 원래의 독재관직과 성격이 꽤 달라졌다.

라코니아 스파르타가 위치한 펠로폰네소스 반도는 다른 그리스 지역과 마찬가지로 많은 산과 계곡을 볼 수 있다. 스파르타의 전성기에는 펠로폰네소스 반도의 절반에 해당하는 아래쪽 대부분을 지배했다. 그중 동쪽에 있는 라코니아 지역의 면적은 4,140제곱킬로미터 정도이며, 대부분이 산지로 이루어져 있다. 그 중에 가장 좁지만 비옥하며 농경에 용이한 곳은 스파르타 시가 있는 에우로타스 계곡이다. 이 계곡의 서쪽으로는 타위게토스(Taygetos) 산맥이 아르카디아 평원과의 접경지역에서 아래쪽 바다에 이르기까지 내리달리고 있다. 동쪽으로는 언덕이 많고, 이 언덕들에 의해 여러 분지로 나뉘어 있는 지역이 펼쳐진다. 에우로타스 강은 타위게토스 산과 파르논 산을 연결시켜주는 석회암 산등성이를 통과해 넓은 습지 평원을 가로질러 바다로 연결된다.

레기오(legio, 군단) 본래는 로마 시민으로 소집된 병사를 뜻하며, 로마 군대의 주요 단위였다. 공화정시대와 원수정시대에는 1개 군단이 약 4~5천 명의 병사들로 구성되었지만, 고대 후기에 이르면 대개 1천여 명 정도로 병력이 줄어들었다. 일반적으로 최고사령관 콘술은 4개 군단, 즉 로마 시민병 2개 군단과 동맹시의 보조병 2개 군단을 지휘했으며, 프라이토르는 그 2분의 1 규모의 군대를 지휘했다. 이러한 지휘권은 원로원이 위임하는 명령권인 '임페리움'(Imperium)에 따라 규정되었다.

마르쿠스 비트루비우스 폴리오(Marcus Vitruvius Pollio, ?~?) 『건축론』(*DE ARCHITECTRA LIBRI DECEM*)으로 유명한 비트루비우스는 '건축의 아버지'라고 불릴 수 있지만, 그의 생애는 자세히 알려지지 않았다. 그의 이름마저도 16세기 프라 지오콘도(Fra Giocondo)의 판본에 'Marcus Vitruvius'라고 씌어 있는 것이 지금까지 통용된다. 그러나 그의 자취는 『건축론』에 남아 있다. 따라서 우리는 『건축론』을 토대로 그의 생애를 추측할 수 있다. 그는 기원전 80년경에 태어난 것으로 추정되며, 기사 신분은 아니었지만 로마의 자유민이었을 것이다. 그는 부모한테 전문적인 교육뿐 아니라 광범위한 인문교육을 받았다. 건축가로서의 그의 경력은 그가 30대인 기원전 50년경에 시작했을 것이다. 이때는 카이사르와 폼페이우스 사이에 내전이 벌어진 시기(기원전 49년)였다. 그뒤 20년 동안 그의 대부분 경력은 우선적으로 군대와 관련된다고 추정하는 것이 타당하다. 이런 점은 그가 투석기와 관련해 기술적인 책임을 역설한 데에서도 알 수 있다. 그는 카이사르의 건축기술자로서 전장과 식민시에서 일했다고 추정되는데, 이런 사실은 8권에서 알 수 있다. 또한 그가 『건축론』을 저술한 뒤 아그리파(M. Agrippa) 밑에서 상수도 건설 관리관(cura aquarum)으로 근무한 경험이 있기 때문에 이런 사실은 설득력이 있다.

메난드로스(Menadros, 기원전 342년경~292년경) 영어식 명칭은 메난데르. 아테네의 극작가로, 그리스 신희극의 가장 탁월한 시인으로 평가된다. 생애에 대해서는 알려진 사실이 거의 없으나 일설에 따르면 부유하고 훌륭한 가문 출신이었다고 하며, 아리스토텔레스의 추종자였던 철학자 테오프라스토스의 제자였다고 한다. 신희극에서는 공적인 사건보다는 일상생활 속의 허구적인 인물들이 주로 다루어졌다. 그는 가벼운 필치로 엄한 아버지, 젊은 연인들, 탐욕스러운 매춘부, 음모를 꾸미는 노예 등의 인물을 탁월하게 표현하였다. 로마의 작가 플라우투스와 테렌티우스는 메난드로스의 작품을 많이 각색했는데, 그들을 통해 메난드로스는 르네상스 시대부터 유럽의 희극 발전에 많은 영향을 끼쳤다. 현존하는 작품으로 『디스콜루스』가 있다.

메세니아 펠로폰네소스 반도의 하단 서쪽에 위치한 메세니아 지역은 라코니아보다 더 개방적이며, 산지가 적고 강우량도 더 많은 아주 비옥한 지역이다. 메세니아를 가로질러 프사미오스(Psamios) 강이 흐르고, 두 개의 평원이 자리잡고 있다. 라코니아의 중심지가 스파르타라면 메세니아의 중심지는 메세네(Messene) 시이다. 한편 서부 해안의 산맥은 동부보다는 낮은 편이어서 바다에 접근하기가 쉬웠다. 라코니아와 메세니아는 타위게토스 산맥으로 가로막혀 있어서 서로 접근하기가 쉽지 않았다.

메토프(metope) 옛 그리스와 로마의 신전에는 지붕의 처마선 밑 벽을 따라가며 둘러새긴 장식돌림띠(frieze)가 있었는데, 그것은 세 개의 세로줄이 돋을새김된 사각형 판(triglyph)과 그림이 들어가 있는 판을 교대로 붙인 것이다. 그 가운데 그림이 들어간 판은 '중간에 낀 빈 곳'이라는 뜻으로 메토프라고 한다.

밀라노 칙령(The Edict of Milan) 313년 2월 콘스탄티누스 대제가 리키니우스 황제와 밀라노에서 만나 발표한 칙령으로, 기독교 신앙의 자유를 처음으로 공인하고 오랫동안 계속된 기독교 탄압에 종지부를 찍은 획기적인 내용을 담고 있다. 기독교 문제에 관한 부분은 속주 총독 앞으로 보낸 서한 형식으로 되었다. 기독교 신앙의 자유는 물론 박해 중에 몰수된 교회재산의 반환 등도 정해졌다.

밀비우스 다리 전투(Milvian Bridge War) 기독교 세력을 지지하는 서방의 콘스탄티누스의 군대와 비기독교 세력인 동방의 막센티우스(Maxentius)의 군대가 로마 근교 밀비우스 다리(pons Mulvius)에서 충돌한 전투이다. 이 전투에서 콘스탄티누스 군대가 승리함으로써, 서구 세계가 기독교화하는 결정적인 계기가 마련되었다. 그 전투과정을 보면, 312년 콘스탄티누스는 "이교적 마술에 의지"

하고 있던 막센티우스를 로마의 권좌에서 축출하기 위해 이탈리아로 행진했고, 양 파가 로마에서 얼마 떨어지지 않은 밀비우스 다리에서 서로 마주쳐 역사적인 전투가 벌어졌다. 유세비우스는 콘스탄티누스 군대가 밀비우스 다리 전투에서 승리한 것은 '십자가 표식'을 따라 전쟁했기 때문이라고 그의 『콘스탄티누스 대제 전기』(Vita Constantini)에서 주장했지만, 부르크하르트(J. Bruckhardt)는 이에 반론을 제기하고 있다. 하여튼 유세비우스가 콘스탄티누스 대제의 말을 받들어서 『콘스탄티누스 대제 전기』 28장에 기록한 "이 표지로 정복하라"(In hoc signo vinces)는 내용은 후세 학자들 사이에 그 진위를 두고 논란이 벌어지고 있다.

바실레우스 원시 왕정기 그리스의 지방 제후를 칭하는 명칭.

벽돌의 도시를 대리석의 도시로 아우구스투스가 추진한 도시 로마의 공공건축 활동을 잘 표현한 말이다. 평화의 제단에는 신화적인 장면과 황실 가문의 구성원, 사제, 정무관들의 봉헌 의식이 묘사되어 있다. 영묘는 그의 친척과 가까운 동료들의 무덤이다. 광장 열주에는 공화정기의 위인들을 조각하였다. 이들 건축물은 율리우스 가문의 신격화와 공화정 회복에 대한 칭송을 표현한 것으로 보기도 한다.

보나 데아(Bona Dea) 보나 데아는 '좋은 여신'이라는 뜻이다. 보나 데아는 다산과 순결을 관장하는 여신으로, 특히 고대 로마의 유부녀에게서 숭배받았다. 목신(牧神) 파우누스의 아내이자 딸인 파우나와 동일시되기도 했으며, 그리스 신화에서 성장을 관장하는 여신 다미아와 동일시되기도 했다. 보나 데아 신전은 로마의 아벤티누스 언덕에 있었는데, 이 여신을 모시는 일에는 여성들만 관여하였다. 매년 12월 4일에 열리는 보나 데아에는 여성들만 참석했으며, 제물로 바쳐지는 동물도 수컷은 사용하지 않았다.

비트루비우스의 『건축론』 비트루비우스의 저서는 오늘날까지 단 한 권이 전해진다. 10권으로 이루어진 그의 『건축론』(DE ARCHITECTRA LIBRI DECEM)은 현존하는 건축 관련 문헌 가운데 고대는 물론 르네상스 시대, 바로크 시대, 신고전주의 시대 그리고 현대까지도 고대건축에 관한 최고의 권위서로 인정받고 있다. 제1권과 이 책에 인용된 인물들을 중심으로 추정해보면 이 책이 저술된 시기는 공화정이 마무리되고 제정이 시작될 때쯤이라고 추측된다. 이 책은 일반적으로 악티움 해선(기원전 31년) 이후 10년 동안인 기원전 30~20년경에, 구체적으로는 기원전 27년경에 출판되었을 것이다. 이 책은 두루마리로 되어 있고 책 이름은 원래 붙어 있지 않다. "*DE ARCHITECTRA LIBRI DECEM*"은 책 이름이 아니라 책의 형태를 묘사한 것이다. 1412년 발견된 이 책의 원본은 4종이 있으며, 이 책이 판본으로 나온 것은 1486년 이후다. 특히 1511~67년 프라 지오콘도(Fra Giocondo)의 여러 판본이 오늘날 볼 수 있는 번역본의 원전이 되었다.

산헤드린 로마 시대 팔레스타인에 세워진 정치·종교·법률 최고 의결 및 집행 기구로, 서기 70년 예루살렘 성전의 멸망을 전후로 시작되어 425년경 폐쇄될 때까지 그 역할을 담당했다. 산헤드린이 최초로 언급된 것은 기원전 57년 가비누스가 유대를 5개의 신헤드리아(synedria) 또는 시노도이(synodoi)로 나누었다는 요세푸스의 기록(『유대 전쟁사』 1.170)이다. 로마가 팔레스타인을 점령한 뒤 점령지의 종교생활을 직접적으로 간섭하지 않은 것처럼 자치를 인정한 정치적 기구로 이해된다. 성전이 멸망한 뒤 산헤드린은 야브네로 옮겨져 팔레스타인은 물론 로마 세계에 흩어져 있는 모든 유대인을 산헤드린의 최고위원인 나시(Nasi)가 통치하였다. 바르 코크바 반란(132~135년)의 실패로 유대가 파괴되자 산헤드린은 갈릴리 지방으로 옮겨졌으며, 그뒤 우샤, 슈파람, 베이트 쉐아림, 지포리 그리고 티베리야로 여러 차례 이동을 거듭하였다. 5세기 초 로마가 마침내 나시의 직책을 폐지하면서 산헤드린은 종말을 맞았다.

삼단노선(trireme) 코린토스인이 처음 건조한 삼단노선은 3명의 노병이 한 조가 되어 양쪽에 85명씩 모두 170명이 노를 저었다. 노병 이외에 수병 10명, 궁수 4명, 승무원 16명이 동승하였다. 삼단노선은 속도가 빠르고 선체가 가벼워서 전략을 수행하기가 쉬웠다. 아테네는 기원전 431년 펠로폰네소스 전쟁 초에 약 300척의 삼단노선을 소유하여 지중해의 제해권을 장악하였다.

세이삭테이아(seisachtheia) sei(흔들다)와 achthos(짐·빚)의 합성어로 '빚을 털어버리다', 즉 채무말소를 뜻한다. 솔론은 빈자와 부자 사이의 사회적 갈등을 해결하기 위하여 부채를 말소하였다. 동시에 인신을 담보로 돈을 빌리던[借金] 관행을 금지했으며, 빚 때문에 외지로 팔려나간 사람들까지 돌아올 수 있게 조처했다고 한다. 이때 채무말소 때문에 많은 부자들이 분노하였다. 그러나 솔론은 토지개혁까지 하라는 빈자들의 과격한 요구를 거부하여, 빈자나 부자 어느 한편의 요구를 다 들어주지 않았기 때문에 양편 모두에게서 적의를 얻었다고 한다.

섹스투스 율리우스 프론티누스(Sextus Julius Frontinus, 35년경~103년경) 콘술을 3회(73년·98년·100년) 역임한 프론티누스는 2권의 책을 남겼다.『도시 로마 상수도에 관하여』(De aquis urbis Romae, 2권)는 로마의 상수도 시설과 이용·수리에 관련된 법률, 그밖에 건축사에 중요한 문제들에 관한 내용을 담고 있다. 그는 70년 로마의 프라이토르가 되었으며, 약 5년 후 페틸리우스 케레알리스의 뒤를 이어 브리타니아 총독으로 취임했다. 웨일스 지방의 한 부족인 실루리아족을 복속시켰고 아그리콜라에게 총독을 넘겨줄 때까지 다른 부족들도 견제했다. 97년에 상수도 건설관리관(curator aquarum)으로 임명되었다.『전술론』(Strategemation, 3권)은 그리스와 로마의 중요한 군사전략을 다룬 책이다.

소피스트 기원전 5세기 그리스에서 여러 나라를 돌아다니며 수사학과 문법 등을 가르친 직업적인 교사였다. 소피스트는 보편적인 진리를 추구하기보다 상대주의적인 가치관을 제시했으며, 회의론적인 시각에서 인간사와 인간 제도의 불합리성을 비판하고 전통적인 가치관을 부정하기도 했다. "인간은 만물의 척도"라고 말한 프로타고라스, 수사학의 대가 고르기아스 등이 대표적인 소피스트이다.

속주 아시아 관세법(lex de provincia Asia a censoribus locanda) 가이우스 그라쿠스가 곡물법의 추진에 필요한 거액의 현금을 확보하기 위해 제정한 법으로, 정확히 말하면 '속주 아시아(의 조세 징수)를 켄소르들에게 위임하는 사항에 관한 법'이다. 이 법의 내용을 구체적으로 설명하면, 켄소르들로 하여금 속주 아시아의 조세 징수를 주로 기사 신분(equites)으로 구성된 '조세징수청부업자'(publicani)에게 미리 일시불로 총액을 받고 팔게 한다는 것이다. 공매는 로마에서 행해졌다. 이로써 거액의 현금이 곧 국고로 들어왔고, 가이우스 그라쿠스는 이 돈을 시가의 반값으로 추진했던 곡물 배급을 위한 자금으로 사용했다.

솔론의 금권정치 펜타코시오메딤노이(pentakosiomedimnoi, 단수 pentakosiomedimnos), 히페이스(hippeis, 단수 hippes), 제우기타이(zeugitai, 단수 zeugites, 여성형 단수 zeugitis), 테테스(thetes, 단수 thes, 여성형 단수 thetta 혹은 thessa) 아리스토텔레스의 『아테네인의 국제』(VII, 3~4)에 따르면 솔론은 재산을 기준으로 '전과 같이' 아테네 사람을 4계층으로 나누었다고 한다. 마른 것(즉 곡물)과 액체(즉 포도주와 올리브 등)를 합쳐서 500메딤노이를 생산하는 펜타코시오메딤노이, 300메딤노이 이상을 생산하거나 말을 키울 수 있는 히페이스(기사), 200메딤노이 이상을 생산하는 제우기타이('멍에를 매다' '짝을 이루다'라는 뜻의 동사 zeugnymi에서 나온 것으로, 군대 보병이 나란히 서 있음을 뜻한다), 그리고 그 나머지 가난한 계층은 테테스이다. 국가의 관직은 상위 세 계층 출신이 담당하고 테테스는 제외된다. 이러한 계층 구분은 솔론 이전 드라콘 때에도 벌써 있었던 것으로 보인다. 같은 책(IV, 3)에는 401인 의회 의원들 중 의회나 민회가 열릴 때 불참하면 500메딤노이 계층은 3드라크마, 기병은 2드라크마, 제우기타이는 1드라크마의 벌금을 문다고 했기 때문이다. 이러한 계층 구분은 아마 솔론 이전부터 있었을 것이나, 솔론이 계층에 따라 이들의 사회적 의무와 권리를 차등 부여했다는 점에서 금권정치라고 할 수 있다.

수사학 수사학은 말이나 문장의 전달 효과를 증대하기 위한 기술이나 방법을 다루는 학문으로, 그리스에서는 기원전 5세기경부터 유행했다. 처음에 수사학은 순회교사인 소피스트를 통해 전파되었지만, 기원전 390년경 이소크라테스의 수사학 학교가 개설된 이후 전문적인 과목으로 교육되었다. 그리스와 로마에서는 수사학이 세속적인 출세를 위한 웅변술로서뿐 아니라 전인적인 시민 양성을 위한 교양지식으로 인정받기도 했다.

스키피오 서클(Scipio's circle) 소 스키피오가 그리스 역사·철학·문학·웅변 등 그리스 문화 애호가들을 모아 만든 모임으로, 중심 인물은 역사가이자 학자인 폴리비오스와 스토아 철학자 파나이티우스였다. 훗날 키케로에 따르면 그 서클의 주요 주제는 공화정의 정체성 논쟁이었는데, 티베리우스 그라쿠스 역시 농지법을 통해 개혁운동에 나서기 전에는 그 서클의 일원이었던 것으로 추정된다.

스트라테고스(strategos) 그리스어로 '장군'이라고 번역된다. 원래 아테네에는 9명의 아르콘이 있었고, 그 중 폴레마르코스라고 일컬어지는 전쟁장관이 있었다. 이 직책은 그대로 유지되었으나, 기원전 501년 10개의 부족에서 각각 1명씩 선출한 10명의 장군이 군사직을 맡는다. 장군은 이전에는 명칭이 없는 것으로 보아 처음 만들어진 것으로 생각된다. 장군은 각 부족에서 소집된 병력을 지휘하였고, 전쟁장관은 총사령관 역할을 하였다. 후에 아르콘직이 추첨제가 되면서 전쟁장관은 군대를 지휘하지 않은 것으로 보인다. 이에 비해서 장군직은 해마다 선거를 통해 재선될 수 있었다. 이는 종래의 관직이 아마추어에게 맡겨도 좋은 것이었음에 반해 장군직은 일종의 전문직임을 보여준다. 최고 관직은 아르콘이지만, 영향력과 실세라는 면에서는 장군직이 더 중요하였다. 특히 장군은 시민을 소집하고 군선을 조직하는 책임이 있었으며, 병역기피자에 대한 고소인이 되기도 하였다. 장군직이 끝나면 바로 각 당번제 대표들에 의해서 투표로 공과를 평가받았다.

스파르타 스파르타는 타위게토스 산록에서 흘러나오는 에우로타스 강의 두 지류가 만나는 곳을 중심으로 해발 약 20미터의 낮은 언덕과 분지 위에서 발전했다. 남북으로는 3킬로미터가 약간 넘고 동서로는 2킬로미터 남짓한 타원형의 약간 험한 지형으로 둘러싸여 있으며, 아크로폴리스(acropolis)는 중심에서 약간 북쪽에 치우쳐 자리잡고 있다.

아르카익기 그리스 역사에서 고졸기(古拙期) 또는 고풍기라고 번역되는 기원전 750~480년의 기간에 해당하는 시기이다. 원래는 미술사 용어로, 도자기의 양식에 따라 시기를 구분한 것이다. 이 기간 동안 그리스에서는 창조적인 시인들과 사상가들이 활약했다.

아우구스투스의 유언장 서기 14년 8월 19일에 사망한 아우구스투스의 유언장은 사후에 공개되었다. 티베리우스·리비아 등 가족과 친구들이 상속인으로 지정되었고, 로마 시민, 근위대, 로마 시 수비대, 군단 병사들에게 1인당 일정액을 유증하였다. 또 간통죄로 추방당한 자신의 딸 율리아와 외손녀 율리아를 무슨 일이 있어도 영묘에 함께 묻지 말 것을 명하였다.

아카데미아(akademia) 기원전 387년경 플라톤이 아테네 교외에 세운 학교로, 주로 철학·수학·천문학 등을 교육했다. 아카데미아는 교육과 연구 기능을 겸한 학교였기 때문에 뛰어난 학자들을 많이 배출했다. 대표적인 학자로는 아리스토텔레스와 크세노크라테스 등이 있다. 아카데미아는 플라톤 사후에도 계속 존속하여, 서기 525년 폐지될 때까지 그리스의 대표적인 학교로서 큰 명성을 누렸다.

아테네의 화폐단위 고전기 아테네의 화폐단위는 탈렌트(talent)·미나(mina)·드라크마(drachma)·오볼로스(obol)였다. 1탈렌트는 6,000드라크마, 1드라크마는 6오볼로스, 100드라크마는 1미나이다. 페리클레스시대 하루 임금은 1드라크마 정도였다.

아피스(Apis) 멤피스에서 숭배되는 신성한 황소. 아피스 숭배 의식은 이집트에서 국가적으로 주요한 의식으로 인정받았다. 프톨레마이오스 왕조와 로마의 지배자들은 아피스 숭배 의식과 그와 관련된 축제를 공식적으로 인정하였다. 신성한 황소가 죽으면 그뒤를 이을 황소가 선발되었고 죽은 황소는 70일간의 애도와 금식 기간 동안 미라로 만들어져 매장되었다. 아피스는 그리스 비문상으로 이집트의 여러 신들 가운데 하나로 몇 차례 언급된다. 그리스와 로마의 종교에서 아피스가 중요한 이유는, 사라피스 제의가 멤피스의 신전에 매장되어 있는 아피스 황소 숭배에서 비롯되었다는 사실 때문이다. 그곳의 아피스 황소는 오시리스와 동일시된다.

알크마이온 가문 전설상의 인물 알크마이온의 후손을 말한다. 기원전 632년 이 가문 출신의 메가클레스는 킬론 일당이 아크로폴리스를 점령하고 농성을 벌이자, 이들의 사면을 약속하고 해산시켰으나 이를 어기고 킬론파를 살해하였다. 이 사건은 이 가문의 저주로 이어진다고 보아, 이 가문은 모두 추방되었다가 복귀하였다. 그의 손자 메가클레스는 시키온의 참주 클레이스테네스의 딸과 혼인하였다. 그는 다시 참주가 될 페이시스트라토스에게 딸을 혼인시켰으나, 이는 오래가지 못하였다. 페이시스트라토스가 참주정을 확립한 기원전 546년에는 이들 가문이 아테네 밖으로 망명하였다. 그러나 기원전 524년에 그의 아들인 클레이스테네스가 아르콘직에 오르는데 이때 복귀하였던 것으로 보인다. 그러나 참주를 계승한 히피아스의 동생 히파르코스 살해사건으로 다시 추방된다. 이들은 반참주운동을 벌여 레입시드리온에 거점을 마련하기도 했으나 아테네 시민들의 호응이 없어 철수하고 말았다. 이들은 해외에서 각종 청부사업을 활발히 전개했다. 특히 델포이의 신전에 계약보다 낫게 보수공사를 함으로써, 신탁을 통해서 스파르타인들을 사주하여 아테네에서 참주를 몰아냈다. 이들 성원 가운데 일부는 훗날 페르시아와 관련하여 의심을 받기도하고 도편추방을 받기도 했으나 개인적으로 부흥하는 집안도 있었다. 기원전 431년 스파르타가 이 가문의 저주를 들어 추방할 것을 주장했으나 페리클레스는 이 요구를 묵살하였다.

오비니우스법(lex Ovinia) 호민관 오비니우스(Ovinius)가 제안하여 통과시킨 법. 오비니우스법의 자세한 내용과 통과 시기 등에 관해서는 정확하게 알려져 있지 않지만, 대체로 기원전 339~318년에 통과된 것으로 추정되며, 켄소르에게 원로원 의원 지명권을 처음으로 부여한 듯하다. 그리하여 이 법에 따라 원로원의 구성에 대한 개인적·당파적 영향력이 차단되고, 선출된 원로원 의원이 종신의원이 됨으로써 원로원은 공화정 초기의 임시적인 기구에서 항구적인 정치기구로 성장하였다.

오피우스법(lex Oppia) 기원전 215년 호민관 오피우스(C. Oppius)는 노예 구매와 관련된 규정을 마련하고 여인들의 사치를 제한하기 위해 오피우스법을 통과시켰다. 특히 후자와 관련해서는 이 법에 따라 어떤 여인도 2분의 1 온스 이상의 금을 소유하지 못했고, 사치스러운 얼룩덜룩한 옷을 입지 못했으며, 로마 시 1마일 내에서는 마차를 타지도 못하였다. 그러나 제2차 포에니 전쟁이 끝나고 전쟁의 상처가 많이 아물자, 기원전 195년 호민관들과 여인들의 요구에 의해 마침내 폐지되었다.

옵티마테스(optimates) · **포풀라레스**(populares) 옵티마테스는 좋다는 뜻을 가진 'bonus'의 최상급 복수형으로, '최선자'라고 번역될 수 있다. 이는 그리스어의 아리스토크라시에 해당하는데, 사회적으로뿐만 아니라 도덕적으로도 우월하다는 점을 각인하고 있는 표현으로 귀족을 지칭한다. 이 표현은 그라쿠스 형제의 개혁 이래 등장하는 용어 포풀라레스(populares)와 대비되어 나타난다. 공화정기에는 현대적인 의미의 정당은 존재하지 않았고, 몇몇 귀족가문이 당파나 붕당을 결성하여 과두정치를 하였다. 공화정 후기에는 대체로 두 가지 성향의 정치세력이 경쟁을 벌였다. 하나는 '최선의 시민들'이라는 뜻의 옵티마테스로 '원로원과 함께, 원로원을 통해' 정치를 하던 자들이고, 다른 하나는 포풀라레스로 '인민과 함께, 인민을 통해' 활동하던 자들이다. 포풀라레스는 트리부스 민회를 지지기반으로 하여 '인민을 기쁘게 하는 것이라면 무엇이든지 말하고 행동하고자 하는 사람들'로서 농지 배급, 부채 말소, 군 제대 때의 보상과 같이 인민에게 인기 있는 안을 제안함으로써 대중을 만족시키고자 하는 정치가나 장군들이었다. 포풀라레스는 평민의 복지를 위해 오히려 국가가 이러한 문제를 적극적으로 해결해야 한다는 자세를 취했다. 이에 대해 옵티마테스는 포풀라레스가 제안하는 정책을 추진하기 위해 필요한 막대한 재원을 국고에서 감당할 수 없다는 구실을 내세워 냉담한 반응을 보이거나 반대했다. 그라쿠스 형제, 마리우스, 카이사르가 포풀라레스에 속한다면 술라, 소 카토, 키케로 같은 인물은 옵티마테스에 속한다. 그러나 이 용어는 계급을 구분하는 수단으로는 적절하지 않다. 키케로는 공중연설에서 자신을 포풀라레스라고 표현했는데, 이는 그가 원로원 가문 출신이 아니라는 뜻으로 사용한 것이다. 한편 귀족들이 자신의 이해를 관철시키기 위해 포풀라레스적인 방법을 사용하기도 했고, 실제로 많은 귀족이 포풀라레스로서 전통을 침해하기도 하였다. 폼페이우스처럼 제1차 삼두정치에 가담했을 때는 포풀라레스였지만, 카이사르와 대결할 때는 원로원과 손잡고 옵티마테스로 변신한 경우도 있었다.

요세푸스 플라비우스(Josephus Flavius, 38년경~100년경) 서기 1세기에 활동한 유대 역사가로 1세기 유대-그리스 문학의 금자탑을 쌓은 대표적인 사람 가운데 하나이다. 예루살렘 제사장 가문에서 태어난 그는 유대 귀족교육을 받고 자랐다. 그는 26세 때인 64년 당시 볼모로 잡혀가 있던 몇몇 사제의 석방운동 대표단의 일원으로 로마를 방문했다. 이는 아마도 그리스어를 유창하게 구사할 수 있었기 때문이었을 것으로 추측된다. 유대 전쟁이 일어난 66년 요세푸스는 갈릴리의 장군으로 임명되어 로마에 대한 항쟁에 앞장섰다. 베스파시아누스 장군이 이끄는 로마 군대에 포위된 요세푸스는 결정적인 전투가 벌어질 때 40명의 군사들과 6주일 동안이나 동굴에서 버텼다. 적에게 잡혀 죽기보다 차라리 동료들로부터 죽임을 당하기로 하고, 죽일 자를 제비뽑기로 정했다. 요세푸스는 속임수를 써서 마지막 두 명에 자신을 포함시키고 동료를 설득하여 밖으로 나가 로마군에 투항하였다. 그는 로마 장군과 황제들의 보호를 받으며 『유대전쟁사』와 『유대 고대사』 등을 그리스어로 집필했다. 요세푸스는 자유와 재산을 지켜준 로마 황제에게 은혜를 갚기 위해 정치적인 목적으로 역사책을 썼으며, 유대의 멸망은 로마에 항거한 유대인의 책임이라는 친로마적인 관점을 견지하고 있다.

유세비우스(Eusebius of Caesarea, 260~340년경) 기독교 성직자이며 교회사의 아버지라고 일컬어지는 유세비우스는 팜피루스(Pamphilus of Caesarea)에게 사사(師事)했으며, 기독교 신앙 면에서 콘스탄티누스 대제에게 많은 자문 역할을 했다. 그는 기독교에 대한 박해와 공인의 시대를 거쳐오면서 그리스도에 대한 변증서인 『복음의 준비』(*Praeparatio Evangelica*), 『복음의 증언』(*Demonstratio Evangelica*), 이단 신학사상의 비판에 관한 『마르켈루스에 대한 반박론』(*Contra Marcellum*), 『히에라클레스에 대한 반박론』(*Contra Hieracleum*), 교회 역사서인 『연대기』(*Chronica*), 『교회사』(*Historia Ecclesiastica*), 『팔레스타인의 순교자들』(*De martyribus Palestinae*) 그리고 콘스탄티누스 대제를 위대한 인물로 찬양하는 『콘스탄티누스 대제 전기』(*Vita Constantini*) 등을 저술하였다. 이 가운데 『교회사』는 후세 기독교회사의 모델이 되었다.

임페리움(imperium, 명령권·지휘권) 전쟁 지휘권과 법의 해석·시행(생살여탈권 포함)을 포괄하는 최고의 행정권력을 가리키며, 쿠리아 민회의 승인을 필요로 했다. 국왕과 왕정 폐지 이후에는 콘술이, 기원전 445년에서 367년까지는 콘술의 권력을 가진 군지휘관·법무관·독재관과 기병장관이 그것을 보유했다. 공화정 후기에는 농지 분배 위원 같은 몇몇 위원회의 위원들, 콘술을 역임했던 전직 콘술이나 전직 법무관 또는 특별한 명령권을 부여받았던 일반 시민(privati)도 그것을 보유했다. 물론 명령권의 행사가 무제한적이지는 않았다. 첫째, 동료제의 원칙에 따라 지위가 동일한 두 정무관이 동일한 명령권을 가져야 했다. 둘째, 기원전 2세기가 되면 명령권을 보유한 정무관이라도 로마 시민을 재판 없이 함부로 처형할 권한을 인정받지 못했다. 셋째, 정무관은 자기 관할구역 안에서만 명령권을 행사할 수 있었다.

자마 전투 기원전 202년 북아프리카 전선의 카르타고 남서부에 위치한 자마 인근에서 벌어진 전투로, 노(老) 스키피오가 한니발을 격파하였다. 군사전술로는 누미디아 기병의 지원을 받은 로마 기병대가 한니발 군대의 측면과 배후를 동시에 포위 공격함으로써 승리한 전투였다. 이는 칸나이 전투에서 한니발이 사용한 기병우위의 포위전략을 스키피오가 똑같이 사용해 전술상의 승리를 이끌어낸 것으로, 한니발 전쟁을 겪으면서 로마 군대의 전력이 강화되었음을 보여준다. 이로써 제2차 포에니 전쟁은 로마의 승리로 끝난다.

장군(magister militum) 장군은 콘스탄티누스 대제 말기 로마 제국의 행정조직(praefectus praetorio)에서 따로 분리된 것이다. 중앙(consistorium)에는 기병장군(magister equitum)·보병장군(magister peditum)이 있었고, 갈리아·일리리쿰·오리엔트 등에 지방 장군이 있었다. 이들은 황제 직속이면서 행정조직에서와 마찬가지로 독자적인 세력을 구축하곤 하였다. 이와 같은 현상은 특히 서로마 지역에서 흔하게 나타났다. 아에티우스나 리치메르가 그랬듯이 스틸리코 장군 이래 서로마에서는 보병장군이 파트리키우스(patricius) 칭호를 함께 사용하면서 제국에서 황제 다음 가는 권력자로 행동하였다. 테오도리쿠스 또한 장군직을 바탕으로 이탈리아를 통치하였다. 지방의 장군직은 536년 유스티니아누스 황제 때 아르메니아에도 신설되었다.

적그리스도(Anti-Christ) 그리스도의 주요 적. 마지막 때에 강력한 통치자가 나타나 하느님을 적대시하리라는 생각은 기독교가 유대교에서 받아들인 것이다. 유대교 종말론은 기원전 168년경 마카베오 시대 초기에 씌어진 예언서 「다니엘서」에 나타난다. 적그리스도의 모형으로 나타난 역사적 인물은 시리아 왕국의 국왕으로 유대인을 박해한 안티오코스 4세 에피파네스(기원전 215년~163년)였다. 그밖에 유대교와 기독교 묵시문학 작가들은 서기 68년에 사망한 로마 황제 네로를 적그리스도라고 생각했다. 적그리스도에 대한 기독교적인 관점은 「데살로니카인들에게 보낸 둘째 편지」 제2장에 나타난다. 여기서 적그리스도는 표징과 기적을 행하는 유혹자, 하느님의 영광을 차지하려는 자로 나타난다. 14세기와 15세기 설교가들은 사람들을 회개시키기 위해 적그리스도가 도래할 것이라고 널리 경고했다. 종교개혁 기간에 종교개혁가들, 특히 마르틴 루터는 교황 개인을 공격하지 않고 교황제 자체를 적그리스도라고 공격했다. 종교개혁 이후 적그리스도를 강조하는 일은 차차 줄어들었다.

적색상(red figure) 도기 표면에 그림을 그릴 때 테두리 안에는 붉은 흙 색깔을 남겨두고 그 바깥은 검게 칠하는 방식이다. 흑색상보다 세부묘사를 자세히 할 수 있다는 장점이 있다. 이런 방식의 그림이 있는 도기는 대체로 기원전 5세기 이후의 것이라고 보면 거의 맞다.

정무관(magistratus) 로마의 정무관직은 무보수 명예직이었다. 전직 정무관들이 원로원을 구성하였다. 하위직부터 열거하면 콰이스토르, 호민관, 아이딜리스, 프라이토르, 콘술 순이다. 프라이토르와 콘술은 1년 임기 후 군대 지휘권을 가지고 총독으로 파견되었다. 기원전 5년 이후 콘술은 1월부터 재직하는 정규 콘술과 7월부터 재직하는 보궐 콘술로 나뉘었다.

제우스 암몬(Zeus-Ammon) 암몬 신은 고대 이집트의 주신이자 수호신이다. 암몬은 '숨겨진 자'라는 뜻이며, 그의 형상은 불가시성을 나타내기 위해 파란색으로 칠해졌다. 신왕국(기원전 1567~1085년) 시기에는 암몬의 전지성(全知性)과 공명정대함이 널리 신봉되었다. 이집트 서쪽 사막의 시와(Siwa)라는 오아시스 지역에서 암몬은 제우스와 연결되었다. 알렉산드로스 대왕이 이집트를 점령했을 때 이집트 사람들은 시와에서 신탁을 구하는 알렉산드로스를 제우스 암몬의 아들인 파라오로 받아들였다.

조점(鳥占) 라틴어 아우스피키움(auspicium)의 번역으로, 그 어원은 새를 뜻하는 단어 'avi'와 본다는 뜻의 'specio'에서 비롯한다. 이는 신들의 의지를 파악하려는 예언 의식이다. 이 단어의 어원처럼 새의 수, 위치, 비행상태, 지저귐, 모이 먹는 모습 등을 관찰하는데, 주로 병아리가 사용된다. 그러나 새에 국한되지는 않았고 다른 짐승이나 일반 현상으로도 확대되었다. 개인이 조점을 하는 경우는 혼인 외에는 금지되었으며, 공적으로는 조점권을 가진 정무관이 행사하였다. 이를테면 선거, 관직 취임, 전쟁 수행, 포메리움을 건너는 경우에 조점식을 치렀다. 대정무관이 거행하는 것은 대조점, 소정무관이 거행하는 것은 소조점이라고 한다. 속주에 파견된 총독은 전직 정무관이므로 이들에게는 조점권이 없다.

중갑병 그리스어 호플리테스(hoplites)를 번역한 말이다. 이 단어는 원래 큰 방패를 뜻하는 호플론(hoplon)에서 비롯한다. 일반적으로 완전무장을 갖춘 것을 뜻하는데, 전신갑주라고 번역하기도 한다. 이들은 보병으로서 단신으로 싸우는 경우는 드물고, 밀집방진부대라고 번역되는 팔랑크스(phalanx) 대형을 이루어 싸운다. 스파르타의 경우는 8줄, 테베의 경우 25줄을 유지했으며, 이 대형은 마케도니아에서 완성된다. 이 대형이 도입되면서부터 호메로스의 작품에서 볼 수 있는 1 대 1의 대결은 사라지며, 아울러 국가의 권력도 강해지고 사회적인 갈등도 나타난다. 기본적으로 이 대형을 이루는 데서는 질서와 규율이 강조되기 때문에 이런 군대 구성방식이 그리스인들이 누렸던 자유에 대한 대가로서 설명되기도 한다. 또 중갑병의 장비를 마련하는 것은 기본적으로 자기부담이 원칙이었기 때문에, 아테네에서는 자영농민 이상의 재산이 있는 사람들에게 군복무가 허용되었다. 이 전술이 도입되면서 자영농민의 중요성이 증대하여 정치참여를 요구하는데, 이는 참주의 등장과도 관련된다.

참주정치 사회·경제적 변화와 전술상의 변화로 귀족 지배가 동요하는 과정에서 출현했으며, 합법적으로 정치적인 의사를 관철시킬 수 없는 불만 세력들이 귀족과 평민 사이의 대립과 분쟁이 격화된 상황을 이용하여 비합법적인 무력수단을 통해 정권을 장악함으로써 독재적으로 정치를 행한 것을 말한다.

천부장(tribunus militum) 로마 시를 건국한 로물루스는 3개 부족에서 각각 1천 명씩, 모두 3천 명으로 군단(legio)을 만들었다. 각 부족의 병사는 천부장의 지휘를 받았다. 공화정기의 천부장은 군단 전체의 조직이나 주둔지의 모든 일을 관장하였다. 제정기의 천부장직은 원로원 의원이 되기 위한 디딤돌이 아니라 하나의 군사직으로 정착되어갔다.

카르타고(Carthago) 기원전 9세기 오늘날의 레바논 지역에 있는 티루스의 페니키아인들이 지금의 북아프리카 튀니지에 건설한 식민도시. 전체 지중해에서 중간에 위치한 지정학적 특징과 소아시아로 가는 스페인산 주석의 중간 기항지 그리고 아프리카 쪽 배후의 비옥한 농경지대라는 3가지 이점이 있었다. 이와 함께 기원전 6세기에 이르러 페르시아가 소아시아를 통일하자, 페니키아 본국보다 더욱 번성한 지중해의 무역강국으로 그리스와 경쟁하였다. 그러나 기원전 3세기 이래 로마와의 전쟁(포에니 전쟁)에서 패함으로써 쇠퇴하였다.

카푸아(Capua) 이탈리아 남부 캄파니아의 고대도시 가운데 하나로, 제2차 포에니 전쟁 때는 한니발의 편을 들었으나 기원전 59년 이후 로마의 식민지가 되었다. 기원전 73년 로마에 저항하여 스파르타쿠스가 이끈 노예반란도 이곳의 검투사들이 중심이 되어 시작되었다.

칸나이 전투 기원전 216년 이탈리아 반도 남동부의 칸나이(오늘날의 칸 Canne) 부근에서 치러진 전투. 한니발 군대 5만 명이 자신의 진영 중앙부로 적군을 깊숙이 끌어들인 뒤 적의 양쪽에서 기병이 공격하는 포위 전술을 구사하여 로마군 8만 5천 명을 물리치고 승리하였다. 로마군은 병사 몇천 명만 달아났을 뿐, 콘술 아이밀리우스 파울루스를 비롯한 나머지 군사들은 모두 목숨을 잃었다. 역사상 단 하루 만에 이렇게 많은 병사가 살해당한 사례가 없을 정도였다.

켄투리아(Centuria, 백인대) 로마 군대의 기본적인 하위부대. 백인대로 번역되는 켄투리아는 백인대장의 지휘를 받았으며, 대개 60명, 나중에는 80명으로 구성되었다. 이들을 지휘한 백인대장은 로마 역사상 대부분의 시기 동안 군대에서 중요한 장교 계급이었다.

코린토스 회의 기원전 338년 카이로네아 전투에서 승리한 마케도니아 왕국의 필리포스 2세는 전후 그리스의 상황을 논의하기 위해 그리스 국가의 대표들을 코린토스에 소집했는데, 이를 코린토스 회의라고 한다. 코린토스 회의에서는 필리포스의 구상에 따라 마케도니아를 맹주로 하는 헬레닉 동맹(또는 코린토스 동맹)이 체결되고 그리스인들 사이에 전반적인 평화가 공표되었다.

코미티아 트리부타(comitia tributa, 트리부스 민회) 로마의 여러 민회들 중 트리부스를 투표 단위로 하는 민회. 트리부스는 지역과 거주를 기준으로 로마 시민을 등록한 지역구를 가리킨다. 로마의 트리부스는 기원전 241년 35개로 확정되었다. 동등한 투표권을 부여받은 평민만의 민회와 동등한 투표권을 부여받은 전 인민의 민회로 나뉘었으며, 호민관·재무관 같은 하위정무관의 선거, 법률 제정과 재판의 기능을 행했다. 로마 민회에서는 '(절대) 과반수의 원칙'이 적용되었다. 즉 트리부스 민회의 투표 결과는 35개의 과반수인 18개 트리부스의 찬성에 따라 확정되었다.

코이네(koine) 고대 아테네 지역의 방언에 바탕을 둔 코이네는 헬레니즘 시기 알렉산드로스 대왕에 의해 공용어로 채택되면서 국제어로 부상했으며, 2세기까지는 다른 고대 그리스어 방언들을 완전히 몰아냈다. 70인역 그리스어 번역 구약성경과 신약성경 원전, 역사가 폴리비오스와 철학자 에픽테토스의 저서는 코이네를 사용하고 있다. 코이네는 근대 그리스어의 토대를 이루었다.

쿠리아(curia, 복수는 curiae) 로마 시민의 편성단위로 가장 오래된 것인데, 왕정 이래 30개의 쿠리아가 있었다. 이는 한 부족당 10개의 쿠리아로 구성되어 있었던 데서 연유한다. 명칭은 때로는 지역명, 때로는 인명에서 유래했는데, 이는 이웃해 있는 가족들로 구성되었음을 보여준다. 여기에는 귀족과 평민이 함께 들어갔다. 쿠리아의 장(長)은 쿠리오(curio)라고 했다. 이 장들의 모임도 있었으며, 대표는 쿠리오 막시무스(curio maximus)라고 일컬어졌다. 쿠리오는 로마에서 가장 오래된 군사조직과 민회라고 추측된다.

쿠리우스 덴타투스(M'. Curius Dentatus) 평민 출신의 군사령관이었던 쿠리우스의 초기 경력에 대해서는 호민관직을 역임했다는 사실 외에는 알려진 바가 거의 없다. 그는 기원전 290년과 275년 콘술로 각각 삼니움인과 에피로스

(Epiros)의 피로스(Pyrrhos) 대왕에게 결정적인 승리를 거두었다. 기원전 272년에는 켄소르로 선출되어 아니오(Anio) 강의 물을 로마로 끌어들이기 위한 수로 건설사업을 시작했으나, 그 완공을 보지 못하고 기원전 270년 사망하였다.

클로디우스 일파(Clodiani) 클로디우스의 정치적 성격을 파악하려면 그의 추종자인 클로디우스 일파를 분석할 필요가 있다. 대중적인 인기의 기반이 되었던 클로디우스의 추종자들은 종종 클로디우스 일파로 묘사되었다. 물론 클로디우스 일파를 구성하는 사람들은 평판이 좋지 않았다. 그들은 범죄자와 노예뿐만 아니라 성격파탄의 범죄자와 노예들, 암살자와 검노들이라는 것이었다. 키케로가 클로디우스의 추종자를 소상점주(tabernarii)·임금노동자(mercenarii)·고용인(conductii) 등 좀더 일상적인 표현으로 묘사했을 때에도 그들의 저급한 성품을 강조하였다. 또한 키케로는 클로디우스 일파를 클로디우스의 군대(Exercitus Clodianus)라고 표현하였다. 이런 표현에서 클로디우스의 대중적인 인기는 준군사적인 형태를 기반으로 했음을 알 수 있다. 이런 사실은 클로디우스의 가신들 경우에는 적절하다. 클로디우스는 당시 귀족과 마찬가지로 호위병 구실을 하는 종자들을 거느리고 있었다. 그러나 이 집단은 클로디우스 일파의 극히 일부분을 구성했을 것이다. 클로디우스의 추종자들은 대부분 콜레기아(collegia, 동업자조합)의 구성원이었다. 이들은 대개 수공업자들(opifices)과 소상점주들로, 키케로가 경멸한 노동자들이었다. 소요를 일으키기 위하여 클로디우스는 그들에게 종종 가게 문을 닫으라는 명령을 내렸다. 그렇게 해서 소집된 소상점주들과 수공업자들은 클로디우스의 핵심 추종자들이 되었다. 클로디우스 일파 가운데 일부는 노동자이거나 일자리가 없는 빈민들이었는데, 이들은 그들이 처한 상황 때문에 수공업자나 소상점주에 비하여 클로디우스가 의지할 만한 주도세력은 되지 못하였다. 실업자도 클로디우스 편이기는 했지만 일당(日當)을 포기할 만한 능력은 없었다.

클로디우스의 기원전 58년 4법(quattuor leges) 클로디우스 정치의 실제적인 성격은 기원전 58년 그의 4법(quattuor leges)에서 구체적으로 나타났다. 기원전 58년 12월 10일, 호민관직에 취임한 날 클로디우스는 4법을 제출하여 모두 반대 없이 입법처리하였다. 아스코니우스는 이 법들을 "독으로 가득 찬 4법" (quattuor leges perniciosae)이라고 했다. 클로디우스는 이 법들을 기반으로 강력한 호민관의 기반을 마련했으며, 기원전 58년뿐만 아니라 그뒤에도 정권의 기초를 마련하는 데 사용하였다. 또한 클로디우스의 입법은 도시평민(plebs urbana)을 신속하게 무장하여 동원할 수 있는 새로운 방법을 제공하였다. 그러나 클로디우스는 포플라레스를 추구하면서도 자신의 원로원 동료들을 완전히 소외시키지 않으려고 했다. 더욱이 그의 정치는 '법'이라는 제도를 통해 현안을 해결하려고 한 점에서 카틸리나가 음모로 현안을 해결하려고 한 것보다 세련되고 발전된 것이라고 할 수 있다. 4법을 발표하고 채택하는 과정에서 자신의 새로운 정책의 중요성을 선전하기 시작한 클로디우스는 가장 예측 가능했던 반대자 키케로의 저항에 직면하였다. 클로디우스의 4법에는 ①콜레기아에 관한 클로디우스법(lex clodia de collegiis), ②곡물법(lex frumentaria), ③인민회에 관한 클로디우스법(lex clodia de agendo cum populo), ④켄소르가 의원을 선출하는 절차에 관한 법(lex de censoria notione)이 있었다.

테테스(thetes) 그리스어로 '빈민'이라고 번역된다. 이 단어의 단수형은 테스(thes)로 주인의 경작지에 묶인 소작인이나 농노를 가리키다가 아테네에서는 전문적인 의미를 지니게 되었다. 솔론의 재산등급을 적용하면 마지막 등급으로, 1년의 생산이 200단위(메딤노스)에 미치지 못하는 자들이다. 이들에게 허용된 권리는 민회와 법정에 참석하는 것 외에는 없었다. 원칙적으로 군복무는 면제받았으나, 페리클레스 시기에는 함선을 운영하는 수병으로 복무했다. 이 경우 국가가 장비를 제공하였다. 육상에 근무할 때는 궁사나 경무장병의 역할을 하였다. 이들의 수는 2만 명 안팎이었는데, 수병으로 복무하는 인원은 절반 정도였고, 나머지 빈민은 정치적으로 민회에서 발언권을 행사하는 등 이 시기 민주정치의 중요한 버팀목이 되었다. 특히 이들은 위의 등급이라 할 자영농과 이해관계를 같이했던 것으로 파악된다.

티베리우스의 농지법(lex agraria) 기원전 133년 티베리우스 그라쿠스가 호민관이 되어 추진한 개혁법. 그 내용은 ①로마 시민은 누구든 공유지(ager publicus)

를 500유게라 이상 소유할 수 없다. 단, 성년 아들이 1명이나 2명 이상 있을 때는 250~500유게라를 더 소유할 수 있다. ②토지 보유 상한선을 초과하는 토지는 전부 몰수하여 토지 없는 로마 시민이나 동맹국 시민들에게 추첨으로 각각 30유게라씩 분배한다. 단, 이 경우에 매도는 불가능하며, 매년 일정한 농지세를 국가에 내야 한다는 것이었다. 이로써 티베리우스는 그 무렵 유행하던 라티푼디움 경영에 제동을 걸고, 공유지 보유 상한선을 어긴 토지 보유자들에게서 공유지를 빼앗아 무산시민에게 분배하여 중소 자영농을 재육성함으로써 위기에 처한 공화정을 재건하고자 했다. 그러나 원로원 귀족들의 반발로 티베리우스와 그를 추종하던 개혁파는 희생당하고 말았다.

티투스 안니우스 밀로(Titus Annius Milo, ?~기원전 48년) 밀로는 로마 공화정 말기의 옵티마테스를 지지한 인물로, 푸블리우스 클로디우스의 정적이었다. 기원전 57~52년에는 검투사와 용병들로 구성된 무장대를 조직하여 클로디우스 일파와 싸웠다. 기원전 57년 호민관이 되자 클로디우스가 추방했던 키케로의 소환을 적극 추진했으며, 클로디우스를 기소하여 그가 아이딜리스에 뽑히지 못하게 막으려다 실패했다. 기원전 55년 프라이토르를 지냈고, 기원전 53년에는 콘술에 입후보하여 당시 프라이토르직을 얻으려 힘쓰던 클로디우스와 대결하던 그는 결국 기원전 52년 1월 클로디우스를 살해했다. 클로디우스를 살해하여 탄핵을 받고 기소되자, 그의 정적들은 온갖 수단을 써서 클로디우스의 지지자와 재판관들을 위협했다. 법정과 그 주변에는 밀로의 적인 폼페이우스가 군대를 배치하여 키케로는 두려워서 변론을 하지 못했다. 키케로의 연설문「밀로를 위하여」(Pro Milone)는 그때 하지 못한 연설을 나중에 덧붙여 쓴 것이다. 재판을 받고 마실리아로 추방당한 그는 카이사르의 일반사면 때 혼자서만 제외되기도 했다. 밀로는 기원전 48년 마르쿠스 카일리우스 루푸스와 함께 반(反)카이사르 폭동에 가담했다가 투리 근처에서 살해당했다.

파비우스 픽토르(Q. Fabius Pictor) 로마 역사의 아버지. 로마의 유명한 파비우스 가문에서 태어난 픽토르는 기원전 225년 갈리아 원정에도 참가했으며, 칸나이 전투가 끝난 뒤에는 아폴론의 신탁을 받기 위해 델피에 파견되었다. 그는 로마의 위대함과 도덕적 우월성을 강조하기 위해 로마 최초로 산문형태의 역사를 기술하였다. 그의 역사는 그리스어로 서술되었고 서술자의 당파적 편견에서 자유롭지 못했지만, 역사를 성직자의 손에서 해방시키고 역사를 모든 자료를 이용하는 진지한 연구로 발전시키는 데 일조하였다.

파트리키우스(patricius) 파트리키우스는 로마 왕정 이래 원로원의 토착귀족으로, 공화정의 시작과 함께 결혼과 양자제도를 바탕으로 세습화되었다. 12표법을 통해 귀족과 평민의 통혼이 금지되었으나, 기원전 386년 이후 평민이 콘술 등의 관직에 등용되면서 토착귀족세력은 점점 약해졌다. 카이사르·아우구스투스·클라우디우스·베스파시아누스·티투스 등의 황제들은 파트리키우스를 직접 임명했으며, 파트리키우스 출신만이 프린켑스(princeps)가 될 수 있게 했다. 그러나 콘스탄티누스 이후 파트리키우스라는 호칭은 단지 콘술(consul)·장군(magistri militum) 같은 로마의 고급관료나 오도아케르·테오도리쿠스 같은 게르만족 왕들에게만 주어졌다.

판아테나이아 제전(pan Athenaia) 매년 8월 중순경 아테네에서 아테나 여신의 탄생을 기념하여 치러지며, 특히 4년에 한 번 성대하게 거행되는 아테나 여신 축제이다. 판아테나이아 제전에서는 아테나 여신에게 새(Peplos) 옷을 바치기 위한 행렬 의식, 여신에 대한 봉헌, 운동경기 그리고 음악 경연대회가 열렸다.

팔랑크스(phalanx) 중무장한 보병이 어깨와 어깨를 맞대고 보통 8열 종대로 늘어서는 그리스식 방진(方陣) 전술대형이다. 방진을 이루는 그리스의 장갑보병은 둥근 방패, 가죽과 금속으로 만든 무거운 몸통갑옷, 정강이받이, 2.4~6.4미터 길이의 공격용 창, 60센티미터의 양날 검 등으로 중무장했다. 기병대의 공격을 막는 무기는 창이었으며, 전체 대열은 피리 소리에 맞춰 일제히 전진했다.

포에니 전쟁 기원전 264~146년 지중해의 패권을 둘러싸고 로마와 카르타고 사이에 세 차례에 걸쳐 벌어진 전쟁으로, 페니키아인을 포에니라 부른 데서 그 이름이 유래하였다. 제1차 전쟁에서는 초기에 고전하던 육상세력 로마가 해전에서도 승리하면서 시칠리아 섬을 획득하였다. 제2차 전쟁은 한니발 전쟁이라고도 하는데, 카르타고 측의 서부 지중해 패권 회복을 위한 전쟁으로 시작하였다. 초기에는 한니발이 군사적으로 승리했으나, 전쟁이 장기화하면서 이탈리아 남부에서 전쟁이 고착화되고 스페인 전선에서는 카르타고가 밀리기 시작했다. 북아프리카 전선의 자마 전투에서 스키피오가 한니발에게 승리함으로써 마침내 로마의 승리로 종결되었다. 제3차 전쟁은 이른바 로마 측의 예방전쟁의 성격을 띤 것으로, 로마가 지중해에서 경쟁할 만한 세력(예컨대 코린트 등)을 완전히 제거했다는 의미가 있다.

폴리비오스의 혼합정체론(mikte, mixed constitution) 그리스 귀족 출신이자 역사가였던 폴리비오스(Polybios)는 제3차 마케도니아 전쟁에서 그리스의 독립을 지키려던 아카이아 동맹(Archaean Confederation)의 기병대 사령관(Hipparchos)으로 싸우다가 기원전 167년 1천 명의 전쟁포로 가운데 하나로 로마에 끌려왔다. 폴리비오스는 그리스 문화 애호가였던 스키피오 아이밀리아누스와 교제하면서 그의 집에서 모이던 그리스 문화 연구 모임인 이른바 '스키피오 서클'에 참가했다. 17년 동안 스키피오와 동고동락하면서 폴리비오스는 자신의 조국 그리스의 패망과 로마의 부상 원인을 탐구하는 가운데 40권으로 된 『역사』(*Historiae*)를 썼다. 그는 『역사』 제6권에서 한니발 전쟁 직전인 기원전 220년부터 기원전 167년 피드나에서 페르세우스가 로마의 포로로 잡힘으로써 제3차 마케도니아 전쟁이 끝날 때까지 겨우 53년도 채 안 되는 짧은 기간에 로마가 부국강병하면서 지중해 세계를 제패한 원인을 로마 공화정체 덕분이라고 보았다. 그는 아리스토텔레스가 단순 정체로서는 이상적으로 가장 좋다고 한 1인의 왕정, 소수의 귀족정, 다수의 민주정, 이 세 가지 형태가 혼합된 것이 바로 로마 공화정이라고 주장했다. 이를 구체적으로 설명하자면 왕정은 콘술, 귀족정은 원로원, 민주정은 민회에서 구현되는데, 이 3자가 균형을 이루면서 상호견제한다는 것이다. 이것이 바로 지상 최고의 정부형태인바, 이를 취한 로마 공화국은 막강할 수밖에 없었으며, 그리하여 로마는 세계의 주인이자 지배자가 되었다고 혼합정체로서의 로마 공화정을 찬양했다.

폴리스(polis) 폴리스는 고대 그리스 특유의 소규모 공동체 국가로 기원전 8세기 무렵 등장했다. 폴리스는 흔히 중심 도시와 주변의 농촌지역으로 구성되었는데, 고대 그리스에는 500개 이상의 폴리스가 존재했을 것으로 추측된다. 각 폴리스는 시민조직을 바탕으로 독립적인 국가를 운영했으며 시민들은 공동으로 국가를 다스렸다. 그리스인의 모든 삶이 폴리스를 기반으로 이루어졌기 때문에, 아리스토텔레스는 "인간은 폴리스적인 동물"이라고 규정하였다.

푸블릴리우스법(lex Publilia) 기원전 339년의 딕타토르 푸블릴리우스 필로(Q. Publilius Philo)가 통과시킨 법. 이 법의 내용은 크게 세 가지로 구분해볼 수 있다. ①켄소르직 가운데 하나는 반드시 평민에게 개방되어야 한다. ②트리부스 민회에서 통과된 평민의 결의는 전체 공동체를 구속할 수 있는 법적 효력을 갖는다. ③켄투리아회(comitia centuria)에서 법안이 투표에 회부되기 전에 반드시 아욱토리타스 파트룸(auctoritas patrum)이 선행되어야 한다.

프로스크립티오(prosciptio, 처벌자명단 공개) 법의 보호를 받지도 못하고 재산을 몰수당하는 사람으로 선고받은 로마 시민들의 명단을 공개하는 절차를 가리킨다. 기원전 82~81년에는 술라가, 기원전 43~42년에는 안토니우스·레피두스·옥타비아누스가 각각 독재관과 공화국 재건 3인 위원(삼두정치가)으로서 이 절차를 이용했다. 그것은 개인적인 적수와 정치적인 적수를 제거하고 재산을 획득하는 수단으로 이용되었다. 처벌자명단에 들어간 사람들은 로마 시에서뿐만 아니라 이탈리아 전역에서 발견되는 즉시 살해당하거나 처형당했고, 그들의 자식과 손자들은 공직에 나갈 수조차 없었다.

프로콘술(proconsul, 전직 콘술) 콘술직의 임기인 1년을 마친 뒤에도 임페리움의 연장(프로로가티오, prorogatio)을 보장받아 일정한 기간 동안 계속 권력을 행사하는 콘술을 가리킨다. 임페리움의 연장은 처음에는 인민의 투표로, 그뒤에는 원로원에 의해 결정되었다. 기원전 146년 이후 속주가 많아짐에 따라 그것은 행정체계의 본질적인 부분이 되었다. 상설 법정의 발전과 더불어 법무관과 콘술들은 임기를 끝내자마자 속주 총독으로 갔다. 술라는 이러한 관행을 법제화했다. 전직 법무관(프로프라이토르)도 그의 군대 규모와 업무의 중요성이 전직 콘술의 수준에 상응할 때 전직 콘술로서 임페리움의 연장을 부여받은 것으로 보인다.

플루타르코스(Plutarchos, 기원후 45년?~120년?) 1세기 중반부터 2세기 초반까지 살았던 보이오티아 카이로네아 출신으로, 하드리아누스 황제 때 아카이아의 재무관직을 역임했고, 한때 델포이의 사제직을 맡기도 했다. 그리스와 로마의 위대한 인물들의 생애를 서로 비교한 『비교영웅전』의 저자로 유명하다. 『비교영웅전』은 로마사의 중요한 인물 하나하나에 걸맞은 위대한 그리스인을 대비시킴으로써 로마의 지배를 받으면서도 그리스인의 긍지를 잘 드러낸 작품으로 평가된다. 플루타르코스는 자료를 선정할 때 객관적이거나 비평적인 역사적 분석보다는 도덕적 성격을 부각시키는 데 초점을 두었지만, 그럼에도 『비교영웅전』은 그리스-로마사의 사료로 중요하게 이용된다.

피호제도 클리엔텔라(clientela)의 번역어이다. 이는 피호민인 클리엔스(cliens)와 보호자(patron)의 관계를 가리킨다. 피호민이 되는 사람은 자유인으로서 타인, 즉 보호자에게 의탁하며 반대급부로 보호를 받았다. 원래 피호민은 식사를 제공받거나 그에 상당하는 금전인 스포르툴라(sportula)를 받았다고 하며, 법정에서 도움을 얻기도 했다. 그 대신 정치나 일상생활에서 보호자를 도와야 했고, 존경을 표하며, 아침 문안을 해야 했다. 디오니시오스는 피호민은 자신의 보호자의 몸값을 치러야 한다고 전하는데, 여기에는 신빙성의 문제가 있다. 그러나 12표법에 "보호자가 피호민에게 사기행위를 하면, 그를 신에게 바친다"고 기술된 것으로 미루어, 이들간의 관계에서 신의를 중시했다는 것을 알 수 있다. 아울러 재판에서 서로에게 불리한 증언을 해서는 안 되었다. 이 제도는 내부적으로 피해방민에게도 확대되어, 그들은 주인과 이런 관계에 들어갔다. 외부적으로는 로마인들이 외국인이나 외국인 단체와 이런 관계를 맺기도 하였다. 혹자는 정복당한 국가는 로마와 피호관계를 맺은 것으로 보기도 한다.

필리피카(Philippia, 복수는 Philippicae) 기원전 45년 9월부터 이듬해 4월까지 14차례에 걸쳐 키케로가 로마 민회와 원로원에서 안토니우스를 공격한 연설. 카이사르 사후 로마 공화정 회복의 최대의 걸림돌은 안토니우스이므로 그만 제거하면 공화정이 회생할 수 있다는 내용을 담고 있다. 원래 필리피카는 아테네의 데모스테네스가 마케도니아의 필리포스 대왕을 공격하는 연설문 제목이었는데, 키케로는 안토니우스를 필리포스에, 데모스테네스를 자신에 비유하여 이러한 제목을 붙였다. 키케로는 안토니우스의 증오를 사서, 기원전 43년 12월 안토니우스가 보낸 병사들에게 살해당했다.

하스모니아 왕조 기원전 2세기 그리스의 안티오쿠스 4세의 헬라화 정책에 맞서 일어난 마카비 전쟁의 주동자이자 사제 가문 출신 마타시아스(그의 고조부 이름이 하스모니오였다)가 승리하면서 세워진 유대의 왕조. 기원전 142년 시몬이 왕위에 오르면서 왕조가 세워져 로마에 의해 멸망하는 기원전 63년까지 지속되었다.

헥테모로이(hect moroi, 단수는 hect moros) hekos(1/6)와 moros(몫: '몫을 가지다'라는 meiromai 동사에서 나온다)의 합성어로, '1/6'세를 바치는 사람들이라는 뜻이다. 아리스토텔레스의 『아테네인의 국제』(II, 2~3)에 따르면, 솔론의 개혁 직전 자신은 물론이고 처자까지 부자 밑에서 일했던 가난한 사람들은 '피보호인'(pelatai) 또는 '헥테모로이'로 불렸다. 이와 같은 임대료로 부자들의 토지를 경작했기 때문이라고 한다. 이때 모든 땅은 소수의 손에 있었으며, 빈자가 지대를 납부하지 못하면 자신과 아이들의 인신이 예속되었다.

헬레니즘 알렉산드로스의 동방 원정으로 결과 그리스 문화와 오리엔트 문화가 융합하여 세계적으로 새로운 문화사조가 형성되는데, 이를 헬레니즘이라고 한다. 시기적으로는 알렉산드로스와 그의 후계자들이 건설한 헬레니즘 세계가 로마에 완전히 병합될 때까지(기원전 323~30년)의 3세기에 걸친 기간을 가리킨다. 그러나 서양세계 전체가 헬레니즘의 영향을 받았기 때문에, 문화연속설에 근거하여 서양문명을 헬레니즘의 연장선상에서 포괄적으로 파악하기도 한다.

헬베티족(Helvetii) 남부 게르마니아 지방에 거주하던 켈트족의 일파. 기원전 200년경 점차 라인 강과 유라 강 그리고 제네바 호수 사이의 지역으로 이주하였다. 그 중 일부는 기원전 111년경 킴브리족과 합류하였다. 기원전 58년경 카이사르는 헬베티족 이주민들을 격파하고 남은 사람들을 고향으로 돌아가게 했으며 그들에게 동맹(foedus)의 특권을 허용하였다. 아우구스투스 치하에서 헬베티인들은 갈리아 벨기카 속주의 일부를 구성했으며, 그뒤에는 상(上)게르마니아 속주를 구성하였다.

휴브리스 신의 징벌을 초래하는 인간의 행위와 심리를 말하며, 자만 · 오만 · 교만 등으로 번역된다.

흑색상(black figure) 도기 표면에 그림을 그릴 때, 그림 테두리 안은 검게 칠하고 그 바깥은 원래의 흙 색깔을 남겨놓는 방식이다. 이런 방식의 그림이 그려진 도기들은 대체로 기원전 6세기의 것으로 보면 거의 맞다.

히스파니아(Hispania) 이베리아 반도의 고대 명칭. 한니발 전쟁 때 이탈리아 반도와 더불어 로마와 카르타고 사이의 전쟁 주무대의 하나였으며, 제1차 포에니 전쟁과 달리 제2차 포에니 전쟁에서는 이 히스파니아 전선이 전쟁의 주요 무대였다는 점에 차이가 있다. 스키피오가 열세이던 전쟁국면을 로마 쪽에 유리하게 전환시킨 것도 이곳에서부터였다.

필자 소개

● **강대진**(姜大振)은 서울대 철학과를 졸업하고 같은 대학교 대학원 서양고전학 협동과정 석사과정을 마친 뒤 문학박사 학위를 받았다. 저서로『잔혹한 책읽기』,『신화와 영화』,『신화의 세계』(공저)가 있으며, 역서로는『아폴로도로스 신화집』,『아르고호 이야기』 등이 있다. 주요 논문으로는 「호메로스『일리아스』의 대결 장면의 배치와 기능」,「소포클레스『오이디푸스 왕』에 나타난 인간 지식의 한계」,「오뒷세우스의 복수와 봄축제」 등이 있다.

● **강성길**(姜聖吉)은 1964년 경북 영천에서 태어나 경북대 사학과를 졸업하였다. 같은 대학교 대학원 사학과에서 석사학위를 받았으며, 「Comitia Tributa의 투표 절차」로 박사학위를 받았다. 주요 논문으로는 「로마 동맹국 전쟁과 내전 시기(기원전 91~82년) 신시민의 투표권」 등이 있다. 현재 광양제철고 교사로 있다.

● **김경현**(金京鉉)은 1964년 서울에서 태어나 고려대 사학과를 졸업하였다. 같은 대학교 대학원 사학과에서 석사학위를 받고 박사과정을 수료한 뒤, 영국 런던 대학교에서 「로마 공화정 중기의 호민관과 공화정체」로 박사학위를 받았다. 저서로『서양고대와 중세의 사회』(공저, 신양사, 1993)가 있으며, 주요 논문으로는 「신분투쟁의 마지막 시기(기원전 366~287년)에 대한 고찰」 등이 있다. 현재 고려대학교 역사연구소 연구조교수로 있다.

● **김덕수**(金悳洙)는 경기도 화성에서 태어나 서울대학교 서양사학과를 졸업했다. 같은 대학교 대학원 서양사학과에서 로마사를 전공하고 「아우구스투스의 프린키파투스의 형성과정에 관한 연구」(1996)로 박사학위를 받았다. 저서로는『그리스와 로마-지중해의 라이벌』(살림, 2004)과『역사 속의 말, 말 속의 역사』(공저, 의암출판, 1996)가 있으며, 역서로는『로마문명사』(현대지성사, 1997),『로마사』(현대지성사, 1999) 그리고『로마혁명사』(공역, 한길사, 2006)가 있다. 주요 논문으로는 「로마혁명에서 신흥엘리트의 등장과 역할-아그리파와 마이케나스를 중심으로」 등이 있다. 목원대학교 사학과 교수를 거쳐 현재 서울대학교 사범대학 역사교육과 교수로 있다.

● **김병용**(金炳龍)은 1958년 전남 화순에서 태어나 건국대학교 사학과를 졸업하였다. 독일 뮌스터 대학교 사학과에서 중세사를 주전공으로 석사학위를 받았으며, 함부르크 대학교 사학과에서 「12~14세기의 농민과 도시민의 관계」라는 주제로 박사학위를 받았다. 주요 논문으로「파밀리아(familia)와 사회 유동성」,「중세 도시여성의 사회적 지위」,「중세 독일 민족국가의 기원」,「10세기 후반 제국과 교회의 유대」,「중세의 도시재판권 자치화」,「성직서임권 투쟁과 클뤼니의 정체성」,「유럽 중세 도시의 중산층 첸수알레스(censuales)」 등이 있다. 현

재 조선대학교 인문과학대학 사학과 교수로 있다.

● 김봉철(金奉哲)은 1957년 곡성에서 태어나 서울대 서양사학과를 졸업하였다. 같은 대학교 대학원 사학과에서 「이소크라테스의 정치사상」으로 박사학위를 받았다. 저서로 『전환기 그리스의 지식인 이소크라테스』(신서원, 2004), 『영원한 문화도시 아테네』(청년사, 2002)가 있으며, 역서로는 『그리스 민주정의 탄생과 발전』(한울, 2001)이 있다. 주요 논문으로는 「고대 그리스에서의 유럽의 형성과정에 관한 역사적 분석」 등이 있다. 현재 아주대학교 인문대학 교수로 있다.

● 김영목(金永穆)은 1953년 전북 정읍에서 태어나 1976년 전남대학교 사학과를 졸업하고 같은 대학교 대학원 사학과에서 1981년 석사학위를, 1996년 로마 공화정기 노빌레스에 관한 연구로 박사학위를 받았다. 주요 논문으로는 「술라체제에 관한 연구」 「로마 공화정 말기 신인에 관한 연구」 「공화정기 로마의 대외정책」 「로마 공화정과 제국주의」 「로마 공화정의 정치체제에 관한 연구」 「로마 공화정 말기 정치와 사적 관계」 등이 있다. 현재 목포대학교 역사문화학부 교수로 있다.

● 김영진(金英眞)은 1973년 서울에서 태어나 서울대 역사교육과를 졸업하였다. 같은 대학교 대학원 역사교육과에서 석사학위를 받았으며, 현재 서울대학교 사범대학 부설중학교 교사로 있다.

● 김진식(金珍植)은 1967년 인천에서 태어나 연세대학교 철학과를 졸업하였다. 서울대학교 대학원 서양고전학 협동과정에서 「뮤즈여신의 선물과 틀레모쉬네」로 석사학위를 받았으며, 독일 마인츠 대학 서양고전학과에서 「호라티우스의 서정시에 나타난 우정의 개념」이라는 제목으로 학위논문을 쓰고 있다. 현재 서울대 서양고전학과 강사로 있으며, 철학아카데미에서 라틴어와 고대 희랍어를 가르치고 있다.

● 김창성(金昌成)은 1958년 서울에서 태어나 서울대 역사교육과를 졸업하였다. 같은 대학교 대학원 역사교육과에서 석사학위를 받았으며, 같은 대학교 서양사학과에서 「로마 공화국의 조세징수 정책 연구」(1993)로 박사학위를 받았다. 저서로 『세계사 산책-서양고대』(솔, 2003)가 있으며, 역서로는 『키케로의 최고선악론』(서광사, 1999)이 있다. 주요 논문으로는 「이탈리아 자치도시민 지위의 다양성과 로마의 통합정책」 등이 있다. 현재 공주대학교 역사교육과 교수로 있다.

● 김칠성(金七星)은 1960년 부산에서 태어나 서강대 사학과를 졸업하고, 같은 대학교 대학원 사학과에서 석사학위(문학)를 받았다. 연세대학교 교육대학원에서 역사교육 전공으로 석사학위(교육학)를 받았으며, 서울대학교 대학원 박사과정을 수료하였다. 논문으로는 「버나드 맨더빌(Bernard Mandeville)의 經濟思想」 「18世紀 영국 農業의 발전:아담 스미스 『國富論』의 農業부분을 중심으로」 등이 있다. 현재 백영고등학교 교사로 재직 중이다.

● 김헌(金獻)은 1965년 서울에서 태어나 서울대 사범대 불어교육학과를 졸업하였다. 같은 대학교 대학원 철학과와 협동과정 서양고전학과에서 각각 「플라톤의 『파르메니데스』편 연구-형상 논증에 대한 비판적 검토」(1991), 「호메로스의 『일리아스』에 나타난 아킬레우스의 분노와 제우스의 뜻」(1997)으로 석사학위를 받았다. 박사과정을 수료한 뒤 프랑스 스트

라스부르 II 마르크 블로크 대학에서 「대중 앞에서 선 로고스-아리스토텔레스의 『수사학』과 『시학』을 중심으로」(2004)로 박사학위를 받았다. 저서로는 『고대 그리스의 시인들』(살림, 2004)이 있으며, 주요 논문으로는 「레토리케는 수사학인가」 「아리스토텔레스의 구분-시의 인이표현과 연설의 언어표현」 「아리스토텔레스 『시학』의 세 개념에 기초한 인간 행동세계의 시적 통찰과 창작의 원리」 등이 있다. 한국서양고전학회 총무이사, 한국수사학회 학술이사를 역임했으며, 현재 한국서양고전학회 편집이사, 서울대학교 협동과정 서양고전문헌학 강사로 있다.

- **류연승**은 서울대 독문과를 졸업하고, 같은 대학교 대학원 서양사학과에서 석사학위를 받았다. 현재 독일 괴팅겐 대학교에 유학 중이다.

- **문혜경**(文惠敬)은 1961년 제주에서 태어나 제주대 사학과를 졸업하였다. 경희대학교 대학원 사학과에서 석사학위를 받았으며, 같은 대학교 대학원에서 「고전기 아테네 여성의 지위에 관한 연구」로 박사학위를 받았다. 저서로는 『여성문화의 새로운 시각』(공저, 월인, 1999), 『여성문화의 새로운 시각 2』(공저, 월인, 2000), 『서양문화사강의』(공저, 형설출판사, 2005) 등이 있으며, 역서로는 『18세기의 예언자』(정음사, 1995)가 있다. 주요 논문으로는 「그리스 사회에서 신화의 기능」 「그리스 신화와 비극에서 개인의식 출현」 「고전기 아테네 여성의 사회적 지위」 「고전기 아테네에서 재산상속에 관한 형제-자매 관계」 「플라톤의 국가에 나타난 여성상」 「고전기 아테나이 여성과 결혼」 등이 있다. 현재 제주대학교 사학과 조교수로 있다.

- **배은숙**(裵銀淑)은 1964년 대구에서 태어나 계명대 사학과를 졸업하였다. 같은 대학교 대학원 사학과에서 석사학위를 받았으며, 경북대학교에서 「아우구스투스의 프린키파투스 확립과 원로원의 성격 변화」로 박사학위를 받았다. 주요 논문으로는 「율리아 추방의 정치적 의미」 「로마 군단병의 봉급 변화」 「로마 군단병들의 서열」 등이 있다. 현재 계명대·경북대·대구대에서 강의하고 있다.

- **백경옥**(白京玉)은 1952년 대구에서 태어나 경북대 사학과를 졸업하였다. 같은 대학교 대학원 사학과에서 석사학위를 받았으며, 계명대학교에서 「헤시오도스의 노동관」으로 박사학위를 받았다. 저서로 『서양고대사강의』(공저, 한길사, 1996) 등이 있으며 주요 논문으로는 「오이디푸스 신화와 서양문학」 등이 있다. 현재 대구가톨릭대학교 역사교육과 교수로 있다.

- **변정심**(卞定諶)은 1964년 대구에서 태어나 경북대 사학과를 졸업하였다. 같은 대학교 대학원 사학과에서 「기원전 403~322년 아테네 민회 운영」으로 박사학위를 받았다. 주요 논문으로는 「기원전 5세기말 아테네 프뉵스 민회장의 개축」 「살라미스 해전에서 '나무 성벽' 신탁의 역할」 등이 있다. 대구사학회 연구이사를 역임했으며, 현재 경북대 강사로 있다.

- **성영곤**(成映坤)은 1955년 부산에서 태어나 서울대 천문학과(종교학 부전공)와 서양사학과를 졸업하였다. 같은 대학교 대학원 과학사 및 과학철학 협동과정에서 석사학위를 받았으며, 역시 같은 대학교 서양사학과에서 「그리스 의사와 히포크라테스 전통」으로 박사학위를 받았다. 저서로 『종교와 과학』(공저, 아카넷, 2000), 『인문학으로 과학읽기』(공저, 실천문학사, 2004) 등이 있다. 현재 한국과학사학회 부회장이며, 관동대 교양과 교수로 있다.

● 안재원(安在源)은 1968년 전북 남원에서 태어나 서울대 언어학과를 졸업하였다. 같은 대학교 대학원에서 서양고전학을 전공했으며 학위논문으로 「헤시오도스의 『신통기』에 나타난 호메로스의 수용과 변용」이 있다. 그뒤 독일 괴팅겐 대학교에서 서양고전문헌학을 전공하면서 2004년 「알렉산더 누메니우의 단어-의미 문채론」을 편집해 박사학위를 받았다. 한국방송통신대 중앙도서관 연구원으로 일했으며, 현재 서울대와 백석대에서 서양고전학과 고전수사학을 강의하고 있다. 학술논문으로는 「고대 로마의 '이상적 연설가' orator perfectus론에 대하여」 「Ps. Longinus의 문채론에 대하여」 「수사학과 논리학의 관계: 키케로를 중심으로」 「중세 문헌학자 이득수」 「Parvum Vocabularium Latino-Coreanum 羅鮮小字典과 羅韓辭典의 학적 가치와 중요성에 대하여」 「라틴어 대사전에 대하여」 등이 있다.

● 안희돈(安熙惇)은 1963년 충남 논산에서 태어나 서울대학교 역사교육과를 졸업하였다. 같은 대학교 대학원에서 석사와 박사 과정을 이수하고 「네로 황제 몰락 원인에 관한 연구」로 박사학위를 받았다. 저서로 『네로황제연구』(다락방, 2004)와 『로마제정사연구』(공저, 서울대학교 출판부, 2000)가 있으며, 역서로는 『서양사학사』(공역, 한울, 1994)가 있다. 주요 논문으로는 「갈바 황제 원수정의 성격」 등이 있다. 현재 강원대학교 역사교육과 조교수로 있다.

● 윤진(尹進)은 고려대 사학과를 졸업하였다. 같은 대학교 대학원 사학과에서 석사학위를 받았으며, 「헬레니즘 시대 스파르타 '혁명'에 관한 연구」로 박사학위를 받았다. 저서로 『스파르타, 스파르타의 역사』(신서원, 2002), 『헬레니즘』(살림, 2003), 『아테네인, 스파르타인』(살림, 2005)이 있으며, 역서로는 『스파르타』(신서원, 2000), 『서양 고대문명의 역사』(다락방, 2003)가 있다. 주요 논문으로는 「헬레니즘 시대의 스파르타 여성에 대한 고찰」 등이 있으며, 현재 충북대학교 사학과 교수로 있다.

● 정기문(鄭技抆)은 1967년 순천에서 태어나 서울대 역사교육과를 졸업하였다. 같은 대학교 대학원 서양사학과에서 「디오클레티아누스 대제의 경제정책 연구」로 박사학위를 받았다. 저서로 『역사를 알면 세상이 달라 보인다』(아름드리, 2000), 『내 딸들을 위한 여성사』(푸른역사, 2004) 등이 있으며, 역서로 『성인숭배』(새물결, 2002), 『교양 다시 읽기』(이마고, 2006) 등이 있다. 현대 군산대학교 사학과 교수로 있다.

● 정기환은 1947년 경기도 평택에서 태어나 감리교 신학대학과 서울대학교 대학원 철학과(당시 종교학과)를 졸업한 뒤 스위스 로잔 대학과 바젤 대학에서 각각 언어학과 초기기독교사와 관련하여 연구하였다. 바젤 대학에서는 「키쁘리아누스 시기의 교회 및 정치적 상황」이라는 논문으로 1983년 신학박사 학위를 받았다. 저서로는 『키프리아누스 시기의 교회 및 정치적 상황』을 비롯해 『교황권의 이념의 발전과 정치충돌에 관한 연구』(1988)가 있으며, 루터교 출판국인 콘코르디아사에서 『기독교교리사』(1988)를 출간하였다. 또한 역서로는 『고문서로 본 이그나치우스와 폴리캅의 신학사상연구』가 있다. 1995년부터 1년 동안 미국 하버드 대학교 교환교수로 봉직하기도 했다.

● 조인형(趙仁衡)은 1939년 충남 당진에서 태어나 고려대 사학과를 졸업하였다. 같은 대학교 대학원 사학과에서 석사·박사 학위를 받았다. 경남대 사학과 전임강사를 거쳐 1981년부터 2004년 8월까지 강원대 역사교육과 교수로 재직하였다. 저서로는 『역사와 오늘』(신서

원, 1999), 『초기 기독교사 연구』(한국학술정보[주], 2002) 등이 있으며, 편역서로는 『서양 고대사』(강원대학교 출판부, 1996)가 있다. 주요 논문으로는 「유세비우스의 『교회사』 서술에 관한 연구」(역사학보 108집, 1985) 등이 있으며, 현재 강원대 명예교수로 있다.

- **조현미**(曺鉉美)는 1963년 서울에서 태어나 고려대학교 사학과를 졸업하고 같은 대학교 대학원 사학과에서 「로마 황제 숭배의 성립에 관한 연구」로 문학박사 학위를 받았다. 저서로 『로마 제정사 연구』(공저, 서울대학교 출판부, 2000), 『서양고대와 중세의 사회』(공저, 신양사, 1993), 『알렉산드로스-헬레니즘 문명의 전파』(살림, 2004) 가 있다. 주요 논문으로는 「헬레니즘 시기의 지배자 숭배에 관한 고찰」 「로마황제 숭배의 그리스적 전통과 전개양상에 관한 검토」 「아우구스투스 시기 황제 숭배 양상에 관한 검토」 「로마 지배하 북아프리카의 도나티스트 운동에 관한 고찰」 등이 있으며, 현재 원광대학교 강사로 있다.

- **차영길**(車永吉)은 1959년 대구에서 태어나 고려대 사학과를 졸업하였다. 같은 대학교 대학원 사학과에서 석사·박사학위를 받았으며, 영국 케임브리지 대학교 고전학부에서 visiting scholar로 연구하였다. 저서로 『억눌린 자의 역사』(법문사, 2001), 『역사이론으로 본 고대세계』(동남기획, 2001)가 있으며, 역서로는 『서양 고대세계사』(공역, 고려대학교 출판부, 1986), 『고대 지중해세계로의 탐구』(공역, 동남기획, 2001) 등이 있다. 주요 논문으로는 「로마 노예의 PECULIUM에 관한 연구」 「지중해는 로마 제국을 새롭게 이해하게 하는가?」 「서양고대사에서 푸코의 성 담론의 수용과 비판」 등이 있다. 현재 경상대학교 사범대 역사교육과 교수로 있다.

- **차전환**(車轉桓)은 1959년 충남 예산에서 태어나 충남대 영문과를 졸업하였다. 서울대학교 대학원 역사교육과에서 석사학위를 받았으며, 성균관대학교에서 「로마공화정 후기 이탈리아의 농업경영에 관한 연구」로 박사학위를 받았다. 저서로 『로마제국과 크리스트교』(교원, 2006)가 있으며, 역서로는 『로마제국의 노예와 주인』(신서원, 2001)이 있다. 주요 논문으로는 「로마제국의 중앙과 지방」 등이 있다. 현재 충남대학교 사학과 교수로 있다.

- **최자영**(崔滋英)은 1952년 경북에서 태어나 경북대학교 사학과를 졸업한 뒤 같은 대학교 대학원에서 석사학위를 받고 박사과정을 수료하였다. 그뒤 그리스 국가장학생으로 이와나나 대학 역사고고학과에서 「고대 아테네 아레오파고스 의회」로 박사학위를 받았다. 저서로 『고대 아테네 정치제도사』(신서원, 1995), 『그리스 문화와 기독교』(신서원, 2004)가 있으며, 역서로는 『러시아 마지막 황제』(송원, 1995), 『고대 그리스 정치사 사료』(신서원, 2003) 그리고 그리스의 저명한 현대문학가 안토니스 사마라키스의 작품을 번역한 『손톱자국』(그림글자, 2006)이 있다. 주요 논문으로는 「고전기 그리스 여성의 시민권과 사회적 지위」 등이 있다. 현재 포항공대 과학문화연구센터 연구원으로 있다.

- **최창모**(崔昌模)는 연세대학교와 같은 대학교 대학원에서 신학을 전공한 뒤, 예루살렘 히브리 대학교 박사과정에서 이스라엘 역사를 전공하였다. 저서로는 『금기의 수수께끼』(한길사, 2003), 『기억과 편견: 반유대주의의 뿌리를 찾아서』(책세상, 2004), 『이스라엘사』(대한교과서, 2005) 등이 있으며, 역서로는 이스라엘 최고의 작가 아모스 오즈의 소설 『나의 미카엘』(민음사, 1998)과 『여자를 안다는 것』(열린책들, 2001)을 비롯해 『유대교란 무엇인가』

(동문선, 1999), 『고대 히브리어 연구』(건국대학교 출판부, 2001) 등이 있다. 논문으로는 「가인과 아벨 이야기(창 4장)의 구조와 의미」 등 성서학 분야와 「아모스 오즈의 서술구조-『여자를 안다는 것』을 중심으로」 등 현대 히브리 문학과 「시온주의 운동의 이념과 유대 민족통합 전략」 등 역사 분야, 「유대교」 등 종교 분야 그리고 「현대 사회의 폭력과 제노사이드」 등 현대문명 비판을 아우르는 약 40여 편의 논문이 있다. 현재 건국대학교 문과대학 문화정보학부(히브리 중동학 전공) 교수로 있으며, 한국중동학회장을 맡고 있다.

● **최혜영**(崔惠英)은 경북대학교 사학과를 졸업하고 같은 대학교 대학원에서 박사과정을 수료한 뒤, 그리스 이와나 대학에서 박사학위를 받았다. 영국의 킹스 칼리지(King's College)에서도 잠시 수학하였다. 저서로 『그리스 문명』(살림, 2004) 등이 있으며, 주요 논문으로는 「오비디우스의 추방 원인과 언론 자유의 한계」, 「그리스 비극의 정치적 함의와 페르시아전쟁」 등이 있다. 현재 전남대학교 사학과 (조)교수로 있다.

● **허승일**(許勝一)은 1940년에 태어나 서울대 사학과를 졸업하고, 같은 학교 대학원에서 「로마군대와 카이사르의 정치」로 문학박사 학위를 받았다. 건국대학교 사학과 교수를 지낸 뒤 서울대학교 역사교육과 교수를 거쳐 지금은 서울대학교 명예교수로 있다. 한국서양고전학회, 한국서양사학회, 한국서양고대역사문화학회 회장을 역임했으며, 현재 키케로학회 회장, 서양사연구회 회장으로 활동하고 있다. 저서로 『증보로마공화정연구』, 『로마공화정』, 『스파르타 교육과 시민 생활』, 『로마 제정사 연구』(공저), 『역사교육론』(공저) 등이 있으며, 역서로는 『로마혁명사 1·2』(공역)를 비롯해 『로마사회사』, 『키케로의 의무론』, 『서양사학사』(공역) 등이 있다. 그밖에 주요 논문으로는 「서양 고대 그리스 로마 세계의 인성 교육」 등이 있다.